스케치업 & 엔스케이프 트레이닝 북

강석창 지음

한빛미디어
Hanbit Media, Inc.

지은이 강석창

광운대학교 건축공학과를 졸업하고 동 대학원에서 가상현실 건축을 연구했습니다. ㈜다다월드 교육팀 및 ㈜G.I.D 인테리어팀에서 근무했으며 현재 현대건축디자인학원에서 건축 CG를 가르치고 있습니다. 《스케치업 & V-Ray 트레이닝 북》, 《회사에서 바로 통하는 3ds Max+V-Ray》, 《오토캐드 트레이닝 북》 등 건축 및 인테리어 관련 도서를 집필했습니다.

네이버 카페 https://cafe.naver.com/sktedu

모델링과 렌더링을 함께 익히면서 실무 체력을 튼튼하게 기른다!

스케치업 & 엔스케이프 트레이닝 북(전면 개정판)

초판 1쇄 발행 2025년 10월 30일

지은이 강석창 / **펴낸이** 전태호
펴낸곳 한빛미디어(주) / **주소** 서울시 서대문구 연희로2길 62 한빛미디어(주) IT출판1부
전화 02-325-5544 / **팩스** 02-336-7124
등록 1999년 6월 24일 제25100-2017-000058호 / **ISBN** 979-11-6921-445-2 13000

총괄 배윤미 / **책임편집** 장용희 / **기획** 홍현정 / **교정** 유희현
베타테스터 조윤경
디자인 박정우 / **전산편집** 김희정
영업마케팅 송경석, 김형진, 장경환, 조유미, 한종진, 이행은, 고광일, 성화정, 김한솔 / **제작** 박성우, 김정우

이 책에 대한 의견이나 오탈자 및 잘못된 내용은 출판사 홈페이지나 아래 이메일로 알려주십시오.
파본은 구매처에서 교환하실 수 있습니다. 책값은 뒤표지에 표시되어 있습니다.
홈페이지 www.hanbit.co.kr / **이메일** ask@hanbit.co.kr

Published by HANBIT Media, Inc. Printed in Korea
Copyright © 2025 강석창 & HANBIT Media, Inc.
이 책의 저작권은 강석창과 한빛미디어(주)에 있습니다.
저작권법에 의해 보호를 받는 저작물이므로 무단 복제 및 무단 전재를 금합니다.

지금 하지 않으면 할 수 없는 일이 있습니다.
책으로 펴내고 싶은 아이디어나 원고를 이메일(writer@hanbit.co.kr)로 보내주세요.
한빛미디어(주)는 여러분의 소중한 경험과 지식을 기다리고 있습니다.

머리말

건축과 인테리어 분야에서 스케치업과 엔스케이프는 단순한 도구를 넘어, 아이디어를 현실로 구현하는 필수 기술로 자리 잡았습니다. 이 책은 빠르게 변하는 디자인 트렌드 속에서 단순히 프로그램 사용법을 알려주는 것을 넘어, 여러분의 디자인 실력을 근본적으로 향상시키는 것을 목표로 합니다.

많은 학습자가 손쉬운 플러그인이나 화려한 예제에만 관심을 두지만, 정작 기초가 부족해 응용에 어려움을 겪는 경우를 자주 보았습니다. 기초가 탄탄하지 않으면 조금만 복잡한 모델을 만들거나 렌더링을 시도해도 금세 한계에 부딪히기 마련입니다. 약한 지반에 높은 건물을 올릴 수 없는 것과 같습니다. 따라서 이 책은 가장 기본적인 기능부터 시작하여 응용의 밑바탕이 되는 핵심 원리를 꼼꼼하게 다룹니다.

또한, 프로그램 학습은 '아는 것'에서 끝나지 않고 '할 수 있는 것'으로 나아가야 합니다. 단순히 책을 눈으로 읽거나 예제를 한두 번 따라 해보는 것만으로는 부족합니다. 기술은 머리가 아닌 손으로 기억해야 하기 때문입니다. 이 책의 모든 내용은 여러분이 반복적으로 연습하며 자연스럽게 기술을 익힐 수 있도록 구성했습니다. 각 챕터의 과제를 통해 직접 모델링하고 렌더링하는 과정을 거치면서, 여러분의 실력은 한 단계씩 성장할 것입니다.

이 책을 통해 스케치업이 어렵고 답답한 도구가 아니라, 결과물을 만들어가며 성취감과 즐거움을 느끼는 도구로 다가가길 바랍니다. 순서대로 차근차근 따라가다 보면, 어느새 스케치업을 능숙하게 다루는 고급 사용자가 된 자신을 발견하게 될 것입니다.

2025년 10월
강석창

일러두기

스케치업 & 엔스케이프 트레이닝 북
학습 전에 알아두어야 하는 사항!

이 책을 학습하기 전 꼭 알아야 하는 사항들이 있습니다. 3D 프로그램은 매우 까다롭고 배우기 어려운 분야이므로 아래의 사항을 꼼꼼하게 확인하여 문제가 발생하지 않도록 주의하세요!

01 스케치업 버전을 확인해주세요!

이 책은 스케치업 2025~2026 버전, 엔스케이프 4.10 버전을 기준으로 내용을 설명하고 있습니다. 스케치업과 엔스케이프는 매년 새로운 버전으로 업데이트됩니다. 버전별로 기능에 큰 차이는 없지만, 인터페이스가 변경되거나 몇 가지 기능은 바뀔 수 있어서 설명대로 실행되지 않을 수 있습니다. 가급적이면 이 책의 버전과 같은 버전으로 학습하기를 권장합니다.

02 스케치업은 영문 버전으로 설치해주세요!

이 책에서 설명하는 스케치업 확장 프로그램 중 일부는 스케치업 한글 버전에서 정상적으로 작동하지 않습니다. 꼭 영문 버전의 스케치업을 설치한 후 학습을 진행하기 바랍니다. 043쪽에서 스케치업 설치 시 한국어를 제외하는 방법을 확인할 수 있습니다.

03 스케치업 확장 프로그램을 설치해주세요!

스케치업은 프로그램 특성상 기본 기능으로 진행할 수 있는 모델링에 한계가 있습니다. 따라서 실무에서는 확장 프로그램의 활용이 필수입니다. 이 책에서는 가장 쉽게 활용할 수 있는 여러 가지 확장 프로그램을 설치한 상태에서 학습을 진행합니다. 050쪽을 참고하여 확장 프로그램의 설치 방법을 제대로 익혀보세요. 실습 중 확장 프로그램을 찾을 수 없을 때는 010쪽의 확장 프로그램 목록을 참고하여 확장 프로그램을 설치하기 바랍니다.

04 준비 파일과 완성 파일을 활용해주세요!

이 책은 학습을 시작하기 위한 준비 파일과 학습 내용이 완성된 형태의 참고용 완성 파일을 제공합니다. 준비 파일이 없는 경우에는 처음부터 모델링을 진행하도록 설명하고 있으니 두 가지 파일을 참고하여 학습을 진행해보세요.

05 이 책은 스케치업 입문자를 대상으로 설명합니다!

이 책은 스케치업을 처음 다루는 독자를 위해 스케치업의 설치부터 프로그램의 설정, 기본적인 조작법 등 매우 기초적인 부분을 설명합니다. 스케치업에 대한 어떤 준비도 되어 있지 않거나 사전 지식이 없어도 충분히 학습을 진행할 수 있습니다. Part 03부터는 건축, 인테리어 분야 실무를 진행할 때 어려움이 없을 정도의 고급 모델링 기법이나 각종 확장 프로그램에 대한 학습도 포함하고 있습니다. 앞의 내용을 충분히 연습하지 않은 상태로 중반 이후의 학습을 진행하면 매우 어렵게 느껴질 수 있으니 모든 내용을 여러 차례 반복해 완벽하게 숙지한 상태에서 학습 진도를 나가기 바랍니다.

06 저자의 도움이 필요하다면 카페를 활용해보세요!

저자가 운영하는 네이버 카페(cafe.naver.com/sktedu)에서 도서 학습 중 궁금한 사항을 질문하고 업데이트된 확장 프로그램 자료 등을 다운로드할 수 있습니다. 학습 중 답답한 상황이 생긴다면 활용해보세요!

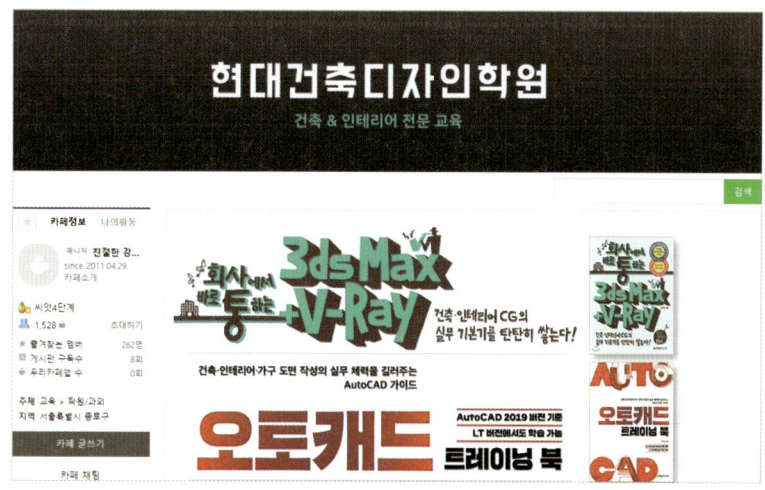

이 책을 제대로 활용하는 방법

스케치업 & 엔스케이프 트레이닝 북을
제대로 활용하는 방법

이 책은 단순히 명령어를 사용하는 방법을 설명하거나 프로젝트 진행 과정을 보여주기만 하는 책이 아닌, 스스로 모델링 예제를 실습하면서 제대로 배우는 것을 목적으로 만들었습니다. 이 책을 효과적으로 공부하려면 다음의 내용대로 학습을 진행해야 합니다.

반복 학습 | 모델링 예제를 여러 번 반복해서 실습하세요!

모델링 예제를 한 번 따라 하고 난 후 바로 다음 단계로 넘어가지 마세요. 처음 시작하는 사람에게는 각각의 모델링 명령어보다 화면을 이동, 확대, 축소하거나 객체를 선택하는 과정 자체가 더 중요한 훈련입니다. 이 훈련을 바탕으로 빠르고 자유롭게 화면을 조작하고 객체를 선택하면서 모델링할 수 있어야 합니다. 예제를 반복해서 연습해야 한다는 점을 꼭 기억하세요.

단계별 학습 | 막히는 부분이 있으면 앞의 예제를 다시 연습하세요!

앞서 다룬 모델링 과정을 점차적으로 생략하고 진행할 때가 있습니다. 학습을 충실히 따라왔다면 충분히 할 수 있지만, 생략된 부분을 스스로 모델링할 수 없다면 다시 앞부분으로 돌아가 이전 예제를 연습하세요.

복습 | 이 책을 모두 학습했다면 다시 처음부터 모델링해보세요!

예제를 따라 하다 보면 '어! 너무 쉬운데?'라고 생각하면서 하루 만에 여러 학습을 진행할 수도 있을 것입니다. 하지만 단순히 따라 해보는 것만으로 그 기능을 모두 익혔다고 생각하지 마세요. 학습한 내용을 다시 복습하지 않는다면 며칠만 지나도 모두 잊어버리게 됩니다. 책의 모든 내용을 완벽하게 외우고 활용할 수 있을 때까지 처음부터 계속 반복해야 합니다.

Warm Up과 Basic Training으로 훈련하고 Self Training으로 실력을 쌓는다!

각 레슨의 끝에는 앞에서 학습한 내용을 바탕으로 스스로 모델링을 해보며 학습 내용을 복습하고 실력을 키울 수 있도록 Self Training 예제를 구성하였습니다. 이 예제를 실습하는 작업 영상이 함께 제공되지만 절대 처음부터 영상을 보고 따라 하지 마시기 바랍니다.

Self Training 예제는 단순히 따라 하는 것이 아닌, 스스로의 힘으로 실력을 쌓는 가장 중요한 과정입니다. 각 레슨을 통해 배운 내용을 복습하며 오직 자신의 힘으로 문제를 해결해보세요. 영상은 정답이 아닙니다. 영상을 보는 순간, 스스로 성장할 소중한 기회를 잃게 됩니다. 막히는 부분이 있다면 영상을 보기에 앞서, 배운 내용을 되짚어보며 스스로 답을 찾아보세요. 이 과정을 통해 여러분의 실력은 빠르게 향상될 것입니다.

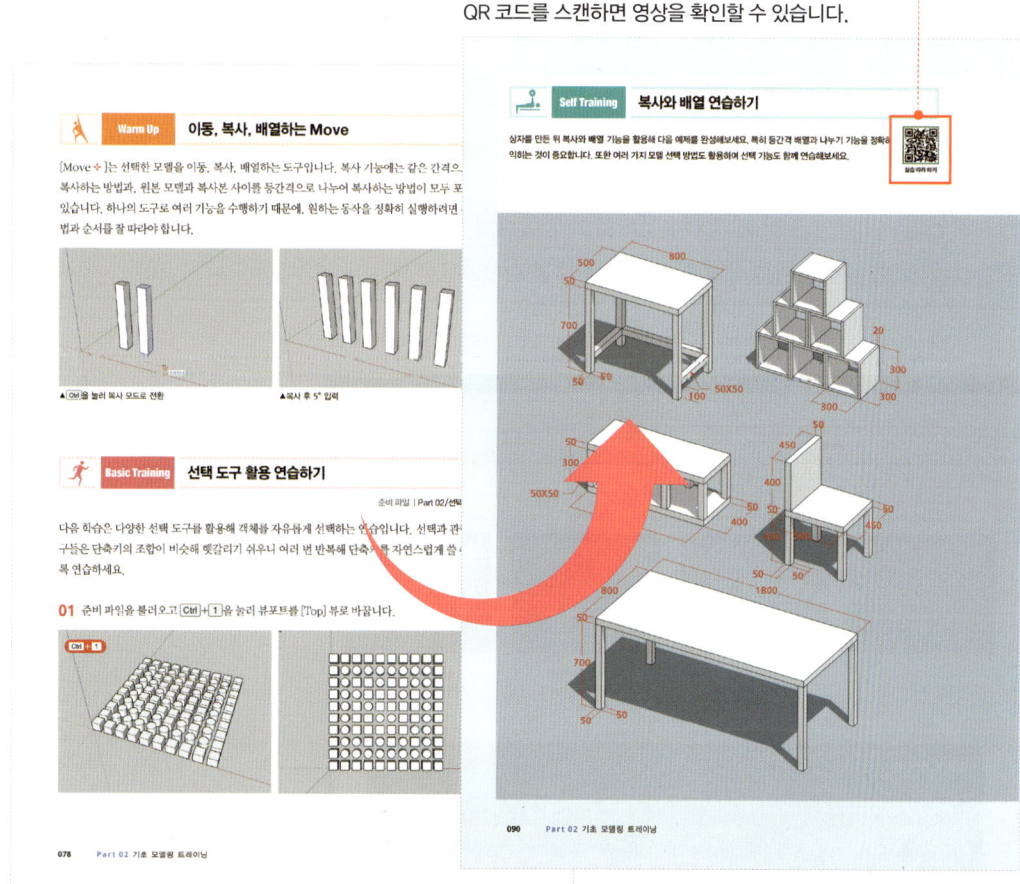

실습 따라 하기
QR 코드를 스캔하면 영상을 확인할 수 있습니다.

스케치업 알아보기

건축 · 인테리어 CG
왜 스케치업으로 배워야 할까요?

스케치업은 트림블의 3D 모델링 및 설계 프로그램입니다. 건축, 인테리어, 가구 디자인 등의 분야에서 주로 활용되는 프로그램으로, 인터페이스가 간단하고 모델링 방식이 매우 직관적이어서 초보자도 접근하기 쉬운 프로그램입니다. 스케치업이 어떤 프로그램인지 간단히 알아보면서 스케치업의 특징을 살펴보겠습니다.

01 스케치업은 배우기 쉽다.
스케치업의 가장 주요한 장점은 모델링에 필요한 명령의 양이 매우 적어 배우기 쉽다는 것입니다. 모델링 기법이 현실의 감각과 닮아 있어 이해하기도 쉬우며 다양한 추론 시스템과 객체 스냅이 모델링을 더 쉽게 하도록 도와줍니다.

02 스케치업은 저렴하다.
스케치업의 가격은 3ds Max의 1/4 정도로 저렴합니다. 대부분의 사용자나 회사에 가장 결정적인 장점입니다. 확장 프로그램도 대부분 무료이며 유료 확장 프로그램도 매우 저렴한 편입니다.

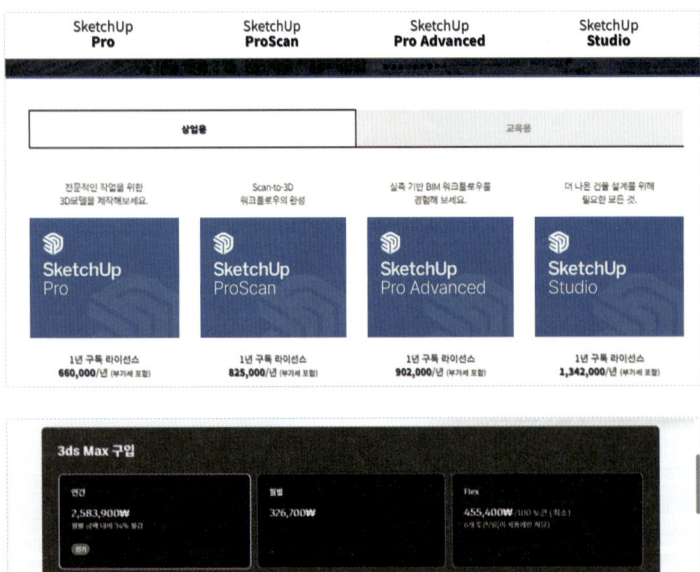

03 모델링 자료를 찾기 쉽다.

스케치업은 3D Warehouse라는 플랫폼을 통해 스케치업에서 바로 모델 자료를 다운로드하거나 자신이 만든 모델 자료를 업로드하고 공유할 수 있어 편리합니다. 3D Warehouse에서 공유하는 모든 모델 자료는 무료이기 때문에 별도의 비용이 들지도 않습니다.

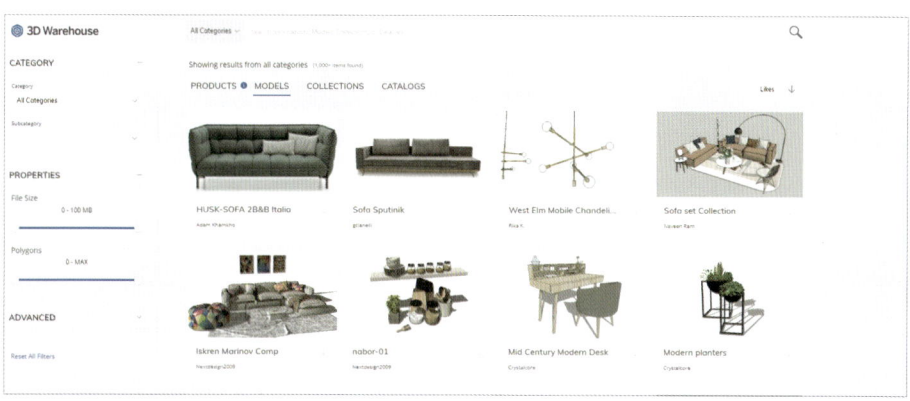

스케치업에서 만든 모델은 평면도나 단면도, 입면도 등의 도면으로 출력할 수 있으며 오토캐드용 파일(.dwg)로 바로 내보내기할 수도 있습니다. 또한 스케치업과 함께 설치되는 LayOut으로 모델을 바로 불러오고 주석을 달아 도면으로 활용할 수 있습니다.

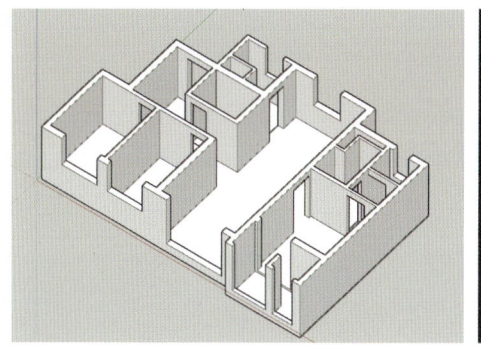
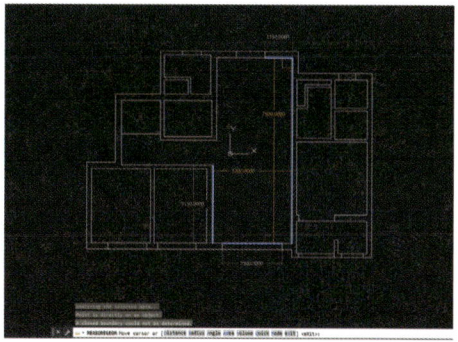

그 외에도 프로그램의 설치 용량이 작고 구동되는 데 걸리는 시간도 짧으며, 다양한 스타일 효과를 활용할 수 있는 점 등 많은 장점이 있습니다.

확장 프로그램 목록

실무에서 활용하는 확장 프로그램을
한눈에 확인해보세요!

이 책에서 활용하는 확장 프로그램을 소개합니다. 실습 중 설치되지 않은 확장 프로그램이 있거나 한 번에 모든 확장 프로그램을 설치하고 싶다면 아래 목록을 참고하여 활용해보세요. 051쪽에서 확장 프로그램의 여러 가지 설치 방법을 학습할 수 있습니다.

CopyAlongCurve*	Random Tools*	FaceUp*	Loose to Groups
Shape Bender*	Curic Axis	SketchUV*	Texture Positioning Tools*
Soap Skin & Bubble	CleanUp3*	TT Lib2*	Material Tools*
QuadFace Tools*	Selection Toys*	Solid Inspector^2*	Rotate 90*

※ * 표시된 확장 프로그램은 Extension Store에서도 찾을 수 있습니다.

다음은 Extension Store에서 찾아 설치할 무료 확장 프로그램 목록입니다.

| Quick Lathe | JHS Powerbar | Stretch by Area | Split Tools |
| Zorro2 | FredoTools | LibFredo6 | |

예제 파일 다운로드

스케치업 & 엔스케이프 트레이닝 북
예제 파일 다운로드하기

이 책에 사용된 모든 예제 파일은 한빛+ 홈페이지(www.hanbit.co.kr)에서 다운로드할 수 있습니다. 예제 파일은 따라 하기를 진행할 때마다 사용되므로 컴퓨터에 복사해두고 활용합니다.

01 한빛+ 홈페이지(www.hanbit.co.kr)로 접속합니다. 메인 페이지에서 [자료실]을 클릭합니다.

02 자료실 도서 검색란에 도서명을 입력하여 검색합니다.

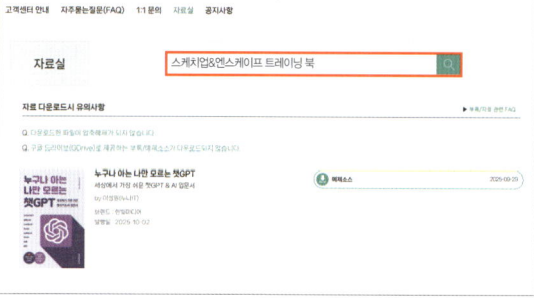

빠르게 다운로드하기
www.hanbit.co.kr/src/11445

03 선택한 도서 정보가 표시되면 [예제소스]를 클릭해 실습 파일을 다운로드합니다.

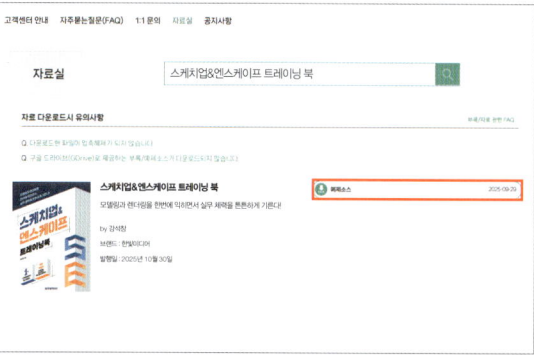

다운로드한 예제 파일은 일반적으로 [다운로드] 폴더에 저장되며, 사용하는 웹 브라우저 설정에 따라 다를 수 있습니다.

이 책의 구성

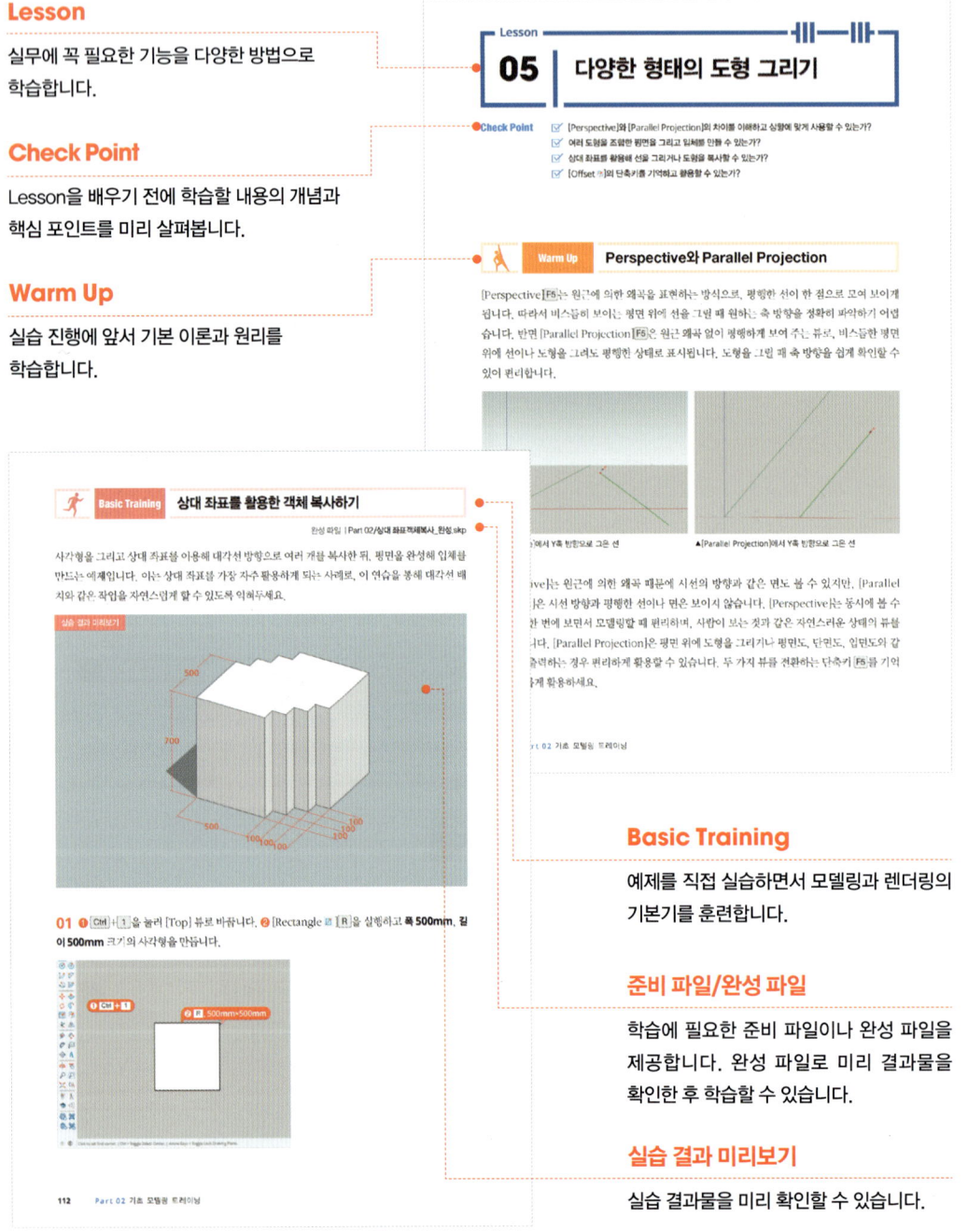

Lesson
실무에 꼭 필요한 기능을 다양한 방법으로 학습합니다.

Check Point
Lesson을 배우기 전에 학습할 내용의 개념과 핵심 포인트를 미리 살펴봅니다.

Warm Up
실습 진행에 앞서 기본 이론과 원리를 학습합니다.

Basic Training
예제를 직접 실습하면서 모델링과 렌더링의 기본기를 훈련합니다.

준비 파일/완성 파일
학습에 필요한 준비 파일이나 완성 파일을 제공합니다. 완성 파일로 미리 결과물을 확인한 후 학습할 수 있습니다.

실습 결과 미리보기
실습 결과물을 미리 확인할 수 있습니다.

Summary

학습한 주요 개념과 이론을 확인할 수 있습니다.

Power Up Note

꼭 알아두어야 하는 정보와 옵션의 상세한 내용 등을 확인할 수 있습니다.

CORE TIP

학습 중 놓치기 쉬운 부분, 헷갈릴 수 있는 부분, 유용한 참고 사항 등을 함께 알려줍니다.

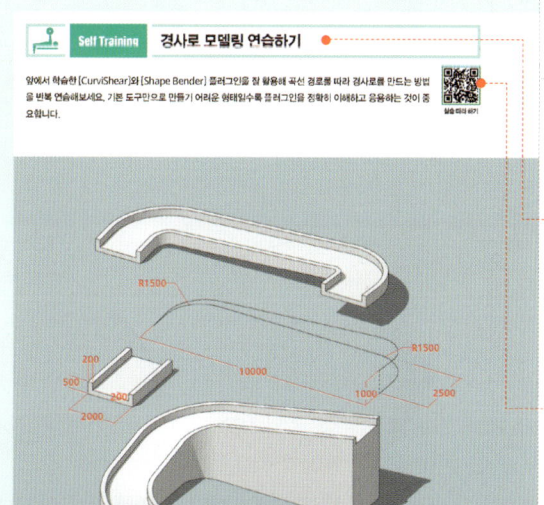

Self Training

앞서 배운 학습 내용을 바탕으로 치수가 제공되는 다양한 모델을 만들면서 스케치업 모델링과 렌더링을 훈련할 수 있습니다.

실습 따라 하기

QR 코드를 스캔하면 실습 과정을 영상으로 확인할 수 있어, 막히는 부분을 쉽게 해결할 수 있습니다.

Self Training Gallery

Self Training 예제 미리보기

각 Lesson의 이론과 예제를 실습하여 기본 훈련을 마치면 Self Training으로 실력을 쌓을 수 있습니다.

기본 입체 모델링 연습하기 P. 076
기본 도형을 활용해 여러 가지 형태의 입체를 만들어봅니다.

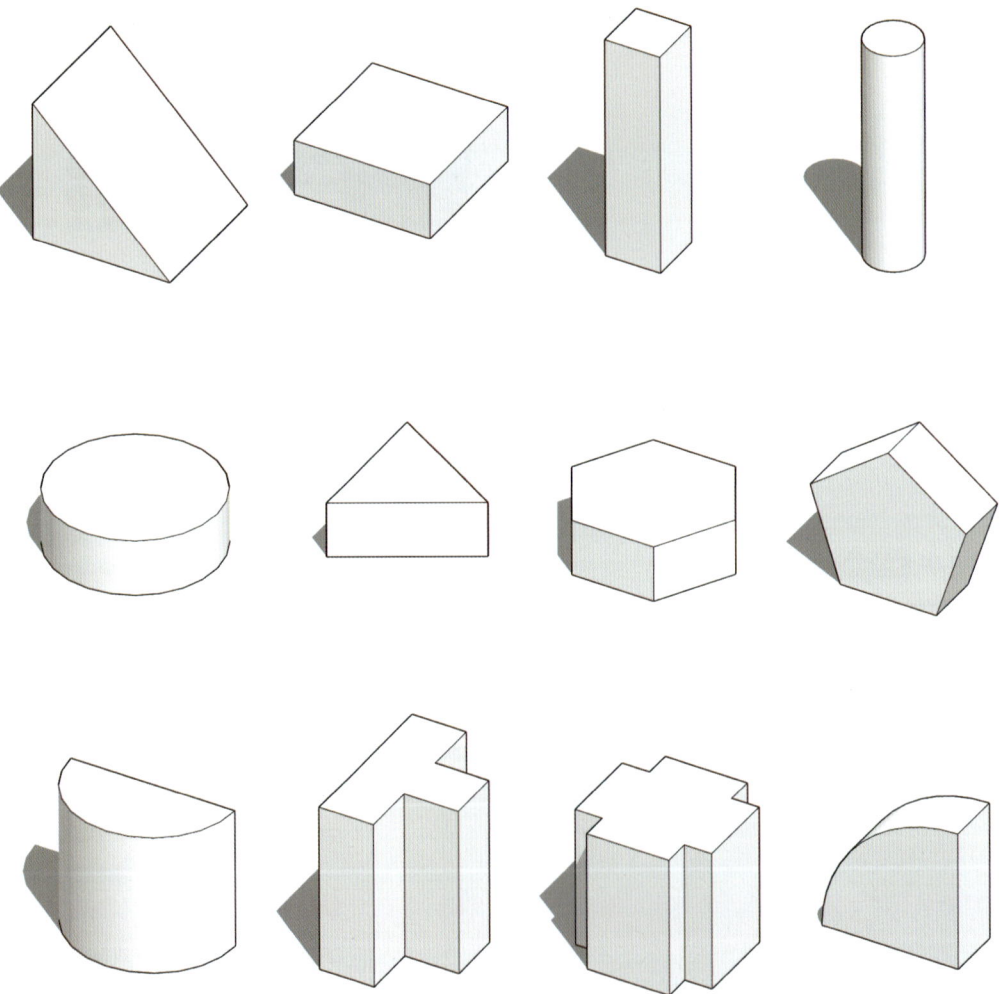

복사와 배열 연습하기 P. 090
객체를 이동, 배열하는 방법으로 모델을 만들어봅니다.

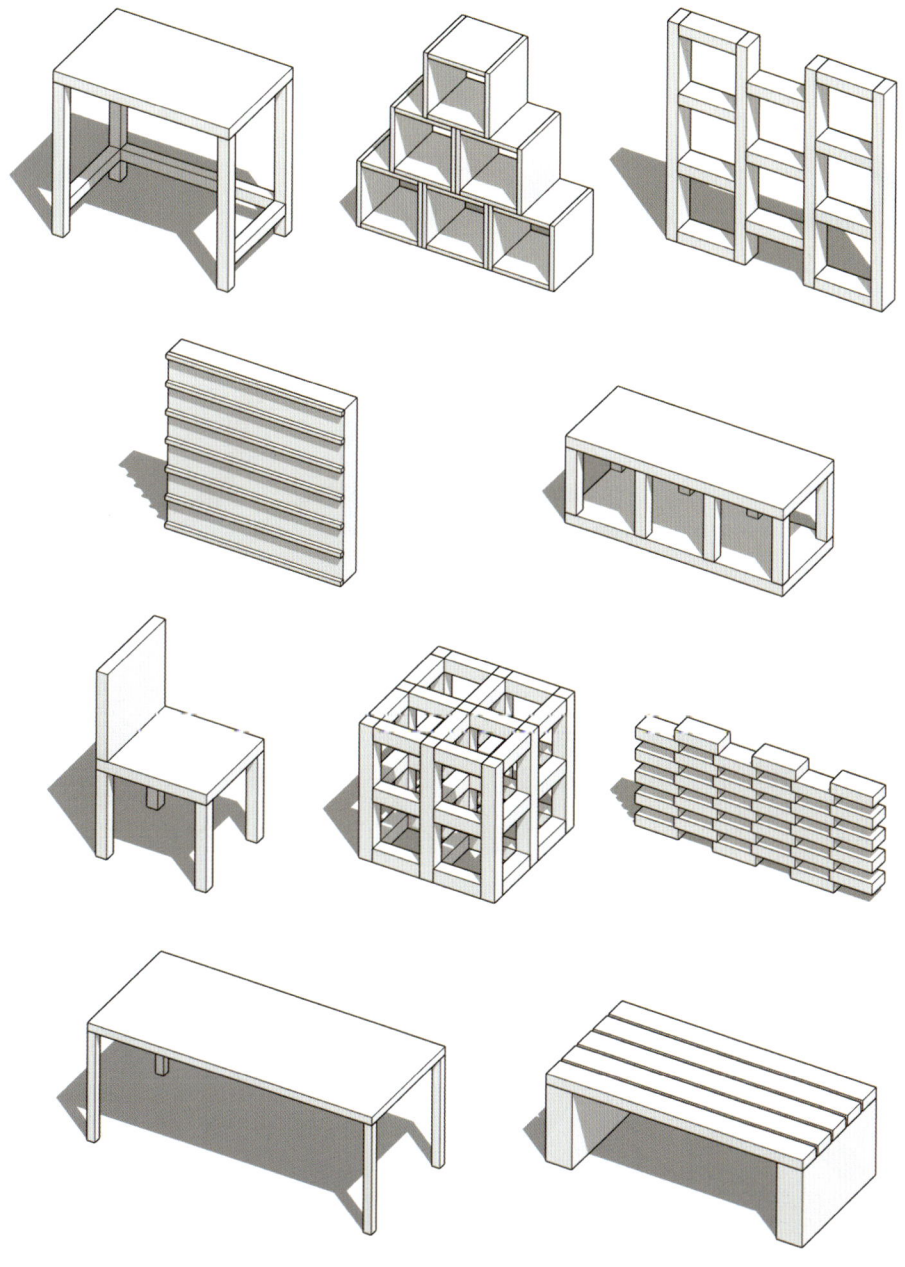

Self Training Gallery

Self Training Gallery

이동 도구와 Curic Gizmo를 활용한 모델링 연습하기 P. 104
이동, 회전 도구와 Curic Gizmo를 활용해 모델을 만들어봅니다.

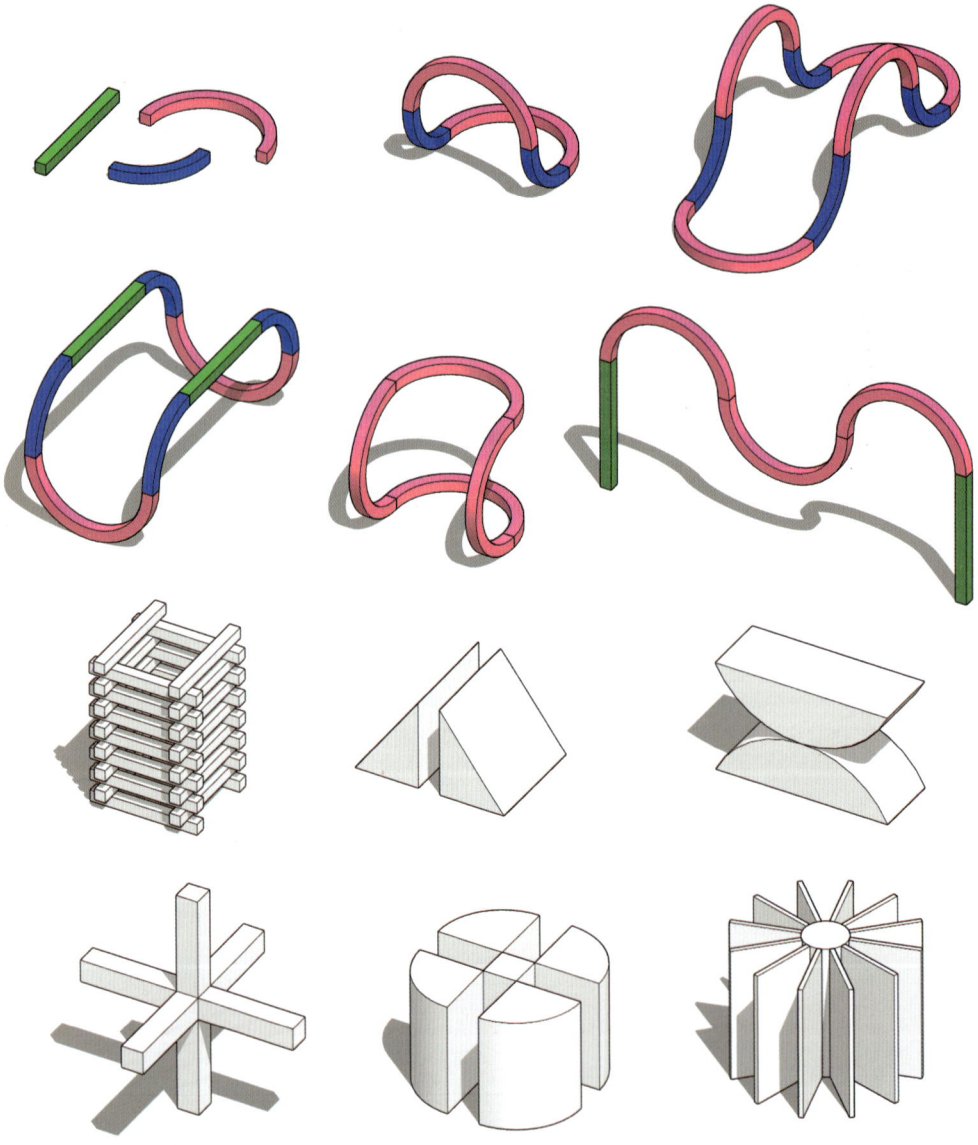

여러 도형을 조합한 단면 그리기와 모델링 연습하기 P. 118
그리기 도구를 조합해 다양한 형태의 단면을 그려 모델을 만들어봅니다.

Self Training Gallery

가이드라인을 활용한 모델링 연습하기 P. 130

가이드라인을 활용해 모서리를 깎거나 보조선을 그리는 방법으로 모델을 만들어봅니다.

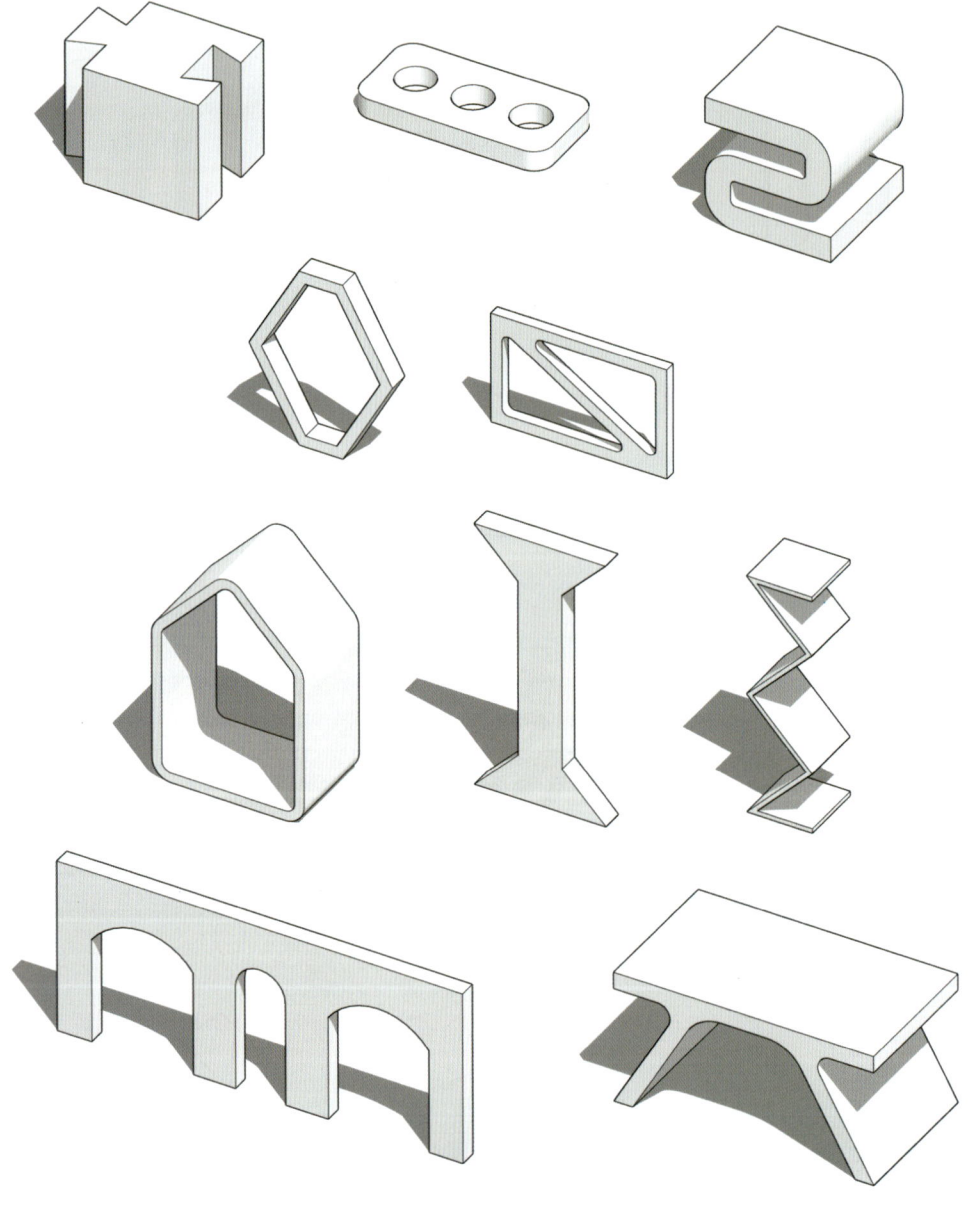

복잡한 형태의 입체 모델링 연습하기 P. 144
모델을 다양한 방향으로 돌출시키거나 삭제해 모델을 만들어봅니다.

Self Training Gallery

변형을 통한 모델링 연습하기 P. 156
모델의 에지나 버텍스를 이동하여 모델의 형태를 다양하게 만들어봅니다.

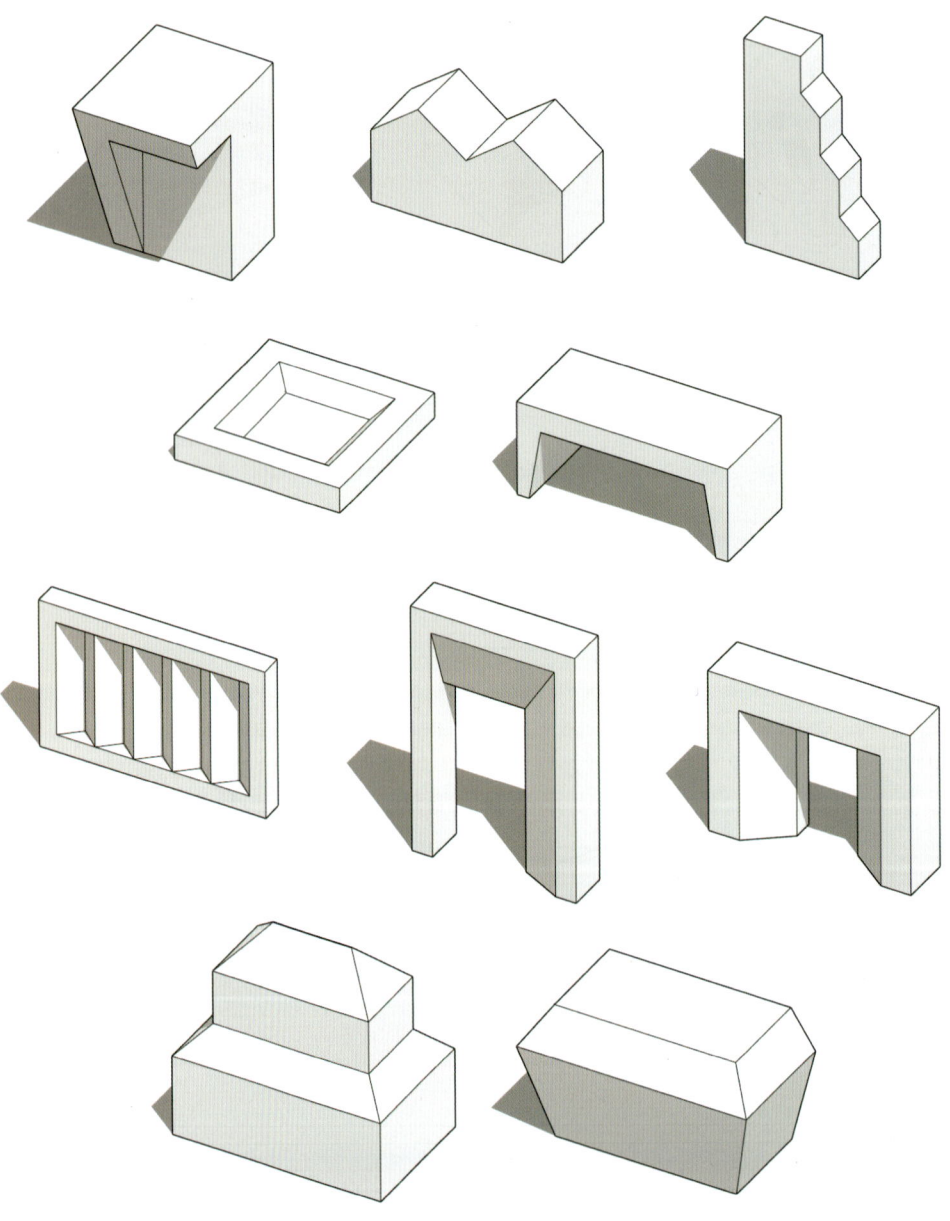

Follow Me를 활용한 경로형 입체 모델링 연습하기 P. 166
경로와 단면을 그리고 Follow Me 도구를 활용해 경로형 모델을 만들어봅니다.

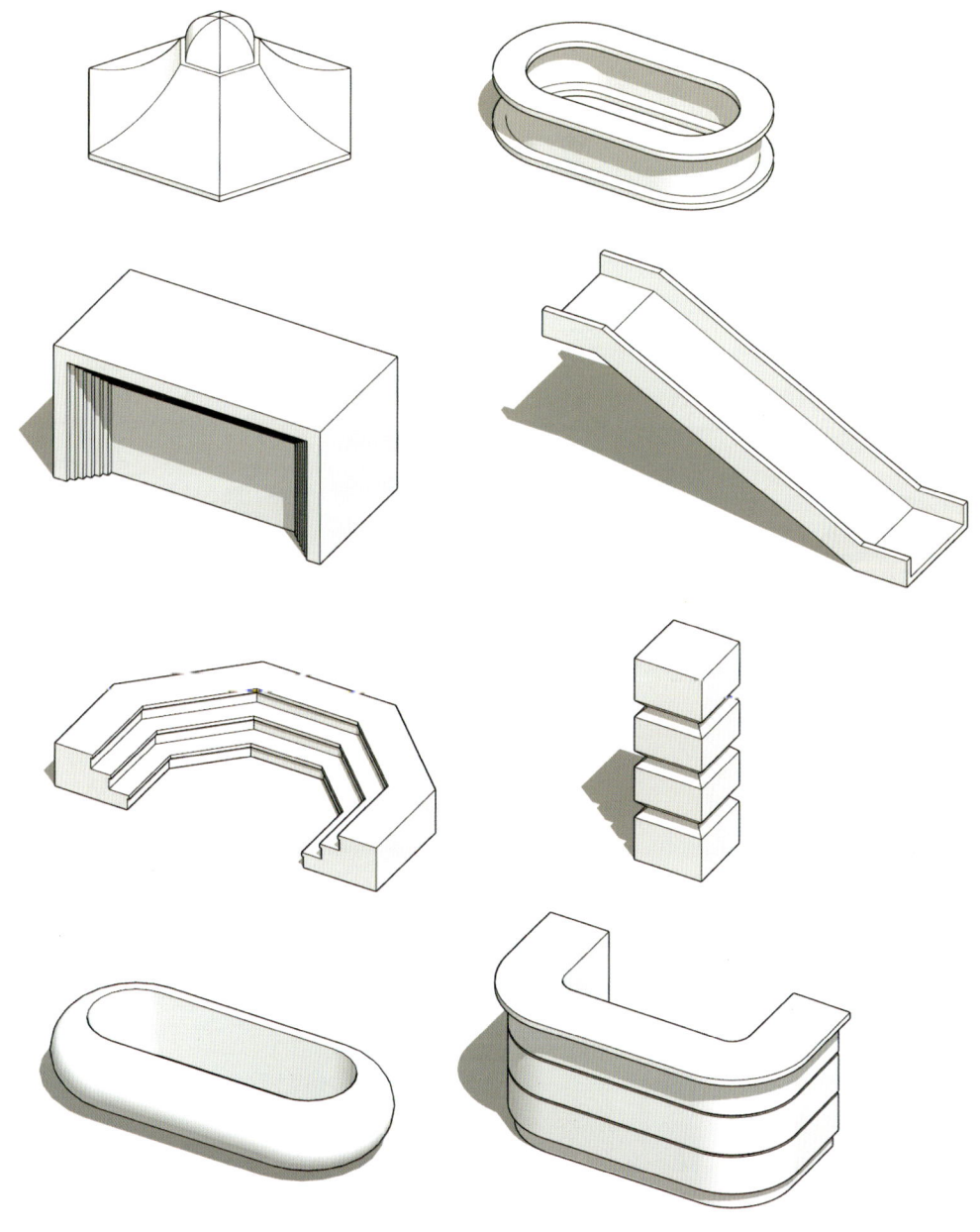

Self Training Gallery

Quick Lathe를 활용한 회전형 입체 모델링 연습하기 P.174
단면을 그려 중심축을 기준으로 회전하는 형태의 모델을 Quick Lathe를 활용해 만들어봅니다.

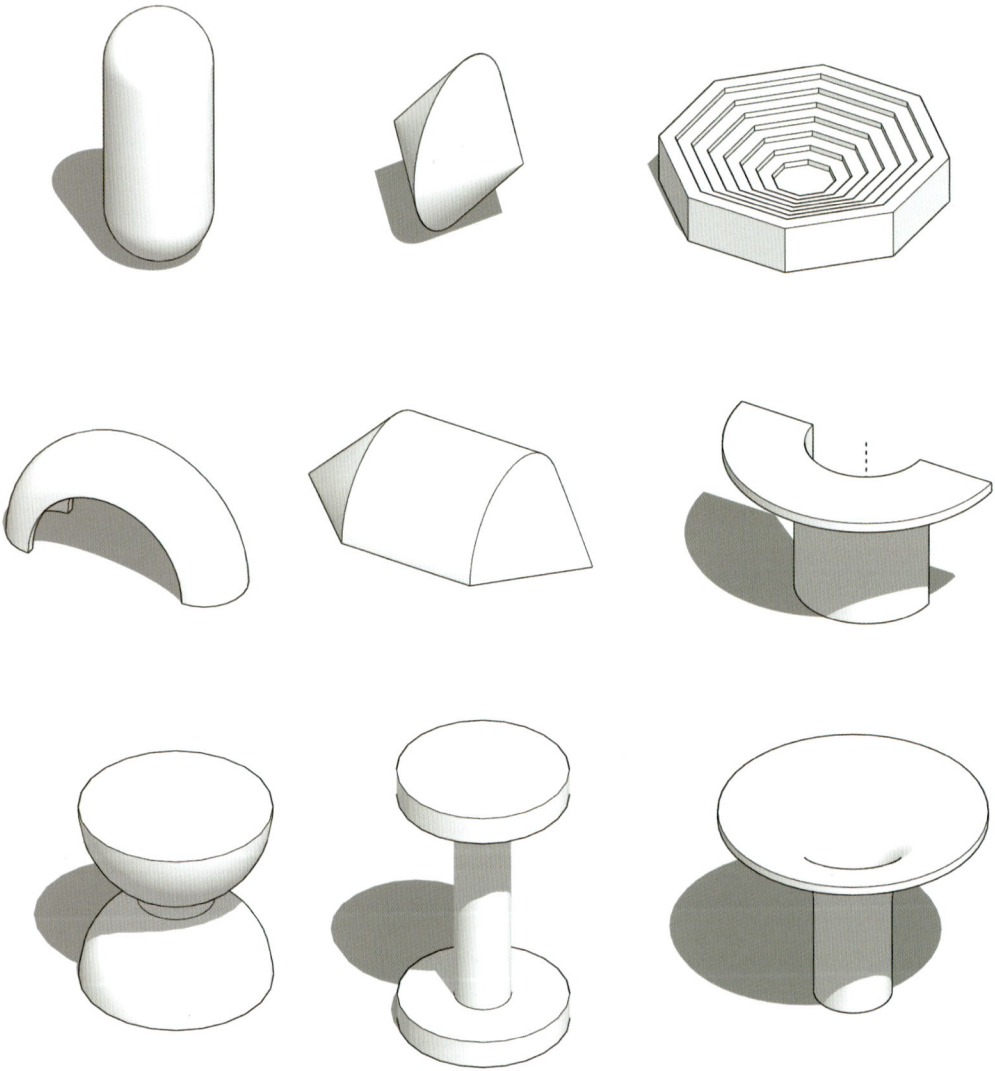

파이프 형태 입체 모델링 연습하기 P. 188
JHS Powerbar를 활용해 경로를 파이프 형태의 모델로 만들어봅니다.

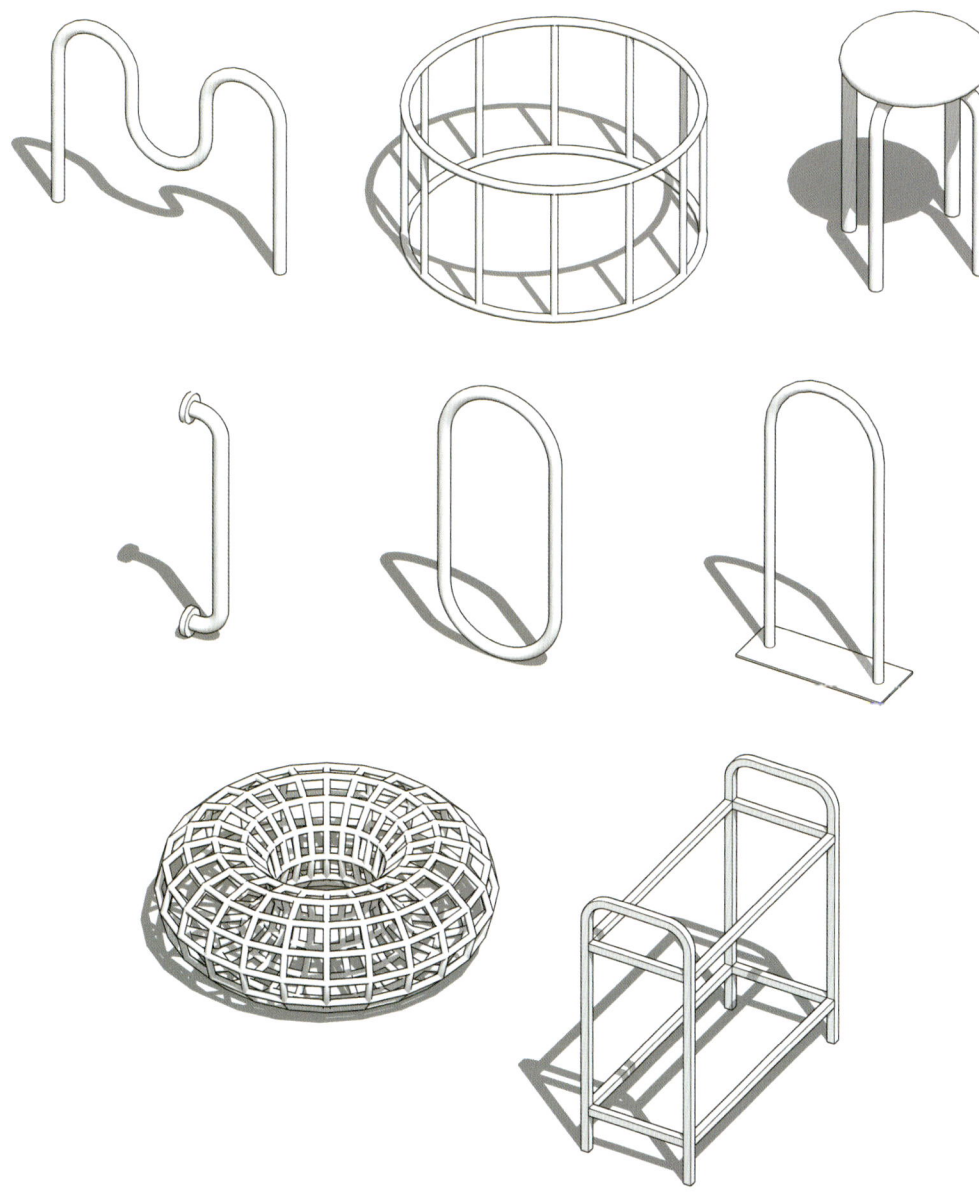

Self Training Gallery

Solid Tools를 활용한 모델링 연습하기 P. 200
솔리드 도구로 모델을 합치거나 파내어 모델을 만들어봅니다.

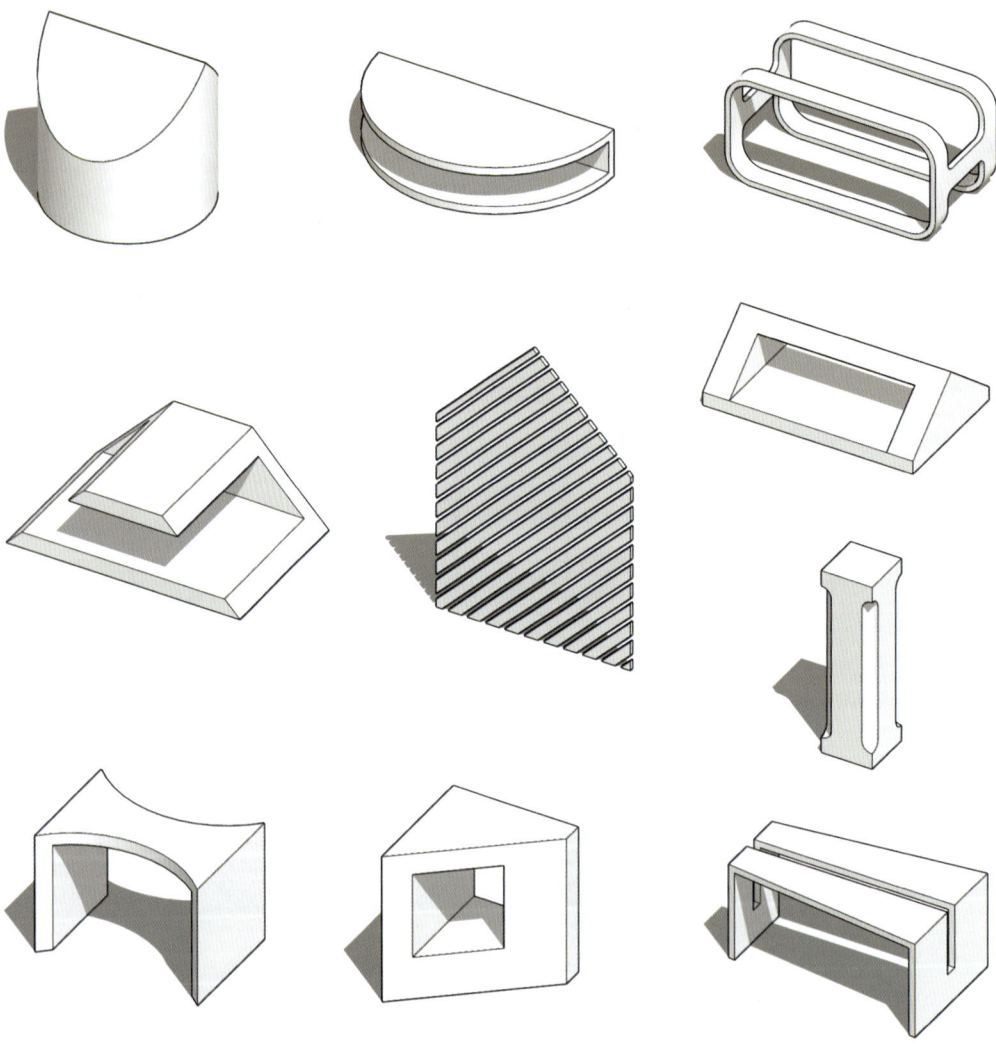

플러그인을 활용한 모델링 연습하기 P. 216
다양한 플러그인을 활용해 모서리를 깎거나 면에 두께를 주어 모델을 만들어봅니다.

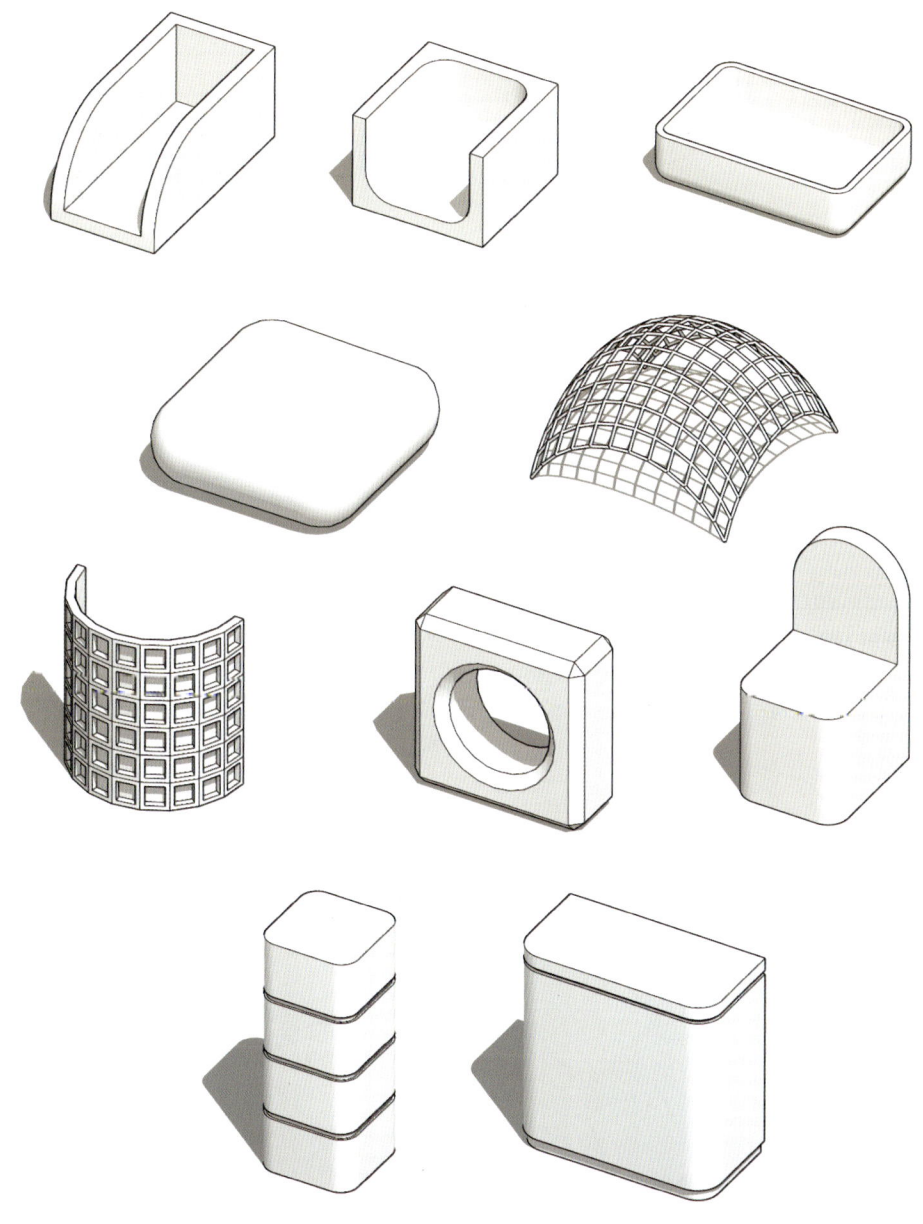

Self Training Gallery

건축물 기본 구조 모델링 연습하기 P. 244

평면이나 단면을 돌출시켜 바닥과 벽, 개구부가 있는 건축물의 기본 구조를 만들어봅니다.

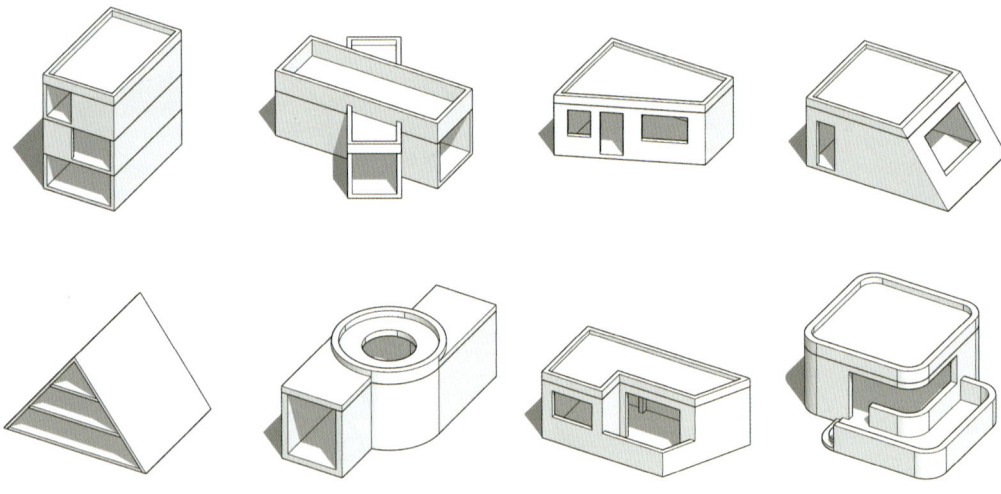

다양한 형태의 지붕 모델링 연습하기 P. 266

솔리드 도구를 활용하여 다양한 형태의 지붕을 만들어봅니다.

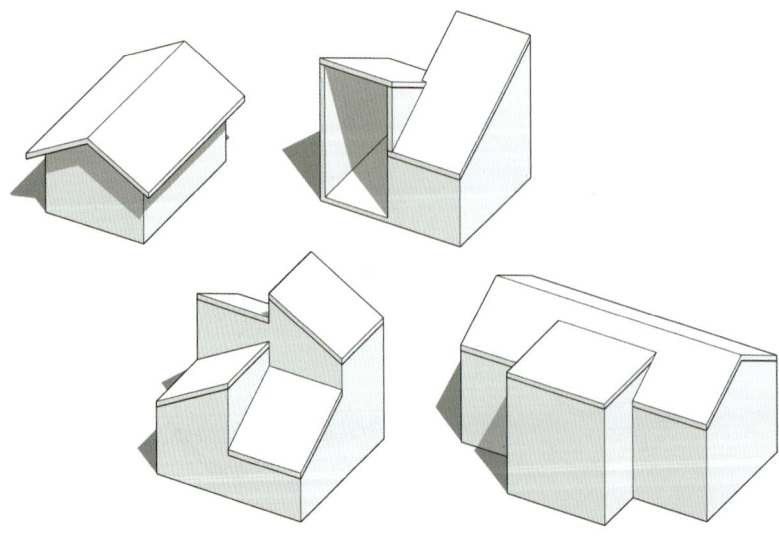

캐드 도면을 활용한 모델링 연습하기 P. 276
캐드 도면을 활용해 건축물의 기본 구조를 만들어봅니다.

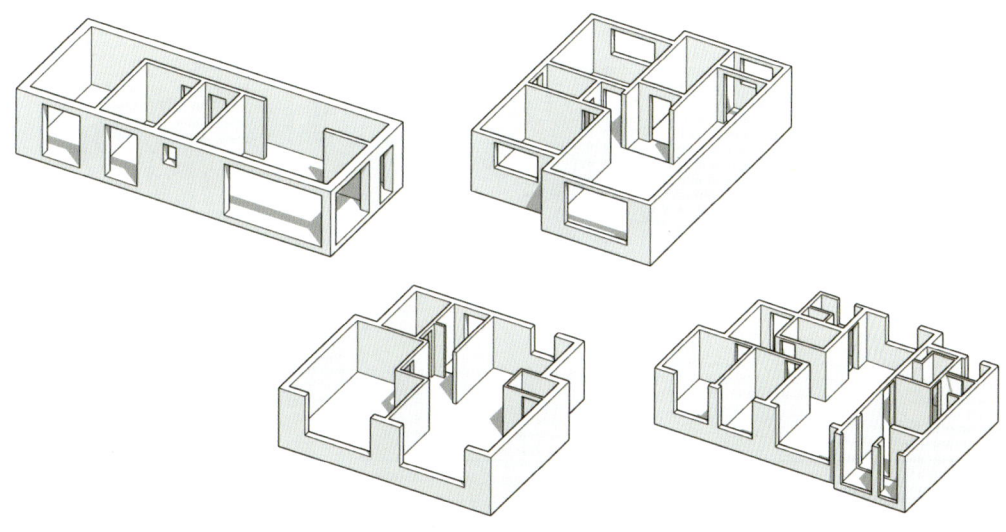

다양한 형태의 창문 모델링 연습하기 P. 300
다양한 방법으로 고정창, 여닫이창, 미닫이창을 만들어봅니다.

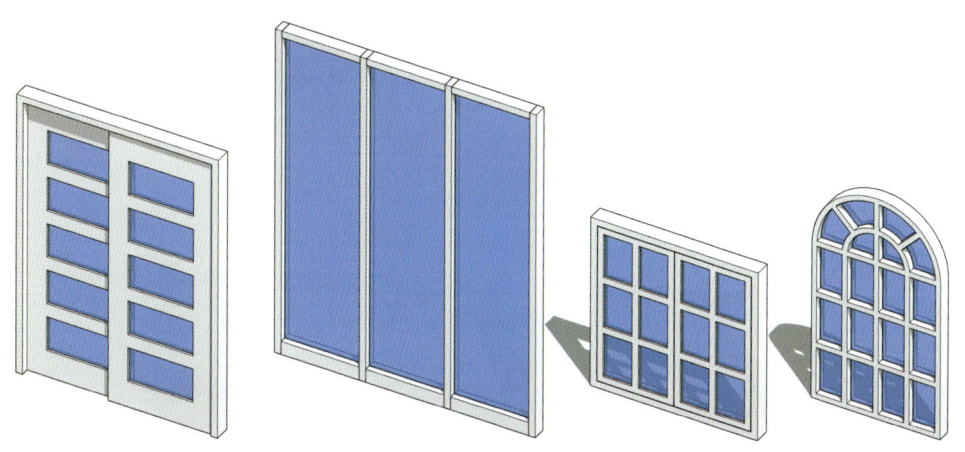

Self Training Gallery

방화문과 아파트 창호 모델링 연습하기 P. 314
방화문을 모델링하고 아파트 기본 구조에 문과 창문을 크기에 맞게 배치해봅니다.

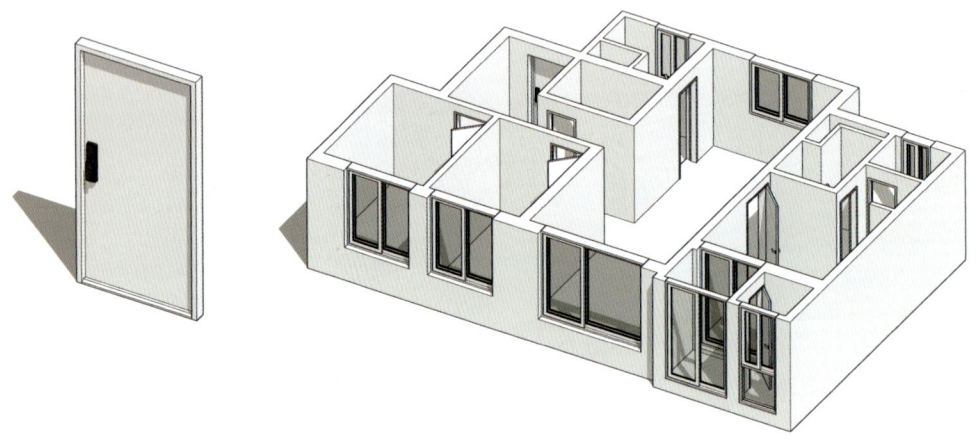

다양한 형태의 계단 모델링 연습하기 P. 334
컴포넌트와 솔리드 도구를 활용해 다양한 형태의 계단을 만들어봅니다.

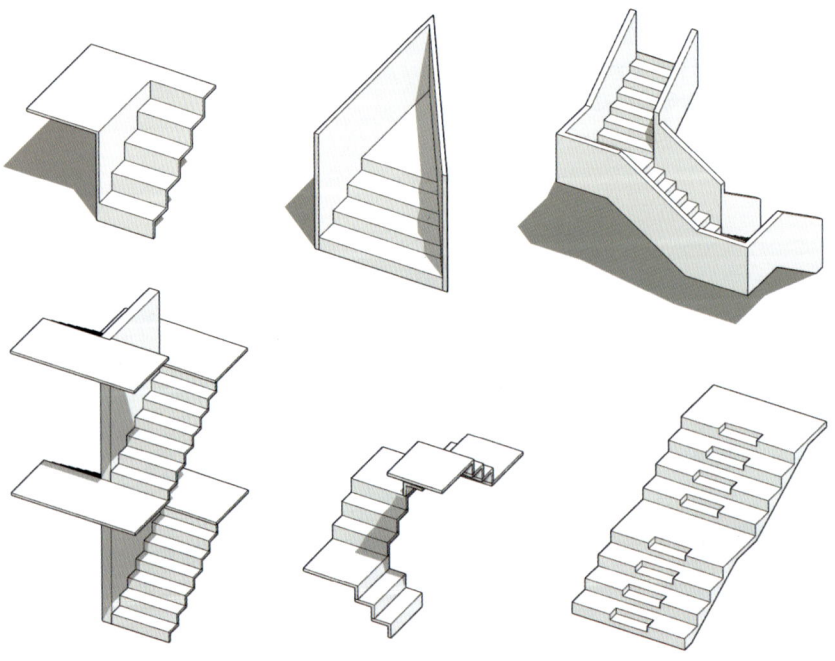

경사로 모델링 연습하기 P. 352
플러그인 Shape Bender를 활용해 경사로를 만들어봅니다.

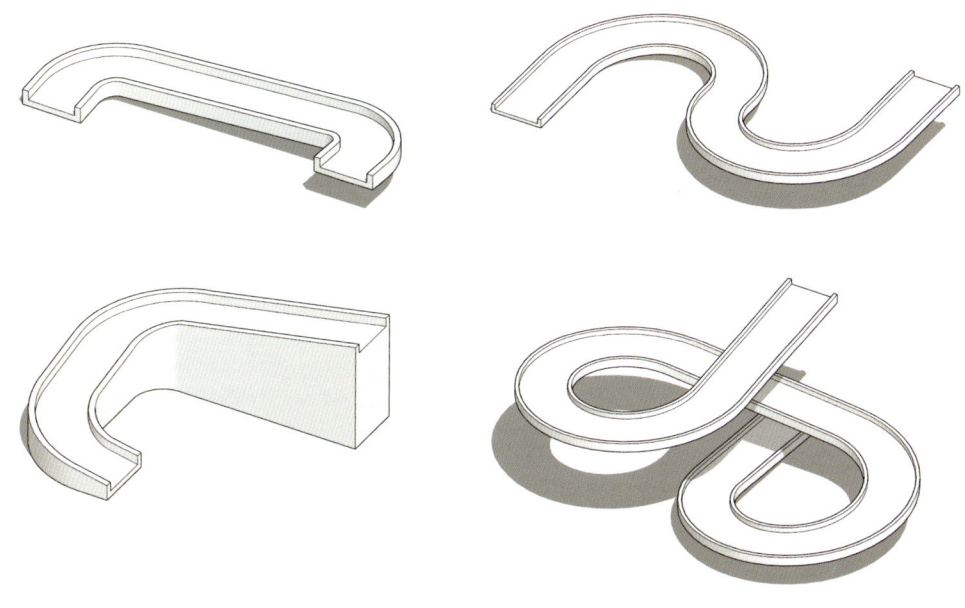

다양한 형태의 난간 모델링 연습하기 P. 372
플러그인 JHS Powerbar의 다양한 도구를 활용해 난간을 만들어봅니다.

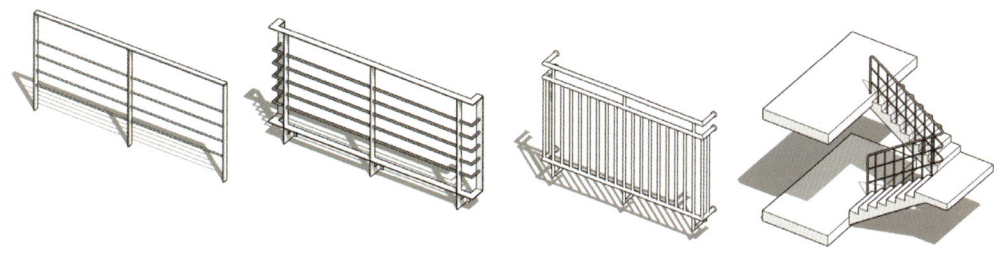

Self Training Gallery

가구 모델링 연습하기 P. 398
앞에서 학습한 내용을 바탕으로 다양한 형태의 가구를 만들어봅니다.

지형 모델링 연습하기 P. 412
Sandbox의 도구나 플러그인을 활용해 지형을 만들어봅니다.

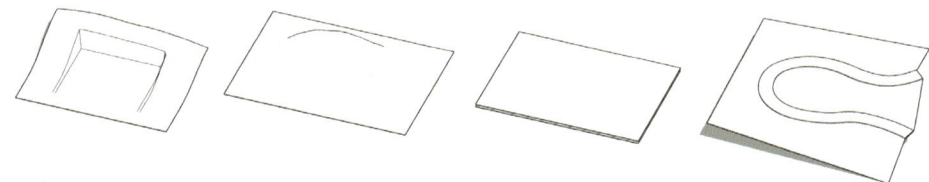

재질 매핑과 UV 설정 연습하기 P. 432
모델에 재질을 지정하고 재질의 방향과 크기를 맞추는 연습을 합니다.

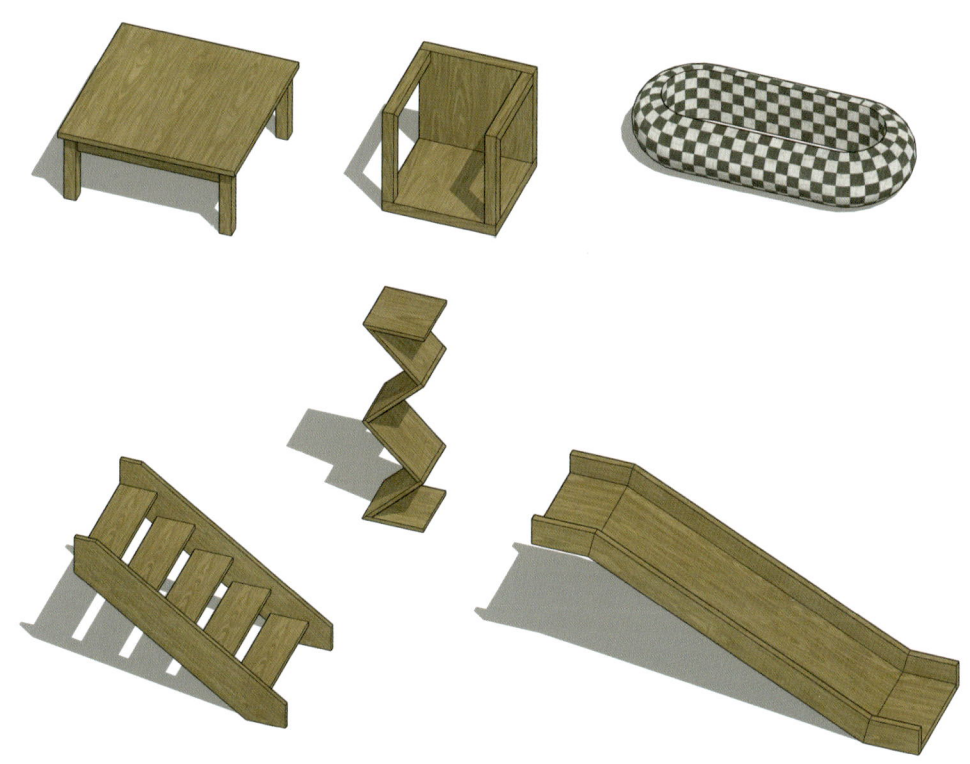

목차

머리말	003
일러두기	004
이 책을 제대로 활용하는 방법	006
스케치업 알아보기	008
확장 프로그램 목록	010
예제 파일 다운로드	011
이 책의 구성	012
Self Training Gallery	014

Part 01　스케치업 시작하기

Lesson 01 ｜ 스케치업 설치하기	042
[Basic Training] 스케치업 설치하기	042
Lesson 02 ｜ 스케치업 사용자 환경 설정하기	045
[Warm Up] 스케치업 화면 구성 알아보기	045
[Basic Training] 도구바와 트레이 정리하기	046
[Basic Training] 환경 설정과 단축키 지정하기	047
Lesson 03 ｜ 확장 프로그램 설치하기	050
[Warm Up] 확장 프로그램과 Extension Warehouse	050
[Basic Training] Extension Warehouse에서 확장 프로그램 설치하기	051
[Basic Training] SketchUcation 웹사이트 활용하기	052

Part 02　기초 모델링 트레이닝

Lesson 01 ｜ 기본 조작법 익히기	058
[Warm Up] Standard 도구바	058

[Warm Up] 화면 제어 도구 · 059

[Warm Up] 축(Axes)과 Views 도구바 · 059

[Basic Training] 뷰포트 제어 연습하기 · 060

Lesson 02 | 기본형 입체 모델링 · 064

[Warm Up] 그리기 도구 · 064

[Warm Up] 입체 도형을 만드는 Push/Pull · 065

[Warm Up] 상태 표시줄 · 066

[Warm Up] 그룹으로 만들어 완성하기 · 066

[Warm Up] 솔리드 상태 알아보기 · 067

[Basic Training] 기본 입체 모델링하기 · 068

[Self Training] 기본 입체 모델링 연습하기 · 076

Lesson 03 | 이동 도구를 활용한 모델링 · 078

[Warm Up] 이동, 복사, 배열하는 Move · 078

[Warm Up] 객체 선택 도구와 선택 방법 · 079

[Basic Training] 선택 도구 활용 연습하기 · 080

[Warm Up] 셰이딩 모드 · 082

[Warm Up] 인퍼런스 그립 · 082

[Basic Training] 선반장 만들기 · 083

[Basic Training] 벽돌 쌓기 · 085

[Self Training] 복사와 배열 연습하기 · 090

Lesson 04 | 회전, 대칭, Curic Gizmo를 활용한 모델링 · 092

[Warm Up] 회전(Rotate) 알아보기 · 092

[Warm Up] 대칭(Flip) 알아보기 · 093

[Warm Up] Curic Gizmo(스케치업 2023 버전 이상) · 094

[Basic Training] 사각 테이블 세트 만들기 · 095

[Basic Training] 원형 테이블 세트 만들기 · 101

[Self Training] 이동 도구와 Curic Gizmo를 활용한 모델링 연습하기 · 104

Lesson 05 | 다양한 형태의 도형 그리기 · 106

[Warm Up] Perspective와 Parallel Projection · 106

목차

[Warm Up] 여러 도형을 조합한 평면 작도와 입체 만들기 … 107
[Basic Training] 도형을 조합한 평면 그리기 … 108
[Warm Up] 상대 좌표와 절대 좌표 이해하기 … 111
[Basic Training] 상대 좌표를 활용한 객체 복사하기 … 112
[Warm Up] 오프셋(Offset) 알아보기 … 114
[Basic Training] 상대 좌표와 오프셋을 활용한 모델링 … 115
[Self Training] 여러 도형을 조합한 단면 그리기와 모델링 연습하기 … 118

Lesson 06 | Tape Measure Tool과 Protractor를 활용한 모델링하기 … 120

[Warm Up] Tape Measure Tool 알아보기 … 120
[Basic Training] 가이드라인을 활용한 모델링 … 121
[Basic Training] Protractor를 활용한 가이드라인 만들기 … 125
[Basic Training] Tape Measure Tool로 모델의 크기 바꾸기 … 128
[Self Training] 가이드라인을 활용한 모델링 연습하기 … 130

Lesson 07 | 복잡한 형태의 모델링과 오류 수정 … 132

[Warm Up] 모델의 일부가 돌출된 형태 … 132
[Warm Up] 나누어진 평면이 돌출된 형태 … 133
[Warm Up] Push/Pull을 활용해 구멍 뚫기 … 134
[Warm Up] 프런트 페이스(Front Face)와 백 페이스(Back Face) … 134
[Warm Up] 모델의 오류를 수정하는 플러그인 … 135
[Basic Training] Push/Pull로 구멍 뚫기 … 137
[Basic Training] 모델의 오류 수정하기 … 140
[Self Training] 복잡한 형태의 입체 모델링 연습하기 … 144

Lesson 08 | 모델의 변형 … 146

[Warm Up] 서브 오브젝트(Sub-Object) … 146
[Warm Up] 반지름 수정으로 모델 변형하기 … 147
[Warm Up] 크기를 배율로 조정하는 Scale … 148
[Basic Training] 모델 변형하기 … 149
[Self Training] 변형을 통한 모델링 연습하기 … 156

Lesson 09 | Follow Me를 활용해 경로형 입체 모델링하기   158

    [Warm Up] Follow Me 알아보기   158

    [Basic Training] Follow Me를 활용한 모델링 ❶   159

    [Basic Training] Follow Me를 활용한 모델링 ❷   161

    [Basic Training] Follow Me를 활용한 모델링 ❸   163

    [Self Training] Follow Me를 활용한 경로형 입체 모델링 연습하기   166

Lesson 10 | Quick Lathe를 활용한 회전형 입체 모델링하기   168

    [Warm Up] Quick Lathe 알아보기   168

    [Basic Training] Quick Lathe를 활용한 기본 입체 모델링   169

    [Self Training] Quick Lathe를 활용한 회전형 입체 모델링 연습하기   174

Lesson 11 | 파이프 형태 입체 모델링   176

    [Warm Up] JHS Powerbar의 명령으로 파이프 모델링하기   176

    [Basic Training] 사각 파이프 만들기   178

    [Basic Training] 원 파이프 만들기   181

    [Basic Training] 파이프 구조물 만들기   184

    [Self Training] 파이프 형태 입체 모델링 연습하기   188

Lesson 12 | 솔리드 도구 활용하기   190

    [Warm Up] Solid Tools 알아보기   190

    [Basic Training] Solid Tools를 활용한 모델링 ❶   191

    [Basic Training] Solid Tools를 활용한 모델링 ❷   196

    [Self Training] Solid Tools를 활용한 모델링 연습하기   200

Lesson 13 | 플러그인을 활용해 모델링하기   202

    [Warm Up] Fredo Corner를 활용한 모깎기   202

    [Warm Up] Fredo Joint Push Pull을 활용한 두께 만들기   203

    [Basic Training] Fredo Corner를 활용한 모델링   204

    [Basic Training] Smart Offset을 활용한 모델링   210

    [Basic Training] Curviloft를 활용한 곡면 만들기   213

    [Self Training] 플러그인을 활용한 모델링 연습하기   216

목차

Part 03 건축물의 구성요소 모델링 익히기

Lesson 01 | 건축물 기본 구조 모델링   220
- [Warm Up] 건축물의 형태에 따른 모델링 접근법   220
- [Basic Training] 적층형 모델링 방식 연습하기   222
- [Basic Training] 외피 우선 모델링 방식 연습하기   230
- [Basic Training] Solid Tools를 활용한 외피 모델링   234
- [Self Training] 건축물 기본 구조 모델링 연습하기   244

Lesson 02 | 다양한 형태의 지붕 모델링   248
- [Warm Up] 지붕의 두 가지 모델링 방식   248
- [Basic Training] 박공지붕 모델링하기   249
- [Basic Training] 외쪽 지붕 모델링하기   253
- [Basic Training] 플러그인을 활용한 모임지붕 모델링   260
- [Self Training] 다양한 형태의 지붕 모델링 연습하기   266

Lesson 03 | 캐드 도면을 활용한 모델링   268
- [Warm Up] 캐드 도면을 활용한 모델링 주의 사항   268
- [Basic Training] 캐드 도면으로 구조 모델링하기   269
- [Self Training] 캐드 도면을 활용한 모델링 연습하기   276

Lesson 04 | 창문 모델링   278
- [Warm Up] 창문 모델링 주의 사항   278
- [Basic Training] 고정창 만들기   279
- [Basic Training] 도면을 활용한 미서기창 만들기   284
- [Basic Training] 3짝 이중창 만들기   292
- [Basic Training] 1001bit-tools를 활용한 창호 만들기   297
- [Self Training] 다양한 형태의 창문 모델링 연습하기   300

Lesson 05 | 여닫이문 모델링과 다이나믹 컴포넌트 만들기   302
- [Warm Up] 여닫이문 모델링 주의 사항   302
- [Warm Up] 다이나믹 컴포넌트   303
- [Basic Training] 여닫이문 모델링하기   304

	[Basic Training] 다이나믹 컴포넌트 만들기	310
	[Self Training] 방화문과 아파트 창호 모델링 연습하기	314

Lesson 06 | 계단 모델링 — 316

	[Warm Up] 계단 모델링 접근 방식	316
	[Basic Training] 직선형 계단 모델링하기	317
	[Basic Training] U자형 계단 모델링하기	321
	[Basic Training] Shape Bender를 활용한 원형 계단 모델링하기	328
	[Self Training] 다양한 형태의 계단 모델링 연습하기	334

Lesson 07 | 경사로 모델링 — 336

	[Warm Up] 경사로 모델링 접근 방식	336
	[Basic Training] 경사로 모델링하기	337
	[Basic Training] CurviShear를 활용한 경사로 모델링하기	347
	[Self Training] 경사로 모델링 연습하기	352

Lesson 08 | 난간 모델링 — 354

	[Warm Up] 난간 모델링 접근 방식	354
	[Basic Training] 계단 난간 모델링하기	355
	[Basic Training] 경사로 난간 모델링하기	364
	[Self Training] 다양한 형태의 난간 모델링 연습하기	372

Lesson 09 | 가구 모델링 — 374

	[Warm Up] 가구 모델링 접근법	374
	[Basic Training] 철제 선반장 모델링하기	375
	[Basic Training] 식탁 모델링하기	379
	[Basic Training] 비정형 데스크 만들기	390
	[Self Training] 가구 모델링 연습하기	398

Lesson 10 | 지형 모델링 — 400

	[Warm Up] 스케치업에서 지형을 만드는 세 가지 방법	400
	[Basic Training] 지형도를 활용해 지형 모델링하기	401
	[Basic Training] Scratch와 Smoove를 활용한 지형 모델링하기	404
	[Basic Training] 잔디 화단 만들기	407

목차

[Self Training] 지형 모델링 연습하기	412
Lesson 11 │ 재질 넣기와 매핑 좌표 설정하기	414
[Warm Up] Paint Bucket 알아보기	414
[Warm Up] 스케치업의 매핑 방식 이해하기	415
[Basic Training] 액자 매핑하기	416
[Basic Training] 트러스 구조물 매핑하기	420
[Basic Training] 곡면에 재질 넣기	424
[Self Training] 재질 매핑과 UV 설정 연습하기	432

Part 04 엔스케이프를 활용한 렌더링

Lesson 01 │ 엔스케이프 설치하기	436
[Warm Up] 엔스케이프란?	436
[Basic Training] 엔스케이프 설치하기	437
[Basic Training] 자동 구독 해지하기	442
Lesson 02 │ 엔스케이프 렌더링 순서 익히기	444
[Warm Up] 엔스케이프 도구바	444
[Warm Up] 엔스케이프의 이동 방식(Navigation Mode)	445
[Warm Up] 씬(Scene) 저장과 활용	446
[Basic Training] 엔스케이프의 실내 공간 렌더링	447
Lesson 03 │ 엔스케이프의 재질 활용하기	456
[Warm Up] 재질(Material) 이해하기	456
[Warm Up] 엔스케이프 재질 편집기	457
[Basic Training] 다양한 방식으로 재질 넣기	458
Lesson 04 │ 환경 표현과 HDRI 활용하기	471
[Warm Up] HDRI 이해하기	471
[Basic Training] 엔스케이프 기본 환경 활용하기	473

[Basic Training] HDRI를 활용한 외부 환경 표현	478
Lesson 05 | 잔디와 수목 표현	481
[Warm Up] 엔스케이프의 재질 유형	481
[Basic Training] 엔스케이프의 Grass 재질을 활용한 잔디 표현	482
[Basic Training] 모델 소스를 활용한 잔디 표현	487
[Basic Training] 엔스케이프 소스를 활용한 수목 표현	492
Lesson 06 | 엔스케이프의 조명	497
[Warm Up] 엔스케이프의 조명 이해하기	497
[Warm Up] 조명의 밝기	498
[Warm Up] 조명 관련 옵션	499
[Basic Training] 회의실 조명 설치하기	499
[Basic Training] 외부 환경 표현과 IES 활용하기	518
[Basic Training] 최종 렌더링 설정과 포토샵을 이용한 조명 후보정	532
찾아보기	540

SKETCHUP & ENSCAPE
TRAINING BOOK

Part 01

스케치업 시작하기

이번 Part에서는 스케치업을 설치하고 작업하기 좋은 환경으로 설정하는 방법을 학습합니다. 또한 스케치업 사용을 더욱 편하게 하는 필수 확장 프로그램을 설치하고, 효율적으로 작업할 수 있도록 단축키를 설정하는 과정을 다룹니다. 이 과정을 통해 스케치업을 빠르고 편리하게 활용할 수 있는 기반을 탄탄히 마련하기 바랍니다.

Lesson 01 | 스케치업 설치하기

Check Point
- ☑ 스케치업을 다운로드하고 설치할 수 있는가?
- ☑ 새 작업을 시작할 때 선택해야 할 템플릿이 무엇인지 알고 있는가?

Basic Training 스케치업 설치하기

스케치업은 7일 간의 무료 평가판(Trial)을 통해 기능 제한 없이 사용할 수 있습니다. 이후에는 유료 구독이 필요하며, 평가판 만료 시 확장 프로그램(플러그인)과 Solid Tools 등의 사용이 제한됩니다. 유료 버전은 연 단위 구독 방식으로 제공되며, Go, Pro, Studio의 세 가지 버전이 있습니다. 일반적으로는 데스크톱과 LayOut, 플러그인을 모두 사용할 수 있는 Pro 버전을 선택하는 것을 권장합니다.

CORE TIP 국내 리셀러나 할인 이벤트를 활용하면 더 저렴하게 구독할 수 있습니다. 대학생이라면 학생용 라이선스를 구매할 수 있으니 자신에게 적합한 구독 방식을 확인한 후 선택하세요.

01 ❶ 스케치업 다운로드 웹사이트(https://www.sketchup.com/ko-kr/download/all)에 접속합니다. ❷ 운영체제에 맞는 [SketchUp 2026]을 선택한 후 다운로드합니다.

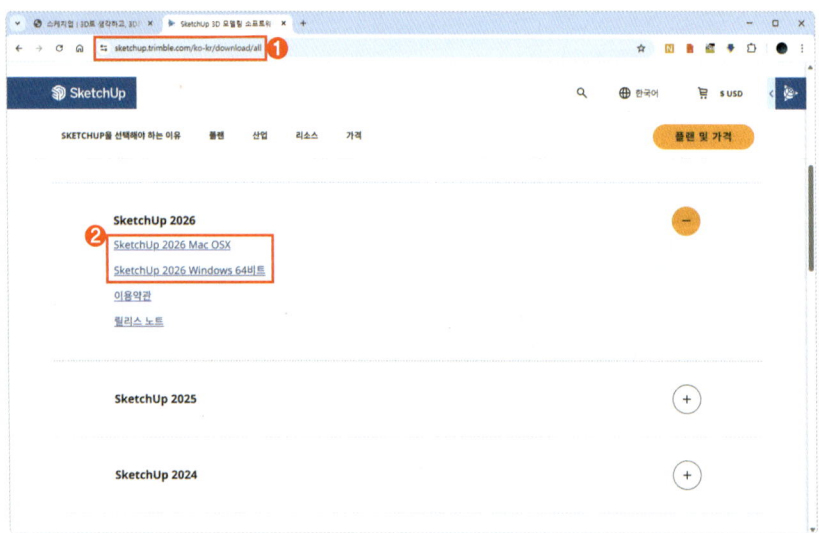

CORE TIP 이 웹사이트는 번거로운 확인이나 선택 과정 없이 바로 스케치업을 다운로드할 수 있는 페이지입니다. 이 웹사이트에서 다운로드가 진행되지 않는다면 공식 웹사이트 주소(https://www.sketchup.com/ko-kr)로 접속해 무료 평가판을 다운로드합니다.

02 다운로드한 설치 파일을 실행합니다. ❶ 설치 옵션에서 [변경]을 클릭한 후 ❷ [한국어]의 체크를 해제합니다. ❸ [확인]을 클릭하고 ❹ [설치]를 클릭해 진행합니다.

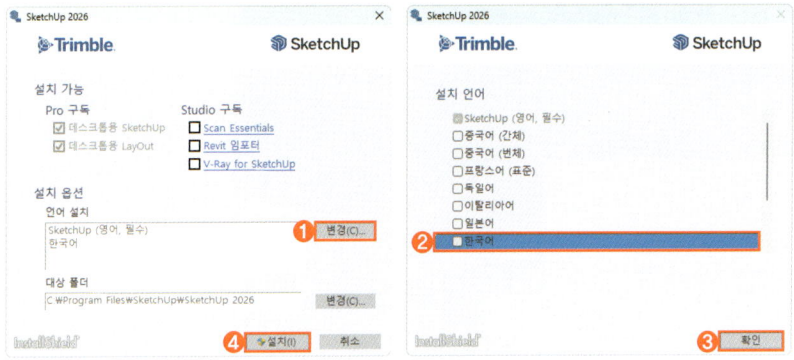

CORE TIP 이 책은 스케치업 영문 버전을 기준으로 만들었습니다. 한국어 버전과 아이콘, 명령 등의 위치는 동일하지만 책에서 제공하는 단축키의 호환성 등을 위해 영문 버전 설치를 권장합니다.

03 설치를 완료하면 [마침]을 클릭합니다.

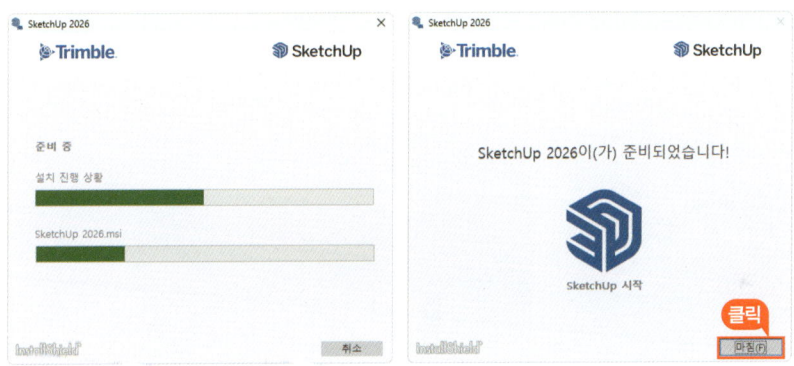

04 바탕화면에 [SketchUp 2026] 아이콘이 추가되면 더블클릭해 실행합니다. ❶ [Sign In]을 클릭하고 ❷ [Create a Trimble ID]를 클릭하여 새 계정을 만듭니다. 기존 계정이나 구글, 애플 계정이 있다면 바로 로그인할 수 있습니다.

Lesson 01 스케치업 설치하기　　**043**

05 [Start modeling]을 클릭해 시작합니다.

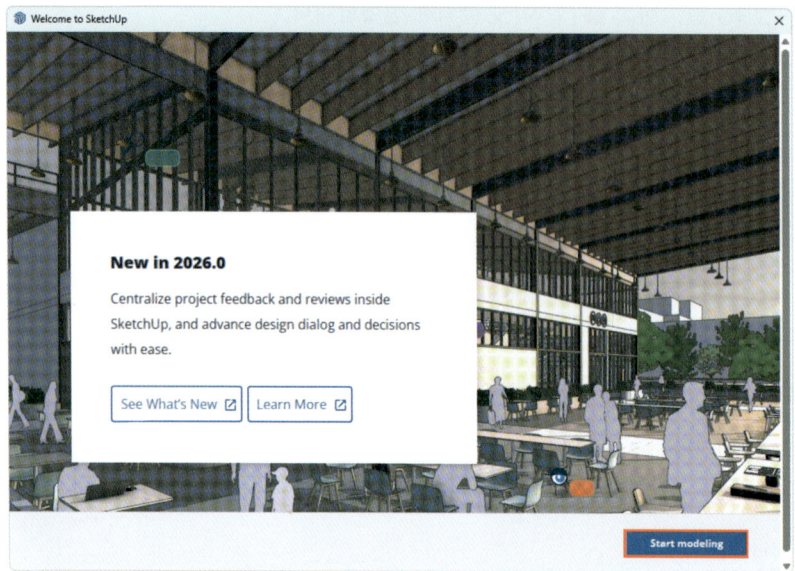

06 ❶ [Architectural-Millimeters] 템플릿의 [즐겨찾기(♥)]에 체크합니다. ❷ 해당 템플릿을 클릭해 시작합니다.

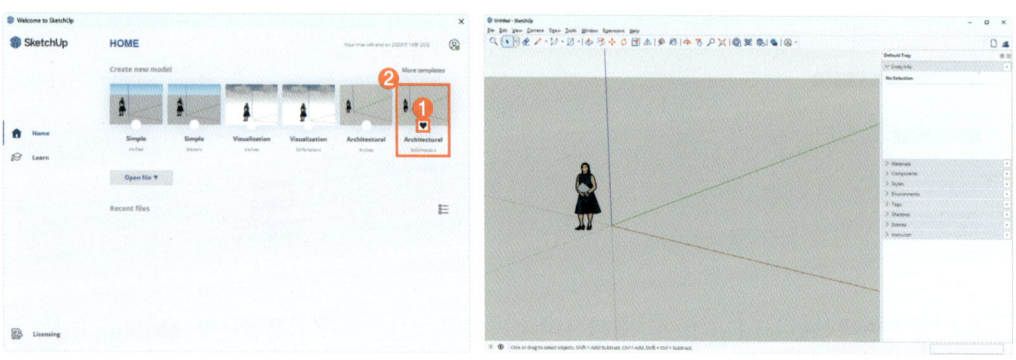

CORE TIP 한국에서는 건축이나 인테리어 분야에서 밀리미터(Millimeters) 단위를 사용합니다. 기본 템플릿이 인치(Inches)로 지정되어 있어 실수하기 쉬우니 꼭 단위를 확인하고 템플릿을 선택합니다.

Lesson 02 | 스케치업 사용자 환경 설정하기

Check Point
- 화면 각 영역의 명칭을 기억하는가?
- 도구바와 트레이를 추가하거나 제거할 수 있는가?
- 책에서 제공한 단축키 파일을 지정했는가?

 Warm Up | 스케치업 화면 구성 알아보기

스케치업의 화면은 아래와 같이 다섯 개의 영역으로 나눌 수 있습니다. 작업 영역에는 X축(빨간색), Y축(초록색), Z축(파란색)을 나타내는 선과 함께 인물 캐릭터가 표시됩니다. 이 캐릭터를 휴먼 피겨(Human Figure)라고 부르며, 스케치업 개발사와 관련된 사람을 모델로 만들어 버전마다 모습이 달라져 왔습니다. 휴먼 피겨의 크기를 통해 공간의 실제 크기를 쉽게 가늠할 수 있습니다.

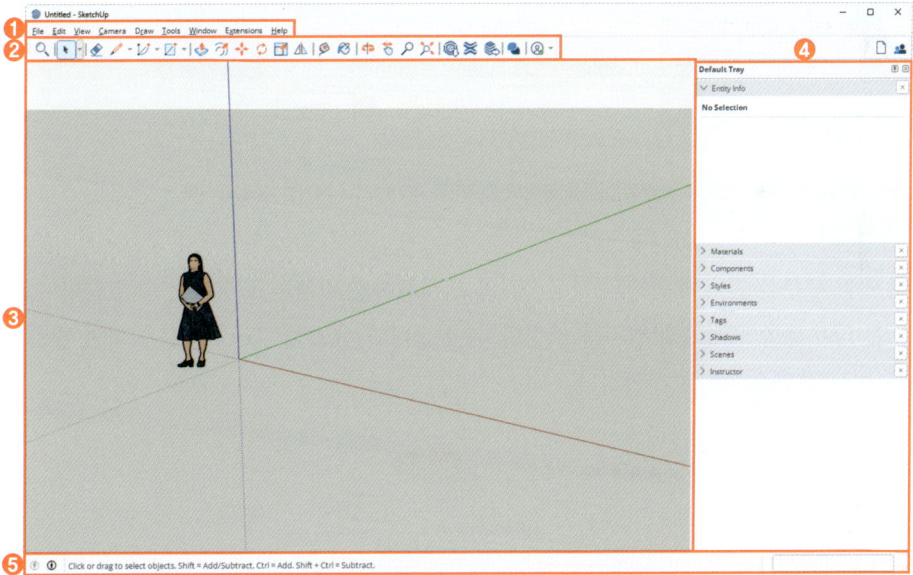

❶ **메뉴** | 명령과 옵션이 카테고리로 분류되어 있습니다.
❷ **도구바(도구 모음)** | 자주 사용하는 도구바를 등록해두고 바로 사용할 수 있습니다.
❸ **뷰포트** | 작업을 진행하는 3차원 공간입니다.
❹ **트레이** | 객체에 대한 정보를 확인하거나 자주 변경해야 하는 옵션을 트레이 형태로 등록해 사용합니다.
❺ **상태 표시줄** | 현재 사용하고 있는 명령의 사용법이나 옵션을 표시합니다.

 **Basic Training** 도구바와 트레이 정리하기

스케치업을 처음 설치하면 작업에 필요한 도구들이 화면에 모두 표시되지 않습니다. 그래서 먼저 화면에서 불필요한 도구바를 정리하고, 앞으로 작업에 꼭 필요한 도구바만 골라서 추가로 배치해 보겠습니다. 이렇게 하면 화면이 깔끔해지고 필요한 도구를 더 빠르고 편하게 찾을 수 있습니다.

01 ❶ [View] - [Toolbars…] 메뉴를 클릭합니다. ❷ [Toolbars] 대화상자에서 [Getting Started]의 체크를 해제하고, [Large Tool Set], [Solid Tools], [Standard], [Styles], [Views]에 체크합니다. ❸ [Close]를 클릭합니다.

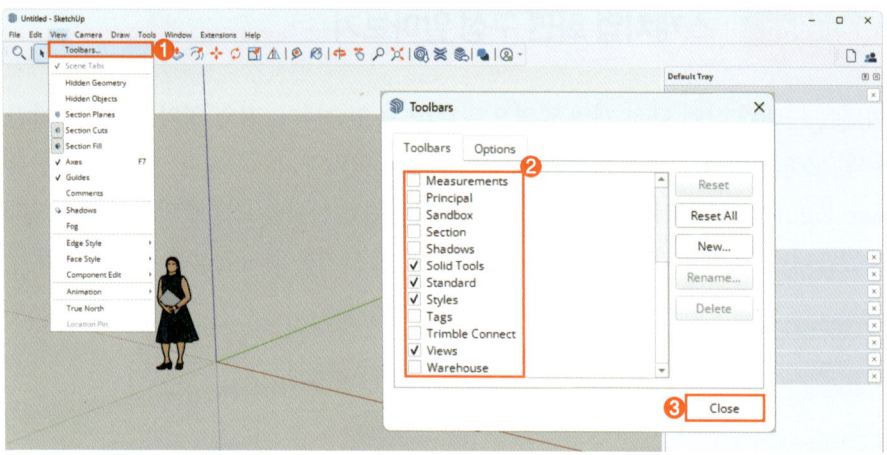

CORE TIP 도구바 영역의 빈 곳에서 마우스 오른쪽 버튼을 클릭해 도구바를 추가하거나 제거할 수 있습니다.

02 도구바의 이름 부분을 클릭해 화면의 가장자리로 드래그하면 위치를 고정시킬 수 있습니다. 고정된 도구바는 앞부분을 드래그해 위치를 조정할 수 있습니다. [Large Tool Set]은 화면 왼쪽에, 나머지 도구바는 화면 위쪽에 고정합니다.

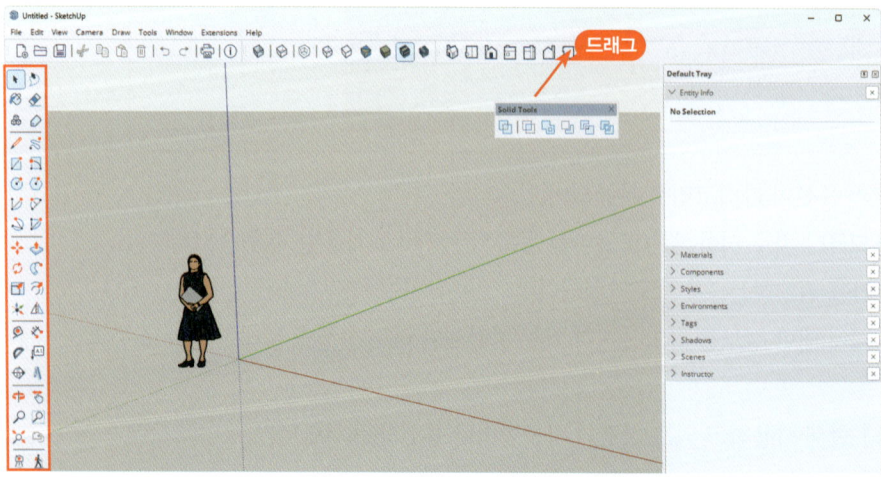

03 ❶ [Window] - [Default Tray] 메뉴에서 [Soften Edges]에 체크하고 ❷ [Instructor]의 체크는 해제합니다.

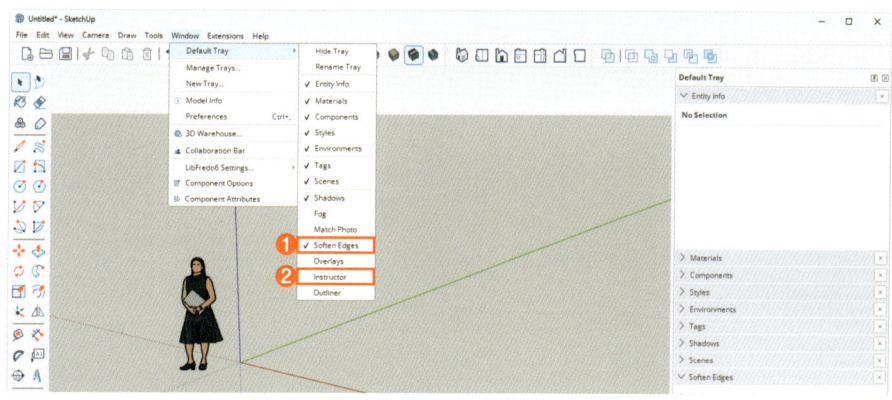

 **환경 설정과 단축키 지정하기**

준비 파일 | Part 01/Preferences.dat

스케치업의 기본 단축키는 개수가 적고, 자주 쓰지 않는 도구에 단축키가 지정되어 있어 그대로 사용하기에는 많이 불편합니다. 또, 앞으로 설치할 여러 플러그인도 직접 단축키를 지정해두어야 작업이 훨씬 편리해집니다. 다음을 참고해 단축키를 설정합니다.

01 ❶ [Window] - [Preferences] 메뉴를 클릭합니다. ❷ [SketchUp Preferences] 대화상자에서 [General] 카테고리를 클릭합니다. ❸ [Auto-save]를 체크하면 자동 저장 시간을 조정할 수 있습니다. 필요에 따라 시간을 늘려 사용합니다. ❹ [Allow checking for updates]의 체크를 해제하면 프로그램 시작 시마다 업데이트를 확인하지 않습니다. [Show Welcome Window]의 체크를 해제하면 스케치업을 시작할 때 템플릿 선택 창이 나타나지 않고 바로 모델링을 시작할 수 있습니다.

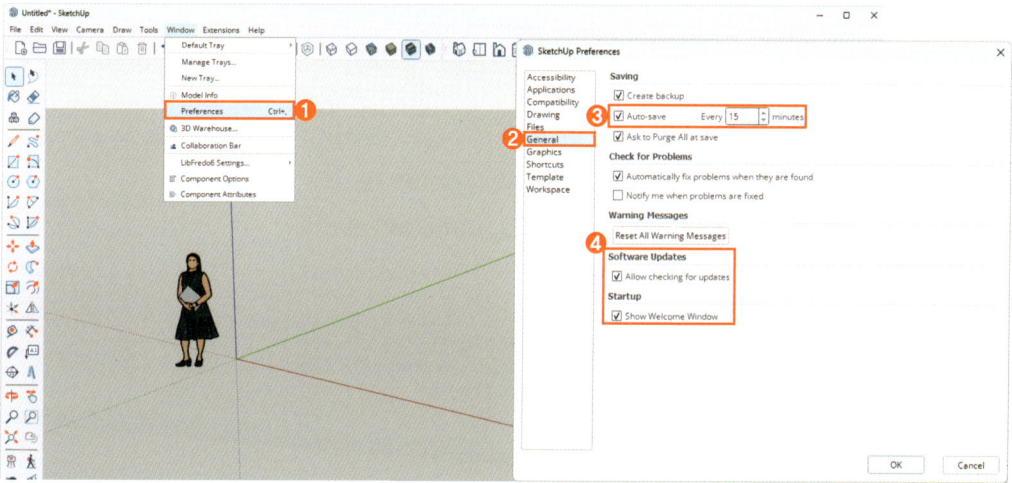

02 ① [Shortcuts] 카테고리에서 ② 아래와 같이 명령을 선택하고 ③ 단축키를 지정할 수 있습니다. 여기에서는 저장되어 있는 단축키 설정을 불러와 한 번에 설정하겠습니다. ④ [Import]를 클릭하고 준비 파일 폴더에서 **Preferences.dat** 파일을 선택합니다. ⑤ 중복된 단축키가 있을 경우, 재지정 여부를 확인하는 메시지 창이 표시됩니다. [Yes]를 클릭합니다. ⑥ 설정이 완료되면 [OK]를 클릭해 창을 닫습니다.

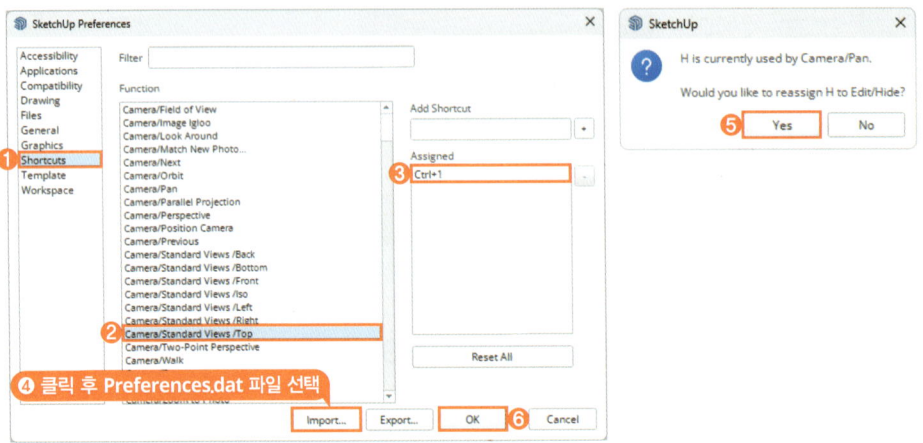

> **Power Up Note** 반드시 필요한 단축키 지정 안내

반드시 이 책의 예제 파일에서 제공하는 단축키를 불러와 재지정해야 합니다. 제공된 단축키는 기존의 불필요한 단축키를 제거하고 자주 사용하는 도구에 편리한 단축키를 지정했습니다. 또한 학습 과정에서 추가할 플러그인의 단축키까지 미리 설정되어 있습니다.

도구	단축키	설명
Edit/Delete Guides	Shift + D	화면의 모든 가이드라인과 가이드 포인트를 삭제합니다.
Edit/Item/Explode	Shift + X	그룹이나 컴포넌트를 분해합니다.
Edit/Hide	H	선택한 객체를 숨깁니다.
Edit/Unhide All	U	숨겨진 객체를 보이게 합니다.
Edit/Make Group	Ctrl + G	선택한 객체를 그룹으로 만듭니다.
View/Axes	F7	축을 끄거나 켭니다.
View/Face Style/X-Ray	X	객체를 모두 반투명하게 보이도록 합니다.
View/Component Edit/Hide Rest of Model	Alt + H	그룹이나 컴포넌트를 수정할 때, 나머지 모델을 모두 숨깁니다.
Camera/Previous	Shift + Z	이전 뷰로 되돌립니다.
Camera/Standard View/Top	Ctrl + 1	[Top] 뷰로 전환합니다.
Camera/Standard View/Front	Ctrl + 2	[Front] 뷰로 전환합니다.
Camera/Standard View/Left	Ctrl + 3	[Left] 뷰로 전환합니다.
Camera/Standard View/Iso	Ctrl + 4	[Isometric] 뷰로 전환합니다.

기능	단축키	설명
Camera/Parallel Projection	F5	원근감이 있는 투시도 뷰와 원근감이 없는 투상도 뷰를 변환합니다.
Camera/Zoom	Ctrl + Shift + Z	[Zoom] 도구를 실행합니다.
Draw/Shapes/Rotated Rectangle	Ctrl + R	[Rotated Rectangle] 도구를 실행합니다.
Tools/Follow Me	Shift + F	[Follow Me] 도구를 실행합니다.
Tools/Protractor	Shift + T	[Protractor] 도구를 실행합니다.
Tools/Axes	Shift + A	[Axes] 도구를 실행합니다.
Tools/Quick Lathe	Alt + Q	면과 축을 선택해 회전형 입체를 만듭니다.
Tools/QuadFace Tools/Select Ring	Alt + R	선택한 에지와 평행한 방향의 에지를 모두 선택합니다.
Tools/QuadFace Tools/Select Loop	Alt + L	선택한 에지와 연결된 방향의 에지를 모두 선택합니다.
Tools/Curic/Toggle Gizmo	F8	[Curic Gizmo]를 끄거나 켭니다.
Tools/Solid Inspector[2]	F3	[Solid Inspector[2]] 도구를 실행합니다.
Window/Model Info	F11	[Model Info] 대화상자를 엽니다.
Window/Preferences	F12	[Preferences] 대화상자를 엽니다.
Extensions/Isolate Selection	I	선택한 객체를 남기고 나머지 모델을 숨깁니다.
Extensions/JHS Powerbar/Drop at Level	Alt + D	모델을 특정 높이로 이동합니다.
Extensions/Stretch By Area	Ctrl + Shift + S	모델의 일부 혹은 전체를 선택해 이동합니다.
Extensions/CleanUp[3]/Clean with Last Settings	F2	[CleanUp[3]] 도구를 실행합니다.

Lesson 03 | 확장 프로그램 설치하기

Check Point
- ☑ 확장 프로그램의 개념을 이해하고 있는가?
- ☑ Extension Warehouse와 Extension Store에서 확장 프로그램을 찾아 설치할 수 있는가?
- ☑ 직접 다운로드한 확장 프로그램을 설치할 수 있는가?
- ☑ 설치한 확장 프로그램을 업데이트하고 제거할 수 있는가?

Warm Up 확장 프로그램과 Extension Warehouse

확장 프로그램(Extension)이란 스케치업에 설치하여 기존에 없던 기능을 추가하거나 부족한 기능을 보완하는 프로그램을 말합니다. 보통 플러그인(Plug-in)이라고 부르며, 스케치업에서는 주로 루비(Ruby) 스크립트 언어로 개발되기 때문에 '루비'라고도 합니다.

확장 프로그램은 특정 작업을 쉽고 편리하게 해줍니다. 예를 들어, 스케치업에는 면을 돌출하여 입체를 만드는 [Push/Pull]이 있습니다. 이 도구는 한 번에 하나의 면만 돌출할 수 있는데, 확장 프로그램을 설치하면 여러 개의 면을 동시에 돌출할 수 있습니다. 확장 프로그램은 스케치업의 Extension Warehouse 또는 SketchUcation 웹사이트에서 제공하는 Extension Store를 통해 설치하고 관리할 수 있으며, 직접 웹사이트에서 파일을 다운로드하여 설치할 수도 있습니다.

Extension Warehouse는 스케치업에서 제공하는 확장 프로그램을 다운로드할 수 있는 웹사이트입니다. 웹브라우저를 통해 접속할 수도 있지만, 스케치업 내에서 바로 실행하여 확장 프로그램을 검색하고 설치할 수 있습니다.

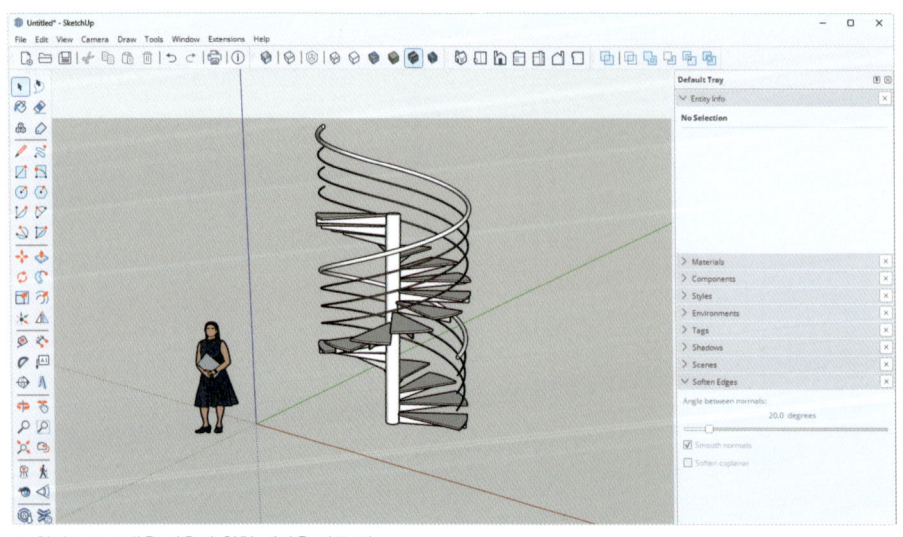

▲ 확장 프로그램을 이용해 원형 계단을 만든 예

 **Extension Warehouse에서 확장 프로그램 설치하기**

01 ❶ [Large Tool Set] 도구바에서 [Extension Warehouse ⚙]를 클릭합니다. ❷ 검색란에 **1001bit**를 입력한 후 Enter 를 누릅니다.

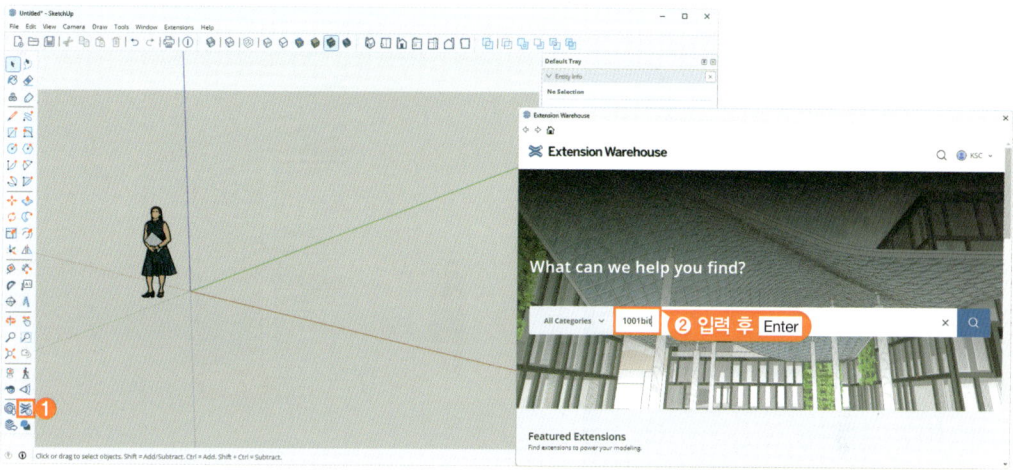

02 ❶ 검색된 [1001bit Tools]를 클릭하고 [Install]을 클릭합니다. ❷ 경고 창이 나타나면 [Proceed]를 클릭해 계속 진행합니다. ❸ 다음 경고 창에서도 [Yes]를 클릭합니다. ❹ 설치가 끝나면 [Extension Warehouse] 창을 닫습니다.

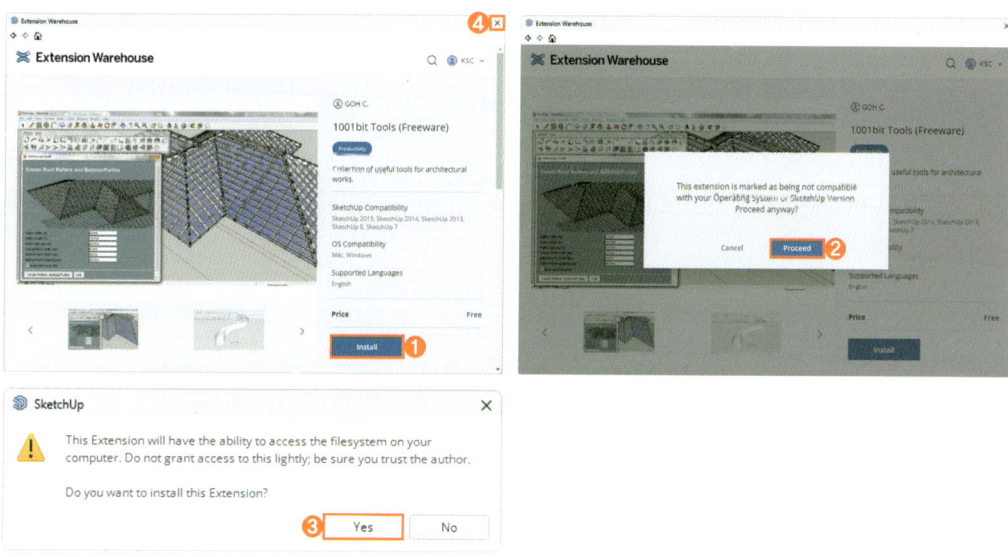

03 설치를 완료하면 아래와 같은 도구바가 나타납니다. ❶ [Build standard spiral staircase ]를 클릭한 후 ❷ [Build staircase]를 클릭합니다. ❸ 화면의 빈 곳을 클릭하면 다음과 같이 원형 계단을 만들 수 있습니다.

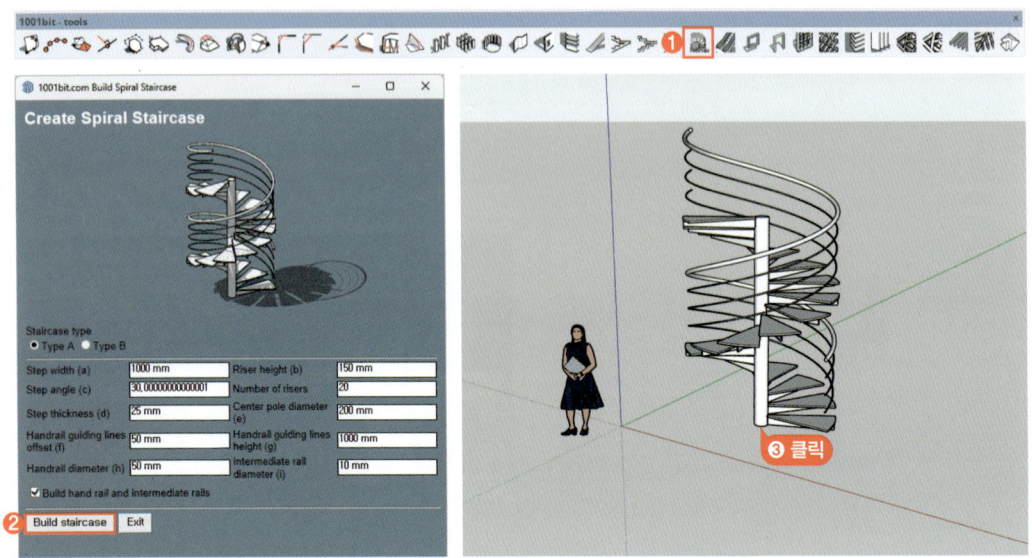

Basic Training SketchUcation 웹사이트 활용하기

SketchUcation(http://sketchucation.com)은 확장 프로그램을 다운로드할 수 있는 가장 큰 규모의 커뮤니티입니다. 이 웹사이트에서 제공하는 Extension Store를 설치하면 Extension Warehouse에서 제공하지 않는 확장 프로그램을 빠르게 찾아 설치하고 쉽게 관리할 수 있습니다.

01 ❶ SketchUcation 웹사이트(http://sketchucation.com)에 접속합니다. ❷ [Register]를 클릭합니다.

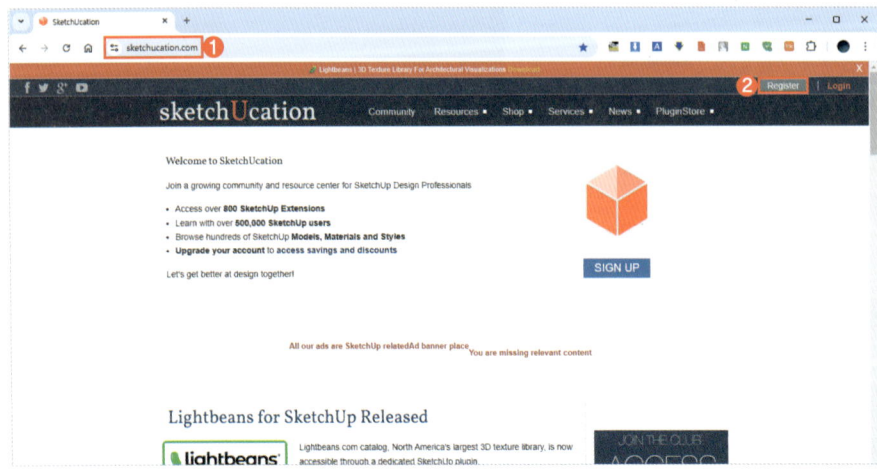

02 ❶ [Sign up Here]를 클릭해 무료 계정으로 진행합니다. ❷ 각 항목을 입력한 후 ❸ [Register]를 클릭해 계정을 만듭니다.

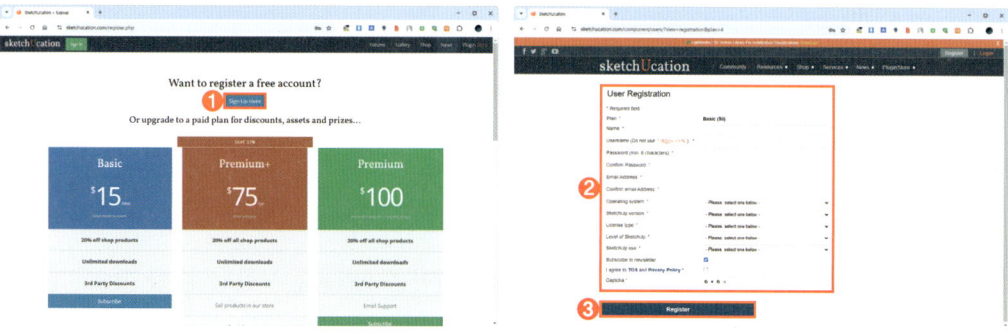

03 ❶ 생성한 계정으로 로그인합니다. ❷ [Resources] – [Plugin Store Download]를 클릭합니다. ❸ [Download Now]를 클릭해 다운로드합니다.

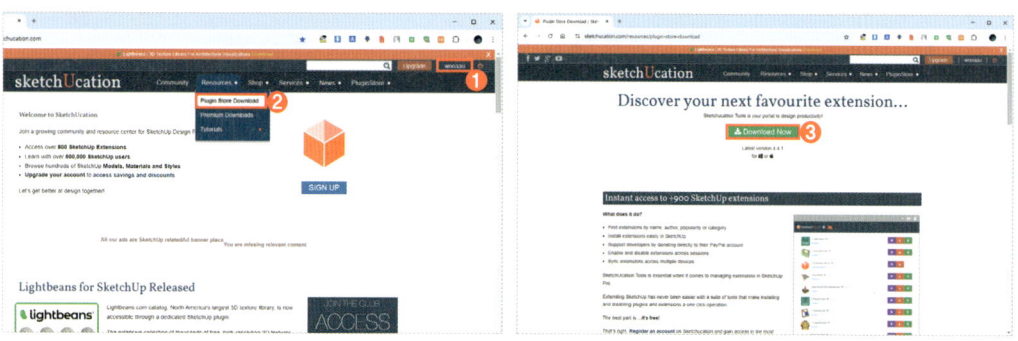

04 스케치업에서 [Extensions] – [Extension Manager] 메뉴를 클릭합니다. ❶ [Install Extension]을 클릭한 후 [다운로드] 폴더에서 **SketchUcationTools.rbz** 파일을 찾아 설치합니다. ❷ 아래와 같이 도구바가 나타나면 [Extension Store 📦]를 클릭해 실행합니다.

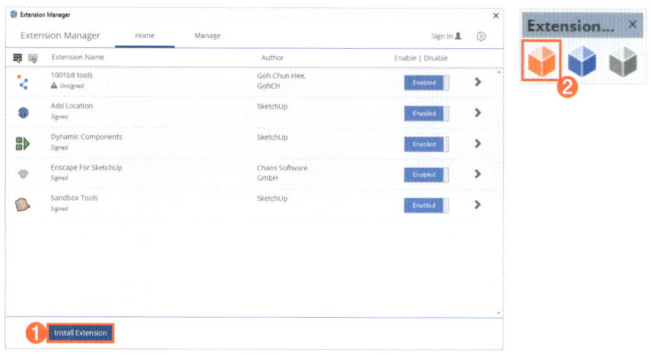

05 아이디와 비밀번호를 입력해 로그인합니다.

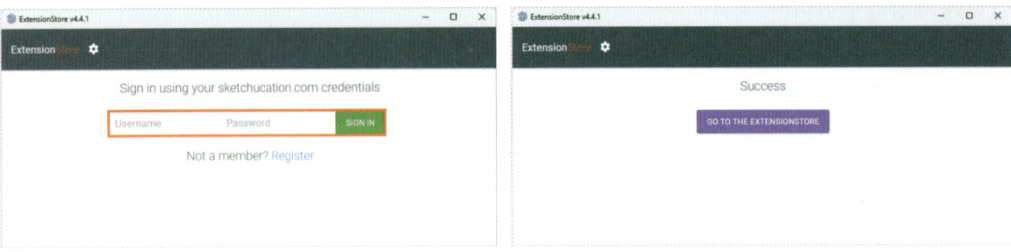

06 ❶ [검색]을 클릭합니다. ❷ **smart offset**을 입력한 후 Enter 를 누릅니다. ❸ [Install]을 클릭하면 도구바가 바로 나타납니다.

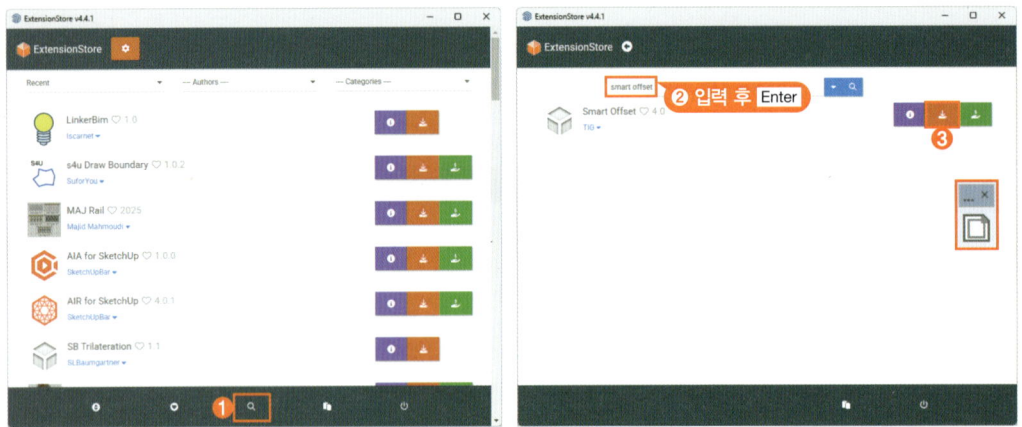

> **Power Up Note** 확장 프로그램 사전 설치 안내
>
> 앞으로 학습할 확장 프로그램의 목록을 안내합니다. 학습 중 번거로움을 줄이고자, 미리 찾아 설치해두기를 권장합니다. 확장 프로그램이 모두 설치되었다면 화면에 나타난 도구바는 모두 닫은 후 학습 상황에 맞게 불러와 사용합니다.
>
> 다음은 모두 Extension Warehouse에서 검색 및 설치 가능한 확장 프로그램입니다. 검색 시에는 단어와 띄어쓰기에 유의하고, 만약 검색되지 않는다면 이름의 일부 단어만 입력하여 찾아보세요.(* 표시된 확장 프로그램은 Extension Store에서도 찾을 수 있습니다).
>
> | CopyAlongCurve* | Random Tools* | FaceUp* | Loose to Groups |
> | --- | --- | --- | --- |
> | Shape Bender* | Curic Axis | SketchUV* | Texture Positioning Tools* |
> | Soap Skin & Bubble | CleanUp[3]* | TT Lib2* | Material Tools* |
> | QuadFace Tools* | Selection Toys* | Solid Inspector[2]* | Rotate 90* |
>
> 다음은 Extension Store에서 찾아 설치할 무료 확장 프로그램 목록입니다.
>
> | Quick Lathe | JHS Powerbar | Stretch by Area | Split Tools |
> | --- | --- | --- | --- |
> | Zorro2 | FredoTools | LibFredo6 | |

준비 파일에서 찾아 설치해야 하는 확장 프로그램도 있습니다. 스케치업의 메뉴에서 [Extensions]-[Extension Manager]를 클릭합니다. [Install Extension]을 클릭한 후 준비 파일 폴더에서 **KS_Tools.rbz** 파일을 찾아 설치합니다.

Power Up Note 확장 프로그램 관리와 제거

[Extension Manager]의 [Manage] 탭에서 확장 프로그램을 업데이트하거나 제거할 수 있습니다. 업데이트가 필요한 확장 프로그램은 [Update]가 활성화되며, 클릭하면 바로 업데이트됩니다. 더 이상 필요하지 않은 확장 프로그램은 [Uninstall]을 클릭해 제거할 수 있습니다.

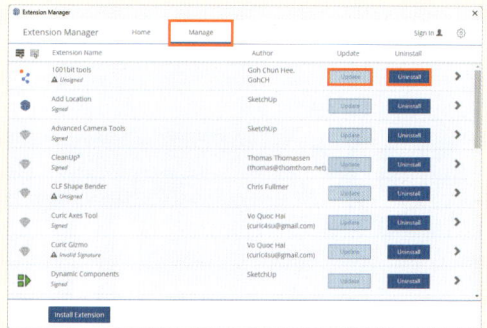

[Extension Store 🍪]를 통해 설치한 확장 프로그램은 [Extension Store]의 [설정 ⚙]을 클릭해 업데이트할 수 있습니다.

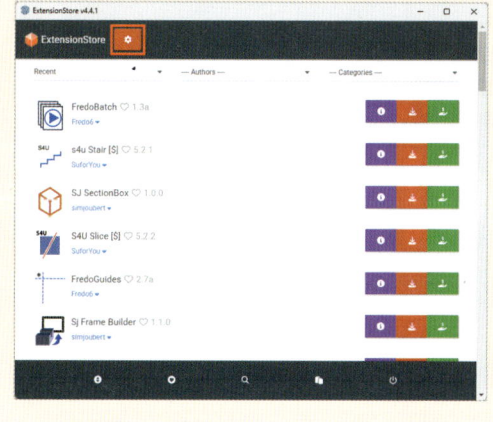 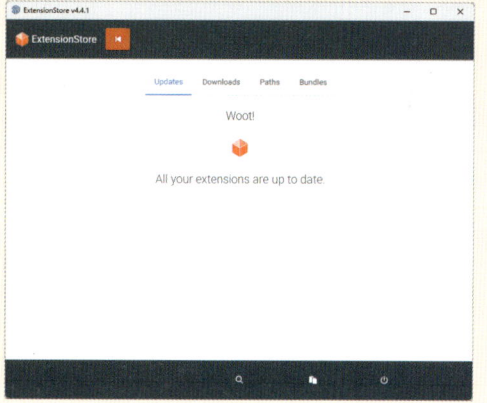

Lesson 03 확장 프로그램 설치하기　**055**

SKETCHUP & ENSCAPE
TRAINING BOOK

Part 02

기초 모델링 트레이닝

이번 Part에서는 스케치업의 기본 조작법부터 시작해, 그리기 도구로 단면을 그리고 [Push/Pull]을 이용해 입체를 만드는 방법을 익힙니다. 이후 이동, 회전, 축척을 활용해 모델을 복사·배치하고, 더 복잡한 단면을 그려 입체를 변형하는 연습도 진행합니다. 경로를 따라 입체를 만들거나 파이프를 생성하는 방법, 솔리드 도구를 이용한 모델링, 다양한 플러그인을 활용해 독창적인 형태의 입체를 만드는 방법까지 단계적으로 배우며 모델링 실력을 쌓아보세요.

Lesson 01 기본 조작법 익히기

Check Point
- ☑ 작업을 시작함과 동시에 가장 먼저 무엇을 해야 하는지 알고 있는가?
- ☑ 마우스를 활용해 자유롭게 화면을 이동, 회전, 확대/축소할 수 있는가?
- ☑ [Zoom Window], [Zoom Extents], [Zoom Selection]의 단축키를 기억하고 활용할 수 있는가?

Warm Up — Standard 도구바

[Standard] 도구바는 046쪽에서 맨 앞쪽에 배치한 도구바입니다. 스케치업을 운용하는 데 가장 기본적인 명령인 새 파일 만들기, 파일 불러오기, 저장하기 등의 도구를 모아놓은 도구바입니다. 윈도우 프로그램과 동일한 기능을 하며, 단축키도 동일합니다.

❶ **New** `Ctrl`+`N` | 새 파일 시작하기
❷ **Open** `Ctrl`+`O` | 파일 열기
❸ **Save** `Ctrl`+`S` | 저장하기
❹ **Cut** `Ctrl`+`X` | 자르기
❺ **Copy** `Ctrl`+`C` | 복사하기
❻ **Paste** `Ctrl`+`V` | 붙여넣기
❼ **Erase** `Delete` | 선택한 객체 삭제하기
❽ **Undo** `Ctrl`+`Z` | 최근 작업 명령 취소하기
❾ **Redo** `Ctrl`+`Y` | [Undo] 실행 취소하기
❿ **Print** `Ctrl`+`P` | 인쇄하기
⓫ **Model Info** `F11` | [Model Info] 대화상자 열기

Summary

- 작업을 시작하면 바로 저장하세요.
- 자동 저장되는 백업을 믿지 말고 틈틈이 `Ctrl`+`S`를 누르세요.
- 작업 시간이 길 경우 중간중간 [File]-[Save As]를 실행해 다른 이름으로 저장하세요.
- 파일은 .skp로 저장되며, 백업은 .skb로 저장됩니다. 이 백업 파일의 확장자를 .skp로 바꿔 열 수 있습니다.

Warm Up 화면 제어 도구

화면 제어와 관련된 도구는 화면의 왼쪽에 배치한 [Large Tool Set] 도구바에서 확인할 수 있습니다. [Large Tool Set] 도구바에서 [Undo Camera View]를 제외한 다섯 가지 도구와 선택한 모델을 뷰포트에 가득 차게 보여주는 [Zoom Selection] Z 은 화면 제어를 위해 자주 사용하게 될 도구입니다. 사용법과 단축키를 잘 기억하세요.

❶ **Orbit** [마우스 휠을 클릭한 채 드래그] | 뷰포트를 드래그해 뷰를 회전합니다.
❷ **Pan** Shift +마우스 휠 클릭 드래그 | 뷰포트를 드래그해 뷰를 이동합니다.
❸ **Zoom** Shift + Z | 뷰포트를 드래그해 뷰를 확대/축소합니다.
❹ **Zoom Window** Ctrl + Shift + W | 뷰포트를 드래그해 사각형 영역을 지정해 확대합니다.
❺ **Zoom Extents** Ctrl + Shift + E | 모든 모델을 뷰포트에 가득 차게 보여줍니다.
❻ **Undo to the previous camera view** Ctrl + Shift + Z | 이전의 카메라 뷰 상태로 돌아갑니다.

 Warm Up 축(Axes)과 Views 도구바

뷰포트에는 세 가지 색상의 선이 있습니다. 각각 X축(빨간색), Y축(초록색), Z축(파란색)을 의미합니다. 실선은 양(+)의 방향, 점선은 음(−)의 방향을 나타냅니다.

각 축은 방위를 뜻하기도 하는데 X축 실선은 동쪽을, X축 점선은 서쪽을 의미합니다. Y축 실선은 북쪽, Y축 점선은 남쪽을 뜻합니다. 뷰포트에는 태양이나 지형 같은 방위를 알려주는 자연물이 없기 때문에, 이 선들의 색과 실선·점선 방향을 참고해 방위를 확인하며 모델링하는 습관을 들이는 것이 중요합니다.

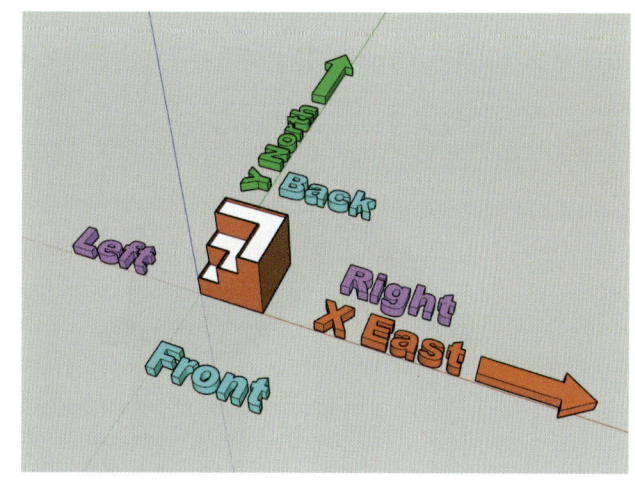

[Views] 도구바에는 화면을 원하는 방향으로 정렬할 수 있는 도구가 있습니다. 특정 평면에 선이나 도형을 그릴 때 편리하게 활용할 수 있으며, 모델링을 완성한 후 평면도나 입면도 등의 도면을 출력하거나 이미지를 만들 때 사용합니다. 자주 사용하는 [Top] 뷰는 Ctrl + 1 , [Front] 뷰는 Ctrl + 2 , [Left] 뷰는 Ctrl + 3 , [Iso] 뷰는 Ctrl + 4 단축키를 사용합니다.

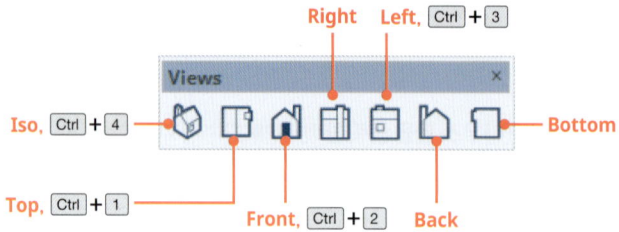

> **Summary**
>
> - 화면에 표시되는 축은 메뉴에서 [View]-[Axes] F7 를 클릭해 숨기거나 표시할 수 있습니다.
> - 항상 모델의 앞쪽 면을 확인하며 모델링하도록 합니다. X축 실선이 오른쪽을 향해야 합니다.

 **뷰포트 제어 연습하기**

준비 파일 | Part 02/**뷰포트제어**.skp

준비 파일을 열고, 아래 설명에 따라 화면을 조작하는 여러 도구를 연습합니다. 각 도구의 단축키도 함께 익혀서 자연스럽게 사용할 수 있도록 연습하는 것이 중요합니다.

01 ❶ [Standard] 도구바에서 [Open 📂]을 클릭해 준비 파일을 불러옵니다. ❷ 마우스 휠을 클릭한 채 드래그하여 [Orbit ✥]를 실행해 뷰포트를 돌려보세요.

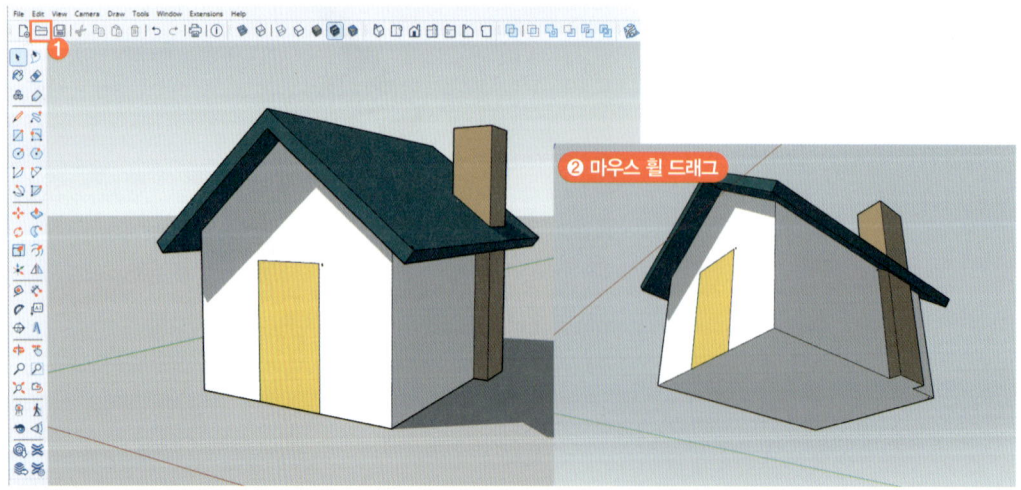

02 ① Shift 를 누른 채 마우스 휠을 클릭해 [Pan ✋]을 실행합니다. ② 뷰포트를 좌우로 이동해보세요.

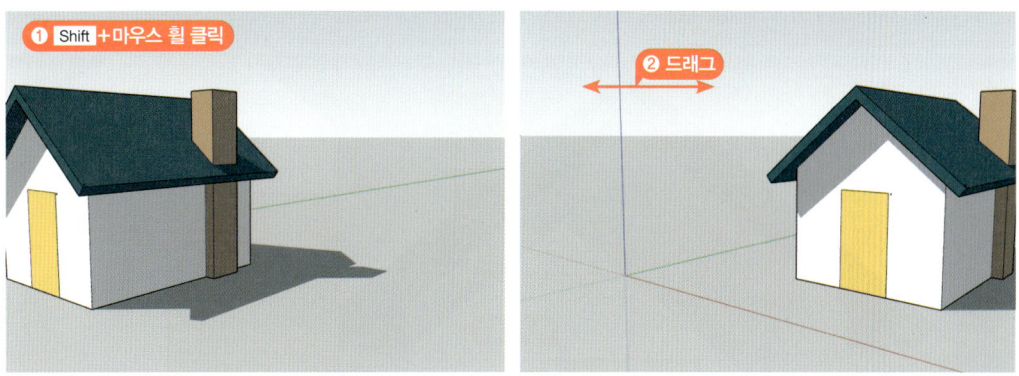

03 Ctrl 을 누른 채 1, 2, 3, 4 를 눌러 [Top], [Front], [Left], [Iso] 뷰로 전환해보세요.

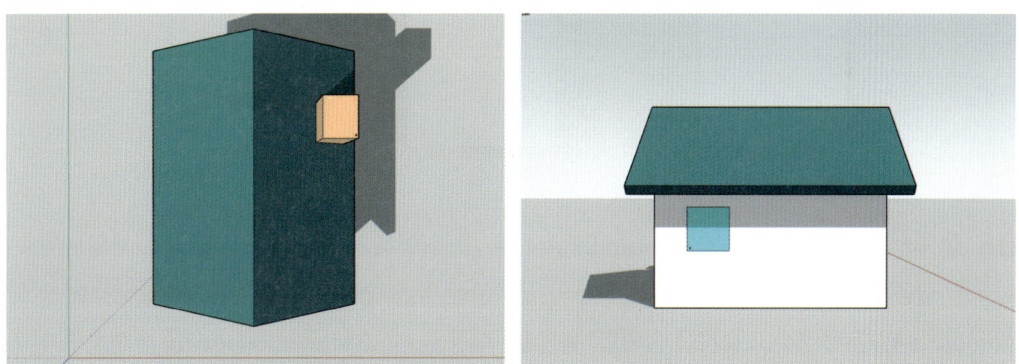

CORE TIP 단축키의 숫자키는 키보드 중앙 상단(문자키 위쪽)에 있는 숫자키를 사용하세요. 키보드의 모든 키에는 각각의 고유 키 코드가 있어, 같은 숫자라 하더라도 문자키 위의 숫자키와 키보드 오른쪽에 있는 숫자 패드의 숫자키가 다릅니다. 여기에서 지정된 단축키는 문자키 위의 숫자키를 사용했습니다.

04 ① 뷰포트를 첫 번째 그림과 같이 정면이 되도록 회전합니다. ② 마우스 휠을 위로 스크롤해 뷰포트를 확대합니다. 문의 오른쪽 위에 붙어 있는 숫자 1이 그림과 같이 확대되도록 조정합니다.

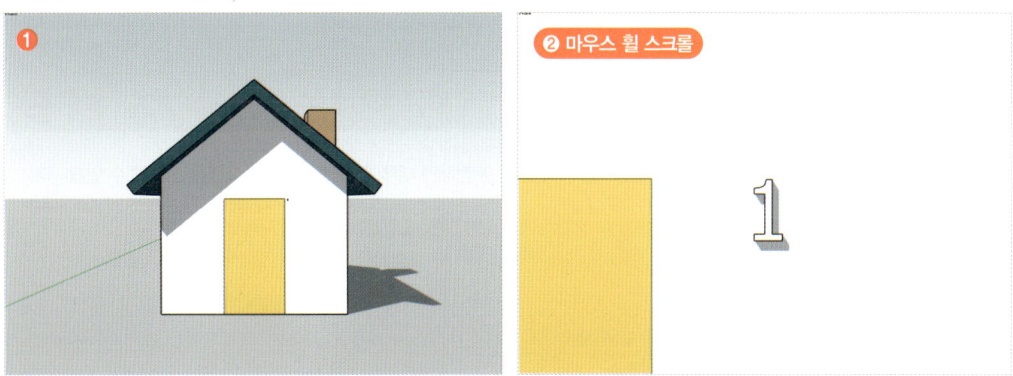

05 ❶ Ctrl+Shift+E 를 눌러 [Zoom Extents]를 실행해 모델을 뷰포트에 가득 채웁니다.
❷ Ctrl+Shift+W 를 눌러 [Zoom Window]를 실행합니다. ❸ 그림과 같이 숫자 부근을 클릭한 뒤 드래그해 사각형으로 영역을 지정하면 지정한 부분이 확대됩니다.

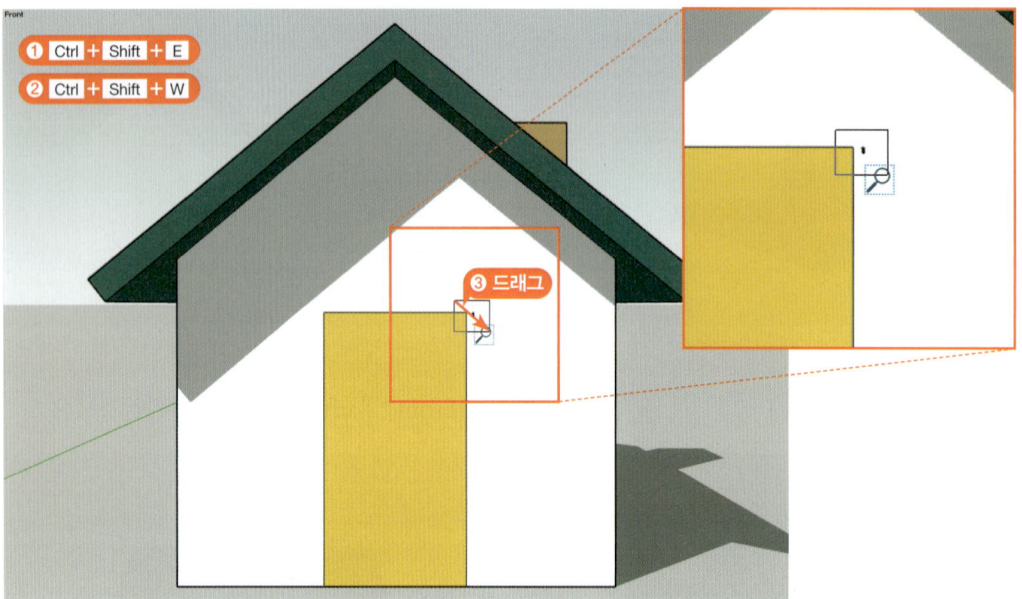

06 ❶ Ctrl+Shift+E 를 눌러 [Zoom Extents]를 실행해 모델을 뷰포트에 가득 채워보세요. 마우스 휠을 조작해 뷰를 조정합니다. 지붕의 끝부분에 작은 숫자가 보입니다. ❷ Spacebar 를 눌러 [Select]를 실행하고 숫자를 클릭합니다. ❸ Z 를 눌러 [Zoom Selection]을 실행하면 선택한 숫자가 뷰포트에 맞춰 확대됩니다.

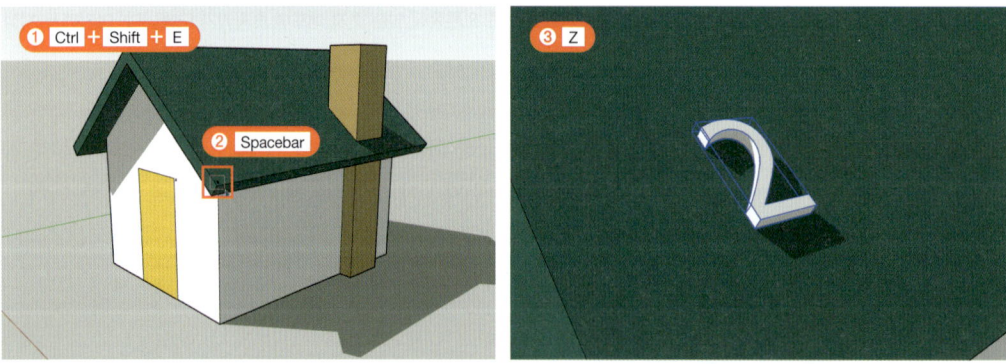

CORE TIP 모델의 왼쪽에서 오른쪽으로 사각형을 그리듯 범위를 지정하면 내부에 완전히 포함된 모델을 선택할 수 있습니다.

07 모델에는 1부터 9까지의 숫자가 붙어 있습니다. 앞에서 학습한 뷰포트 제어 방법을 활용하여 모든 숫자를 찾아보세요.

Lesson 02 | 기본형 입체 모델링

Check Point
- ☑ [Line ✏️], [Rectangle ▢], [Circle ⊙], [Push/Pull ◈]의 단축키를 기억하고 빠르게 모델을 만들 수 있는가?
- ☑ 모델의 바닥면을 XY평면, XZ평면, YZ평면으로 자유롭게 바꿀 수 있는가?
- ☑ 모델을 완성한 후 항상 그룹화하고 솔리드 상태를 확인하고 있는가?

 Warm Up 그리기 도구

그리기 도구는 화면 왼쪽에 배치한 [Large Tool Set] 도구바의 상단에서 찾을 수 있습니다. 자주 쓰는 [Line] `L`, [Rectangle] `R`, [Circle] `C`, [2 Point Arc] `A`는 단축키를 활용하고 그 외의 도구들은 아이콘을 클릭해 사용합니다. 다음은 앞으로 사용할 그리기 도구입니다. 간단히 아이콘의 이름과 기능을 살펴보세요.

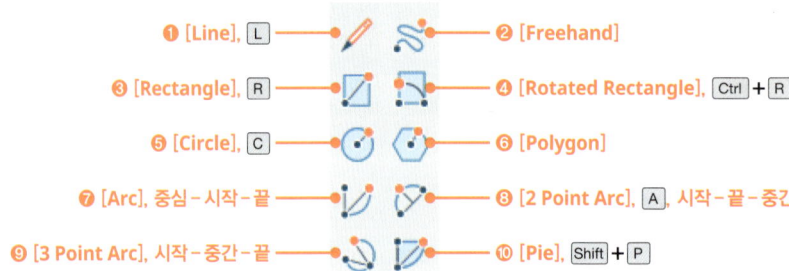

❶ [Line], `L`
❷ [Freehand]
❸ [Rectangle], `R`
❹ [Rotated Rectangle], `Ctrl`+`R`
❺ [Circle], `C`
❻ [Polygon]
❼ [Arc], 중심-시작-끝
❽ [2 Point Arc], `A`, 시작-끝-중간
❾ [3 Point Arc], 시작-중간-끝
❿ [Pie], `Shift`+`P`

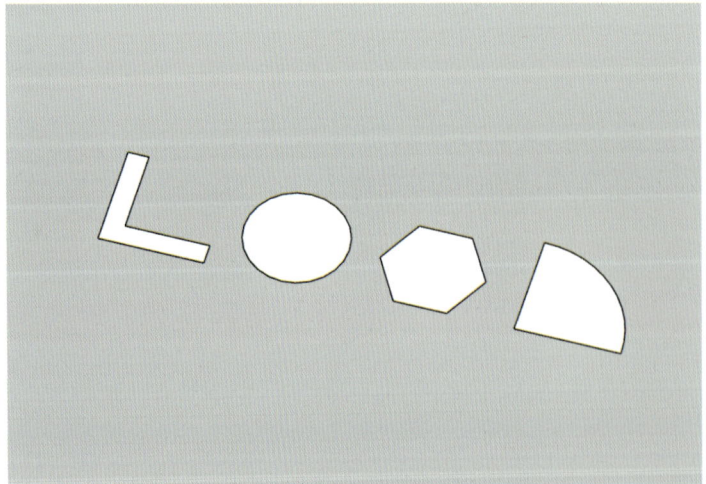

▲ 왼쪽부터 차례로 [Line], [Circle], [Polygon], [Pie] 도구로 그린 도형

 **Summary**

- 화면을 회전하거나 방향키를 이용해 작업 평면을 변경할 수 있습니다.
  (↑ : XY평면, → : YZ평면, ← : XZ평면)
- Circle, Arc, Polygon 등의 도형을 그린 후 외곽선을 선택하면 [Entity Info] 트레이에서 반지름이나 변의 수를 수정할 수 있습니다.

 Warm Up 　 **입체 도형을 만드는 Push/Pull**

[Push/Pull ✥] P]은 선택한 면을 끌어당기거나 밀어 넣어 입체를 만들거나 기존 입체를 수정하는 도구입니다. 마치 평면을 손으로 잡아당기거나 누르는 것처럼 간단히 입체를 만들 수 있기 때문에 스케치업에서 가장 자주 쓰이는 기능 중 하나입니다. 같은 두께로 여러 번 돌출하거나 구멍을 뚫는 등 다양한 활용 방법이 있지만, 이번 학습에서는 그리기 도구로 만든 간단한 단면을 한 방향으로 돌출해 입체를 만드는 기본적인 기능만 연습합니다. 이후 단계에서 더 다양한 사용법을 자세히 다룰 것입니다.

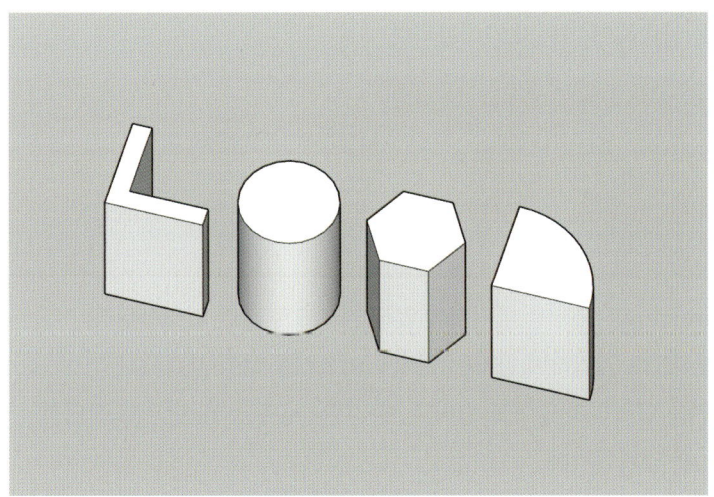

▲ [Push/Pull ✥ P]을 실행해 앞서 그린 단면 도형을 돌출

Summary

- [Push/Pull]로 돌출 시킨 후 다른 도구로 바꾸기 전까지는 계속해서 값을 입력하고 Enter 를 눌러 높이를 수정할 수 있습니다.
- [Push/Pull]로 돌출 시킨 다음, 다른 모델의 면을 더블클릭해 같은 높이로 돌출시킬 수 있습니다.

 **Warm Up** 　상태 표시줄

도구를 실행하면 상태 표시줄에 입력해야 할 값과 변경할 수 있는 옵션에 대한 설명이 표시됩니다. 해당 지시에 따라 값을 입력하거나 옵션을 변경하여 도형을 그립니다. 아래는 [Rectangle ▨] [R] 을 실행하고 첫 번째 점을 클릭한 상태에서의 상태 표시줄 메시지입니다.

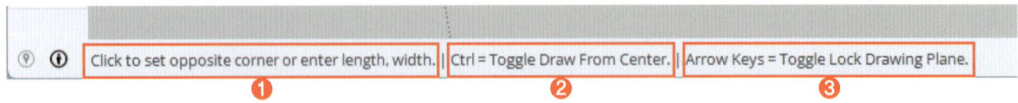

❶ **Click to set opposite corner or enter length, width** | 반대편 모서리를 클릭하거나 [길이,폭]을 입력하세요.
❷ **Ctrl = Toggle Draw From Center** | [Ctrl]을 누를 때마다 기준점을 중심 또는 모서리로 변경합니다.
❸ **Arrow Keys = Toggle Lock Drawing Plane** | 방향키를 사용하여 작업 평면을 고정합니다.

상태 표시줄의 오른쪽 끝에는 치수, 거리, 반지름 등을 입력하면 해당 값이 표시되는 [Measurements Box]라고 하는 흰색 영역이 있습니다. [Measurements Box]는 상황에 맞게 이름이 자동으로 변경되며, 무엇을 입력해야 하는지 안내합니다.

Summary

- 값을 입력할 때는 [Measurements Box]를 클릭하지 않고 키보드로 값만 입력합니다.
- 좌표를 입력할 때는 x,y 형식으로 입력하며 콤마(,) 뒤에 띄어쓰기를 하지 않습니다.
- 기본 단위는 mm이며 단위를 입력하지 않아도 됩니다. 하지만 cm 또는 m 단위로 작업할 경우 숫자 뒤에 cm 또는 m를 입력합니다.

 Warm Up 　그룹으로 만들어 완성하기

모델을 만들고 나면 반드시 모델 전체를 선택해 그룹([Ctrl]+[G])으로 만들어야 합니다. 다른 프로그램은 모델을 만드는 순간 그것만으로 완성된 상태가 되지만, 스케치업에서는 반드시 그룹으로 만들어야 모델이 닫힌 상태로 완성됩니다. 그룹으로 만들지 않으면 모델은 계속 열려 있는 수정 상태로 남아 있어서, 다른 모델과 닿거나 겹칠 때 자동으로 하나로 붙어버립니다.

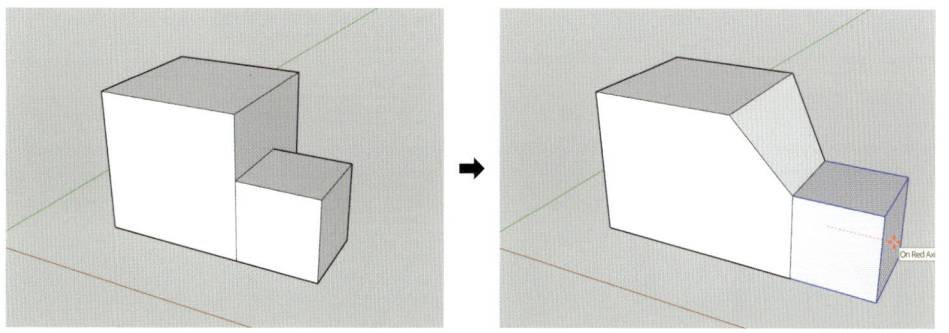

▲ 그룹으로 만들지 않은 큰 상자 옆에 작은 상자를 붙여 만든 후 작은 상자를 이동하면, 작은 상자와 큰 상자가 붙어 모양이 변형됨

 **Warm Up** 　**솔리드 상태 알아보기**

스케치업에서 생성하는 모든 모델은 실제로 속이 비어 있는 면(폴리곤) 구조입니다. 그러나 모델을 구성하는 모든 면이 완전히 닫혀 있고, 내부에 떠 있는 면이나 불필요한 에지, 버텍스 등이 없다면 스케치업은 이를 연속적인 닫힌 면으로 인식해 '솔리드(Solid)' 상태로 간주합니다. 솔리드 상태의 그룹 또는 컴포넌트는 [Entity Info] 트레이에 [Solid Group] 또는 [Solid Component]로 표시되며, 이 상태에서만 [Solid Tools]를 이용한 합치기(Union), 빼기(Subtract), 잘라내기(Trim) 등의 연산과 부피 계산이 가능합니다. 만약 [Entity Info] 트레이에 솔리드로 표시되지 않는다면 그룹을 열어 내부의 불필요한 요소나 열린 부분을 찾아 수정해야 합니다.

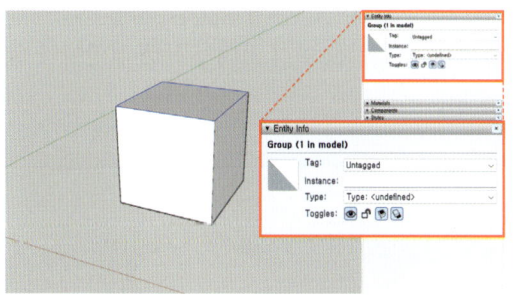　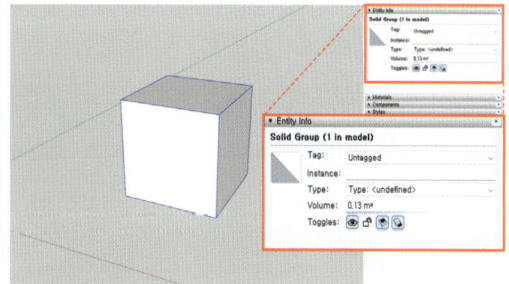

▲ 윗면만 선택한 상태에서 그룹을 만든 상태(Group)　　▲ 모든 면을 선택한 상태에서 그룹을 만든 상태(Solid Group)

여러 개의 솔리드 그룹을 선택해 다시 그룹을 만들면, 그 그룹은 솔리드가 아닌 상태가 됩니다. 이 것은 여러 솔리드를 하나로 묶어놓은 것일 뿐이며, 모델에 문제가 있다는 의미는 아닙니다. 다만 이런 경우에는 [Solid Tools]를 사용할 수 없고, 부피도 표시되지 않습니다. 따라서 솔리드 연산이나 부피 계산이 필요할 때는 개별 솔리드 그룹 단위로 작업하고, 전체를 묶어야 할 때는 용도에 맞게 신중하게 그룹화하는 것이 좋습니다.

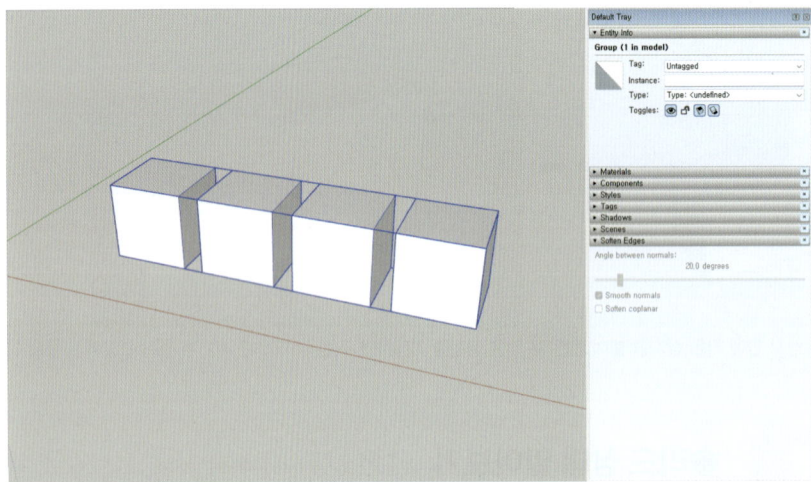

▲ 여러 개의 솔리드 그룹을 다시 그룹으로 만든 상태(모델에 문제는 없지만 솔리드로 인식하지는 않음)

CORE TIP 기본 입체 모델링에서 그룹이 솔리드가 되지 않는 경우는 객체를 모두 선택해 그룹으로 만들지 않았거나 그룹 내부에 그룹이 포함된 경우입니다. 두 경우 모두 모델을 계속 분해(Explode)한 후 다시 트리플클릭해 그룹으로 만들면 솔리드 상태로 전환할 수 있습니다.

 **Basic Training** 기본 입체 모델링하기

완성 파일 | Part 02/기본입체 만들기_완성.skp

그리기 도구와 [Push/Pull ◆]로 기본적인 형태의 입체를 모델링하는 예제입니다. 책의 설명과 함께 상태 표시줄의 메시지를 확인하며 작업을 진행하세요. 모델링을 여러 차례 반복해 설명이나 상태 표시줄 없이도 모델을 완성할 수 있도록 연습해보세요.

실습 결과 미리보기

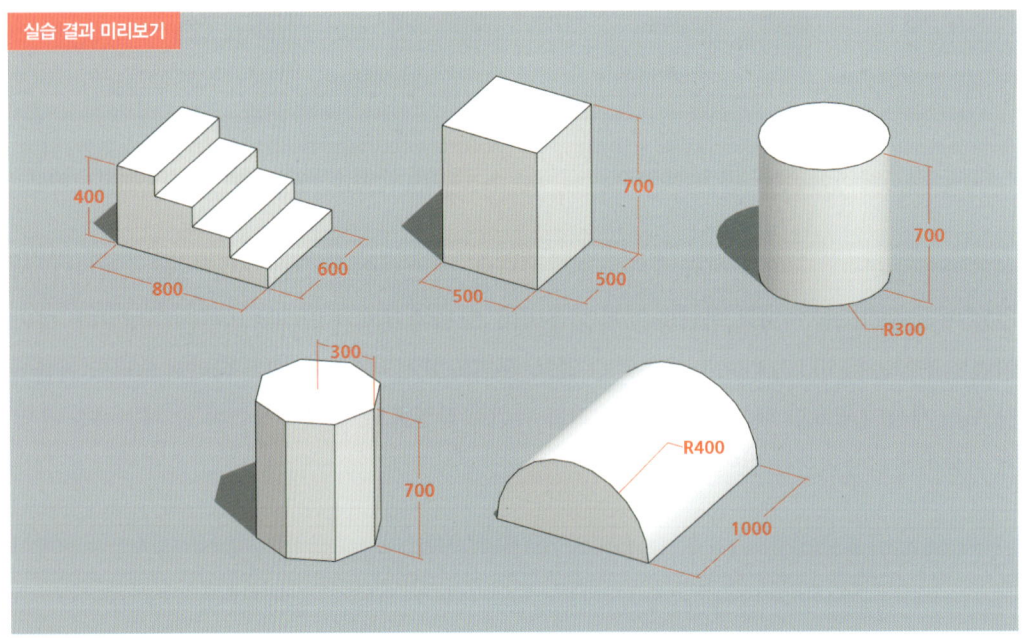

01 ❶ Ctrl + 2 를 눌러 뷰포트를 [Front] 뷰로 바꿉니다. ❷ Shift 를 누른 채 마우스 휠을 드래그해 화면을 이동합니다. 좌표축이 왼쪽 아래에 위치하도록 조정합니다.

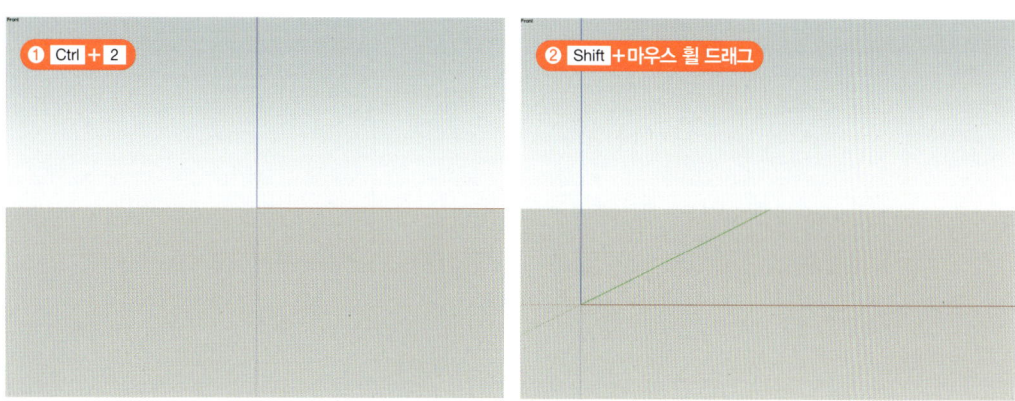

CORE TIP 단축키가 작동하지 않는다면 048쪽을 참고해 다시 단축키를 지정하세요.

02 ❶ L 을 눌러 [Line] 을 실행합니다. 모델의 단면을 왼쪽 위부터 반시계 방향으로 그려보겠습니다. ❷ 먼저 화면 상의 적당한 위치를 클릭하고 ❸ 마우스 포인터를 수직으로 내려 파란색 축이 나타나면 **400**을 입력한 후 Enter 를 누릅니다.

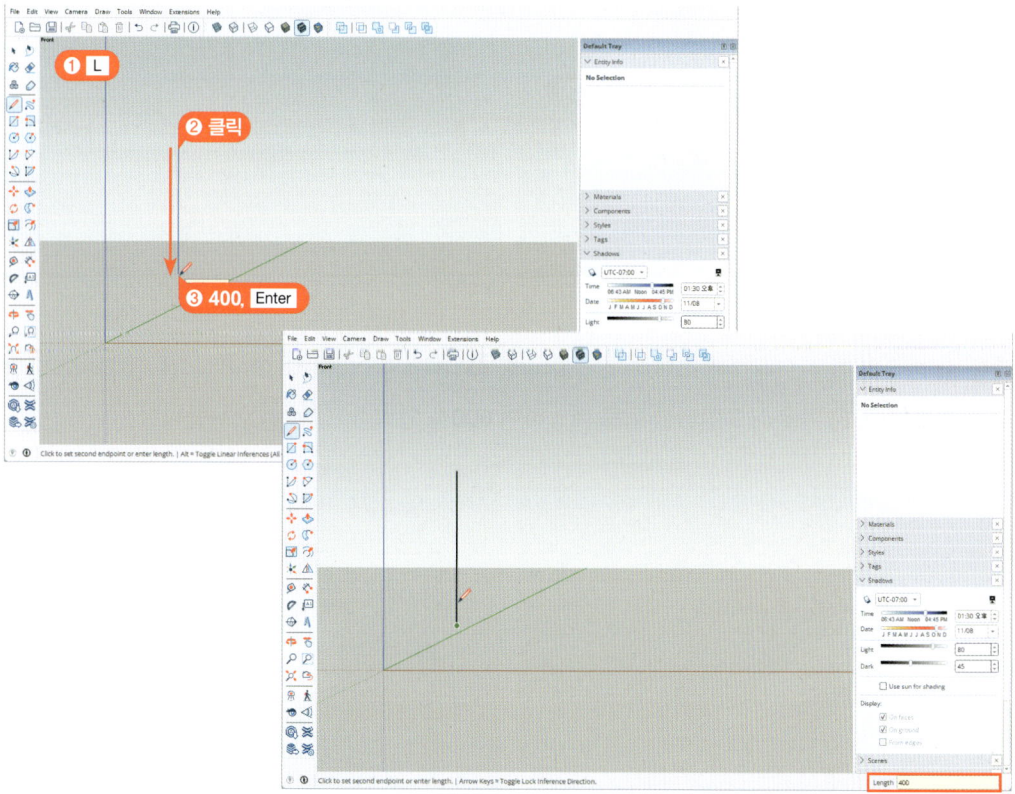

CORE TIP 화면 오른쪽 하단의 [Measurements Box]에 입력한 값이 올바른지 확인한 후 Enter 를 누르세요. 잘못 입력했다면 지우지 말고 다시 정확한 값을 입력한 후 Enter 를 누르면 현재 길이가 수정됩니다.

03 마우스 포인터를 X축 오른쪽 방향으로 이동해 빨간색 축이 표시되면 **800**을 입력하고 Enter 를 누릅니다.

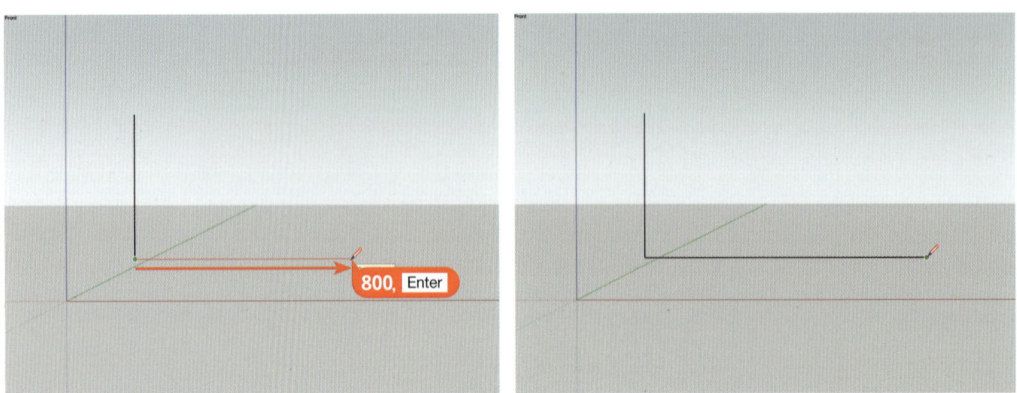

04 ❶ 마우스 포인터를 위로 이동하고 **100**을 입력합니다. ❷ 왼쪽으로 이동하고 **200**을 입력합니다. ❸ 같은 방법으로 계단을 계속 그려 마지막 점과 선이 이어지면 흰색 면이 생성됩니다.

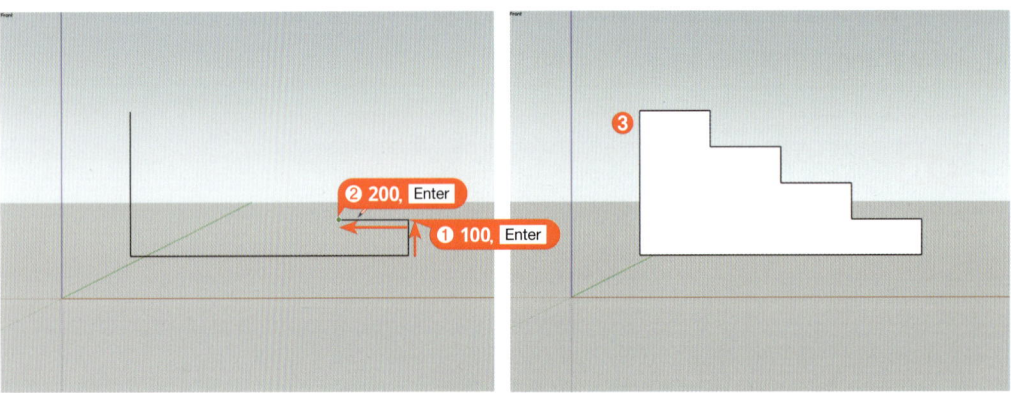

05 ❶ 마우스 휠을 드래그해 화면을 조정합니다. ❷ P 를 눌러 [Push/Pull]을 실행하고 단면을 클릭합니다. ❸ 마우스 포인터를 뒤로 이동하여 **600**을 입력하고 Enter 를 누릅니다.

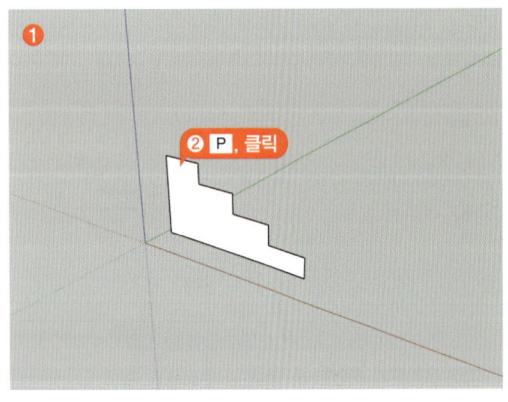
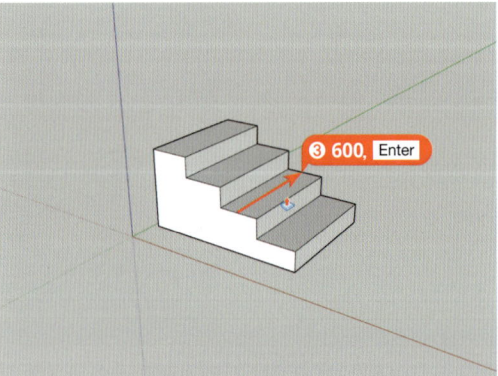

06 ① Spacebar 를 눌러 [Select ▶]를 실행하고 객체를 트리플클릭해 모두 선택합니다. ② Ctrl + G 를 눌러 그룹화하고 ③ [Entity Info] 트레이에서 [Solid Group]을 확인합니다.

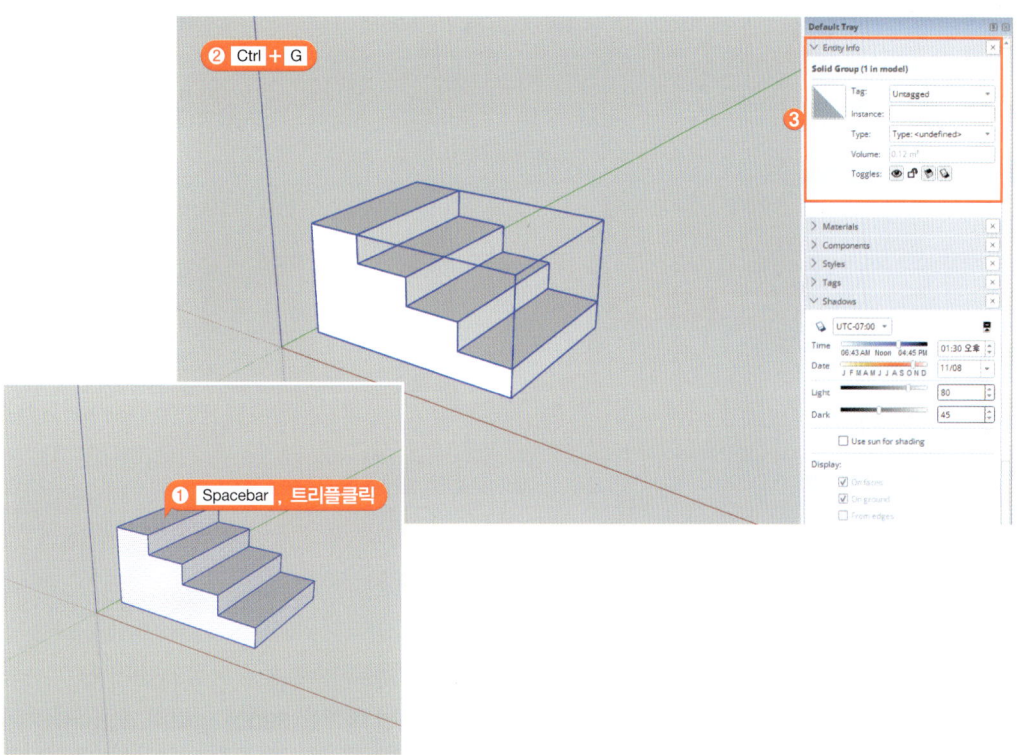

07 ① R 을 눌러 [Rectangle ▱]을 실행한 후 임의의 위치를 클릭합니다. ② 마우스 포인터를 대각선 방향으로 이동해 사각형이 나타나면 **500,500**을 입력하고 Enter 를 누릅니다. ③ P 를 눌러 [Push/Pull ◆]을 실행하고 단면을 클릭합니다. ④ 마우스 포인터를 위로 이동한 후 **700**을 입력하고 Enter 를 누릅니다.

CORE TIP 사각형의 크기를 입력할 때 숫자 사이에 쉼표(,)가 빠지지 않도록 주의하세요. 쉼표 뒤에 띄어쓰기는 하지 않습니다.

08 ❶ Spacebar 를 눌러 [Select ▸]를 실행한 후 객체를 트리플클릭해 선택합니다. ❷ Ctrl + G 를 눌러 그룹으로 만듭니다. ❸ [Entity Info] 트레이에서 [Solid Group]을 확인합니다.

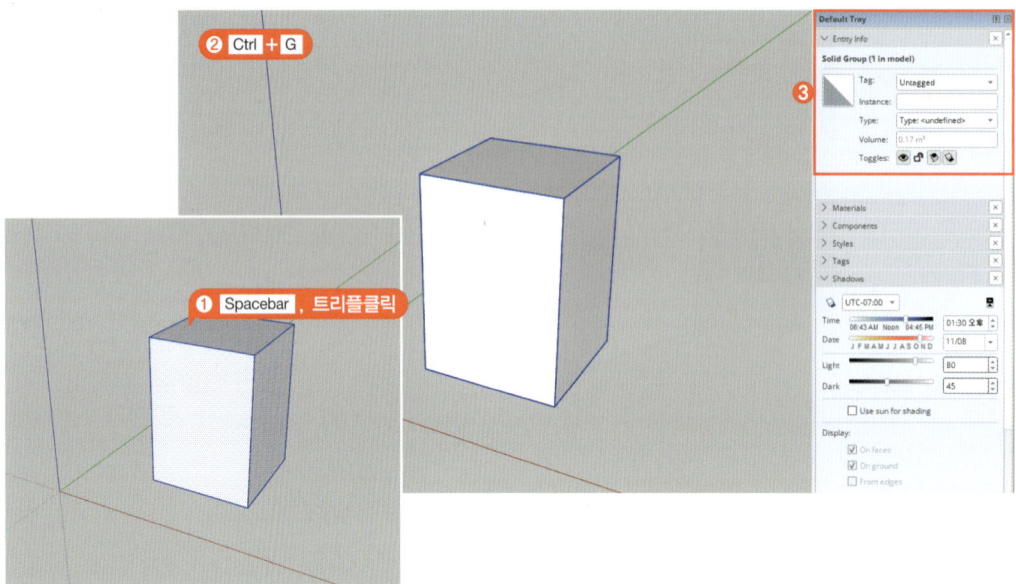

09 ❶ C 를 눌러 [Circle ⊙]을 실행한 후 임의의 위치를 클릭해 중심점을 지정합니다. ❷ 마우스 포인터를 X축 오른쪽 방향으로 이동해 빨간색 축이 표시되면 반지름 **300**을 입력하고 Enter 를 누릅니다. ❸ P 를 눌러 [Push/Pull ◆]을 실행하고 원을 더블클릭하면 앞에서 입력한 값과 동일한 높이로 돌출됩니다.

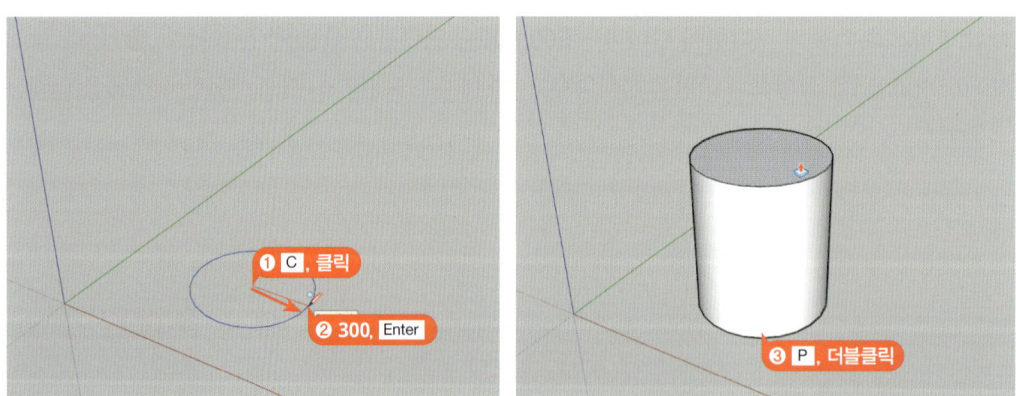

CORE TIP 원의 중심점을 클릭하기 전에 300을 입력하지 않도록 주의하세요. 중심점을 클릭하기 전에 값을 입력하면 원의 둘레를 구성하는 세그먼트 수가 변경되어 불필요하게 용량이 큰 모델이 만들어집니다. 원의 기본 세그먼트 개수는 24개이며, 곡선을 구성하는 세그먼트 수는 3~999개까지 사용할 수 있습니다.

CORE TIP 원이나 다각형을 그릴 때 반지름을 X축이나 Y축 방향으로 드래그하는 이유
원이나 다각형의 사분점이 X축이나 Y축 방향에 있어야 사분점의 위치를 파악하기가 쉽습니다. 사분점의 위치에 다른 도형을 조합해 복잡한 형태의 평면을 만들어야 하는 경우가 많기 때문에 반드시 사분점을 X축이나 Y축 방향에 맞게 모델링하는 습관을 길러야 합니다.

10 ❶ Spacebar 를 눌러 [Select ▶]를 실행한 후 객체를 트리플클릭해 모두 선택합니다. ❷ Ctrl + G 를 눌러 그룹으로 만듭니다. ❸ [Entity Info] 트레이에서 [Solid Group]을 확인합니다.

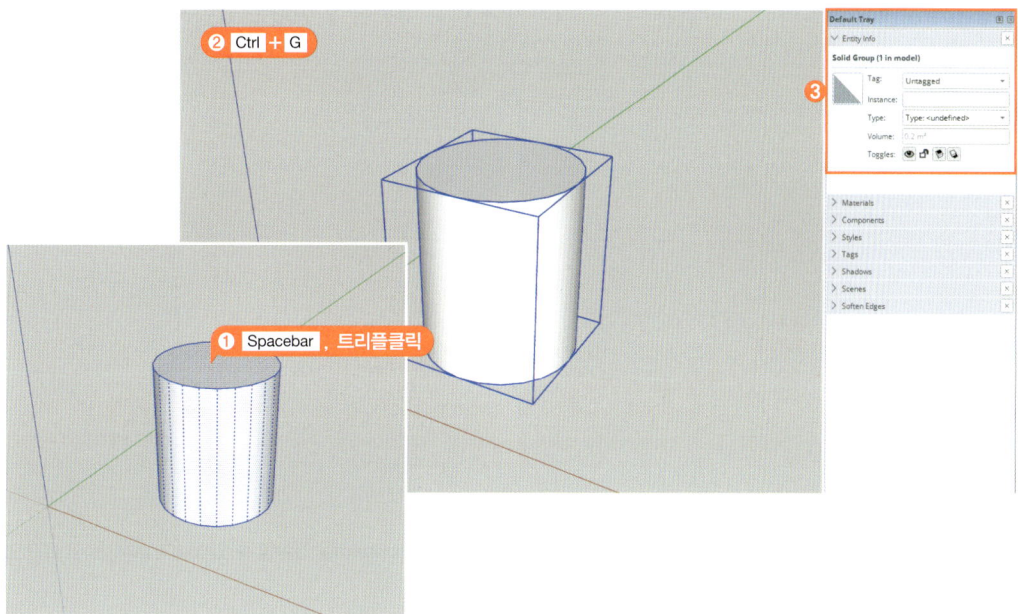

11 ❶ [Polygon ⬢]을 클릭해 실행합니다. ❷ 기본 면의 수가 6이므로 **8**을 입력하고 Enter 를 눌러 팔각형으로 변경합니다. 이때 중심점을 클릭하지 않은 상태에서 값을 입력해야 세그먼트 수가 수정됩니다.

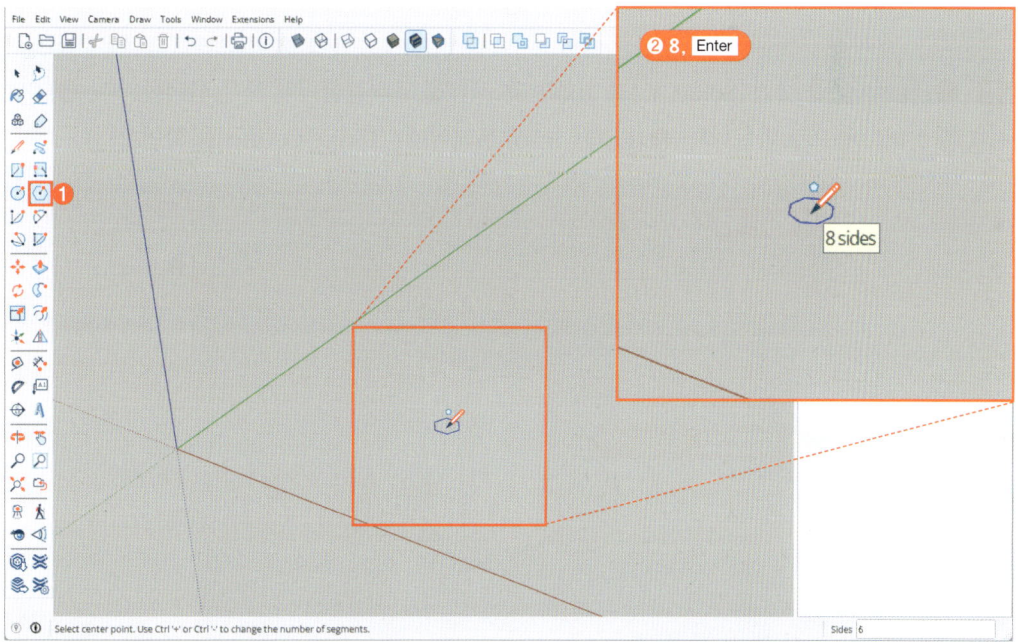

12 ❶ 임의의 위치를 클릭해 다각형의 중심점을 지정합니다. ❷ 마우스 포인터를 X축 오른쪽 방향으로 이동해 빨간색 축이 표시되면 반지름 **300**을 입력하고 Enter 를 누릅니다. ❸ P 를 눌러 [Push/Pull ◆]을 실행하고 단면을 더블클릭하거나 위로 이동한 후 **700**을 입력하고 Enter 를 누릅니다.

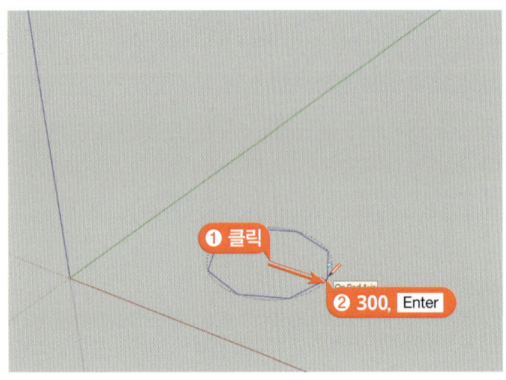
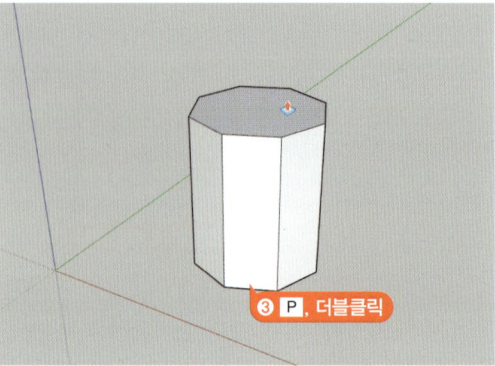

CORE TIP 폴리곤의 상태 표시줄 내용

- **Ctrl=Circumscribed** | Ctrl 을 누르면 외접(Circumscribed)과 내접(Inscribed)을 전환할 수 있습니다. Ctrl 은 한 번만 눌러야 합니다.
- **Use Ctrl '+' or Ctrl '-' to change the number of segments** | Ctrl + + 또는 Ctrl + - 를 눌러 둘레 세그먼트 수를 변경할 수 있습니다.

CORE TIP 세그먼트란?

세그먼트(Segment)는 곡선을 이루는 작은 선을 의미합니다. 세그먼트 수가 많을수록 곡선이 부드럽게 표현되지만, 모델 용량이 증가하여 화면 이동, 파일 저장 속도, 렌더링 등 작업 속도에 영향을 미칩니다. 따라서 적절한 세그먼트 수를 설정하는 것이 중요합니다. 작은 모델일수록 세그먼트를 적게, 큰 모델일수록 세그먼트를 많이 사용합니다.

13 ❶ Spacebar 를 눌러 [Select ▶]를 실행한 후 객체를 트리플클릭해 모두 선택합니다. ❷ Ctrl + G 를 눌러 그룹으로 만듭니다. ❸ [Entity Info] 트레이에서 [Solid Group]을 확인합니다.

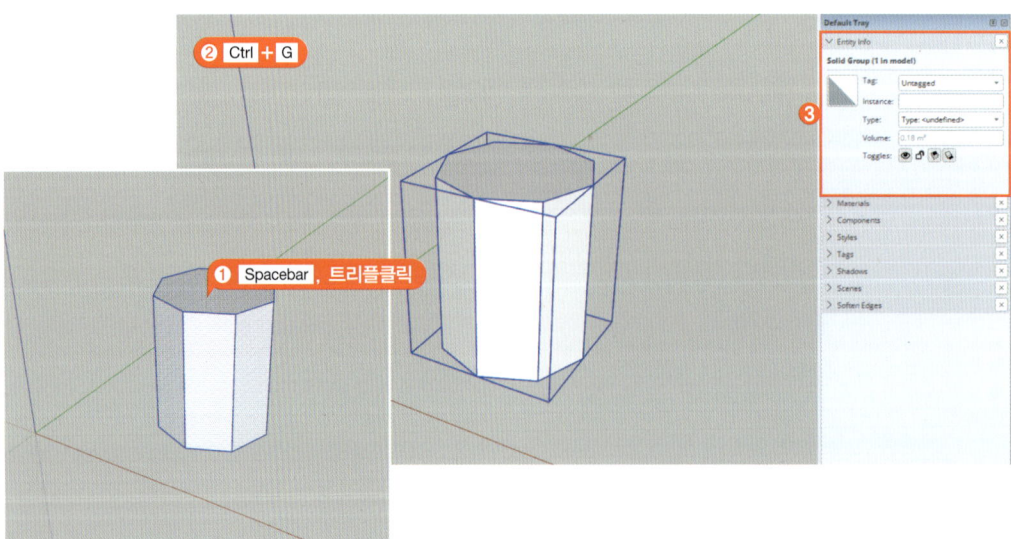

14 ❶ Shift + P 를 눌러 [Pie ⌇]를 실행합니다. ❷ ←를 눌러 작업 평면을 XZ평면으로 변경하면 각도기가 세로 방향으로 세워집니다. ❸ 임의의 위치를 클릭해 파이의 중심점을 지정합니다. ❹ 마우스 포인터를 X축 오른쪽 방향으로 이동해 빨간색 축이 표시되면 반지름 **400**을 입력합니다. ❺ 마우스 포인터를 반대편 빨간색 축이 표시되는 각도(180°)를 찾아 이동한 후 클릭합니다.

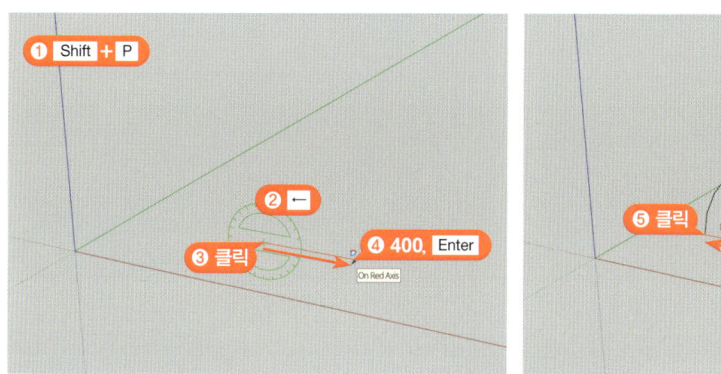

15 ❶ P 를 눌러 [Push/Pull ◆]을 실행한 후 단면을 클릭합니다. ❷ 마우스 포인터를 뒤로 이동한 후 **1000**을 입력하고 Enter 를 누릅니다.

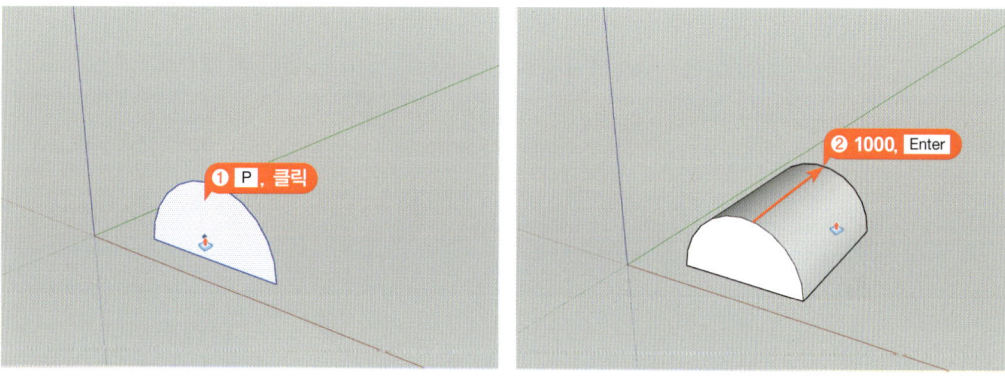

16 ❶ Spacebar 를 눌러 [Select ▶]를 실행한 후 객체를 트리플클릭해 모두 선택합니다. ❷ Ctrl + G 를 눌러 그룹으로 만듭니다. ❸ [Entity Info] 트레이에서 [Solid Group]을 확인합니다.

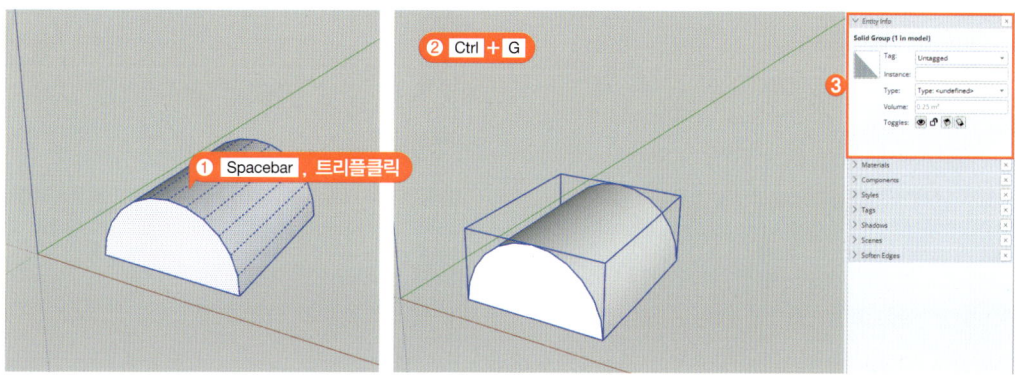

Lesson 02 기본형 입체 모델링 **075**

 **Self Training** 기본 입체 모델링 연습하기

앞에서 학습한 그리기 도구와 [Push/Pull ✥] P 을 활용해 다음 모델을 만들어보세요. 모델을 완성한 후에는 그룹화하고 솔리드 상태인 것을 확인하세요. 모델을 모두 만들어본 후 모델링 과정 영상을 보고 다시 반복 연습해 그리기 도구와 [Push/Pull ✥] P 로 모델을 만들고 솔리드 그룹으로 완성하는 워크플로가 완전히 몸에 익도록 만드세요.

실습 따라 하기

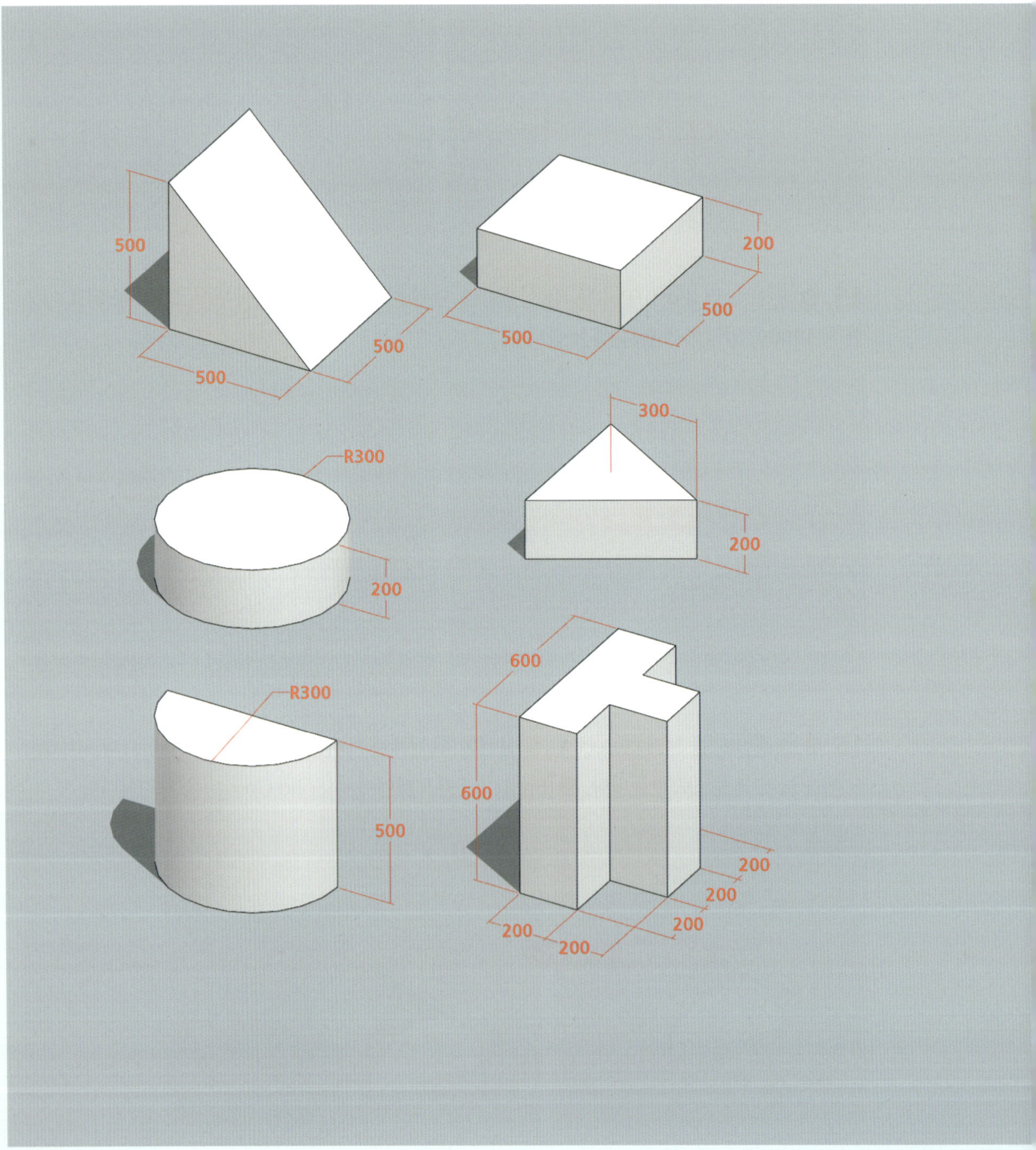

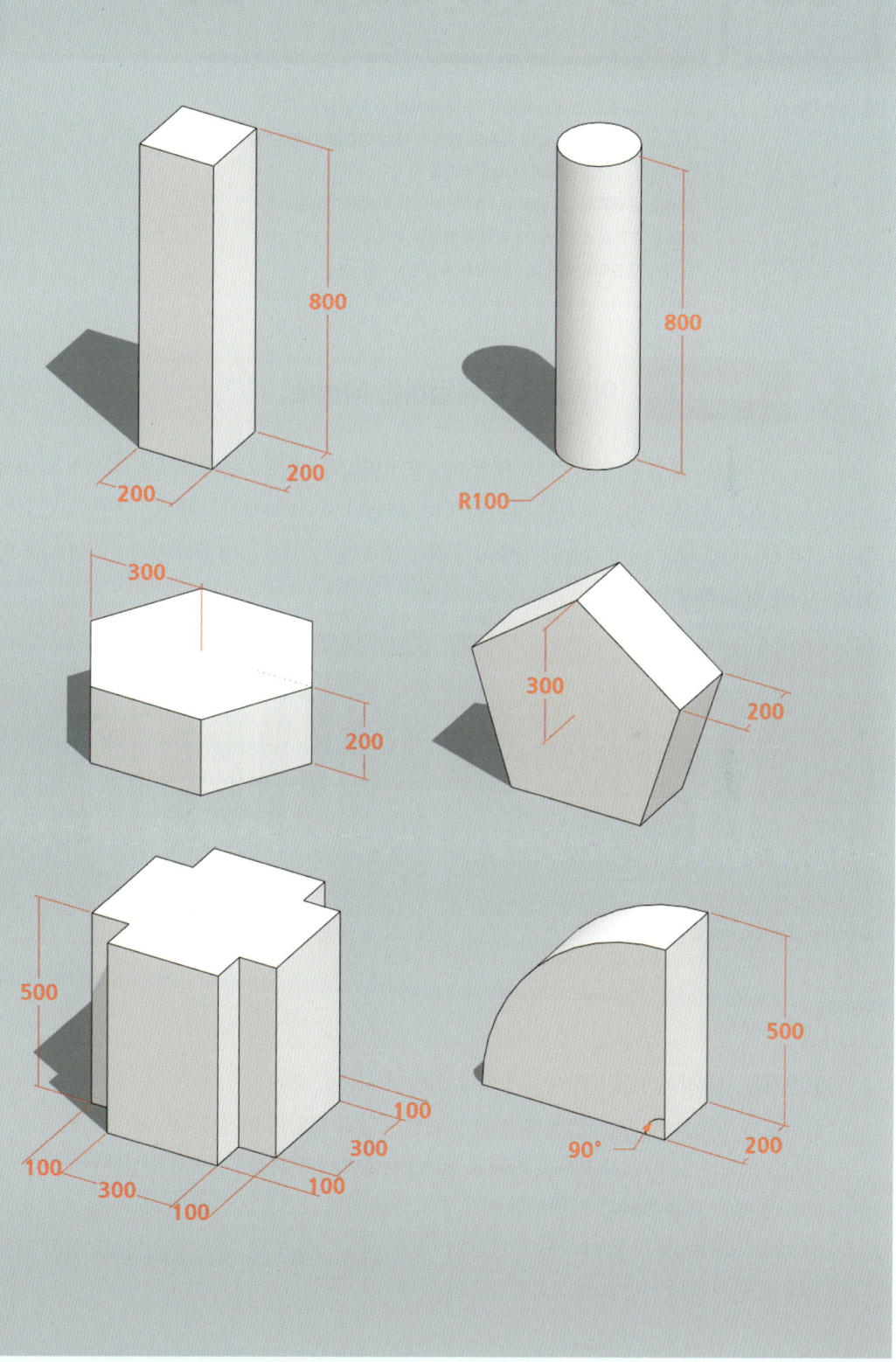

Self Training 기본 입체 모델링 연습하기

Lesson 03 | 이동 도구를 활용한 모델링

Check Point

- ☑ [Move ✥]를 활용해 객체를 이동 및 복사할 수 있는가?
- ☑ [Move ✥]를 활용해 배열 복사와 등간격 나누기를 할 수 있는가?
- ☑ 인퍼런스 그립을 활용해 객체를 회전할 수 있는가?
- ☑ Window 선택과 Crossing 선택의 차이를 이해하고 있는가?
- ☑ 모델을 추가로 선택하거나 선택을 해제할 수 있는가?
- ☑ X-Ray 모드의 단축키를 기억하고 활용할 수 있는가?

Warm Up — 이동, 복사, 배열하는 Move

[Move ✥]는 선택한 모델을 이동, 복사, 배열하는 도구입니다. 복사 기능에는 같은 간격으로 반복 복사하는 방법과, 원본 모델과 복사본 사이를 등간격으로 나누어 복사하는 방법이 모두 포함되어 있습니다. 하나의 도구로 여러 기능을 수행하기 때문에, 원하는 동작을 정확히 실행하려면 사용 방법과 순서를 잘 따라야 합니다.

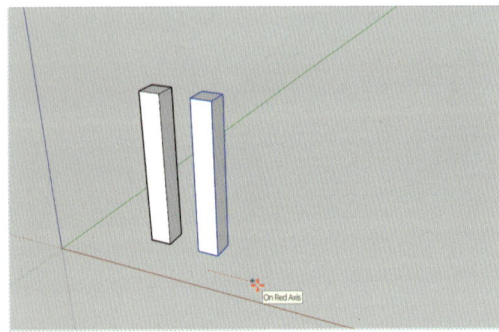

▲ Ctrl 을 눌러 복사 모드로 전환

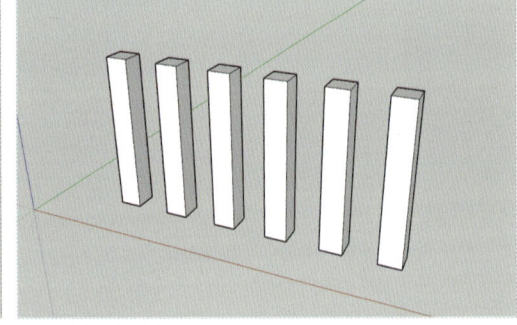

▲ 복사 후 5* 입력

📝 Summary

- 방향키를 사용하여 이동 방향을 고정할 수 있습니다(→ : X축, ← : Y축, ↑ : Z축).
- 객체를 축 방향으로 이동하면서 Shift 를 누르면 해당 축 방향이 임시로 고정됩니다.
- Ctrl 을 한 번 누르면 복사 모드로 바뀌고, 두 번 누르면 다중 복사(Stamp)가 실행됩니다.
- 복사 후 **개수*** 혹은 ***개수**를 입력하면 원본과 복사한 객체 간격으로 입력한 개수만큼 복사할 수 있습니다(**개수X** 와 **X개수** 등도 가능하지만 X 를 X-Ray의 단축키로 지정해놓았기 때문에 이 책을 따라 학습할 때는 사용할 수 없습니다).

- 복사 후 **개수/** 혹은 **/개수**를 입력하면 원본과 복사한 객체 사이에 개수만큼 등간격으로 나누어 복사할 수 있습니다.

 Warm Up **객체 선택 도구와 선택 방법**

객체를 선택하는 도구에는 직사각형으로 범위를 지정해 선택하는 [Select ▸]와 자유롭게 영역을 그려 선택하는 [Lasso Select] 두 가지가 있습니다. 이 두 도구 모두 처음 클릭한 지점에서 오른쪽으로 드래그하면 Window 선택이 되고, 왼쪽으로 드래그하면 Crossing 선택이 됩니다. Crossing 선택은 지정한 영역에 닿기만 해도 객체가 선택되지만, Window 선택은 영역 안에 완전히 들어온 객체만 선택됩니다.

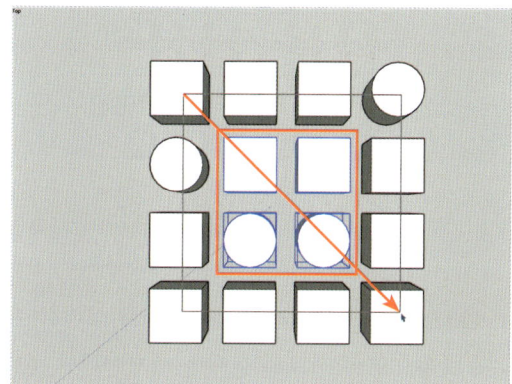

▲ Window 선택

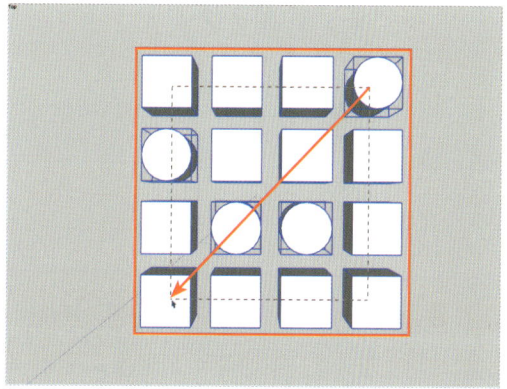

▲ Crossing 선택

Summary

- **Window 선택** | 왼쪽에서 오른쪽으로 드래그해 영역을 지정하며, 영역 안에 완전히 포함된 객체만 선택합니다.
- **Crossing 선택** | 오른쪽에서 왼쪽으로 드래그해 영역을 지정하며, 영역 안에 포함된 객체와 경계에 걸쳐 있는 객체를 모두 선택합니다.
- **Select All** `Ctrl`+`A` | 뷰포트의 모든 객체를 선택합니다.
- **Select None** `Ctrl`+`T` | 현재 선택된 객체를 선택 해제합니다.
- **Select Inverse** `Ctrl`+`Shift`+`I` | 현재 선택된 객체를 선택 해제하고 나머지 객체를 선택합니다.
- **선택 추가** | `Ctrl`을 누른 채로 선택합니다.
- **선택 해제** | `Shift`+`Ctrl`을 누른 채로 선택합니다.
- **선택 추가/해제** | `Shift`를 누른 채로 선택합니다. 선택을 반전하는 용도로 사용합니다.

 **Basic Training 선택 도구 활용 연습하기**

준비 파일 | Part 02/선택연습.skp

다음 학습은 다양한 선택 도구를 활용해 객체를 자유롭게 선택하는 연습입니다. 선택과 관련된 도구들은 단축키의 조합이 비슷해 헷갈리기 쉬우니 여러 번 반복해 단축키를 자연스럽게 쓸 수 있도록 연습하세요.

01 준비 파일을 불러오고 Ctrl + 1 을 눌러 뷰포트를 [Top] 뷰로 바꿉니다.

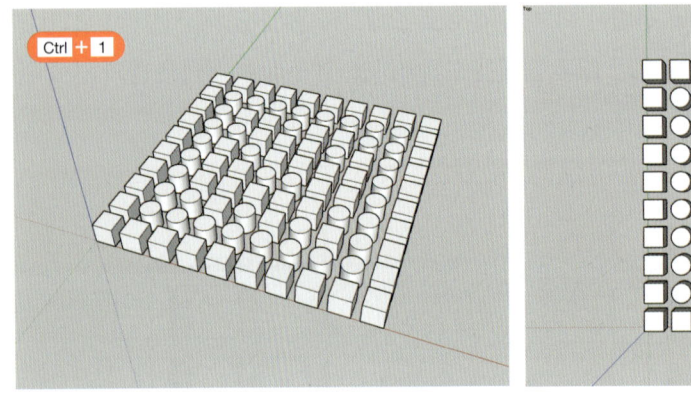
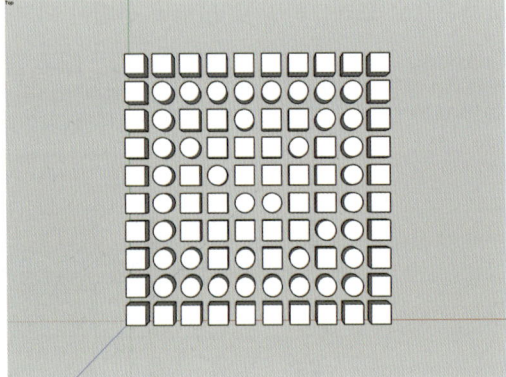

02 ❶ Ctrl + A 를 눌러 모든 모델을 선택합니다. ❷ Spacebar 를 눌러 [Select ▶]를 실행하고 Ctrl + Shift 를 누른 채 안쪽의 모델을 그림의 화살표 방향으로 드래그해 선택을 해제합니다. ❸ [Materials] 트레이에서 빨간색을 클릭하고 ❹ 선택된 모델 중 하나를 클릭합니다.

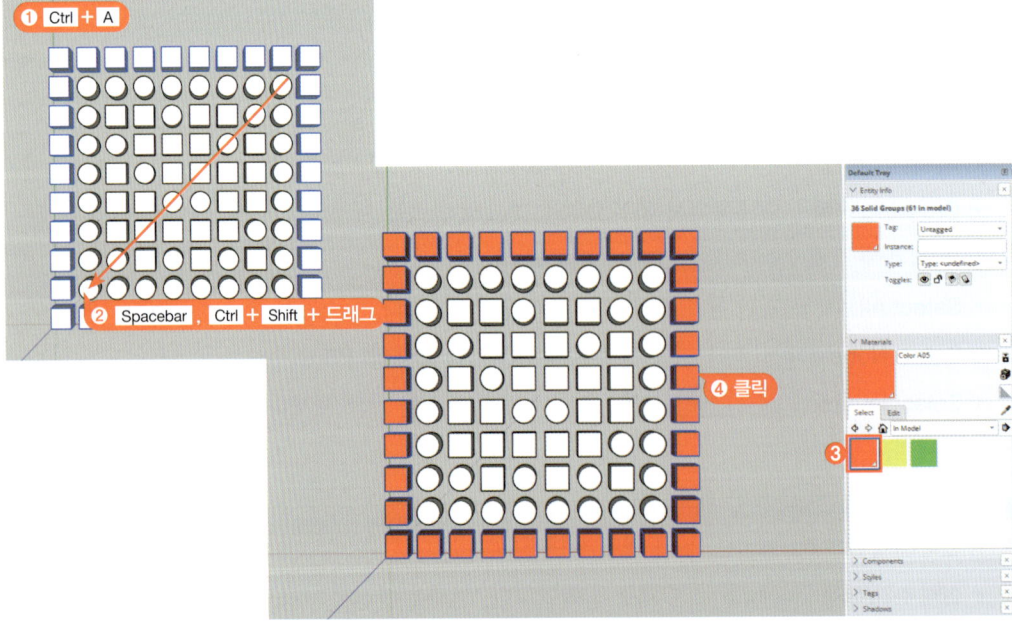

080 Part 02 기초 모델링 트레이닝

03 ❶ Spacebar 를 누르고 안쪽의 모델을 드래그해 전부 선택합니다. ❷ Ctrl + Shift 를 누른 채 아래와 같이 안쪽의 모델을 드래그해 선택을 해제합니다. ❸ Delete 를 눌러 선택한 원기둥을 삭제합니다.

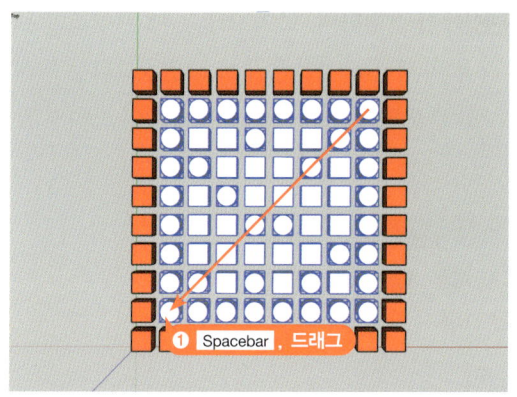 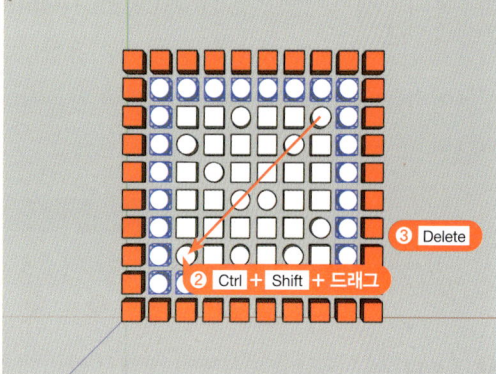

04 ❶ Ctrl 을 누른 채 남아 있는 원기둥을 차례로 클릭해 선택합니다. ❷ [Materials] 트레이에서 노란색을 클릭하고 ❸ 원기둥 중 하나를 클릭합니다.

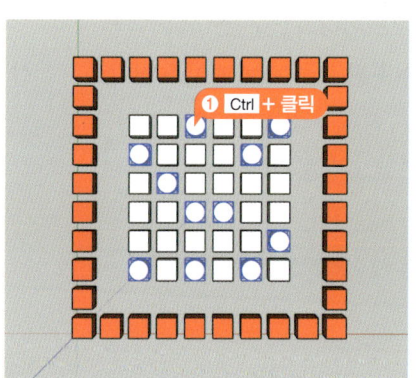 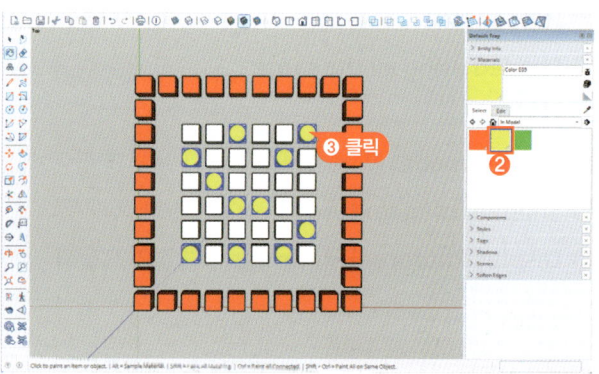

05 원기둥이 선택되어 있는 상태에서 ❶ Spacebar 를 누르고 Shift 를 누른 채 안쪽의 모델을 드래그합니다. 원기둥의 선택이 해제되고 박스가 선택됩니다. ❷ [Materials] 트레이에서 녹색을 클릭하고 ❸ 선택된 박스 중 하나를 클릭합니다.

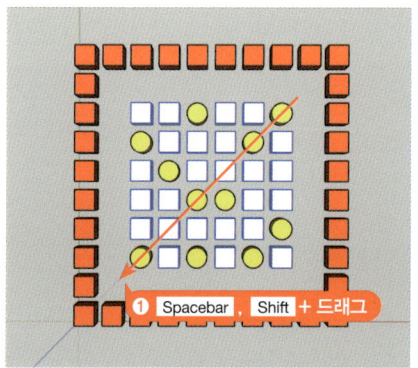 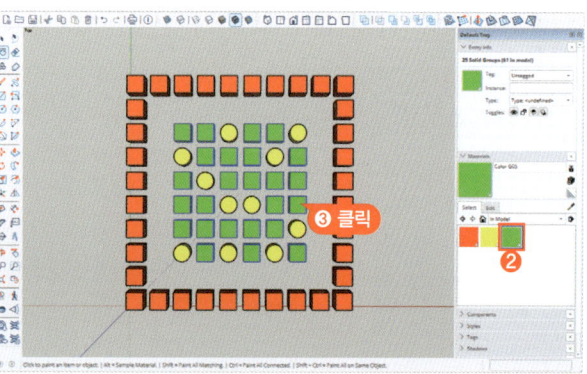

Warm Up · 셰이딩 모드

[Styles] 도구바에는 뷰포트에 모델을 표시하는 여러 방식을 선택할 수 있는 도구들이 있습니다. 대부분의 모델링 작업은 [Shaded With Textures ●]에서 진행하며, 보이지 않는 내부 구조나 위치를 확인할 때는 [X-Ray ●]를 함께 사용합니다. 그 밖의 다른 도구들은 주로 모델링보다는 프레젠테이션을 위한 다양한 렌더링 효과에 활용됩니다. 만약 모델에 적용한 재질이나 색이 보이지 않는다면 이 스타일 설정을 먼저 확인해보세요.

❶ **X-ray** X | 모델을 반투명한 상태로 보이게 합니다.
❷ **Back Edges** K | 보이지 않는 부분의 선을 점선으로 표현합니다.
❸ **Ambient Occlusion** | 구석진 모서리에 음영을 추가합니다.
❹ **Wirefame** | 모델의 면을 숨겨 선으로만 표현합니다.
❺ **Hidden Line** | 숨은 선을 표시하지 않는 [Wireframe] 모드입니다.
❻ **Shaded using all the same** | 모든 모델을 디폴트로 지정된 프론트/백페이스 컬러로 표현합니다.
❼ **Shaded mode** | 면에 지정한 색이나 무늬의 평균 색상으로 표현합니다.
❽ **Shaded using textures** | 면에 지정한 색과 무늬로 표현합니다.
❾ **Display Photoreal Materials** | 재질의 요철과 반사를 사실적으로 표현합니다.

Warm Up · 인퍼런스 그립

M을 눌러 [Move]가 실행된 상태에서 선택된 그룹 위로 마우스 포인터를 갖다 대면 빨간색 십자 모양의 점과 모서리에 회색 점이 표시됩니다. 이 점을 인퍼런스 그립(Inference Grip)이라고 합니다. 인퍼런스 그립을 활용하려면 모델은 반드시 그룹이나 컴포넌트 상태여야 합니다. 그룹이 아닌 객체의 면이나 에지를 선택할 경우 인퍼런스 그립을 사용할 수 없습니다.

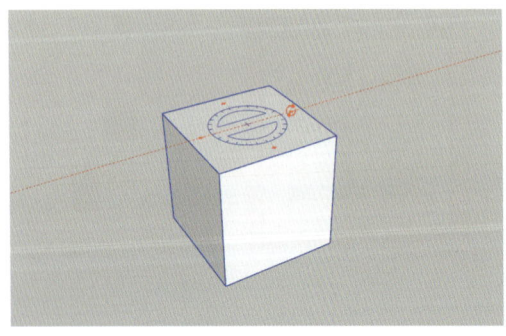
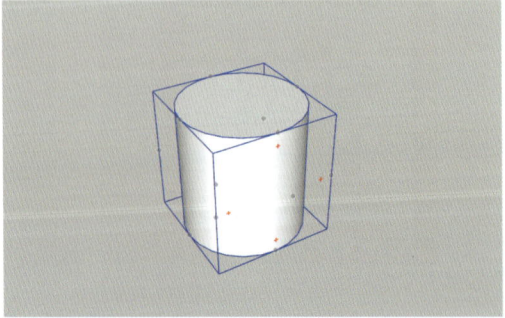

> 📝 **Summary**
> - 네 개의 빨간색 십자 표시(인퍼런스 그립)를 클릭해 회전할 수 있습니다.
> - 모서리의 회색점(인퍼런스 그립)은 구나 원기둥과 같은 객체의 모서리를 기준점으로 선택할 수 있도록 도와줍니다.
> - 인퍼런스 그립은 Alt 를 누를 때 마다 모서리-에지의 중간점-중심으로 바뀝니다.

Basic Training 선반장 만들기

완성 파일 | Part 02/선반장_완성.skp

[Move M]를 활용해 간격을 띄워 복사하고, 등간격으로 나누어 복사하는 예제입니다. 작업 순서가 틀리면 지정한 개수만큼 복사가 제대로 되지 않으니 순서를 정확히 지키도록 하고, 항상 가장 기본이 되는 솔리드 그룹을 신경 써서 작업하세요.

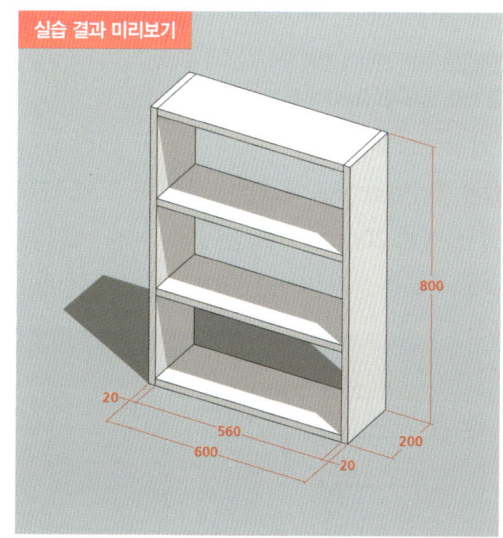

01 ❶ [Rectangle ✏] R 을 실행하고 **폭 20mm, 길이 200mm** 사각형을 만듭니다. ❷ [Push/Pull ✦ P]을 실행해 높이 **800mm** 크기의 상자를 만듭니다. ❸ Spacebar 를 누르고 세로판을 트리플클릭합니다. ❹ Ctrl + G 를 눌러 [Solid Group]으로 만듭니다.

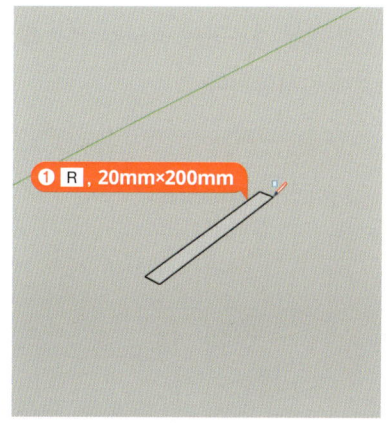 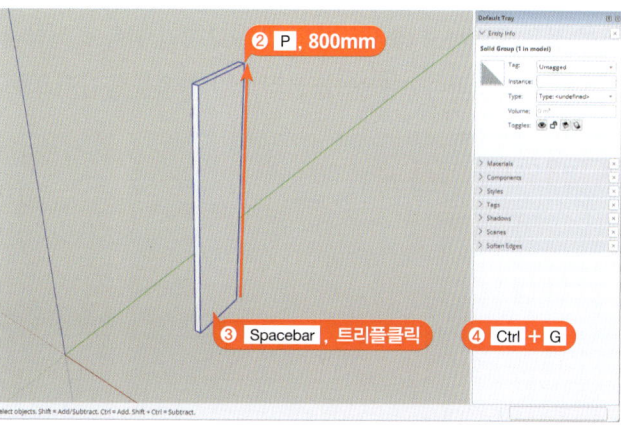

Lesson 03 이동 도구를 활용한 모델링

02 ① [Move ✤] M 를 실행하고 Ctrl 을 한 번 눌러 복사 모드로 바꿉니다. ② 임의의 점을 클릭해 기준점을 지정합니다. ③ X축 방향(빨간색 축)으로 마우스 포인터를 이동한 후 **580**을 입력하고 Enter 를 누릅니다.

CORE TIP 선반의 전체 폭이 600이 되려면 세로판의 두께 20을 뺀 580 위치에 복사를 해야 합니다. 복사한 세로판의 두께 20을 더해 전체 폭이 600이 됩니다.

03 ① [Rectangle ▱] R 을 실행하고 세로판 사이에 직사각형을 그립니다. ② [Push/Pull ✤] P 을 실행해 **20mm** 위로 끌어당깁니다. ③ Spacebar 를 누르고 가로판을 트리플클릭합니다. ④ Ctrl + G 를 눌러 [Solid Group]으로 만듭니다.

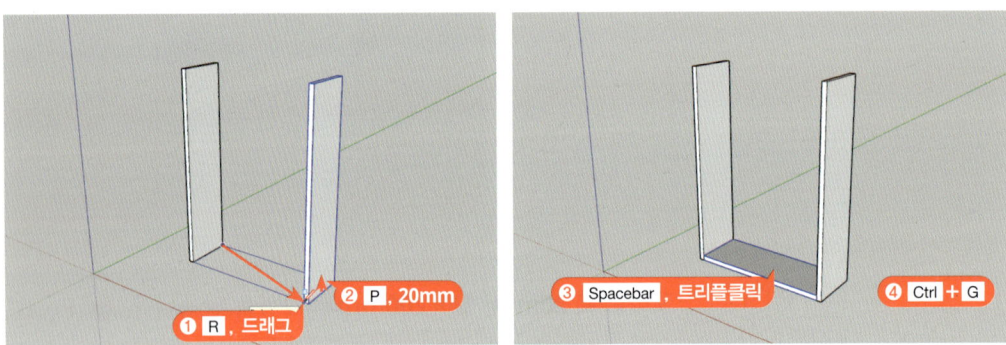

04 ① [Move ✤] M 를 실행하고 Ctrl 을 한 번 눌러 복사 모드로 바꿉니다. ② 가로판의 위쪽 모서리 점을 클릭하고 ③ 세로판의 위쪽 모서리 점을 클릭합니다. 맨 위에 가로판이 복사됩니다. ④ 이어서 **3/**를 입력하고 Enter 를 눌러 중간 판재를 등간격으로 배열해 완성합니다.

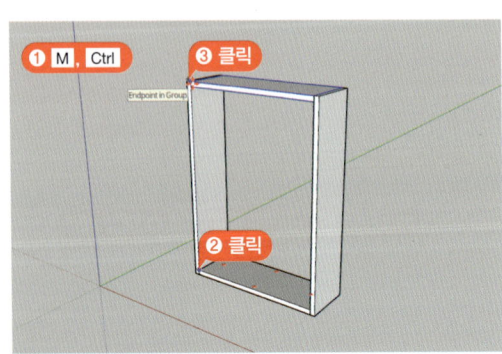 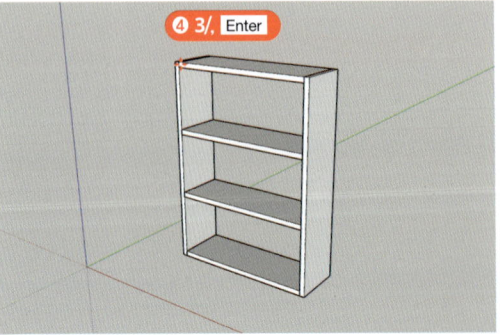

| Basic Training | 벽돌 쌓기 |

완성 파일 | Part 02/벽돌쌓기_완성.skp

벽돌 쌓기를 통해 모델을 정확한 위치로 이동시키고, 여러 개의 객체를 일정 간격으로 배열하는 방법을 연습하는 예제입니다. 또한, 인퍼런스 그립을 활용해 모델을 정확하게 회전시키는 방법도 함께 익혀보세요.

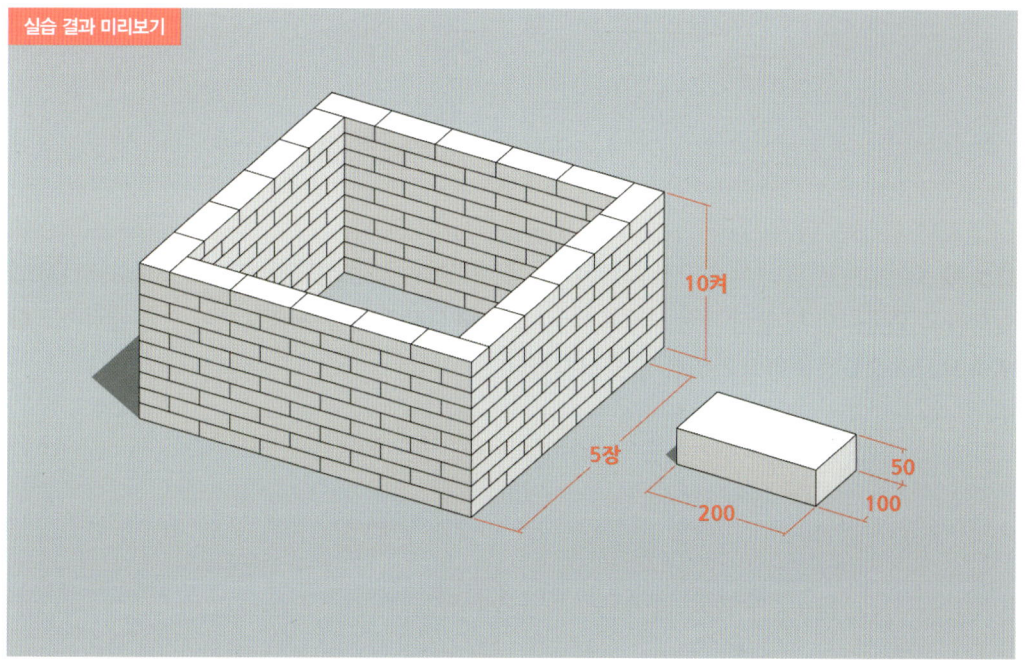

01 ❶ [Rectangle ▱] R 을 실행해 폭 **200mm**, 길이 **100mm** 사각형을 만듭니다. ❷ [Push/Pull ◆] P 을 실행해 높이 **50mm** 크기의 상자를 만듭니다. ❸ Spacebar 를 누르고 상자를 트리플 클릭합니다. ❹ Ctrl + G 를 눌러 [Solid Group]으로 만듭니다.

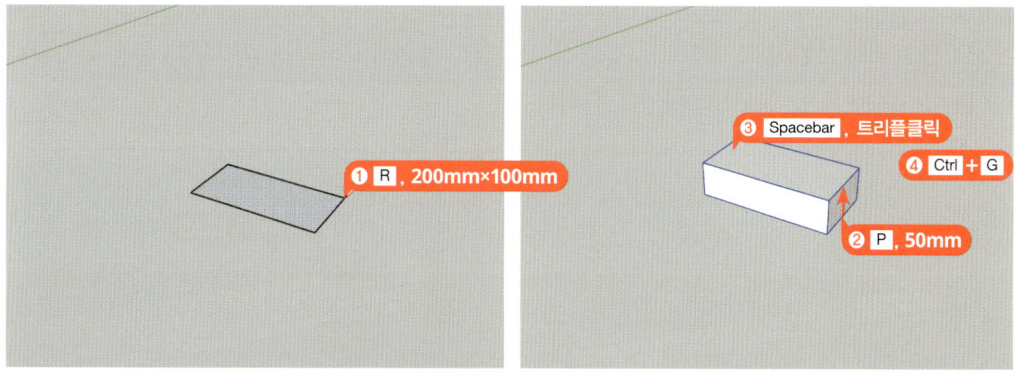

Lesson 03 이동 도구를 활용한 모델링

02 ① [Move ✣ M]를 실행하고 Ctrl 을 한 번 눌러 복사 모드로 바꿉니다. ② 상자의 왼쪽 아래 모서리 점을 클릭하고 ③ 오른쪽 아래 모서리 점을 클릭해 상자를 복사합니다. ④ 이어서 **5***를 입력하고 Enter 를 누르면, 총 6개의 상자가 동일한 간격으로 배열됩니다.

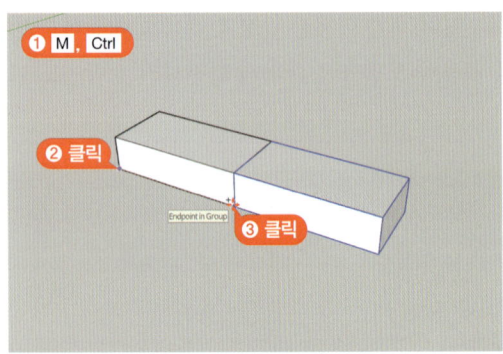
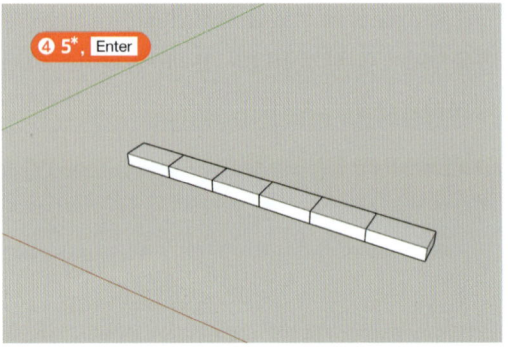

03 ① Spacebar 를 누르고 상자가 포함되도록 드래그하여 모두 선택합니다. ② [Move ✣ M]를 실행하고 Ctrl 을 한 번 눌러 복사 모드로 바꿉니다. ③ 상자의 왼쪽 아래 모서리 점을 클릭하고 ④ 위쪽 모서리 중간점을 클릭해 위로 한 줄 복사합니다.

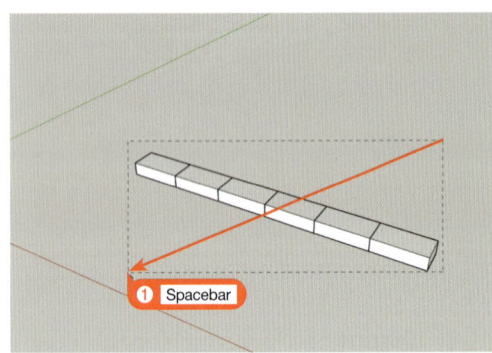
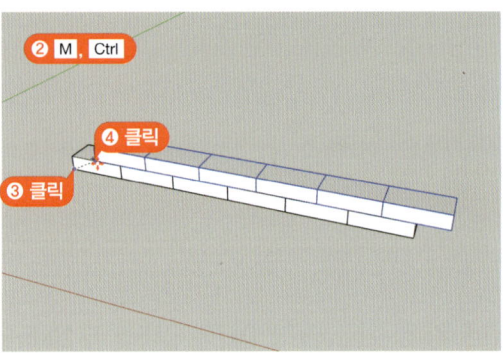

04 ① Spacebar 를 누르고 두 줄의 상자가 포함되도록 드래그하여 모두 선택합니다. ② [Move ✣ M]를 실행하고 Ctrl 을 한 번 눌러 복사 모드로 바꿉니다. ③ 아랫줄 상자의 오른쪽 아래 모서리를 클릭하고 ④ 수직 방향으로 윗줄 상자의 위쪽 가운데 모서리를 클릭해 두 줄을 복사합니다. ⑤ 이어서 **5***을 입력하고 Enter 를 누릅니다.

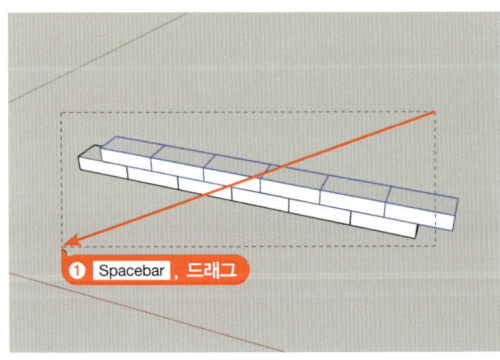
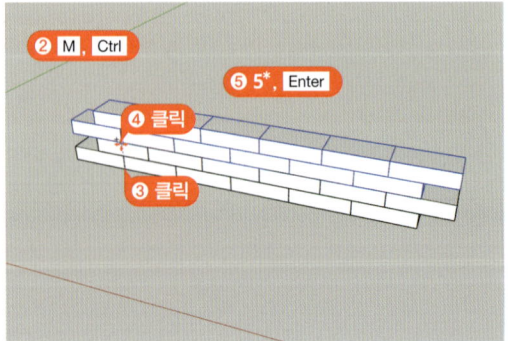

05 ❶ Spacebar 를 누르고 상자가 포함되도록 드래그하여 모두 선택합니다. ❷ Ctrl + G 를 눌러 그룹(Group)으로 만듭니다. ❸ [Move ✥] M 를 실행하고 Ctrl 을 한 번 눌러 복사 모드로 바꿉니다. ❹ 임의의 위치에 그룹을 복사합니다.

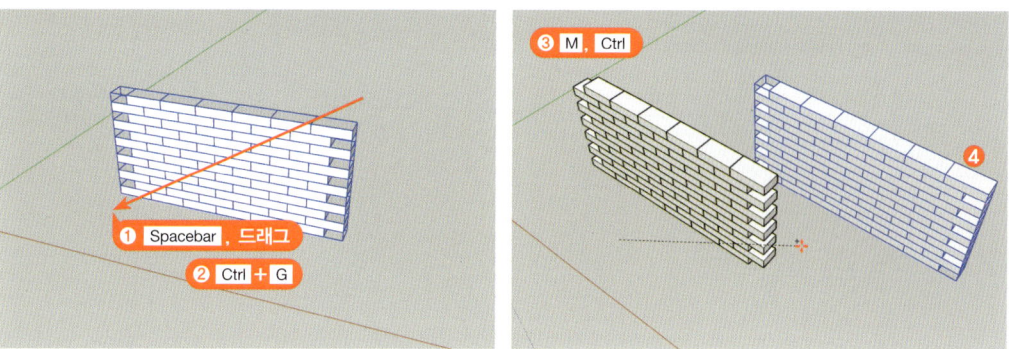

06 ❶ Spacebar 를 누르고 복사한 그룹을 더블클릭해 엽니다. ❷ 아래와 같이 바깥쪽 두 개의 열이 포함되도록 왼쪽에서 오른쪽으로 드래그합니다. ❸ Delete 를 눌러 선택된 상자를 삭제하고 Esc 를 눌러 그룹을 닫습니다.

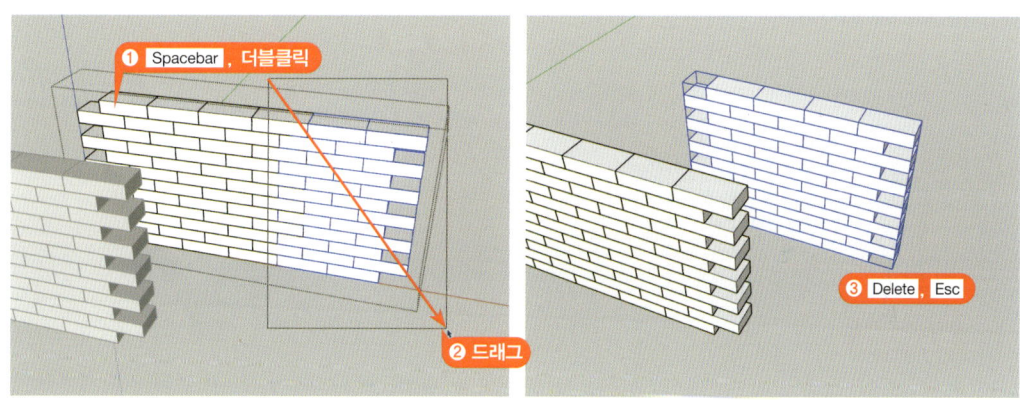

07 ❶ [Move ✥] M 를 실행하고 그룹의 위쪽으로 마우스 포인터를 가져가면 회전 인퍼런스 그립이 표시됩니다. ❷ 인퍼런스 그립 중 하나를 클릭한 후 반시계 방향으로 **90°** 회전시켜 상자가 서로 맞물릴 수 있도록 만듭니다. 방향에 주의합니다.

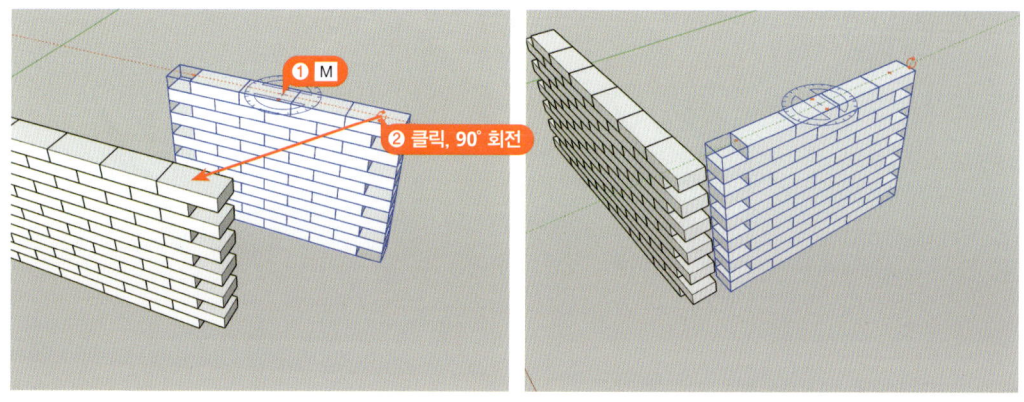

08 그룹의 맨 위 상자의 모서리 점을 클릭해 기존 그룹의 모서리 점으로 이동합니다. 상자가 서로 맞물리도록 잘 맞춥니다.

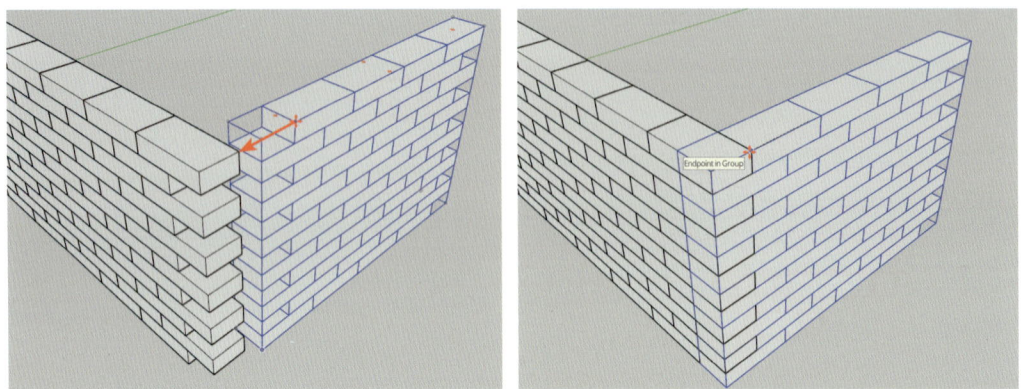

09 ❶ Spacebar 를 누르고 모델이 포함되도록 드래그하여 모두 선택합니다. ❷ [Move ✥] M 를 실행하고 Ctrl 을 한 번 눌러 복사 모드로 바꿉니다. ❸ 임의의 점을 클릭한 후 이동해 아래와 같이 복사합니다.

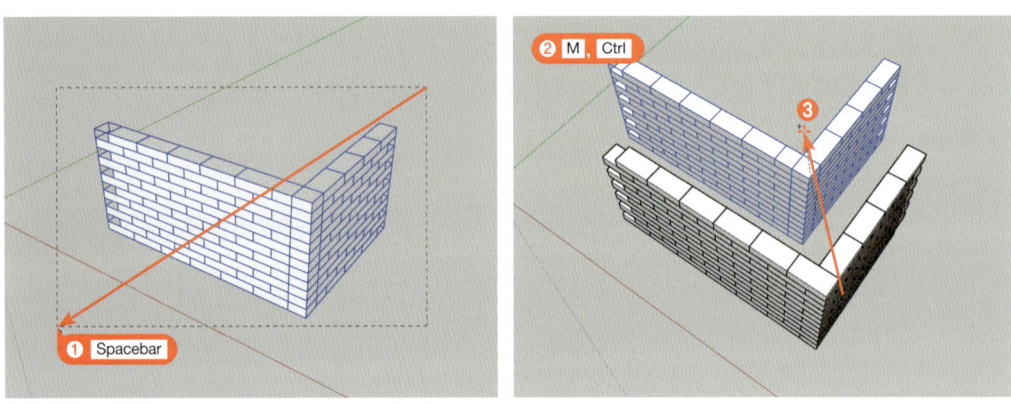

10 계속 [Move ✥]가 실행 중인 상태에서 복사한 모델의 윗면으로 마우스 포인터를 갖다 대면 인퍼런스 그립이 표시됩니다. 빨간색 회전 인퍼런스 그립을 클릭한 후 **180°** 회전시킵니다.

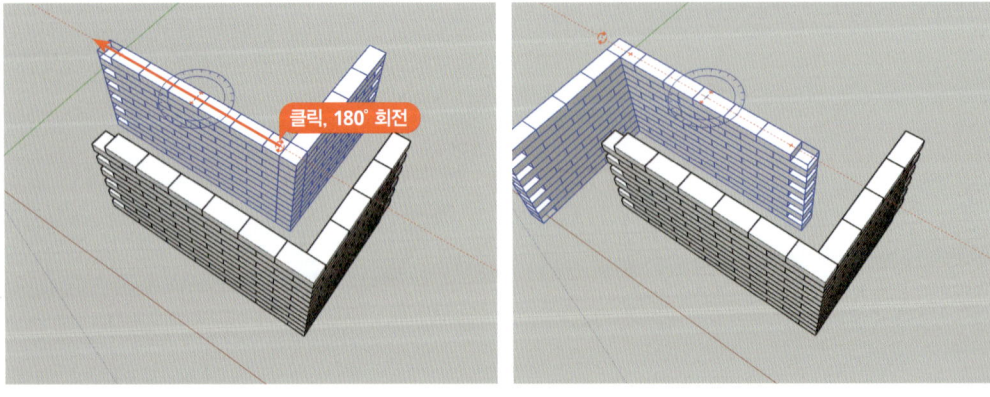

11 회전한 모델의 모서리 점을 클릭해 기존 모델의 모서리 점으로 이동하여 모델을 완성합니다.

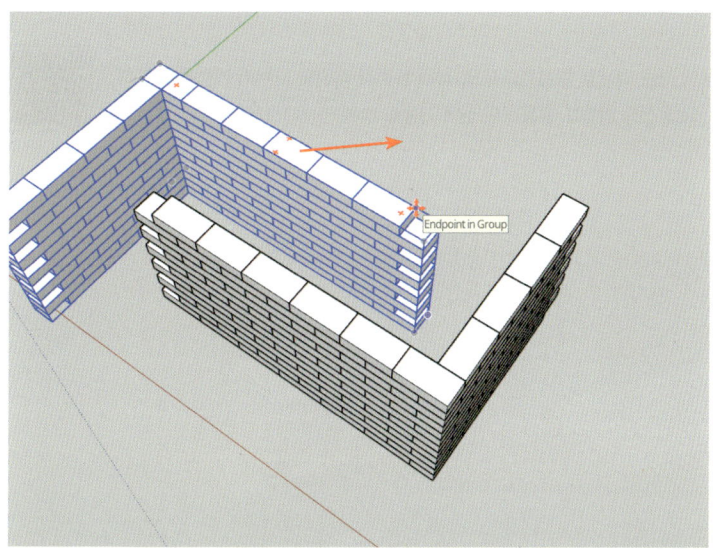

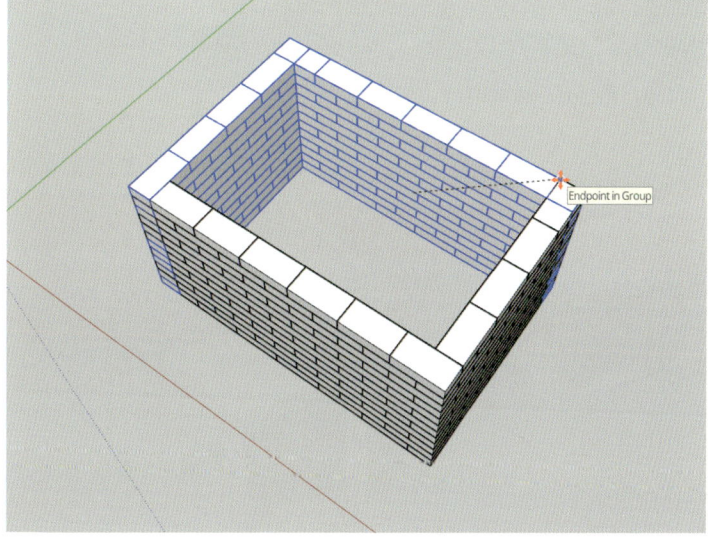

 **Self Training** 복사와 배열 연습하기

상자를 만든 뒤 복사와 배열 기능을 활용해 다음 예제를 완성해보세요. 특히 등간격 배열과 나누기 기능을 정확히 익히는 것이 중요합니다. 또한 여러 가지 모델 선택 방법도 활용하며 선택 기능도 함께 연습해보세요.

실습 따라 하기

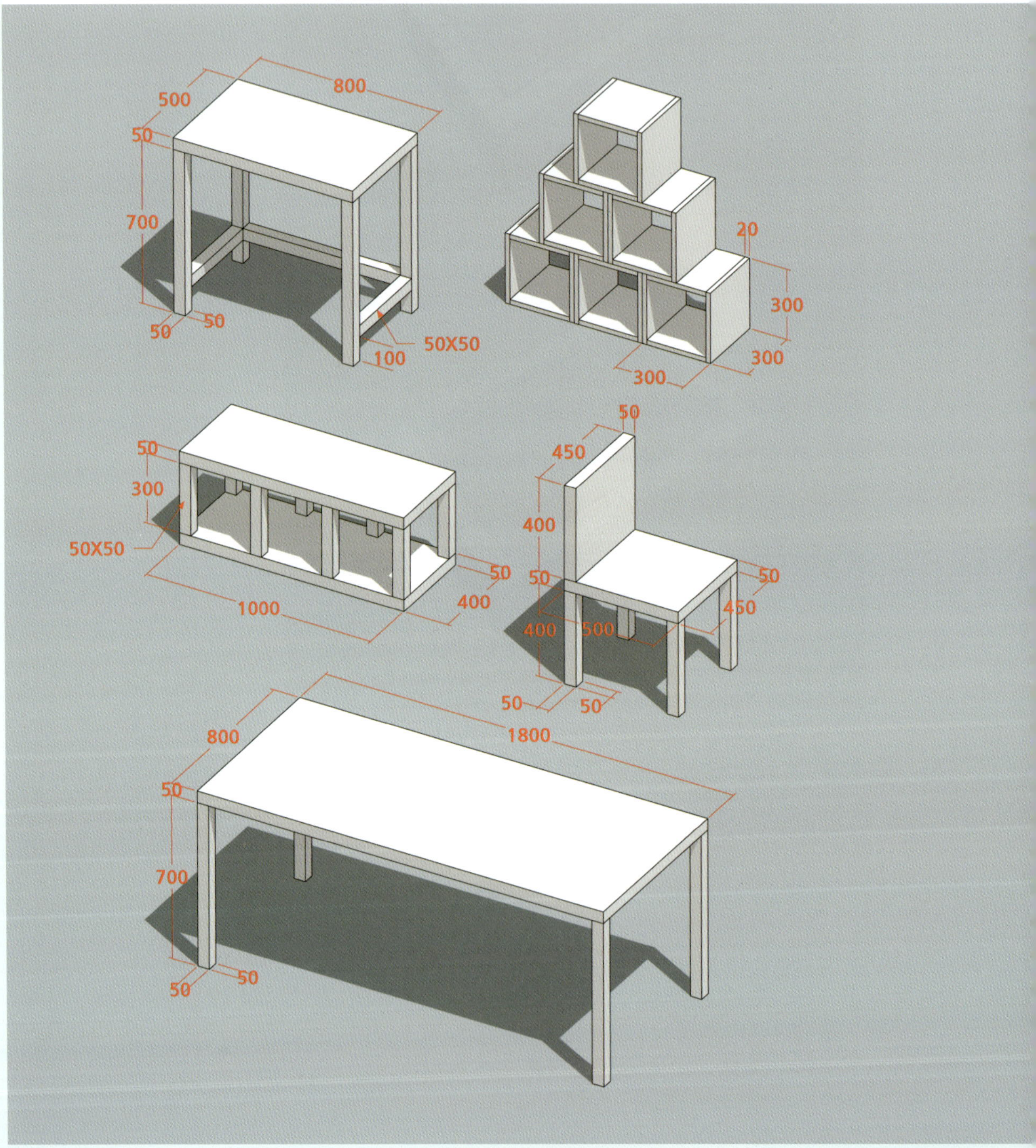

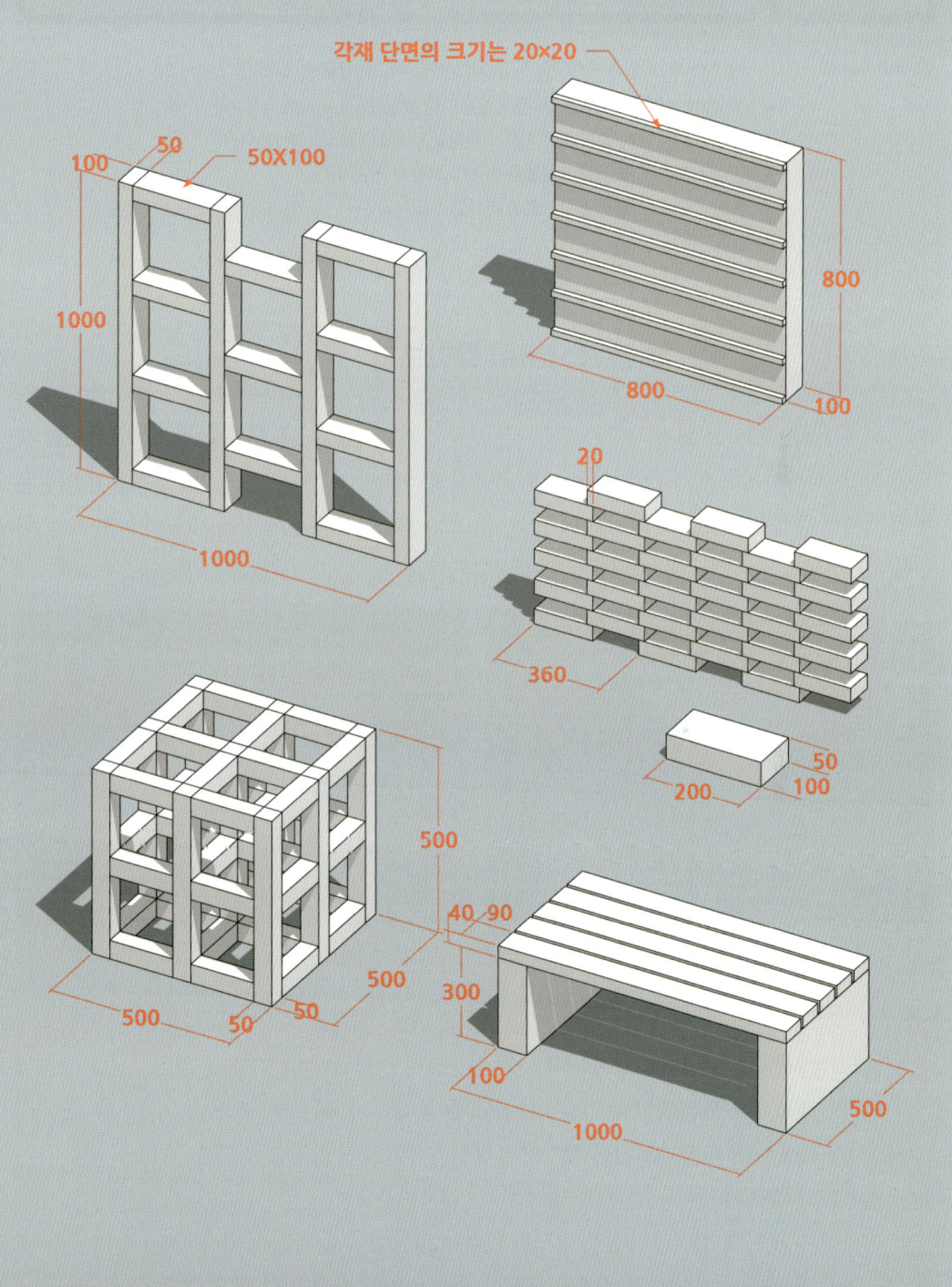

Lesson 04 | 회전, 대칭, Curic Gizmo를 활용한 모델링

Check Point
- ☑ [Rotate ⟳]를 활용해 객체를 회전, 회전 복사, 회전 배열할 수 있는가?
- ☑ [Rotate ⟳]의 축 방향을 자유롭게 설정할 수 있는가?
- ☑ [Rotate ⟳], [Flip ⚠]의 단축키를 기억하고 자유롭게 활용할 수 있는가?
- ☑ [Curic Gizmo]를 활용해 모델을 이동/회전할 수 있는가?
- ☑ [Curic Gizmo]를 활용해 모델을 복사할 수 있는가?

Warm Up 회전(Rotate) 알아보기

[Rotate ⟳ | Q]는 객체를 회전, 복사, 배열하는 도구입니다. [Move ✥ | M]와 비슷한 방식으로 객체를 회전-복사하거나 회전-배열하는 데도 사용할 수 있습니다. 인퍼런스 그립을 활용한 회전은 주로 객체의 중심을 기준으로 회전할 때 쓰고, [Rotate | Q]를 활용한 회전은 중심이 아닌 특정 위치를 기준으로 회전하거나 복사/배열할 때 사용합니다.

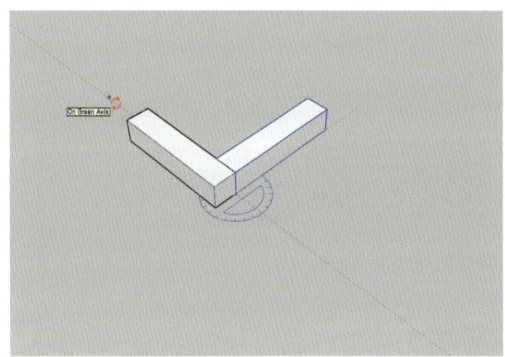
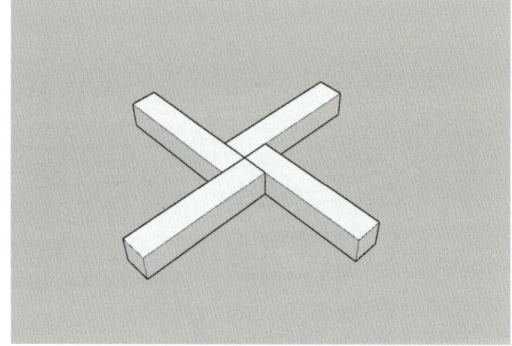

Summary

- 각도기는 마우스 포인터가 닿는 면에 맞게 자동으로 정렬됩니다.
- 방향키로 축 방향을 고정할 수 있습니다(→ : X축, ← : Y축, ↑ : Z축).
- 중심점을 클릭한 채 드래그하면 각도기의 방향을 자유롭게 설정할 수 있습니다.
- Ctrl 을 누르면 회전-복사 모드가 됩니다.
  - 복사 후 **개수***를 입력하면 같은 각도로 입력한 개수 만큼 복사할 수 있습니다.
  - 복사 후 **개수/**를 입력하면 원본과 복사한 객체 사이에 개수 만큼 같은 각도로 나누어 복사할 수 있습니다.

Warm Up — 대칭(Flip) 알아보기

[Flip ⚠ Ctrl + F]은 선택한 객체를 지정한 축을 기준으로 대칭 복사하는 도구입니다. 실행하면 모델을 정확히 반대 방향으로 복사해 만들 수 있어, 같은 형태를 대칭으로 빠르게 완성할 때 매우 유용합니다.

CORE TIP [Flip]은 스케치업 2023 버전에 추가된 도구로, 스케치업 2022 이전 버전 사용자는 Extension Warehouse에서 [Curic Mirror]를 설치해 사용하세요.

 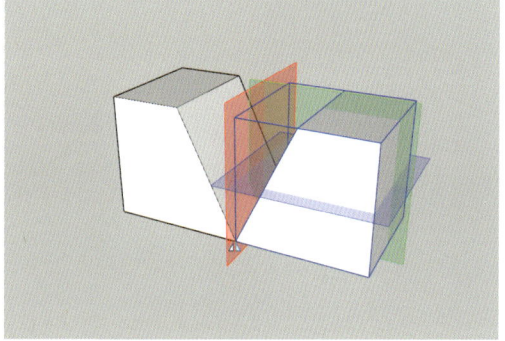

Summary

- Ctrl 을 한 번 누르면 복사 모드가 됩니다.
- 모델이 회전된 상태에서 [Flip]을 사용할 경우, Alt 를 누르면 대칭면의 기준을 로컬축과 글로벌축으로 변경할 수 있습니다.
- [Flip]이 실행된 상태에서 방향키를 이용해 대칭을 실행할 수 있습니다(→ : X축, ← : Y축, ↑ : Z축).
- [Flip]이 실행되지 않은 상태에서 Ctrl 을 누른 채로 방향키를 눌러 대칭을 실행할 수 있습니다.
- 대칭면을 드래그하거나 거리를 입력해 정확한 위치를 지정할 수 있습니다.
- 경사면을 클릭해 대칭면으로 사용할 수 있습니다.

Warm Up — Curic Gizmo(스케치업 2023 버전 이상)

[Curic Gizmo]를 사용하면 객체를 선택한 후 아이콘 클릭만으로 이동, 회전, 축척을 바로 실행할 수 있습니다. [Curic Gizmo]는 웹사이트(https://curic.gumroad.com/l/gizmo)에서 직접 설치해야 하며 스케치업 2023 버전 이상에서 사용할 수 있습니다.

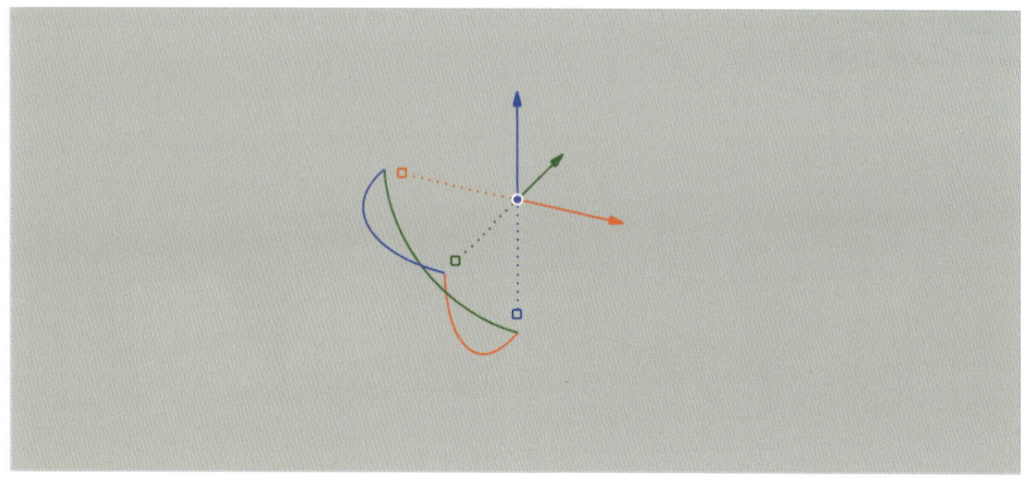

- **화살표(이동)** | 화살표를 드래그해 화살표 방향으로 이동하거나 클릭해 거리를 입력할 수 있습니다.
- **호(회전)** | 호를 드래그해 호의 방향으로 회전하거나 클릭해 각도를 입력할 수 있습니다.
- **점선(배율)** | 점선을 드래그해 점선 방향으로 배율을 조절하거나 클릭해 배율을 입력할 수 있습니다. Shift 를 누른 채로 클릭하거나 드래그해 X, Y, Z 전체 배율을 동시에 조절할 수 있습니다.

Summary

- F8 을 눌러 [Curic Gizmo]를 켜고 끌 수 있습니다(단축키가 작동하지 않으면 048쪽을 참고하세요).
- Ctrl 을 누른 채 사용하면 복사 모드가 됩니다.
- 이동 방향이 화살표 방향과 같으면 **+(또는 생략)**, 반대 방향이면 **-**를 입력합니다.
- 회전 방향이 시계 반대 방향이면 **+(또는 생략)**, 시계 방향이면 **-**를 입력합니다.

 **사각 테이블 세트 만들기**

준비 파일 | Part 02/사각테이블세트.skp 완성 파일 | Part 02/사각테이블세트_완성.skp

[Move ✥] [M]나 [Rotate ↻ Q], [Flip ⚠] [Ctrl]+[F], [Curic Gizmo] 등을 종합적으로 활용해 모델링하는 예제입니다. 모델을 이동할 때 객체 스냅 추적 기법을 이용해 가상의 교차점을 지정해 원하는 위치에 정확히 배치하는 방법을 배우게 되는데, 처음에는 다소 어렵게 느껴질 수 있습니다. 이 부분을 반복해 연습하면 이후 복잡한 모델을 만들 때도 빠르고 정확하게 원하는 지점으로 모델을 배치할 수 있게 될 것입니다.

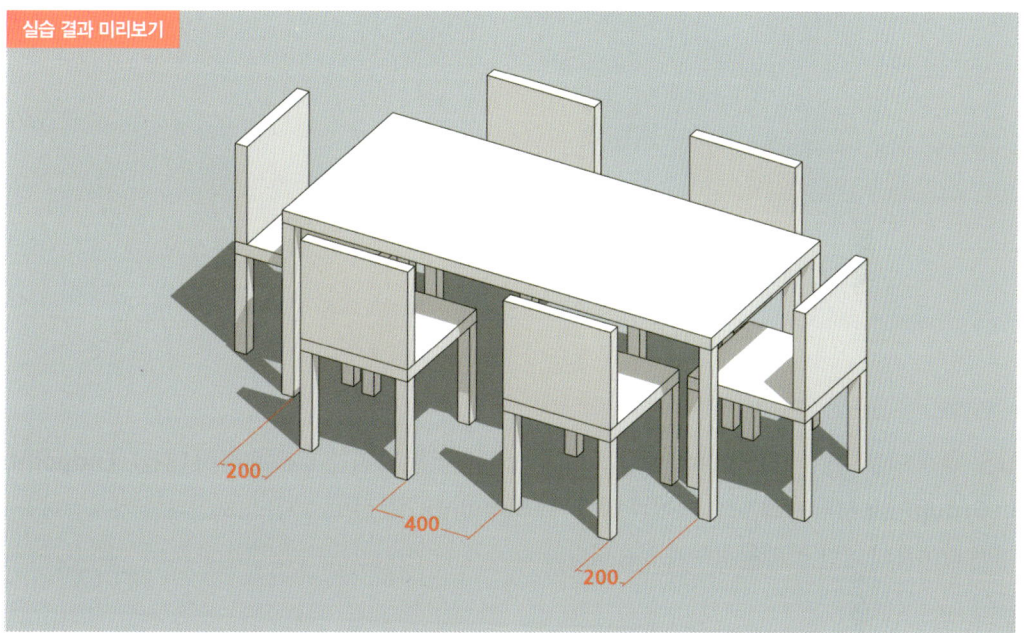

01 ❶ 준비 파일을 불러온 후 [Spacebar]를 누르고 의자를 클릭합니다. ❷ [F8]를 눌러 [Curic Gizmo]를 실행하고 파란색 호를 클릭합니다. ❸ [Rotate Z] 대화상자가 나타나면 **90**을 입력하고 ❹ [Enter]를 눌러 그림과 같이 회전시킵니다.

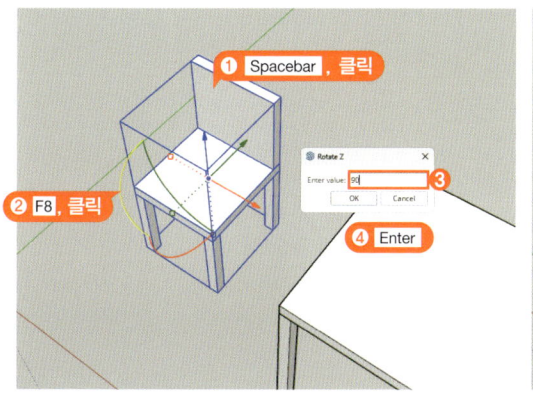 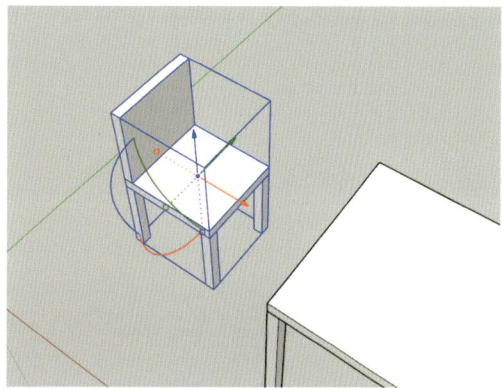

02 ❶ [Move ✣] M 를 실행하고 마우스 포인터를 의자 위로 가져가면 그룹의 모서리에 회색 인퍼런스 그립이 표시됩니다. ❷ Alt 를 한 번 누르면 인퍼런스 그립이 **Midpoint**(중간점)로 바뀝니다. 의자의 아래 중간점을 클릭해 [Move]의 기준점을 지정합니다.

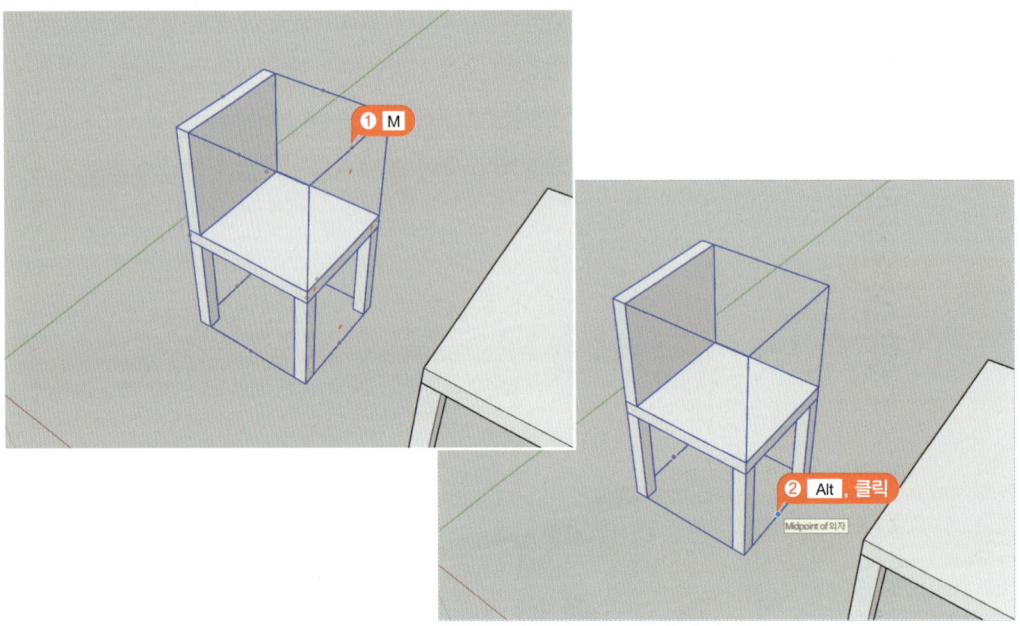

03 ❶ 테이블 다리의 **Endpoint**(끝점)로 마우스 포인터를 가져간 후(클릭하지 않음), **Endpoint in Group**이 표시되면 ❷ 다시 테이블 상판의 **Midpoint**(중간점)로 마우스 포인터를 가져갑니다. 이때 테이블의 어떤 점도 클릭하지 않습니다.

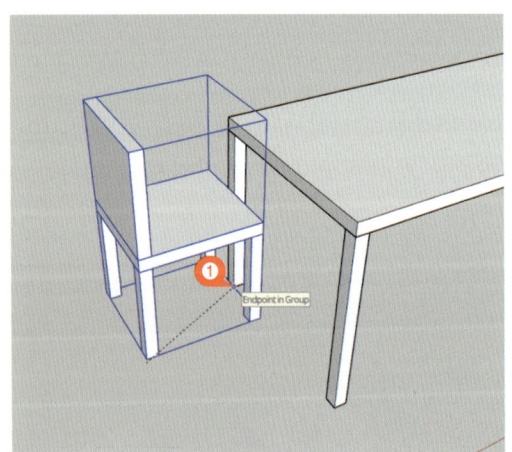 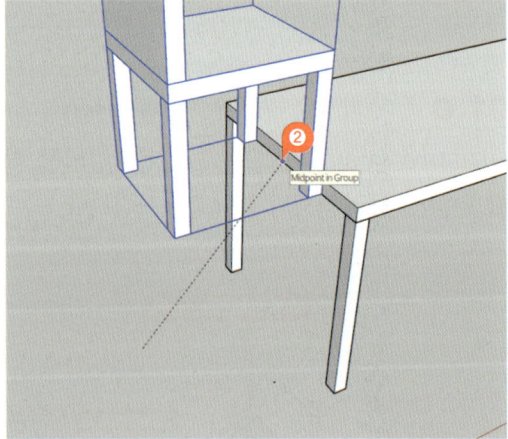

04 이제 마우스 포인터를 테이블 상판의 **Midpoint**에서 수직 방향 아래로 천천히 내리면 바닥 부분에서 다리의 **Endpoint** 스냅과 교차하는 지점에서 스냅이 걸립니다. 이 점을 클릭해 의자를 테이블의 중간으로 이동합니다.

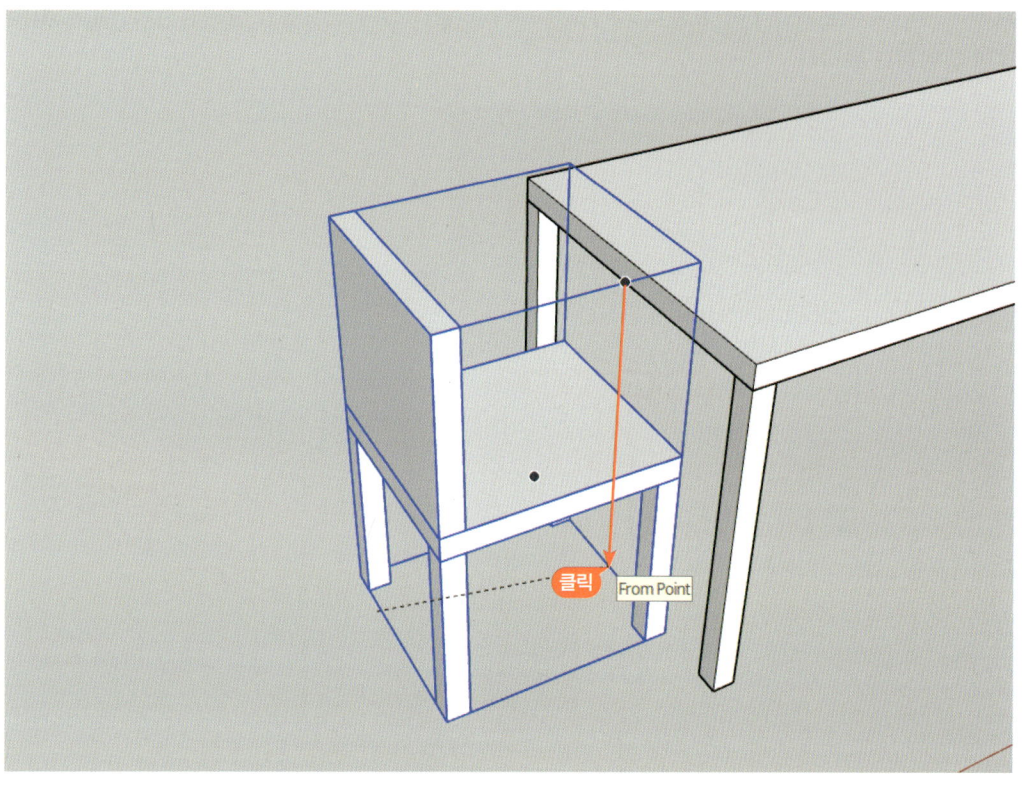

> **CORE TIP** 객체 스냅 추적(Object Snap Tracking)
> 모델의 특정 점 위에서 객체 스냅이 표시되면 그 점을 따라 축 방향 혹은 모서리 방향으로 추적선이 표시됩니다. 두 개의 객체 스냅을 추적하면 그 교차점에도 스냅을 할 수 있습니다. 지금처럼 테이블 하부의 중간점을 스냅하기 위해 추가로 보조선을 그린 후 의자를 이동하고 보조선을 지우는 번거로운 과정을 생략할 수 있습니다.

05 ❶ 계속 [Move ✣] M 가 실행 중인 상태에서 Ctrl 을 한 번 눌러 복사 모드로 바꿉니다. ❷ 아래와 같이 의자의 모서리 점을 클릭한 후 ❸ 테이블 다리의 끝점으로 복사합니다.

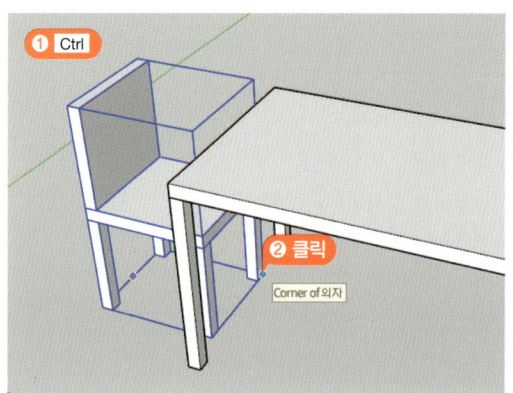 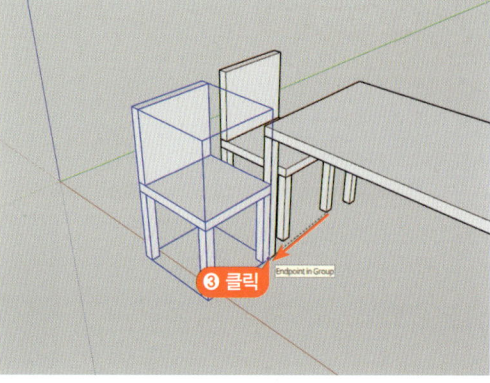

06 ❶ [Rotate ⟳ Q]를 실행하고 회전축의 방향을 표시하는 각도기가 바닥에 표시되도록 방향키 ↑ 를 눌러 Z축으로 고정합니다. ❷ 앞에서 지정한 기준점을 클릭합니다. ❸ 마우스 포인터를 X축 방향으로 이동해 임의의 위치를 클릭해 기준점을 지정하고, ❹ 의자의 방향이 오른쪽 그림처럼 되도록 마우스 포인터를 Y축 방향으로 이동해 직각 스냅이 걸리는 지점을 클릭합니다. 각도 **90**을 직접 입력해도 됩니다.

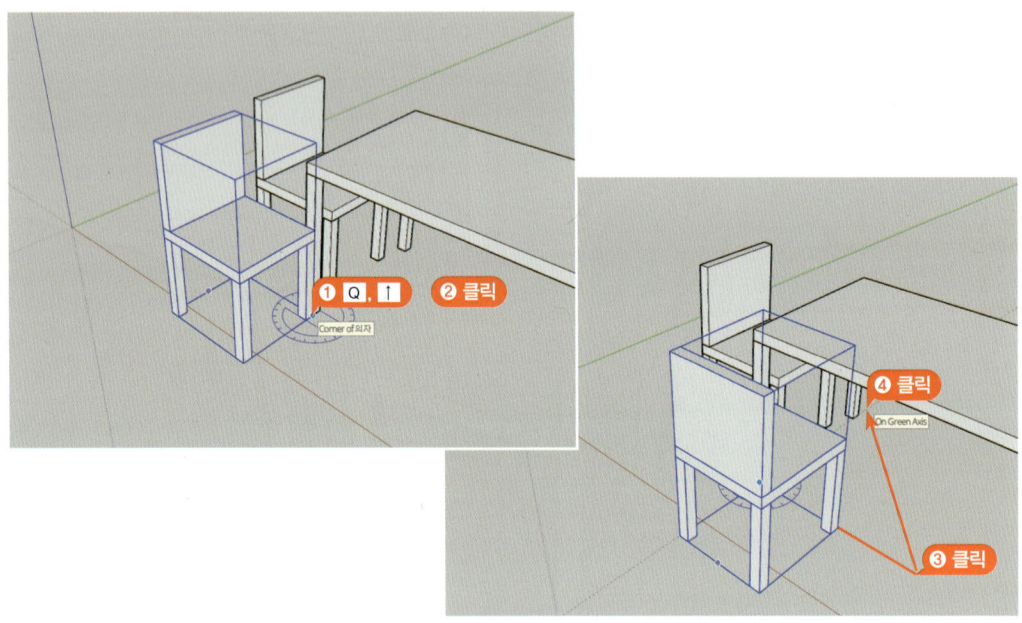

07 ❶ Spacebar 를 누르고 [Curic Gizmo]의 빨간색 화살표(X축 이동)를 클릭합니다. ❷ [Move X] 대화상자에서 **200**을 입력하고 ❸ Enter 를 누르면 의자가 오른쪽으로 이동합니다.

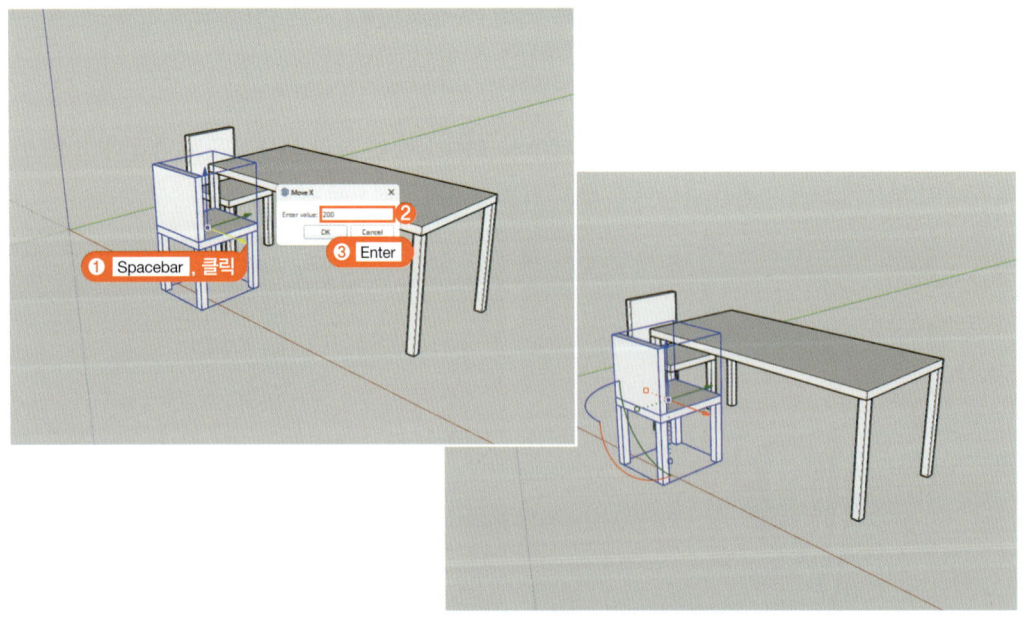

08 ❶ Spacebar 를 누르고 왼쪽 의자를 클릭합니다. ❷ Ctrl + F 를 눌러 [Flip ⚠]을 실행한 후 Ctrl 을 눌러 복사 모드로 바꿉니다. ❸ 초록색 대칭면을 테이블 중간점으로 드래그하면 테이블 오른쪽에 의자가 대칭 복사됩니다.

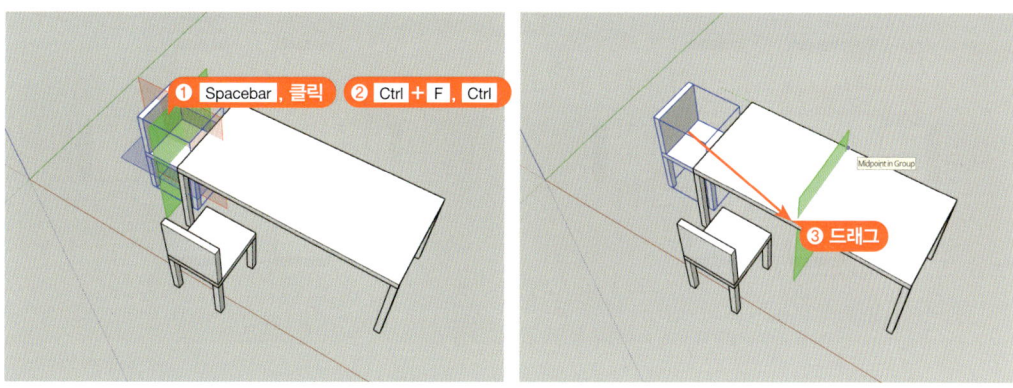

09 ❶ Spacebar 를 누르고 아래 그림의 의자를 클릭합니다. ❷ [Flip ⚠] Ctrl + F 을 실행한 후 Ctrl 을 눌러 복사 모드로 바꿉니다. ❸ 빨간색 대칭면을 테이블 중간점으로 드래그하면 옆으로 의자가 대칭 복사됩니다.

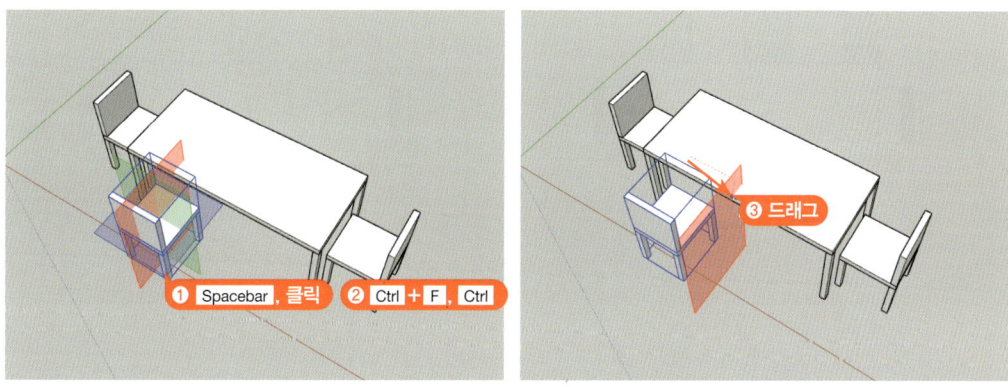

10 ❶ Spacebar 를 누르고 아래와 같이 의자 두 개를 드래그해 선택합니다. ❷ [Flip ⚠] Ctrl + F 을 실행해 반대편에 두 개의 의자를 복사합니다.

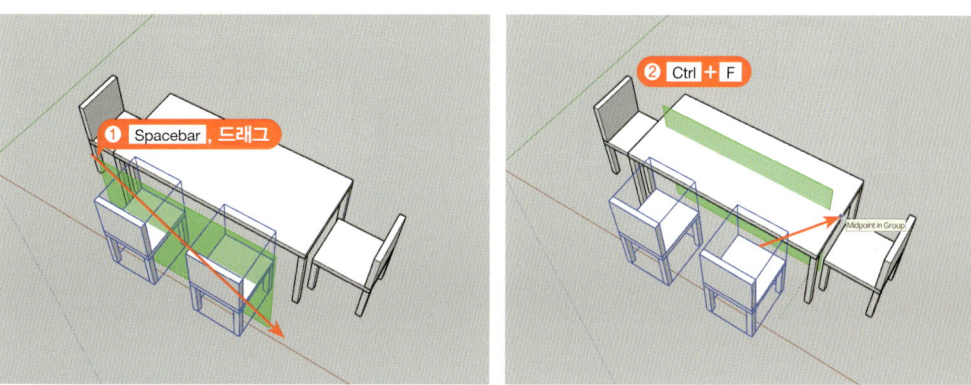

11 ❶ Spacebar 를 누르고 왼쪽 의자를 클릭합니다. ❷ [Curic Gizmo]의 빨간색 화살표(X축 이동)를 클릭하고 ❸ [Move X] 대화상자에 **200**을 입력한 후 ❹ Enter 를 누릅니다.

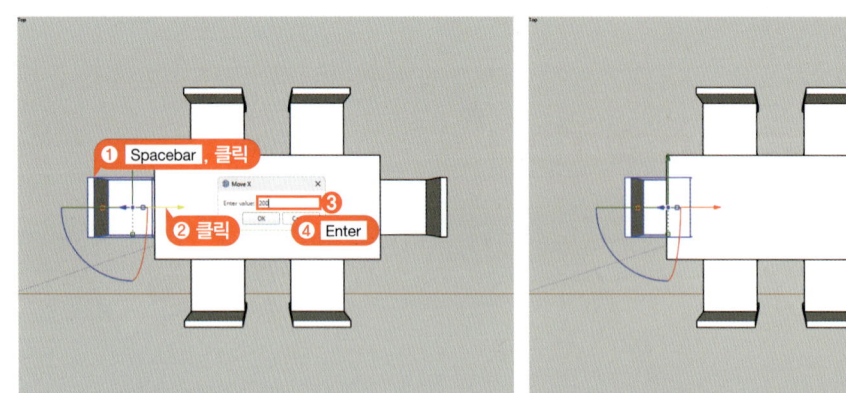

12 ❶ Spacebar 를 누르고 아래와 같이 의자를 선택합니다. ❷ [Curic Gizmo]의 초록색 화살표(Y축 이동)를 클릭하고 ❸ [Move Y] 대화상자에 **200**을 입력한 후 ❹ Enter 를 누릅니다.

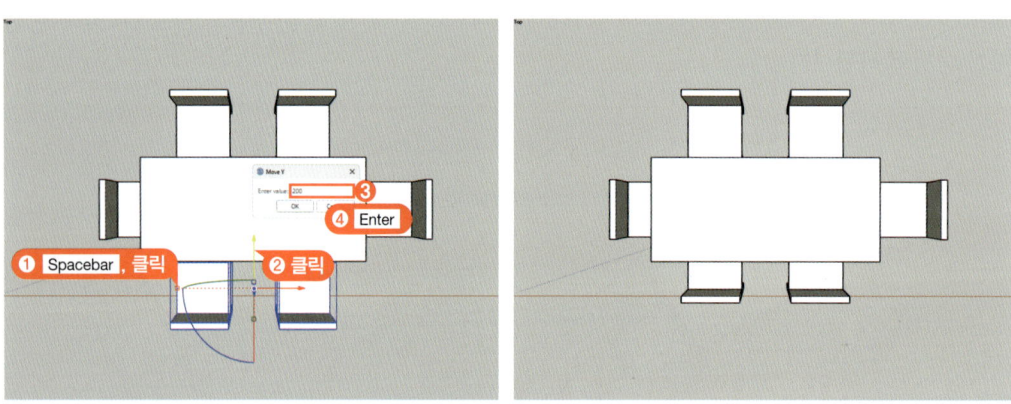

13 같은 방법으로 나머지 의자도 테이블 안쪽으로 이동해 완성합니다. 화살표의 반대 방향으로 이동할 때는 숫자 앞에 마이너스(−) 부호를 붙입니다.

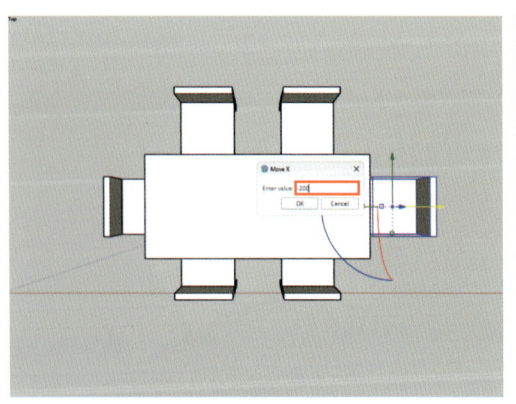
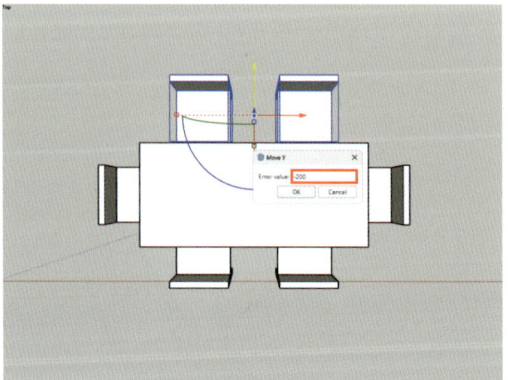

Basic Training 원형 테이블 세트 만들기

준비 파일 | Part 02/원형테이블세트.skp 완성 파일 | Part 02/원형테이블세트_완성.skp

[Rotate ↻] Q 와 [Curic Gizmo]를 활용해 원형 테이블 둘레에 의자를 배열하는 예제입니다. 테이블의 사분점 위치와 원점을 정확히 파악해야 의자를 원하는 위치에 올바르게 배치할 수 있습니다. 예제를 여러 번 반복해 정확한 위치 지정과 회전 방법을 익혀보세요.

01 ❶ 의자를 선택하고 ❷ [Curic Gizmo]의 파란색 호(Z축을 중심으로 회전)를 클릭합니다. ❸ [Rotate Z] 대화상자에 **90**을 입력하고 ❹ Enter 를 누릅니다.

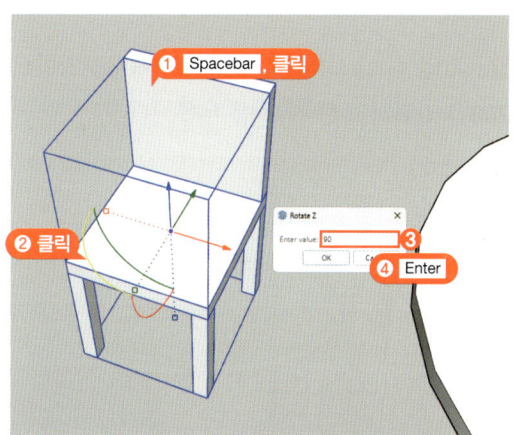 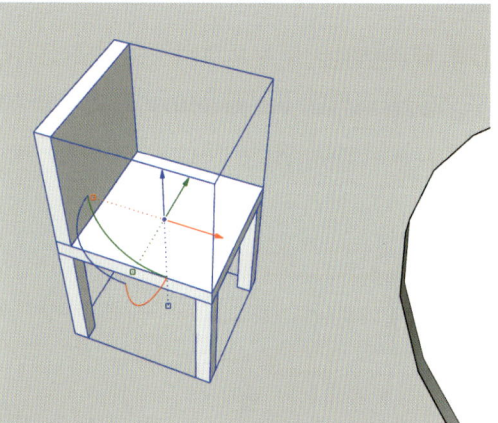

Lesson 04 회전, 대칭, Curic Gizmo를 활용한 모델링

02 ① 테이블의 사분점을 확인하기 위해 테이블을 선택합니다. ② 바운딩 박스의 모서리 선과 테이블 상판이 만나는 곳이 사분점의 위치입니다. 이 점의 위치를 기억하세요. ③ 의자를 선택하고 [Move ✥]M를 실행한 후 의자의 좌판 중간점을 스냅해 테이블 상판의 사분점으로 이동합니다.

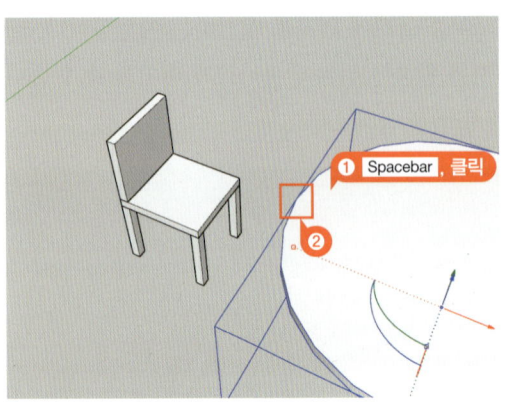 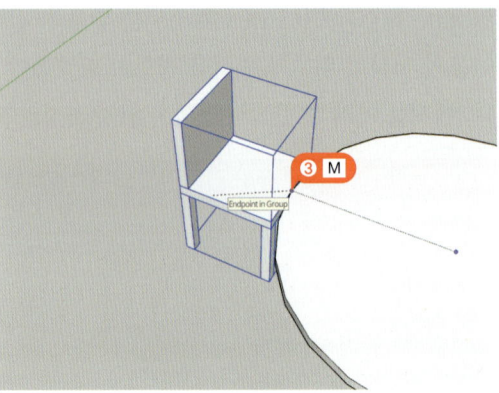

03 ① Alt + D 를 눌러 확장 프로그램 [Drop at Level]을 실행합니다. ② **0**인 상태 그대로 [OK]를 클릭해 의자를 바닥으로 내립니다.

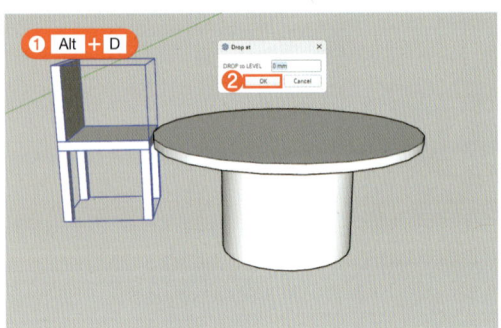 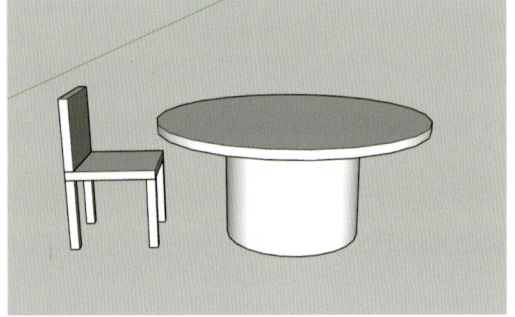

> **CORE TIP** [Drop at Level]은 확장 프로그램 [JHS Powerbar]에 포함된 도구입니다. 모델을 특정 높이로 이동할 때 사용합니다. 이 도구가 작동하지 않는다면 048쪽의 단축키 설정과 054쪽의 확장 프로그램 설치를 확인하세요.

04 ① Spacebar 를 누르고 의자를 선택합니다. ② [Curic Gizmo]의 빨간색 화살표(X축 방향으로 이동)를 클릭합니다. ③ [Move X] 대화상자에 **200**을 입력하고 ④ Enter 를 누릅니다.

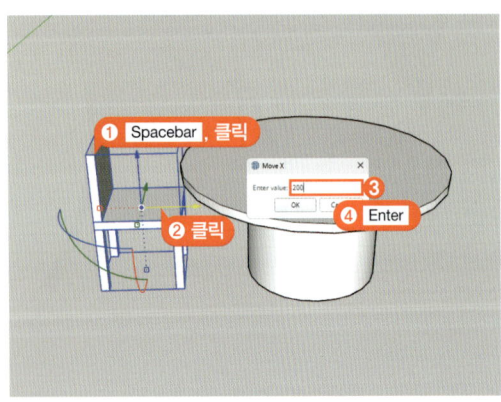 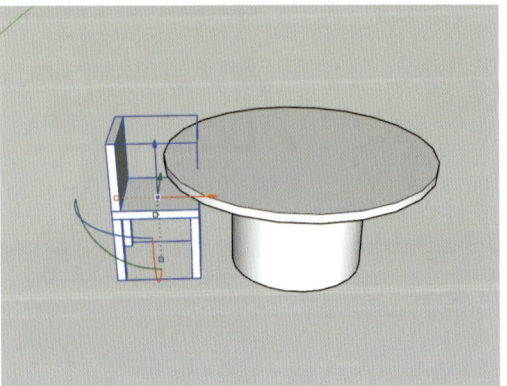

05 ❶ 의자가 선택되어 있는 상태에서 [Rotate ↻] Q 를 실행합니다. ❷ 테이블 상판 모서리 임의의 점 위로 마우스 포인터를 가져가면 첫 번째 그림과 같이 원판의 중심(Center)이 표시됩니다. ❸ 그 상태로 마우스 포인터를 원판의 중심으로 가져가면 원판의 중심에 스냅이 걸립니다. 이 점을 클릭해 회전의 중심축으로 지정합니다.

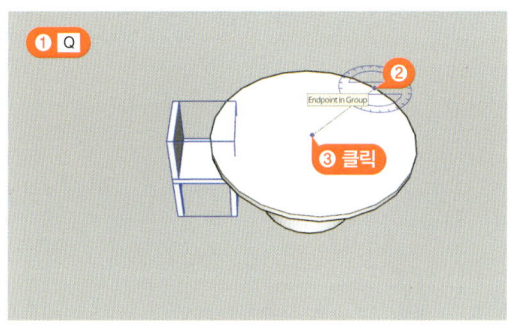 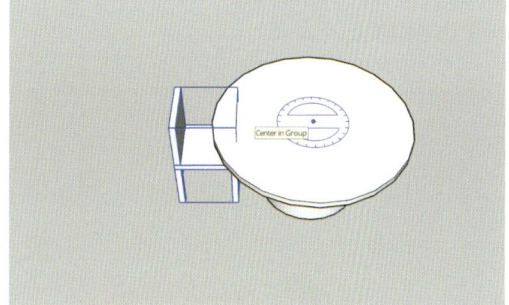

06 ❶ X축 방향으로 마우스 포인터를 이동하고 임의의 점을 클릭해 회전의 기준점을 지정합니다. ❷ Ctrl 을 한 번 눌러 복사 모드로 바꾸고 마우스 포인터를 움직여보세요. 아직 클릭하지 않습니다.

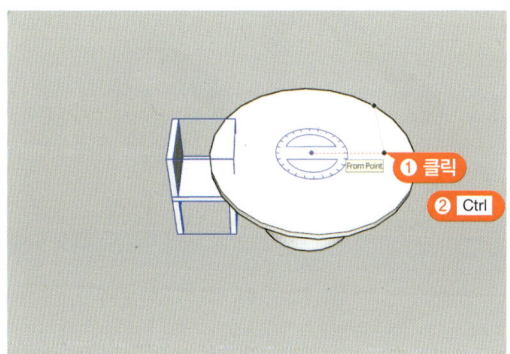 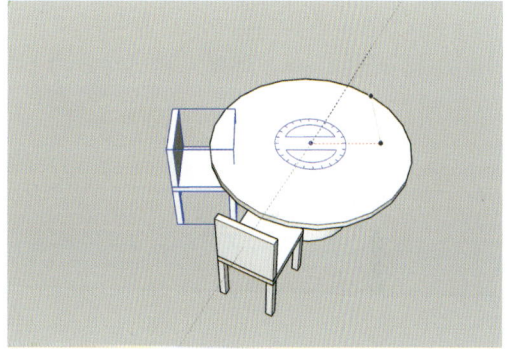

07 ❶ 360을 입력하고 Enter 를 누릅니다. 복사한 의자는 한 바퀴를 회전해 원래 의자와 같은 위치에 복사됩니다. ❷ 8/를 입력하고 Enter 를 누릅니다. 360°를 8등분한 위치에 의자가 배열됩니다. ❸ Delete 를 눌러 원래 의자와 겹쳐 있던 의자를 삭제해 완성합니다.

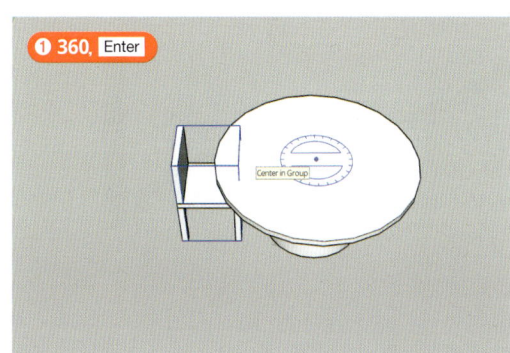 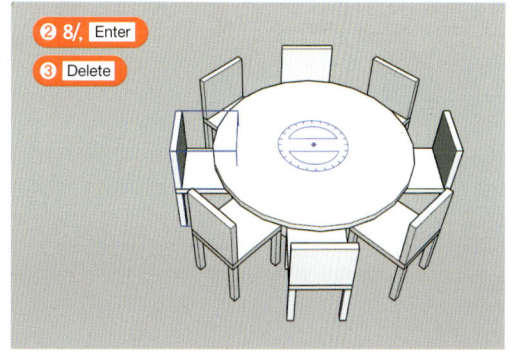

 **Self Training** 이동 도구와 Curic Gizmo를 활용한 모델링 연습하기

준비 파일 | Part 02/Puzzle.skp

실습 따라 하기

준비 파일을 열어 퍼즐 부속을 그림과 같이 조립해보세요. 특정 기준점을 기준으로 이동해야 할 때는 [Move ✥] M 를, 방향 회전이나 복사가 필요할 때는 [Curic Gizmo]를 적극적으로 활용해 두 가지 기능 모두에 익숙해질 수 있도록 연습해보세요.

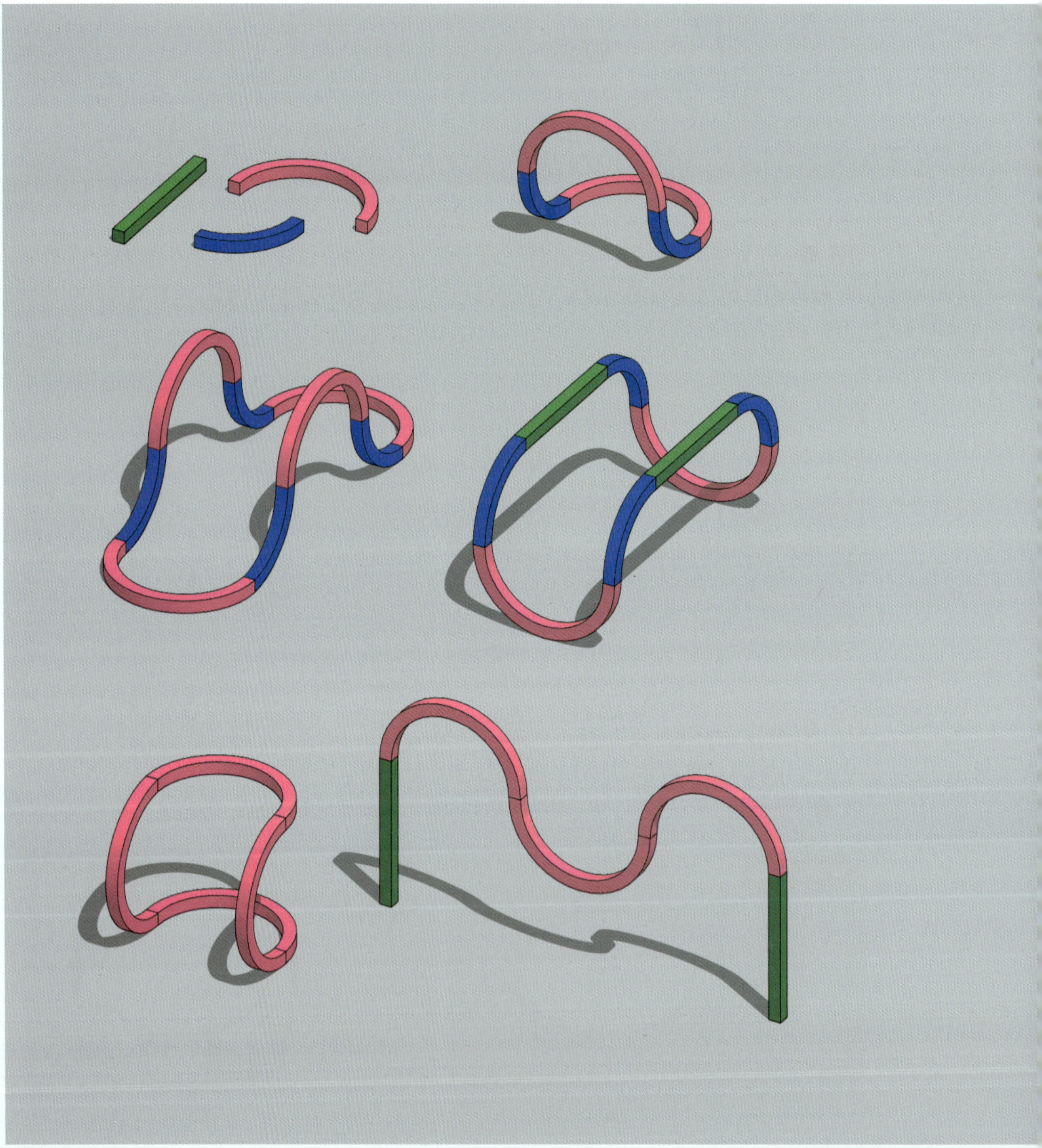

그리기 도구와 [Push/Pull] P 을 활용해 기본 입체를 만들고, 회전이나 대칭과 같은 모델링 기법을 활용해 다음 예제를 완성해 보세요. 각 변형 도구의 단축키를 익숙하게 쓸 수 있도록 연습하고, [Flip] Ctrl + F 으로 대칭면을 이동하거나 [Rotate] Q 로 회전 중심을 지정하는 방법도 충분히 연습해보세요.

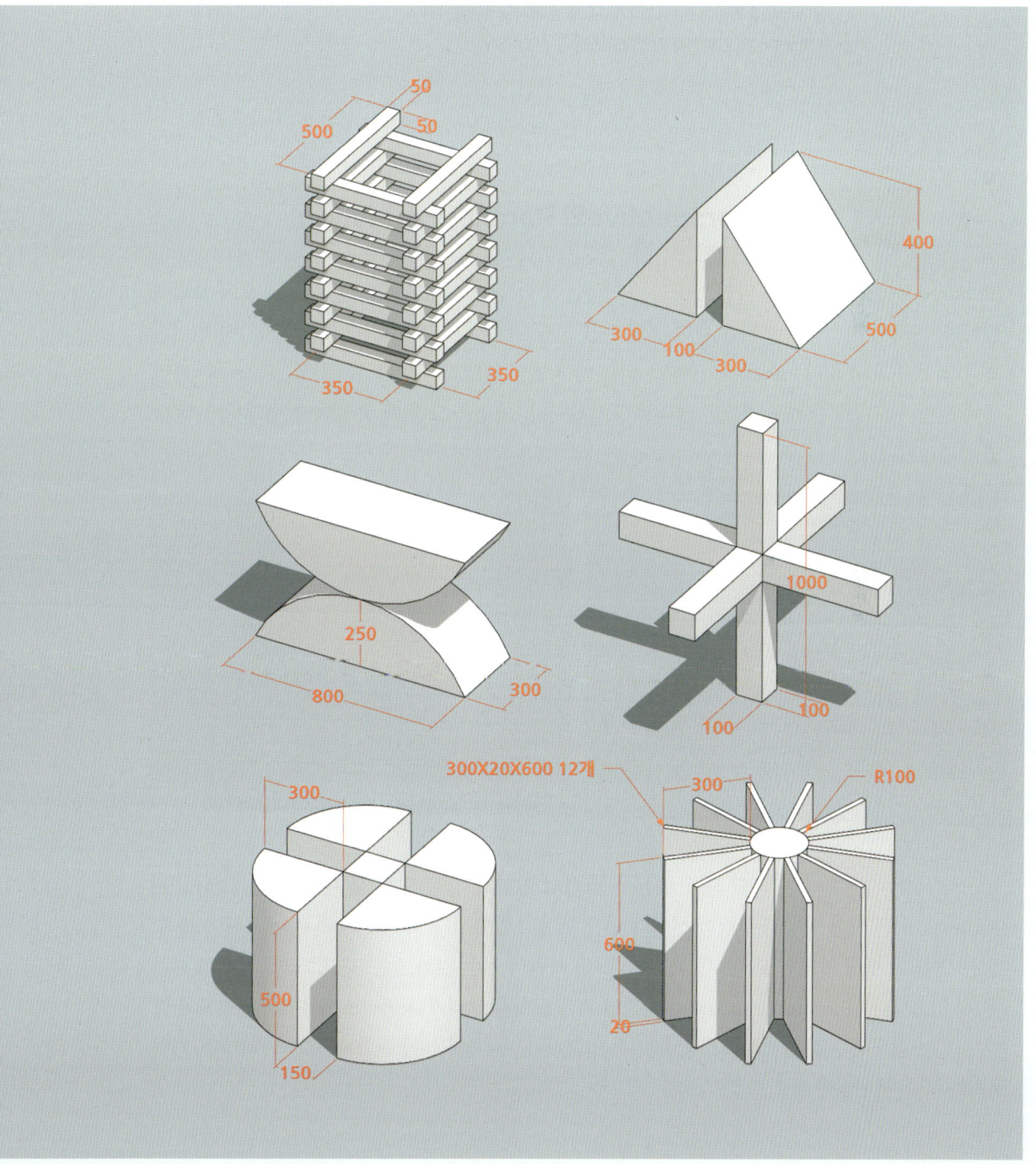

Self Training 이동 도구와 Curic Gizmo를 활용한 모델링 연습하기

Lesson 05 | 다양한 형태의 도형 그리기

Check Point
- ☑ [Perspective]와 [Parallel Projection]의 차이를 이해하고 상황에 맞게 사용할 수 있는가?
- ☑ 여러 도형을 조합한 평면을 그리고 입체를 만들 수 있는가?
- ☑ 상대 좌표를 활용해 선을 그리거나 도형을 복사할 수 있는가?
- ☑ [Offset]의 단축키를 기억하고 활용할 수 있는가?

Warm Up — Perspective와 Parallel Projection

[Perspective] F5 는 원근에 의한 왜곡을 표현하는 방식으로, 평행한 선이 한 점으로 모여 보이게 됩니다. 따라서 비스듬히 보이는 평면 위에 선을 그릴 때 원하는 축 방향을 정확히 파악하기 어렵습니다. 반면 [Parallel Projection] F5 은 원근 왜곡 없이 평행하게 보여주는 뷰로, 비스듬한 평면 위에 선이나 도형을 그려도 평행한 상태로 표시됩니다. 도형을 그릴 때 축 방향을 쉽게 확인할 수 있어 편리합니다.

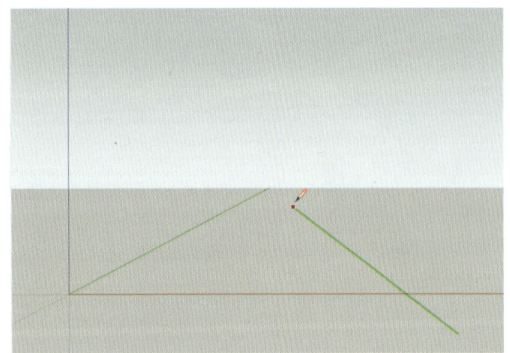
▲ [Perspective]에서 Y축 방향으로 그은 선

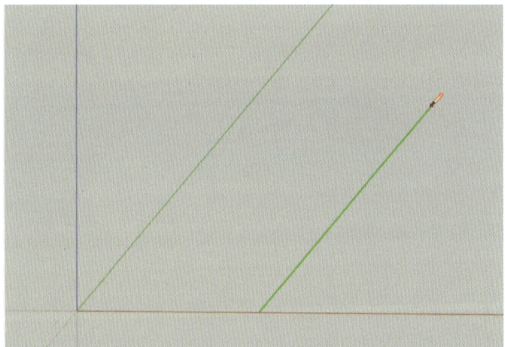
▲ [Parallel Projection]에서 Y축 방향으로 그은 선

[Perspective]는 원근에 의한 왜곡 때문에 시선의 방향과 같은 면도 볼 수 있지만, [Parallel Projection]은 시선 방향과 평행한 선이나 면은 보이지 않습니다. [Perspective]는 동시에 볼 수 없는 면을 한 번에 보면서 모델링할 때 편리하며, 사람이 보는 것과 같은 자연스러운 상태의 뷰를 볼 수 있습니다. [Parallel Projection]은 평면 위에 도형을 그리거나 평면도, 단면도, 입면도와 같은 도면을 출력하는 경우 편리하게 활용할 수 있습니다. 두 가지 뷰를 전환하는 단축키 F5 를 기억하고 자유롭게 활용하세요.

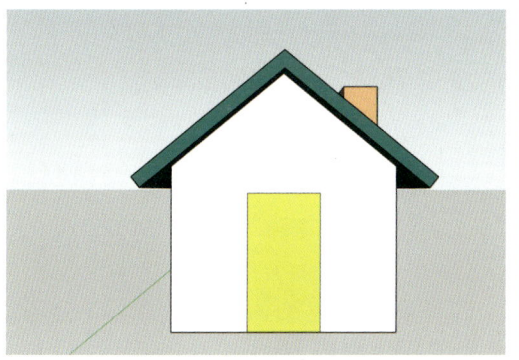
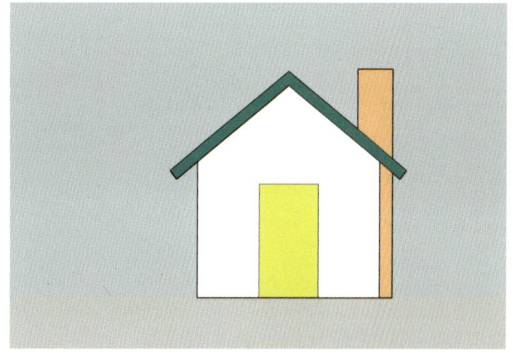

▲ [Perspective]에서는 시선의 방향과 평행한 지붕의 아랫면이 보임

▲ [Parallel Projection]에서는 시선의 방향과 평행한 면이 보이지 않음

Warm Up 여러 도형을 조합한 평면 작도와 입체 만들기

여러 도형을 조합해 단면을 그리고 같은 높이로 돌출시켜 모델을 만들 경우, 내부 선이 나눠진 상태에서 각각의 면을 따로 돌출하면 아랫면의 일부 또는 전체가 열린 상태로 남게 됩니다. 이런 경우 열린 부분의 에지 위에 선을 그려 면을 닫을 수 있지만, 이 방법은 비효율적일 뿐 아니라 내부에 끼어 있는 면이 생기거나 면이 뒤집히는 등 여러 문제가 발생할 수 있습니다. 이럴 때는 [Erase ◆][E]로 내부의 선을 지워 하나의 도형으로 만든 뒤 돌출하면, 아랫면이 닫힌 정상적인 모델을 한 번에 만들 수 있습니다.

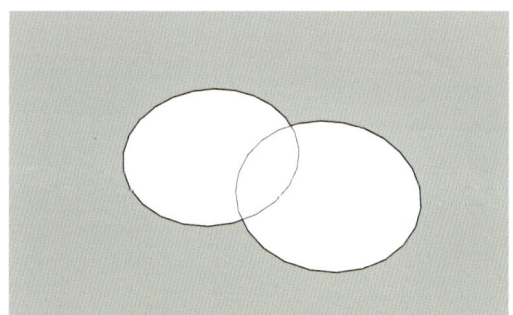
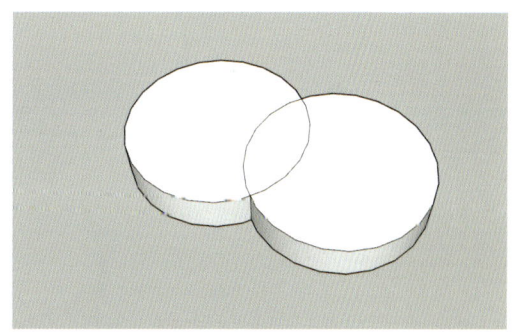

❶ 원을 복사해 겹쳐놓은 상태

❷ 각각의 면을 따로 돌출시킨 상태

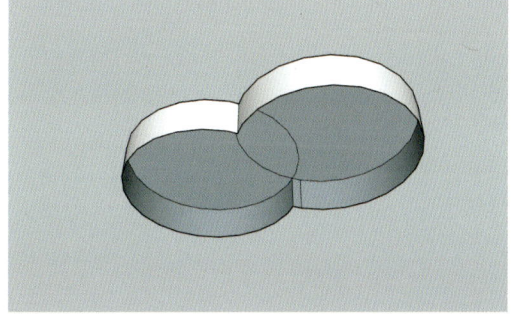

❸ ❷의 밑면

❹ 열린 면의 에지에 선을 덧그려 면을 만든 상태

Lesson 05 다양한 형태의 도형 그리기

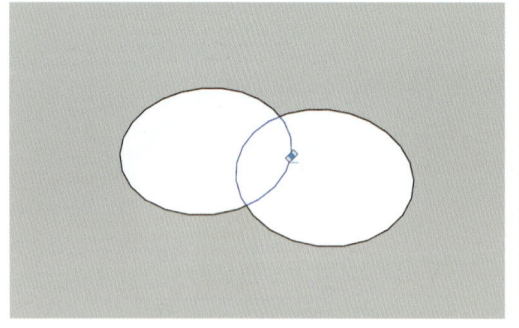
❺ 도형의 겹친 부분을 [Erase]로 삭제한 그림

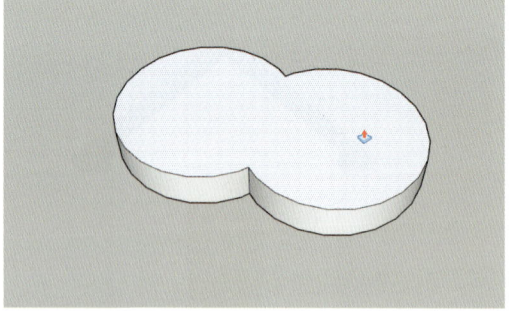
❻ 하나의 면을 돌출시킨 그림

 Basic Training | 도형을 조합한 평면 그리기

완성 파일 | Part 02/꽃모양평면그리기_완성.skp

여러 도형을 겹치게 그려 내부의 선을 제거한 뒤 한 번에 돌출시켜 입체를 만드는 과정을 연습하는 예제입니다. 학습을 통해 [Erase][E]와 추적점의 활용법도 익히게 되며, 이를 충분히 연습하면 이후 복잡한 도형을 빠르고 정확하게 모델링하는 데 큰 도움이 될 것입니다.

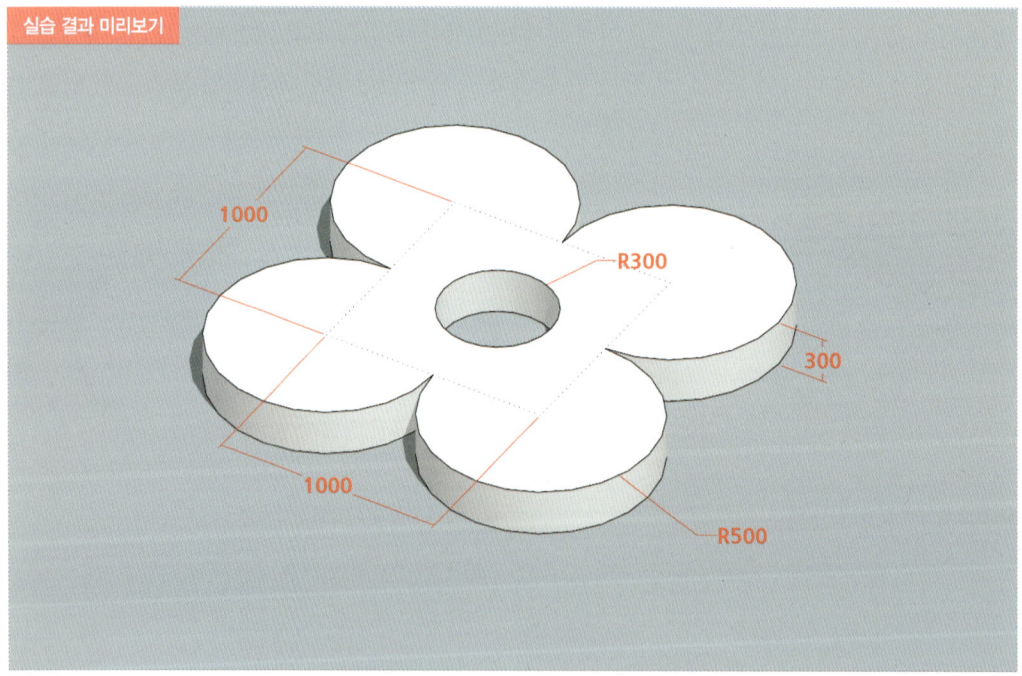
실습 결과 미리보기

01 ❶ Ctrl + 1 을 눌러 뷰포트를 [Top] 뷰로 바꿉니다. ❷ [Rectangle ▱] R 을 실행하고 **폭 1000mm, 길이 1000mm** 크기의 사각형을 만듭니다. ❸ [Circle ⊙] C 을 실행하고 모서리를 클릭해 중심으로 지정합니다. ❹ 사각형의 중간점을 클릭하고 네 모서리에 그림과 같이 원을 그립니다.

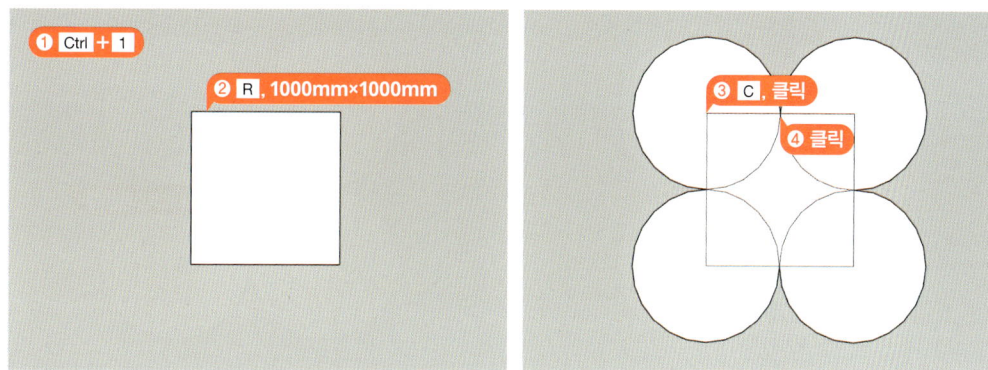

02 [Erase ⌫] E 를 실행하고 안쪽의 선을 드래그해 모두 삭제합니다.

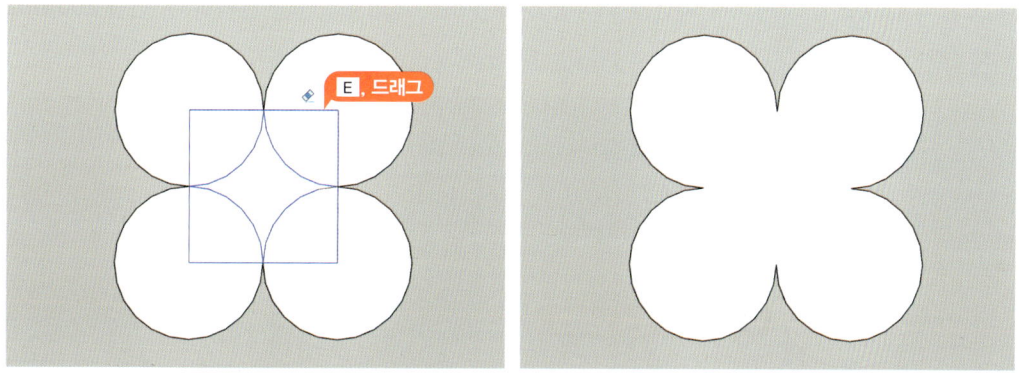

CORE TIP 선을 하나씩 클릭하지 말고, 빈 공간을 클릭해 드래그하면서 내부 선을 지나가면 모든 선을 한 번에 지울 수 있습니다.

03 ❶ [Circle ⊙] C 을 실행하고 왼쪽 가운데 점 위에 마우스 포인터를 가져간 다음 **Endpoint** 가 나타날 때까지 기다립니다. ❷ 다시 마우스 포인터를 위쪽 가운데 점 위에 가져간 다음 **Endpoint** 가 나타날 때까지 기다립니다. 이 과정에서는 **Endpoint** 가 나타날 때까지 기다리기만 하고 클릭하지 않습니다.

 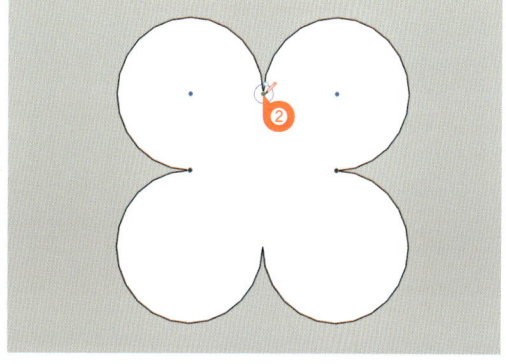

Lesson 05 다양한 형태의 도형 그리기

04 ❶ 마우스 포인터를 그대로 아래로 내려 왼쪽 중간점과 **From Point**(가상의 교차점)에 스냅이 걸리면 클릭합니다. ❷ 마우스 포인터를 X축 방향으로 이동하고 **250**을 입력한 후 Enter 를 누릅니다.

 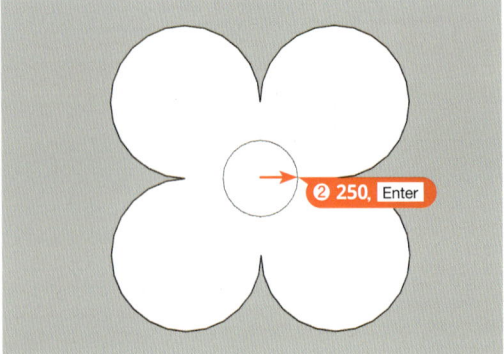

05 ❶ Spacebar 를 누르고 가운데 원을 선택한 후 Delete 를 눌러 삭제합니다. ❷ 뷰포트를 회전해 모델의 높이가 잘 보이도록 화면을 조정하고 ❸ [Push/Pull ⬦ P]을 실행한 후 면을 **200mm** 위로 끌어당깁니다.

 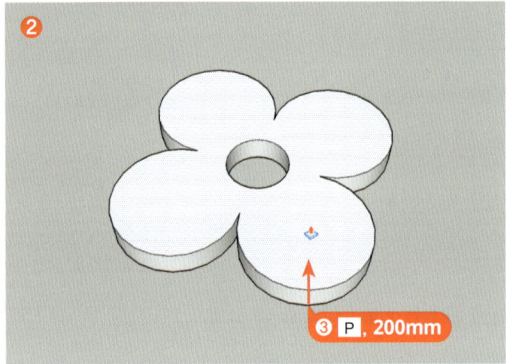

06 ❶ Spacebar 를 누르고 객체를 트리플클릭해 모두 선택합니다. ❷ Ctrl + G 를 눌러 그룹으로 만듭니다. ❸ [Entity Info] 트레이에서 [Solid Group]을 확인합니다.

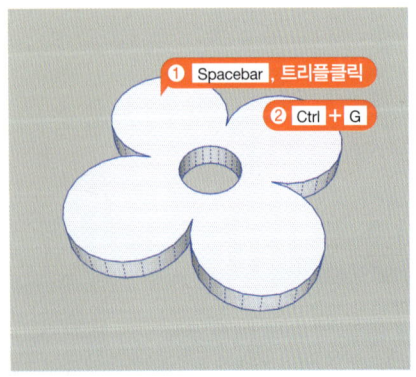 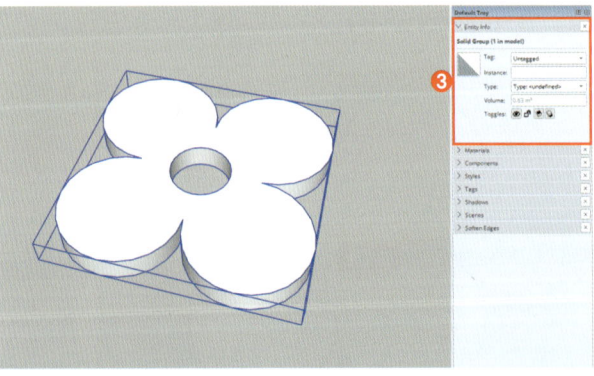

| Warm Up | **상대 좌표와 절대 좌표 이해하기** |

상대 좌표는 지정한 기준점을 원점으로 삼아, 기준점으로부터 떨어진 X, Y, Z 길이를 한 번에 입력하는 방식입니다. 주로 대각선을 그리거나 객체를 대각선 방향으로 이동하거나 복사할 때 활용됩니다.

Summary

- 상대 좌표를 입력하는 형식은 ⟨x,y,z⟩이며, 띄어쓰기는 하지 않습니다.
- 평면상에 대각선을 그리더라도 z값을 생략하지 말고, 0을 넣거나 콤마(,)로 구분해줘야 합니다(x : 500, y : 500 떨어진 선을 그릴 때 ⟨500,500,0⟩ 또는 ⟨500,500,⟩).
- 0은 생략할 수 있지만 콤마(,)는 반드시 입력해야 합니다(⟨,100,100⟩ ⟨100,,100⟩ ⟨100,100,⟩).

절대 좌표는 뷰포트의 Axes 원점을 기준으로 하는 좌표계로, 원점은 0,0,0입니다. Axes를 이동하면 절대 좌표도 함께 변경되며, 주로 모델을 특정 위치로 정확하게 이동할 때 사용합니다.

Summary

- 절대 좌표를 입력하는 형식은 [x,y,z]이며, 띄어쓰기는 하지 않습니다.
- 모델의 기준점을 원점으로 이동하려면 [0,0,0]을 입력합니다.
- 절대 좌표에서 이동하지 않을 좌표는 비워둡니다(모델의 기준점을 Y축 0으로 이동하고 싶다면 [,0,] 입력, 모델의 기준점을 Z축 0으로 이동하고 싶다면 [,,0] 입력).

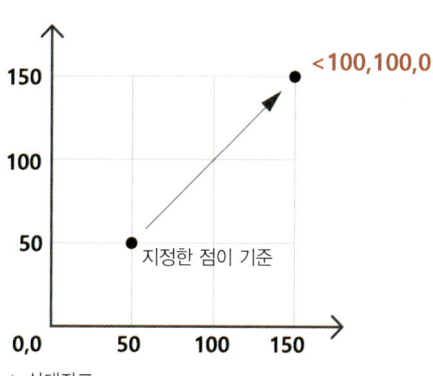
▲ 상대좌표

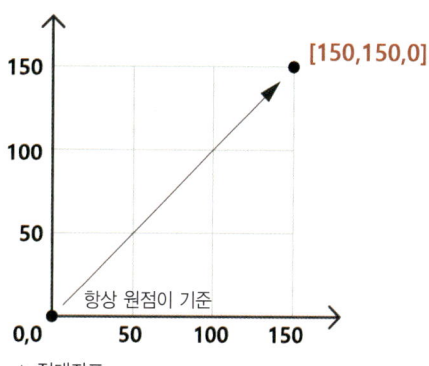
▲ 절대좌표

 **Basic Training** 상대 좌표를 활용한 객체 복사하기

완성 파일 | Part 02/상대 좌표객체복사_완성.skp

사각형을 그리고 상대 좌표를 이용해 대각선 방향으로 여러 개를 복사한 뒤, 평면을 완성해 입체를 만드는 예제입니다. 이는 상대 좌표를 가장 자주 활용하게 되는 사례로, 이 연습을 통해 대각선 배치와 같은 작업을 자연스럽게 할 수 있도록 익혀두세요.

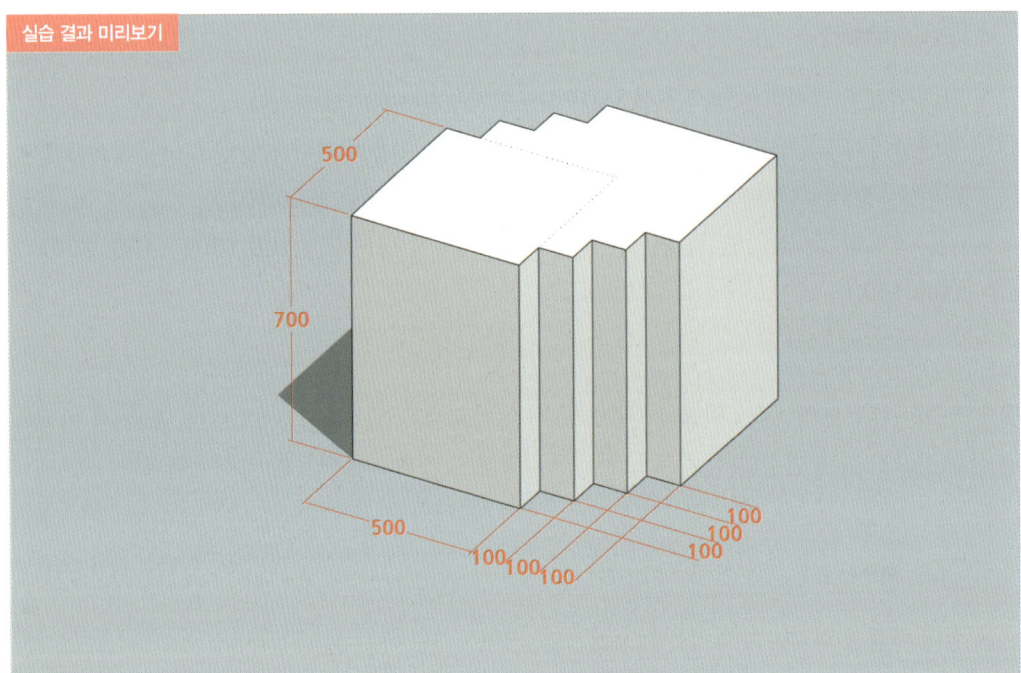

01 ❶ Ctrl + 1 을 눌러 [Top] 뷰로 바꿉니다. ❷ [Rectangle] R 을 실행하고 **폭 500mm**, **길이 500mm** 크기의 사각형을 만듭니다.

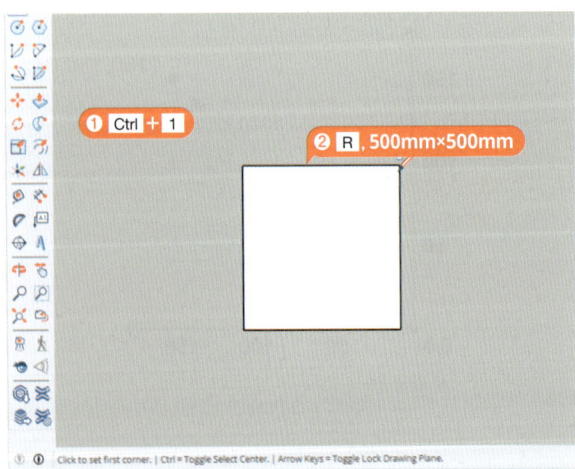

02 ❶ Spacebar를 누르고 사각형을 선택합니다. ❷ [Move ✤] M 를 실행하고 Ctrl 을 눌러 복사 모드로 바꾸고 임의의 점을 클릭해 기준점을 설정합니다. ❸ 마우스 포인터를 오른쪽 위로 조금 이동한 후 〈**100,100,**〉를 입력하고 Enter 를 누릅니다. ❹ **3***을 입력하고 Enter 를 누릅니다.

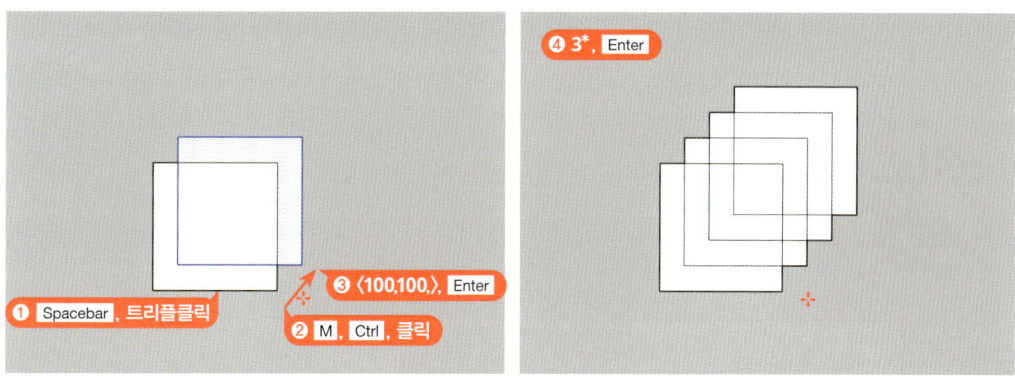

CORE TIP 복사 모드로 바꿀 때 Ctrl 을 계속 누르고 있지 마세요. Ctrl 을 한 번만 눌러야 합니다. Ctrl 은 누를 때마다 복사와 이동이 번갈아 바뀝니다.

CORE TIP 〈100,100,〉에서 마지막 콤마(,)가 빠지지 않도록 주의하세요.

03 [Erase ✎] E 를 실행하고 안쪽 선을 드래그해 모두 삭제합니다.

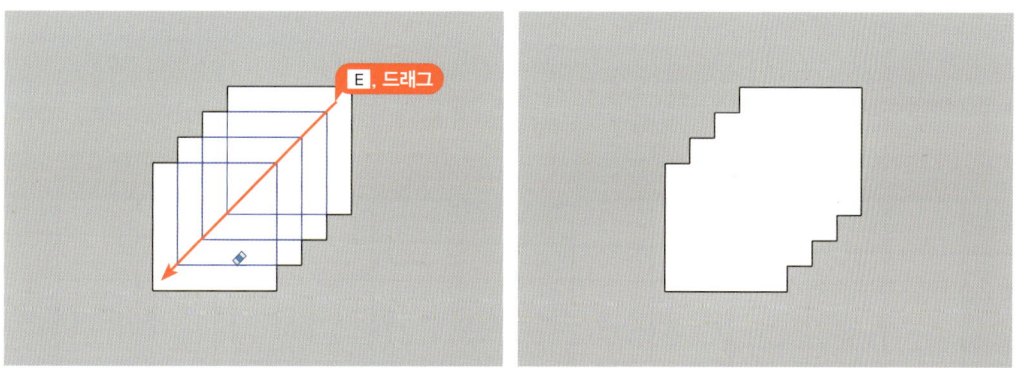

04 ❶ [Push/Pull ✤] P 을 실행하고 **700mm** 위로 끌어당깁니다. ❷ Spacebar 를 누르고 모델을 트리플클릭합니다. ❸ Ctrl + G 를 눌러 그룹화하고 솔리드 상태를 확인합니다.

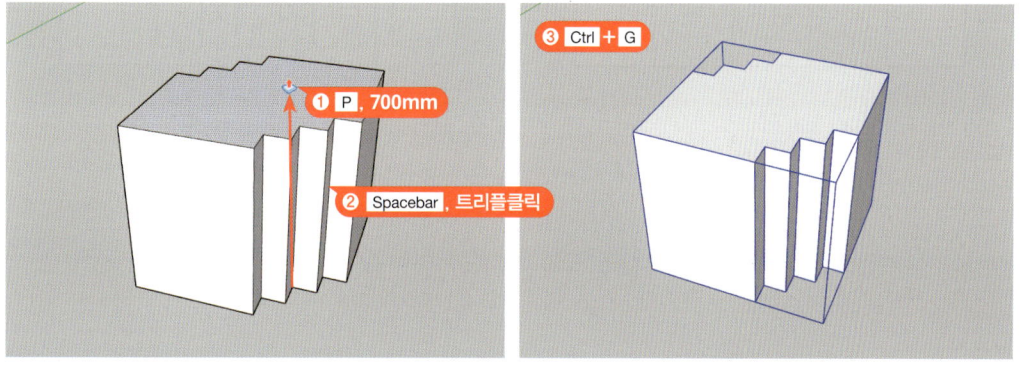

Lesson 05 다양한 형태의 도형 그리기

Warm Up — 오프셋(Offset) 알아보기

[Offset 🎱]은 선택한 면의 둘레 에지나 선택한 에지를 일정 간격으로 띄워 복사하는 도구입니다. 면을 선택하면 둘레의 모든 에지가 같은 간격으로 오프셋되고, 에지를 선택하면 선택한 에지들만 같은 간격으로 오프셋됩니다. 오프셋할 에지는 두 개 이상이어야 하며, 하나뿐이라면 [Move ✥] M 로 복사해야 합니다. 또한 [Offset 🎱] F 은 여러 개의 면을 한 번에 선택해 오프셋할 수는 없기 때문에 이런 경우에는 별도의 플러그인(Smart Offset)을 사용해야 합니다.

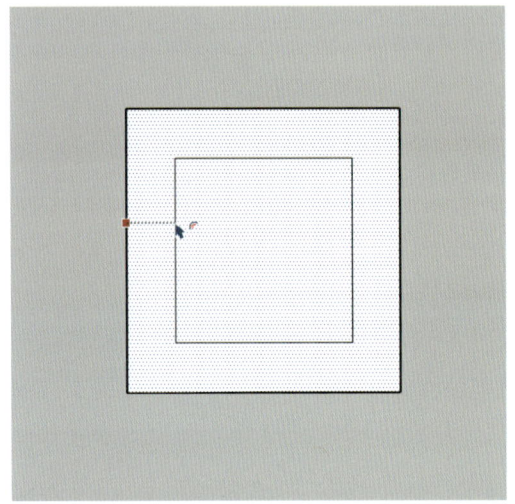

▲ 면을 선택해 오프셋한 상태

▲ 선을 선택해 오프셋한 상태

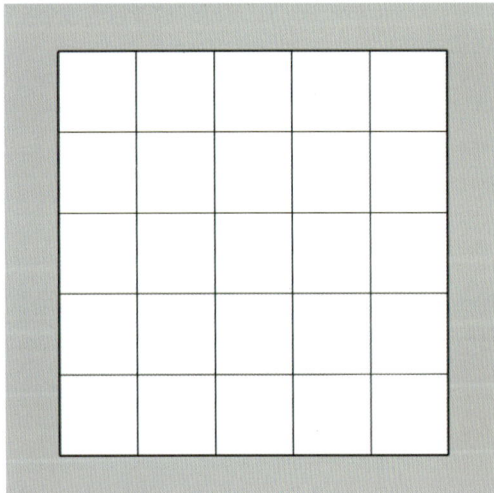

▲ 여러 개의 면을 동시에 선택

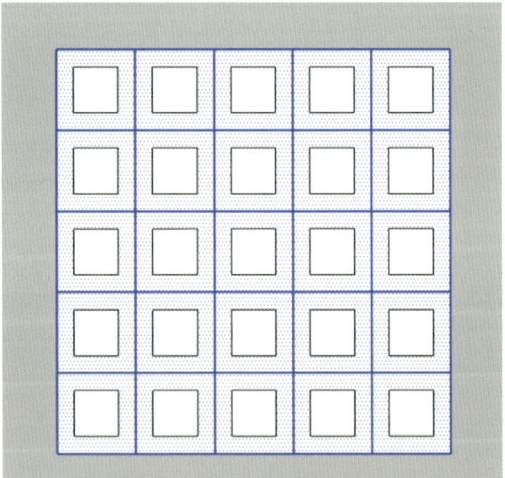

▲ Smart Offset을 활용해 한 번에 오프셋

|  **Basic Training** | **상대 좌표와 오프셋을 활용한 모델링** |

완성 파일 | Part 02/상대 좌표와 Offset_완성.skp

상대 좌표와 [Offset ￼ F]을 활용해 단면을 그려 입체를 만드는 예제입니다. 단면을 그릴 때는 뷰 포트를 [Front] 뷰로 설정한 뒤 선을 그려야 모든 선이 같은 평면 위에 정확히 그려집니다. 화면을 비스듬하게 돌린 3차원 뷰 상태에서 작업하지 않도록 주의하세요.

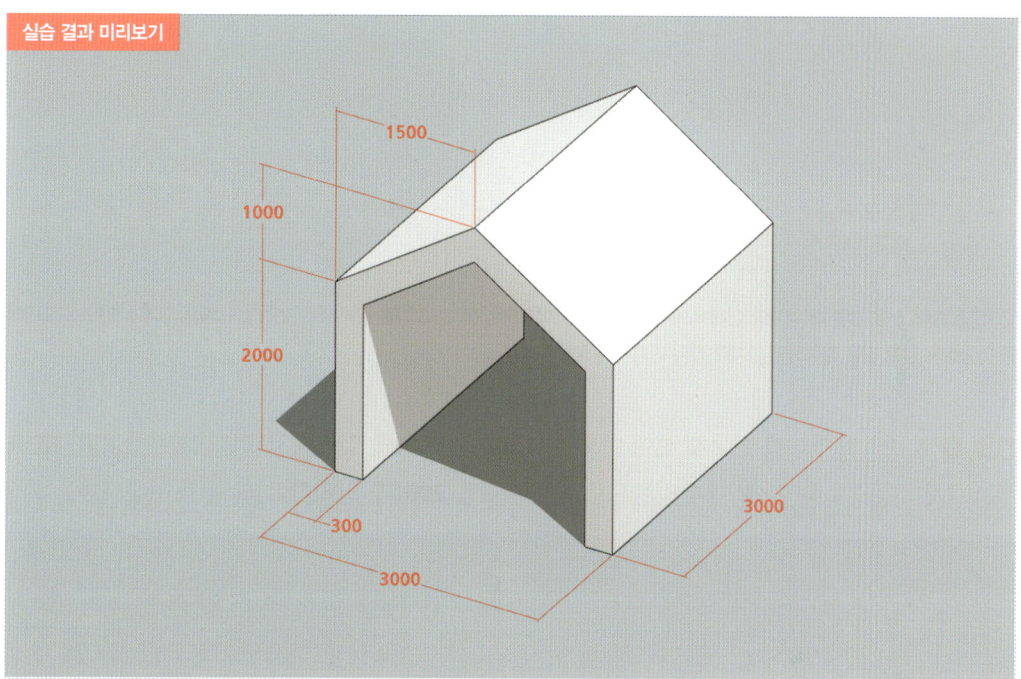

01 ❶ Ctrl + 2 를 눌러 뷰포트를 [Front] 뷰로 바꿉니다. ❷ F5 를 눌러 [Parallel Projection]을 실행합니다. 원근감이 없는 상태의 평면을 만듭니다.

Lesson 05 다양한 형태의 도형 그리기

02 ❶ [Line ✏️] ⌊L⌋을 실행하고 원점 위에 마우스 포인터를 가져가 추적점이 표시되면 오른쪽으로 이동해 임의의 점을 클릭합니다. ❷ 마우스 포인터를 Z축(파란색)으로 이동한 후 **2000**을 입력하고 ⌊Enter⌋를 누릅니다. ❸ 마우스 포인터를 대각선 방향으로 이동한 후 **〈1500,0,1000〉**을 입력하고 ⌊Enter⌋를 누릅니다.

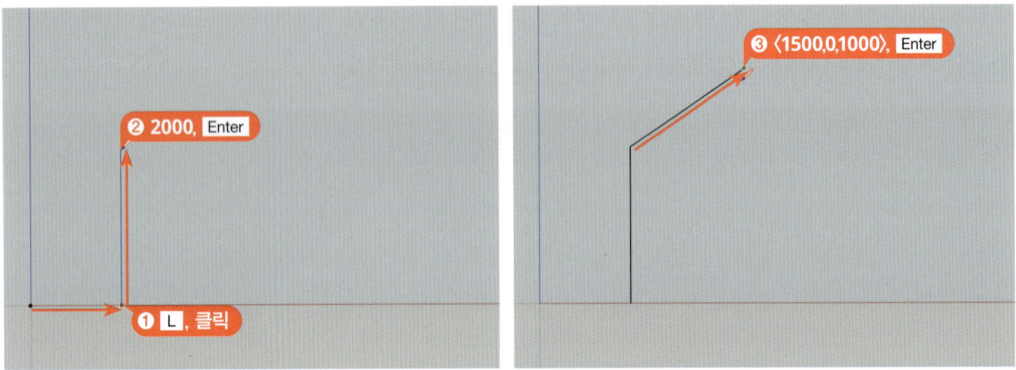

CORE TIP 선을 그릴 때 마지막 점에서 마우스 포인터를 이동해 다음 선이 나온 상태에서 값을 입력해야 합니다. 마우스 포인터를 이동하지 않고 값을 입력하면 마지막 점의 위치가 수정됩니다.

03 ❶ 마우스 포인터를 이동해 선이 나오면 **〈1500,,-1000〉**을 입력하고 ⌊Enter⌋를 누릅니다. ❷ 마우스 포인터를 Z축(파란색) 아래 방향으로 이동한 다음 **2000**을 입력하고 ⌊Enter⌋를 누릅니다.

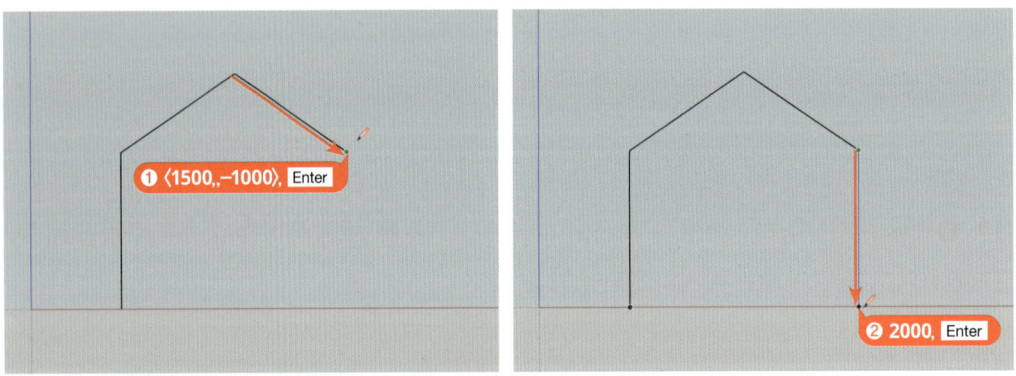

CORE TIP 0은 생략 가능하지만 콤마(,)는 꼭 입력해야 합니다.

04 ❶ Spacebar 를 누르고 아래와 같이 드래그해 선을 모두 선택합니다. ❷ [Offset ⌒] F 을 실행하고 선택한 선을 클릭합니다. ❸ 마우스 포인터를 안쪽으로 이동한 후 **300**을 입력하고 Enter 를 누릅니다.

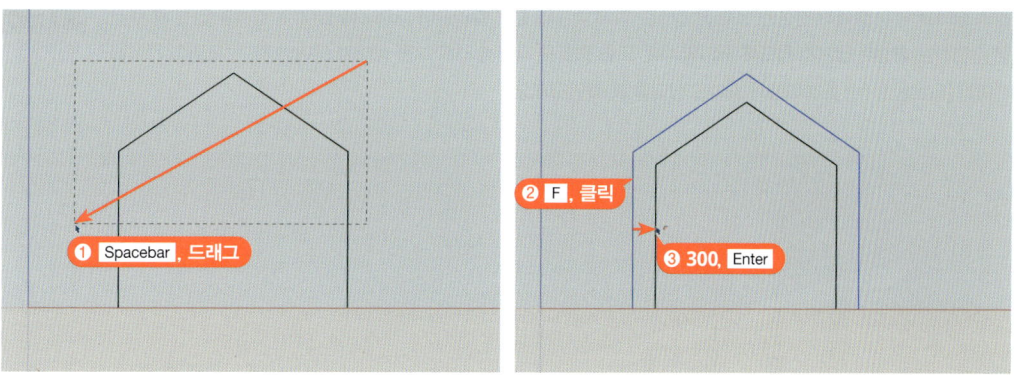

05 ❶ [Line ✏️] L 을 실행하고 왼쪽 끝부분의 열린 선을 차례로 클릭해 선을 그립니다. ❷ 다시 L 을 누르고 오른쪽 끝부분의 열린 선을 차례로 클릭해 면을 만듭니다.

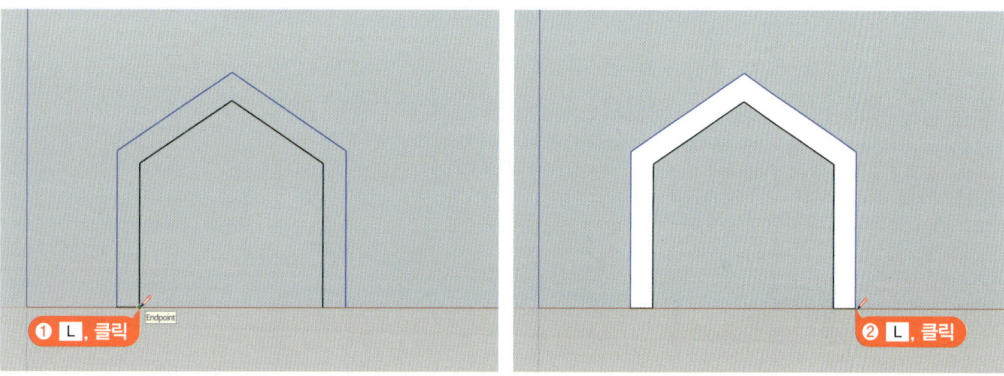

06 ❶ 뷰포트를 아래와 같이 회전합니다. ❷ [Push/Pull ◆] P 을 실행하고 면을 클릭해 뒤로 이동하며 **3000**을 입력하고 Enter 를 누릅니다. ❸ Spacebar 를 누르고 모델을 트리플클릭해 모두 선택합니다. ❹ Ctrl + G 를 눌러 그룹화한 후 솔리드 상태를 확인합니다.

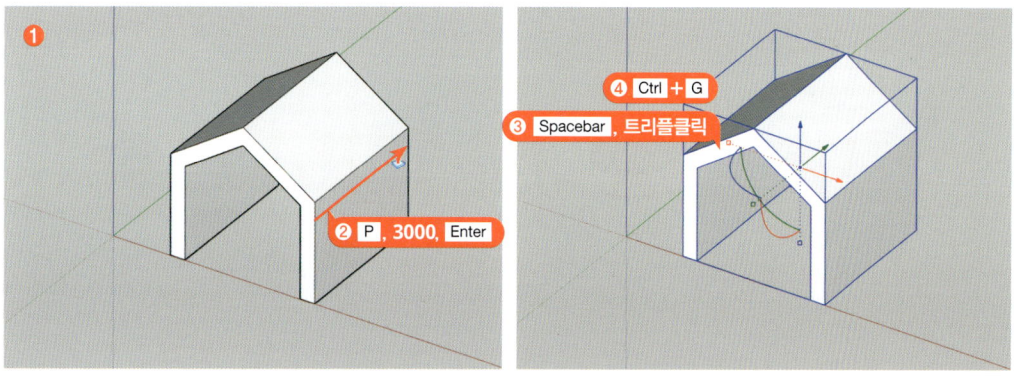

Self Training 여러 도형을 조합한 단면 그리기와 모델링 연습하기

그리기 도구의 여러 도구를 활용해 단면을 그리고, [Push/Pull] P 로 돌출시켜 다음 예제를 완성해보세요. 단면의 형태를 먼저 정확히 완성한 뒤 돌출해서 한 번에 예제와 같은 결과물이 나오도록 합니다. 입체를 만든 후 추가로 수정하는 과정이 생기지 않도록 주의합니다. 또한 모델은 각각 솔리드 그룹 상태가 되어야 하며, 모델이 완성될 때마다 [Entity Info] 트레이에서 솔리드 상태를 꼭 확인하세요.

실습 따라 하기

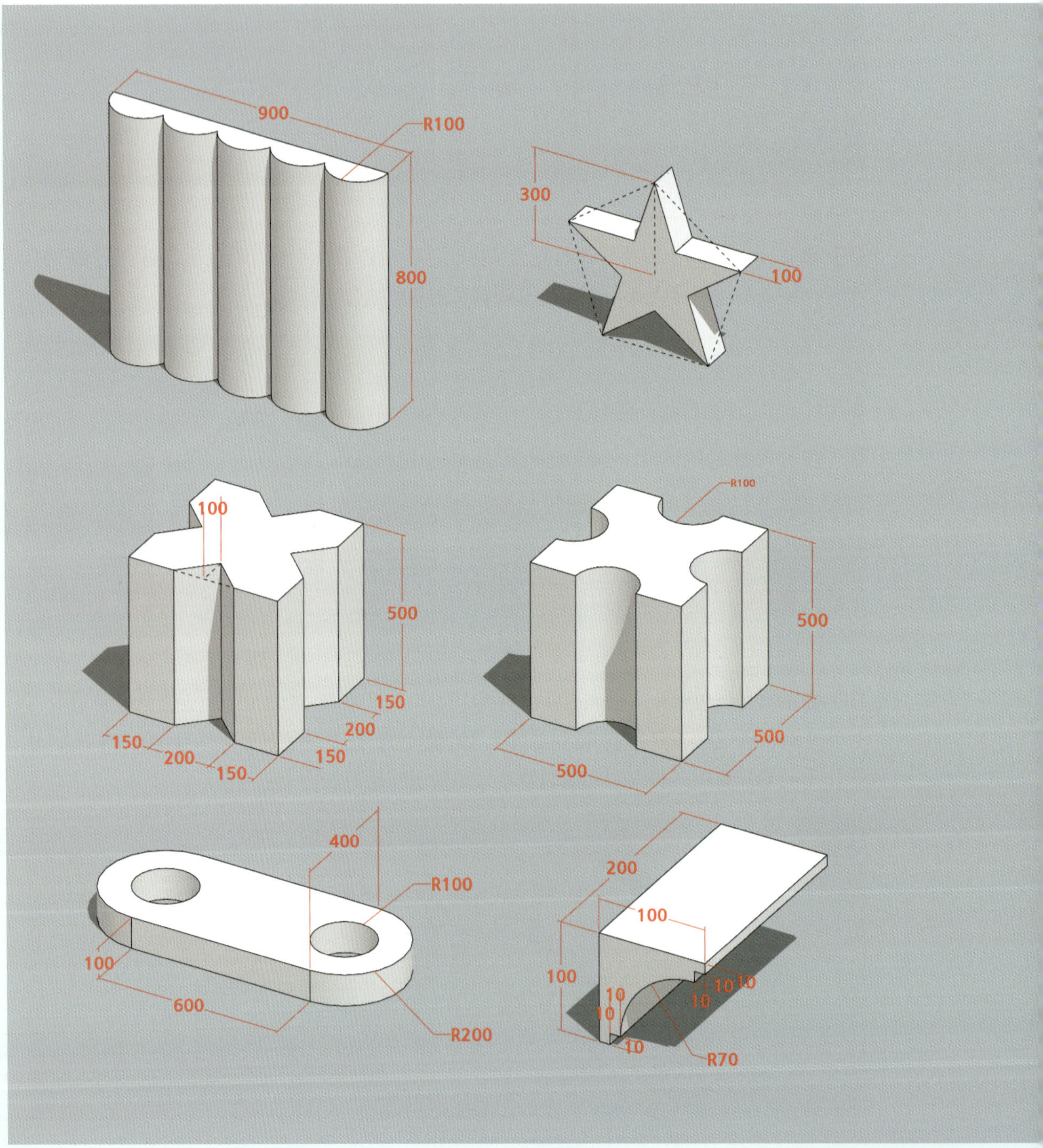

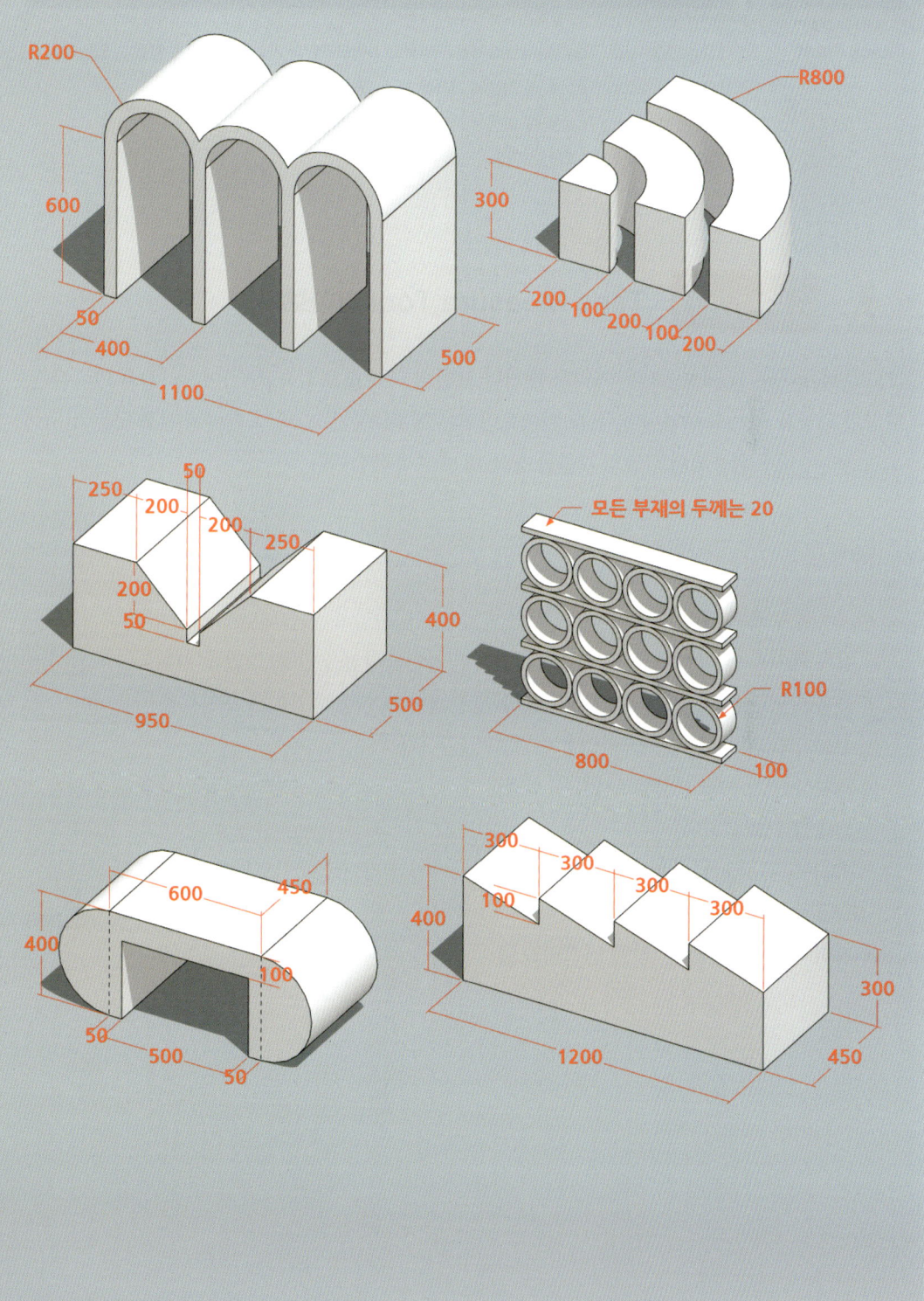

Self Training 여러 도형을 조합한 단면 그리기와 모델링 연습하기

Lesson 06
Tape Measure Tool과 Protractor를 활용한 모델링하기

Check Point
- ☑ [Tape Measure Tool]의 단축키를 기억하고 가이드라인과 가이드 포인트를 만들 수 있는가?
- ☑ [Tape Measure Tool]을 이용해 거리를 잴 수 있는가?
- ☑ [Tape Measure Tool]을 이용해 모델의 축척을 수정할 수 있는가?
- ☑ 각도를 지정해 가이드라인을 만들 수 있는가?

 Warm Up   **Tape Measure Tool 알아보기**

[Tape Measure Tool `T`]은 거리를 재거나 모델의 축척을 조정하고, 가이드라인을 만드는 등 다양한 기능을 하는 도구입니다. 특히 가이드라인은 실제로 선을 그리기 전 보조선을 긋는 것처럼 모델링에서 자주 활용되어 작업의 기준을 잡는 데 매우 유용합니다.

📝 Summary

- `Ctrl` 을 누르면 거리 재기와 가이드라인 만들기를 변환할 수 있습니다.
- 같은 에지 위에 있지 않은 점과 점을 클릭하면 가이드라인을 만들 수 있습니다.
- 선을 클릭한 후 이동해 가이드라인을, 점을 클릭한 후 이동해 가이드 포인트를 만듭니다.
- 선을 더블클릭하면 가이드라인을 만들 수 있습니다.
- 교차하는 가이드라인의 교차점은 스냅할 수 있지만 교차하는 가이드 포인트의 교차점은 스냅할 수 없습니다.
- [Delete Guides] `Shift` + `D` 를 이용해 가이드라인과 가이드 포인트를 한 번에 모두 삭제할 수 있습니다.
- 거리를 잰 다음 새로운 값을 입력해 모델의 크기를 조절할 수 있습니다.

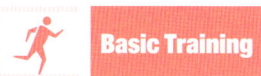 **가이드라인을 활용한 모델링**

완성 파일 | Part 02/가이드라인_완성.skp

[Tape Measure Tool 🖉 T]을 활용해 가이드라인을 만들어 모서리를 둥글게 깎고, 정확한 위치를 정해 다리를 넣어 테이블을 완성하는 예제입니다. 가이드라인과 [2 Point Arc 🖉 A]를 함께 사용해 모서리를 둥글게 깎는 방법은 이후에도 다양한 모델링에서 반복적으로 쓰이는 중요한 기법이므로 충분히 연습합니다.

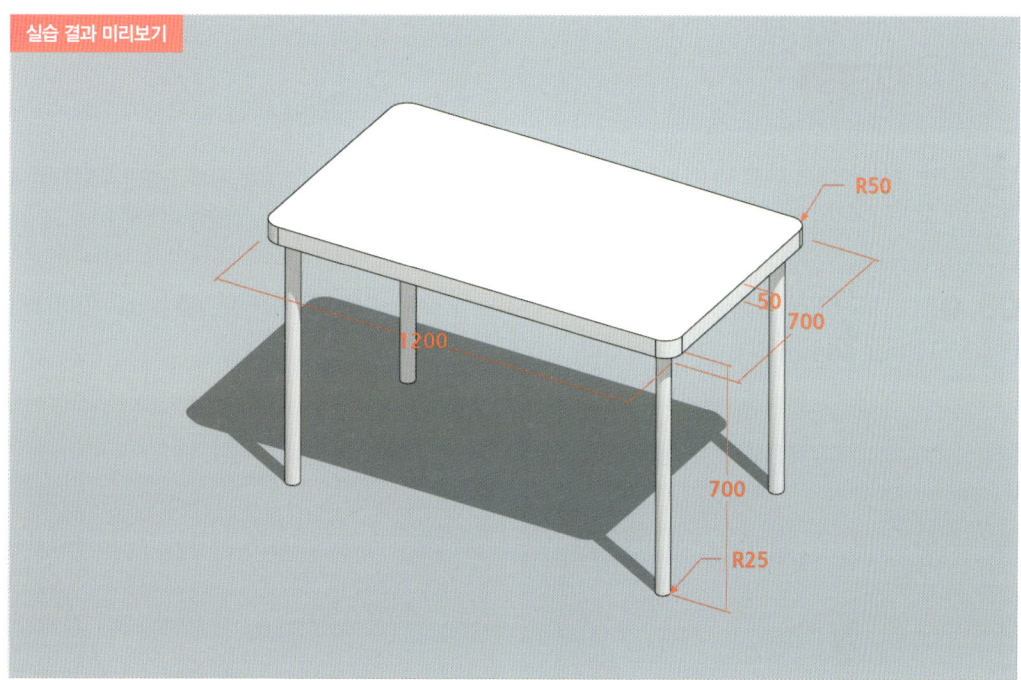

01 ❶ [Rectangle 🖉 R]을 실행하고 **폭 1200mm, 길이 700mm** 크기의 사각형을 만듭니다. ❷ [Tape Measure Tool 🖉 T]을 실행하고 왼쪽 에지를 클릭해 안쪽으로 이동한 후 **50**을 입력하고 Enter 를 누릅니다.

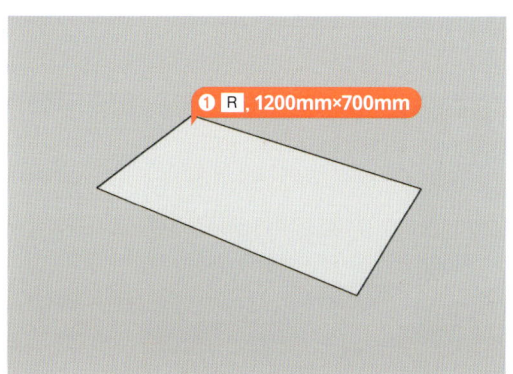
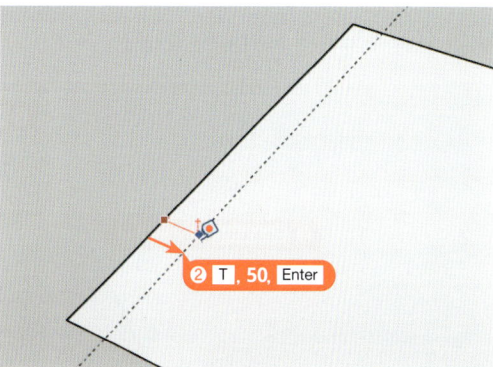

Lesson 06 Tape Measure Tool과 Protractor를 활용한 모델링하기

02 ① [2 Point Arc ◯] A 를 실행한 후 가이드라인의 교차점을 시작점으로 클릭합니다. ② 옆의 에지로 드래그해 호가 선홍색으로 표시되는 점을 찾아 더블클릭합니다.

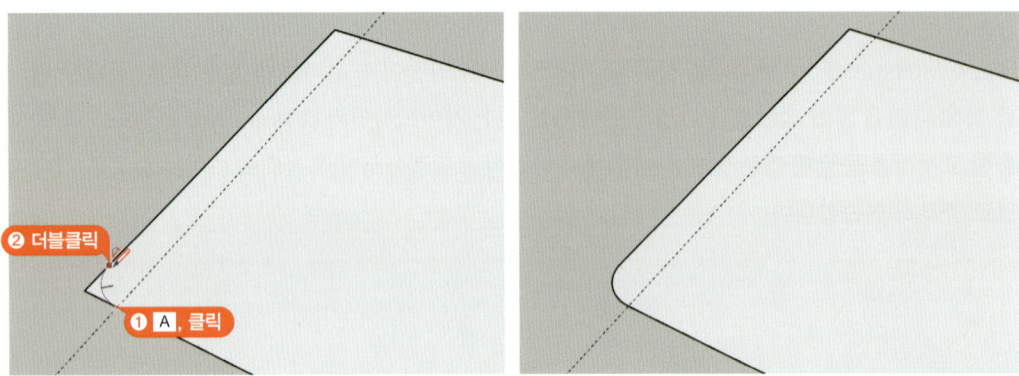

CORE TIP 호의 색이 하늘색이면 하나의 에지와 호의 끝점에서 접선의 기울기가 일치한다는 뜻입니다. 호의 색이 선홍색이면 양쪽이 모두 접선의 기울기가 일치한다는 뜻입니다. 선홍색일 때 더블클릭하면 바깥쪽의 남는 부분이 자동으로 삭제됩니다.

03 ① 남은 모서리를 더블클릭해 같은 값의 반지름을 갖는 호로 정리합니다. ② [Push/Pull ◆] P 을 실행하고 **50mm** 위로 끌어당깁니다.

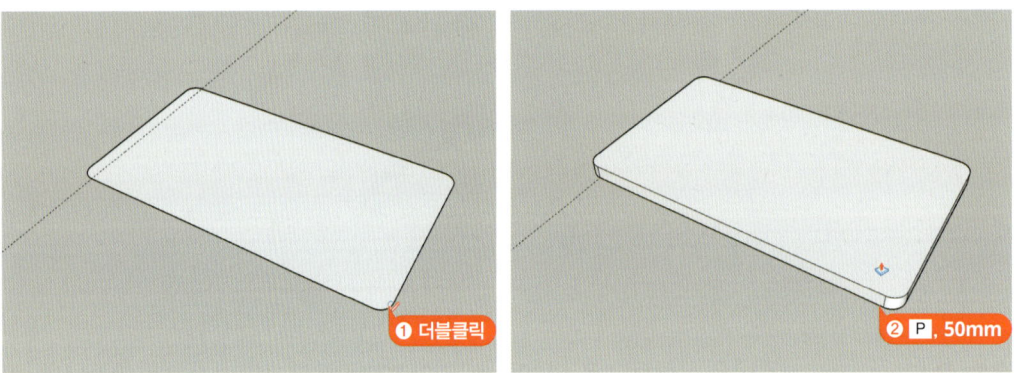

04 ① Spacebar 를 누르고 모델을 트리플클릭합니다. ② Ctrl + G 를 누르고 [Entity Info] 트레이에서 솔리드 상태를 확인합니다. ③ [Soften Edges] 트레이에서 슬라이더를 조금 움직여 모서리의 선을 부드럽게 보이도록 합니다.

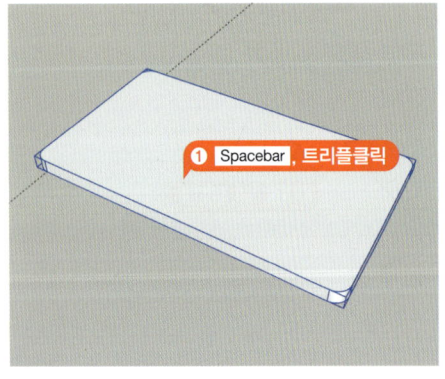
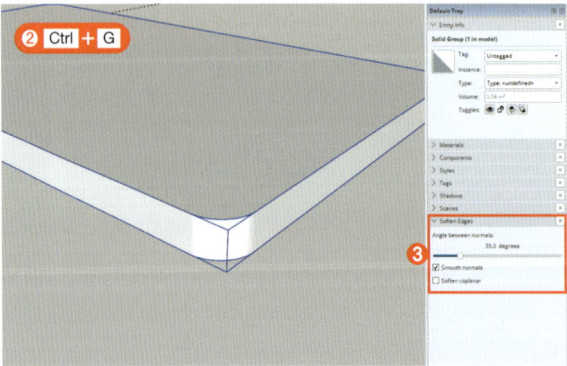

05 ❶ F8 을 눌러 [Curic Gizmo]를 실행하고 Z축(파란색)을 클릭합니다. ❷ [Move Z] 대화상자에서 **700**을 입력하고 ❸ Enter 를 누릅니다. ❹ F8 을 눌러 [Curic Gizmo]를 끕니다.

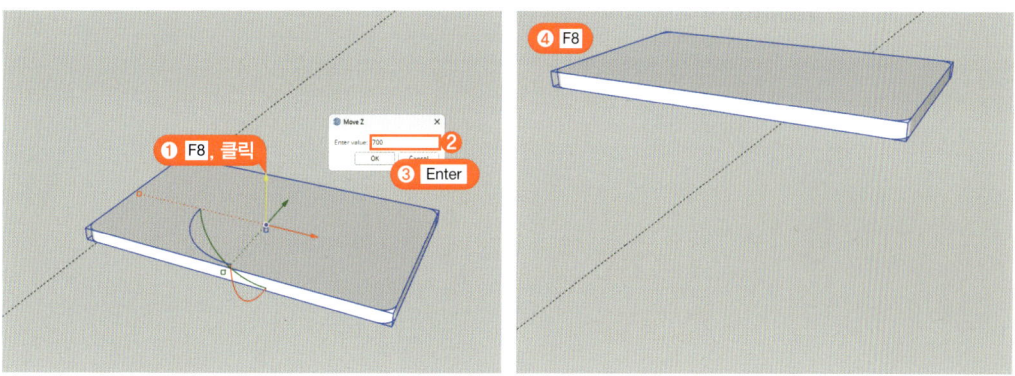

CORE TIP [Curic Gizmo]는 항상 켜 있는 상태로 작업하는 것이 편리합니다. 다양한 상황에서 적극적으로 활용하고, 필요한 경우 끄도록 합니다.

06 ❶ Ctrl + Shift + W 를 눌러 [Zoom Window 🔍]를 실행합니다. ❷ 모서리를 드래그하여 아래와 같이 확대합니다.

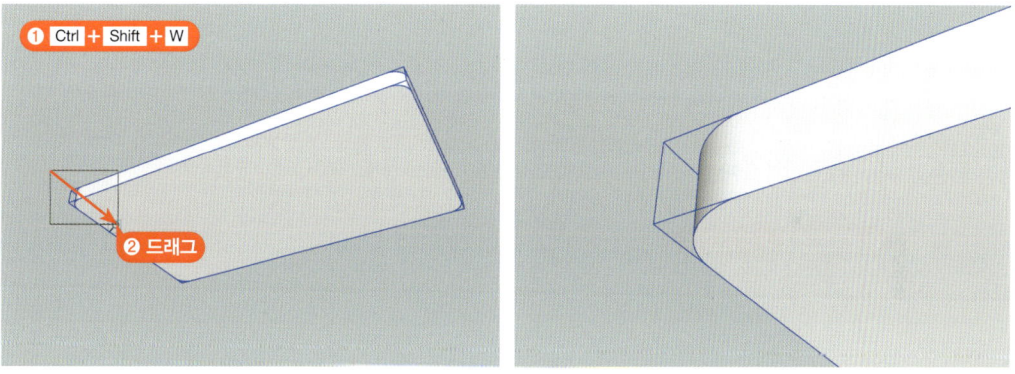

07 ❶ [Tape Measure Tool 🔍 T]을 실행하고 아래 에지를 클릭해 안쪽으로 이동한 후 **60**을 입력하고 Enter 를 누릅니다. ❷ 옆의 에지를 클릭해 안쪽으로 이동한 후 **60**을 입력하고 Enter 를 누릅니다.

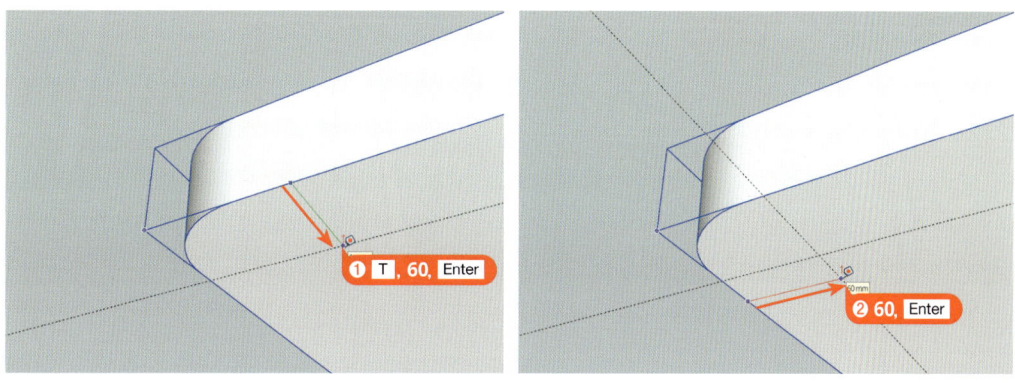

08 ❶ [Circle ⊙] C 을 실행하고 가이드라인의 교차점을 클릭해 중심점으로 지정합니다. ❷ 마우스 포인터를 X축(빨간색)으로 이동하고 **25**를 입력한 후 Enter 를 누릅니다. ❸ [Push/Pull ◆] P 을 누르고 원을 **700mm** 아래로 끌어당깁니다.

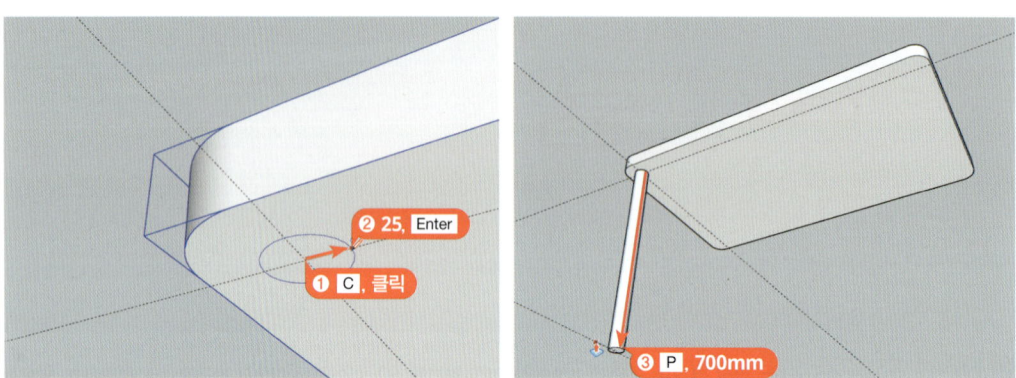

09 ❶ Spacebar 를 누르고 원기둥을 트리플클릭해 모두 선택합니다. ❷ Ctrl + G 를 눌러 그룹으로 만들고 솔리드 상태를 확인합니다.

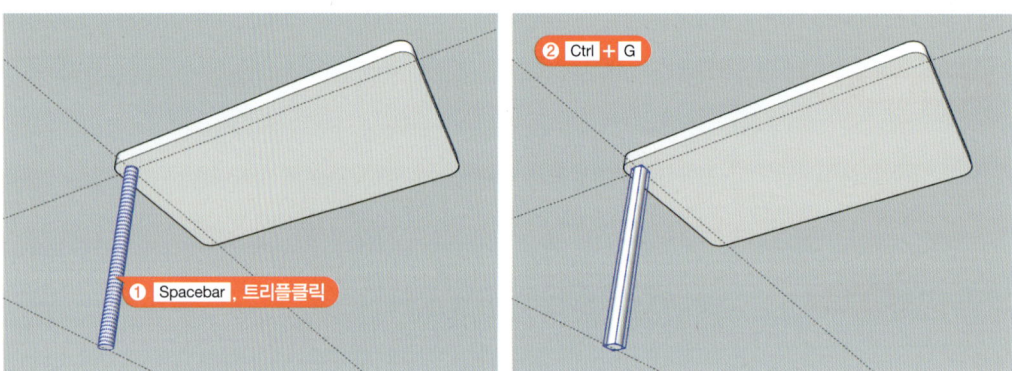

10 ❶ Ctrl + F 를 눌러 [Flip ⚠] 을 실행하고 Ctrl 을 한 번 눌러 복사 모드로 바꿉니다. ❷ 빨간색 대칭면을 상판의 중간점으로 드래그해 반대편에 복사합니다.

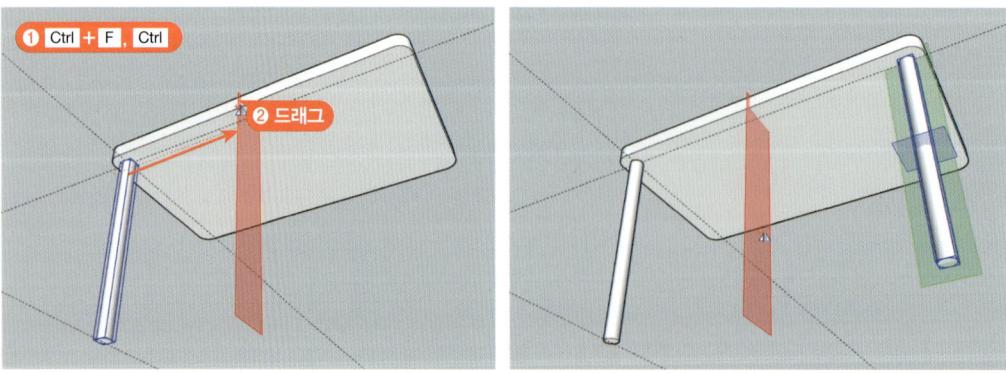

11 ❶ Spacebar 를 누르고 두 개의 원기둥을 선택합니다. ❷ Ctrl + F 를 눌러 [Flip ⚠]을 실행하고 Ctrl 을 한 번 눌러 복사 모드로 바꿉니다. ❸ 초록색 대칭면을 테이블의 중간점으로 드래그해 원기둥을 반대편에 복사합니다.

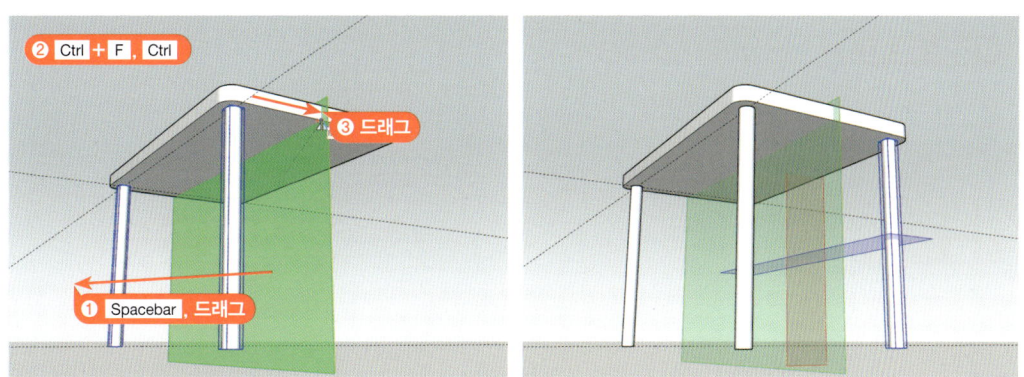

 **Protractor를 활용한 가이드라인 만들기**

완성 파일 | Part 02/삼각자_완성.skp

[Protractor ⌀] Shift + T 를 활용해 특정 각도로 기울어진 가이드라인을 만들고, 이를 이용해 직각삼각자를 만드는 예제입니다. 앞에서 학습한 [Tape Measure Tool ⌀] T 과 [2 Point Arc ⌀] A 로 모서리를 깎는 연습도 다시 한번 진행하며 가이드라인의 다양한 활용법을 익혀보세요.

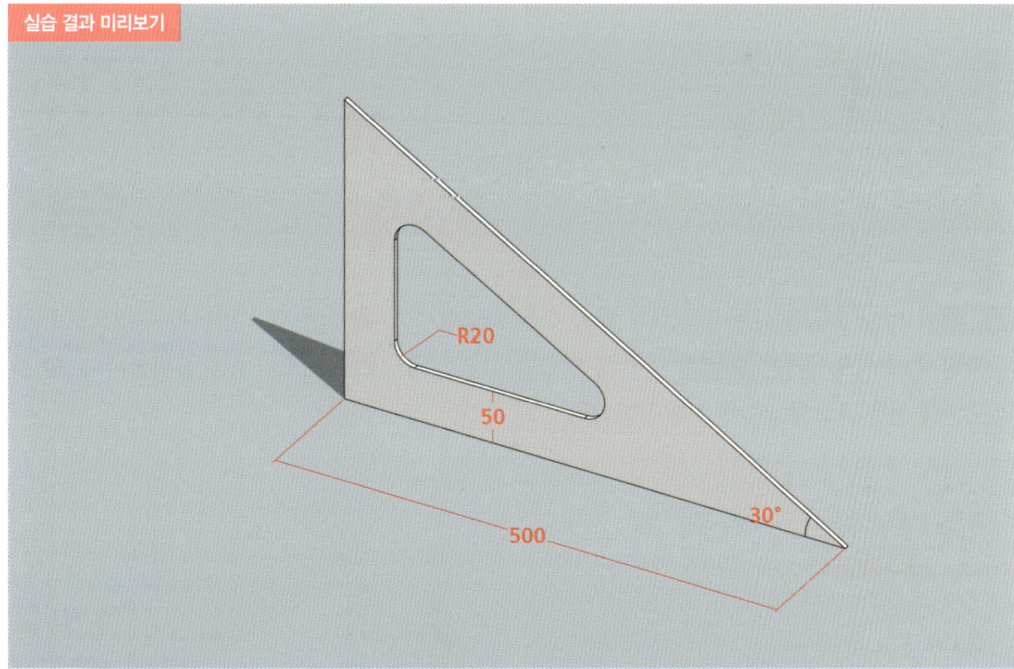

01
① Ctrl + 2 를 눌러 뷰포트를 [Front] 뷰로 바꾼 후 F5 를 눌러 평면 뷰를 만듭니다. ② [Tape Measure Tool ⌀ T 을 실행하고 X축을 더블클릭해 가이드라인을 만듭니다. ③ [Line ✎ L 을 실행한 후 가이드라인 위에 첫 번째 점을 클릭해 지정하고 **500mm** 길이의 선을 그립니다.

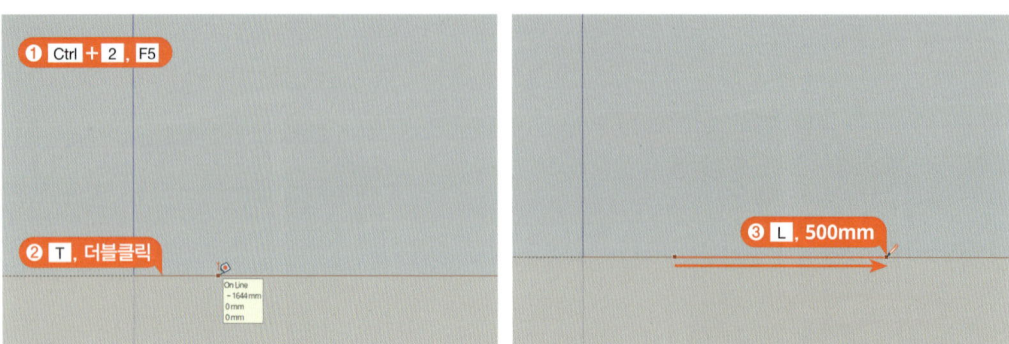

CORE TIP 축에는 스냅이 걸리지 않기 때문에 원점(0,0,0)을 이용해 객체 스냅을 이용하거나 가이드라인을 추가해 축에 스냅을 걸 수 있습니다.

02
① [Protractor ⌀ Shift + T 를 실행하고 선의 오른쪽 점을 클릭합니다. ② 마우스 포인터를 왼쪽으로 이동한 후 클릭해 선 위에 기준점을 지정합니다. ③ 마우스 포인터를 위로 올려 가이드라인이 나타나면 **30**을 입력하고 Enter 를 누릅니다.

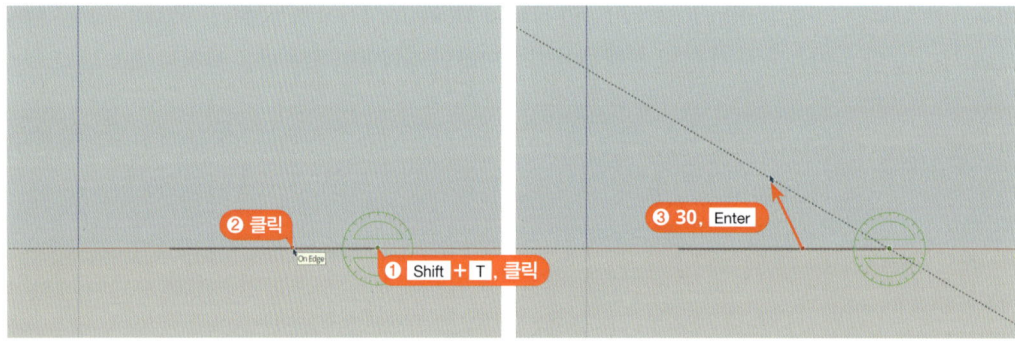

03
① [Line ✎ L 을 실행하고 선의 왼쪽 점을 클릭합니다. ② 마우스 포인터를 수직으로 이동해 파란색 선이 표시되면 Shift 를 눌러 축 방향을 고정한 상태로 가이드라인을 클릭합니다. ③ 선의 오른쪽 점을 클릭해 삼각형을 완성합니다.

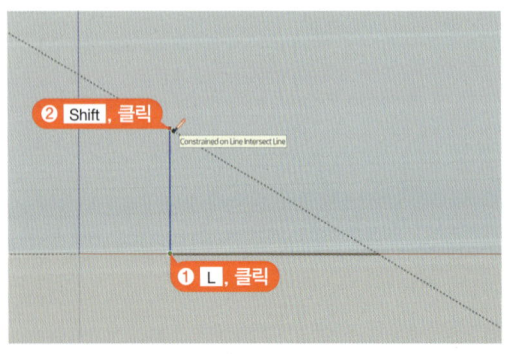 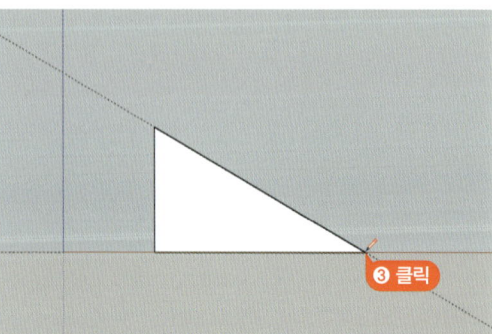

04 ❶ [Offset ⌘ F]을 실행하고 면을 클릭한 후 안쪽으로 이동해 **50**을 입력하고 Enter 를 누릅니다. ❷ [Tape Measure Tool ⌘ T]을 실행하고 안쪽 삼각형의 왼쪽 선을 클릭한 후 안쪽으로 이동해 **20**을 입력하고 Enter 를 누릅니다.

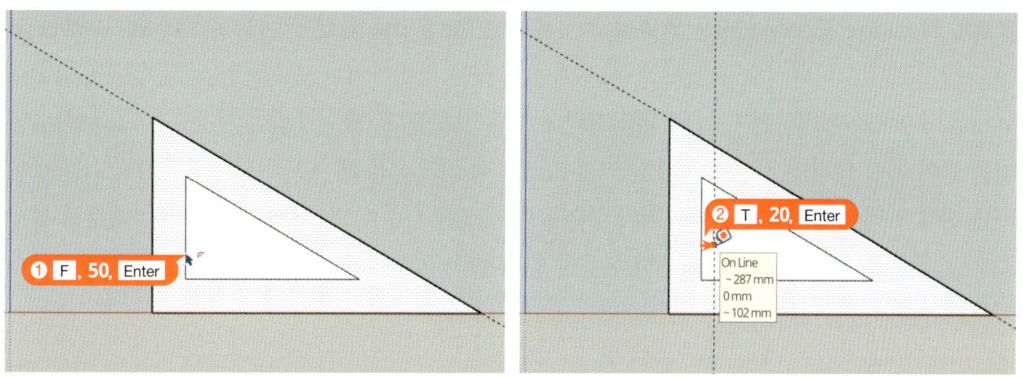

05 ❶ [2 Point Arc ⌘ A]를 실행한 후 가이드라인과 아래 선의 교차점을 클릭합니다. ❷ 왼쪽 선 위에 선홍색 호가 나타나는 점을 찾아 더블클릭합니다. ❸ 나머지 모서리를 더블클릭해 같은 값으로 호를 그립니다.

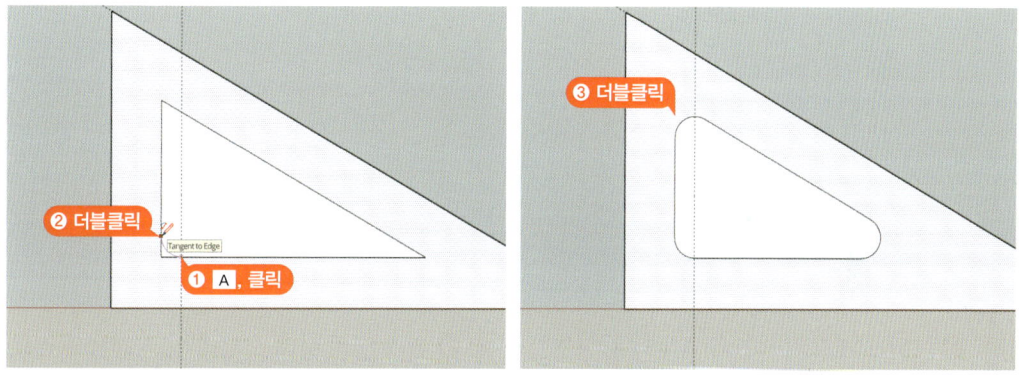

06 ❶ Spacebar 를 누르고 안쪽 면을 선택한 후 Delete 를 눌러 삭제합니다. ❷ **5mm** 돌출시켜 모델을 완성하고 ❸ Ctrl + G 를 눌러 그룹으로 만듭니다. ❹ Shift + D 를 눌러 가이드라인을 모두 삭제합니다.

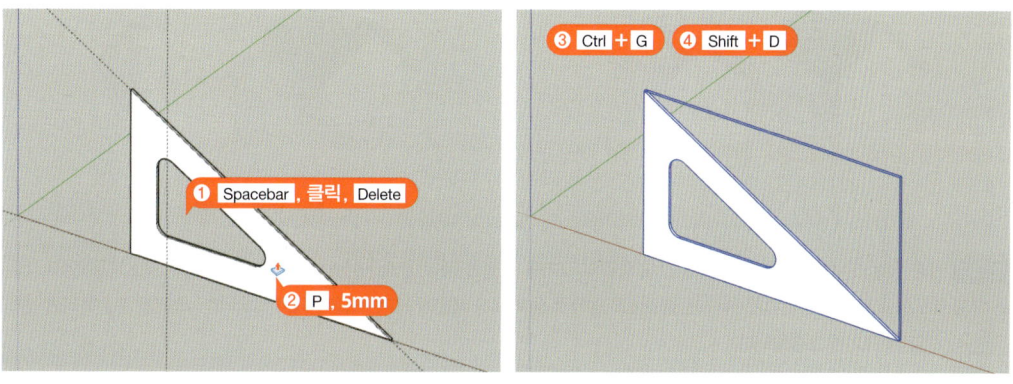

Lesson 06 Tape Measure Tool과 Protractor를 활용한 모델링하기

Tape Measure Tool로 모델의 크기 바꾸기

완성 파일 | Part 02/모델의크기바꾸기_완성.skp

[Tape Measure Tool] T 은 모델의 크기를 모든 방향으로 동일한 비율로 변경할 수 있는 기능도 가지고 있습니다. [Scale] S 도구가 배율 모델을 확대하거나 축소하는 방식이라면, [Tape Measure Tool]은 원하는 길이를 직접 입력해 모델 전체를 그 치수에 맞게 자동으로 조정합니다. 예를 들어 어떤 에지의 길이를 정확히 5000mm로 바꾸고 싶을 때 [Tape Measure Tool]을 사용하면 전체 모델이 균등하게 늘어나거나 줄어들어 지정한 치수에 맞게 변형됩니다. 이 때문에 실제 치수를 맞춰야 하는 작업에서 훨씬 더 유용하게 활용됩니다. 다음 실습을 통해 사용법을 정확하게 익혀보도록 하겠습니다.

실습 결과 미리보기

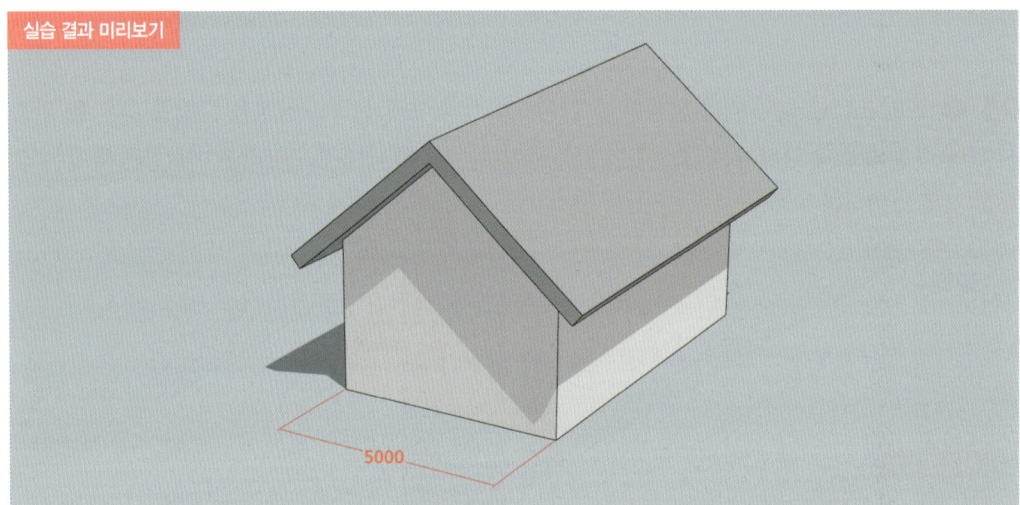

01 ❶ [Tape Measure Tool] T 을 실행한 후 ❷ ❸ 왼쪽 집의 아래 모서리 양 끝점을 차례로 클릭합니다. ❹ **3000**을 입력하고 Enter 를 누릅니다. ❺ 아래와 같은 메시지 창이 나타나면 [Yes]를 클릭합니다. 모든 모델의 크기가 입력한 크기로 바뀝니다.

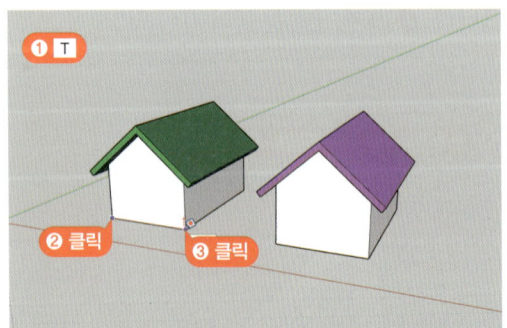
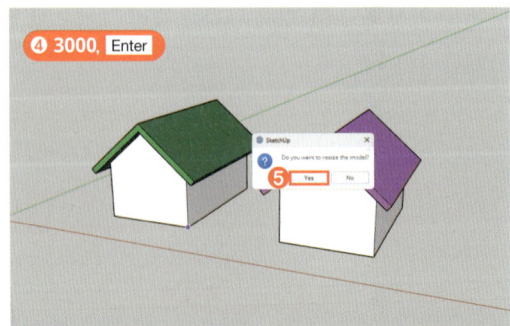

CORE TIP [Tape Measure Tool]로 전체 모델의 크기를 조절할 경우, [File]–[Import]로 불러온 외부 참조 객체(외부 파일을 현재 뷰포트로 드래그해 삽입한 객체)는 컴포넌트 상태로 들어오기 때문에 크기 조절이 되지 않습니다. 크기를 조절하려면 분해 Shift + X 한 후 크기를 조절합니다.

02 ❶ Spacebar 를 누르고 오른쪽 집을 모두 선택합니다. ❷ Ctrl + G 를 눌러 그룹으로 만듭니다. ❸ 그룹을 더블클릭해 열고 [Tape Measure Tool ⌀][T]을 실행합니다. ❹❺ 아래 모서리의 양 끝점을 차례로 클릭하고 ❻ **5000**을 입력한 후 Enter 를 누릅니다. 마찬가지로 메시지 창이 나타나면 [Yes]를 클릭합니다.

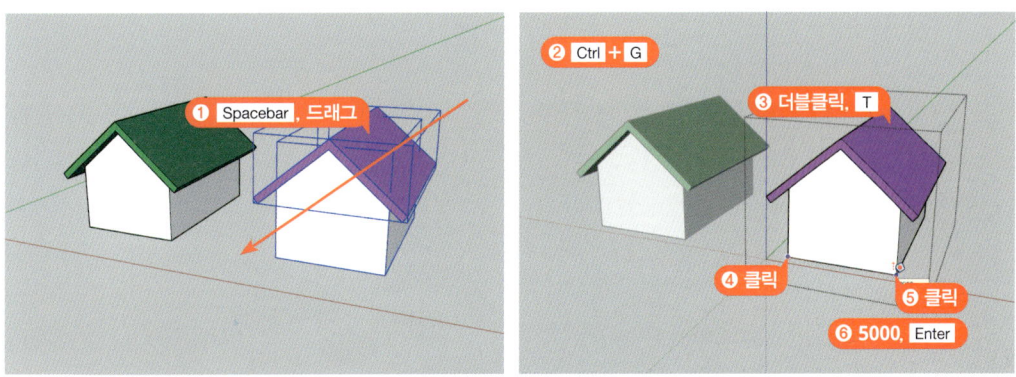

03 그룹 안에서 객체의 크기를 조절하면 그룹 안의 객체만 크기가 조절됩니다.

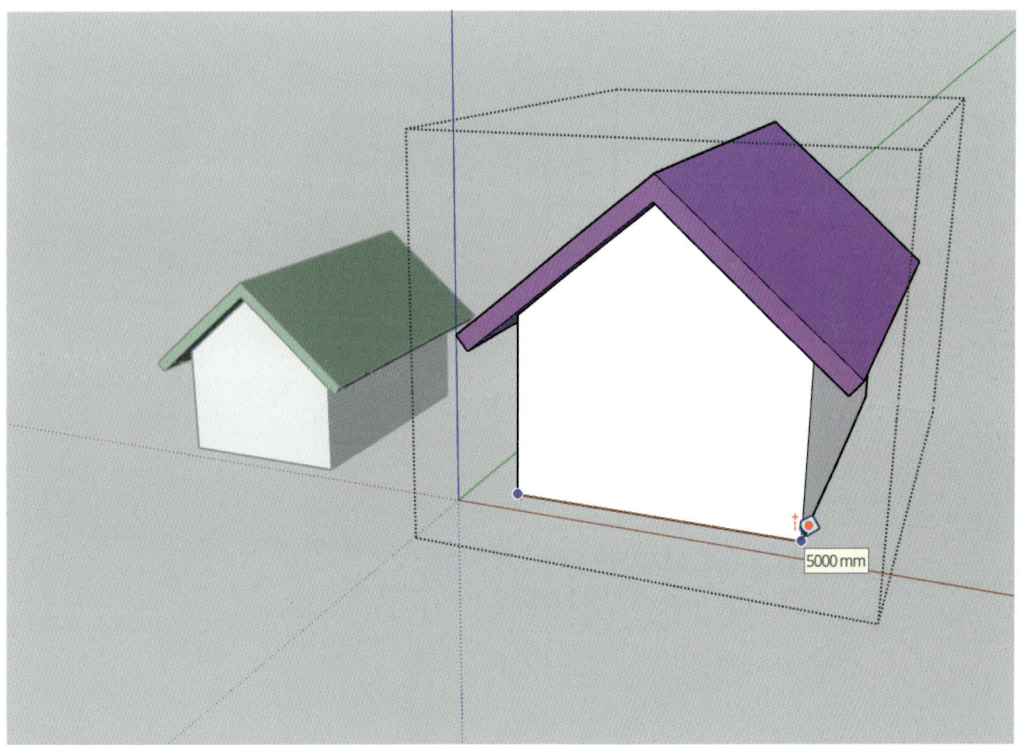

Self Training 가이드라인을 활용한 모델링 연습하기

가이드라인을 활용해 다음 예제를 만들어보세요. 가이드라인을 보조선처럼 활용해 모델 위에 선을 긋거나 모서리를 둥글게 깎는 등 다양한 방법으로 자유롭게 연습해보세요. 또, 같은 크기의 호를 반복해 그릴 때는 모서리를 더블클릭해 빠르게 모델링을 진행해보세요.

실습 따라 하기

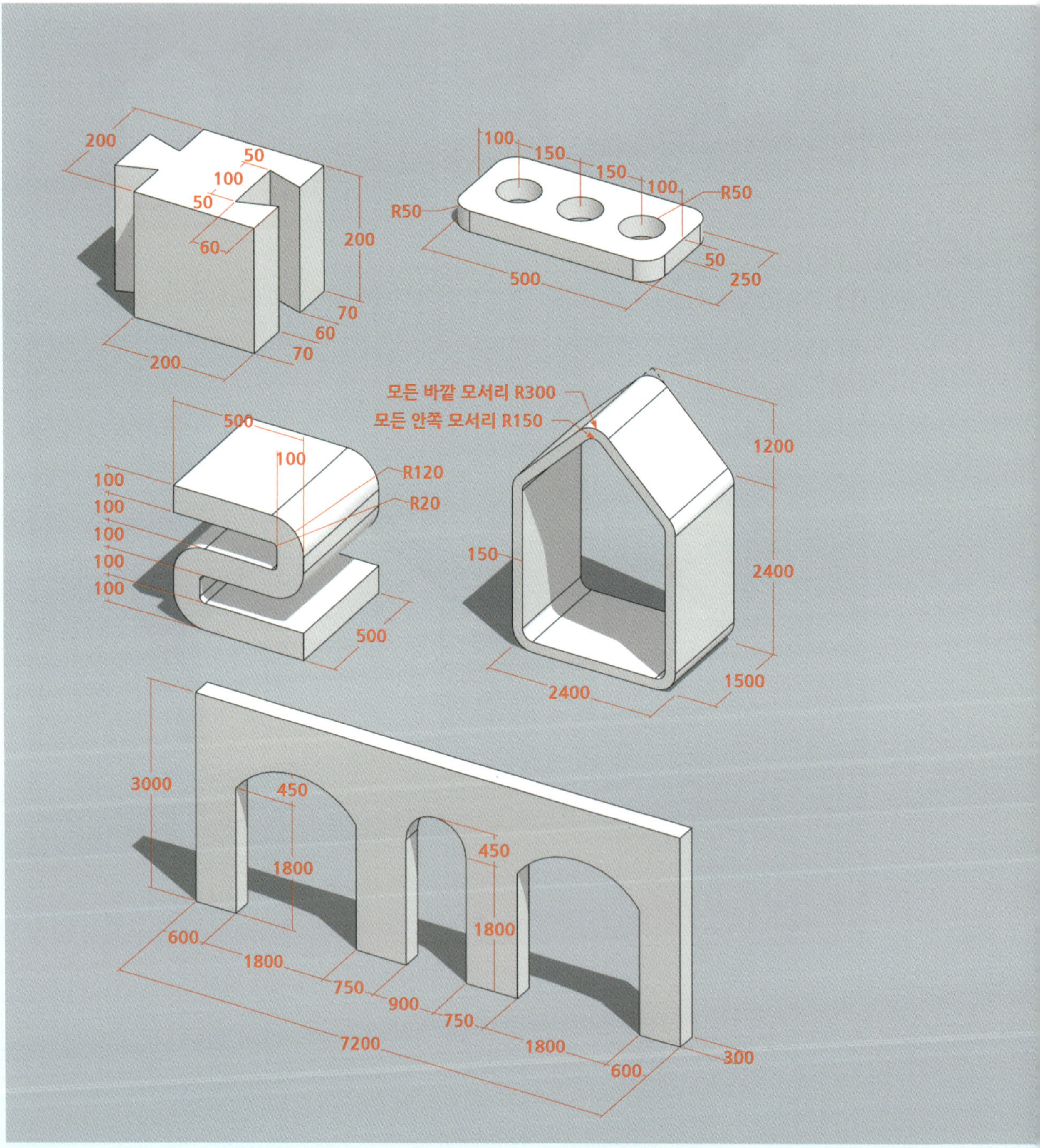

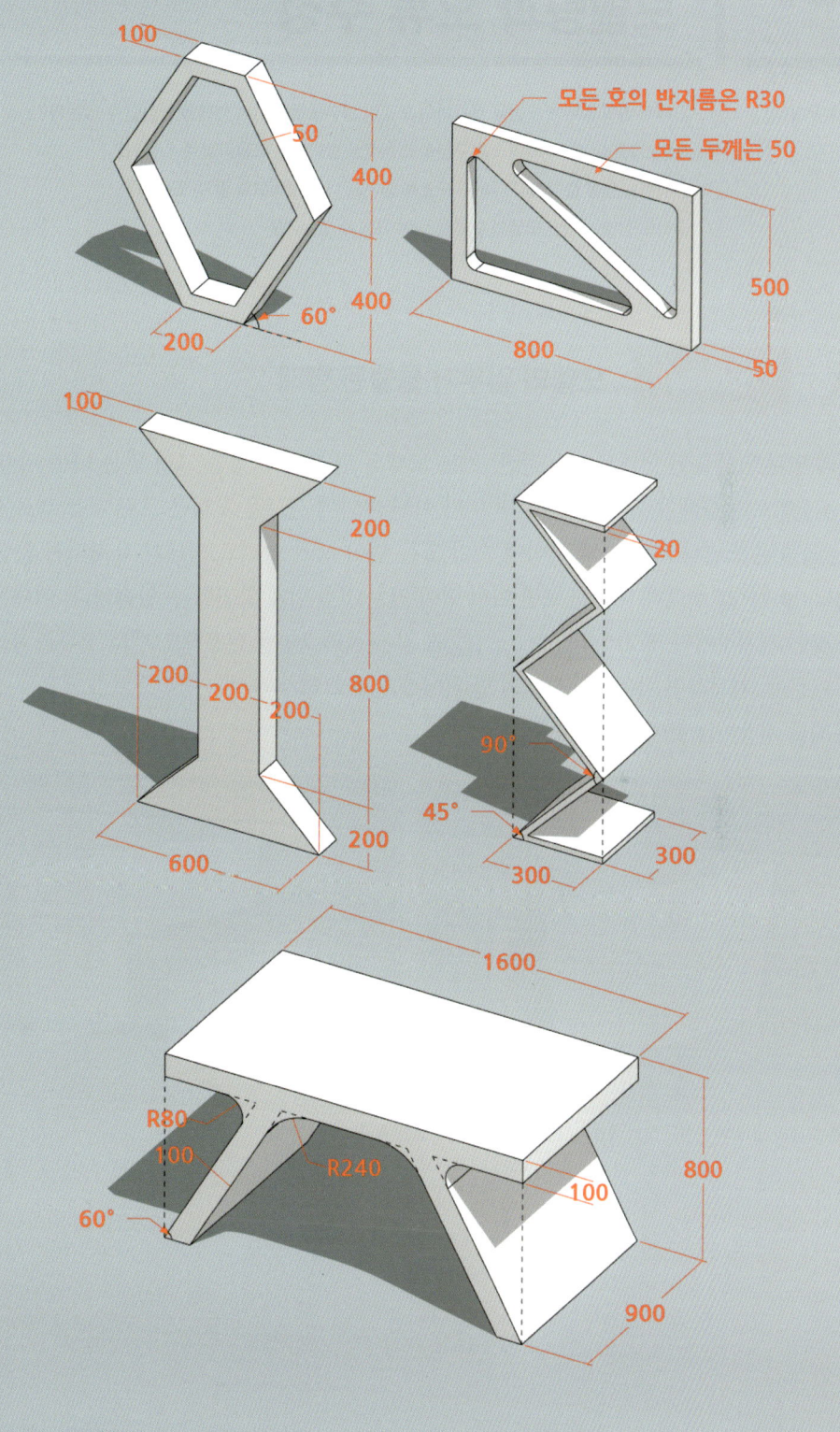

Lesson 07 | 복잡한 형태의 모델링과 오류 수정

Check Point
- ☑ 입체 모델의 일부에 도형을 추가하여 모델의 일부를 돌출시켜 형태를 변형할 수 있는가?
- ☑ 프런트 페이스와 백 페이스를 구분하고 올바른 방향으로 모델링할 수 있는가?
- ☑ 선택한 모델을 숨기거나 나머지 모델을 숨기고 다시 보이도록 할 수 있는가?
- ☑ 솔리드 상태가 아닌 모델의 오류를 찾아 고칠 수 있는가?

 Warm Up | **모델의 일부가 돌출된 형태**

모델의 일부를 돌출된 형태로 만들려면, 기본 모델의 면 위에 도형을 그려 면을 나눈 뒤 [Push/Pull ◆] P 로 돌출해야 합니다. 기본 면 위가 아닌 바닥에 새로운 도형을 그린 다음 위로 돌출시키면, 돌출된 모델과 기존 모델 사이에 끼어 있는 면이 생겨 솔리드 상태가 유지되지 않습니다. [X-Ray ◆] X 를 실행해 내부를 보면 이런 면이 있는 것을 쉽게 확인할 수 있습니다. 이때는 해당 면을 찾아 제거하거나 [Solid Inspector²] F3 와 같은 플러그인을 활용해 모델의 오류를 수정해야 하기 때문에, 가능하면 처음부터 모델의 면 위에 도형을 그려 돌출하는 방식으로 모델을 수정해 이런 문제를 예방하는 것이 좋습니다.

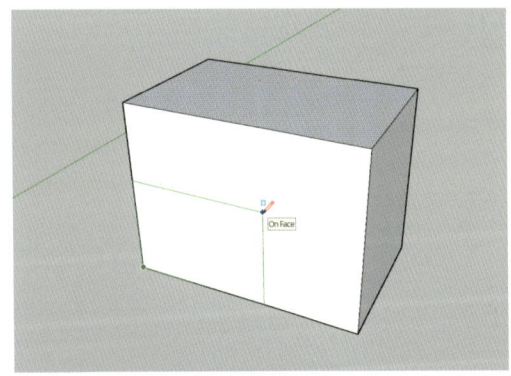 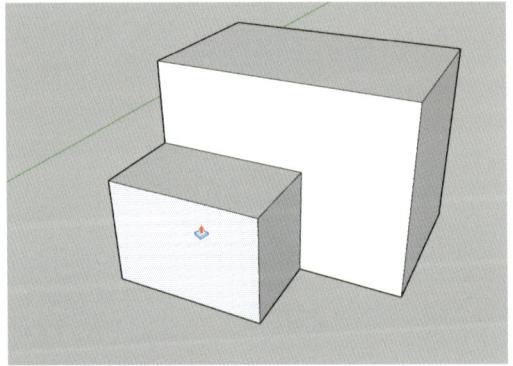

▲ 기존 모델의 면 위에 도형을 그려 돌출시킨 상태, 그룹으로 만들면 솔리드 상태가 됨

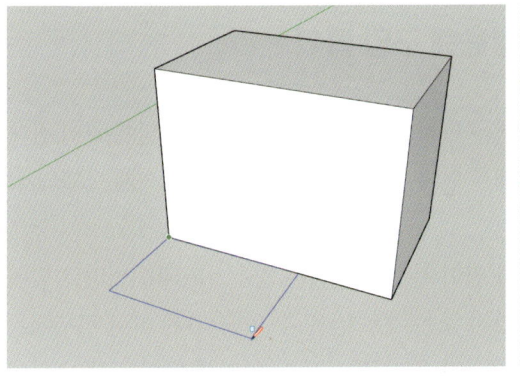
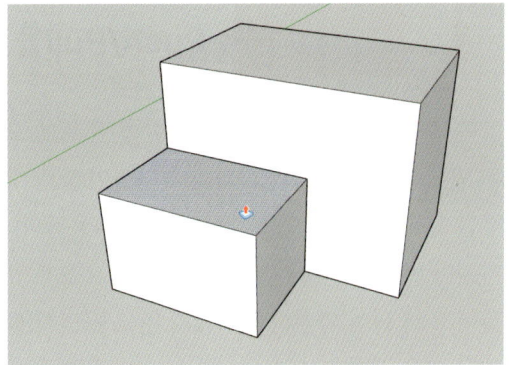

▲ 기존 모델의 바깥에 평면을 그려 돌출시킨 상태, 그룹으로 만들면 솔리드 상태가 되지 않음

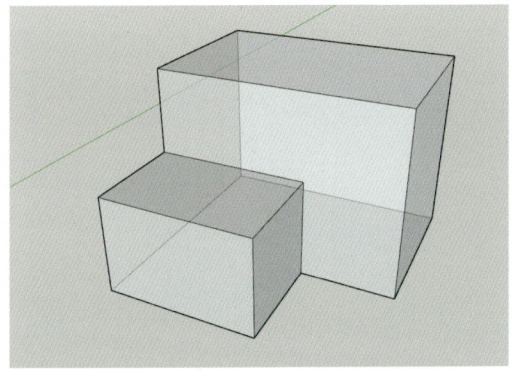
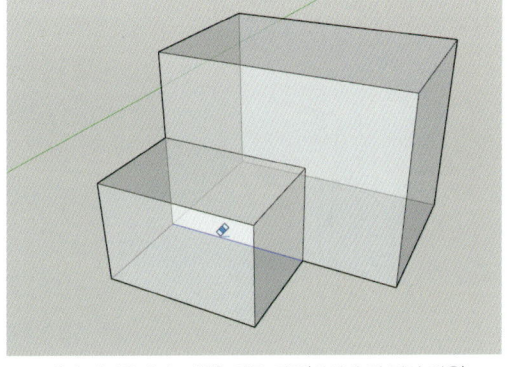

▲ 모델의 면 위에서 도형을 만든 경우(사이에 낀 면이 없음)   ▲ 모델의 바깥쪽에서 도형을 만든 경우(사이에 낀 면이 있음)

Warm Up   나누어진 평면이 돌출된 형태

나누어진 평면을 각각 따로 돌출시키면 아랫면이 닫히지 않아 바닥 면이 비게 되거나, 각각 돌출된 입체 사이에 불필요한 면이 끼어 모델이 솔리드 상태가 되지 않습니다. 이럴 때는 [Line ✏ L]을 사용해 열린 에지를 따라 선을 그려 면을 닫거나, [Erase ◆ E]로 끼어 있는 불필요한 면을 삭제해 모델을 정리해야 합니다. 이렇게 수정해야 모델의 모든 면이 완전히 닫힌 솔리드 상태가 되어 이후 작업을 안전하게 진행할 수 있습니다.

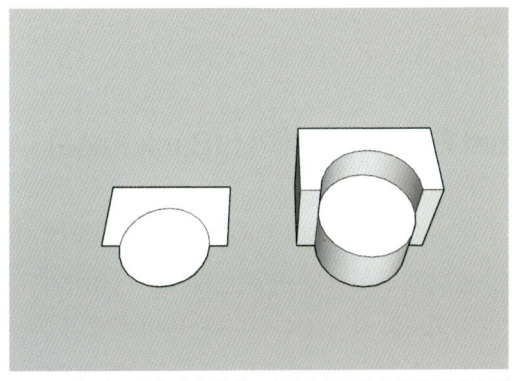
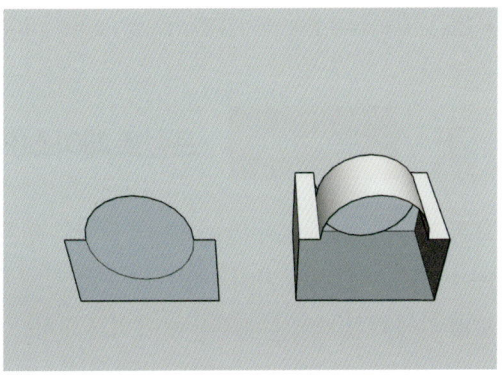

▲ 두 면을 따로 돌출시킨 입체는 아랫면이 닫히지 않은 상태가 됨

Lesson 07 복잡한 형태의 모델링과 오류 수정

 **Warm Up** | **Push/Pull을 활용해 구멍 뚫기**

양쪽 면이 서로 평행한 모델에서 한쪽 면 위에 도형을 그리고 [Push/Pull P]로 밀어 넣어 반대편 면에 닿게 하면 잘려 나가거나 구멍이 뚫린 형태를 만들 수 있습니다. 이 방법은 쉽게 모델의 일부를 삭제하거나 구멍을 만들 때 자주 사용됩니다.

하지만 반대편 면에 이미 선이나 다른 요소가 있어 면이 분할되어 있는 경우, [Push/Pull]로 밀어 넣어도 그 면이 완전히 제거되지 않고 구멍이 뚫리지 않은 채로 남을 수 있습니다. 이런 경우에는 해당 면을 선택해서 Delete 를 눌러 직접 지우면 구멍이 뚫리고, 모델이 완전히 닫힌 상태가 되어 다시 솔리드 상태로 만들 수 있습니다.

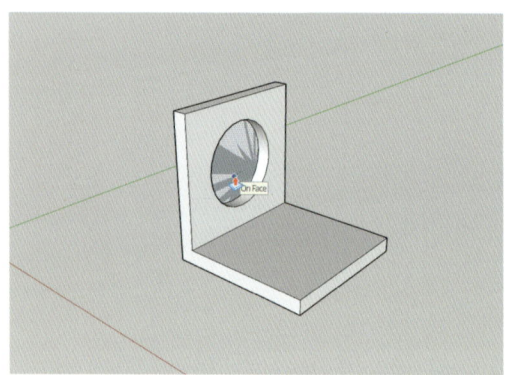 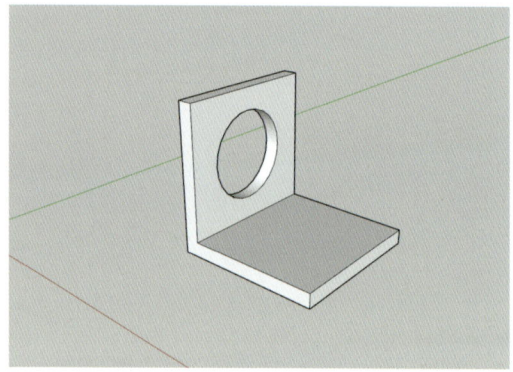

▲ 양쪽 면이 평행한 모델의 내부에 도형을 그리고 반대편까지 돌출시켜 구멍을 만듦

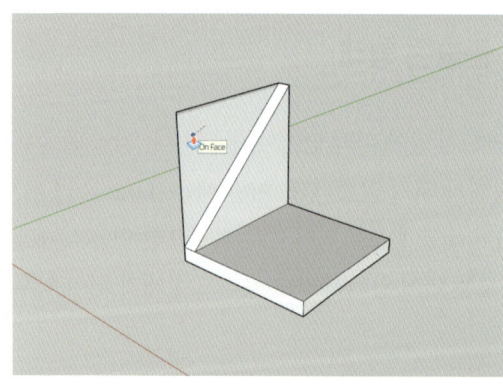 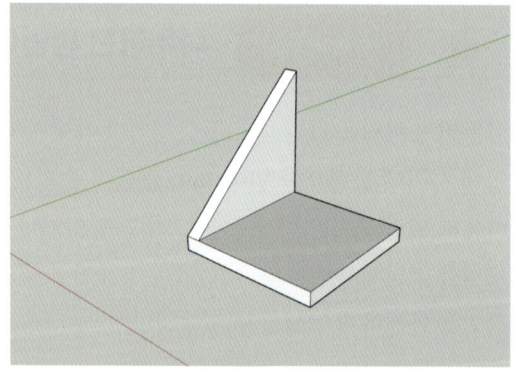

▲ 면을 나누어 일부를 반대편까지 돌출시켜 모델의 일부를 자를 수 있음

 Warm Up | **프런트 페이스(Front Face)와 백 페이스(Back Face)**

모든 3D 프로그램에서 만들어지는 모델의 면은 프런트 페이스(Front Face)와 백 페이스(Back Face)라는 방향성을 가지고 있습니다. 이렇게 면의 앞뒤를 구분하는 이유는 재질을 적용하거나, 모델 위에 다른 객체를 배치할 때 올바른 방향으로 표시되도록 하기 위함입니다. 면의 방향이 뒤집혀 백 페이스가 바깥으로 보이는 상태에서는 재질의 요철감, 털이나 잔디 같은 요소가 반대로 표현

되며 일부 재질은 정상적으로 렌더링되지 않기도 합니다.

단면을 만들거나 모델의 일부를 돌출시키는 과정에서 모든 면은 프런트 페이스가 바깥을 향하는 것이 정상입니다. 하지만 상황에 따라 정상적인 모델링 과정을 거치더라도 백 페이스가 바깥을 향할 수 있고, 모델링 순서에 문제가 있을 경우 모델의 일부가 바깥을 향할 수 있습니다. 이때는 프런트 페이스가 바깥을 향하도록 반드시 수정해야 이후 렌더링이나 3D 출력, 혹은 다른 객체와의 결합 과정에서 문제가 생기지 않고, 깔끔하게 완성도 높은 모델을 유지할 수 있습니다.

▲ 모델의 일부가 뒤집힌 상태

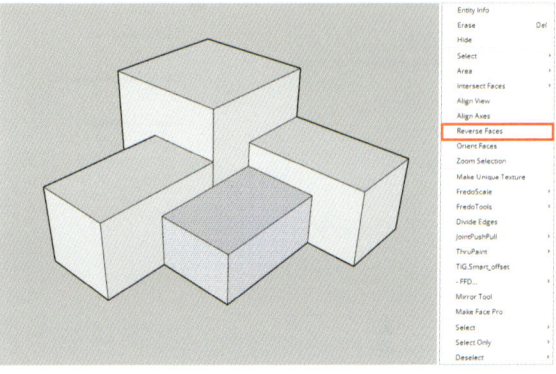
▲ [Reverse Faces]로 면의 방향을 프런트 페이스로 수정한 상태

📝 Summary

- 프런트 페이스(Front Face)는 흰색, 백 페이스(Back Face)는 청회색으로 표현됩니다.
- **Reverse Faces** Shift + R : 선택한 면의 방향을 반대로 돌립니다.
- **Orient Faces** Shift + O : 하나의 면을 선택한 후 [Orient Faces]를 실행하면 붙어 있는 나머지 면들의 방향을 같은 방향으로 일치할 수 있습니다.

Warm Up 모델의 오류를 수정하는 플러그인

[CleanUp³] F2 과 [Solid Inspector²] F3 는 모델의 오류를 수정하거나 모델의 불필요한 객체를 제거해주는 플러그인 중에서 가장 많이 사용되는 플러그인입니다. 두 플러그인 모두 054쪽에서 설치해놓은 상태입니다.

📝 Summary

- [CleanUp³-Clean with Last Settings]에는 단축키 F2 가 지정되어 있습니다.
- [Solid Inspector²]에는 단축키 F3 이 지정되어 있습니다.

[CleanUp³] F2 은 모델의 불필요한 객체를 삭제하는 플러그인입니다. [Solid Inspector²]는 모델에 불필요한 에지가 있더라도 그 객체가 모델이 솔리드 상태가 되는데 문제가 없다면 제거하지 않지만, [CleanUp³]은 불필요한 객체를 모두 제거합니다. 하지만 [CleanUp³]은 끼어 있는 면을 삭제하지 못하기 때문에 솔리드가 아닌 모델의 오류를 수정하는 용도로는 사용하지 못합니다.

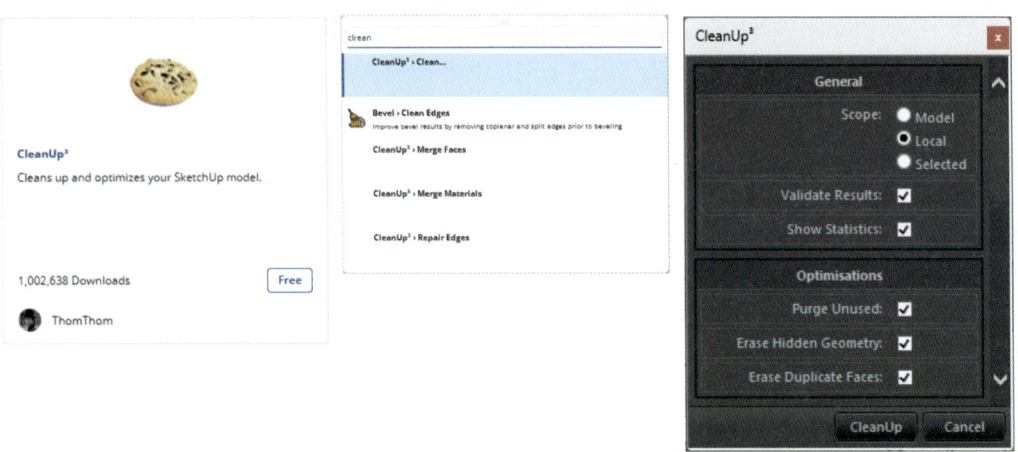

[Solid Inspector²]는 모델이 솔리드 상태가 아닌 경우, 모델의 오류를 찾아 수정해주는 플러그인입니다. 모델 내부의 끼어 있는 면이나 떨어져 있는 에지를 삭제하는 데 매우 유용합니다. [Solid Inspector²]를 사용할 때는 그룹을 더블클릭해 열어놓은 상태로 실행해야 하며, 열려 있는 면을 닫을 수는 없기 때문에 열려 있는 면이 있다면 먼저 열린 면을 닫은 후 사용해야 합니다.

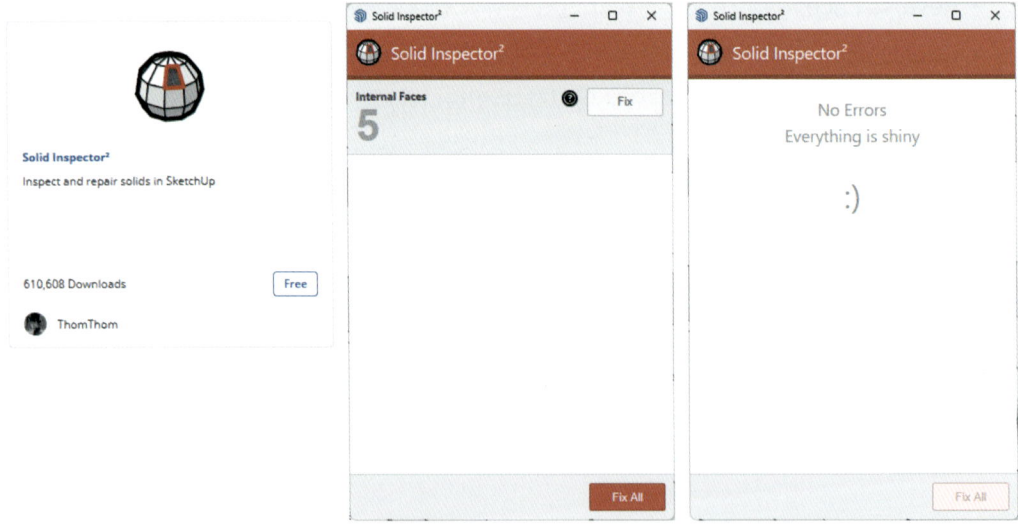

Basic Training — Push/Pull로 구멍 뚫기

완성 파일 | Part 02/PushPull구멍뚫기_완성.skp

[Push/Pull ◆][P]로 모델의 일부를 반대편 면과 맞닿게 해 구멍을 뚫는 예제입니다. 구멍을 뚫을 때는 돌출한 면이 반드시 뒷면과 정확히 맞닿아야 하며, 같은 작업을 반복할 때 더블클릭을 사용할 경우 클릭 사이에 마우스 포인터를 움직이지 않도록 주의해 작업하세요.

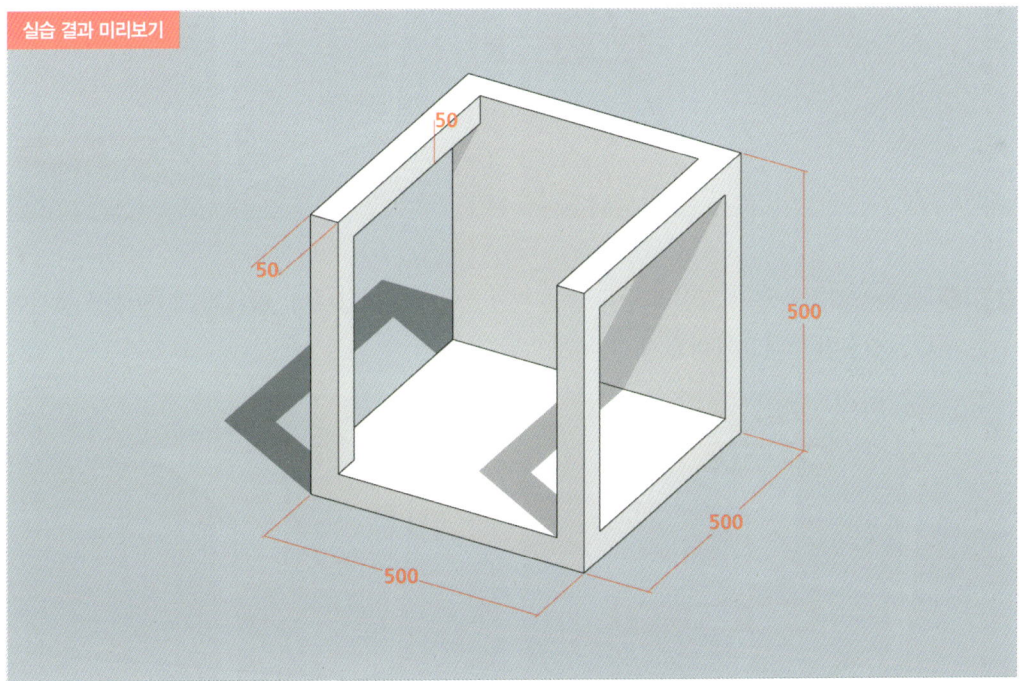

01 ❶ ❷ [Rectangle ▱][R]과 [Push/Pull ◆][P]을 활용해 **폭 500mm, 길이 500mm, 높이 50mm** 크기의 상자를 만듭니다.

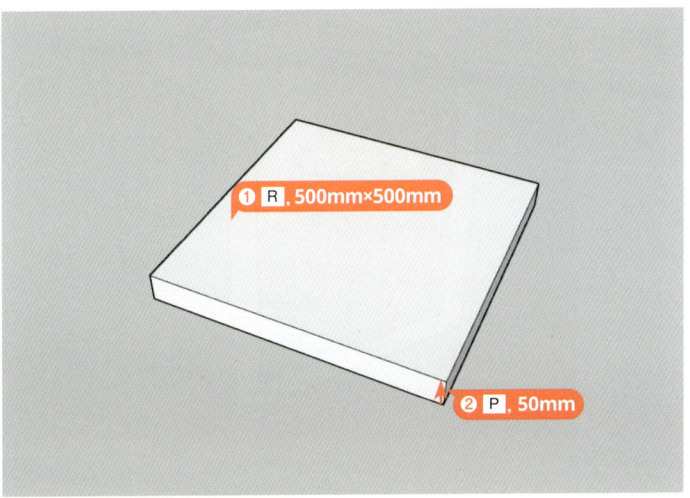

02 ① 아래와 같이 윗면의 에지 세 개를 선택합니다. ② [Offset ⟳] F 을 실행하고 선택된 에지를 안쪽으로 드래그한 후 **50**을 입력합니다. ③ [Push/Pull ◆] P 을 실행하고 오프셋한 면을 **450mm** 위로 끌어당깁니다.

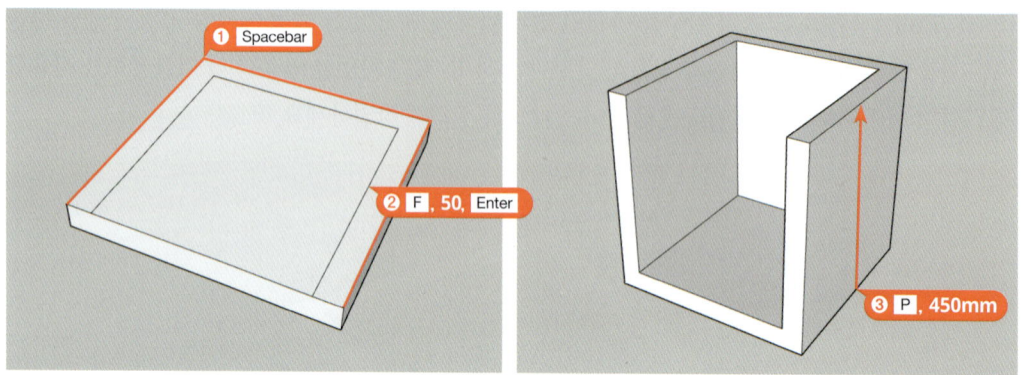

03 ① Spacebar 를 누르고 그림의 안쪽 면을 더블클릭해 선택합니다. ② Ctrl 과 Shift 를 동시에 누른 채로 그림처럼 드래그해 바깥 에지 두 개만 남깁니다.

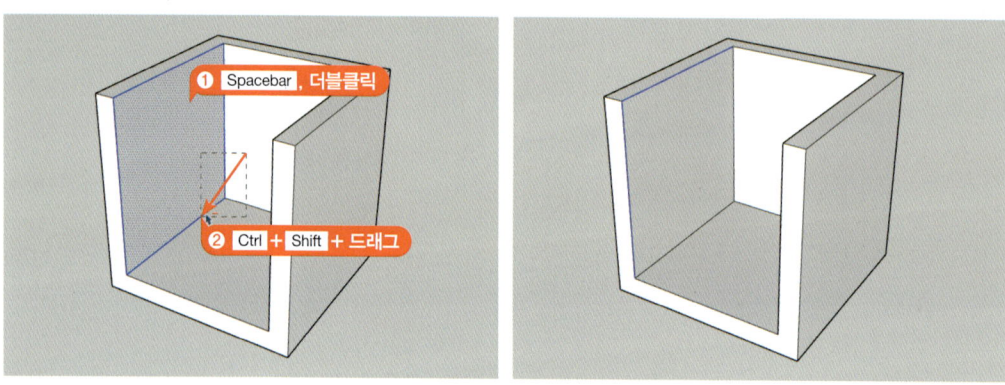

04 [Offset ⟳] F 을 실행하고 선택된 에지를 안쪽으로 드래그한 후 **50**을 입력합니다.

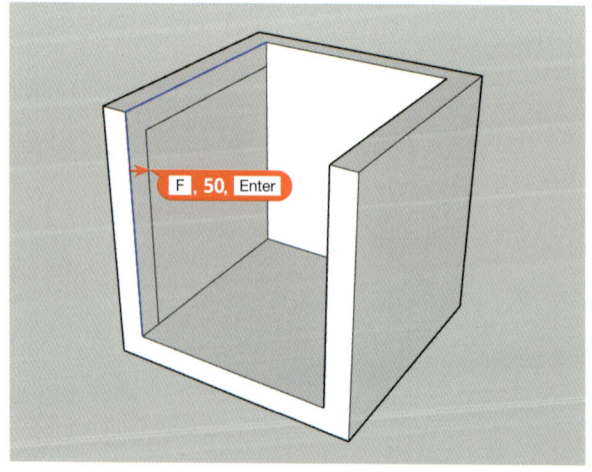

05 ❶ [Push/Pull][P]을 실행하고 아래와 같이 안쪽 면을 클릭한 후 바깥면이 닿는 곳까지 마우스 포인터를 이동합니다. ❷ 'On Face'라는 팝업이 표시되는 곳을 클릭해 구멍을 만듭니다.

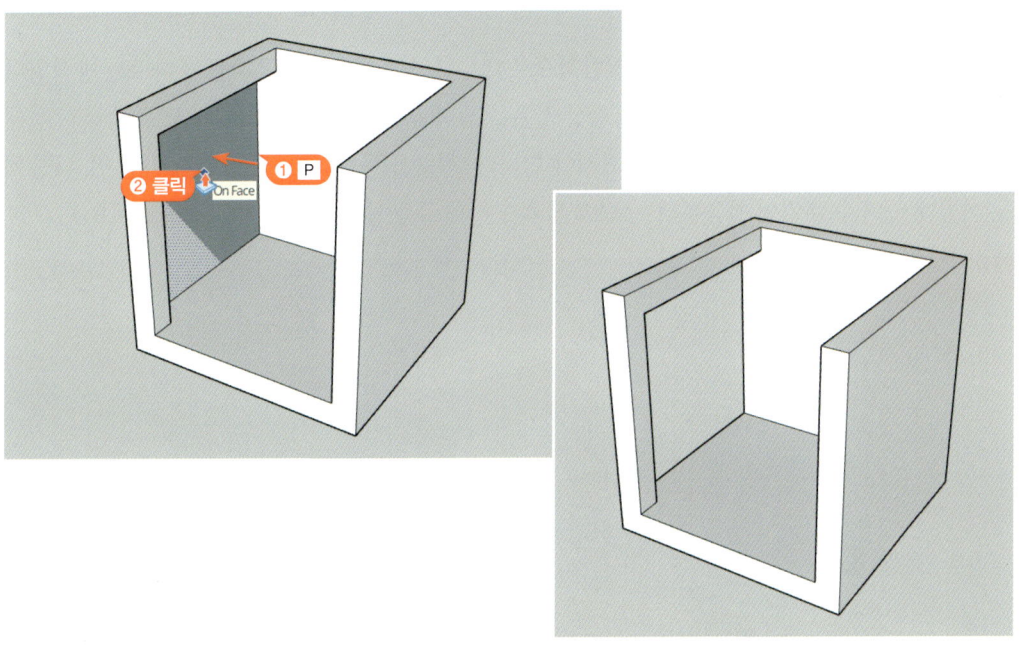

06 ❶ 반대편의 에지를 아래와 같이 선택합니다. ❷ [Offset][F]을 실행하고 선택한 에지를 더블클릭해 같은 값으로 오프셋합니다. ❸ [Push/Pull][P]을 실행하고 안쪽 면을 더블클릭해 면을 제거합니다. ❹ 모델이 완성되면 [Ctrl]+[G]를 눌러 그룹화하고 솔리드 상태를 확인합니다.

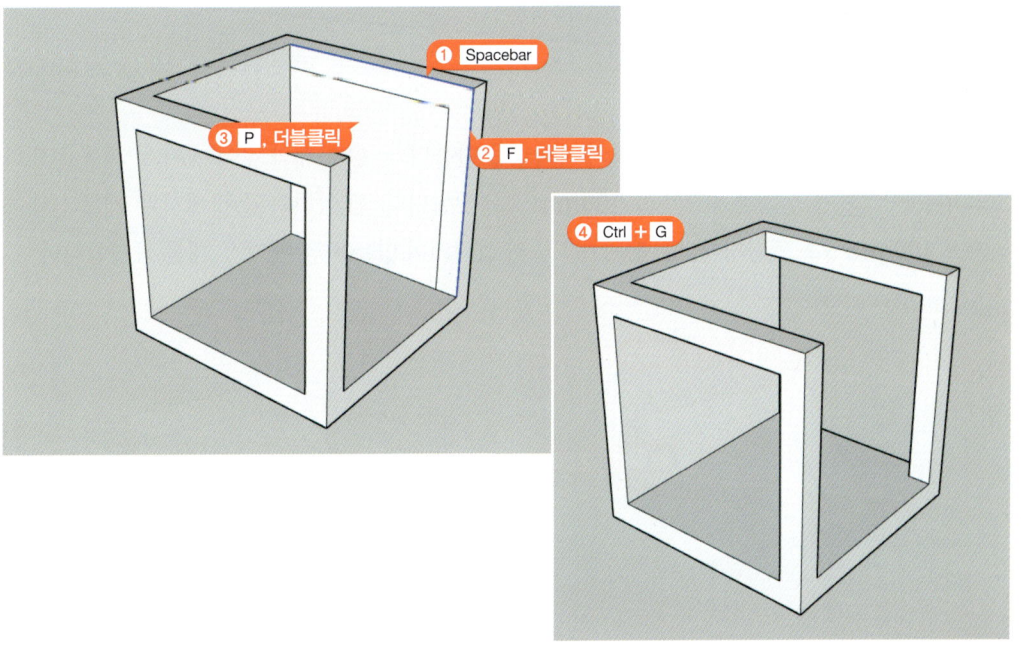

| Basic Training | **모델의 오류 수정하기** |

완성 파일 | Part 02/**모델의오류수정_완성**.skp

이 학습에서 진행하는 모델링 순서는 일반적으로 대부분의 스케치업 사용자들이 따르는 방식입니다. 하지만 이 순서대로 작업하면 거의 항상 작은 오류가 생기게 되어, 완성된 모델을 솔리드 상태로 만들기 위해 추가적인 수정 과정을 거쳐야 합니다. 학습을 통해 이 과정을 먼저 익힌 뒤, 나중에는 어떻게 하면 수정 없이 처음부터 한 번에 솔리드 상태로 완성할 수 있을지 고민해보세요.

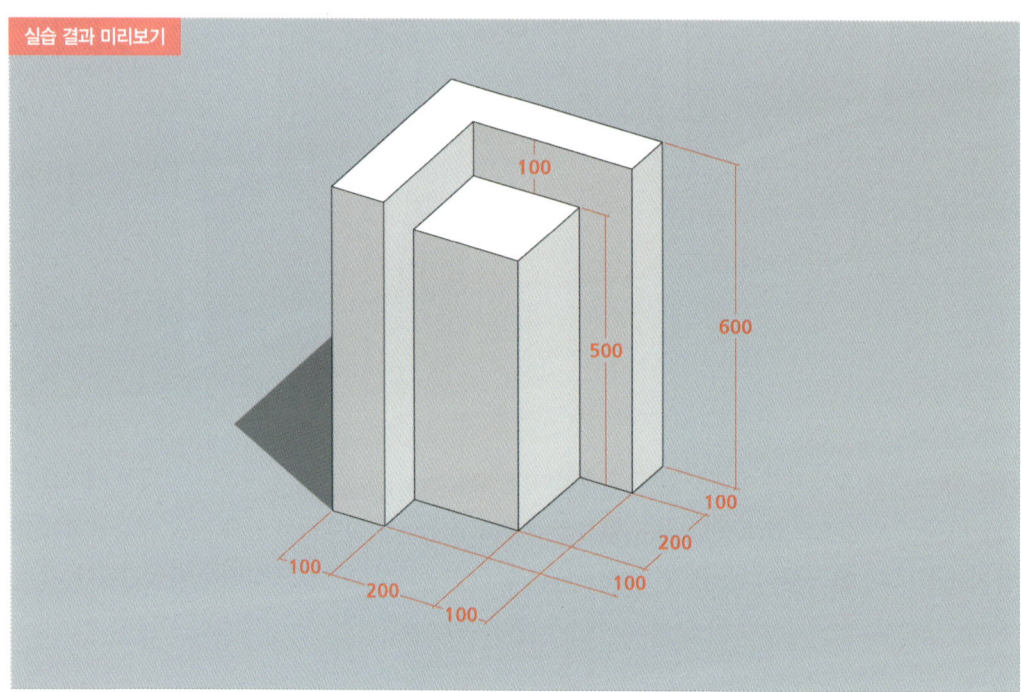

실습 결과 미리보기

01 ❶ **폭 500mm**, **길이 500mm** 크기의 사각형을 만듭니다. ❷ 아래와 같이 에지 두 개를 선택하고 [Offset ⤵] F 을 실행한 후 안으로 **100mm** 오프셋합니다. ❸ 아래와 같이 에지 두 개를 선택해 안으로 **100mm** 오프셋합니다. ❹ Delete 를 눌러 선택되어 있는 바깥 에지 두 개를 삭제합니다.

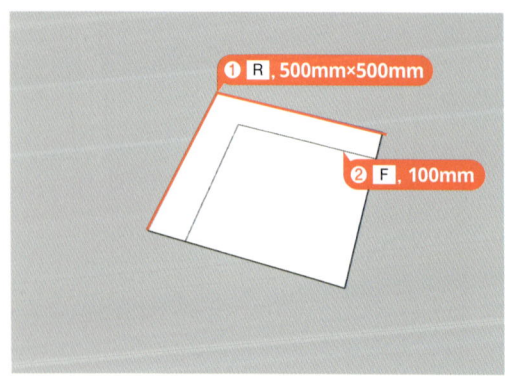
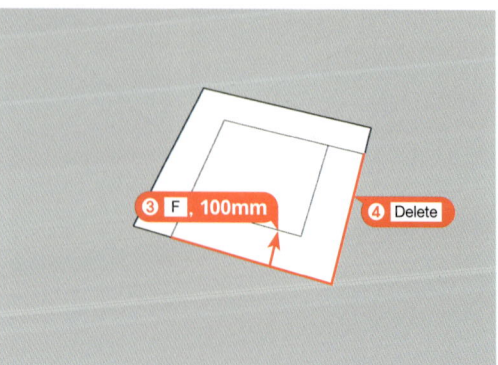

02 ❶ [Push/Pull ◆] P 을 실행해 둘레의 면은 **600mm** ❷ 안쪽 면은 **500mm** 위로 끌어당깁니다.

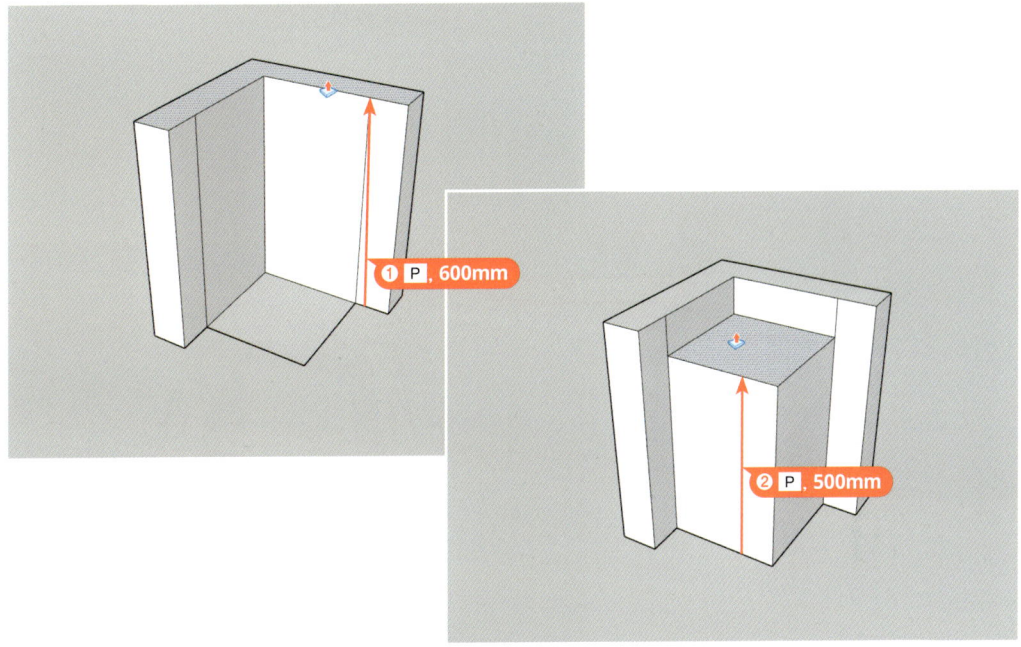

03 ❶ Spacebar 를 누르고 모델을 트리플클릭합니다. ❷ Ctrl + G 를 눌러 그룹으로 만듭니다. ❸ [Entity Info] 트레이를 확인해보면 솔리드 상태가 아님을 알 수 있습니다.

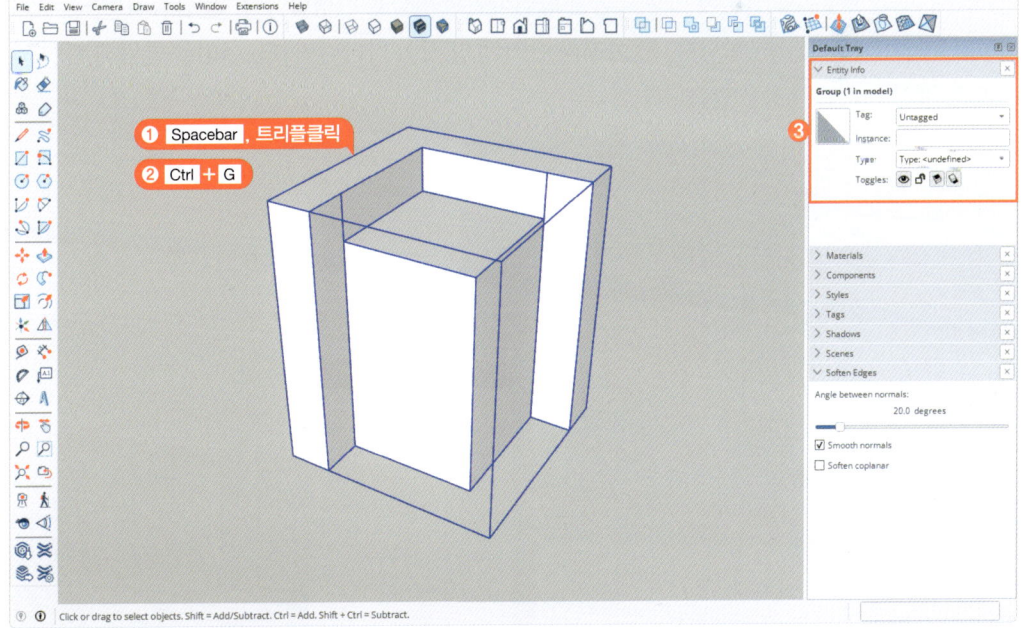

04 ❶ 모델을 더블클릭해 열고 모델의 아래쪽을 확인해보면 그림과 같이 아래쪽 면이 열려 있는 것을 볼 수 있습니다. ❷ [Line ✏️] L 을 실행하고 열린 에지 위에 선을 하나 덧그리면 면을 만들 수 있습니다.

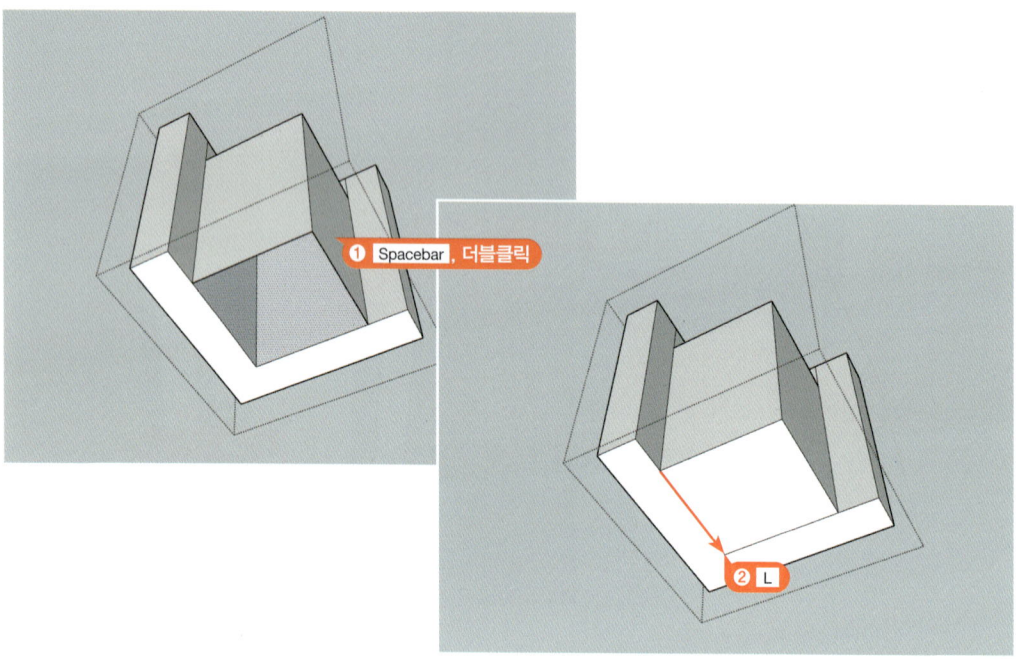

05 열린 면을 닫기는 했지만 안쪽의 끼어 있는 면을 제거하지 않아서 아직 솔리드 상태가 아닙니다. ❶ [X-Ray 🔲 X]를 실행해 내부 모습을 확인하면서 실습을 진행합니다. ❷ 단축키 F3 을 눌러 [Solid Inspector²]를 실행합니다. ❸ 아래와 같이 팝업 창이 나타나면 [Fix All]을 클릭해 끼어 있는 면을 제거하고 팝업 창을 닫습니다.

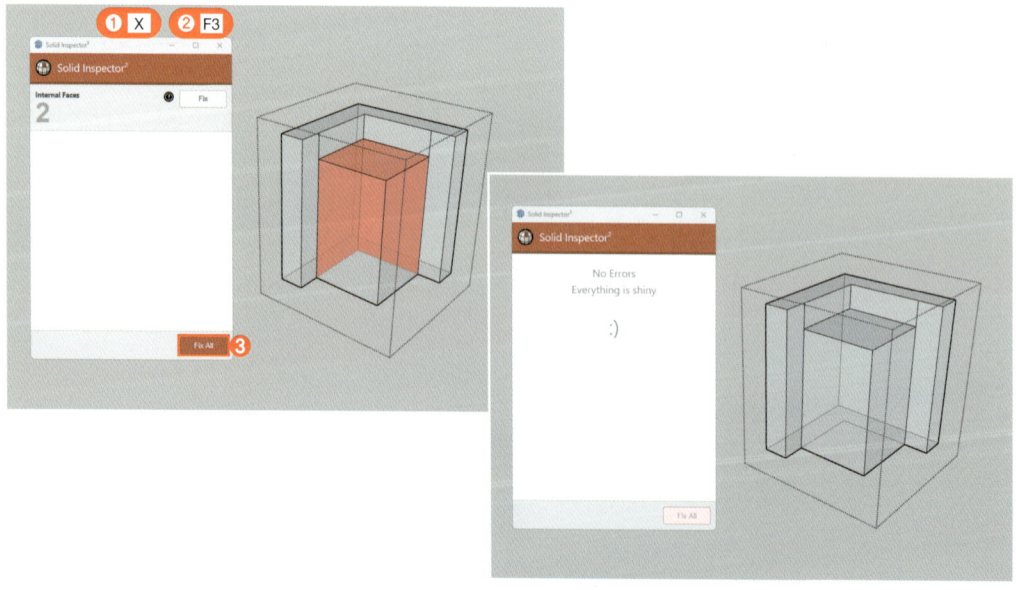

06 ❶ 단축키 F2를 눌러 [CleanUp³-Clean with Last Settings]를 실행합니다. ❷ 옵션은 그대로 두고 [CleanUp]을 클릭합니다. ❸ 작업 결과를 표시하는 창이 나타나면 [OK]를 클릭해 닫습니다. ❹ Esc를 눌러 그룹을 닫고 솔리드 상태를 확인하고 남아 있는 에지가 없는지 확인합니다.

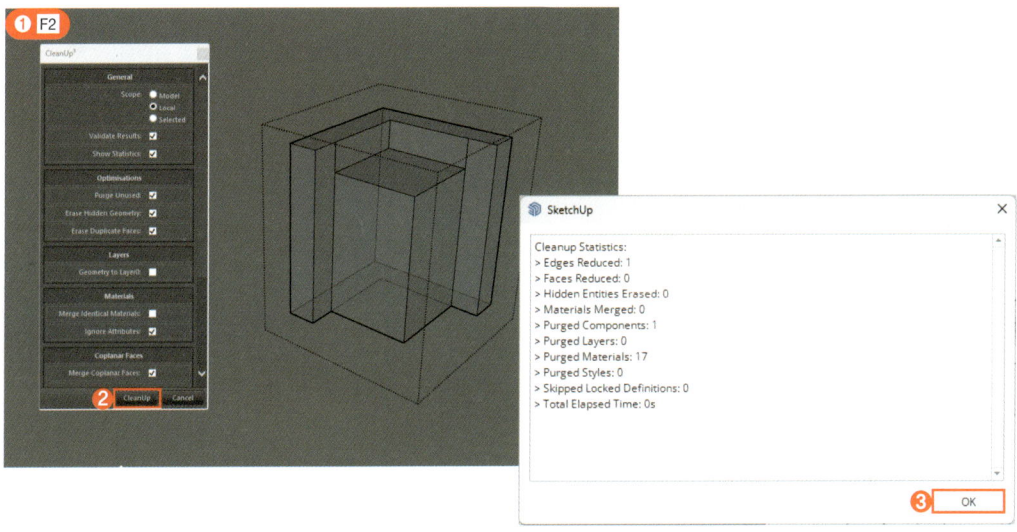

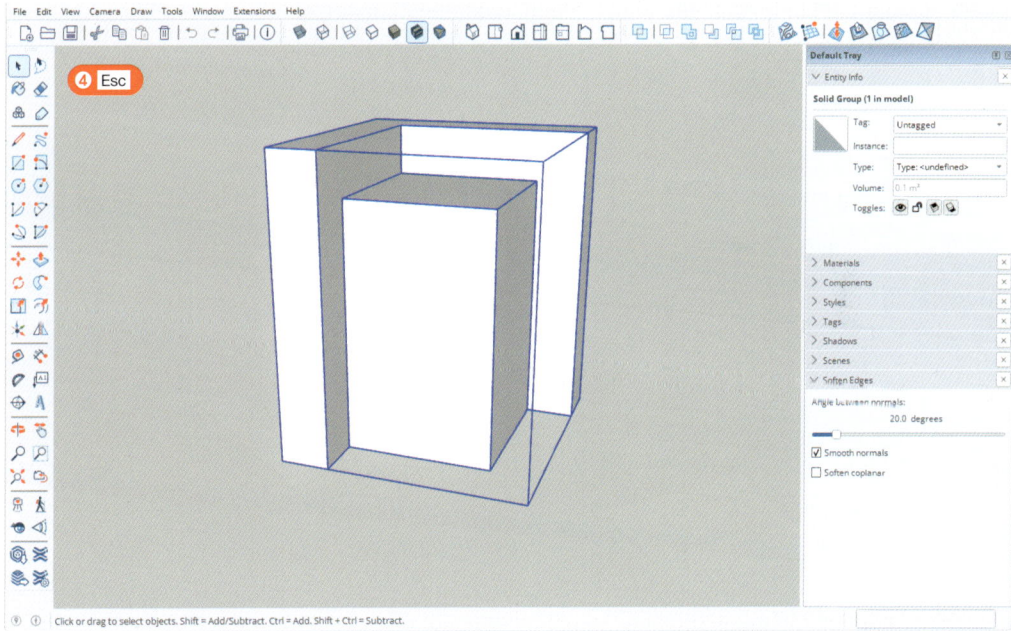

 **Self Training** 복잡한 형태의 입체 모델링 연습하기

단면을 돌출시켜 입체를 만든 다음, 면을 나누어 입체의 일부를 다시 돌출하거나 구멍을 뚫는 방식으로 다음 예제를 완성해보세요. 모델링 과정에서 끼어 있는 면이나 떨어진 에지가 생기지 않도록 주의해, 완성 즉시 솔리드 상태가 될 수 있게 하세요. 모델링 오류를 수정하는 플러그인을 활용하는 것도 좋지만, 처음부터 올바른 모델링 습관을 들여 오류가 생기지 않도록 하는 것이 더 중요합니다.

실습 따라 하기

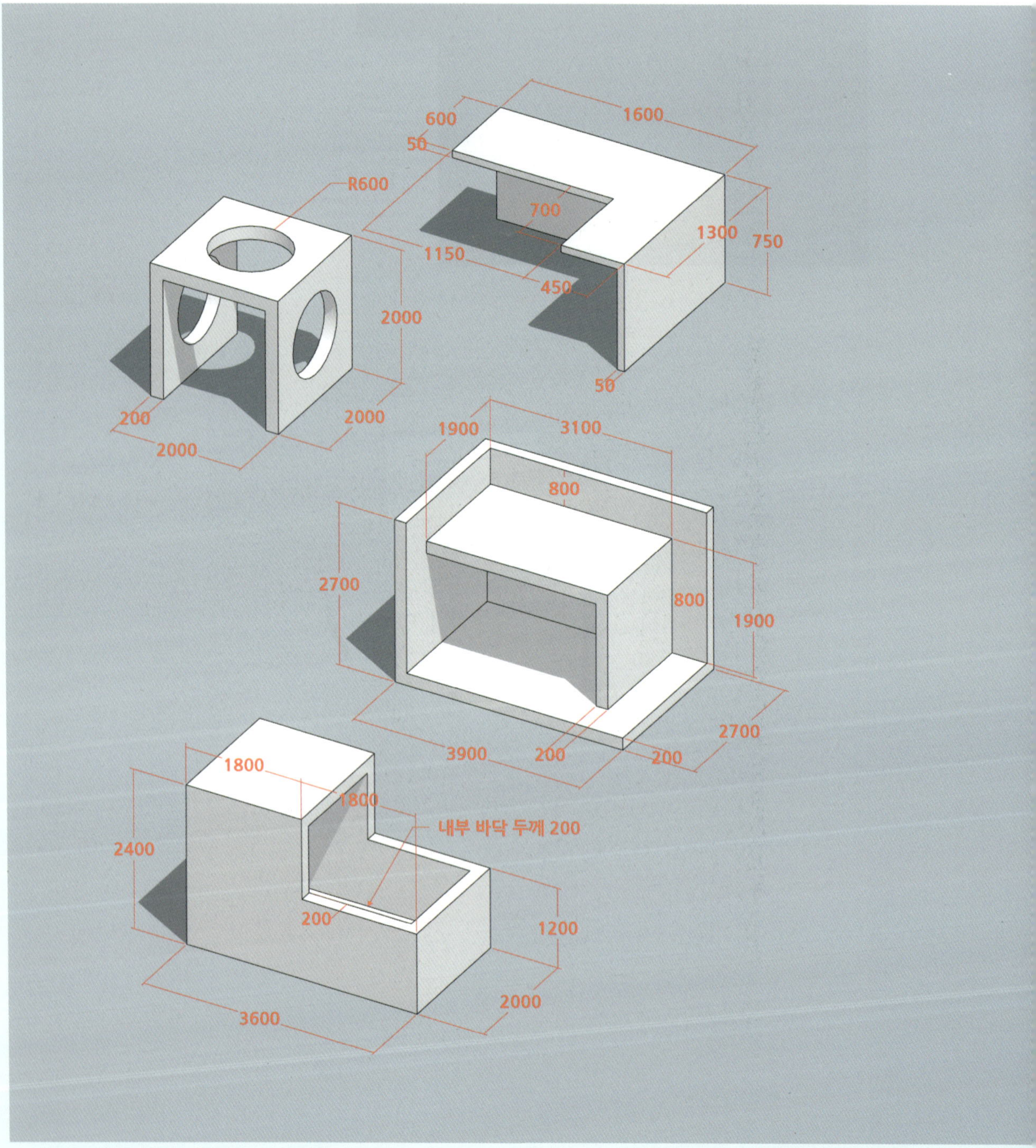

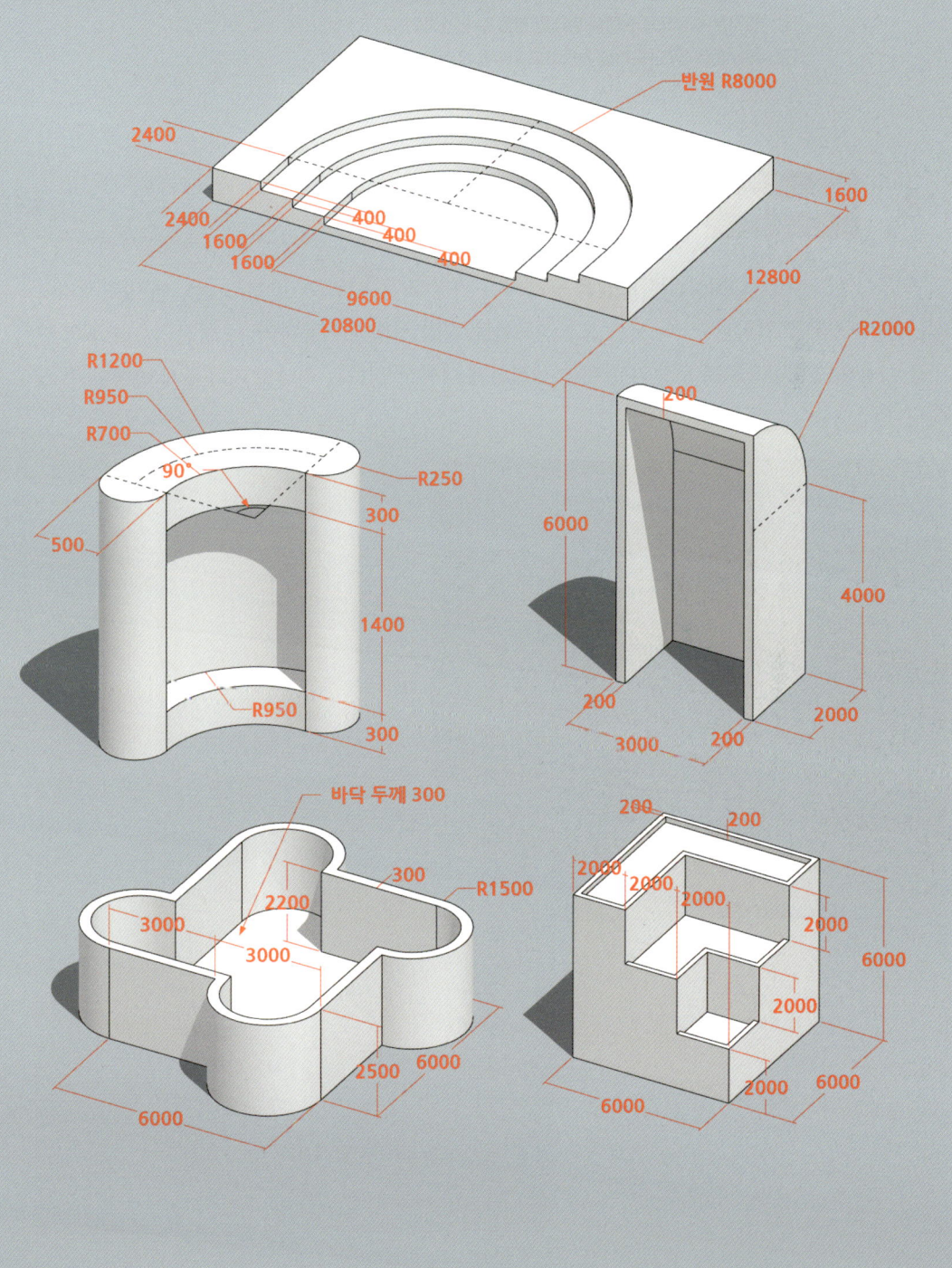

Self Training 복잡한 형태의 입체 모델링 연습하기 145

Lesson 08 | 모델의 변형

Check Point
- ☑ 서브 오브젝트 이동으로 모델을 원하는 형태로 변형할 수 있는가?
- ☑ 반지름 수정으로 원뿔대 형태를 만들 수 있는가?
- ☑ [Scale]의 단축키를 기억하고 자유롭게 활용할 수 있는가?

Warm Up 서브 오브젝트(Sub-Object)

서브 오브젝트(Sub-Object)는 모델을 구성하는 가장 작은 단위로, 버텍스(점), 에지(모서리·선), 폴리곤(면)을 말합니다. 이 서브 오브젝트들을 직접 선택해 이동하거나, 회전·축척 등의 도구를 사용해 변형함으로써 모델의 형태를 세밀하게 다듬고 원하는 형태로 자유롭게 변형할 수 있습니다.

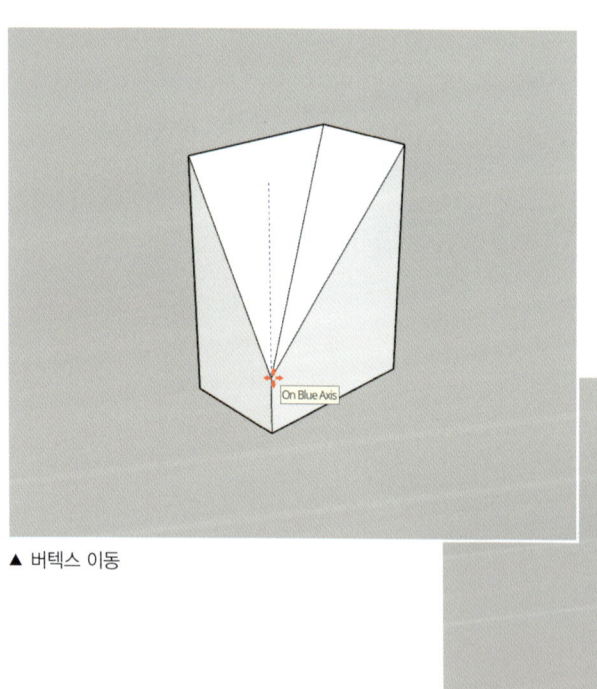

▲ 버텍스 이동

▲ 에지 이동

 **Warm Up** 　**반지름 수정으로 모델 변형하기**

원이나 호를 그린 후 다시 선택하면 [Entity Info] 트레이에서 반지름을 수정할 수 있습니다. 이 기능은 원뿔대, 반원뿔대에도 적용되므로 원뿔대 형태의 모델을 만들 때 사용하면 편리합니다.

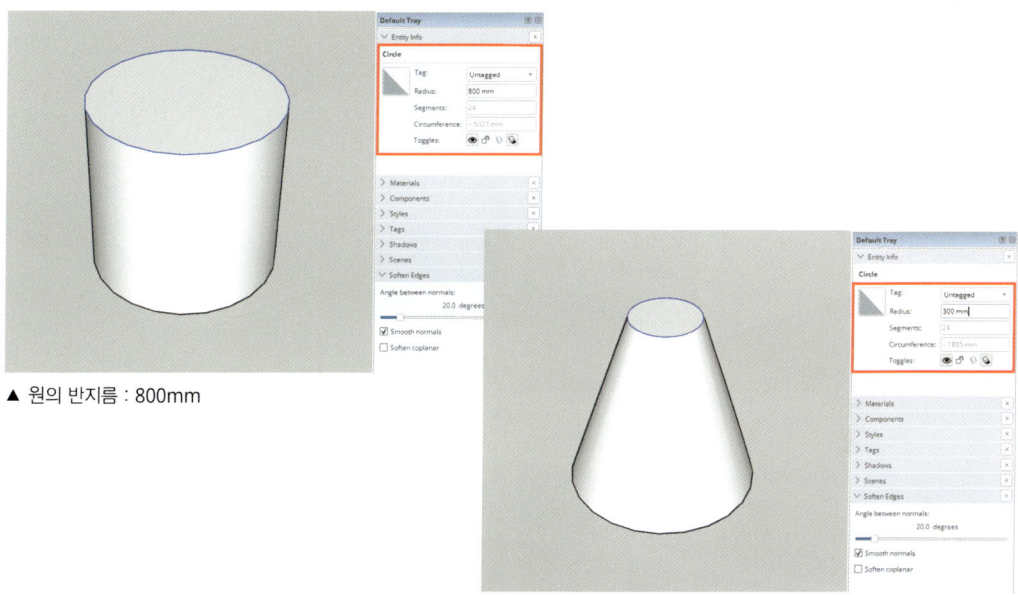

▲ 원의 반지름 : 800mm

▲ 원의 반지름 : 300mm

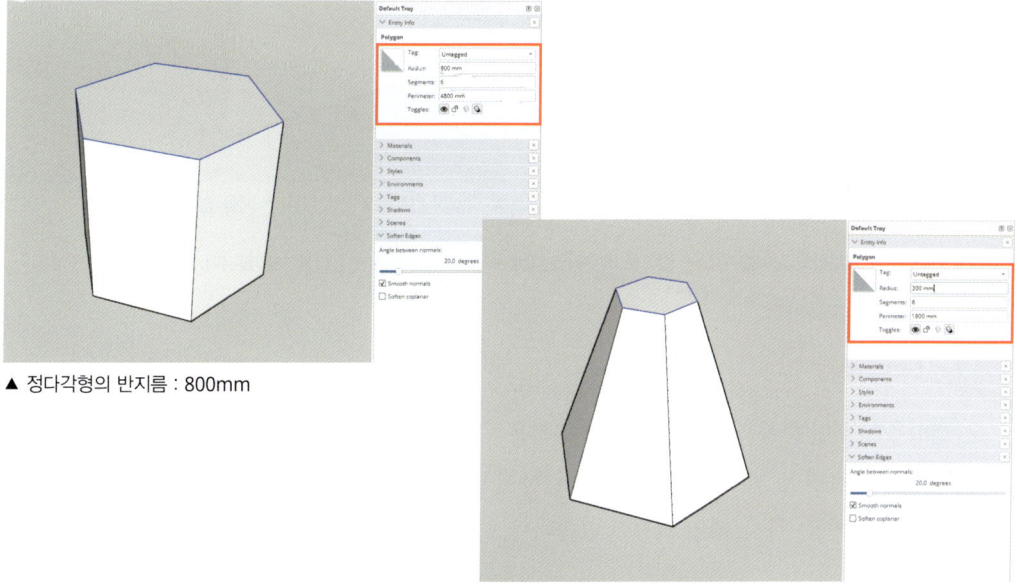

▲ 정다각형의 반지름 : 800mm

▲ 정다각형의 반지름 : 300mm

Lesson 08 모델의 변형

Warm Up | 크기를 배율로 조정하는 Scale

[Scale 🔲] S 을 실행하면 모델의 일부나 전체의 크기를 배율로 조정할 수 있습니다.

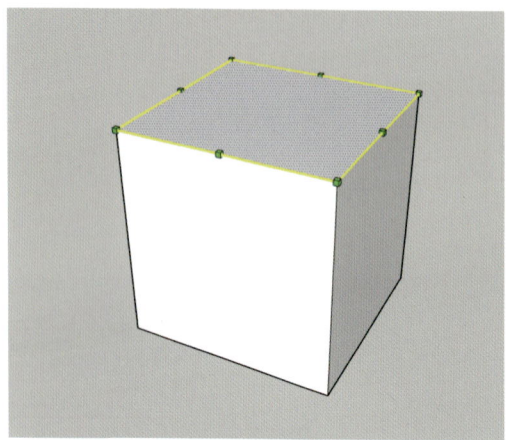

▲ 면에 [Scale] 적용

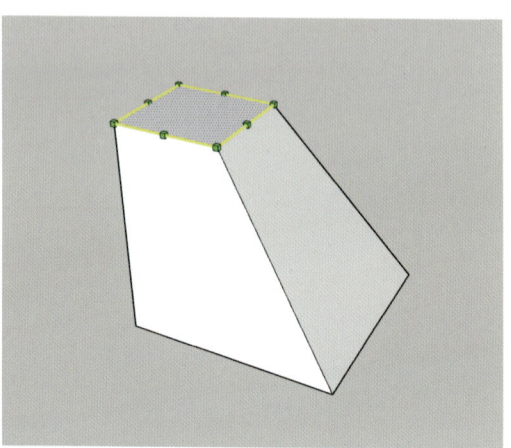

▲ 모서리 컨트롤포인트 이동 후 배율 입력(0.5)

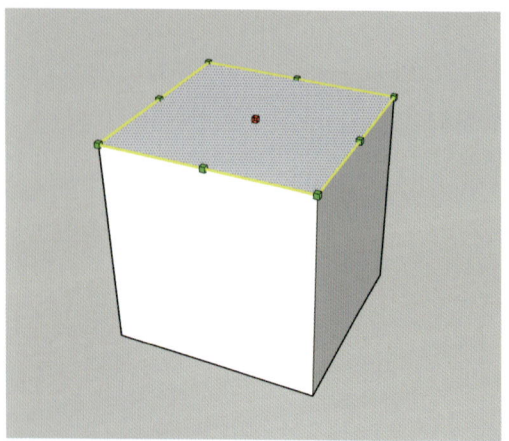

▲ Ctrl 을 눌러 중심 이동

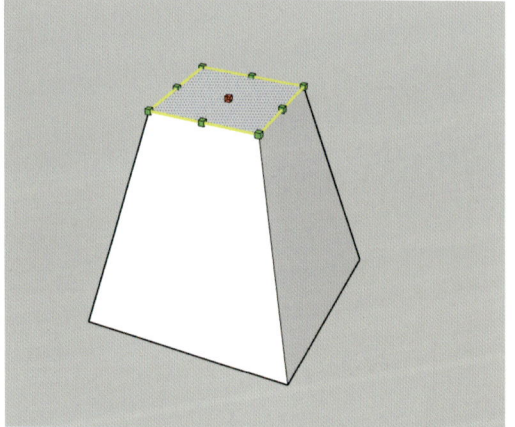

▲ 모서리 컨트롤포인트 이동 후 배율 입력(0.5)

CORE TIP 특정 모서리의 길이를 원하는 길이로 바꾸려면 [Tape Measure Tool 🔲] T 을 사용합니다. 128쪽을 참고하세요.

📝 Summary

- Ctrl 을 누르면 중심을 기준으로 축척이 적용됩니다.
- Shift 를 누르면 X, Y, Z축의 비율을 동일하게 변형할 수 있습니다.
- [Scale 🔲] S 은 복사/배열 기능이 없습니다.

 **Basic Training** 모델 변형하기

준비 파일 | Part 02/모델의변형.skp

기본 형태의 모델을 만든 뒤 에지를 추가하거나 기존 에지를 이동해 모델을 완성하는 예제입니다. 이런 방식은 먼저 간단한 형태를 만든 뒤, 에지를 옮기거나 면의 크기를 조절해 디테일을 잡아 가는 방법으로, 현실에서의 제작 방식과는 달라 작업 순서를 떠올리기 쉽지 않을 수 있습니다. 하지만 이 모델링 방식을 익혀두면 복잡한 구조도 훨씬 간단하게 만들 수 있습니다. 모델링을 시작할 때, 이 방식으로 작업할 수 있는지 항상 고민해보세요. 훨씬 효율적으로 모델링을 진행할 수 있을 것입니다.

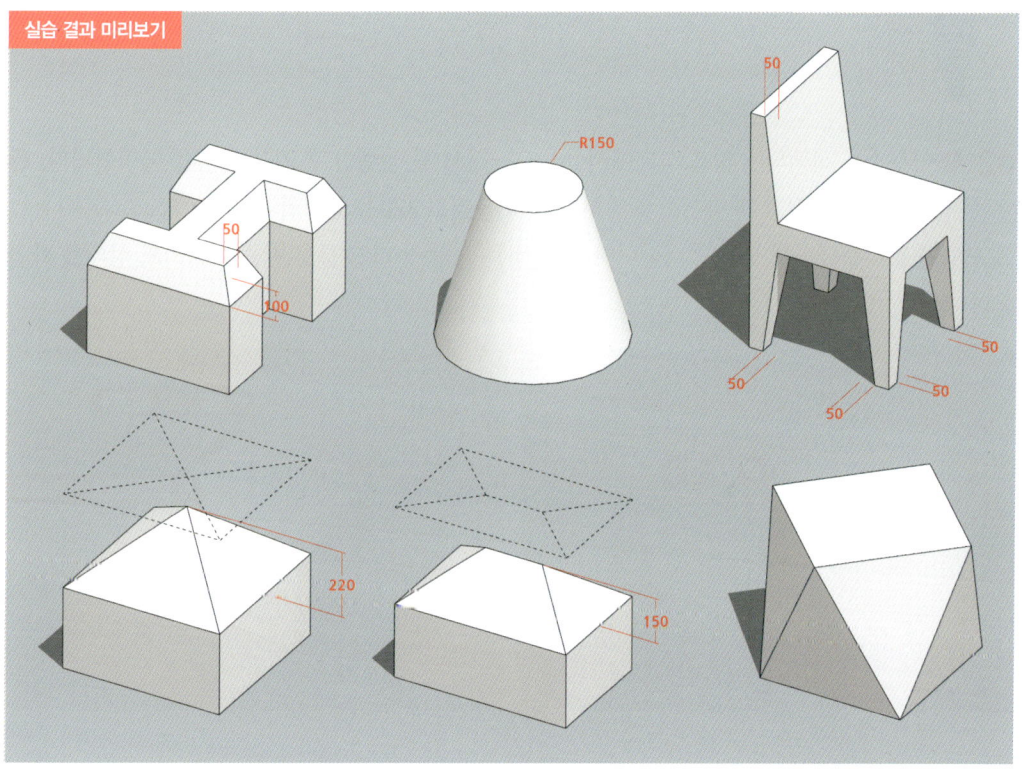

실습 결과 미리보기

01 ❶ 준비 파일을 불러와 왼쪽 아래에 있는 예제를 선택합니다. ❷ I 를 눌러 [Isolate Selection]을 실행해 나머지 예제를 숨깁니다. ❸ [Line ✏] L 을 실행하고 아래와 같이 윗면에 대각선을 그립니다.

 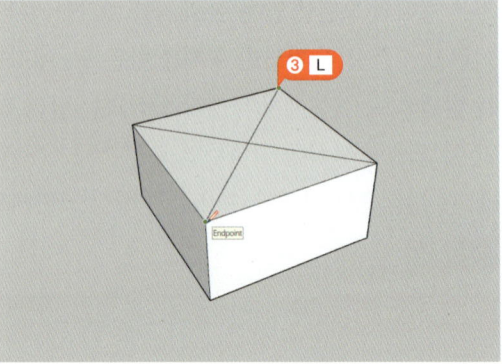

02 ❶ 아무것도 선택되지 않은 상태에서 [Move ✥] M 을 실행한 후 가운데 점을 클릭합니다. ❷ ↑ 를 눌러 Z축을 고정한 후 마우스 포인터를 위로 올리고 **220**을 입력합니다. ❸ Spacebar 를 누르고 모델을 트리플클릭해 모두 선택합니다. ❹ Ctrl + G 를 눌러 그룹을 만들고 솔리드 상태를 확인합니다.

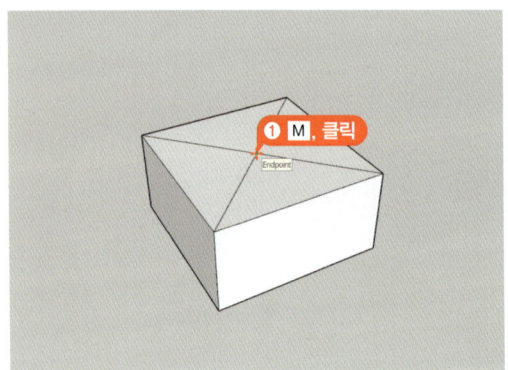 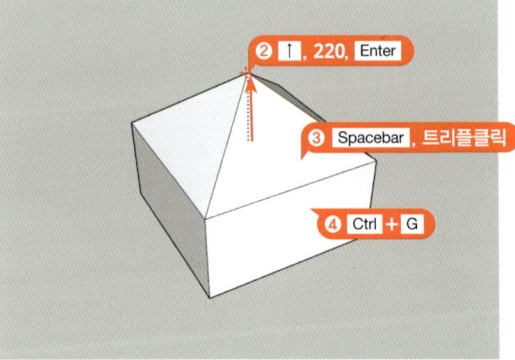

03 ❶ U 를 눌러 [Unhide All]을 실행해 모든 예제를 보이게 합니다. ❷ 가운데 아래의 예제를 선택하고 [Isolate Selection] I 을 실행해 나머지 예제는 숨깁니다.

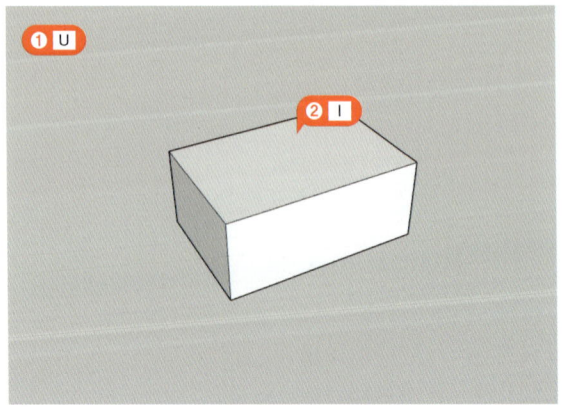

04 ① `Ctrl`+`1`을 눌러 뷰포트를 [Top] 뷰로 바꿉니다. ② [Protractor ✏] `Shift`+`T`를 실행하고 아래와 같이 모서리를 클릭합니다. ③ 오른쪽으로 조금 이동한 후 에지를 클릭해 기준선으로 만듭니다. ④ 마우스 포인터를 위로 올리고 **45**를 입력하면 **45°** 가이드라인이 생깁니다.

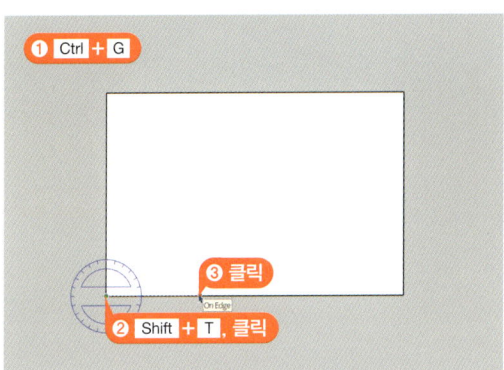
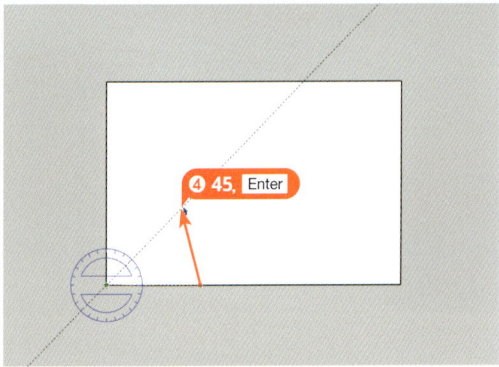

05 ① 같은 방법으로 나머지 모서리에도 가이드라인을 만듭니다. ② [Line ✏] `L`을 실행하고 가이드라인을 따라 아래와 같이 선을 그립니다. ③ `Shift`+`D`를 눌러 가이드라인을 모두 삭제합니다.

06 ① `Spacebar`를 누르고 가운데 선을 클릭합니다. ② [Curic Gizmo] `F8`를 켭니다.

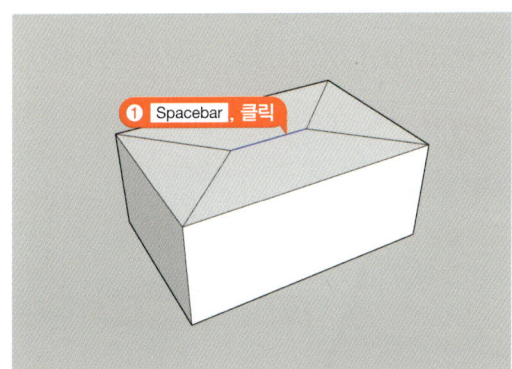
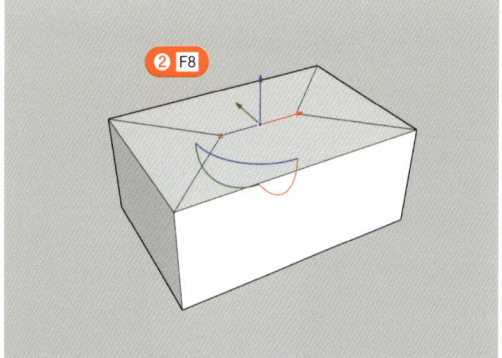

07 ❶ Z축 이동(파란색 화살표)을 클릭하고 ❷ **150**을 입력한 후 Enter 를 누릅니다. ❸ 모델을 트리플클릭해 모두 선택하고 ❹ Ctrl + G 를 눌러 그룹화하고 솔리드 상태를 확인합니다.

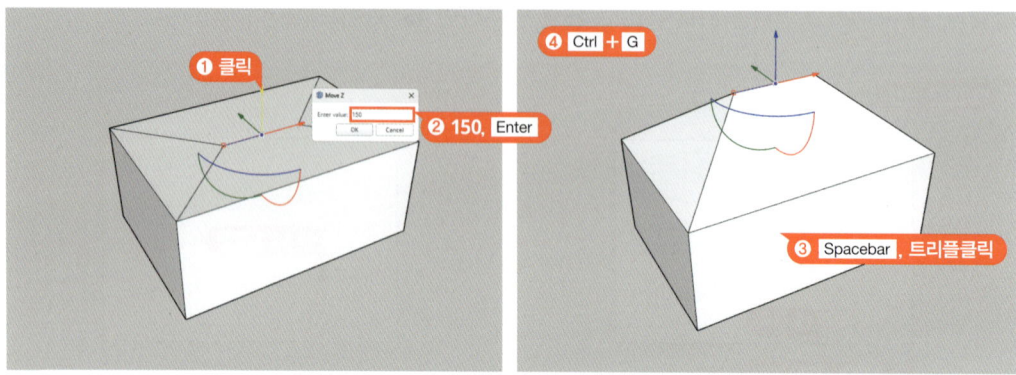

08 ❶ U 를 눌러 [Unhide All]을 실행해 모든 예제를 보이게 합니다. ❷ 오른쪽 아래 예제를 선택하고 [Isolate Selection] I 을 실행해 나머지 예제는 숨깁니다. ❸ [Line ✏] L 을 실행하고 아래와 같이 옆면 위에 대각선을 같은 방향으로 네 면에 모두 그립니다.

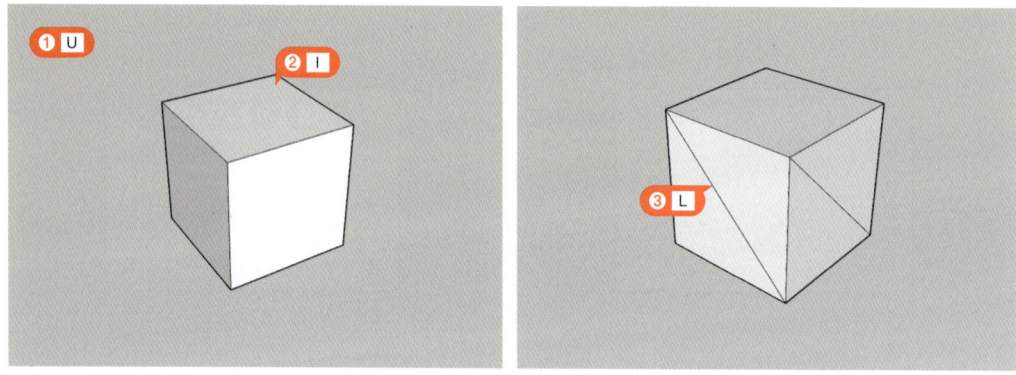

09 ❶ Spacebar 를 누르고 윗면을 선택합니다. ❷ [Curic Gizmo]의 Z축 회전(파란색 호)을 클릭하고 ❸ **45**를 입력한 후 Enter 를 누릅니다. ❹ Spacebar 를 누르고 모델을 트리플클릭해 모두 선택한 후 ❺ Ctrl + G 를 눌러 그룹화하고 솔리드 상태를 확인합니다.

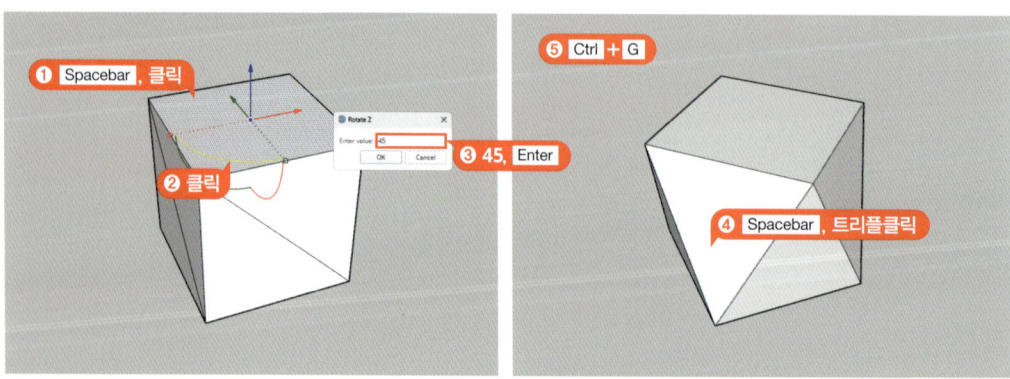

10 ❶ U를 눌러 [Unhide All]을 실행해 모든 예제를 보이게 합니다. ❷ 왼쪽 위의 예제를 선택하고 [Isolate Selection] I 을 실행해 나머지 예제는 숨깁니다. ❸ Spacebar 를 누르고 윗면을 선택한 후 ❹ [Offset 🖱] F 을 실행해 모델 안쪽으로 **50mm** 오프셋합니다.

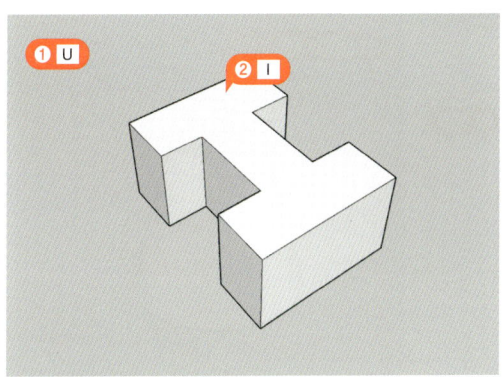
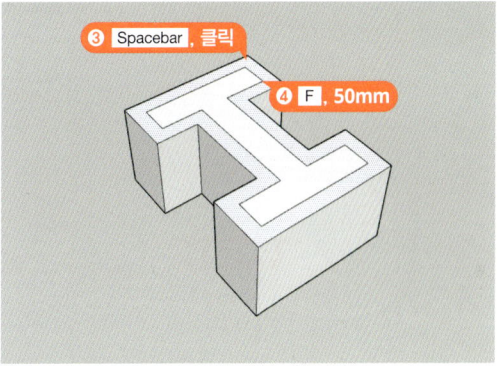

11 ❶ Spacebar 를 누르고 안쪽 면을 선택합니다. ❷ [Curic Gizmo]의 Z축 이동(파란색 화살표)을 클릭합니다. ❸ **100**을 입력하고 Enter 를 누릅니다. ❹ 모델을 트리플클릭해 모두 선택합니다. ❺ Ctrl + G 를 눌러 그룹화하고 솔리드 상태를 확인합니다.

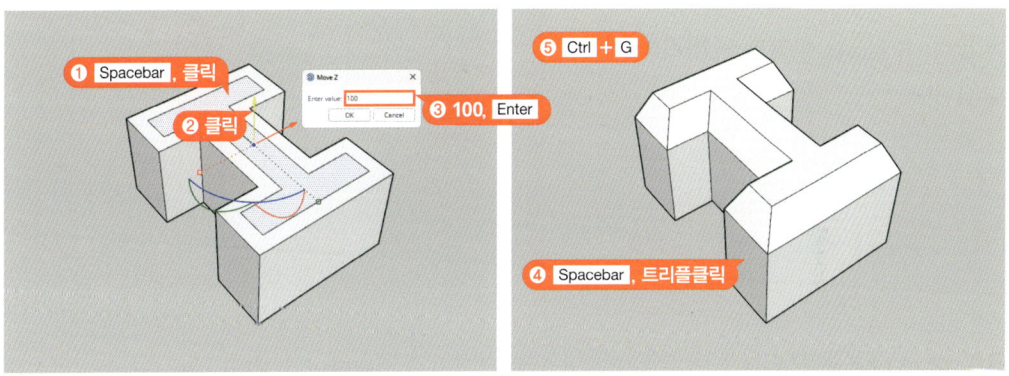

12 ❶ U 를 눌러 [Unhide All]을 실행해 모든 예제를 보이게 합니다. ❷ 위쪽 가운데 예제를 선택하고 [Isolate Selection] I 을 실행해 나머지 예제는 숨깁니다.

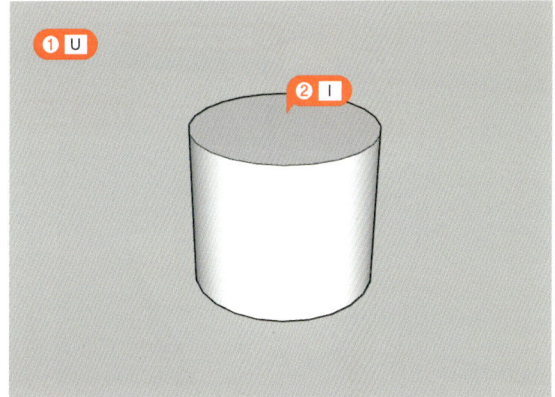

Lesson 08 모델의 변형

13 ❶ Spacebar 를 누르고 원기둥 윗면의 둘레 원을 클릭해 선택합니다(면을 선택하지 마세요). ❷ [Entity Info]의 [Radius]에 **150**을 입력합니다. ❸ 모델을 트리플클릭해 모두 선택합니다. ❹ Ctrl + G 를 눌러 그룹화하고 솔리드 상태를 확인합니다.

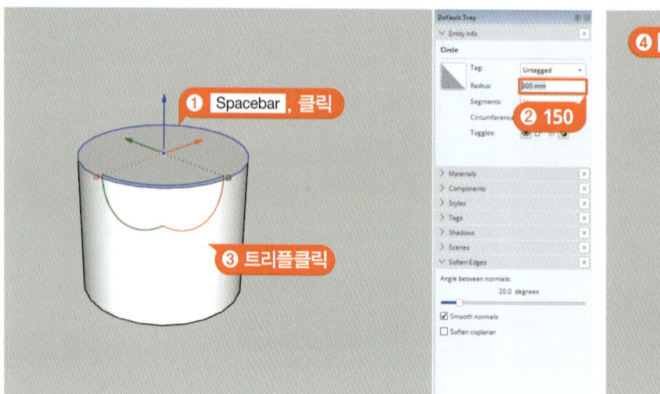
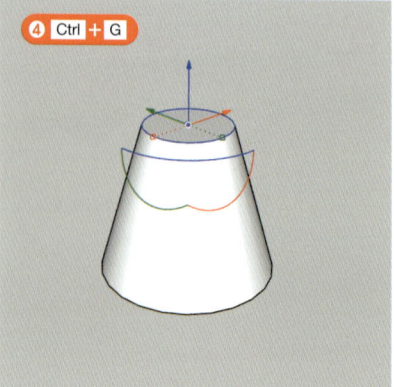

14 ❶ U 를 눌러 [Unhide All]을 실행해 모든 예제를 보이게 합니다. ❷ 오른쪽 위의 예제를 선택하고 [Isolate Selection] I 을 실행해 나머지 예제는 숨깁니다.

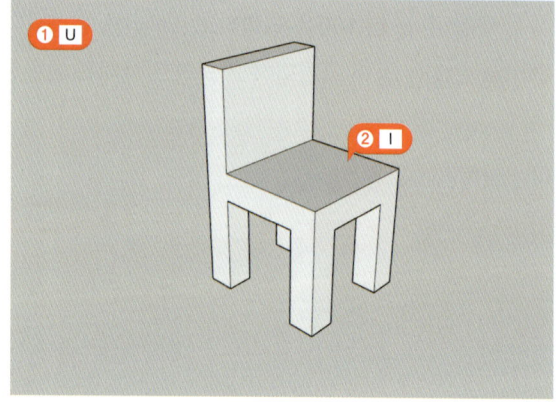

15 ❶ Spacebar 를 누르고 의자 등받이의 앞쪽 모서리를 선택합니다. ❷ [Curic Gizmo]의 Y축 이동(녹색 화살표)을 클릭하고 ❸ **50**을 입력한 후 Enter 를 누릅니다.

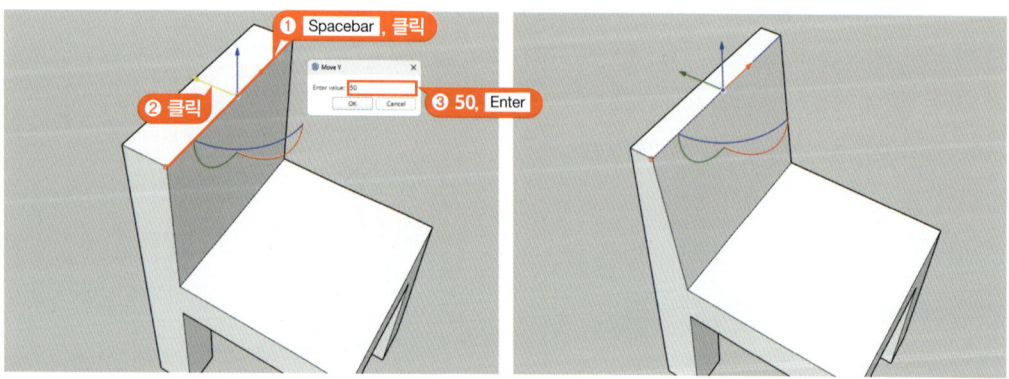

16 ❶ 다리의 아랫면을 선택하고 [Scale 📐] S 을 실행합니다. ❷ 안쪽 모서리를 클릭하고 면의 안쪽으로 마우스 포인터를 이동한 후 **0.5**를 입력합니다.

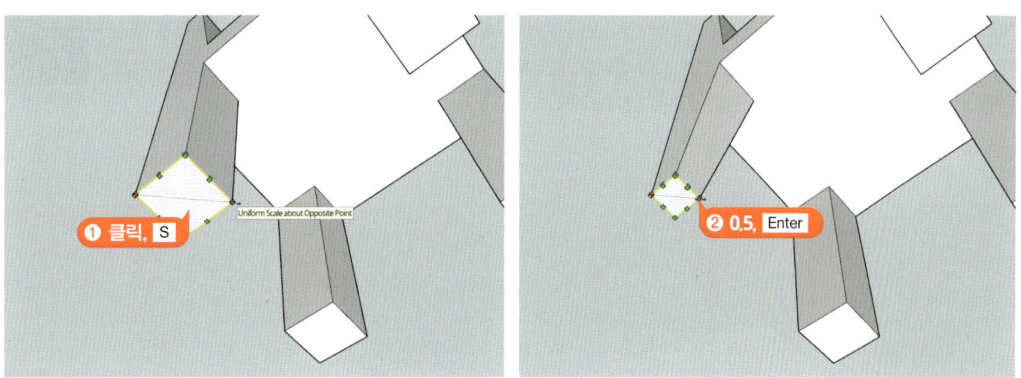

17 ❶ 같은 방법으로 나머지 다리의 아랫면을 아래와 같이 수정해 완성합니다. ❷ 모델을 트리플 클릭해 모두 선택한 후 ❸ Ctrl + G 를 눌러 그룹화하고 솔리드 상태를 확인합니다.

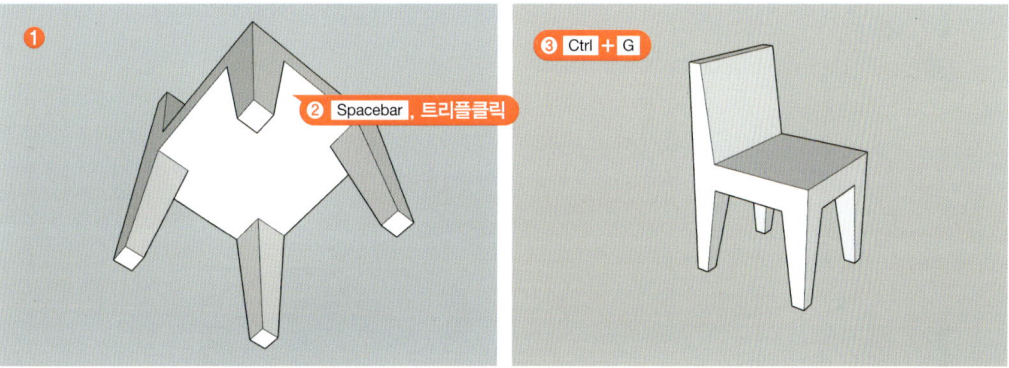

Lesson 08 모델의 변형

 **Self Training** 변형을 통한 모델링 연습하기

박스 형태의 기본 모델을 만들고 에지를 이동하거나 면 위에 에지를 추가한 뒤 이동해 다음 예제를 만들어보세요. 이 모델을 완성하는 방법은 한 가지만 있는 것이 아니며, 정답도 따로 없으니 다양한 방법과 순서를 조합해 예제를 완성하고 더 효율적인 방법이 무엇인지 스스로 찾아보세요.

실습 따라 하기

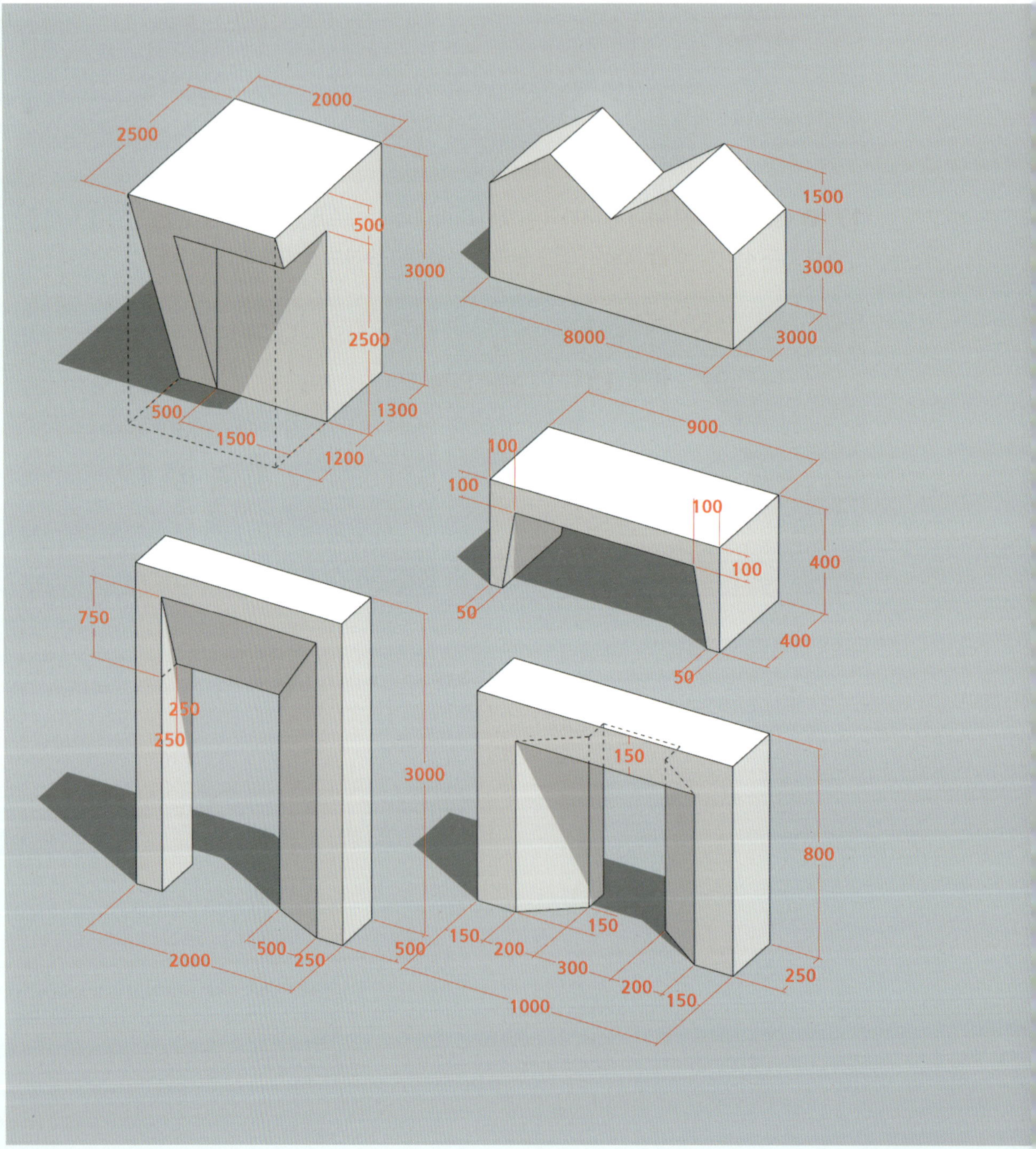

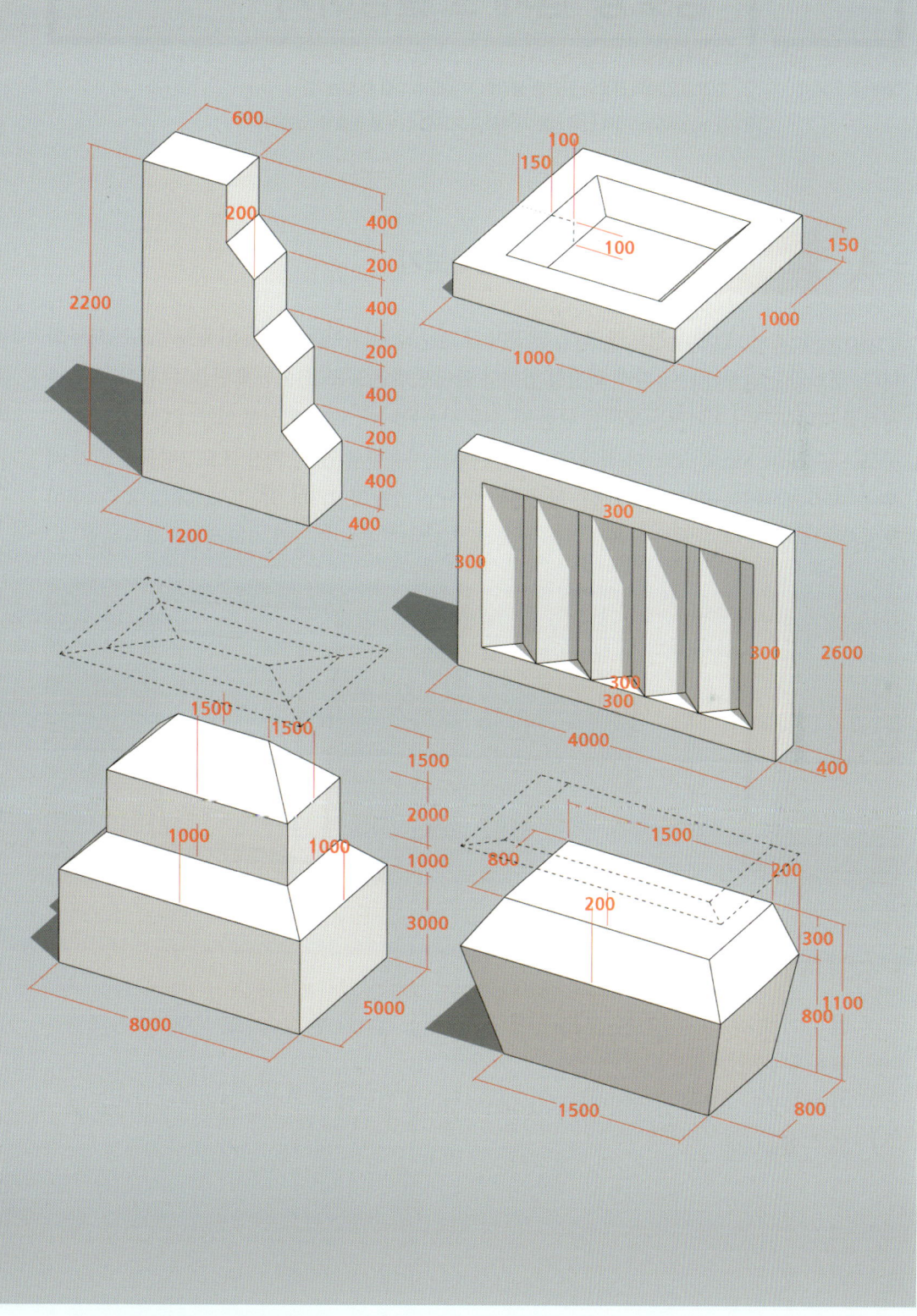

Self Training 변형을 통한 모델링 연습하기

Lesson 09

Follow Me를 활용해 경로형 입체 모델링하기

Check Point
- ☑ 경로형 입체의 경로와 단면을 생각해 자유롭게 그릴 수 있는가?
- ☑ [Follow Me ⌴]의 단축키를 기억하고 경로형 입체를 만들 수 있는가?

Warm Up — Follow Me 알아보기

[Follow Me ⌴]는 단면과 경로를 그려, 단면이 그 경로를 따라 이동하면서 입체를 만드는 도구입니다. 경로와 단면의 형태에 따라 회전형 입체나 파이프 같은 구조를 손쉽게 만들 수 있어, 복잡한 경로를 따라 단면이 이어지는 모델을 만들 때 주로 사용됩니다. 다만 회전형 입체나 단순한 파이프 구조는 [Follow Me ⌴]보다 더 직관적이고 간편하게 사용할 수 있는 확장 프로그램들이 많기 때문에, 이런 경우에는 확장 프로그램을 활용하는 것이 더 효율적입니다. [Follow Me ⌴]는 단면이 복잡하거나 경로가 불규칙한 입체를 만들 때 특히 유용하니 용도에 맞춰 적절히 활용해보세요.

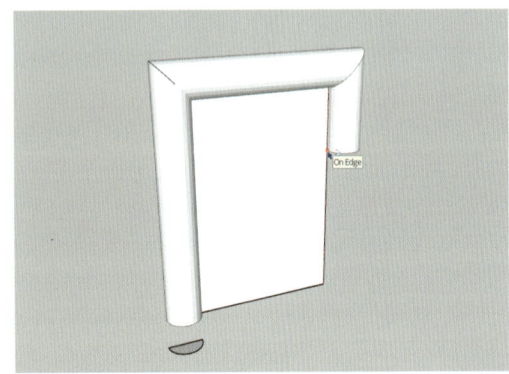 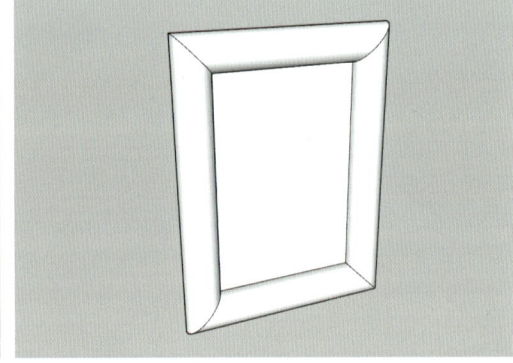

Summary

- 먼저 [Follow Me ⌴] `Shift`+`F`를 실행하고 단면을 클릭한 후 경로 위를 드래그하여 모델을 만들 수 있습니다.
- 경로나 경로 내부의 면을 선택하고 [Follow Me]를 실행한 후 단면을 클릭해도 모델을 만들 수 있습니다.

Follow Me를 활용한 모델링 ❶

완성 파일 | Part 02/Follow Me예제1_완성.skp

[Follow Me ⟲ Shift + F]를 잘 사용하려면 모델의 단면과 경로를 자연스럽게 떠올릴 수 있어야 합니다. 하지만 평소에 단면이나 경로를 의식하지 않았다면 이런 발상 자체가 낯설고 어려울 수 있습니다. 단순히 [Follow Me]의 사용법과 모델링 순서를 아는 것만으로는 원하는 모델을 만들기 어렵습니다. 주변 사물을 볼 때 항상 그 물체의 경로와 단면을 나누어 생각해보는 연습을 해보세요. 이런 습관이 쌓이면 [Follow Me]를 활용한 모델링이 훨씬 자연스럽고 수월해질 것입니다.

실습 결과 미리보기

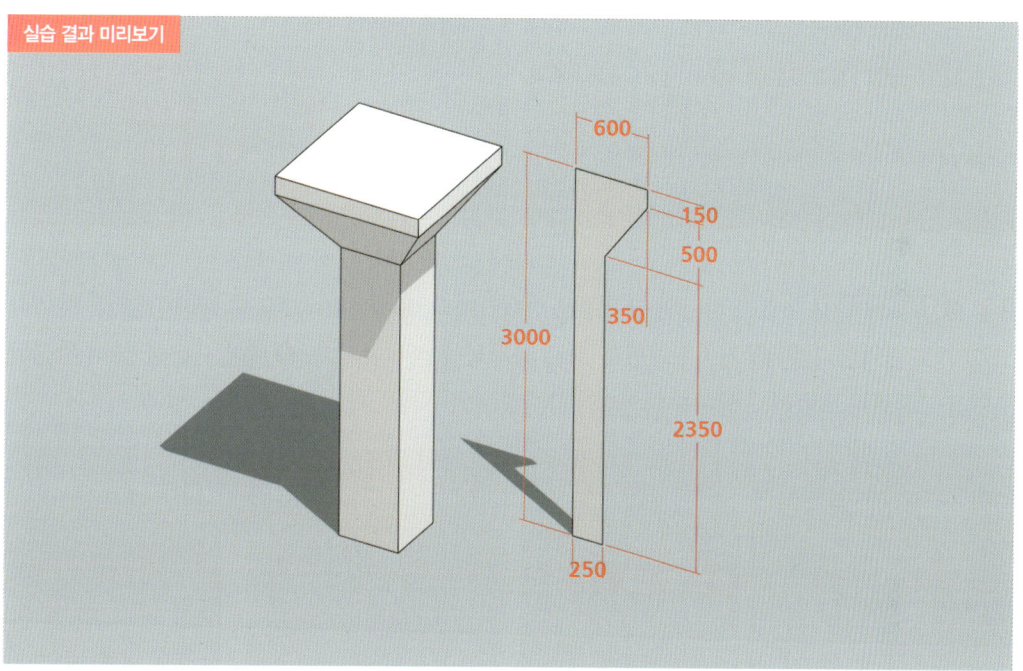

01 ❶ Ctrl + 2 를 눌러 뷰포트를 [Front] 뷰로 바꿉니다. ❷ [Tape Measure Tool ⟲ T]을 실행하고 X축을 더블클릭해 가이드라인을 만듭니다. ❸ [Line ⟲ L]을 실행하고 아래와 같이 단면을 그립니다.

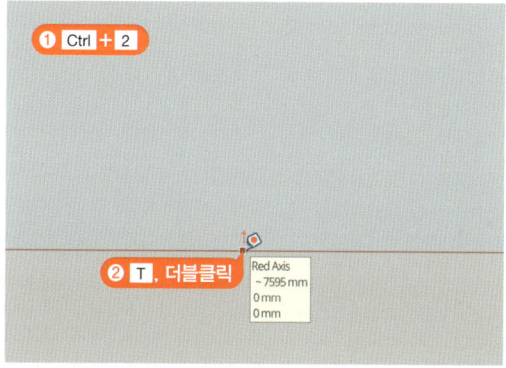
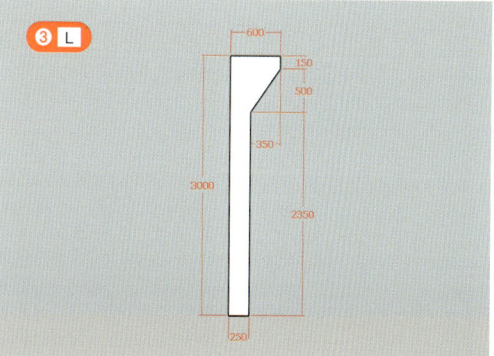

02 ❶ 아래와 같이 뷰포트를 회전합니다. ❷ 경로가 될 사각형을 그리기 위해 [Tape Measure Tool ⌀ T]을 실행하고 왼쪽 세로축을 더블클릭해 가이드라인을 만듭니다. ❸ [Rectangle ▱ R]을 실행하고 Ctrl을 한 번 눌러 중심을 기준으로 바꿉니다. ❹ ↑를 눌러 Z축 기준으로 바꾸고 단면의 아래로 조금 떨어뜨려 중심을 클릭합니다. ❺ 대각선 방향으로 드래그해 'Square'가 표시되는 점을 클릭합니다. 크기는 상관 없습니다.

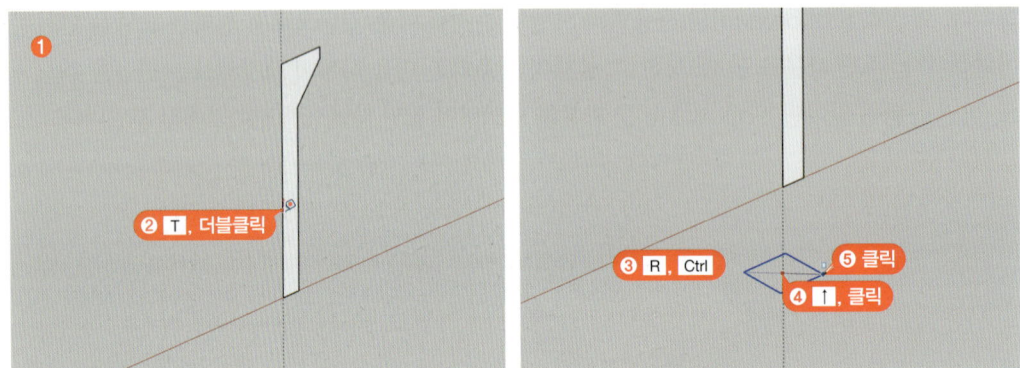

03 ❶ Spacebar를 누르고 바닥의 사각형을 선택합니다. ❷ [Follow Me ⟲ Shift + F]를 실행하고 단면을 클릭합니다. ❸ 가이드라인과 경로 사각형을 삭제합니다. ❹ Ctrl + G를 눌러 완성된 모델을 그룹화하고 솔리드 상태를 확인합니다.

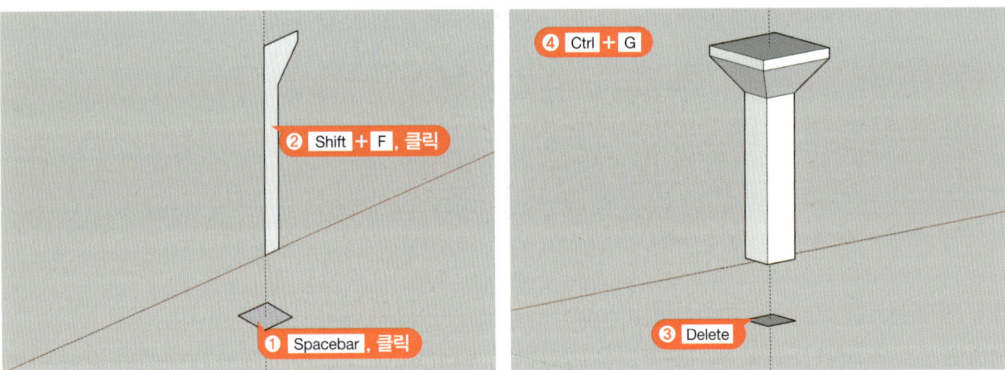

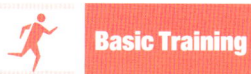 **Follow Me를 활용한 모델링 ❷**

완성 파일 | Part 02/Follow Me예제2_완성.skp

이 모델은 인테리어에서 주로 사용되는 간접등 박스를 모델링한 예제입니다. 경로와 단면을 따라 [Follow Me ⌒] Shift + F 를 적용해 만드는 작업 자체는 어렵지 않지만, 실제 작업 결과물이나 완성된 사진을 보고 똑같이 모델링하는 것은 결코 쉽지 않습니다. 단순히 도구의 사용법만 익히는 데 그치지 말고 모델이 실제 어떤 구조로 되어 있는지, 어떤 방식으로 만들어졌는지를 꼼꼼히 살펴보는 습관을 들이세요. 그래야 비슷한 형태를 직접 설계하거나 모델링할 때 훨씬 자연스럽고 정확하게 구현할 수 있습니다.

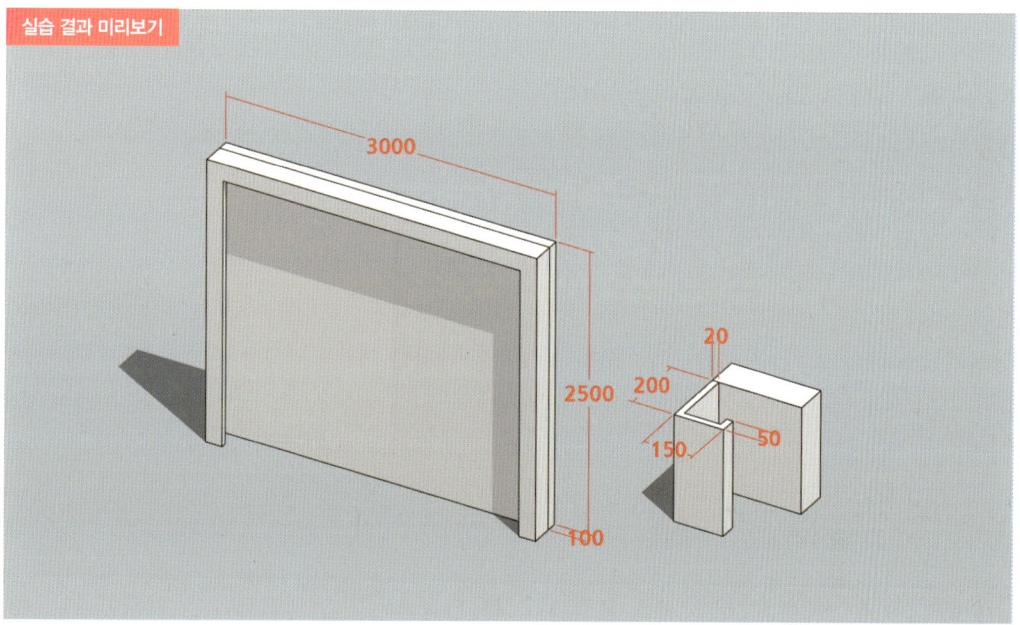

01 ❶ [Rectangle ▱] R 을 실행하고 ← 를 눌러 기준면을 XZ평면으로 바꾼 후 **폭 3000mm**, **길이 2500mm** 크기의 사각형을 만듭니다. ❷ [Push/Pull ◆] P 로 **100mm** 앞으로 끌어당깁니다. ❸ Ctrl + G 를 눌러 그룹으로 만들고 솔리드 상태를 확인합니다.

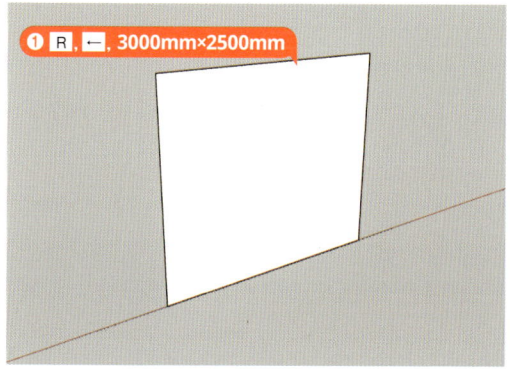
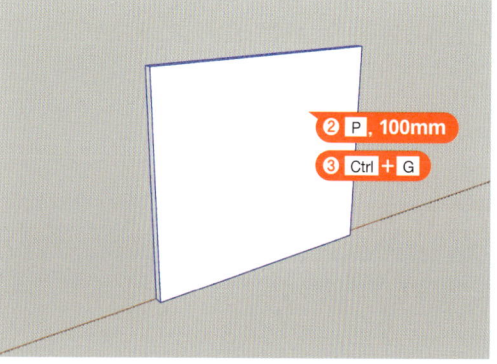

02 ❶ [Line ✏️ L]을 실행하고 아래와 같이 선을 만듭니다. ❷ Spacebar 를 누르고 세 개의 선을 선택합니다. ❸ [Offset F]을 실행하고 안쪽으로 **20mm** 오프셋합니다. ❹ [Line ✏️ L]으로 끝부분을 연결해 단면을 완성합니다.

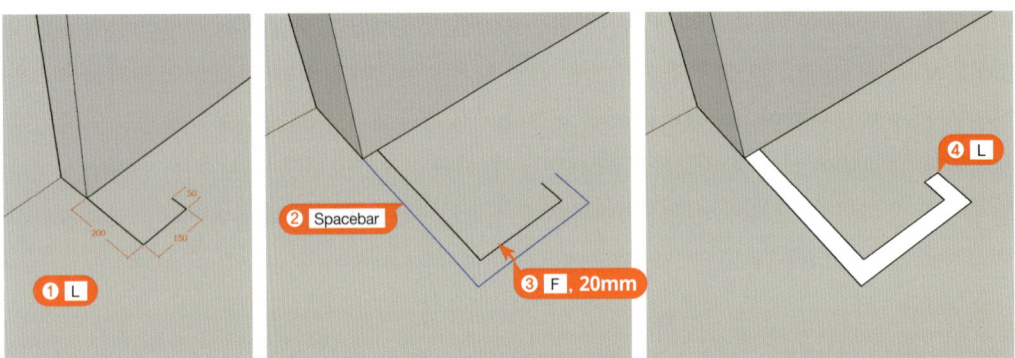

03 [Line ✏️ L]을 실행하고 그림의 빨간 선처럼 상자 앞면에 선을 덧그립니다.

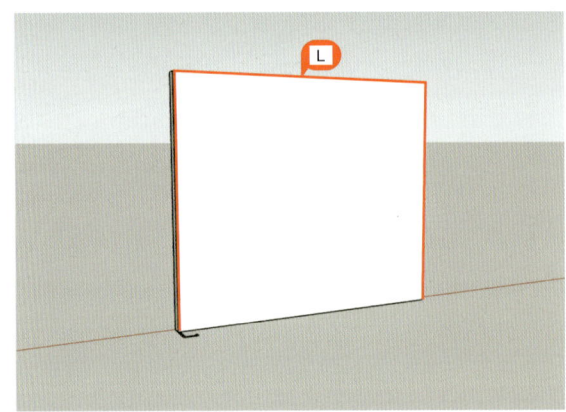

04 ❶ 상자를 선택하고 H 를 눌러 숨깁니다. ❷ Spacebar 를 누르고 경로를 선택합니다. ❸ [Follow Me Shift + F]를 실행하고 아래의 단면을 클릭합니다. ❹ 모델이 완성되면 Ctrl + G 를 눌러 그룹화하고 솔리드 상태를 확인합니다.

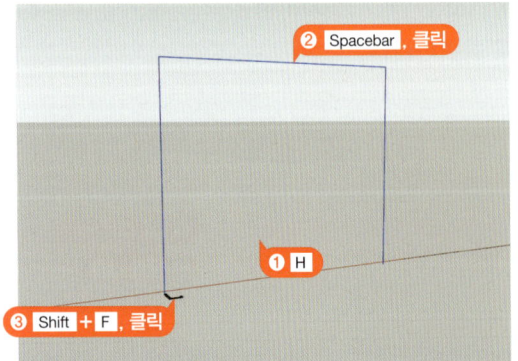 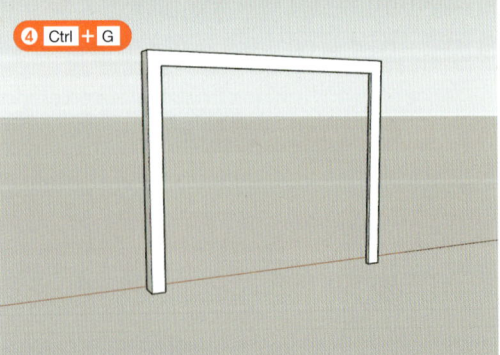

05 [Unhide All] U 을 실행해 상자를 보이게 합니다.

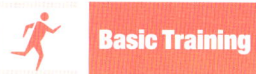 **Basic Training** | **Follow Me를 활용한 모델링 ❸**

완성 파일 | Part 02/Follow Me예제3_완성.skp

3차원의 경로와 단면을 그려 [Follow Me ⟲ | Shift + F]로 입체를 만드는 예제입니다. 3차원의 경로를 선만으로 직접 그리기보다는, 먼저 입체를 만들어 그 위의 에지를 경로로 활용하면 훨씬 쉽고 정확하게 작업할 수 있습니다. 또한 모서리를 둥글게 다듬어야 할 경우 같은 반지름으로 여러 곳을 반복해 깎을 때는 더블클릭을 사용하면 빠르게 작업할 수 있어 편리합니다. 이 예제를 통해 3차원 모델을 이용해 경로를 만드는 방식과, 동일한 작업을 반복해 효율적으로 처리하는 방법을 충분히 연습해보세요.

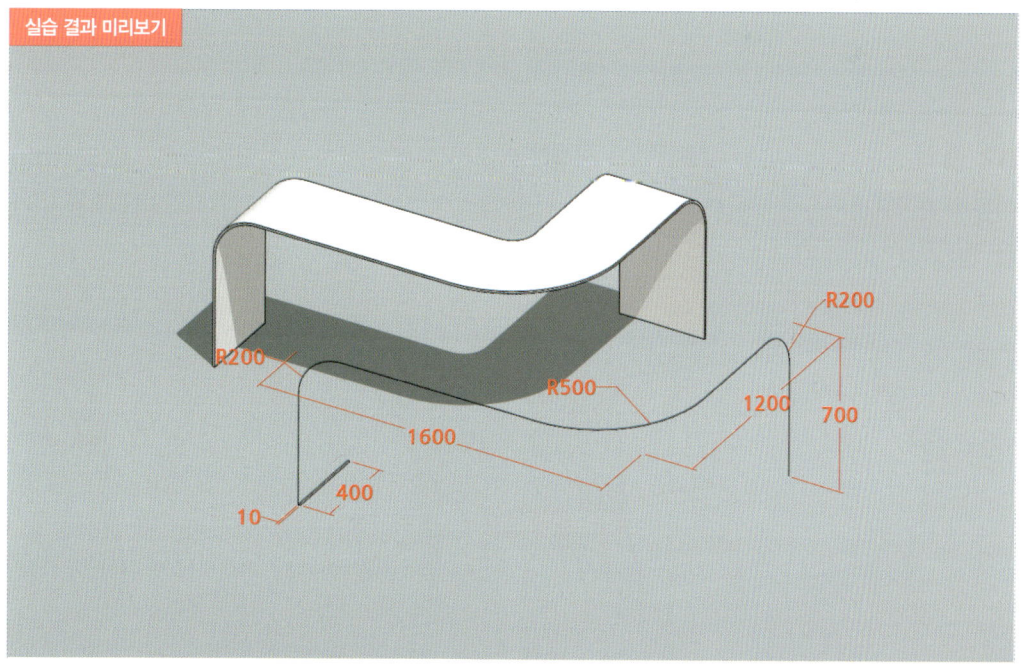

01 ❶❷ [Rectangle ✏️] R , [Push/Pull 👆] P 을 사용해 **폭 1600mm**, **길이 1200mm**, **높이 700mm** 크기의 상자를 만듭니다.

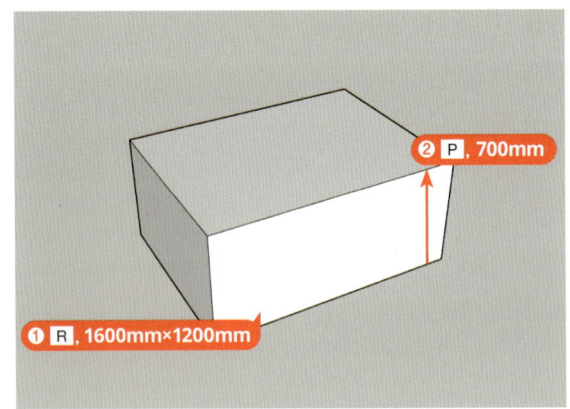

02 ❶ [Tape Measure Tool 🔍] T 을 실행하고 아래와 같이 왼쪽 모서리의 에지를 클릭해 안쪽으로 **200mm** 이동해 가이드라인을 만듭니다. ❷ [2 Point Arc ⌒] A 를 실행하고 가이드라인의 교차점과 모서리의 에지를 연결하고 ❸ 선홍색의 호가 나타나면 더블클릭해 호를 완성합니다.

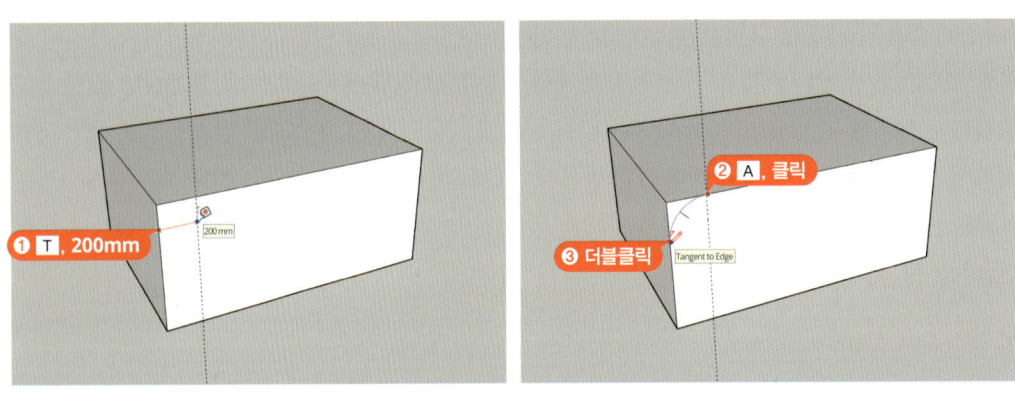

03 ❶ [Tape Measure Tool 🔍] T 을 실행하고 오른쪽 윗면 에지를 클릭해 안쪽으로 **500mm** 이동해 가이드라인을 만듭니다. ❷ [2 Point Arc ⌒] A 를 실행하고 아래와 같이 윗면에 호를 추가합니다.

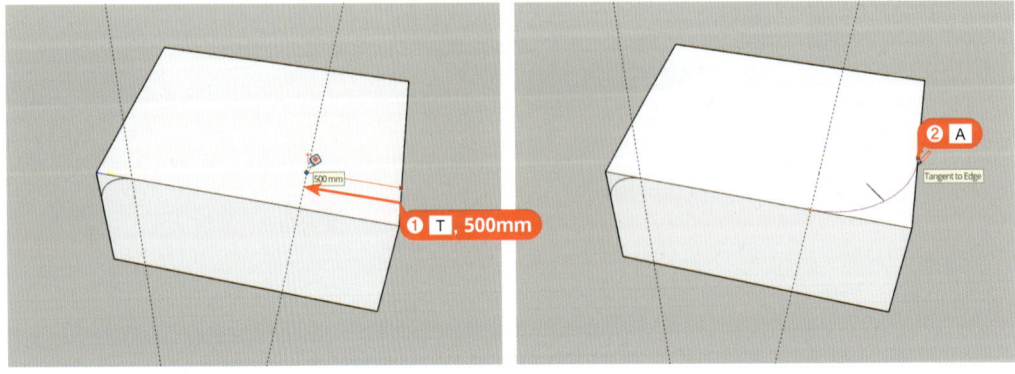

04 ❶ [Tape Measure Tool ⟋][T]을 실행하고 오른쪽 면의 뒤쪽 세로 에지를 클릭해 안쪽으로 **200mm** 이동해 가이드라인을 만듭니다. ❷ [2 Point Arc ⟋][A]를 실행하고 모서리에 호를 추가합니다.

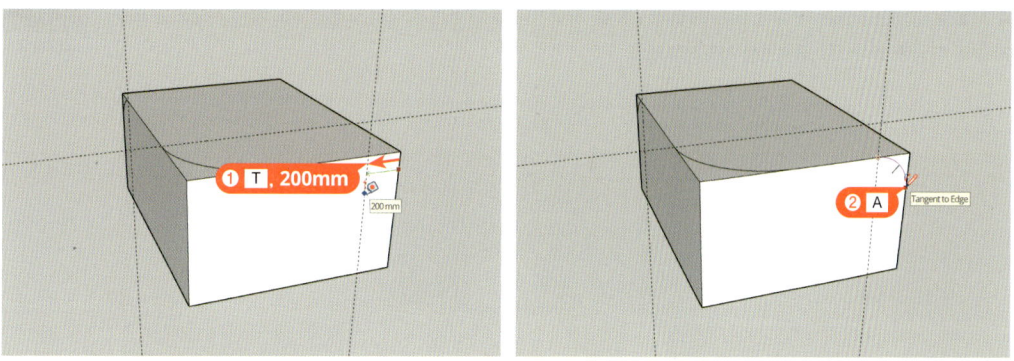

05 [Erase ⟋][E]를 실행한 후 아래와 같이 경로가 될 선만 남기고 나머지는 모두 삭제합니다.

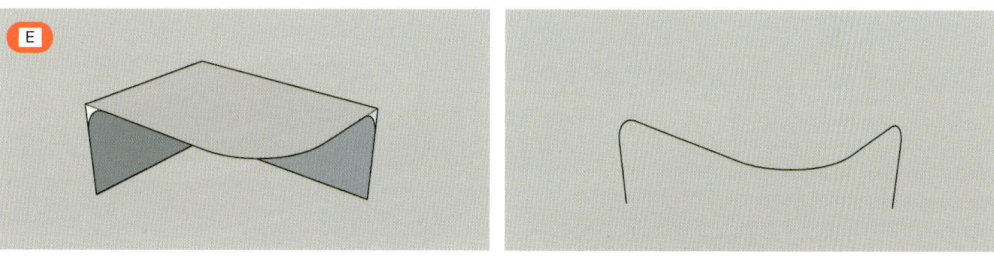

06 ❶ [Rectangle ⟋][R]을 실행하고 경로의 왼쪽 끝부분을 클릭합니다. ❷ **폭 10 mm**, **길이 400mm** 크기의 사각형을 만듭니다.

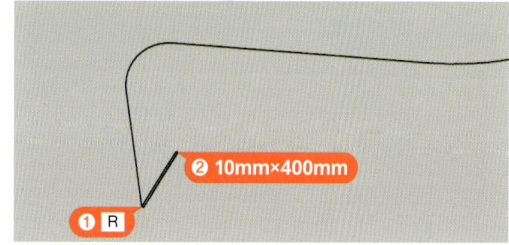

07 ❶ [Spacebar]를 누르고 경로를 모두 선택합니다. ❷ [Follow Me ⟋][Shift]+[F]를 실행하고 바닥에 그린 사각형을 클릭합니다. ❸ 모델이 완성되면 [Ctrl]+[G]를 눌러 그룹화하고 솔리드 상태를 확인합니다.

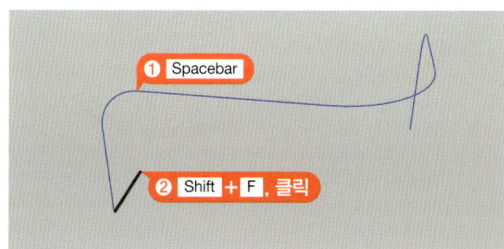 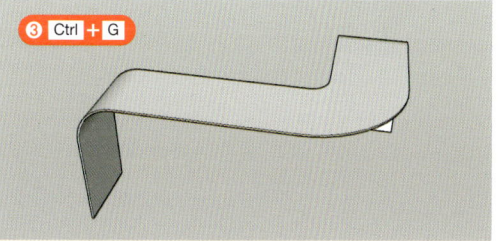

Self Training **Follow Me를 활용한 경로형 입체 모델링 연습하기**

단면과 경로를 그리고 [Follow Me], Shift + F 를 활용해 다음 예제를 완성해보세요. [Follow Me]는 경로를 따라 모델을 만드는 기능뿐 아니라, 기존 모델의 일부를 자르거나 홈을 파는 방식의 모델링에도 자주 사용되는 도구입니다. 다양한 방식으로 모델링을 시도해보세요.

실습 따라 하기

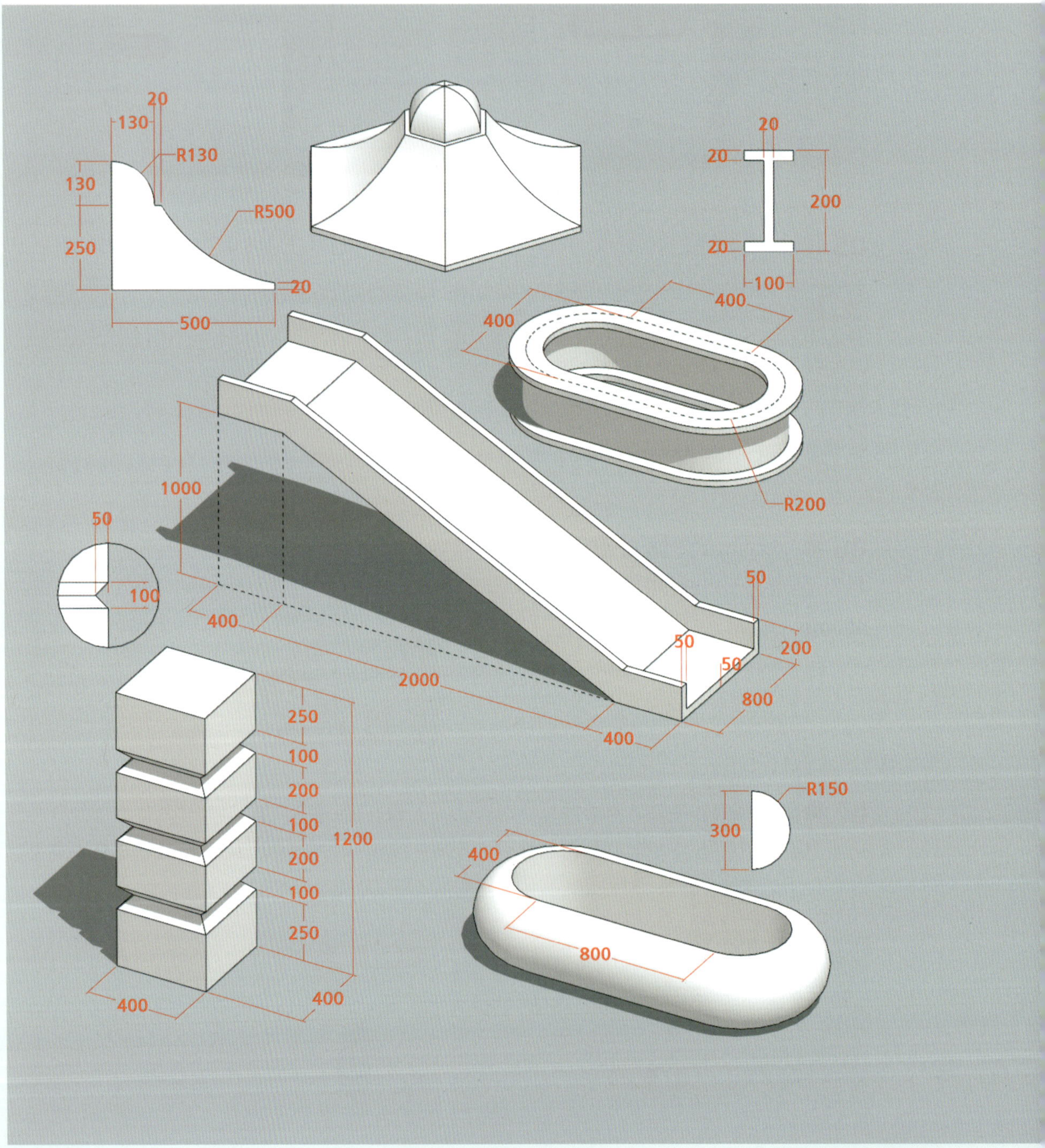

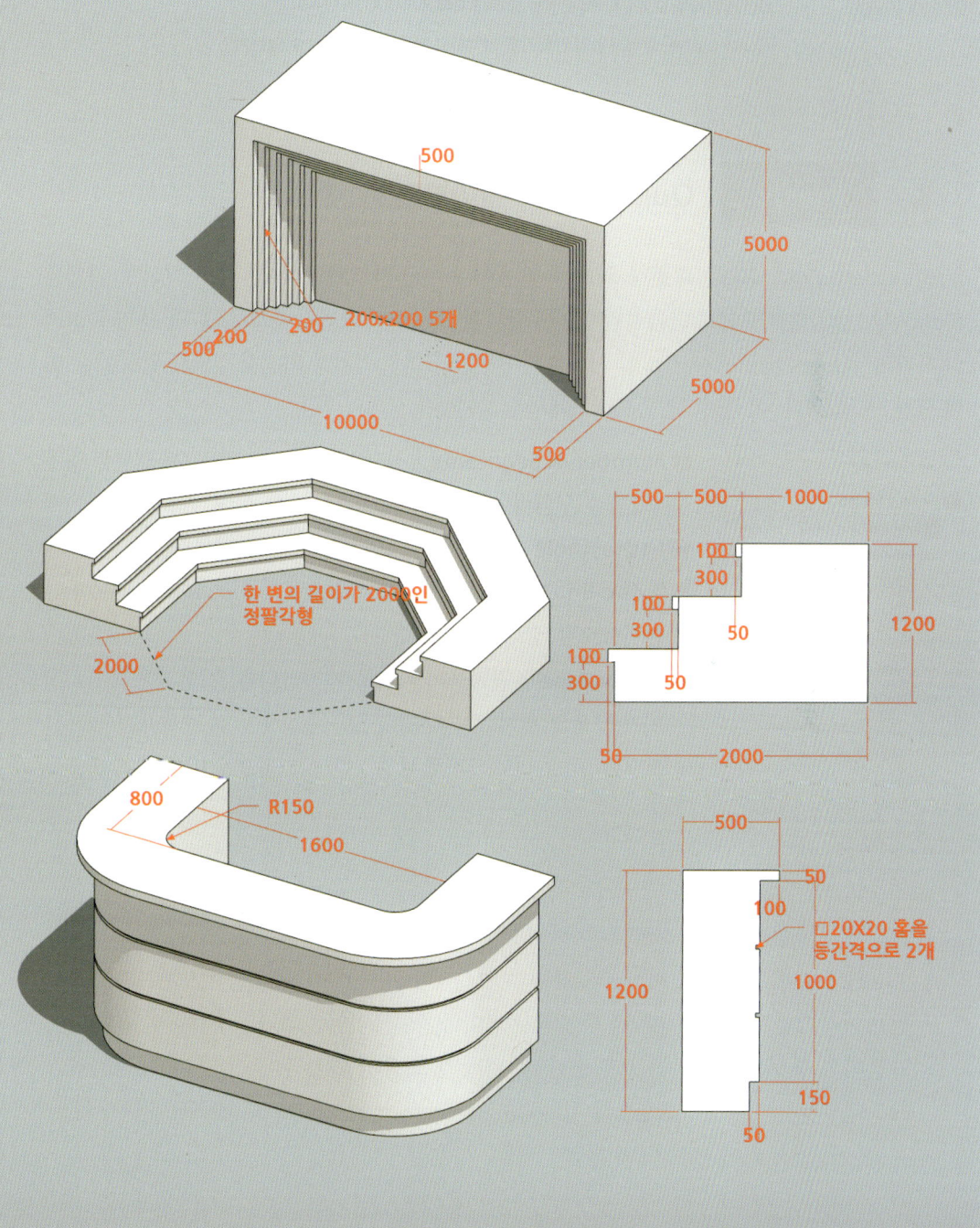

Self Training Follow Me를 활용한 경로형 입체 모델링 연습하기

Lesson 10

Quick Lathe를 활용한 회전형 입체 모델링하기

Check Point
- ☑ 회전형 입체를 보고 단면의 모양을 생각해 자유롭게 그릴 수 있는가?
- ☑ [Quick Lathe] 플러그인의 단축키를 기억하고 자유롭게 사용할 수 있는가?

Warm Up | Quick Lathe 알아보기

[Quick Lathe] Alt + Q 는 회전형 입체를 만들어주는 플러그인입니다. 같은 회전형 입체를 [Follow Me] Shift + F 로 만들려면 단면뿐 아니라 그 단면이 따라갈 경로(보통 원)를 따로 그려야 하지만, [Quick Lathe] Alt + Q 를 사용하면 단면만 그려도 곧바로 회전형 입체를 완성할 수 있어 훨씬 간단합니다. 이 플러그인은 054쪽에서 설치해놓은 상태입니다.

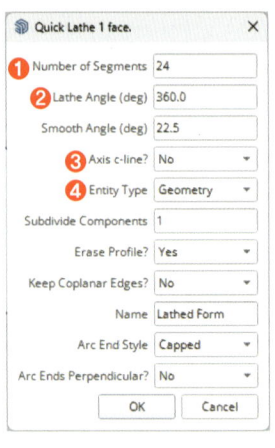

❶ **Number of Segments** | 둘레 방향의 세그먼트 수. 원형의 경우 4의 배수를 입력합니다.

❷ **Lathe Angle (deg)** | 회전 각도. 원형은 360입니다.

❸ **Axis c-line?** | 중심축에 가이드라인을 추가합니다. 불필요한 부분이므로 [No]로 설정합니다.

❹ **Entity Type** | 결과물의 타입을 지정합니다. 기본값은 [Group]이지만 축의 위치나 면의 방향성을 수정해야 하는 경우가 많으므로 [Geometry]로 설정해 모델링한 후 그룹으로 만듭니다.

Summary

- [Quick Lathe]는 [Tools] 메뉴에서 찾을 수 있습니다. 단축키 Alt + Q 를 쓰도록 합니다.
- 면은 여러 개를 선택할 수 있지만 축이 되는 선이나 가이드라인은 하나만 선택해야 합니다.
- 단면의 방향성은 무시하고 모델링한 후 완성된 모델의 면이 뒤집힌 경우 [Reverse Faces] Shift + R 로 면의 방향을 수정하세요.

 **Basic Training** # Quick Lathe를 활용한 기본 입체 모델링

완성 파일 | Part 02/회전형입체모델링_완성.skp

[Quick Lathe] Alt + Q 를 활용해 회전형 입체를 만드는 예제입니다. 입체를 보고 단면의 형태가 어떻게 생겼는지 떠올릴 수 있어야 하고, 그 단면이 중심축과 어떤 위치 관계를 가지는지도 함께 생각할 수 있어야 합니다. 다음 예제를 통해 단면과 축을 어떻게 설정해야 원하는 형태가 만들어지는지 충분히 연습해보세요.

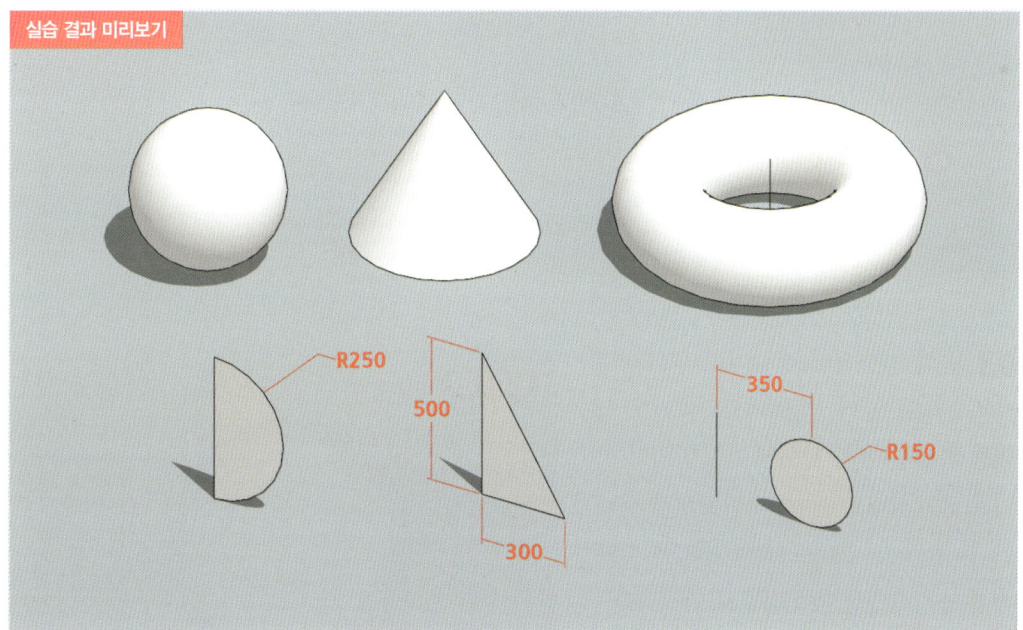

실습 결과 미리보기

01 ① Ctrl + 2 를 눌러 뷰포트를 [Front] 뷰로 바꿉니다. ② [Parallel Projection] F5 을 실행하고 [Pie ✐ Shift + P 를 실행합니다. ③ 임의의 위치를 클릭해 중심점을 지정하고 ④ 마우스 포인터를 위로 이동한 후 반지름 **250**을 입력합니다. ⑤ 아래와 같이 반원 방향으로 마우스 포인터를 회전하여 반원면을 만듭니다.

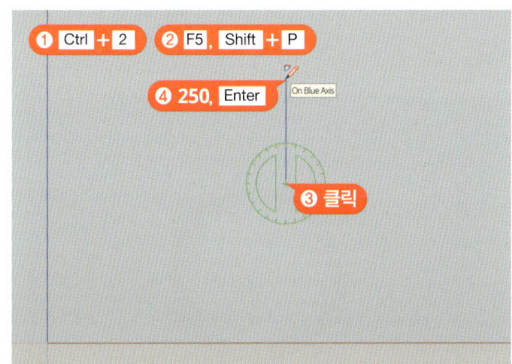 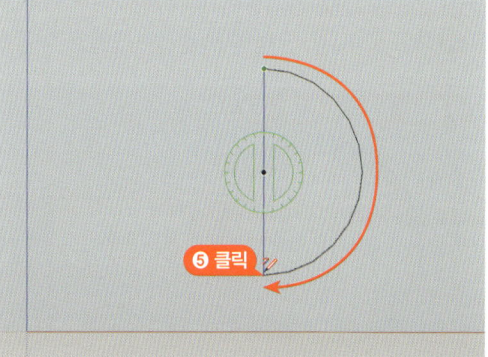

Lesson 10 Quick Lathe를 활용한 회전형 입체 모델링하기

02 ❶ Spacebar를 누르고 아래와 같이 드래그해 면과 아래쪽 에지를 하나를 선택합니다(반원 면은 중심을 기준으로 선이 위쪽, 아래쪽으로 나뉘어 있기 때문에 선택에 주의해야 합니다). ❷ [Quick Lathe] Alt + Q 를 실행합니다. ❸ [Quick Lathe] 대화상자가 나타나면 다음과 같이 설정하고 ❹ [OK]를 클릭합니다.

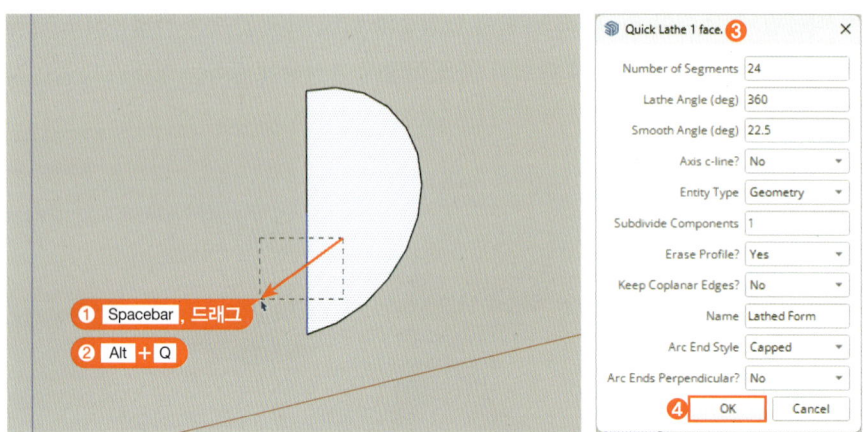

03 면의 방향성이 정상이라면 그대로 Ctrl + G 를 눌러 그룹화하고 솔리드 상태를 확인합니다. 청회색으로 면의 방향이 뒤집힌 상태로 만들어지면 모델을 선택한 후 [Revers Faces] Shift + R 를 실행해 방향을 수정한 후 그룹으로 만듭니다.

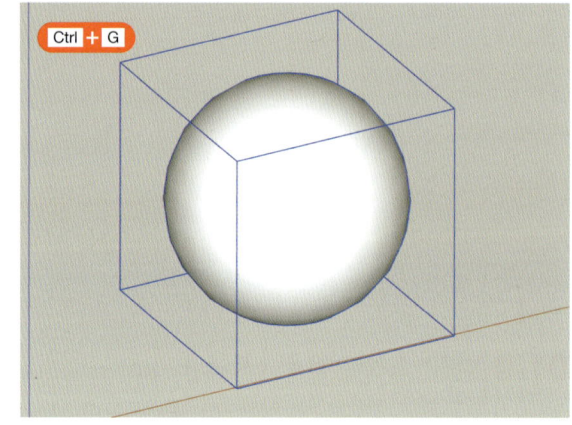

04 ❶ Ctrl + 2 를 눌러 뷰포트를 [Front] 뷰로 바꿉니다. 그림과 같이 모델이 바닥에서 떨어져 있는 것을 확인할 수 있습니다. ❷ Alt + D 를 눌러 [Drop at Level]을 실행하고 ❸ 값이 **0**인 것을 확인하고 [OK]를 클릭해 모델을 0레벨로 이동합니다.

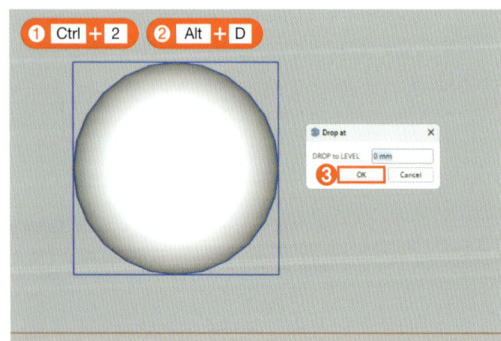

05 [Front] 뷰에서 [Line ✏️ L]을 실행하고 **높이 500mm**, **폭 300mm**의 삼각형을 만듭니다.

06 ❶ Spacebar 를 누르고 면과 중심축을 드래그해 함께 선택합니다. ❷ [Quick Lathe] Alt + Q 를 실행합니다. 면의 방향성이 오른쪽 그림과 같이 반대로 나왔다면 Spacebar 를 눌러 면을 모두 선택한 후 [Revers Faces] Shift + R 를 실행합니다.

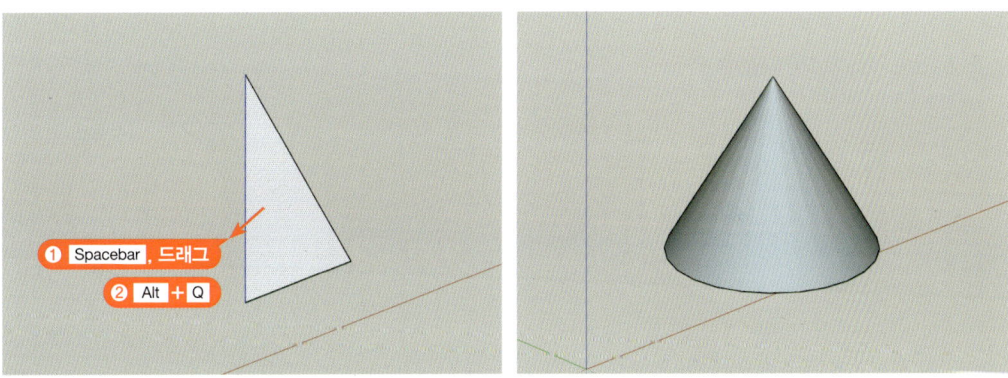

07 ❶ 모델을 그룹화하고 솔리드 상태를 확인합니다. ❷ Alt + D 를 눌러 [Drop at Level]을 실행하고 ❸ [OK]를 클릭해 모델을 0레벨로 이동합니다.

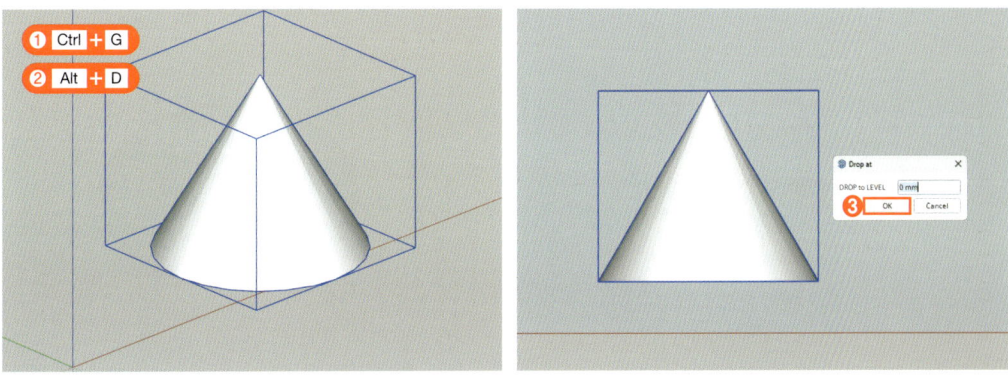

08 [Front] 뷰에서 [Circle ⊙ C]을 실행해 반지름이 **150mm**인 원을 그립니다.

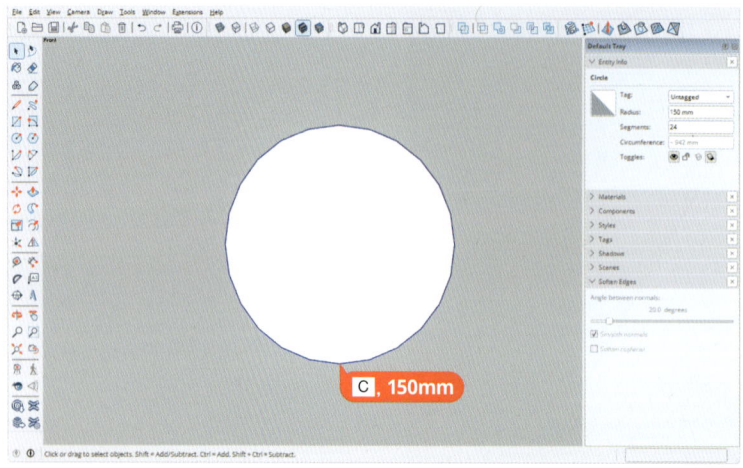

09 ❶ [Tape Measure Tool ⌀ T]을 실행하고 ❷ 아래와 같이 원 위의 사분점과 원 아래의 사분점을 차례로 클릭해 가이드라인을 만듭니다. ❸ 가이드라인을 클릭하고 ❹ 마우스 포인터를 왼쪽으로 이동한 후 **350**을 입력합니다.

10 ❶ [Spacebar]를 누르고 원의 면을 선택합니다. ❷ [Ctrl]을 누른 채로 왼쪽의 가이드라인을 클릭합니다. ❸ [Quick Lathe Alt + Q]를 실행해 모델을 만듭니다.

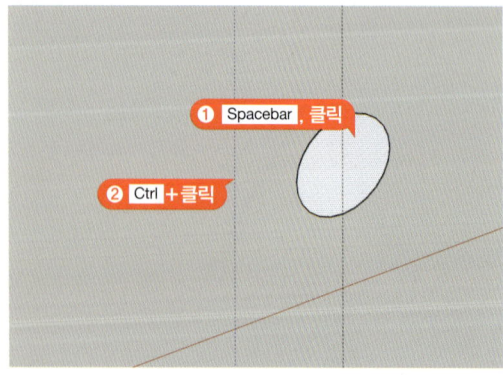 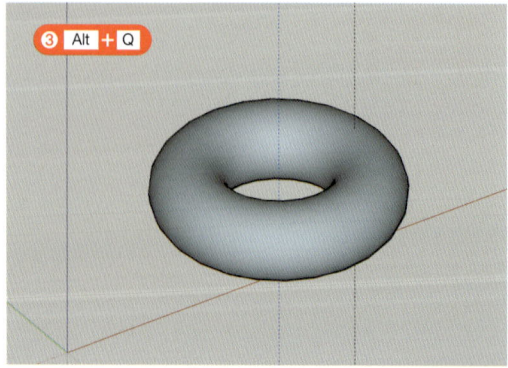

11 ❶ 면이 뒤집힌 상태라면 면을 선택하고 [Reverse Faces] Shift + R 를 실행해 방향성을 수정합니다. ❷ Ctrl + G 를 눌러 그룹화하고 솔리드 상태를 확인합니다. ❸ Alt + D 를 눌러 [Drop at Level]을 실행하고 모델을 0레벨에 맞춰 이동해 완성합니다.

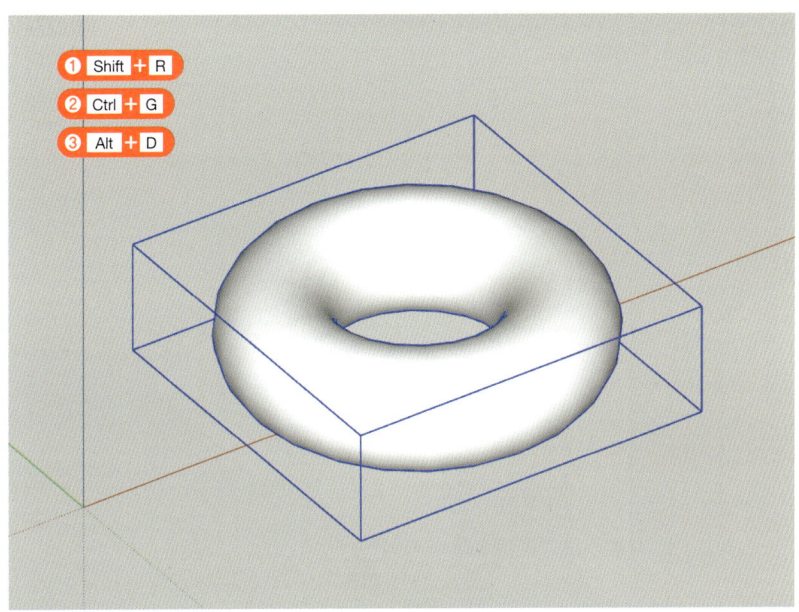

 **Quick Lathe를 활용한 회전형 입체 모델링 연습하기**

회전 형태의 모델을 보다 쉽게 만들 수 있는 [Quick Lathe]를 활용해 다음 예제를 완성해보세요. [Quick Lathe]는 반드시 하나의 면과 하나의 에지(또는 가이드라인)만 선택한 상태에서 실행해야 합니다. [Quick Lathe]가 정상적으로 작동하지 않는다면 이 부분을 꼼꼼히 확인해보세요.

실습 따라 하기

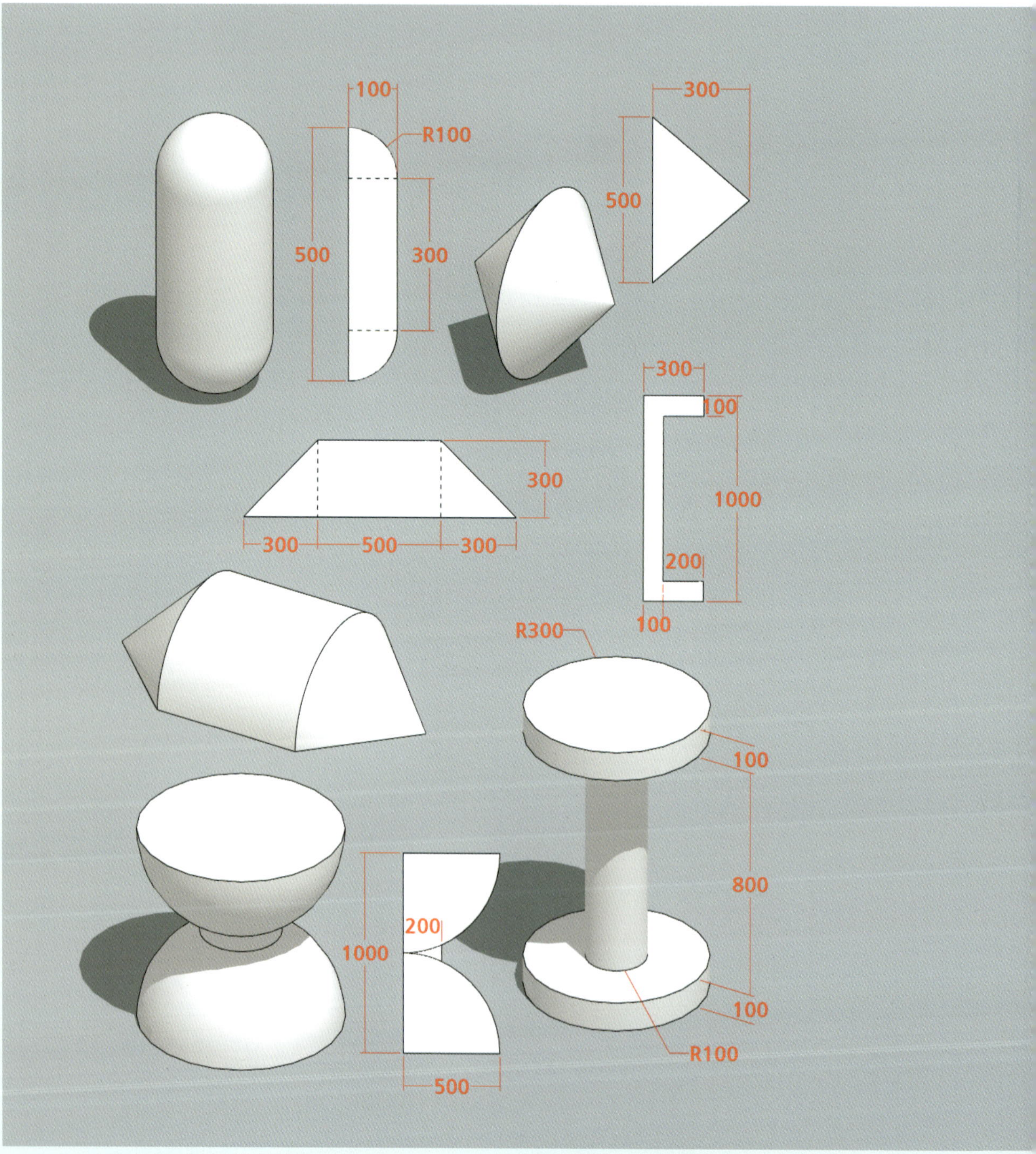

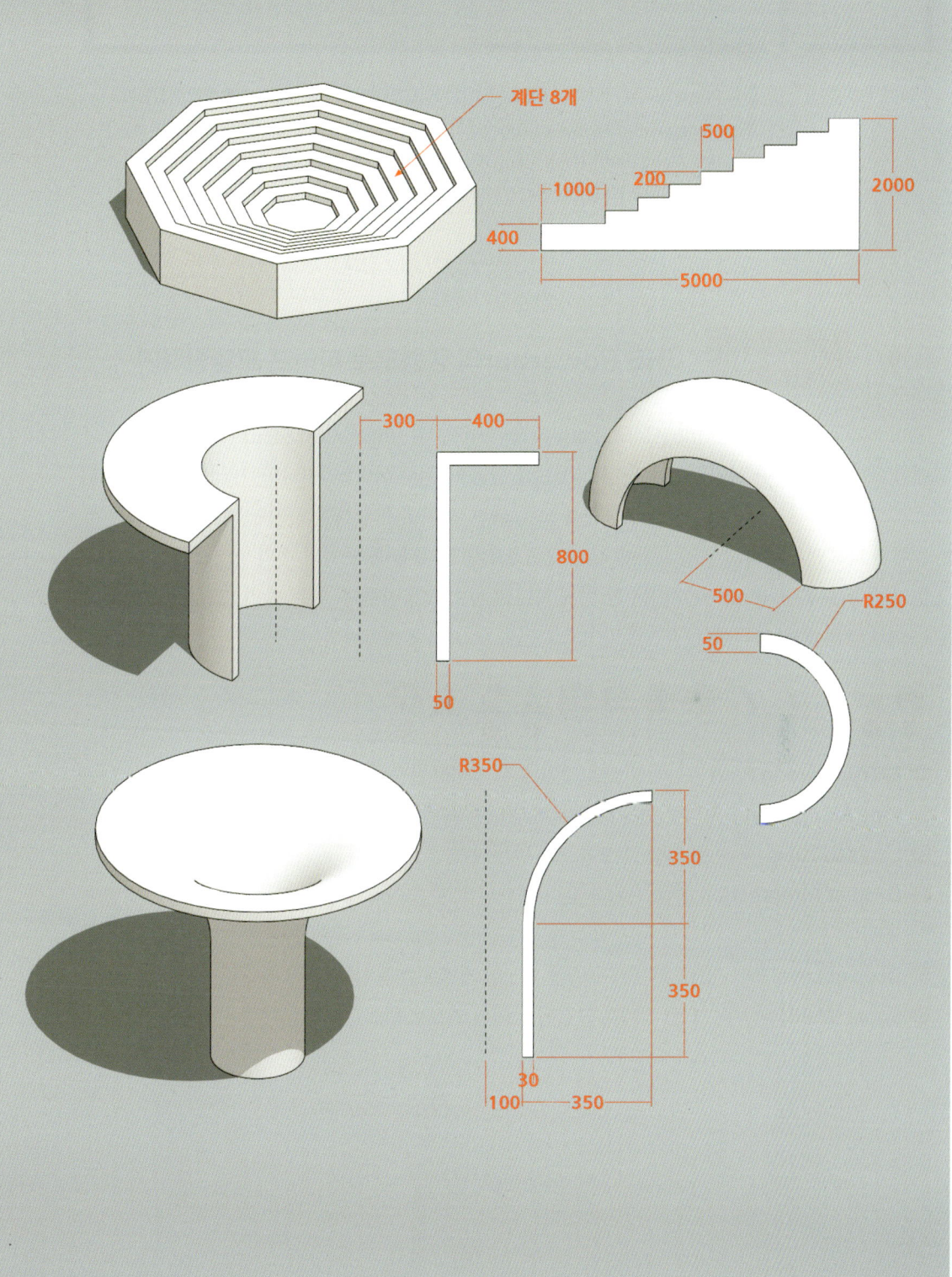

Lesson 11 | 파이프 형태 입체 모델링

Check Point
- ☑ [JHS Powerbar]의 사각 파이프 만들기와 원 파이프 만들기 도구를 기억하고 활용할 수 있는가?
- ☑ [Pipe Along Path]와 [Lines to Tube]의 차이를 기억하고 필요에 따라 나누어 쓸 수 있는가?
- ☑ [Extrude Along Path], [Pipe Along Path] 대화상자의 옵션을 이해하고 활용할 수 있는가?
- ☑ [QuadFace Tools]의 평행한 에지 선택과 연결된 에지 선택 도구의 이름과 단축키를 기억하고 있는가?

 Warm Up　**JHS Powerbar의 명령으로 파이프 모델링하기**

[JHS Powerbar]의 [Extrude Along Path(사각 파이프)]와 [Pipe Along Path(원 파이프)]는 선택한 경로 선을 따라 사각형이나 원형 파이프를 만들어주는 플러그인입니다. [Follow Me] Shift + F 로 같은 작업을 하려면 경로와 단면을 모두 그린 뒤 따라가게 해야 하지만, 이 플러그인을 사용하면 경로만 준비하면 되기 때문에 훨씬 빠르고 간단합니다. 특히 여러 개의 파이프를 동시에 만들어야 하는 경우, [Follow Me]는 한 번에 하나의 파이프만 만들 수 있는 반면, [Lines to Tube]는 여러 개의 선을 선택해서 한 번에 파이프로 만들 수 있어 편리합니다.

❶ **Extrude Along Path** | 선택한 선을 따라 사각 파이프를 만듭니다.
❷ **Pipe Along Path** | 선택한 선을 따라 두께가 있는 속이 빈 원 파이프를 만듭니다.
❸ **Lines to Tube** | 선택한 선을 따라 튜브를 만듭니다.
❹ **Drop at Intersection** Shift + Alt + D | 선택한 모델을 아래에 있는 모델의 교차점까지 떨어뜨립니다.
❺ **Drop at Level** Alt + D | 선택한 모델을 지정한 레벨로 이동합니다.
❻ **Super Weld** Alt + W | 선 객체를 연결된 상태의 커브로 만듭니다.

[Extrude Along Path]를 클릭하면 [Extrude Along Path] 대화상자가 나타납니다.

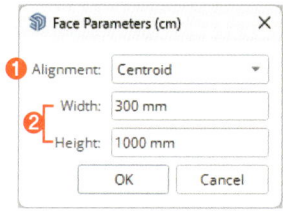

❶ **Alignment** | 단면 사각형이 경로에 배치되는 위치를 지정합니다. 일반적으로 경로를 중심으로 하는 [Centroid]를 주로 활용합니다.

❷ **Width, Height** | 폭과 높이를 지정합니다.

[Pipe Along Path]를 클릭하면 [Pipe Along Path] 대화상자가 나타납니다.

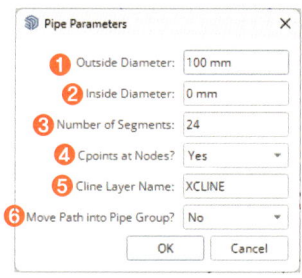

❶ **Outside Diameter** | 파이프의 외부 지름을 지정합니다.

❷ **Inside Diameter** | 파이프의 내부 지름을 지정합니다. 만일 내부가 보이지 않는 파이프라면, 내부 지름을 0으로 해 내부에 면을 만들지 않는 것이 좋습니다(파이프는 대부분 내부가 보이지 않습니다).

❸ **Number of Segments** | 원의 세그먼트 수를 의미하며 파이프의 경우 단면이 정확하게 표현되지 않아도 되기 때문에 세그먼트 수를 작게 하는 것이 좋습니다.

❹ **Cpoints at Nodes?** | 파이프의 시작과 끝에 가이드 포인트를 만들어 파이프의 중심을 찾기 쉽게 합니다.

❺ **Cline Layer Name** | 경로를 별도의 레이어(태그)로 분리할 이름을 지정합니다.

❻ **Move Path into Pipe Group?** | 경로를 파이프 그룹에 포함할지 지정합니다. [Yes]로 지정하면 파이프가 솔리드 상태가 되지 않기 때문에 [No]로 지정하는 것이 좋습니다.

> **CORE TIP** Pipe Along Path와 Lines to Tube의 차이
> 모두 원형의 파이프 형태를 만드는 명령이지만, [Pipe Along Path]는 파이프의 단면에 두께를 둬 현실에서의 파이프와 같은 입체를 만들 수 있으며 [Lines to Tube]는 두께가 없는 파이프만 만들 수 있습니다. 또한 [Pipe Along Path]는 한 번에 하나의 연결된 선만 파이프를 만들 수 있지만, [Lines to Tube]는 여러 개의 떨어진 선을 동시에 파이프로 만들 수 있습니다.

Basic Training | 사각 파이프 만들기

완성 파일 | Part 02/사각 파이프만들기_완성.skp

3차원의 경로를 따라 사각 파이프를 만드는 예제입니다. [Extrude Along Path]로 3차원의 경로로 사각 파이프를 만들 경우, 단면의 위치를 파악하기가 어렵기 때문에 단면의 위치는 중앙(Centroid)이 주로 사용됩니다. 만약 단면의 위치가 중앙이 아니고, 단면의 모양이 정사각형이 아니라면 [Follow Me] Shift + F 를 활용하는 것이 더 편리합니다. 모델링을 완성한 후 같은 모델을 [Follow Me] Shift + F 를 활용해 모델링해보세요.

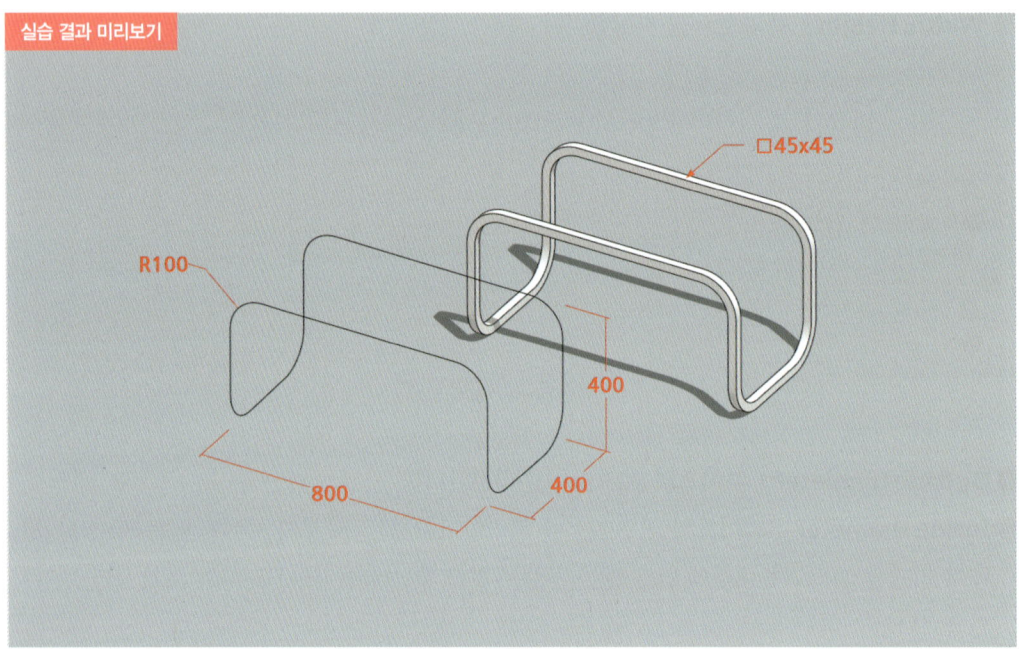
실습 결과 미리보기

01 ❶ [View]-[Toolbars…] 메뉴를 클릭합니다. ❷ [JHS PowerBar]에 체크하고 ❸ [Close]를 클릭합니다.

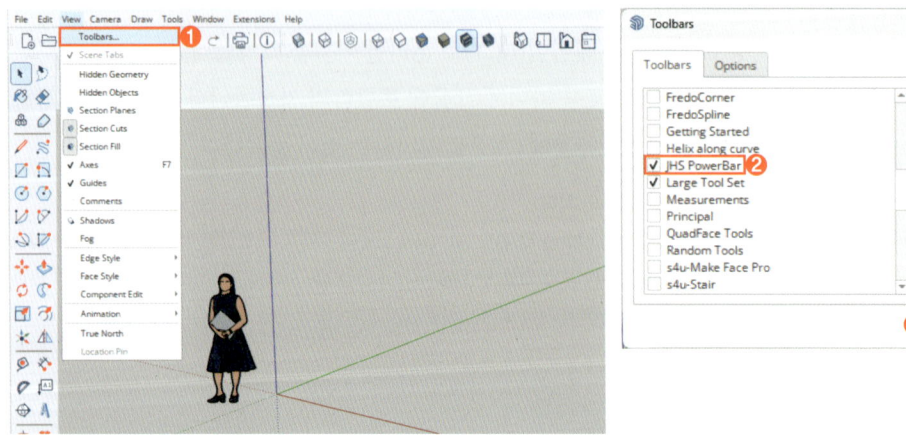

178 Part 02 기초 모델링 트레이닝

02 [JHS Powerbar] 도구바를 화면 윗줄에 드래그해 고정합니다.

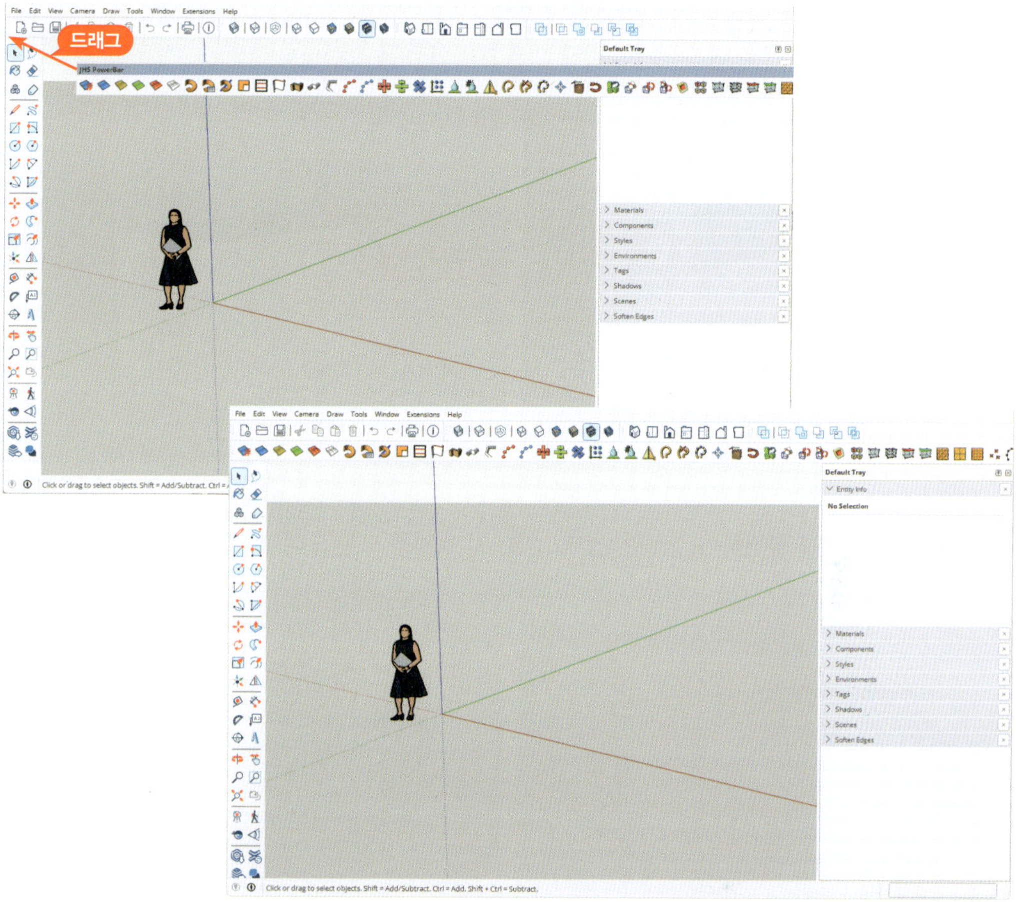

03 ❶ ❷ [Rectangle ▢][R]과 [Push/Pull ◆][P]을 실행해 **폭 800mm**, **길이 300mm**, **높이 300mm** 크기의 상자를 만듭니다. ❸ [Tape Measure Tool ⌕][T]을 실행하고 오른쪽 수직 에지를 클릭합니다. ❹ 상자 안쪽으로 마우스 포인터를 이동하고 **100mm**를 입력해 가이드라인을 만듭니다.

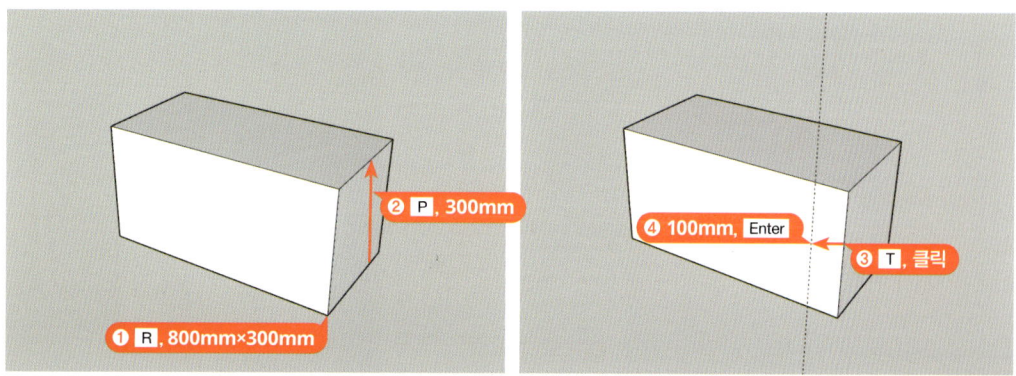

04 ❶ [2 Point Arc ⟋] A 를 실행하고 아래와 같이 가이드라인의 교차점을 클릭합니다. ❷ 호가 선홍색으로 표시되는 지점을 찾아 더블클릭해 호를 그립니다. ❸ 완성 파일을 참고해 호가 들어가야 하는 부분의 모서리 안쪽 면을 더블클릭해 같은 크기의 호를 그립니다.

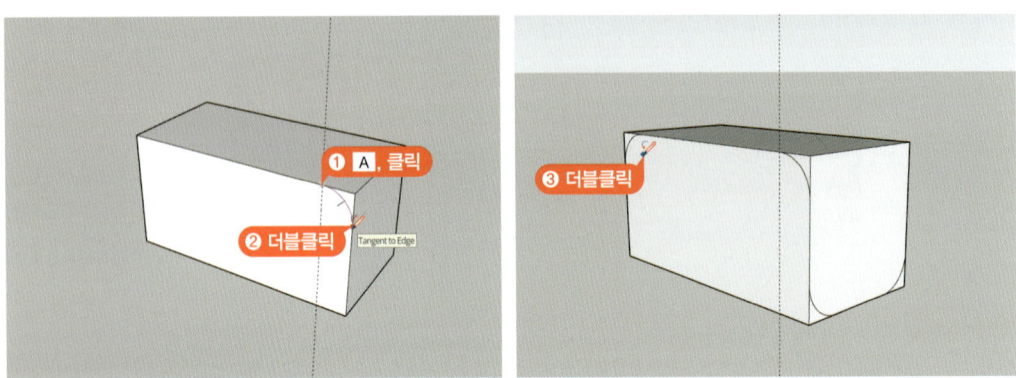

05 [Erase ⬥] E 를 실행하여 경로만 남기고 나머지 에지를 모두 드래그해 삭제합니다.

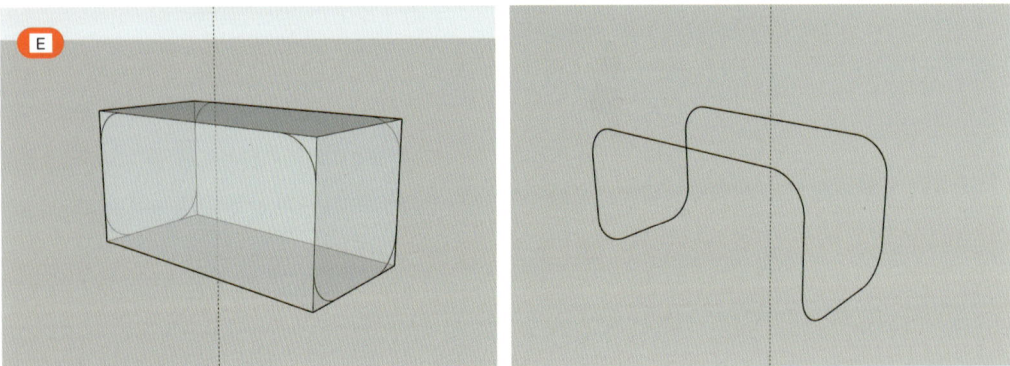

06 ❶ Spacebar 를 누르고 경로를 모두 선택합니다. ❷ [Extrude Along Path 🧈]를 실행하고 ❸ 대화상자를 다음과 같이 수정한 후 [OK]를 클릭합니다. "Start the Face at this End?" 팝업 창이 나타나면 [Yes]를 클릭합니다.

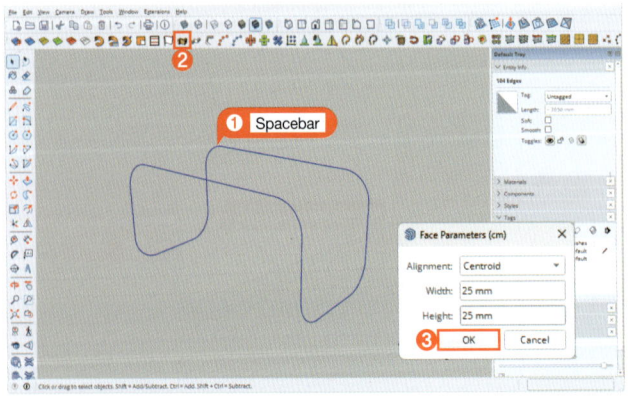
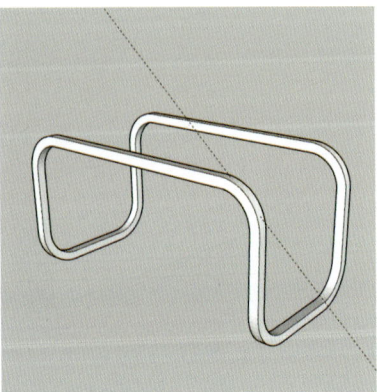

180   Part 02 기초 모델링 트레이닝

07 ❶ [Rectangle][R]을 실행해 바닥에 사각형을 그려보면 파이프의 절반이 바닥 밑으로 들어간 것을 확인할 수 있습니다. 경로를 중심으로 사각형 단면이 배치되기 때문입니다. ❷ [Spacebar]를 누르고 파이프를 선택합니다. ❸ [Alt]+[D]를 눌러 [Drop at Level]을 실행하고 0레벨로 이동해 완성합니다.

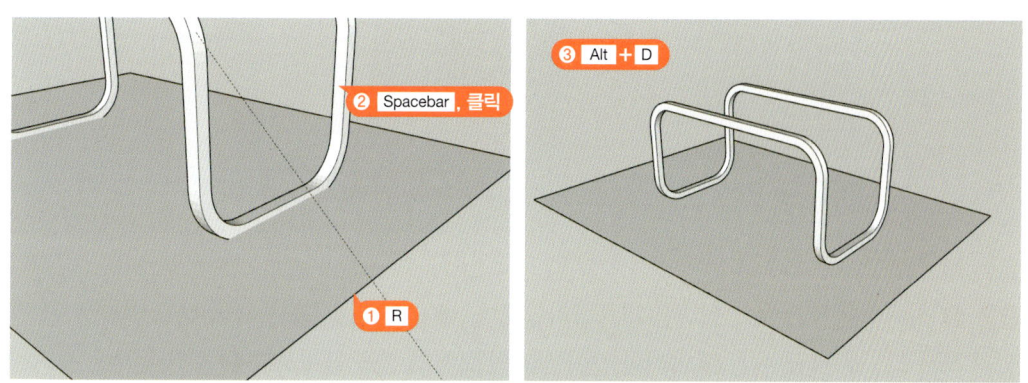

Basic Training 원 파이프 만들기

완성 파일 | Part 02/원파이프만들기_완성.skp

3차원의 경로를 따라 원형 파이프를 만드는 예제입니다. [Pipe Along Path]는 단면이 원이기 때문에 경로는 중심을 기준으로 작도합니다. 그림의 치수를 따라 먼저 경로를 스스로 만들어본 후 실습을 진행해보세요.

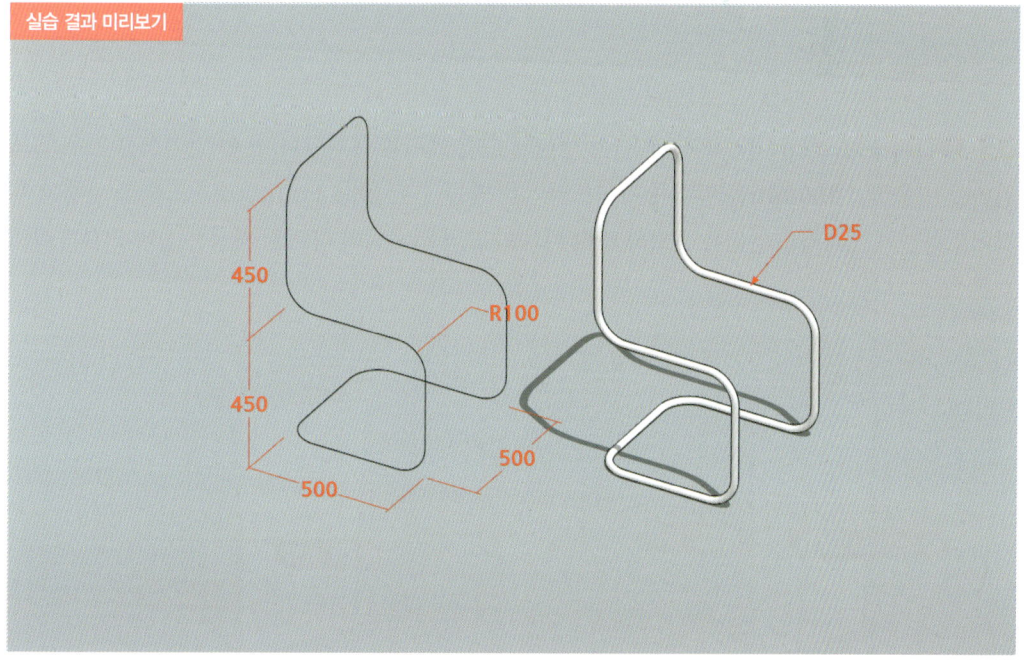

01 ❶ ❷ [Rectangle ▱] R 과 [Push/Pull ♦] P 을 활용해 **폭 500mm**, **길이 500mm**, **높이 900mm** 크기의 상자를 만듭니다.

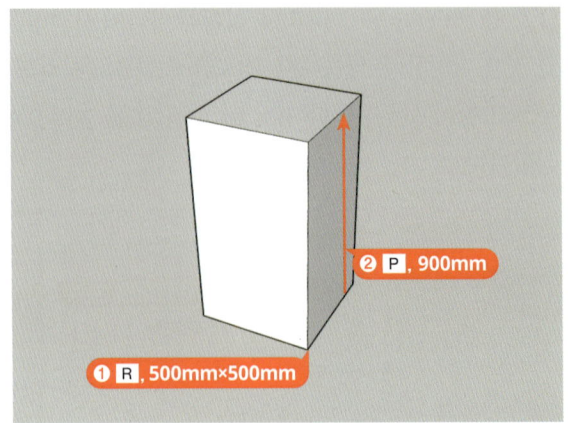

02 ❶ Spacebar 를 누르고 윗면을 더블클릭합니다. ❷ [Move ✤] M 를 실행하고 Ctrl 을 한 번 눌러 복사 모드로 바꿉니다. ❸ 아래와 같이 상자의 모서리 점을 클릭하고 ❹ 중간 부분을 클릭해 복사합니다.

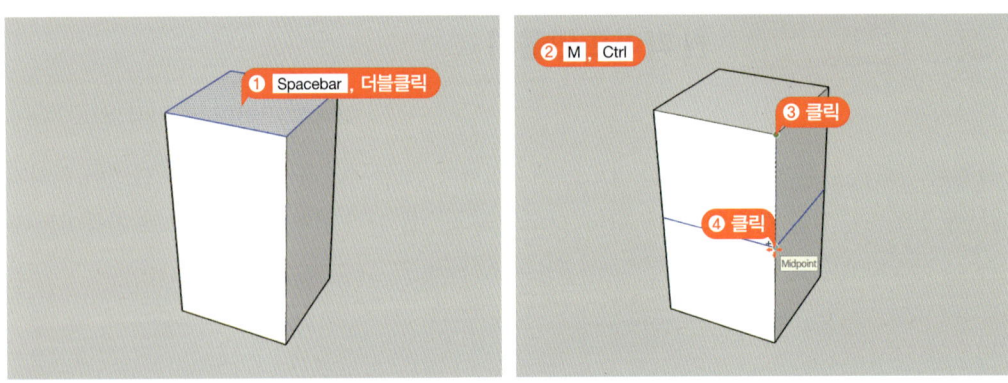

03 ❶ [Tape Measure Tool ✐] T 을 실행하고 수직 에지를 클릭합니다. ❷ 안쪽으로 마우스 포인터를 이동하고 **100mm**를 입력해 가이드라인을 만듭니다. ❸ [2 Point Arc ◠] A 를 실행한 후 가이드라인과 에지의 교차점을 클릭하고 ❹ 아래와 같이 선홍색이 나오는 지점을 찾아 더블클릭해 호를 그립니다.

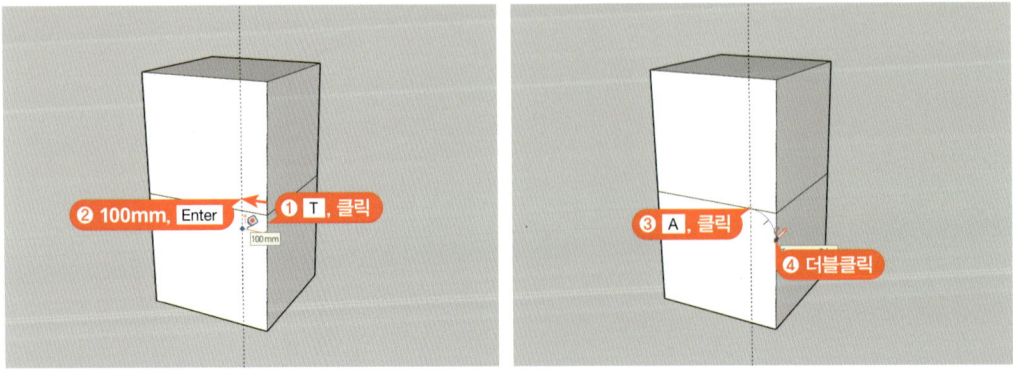

182 Part 02 기초 모델링 트레이닝

04 완성 파일을 참고하여 호가 들어갈 부분을 더블클릭해 같은 크기의 호를 추가합니다.

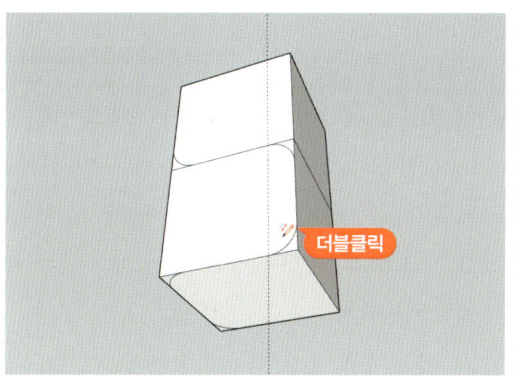 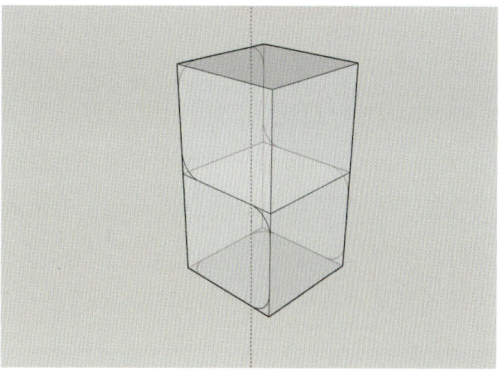

05 ❶ [Erase ✐] E 로 경로가 되는 선만 남기고 나머지 에지는 모두 삭제합니다. ❷ Spacebar 를 누르고 경로를 모두 선택한 후 ❸ [Pipe Along Path ⚙]를 실행합니다. ❹ 옵션을 다음과 같이 수정하고 [OK]를 클릭합니다.

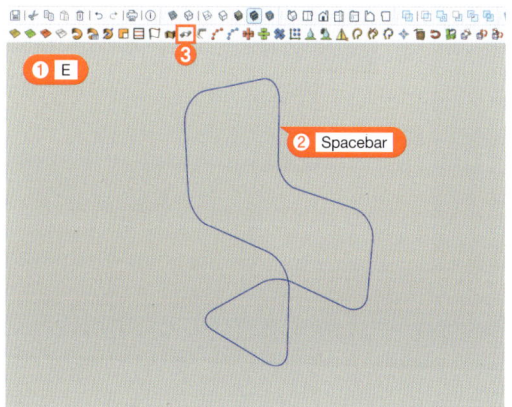 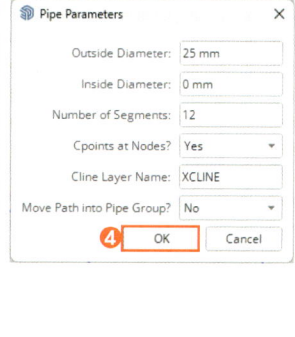

06 ❶ [Rectangle ▭] R 을 실행해 바닥에 사각형을 그립니다. 바닥 파이프의 절반이 바닥 아래에 있는 상태가 됩니다. ❷ 파이프 모델을 선택한 후 Alt + D 를 눌러 [Drop at Level]을 실행하고 0레벨로 이동해 완성합니다.

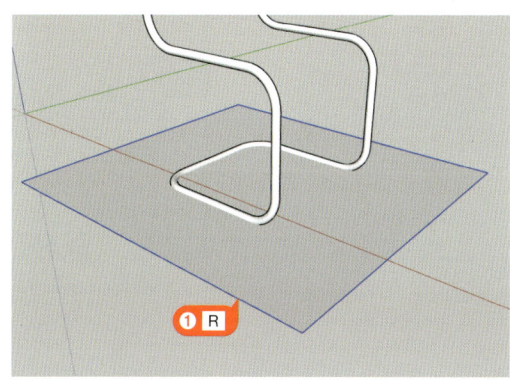 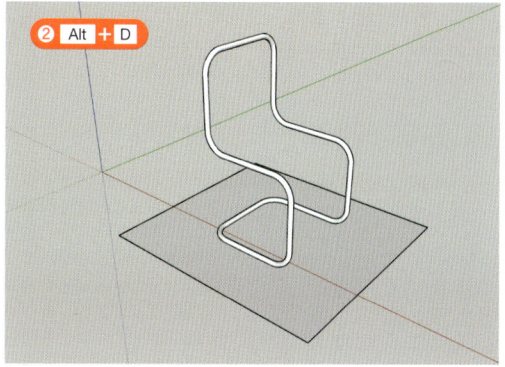

Basic Training 파이프 구조물 만들기

완성 파일 | Part 02/파이프구조물만들기_완성.skp

[Lines to Tube]를 이용해 다량의 파이프 구조물을 만드는 예제입니다. 이런 구조물을 만들려면 먼저 많은 경로를 준비해야 하는데, 이를 하나하나 직접 그리고 복사하는 것은 매우 번거롭고 어렵습니다. 이럴 때는 모델을 먼저 만들어놓고, 그 모델의 에지(선)를 경로로 활용해 파이프를 생성하는 방식으로 접근하면 훨씬 쉽고 효율적으로 작업할 수 있습니다. 다음 예제를 통해 모델의 에지를 경로로 추출해 파이프를 만드는 과정을 충분히 연습해보세요.

실습 결과 미리보기

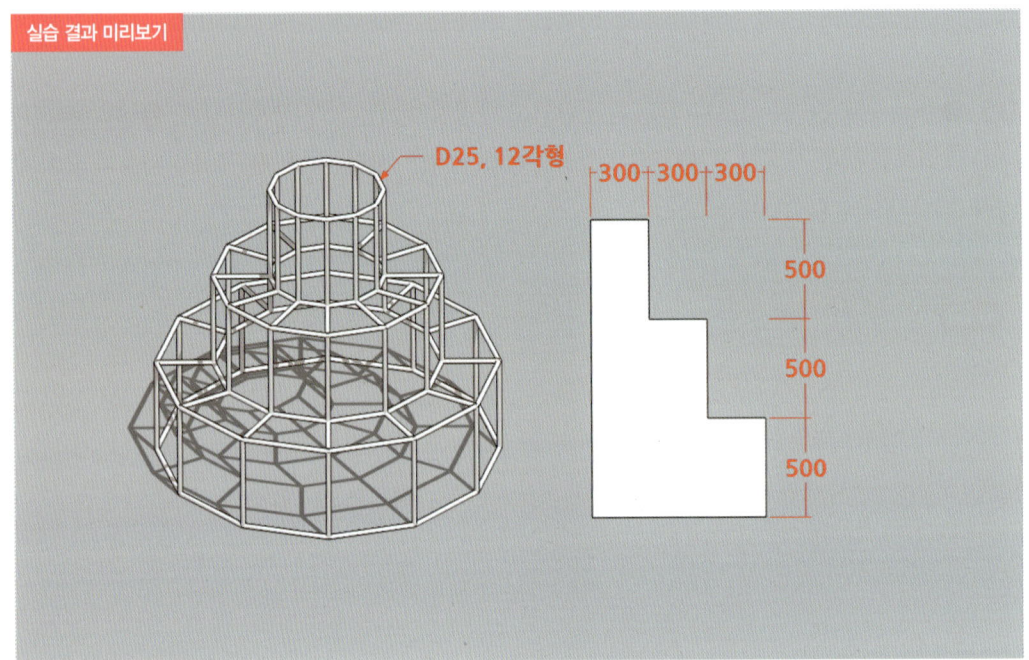

01 ❶ Ctrl + 2 를 눌러 뷰포트를 [Front] 뷰로 바꿉니다. ❷ [Parallel Projection] F5 을 실행해 뷰포트를 평면 뷰로 조정합니다. ❸ [Line L]을 실행하고 앞의 도면 치수를 참고해 도형을 그립니다.

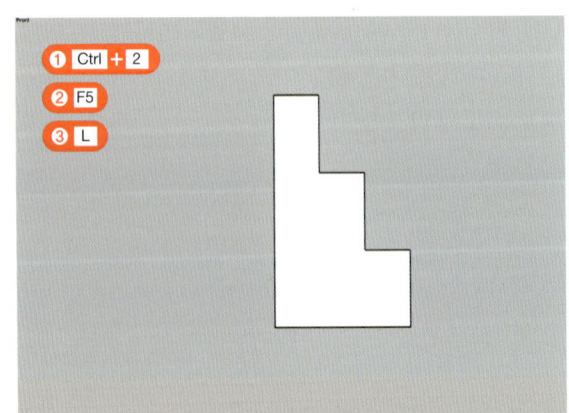

02 ❶ 뷰포트를 그림과 같이 조정합니다. ❷ Spacebar 를 누르고 면과 왼쪽의 에지를 드래그해 선택합니다. ❸ [Quick Lathe] Alt + Q 를 실행하고 ❹ 대화상자를 다음과 같이 수정한 후 [OK]를 클릭합니다.

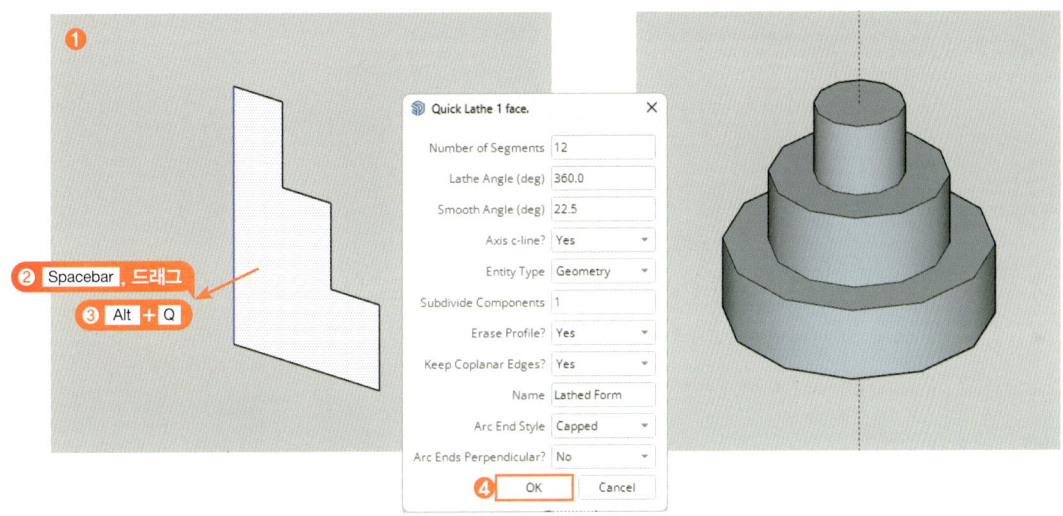

03 ❶ Spacebar 를 누르고 모델을 트리플클릭해 선택합니다. ❷ [JHS Powerbar]의 [UnSmooze]를 클릭해 숨겨진 에지를 모두 보이게 합니다.

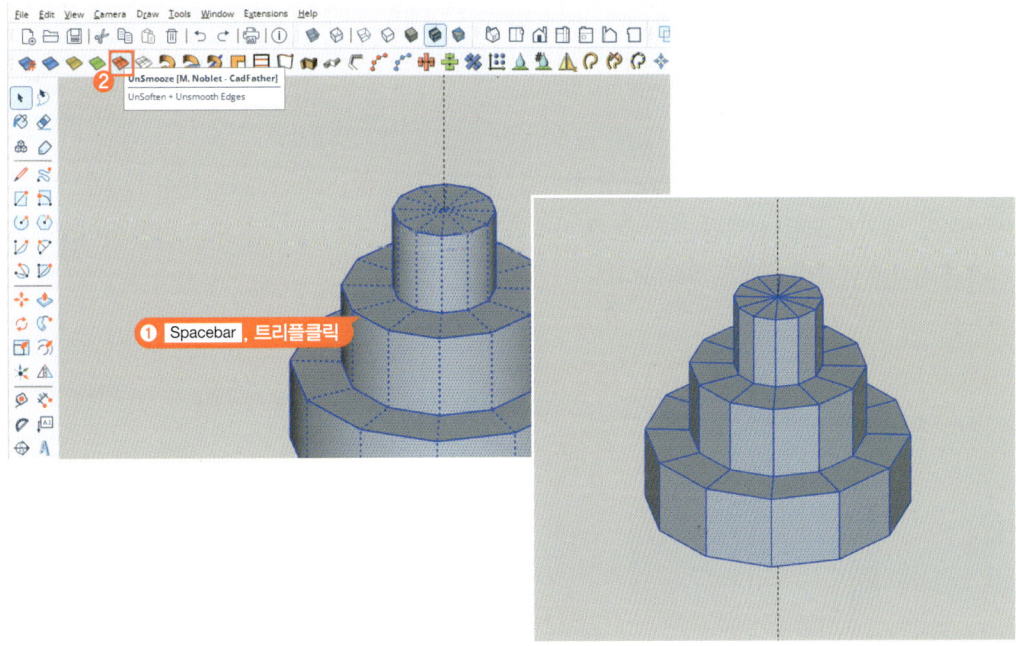

CORE TIP [JHS Powerbar]의 [Smooth]와 관련된 도구들은 스케치업의 기본 도구 중 [Soften Edges]를 단계별로 나누어 보다 빠르게 에지를 숨기거나 보이도록 수정해주는 도구입니다.

04 ❶ Spacebar 를 누르고 아래와 같이 임의로 원 둘레 중에서 에지 한 부분을 선택합니다. ❷ [Select Ring] Alt + R 을 실행하면 평행한 에지가 모두 선택됩니다. ❸ [Lines to Tube]를 실행하고 ❹ 아래와 같이 옵션을 수정한 후 [OK]를 클릭합니다.

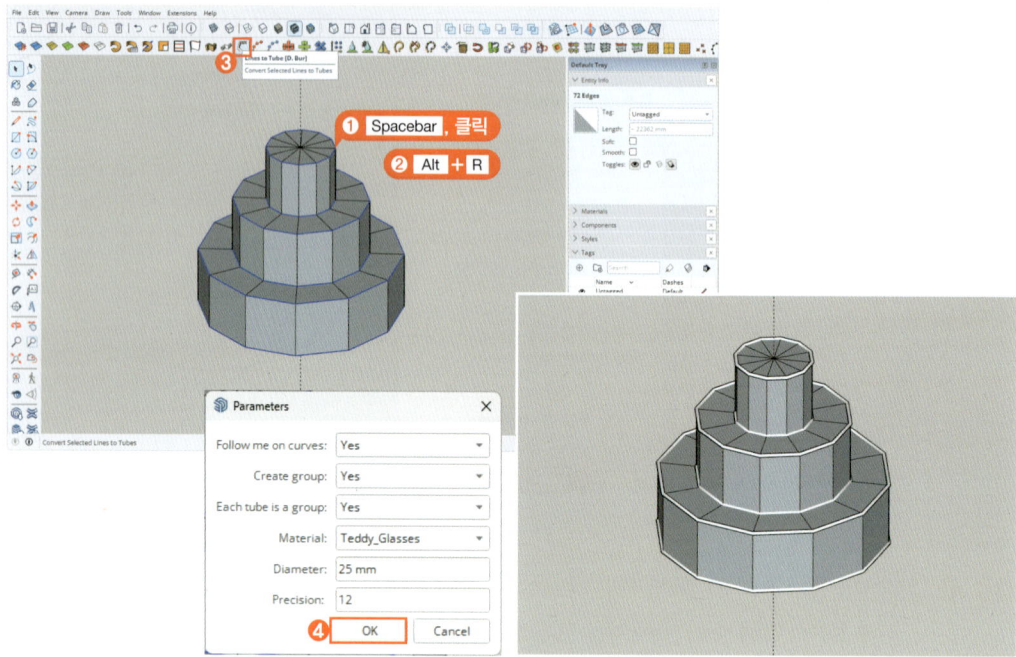

CORE TIP [Select Ring] Alt + R 은 [QuadFace Tools] 플러그인에 포함된 도구입니다. [Select Ring]은 선택한 에지와 평행한 방향의 에지를 모두 선택해주는 도구입니다. 이 플러그인은 054쪽에서 미리 설치해놓았습니다. 이 도구가 작동하지 않는다면 054쪽의 플러그인 설치와 048쪽의 단축키 설정을 다시 확인하세요.

05 ❶ Spacebar 를 누르고 세로 에지 중 하나를 선택합니다. ❷ [Select Loop] Alt + L 를 실행하면 연결된 에지가 모두 선택됩니다. ❸ ❹ 아래와 같이 Ctrl + Shift 를 누른 채로 윗면과 아랫면에 선택된 에지를 클릭해 선택을 해제합니다.

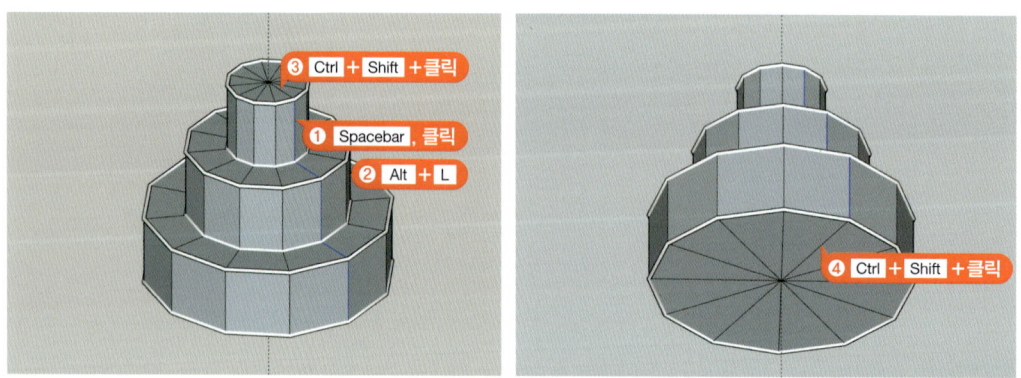

CORE TIP [Select Loop] Alt + L 는 [QuadFace Tools] 플러그인에 포함된 도구로, 선택한 에지와 이어지는 에지를 모두 선택해주는 도구입니다.

06 ❶ [Select Ring Alt + R]을 실행해 평행한 에지를 모두 선택합니다. ❷ [Lines to Tube]를 실행하고 대화상자의 내용이 이전과 동일한지 확인한 후 적용합니다.

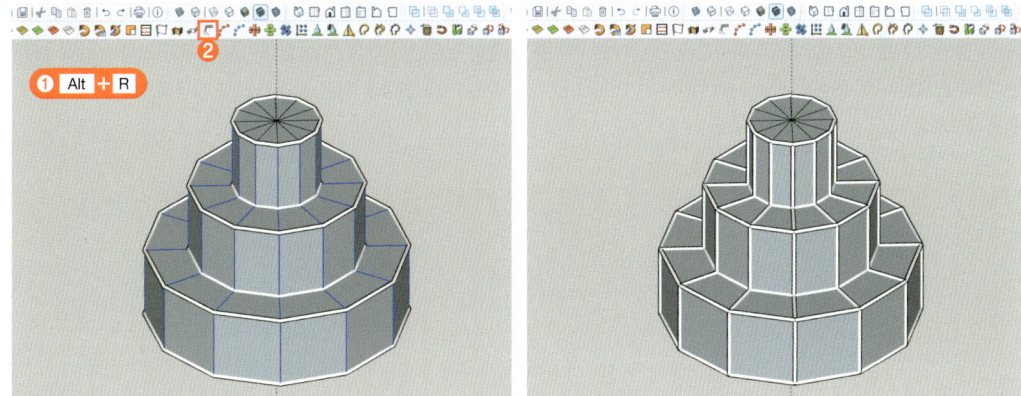

07 ❶ 모델의 한 면을 트리플클릭해 모두 선택되면 Delete를 누릅니다. ❷ 다시 수평 파이프 모델과 수직 파이프 모델을 모두 선택해 Ctrl + G를 눌러 그룹으로 만듭니다. ❸ Alt + D를 눌러 [Drop at Level]을 실행하고 0레벨로 이동해 완성합니다.

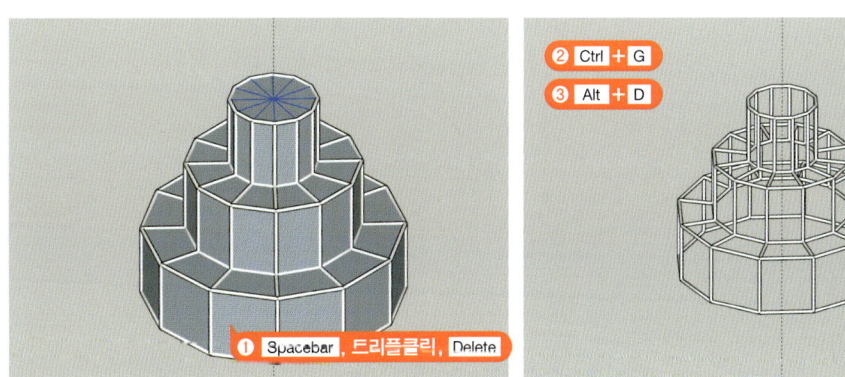

Self Training 파이프 형태 입체 모델링 연습하기

다음 예제를 [JHS Powerbar]의 [Lines to Tubes]와 [Follow Me] Shift + F 를 활용해 모델링해보세요. 모델의 에지를 경로로 사용해 파이프를 만들 때는 에지를 추출하기 위한 입체가 어떤 형태인지 먼저 파악하는 것이 중요합니다. 또한 [Select Ring]이나 [Select Loop] 같은 에지 선택을 위한 플러그인도 적극적으로 활용해보세요.

실습 따라 하기

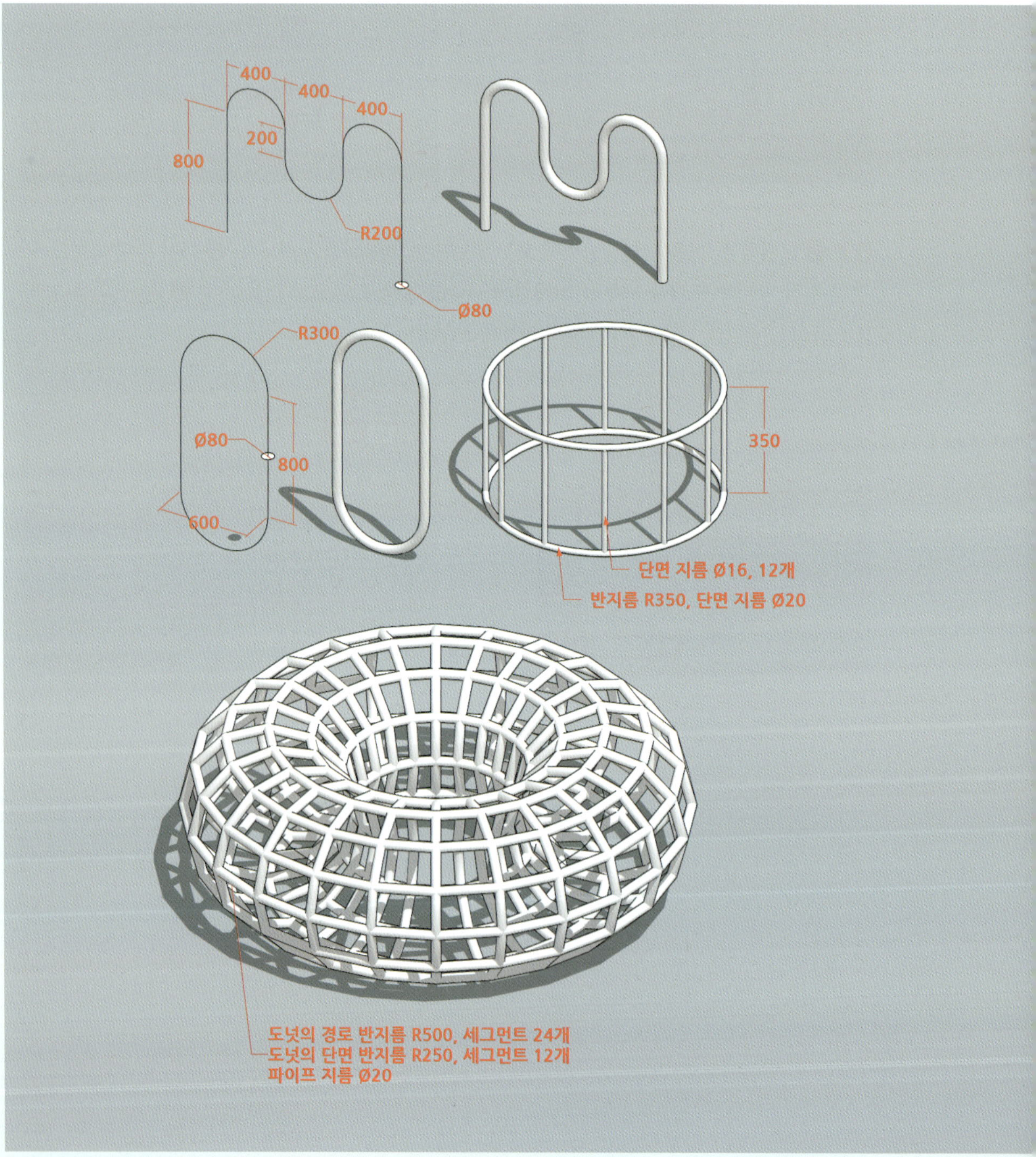

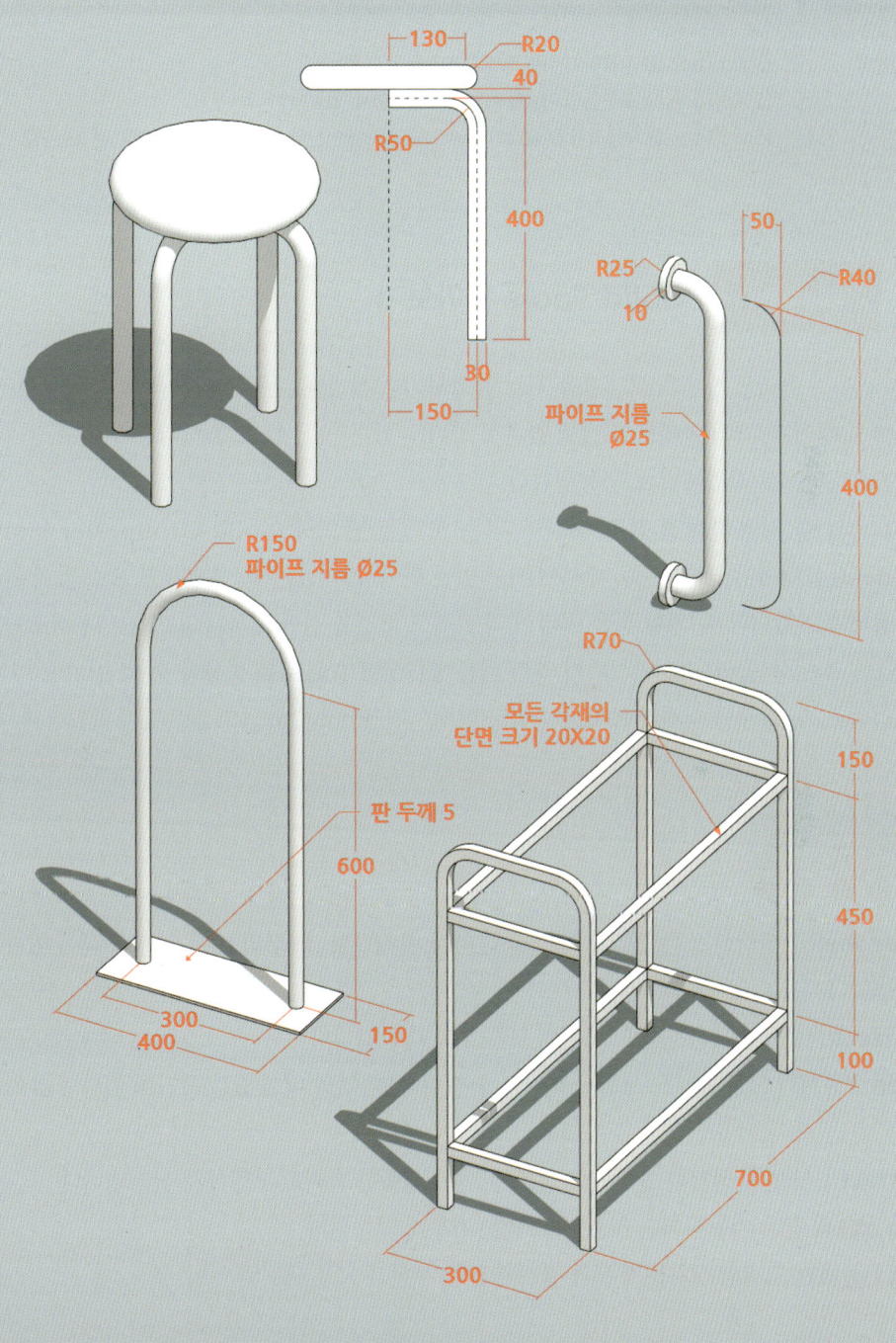

Lesson 12 | 솔리드 도구 활용하기

Check Point
- ☑ [Solid Tools]를 사용하기 위한 모델의 조건을 알고 있는가?
- ☑ [Solid Tools]의 도구들의 기능을 기억하고 활용할 수 있는가?
- ☑ [Solid Toos]를 사용하기 전 상태의 원본 모델과 교차 연산할 모델의 형태를 생각할 수 있는가?

 Warm Up | **Solid Tools 알아보기**

[Solid Tools]는 솔리드 상태의 모델들을 서로 결합하거나 잘라내는 등의 연산을 할 수 있는 도구입니다. 예를 들어 두 개의 솔리드 모델을 겹쳐서 하나로 합치거나, 한 모델을 다른 모델로 잘라내 원하는 형태를 만드는 작업에 주로 사용됩니다.

[Solid Tools]를 사용하려면 작업 대상이 되는 모델은 반드시 [Solid Group]이나 [Solid Component] 상태여야 합니다. 즉, 내부에 끼어 있는 면이나 떠 있는 선, 불필요한 요소 없이 완전히 닫힌 형태여야 합니다. 주의할 점은 여러 개의 솔리드 모델을 선택해 하나의 그룹이나 컴포넌트로 묶게되면 더 이상 '솔리드'로 인식되지 않기 때문에 [Solid Tools]를 적용할 수 없습니다. 이 점을 잘 기억하고, 항상 개별 객체가 올바른 솔리드 상태인지 [Entity Info] 트레이에서 확인한 후 사용하세요.

❶ **Outer Shell** | 선택한 모든 솔리드 모델을 하나로 합칩니다. 내부의 비어 있는 공간이 있다면 삭제됩니다.

❷ **Intersect** | 선택한 모든 솔리드 모델의 교차 부분만 남깁니다.

❸ **Union** | 선택한 모든 솔리드 모델을 하나로 합칩니다. 내부의 비어 있는 공간이 있다면 유지됩니다.

❹ **Subtract** | 첫 번째 선택한 솔리드 모델을 두 번째 선택한 솔리드 모델에서 잘라냅니다.

❺ **Trim** | ❹와 같은 기능이지만 첫 번째 모델을 지우지 않습니다.

❻ **Split** | 선택한 모델의 겹치는 부분과 겹치지 않는 부분을 모두 나눠 분리합니다.

Solid Tools를 활용한 모델링 ❶

완성 파일 | Part 02/교차볼트_완성.skp

[Solid Tools]를 활용해 모델을 사선으로 잘라 부분 모델을 만들고, 이를 대칭 복사해 다시 하나의 모델로 합치는 과정을 연습하는 예제입니다. 작업을 진행할 때는 항상 모델이 솔리드 상태인지 확인하고, 잘라내기 전의 모델과 자르기에 사용할 보조 모델의 형태를 먼저 충분히 고민해보세요. 또한 같은 형태가 반복되는 모델이라면 이동 복사, 회전 복사, 대칭 복사를 적절히 활용하면 훨씬 효율적으로 작업할 수 있습니다. 반복되는 최소 단위가 어디까지인지 잘 파악하면 불필요한 작업을 줄이고 깔끔하게 모델링을 완성할 수 있습니다.

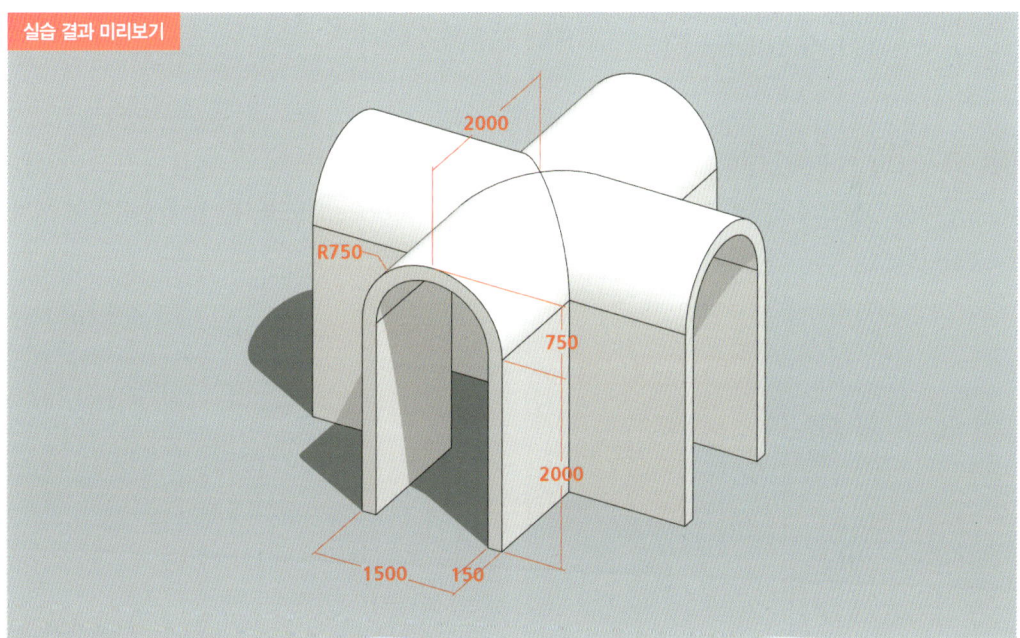

01 ❶ Ctrl + 2 를 눌러 뷰포트를 [Front] 뷰로 바꿉니다. ❷ [Rectangle] R 로 **폭 1500mm**, **길이 2000mm** 크기의 사각형을 만듭니다. ❸ [Circle] C 을 실행하고 사각형의 윗변 중앙을 클릭해 원을 그립니다. ❹ [Erase] E 를 실행하고 안쪽의 선을 드래그해 삭제합니다.

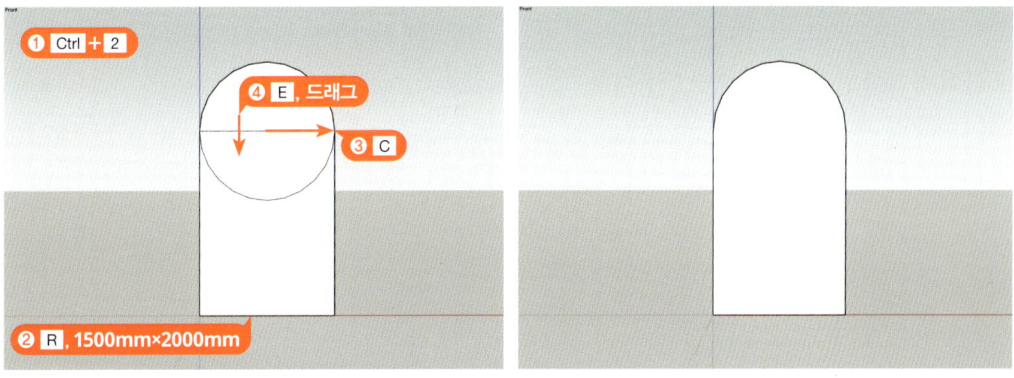

02 ❶ Spacebar 를 누르고 도형의 아래 선을 제외한 나머지 외곽선을 선택합니다. ❷ [Offset] F 을 실행하고 외곽선을 클릭하고 안쪽으로 마우스 포인터를 이동한 후 **150**을 입력합니다. ❸ E 를 누르고 아래 선을 클릭해 삭제합니다.

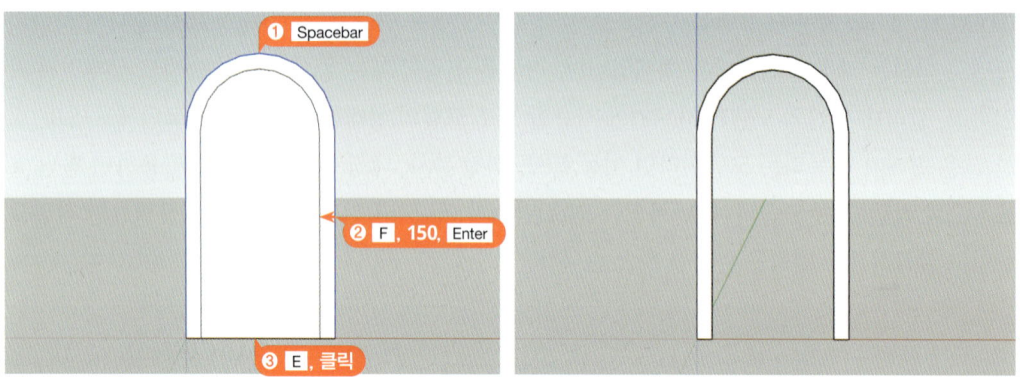

03 ❶ [Push/Pull] P 로 면을 **2000mm** 뒤로 끌어당깁니다. ❷ Spacebar 를 누르고 객체를 모두 선택해 그룹으로 만듭니다. ❸ [JHS Powerbar]의 [Smooze Lite]를 실행해 곡면의 에지를 숨깁니다.

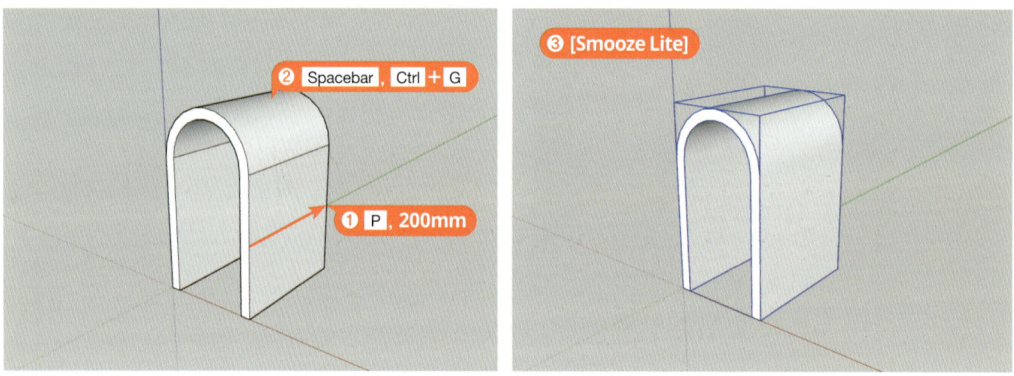

04 ❶ [Rotated Rectangle] Ctrl + R 을 실행하고 ↑ 를 눌러 작업 평면을 XY평면으로 고정합니다. ❷ 모델의 뒤쪽 맨 위쪽 점을 지정하고 마우스 포인터를 아래와 같이 앞쪽으로 이동한 후 **1500,45**를 입력합니다. ❸ 마우스 포인터를 드래그해 빨간색 가이드라인 위의 임의의 위치를 클릭해 사각형을 그립니다. ❹ [Push/Pull] P 을 실행하고 사각형을 앞의 모델 높이와 같게 아래로 끌어 상자를 만들고 그룹으로 만듭니다.

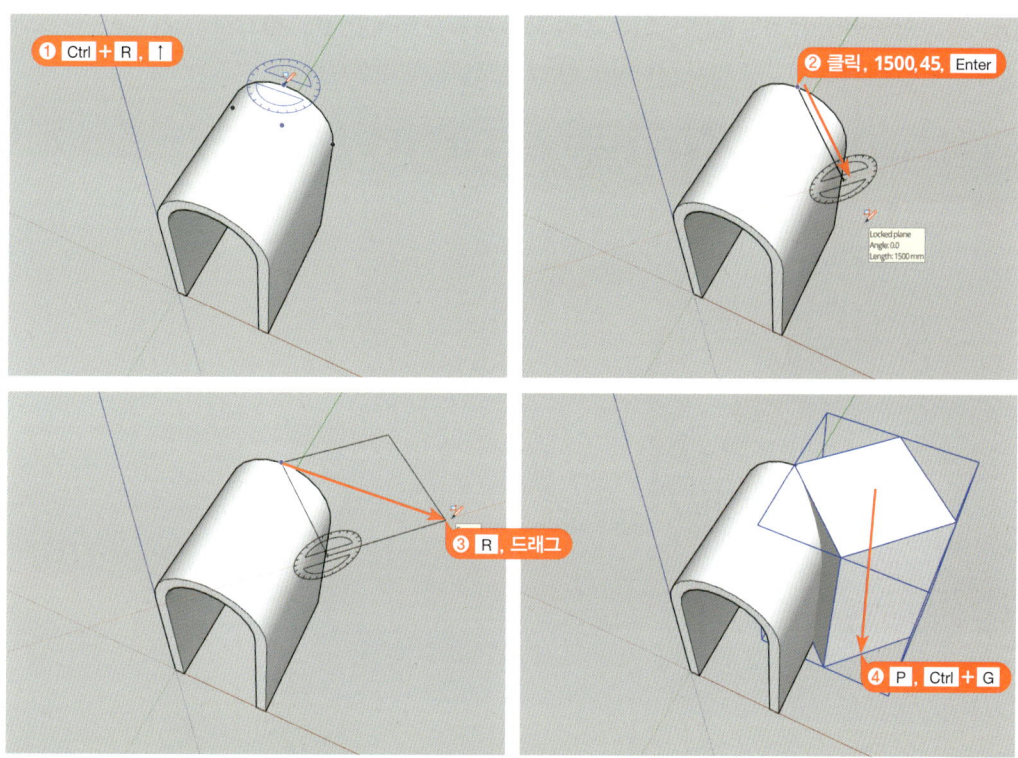

CORE TIP [Rotated Rectangle ⬚] Ctrl + R 의 입력값의 형식은 길이,각도입니다.

05 ❶ Spacebar 를 눌러 상자를 선택합니다. ❷ [Flip ⬚] Ctrl + F 를 실행한 후 Ctrl 을 한 번 눌러 복사 모드로 바꿉니다. ❸ X축 평면(빨간색)을 그림과 같이 가운데 점으로 드래그해 반대편으로 복사합니다.

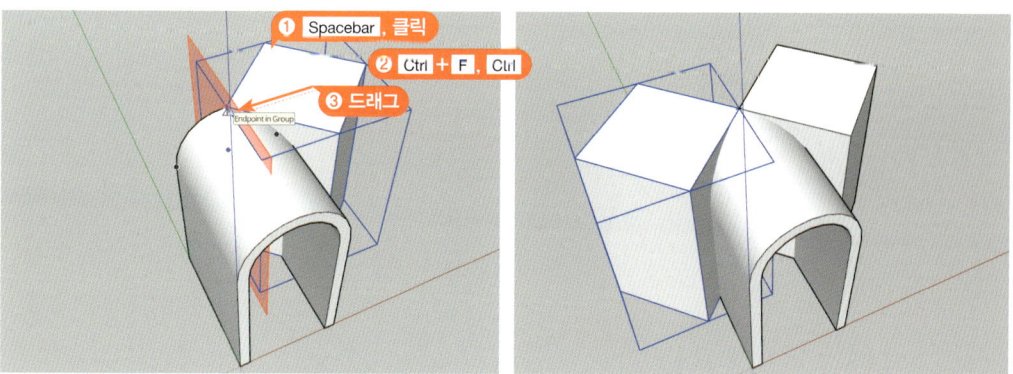

06 ❶ Spacebar 를 누르고 Ctrl + T 를 눌러 모두 선택을 해제합니다. ❷ [Subtract]를 클릭해 실행합니다. ❸ 박스 하나를 먼저 클릭하고 ❹ 앞의 모델을 클릭합니다.

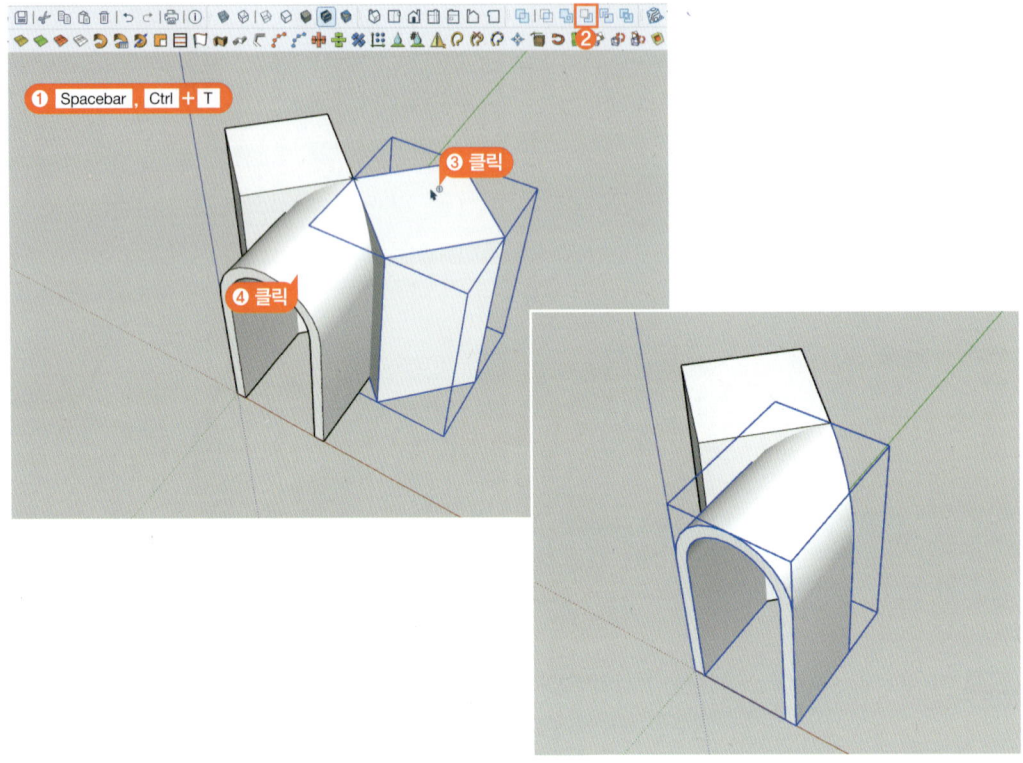

07 ❶ [Subtract]가 실행된 상태에서 화면의 빈 곳을 클릭해 명령을 초기화합니다. ❷ 남은 박스를 클릭한 후 ❸ 앞의 모델을 클릭합니다.

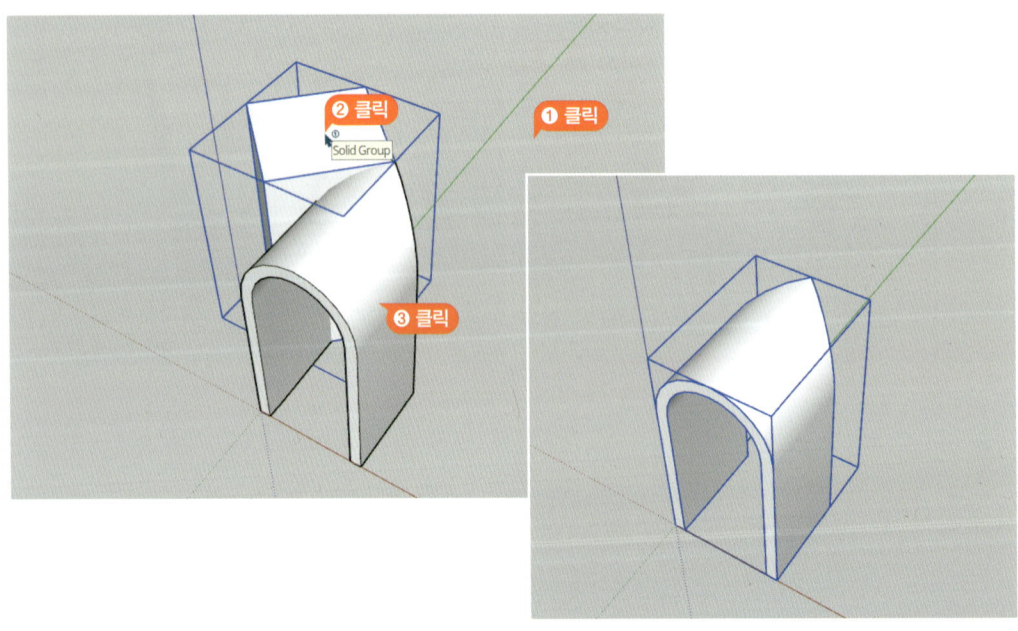

08 ❶ [Flip ⚠] Ctrl + F 을 실행하고 Ctrl 을 한 번 눌러 복사 모드로 바꿉니다. ❷ 모델의 잘린 면을 클릭해 반대편에 복사합니다.

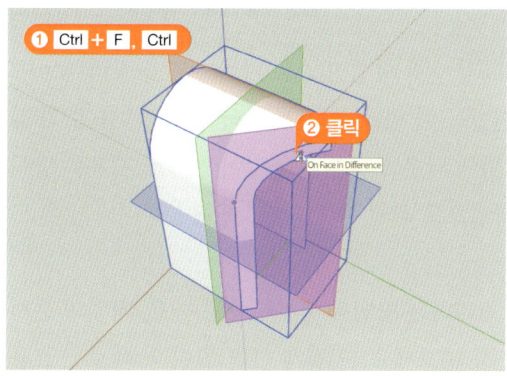 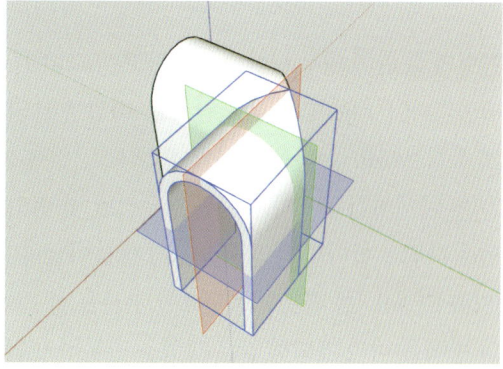

09 ❶ Spacebar 를 눌러 모델을 모두 선택한 후 ❷ [Flip ⚠] Ctrl + F 을 실행해 반대편에 복사합니다.

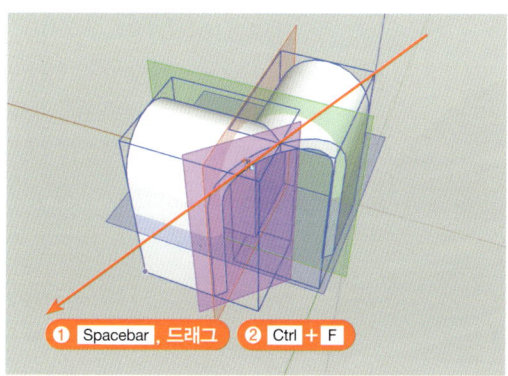 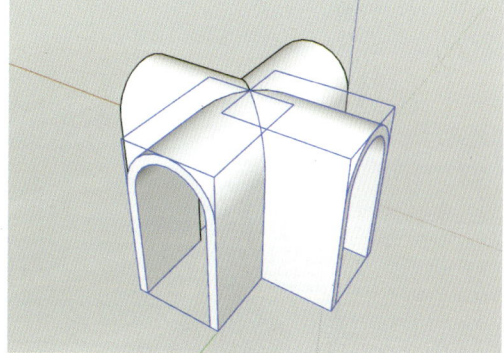

10 ❶ Spacebar 로 모델을 모두 선택한 후 ❷ [Outer Shell 🗇]을 실행해 하나로 합쳐 완성합니다.

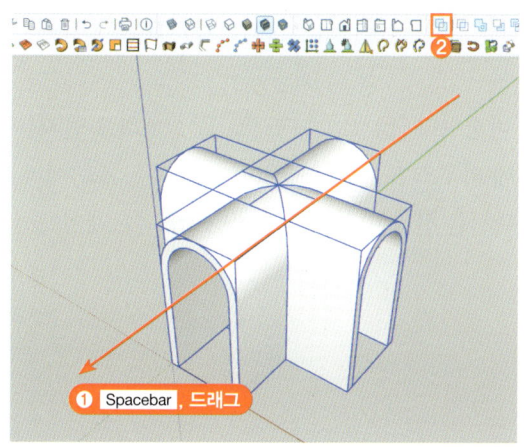 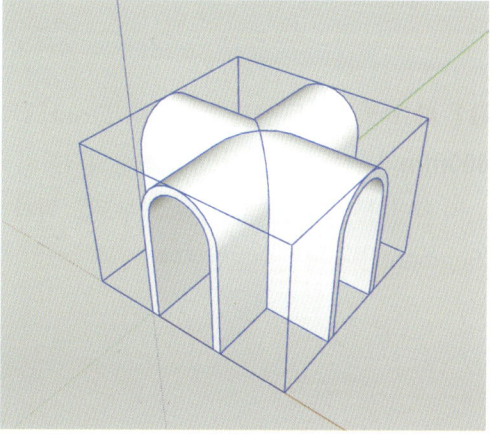

Solid Tools를 활용한 모델링 ❷

완성 파일 | Part 02/원형선반_완성.skp

원형의 틀 안에 내부 선반을 배치하고, [Solid Tools]를 이용해 틀 밖으로 나간 선반을 잘라내는 예제입니다. [Solid Tools]로 원형 틀 바깥 부분의 선반을 한 번에 여러 개 잘라내는 과정을 주의 깊게 살펴보세요. 선반을 하나씩 잘라내고, 원형 틀 밖에 남은 조각들을 일일이 선택해 지우는 방식은 이 예제처럼 구조가 단순한 경우라면 몇 번의 작업으로 끝낼 수 있지만, 더 복잡하거나 많은 모델을 다뤄야 한다면 작업 시간이 크게 늘어납니다.

[Solid Tools]를 활용해 불필요한 부분을 한 번에 처리하는 방법을 충분히 연습하고, 작업의 순서와 방식을 미리 계획해 같은 작업을 반복하지 않도록 해보세요. 이렇게 하면 훨씬 더 빠르고 효율적으로 모델링을 완성할 수 있습니다.

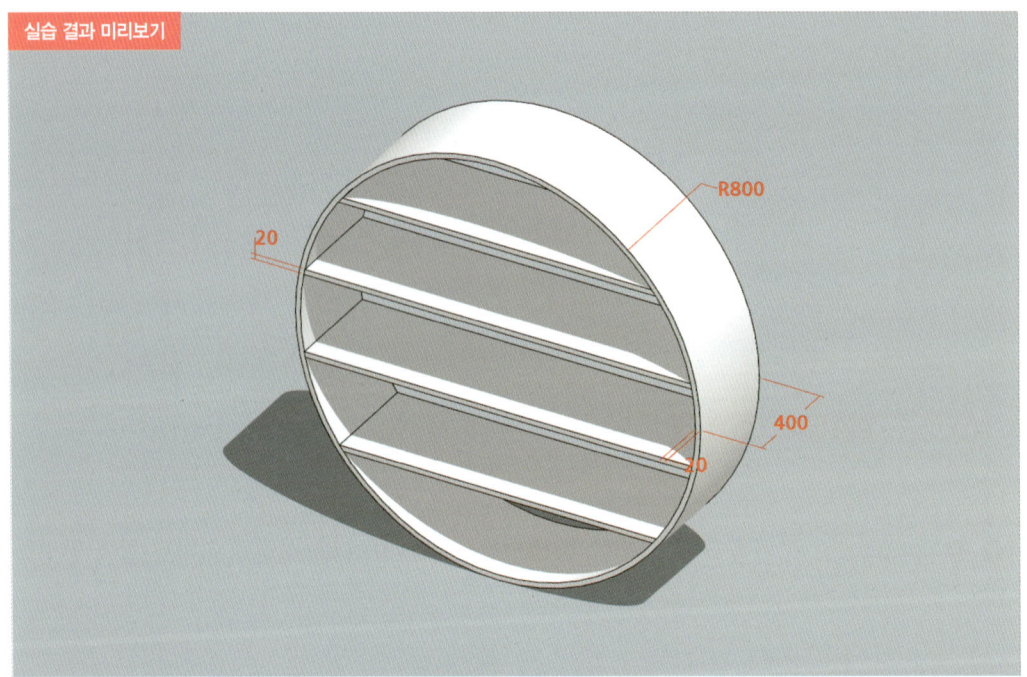

실습 결과 미리보기

01 ❶ `Ctrl`+`2`를 눌러 뷰포트를 [Front] 뷰로 바꿉니다. ❷ [Cricle ⊙ `C`]을 실행하고 반지름 **800mm**의 원을 만듭니다(반지름을 입력하기 전에 마우스 포인터의 방향이 X축(혹은 Z축)에 있는지 확인하세요). ❸ `Spacebar`를 누르고 원의 외곽선을 선택합니다. ❹ [Entity Info] 트레이에서 [Segments]를 **48**로 수정합니다.

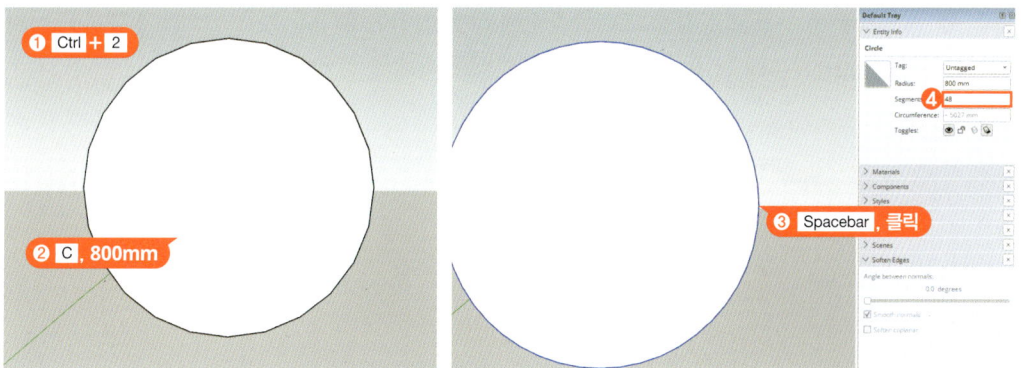

CORE TIP 원의 중심점을 클릭하기 전에 300을 입력하지 않도록 주의하세요. 중심점을 클릭하기 전에 값을 입력하면 원의 둘레를 구성하는 세그먼트 수가 변경되어 불필요하게 용량이 큰 모델이 만들어집니다. 원의 기본 세그먼트 개수는 24개이며, 곡선을 구성하는 세그먼트 수는 3~999개까지 사용할 수 있습니다.

02 ❶ [Offset ⌒] [F]을 실행하고 안쪽으로 **20mm** 오프셋합니다. ❷ [Spacebar]를 누르고 안쪽 면을 선택한 후 [Delete]를 눌러 삭제합니다. ❸ [Push/Pull ◆][P]을 실행하고 모델의 뒤로 **400mm** 끌어당깁니다. ❹ [Ctrl]+[G]를 눌러 그룹으로 만듭니다.

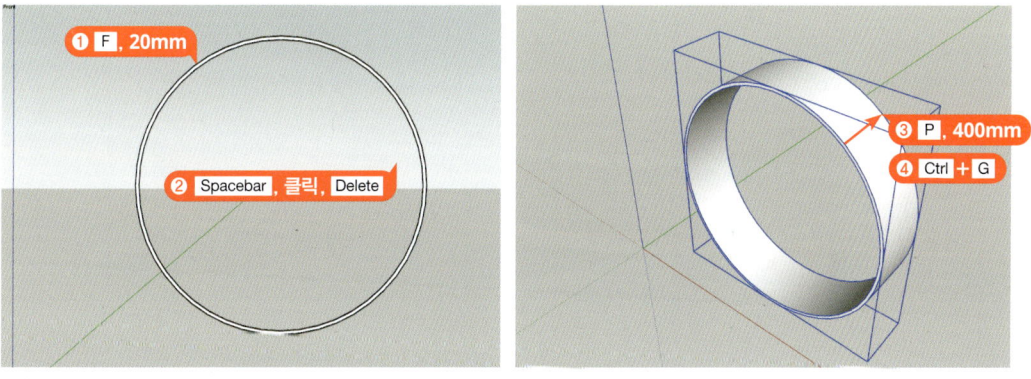

03 ❶ [Rectangle ▱][R]을 실행하고 가운데 안쪽 점에 맞춰 사각형을 그립니다. ❷ [Push/Pull ◆][P]로 **20mm** 끌어올려 상자를 만듭니다(그룹을 만들지 마세요).

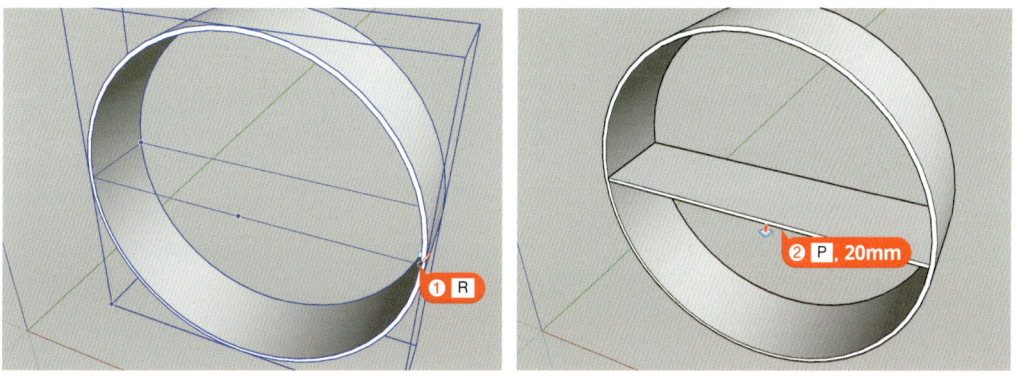

04 ❶ Spacebar 를 누르고 상자를 트리플클릭해 선택합니다. ❷ [Move ✥] M 을 실행하고 상자의 윗면 **Midpoint**(가운데 점)을 클릭해 ❸ 원형 모델의 아래에 겹치도록 이동합니다.

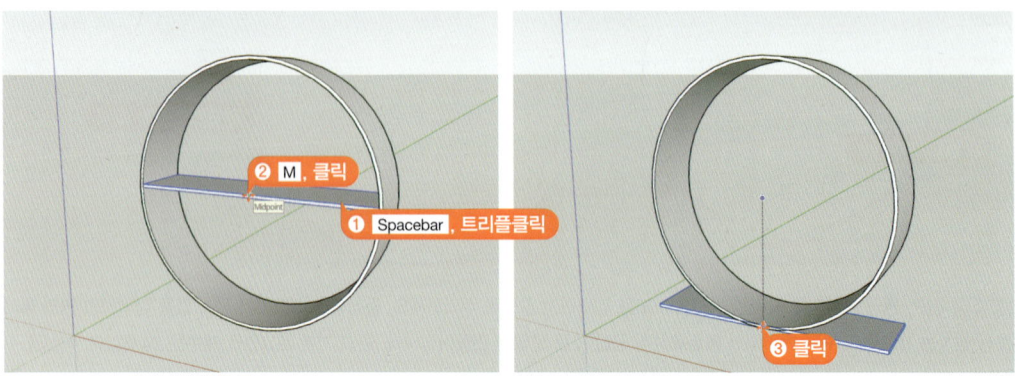

05 ❶ 계속해서 Ctrl 을 한 번 눌러 복사 모드로 바꾸고 ❷ 상자의 아래쪽 가운데 점을 클릭해 원형 모델의 윗면에 겹치도록 복사합니다.

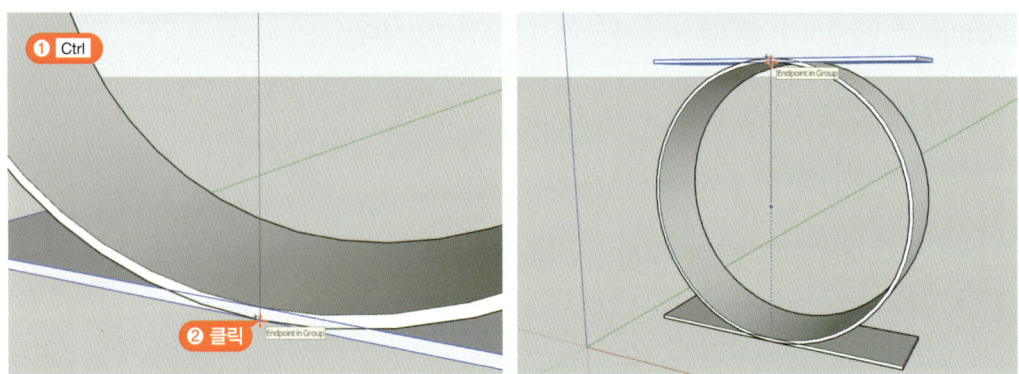

06 ❶ 5/를 입력해 상자를 네 개 추가합니다. ❷❸ Spacebar 를 누르고 맨 위와 맨 아래의 상자를 트리플클릭해 선택한 후 삭제합니다. ❹ 안쪽 상자를 그룹화한 후 솔리드 상태를 확인합니다.

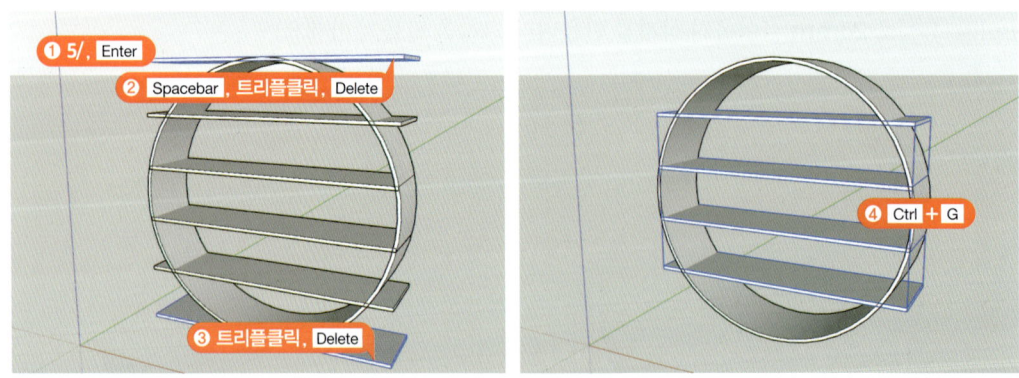

07 ❶ 원형 모델을 선택하고 Ctrl+C를 눌러 복사합니다. ❷ Ctrl+Shift+V를 눌러 제자리에 붙여 넣습니다.

CORE TIP 복사하기 Ctrl+C, 제자리 붙여넣기 Ctrl+Shift+V 등의 명령은 [Edit] 메뉴에서 확인할 수 있습니다.

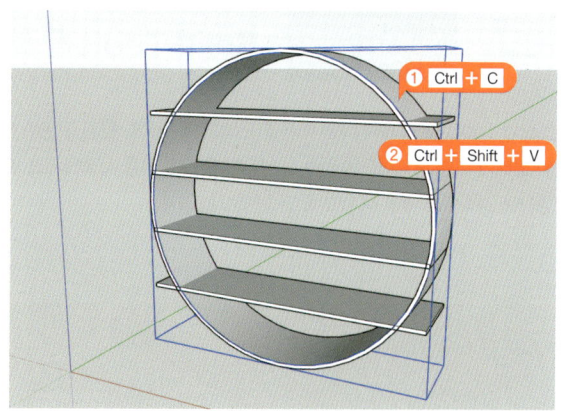

08 ❶ 원형 모델을 더블클릭해 그룹을 엽니다. ❷ 원형 모델의 바깥면을 클릭한 뒤 [Scale] S을 실행합니다. ❸ 오른쪽 면의 가운데에 있는 제어점을 클릭합니다. ❹ Ctrl(중심 축 고정)과 Shift(비율 유지)를 한 번씩만 눌러 활성화한 후 제어점을 바깥쪽으로 드래그해 상자보다 약간 크게 만듭니다. ❺ Spacebar를 누르고 빈 곳을 클릭해 그룹을 닫습니다.

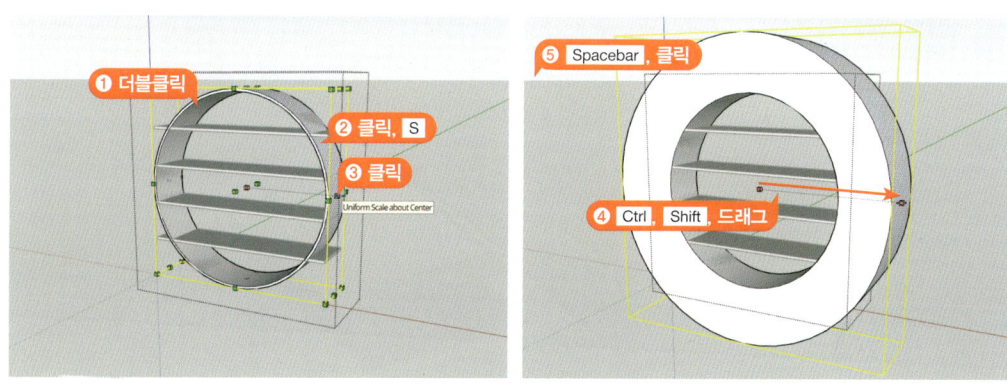

09 ❶ [Subtract]를 실행하고 ❷ 크기를 늘린 원형 모델을 클릭한 후 ❸ 안쪽 선반을 클릭하면 선반의 바깥 부분이 삭제됩니다.

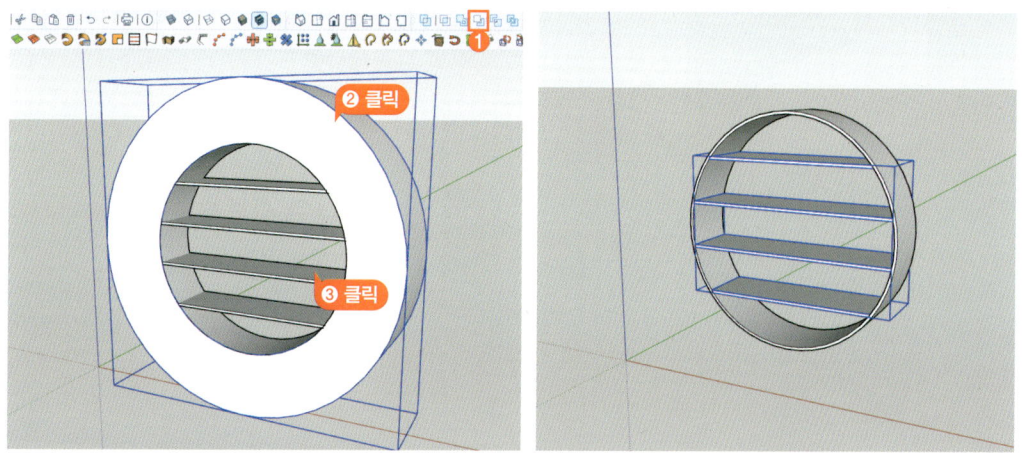

Lesson 12 솔리드 도구 활용하기 **199**

 **Self Training** **Solid Tools를 활용한 모델링 연습하기**

[Solid Tools]를 활용해 다음 예제를 모델링해보세요. 먼저 기본이 되는 모델의 형태와 교차 연산에 사용할 모델의 형태가 어떤 모양이어야 하는지 생각한 후 모델링을 시작하세요. 모델을 선택하는 순서를 잘 신경 써서 한 번에 원하는 결과물이 나올 수 있도록 연습해보세요.

실습 따라 하기

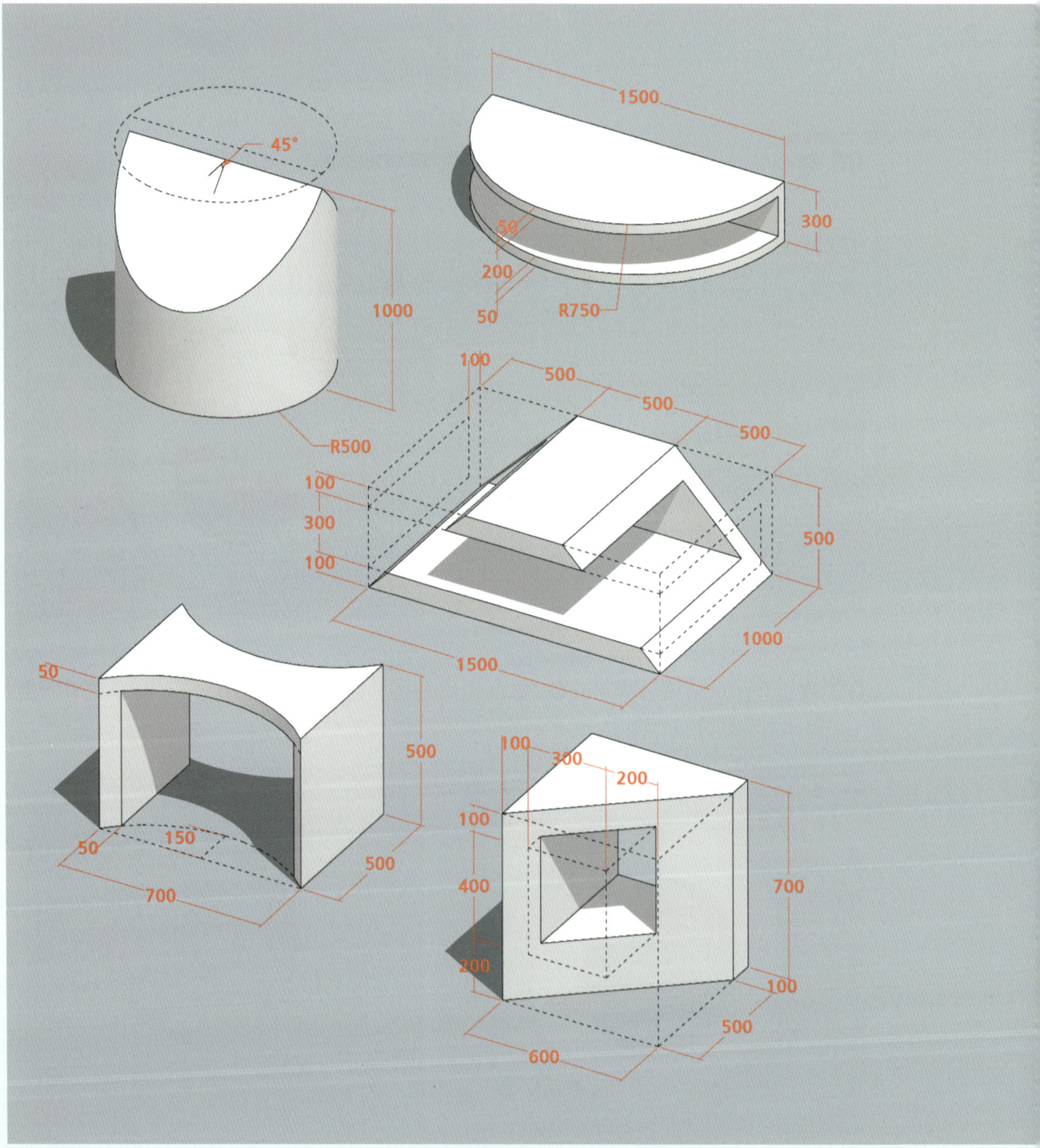

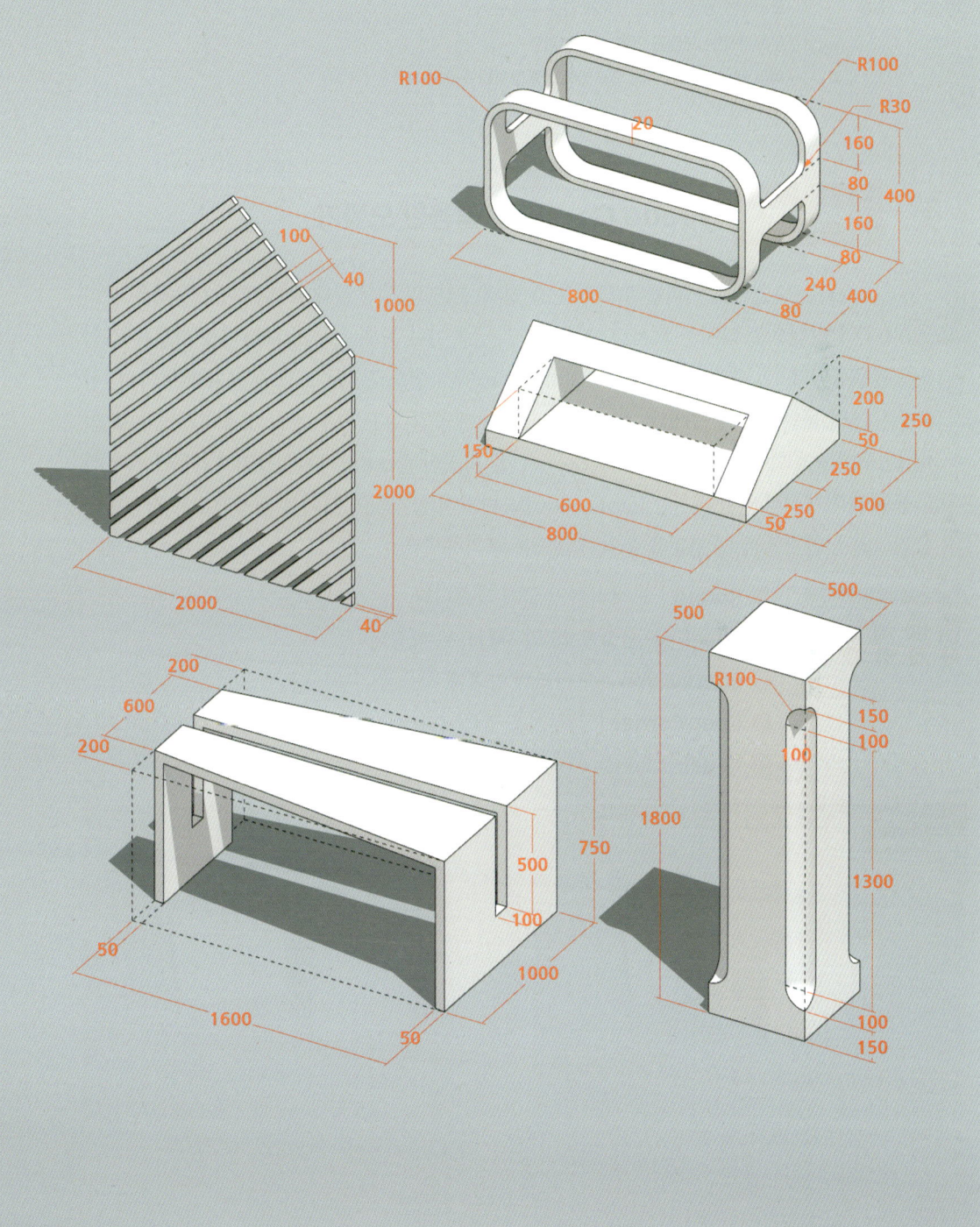

Self Training Solid Tools를 활용한 모델링 연습하기

Lesson 13 | 플러그인을 활용해 모델링하기

Check Point
- 모서리를 둥글게 혹은 각지게 깎을 수 있는가?
- 두께가 있는 모델을 만들 수 있는가?
- 여러 개의 면을 동시에 오프셋하고 돌출시킬 수 있는가?

Warm Up | Fredo Corner를 활용한 모깎기

[Fredo Corner]는 모델의 모서리를 부드러운 호 형태나 45°의 사선 형태로 깎는 데 사용하는 플러그인입니다. 일반적으로 테이블 모서리, 가구 에지, 금속이나 목재 부품의 모서리를 다듬는 작업에 자주 활용됩니다. 이 플러그인은 Extension Store에서 별도로 다운로드해 설치해야 하며, 설치 후에는 15일 동안 사용할 수 있는 트라이얼 기간이 제공됩니다. 이후 계속 사용하려면 유료 라이선스를 구매해야 합니다. 또한 [Fredo Corner]를 비롯한 Fredo의 다른 플러그인들을 사용하려면, 공통 라이브러리 역할을 하는 [LibFredo6]도 반드시 설치되어 있어야 정상적으로 작동합니다. 플러그인을 설치할 때 이 부분을 놓치지 않도록 주의하세요.

① **Round** | 모서리를 둥글게 깎습니다.
② **Bevel** | 모서리를 45°의 사선으로 깎습니다.
③ **SubDivision** | 모서리의 양쪽에 선을 추가합니다.
④ **Chop Corner** | 꼭짓점을 깎습니다.
⑤ **Repair** | Fredo Corner가 적용된 부분을 수정하거나 취소합니다.

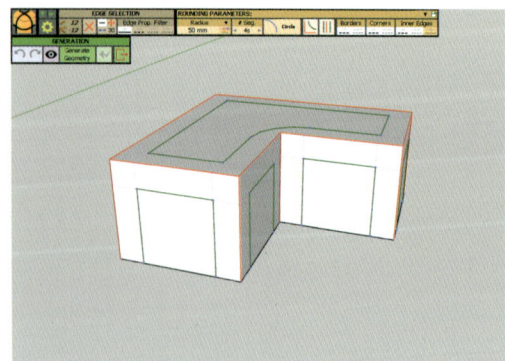
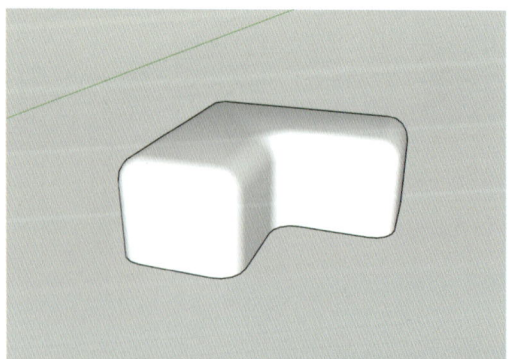

▲ 선택한 모서리에 Round를 적용한 상태

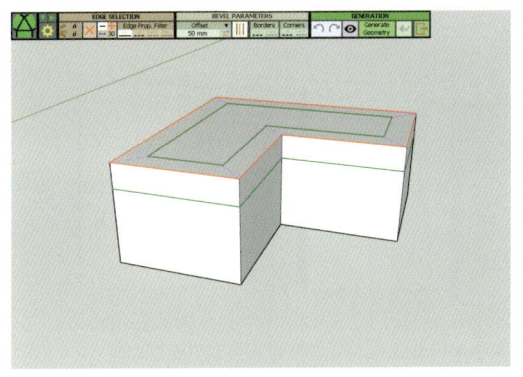 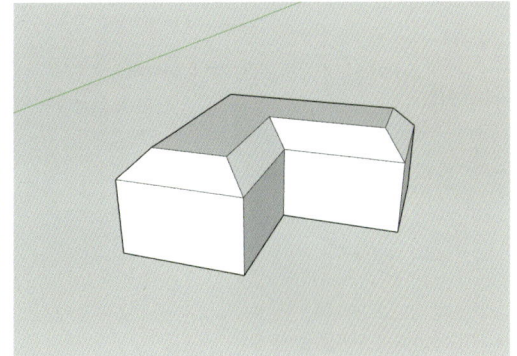

▲ 선택한 모서리에 Bevel을 적용한 상태

Warm Up Fredo Joint Push Pull을 활용한 두께 만들기

[Fredo Joint Push Pull]은 여러 개의 면을 한 번에 돌출할 수 있고, 서로 다른 방향을 가진 면도 동시에 돌출할 수 있는 매우 유용한 플러그인입니다. 기본 [Push/Pull] P 은 한 번에 하나의 면만 돌출할 수 있기 때문에, 복잡한 형상의 여러 면을 동시에 밀어내거나 끌어당기려면 번거로운 작업이 필요합니다. 이때 [Fredo Joint Push Pull]을 이용하면 훨씬 빠르고 깔끔하게 처리할 수 있습니다. 이 플러그인은 Extension Store에서 별도로 다운로드해 설치해야 하며, 설치 후 15일간은 트라이얼 기간으로 자유롭게 사용할 수 있습니다. 이후 계속 사용하려면 유료 라이선스를 구매해야 합니다. [Fredo Corner]와 마찬가지로 공통 라이브러리인 [LibFredo6]이 반드시 설치되어 있어야 하므로 설치 과정에서 이 부분도 함께 확인하세요.

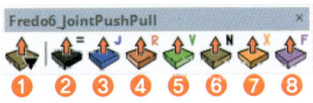

❶ **Quick Launcher** | 하위(❷~❽) 도구들을 모아놓은 도구입니다. 하위 도구를 도구바에 표시하거나 끌 수 있습니다.

❷ **Thicken** | 두께가 없는 면에 두께를 줍니다.

❸ **Push-pull or thicken** | 여러 개의 면을 동시에 [Push/Pull]하거나 두께를 줄 수 있습니다.

❹ **Round Push Pull** | 각진 면을 [Push/Pull]할 때 모서리를 둥글게 처리합니다.

❺ **Vector Push Pull** | 방향이 서로 다른 여러 개의 면을 지정한 같은 방향으로 [Push/Pull]합니다.

❻ **Normal Push Pull** | 방향이 서로 다른 여러 개의 면을 각각의 면에 법선 방향으로 [Push/Pull]합니다.

❼ **Extrude Push Pull** | 방향이 서로 다른 여러 개의 면을 평균 방향으로 [Push/Pull]합니다.

❽ **Follow Push Pull** | 면의 끝부분에 다른 에지가 연결되어 있는 경우 그 에지를 따라 [Push/Pull]합니다.

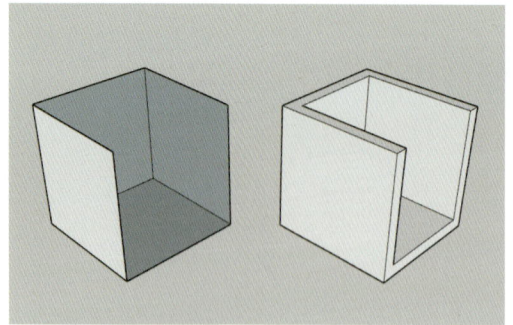
▲ [Thicken]으로 두께를 준 상태

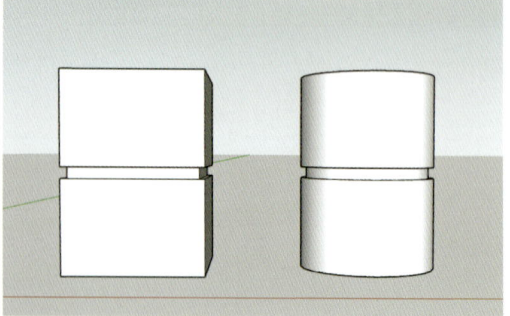
▲ [Joint Push Pull]로 밀어 넣어 홈 파기를 한 상태

 Basic Training | **Fredo Corner를 활용한 모델링**

완성 파일 | Part 02/의자_완성.skp

[Fredo Corner]를 활용해 모델의 모서리를 둥글게 다듬는 예제입니다. [Fredo Corner]는 여러 모서리를 한꺼번에 선택해 라운딩(필렛)하거나, 45° 챔퍼(사선)로 다듬을 수 있는 편리한 플러그인이지만, 잘못된 순서로 작업하면 모델이 깨지거나 의도치 않은 형태가 나올 수 있습니다. 특히, 큰 반지름으로 다듬으려는 모서리가 있다면 반드시 먼저 작업을 진행한 후 작은 반지름의 모서리를 다듬어야 충돌 없이 자연스러운 모양을 만들 수 있습니다. 같은 반지름의 모서리라면 한 번에 선택해 작업하는 것이 좋습니다. 이렇게 하면 불필요한 교차나 오류 없이 깔끔하게 모델을 완성할 수 있습니다.

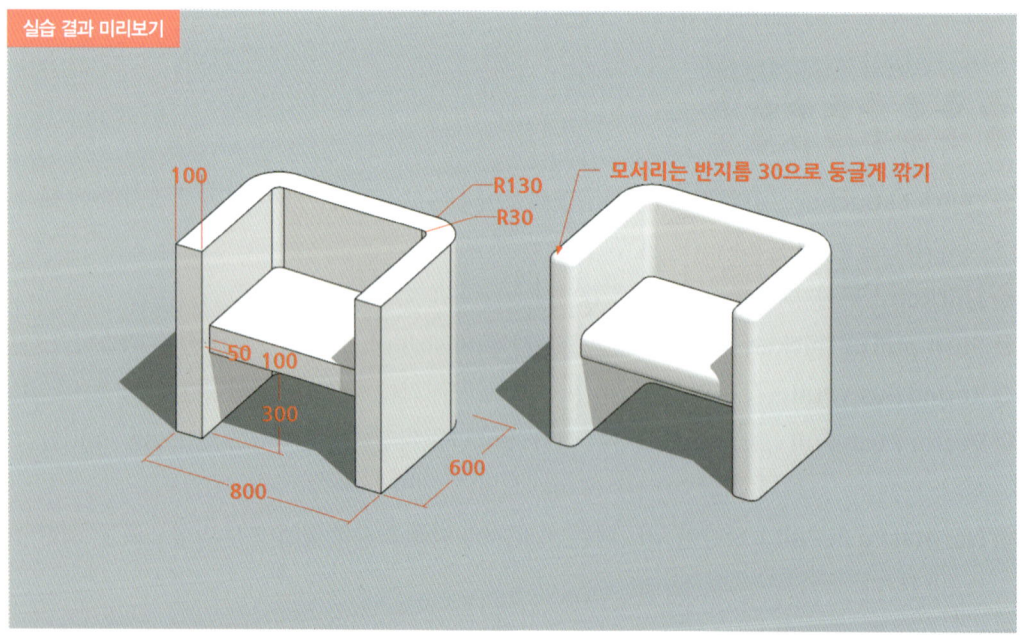

CORE TIP [Curic Gizmo]와 [Selection Toy]는 054쪽에서 함께 설치한 상태입니다. 만일 플러그인이 제대로 작동하지 않는다면 054쪽을 참고하세요.

01 ❶ ❷ [Rectangle ▱] R , [Push/Pull ♦] P 을 실행해 **폭 800mm**, **길이 600mm**, **높이 700mm** 크기의 상자를 만듭니다. ❸ 앞쪽 에지를 삭제해 아래와 같이 만듭니다.

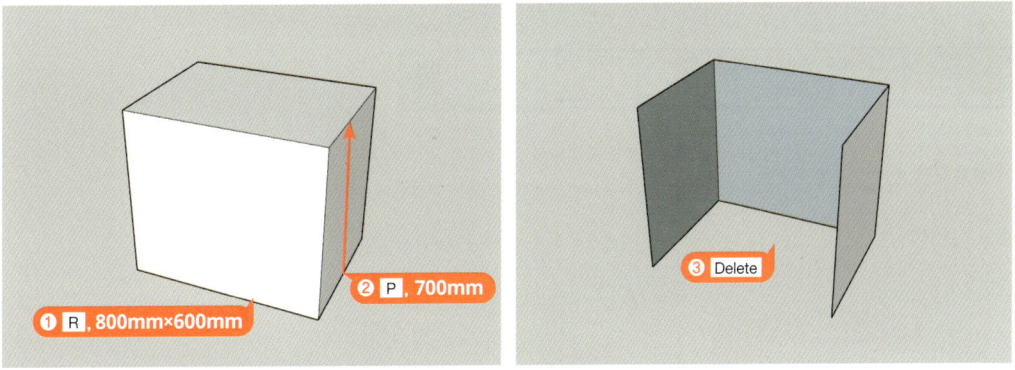

02 ❶ Spacebar 를 누르고 뒤쪽 모서리의 에지 두 개를 선택합니다. ❷ [FredoCorner]-[Round 🟡]를 실행합니다. ❸ [Radius(반지름)]은 **130**, [Seg(세그먼트)]는 **4s**, [프로파일]은 [Circle]을 선택하고 ❹ 화면의 빈 곳을 클릭합니다.

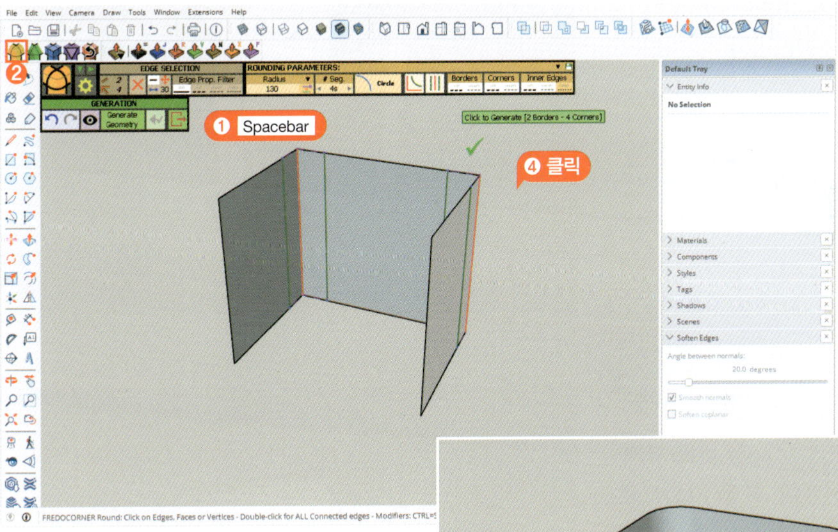

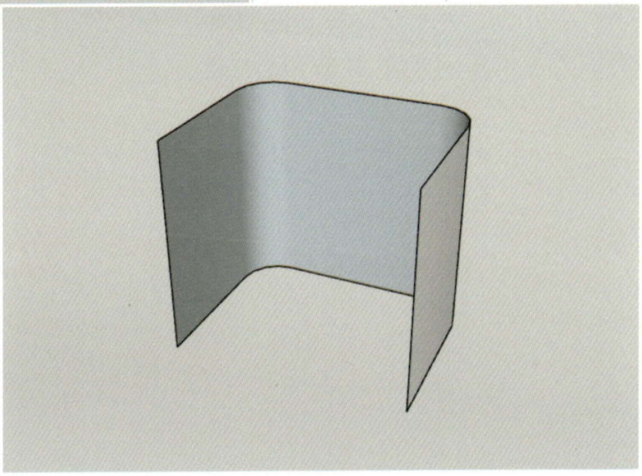

Lesson 13 플러그인을 활용해 모델링하기　205

03 ❶ [Joint Push Pull 🔶]을 실행합니다. ❷ 객체를 선택해 안쪽으로 이동하고 **100**을 입력합니다. 만일 바깥면이 비어 보인다면 Ctrl 을 한 번 눌러 [Finishing]을 [Thicken]으로 바꿉니다. ❸ 두께가 완성되면 [Exit]를 클릭하여 명령을 종료합니다.

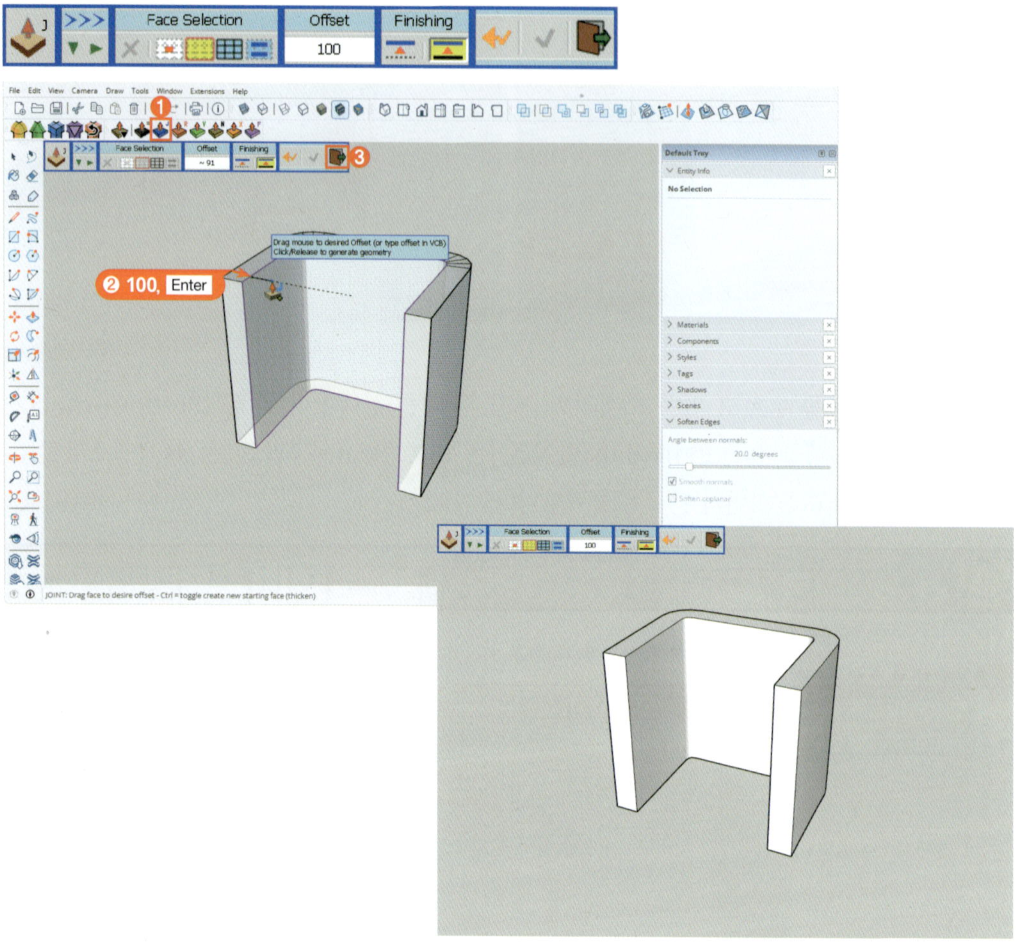

04 ❶ [Line ✏️ L]을 실행하고 아래에 선을 그려 면을 만듭니다. ❷ Spacebar 를 누르고 면을 선택한 후 ❸ 그룹으로 만듭니다.

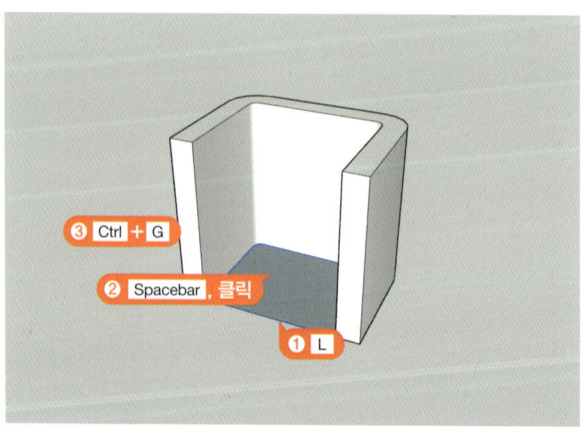

05 ❶ 그룹을 더블클릭해 엽니다. ❷ [Push/Pull] P 을 실행하고 **100mm** 위로 끌어당깁니다. ❸ 앞면을 선택해 뒤쪽으로 **50mm** 밀어 넣습니다.

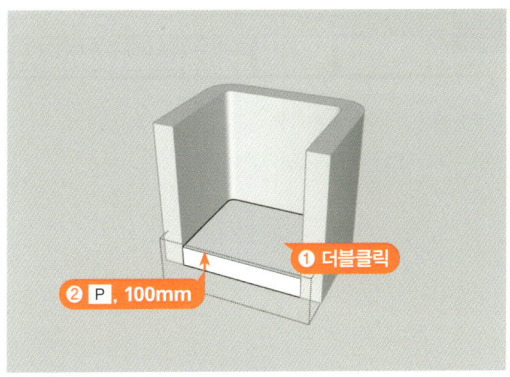
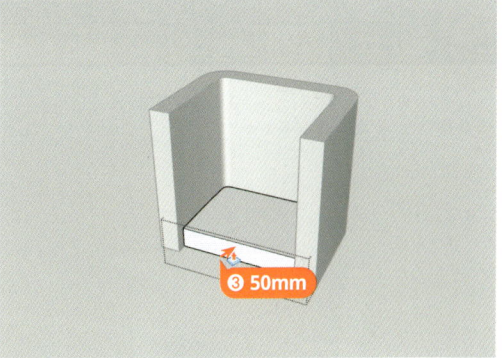

06 ❶ 그룹을 닫고 [Curic Gizmo] F8 를 실행합니다. ❷ Z축(파란색 화살표)을 클릭하고 ❸ **300**을 입력한 후 ❹ [OK]를 클릭합니다.

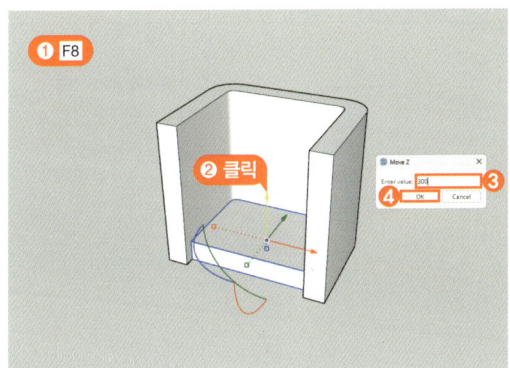
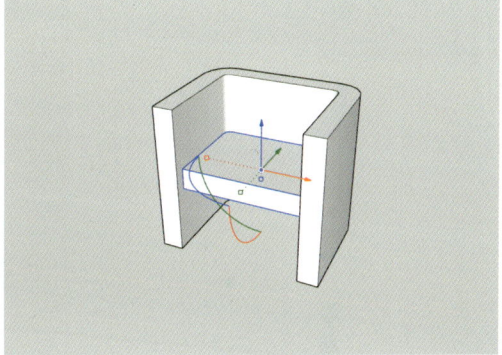

07 ❶ Spacebar 를 누르고 아래와 같이 드래그해 선택합니다. ❷ 선택한 면에서 마우스 오른쪽 버튼을 클릭합니다. ❸ [Select Only] - [Edges]를 선택해 에지만 선택되도록 합니다.

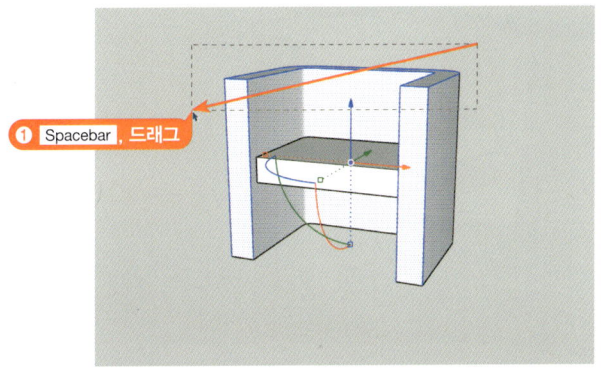

CORE TIP [Select Only]는 [Selection Toys] 플러그인에 포함된 명령입니다. [Selection Toys]는 054쪽에서 설치해놓은 상태입니다. 이 플러그인이 작동하지 않는다면 054쪽을 참고해 다시 설치해주세요.

08 ❶ [FredoCorner] - [Round 🔔]를 실행합니다. ❷ [Radius]를 **30**으로 수정해 모서리를 둥글게 만듭니다.

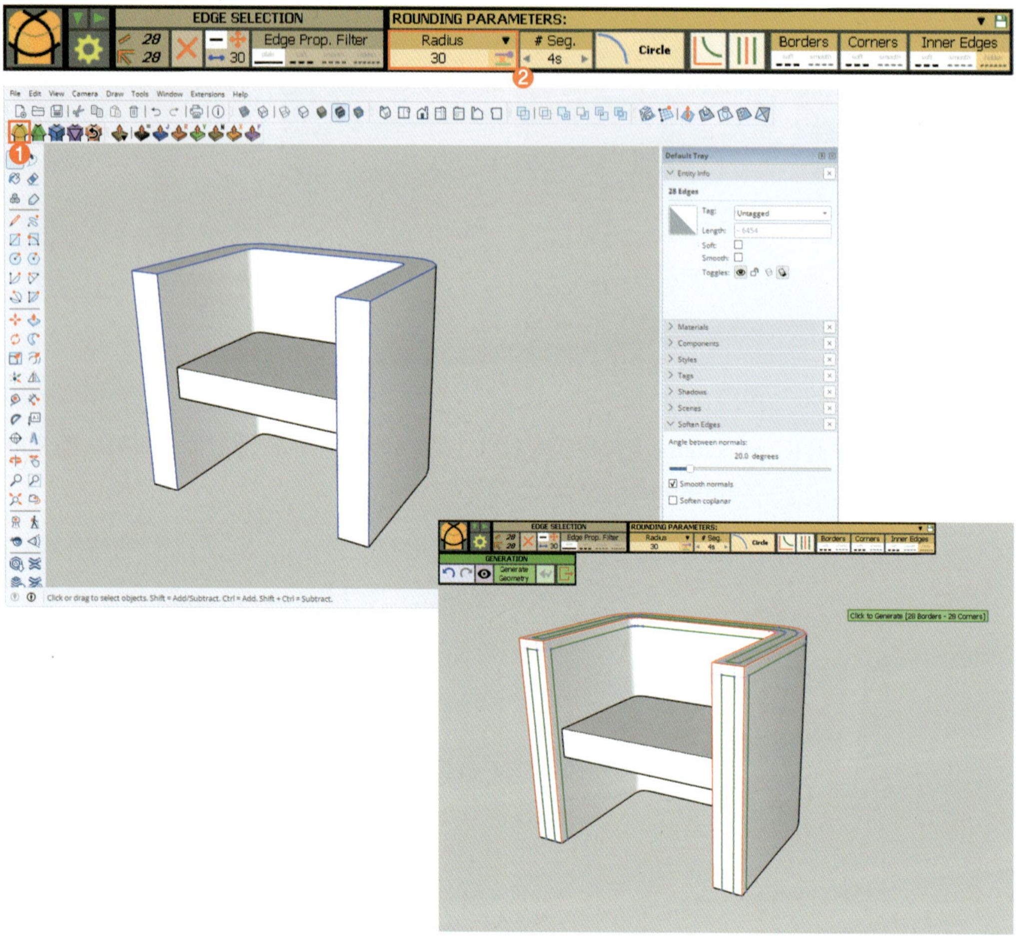

09 ❶ 완성된 등받이 모델을 트리플 클릭해 모두 선택합니다. ❷ Ctrl + G 를 눌러 그룹화하고 솔리드 상태를 확인합니다.

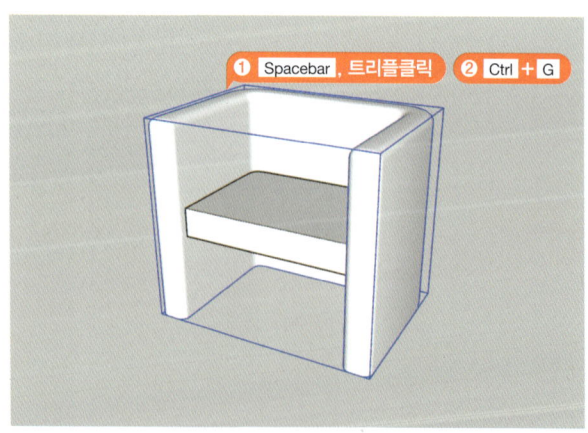

10 ❶ 좌판(앉는 부분)을 더블클릭해서 엽니다. ❷ 위아래 에지만 선택하고 ❸ [FredoCorner] – [Round]를 실행합니다. ❹ 08 과정과 동일한 설정으로 모서리를 깎아 완성합니다.

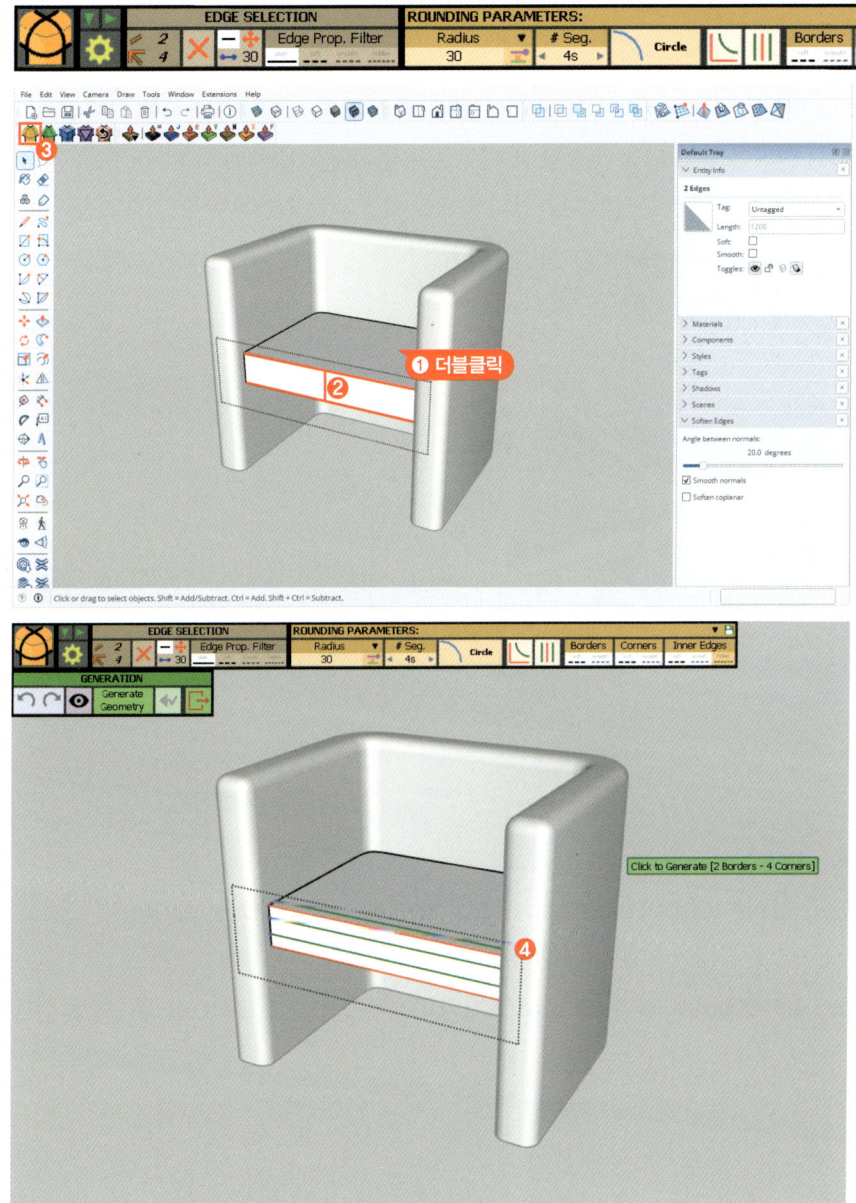

Smart Offset을 활용한 모델링

완성 파일 | Part 02/SmartOffset_완성.skp

[TIG Smart Offset]을 이용해 나누어진 면을 한 번에 오프셋해 면을 나누고 [Joint Push Pull]을 이용해 두께를 만드는 예제입니다. [TIG Smart Offset]은 건축 창호 패턴이나 파사드 디자인처럼 동일하거나 반복되는 형태를 다수 만들어야 할 때 매우 유용합니다. 이후 [Joint Push Pull]을 이용해 한 번에 일정 두께로 돌출하면 복잡한 디자인의 입체를 빠르고 정확하게 완성할 수 있습니다.

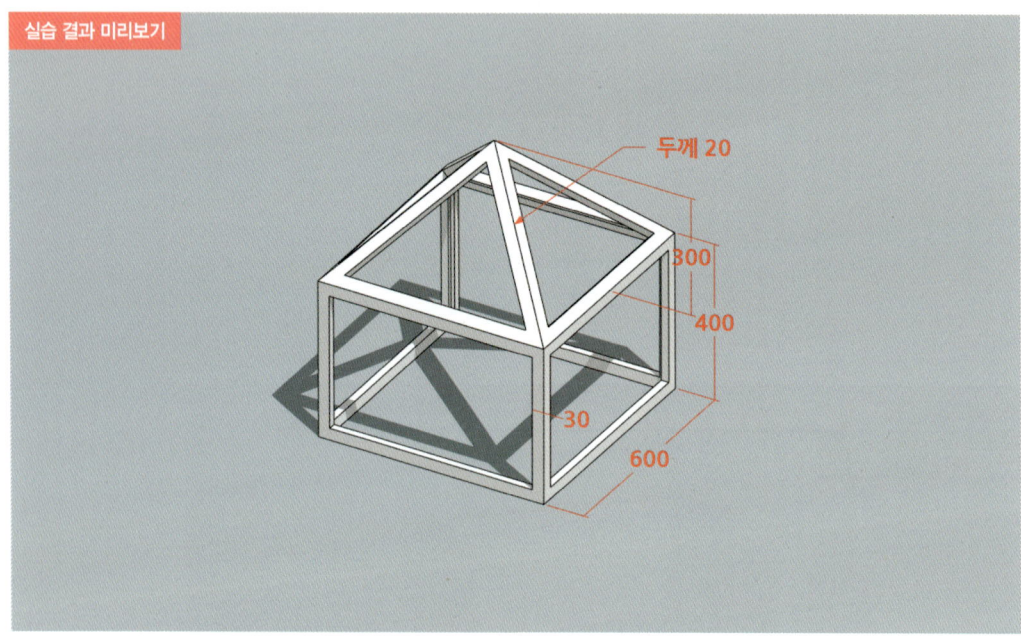

CORE TIP [TIG Smart Offset]은 054쪽에서 설치한 플러그인으로, 도구바만 추가해 바로 사용할 수 있습니다.

01 ❶ 폭 **600mm**, 길이 **600mm**, 높이 **400mm** 크기의 상자를 만듭니다. ❷ [Line ✏️] [L]을 실행하고 윗면에 대각선으로 선을 그립니다.

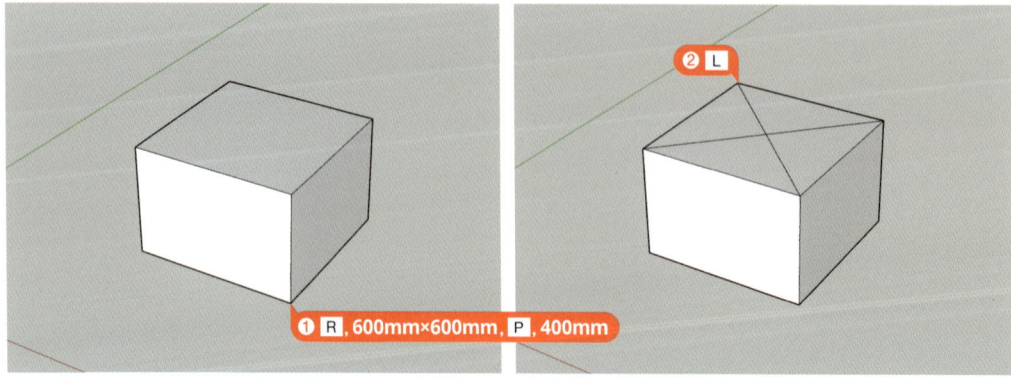

02 [Move ✥] M 를 실행하고 교차점을 클릭한 후 **300mm** 위로 끌어당깁니다.

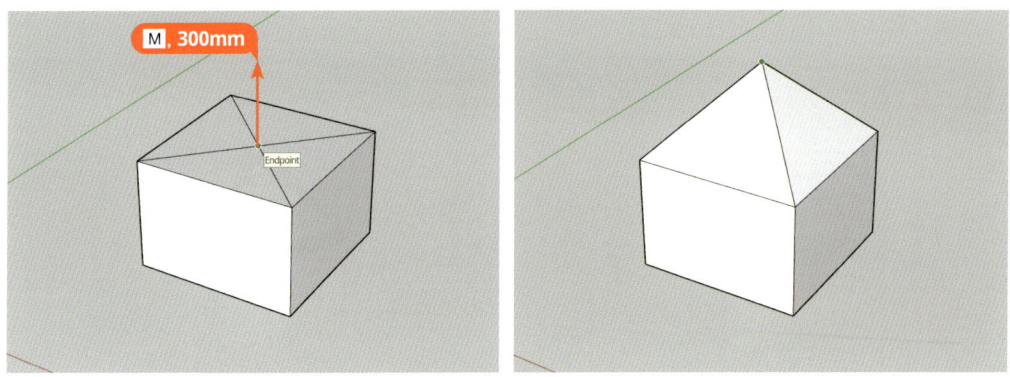

03 Spacebar 를 누르고 밑면을 선택해 삭제합니다.

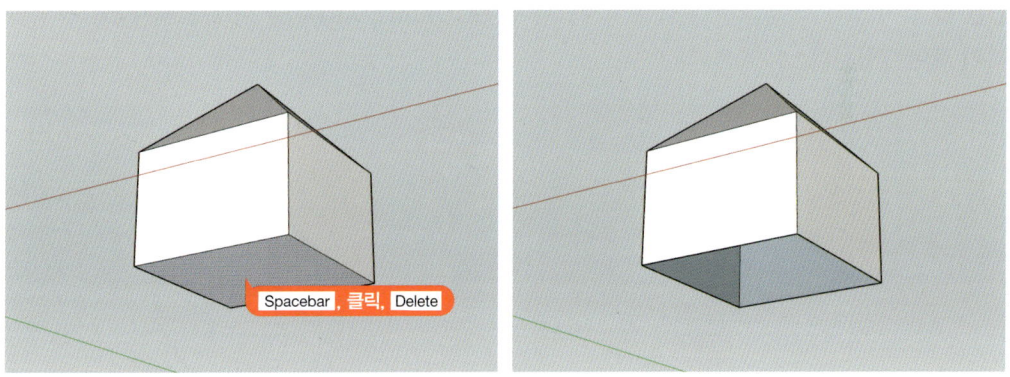

04 ❶ 도구바 영역의 빈 곳에서 마우스 오른쪽 버튼을 클릭해 [TIG.Smart_offset]을 추가합니다. ❷ 객체를 트리플클릭해 선택하고 ❸ [TIG.Smart_offset]을 클릭합니다. ❹ **-30**을 입력하고 ❺ [OK]를 클릭합니다.

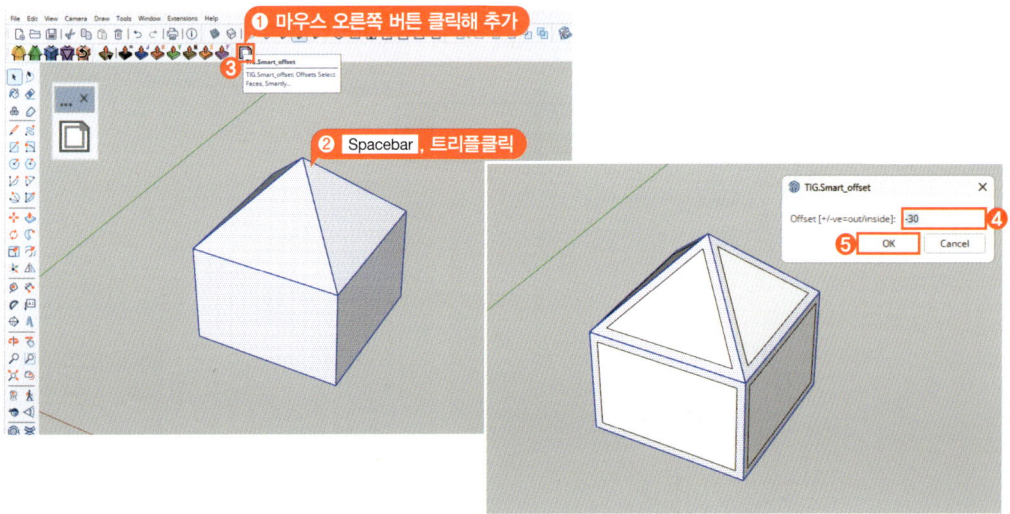

05 ① 현재 선택되어 있는 면 그대로 Ctrl + G를 눌러 그룹으로 만듭니다. ② [Hide] H를 실행해 숨깁니다.

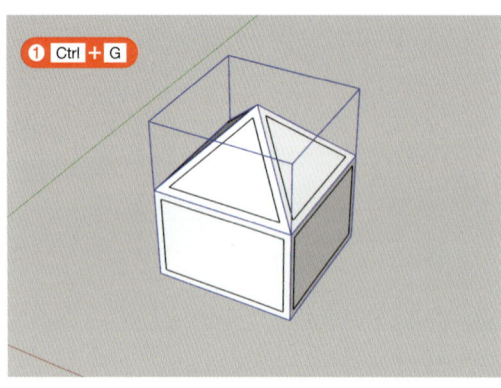
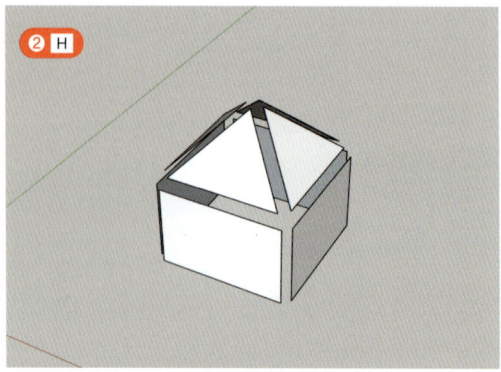

06 ① 남아 있는 면을 모두 선택해 삭제합니다. ② [Unhide All] U을 실행해 숨겨놓은 모델을 다시 보이게 합니다.

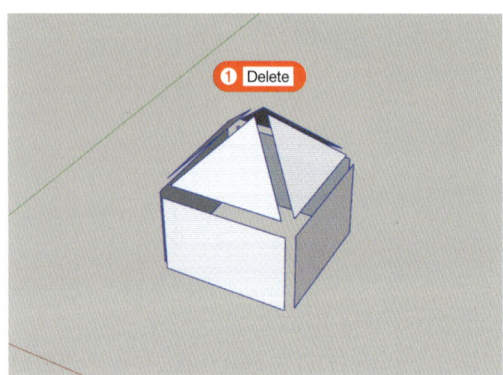
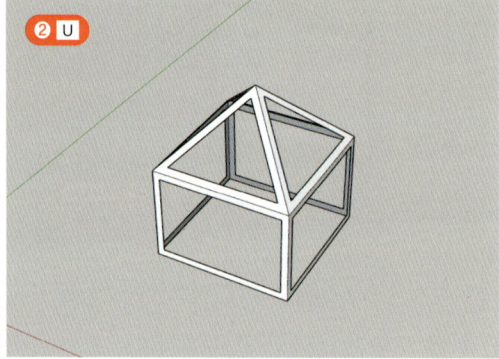

07 ① [Fredo Joint Push Pull ♣]을 실행합니다. ② [Face Selection]-[All Connected faces]를 선택하고 ③ 면을 클릭해 안쪽으로 이동합니다. ④ [Offset]에 **-20**을 입력하고 ⑤ [Exit]를 클릭하여 종료합니다.

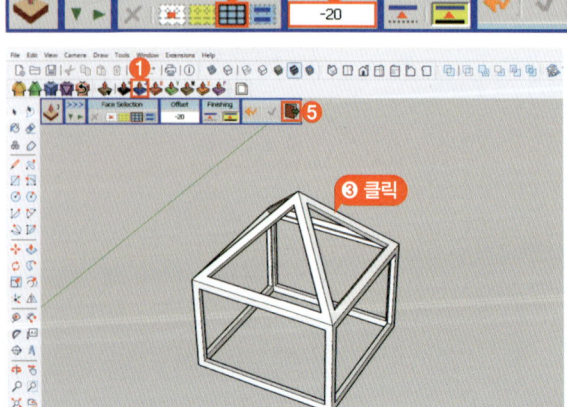
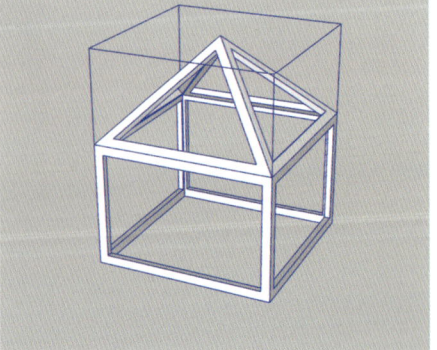

 **Curviloft를 활용한 곡면 만들기**

완성 파일 | Part 02/Curviloft_완성.skp

[Curviloft] 플러그인을 활용해 막 구조와 같은 곡면 형태를 만들 수 있습니다. 곡면의 외곽선을 그리고 이 곡선을 연결해 내부 곡면을 만드는 방식으로 작업합니다. 이때 외곽선은 가급적 3~4개의 커브(곡선)로 그리는 것이 좋습니다. 5개 이상의 곡선을 연결하면 중간에 원하지 않는 주름이나 울퉁불퉁한 형태가 생길 수 있기 때문입니다. 또한 커브의 끝점은 반드시 정확히 맞닿아 있어야 하며, 조금이라도 어긋나면 면이 생성되지 않으니 주의해서 작업합니다. [Curviloft]는 Extexnsion Store에서 찾아 설치할 수 있습니다. 트라이얼 기간은 30일이며 이후 라이선스를 구입해야 사용할 수 있는 유료 플러그인입니다.

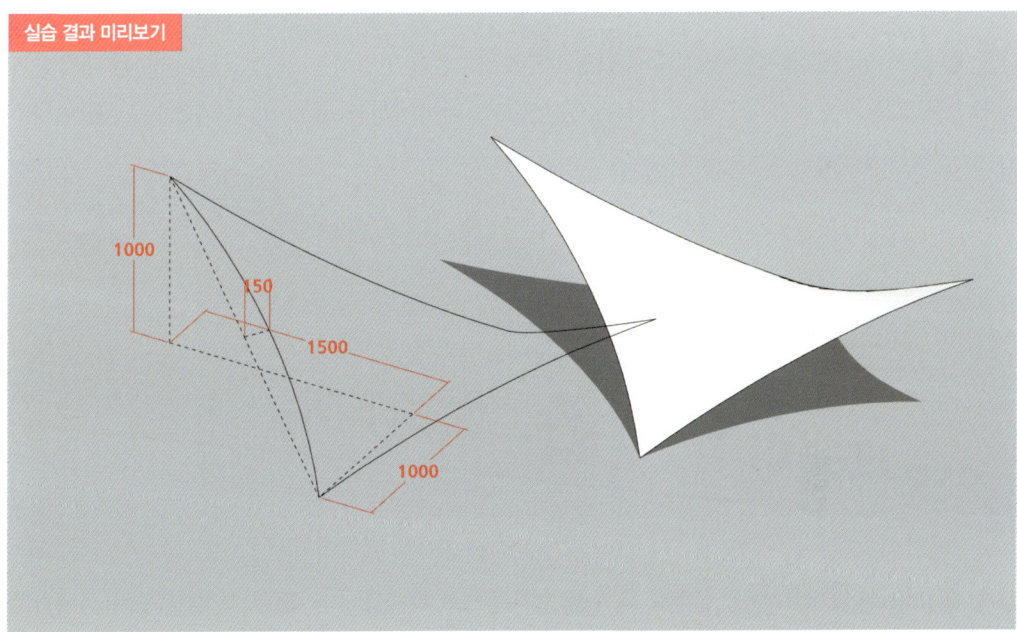

01 ❶ Ctrl + 1 을 눌러 [Top] 뷰로 바꾸고 ❷ [Line ✏️] L 을 실행해 **가로 1500mm, 세로 1000mm**의 선을 그립니다. ❸ 긴 선의 끝 부분으로부터 Z축 방향으로 **1000mm**의 선을 그립니다.

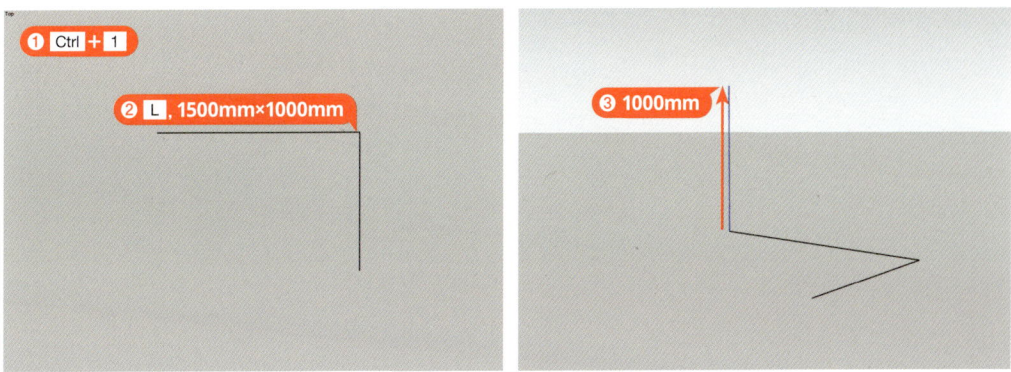

Lesson 13 플러그인을 활용해 모델링하기 **213**

02 ❶ 그림과 같이 끝점을 잇는 대각선을 그립니다. ❷ 대각선의 가운데 점을 시작점으로 안쪽으로 **150mm** 길이의 선을 그립니다.

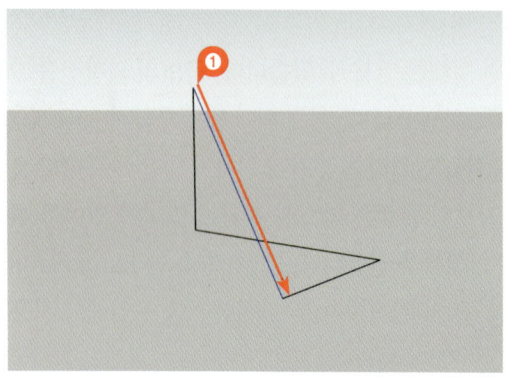
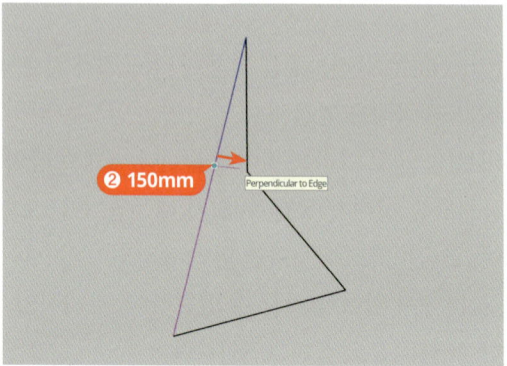

03 ❶ [2 Point Arc ⌒][A]를 실행해 그림과 같이 세 점을 연결하는 호를 그립니다. ❷ 대각선과 안쪽으로 그은 선을 삭제하고 ❸ 호의 [Entity Info] 트레이에서 [Segments]를 **12**로 수정합니다.

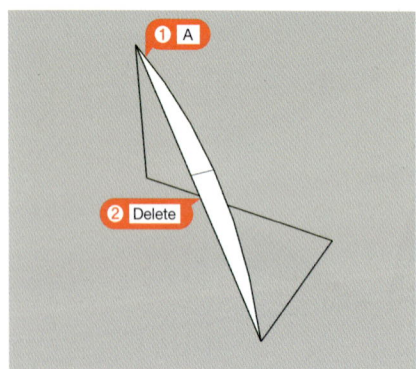
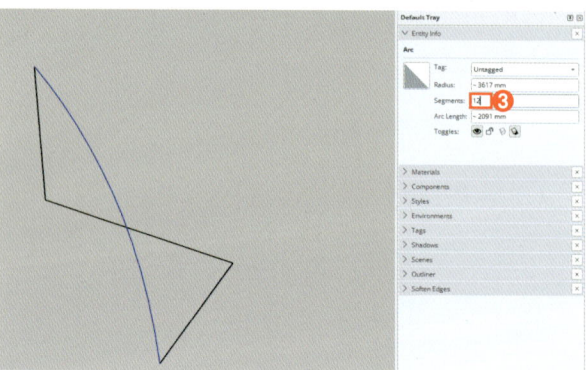

04 ❶ [Flip ⚠][Ctrl]+[F]을 실행한 후 호를 오른쪽으로 복사합니다. ❷ 호 두 개를 모두 선택하고 [Flip ⚠][Ctrl]+[F]을 실행한 후 뒤쪽으로 복사합니다.

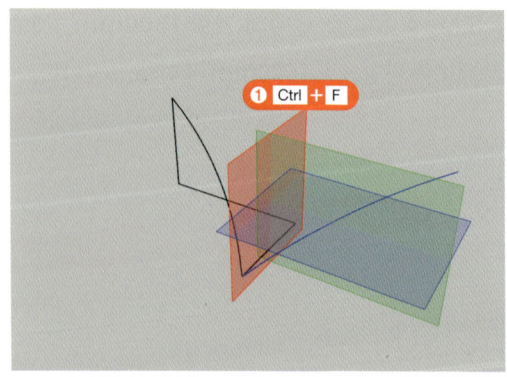
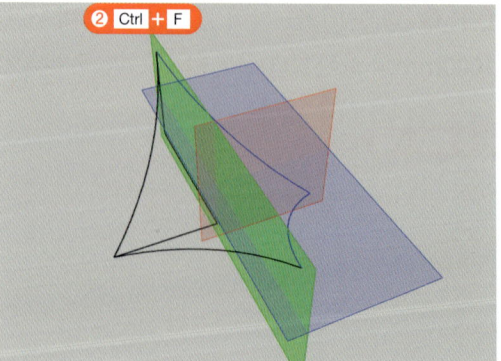

05
❶ [Curviloft] 도구바를 추가합니다. ❷ 호 네 개를 모두 선택하고 [Curviloft] 도구바에서 [Skin Contours]을 클릭합니다. ❸ 면이 정상적으로 생성되면 화면의 빈 곳을 두 번 클릭해 완료합니다.

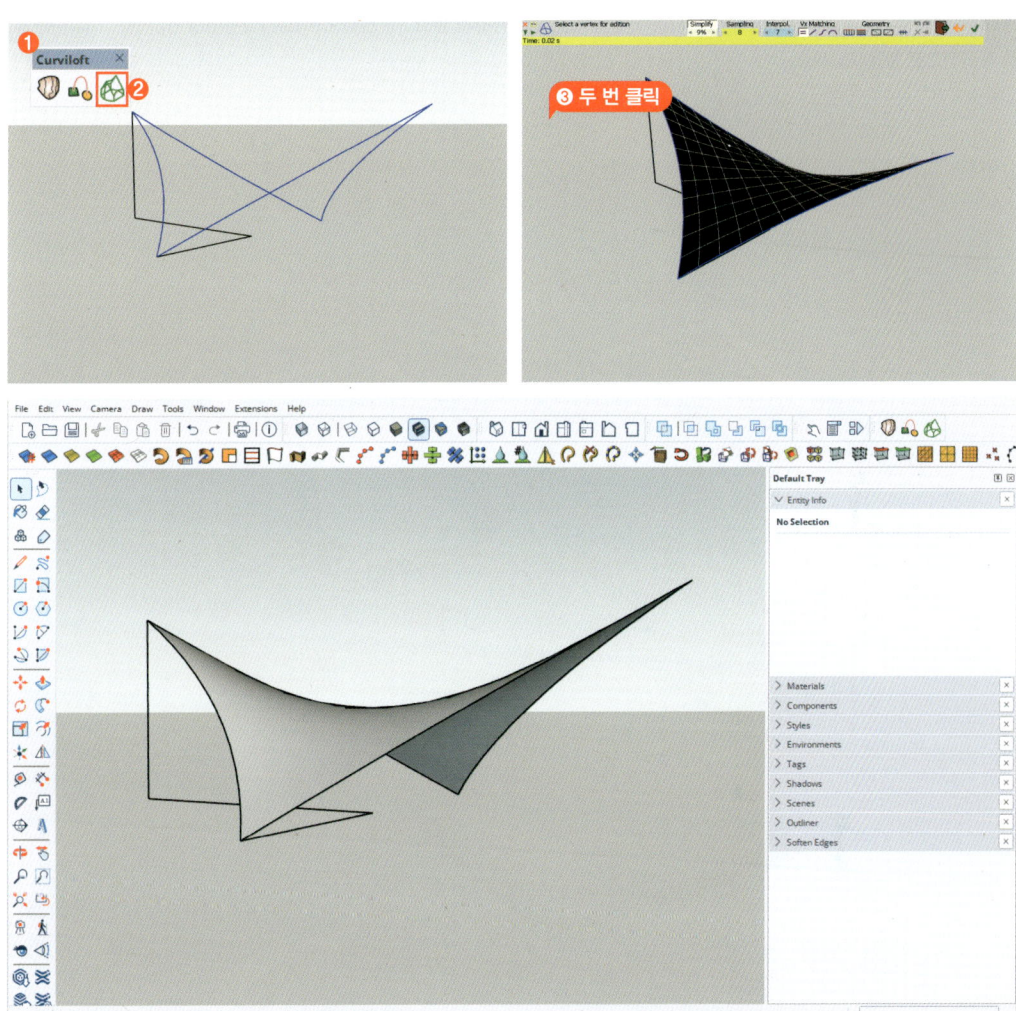

 **Self Training** 플러그인을 활용한 모델링 연습하기

[Fredo Corner], [Smart Offset], [Curviloft]를 활용해 모델링하는 예제입니다. 모서리가 둥근 경우에는 [2 Point Arc] A 와 [Push/Pull] P 을 사용해 잘라내듯 모델링하지 말고, [Fredo Corner]의 [Round] 기능을 적극적으로 활용해보세요.

실습 따라 하기

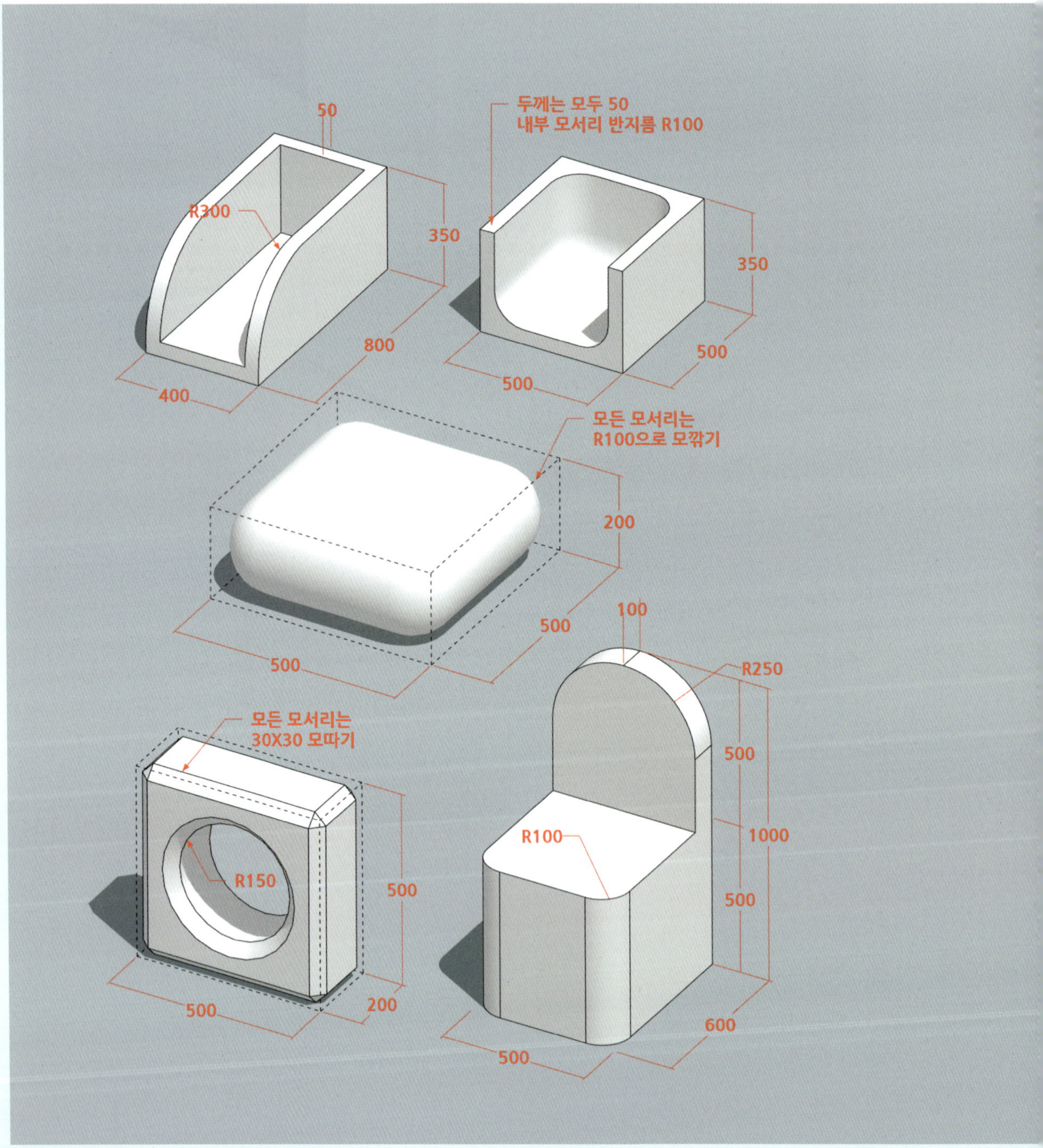

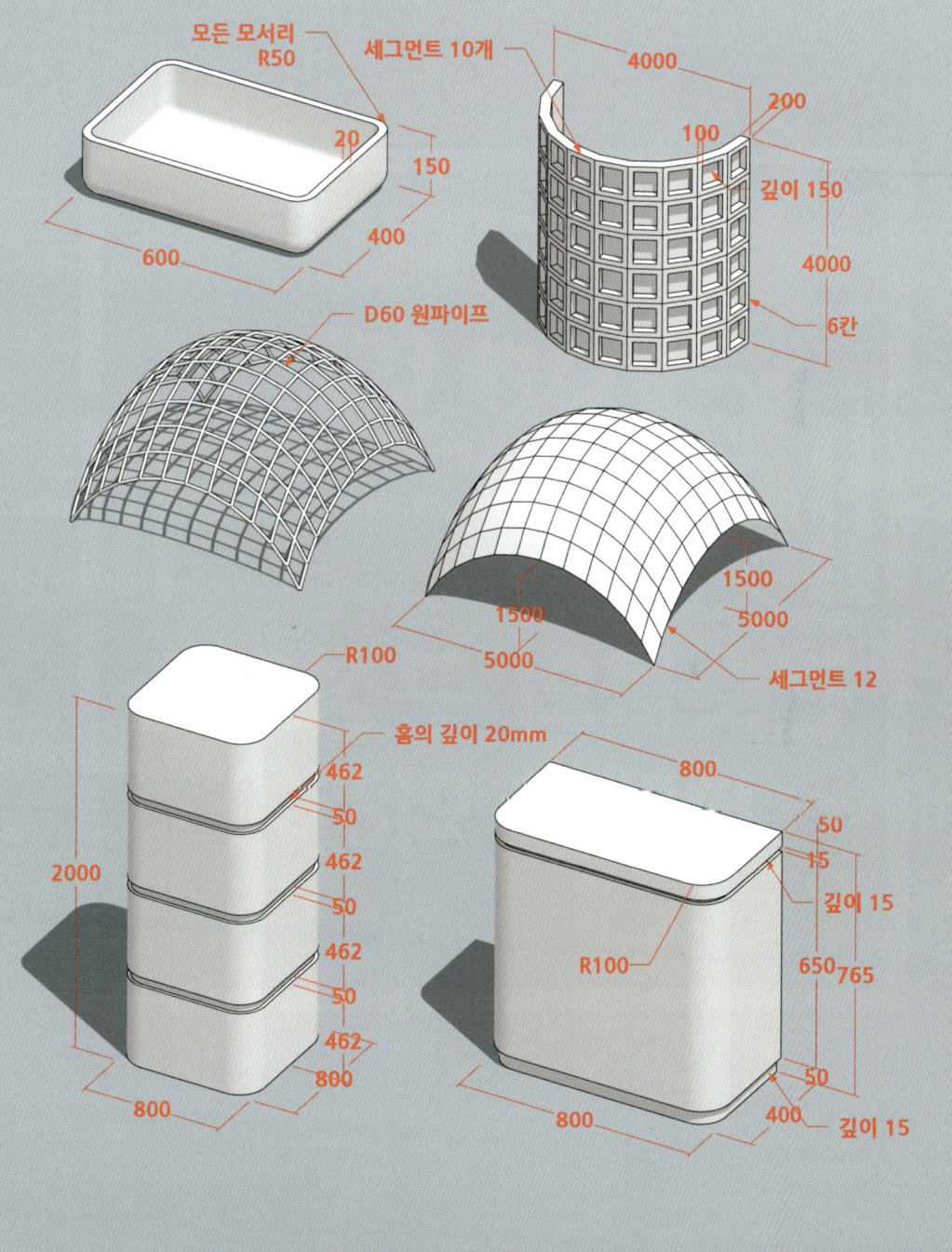

Self Training 플러그인을 활용한 모델링 연습하기

SKETCHUP & ENSCAPE
TRAINING BOOK

Part 03

건축물의 구성요소 모델링 익히기

이번 Part에서는 앞서 익힌 기본 모델링 기술을 토대로 건축물의 구조, 다양한 지붕 형태, 창문/문, 계단, 난간, 가구, 그리고 지형에 이르기까지 실제 설계에 필요한 여러 요소들을 단계적으로 만들어볼 것입니다. 특히, 다양한 플러그인의 활용법을 함께 익히며 복잡한 작업을 효율적으로 수행하는 방법을 학습합니다. 이 과정을 통해 여러분은 단순히 기능을 익히는 것을 넘어, 실무에서 바로 활용 가능한 구체적인 모델링 기술과 문제 해결 능력을 효과적으로 쌓을 수 있을 것입니다.

Lesson 01 | 건축물 기본 구조 모델링

Check Point
- ☑ 기본 구조를 모델링하는 방식을 알고 있는가?
- ☑ 건축물을 보고 모델링 방식을 결정할 수 있는가?
- ☑ 모델의 솔리드 상태를 유지할 수 있고 자유롭게 [Solid Tools]를 사용할 수 있는가?

Warm Up 건축물의 형태에 따른 모델링 접근법

스케치업에서 건축물을 모델링할 때, 특정한 방식이나 명령이 정해져 있는 것은 아닙니다. 하지만 우리가 현실에서 자주 접하는 건축물의 형태가 비교적 제한적이기 때문에, 모델링 방식 역시 자연스럽게 일정한 범주 안에 머무르게 됩니다. 스케치업으로 모델링하는 것이 비효율적이고 일반적이지 않은 자유곡면이나 비정형의 건축물을 제외한다면 스케치업에서 다루게 되는 건축물의 형태는 더더욱 제한적일 수밖에 없습니다.

이처럼 범위가 좁혀진 건축물 모델링에서는 어떤 방식으로 접근해야 더 효율적으로 작업할 수 있을지 고민해볼 필요가 있습니다. 앞으로 소개하는 모델링 접근법은 그러한 고민에서 출발한 것으로, 이를 기본 방식으로 삼아 건축물 모델링을 진행한다면 대부분의 프로젝트에서 보다 쉽고 빠르게 모델을 완성할 수 있을 것입니다.

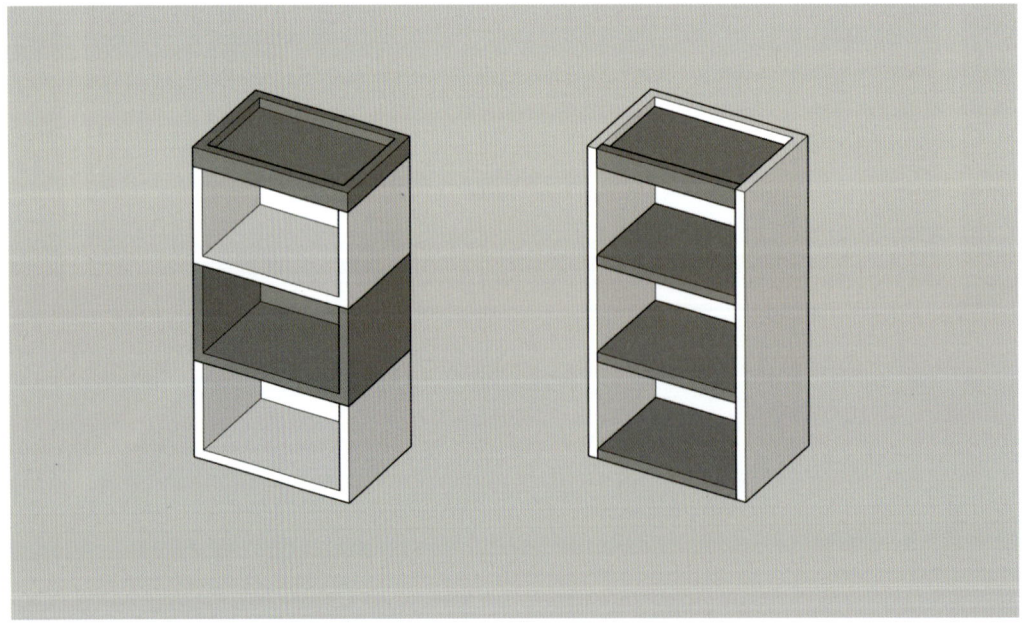

▲ 적층형 모델링(왼쪽)과 외피 우선 모델링(오른쪽)

1. 적층형 모델링 방식

우리가 주변에서 흔히 볼 수 있는 대부분의 건축물이 바로 이 방식에 해당합니다. 여기서 말하는 '적층'은 건축물의 구조 방식이나 시공 방법을 의미하는 것이 아닙니다. 목조 건물이든 철골조 건물이든, 구조체가 외부로 드러나지 않고 벽처럼 보이며 수직으로 쌓은 것처럼 만들어진 형태라면 모두 이 범주에 포함될 수 있습니다.

즉, 바닥 슬래브(평평한 바닥이나 지붕 구조)를 먼저 모델링한 뒤, 그 위에 벽이나 기둥을 세우고, 같은 방식을 반복해 다음 층을 올려 가며 건축물의 기본 형태를 완성하는 방식입니다. 이러한 순차적 접근은 복잡해보이는 건물도 체계적으로 나누어 모델링할 수 있도록 도와줍니다.

2. 외피 우선 모델링 방식

외피 우선 모델링 방식은, 건축물의 외형이 비정형이거나 사선 등 복잡한 형태를 가진 경우에 유용하게 사용됩니다. 이 방식은 건물을 한 층씩 쌓아 올리는 적층 방식과는 달리, 먼저 전체 외피 형태를 통으로 만들어놓은 뒤 그 안에 슬래브를 끼워 넣고, 외피 형태에 맞춰 잘라내면서 기본 구조를 완성합니다. 적층식으로 충분히 만들 수 있는 건축물이라 하더라도, 외부 형태가 복잡하거나 단순히 외관만 표현하면 되는 경우에는 이 방식이 훨씬 더 효율적입니다. 전체 형태를 먼저 잡은 뒤 내부 구조를 삽입하거나 조정하는 방식으로 진행하기 때문에, 비정형 건축물이나 파사드 중심의 모델링에서 특히 많이 사용됩니다.

3. 조립형 모델링 방식

조립형 모델링 방식은, 건물의 뼈대가 외부에 그대로 드러나는 구조물을 모델링할 때 사용하는 방식입니다. 기둥, 보와 같은 부재를 하나씩 개별적으로 만들어 조립하듯 쌓아 올리고, 그 사이를 벽이나 다른 요소로 채워 넣어 완성합니다. 이 방식의 가장 대표적인 사례는 한옥과 같은 전통 목조 건축입니다. 이러한 건축물은 기둥과 보가 외부에서 그대로 보이는 구조이기 때문에, 실세 구조와 동일하게 모델링해야 사실적인 결과를 얻을 수 있습니다.

반대로 철골이나 목조 건축이라 하더라도 외부에서 뼈대가 드러나지 않는 경우에는, 보이지 않는 구조 부재를 하나하나 모델링할 필요가 없습니다. 이런 경우에는 조립형 방식 대신 적층식이나 외피 우선 방식을 사용하는 것이 훨씬 효율적입니다.

적층형 모델링 방식 연습하기

완성 파일 | Part 03/적층형_완성.skp

이 예제는 적층형 모델링 방식을 익히기 위한 예제입니다. 제시된 치수를 따라 하되 따로 명시되지 않은 부분의 치수는 자유롭게 설정하여 모델링해주세요. 편의를 위해 벽체와 바닥 두께는 모두 **300**으로 통일하여 진행합니다. 실제 설계에 적용되는 치수가 아니므로 치수에 지나치게 신경 쓰지 않아도 됩니다.

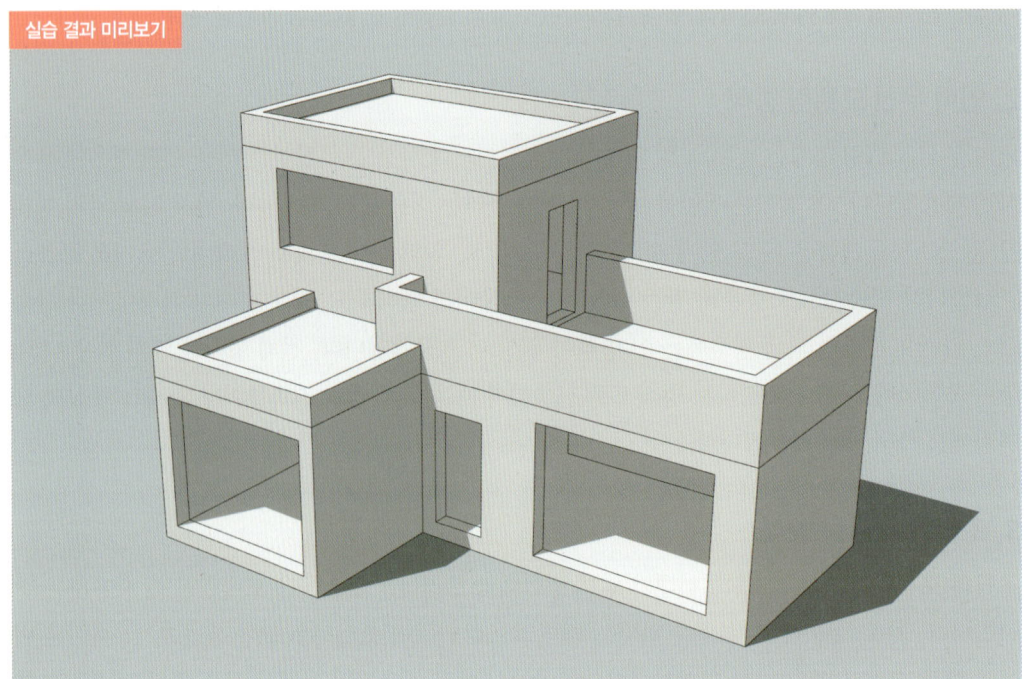

01 ❶ Ctrl + 1 을 눌러 [Top] 뷰로 바꿉니다. ❷ [Rectangle ▭] R을 실행해 폭 **6000mm**, 길이 **4500mm** 크기의 사각형을 만듭니다. ❸ 두 번째 그림과 같이 사각형의 오른쪽과 아래쪽에 임의의 크기로 사각형을 추가합니다.

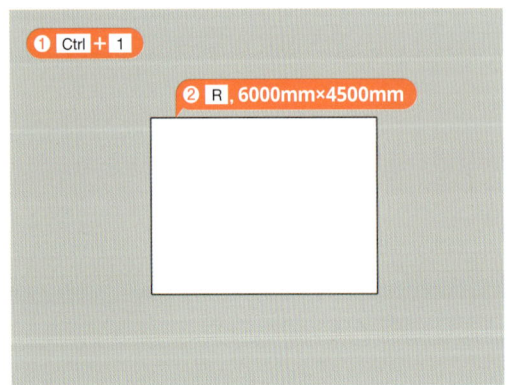
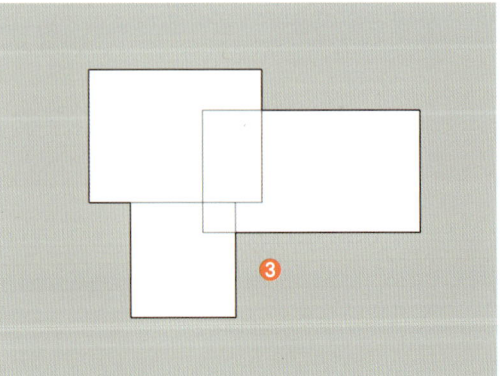

02 ❶ [Eraser ✐] E 를 실행해 안쪽의 선을 모두 지우고 ❷ [Push/Pull ◆] P 을 실행해 **300mm** 위로 끌어당깁니다.

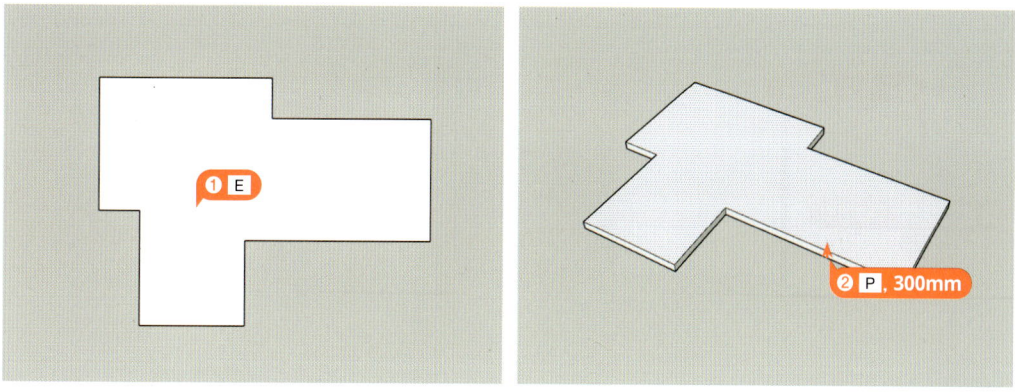

03 ❶ [Offset ⤴] F 을 실행하고 윗면을 안쪽으로 **300mm** 오프셋합니다. ❷ 오프셋한 면을 **2700mm** 위로 끌어당겨 1층을 완성합니다.

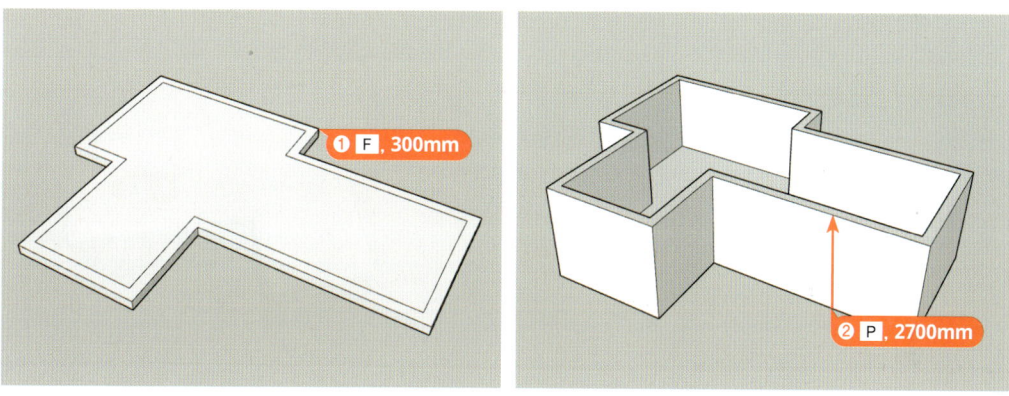

04 ❶ 1층을 그룹화하고 ❷ 위로 복사합니다.

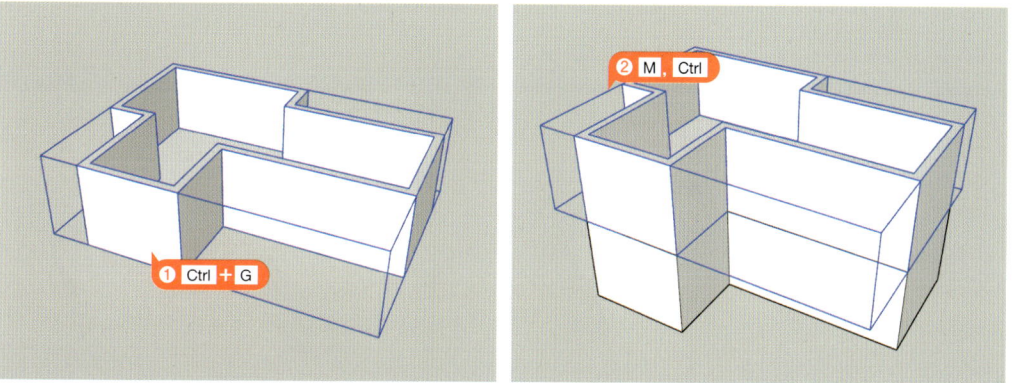

Lesson 01 건축물 기본 구조 모델링

05 ❶ 2층 그룹을 더블클릭해 열고 ❷ 윗면을 그림과 같이 드래그해 선택하고 Delete 를 눌러 삭제합니다. ❸ 바닥의 윗면을 더블클릭해 선택하고 Delete 를 눌러 삭제합니다.

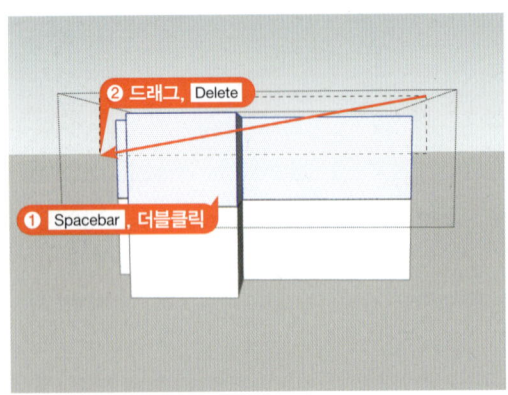 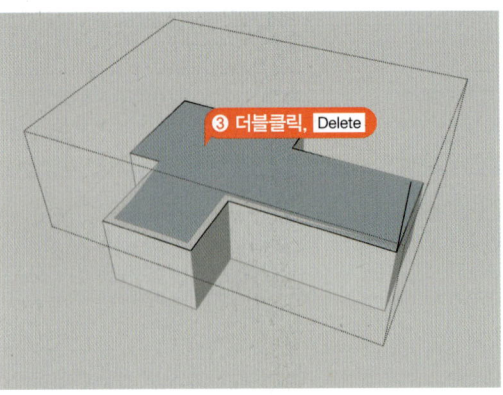

06 ❶ 바닥면을 **300mm** 위로 끌어당깁니다. ❷ [Line ✏️ L]을 실행해 그림과 같이 임의의 위치에 선을 추가합니다.

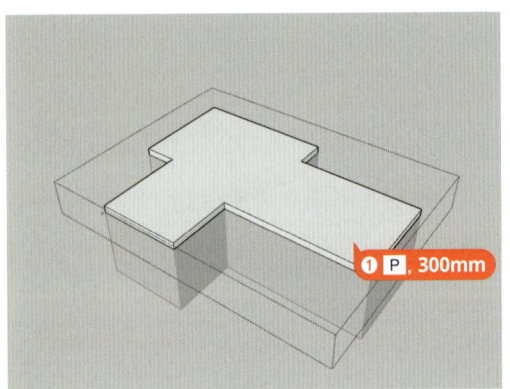 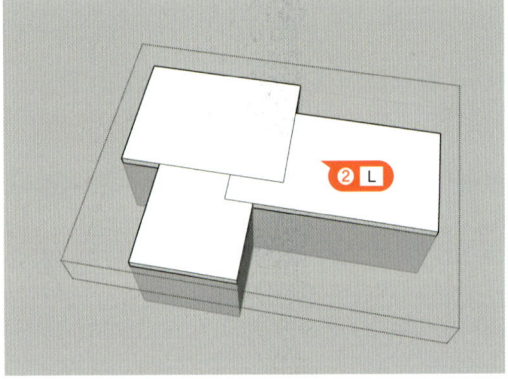

07 ❶ 모서리 부분의 면을 선택해 안쪽으로 **300mm** 오프셋합니다. ❷ 오프셋한 면을 **2700mm** 위로 끌어당깁니다.

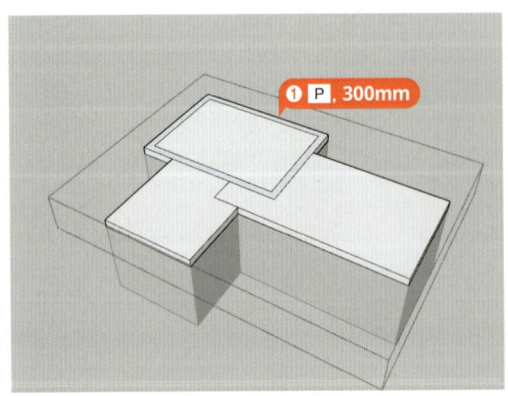 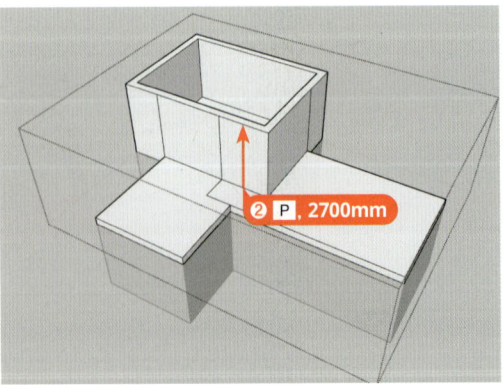

08 ❶ 오른쪽 윗면을 더블클릭해 면과 둘레의 에지를 선택하고 ❷ Ctrl + Shift 를 누른 채로 그림과 같이 모서리를 드래그해 면과 해당 부분 에지의 선택을 해제합니다.

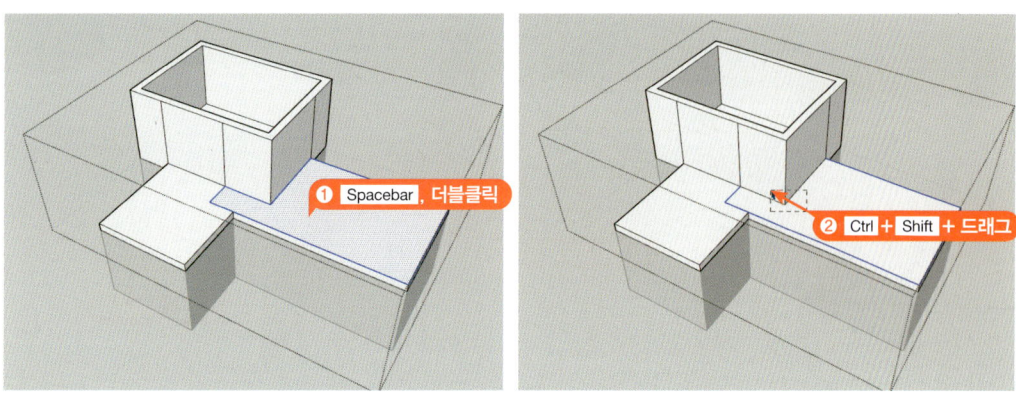

09 ❶ 선택된 에지를 안쪽으로 **300mm** 오프셋합니다. ❷ 오프셋한 면을 **1000mm** 위로 끌어당깁니다.

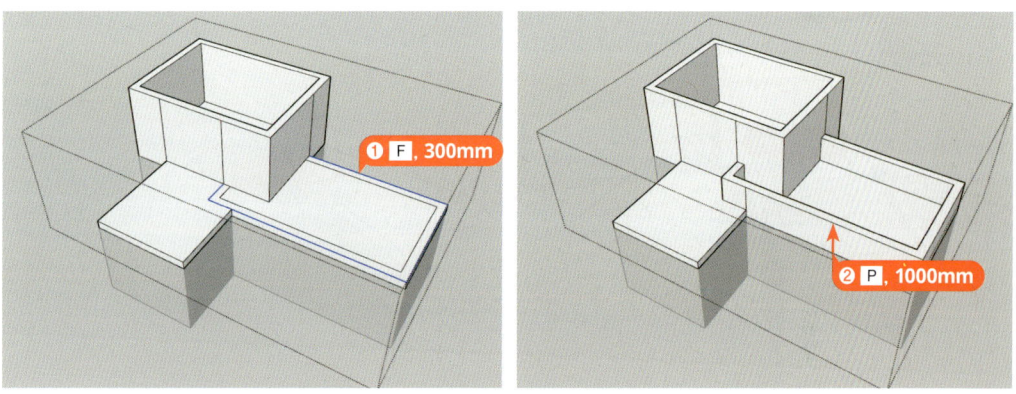

10 ❶ 남은 바닥면을 더블클릭해 선택합니다. ❷ Ctrl + Shift 를 누른 채로 오른쪽 그림과 같이 드래그해 일부만 선택을 해제합니다.

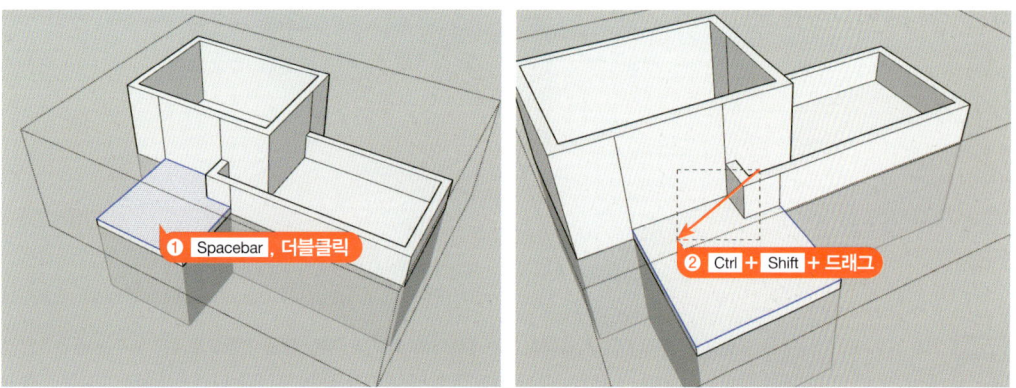

11 ① 선택된 에지를 안쪽으로 **300mm** 오프셋합니다. ② 오프셋한 면을 **200mm** 위로 끌어당깁니다.

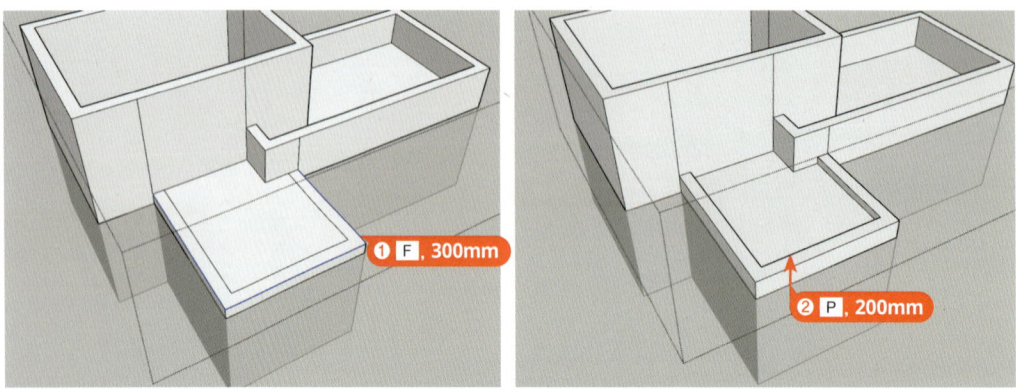

12 ① 그림과 같이 왼쪽의 바닥면을 **100mm** 아래로 끌어내려 실내 바닥과 높이 차이를 만듭니다. ② 오른쪽 베란다의 바닥면을 더블클릭해 같은 높이로 아래로 끌어내립니다.

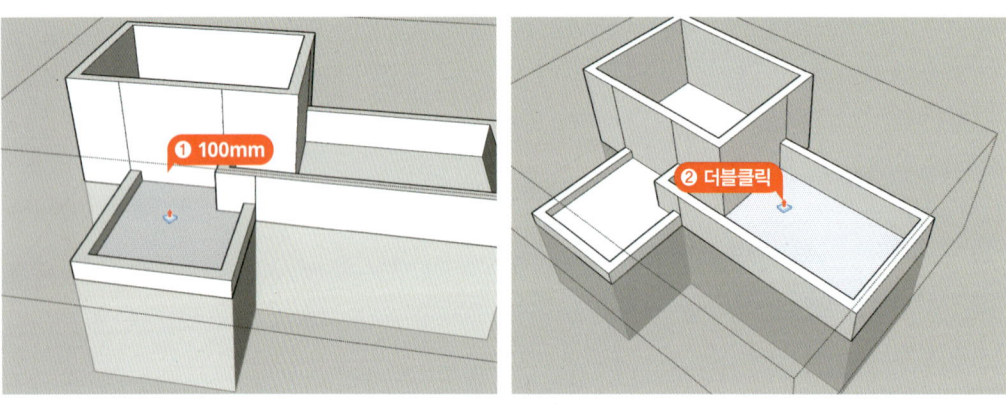

13 ① [CleanUp³] F2 을 실행하고 ② [OK]를 클릭해 불필요한 내부의 에지를 제거합니다. ③ 그룹을 닫습니다.

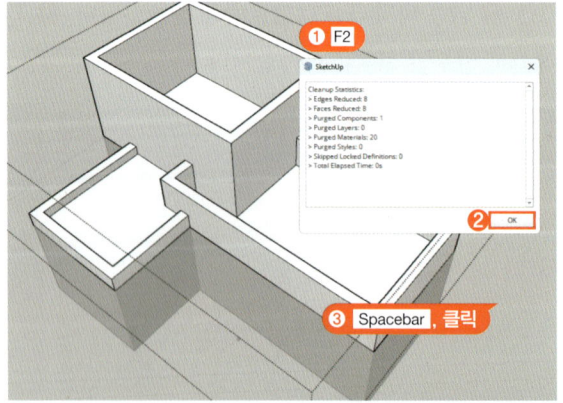

CORE TIP [CleanUp³] F2 은 불필요한 에지나 면, 사용하지 않는 컴포넌트 레이어, 재질 등을 자동으로 정리해주는 플러그인입니다. 이 플러그인은 054쪽에서 함께 설치해놓은 상태입니다. 플러그인이나 단축키가 작동하지 않는다면 048쪽과 054쪽의 학습을 다시 확인해보세요.

14 ❶ 2층 윗부분에 사각형을 그리고 ❷ **300mm** 위로 끌어당깁니다.

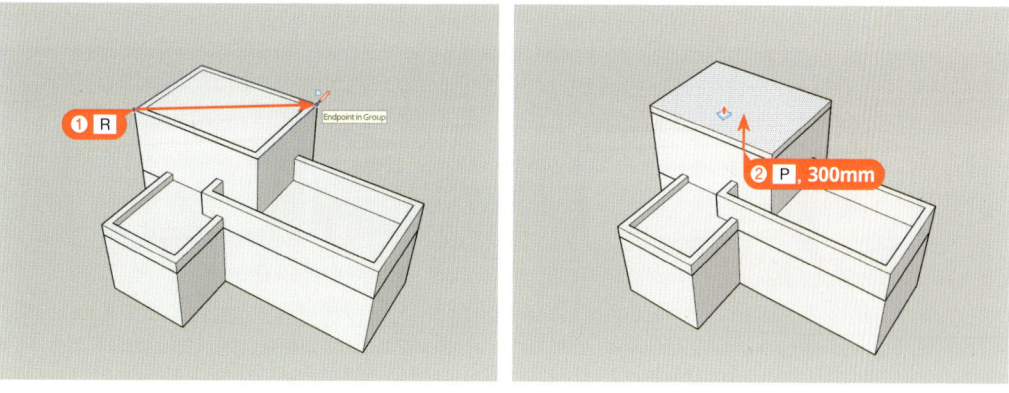

15 ❶ 윗면을 선택해 안쪽으로 **300mm** 오프셋합니다. ❷ 오프셋한 면을 **300mm** 위로 끌어당겨 지붕을 완성합니다. ❸ 그룹화하고 솔리드 상태를 확인합니다.

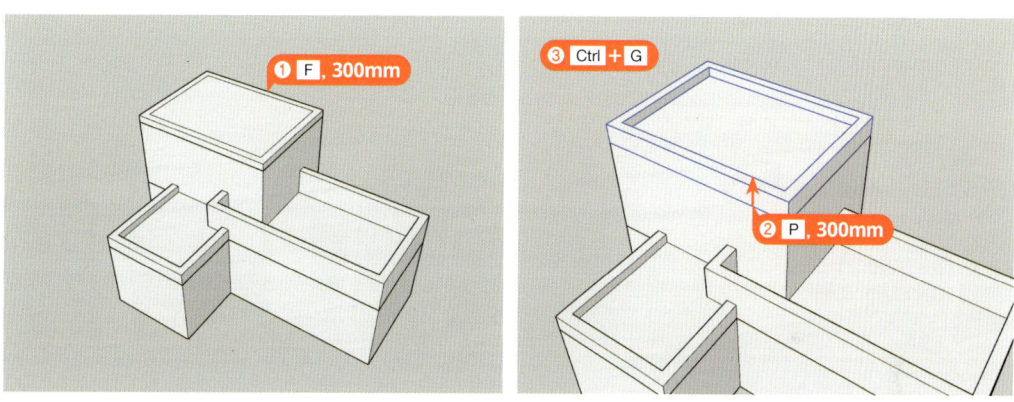

16 ❶ 1층 그룹을 더블클릭해 엽니다. ❷ Alt + H 를 눌러 나머지 모델을 숨깁니다.

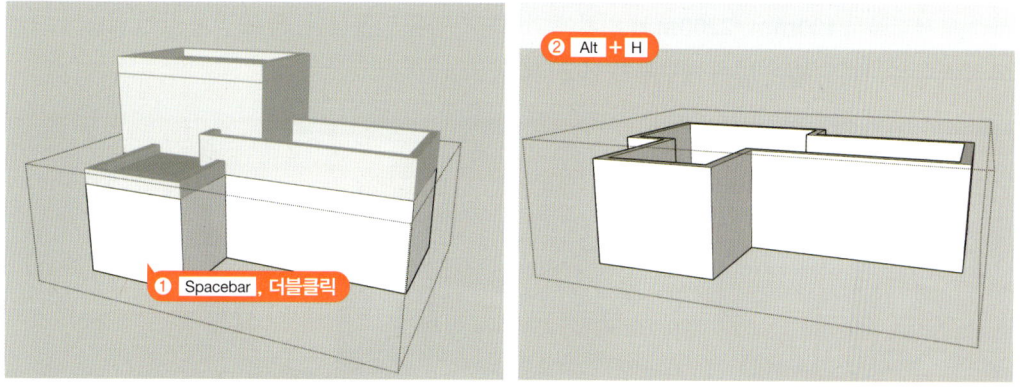

CORE TIP Alt + H 는 [View]-[Component Edit]-[Hide Rest of Model]의 단축키입니다. 그룹이나 컴포넌트를 더블클릭해 열 때 나머지 모델을 자동으로 숨기며 수정이 끝난 후 그룹이나 컴포넌트를 닫으면 자동으로 숨김이 해제됩니다.

17 ① 앞쪽 면을 안쪽으로 **300mm** 오프셋합니다. ② 안쪽으로 밀어 넣어 뒷면과 맞닿게 해 개구부를 만듭니다.

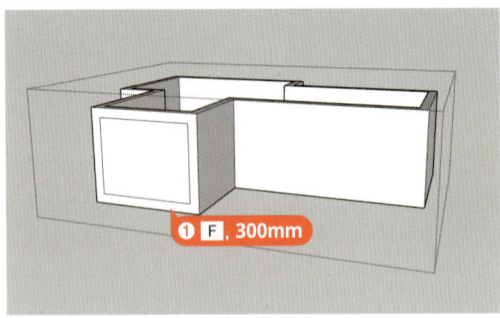 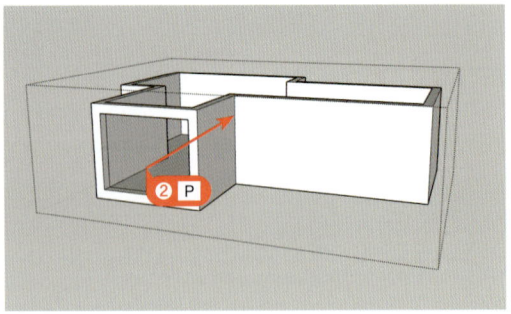

18 ① 오른쪽 벽의 앞면에 위아래 모서리에서 **300mm** 떨어진 가이드라인을 만듭니다. ② 그림과 같이 오른쪽 벽 앞면에 두 개의 사각형을 그립니다. ③ 임의로 그린 각 사각형을 밀어 넣어 개구부를 만듭니다.

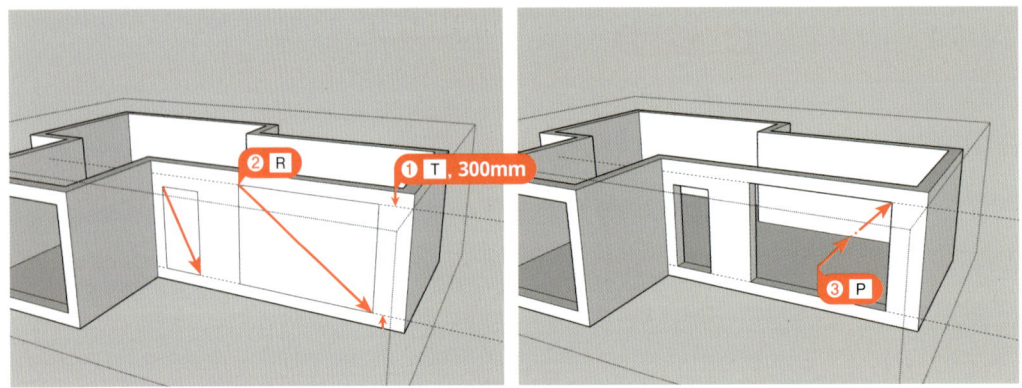

19 ① 1층 그룹을 닫고 2층 그룹을 열면 자동으로 나머지 그룹이 숨겨집니다. ② 베란다 쪽의 벽 아래 모서리에서 **100mm**, **2200mm** 위치에 가이드라인을 만듭니다. ③ 그림과 같이 적당한 크기의 사각형을 그리고 밀어 넣어 개구부를 만듭니다.

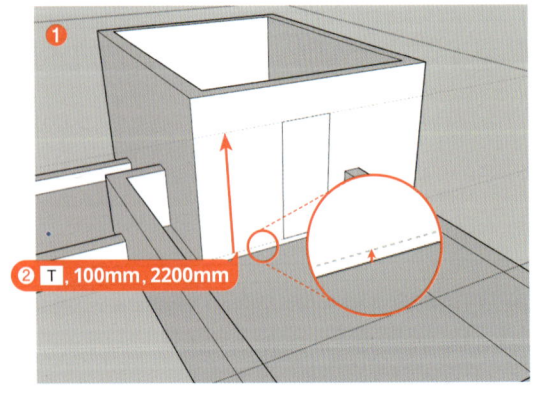 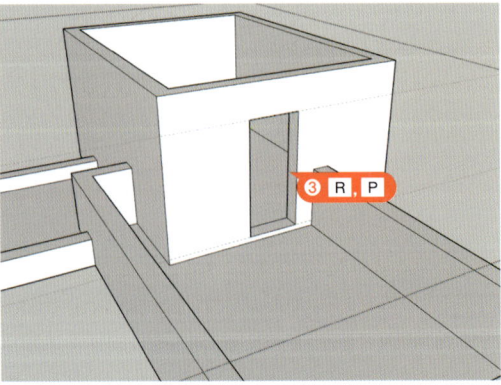

20 ❶ 이번에는 그림과 같이 앞면의 아래 모서리에서 위로 **1000mm**, **2500mm** 위치에 가이드라인을 만듭니다. ❷ 적당한 크기의 사각형을 그리고 밀어 넣어 개구부를 만듭니다.

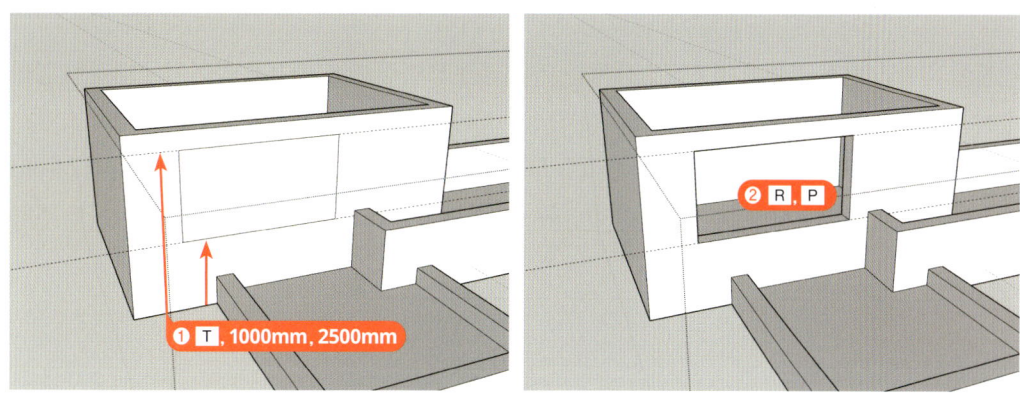

21 ❶ 그룹을 닫아 건물이 모두 보이게 합니다. ❷ Shift + D 를 눌러 가이드라인을 모두 제거해 완성합니다.

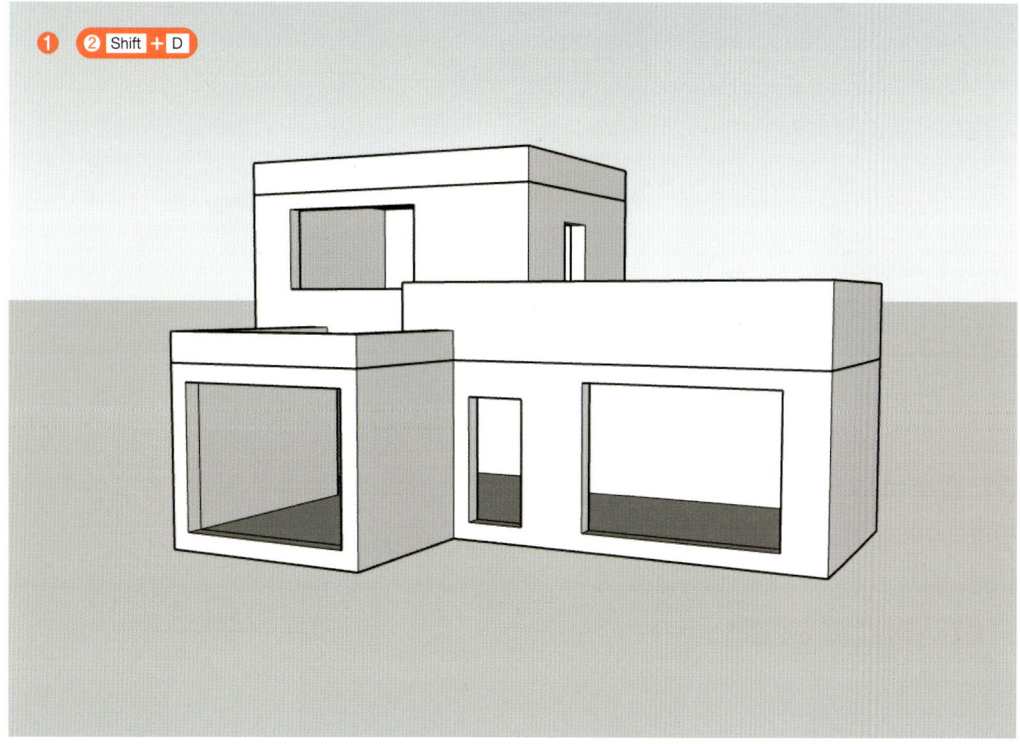

| Basic Training | **외피 우선 모델링 방식 연습하기** |

완성 파일 | Part 03/외피형_완성.skp

건축물 외피를 먼저 만들고 내부에 슬래브를 끼워 넣는 모델링 예제입니다. 곡면이나 비정형 외벽은 수직으로 쌓아 만들 수 없으므로, 외피를 완성한 후 슬래브를 넣고 돌출된 부분을 [Solid Tools]로 제거해 모델을 완성합니다. 외피와 슬래브 모두 솔리드 상태여야 하므로, 솔리드 개념과 [Solid Tools] 사용법이 익숙하지 않다면 앞서 학습한 190쪽의 Lesson을 먼저 복습한 다음 예제를 진행하세요.

실습 결과 미리보기

01 ❶ **폭 10000mm**, **길이 20000mm** 크기의 세워진 형태의 사각형을 만듭니다. ❷ 그림과 같이 임의의 위치에 선을 추가합니다.

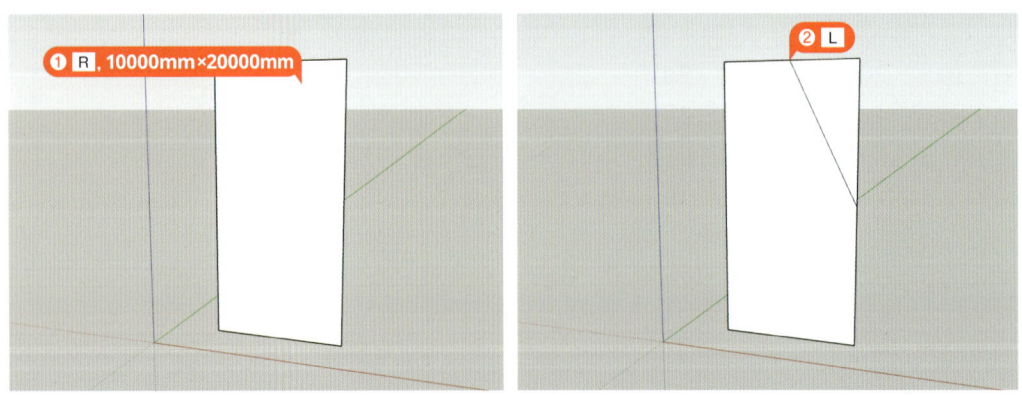

02 ❶ 바깥쪽 에지를 지우고 ❷ **300mm** 끌어당겨 두께를 만듭니다.

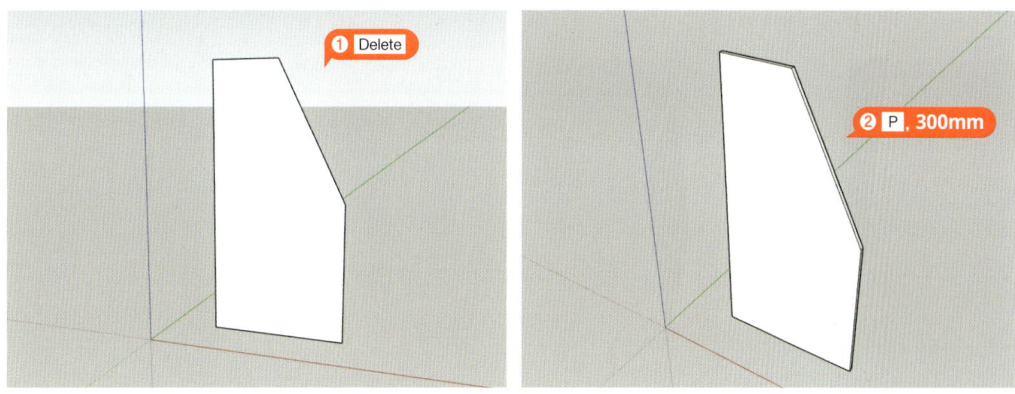

03 ❶ 앞면의 아래 에지를 제외한 나머지 네 개의 에지를 선택하고 ❷ 안쪽으로 **300mm** 오프셋 합니다.

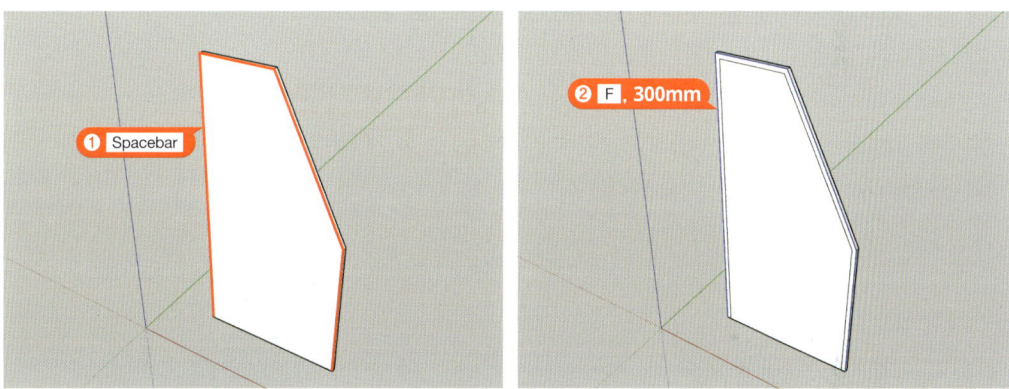

04 ❶ 그림과 같이 오프셋한 면을 앞으로 **9700mm** 끌어당깁니다. ❷ 그룹화하고 솔리드 상태를 확인합니다.

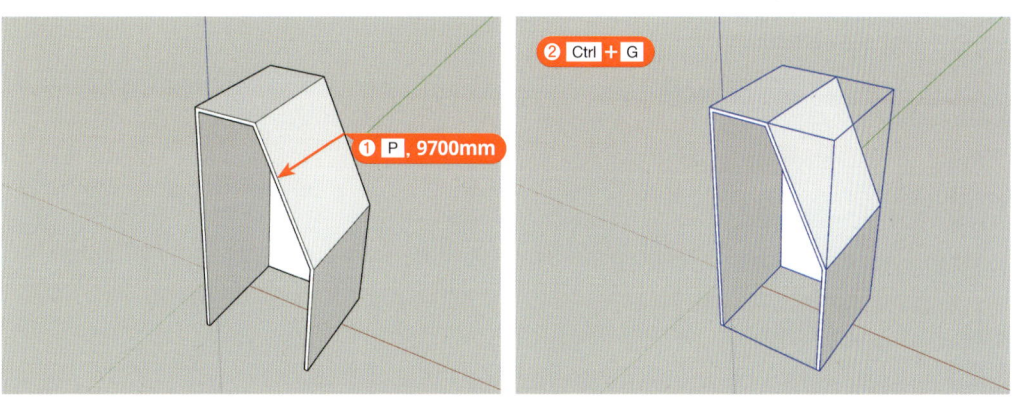

05 ❶ 바닥면에 그림과 같이 앞에서 조금 들어간 사각형을 만듭니다. ❷ **300mm** 위로 끌어당깁니다. 그룹으로 만들지 않습니다.

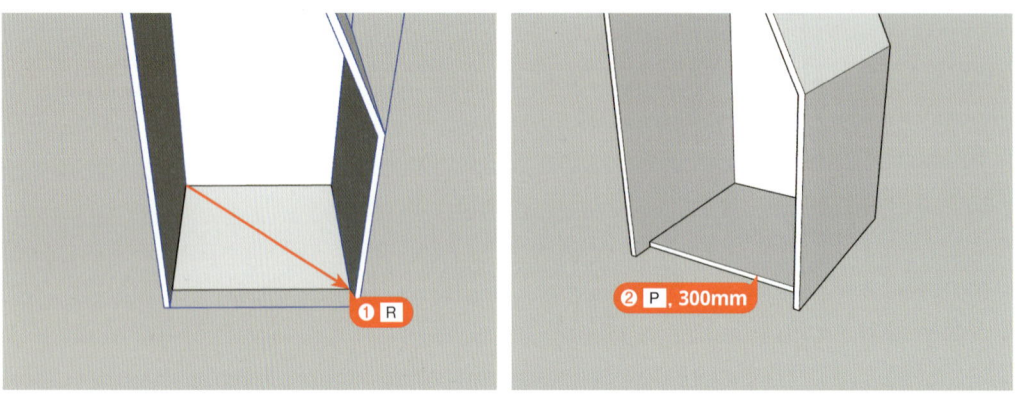

06 ❶ 바닥을 트리플클릭해 모두 선택합니다. ❷ 위로 **4000mm** 간격으로 복사하고 **4***를 입력하여 네 개 더 복사합니다. ❸ 복사한 가로판을 모두 선택해 그룹화합니다.

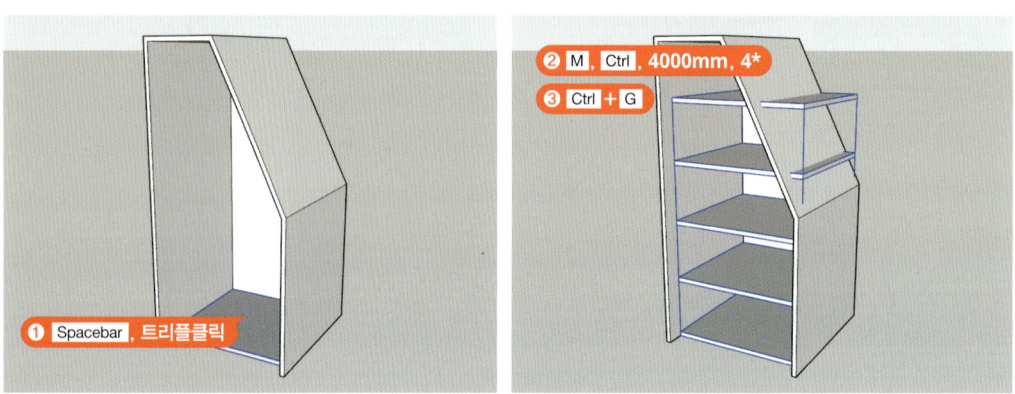

07 ❶ 외피를 선택하고 ❷ [Trim]을 클릭한 후 ❸ 슬래브를 선택합니다.

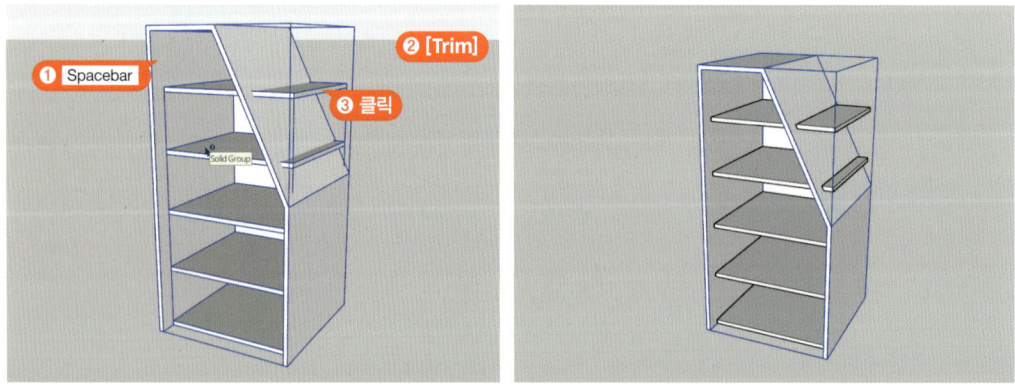

08 ❶ Spacebar 를 누르고 슬래브를 더블클릭해 그룹을 엽니다. ❷ 외피 밖으로 튀어나온 부분을 트리플클릭으로 하나씩 선택한 후 삭제합니다.

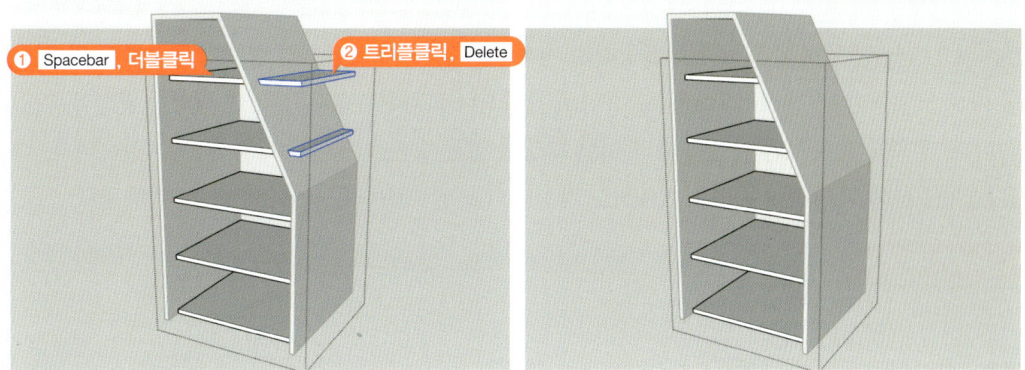

CORE TIP 이전 예제를 이어할 경우 그룹을 열면 나머지 그룹이 숨겨질 수 있습니다. 이때는 Alt + H 를 다시 눌러 [Hide Rest of Model]을 해제하면 나머지 그룹이 보입니다.

09 ❶ Shift + X 를 눌러 슬래브 그룹을 분해합니다. ❷ [Loose to Groups] Ctrl + Shift + G 를 실행해 슬래브를 층별로 나누어 그룹화해 완성합니다.

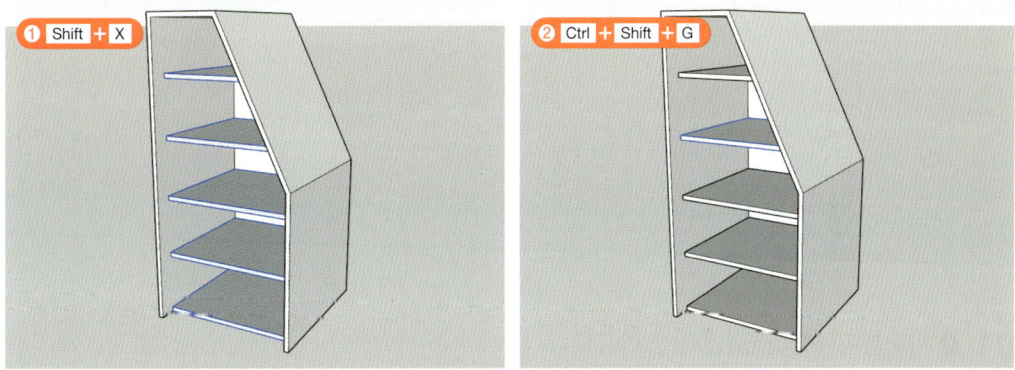

CORE TIP [Loose to Groups] Ctrl + Shift + G 는 떨어져 있는 모델을 하나씩 나누어 그룹으로 만드는 플러그인입니다. 이 플러그인은 054쪽에서 함께 설치해놓은 상태입니다. 플러그인이나 단축키가 작동하지 않는다면 048쪽과 054쪽의 학습을 다시 확인해보세요.

 **Basic Training** — **Solid Tools를 활용한 외피 모델링**

완성 파일 | Part 03/외피형2_완성.skp

[Solid Tools]를 활용해 외피를 모델링하는 예제입니다. 입체가 겹쳐진 형태의 건축물은 각 입체를 따로 모델링한 뒤, [Solid Tools]로 하나로 합치거나 교차된 부분을 잘라내 외피를 완성할 수 있습니다. 건축물의 디자인 컨셉에 따라 이런 모델링 접근 방식은 얼마든지 달라질 수 있습니다. 다음 예제를 통해 이 방식의 특징을 이해하고 자신만의 모델링 전략을 세우는 연습을 해보세요.

01 ❶ 반지름이 **4000mm**의 원을 만듭니다. ❷ 에지를 선택하고 [Segments]를 **60**으로 수정합니다. ❸ 면을 **300mm** 위로 끌어당겨 바닥을 만듭니다.

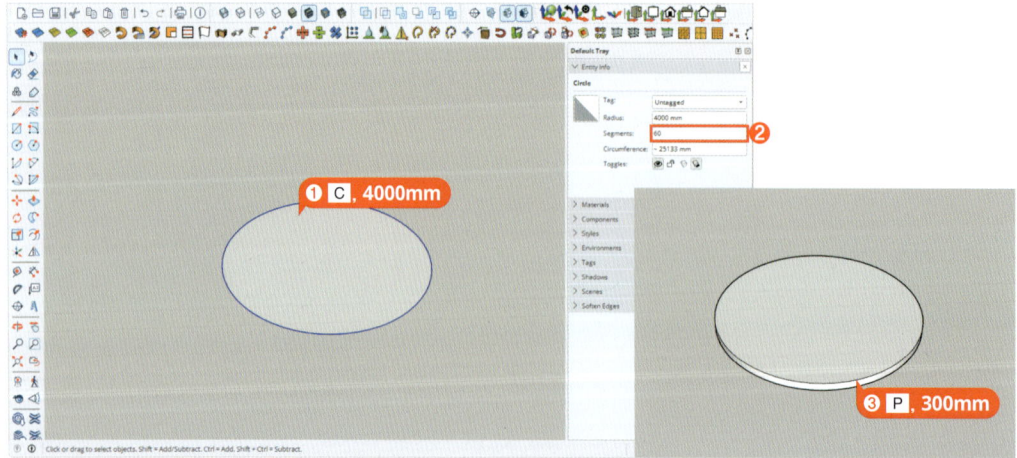

02 ❶ 윗면을 안쪽으로 **300mm** 오프셋합니다. ❷ 오프셋한 면을 **5700mm** 위로 끌어당깁니다.

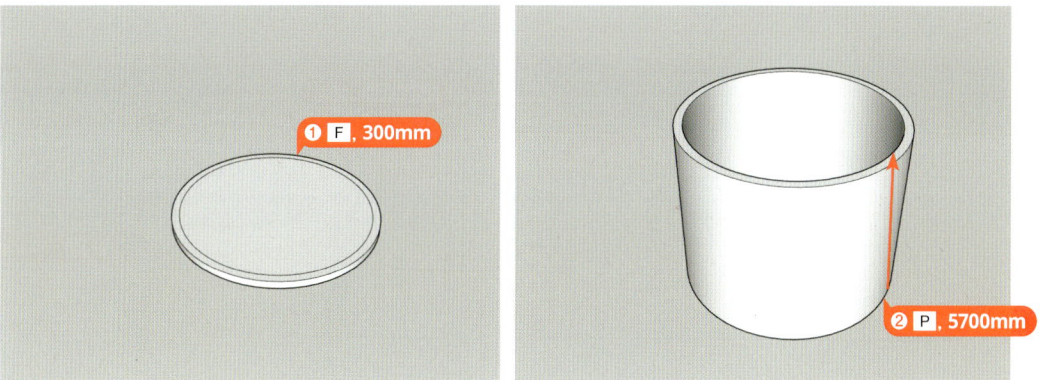

03 ❶ 완성된 모델을 그룹화하고 ❷ 위로 한 칸 복사합니다.

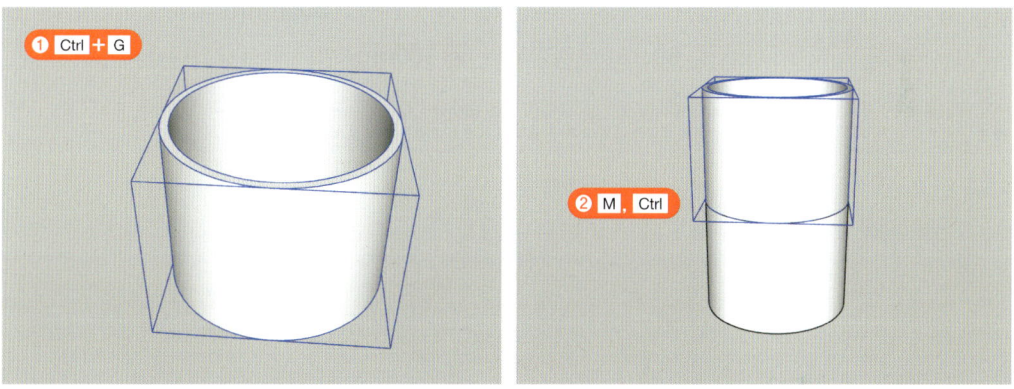

04 ❶ 복사한 모델을 더블클릭해 열고 밑면을 제외한 나머지를 모두 제거합니다. ❷ 밑면을 **300mm** 위로 끌어당겨 바닥을 만듭니다.

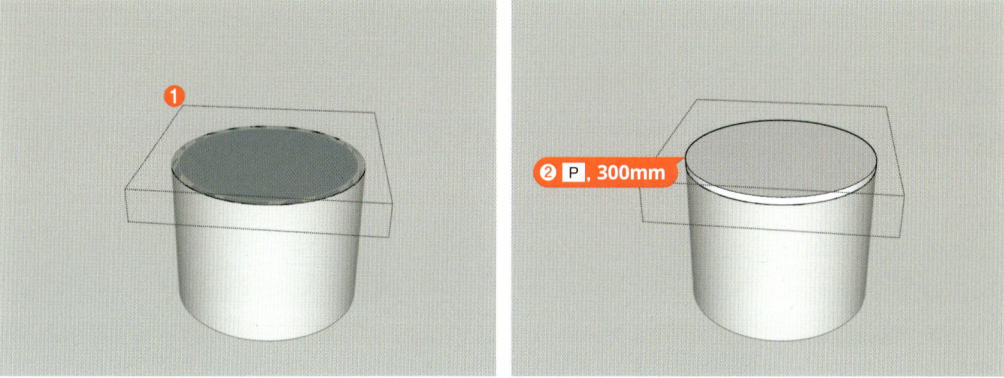

05 ❶ 윗면을 안쪽으로 **300mm** 오프셋합니다. ❷ 테두리 부분을 **300mm** 위로 끌어당깁니다. ❸ 그룹을 닫고 솔리드 상태를 확인합니다.

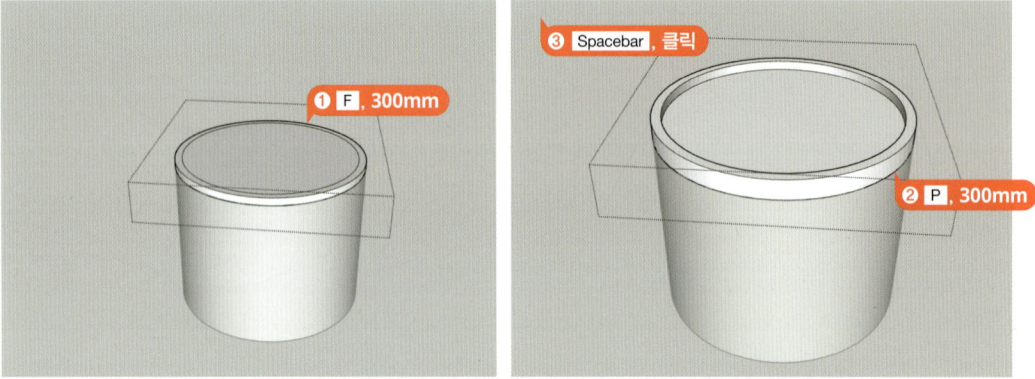

06 ❶ 그림과 같이 기존 모델과 겹치도록 임의의 위치에 반지름 **3000mm**의 원을 만듭니다. ❷ 에지를 선택하고 [Segments]를 **60**으로 수정합니다. ❸ **300mm** 위로 끌어당깁니다.

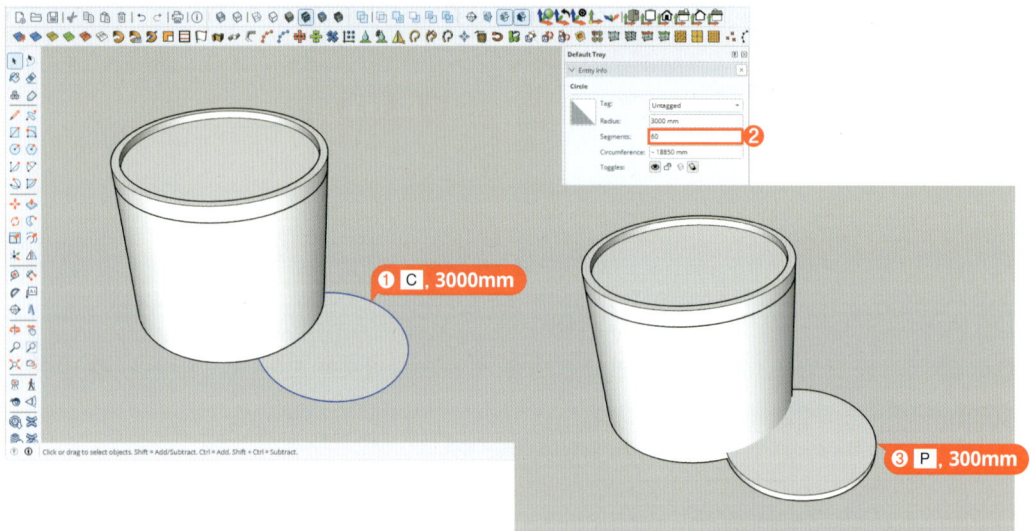

07 ❶ 윗면을 안쪽으로 **300mm** 오프셋합니다. ❷ 오프셋한 면을 **3000mm** 위로 끌어당깁니다.

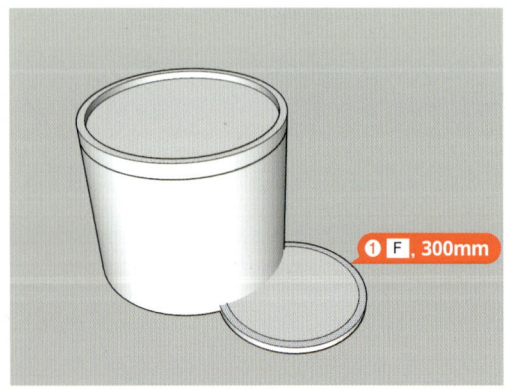 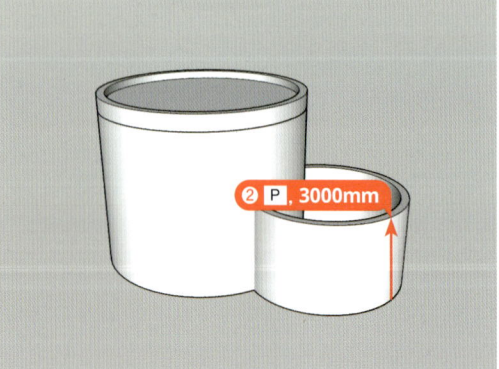

08 ❶ 완성된 모델을 그룹화하고 ❷ 위로 한 칸 복사합니다.

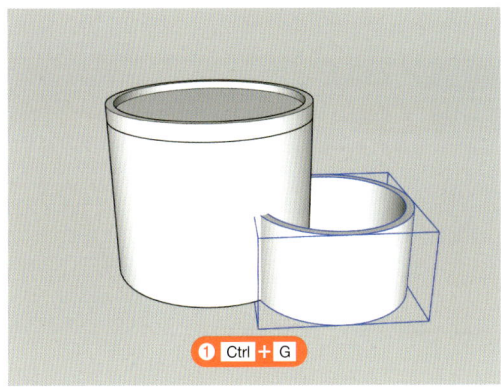 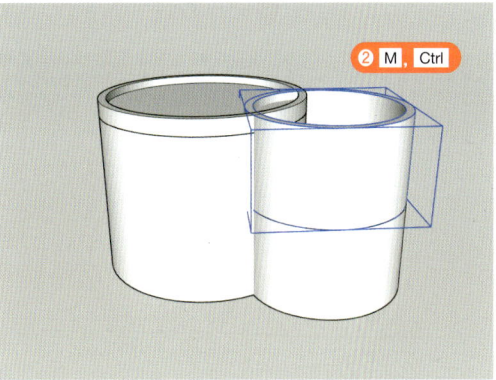

09 ❶ 복사한 그룹을 더블클릭해 열고 밑면을 제외한 나머지 부분을 모두 삭제합니다. ❷ 바닥을 **300mm** 위로 끌어당깁니다.

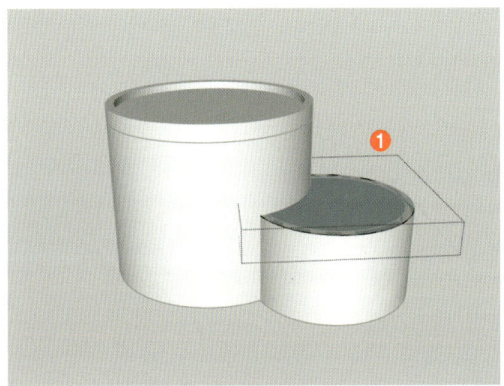 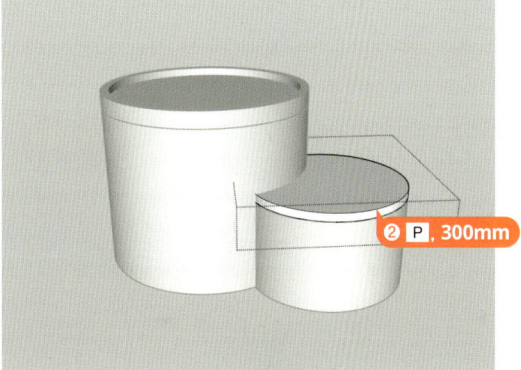

10 ❶ 윗면을 안쪽으로 **300mm** 오프셋합니다. ❷ 오프셋한 면을 **300mm** 위로 끌어당깁니다.

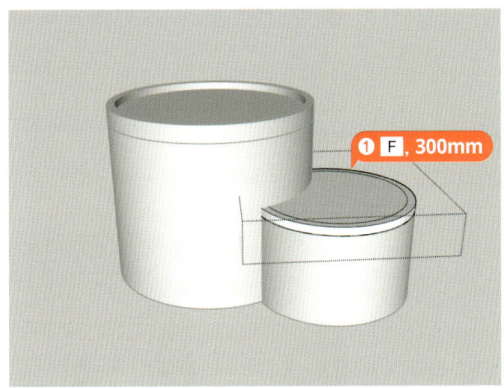 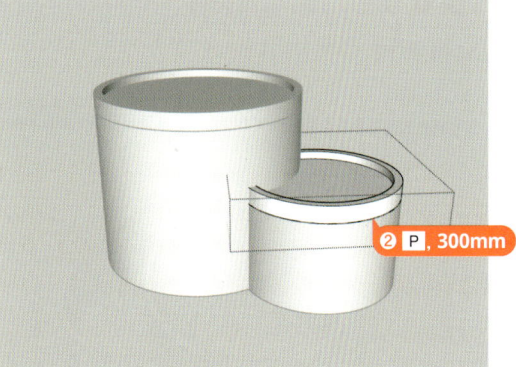

11 ❶ 높은 건물 지붕을 선택하고 [Hide] H 를 실행해 숨깁니다. ❷ [Trim] 을 실행하고 ❸ 높은 건물을 선택한 후 ❹ 낮은 건물의 지붕을 선택합니다.

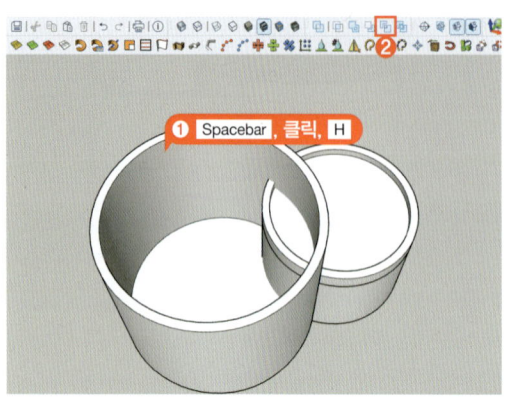
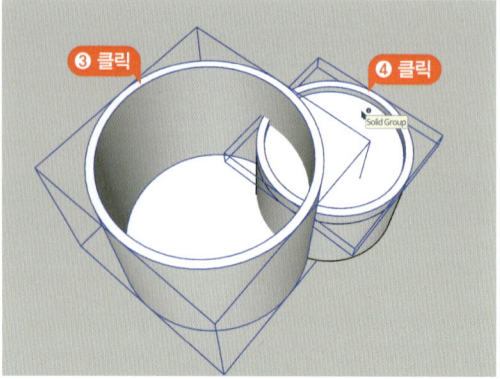

12 ❶ 낮은 건물의 지붕 그룹을 더블클릭해 열고 ❷ 겹쳐진 부분의 지붕을 트리플클릭해 삭제합니다.

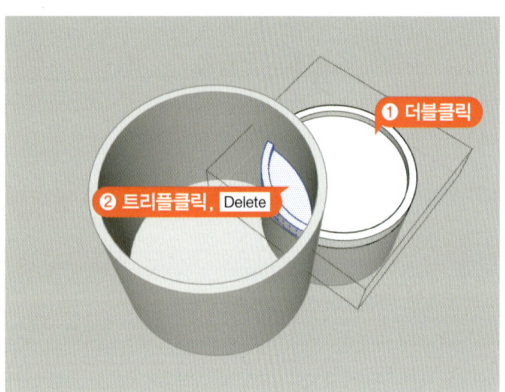

13 ❶ 낮은 건물의 지붕을 선택하고 H 를 눌러 숨깁니다. ❷ 두 건물을 모두 선택하고 ❸ [Split] 을 실행합니다.

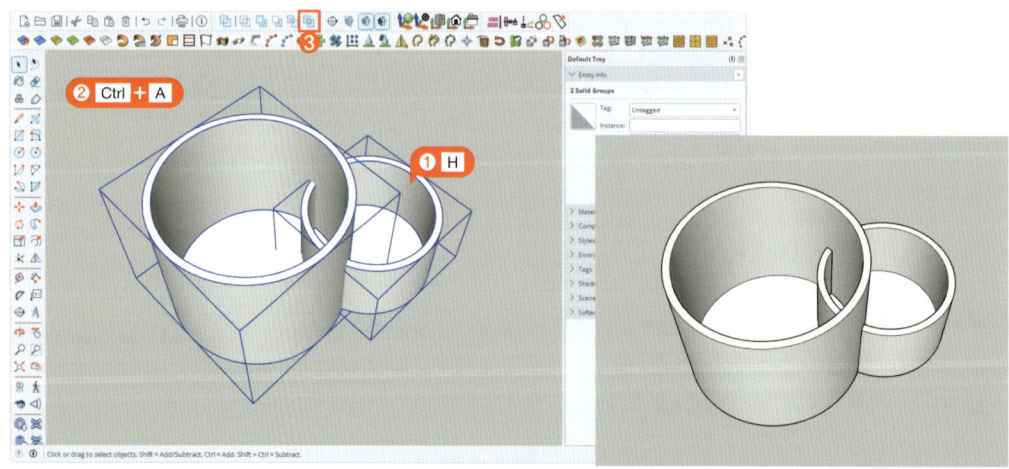

14 ❶ 낮은 건물 그룹을 더블클릭해 열고 ❷ 겹쳐져 있는 안쪽의 벽을 트리플클릭해 선택된 면을 삭제합니다.

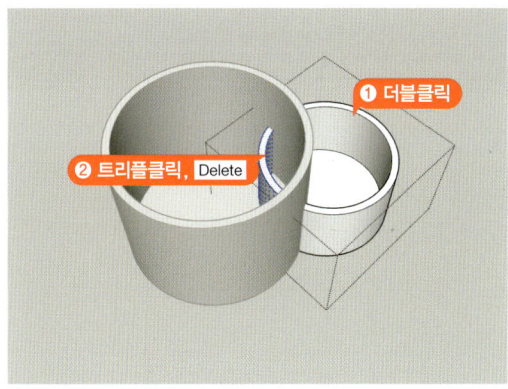 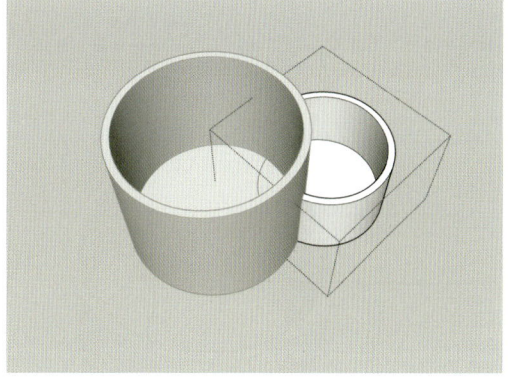

15 ❶ 높은 건물을 선택하고 더블클릭해 엽니다. ❷ Alt + H 를 눌러 나머지 그룹을 숨깁니다.

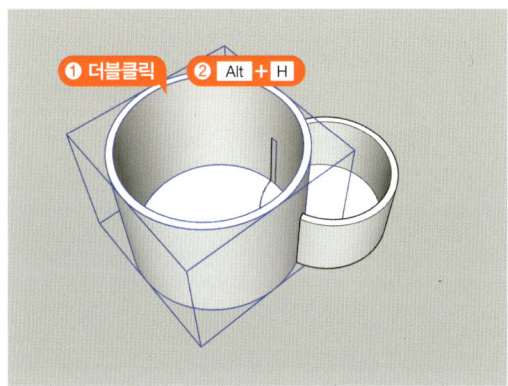 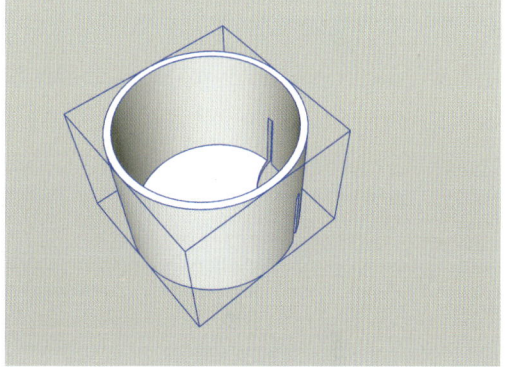

16 그림과 같이 제거힐 벽체의 아랫부분을 잘린 부분과 높이가 맞도록 끌어 올립니다.

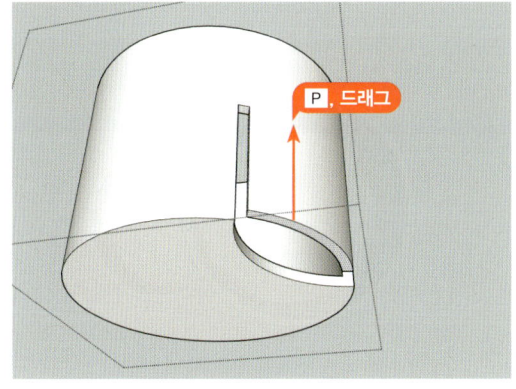 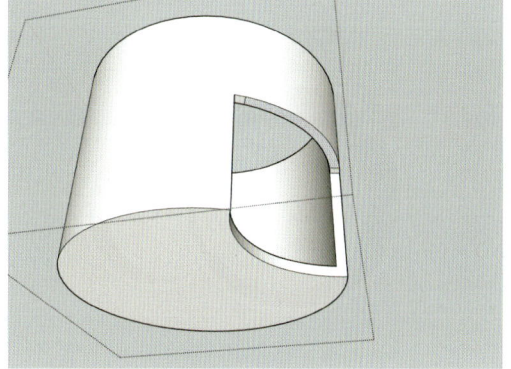

17 ❶ 그룹을 닫습니다. ❷ 지붕을 제외한 나머지 건물 부분을 모두 선택하고 [Union]을 실행해 하나로 합칩니다.

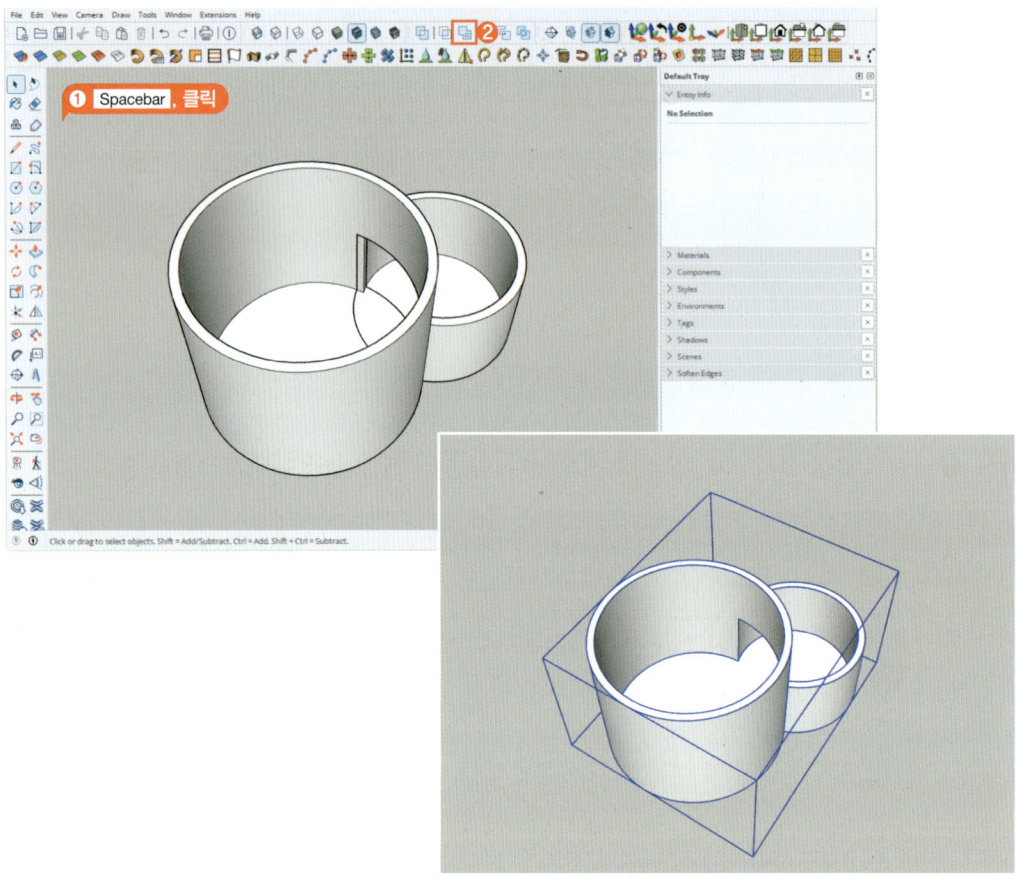

18 ❶ [Pie] Shift + P 를 실행하고 건물의 바닥 안쪽 모서리 위에 마우스 포인터를 가져간 후 원의 중심이 표시되면 ❷ 중심을 클릭해 파이의 중심을 지정합니다.

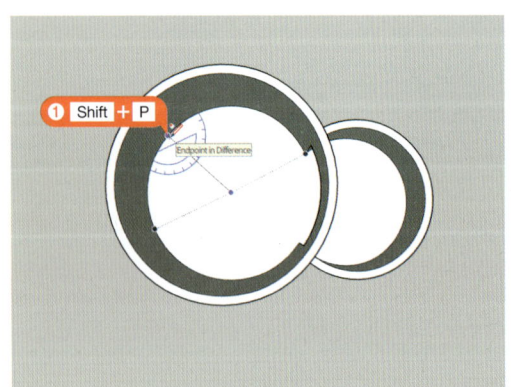 

19 그림과 같이 ❶ 시작점과 ❷ 끝점을 임의로 지정합니다.

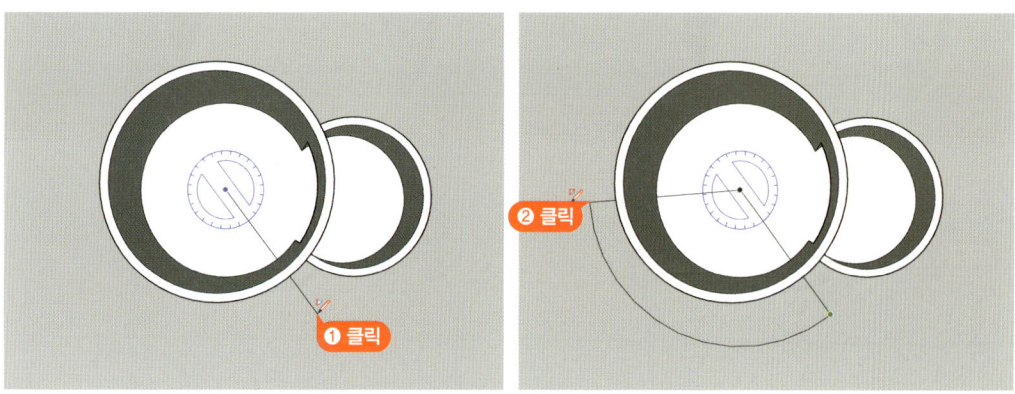

20 적당한 높이로 파이를 끌어당깁니다.

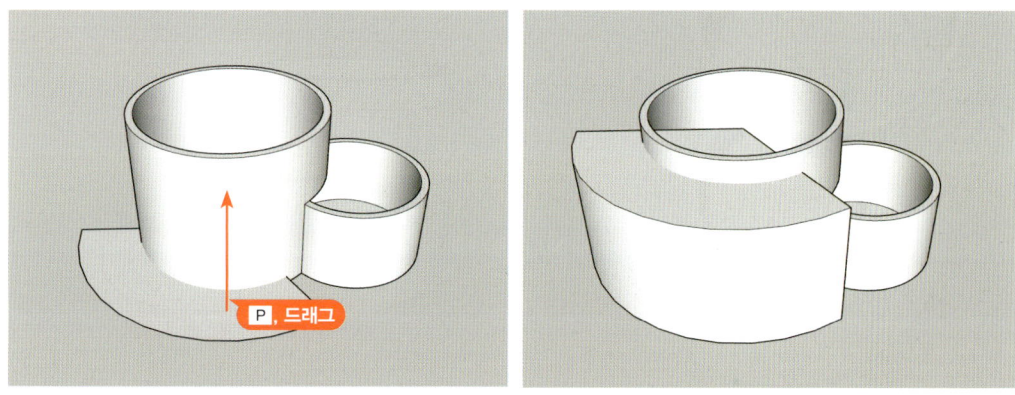

21 ❶ 파이를 그룹화합니다. ❷ [Subtract]를 실행하고 ❸ 건물 벽체를 클릭해 개구부를 만듭니다.

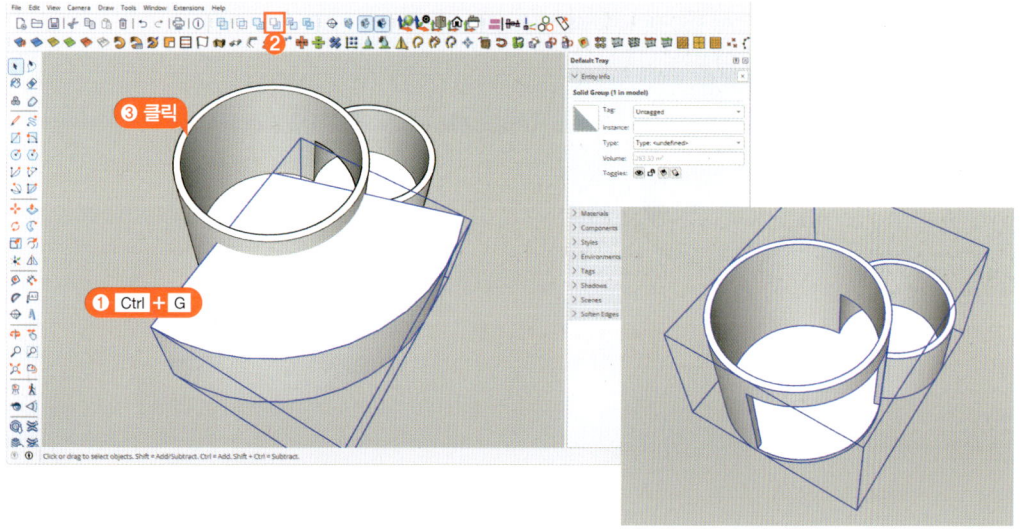

22 낮은 건물에도 같은 방법으로 파이를 임의의 크기로 만듭니다.

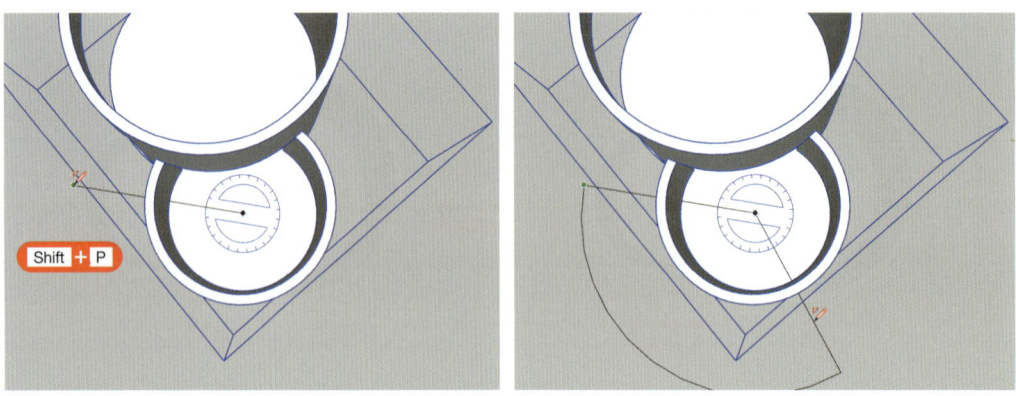

23 그림과 같이 파이를 적당한 높이로 끌어당깁니다.

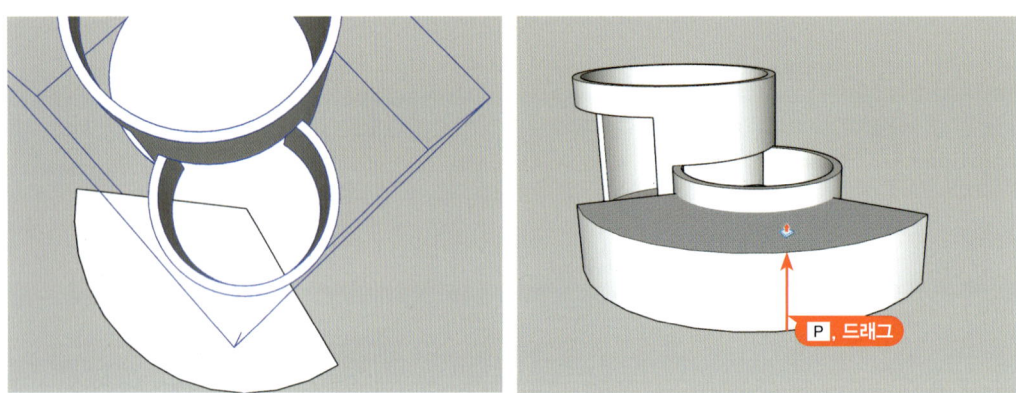

24 ❶ 파이를 그룹화합니다. ❷ [Subtract]를 실행하고 ❸ 낮은 건물 벽체를 클릭해 개구부를 만듭니다.

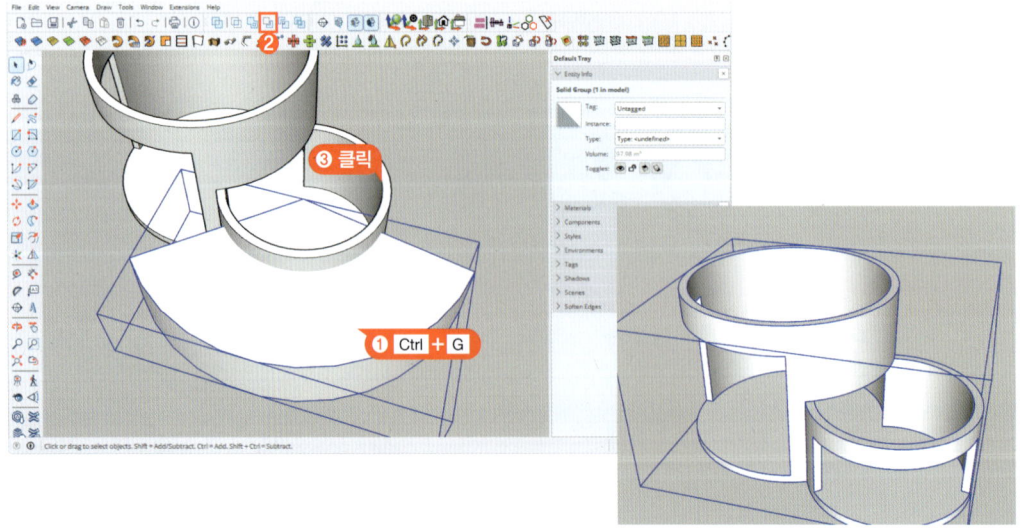

25 단축키 U를 눌러 숨겨놓은 모델을 모두 보이게 합니다.

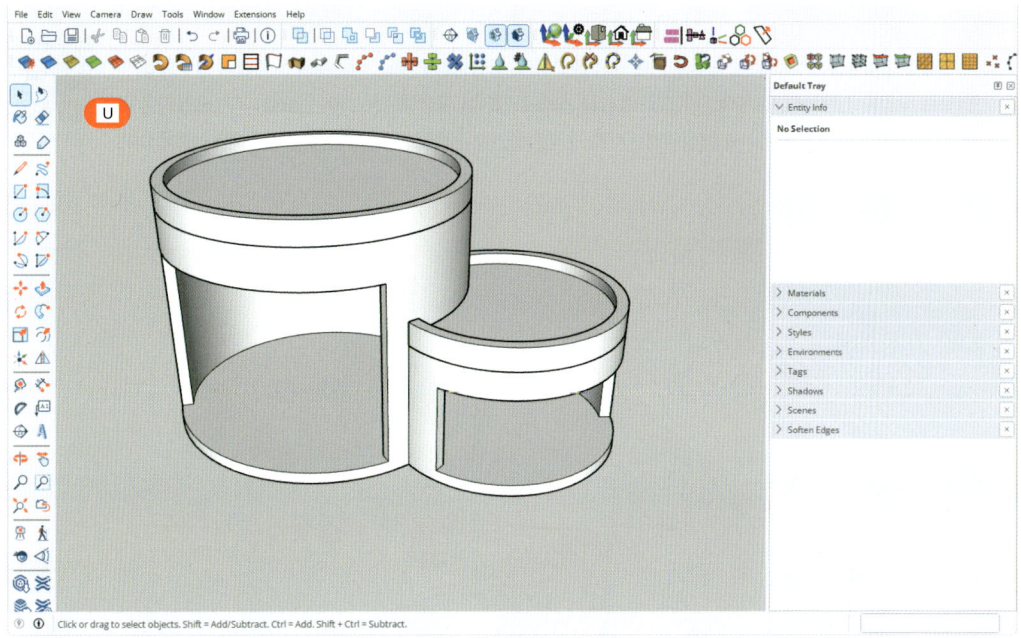

 **Self Training** 건축물 기본 구조 모델링 연습하기

지금까지 학습한 내용을 바탕으로 건축물의 기본 구조를 스스로 모델링해보세요. 적층식과 외피형의 모델링 방식을 기반으로 작업을 진행하되, 전체적인 구조의 흐름을 스스로 판단해 구성해보는 것이 중요합니다. 모델링을 마친 후에는 각 부위가 어떻게 연결되고 형성되었는지 다시 점검하면서 건축물의 기본 구성 원리를 자연스럽게 이해하고 숙달하는 데 중점을 두세요.

실습 따라 하기

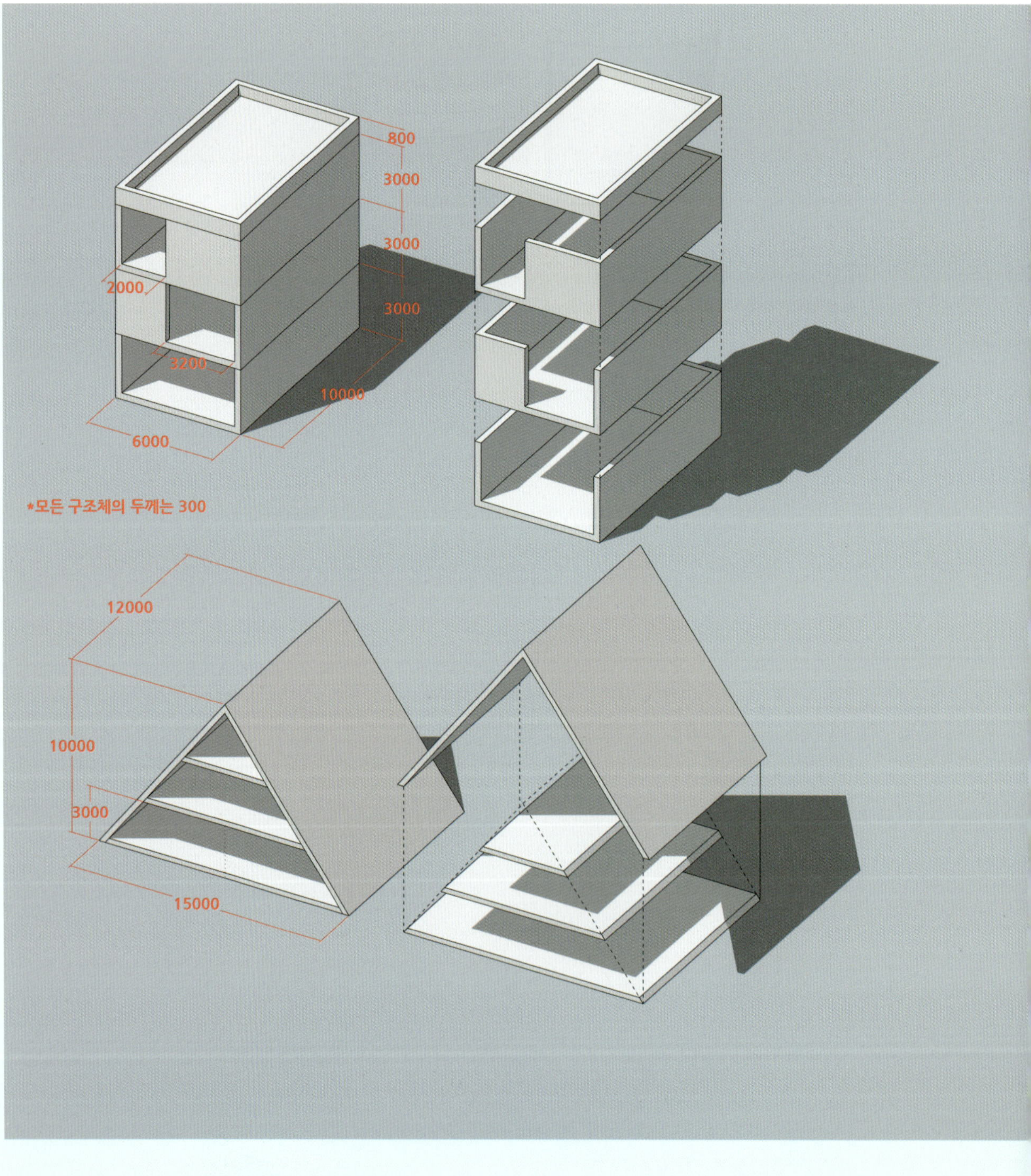

*모든 구조체의 두께는 300

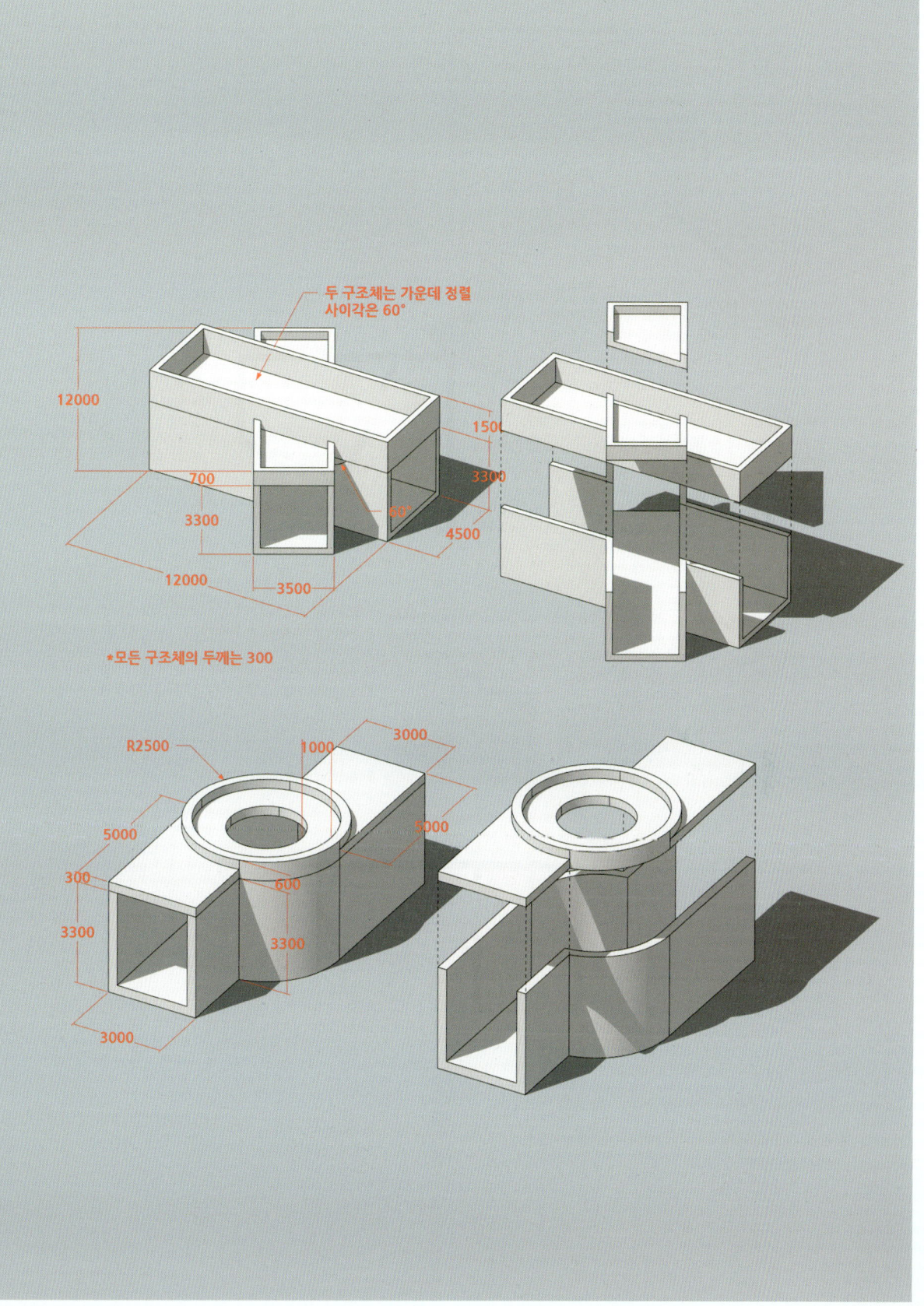

Self Training 건축물 기본 구조 모델링 연습하기

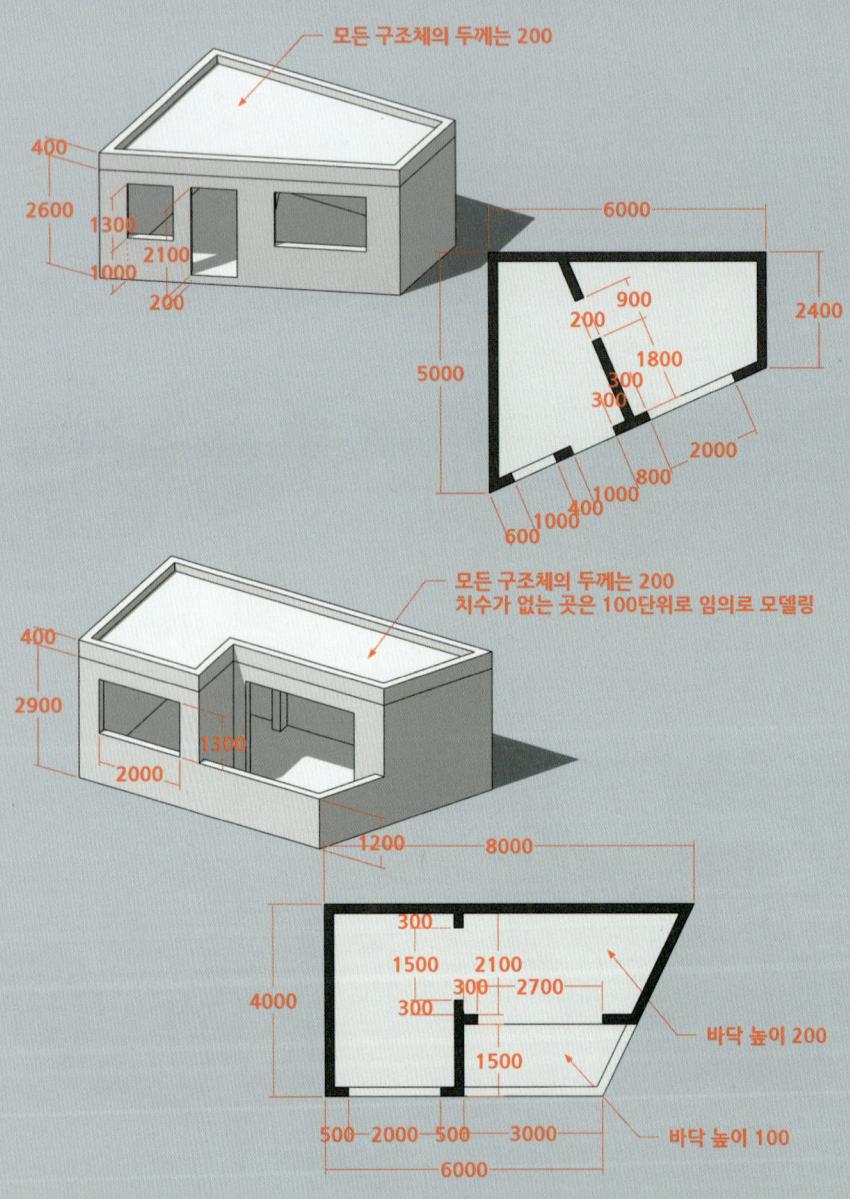

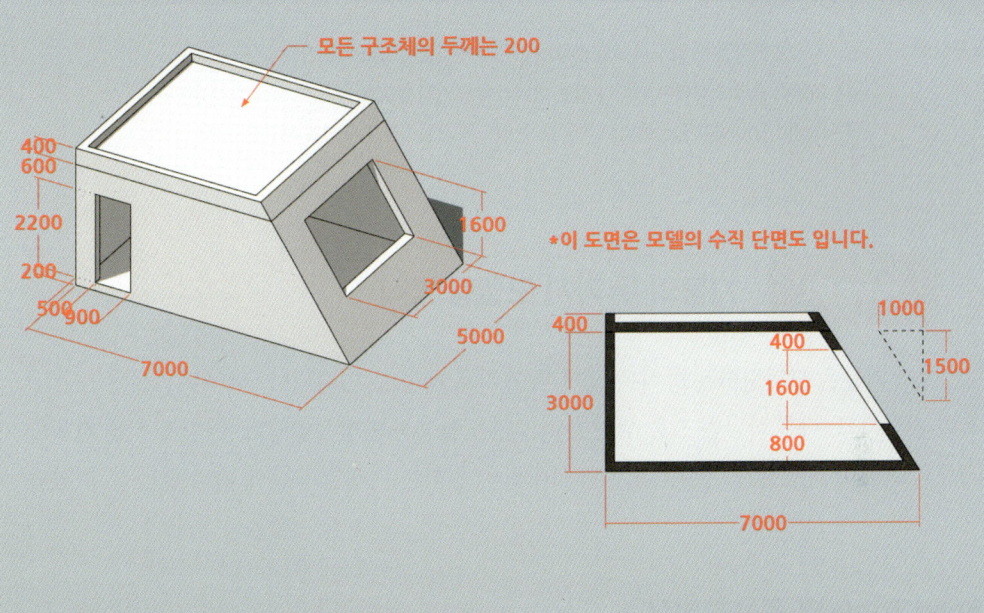

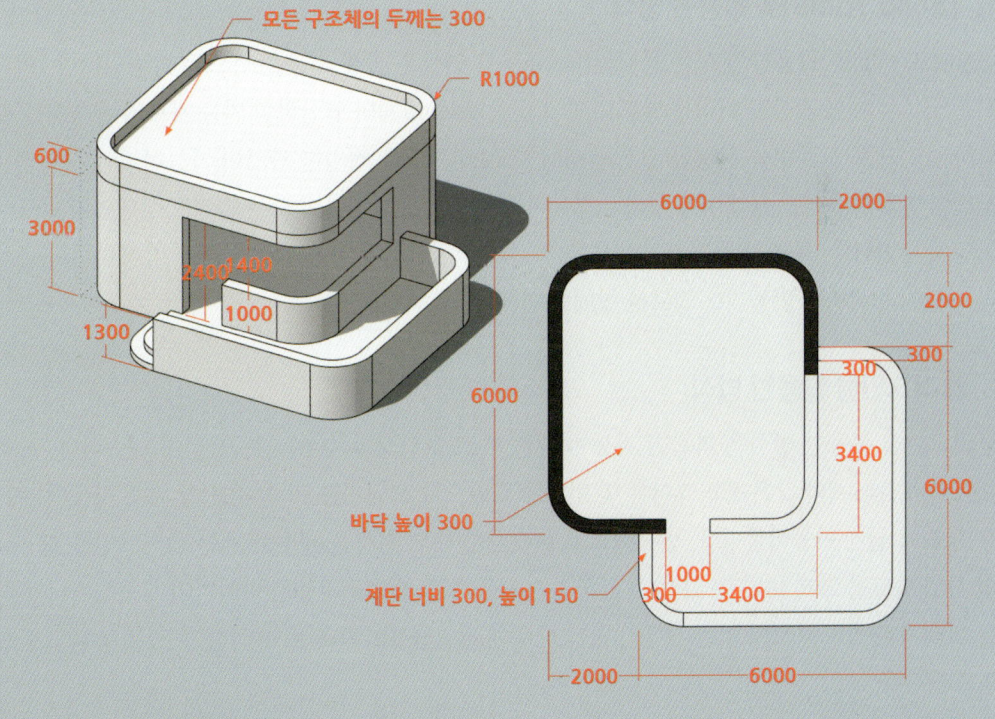

Self Training 건축물 기본 구조 모델링 연습하기

Lesson 02 | 다양한 형태의 지붕 모델링

Check Point
- ☑ 지붕을 분리할 수 있도록 모델링하는 이유가 무엇인지 알고 있는가?
- ☑ 모델이 솔리드 상태가 되어야 하는 이유가 무엇인지 알고 있는가?
- ☑ [Solid Tools]가 정상적으로 작동할 수 있도록 모델링을 정확하게 하고 있는가?

 Warm Up 지붕의 두 가지 모델링 방식

스케치업에서 지붕을 모델링하는 방식은 크게 두 가지로 나눌 수 있습니다. 하나는 [Solid Tools]를 활용한 방식이고, 다른 하나는 지붕 생성 플러그인을 활용하는 방식입니다. 어떤 방식을 선택할지는 지붕의 형태나 작업자가 다루는 모델의 복잡도와 원하는 디테일 수준에 따라 달라질 수 있습니다.

1. [Solid Tools]를 활용한 방식

[Solid Tools]를 활용한 방식은 불리언(Boolean) 연산을 통해 지붕을 만드는 방법입니다. 먼저 기본 구조체 위에 지붕 덩어리를 별도로 만들고, 이를 구조체와 연산하여 벽을 자르거나 형태를 결합하는 식으로 모델링을 진행합니다. [Solid Tools]는 매우 정밀한 작업이 가능하지만 사용되는 모델이 반드시 솔리드 상태여야 제대로 작동하므로 구조체와 지붕이 모두 솔리드 상태인지 반드시 확인해야 합니다. 특히 박공지붕처럼 벽을 사선으로 절단해야 하는 경우에 매우 유용하며 구조체와 지붕이 정확하게 맞물리는 정교한 형태를 만들 수 있습니다.

2. 플러그인을 활용한 방식

플러그인을 활용한 방식은 복잡한 지붕 형태를 빠르게 생성할 수 있다는 장점이 있습니다. 특히 [1001bit Tools]와 같은 플러그인은 몇 번의 클릭만으로 모임지붕, 박공지붕 등 자주 사용되는 지붕 형태를 쉽게 만들어줍니다. 반복적으로 비슷한 형태의 지붕을 생성할 때는 플러그인을 활용하면 작업 속도를 크게 높일 수 있습니다. 하지만 자동으로 생성된 지붕은 디테일이 부족하거나 원하는 형태가 완벽히 나오지 않는 경우가 많기 때문에 결과물을 수동으로 수정할 수 있는 능력도 함께 필요합니다.

지붕 모델링은 작업의 목적과 구조의 형태에 따라 접근 방식을 다르게 해야 합니다. 복잡한 형태이거나 정밀한 절단이 필요할 경우에는 [Solid Tools]가 적합하고, 정형화된 형태를 빠르게 생성해야 하는 경우에는 플러그인을 활용하는 것이 효율적입니다. 두 방식을 모두 익혀두면 작업의 유연성이 훨씬 높아질 것입니다.

 **박공지붕 모델링하기**

완성 파일 | Part 03/박공지붕_완성.skp

기본 구조체 위에 지붕을 얹고 [Solid Tools]를 활용해 벽을 잘라내 박공지붕을 만드는 예제입니다. [Solid Tools]를 제대로 사용하려면 무엇보다 모델이 항상 솔리드 상태를 유지하는 것이 가장 중요합니다. 또한 지붕의 경사를 정확히 만들기 위해 [Tape Measure Tool 🔗]과 [Protractor 🔗 Shift + T]를 자유롭게 다룰 수 있어야 합니다. 다음 예제를 통해 이런 도구들을 자연스럽게 활용하고, 지붕과 벽체를 효율적으로 모델링하는 방법을 익혀보세요.

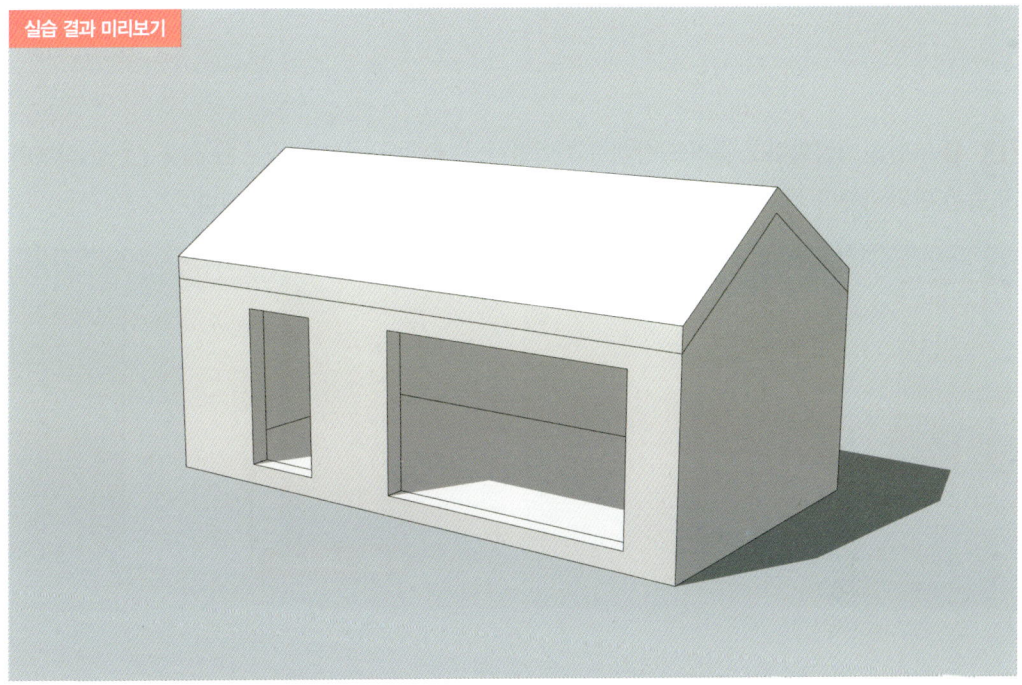

01 ❶ 폭 **9000mm**, 길이 **5000mm** 크기의 사각형을 만듭니다. ❷ **300mm** 위로 끌어당깁니다.

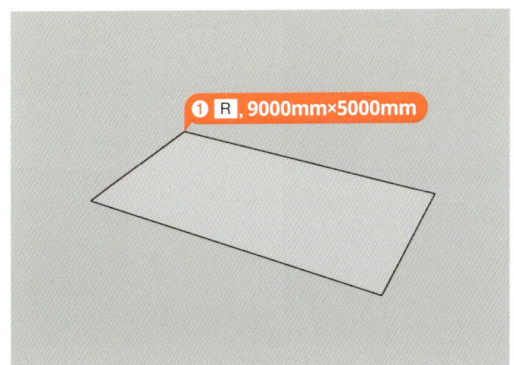
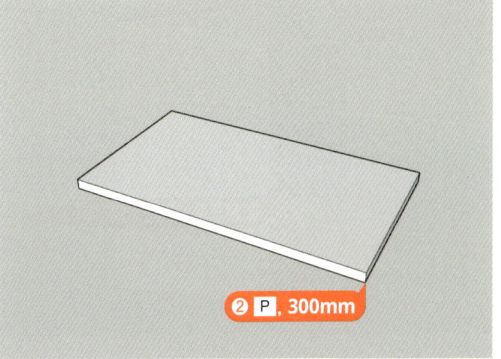

02 ❶ 윗면을 안쪽으로 **300mm** 오프셋합니다. ❷ 오프셋한 면을 충분한 높이(**5000mm** 이상, 예제에서는 **8000mm**)로 위로 끌어당깁니다.

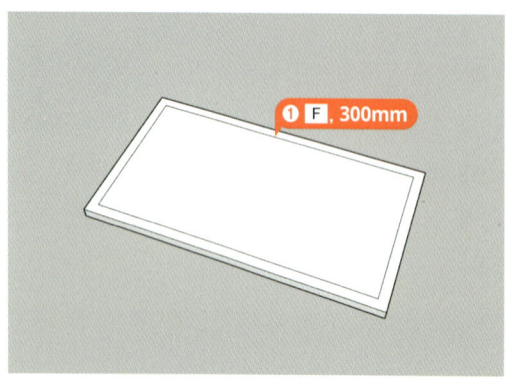 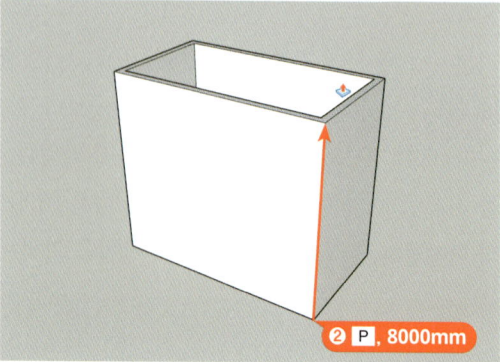

03 ❶ 모델을 그룹화하고 솔리드 상태를 확인합니다. ❷ [Tape Measure Tool 🔧] T]을 실행하고 좁은 면의 아래쪽 에지를 선택해 **3000mm** 위로 올려 가이드라인을 만듭니다.

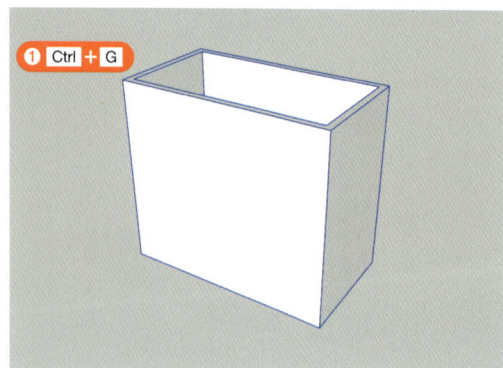 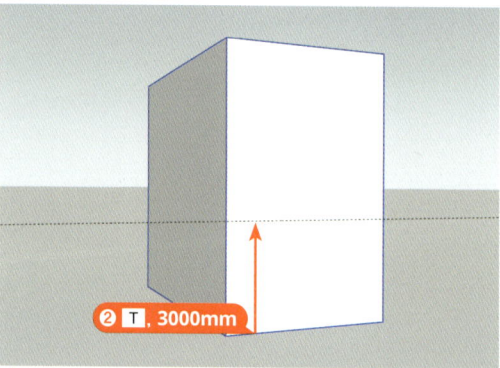

04 ❶ [Protractor 🔧] Shift + T]를 실행하고 가이드라인과 왼쪽 모서리의 교차점을 클릭해 **30°**의 가이드라인을 만듭니다. ❷ 반대편도 같은 각도의 가이드라인을 추가합니다.

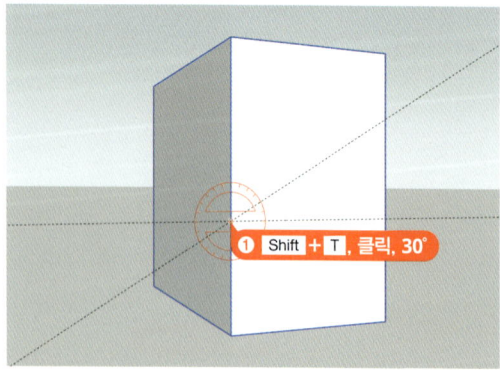 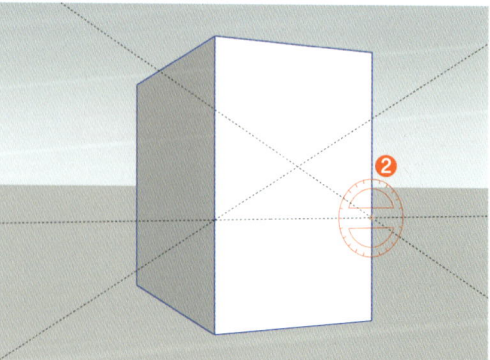

05 ❶ [Tape Measure Tool ⊘ T]을 실행하고 각도 가이드 라인을 클릭해 아래쪽으로 **300mm** 떨어진 가이드라인을 만듭니다. ❷ 반대편도 같은 방법으로 가이드라인을 추가합니다.

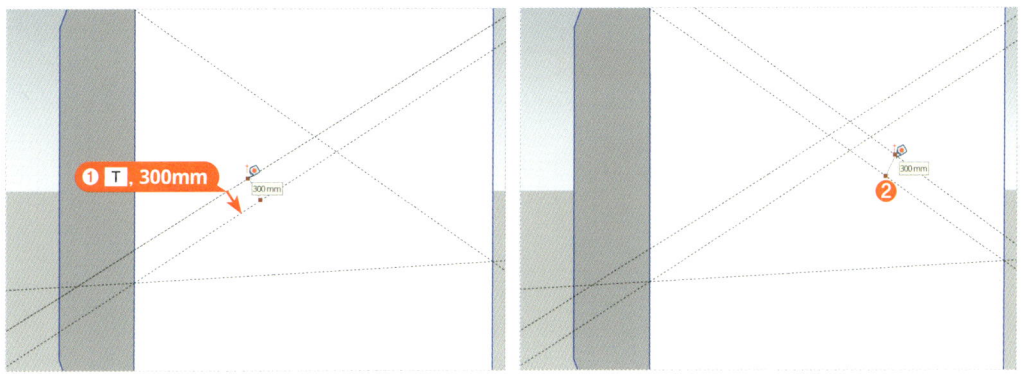

06 ❶ 그림과 같이 가이드라인과 에지의 교차점을 모두 연결해 면을 만듭니다. ❷ 반대편 벽까지 끌어 지붕을 만듭니다.

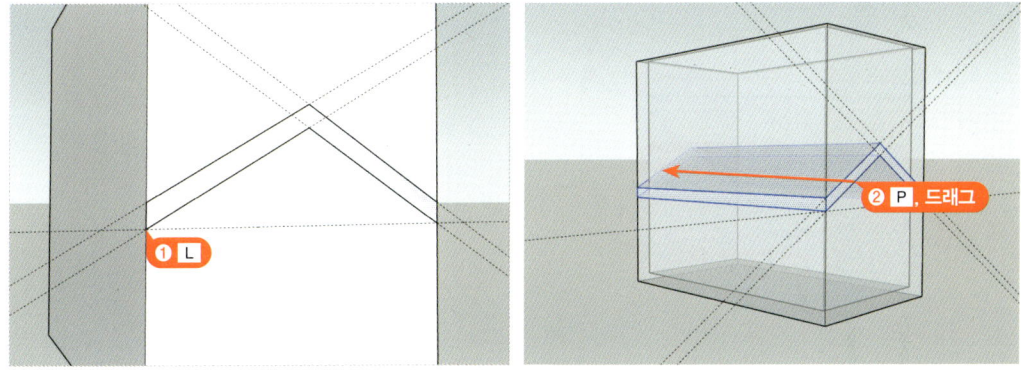

CORE TIP [X-Ray ⊘ X]를 실행해 모델의 내부를 보며 지붕을 만듭니다.

07 ❶ 지붕을 선택해 그룹화하고 솔리드 상태를 확인합니다. ❷ 지붕이 선택되어 있는 상태에서 [Trim ⊘]을 실행하고 ❸ 벽을 선택합니다.

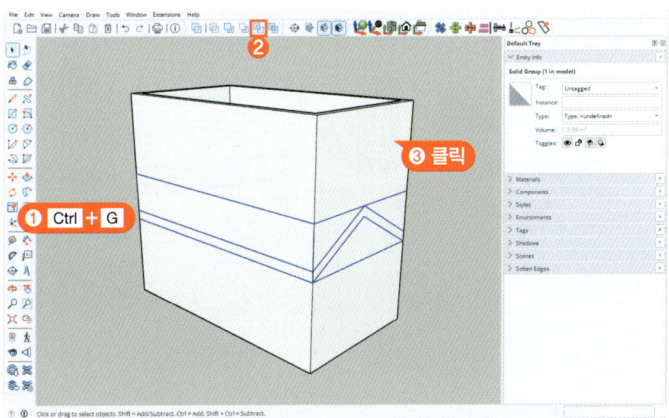

Lesson 02 다양한 형태의 지붕 모델링 **251**

08 ❶ 벽 그룹을 더블클릭해 열고 ❷ 윗부분을 트리플클릭한 후 삭제합니다.

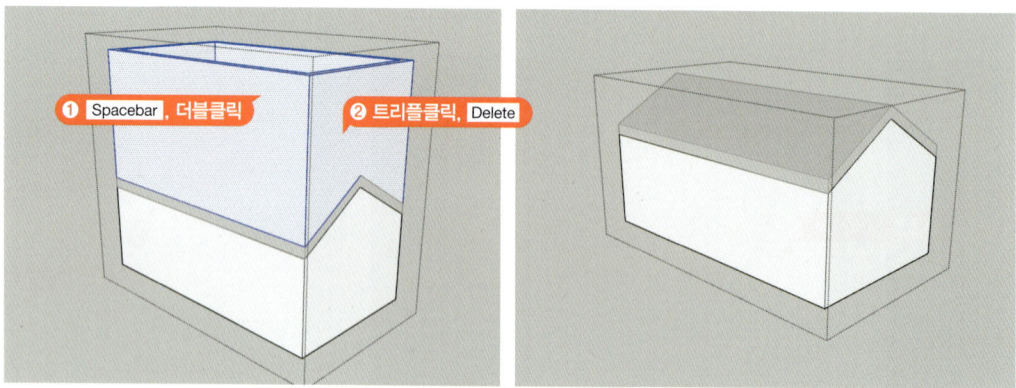

09 그룹이 열린 상태에서 ❶ ❷ 정면 바닥의 모서리에서 위쪽으로 각각 **300mm**, **2700mm** 가이드라인을 추가합니다. ❸ 임의의 크기로 개구부를 그립니다.

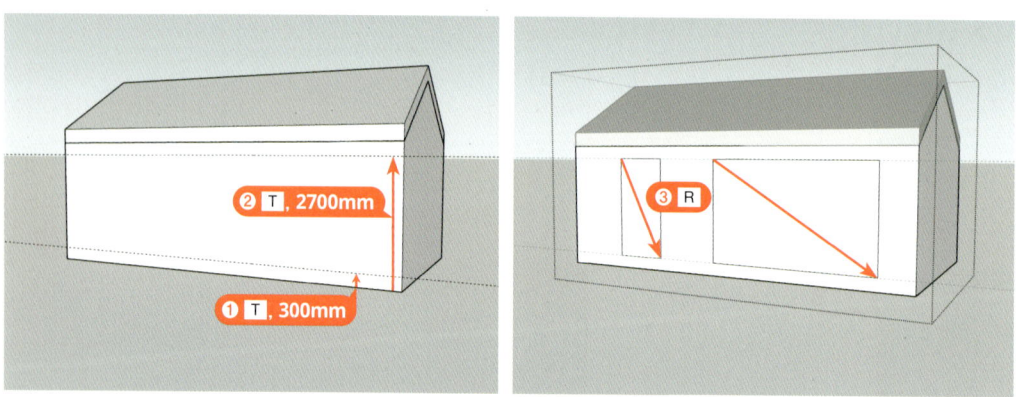

10 [Push/Pull 🖱️] [P]을 실행한 후 면을 뒤로 밀어 뒷면과 맞닿게 해 개구부를 만들어 완성합니다.

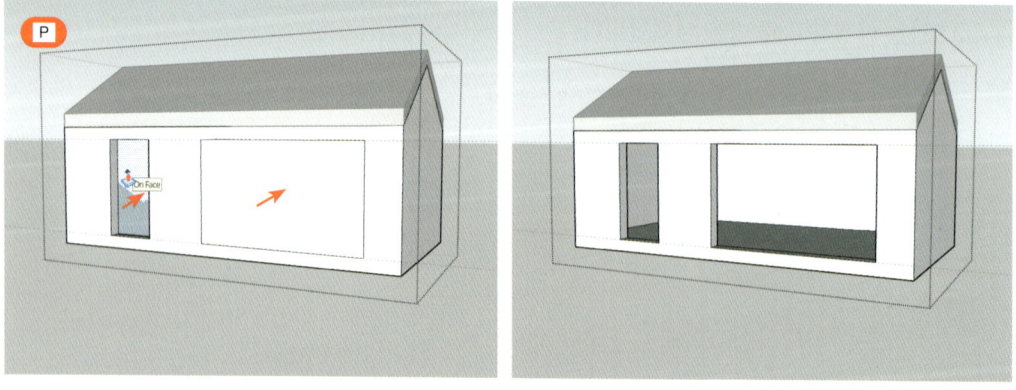

 **Basic Training** 외쪽 지붕 모델링하기

완성 파일 | Part 03/외쪽지붕_완성.skp

이번 예제는 여러 개의 벽과 지붕이 복잡하게 교차된 형태를 모델링하는 예제입니다. 단순히 작업 순서를 따라 하는 것을 넘어, 각 과정이 왜 이런 방식으로 진행되는지를 깊이 생각하며 학습하는 데 집중해보세요. 모델링 방식에 대한 고민과 이해는 앞으로 어떤 복잡한 형태를 만나더라도 스스로 계획을 세우고 문제를 해결할 수 있는 힘을 길러줄 것입니다.

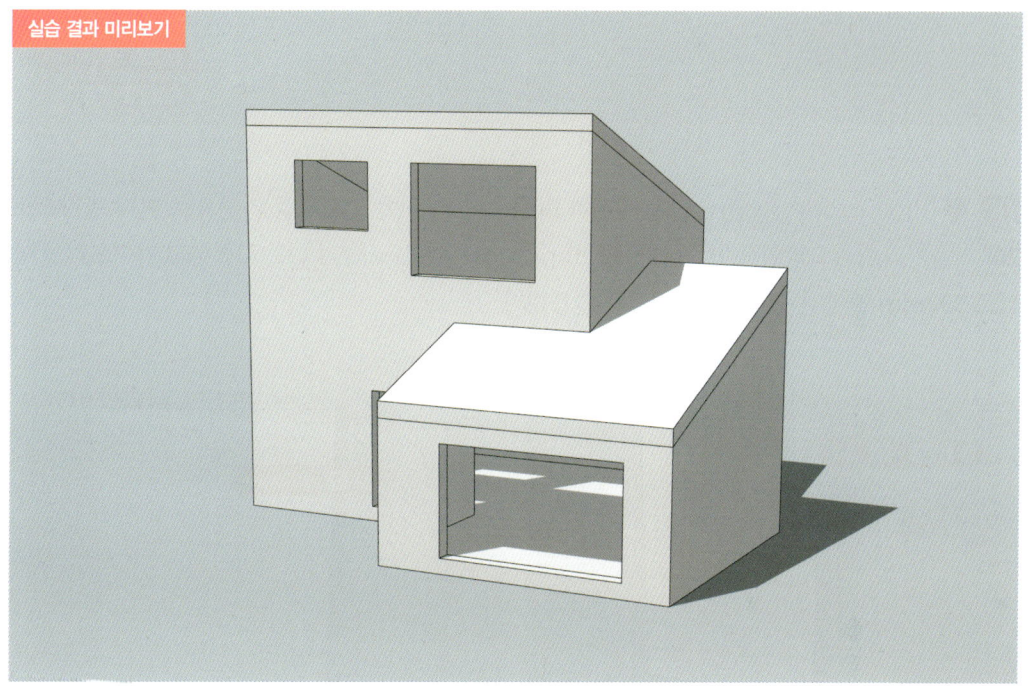

실습 결과 미리보기

01 ❶ 폭 **8000mm**, 길이 **6000mm** 크기의 사각형을 만듭니다. ❷ **300mm** 위로 끌어당깁니다.

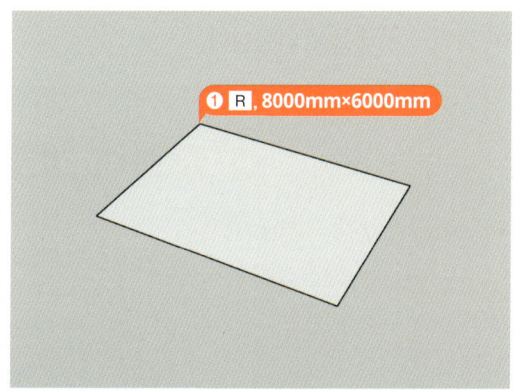
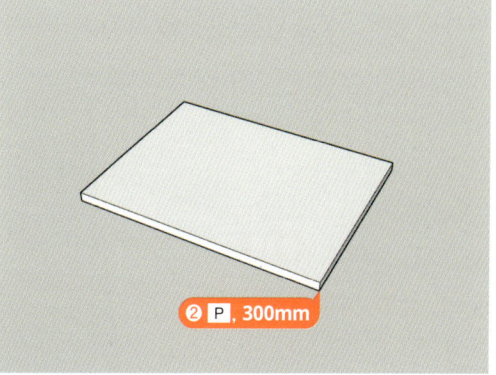

Lesson 02 다양한 형태의 지붕 모델링   253

02 ❶ 윗면을 안쪽으로 **300mm** 오프셋합니다. ❷ 오프셋한 면을 **8000mm** 위로 끌어당기고 ❸ 그룹화하고 솔리드 상태를 확인합니다.

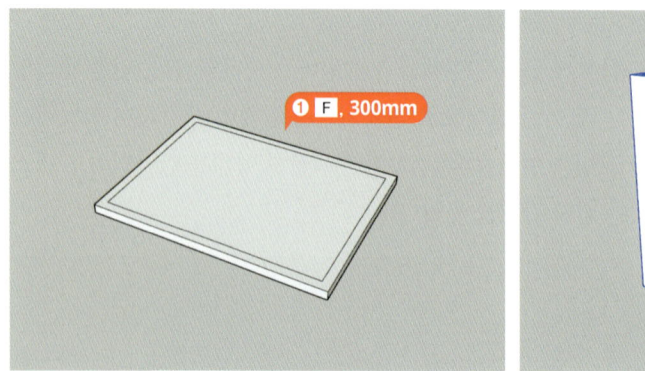 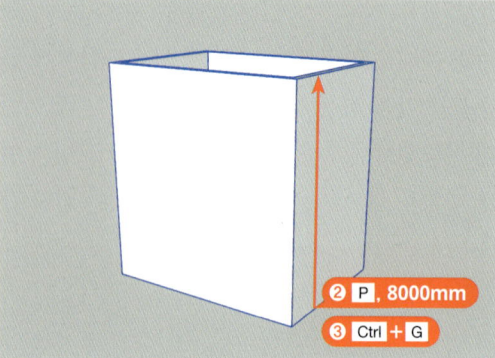

03 ❶ [Protractor ⌀] Shift + T 를 실행하고 좁은 면의 위쪽 모서리를 기준으로 아래 방향으로 **20°** 기울기의 가이드라인을 만듭니다. ❷ [Tape Measure Tool ⌀] T 을 실행하고 가이드라인 아래로 **300mm** 떨어진 곳에 가이드라인을 만듭니다.

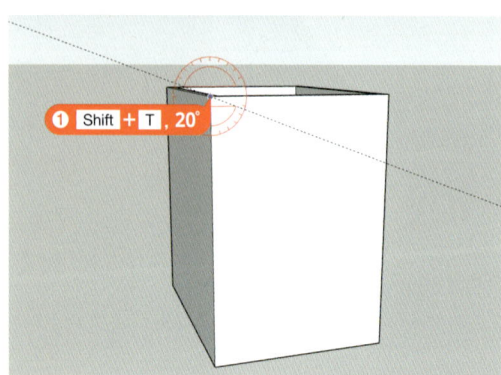 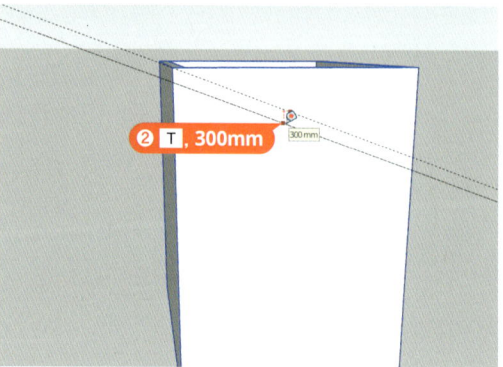

04 ❶ 가이드라인과 모서리의 교차점을 선으로 연결해 면을 만듭니다. ❷ 만들어진 면을 반대편 벽까지 밀어 지붕을 만듭니다. ❸ 지붕을 그룹화하고 솔리드 상태를 확인합니다.

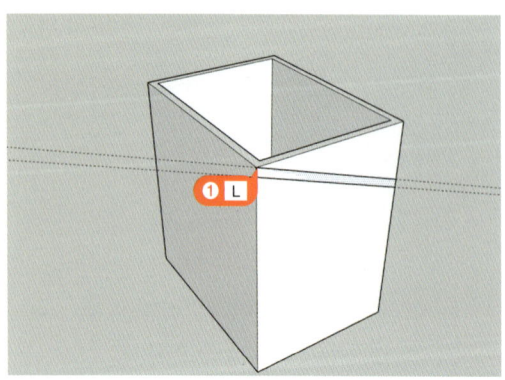 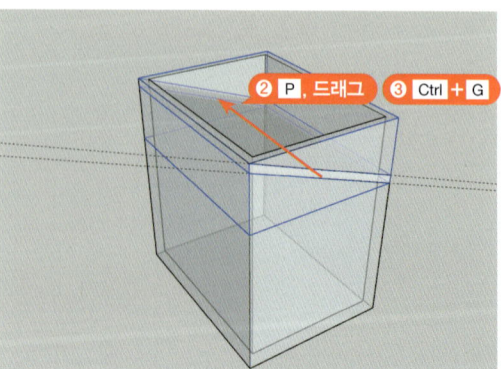

05 ❶ 지붕이 선택되어 있는 상태에서 [Trim]을 실행하고 ❷ 벽을 클릭합니다. ❸ 벽 그룹을 더블클릭해 열고 ❹ 잘려 있는 벽 윗부분을 트리플클릭해 삭제합니다.

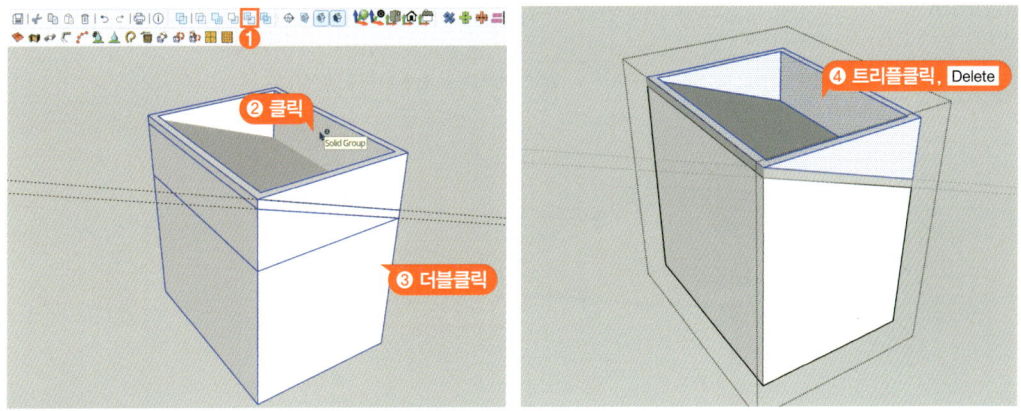

06 ❶ 그림과 같이 기존 모델과 교차되도록 임의의 크기의 사각형을 만듭니다. ❷ 사각형을 **300mm** 위로 끌어당깁니다.

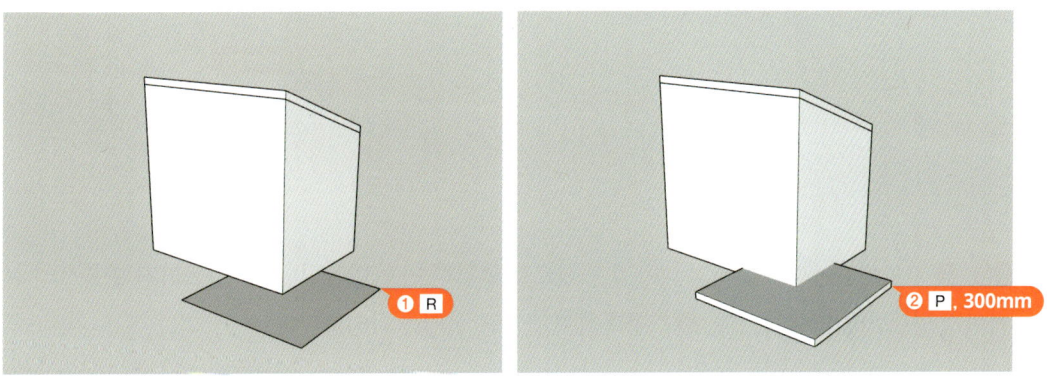

07 ❶ 윗면을 안쪽으로 **300mm** 오프셋합니다. ❷ 오프셋한 면을 **5000mm** 위로 끌어당긴 후 ❸ 그룹화합니다.

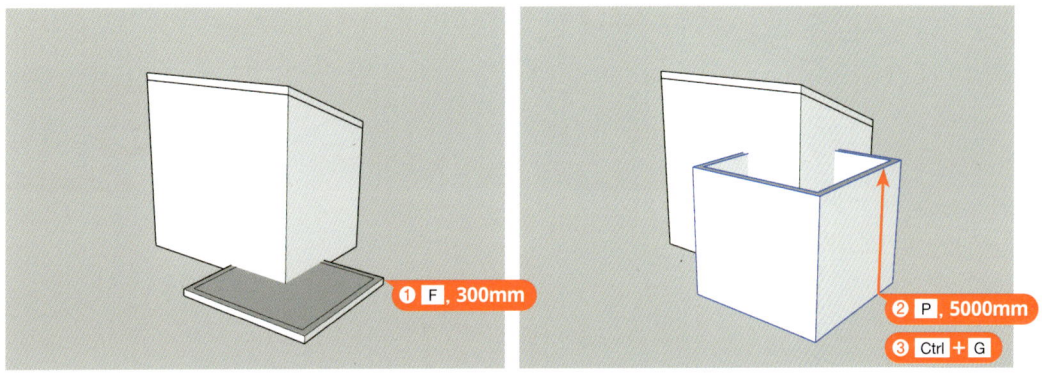

08 ❶ [Protractor ⌀] Shift + T 를 실행하고 오른쪽 모서리를 기준점으로 지정한 후 왼쪽 아래 **20°** 방향으로 가이드라인을 만듭니다. ❷ [Tape Measure Tool ⌀] T 을 실행하고 아래로 **300mm** 떨어진 위치에 가이드라인을 만듭니다.

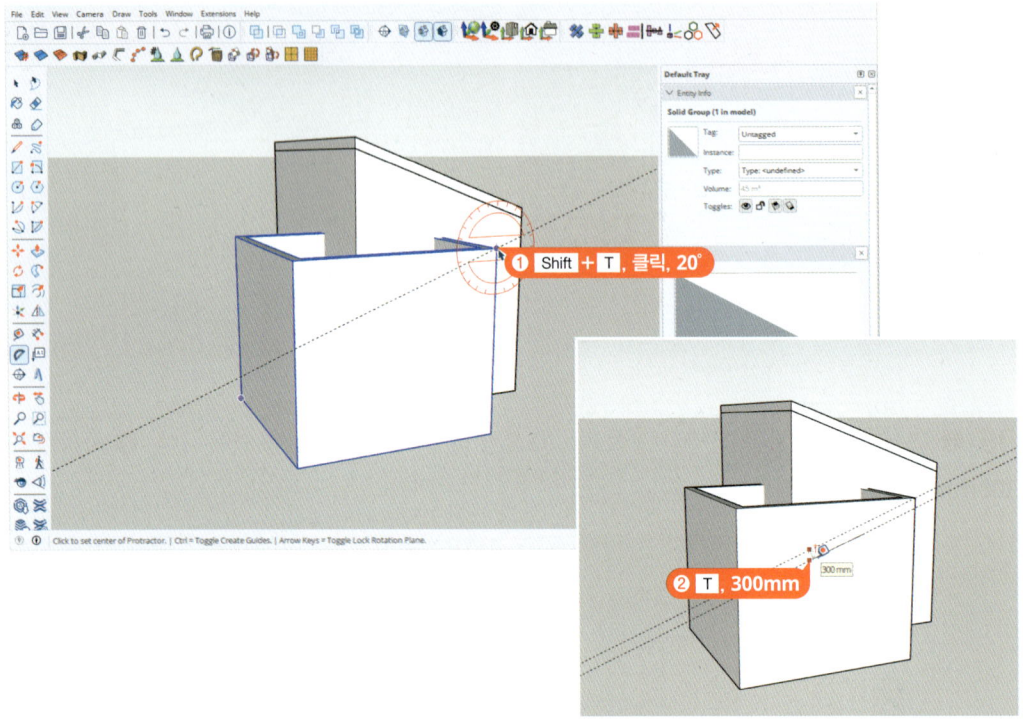

09 ❶ 가이드라인과 모서리의 교차점을 선으로 연결해 면을 만듭니다. ❷ 만들어진 면을 반대편 벽까지 밀어 지붕을 만듭니다. ❸ 그룹화하고 솔리드 상태를 확인합니다.

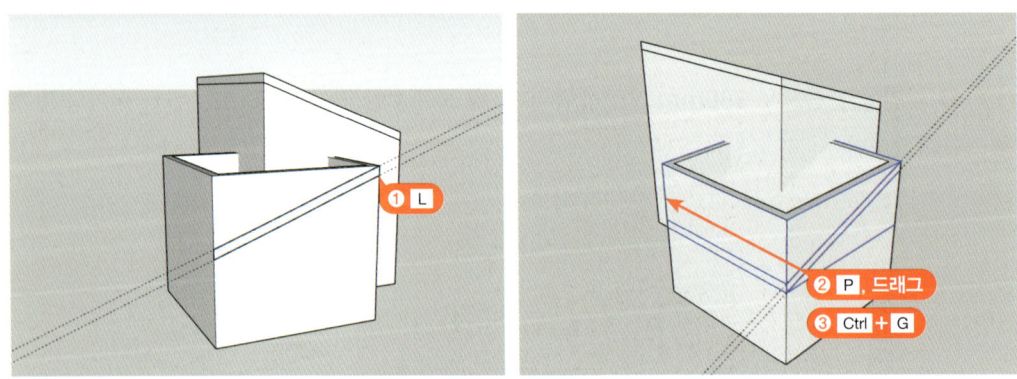

256   Part 03 건축물의 구성요소 모델링 익히기

10 ❶ 지붕이 선택되어 있는 상태에서 [Trim]을 실행하고 ❷ 벽을 클릭합니다. ❸ 벽 그룹을 더블클릭해 열고 ❹ 잘려 있는 벽 윗부분을 트리플클릭해 삭제합니다.

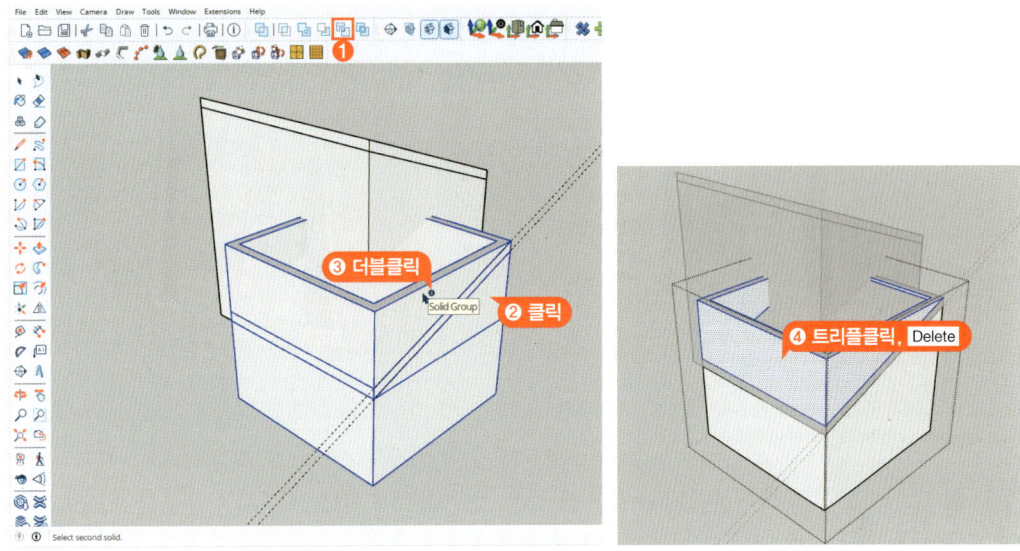

11 ❶ 높은 지붕을 선택하고 H 를 눌러 잠시 숨겨둡니다. ❷ 높은 벽과 낮은 벽을 선택하고 ❸ [Split]을 실행합니다.

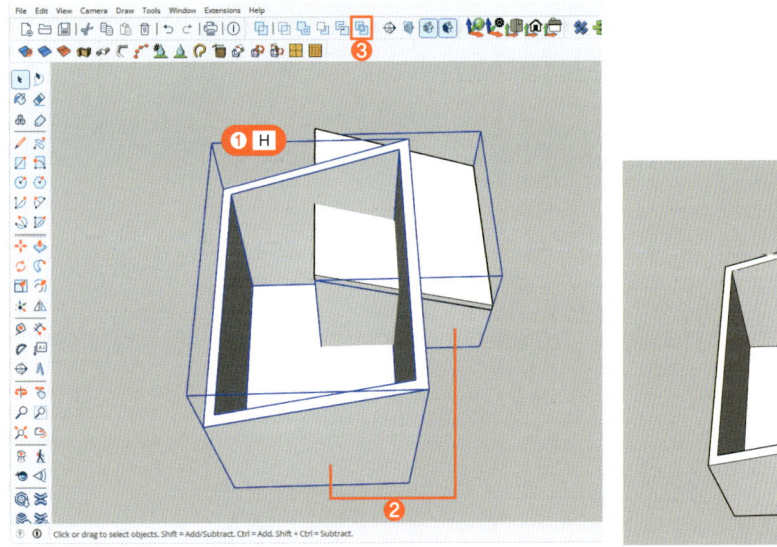

12 ❶ 높은 벽과 낮은 지붕을 선택하고 ❷ [Split] 을 실행합니다.

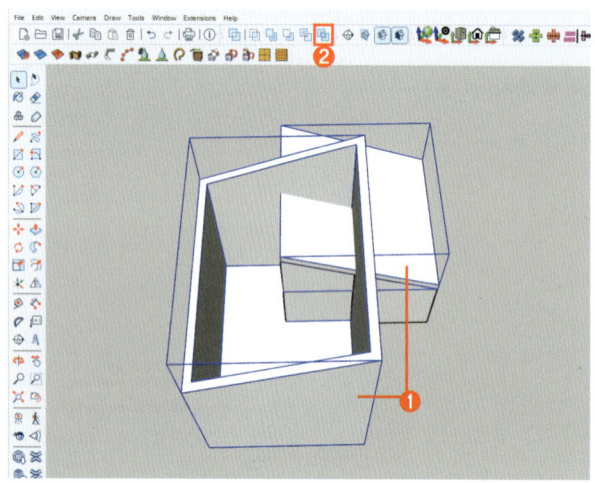
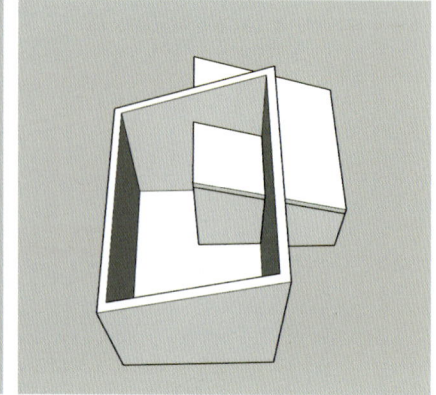

13 ❶ 낮은 지붕 그룹을 더블클릭해 열고 ❷ 높은 건물 내부에 끼어 있는 지붕 부분을 트리플클릭해 삭제합니다.

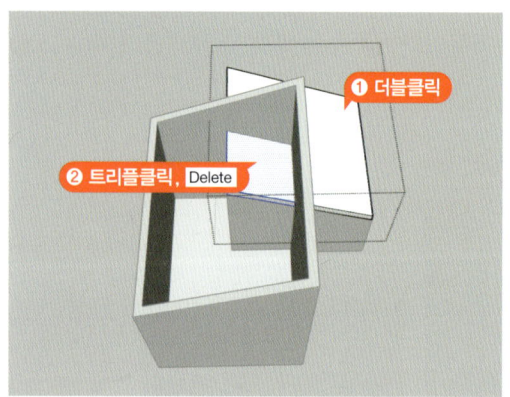
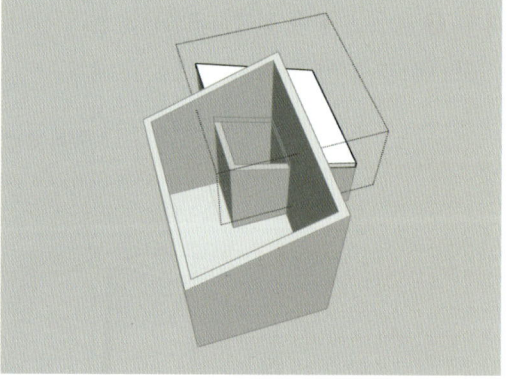

14 ❶ 낮은 벽을 더블클릭해 열고 ❷ 높은 벽 내부에 끼어 있는 벽 부분을 트리플클릭해 삭제합니다.

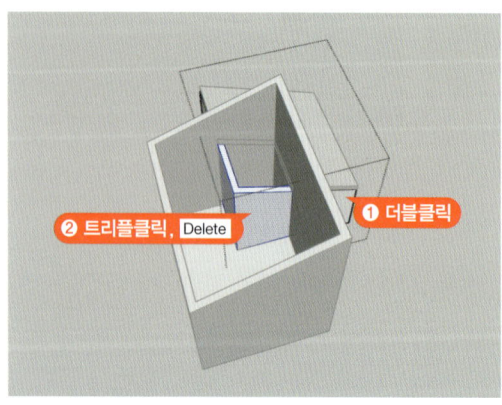
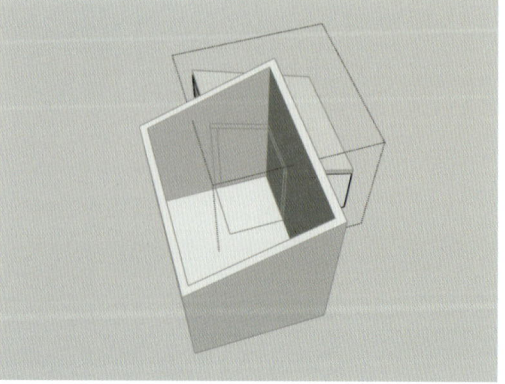

15 ❶ 높은 벽을 더블클릭해 열고 ❷ 낮은 벽 내부에 끼어 있는 부분을 트리플클릭해 삭제합니다.

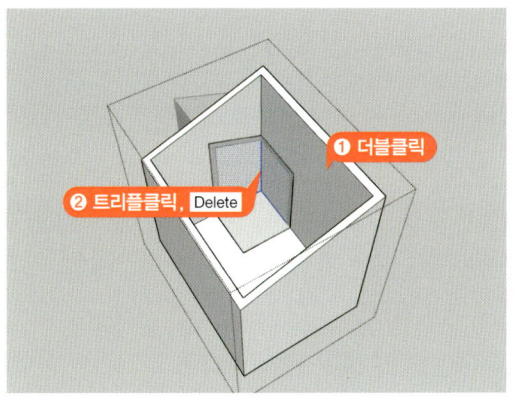
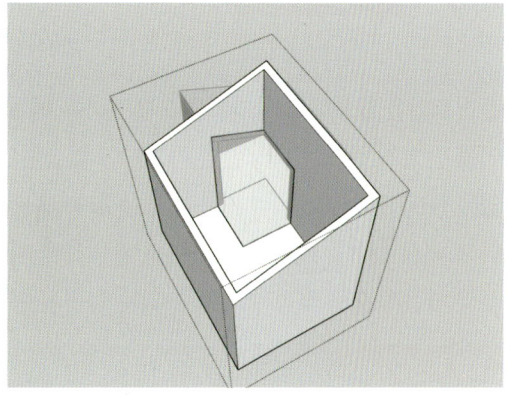

16 ❶ 낮은 지붕을 숨깁니다. ❷ 남아 있는 벽을 모두 선택하고 [Union 🗍]을 실행해 하나로 합칩니다.

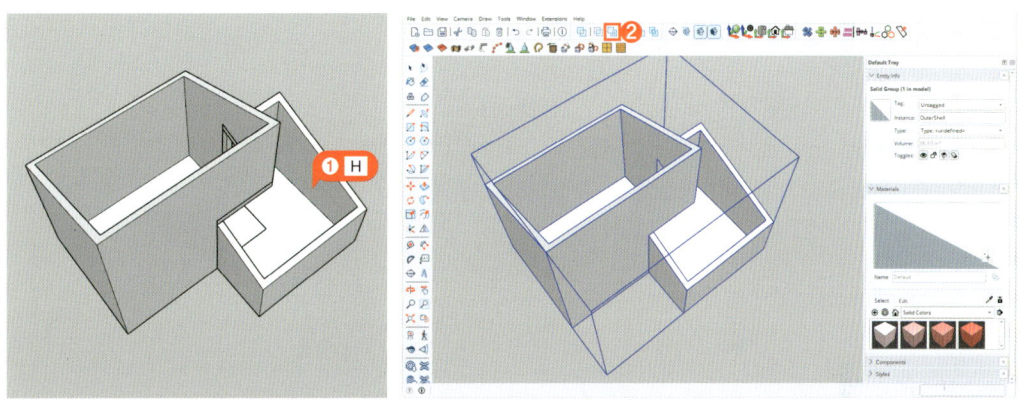

17 ❶ [Unhide All] U 을 실행해 지붕을 모두 보이게 합니다. ❷ 그룹을 열고 비닥 모서리에서 **300mm** 떨어진 곳에 가이드라인을 추가합니다. ❸ 이 가이드라인의 위쪽으로 임의의 위치에 사각형을 그리고 [Push/Pull ✥] P 로 사각형을 밀어 개구부를 표현해 완성합니다.

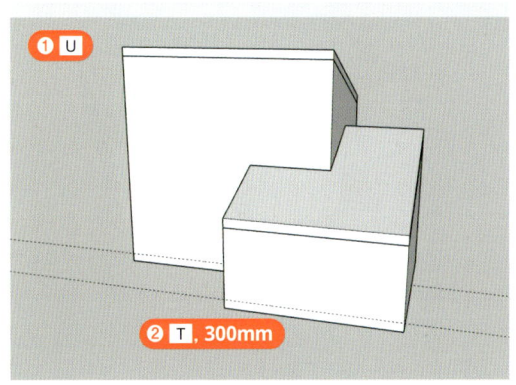
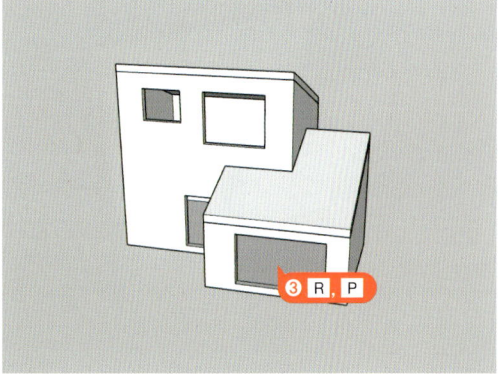

 **플러그인을 활용한 모임지붕 모델링**

준비 파일 | Part 03/모임지붕.skp 완성 파일 | Part 03/모임지붕_완성.skp

플러그인을 활용해 모임지붕을 모델링하는 예제입니다. 지붕의 형태는 실제로 매우 한정적이어서 이를 손쉽게 만드는 다양한 플러그인이 있습니다. 이번에는 무료로 제공되며 편리하게 사용할 수 있는 [1001bit-tools]의 지붕 기능을 활용해 모델링을 진행할 것입니다. 다만 플러그인을 사용한다고 해서 원하는 형태가 처음부터 완벽하게 나오지는 않으므로 플러그인을 적절히 이용하고 난 후 원하는 형태로 직접 수정할 수 있는 능력을 함께 길러야 합니다.

실습 결과 미리보기

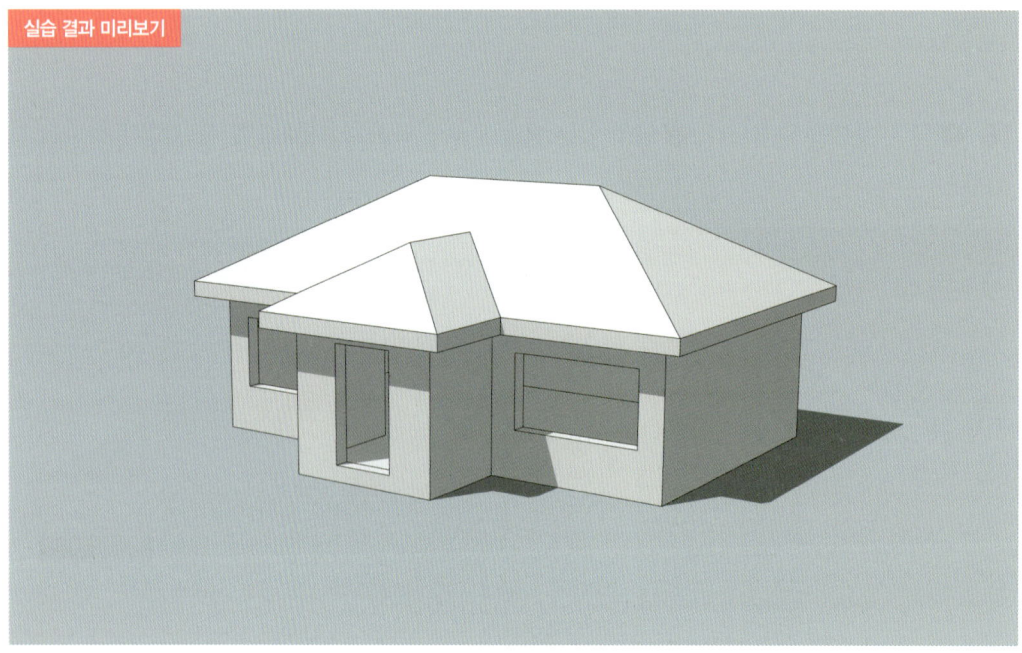

01 준비 파일을 불러와 윗면의 바깥 모서리를 따라 선을 그려 면을 만듭니다.

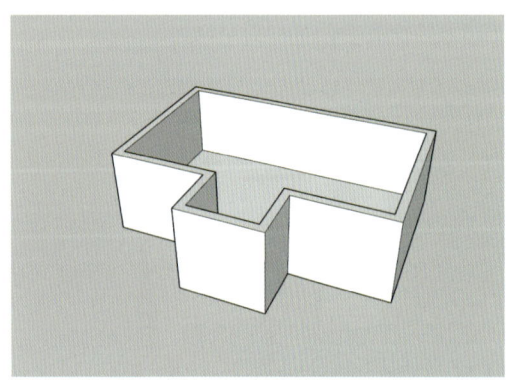   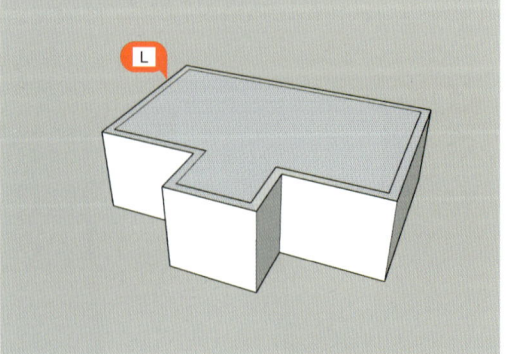

02 ❶ 면이 선택되어 있는 상태에서 [Search] Shift + S 를 실행합니다. ❷ **roof**를 검색하고 ❸ [🔷 1001bit tools 〉 Create hip roof]를 클릭합니다. ❹ [1001bit.com hip roof] 창에서 [Roof pitch(지붕 각도)]는 **30**, [Roof overhang(처마 나옴)]은 **500**을 입력하고 ❺ [Create Hip Roof]를 클릭합니다.

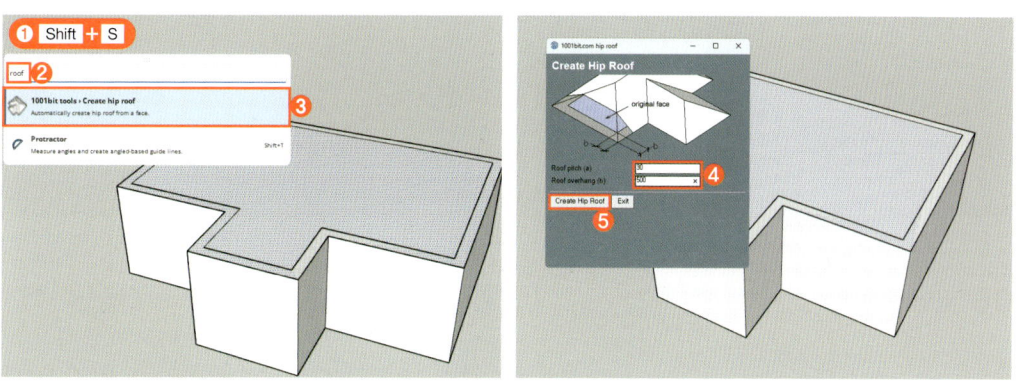

03 ❶ 지붕이 선택된 상태에서 H 를 눌러 숨깁니다. ❷ 지붕을 만드는 데 사용한 면을 더블클릭하고 삭제합니다.

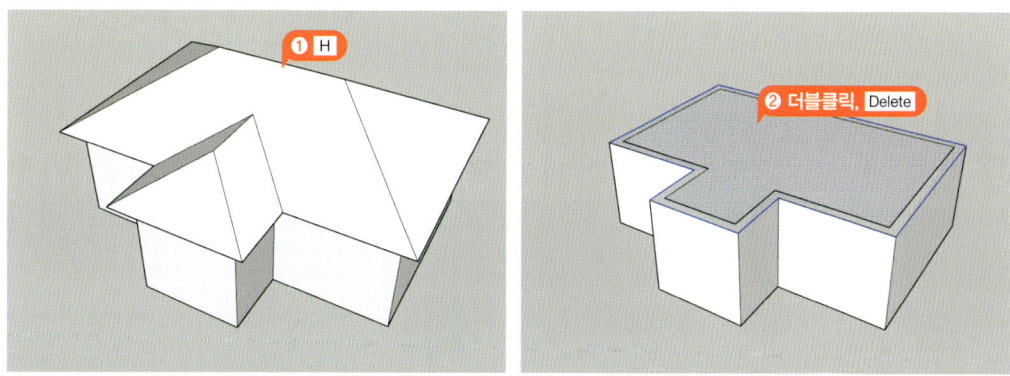

04 ❶ [Unhide All] U 을 실행해 지붕을 다시 보이게 하고 ❷ 지붕 그룹을 더블클릭해 엽니다. ❸ Alt + H 를 눌러 열려 있는 그룹 이외의 모델을 모두 숨깁니다. ❹ 내부에 그룹이 하나 더 있는 것을 알 수 있습니다. 이 그룹을 선택하고 분해합니다.

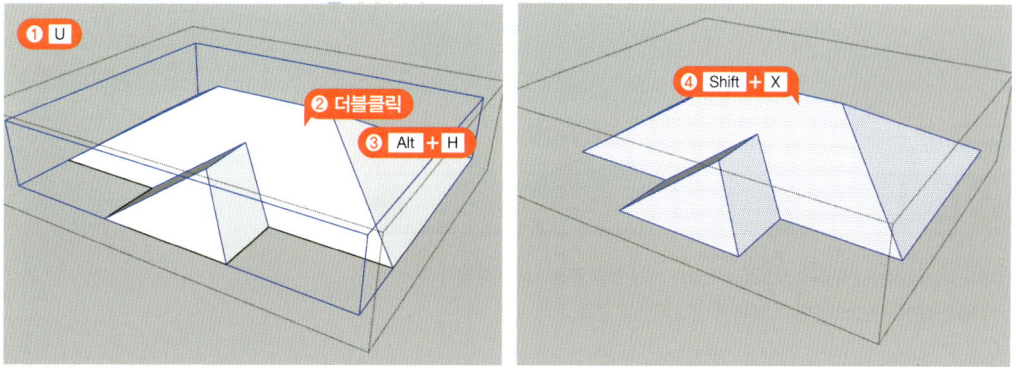

Lesson 02 다양한 형태의 지붕 모델링

05 지붕의 밑면을 선택해 **300mm** 아래로 끌어내립니다.

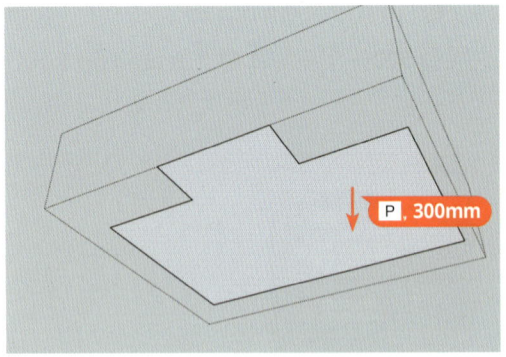 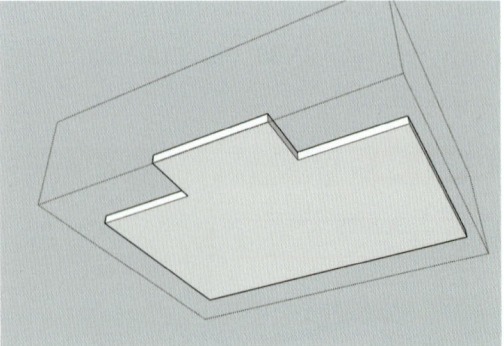

06 밑면을 선택해 삭제합니다.

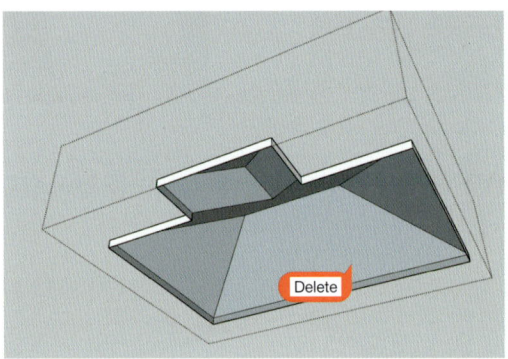

07 ❶ 지붕을 트리플클릭합니다. ❷ [Search] Shift + S 를 실행하고 **Joint**를 검색합니다. ❸ [Joint Push Pull]을 실행합니다. ❹ 면을 클릭해 안으로 드래그한 후 **200**을 입력합니다. ❺ 지붕 그룹을 닫습니다.

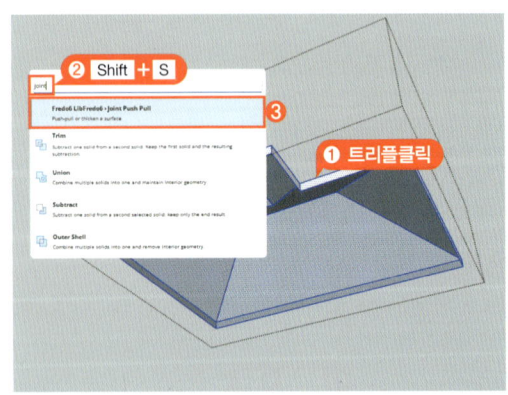 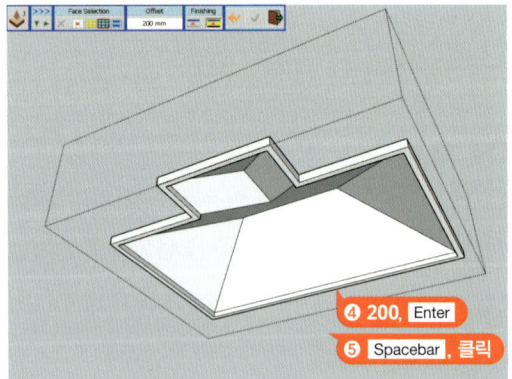

CORE TIP [Joint Push Pull]의 옵션을 그림과 같이 설정합니다.

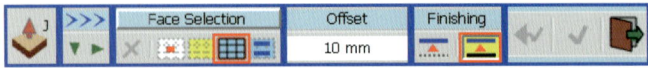

- **All Connected faces** | 연결되어 있는 모든 면을 자동으로 선택합니다.
- **THICKEN** | 원래의 면을 삭제하지 않고 두께를 만듭니다.

08 ❶ [Section Plane ⊕]을 실행하고 ❷ 옆면을 클릭한 후 ❸ 대화상자가 나타나면 [OK]를 클릭합니다. ❹ 추가된 [Section Plane]을 선택하고 [Move ✣] M 를 실행해 안쪽으로 이동해보면 벽의 위쪽 단면이 지붕과 완전히 맞닿아 있지 않은 것을 확인할 수 있습니다.

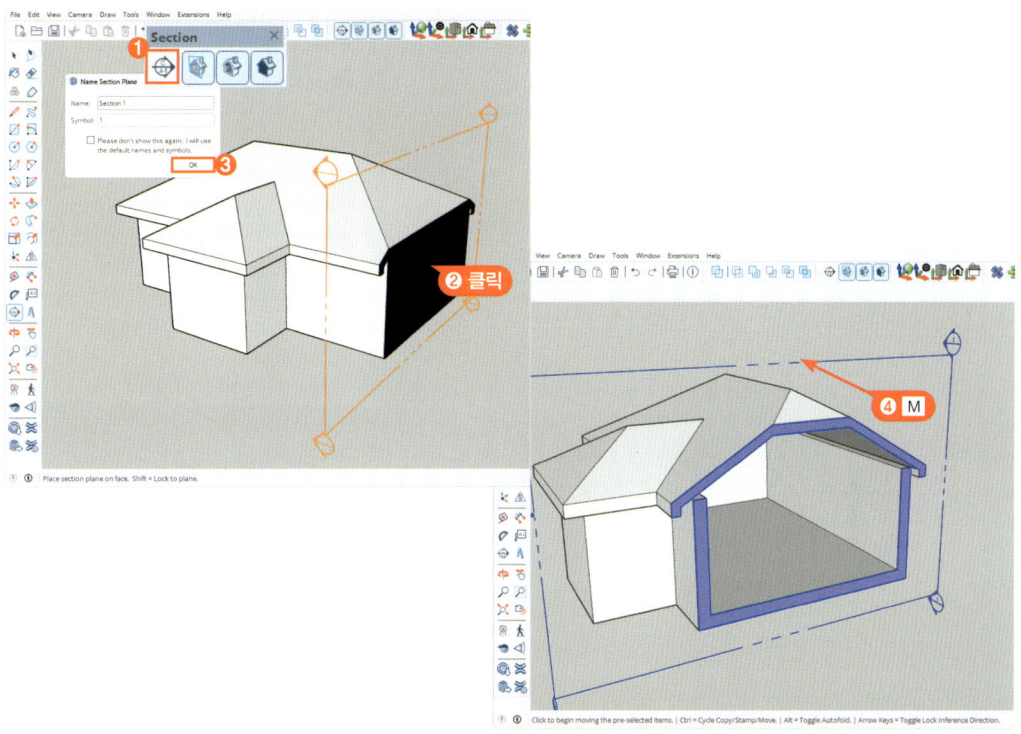

09 ❶ [Section] 도구바에서 [Display Section Planes ⊕]와 [Display Section Cuts ⊕]를 모두 끕니다. ❷ 벽 그룹을 더블클릭해 열고 ❸ 벽의 윗면을 선택해 충분히 끌어올립니다. 수정이 끝나면 그룹을 닫습니다.

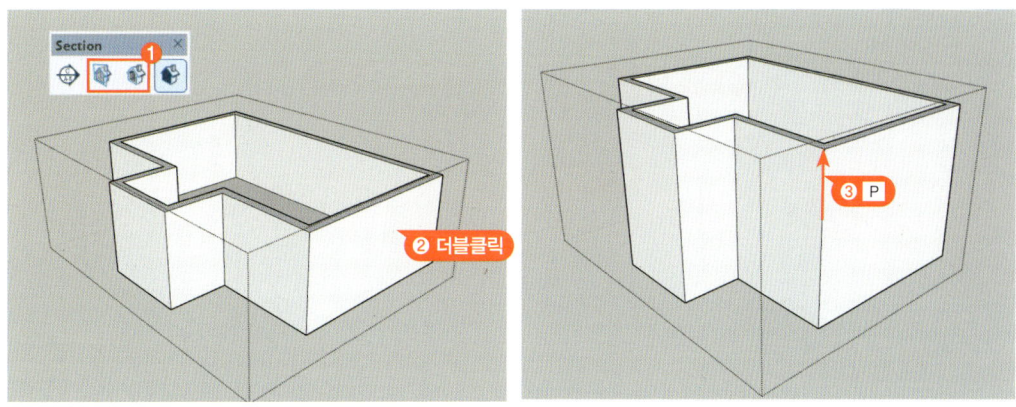

Lesson 02 다양한 형태의 지붕 모델링

10 ❶ [Unhide All] U 을 실행해 지붕을 다시 보이게 합니다. ❷ 지붕을 선택하고 ❸ [Trim]
을 클릭한 후 ❹ 벽을 선택합니다.

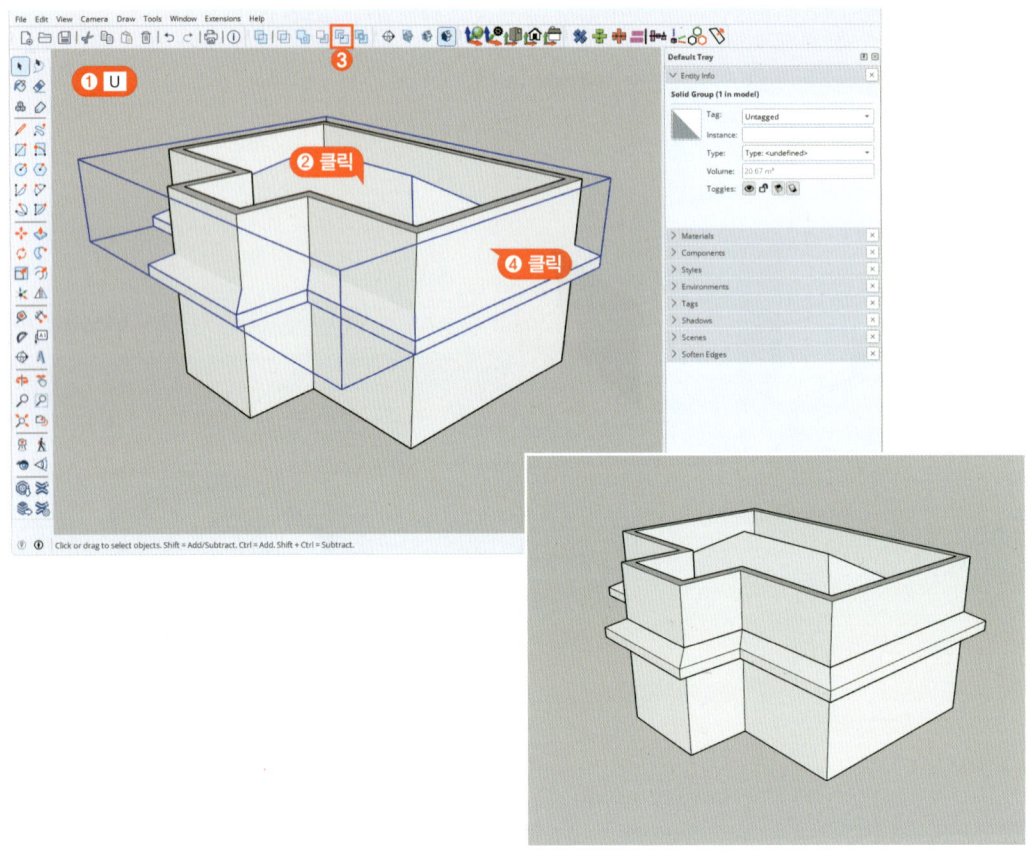

11 ❶ 벽 그룹을 더블클릭해 열고 ❷ 윗부분을 트리플클릭한 후 삭제합니다. ❸ 벽 그룹을 닫습니다.

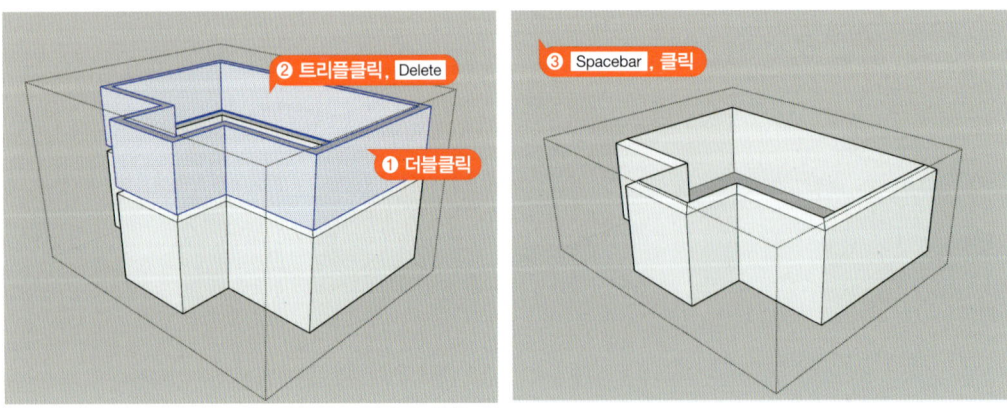

12 ❶ [Section] 도구바의 [Display Section Planes ▩]와 [Display Section Cuts ▩]를 켭니다. ❷ 단면이 정상적으로 연결되었는지 확인합니다. 이상이 없다면 화면의 [Section Plane]을 선택해 삭제합니다.

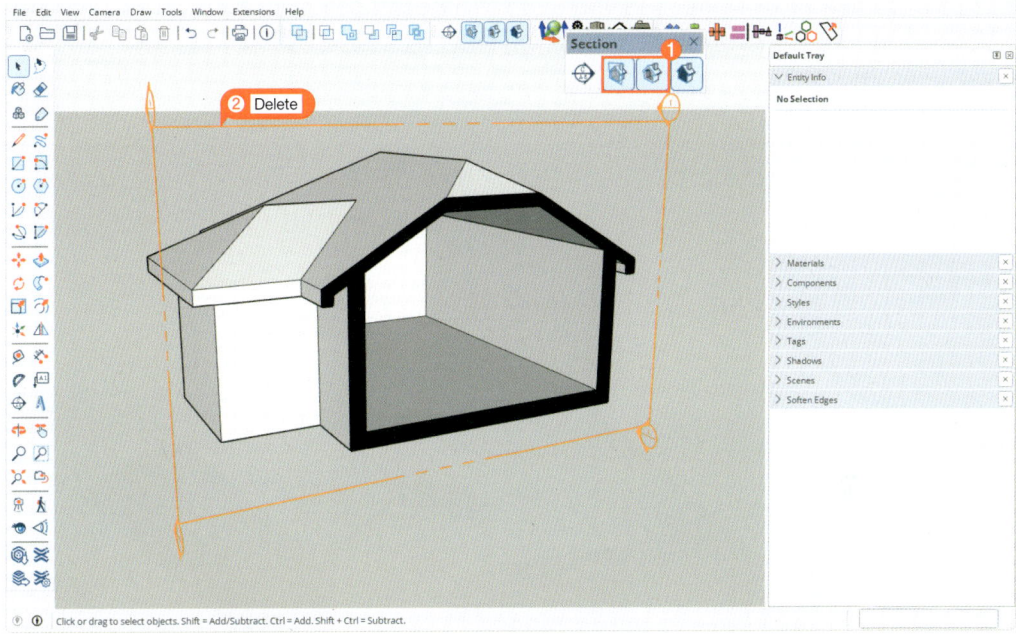

13 ❶ 벽 그룹을 더블클릭해 열고 ❷ 임의의 위치에 사각형을 그립니다. ❸ [Push/Pull ▩][P]을 실행해 구멍을 뚫어 개구부를 표현해 완성합니다.

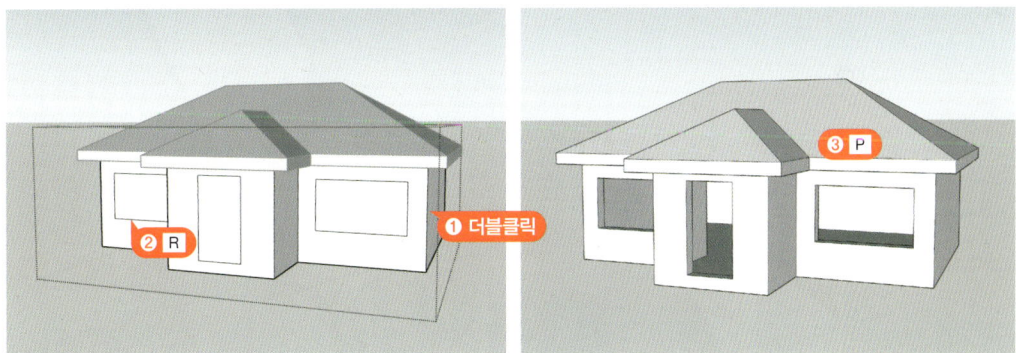

 **Self Training** 다양한 형태의 지붕 모델링 연습하기

다양한 지붕 형태와 건축 구조체를 조합해 모델링하는 예제입니다. 단순히 이전 학습 내용을 기계적으로 반복해서는 원하는 형태를 만들기 어렵습니다. 기본 원리를 이해하고, 여러 가지 방법을 시도하며 실패를 통해 배우는 과정이 중요합니다. 이 연습을 통해 확고한 기본 원리를 익히고, 어떤 복잡한 지붕도 스스로 만들어낼 수 있는 응용력을 기를 수 있을 것입니다.

실습 따라 하기

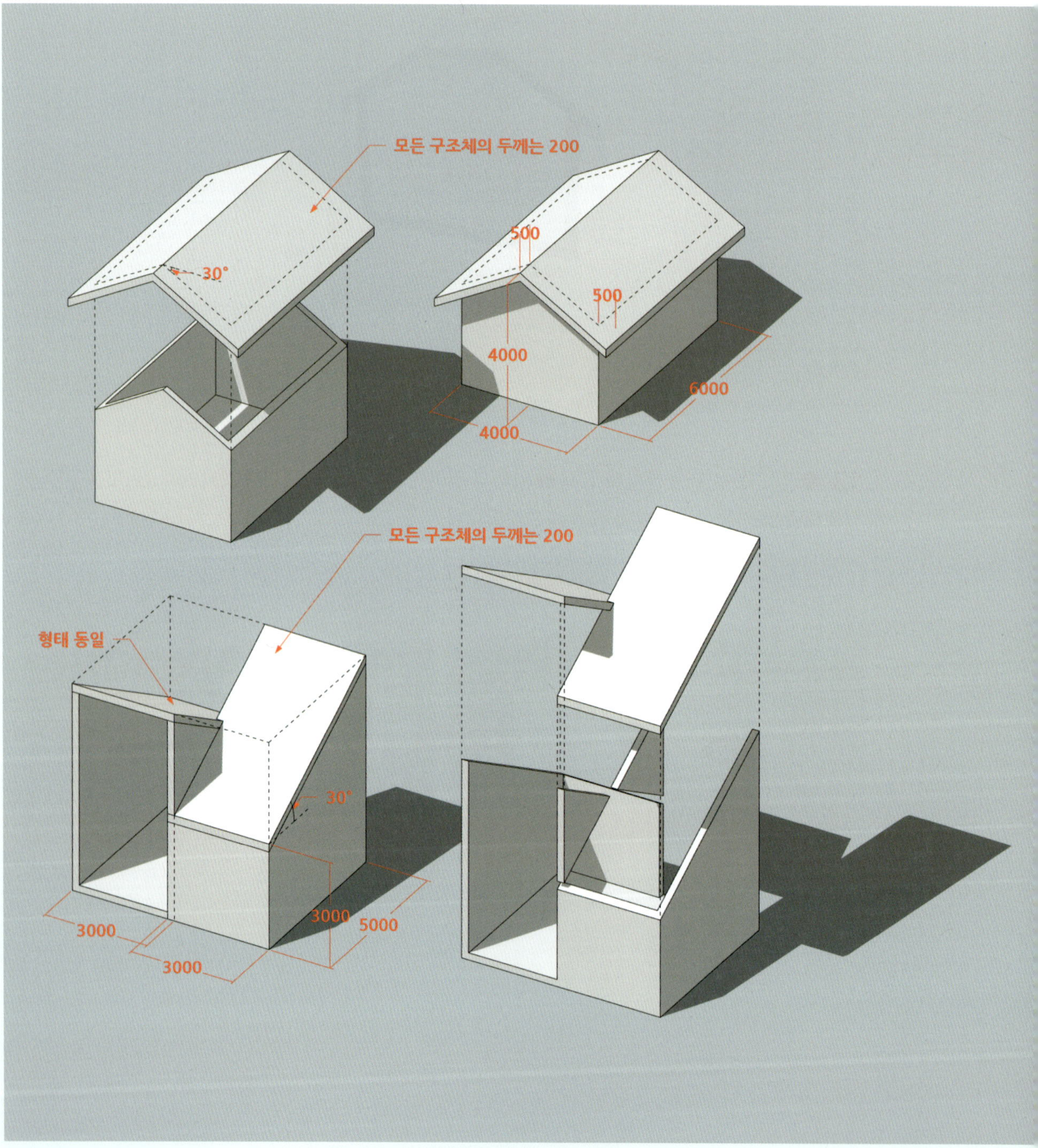

모든 구조체의 두께는 200

모든 구조체의 두께는 200

Self Training 다양한 형태의 지붕 모델링 연습하기

Lesson 03 | 캐드 도면을 활용한 모델링

Check Point
- ☑ 도면을 캐드 프로그램에서 모델링하기 쉽게 정리할 수 있는가?
- ☑ 태그의 기능을 이해하고 활용할 수 있는가?
- ☑ 바닥과 벽 중 어느 쪽을 먼저 모델링하는 것이 좋은지 생각해보자.
- ☑ 개구부의 윗부분을 어떻게 채우면 좋은지 생각해보자.

Warm Up | 캐드 도면을 활용한 모델링 주의 사항

1. 도면은 모델링에 맞게 단순화한 후 불러오기

스케치업에서 모델링할 때 완성된 캐드 도면을 그대로 사용하는 것은 오히려 비효율적일 수 있습니다. 캐드 도면에는 구조체, 단열재, 마감재 등이 모두 표현되어 있어 복잡한 반면, 스케치업에서는 대부분의 벽을 하나의 덩어리로 단순화해 모델링합니다. 따라서 '벽'과 같은 요소는 캐드에서 불필요한 선을 정리해 단순화한 후 불러오는 것이 중요합니다.

2. 창호 디테일은 과감히 생략하기

설계상 창문은 벽과 조금 떨어진 상태로 표현되고 그 사이 공간에 폼이나 실링 처리가 되지만, 스케치업에서는 이 디테일까지 모두 표현하지 않기 때문에 모델링 전 단계에서 과감하게 생략하고 단순화해야 효율적인 작업이 가능합니다.

3. 더 효율적으로, 바닥부터 모델링하기

많은 사용자가 도면을 따라 벽부터 그리기 시작하지만, 바닥부터 모델링하고 도면을 그 위에 정렬한 후 벽을 수직으로 끌어올리는 방식이 더 빠르고 정확합니다. 이 방식은 면 생성이 보다 쉽게 이뤄지고, 구조 전체의 정렬이 자연스럽게 맞춰지기 때문에 작업 효율이 높아집니다.

4. [Intersect Faces]를 활용한 면 생성하기

도면을 그룹 해제만 하면 도면 일부 선이 바닥에 붙지 않아 면이 만들어지지 않는 문제가 발생할 수 있습니다. 이때 [Intersect Faces] 기능을 활용하면 도면 선을 바닥에 정확히 투영시켜 면을 쉽게 생성할 수 있으며, 보다 안정적으로 모델링할 수 있습니다.

 **캐드 도면으로 구조 모델링하기**

준비 파일 | Part 03/**평면도**.dwg   완성 파일 | Part 03/**평면도_완성**.skp

이 예제는 캐드 도면을 불러와 빠르게 벽체를 만들고, 그 위에 창문이나 문 같은 개구부를 정확한 위치에 맞춰 만드는 예제입니다. 단순히 캐드 도면을 따라 그리는 것을 넘어서, 모델링에 활용하기 좋은 형태로 도면을 어떻게 관리하는지, 도면을 바탕으로 모델링할 때 어떤 작업 순서로 진행해야 오류를 최소화할 수 있는지 등을 함께 학습할 것입니다. 작업을 하면서 불필요한 수정이 발생하지 않도록, 처음부터 깔끔하고 체계적으로 모델링을 진행하는 데 초점을 맞춰 학습해보세요.

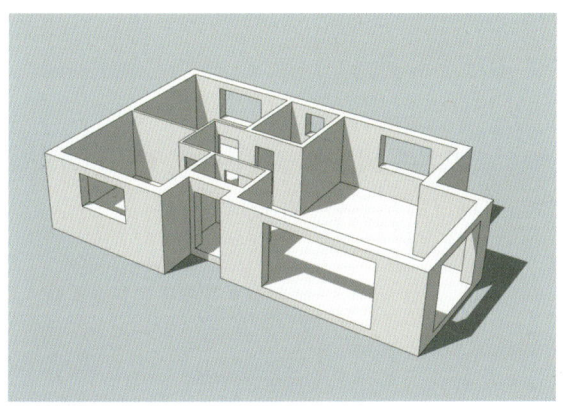

01 ❶ 준비 파일을 불러온 후 도면을 더블클릭해 열고 객체를 모두 선택합니다. ❷ [Extensions]–[Group by Tag]를 실행합니다. ❸ 그룹을 닫습니다. ❹ 다시 그룹을 선택해 분해합니다. ❺ [Tags] 트레이에서 [Wall]을 제외한 나머지 태그의 눈을 클릭해 끕니다.

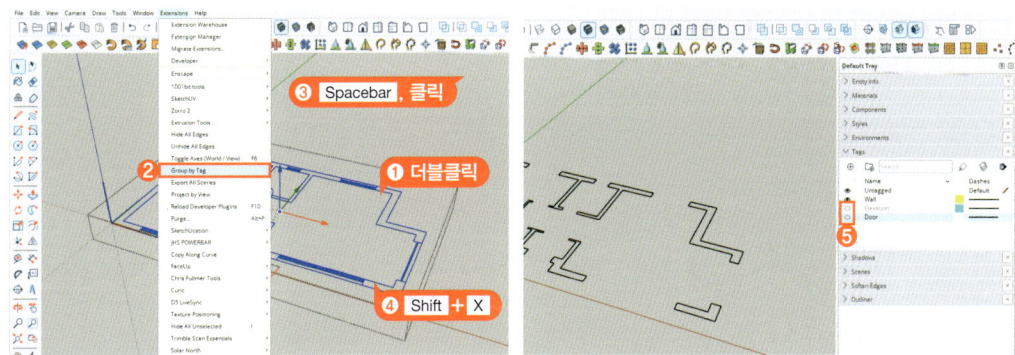

CORE TIP 스케치업에서 캐드 도면을 불러오면 도면의 레이어가 자동으로 스케치업의 태그(Tag)로 변환됩니다. 하지만 태그별로 객체를 그룹으로 만드는 것은 아니므로, 태그가 따로 분리되어 있더라도 그룹을 풀면 모든 선이 하나로 연결됩니다. 따라서 이후 작업을 편리하게 진행하려면 필요한 부분을 먼저 그룹으로 나누어 관리하는 것이 좋습니다.

CORE TIP [Group by Tag]는 태그별로 객체를 그룹화해주는 플러그인입니다. 이 플러그인은 **KS_Tools.rbz**에 포함된 플러그인으로 054쪽에서 함께 설치해놓은 상태입니다. 플러그인이나 단축키가 작동하지 않는다면 048쪽과 054쪽의 학습을 다시 확인해보세요.

02 ❶ [Line] L 을 이용해 도면의 외곽선을 따라 선을 그립니다. ❷ 면을 아래로 **300mm** 끌어 내립니다.

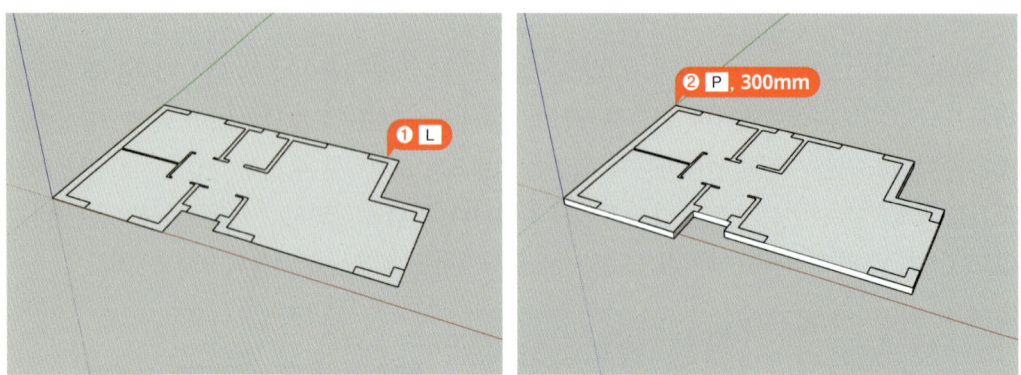

03 ❶ 도면과 바닥판을 모두 선택하고 ❷ 마우스 오른쪽 버튼을 클릭합니다. ❸ [Intersect Faces]-[With Selection]을 선택합니다. ❹ [Wall] 태그도 눈을 클릭해 끕니다.

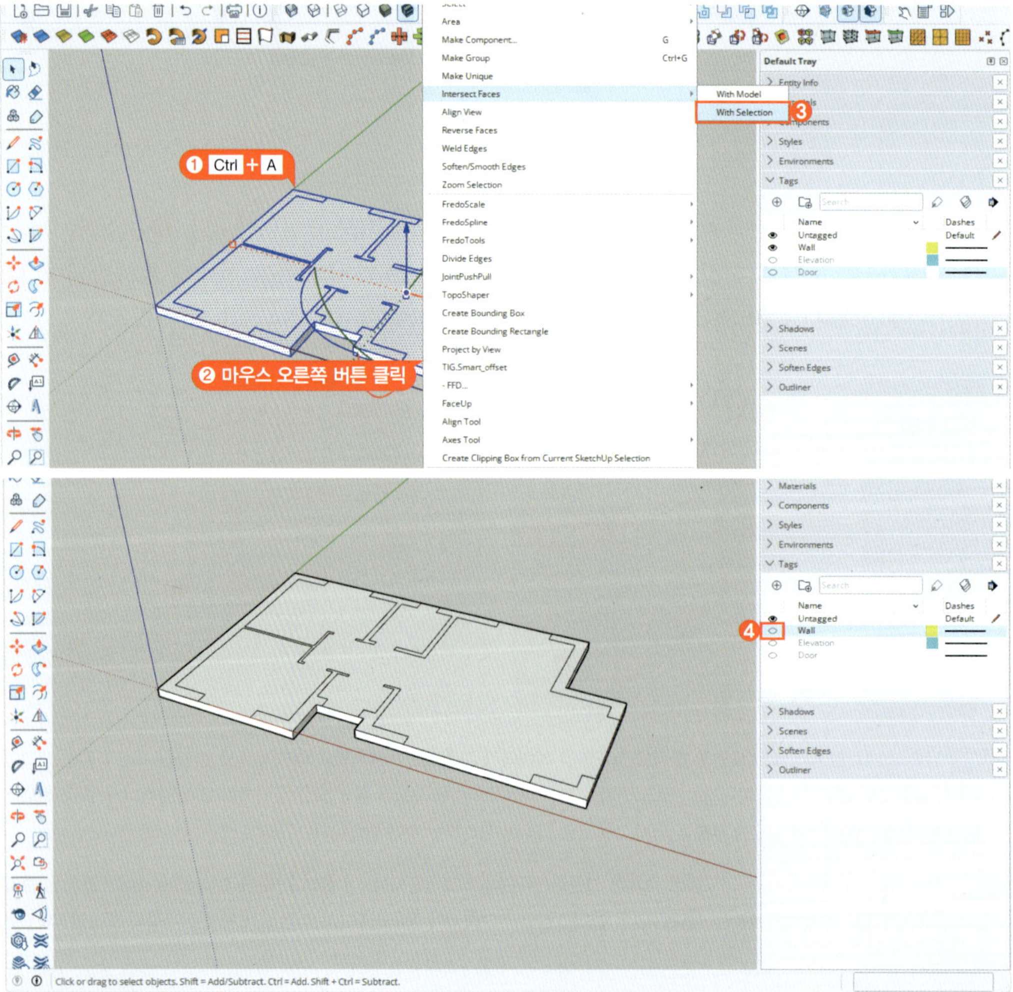

04 창문의 안쪽과 욕실, 현관의 경계 부분에 선을 추가합니다.

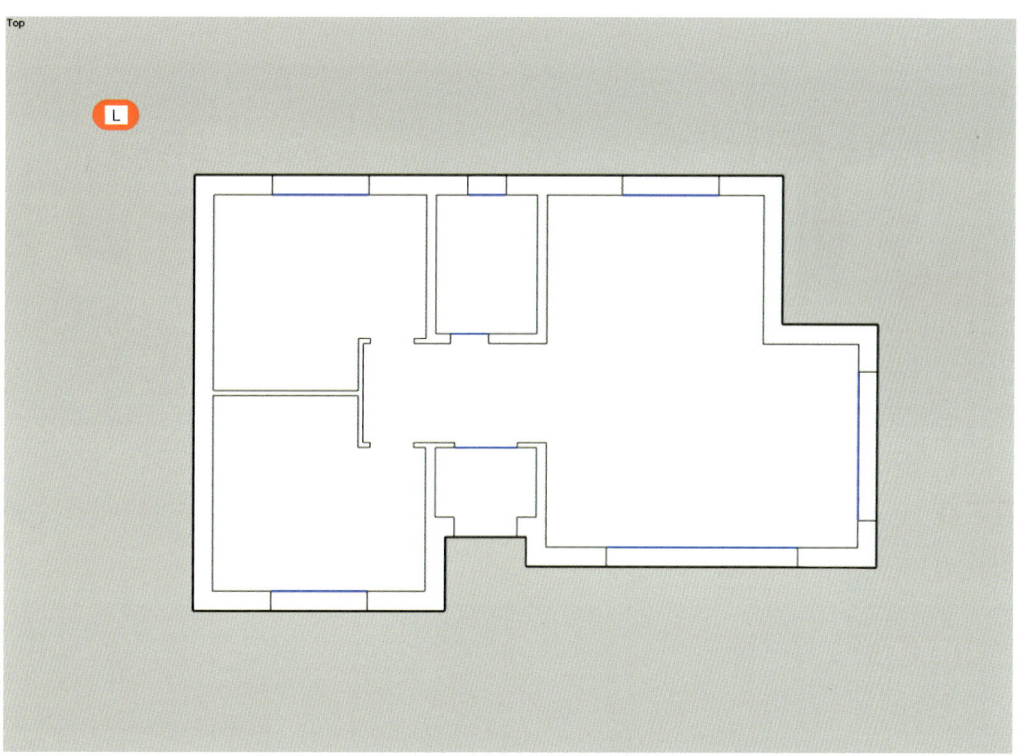

05 ❶ [Push/Pull ◈] P 을 이용해 현관과 욕실 바닥면을 아래로 **100mm** 끌어내립니다. ❷ 벽 단면 하나를 위로 **2700mm** 끌어올리고 나머지 벽을 더블클릭으로 같은 높이만큼 끌어올립니다.

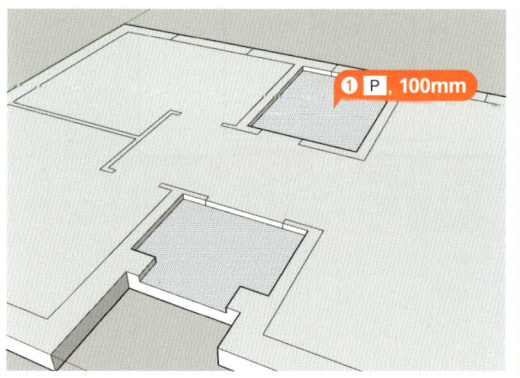
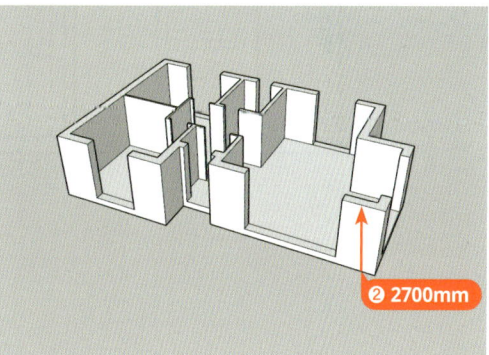

Lesson 03 캐드 도면을 활용한 모델링

06 ❶ 창문의 아래쪽을 **1100mm** 끌어올립니다. ❷ 뒤쪽 욕실 창문의 아래벽은 **1500mm** 끌어올립니다.

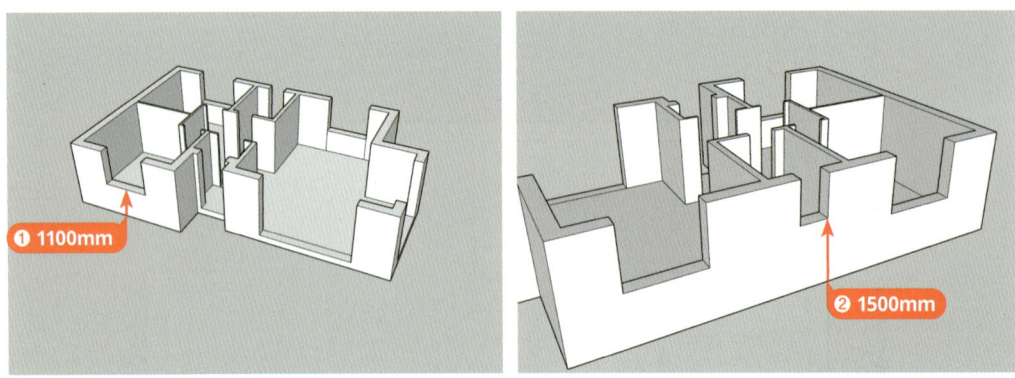

07 ❶ [Front] 뷰 Ctrl + 2 로 바꾸고 ❷ 바닥의 윗면으로부터 **2400mm** 떨어뜨려 가이드라인을 만듭니다.

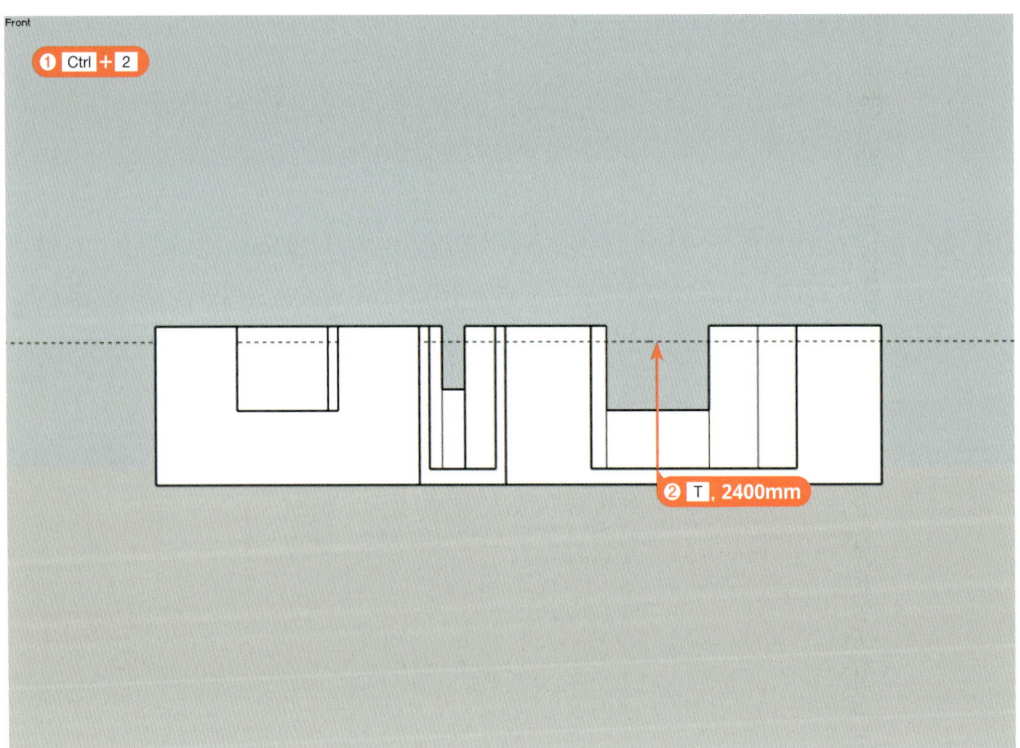

08 ❶ [Search] Shift + S 를 실행하고 ❷ Z를 검색한 후 ❸ [Zorro 2 > Zorro]를 실행합니다. ❹ 그림과 같이 가이드라인을 따라 선을 그어 전체 모델 위에 에지를 추가합니다.

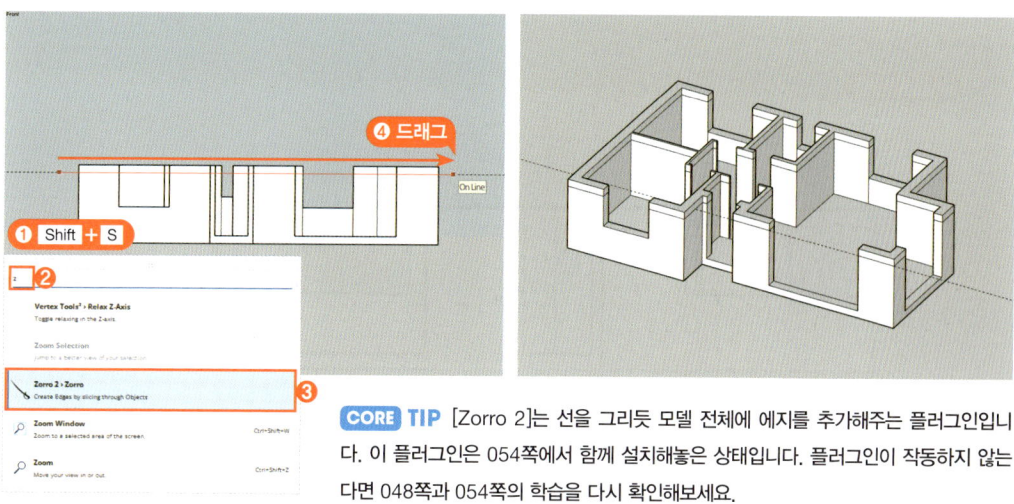

CORE TIP [Zorro 2]는 선을 그리듯 모델 전체에 에지를 추가해주는 플러그인입니다. 이 플러그인은 054쪽에서 함께 설치해놓은 상태입니다. 플러그인이 작동하지 않는 다면 048쪽과 054쪽의 학습을 다시 확인해보세요.

09 창문의 윗부분에서 나누어진 면을 끌어 반대쪽 면에 붙입니다.

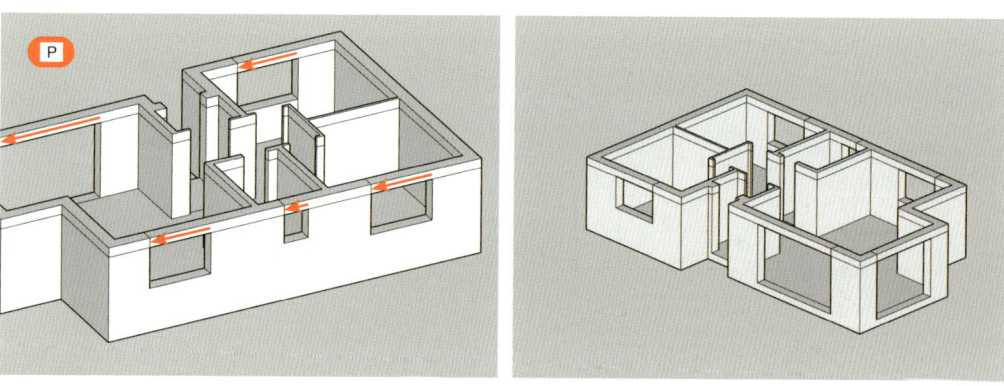

10 [CleanUp³] F2 을 실행해 불필요한 에지를 모두 제거합니다.

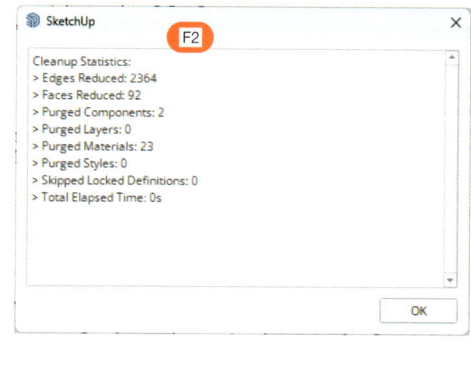
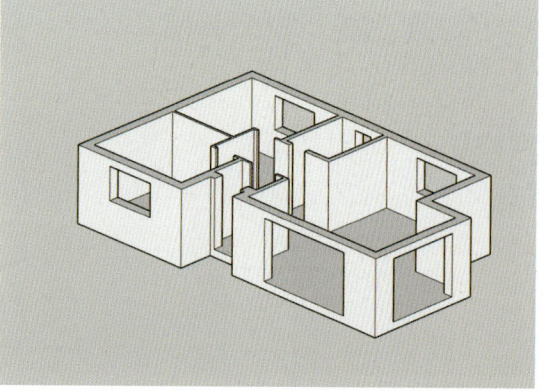

Lesson 03 캐드 도면을 활용한 모델링   273

11 ① [Front] 뷰 Ctrl + 2 로 바꾸고 ② 바닥 윗면으로부터 위로 **2200mm** 떨어뜨려 가이드라인을 만듭니다.

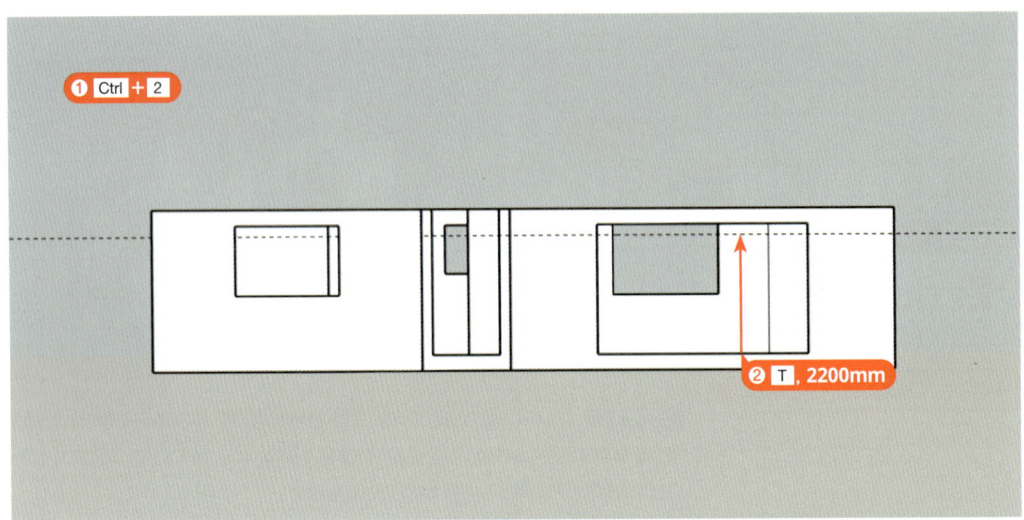

12 [Zorro]를 실행하고 가이드라인 위에 선을 그어 모델 전체에 에지를 추가합니다.

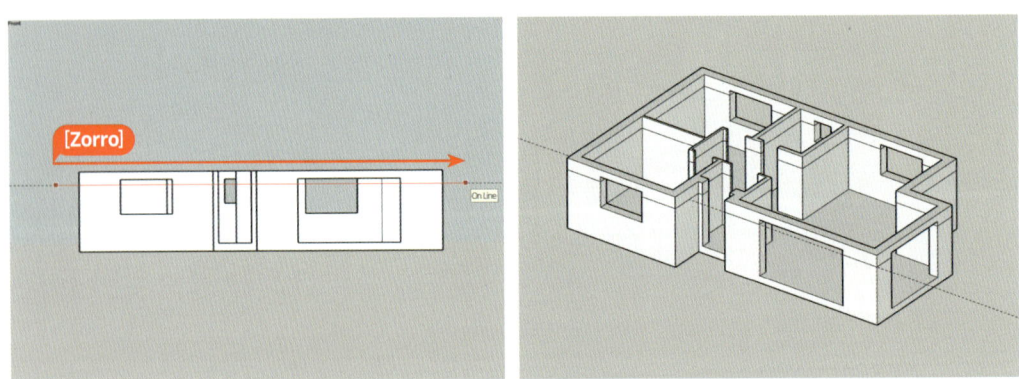

13 문의 윗부분에 나누어진 면을 끌어 반대쪽 면에 붙입니다.

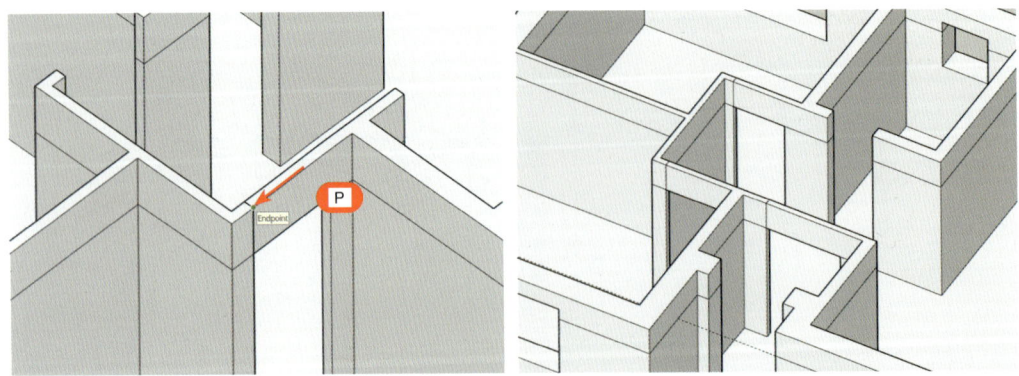

14 ❶ [CleanUp³] F2 을 실행해 불필요한 에지를 모두 제거합니다. ❷ 구조체를 그룹화한 후 솔리드 상태를 확인합니다.

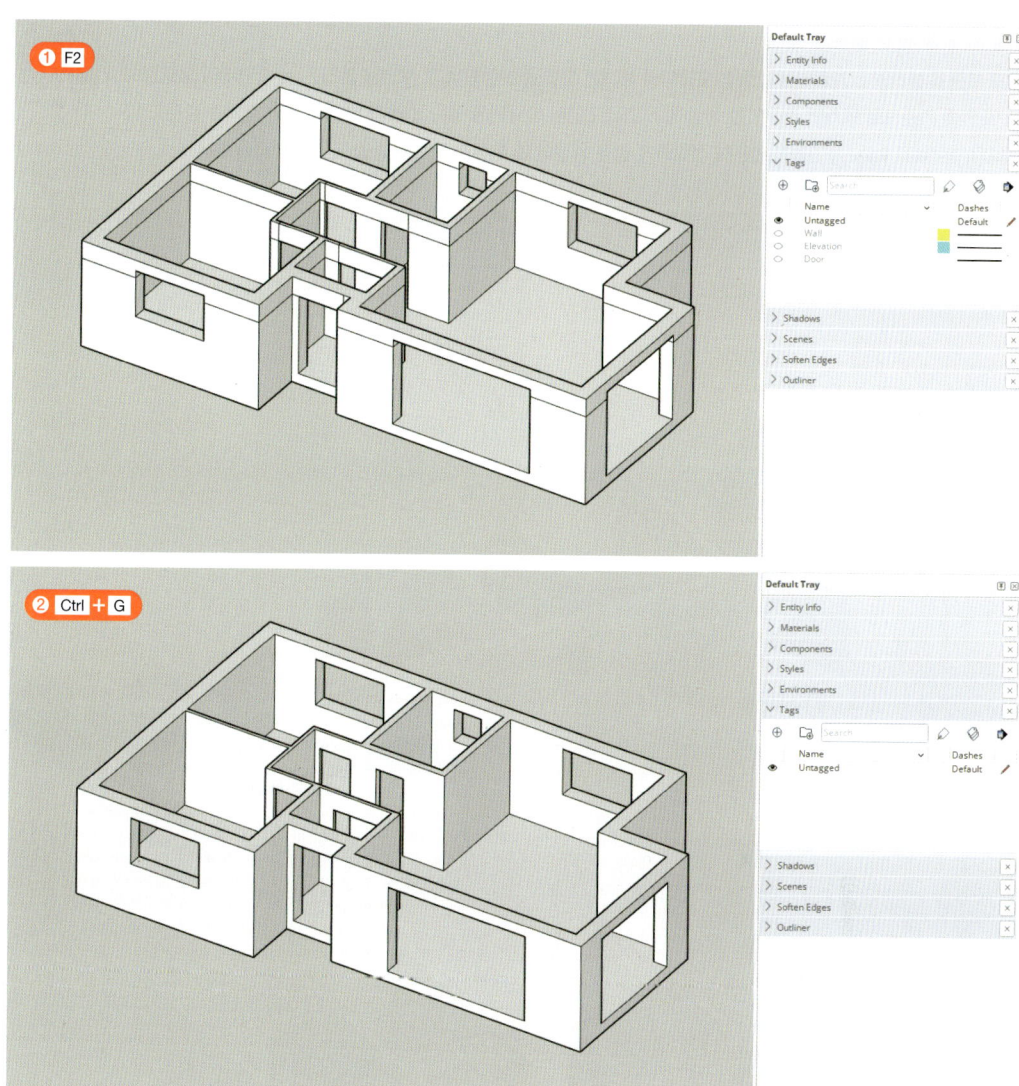

 **Self Training** 캐드 도면을 활용한 모델링 연습하기

준비 파일 | CAD_Modeling.dwg

실습 따라 하기

캐드 도면을 불러와 스케치업에서 직접 모델링을 해보는 연습을 진행합니다. 도면을 불러온 뒤 바닥부터 모델링하고, 도면을 기준으로 벽체와 개구부를 생성해보세요. 도면이 바닥면에 정확히 붙지 않거나 선이 겹치는 경우도 있으니 [Intersect Faces] 기능을 활용해 정확하게 면을 생성하고, 오류를 줄이는 방법도 함께 연습해보세요.

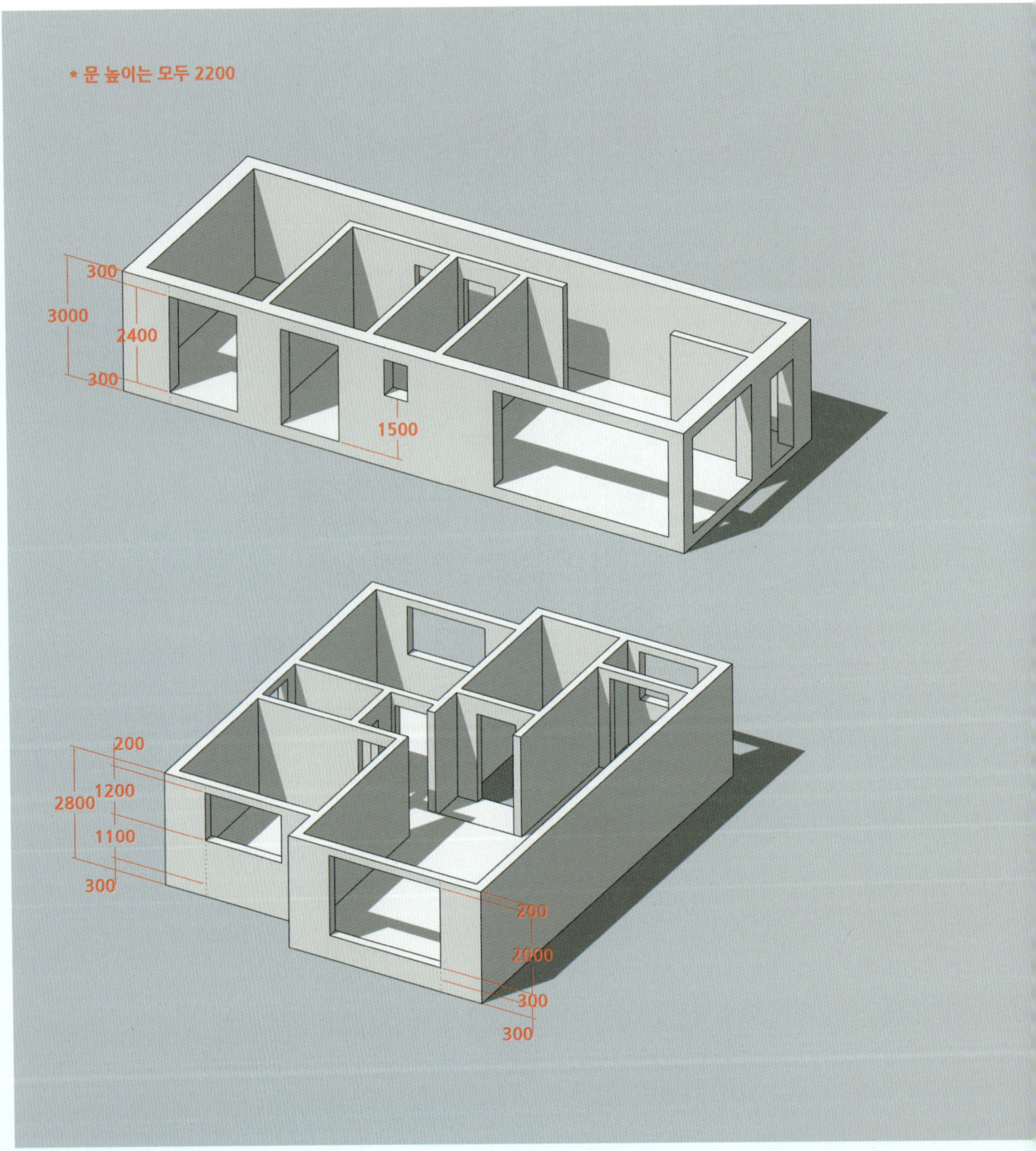

* 문 높이는 모두 2200

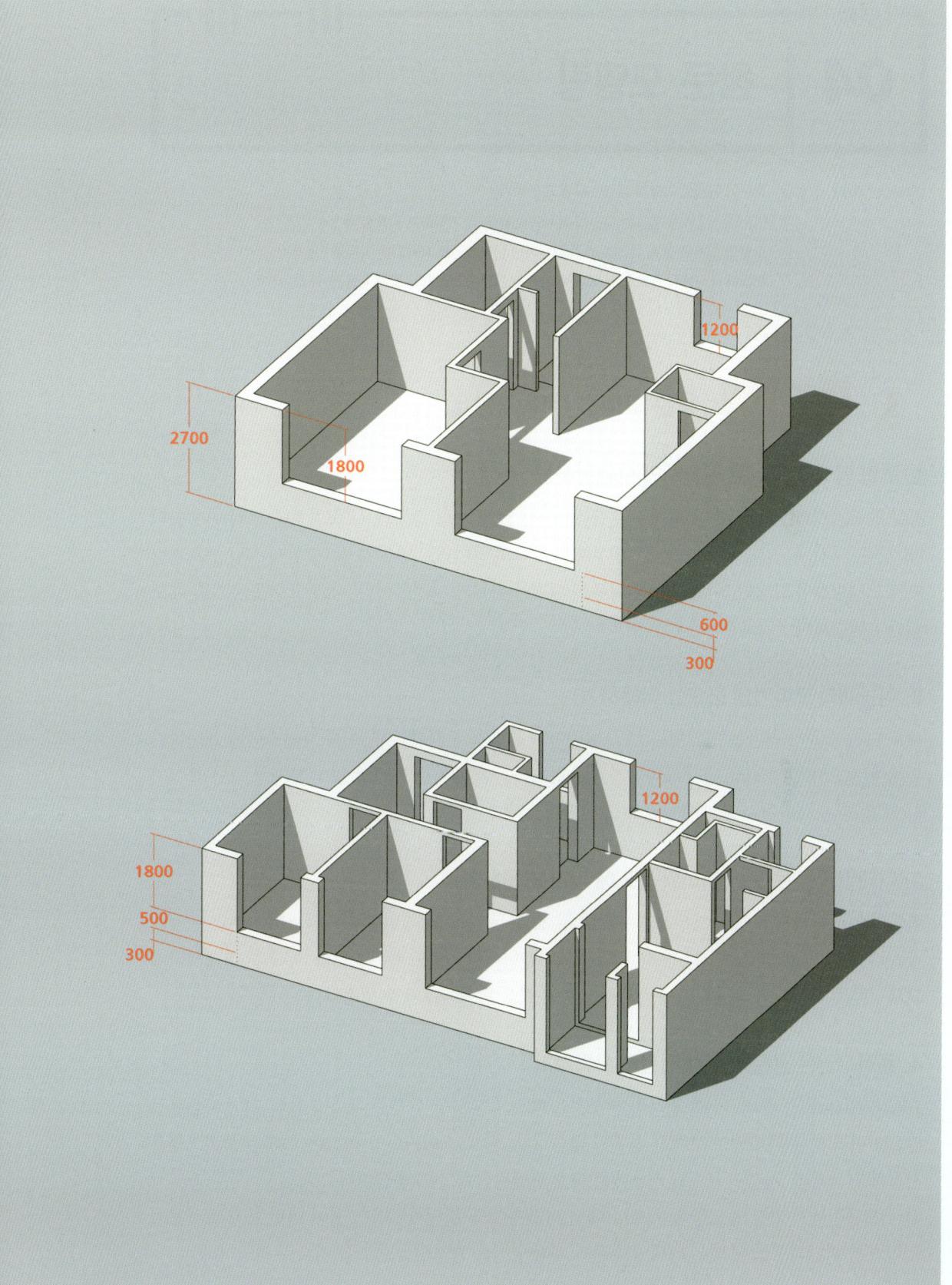

Lesson 04 | 창문 모델링

Check Point
- ☑ 창문이 실제로 어떻게 생겼는지 알고 있는가?
- ☑ [Move ✥] M 를 활용한 등간격 복사와 배열을 잘 기억하고 활용할 수 있는가?
- ☑ 모델의 크기 조절 시 [Scale 🔲] S 이 아닌 플러그인을 사용하는 이유를 아는가?
- ☑ 학습에서 사용한 스트레치 도구 두 가지를 기억하고 상황에 맞게 사용할 수 있는가?

 Warm Up 　창문 모델링 주의 사항

1. 조립 방식을 고려해 현실적인 모델링하기

창문을 모델링할 때는 단순한 형태 구현을 넘어서, 실제 조립 방식과 시공 방식을 고려해야 합니다. 창틀, 섀시, 유리, 고정 프레임 등 각 부재를 하나의 덩어리로 만들지 말고, 실제 조립 구조처럼 따로 모델링해야 합니다. 이런 구성은 나중에 재질을 다르게 지정하거나, 세부 표현을 추가할 때도 훨씬 유리합니다.

2. 이음새와 모따기의 중요성 이해하기

서로 다른 재료가 만나는 경계에는 보통 실링이나 틈새가 존재합니다. 이를 자연스럽게 표현하기 위해서는 모따기(Chamfer)나 홈파기가 필요합니다. 만약 이런 처리가 없이 부재를 그냥 붙이기만 하면, 한 덩어리처럼 보여 사실감이 크게 떨어집니다.

3. 디테일 수준은 보기 거리와 용도에 따라 조절하기

창문이 가까이에서 보이는 경우라면 유리의 두께, 고무 실링 등 세밀한 디테일까지 표현하는 것이 좋습니다. 다만 멀리서 보이는 창문이라면 단순한 형태만으로도 충분합니다. 무조건 디테일하게 모델링하는 것은 모델의 용량만 증가시키고 작업 효율을 떨어뜨릴 수 있습니다.

4. 플러그인은 상황에 따라 적절히 사용하기

1001bit Tools 등 플러그인을 활용하면 창문을 빠르게 생성할 수 있어 매우 유용하지만, 자동으로 만들어진 창호는 디테일이 부족한 경우가 많습니다. 멀리 보이거나 반복되는 형태는 플러그인을 사용해도 되지만, 가까이 보이는 경우에는 직접 모델링하는 것이 좋습니다.

결국 모델링에서 가장 중요한 것은 '어디에서 어떻게 보일 것인가', '이 모델이 어떤 용도로 사용될 것인가'를 판단하고 그에 맞는 디테일 수준과 제작 방식을 결정하는 습관을 기르는 것입니다.

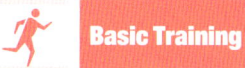 **고정창 만들기**

준비 파일 | Part 03/고정창.skp 완성 파일 | Part 03/고정창_완성.skp

벽의 빈 공간에 등간격으로 프레임을 배치하고 그 사이에 유리를 끼워 넣는 예제입니다. 이 학습은 가장 기본적인 모델링 기법을 사용하지만, 실무에서 가장 널리 활용되는 방식이기도 합니다. 실제 시공 과정과 유사한 순서로 작업하기 때문에 창호를 더 사실적으로 표현할 수 있고, 이후 다양한 형태로도 쉽게 응용할 수 있습니다. 이번 학습을 통해 창호 모델링의 기본 원리를 이해하고, 반복되는 구조를 효율적으로 만드는 연습을 충분히 해보세요.

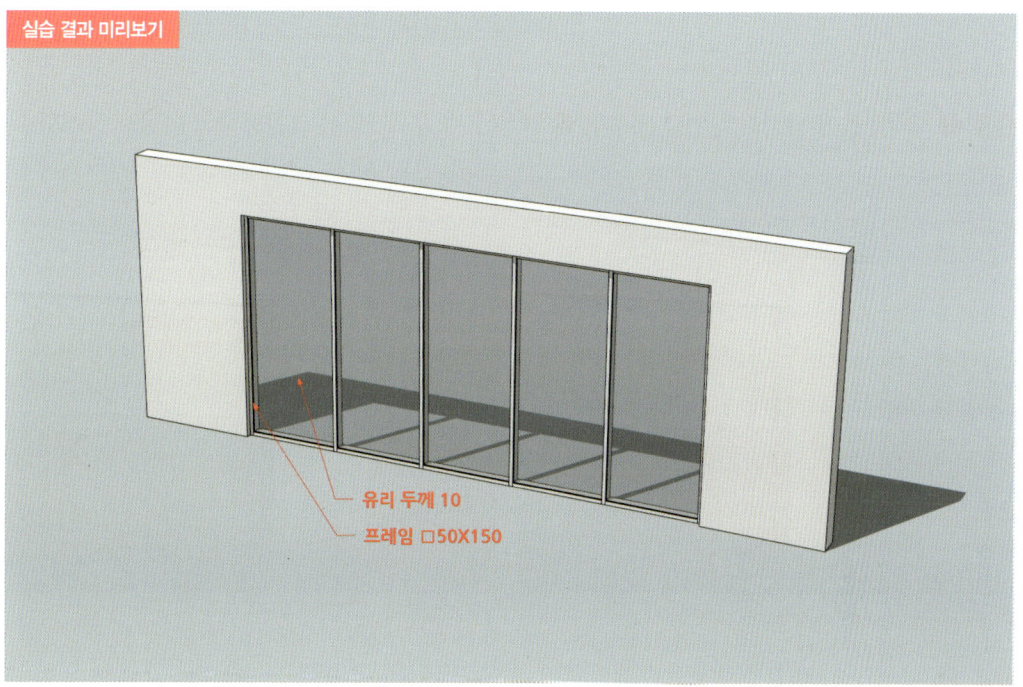

01 준비 파일을 불러온 후 왼쪽 아래에 **폭 50mm**, **길이 150mm** 크기의 사각형을 만듭니다.

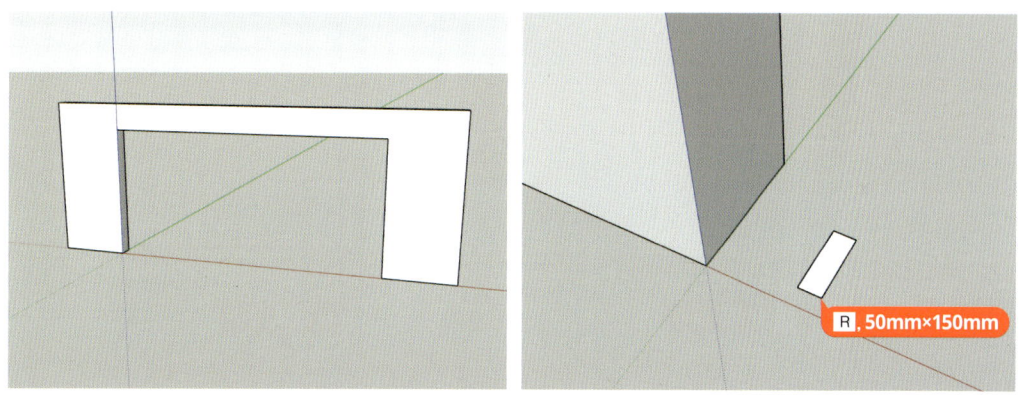

02 사각형을 선택하고 왼쪽 모서리 중간점을 벽 모서리 중간점으로 이동합니다.

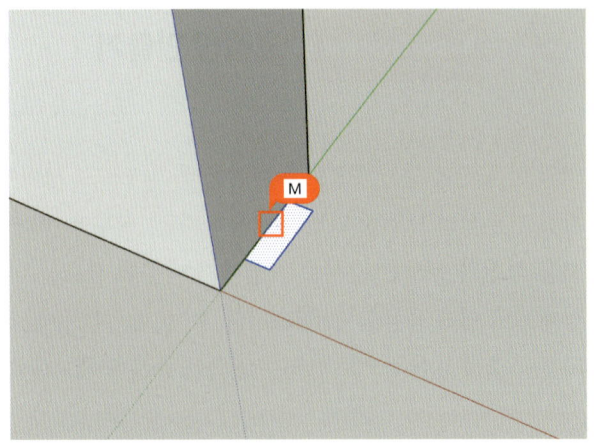

03 ❶ 사각형을 윗면까지 끌어당깁니다. ❷ 완성된 세로 프레임을 그룹화하고 솔리드 상태를 확인합니다.

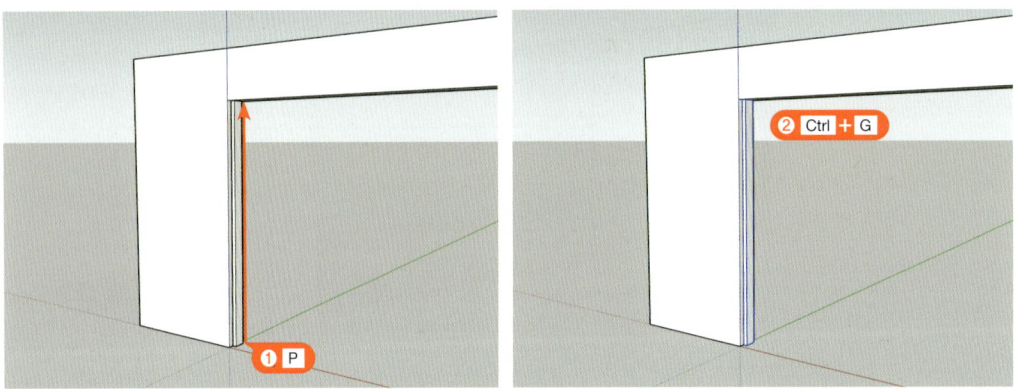

04 ❶ [Move ✢ M]를 실행하고 프레임의 오른쪽 모서리를 클릭합니다. ❷ Ctrl 을 한 번 눌러 복사 모드로 바꾸고 오른쪽 벽의 아래 모서리에 빨간색 가이드라인으로 표시되는 X축과의 교차점을 찾아 클릭합니다.

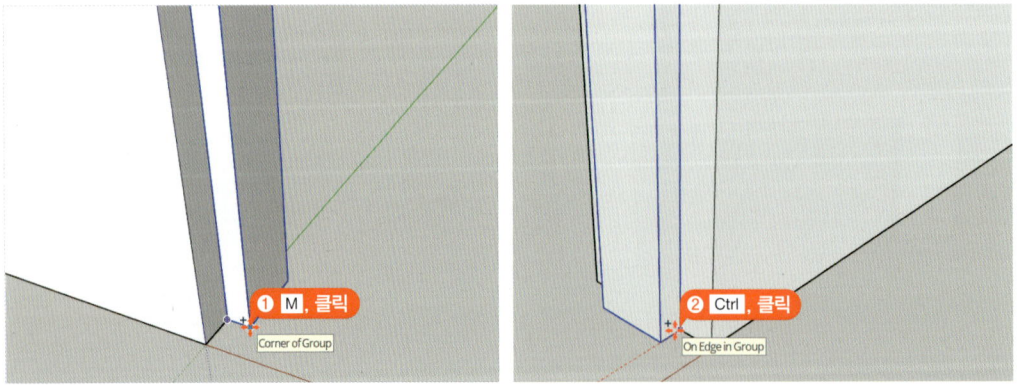

05 **5/** 를 입력하고 Enter 를 누릅니다.

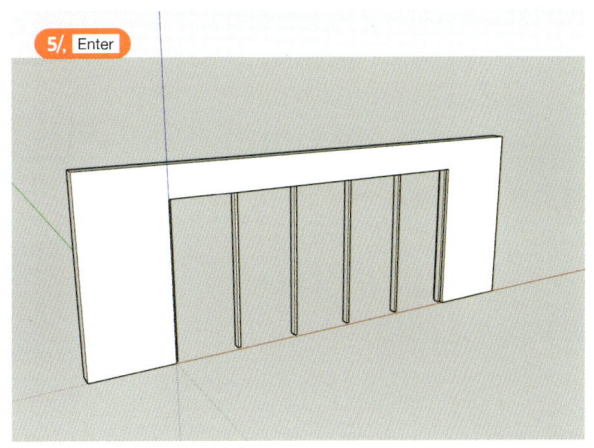

06 ❶ 첫 번째 프레임과 두 번째 프레임 사이에 높이 **50mm**의 프레임을 만듭니다. ❷ 그룹화하고 솔리드 상태를 확인합니다.

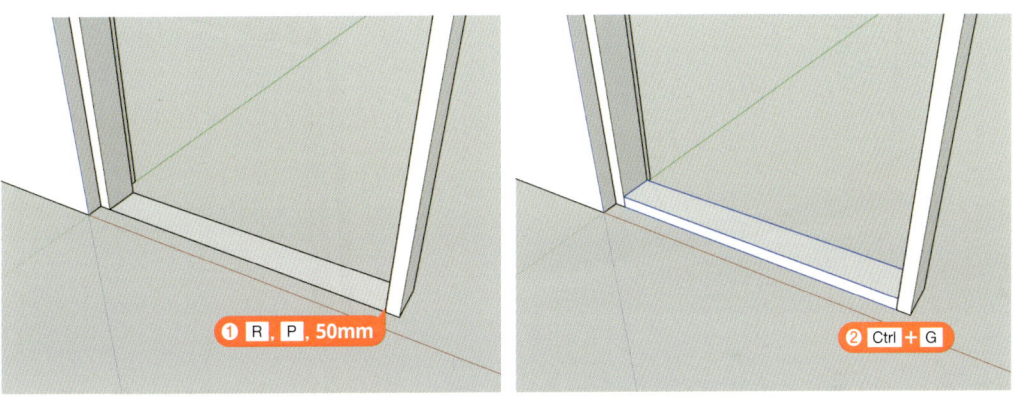

07 ❶ 하부 프레임을 선택합니다. ❷ [Move ✣]M]를 실행하고 Ctrl 을 눌러 복사 모드로 바꿉니다. ❸ 왼쪽 아래 모서리를 클릭하고 ❹ 다음 프레임의 같은 곳을 클릭해 복사합니다. ❺ **4***를 입력하고 Enter 를 누릅니다.

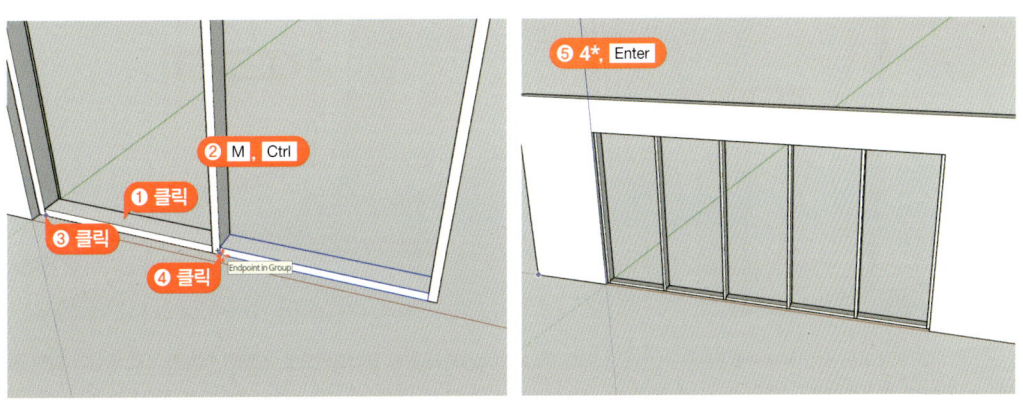

08 하부 프레임을 모두 선택합니다.

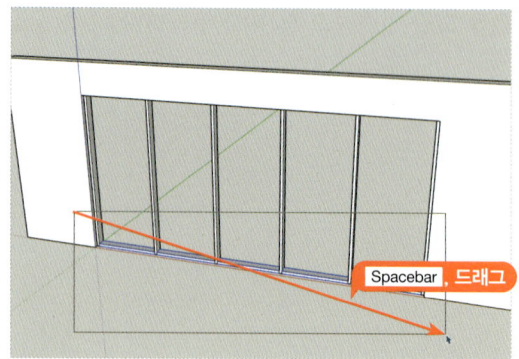

09 ❶ [Move ✥] M 를 실행하고 Ctrl 을 눌러 복사 모드로 바꿉니다. ❷ 하부 프레임의 위쪽 모서리를 클릭하고 ❸ 세로 프레임의 위쪽 모서리를 클릭합니다.

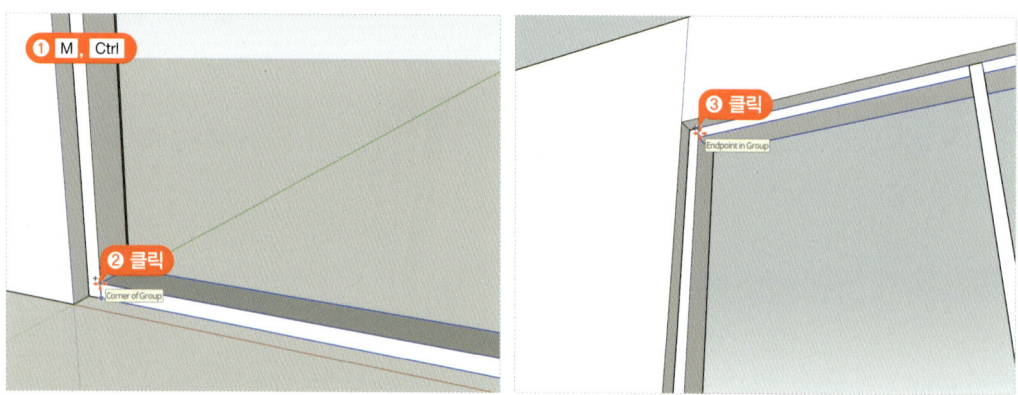

10 ❶ 프레임 앞면에 맞춰 사각형을 그립니다. ❷ **10mm** 밀어 넣고 그룹화합니다. ❸ 왼쪽의 세로 프레임 하나와 유리를 선택하고 [Center on Green ✥] Shift + ← 을 실행해 Y축 가운데 정렬합니다.

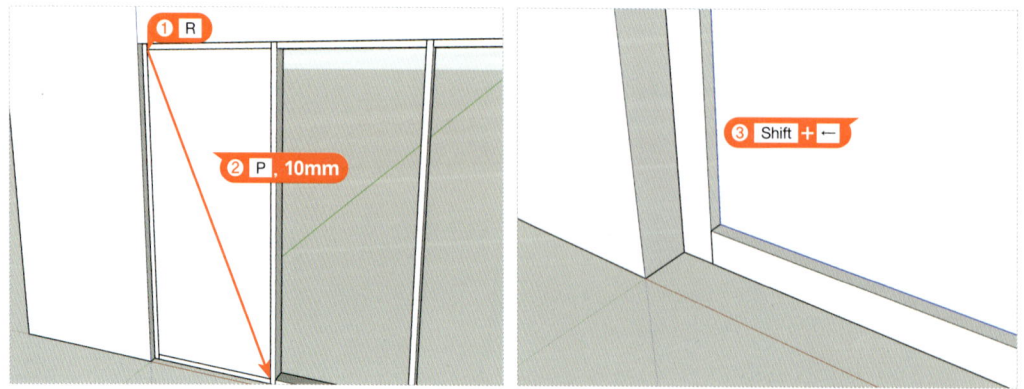

CORE TIP [Center on Green ✥] Shift + ← 은 [JHS Powerbar]에 포함된 플러그인으로, 선택한 객체를 Y축 중심에 맞춰 정렬하는 기능입니다. 이외에도 Z축의 중심으로 정렬하는 [Center on Blue ✖] Shift + ↑ 와 X축의 중심으로 정렬하는 [Center on Red ✥] Shift + → 가 있습니다. 이 플러그인은 054쪽에서 함께 설치해놓은 상태입니다. 플러그인이나 단축키가 작동하지 않는다면 048쪽과 054쪽의 학습을 다시 확인해보세요.

11 ❶ [Materials] 트레이에서 [Glass] 카테고리를 선택합니다. ❷ 맨 앞의 [Glass_Basic_01]을 선택하고 ❸ 가운데 유리판을 클릭해 유리 재질을 지정합니다.

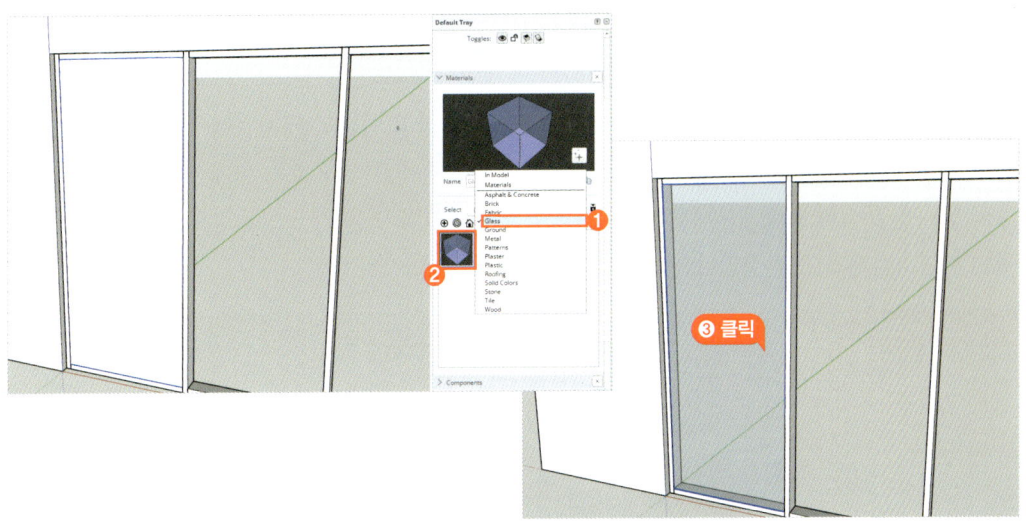

12 ❶ [Move ✥] M 를 실행하고 유리의 왼쪽 아랫부분에서 기준점으로 삼기 편한 곳을 클릭합니다. ❷ Ctrl 을 한 번 눌러 복사 모드로 바꾸고 ❸ 두 번째 프레임의 같은 부분을 클릭해 복사합니다. ❹ **4***를 입력하고 Enter 를 눌러 완성합니다.

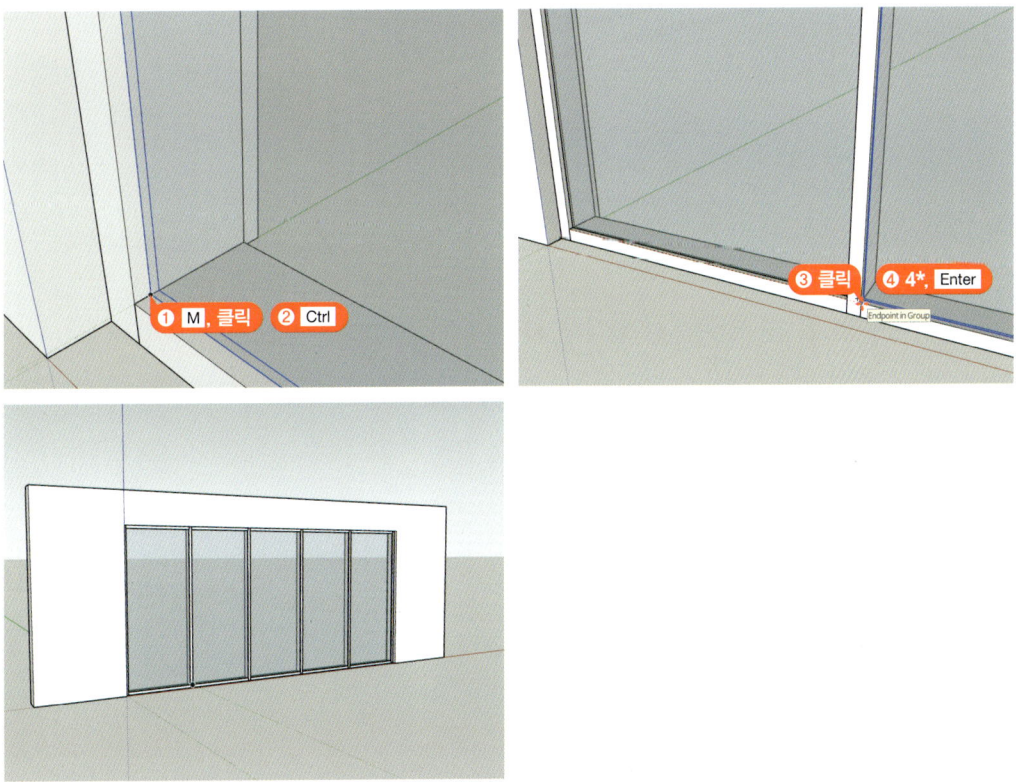

 **Basic Training** 　도면을 활용한 미서기창 만들기

준비 파일 | Part 03/이중창.dwg　완성 파일 | Part 03/이중창_2p_완성.skp

캐드 상세도를 활용해 미서기창을 모델링하는 예제입니다. 도면을 참고해 모델링하면 훨씬 정확하고 디테일한 결과물을 만들 수 있지만, 상세도를 해석하고 이를 스케치업에서 모델링하기 좋게 정리하는 과정은 쉽지 않을 것입니다. 학습을 시작하기 전에 주변에 있는 실제 미서기창의 구조와 동작 방식을 유심히 관찰해보세요. 실제 사례를 이해하면 도면을 읽고 모델링으로 옮기는 과정이 훨씬 자연스럽게 느껴질 것입니다.

실습 결과 미리보기

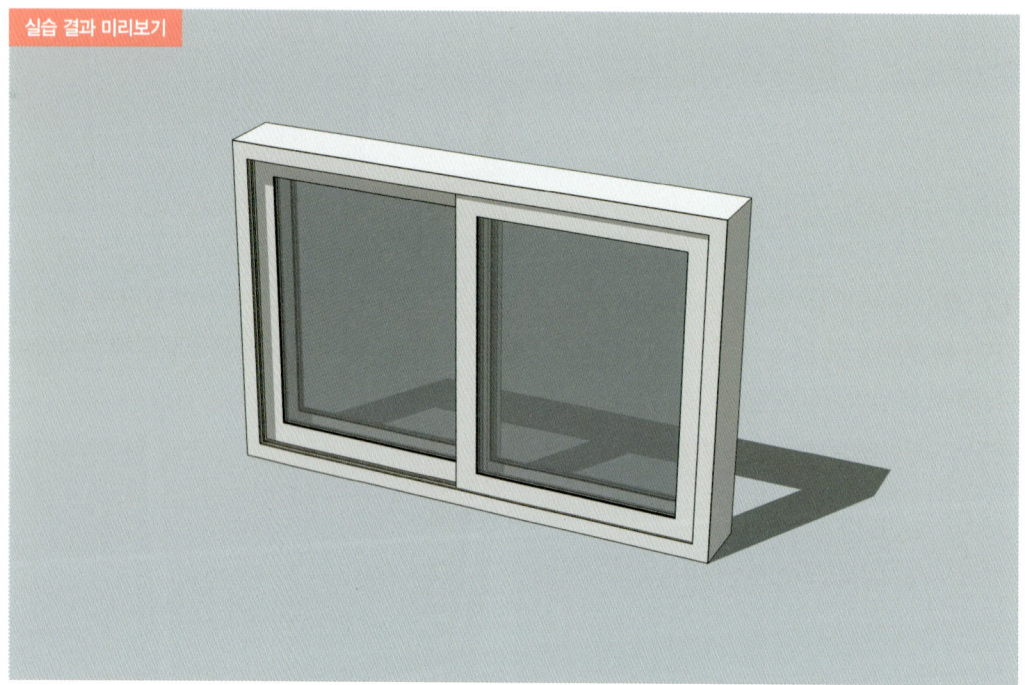

01 ❶ [File]-[Import] 메뉴를 클릭합니다. ❷ 준비 파일을 불러옵니다.

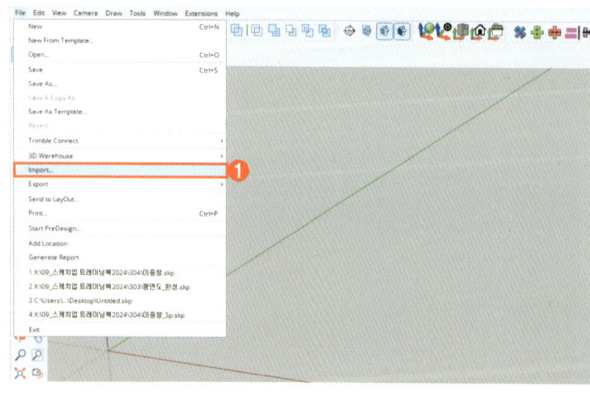 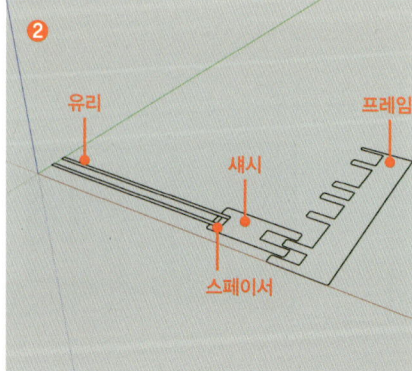

02 Y축을 기준으로 **폭 2000mm**, **길이 1300mm** 크기의 사각형을 만듭니다.

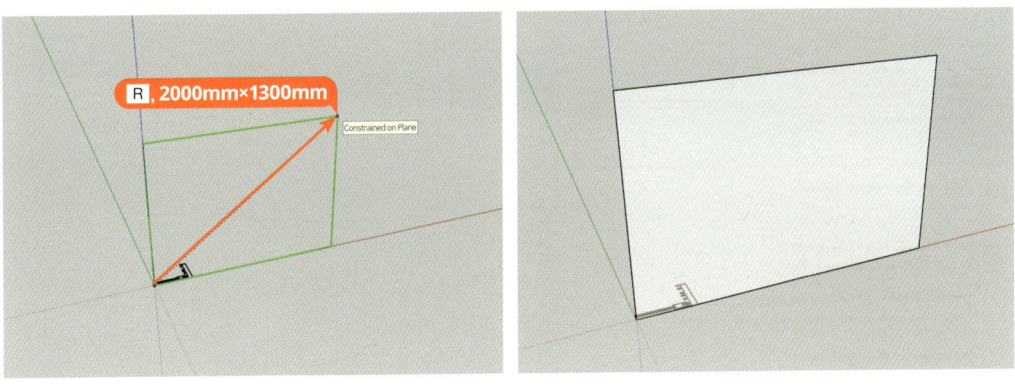

CORE TIP [X-Ray ◌ X]를 실행하며 작업하면 훨씬 더 수월하게 작업할 수 있습니다.

03 ❶ Spacebar 를 누르고 도면을 선택합니다. ❷ 오른쪽 뒷부분을 사각형의 오른쪽 아래로 옮깁니다.

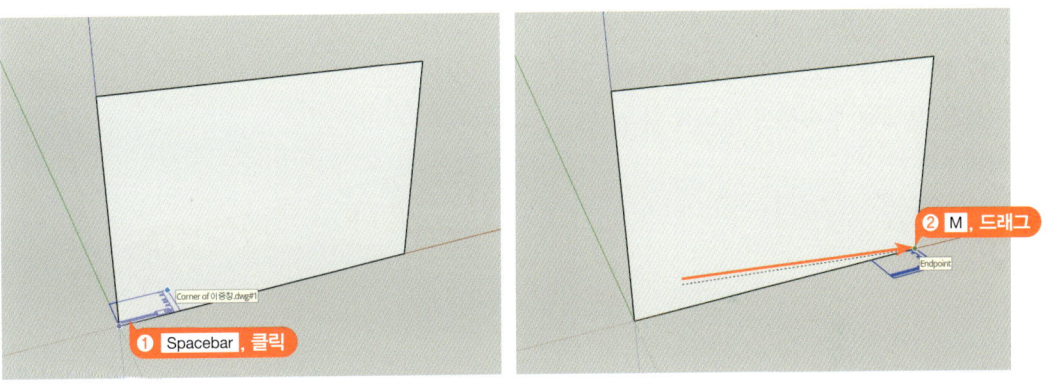

04 ❶ Spacebar 를 누르고 도면 그룹을 더블클릭해 연 다음 모든 객체를 선택합니다. ❷ [Search] Shift + S 를 실행하고 ❸ **faceup**을 검색합니다. ❹ [FaceUp 〉 Summon Faces]를 클릭해 실행합니다.

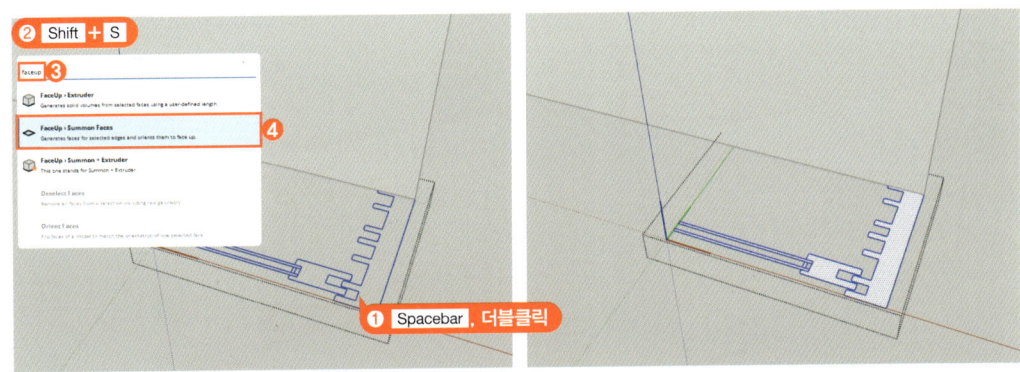

CORE TIP [FaceUp]은 닫혀진 선의 내부를 면으로 채워주는 플러그인으로 054쪽에서 함께 설치해놓은 상태입니다. 플러그인이 작동하지 않는다면 048쪽과 054쪽의 학습을 다시 확인해보세요.

05 면이 선택되어 있는 상태에서 ❶ [Search] Shift + S 를 실행하고 ❷ **face**를 검색합니다. ❸ [KS_FaceToGroup 〉 Face to Group]을 클릭해 실행합니다.

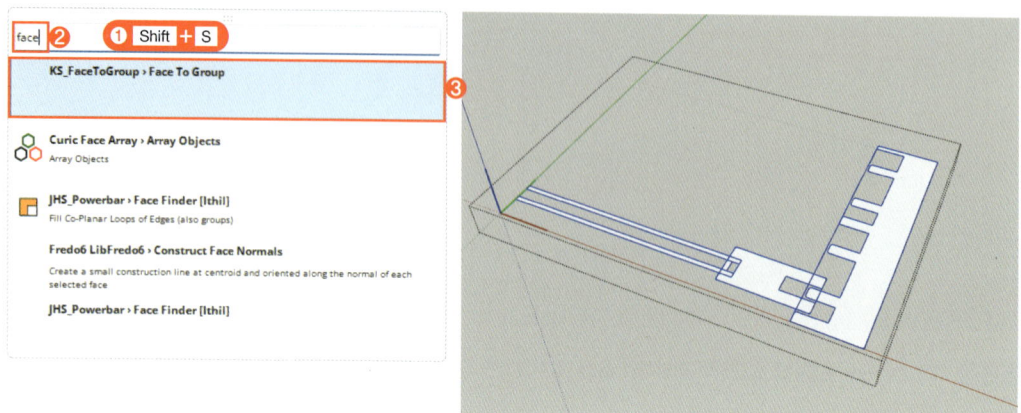

CORE TIP [Face to Group]은 붙어 있는 여러 면을 각각 나누어 그룹으로 만드는 플러그인입니다. 이 플러그인은 **KS_Tools.rbz**에 포함된 플러그인으로 054쪽에서 함께 설치해놓은 상태입니다. 플러그인이 작동하지 않는다면 048쪽과 054쪽의 학습을 다시 확인해보세요.

06 ❶ 그룹을 닫고 나온 다음 ❷ 전체 그룹을 분해해 부속품이 하나씩 나누어지도록 합니다.

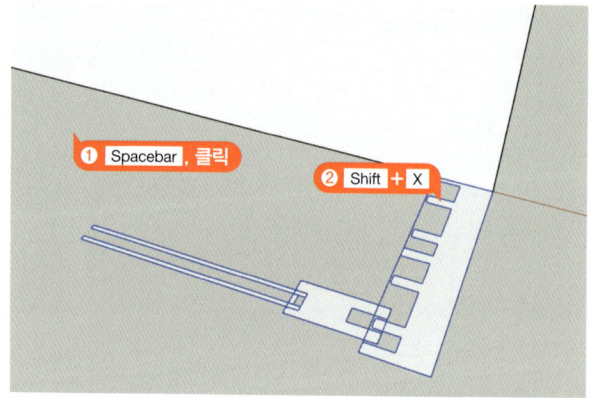

07 ❶ 사각형의 면을 선택하고 [Follow Me] Shift + F 를 실행합니다. ❷ 프레임에서 마우스 오른쪽 버튼을 클릭하고 ❸ [Edit Group]을 선택합니다. ❹ 프레임 내부의 면을 클릭합니다.

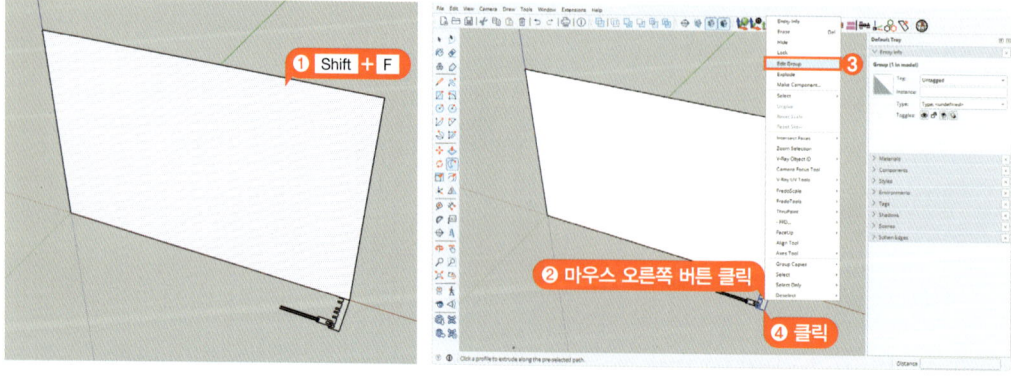

08 ① 프레임이 완성되면 그룹을 닫습니다. ② 프레임을 선택하고 H를 눌러 숨깁니다.

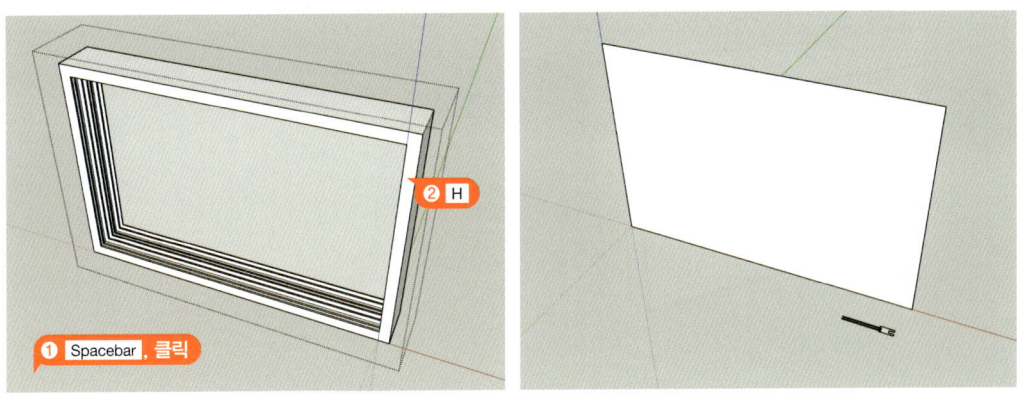

09 ① 사각형의 면을 선택하고 [Follow Me ↻] Shift + F 를 실행합니다. ② 섀시 그룹에서 마우스 오른쪽 버튼을 클릭하고 [Edit Group]을 선택합니다. ③ 섀시 그룹 내부의 면을 클릭합니다. ④ 섀시가 완성되면 그룹을 닫습니다. ⑤ 섀시를 선택하고 숨깁니다.

10 ① 같은 방법으로 유리를 만들면 내부가 그림과 같이 비어 있는 상태로 만들어집니다. ② 내부를 그림과 같이 선택한 후 Delete 를 눌러 에지와 면을 모두 제거하면 다시 닫힌 상태가 됩니다.

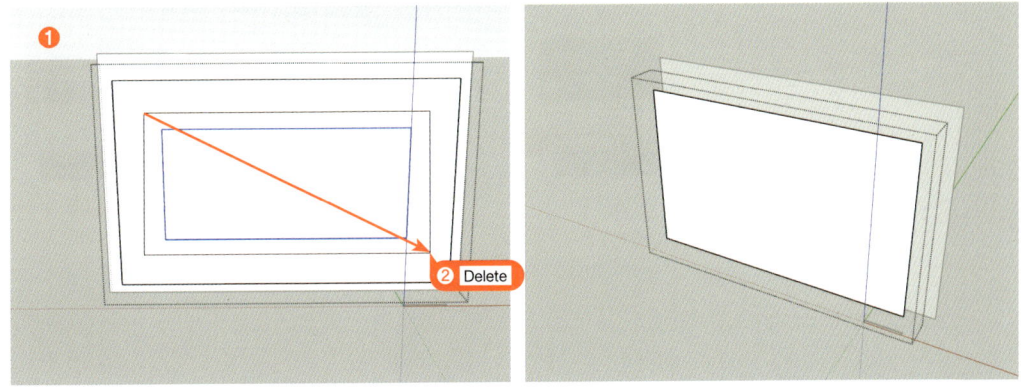

11 같은 방법으로 스페이서와 유리를 추가로 완성합니다.

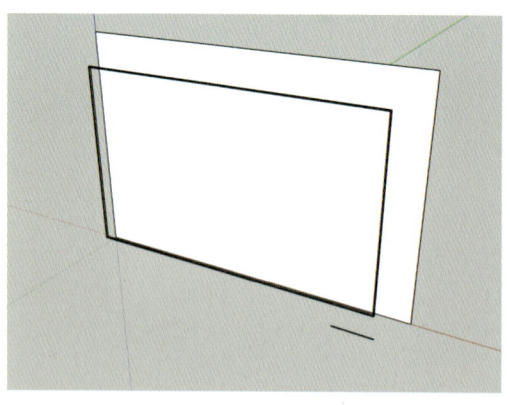 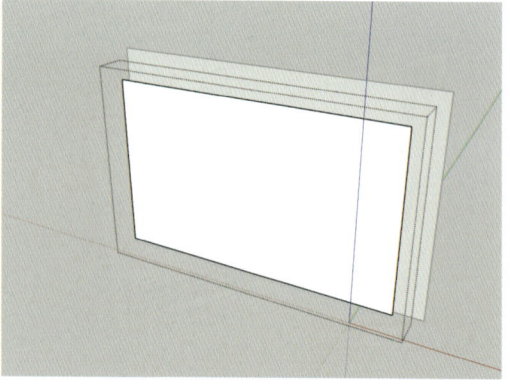

12 ❶ 뒤에 경로로 사용한 사각형을 선택해 지우고 ❷ [Unhide All] U 을 실행해 그룹을 모두 보이게 합니다.

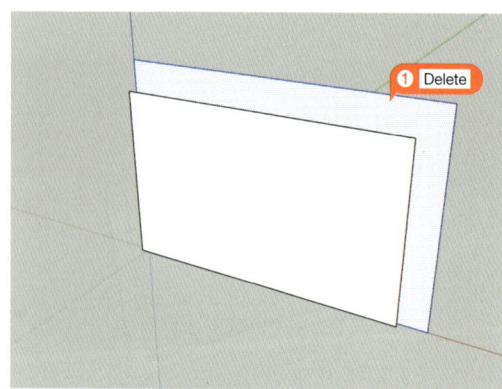 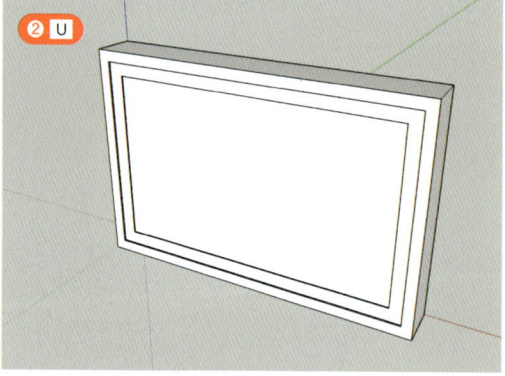

13 ❶ [Materials] 트레이의 [Glass]를 선택합니다. ❷ 재질 중 맨 앞의 [Glass_Basic_01]을 선택하고 ❸ 유리를 클릭합니다. ❹ 뒤쪽의 유리에도 같은 재질을 지정합니다.

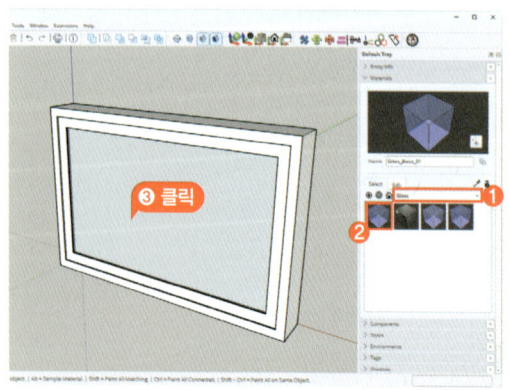 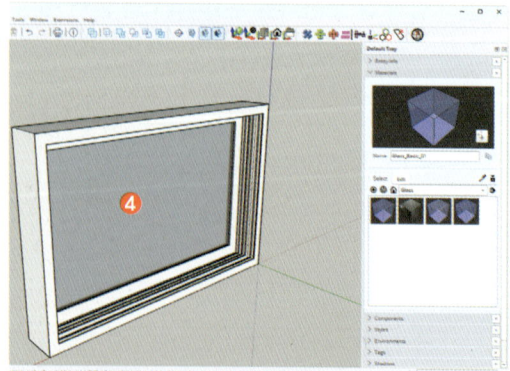

14 ❶ 화면을 정면으로 돌립니다. ❷ [Tape Measure Tool ⌕][T]을 실행하고 그림과 같이 프레임 오른쪽 위의 모서리를 클릭하고 왼쪽으로 **1000mm** 떨어진 가이드라인을 만듭니다. ❸ 가이드라인을 클릭하고 왼쪽으로 **45mm** 떨어진 가이드라인을 하나 더 만듭니다.

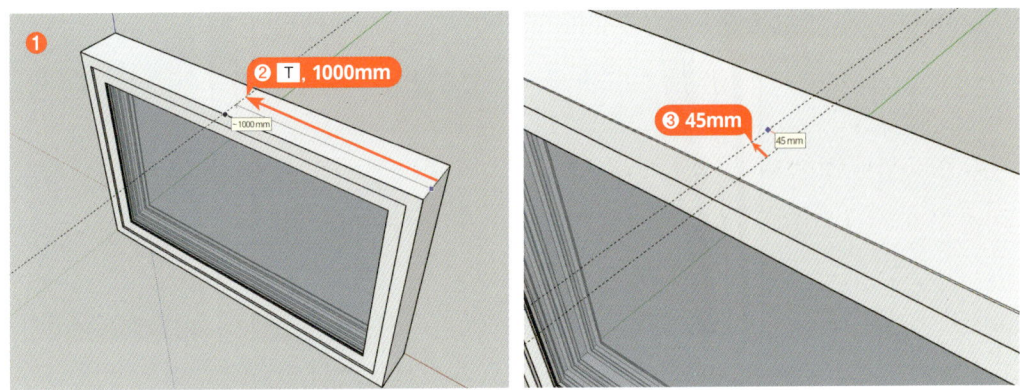

15 ❶ 프레임을 선택해 숨깁니다. ❷ [T2H_STRETCH_BY_AREA ⌕][Ctrl]+[Shift]+[S](이후 [Stretch]로 표기)를 실행하고 그림과 같이 창문의 왼쪽 부분을 드래그해 선택합니다.

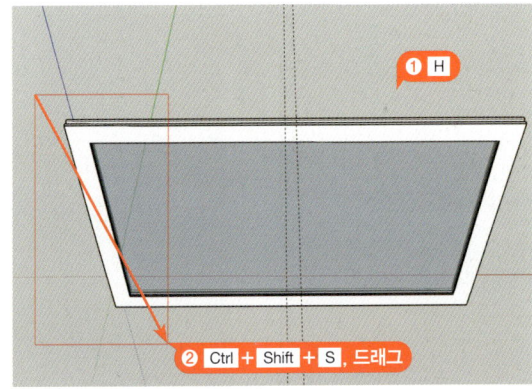

CORE TIP [T2H_STRETCH_BY_AREA ⌕]는 그룹을 열지 않고 모든 그룹의 내부 버텍스를 선택해 이동하는 방식으로 모델을 늘이거나 줄이는 플러그인입니다. 이 플러그인은 054쪽에서 함께 설치해놓은 상태입니다. 플러그인이나 단축키가 작동하지 않는다면 048쪽과 054쪽의 학습을 다시 확인해보세요.

16 ❶ 왼쪽 끝부분의 점 중 하나를 클릭하고 오른쪽으로 마우스 포인터를 이동하면 빨간색 축이 표시됩니다. ❷ 이때 [Shift]를 누른 채로 축 방향을 고정하고 왼쪽 가이드라인을 클릭합니다.

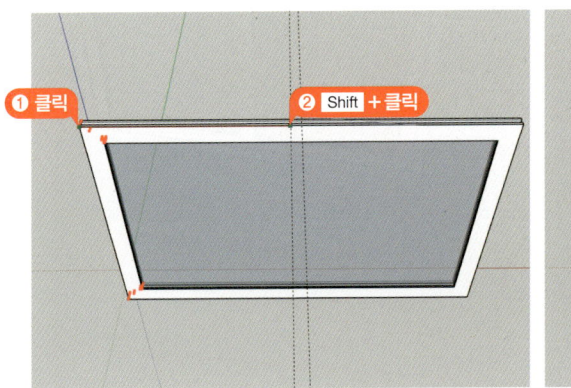 

17 ❶ 섀시 그룹을 엽니다. 왼쪽 면의 중간 홈이 조금 들어가 있습니다. ❷ 이 부분을 끌어당겨 바깥 부분과 평평하게 높이를 맞춥니다.

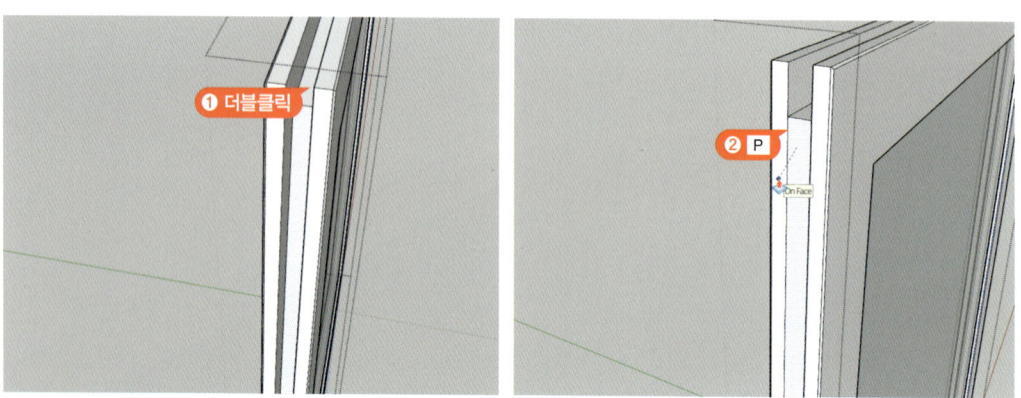

18 ❶ 안쪽 에지를 제거하고 ❷ 그룹을 닫습니다.

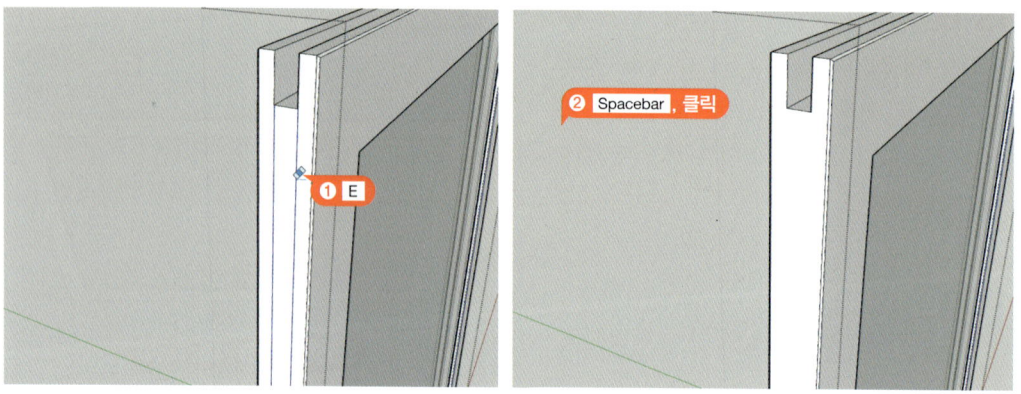

19 ❶❷ 오른쪽 창문을 창틀 중간 점을 기준으로 대칭 복사합니다.

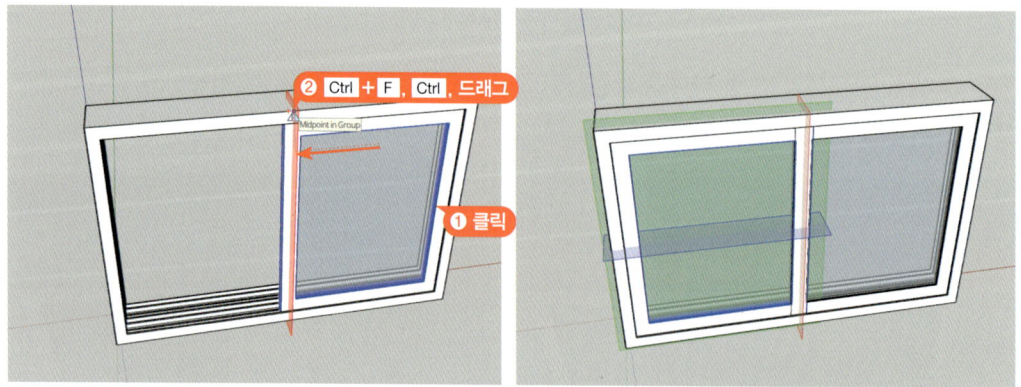

20 ❶ [X-Ray ◈] X 를 실행하고 그림과 같이 왼쪽 위의 모서리를 확대합니다. ❷ 대칭 복사한 창문을 레일의 모서리를 기준점으로 지정해 뒤쪽 레일로 이동합니다.

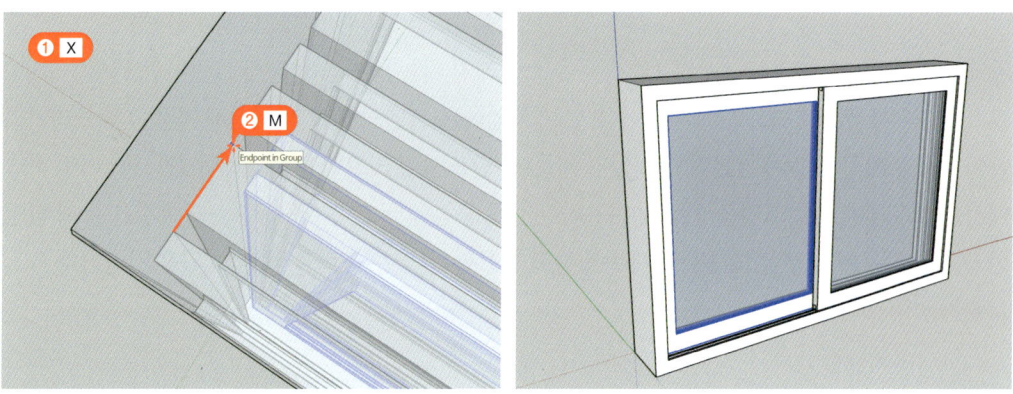

21 ❶ 양쪽 창문을 모두 선택합니다. ❷ 앞쪽 레일 모서리점을 기준점으로 지정하고 뒤쪽 이중창 레일의 모서리 점으로 복사합니다.

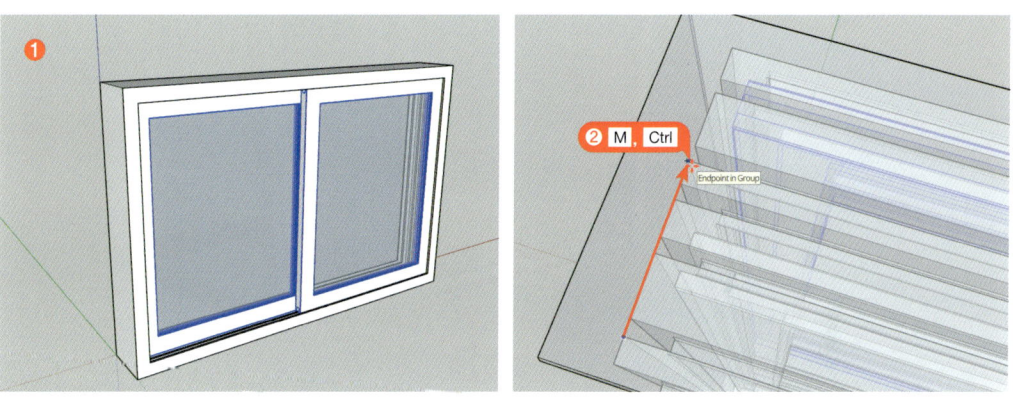

22 ❶ [Section Plane ⊕]을 클릭합니다. ❷ 창문의 윗면을 클릭하고 ❸ 대화상자의 [OK]를 클릭해 [Section Plane]을 만듭니다. ❹ [Section Plane]을 아래로 이동해 창문의 단면을 확인합니다.

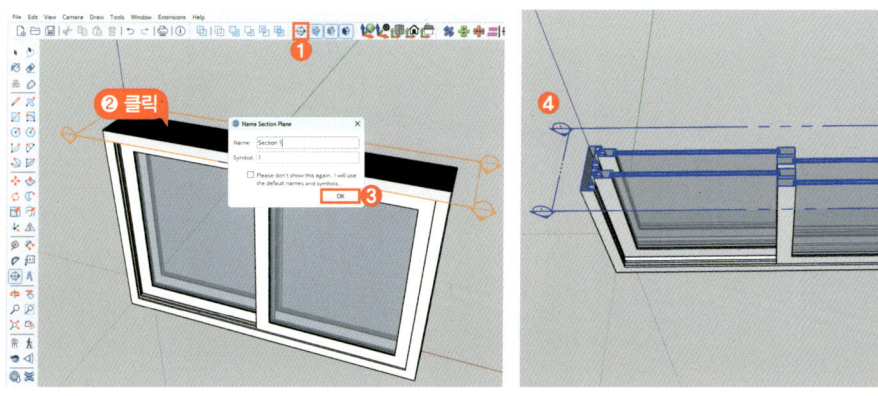

 **3짝 이중창 만들기**

준비 파일 | Part 03/이중창_2p.skp 완성 파일 | Part 03/이중창_3p_완성.skp

앞에서 만든 2000×1300 크기의 2짝 창문을 스트레치 기능을 이용해 아래 그림처럼 3500×2400 크기의 3짝 창문으로 만드는 예제입니다. 스케치업에는 모델의 일부만 선택해 자유롭게 늘리거나 줄이는 스트레치 기능이 기본적으로 없기 때문에, 반드시 플러그인을 활용해야 합니다. 이번 학습에서는 스트레치 플러그인을 어떻게 사용하는지에 중점을 두고 진행하세요. 이 과정을 통해 다양한 크기의 창문이나 문을 보다 손쉽게 수정하고 활용할 수 있는 능력을 키울 수 있을 것입니다.

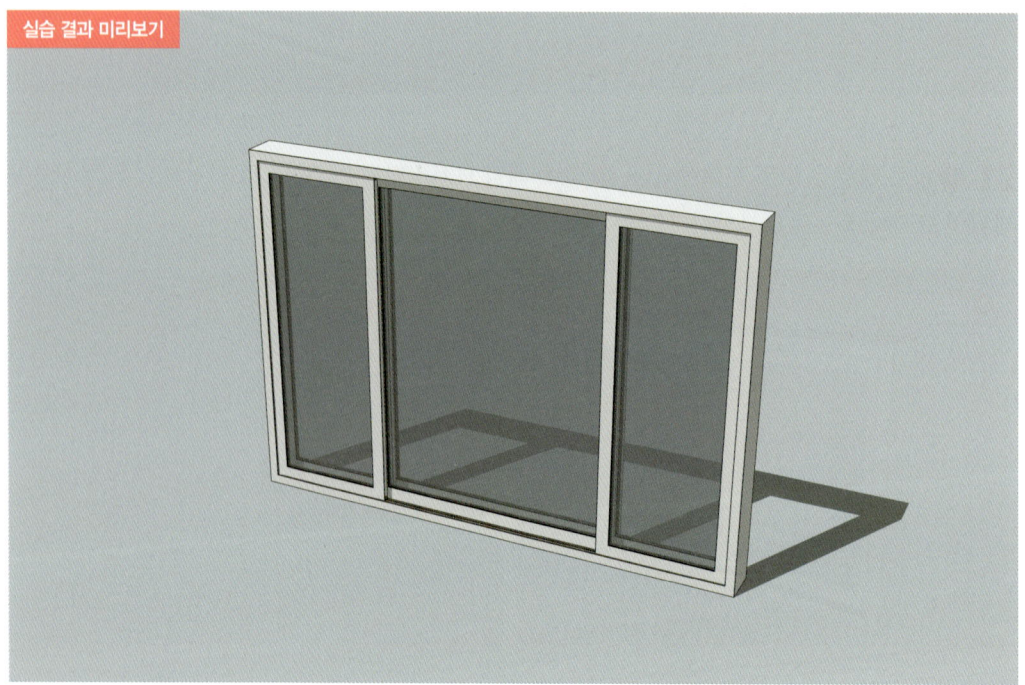

01 ❶ 준비 파일을 불러와 [Tape Measure Tool ✐ Ⓣ]을 실행하고 창문의 크기를 확인해보세요. ❷ 현재 창문의 크기는 **폭 2000mm, 높이 1300mm**인 것을 확인할 수 있습니다.

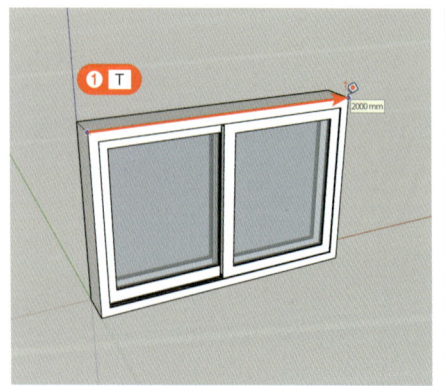 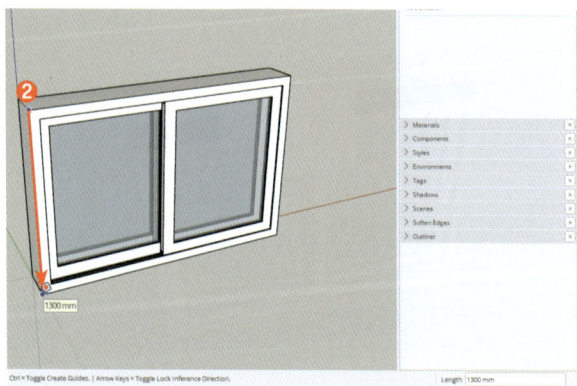

02 ❶ [T2H_STRETCH_BY_AREA 🖱] Ctrl + Shift + S (이후 [Stretch]로 표기)를 실행하고 그림과 같이 창문의 위쪽을 드래그해 선택합니다. ❷ 화면의 빈 곳을 클릭한 후 마우스 포인터를 Z축(파란색) 방향으로 이동합니다. ❸ **1100**을 입력하고 Enter 를 누릅니다.

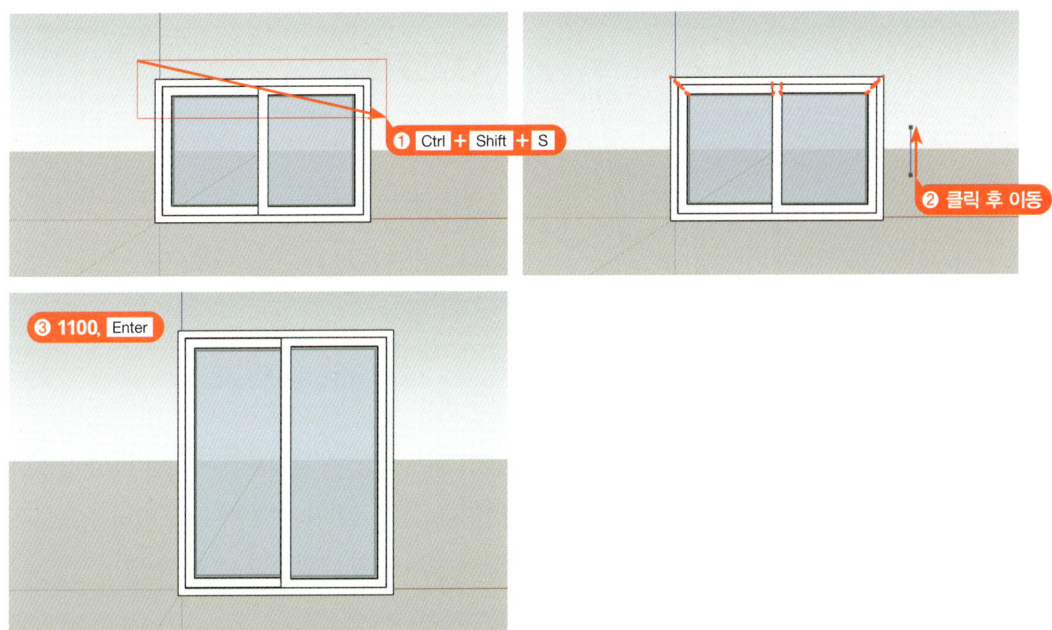

03 ❶ 프레임을 더블클릭해 엽니다. ❷ [Stretch 🖱] Ctrl + Shift + S 를 실행하고 그림과 같이 프레임의 왼쪽 부분을 선택합니다. ❸ 화면의 빈 곳을 클릭한 후 마우스 포인터를 왼쪽(빨간색)으로 이동합니다. ❹ **1500**을 입력하고 Enter 를 누릅니다.

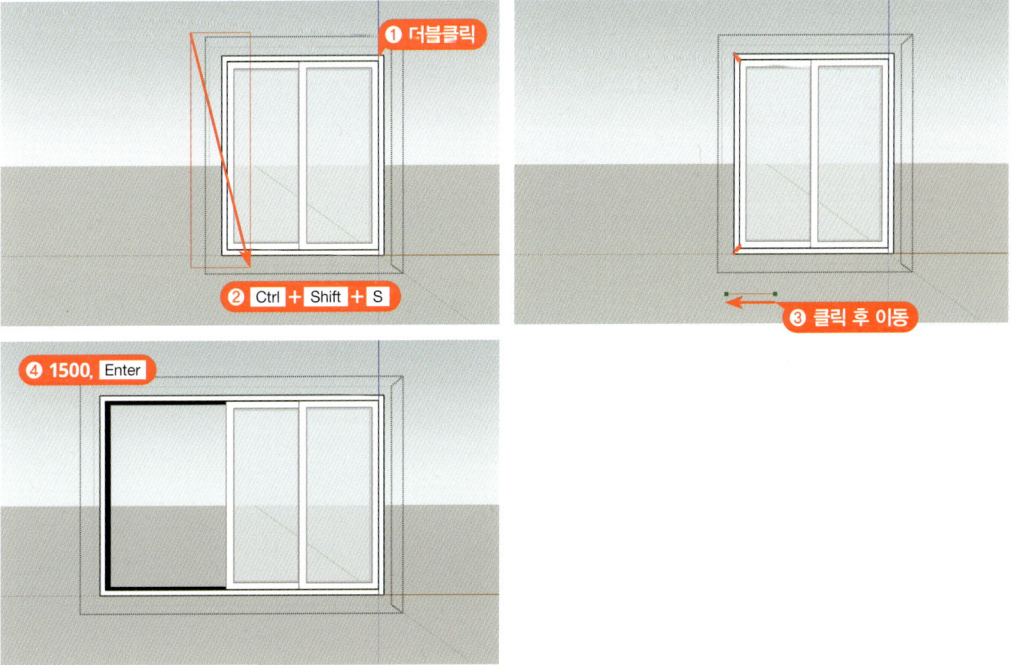

04 ❶ [Tape Measure Tool [T]]을 실행한 후 프레임의 왼쪽 위 모서리를 클릭하고 프레임의 중간까지 드래그해 가이드라인을 만듭니다. ❷ [Top] 뷰 Ctrl + 1 에서 창문의 왼쪽 끝부터 가이드라인까지의 거리를 확인해보세요. 약 **197~198**인 것을 확인할 수 있습니다.

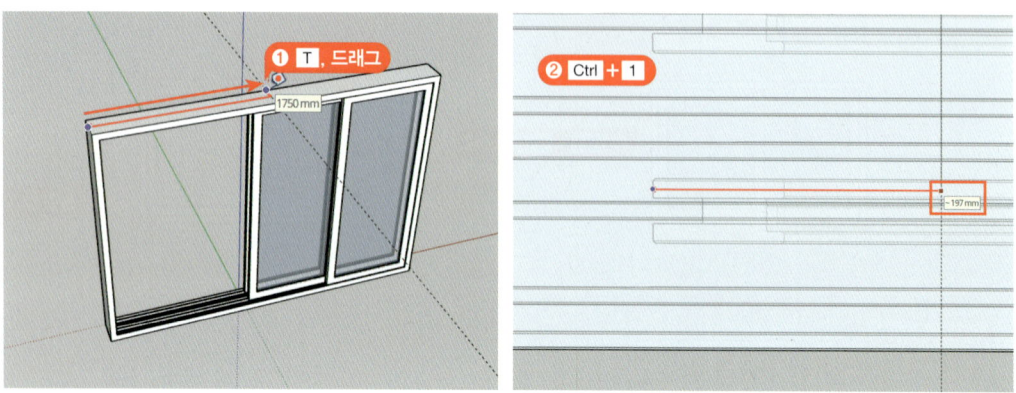

05 ❶ [Front] 뷰 Ctrl + 2 에서 ❷ [Stretch Ctrl + Shift + S]를 실행하고 그림과 같이 창문의 섀시가 겹치는 부분을 드래그해 선택합니다. ❸ 화면의 빈 곳을 클릭하고 마우스 포인터를 오른쪽(빨간색)으로 이동합니다. ❹ **99**를 입력하고 Enter 를 누릅니다(앞서 확인한 198의 절반).

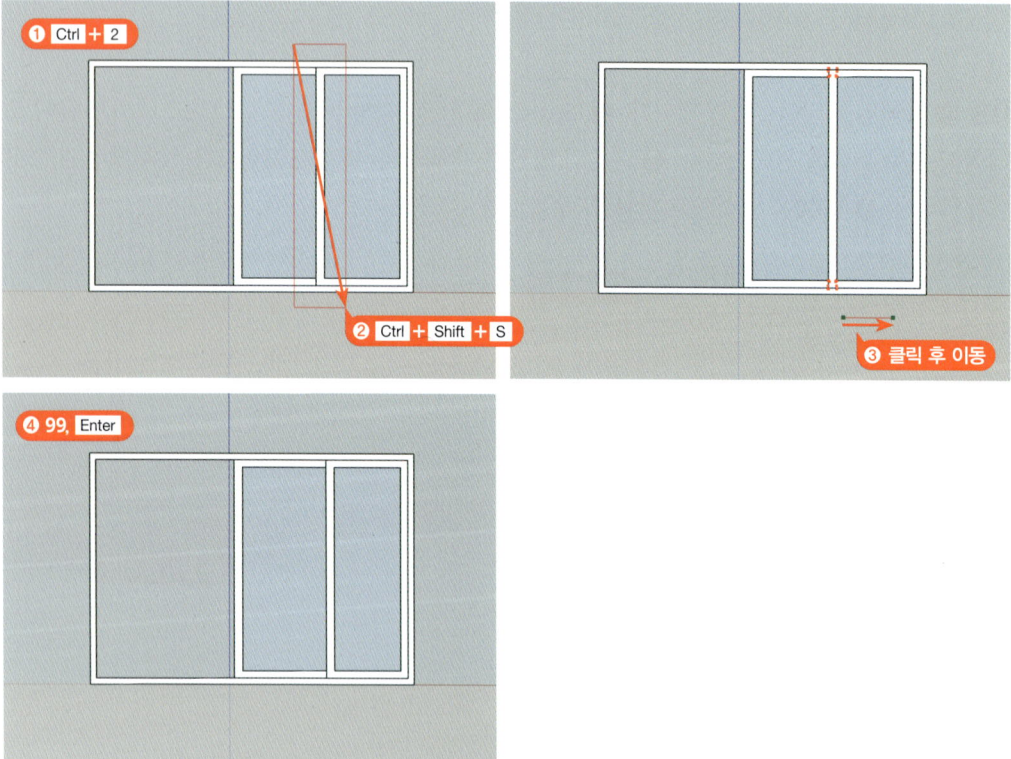

06 ❶ 오른쪽의 창문을 모두 선택합니다. ❷ [Flip] Ctrl + F 을 실행하고 Ctrl 을 한 번 눌러 대칭 복사 모드로 바꿉니다. ❸ X축(빨간색 면)을 드래그해 가이드라인 위치에 맞춰 반대편에 복사합니다.

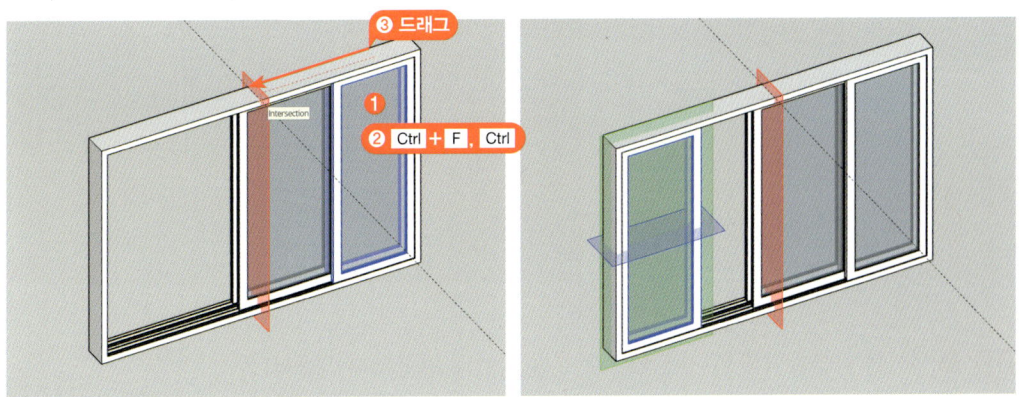

07 ❶ [Front]뷰 Ctrl + 2 에서 ❷ [Stretch] Ctrl + Shift + S 를 실행하고 그림과 같이 가운데 창문의 왼쪽 부분을 드래그해 선택합니다. ❸ 가운데 창문의 왼쪽 모서리를 클릭한 후 왼쪽으로 마우스 포인터를 이동해 빨간색 축이 나오면 Shift 를 눌러 방향을 고정합니다(계속 누르고 있는 상태). ❹ 왼쪽 창문의 오른쪽 섀시 왼쪽면을 클릭해 섀시가 겹치도록 늘립니다.

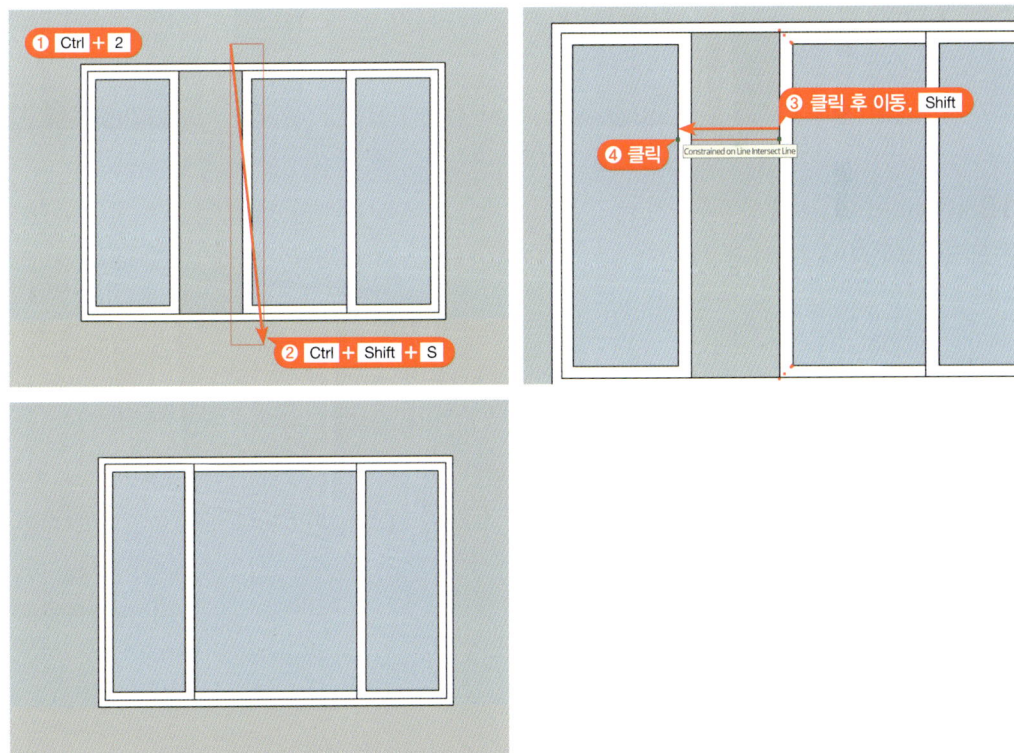

Lesson 04 창문 모델링

08 가운데 창문만 남기고 나머지 창문과 프레임을 모두 숨깁니다.

09 ❶ 새시를 더블클릭해 엽니다. ❷ 홈부분을 끌어내 평평하게 만듭니다.

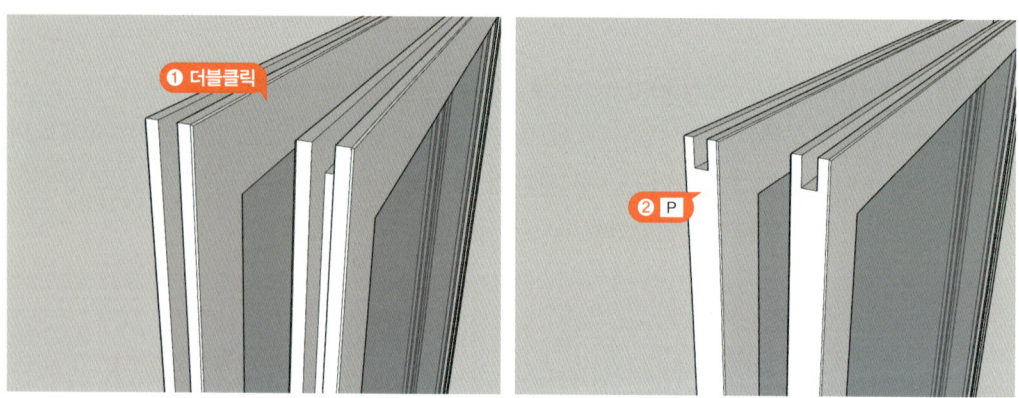

10 [Unhide All] U 을 실행해 숨겨놓은 모델을 모두 보이게 해서 완성합니다.

1001bit-tools를 활용한 창호 만들기

완성 파일 | Part 03/1001bit창만들기_완성.skp

[1001bit-tools]를 활용해 멀리온 형태의 고정창을 만드는 예제입니다. 몇 가지 자주 사용하는 창문 형태는 [1001bit-tools] 같은 플러그인을 이용하면 손쉽게 만들 수 있습니다. 이외에도 창문이나 문을 만드는 다양한 플러그인은 많지만, 플러그인을 많이 안다고 해서 곧바로 모델링을 잘하게 되는 것은 아닙니다. 플러그인이 제공하는 형태는 디테일이 부족하거나, 안정성이 떨어져 작업 중 파일이 손상될 수도 있습니다. 같은 형태를 자주 모델링할 때만 플러그인을 사용하고, 사용 방법을 정확히 익혀 오류가 발생하지 않도록 주의하세요.

실습 결과 미리보기

01 ❶ [View]-[Toolbars…] 메뉴를 실행해 [Toolbars] 대화상자를 불러옵니다. ❷ [1001bit-tools]에 체크하고 ❸ [Close]를 클릭합니다.

CORE TIP 도구바의 빈 공간에서 마우스 오른쪽 버튼을 클릭해도 도구바를 추가할 수 있습니다.

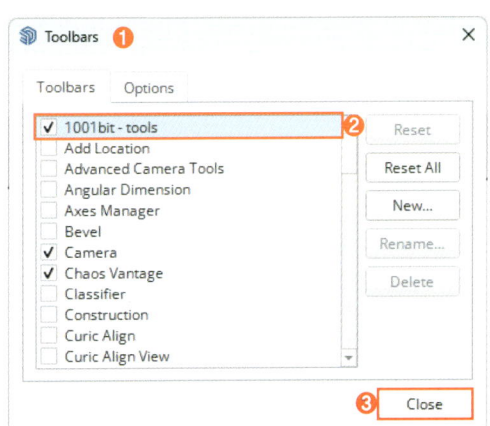

02 Y축을 기준으로 **폭 6000mm**, **길이 3000mm** 크기의 사각형을 만듭니다.

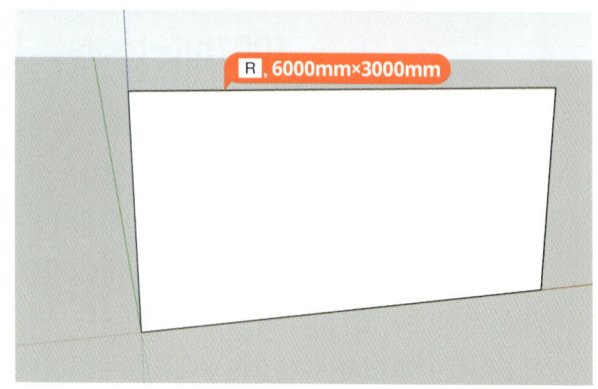

03 ❶ [1001bit-tools]의 [Panel Divider ▦]를 실행합니다. ❷ [Number of rows]는 **2**, [Number of columns]는 **6**, [Frame depth]는 **100**, [Frame width]와 [Divider width]는 **50**으로 수정합니다. ❸ [Create Window Frame]을 클릭합니다. ❹ 사각형을 클릭하면 프레임과 패널이 생성됩니다.

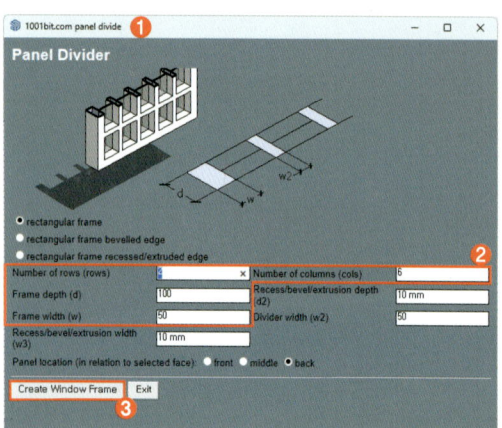 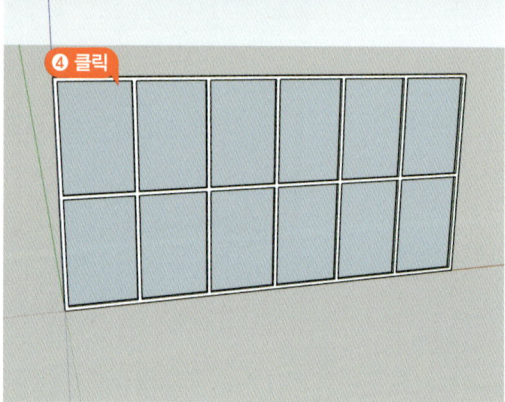

04 ❶ 완성된 창문을 선택해 한 번 분해합니다. ❷ 프레임을 트리플클릭하고 그룹화합니다. ❸ 프레임을 숨깁니다.

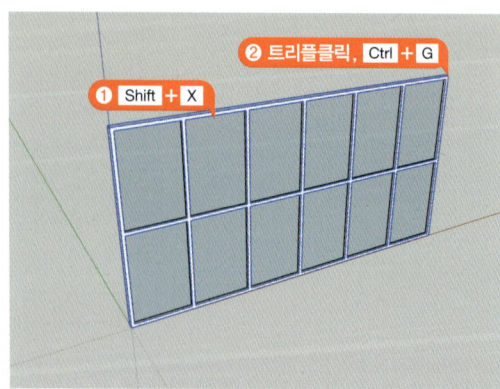 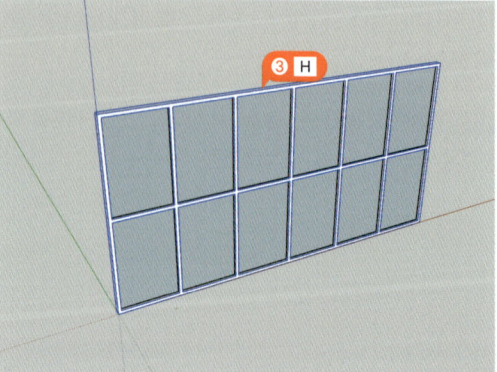

05 패널은 두께가 없는 상태이기 때문에 두께를 만들어야 합니다. ❶ [Search] Shift + S 를 실행하고 ❷ **joint**를 검색한 후 ❸ [Fredo6 LibFredo6 〉 Joint Push Pull]을 클릭해 실행합니다.

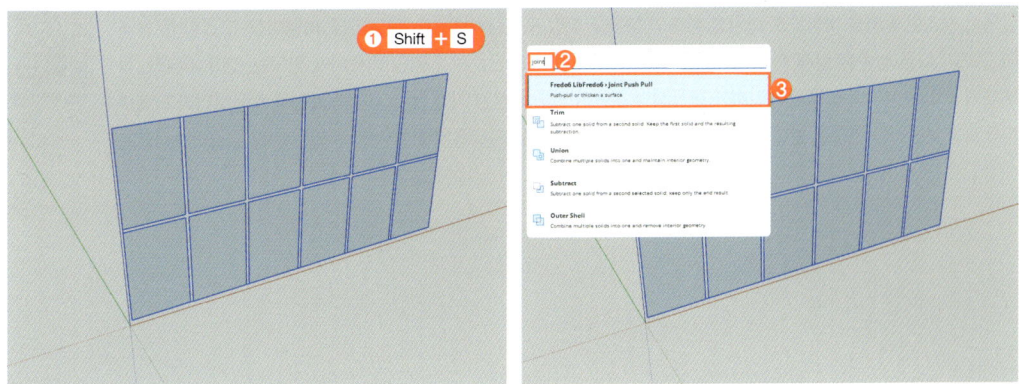

06 ❶ 그룹을 선택해 앞으로 끌어당긴 후 **10**을 입력합니다. ❷ [Materials] 트레이에서 [Glass_Basic_01]을 선택한 후 ❸ 패널을 클릭해 유리 재질을 지정합니다.

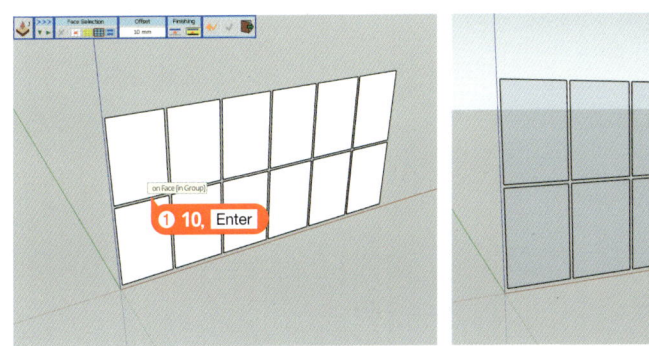
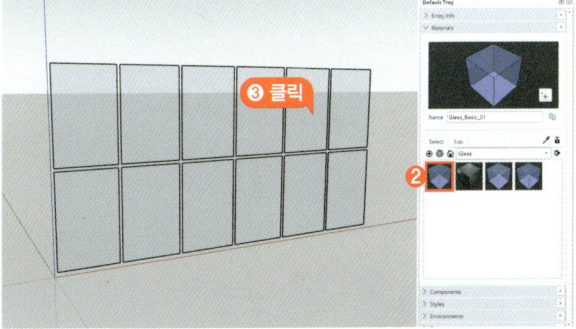

07 [Unhide All] U 을 눌러 프레임을 다시 보이게 해 완성합니다.

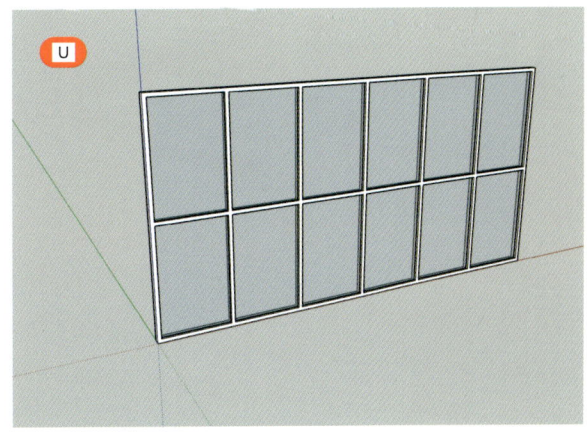

 **Self Training**   다양한 형태의 창문 모델링 연습하기

앞에서 학습한 방법을 바탕으로 다양한 형태의 창문을 직접 모델링해보세요. 여닫이창, 미닫이창, 고정창 등 형태와 구조가 다른 창문을 실제 시공 방식을 고려해 만들어보세요. 단순히 외형만 비슷하게 만드는 것이 아니라, 각 부재의 조립 방식이나 이음새 처리까지 현실적인 표현이 되도록 신경 써야 합니다. 플러그인을 사용하더라도 세부 디테일을 보완하는 연습을 병행하며, 다양한 상황에 맞는 창문을 자유롭게 모델링할 수 있는 실력을 길러보세요.

실습 따라 하기

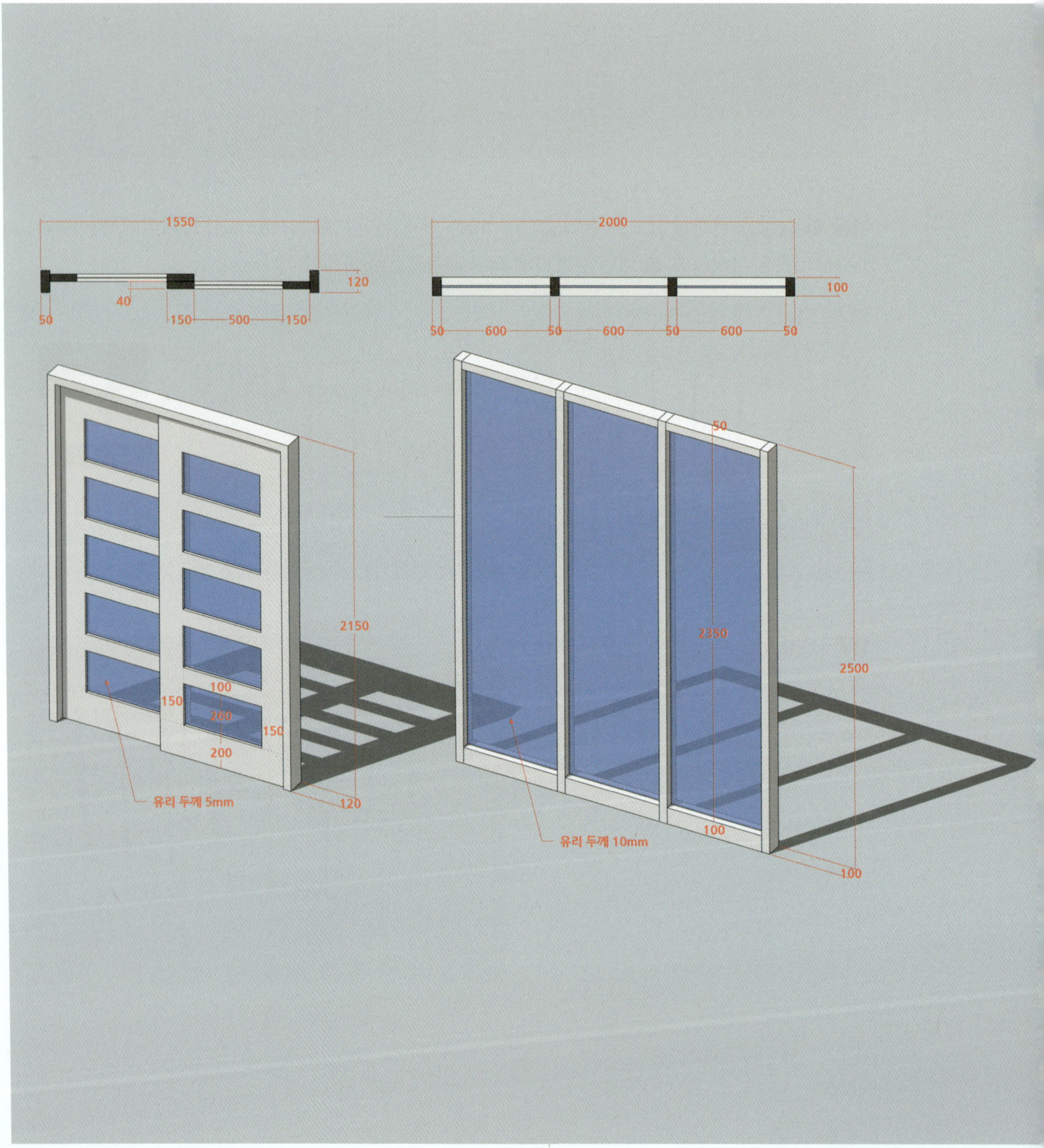

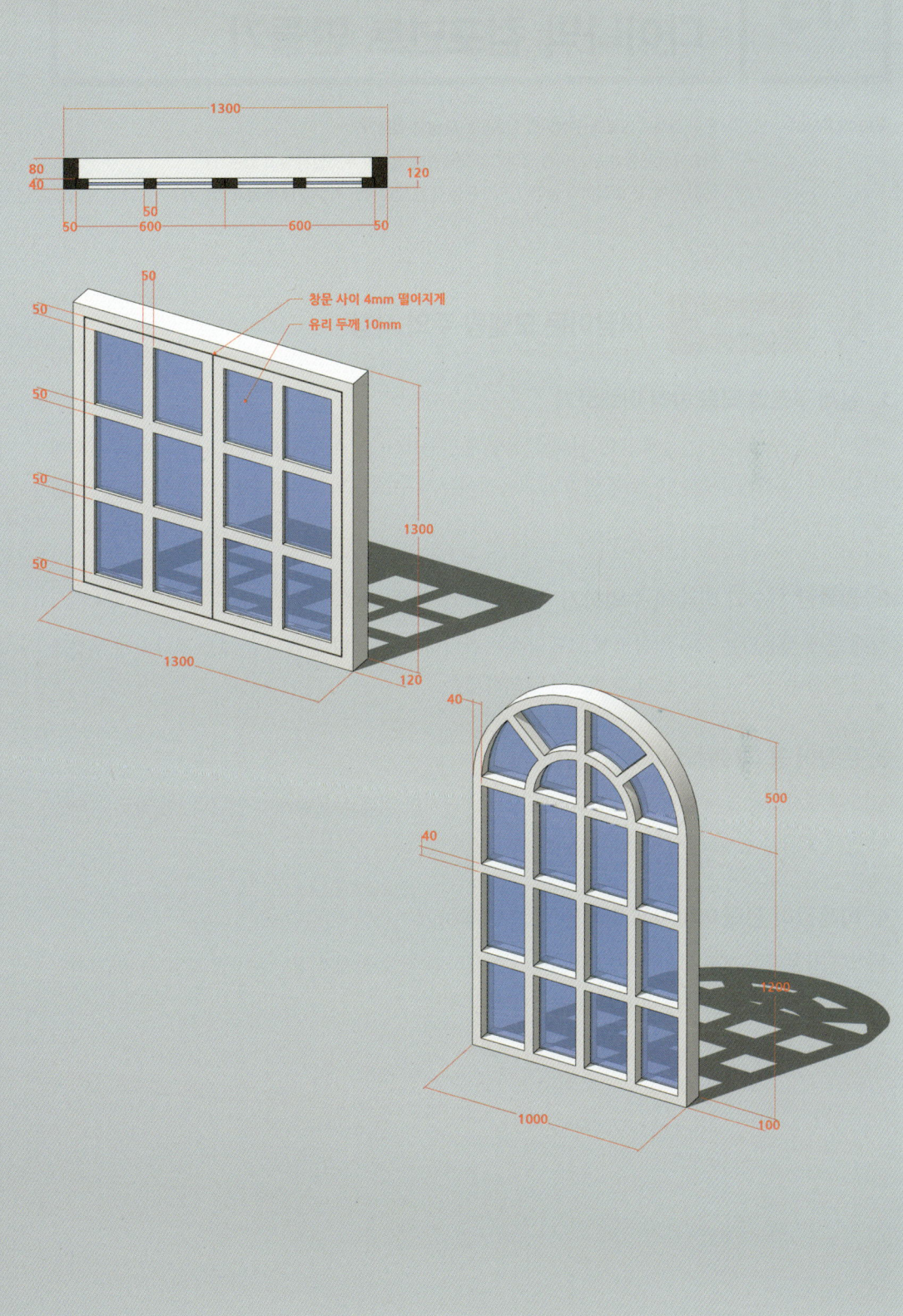

Self Training 다양한 형태의 창문 모델링 연습하기

Lesson 05 여닫이문 모델링과 다이나믹 컴포넌트 만들기

Check Point
- ☑ 문이 실제로 어떻게 구성되고 작동하는지 알고 있는가?
- ☑ 학습에서 문틀과 문 사이를 떨어뜨려 모델링한 이유가 무엇인지 알고 있는가?
- ☑ 문의 두께, 문 손잡이의 높이나 크기 등에 대한 대략적인 치수에 대해 알고 있는가?

 Warm Up 여닫이문 모델링 주의 사항

1. 실제 구조와 작동 방식 이해하기

여닫이문을 모델링하기 전에 문이 실제로 어떻게 만들어지고, 어떻게 열리고 닫히는지를 이해해야 합니다. 문짝과 문틀이 어떻게 연결되고 움직이는지 구조를 파악하면 훨씬 더 자연스러운 모델링이 가능합니다.

2. 정확한 치수와 비례에 주의하기

실제 문에 사용되는 치수를 참고해 모델링해야 합니다. 문틀이나 문짝의 두께를 지나치게 두껍게 만들면 실내 공간이 좁아 보일 수 있으니 주의하세요.

3. 손잡이 등 디테일의 비례에 신경쓰기

도면에 표시되지 않는 손잡이 같은 요소도 적절한 크기와 비례로 표현해야 합니다. 이 작은 디테일이 전체 모델의 완성도를 크게 좌우합니다.

4. 비례감이 전체 이미지에 미치는 영향 이해하기

문이나 창문처럼 자주 보이는 요소의 비례가 어색하면 건물 전체가 장난감처럼 보일 수 있습니다. 현실적인 비례를 유지하는 것이 모델링의 기본입니다.

Warm Up 다이나믹 컴포넌트

1. 다이나믹 컴포넌트란?

다이나믹 컴포넌트(Dynamic Component)는 클릭이나 슬라이더 조작을 통해 크기나 위치, 회전 상태 등을 바꿀 수 있는 인터랙티브한 컴포넌트입니다. 스케치업의 기본 컴포넌트 기능에 속성과 동작을 추가해 좀 더 유연하게 사용할 수 있습니다.

2. 문에 다이나믹 컴포넌트를 적용하는 이유

문의 열림 · 닫힘 동작을 한 번의 클릭으로 확인할 수 있어 프레젠테이션이나 공간 검토 시 매우 유용합니다. 실제 시공 시 문의 여는 방향이나 공간 간섭 여부를 빠르게 검토할 수 있는 장점도 있습니다.

3. 다이나믹 컴포넌트로 반복 작업의 효율 향상하기

여러 개의 문을 사용하는 프로젝트에서 같은 다이나믹 컴포넌트를 복사하면 각각 독립적으로 동작하도록 설정할 수 있어 작업 효율이 높아집니다. 특히 동일한 형태의 문을 다양한 공간에 배치할 때 유리합니다.

4. 다이나믹 컴포넌트로 시각적 이해와 표현력 넓히기

문이 실제로 어떻게 열리고 닫히는지 시각적으로 표현할 수 있으므로 학습자나 클라이언트가 공간을 더 쉽게 이해할 수 있습니다. 단순한 모델링이 아닌, 동작 가능한 모델링을 통해 스케치업의 표현력을 넓힐 수 있습니다.

| Basic Training | **여닫이문 모델링하기** |

완성 파일 | Part 03/door_완성.skp

자주 쓰이는 건축 요소 중 하나인 여닫이문을 직접 만들어보는 예제입니다. 문은 건축이나 인테리어에서 매우 자주 쓰이는 요소이기 때문에 소스와 플러그인이 다양하고 많습니다. 하지만 실제 설계나 시공에서 바로 활용할 수 있는 수준의 소스를 찾기는 쉽지 않아, 결국 직접 모델링해야 하는 경우가 더 많습니다. 이 예제에서는 여닫이문을 기본적인 치수를 기억하며 비례에 맞게 만드는 연습을 합니다. 단순히 따라 그리는 데 그치지 말고, 실제 문을 모델링할 때 필요한 기본 치수와 형태를 충분히 익혀두세요.

실습 결과 미리보기

01 ❶ Y축을 기준으로 **폭 900mm, 길이 2100mm** 크기의 사각형을 만듭니다. ❷ 사각형의 아래쪽 에지를 삭제합니다.

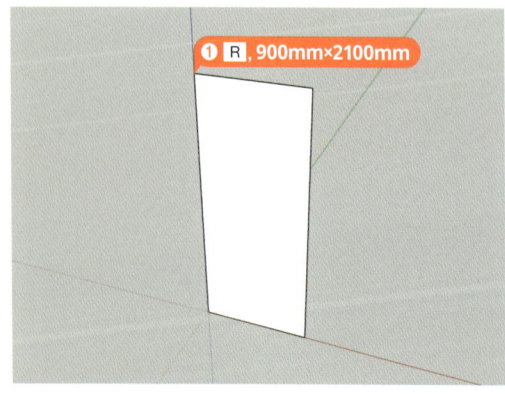

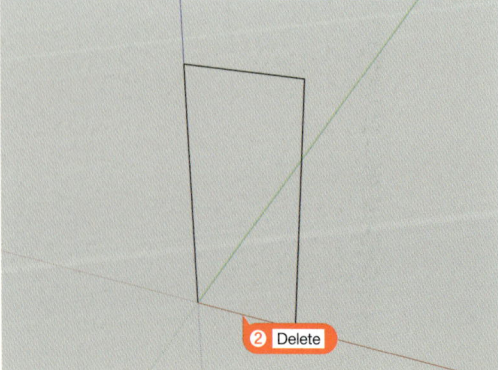

02 ❶ 앞에서 그린 경로의 왼쪽 시작점을 기준으로 **폭 40mm**, **길이 175mm** 크기의 사각형을 만듭니다. ❷ 그림과 같이 사각형의 오른쪽 모서리를 기준으로 **폭 10mm**, **길이 40mm** 크기의 사각형을 만듭니다. ❸ 모서리 부분의 에지를 삭제합니다.

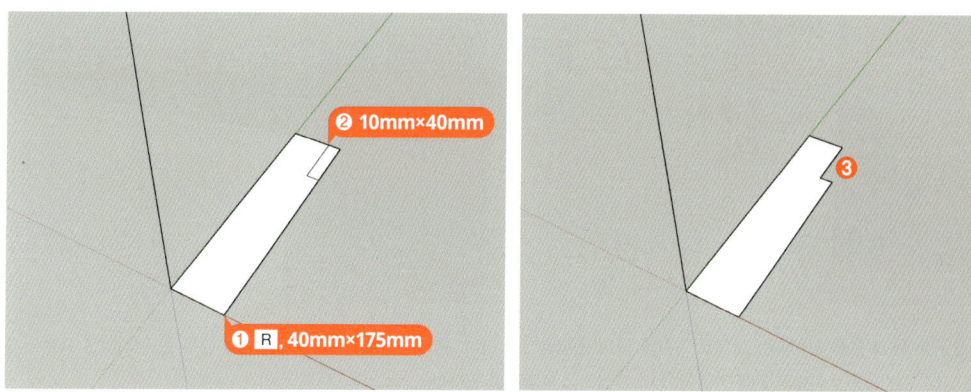

03 ❶ 경로를 선택하고 [Follow Me ⌖ Shift + F]를 실행합니다. ❷ 단면을 선택해 문틀을 만듭니다. ❸ 문틀을 그룹화합니다.

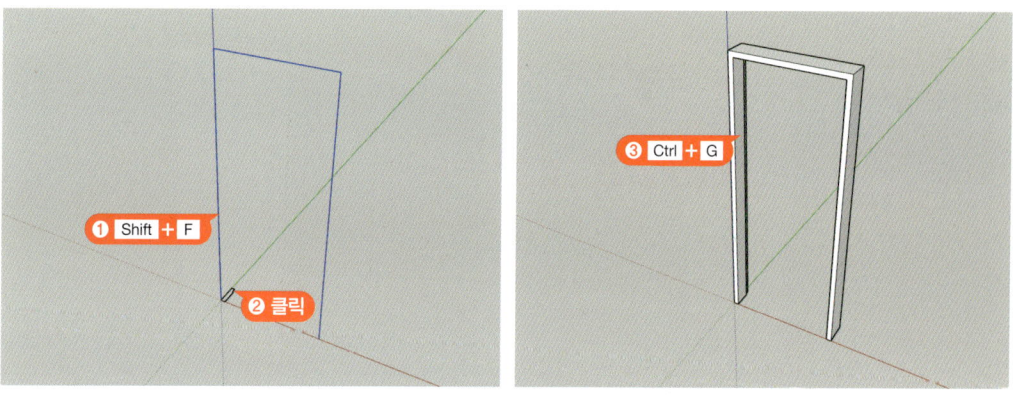

04 ❶ 문짝의 홈이 보이는 쪽으로 화면을 회전한 후 ❷ 문틀을 채워 사각형을 그립니다.

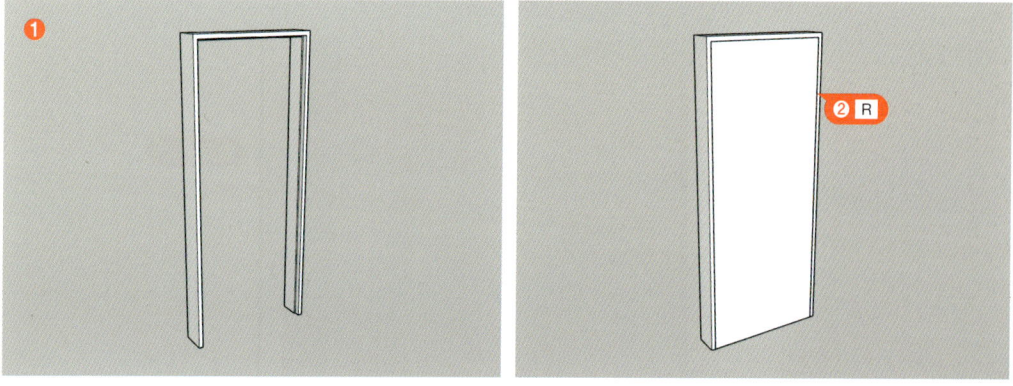

05 ❶ 문틀을 선택해 숨기고 사각형을 안쪽으로 **3mm** 오프셋합니다. ❷ 오프셋한 테두리를 삭제합니다. ❸ 테두리를 삭제하고 남아 있는 둘레의 선을 트리플클릭하고 삭제합니다.

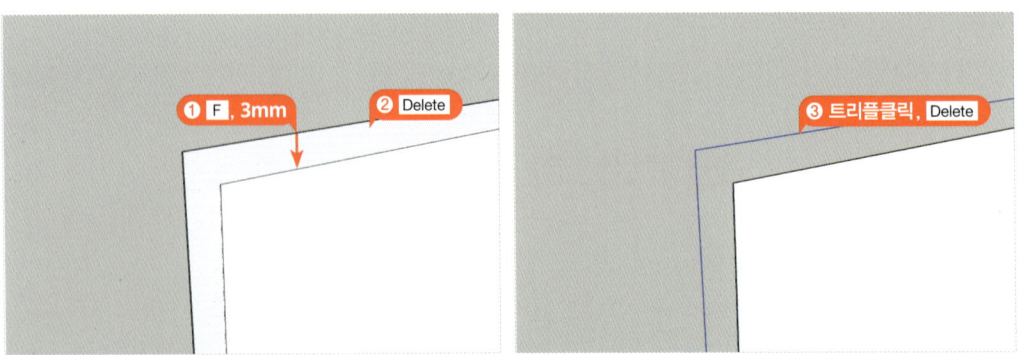

CORE TIP 문과 문틀 사이에는 실제로 약간의 틈이 존재하기도 하며, 문과 문틀을 붙여서 모델링할 경우 한 덩어리로 표현되기 때문에 문이 구분되어 보이도록 틈을 만들어야 더 사실적인 모델링이 됩니다.

06 ❶ 사각형을 안쪽으로 **40mm** 밀어 넣고 그룹화합니다. ❷ 숨겨놓은 문틀을 다시 보이게 합니다.

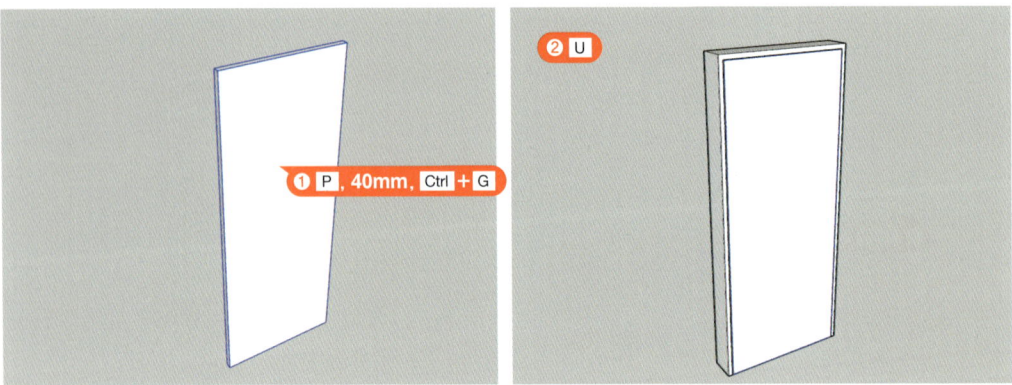

07 ❶ 바닥에서 위로 **1000mm**, ❷ 문짝의 왼쪽 모서리에서 안쪽으로 **60mm** 위치에 가이드라인을 만듭니다.

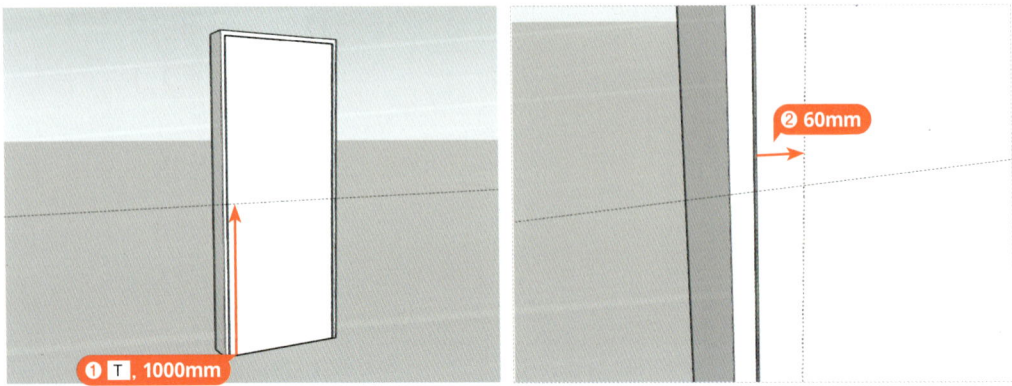

08 ❶ [Circle ⊙ C]을 실행하고 가이드라인의 교차점을 중심으로 반지름 **35mm** 원을 그립니다. ❷ 원을 **10mm** 끌어당겨 캡을 표현한 후 그룹화합니다.

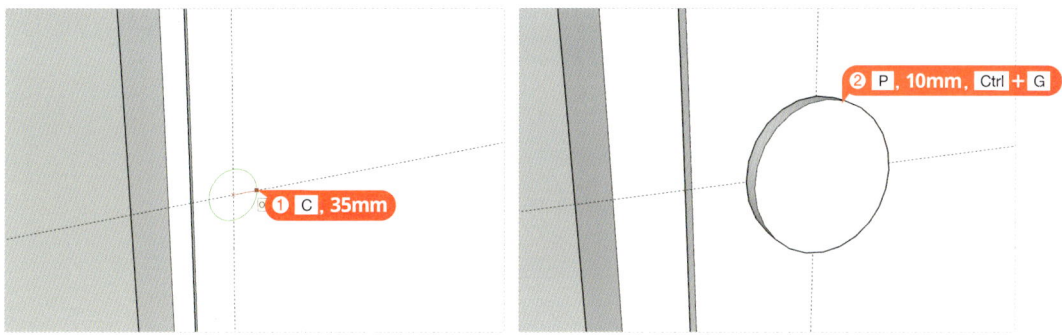

09 원의 중심을 기준으로 **폭 125mm**, **길이 40mm** 크기의 사각형을 만듭니다.

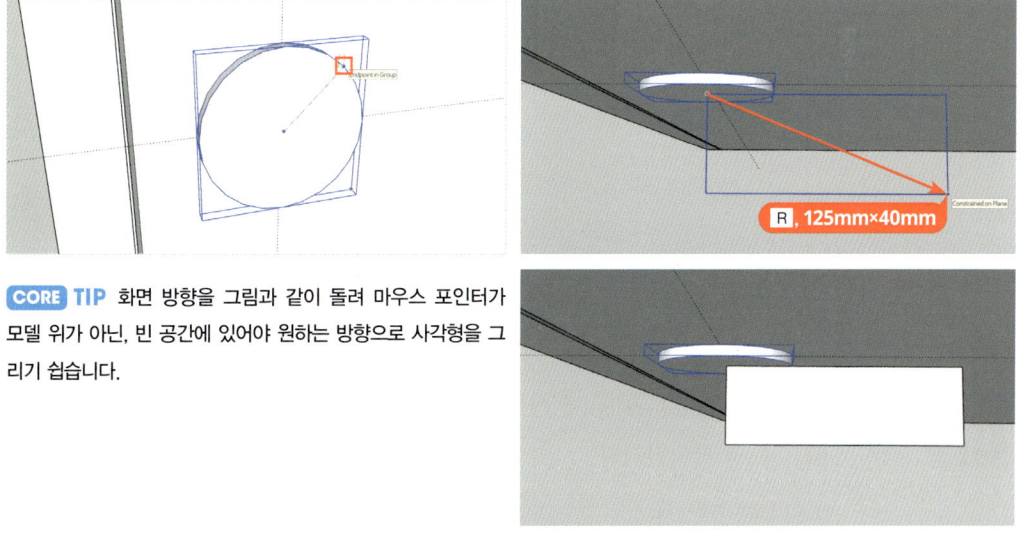

CORE TIP 화면 방향을 그림과 같이 돌려 마우스 포인터가 모델 위가 아닌, 빈 공간에 있어야 원하는 방향으로 사각형을 그리기 쉽습니다.

10 ❶ 사각형의 왼쪽 모서리에서 오른쪽으로 **25mm** 떨어진 가이드라인을 만듭니다. ❷ [2 Point Arc ⌒ A]를 실행하고 모서리를 둥글게 깎습니다.

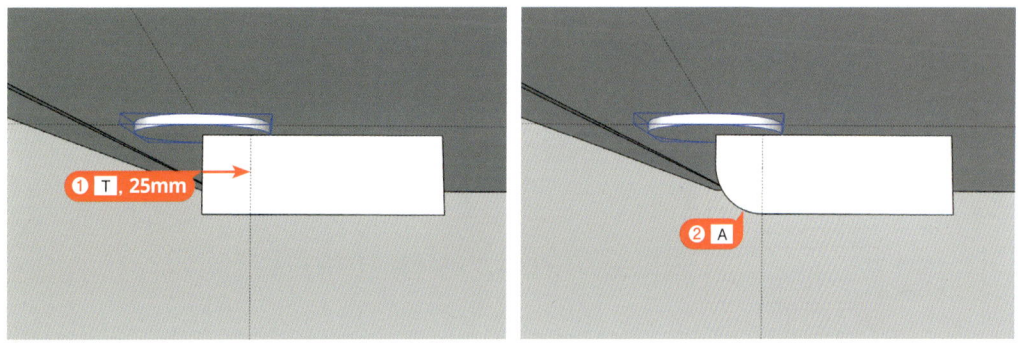

11 ❶ 그림과 같이 경로를 남기고 나머지 선은 삭제합니다. ❷ 남은 선을 선택하고 ❸ [JHS Powerbar]의 [SuperWeld 🌀] Alt + W 를 실행합니다.

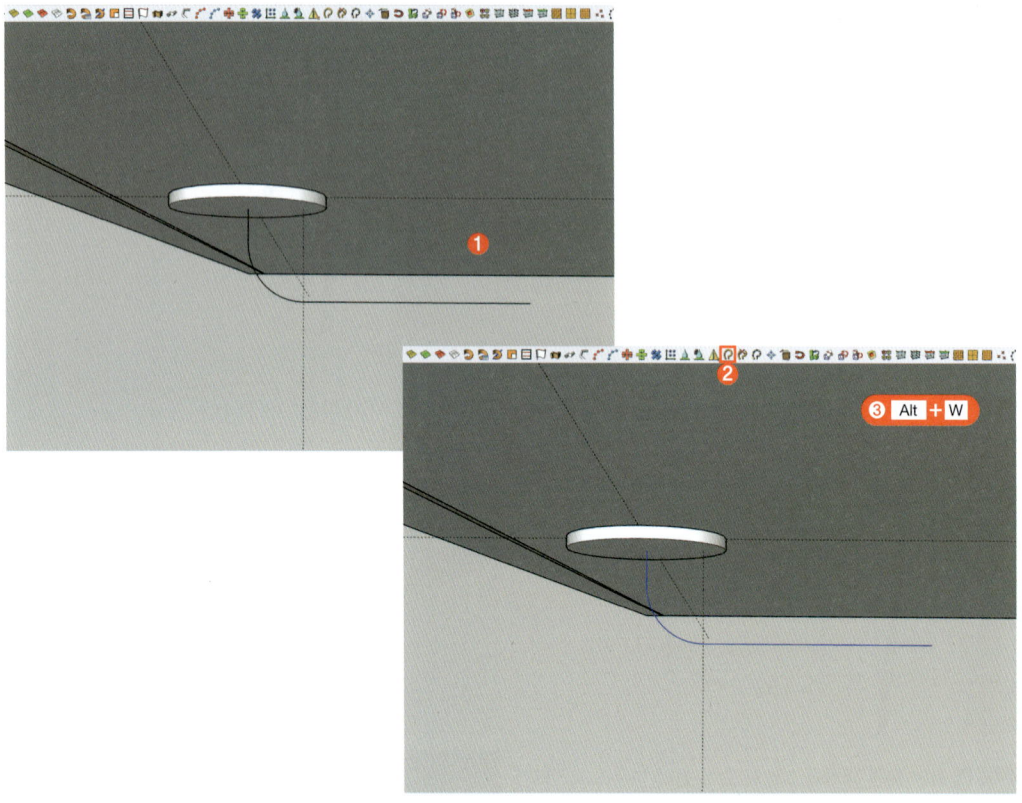

12 ❶ [JHS Powerbar]의 [Lines to Tube 🗲]를 실행합니다. ❷ [Diameter]는 **20**, [Precision]은 **12**를 입력하고 ❸ [OK]를 클릭합니다.

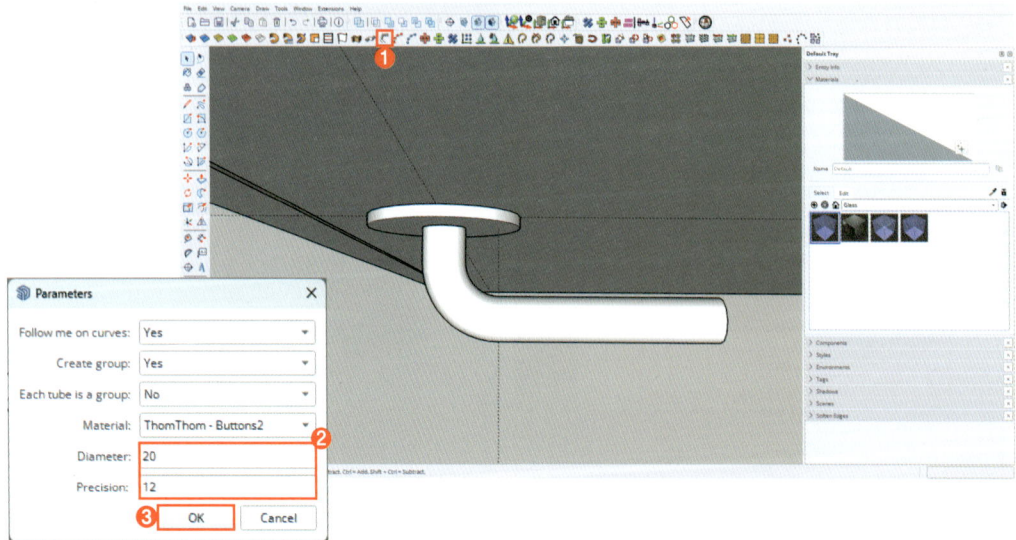

13 ❶ Shift + D 를 눌러 가이드라인을 삭제하고 ❷ 손잡이를 모두 선택해 그룹화합니다. ❸ 문틀을 선택해 숨깁니다.

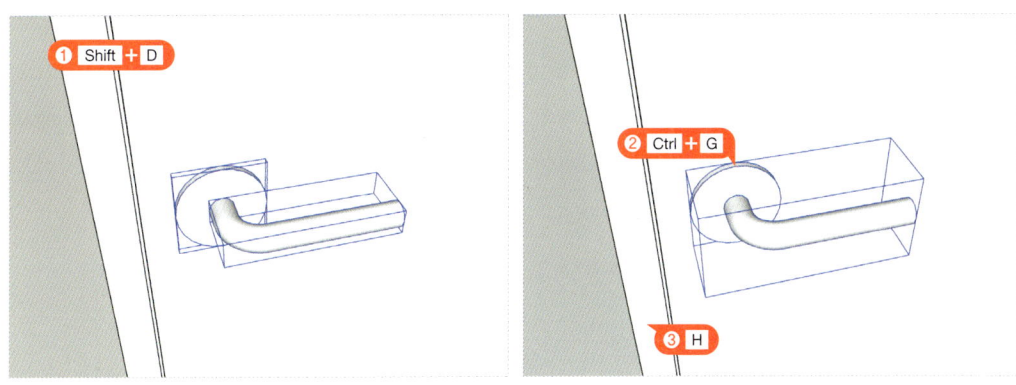

14 ❶ 손잡이가 선택된 상태에서 [Flip ⚠ Ctrl + F]을 실행한 후 Ctrl 을 눌러 복사 모드로 바꿉니다. ❷ Y축 대칭면을 드래그해 문짝의 모서리 가운데 점으로 이동하여 손잡이를 문짝의 반대편에 복사합니다.

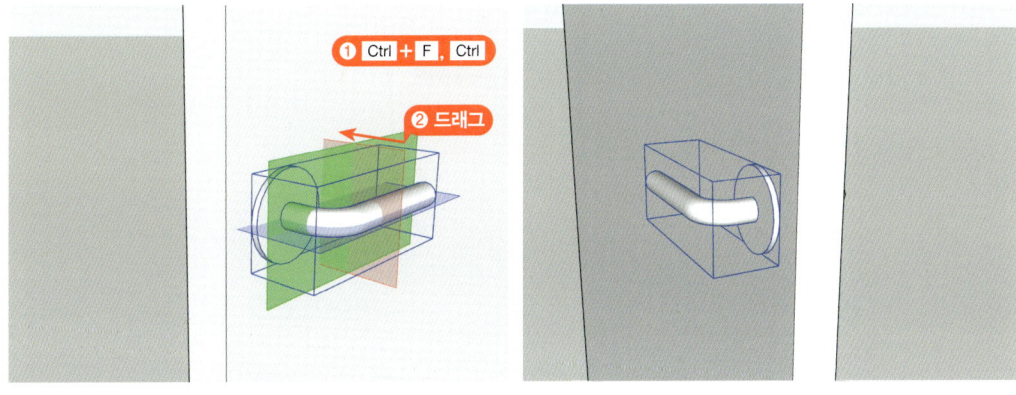

15 ❶ 손잡이와 문짝을 모두 선택해 그룹화하고 ❷ 숨겨놓은 문틀을 다시 보이게 해 완성합니다.

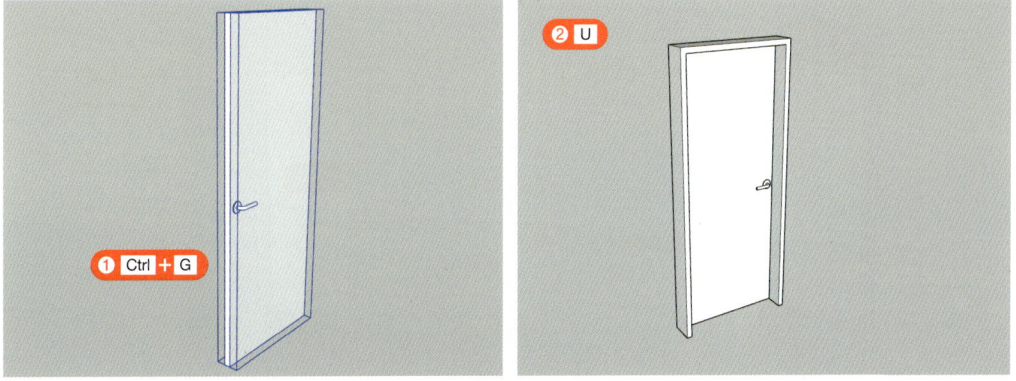

 **Basic Training** 다이나믹 컴포넌트 만들기

준비 파일 | Part 03/door.skp 완성 파일 | Part 03/Door_Dynamic Component_완성.skp

다이나믹 컴포넌트를 활용해 여닫이문을 클릭 한 번으로 열고 닫을 수 있도록 만드는 예제입니다. 다이나믹 컴포넌트는 문을 회전시키는 데 그치지 않고, 다양한 반복 작업에 활용할 수 있는 매우 유용한 기능입니다. 반복적으로 수행하는 작업이 있다면 다이나믹 컴포넌트를 적용해볼 수 있는지 먼저 고민해보고 적극적으로 활용해보세요.

실습 결과 미리보기

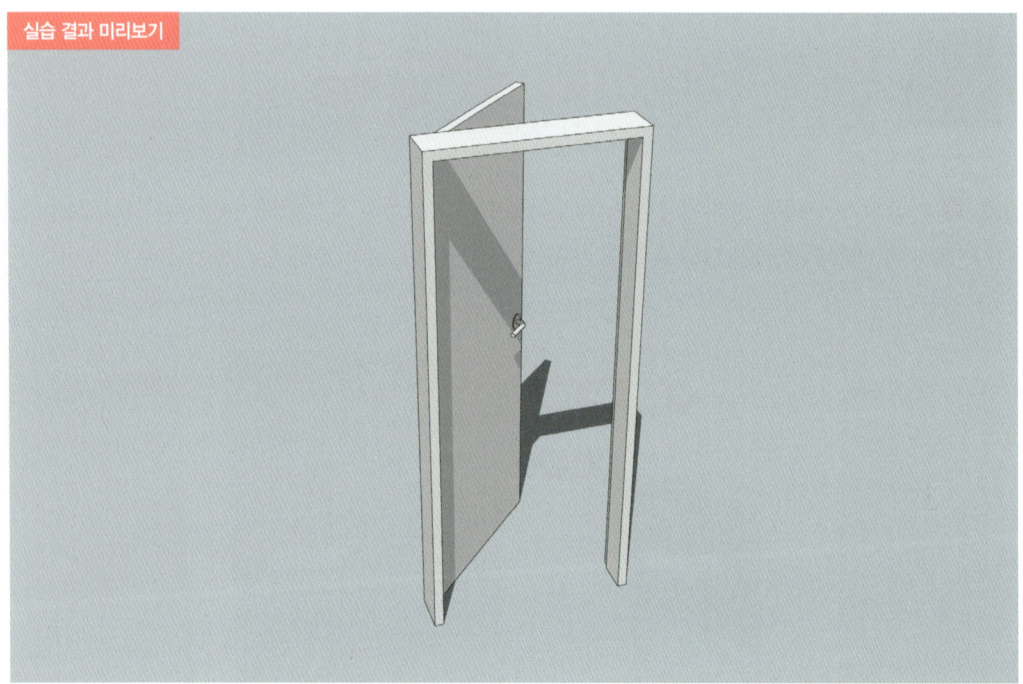

01 ❶ 준비 파일을 불러와 문틀을 선택하고 ❷ [Entity Info] 트레이에서 [Instance]에 **Frame**을 입력합니다. ❸ 문을 선택하고 ❹ [Instance]에 **Panel**을 입력합니다.

02 ❶ 문을 더블클릭해 열고 ❷ [Axes ✽ Shift + A 를 실행합니다. ❸ 밑면을 볼 수 있도록 화면을 조정해 문틀의 끝점을 원점으로 지정합니다. ❹ X축 방향을 클릭하고 ❺ Y축 방향을 그림과 같이 지정한 후 ❻ 그룹을 닫습니다.

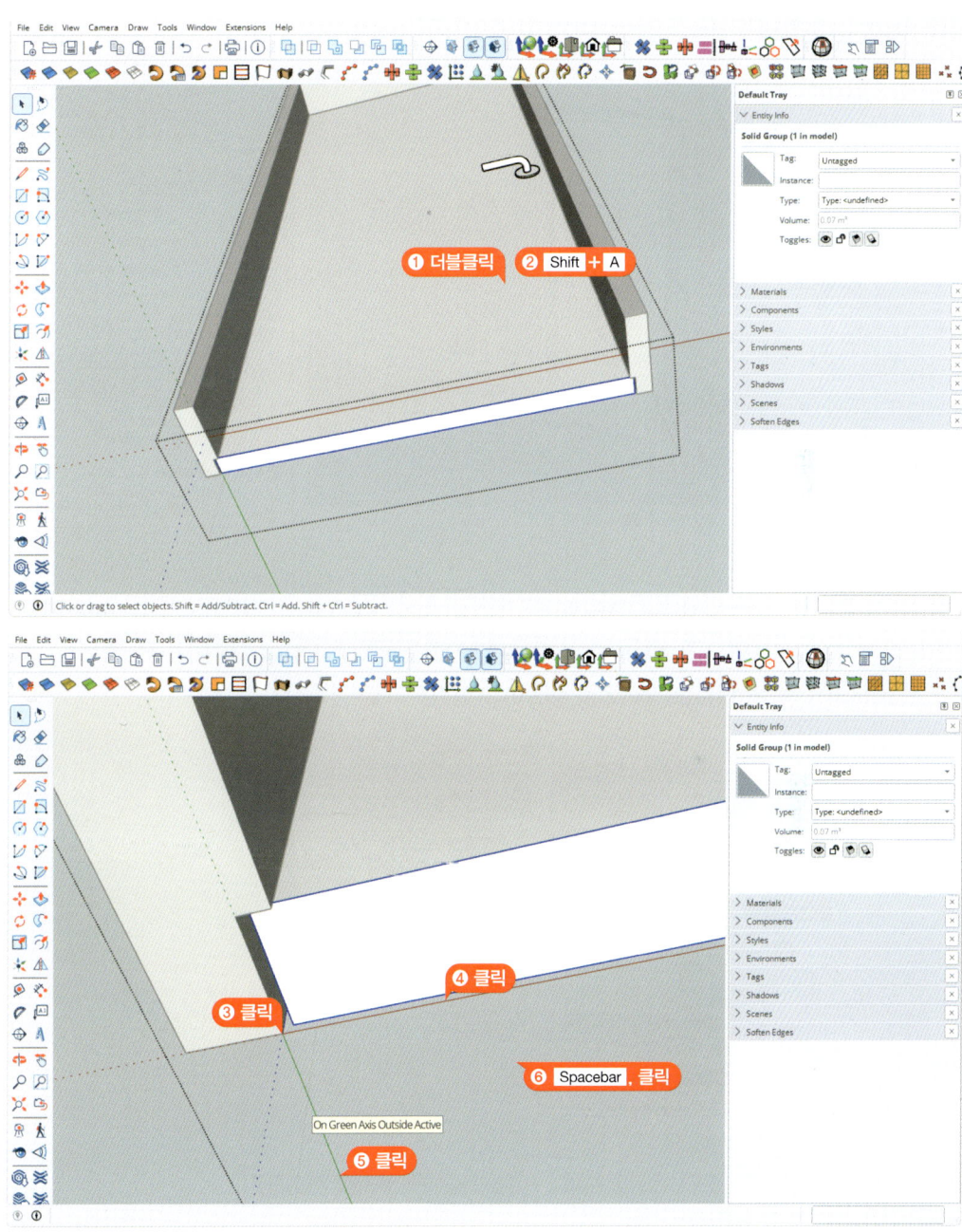

03 ❶ 문틀과 문을 모두 선택하고 [Make Component] G 를 실행해 컴포넌트를 만듭니다. ❷ 대화상자의 [Definition]에 **Room Door**를 입력하고 ❸ [Create]를 클릭합니다.

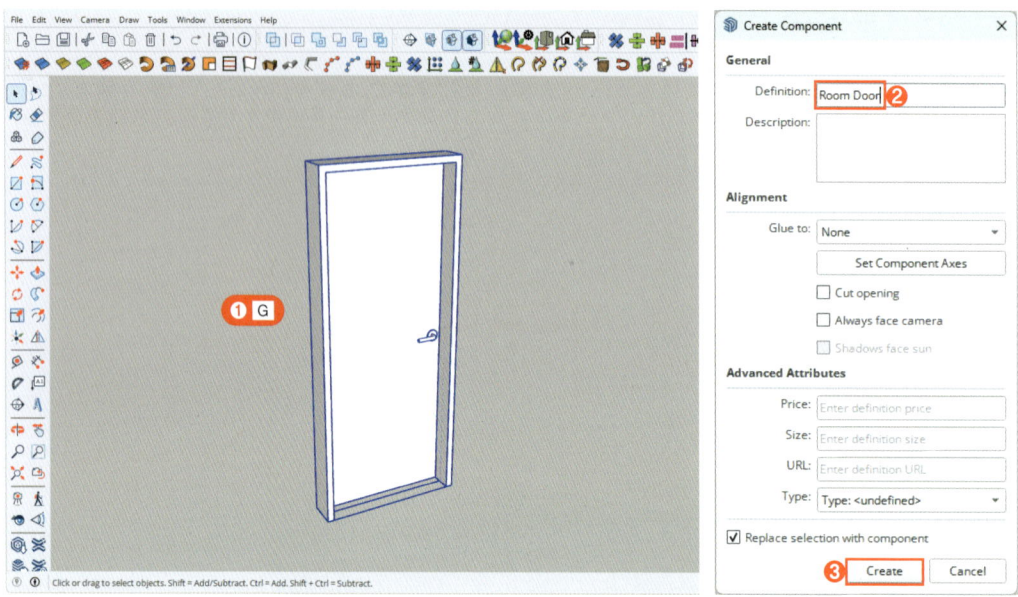

04 ❶ 도구바 영역을 우클릭해 [Dynamic Components] 도구바를 추가합니다. ❷ [Component Attributes ▩]를 실행합니다. ❸ [Panel] 항목의 [+]를 클릭하고 ❹ [onClick]을 선택합니다. ❺ 추가된 [onClick]에 **animate("rotz",0,45,90)**을 입력하고 ❻ 대화상자를 닫습니다.

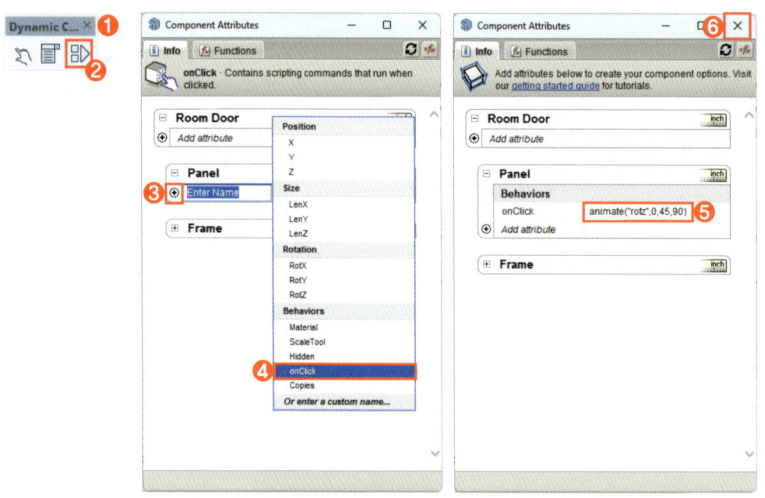

> **CORE TIP** [Component Attributes] 대화상자
> - **onClick** | 컴포넌트를 클릭했을 때 설정한 속성이 작동합니다.
> - **Animate** | 움직이는 효과가 표현됩니다.
> - **Rotz** | Z축을 기준으로 회전합니다.

05 ❶ [Dynamic Component]의 [Interect ↘]를 실행하고 ❷ 문을 클릭하면 문이 **45°**씩 열리고 닫히는 것을 확인할 수 있습니다.

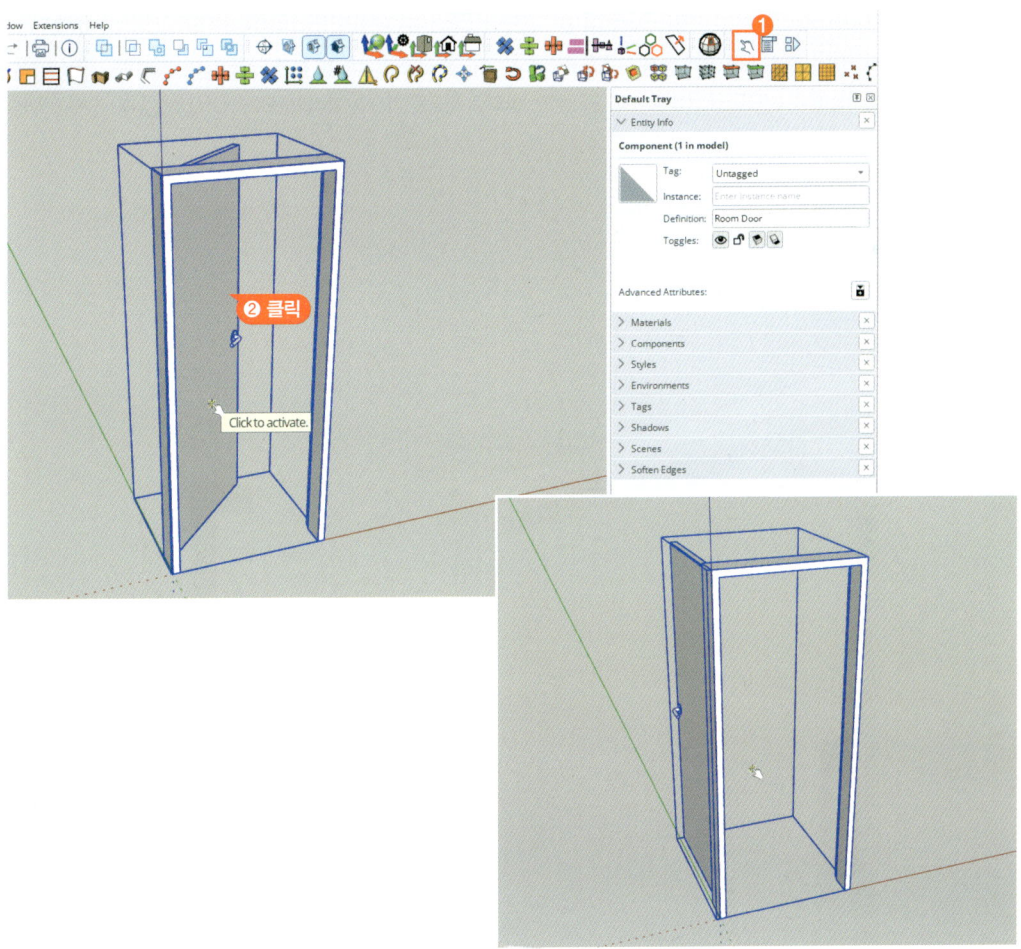

 **Self Training** 　방화문과 아파트 창호 모델링 연습하기

준비 파일 | DoorLock.skp, ISO_APT.skp, ISO_Door.skp

실습 따라 하기

방화문과 아파트 구조에 실제 치수에 맞게 문과 창호를 배치하는 연습을 진행합니다. 첫 번째 단계에서는 제시된 도면을 참고하여 방화문을 치수에 맞게 모델링하고, 도어락은 별도로 제공된 파일을 불러와([File]-[Import]) 배치해보세요.

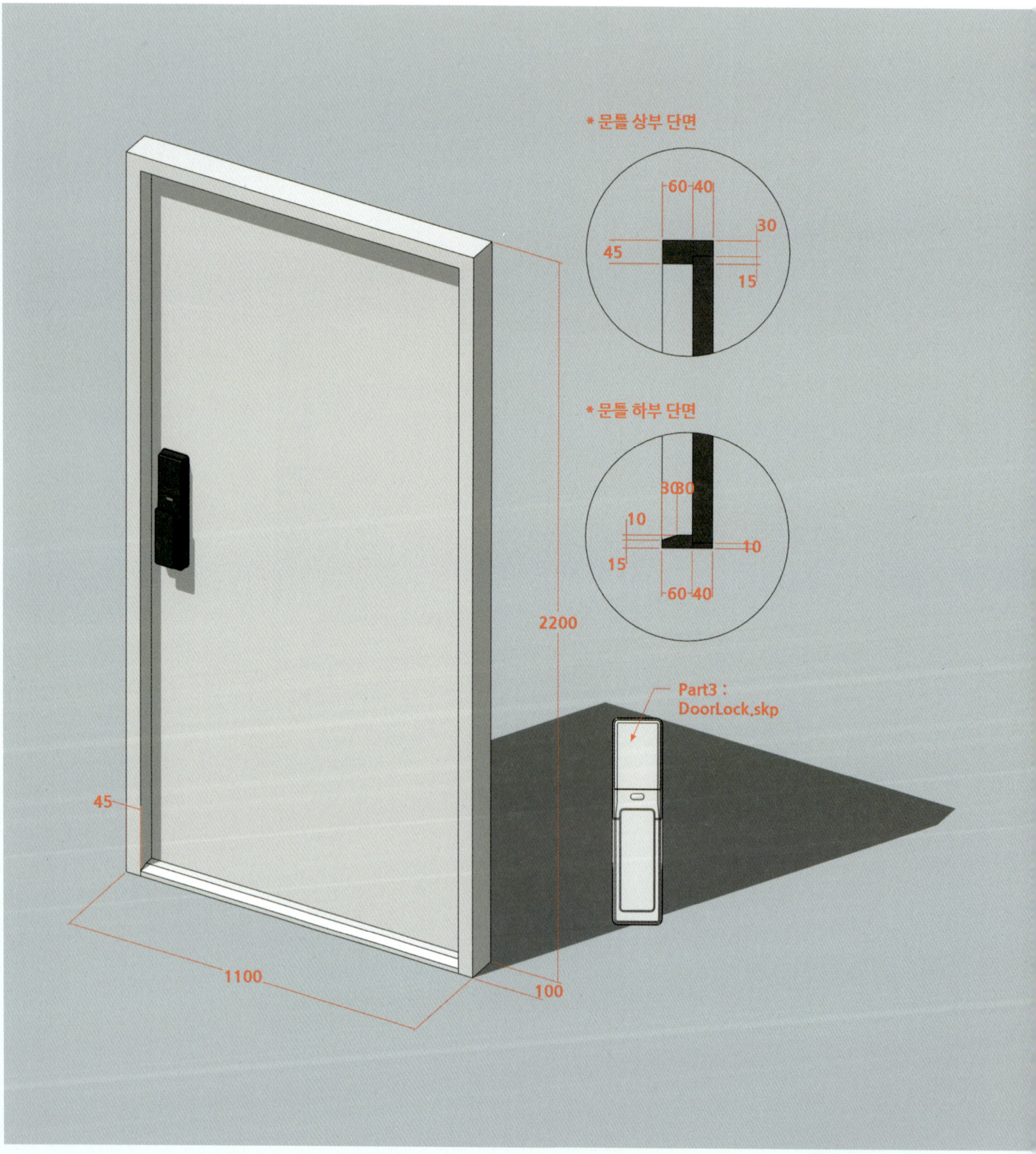

두 번째 단계에서는 아파트 구조 모델에 창문과 문을 삽입합니다. 준비 파일을 불러와 구조에 맞게 창호를 배치하되, 제공되지 않는 창호는 기존 모델을 수정하여 직접 만들어야 합니다. 이때 창호를 늘일 경우 벽체가 함께 변형되지 않도록 주의하며, 먼저 벽체를 선택하고 Ctrl + L 로 잠근 후 작업하세요. 필요 시 Shift + Ctrl + L 로 잠금을 해제할 수 있습니다. 정확한 치수와 비례감을 유지하며 실무와 유사한 방식으로 창호를 배치하는 능력을 키워보세요.

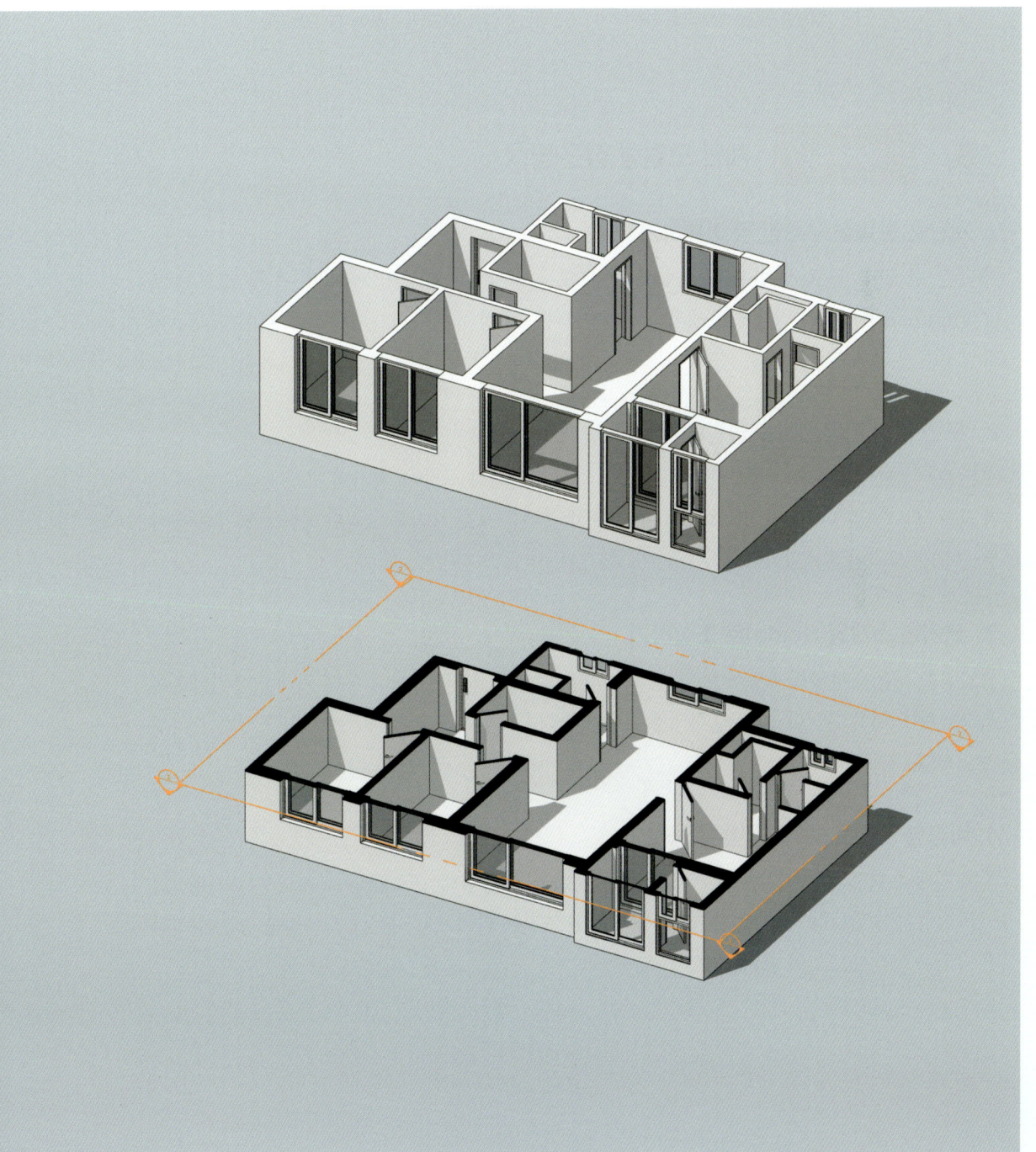

Lesson 06 | 계단 모델링

Check Point
- ☑ 컴포넌트의 활용법에 대해 정확히 이해하고 있는가?
- ☑ 도면이 없는 상태에서도 계단실의 크기에 맞게 적정 크기로 계단을 만들 수 있는가?
- ☑ 객체를 원하는 방향으로 이동하거나 회전하는 작업이 자유롭게 이루어지고 있는가?

 Warm Up 계단 모델링 접근 방식

1. 계단은 반복형 구조인 점 이해하기

계단은 한 칸의 구조가 반복되는 형태이기 때문에, 같은 형상이 반복될 경우 '컴포넌트(Component)' 기능을 적극 활용해야 합니다. 하나만 수정해도 전체가 자동으로 바뀌기 때문에 작업 효율이 크게 향상됩니다.

2. 도면 없이 자유롭게 모델링하기

모든 프로젝트에 도면이나 정확한 치수가 있는 것은 아닙니다. 계단은 공간의 크기에 따라 맞춰 설계되는 경우가 많기 때문에, 도면이 없더라도 전체 공간을 보고 적절한 크기의 계단을 직접 만들어 낼 수 있는 능력이 필요합니다.

3. 크기는 스케일(Scale)로 조절하기

모델링한 계단의 전체적인 높이 또는 폭을 조정할 때는 [Scale] 도구를 활용해 비례를 유지하면서 조정할 수 있어야 합니다. 계단의 디테일 치수가 틀려지지 않도록 부분적인 스케일 조절은 주의해야 합니다.

4. 비정형 계단은 플러그인을 활용하기

곡선 형태나 원형 계단처럼 일반 도구로 모델링하기 어려운 형태는 [Shape Bender] 등의 플러그인을 사용해야 합니다. 플러그인마다 작동 방식과 조건이 다르므로 사전에 사용법을 충분히 익힌 후 작업을 시작하는 것이 중요합니다.

 **Basic Training** 직선형 계단 모델링하기

준비 파일 | Part 03/Stair.skp 완성 파일 | Part 03/Stair_완성.skp

컴포넌트의 속성을 활용해 계단을 모델링하는 예제입니다. 단순히 학습 과정을 따라 하기보다는 왜 이런 방식으로 작업을 진행하는지 그 이유를 이해하며 학습하세요. 이해를 바탕으로 학습을 진행하고, 예제에서 제시하는 방법보다 더 좋은 방법은 없는지 항상 고민하며 작업한다면 자연스럽게 더 높은 수준의 모델링 능력을 키울 수 있을 것입니다.

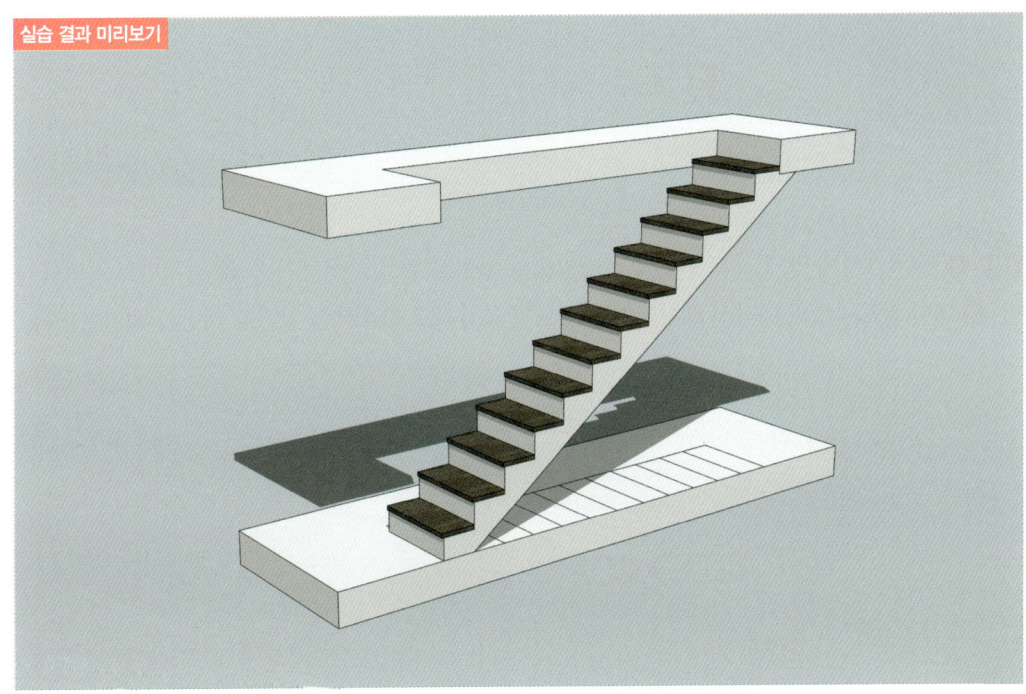

01 ❶ 준비 파일을 불러온 후 도면의 크기에 맞게 사각형을 그리고 ❷ **300mm** 아래로 끌어내립니다. ❸ 그룹화하고 ❹ **3000mm** 높이에 그룹을 복사합니다.

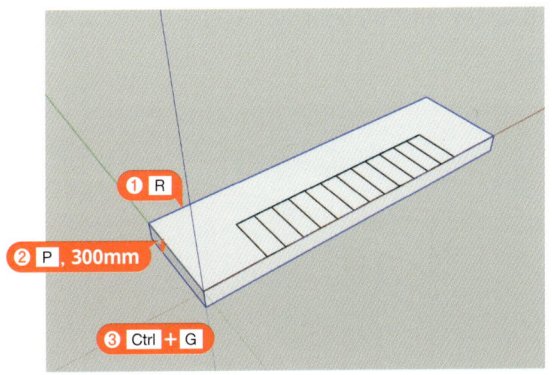
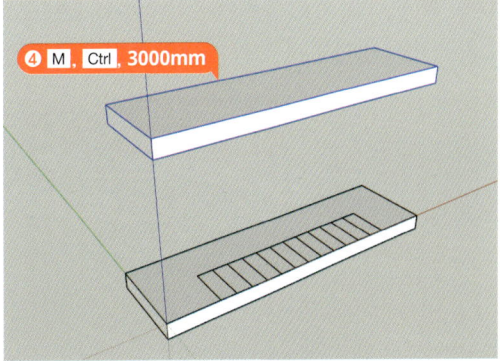

Lesson 06 계단 모델링

02 ① 계단의 크기에 맞게 사각형을 그리고 ② 위쪽 슬래브를 통과할 수 있는 높이로 끌어당깁니다. ③ 그룹화합니다. ④ 이렇게 만든 그룹이 선택된 상태에서 [Subtract]를 실행하고 ⑤ 위쪽 슬래브를 클릭하면 계단실 부분이 제거됩니다.

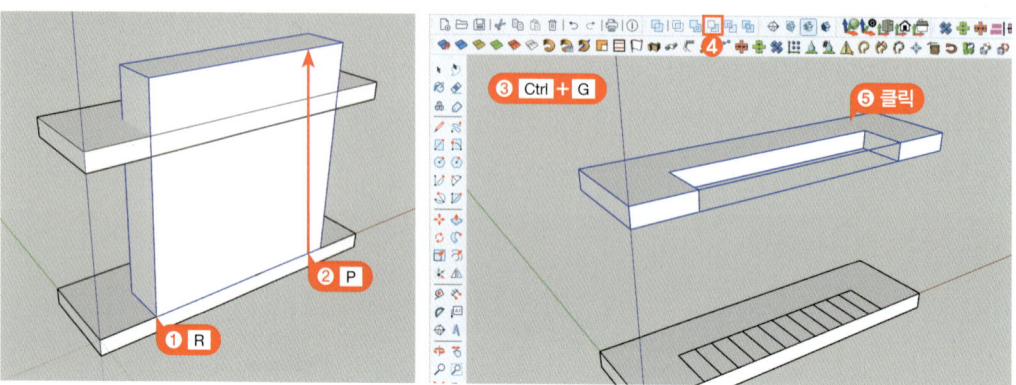

03 ① 계단 크기에 맞게 사각형을 그리고 임의의 높이로 위로 끌어당긴 후 ② 컴포넌트로 만듭니다. ③ 계단 컴포넌트의 대각선 모서리가 맞닿도록 복사하고 ④ **12***를 입력해 계단을 배열합니다.

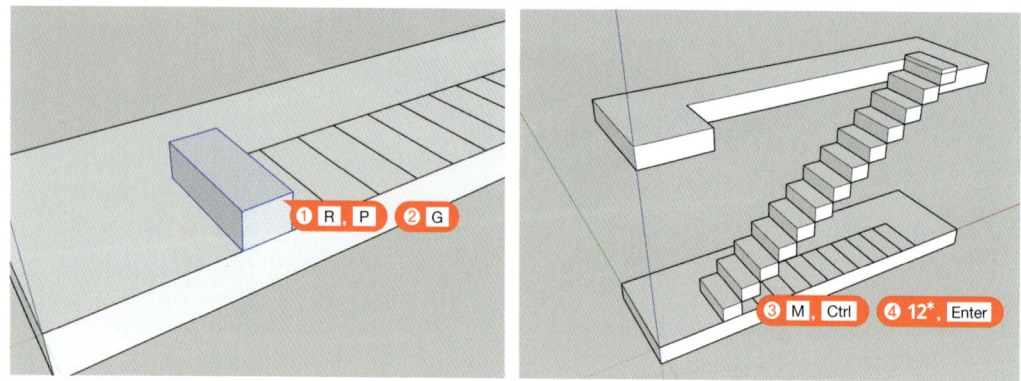

> **CORE TIP** 계단의 높이를 임의로 지정했기 때문에 전체 계단이 2층 슬래브보다 높을 수도 낮을 수도 있습니다.

04 ① 계단을 모두 선택하고 [Scale][S]을 실행합니다. ② 위쪽 중앙의 제어점을 클릭하고 ③ 2층 슬래브 바닥면에 맞춰 계단의 높이를 조정합니다.

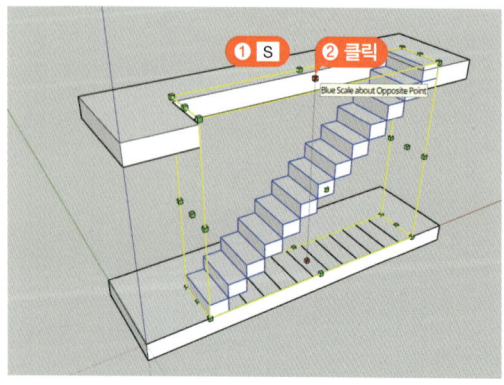 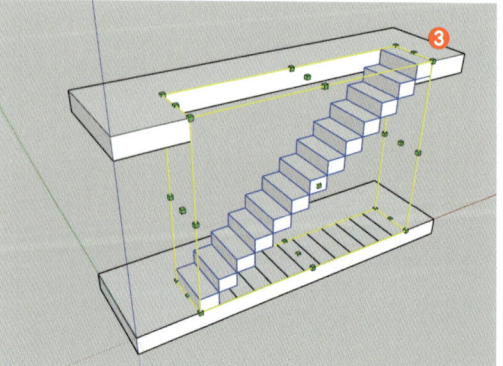

05 ❶ 중간의 계단 중 하나를 더블클릭해 엽니다. ❷ 그림의 에지를 선택하고 ❸ 아래로 이동해 아래 칸 모서리에 맞춥니다.

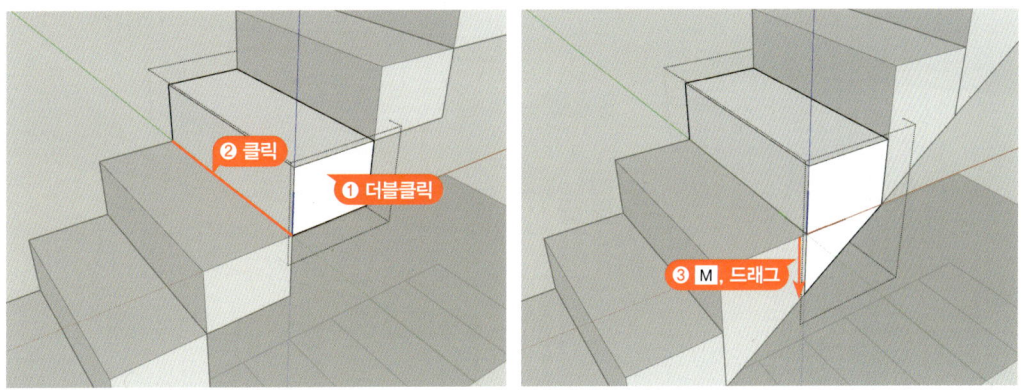

06 ❶ 윗면을 선택해 **8mm** 아래로 끌어내립니다. ❷ 컴포넌트를 닫습니다.

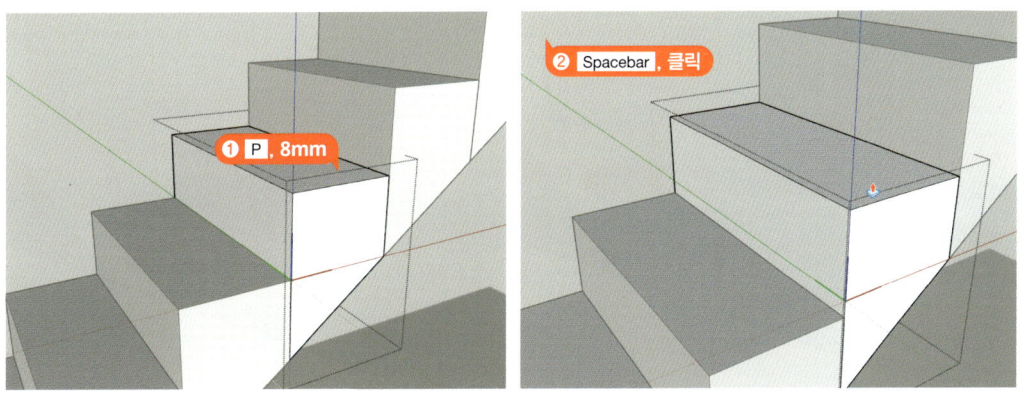

07 ❶ 계단 컴포넌트를 모두 선택하고 ❷ [Solid Tools]의 [Union]을 실행해 모두 하나로 합칩니다.

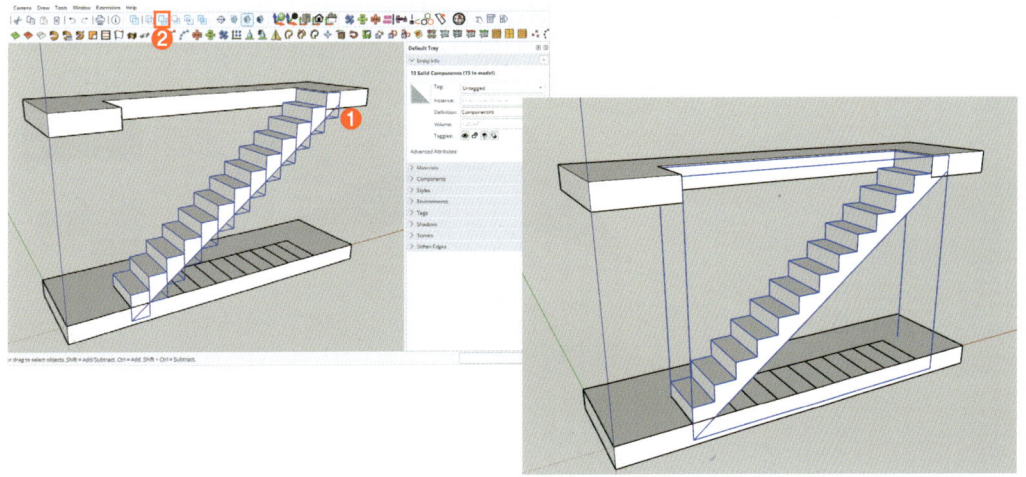

08 ① [Trim] 을 실행하고 ② 계단과 슬래브가 겹치는 부분을 모두 제거합니다.

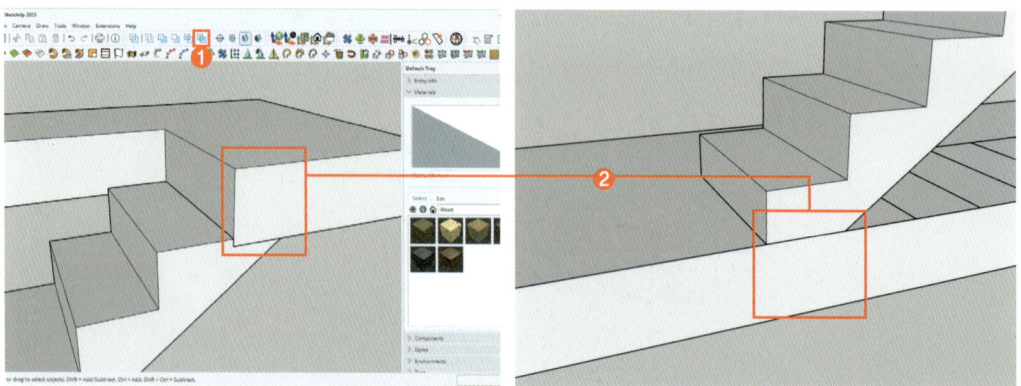

09 ① 계단 위에 사각형을 그리고 ② **38mm** 위로 끌어당깁니다. ③ 앞면을 밖으로 **15mm** 끌어당깁니다.

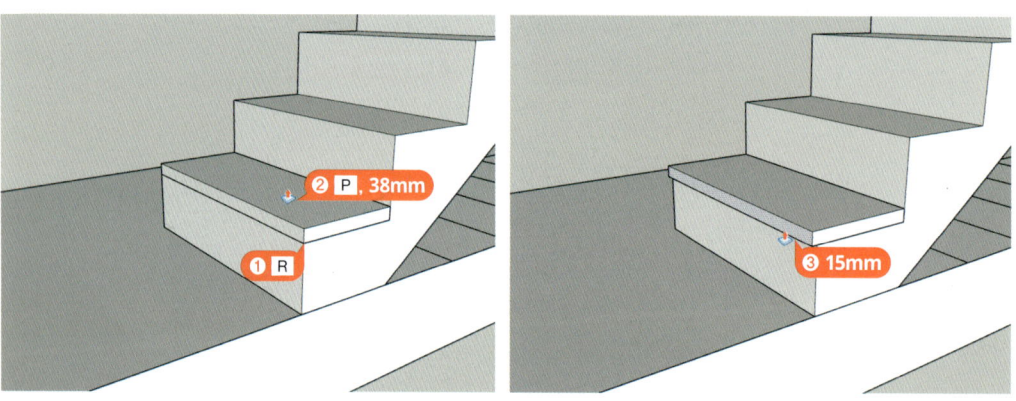

10 ① 디딤판을 그룹화하고 ② [Materials] 트레이에서 [Wood] 카테고리 중 적당한 재질을 선택해 디딤판에 지정합니다.

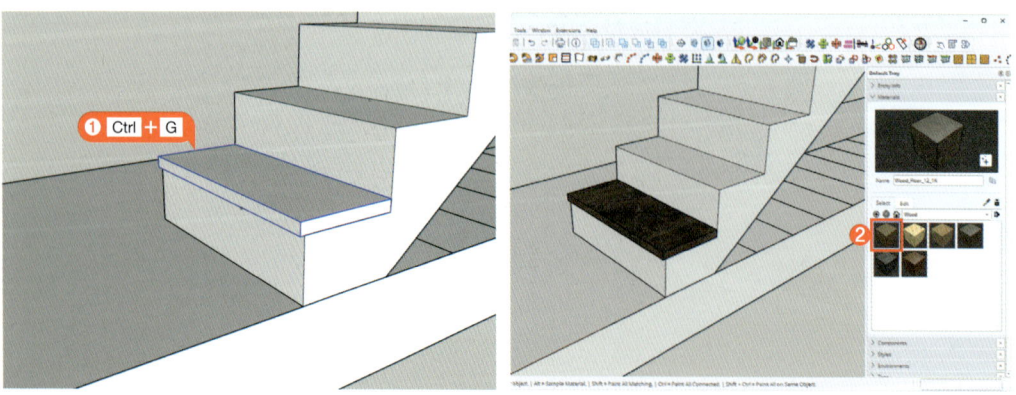

11 디딤판을 다른 계단에 모두 복사해 완성합니다.

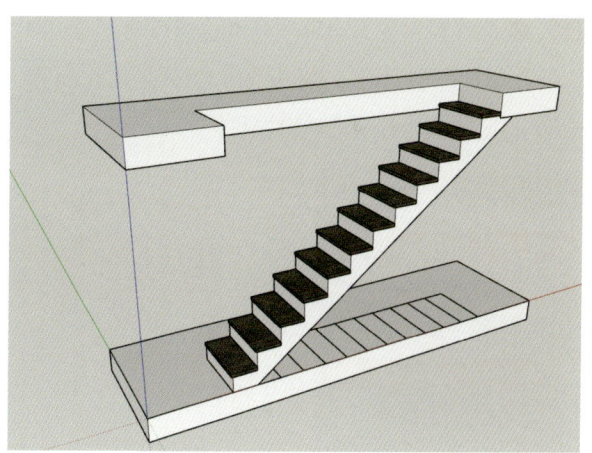

 Basic Training | **U자형 계단 모델링하기**

준비 파일 | Part 03/Stair_U.skp 완성 파일 | Part 03/Stair_U_완성.skp

계단실 안에 계단을 모델링하는 예제입니다. 계단실처럼 좁은 공간 안에서 효율적으로 모델링을 진행하려면 시점을 적절히 옮기고 선택과 숨기기 기능을 능숙하게 다루는 것이 중요합니다. 또한 학습에서 소개하는 플러그인의 활용법도 꼭 익혀 두세요. 이 학습을 통해 협소한 공간에서도 필요한 형태를 깔끔하게 완성할 수 있는 모델링 실력을 키워보세요.

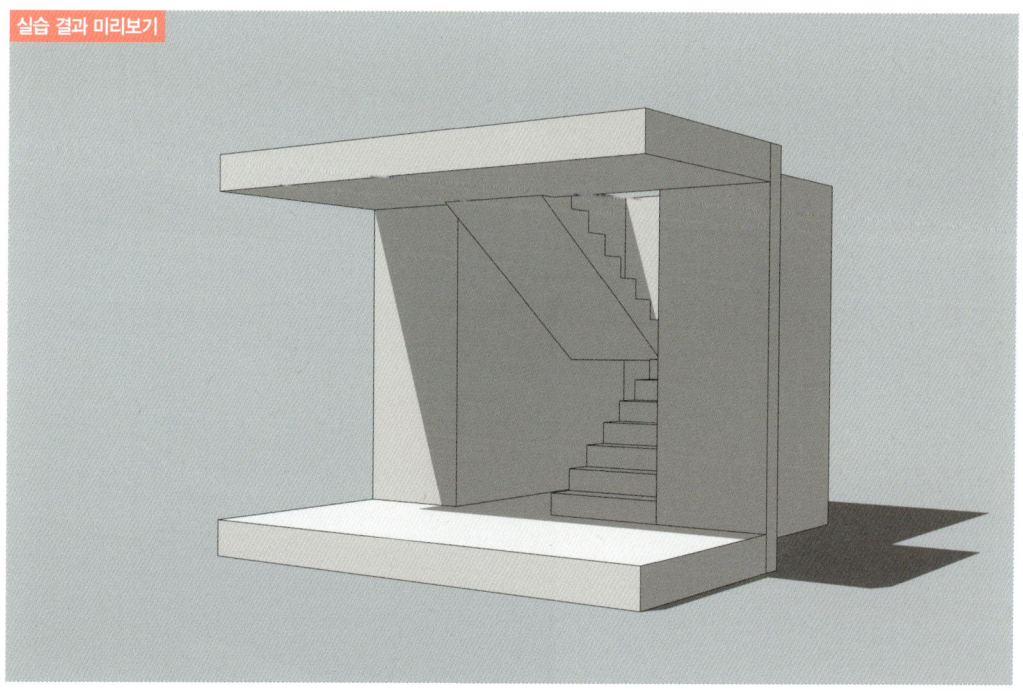

01 ❶ 준비 파일을 불러와 벽을 더블클릭해 열고 다시 트리플클릭해 모두 선택합니다. ❷ 마우스 오른쪽 버튼을 클릭하고 ❸ [Select Only]-[Faces]를 선택합니다. ❹ 면을 선택한 후 H를 눌러 숨깁니다. ❺ 그룹을 닫습니다.

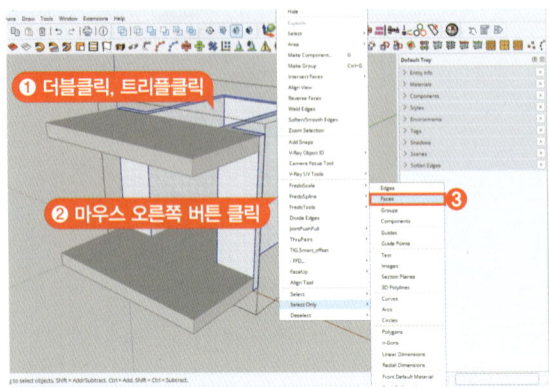 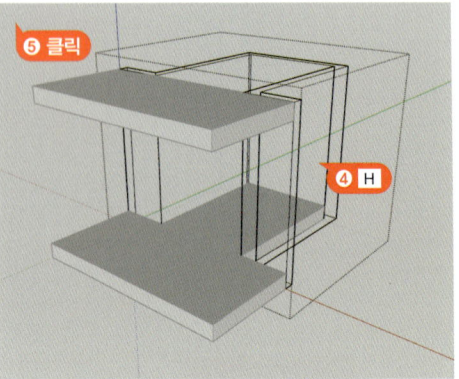

02 ❶ [Tape Measure Tool] T로 내부의 높이를 확인해보면 **3000mm**인 것을 알 수 있습니다. ❷ 도면의 계단참 부분에 사각형을 그린 후 ❸ **1500mm** 위로 이동합니다.

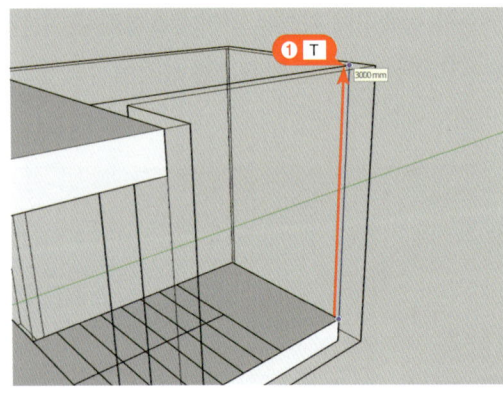 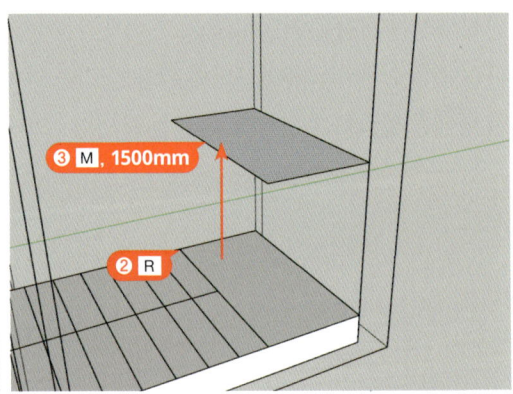

03 ❶ 면을 **200mm** 아래로 끌어내리고 ❷ 그룹화합니다.

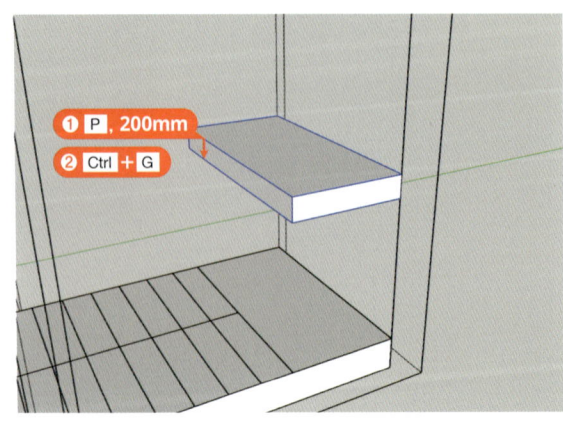

04 ① 도면에 맞춰 임의의 높이로 첫 번째 계단을 모델링하고 컴포넌트로 만듭니다. ② 계단의 대각선 모서리를 맞춰 **7**개 복사합니다.

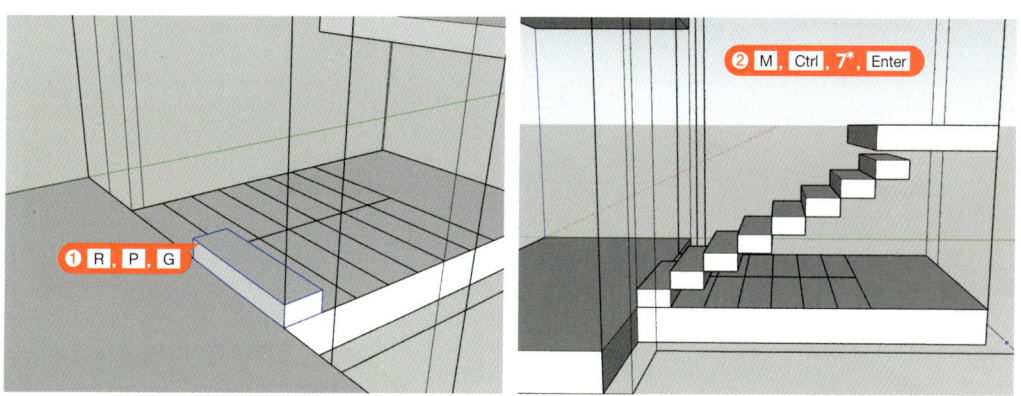

05 ① 계단을 모두 선택하고 [Scale] ⑤ 을 실행한 후 ② 계단참의 윗면에 전체 높이를 맞춥니다.

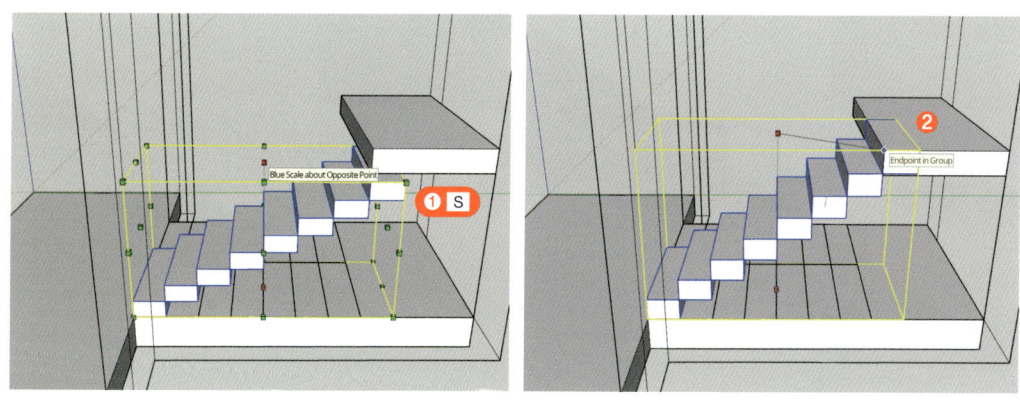

06 ① 중간의 계단 하나를 더블클릭해 열고 ② 앞쪽 아래 에지를 선택해 아래칸 계단의 아래 모서리에 맞춰 이동합니다.

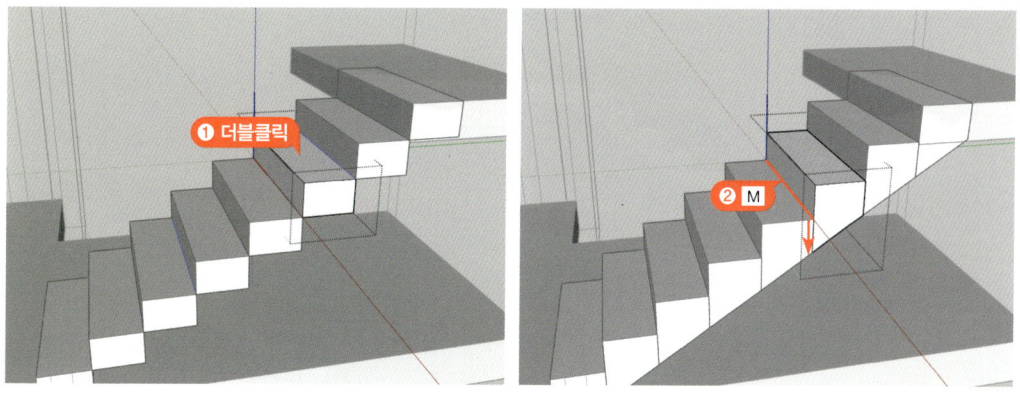

07 ❶ [Tape Measure Tool ⌀] T 로 계단 아래 모서리를 계단 안쪽 모서리로 드래그해 가이드라인을 만든 후 ❷ 다시 아래쪽으로 **200mm** 떨어진 가이드라인을 만듭니다.

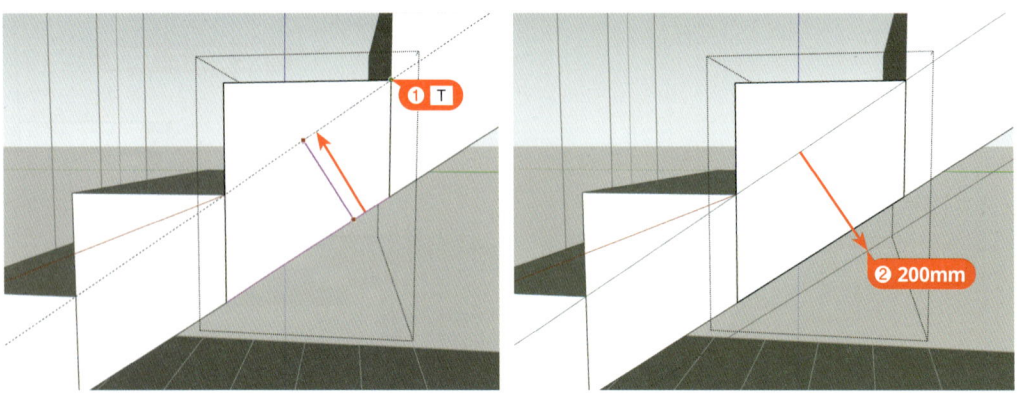

08 ❶ 계단 아랫면을 아래의 가이드라인에 맞춰 이동한 후 ❷ 컴포넌트를 닫습니다.

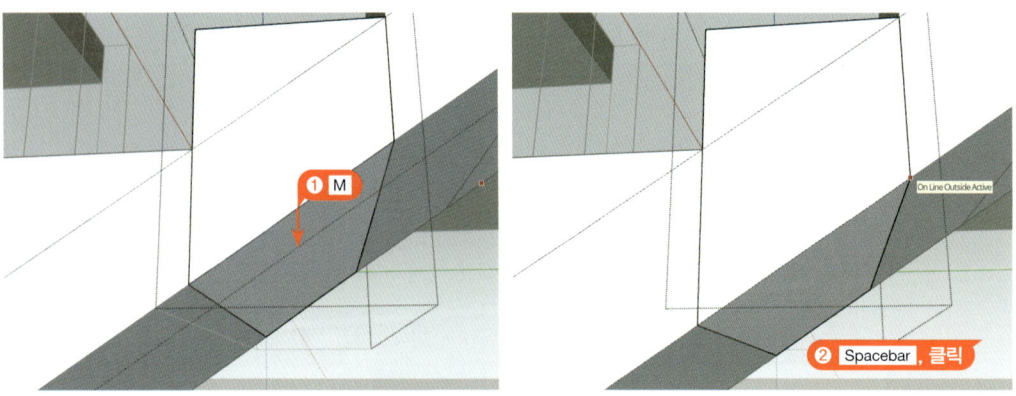

09 ❶ 계단을 모두 선택하고 ❷ [Union 🗗]을 실행합니다.

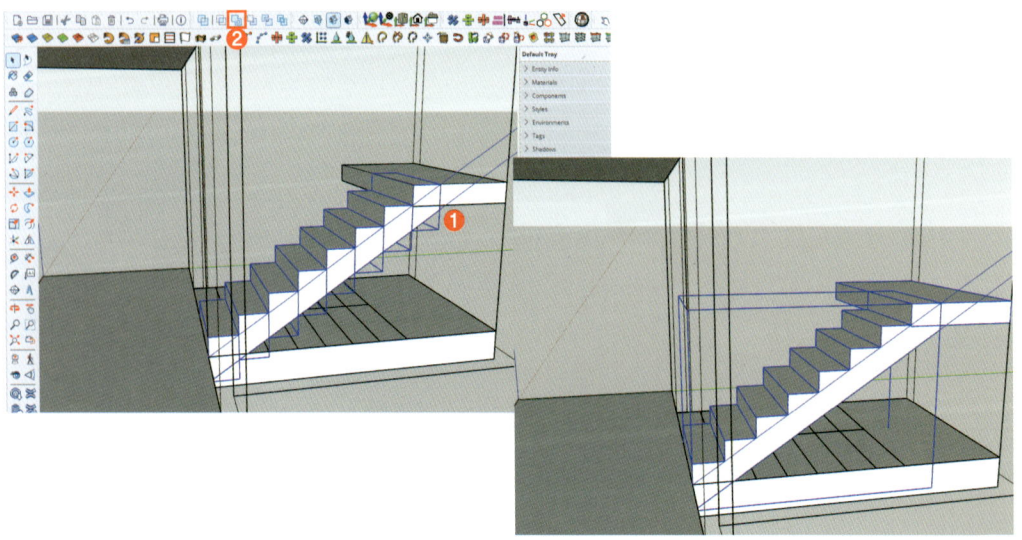

10 계단의 윗부분과 슬래브의 겹친 부분을 [Trim]으로 정리합니다.

11 ❶ 계단을 더블클릭해 엽니다. ❷ [Tape Measure Tool T]을 실행한 후 계단 밑면 모서리를 더블클릭해 가이드라인을 만듭니다. ❸ 위쪽 모서리를 가이드라인과 슬래브의 교차점으로 이동합니다.

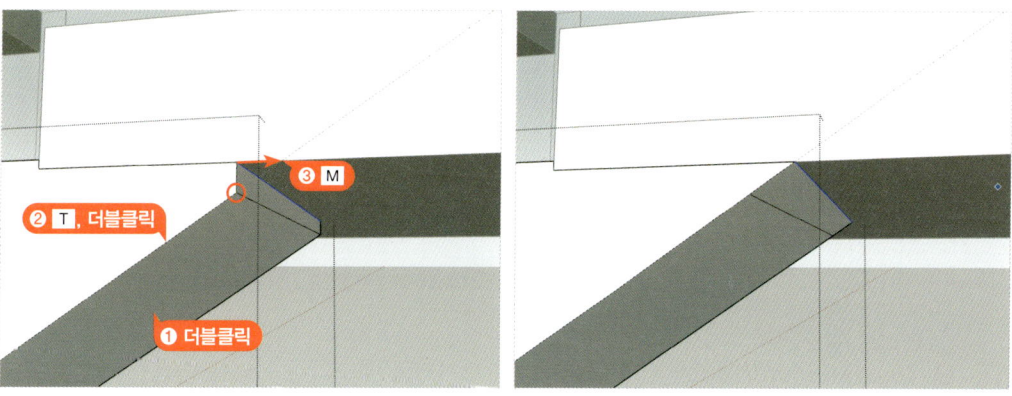

12 계단의 아랫부분과 슬래브의 겹친 부분을 [Trim]으로 정리합니다.

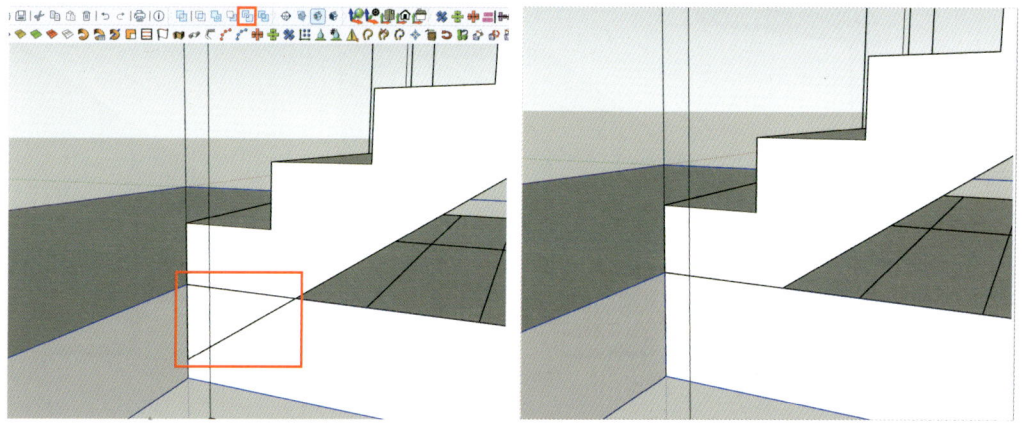

13 ❶ 계단을 계단참 위로 복사하고 ❷ 아래 모서리 중간점을 기준으로 **180°** 회전시킵니다.

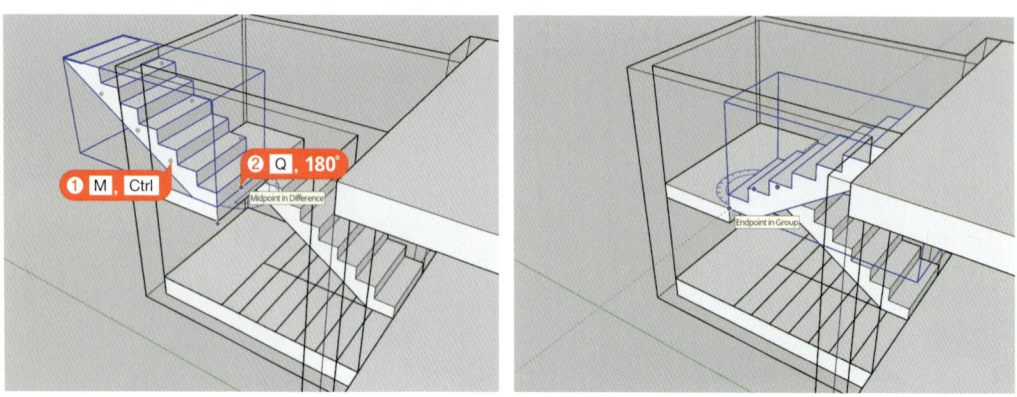

14 [Trim]으로 계단과 슬래브의 겹친 부분을 잘라 정리합니다.

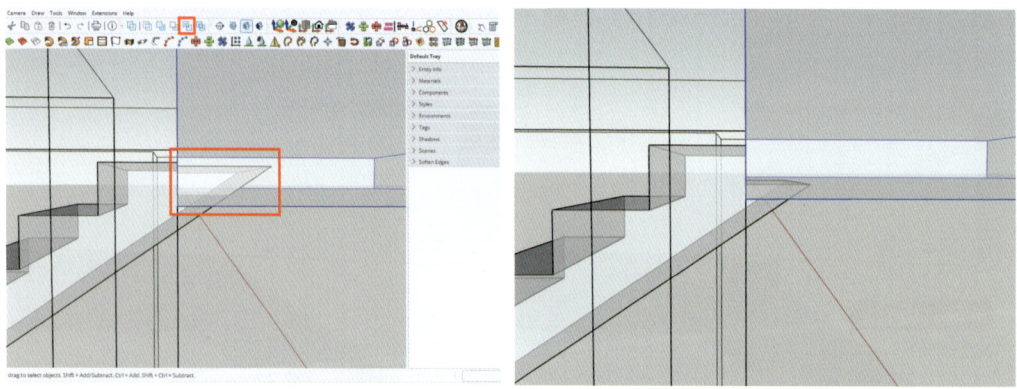

15 ❶ [Tape Measure Tool][T]로 계단참의 모서리와 계단의 모서리를 더블클릭해 가이드 라인을 만듭니다. ❷ 계단과 계단참의 빈 곳을 채워 그립니다. ❸ [Push/Pull][P]로 계단 끝까지 민 후 ❹ 그룹화합니다.

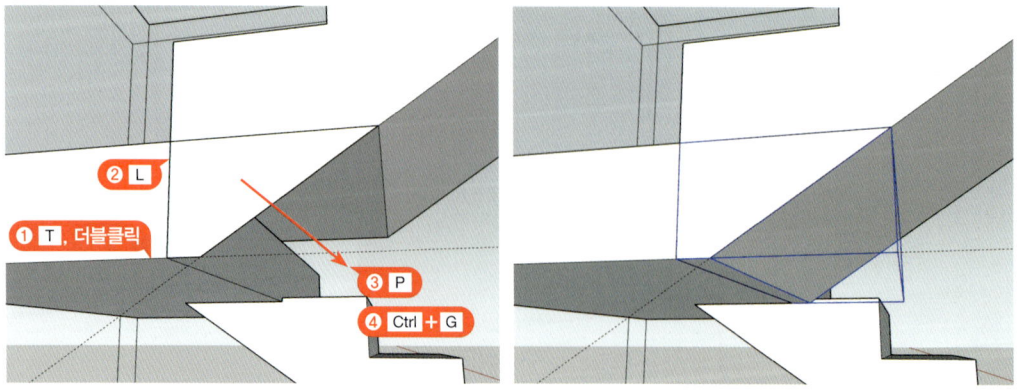

16 ❶ 계단을 구성하는 모든 그룹을 선택하고 ❷ [Union]을 실행해 하나로 합칩니다.

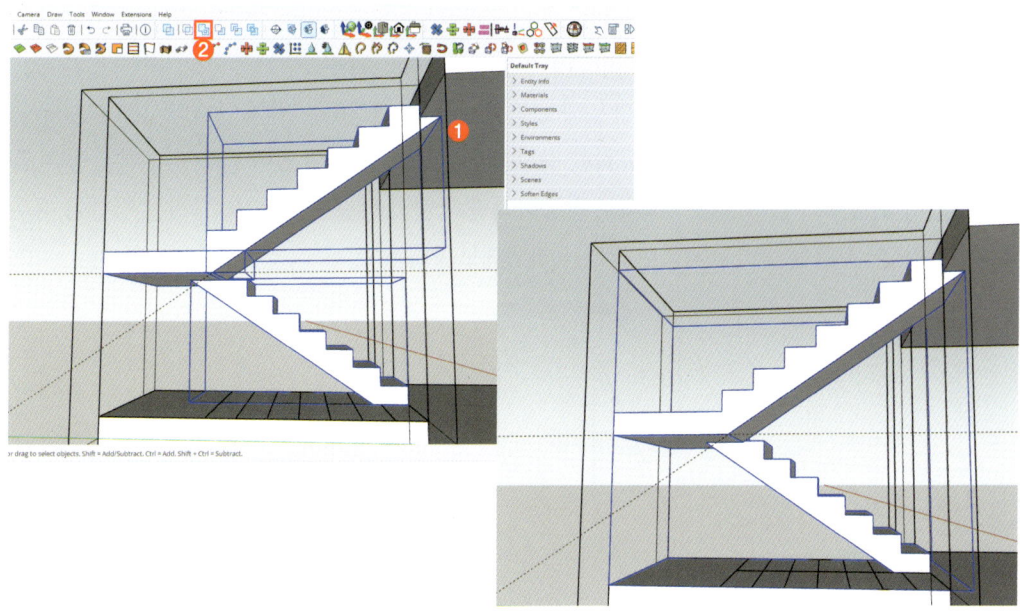

17 ❶ 모델링에 사용한 가이드라인을 모두 지우고 ❷ [Extensions]-[Unhide All Entities]를 실행해 숨겨놓은 면을 모두 보이게 하고 완성합니다.

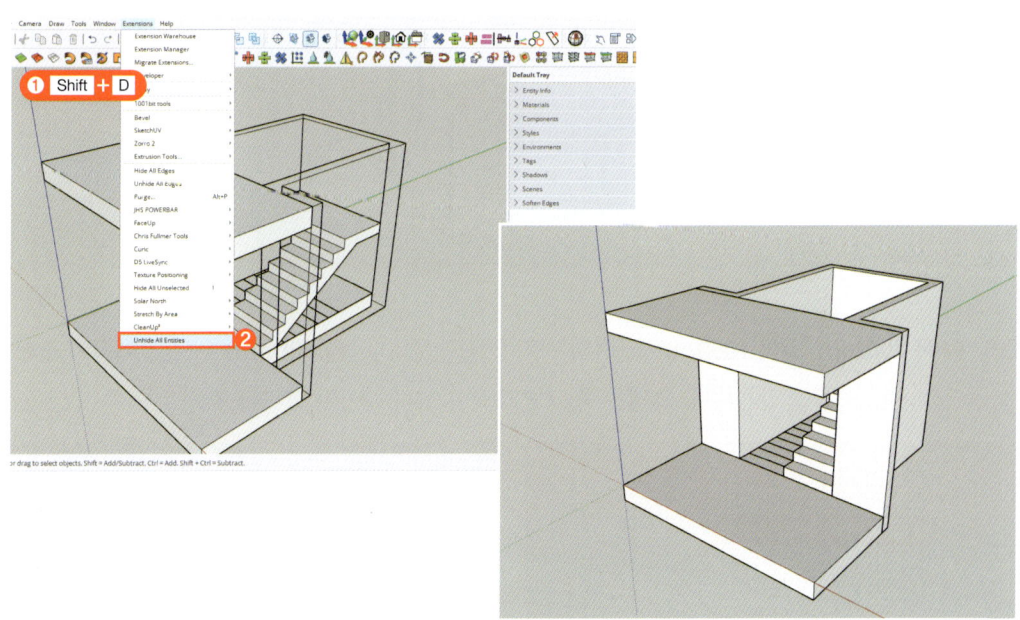

CORE TIP [Unhide All Entities]는 그룹 안에 숨겨진 에지나 면을 한 번에 모두 보이게 하는 플러그인입니다. 이 플러그인은 **KS_Tools.rbz**에 포함된 플러그인으로 054쪽에서 함께 설치해놓은 상태입니다. 플러그인이 작동하지 않는다면 048쪽과 054쪽의 학습을 다시 확인해보세요.

 **Basic Training**   **Shape Bender를 활용한 원형 계단 모델링하기**

완성 파일 | Part 03/Stair_Spiral_완성.skp

[CLF Shape Bender] 플러그인을 활용해 돌음계단을 모델링하는 예제입니다. [CLF Shape Bender]는 원형 벤딩뿐만 아니라 불규칙한 곡선 형태로도 변형할 수 있어 활용도가 매우 높은 플러그인입니다. 단, 이 플러그인이 제대로 작동하려면 모델의 방향, 기준선을 그리는 방향이 매우 중요합니다. 이 부분을 특히 유의하며 작업을 진행해보세요.

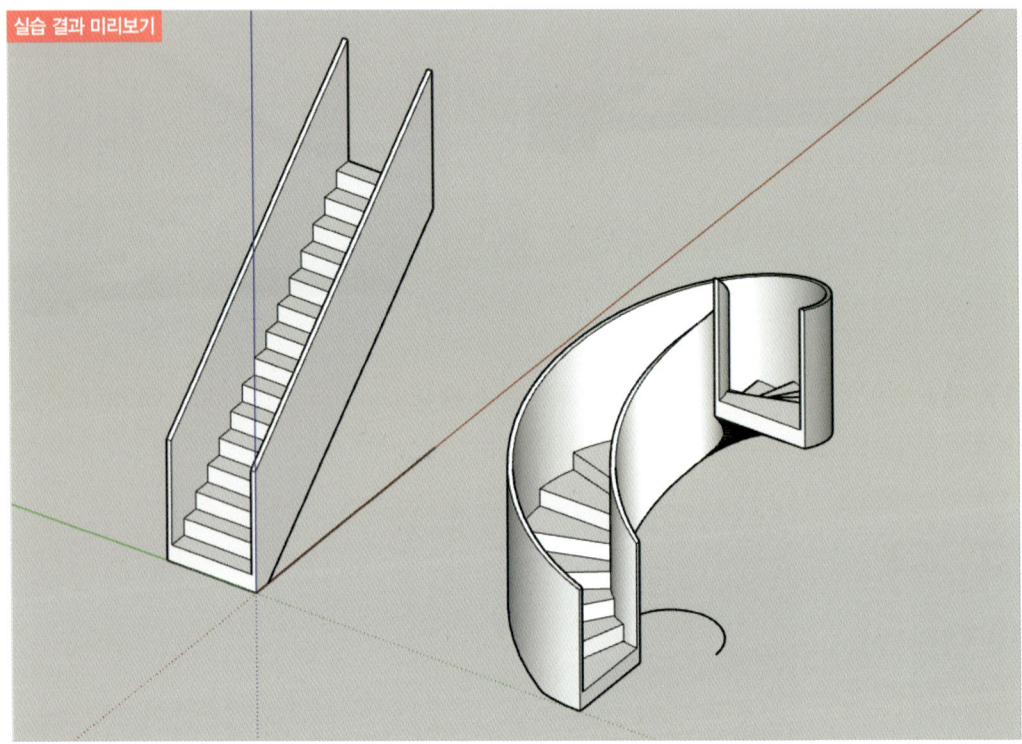

01 ❶ 폭 **200mm**, 길이 **1000mm** 크기의 사각형을 만듭니다. ❷ **180mm** 위로 끌어당기고 ❸ G를 눌러 컴포넌트를 만듭니다. 모델은 꼭 그림의 축 방향과 같아야 합니다.

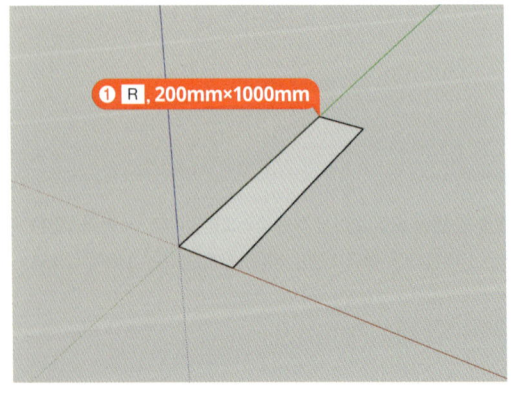
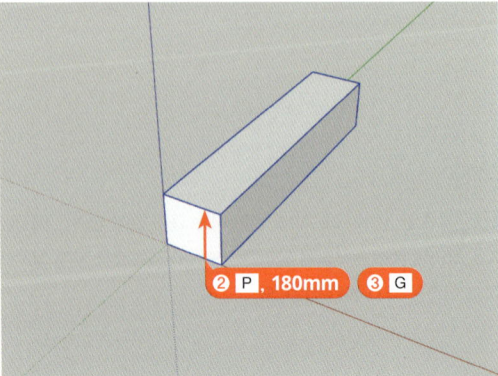

02 ❶ 계단의 모서리가 대각선 방향으로 맞닿게 **14개** 복사합니다. ❷ 중간의 계단을 더블클릭해 열고 ❸ 모서리 에지를 아래 계단의 모서리에 맞춰 이동합니다.

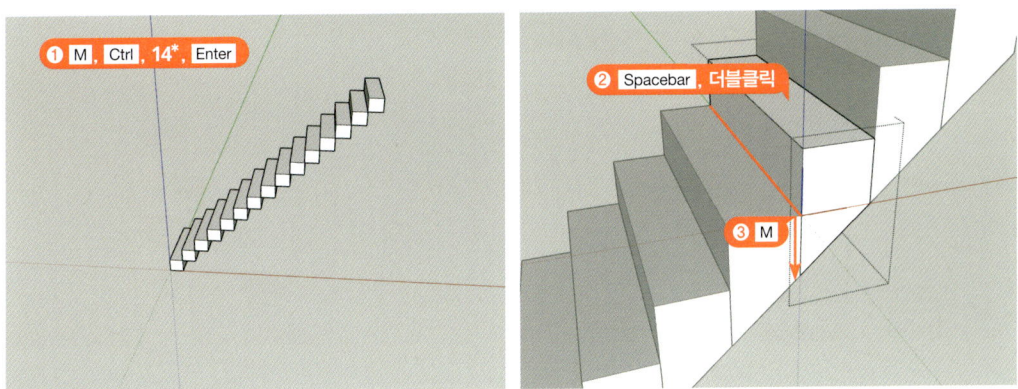

03 ❶ 다음과 같이 계단의 오른쪽 모서리 에지를 뒤(왼쪽)로 **50mm** 이동해 복사합니다. ❷ 같은 방법으로 왼쪽 모서리 에지를 앞(오른쪽)으로 **50mm** 이동해 복사합니다.

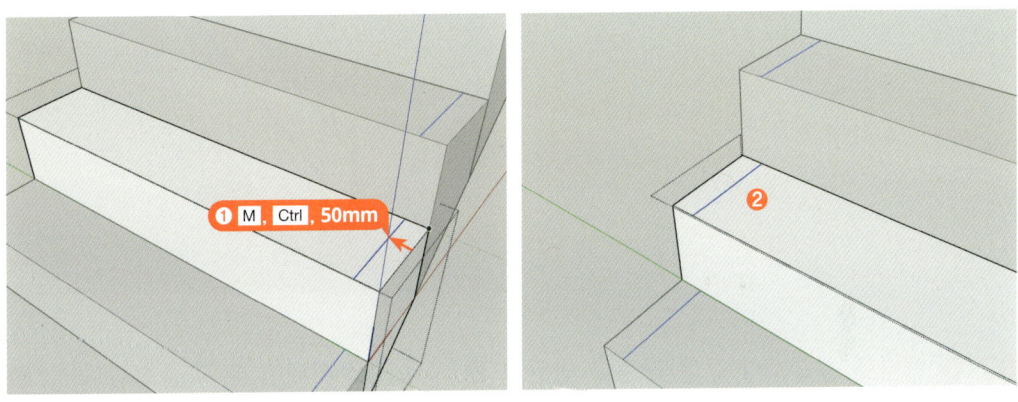

04 ❶❷ 다음과 같이 복사한 가장자리 면을 **1100mm** 위로 끌어당깁니다.

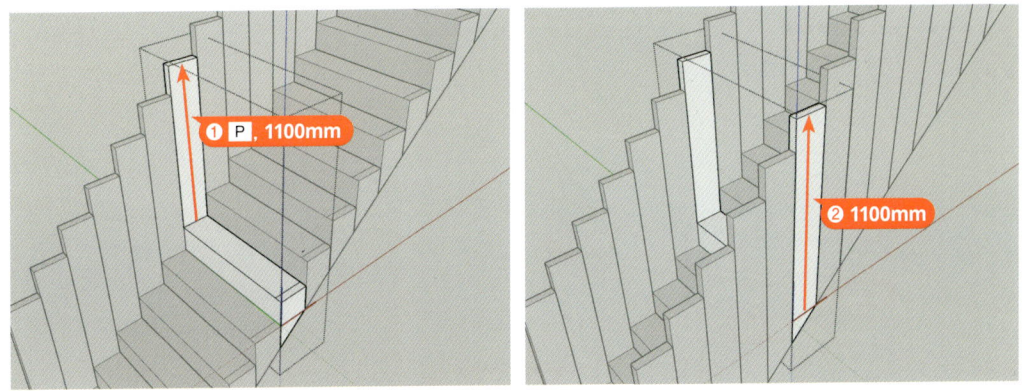

Lesson 06 계단 모델링 **329**

05 ❶ 끌어당긴 면의 뒤쪽 에지를 선택하고 ❷ 다음 계단 난간의 높이에 맞춰 이동합니다.

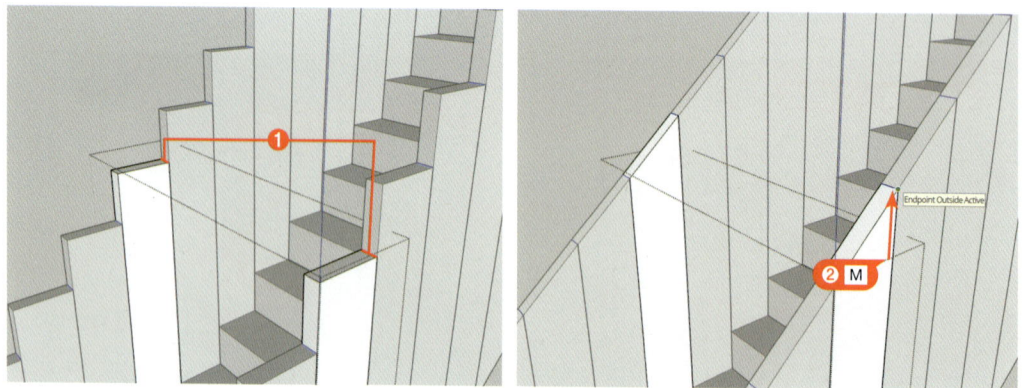

06 ❶ 계단을 모두 선택하고 ❷ [Union]을 실행해 하나로 합칩니다.

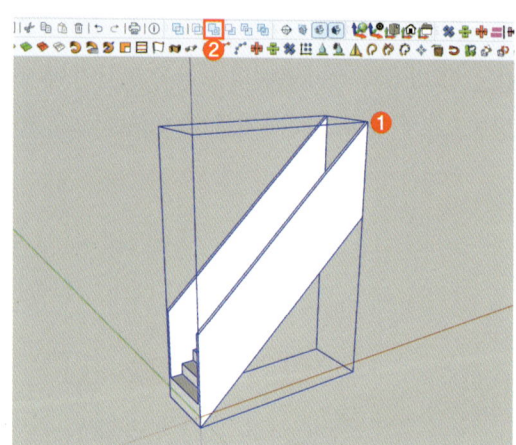

07 ❶ 바닥에 계단보다 큰 사각형을 만들고 ❷ 아래로 끌어내린 후 그룹화합니다. ❸ [Subtract]를 실행하고 ❹ 상자를 클릭한 후 ❺ 계단을 클릭해 계단의 바닥 아랫부분을 제거합니다.

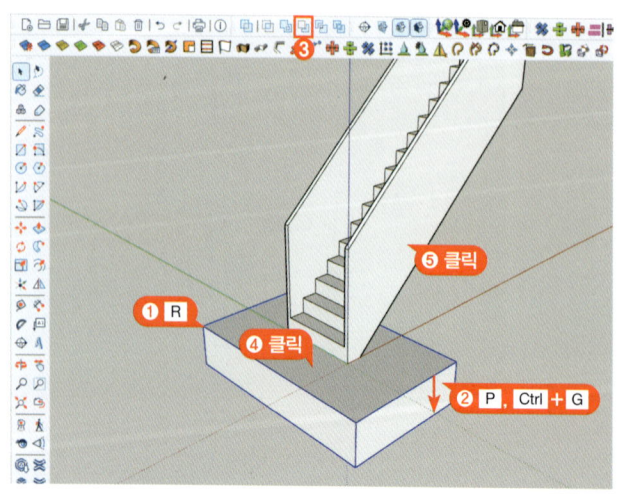 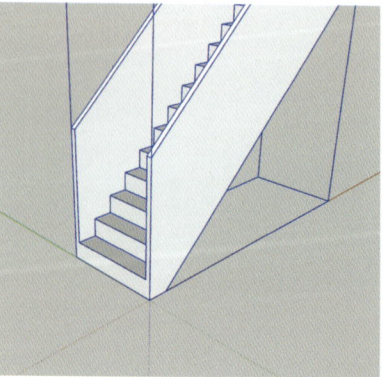

08 ❶ [Line ✏️ L]을 실행하고 원점을 클릭합니다. ❷ X축 방향으로 이동해 빨간색 축이 표시되면 Shift 를 누른 채로 계단 끝부분을 클릭해 선을 그립니다. ❸ [Pie 🥧 Shift + P]를 실행하고 그림과 같이 옆에 반지름 **500mm**의 3/4원을 그립니다. 이때 파이를 그리는 방향은 계단의 회전 방향과 일치시켜야 합니다. 이 예제에서는 시계 방향으로 작도합니다.

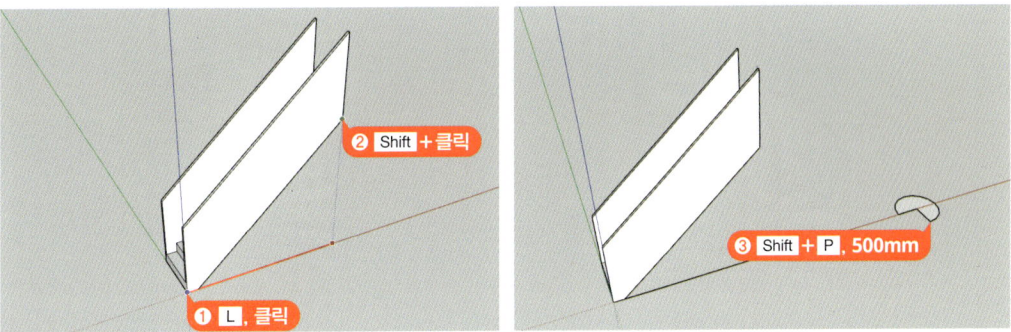

09 ❶ 파이의 안쪽 선을 지우고 ❷ 호를 선택합니다. ❸ [Entity Info] 트레이에서 [Segments]를 **40**으로 수정합니다.

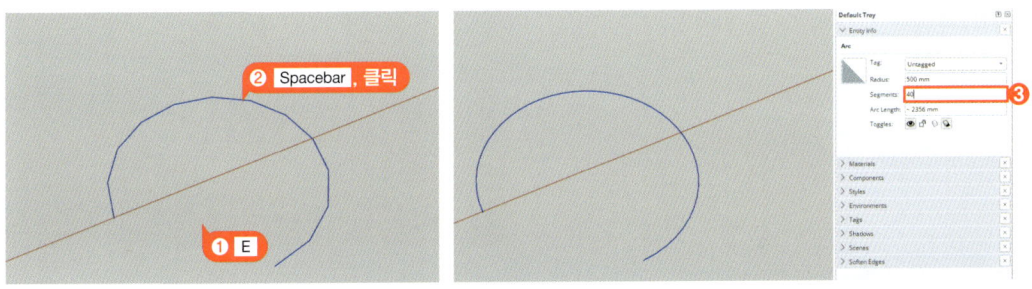

10 ❶ 계단을 선택합니다. ❷ [Search Shift + S]를 실행하고 **Bender**를 검색한 후 ❸ [CLF Shape Bender 〉 Shape Baender]를 실행합니다. ❹❺ 직선과 호를 차례로 클릭합니다. ❻ 원형 계단의 모양이 정상적으로 나왔다면 Enter 를 누릅니다.

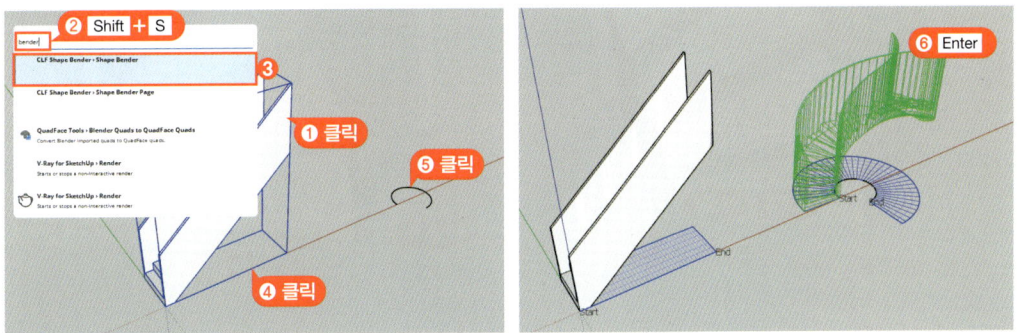

CORE TIP 원형 계단의 방향이 그림과 다르게 나왔다면 ↑ 를 눌러 방향을 바꿉니다.

CORE TIP [Shape Baender]는 모델을 타겟 곡선의 형태로 변형해주는 플러그인입니다. 이 플러그인은 054쪽에서 함께 설치해놓은 상태입니다. 플러그인이 작동하지 않는다면 048쪽과 054쪽의 학습을 다시 확인해보세요.

Lesson 06 계단 모델링 **331**

11 에지가 부분적으로 스무딩 처리되어 얼룩이 보일 것입니다. [JHS Powerbar]의 [AMS Smooth Run ◆]을 실행해 정리합니다.

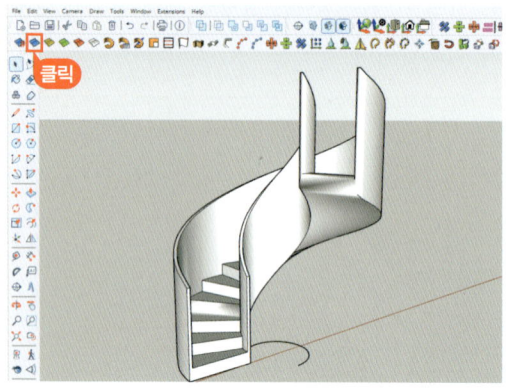 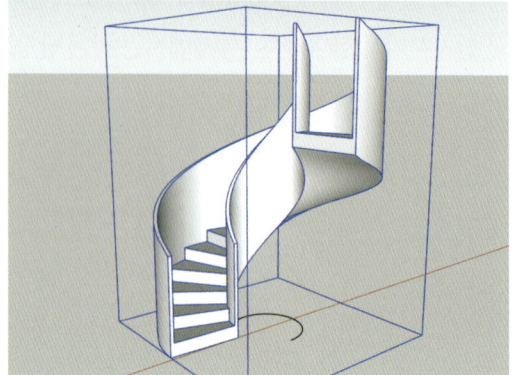

12 [Top] 뷰 Ctrl + 1 에서 모델을 확인하면 호의 끝 세그먼트에서 직각 방향으로 모델이 만들어지기 때문에 끝부분이 정확히 직각이 되지 않는 것을 알 수 있습니다.

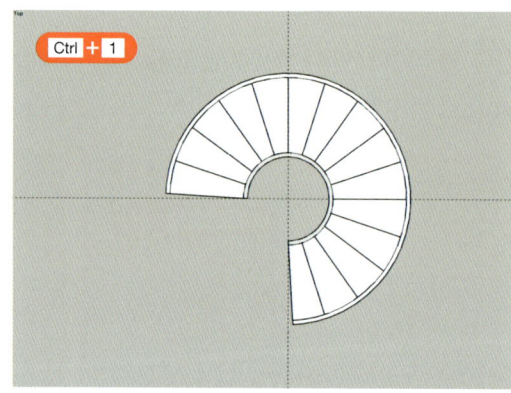

13 ❶ 끝부분 면을 선택하고 [Rotate ↻ Q]를 실행합니다. ❷ ↑ 를 눌러 Z축으로 고정하고 ❸ 안쪽 모서리를 중심으로 지정합니다. ❹ 면의 아래 에지를 클릭하고 ❺ 직각 방향으로 조금 이동해 빨간색 축이 표시되는 점을 클릭합니다.

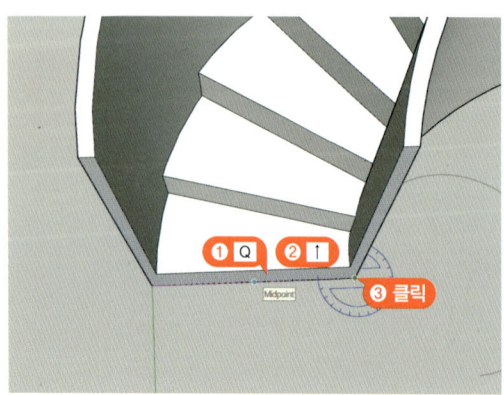 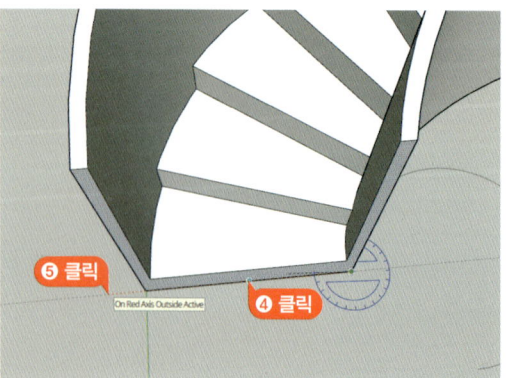

332 Part 03 건축물의 구성요소 모델링 익히기

14 같은 방법으로 위쪽 끝부분 면도 Y축 방향(초록색)에 맞게 회전시켜 완성합니다.

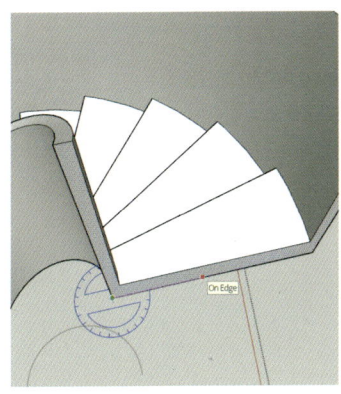 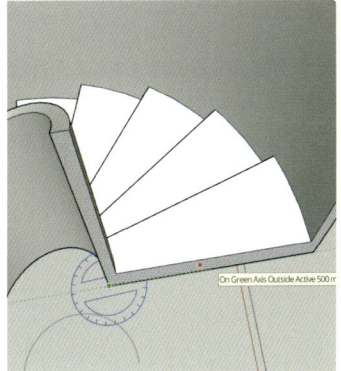 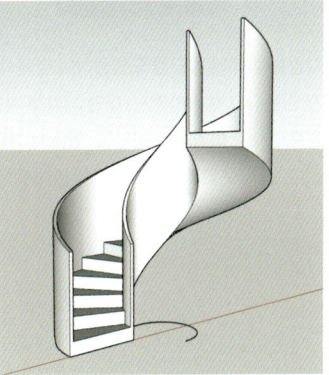

> **Power Up Note** 계단을 자동으로 만드는 확장 프로그램들

[1001bit-tools] 확장 프로그램은 직선형 계단, U자형 계단, 원형 계단, 에스컬레이터 등 다양한 형태의 계단을 한 번에 만드는 기능을 제공합니다. [1001bit-tools]는 유료 버전과 무료 버전 두 가지 타입이 있으며 유료 버전은 무료 버전에 비해 더 많은 프로토타입과 설정 가능한 옵션을 제공합니다.

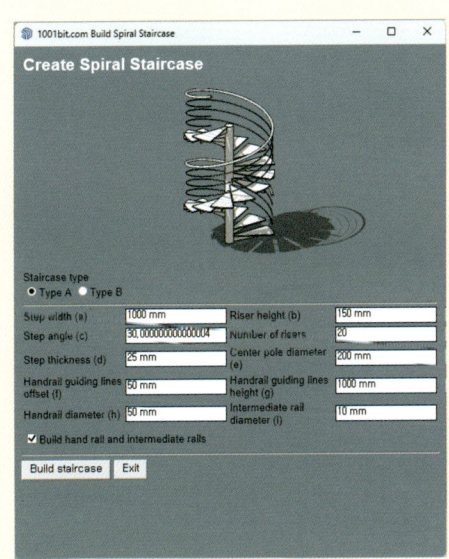 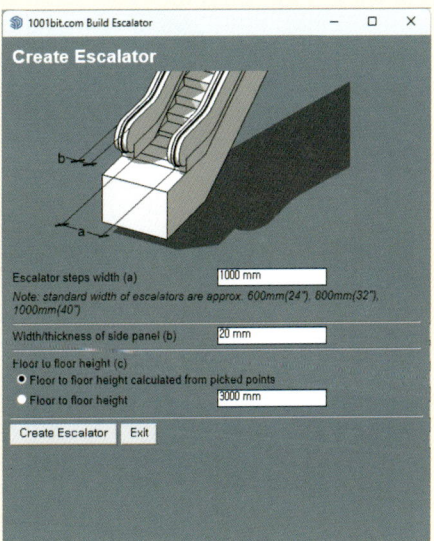

이외에도 Instant Stair, S4U Stair 등 계단을 만드는 여러 확장 프로그램이 있으나 대부분 유료 프로그램이니 트라이얼 버전으로 기능을 확인한 후 구입해 사용하기 바랍니다.

❶ **1001bit tools** | https://www.1001bit.com
❷ **Instant Stair** | https://valiarchitects.com
❸ **S4U Stair** | https://www.sketchupforyou.com

Self Training 다양한 형태의 계단 모델링 연습하기

다양한 형태의 계단을 모델링하며 앞에서 학습한 계단 모델링 기법을 실제로 적용해보세요. 예제의 계단을 현실에서 만든다고 생각하면서, 어떤 재료를 사용할지, 부분별로 나누어 만들지 아니면 하나의 덩어리로 만들지, 그리고 컴포넌트를 어떻게 활용할 수 있을지 고민하며 모델링하기 바랍니다. 이 연습을 통해 계단 구조를 정확하게 이해하고, 실제 프로젝트에서도 자유롭게 응용할 수 있는 실력을 기를 수 있습니다.

실습 따라 하기

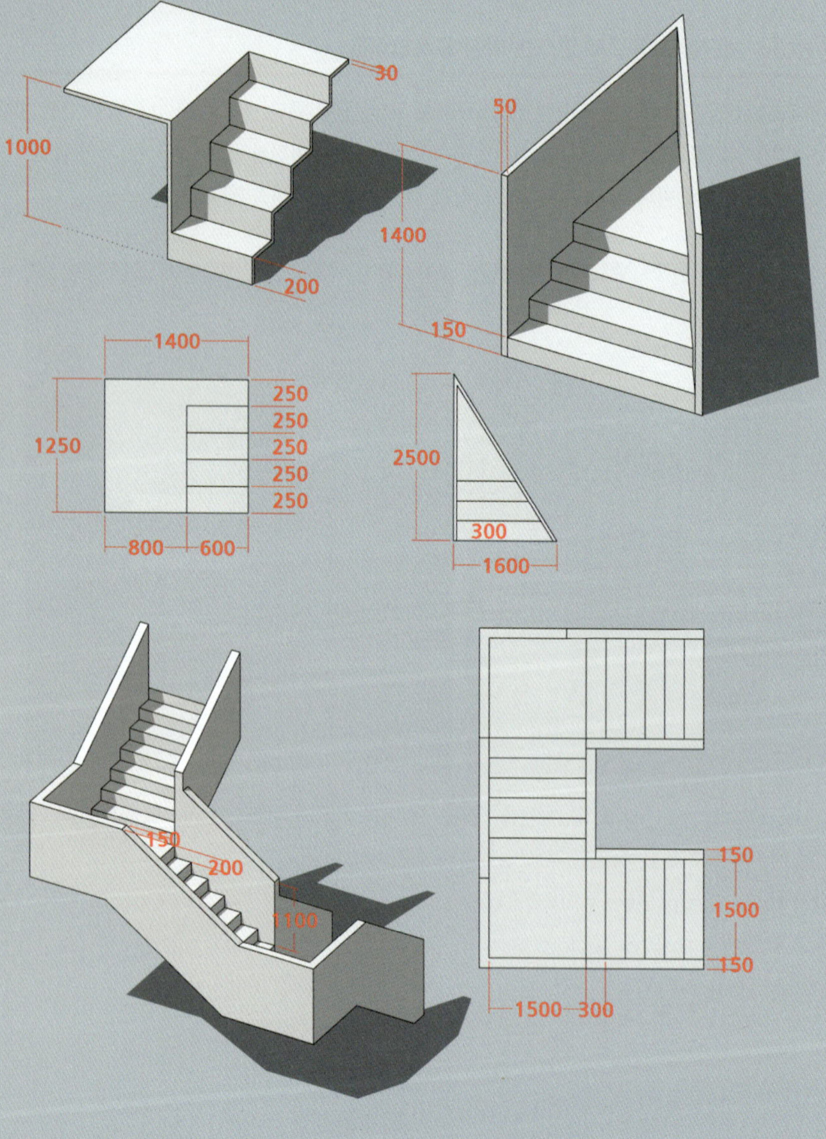

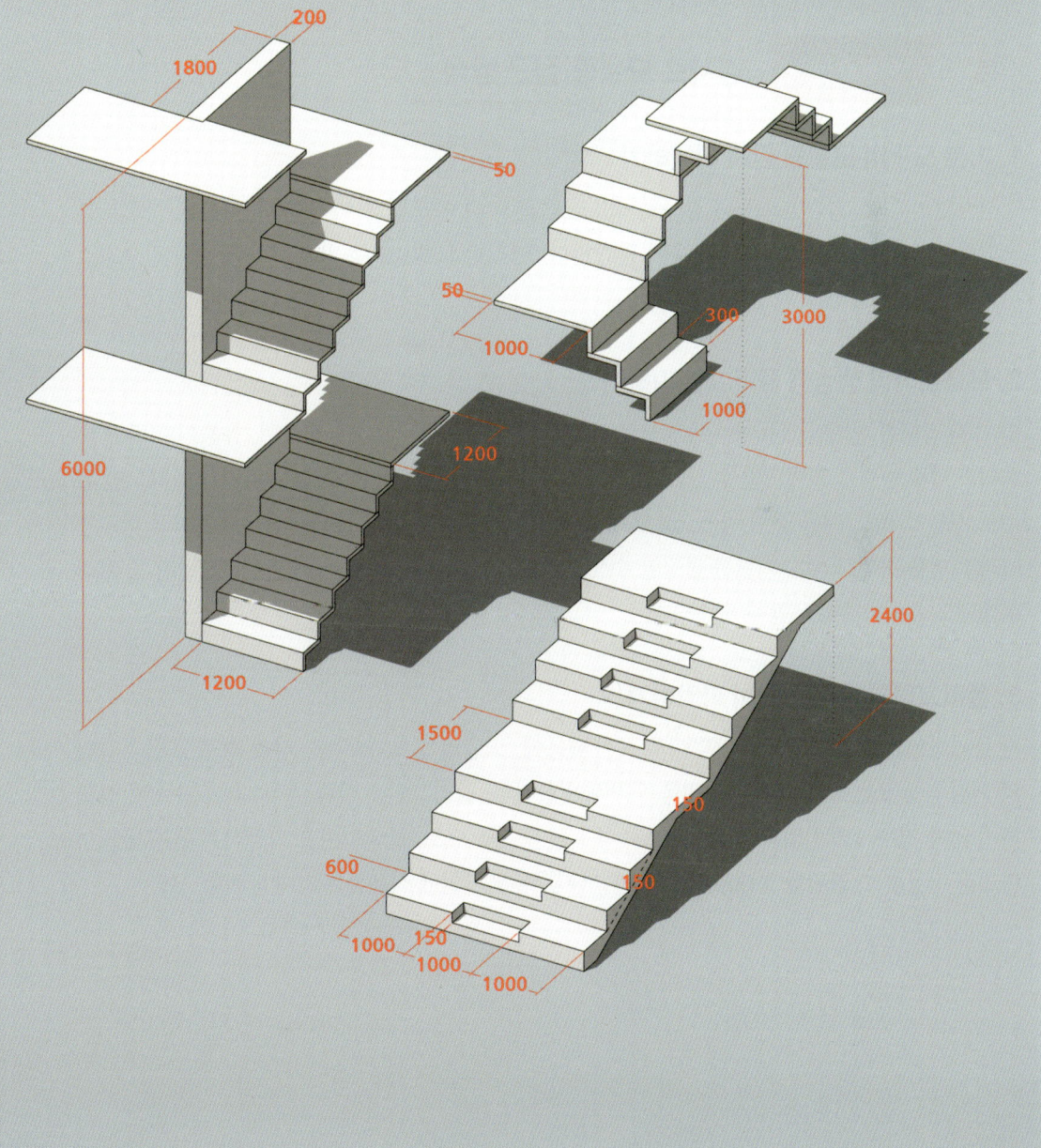

Self Training 다양한 형태의 계단 모델링 연습하기

Lesson 07 | 경사로 모델링

Check Point
- ☑ 커브의 높이를 다르게 변형하는 방법을 정확히 이해하고 있는가?
- ☑ 학습에서 사용한 플러그인의 이름을 기억하고 빠르게 찾아 쓸 수 있는가?
- ☑ 학습에서 사용한 플러그인의 사용법을 기억하고 있는가?

 Warm Up 경사로 모델링 접근 방식

1. 기본 도구의 모델링 한계 이해하기

스케치업의 기본 기능만으로는 경사로처럼 곡면을 따라 부드럽게 이어지는 3차원의 구조물을 모델링하기 어렵거나 불가능한 경우가 많습니다. 이러한 모델링에는 플러그인 활용이 필수적입니다.

2. 프로토타입 생성형 플러그인 피하기

몇 가지 정해진 형태만 만들어주는 경사로 전용 플러그인은 사용이 제한적이며, 응용이 어렵고 오히려 모델링 능력을 떨어뜨릴 수 있습니다. 다양한 프로젝트에 활용할 수 있는 유연한 플러그인 위주로 선택하세요. 예를 들어, [Shape Bender], [CurviShear], [Flowify] 플러그인처럼 경로를 따라 모델을 변형하거나, 커브를 편집할 수 있는 도구는 경사로뿐 아니라 계단, 벽체, 난간 등 여러 형태에도 유용하게 활용할 수 있습니다.

3. 플러그인의 특성 정확히 파악하기

각 플러그인은 작동 조건이나 제약이 다르기 때문에, 모델의 방향, 기준선, 타깃 경로 등 플러그인의 핵심 작동 조건을 이해한 뒤 작업을 시작해야 합니다. 플러그인은 입력값이나 사용 순서가 정확하지 않을 경우 스케치업이 비정상적으로 종료될 수 있으므로, 플러그인을 사용하기 전에 반드시 파일을 저장하고, 간단한 형태로 충분히 연습한 후 실제 작업에 적용하는 것이 안전합니다.

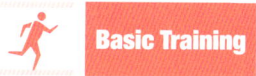 **Basic Training** 경사로 모델링하기

완성 파일 | Part 03/경사로 구조물_완성.skp

평면 상의 곡선을 기울어진 면에 투영해 3차원의 곡선을 만들고, [Shape Bender]를 활용해 경사로를 모델링하는 예제입니다. 경사로를 만드는 과정과 등간격으로 기둥을 배치하는 작업에는 여러 플러그인이 필요합니다. 이번 학습을 통해 플러그인의 사용법을 충분히 익혀두세요.

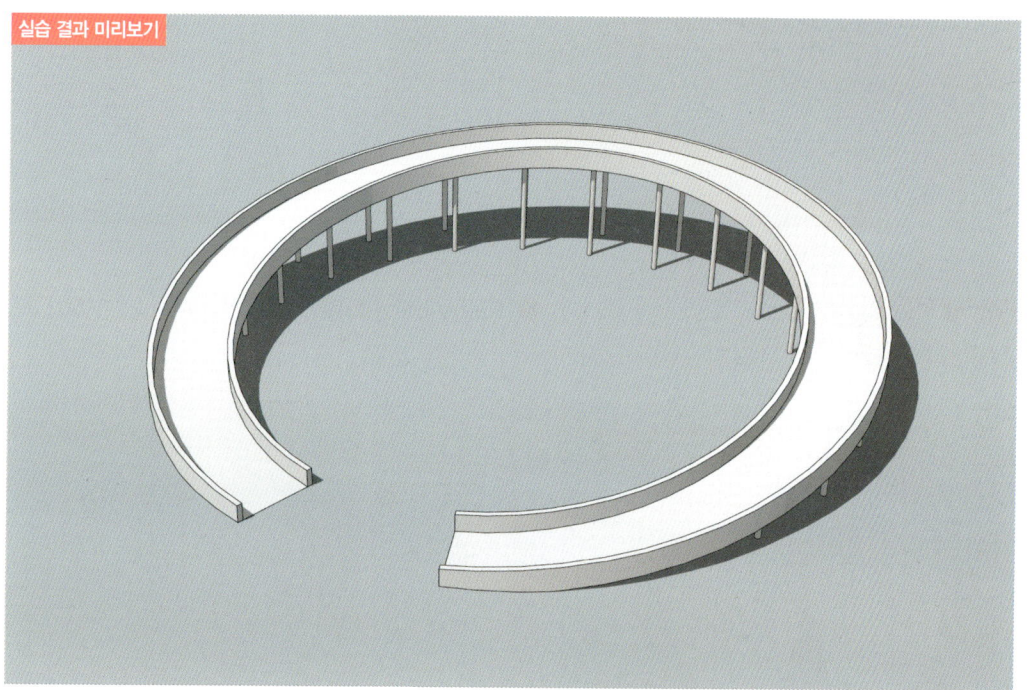

01 ❶ [Top] Ctrl + 1 뷰에서 ❷ [Protractor ⌀] Shift + T 를 실행한 후 Y축을 기준으로 양쪽으로 **15°** 기울어진 가이드라인을 만듭니다.

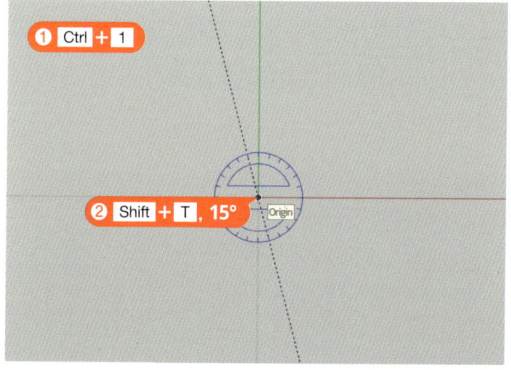 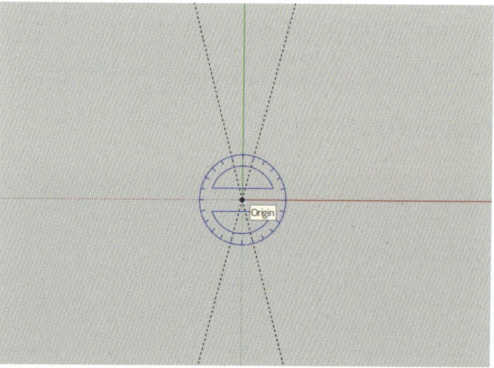

02 ① [Pie ✎] Shift + P 를 실행하고 원점을 중심으로 지정합니다. ② 오른쪽 아래 방향의 가이드라인 위로 마우스 포인터를 이동하고 반지름 **20000mm**를 입력합니다. ③ 마우스 포인터를 시계 반대 방향으로 돌려 반대편 가이드라인을 클릭합니다.

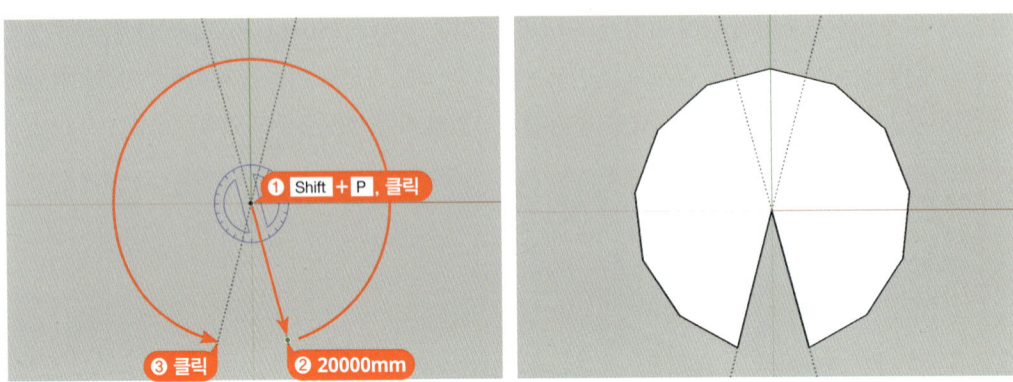

03 ① Spacebar 를 누르고 호를 선택합니다. ② [Entity Info] 트레이에서 [Segments]를 **60**으로 수정합니다. ③ 안쪽의 선을 지웁니다.

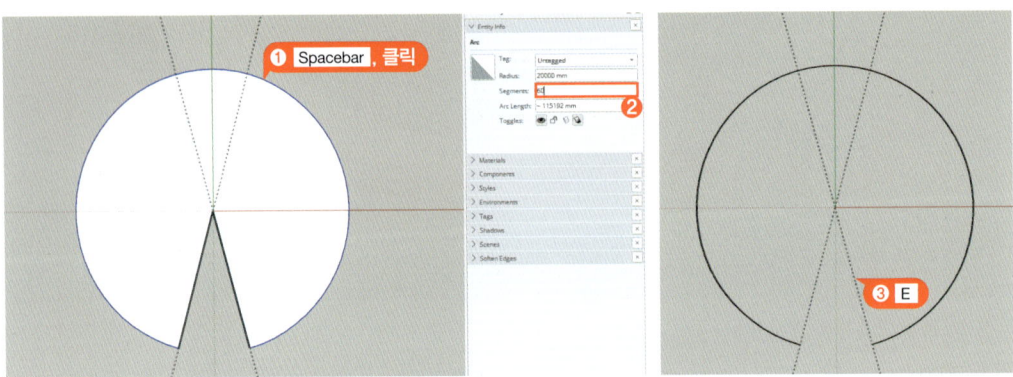

04 ① [Tape Measure Tool ✎] T 을 실행하고 X축을 클릭한 후 호의 앞쪽 끝 부분으로 드래그해 가이드라인을 만듭니다. ② 다시 X축을 클릭하고 호의 뒤쪽 끝 부분으로 드래그해 가이드라인을 만듭니다. ③ 뒤쪽 가이드라인을 선택하고 [Curic Gizmo] F8 의 Z축(파란색 화살표)를 클릭해 **8000mm** 이동합니다.

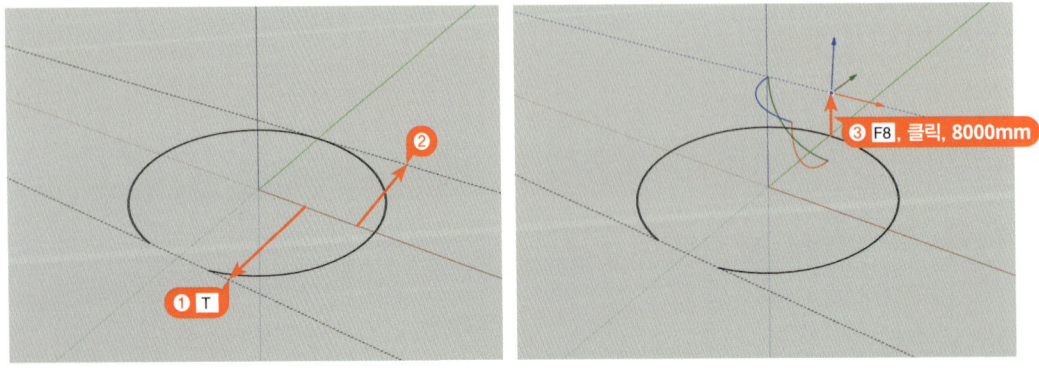

05 ❶❷ [Rotated Rectangle 🔲] Ctrl + R 을 실행한 후 아래쪽 가이드라인의 두 점을 클릭해 밑변을 그리고 ❸ 위쪽 가이드라인을 클릭해 기울어진 사각형을 만듭니다.

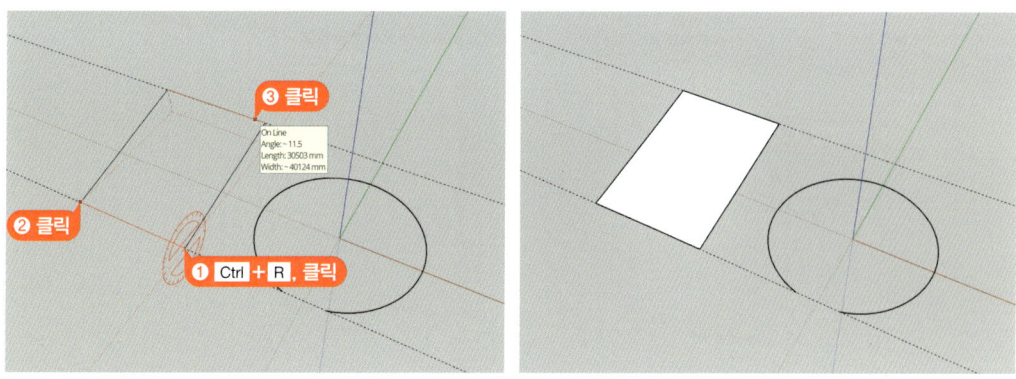

06 ❶ [Top] 뷰 Ctrl + 1 로 바꾸고 ❷ 사각형의 안쪽 면과 호를 선택한 후 마우스 오른쪽 버튼을 클릭합니다. ❸ [Project by View]를 실행합니다.

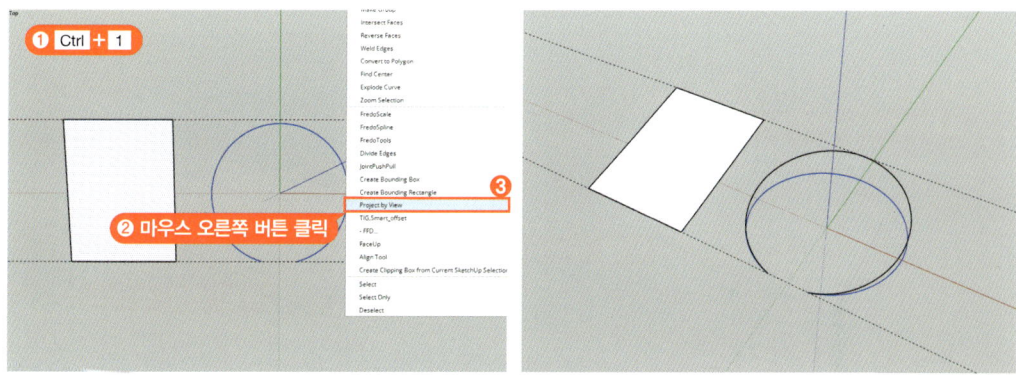

CORE TIP [Project by View]는 커브를 보는 뷰의 방향에 맞춰 선택한 면과 같은 평면 위로 투영해 커브를 만들어주는 플러그인입니다. 이 플러그인은 **KS_Tools.rbz**에 포함된 플러그인으로 054쪽에서 함께 설치해놓은 상태입니다. 플러그인이나 단축키가 작동하지 않는다면 048쪽과 054쪽의 학습을 다시 확인해보세요.

07 ❶ 사각형과 가이드라인을 모두 선택해 삭제합니다. ❷ 바닥의 호를 선택해 그룹화합니다.

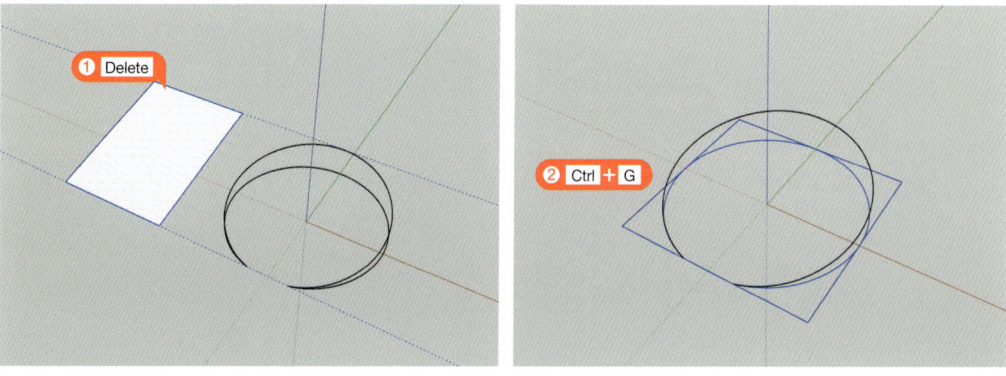

08 현재 투영된 호는 세그먼트로 나누어진 선 조각입니다. ❶ 호 위의 선을 선택하고 ❷ [JHS Powerbar]의 [SuperWeld ◎] Alt + W 를 실행해 연결된 커브를 만듭니다.

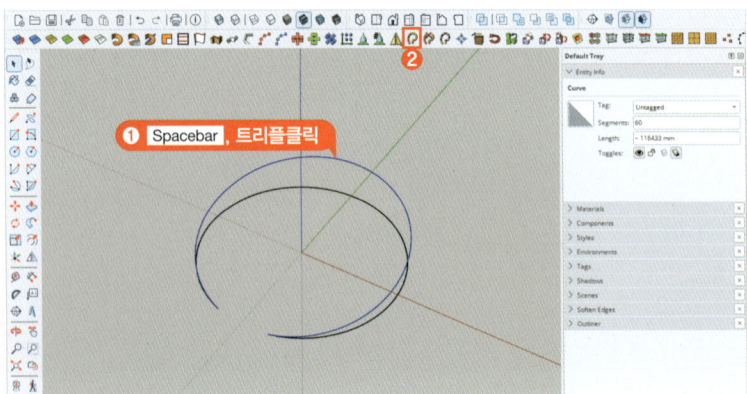

09 ❶ 폭 **8000mm**, 길이 **6000mm** 크기의 사각형을 만들고 ❷ **400mm** 아래로 끌어내려 상자를 만듭니다. ❸ 그림과 같이 양쪽의 긴 에지를 사각형 안쪽으로 **400mm** 복사합니다.

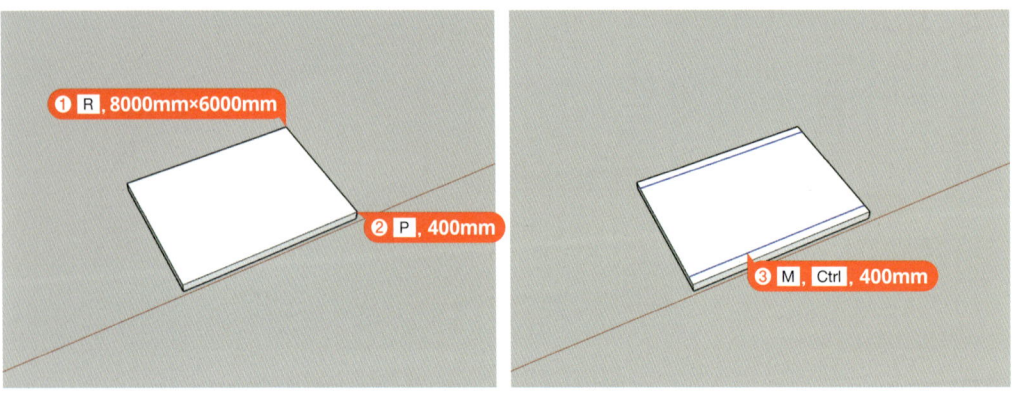

CORE TIP 여기에서 가로 길이는 호의 길이에 맞춰 늘어나기 때문에 의미가 없습니다. 플러그인을 사용하기 위해서 모델의 방향은 꼭 X축 방향이어야 합니다.

10 ❶ 앞에서 만든 가장자리 면을 각각 위로 **1200mm** 끌어당깁니다. ❷ 모델을 그룹화합니다.

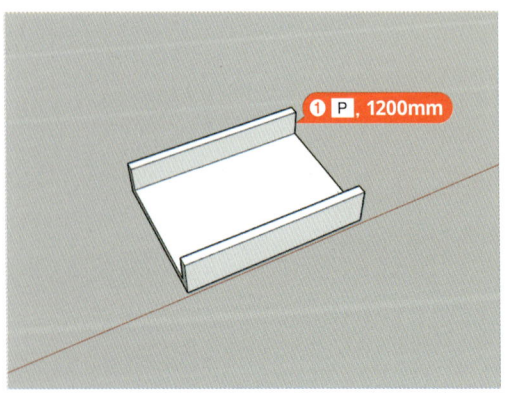 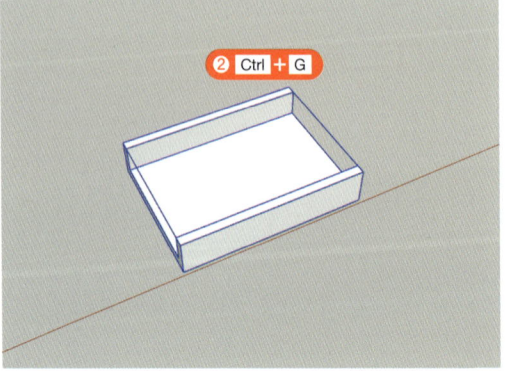

11 ① 그림과 같이 그룹의 앞쪽 아래 모서리에 선을 그립니다. ② 선을 위로 **400mm** 이동합니다.

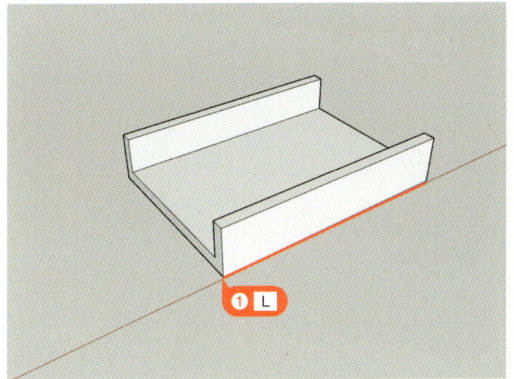
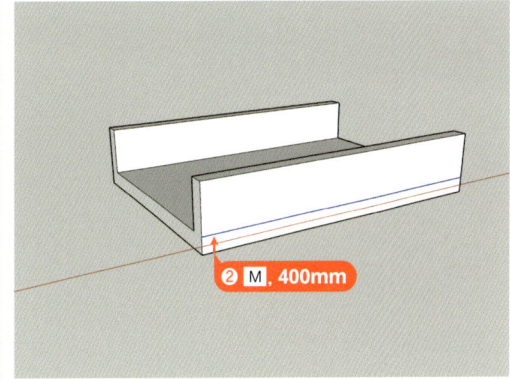

12 ① Spacebar 를 누르고 그룹을 선택합니다. ② [Search] Shift + S 를 실행하고 **bender**를 검색합니다. ③ [CLF Shape Bender 〉 Shape Bender]를 실행합니다.

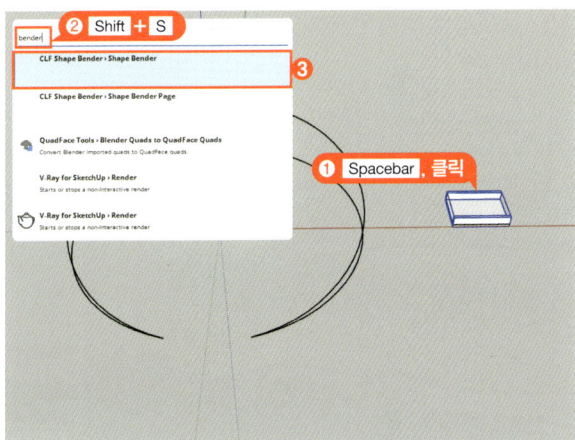

13 ① 그룹에 그려놓은 직선을 클릭하고 ② 기울어진 호를 클릭합니다.

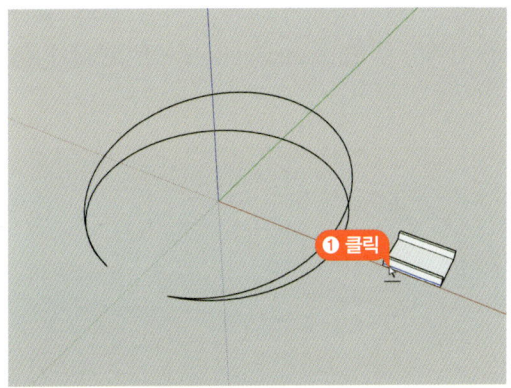
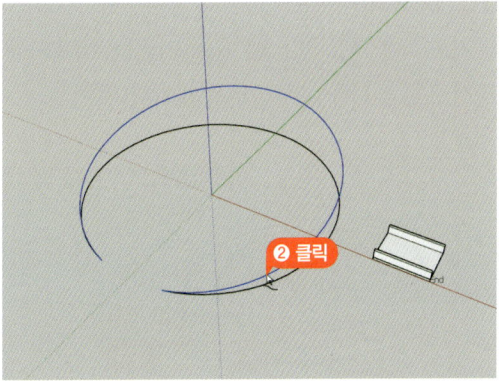

Lesson 07 경사로 모델링

14 ❶ 모델의 형태가 왼쪽 그림과 같이 안쪽으로 나타나면 ↑를 누릅니다. ❷ 방향이 바뀌면 Enter를 눌러 완성합니다.

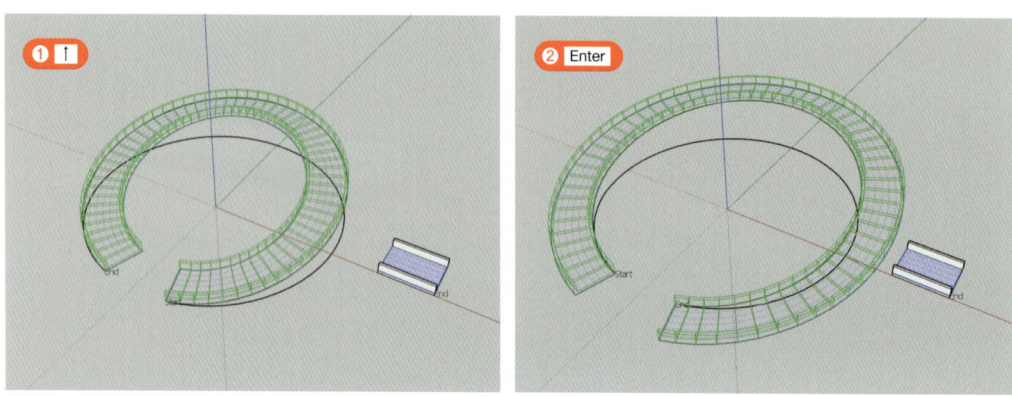

15 끝부분의 정리되지 않은 스무딩은 [JHS Powerbar]의 [AMS Smooth Run ◆]을 클릭해 정리합니다.

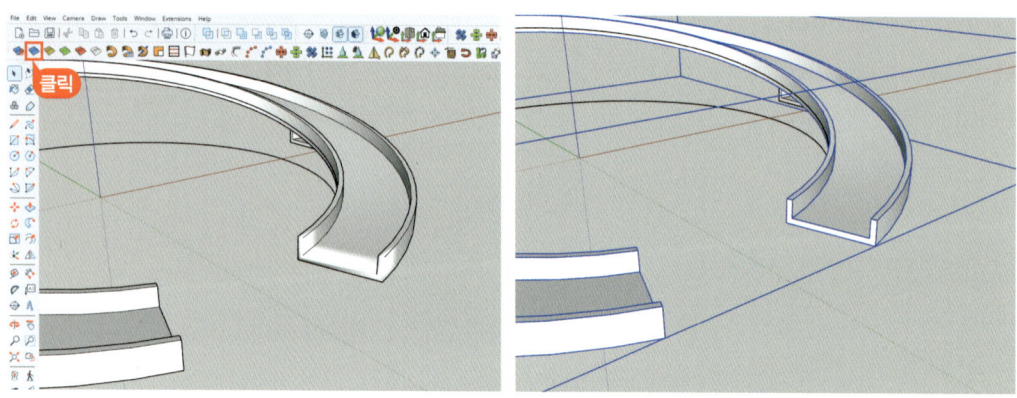

16 ❶ 경사로의 앞부분이 포함되도록 적당한 크기의 사각형을 만듭니다. ❷ 아래로 적당히 끌어당기고 그룹화합니다. ❸ Spacebar 를 누르고 상자를 선택한 후 ❹ [Subtract]를 클릭합니다. ❺ 경사로를 클릭해 아랫부분을 제거합니다.

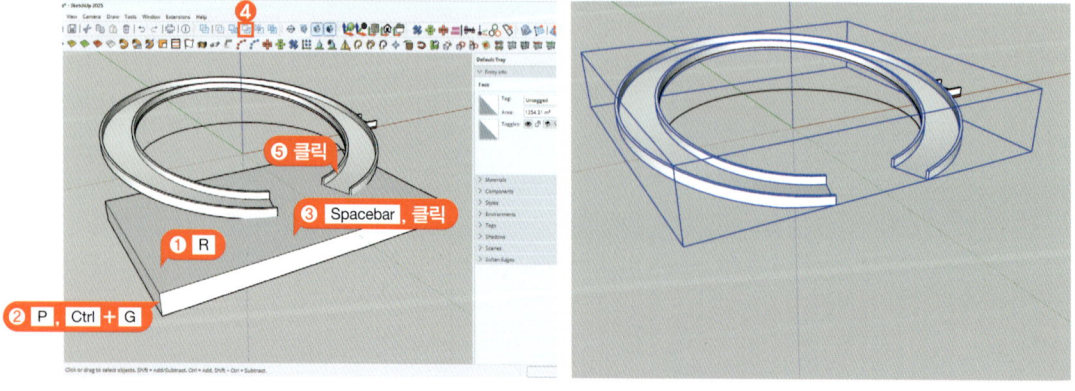

17 ❶ 바닥의 호만 남기고 모두 숨깁니다. ❷ 그룹을 분해한 후 ❸ 호의 안쪽으로 **6000mm** 오프셋합니다. ❹ 바깥쪽 호는 안쪽으로 ❺ 안쪽의 호는 바깥쪽으로 **400mm** 오프셋합니다.

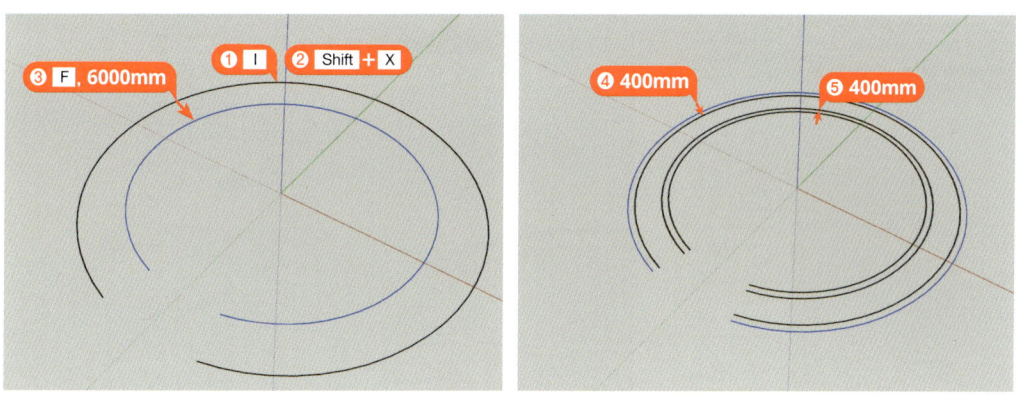

18 ❶ 반지름이 **200mm**인 원을 그리고 위로 **10000mm** 끌어당겨 원기둥을 만듭니다. ❷ 원기둥을 그룹화합니다. ❸ 원기둥 밑면의 중심을 기준점으로 지정하고 ❹ 오프셋한 바깥 호의 오른쪽 끝점으로 이동합니다.

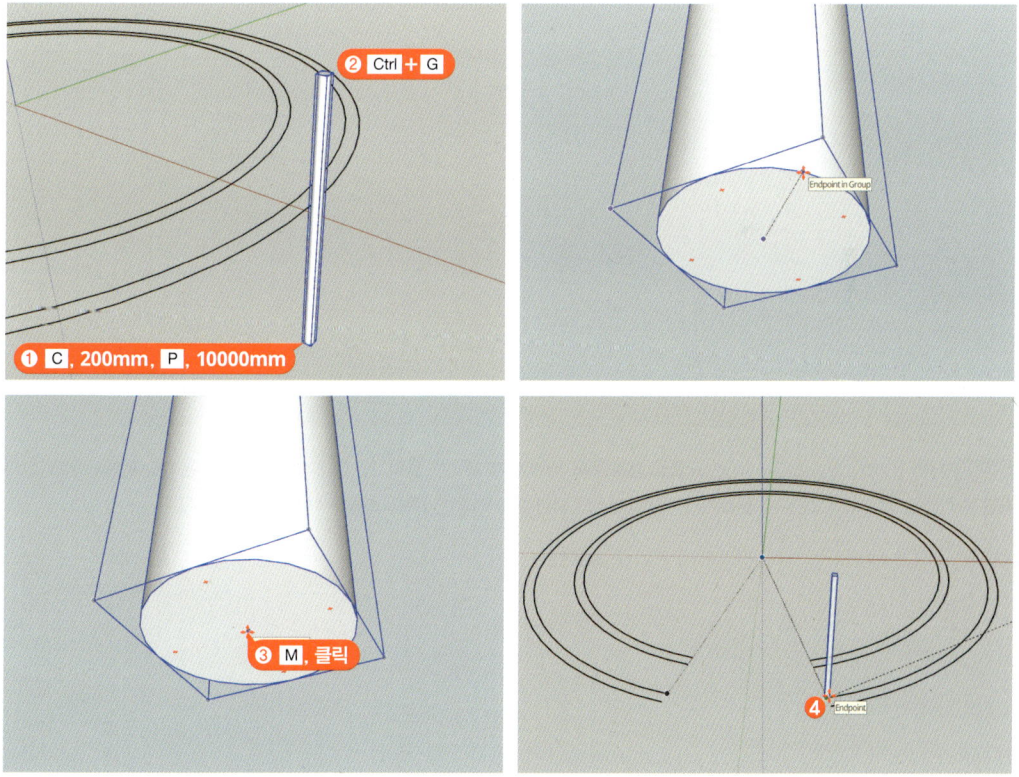

19 ❶ [Extension]-[Copy Along Curve] 메뉴를 클릭합니다. ❷ 원기둥을 클릭하고 ❸ 바닥의 호를 클릭합니다.

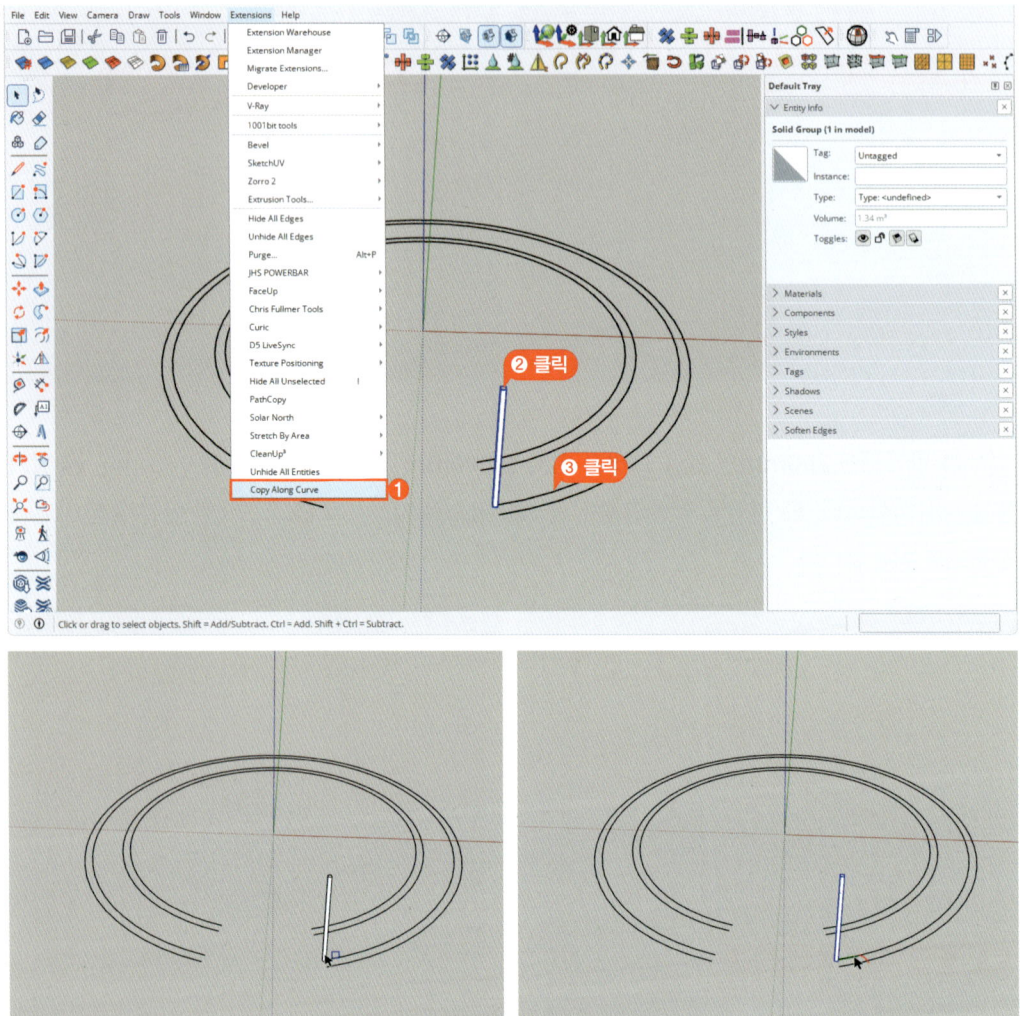

CORE TIP [Copy Along Curve]는 모델을 경로 위에 배열할 때 쓰이는 플러그인입니다. 이 플러그인은 054쪽에서 함께 설치해놓은 상태입니다. 플러그인이나 단축키가 작동하지 않는다면 048쪽과 054쪽의 학습을 다시 확인해보세요.

20 ① **20c**를 입력하고 Enter 를 누르면 원기둥이 경로 위에 등간격으로 배열됩니다. ② 화면의 빈 곳을 클릭해 종료합니다.

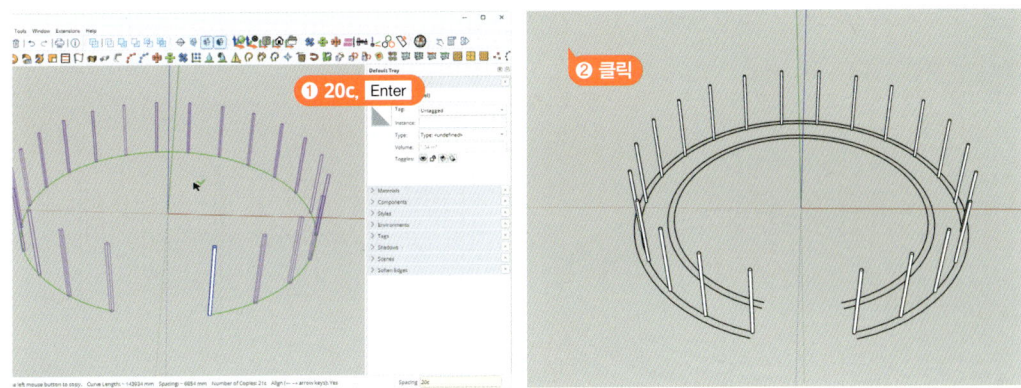

CORE TIP 만일 경로의 시작점이 반대라면 마지막 원기둥이 빠진 채로 완성됩니다. 이때는 시작점의 원기둥을 끝점으로 한 번 더 복사해 완성합니다.

21 ① 원기둥을 안쪽 호에 하나 복사합니다. ② 20과 같은 방법으로 경로 위에 배열합니다.

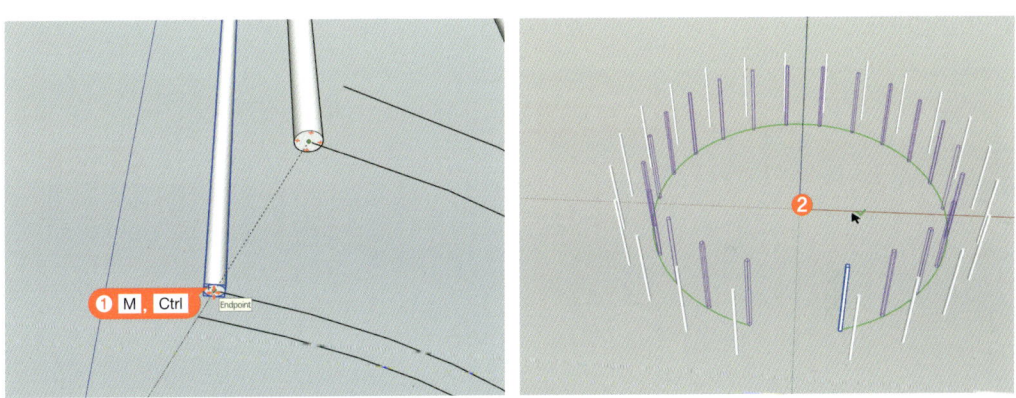

22 ① 바닥의 호를 모두 삭제합니다. ② Spacebar 를 누르고 원기둥을 모두 선택한 후 그룹을 분해합니다. ③ 다시 그룹화하고 솔리드 상태를 확인합니다.

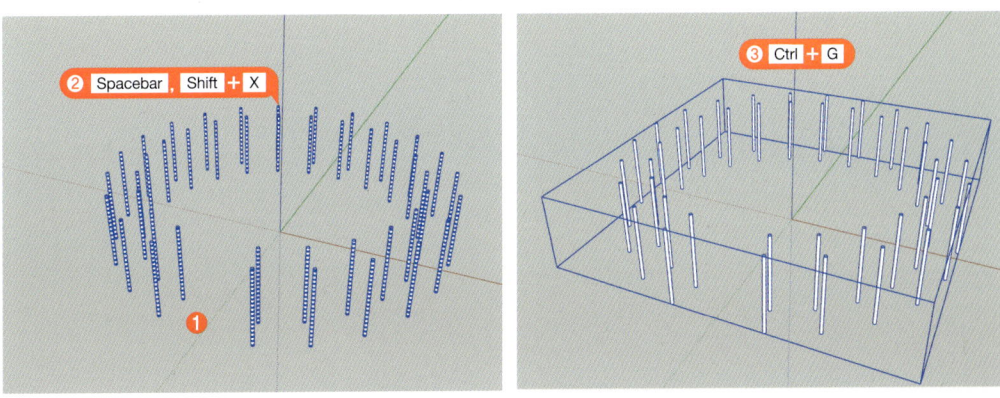

23 ❶ U를 눌러 경사로를 보이게 합니다. ❷ 경사로를 선택하고 [Trim]을 실행한 후 ❸ 원기둥을 선택합니다. ❹ 경사로를 다시 숨기면 오른쪽 그림과 같이 원기둥의 중간 부분이 경사로 모양으로 잘린 것을 확인할 수 있습니다.

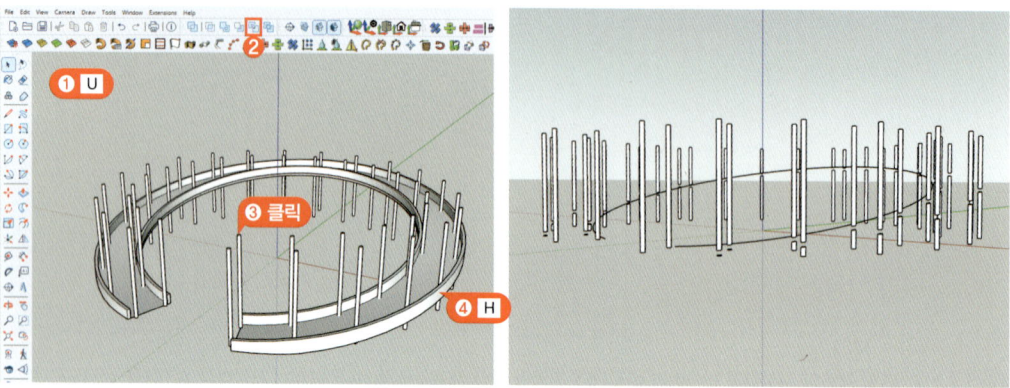

24 ❶ 원기둥 그룹을 더블클릭해 열고 객체를 모두 선택합니다. ❷ [Loose to Groups] Ctrl + Shift + G 를 실행해 각각의 객체를 그룹화합니다. ❸ 윗부분의 그룹을 모두 삭제해 아래 기둥 부분만 남깁니다.

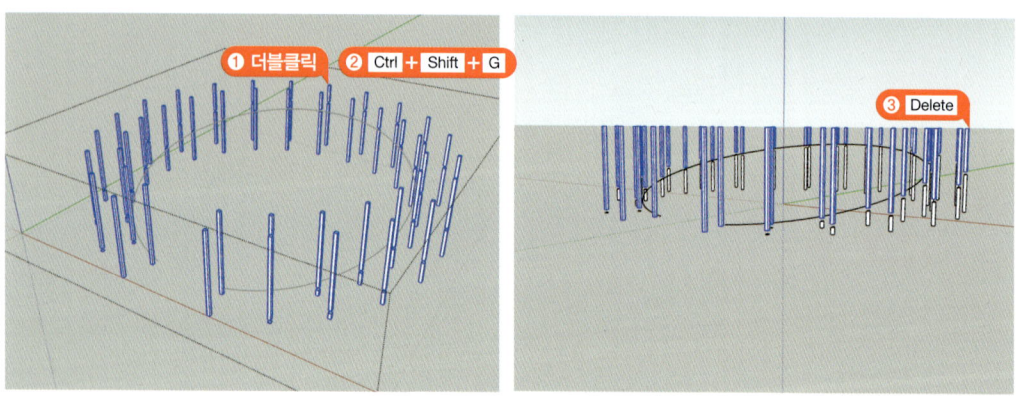

25 호의 시작 부분에 있는 첫 번째 원기둥과 안쪽의 호를 삭제합니다.

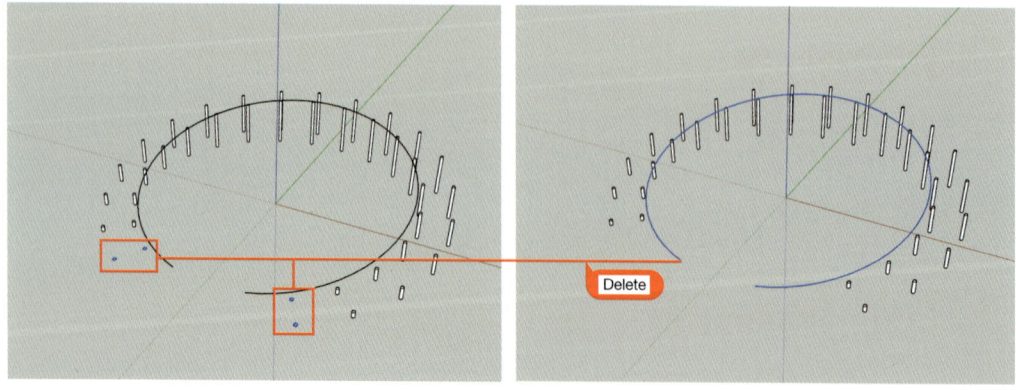

26 숨겨놓은 경사로를 다시 보이게 해 완성합니다.

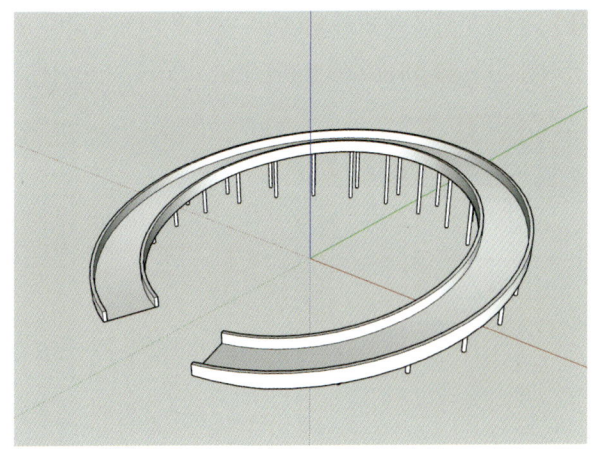

 Basic Training **CurviShear를 활용한 경사로 모델링하기**

준비 파일 | Part 03/CurviShear.skp   완성 파일 | Part 03/CurviShear_완성.skp

복잡한 형태의 경로를 따라 만들어지는 경사로를 모델링하는 예제입니다. 평면상의 복잡한 경로를 점차 높아지도록 변형해 3차원의 커브로 만들기 위해서는 [CurviShear] 플러그인을 활용하면 매우 효율적입니다. 다음 예제를 통해 이런 방식의 경사로를 손쉽게 만들 수 있는 방법을 익히고, 다양한 상황에 어떻게 응용할 수 있을지 고민하며 학습을 진행해보세요.

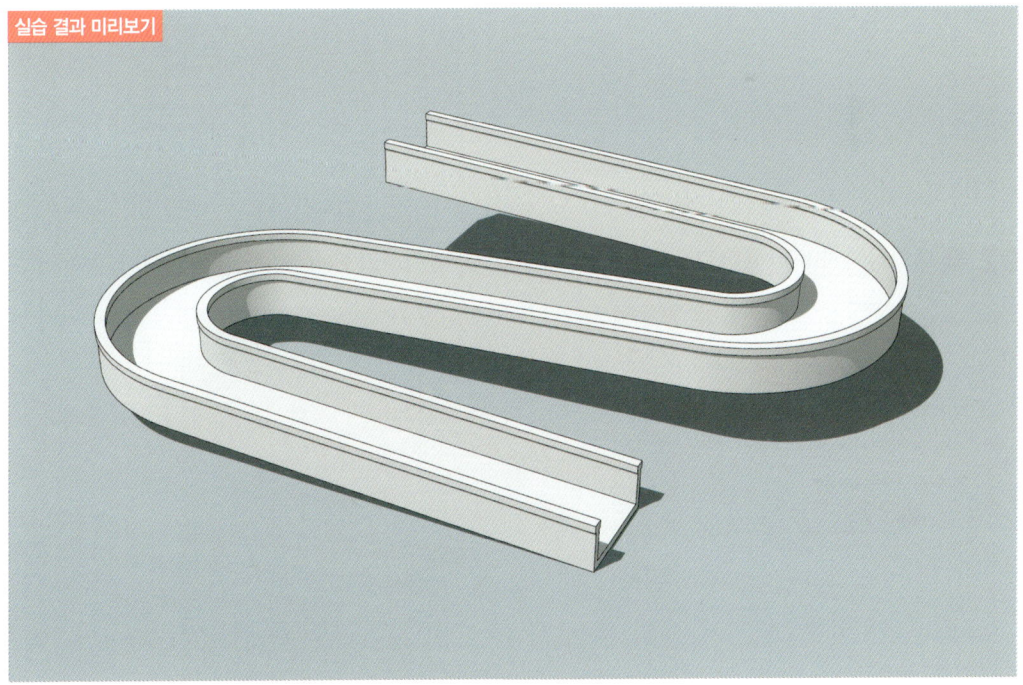

실습 결과 미리보기

01 준비 파일을 불러와 ❶ 경로 커브를 선택합니다. ❷ [Search] Shift + S 를 실행하고 **curvi**를 검색합니다. ❸ [Fredo6 LibFredo6 〉 CurviShear]를 실행합니다.

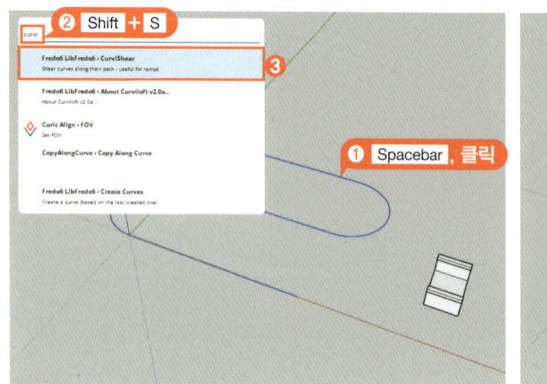 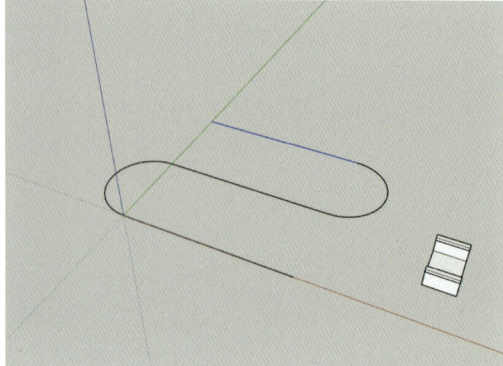

CORE TIP [CurviShear]는 [Tools]-[Fredo Tools] 메뉴에서 찾을 수 있습니다. 도구바에 아이콘을 추가하려면 도구바의 빈 곳에서 마우스 오른쪽 버튼을 클릭한 후 [Fredo Tools]를 선택해 설정 창을 불러온 다음, [CurviShear]의 눈을 클릭해 켜고 스케치업을 재실행합니다.

CORE TIP [CurviShear]는 FredoTools에 포함된 플러그인으로 이미 설치해놓은 상태입니다. 플러그인이 작동하지 않는다면 054페이지의 학습을 다시 확인해보세요.

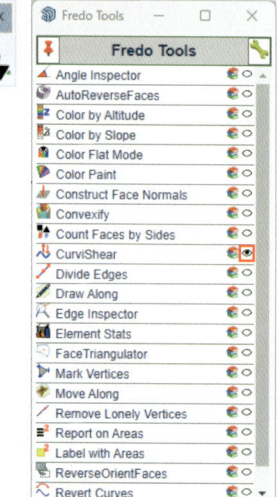

02 ❶ 대화상자가 나타나면 [Top Height]에 **3000**을 입력하고 ❷ [OK]를 클릭합니다.

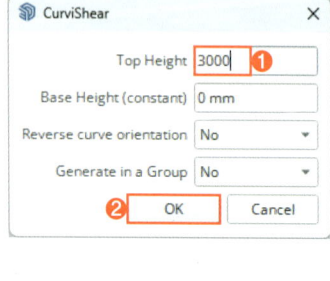 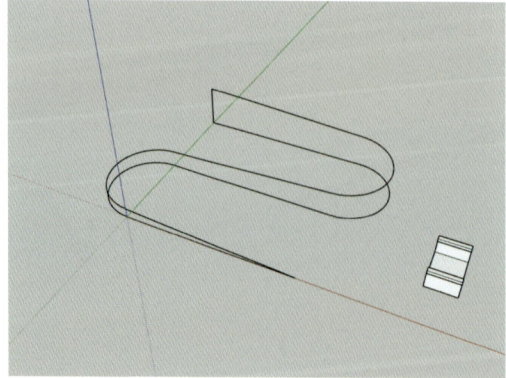

CORE TIP [Top Height]는 파란색으로 표시되는 선 부분의 높이를 의미합니다. 만일 반대편을 높이고 싶다면 대화상자에서 [Reverse curve orientation]을 [Yes]로 설정합니다.

03 아래의 커브와 끝부분에 추가된 수직선을 삭제합니다.

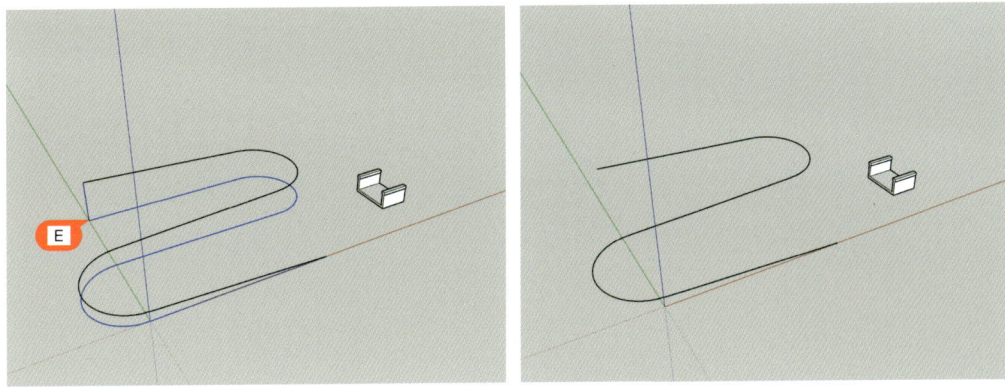

04 오른쪽 프로파일 그룹(단면 모델)의 밑면 중간에 선을 그립니다.

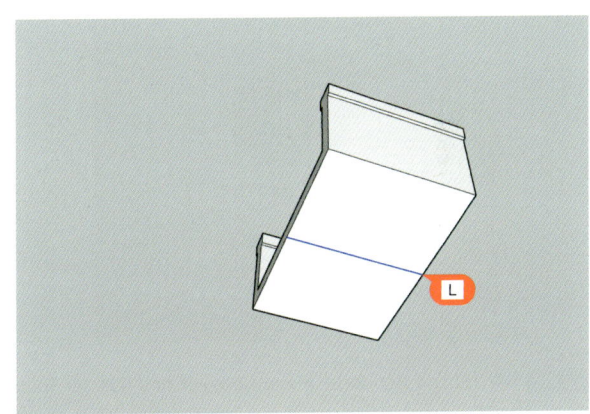

05 ❶ 프로파일 그룹을 선택하고 ❷ [Search] Shift + S 를 실행해 **bender**를 검색합니다. ❸ [CLF Shape Bender〉Shape Bender]를 실행합니다.

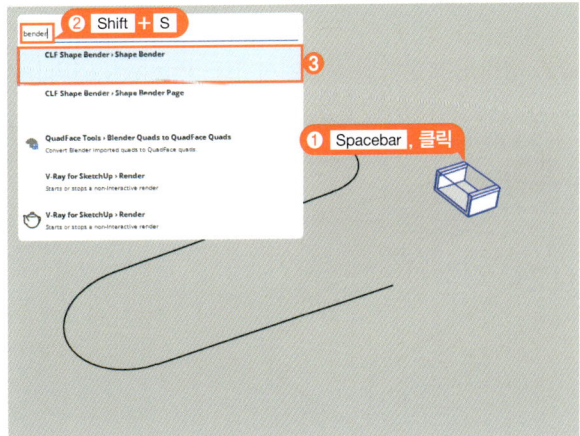

06 ❶ 프로파일 그룹 아래의 직선을 선택하고 ❷ 커브를 선택한 후 Enter 를 누릅니다.

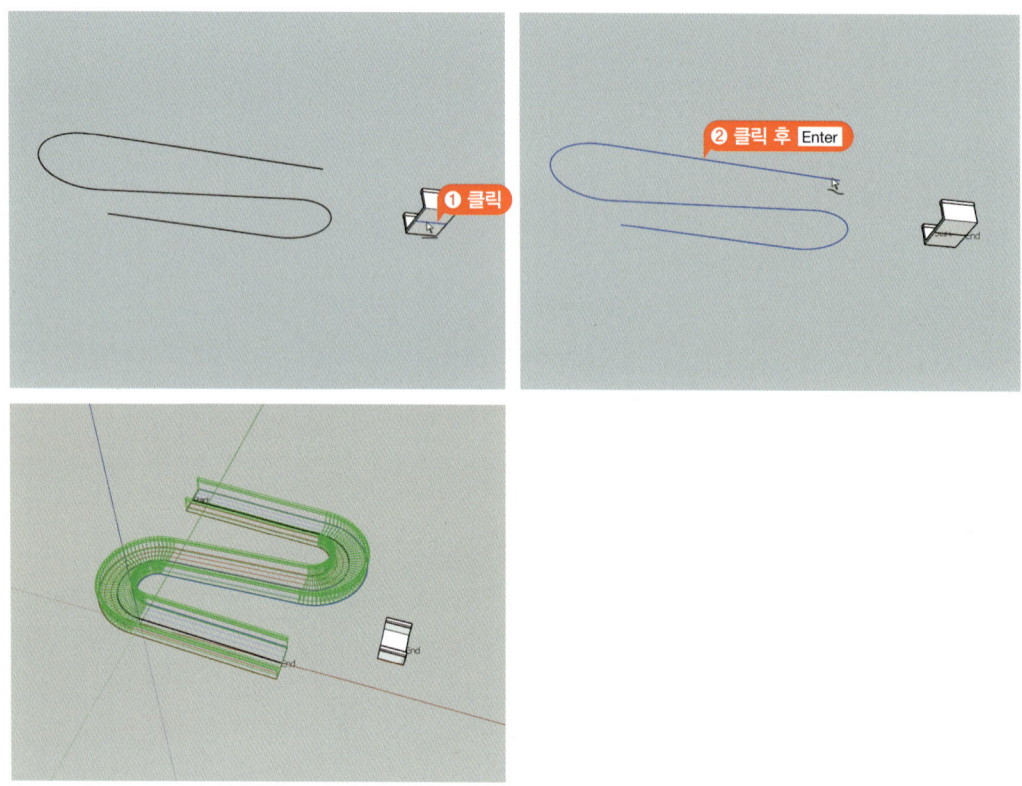

CORE TIP [Shape Bender]는 [Extensions]–[Chris Fullmer Tools]–[Shape Bender]에서 찾을 수 있습니다. 아이콘을 추가하려면 도구바의 빈 곳에서 마우스 오른쪽 버튼을 클릭하고 [Shape Bender]에 체크합니다.

07 경사로가 선택된 상태에서 [JHS Powerbar]의 [AMS Smooth Run ◆]을 클릭합니다.

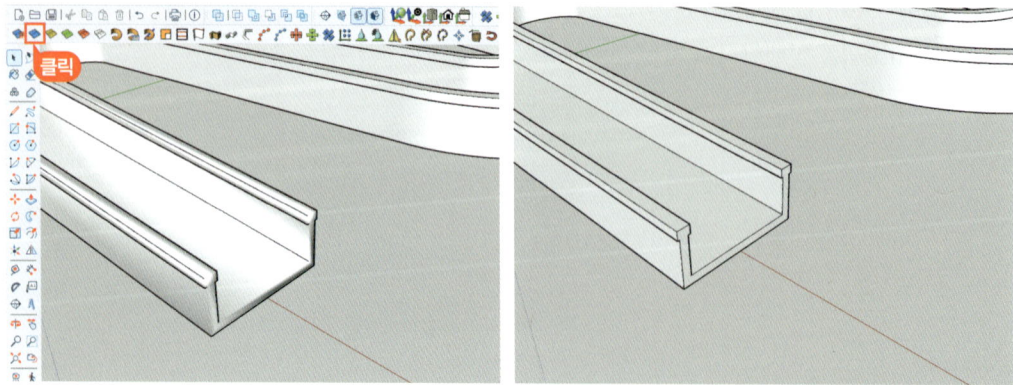

08 끝부분의 스무딩을 정리해 완성합니다.

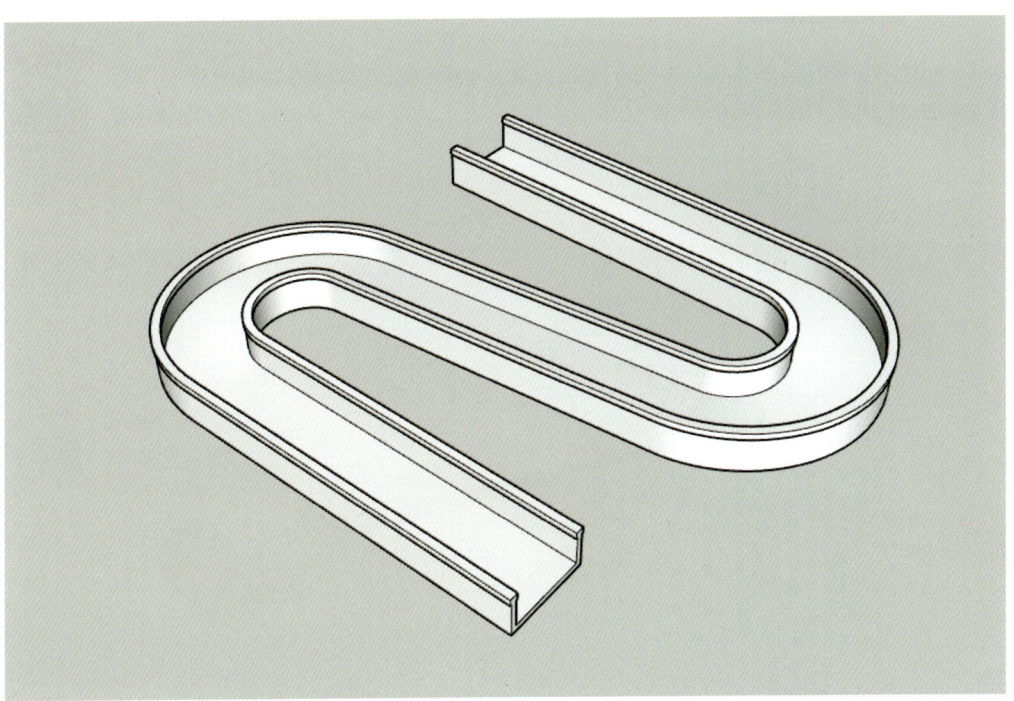

Self Training 경사로 모델링 연습하기

앞에서 학습한 [CurviShear]와 [Shape Bender] 플러그인을 잘 활용해 곡선 경로를 따라 경사로를 만드는 방법을 반복 연습해보세요. 기본 도구만으로 만들기 어려운 형태일수록 플러그인을 정확히 이해하고 응용하는 것이 중요합니다.

실습 따라 하기

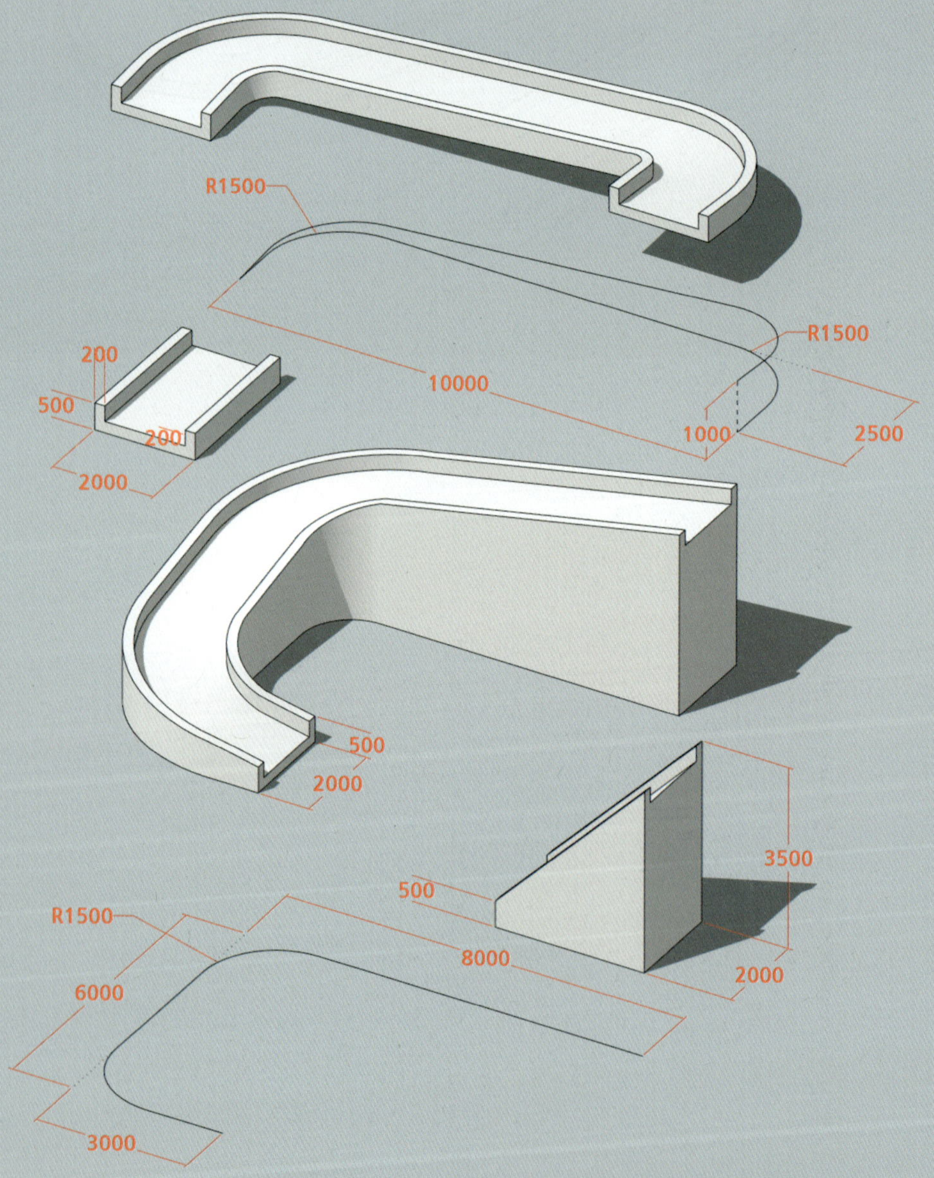

Self Training 경사로 모델링 연습하기 353

Lesson 08 | 난간 모델링

Check Point
- ☑ 가이드라인을 원하는 위치나 방향으로 자유롭게 만들고 활용할 수 있는가?
- ☑ [Trim] 을 활용한 자르기가 순서에 맞게 되고 있는가?

Warm Up 난간 모델링 접근 방식

1. 기본 기능부터 제대로 익히기

난간은 단면이 경로를 따라 이동하는 형태가 많기 때문에 [Follow Me] 같은 스케치업의 기본 기능을 잘 활용하는 것이 중요합니다. 또, 모델을 교차해 자르거나 합치는 작업이 많기 때문에 Solid Tools를 정확히 사용할 수 있어야 합니다. 상황에 따라 어떤 도구를 써야하는지, 모델을 선택하는 순서는 무엇인지 정확히 기억해야 합니다.

2. 정확한 작업을 위한 기준 도구 활용하기

3차원 상에서 정확한 위치에 난간을 만들기 위해서는 [Tape Measure Tool]을 활용한 가이드라인 설정이 필수입니다. 특히 경사로나 곡선 경로 위에 난간을 만들 때는 이 도구의 정확한 사용이 완성도를 좌우합니다.

3. 등간격 기둥 배치 시 플러그인 사용하기

난간 기둥처럼 반복되는 요소를 등간격으로 배치하려면 플러그인의 도움이 필요합니다. 이때 단순히 기둥을 복사하는 것이 아니라, 경로를 따라 정확히 배치하는 기능을 지원하는 플러그인을 활용해야 합니다.

4. 프로토타입 생성형 플러그인 피하기

완성된 난간 형태만 제공하는 플러그인은 활용도가 낮고 수정이 어렵습니다. 단순히 형태만 만드는 플러그인보다는 곡선을 따라 배열하거나, 회전·스케일 조절 같은 범용적인 기능을 제공하는 플러그인을 중심으로 학습하세요.

 **Basic Training** 계단 난간 모델링하기

준비 파일 | Part 03/계단난간.skp   완성 파일 | Part 03/계단난간_완성.skp

U자형 계단에 난간을 모델링하는 예제입니다. 난간을 만들 경로를 빈 공간에 정확히 작성하기 위해서는 무엇보다 [Tape Measure Tool ⌖ T]을 이용한 가이드라인을 자유롭게 활용하는 것이 중요합니다. 가이드라인을 정확한 방향으로 만들고, 이 가이드라인들이 교차할 때 교차점이 정확히 맞아야 난간을 자르는 작업이 원활하게 진행됩니다. 다음 예제를 통해 이 과정을 반복 연습하면서 정확하게 가이드라인을 컨트롤하는 능력을 키워보세요.

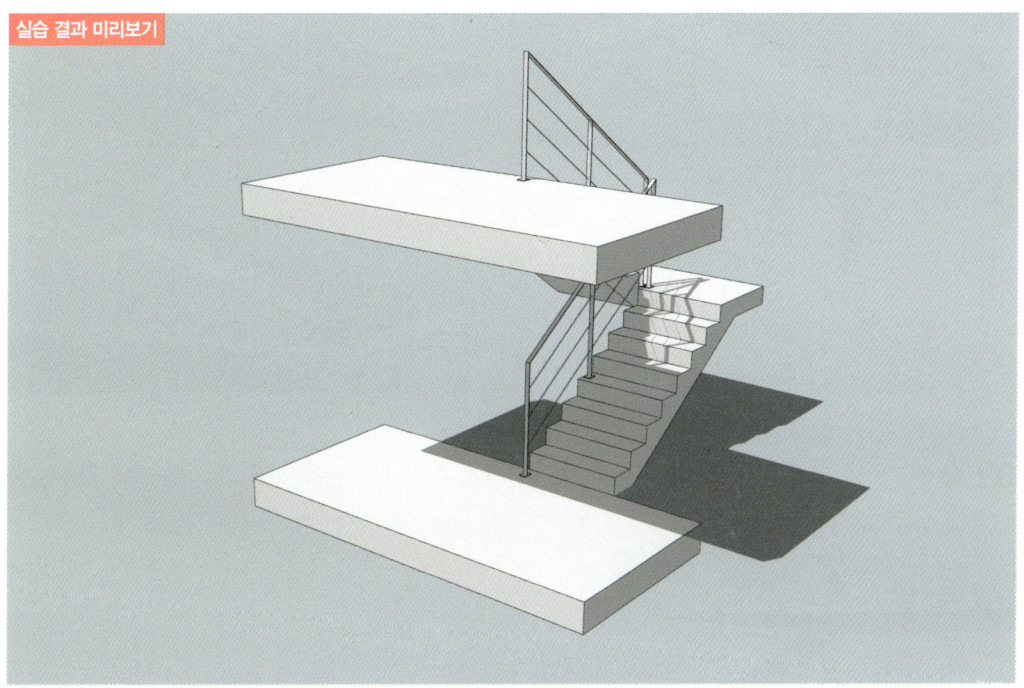

01 ❶ 준비 파일을 불러와 [Tape Measure Tool ⌖ T]을 실행하고 ❷ ❸ 계단의 모서리 두 점을 클릭해 그림과 같이 가이드라인을 만듭니다.

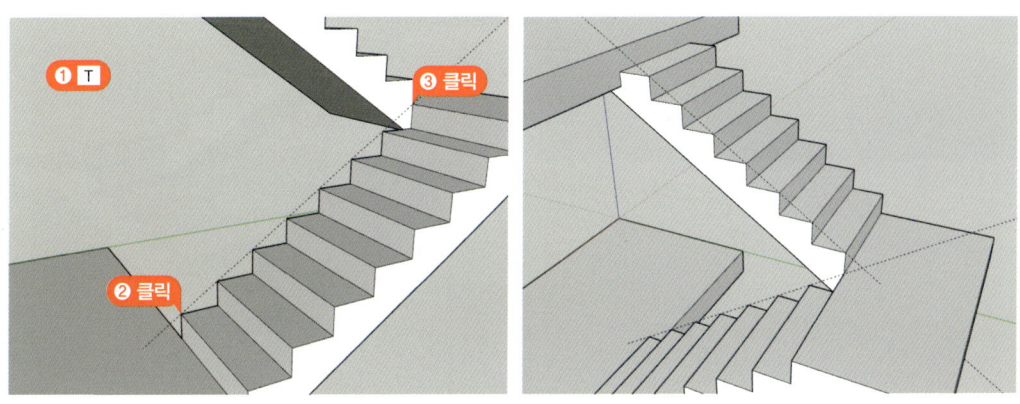

Lesson 08 난간 모델링   **355**

02 ❶ 두 가이드라인을 모두 선택해 위로 **1100mm** 이동합니다. ❷ 두 번째 그림에 표시된 가이드라인을 선택해 ❸ 아래로 **3000mm** 위치에 복사합니다.

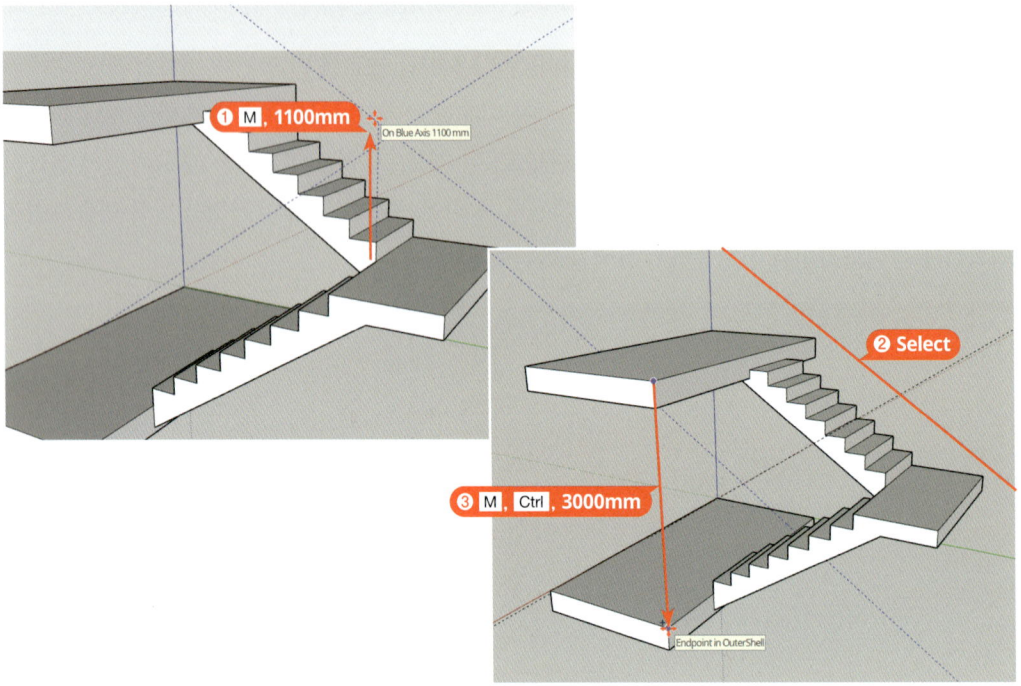

03 ❶ ❷ 가이드라인의 교차점에서 아래 바닥면까지 수직으로 선을 그립니다. ❸ 선의 윗부분을 연결해 선을 그립니다.

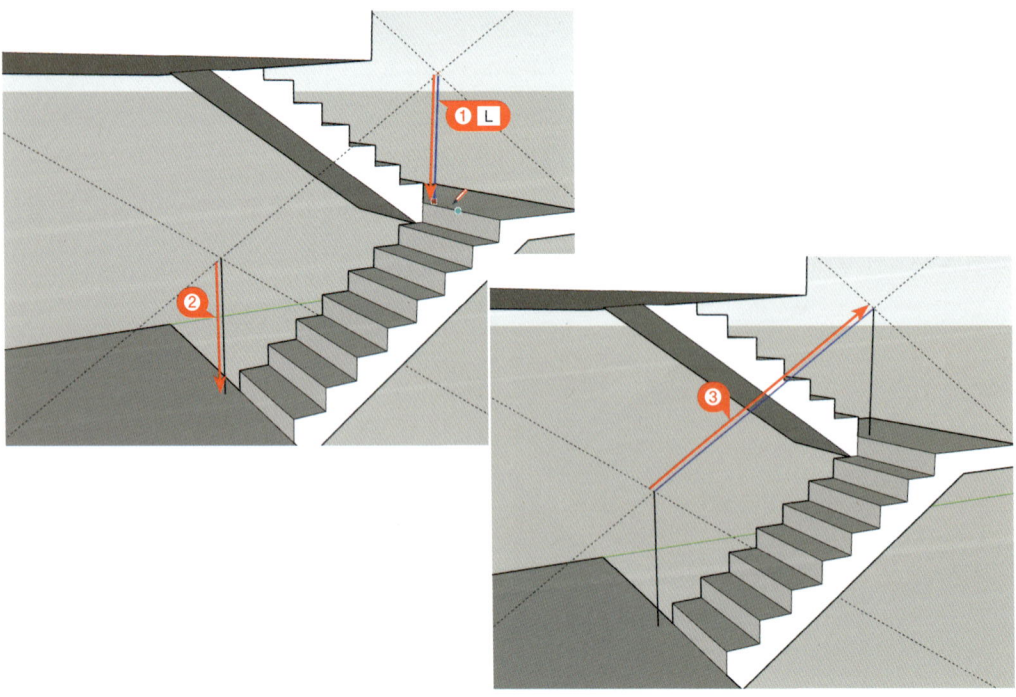

04 ❶ 가이드라인을 삭제하고 ❷ 선을 트리플클릭해 모두 선택합니다. ❸ [JHS Powerbar]의 [Extrude Along Path]를 실행합니다. ❹ [Alignment]는 [Centroid], [Width]는 **5mm**, [Height]는 **50mm**를 입력하고 [OK]를 클릭, ❺ [Yes]를 클릭합니다.

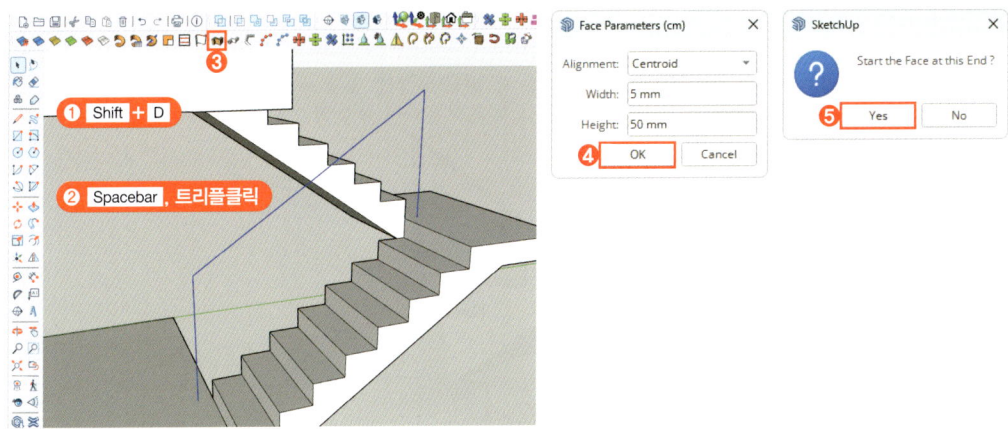

05 모델이 완성되면 내부의 경로가 계속 선택된 상태일 것입니다. 그 상태로 삭제합니다.

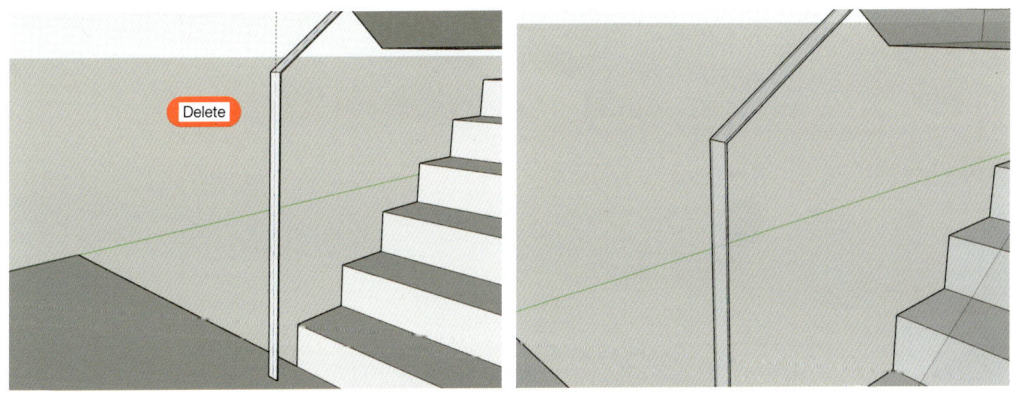

CORE TIP 만일 난간의 형태가 그림과 같이 세워진 상태라면 난간을 삭제하고 파라미터를 반대로(Width : 50mm, Height : 5mm) 설정해 다시 만들어야 합니다.

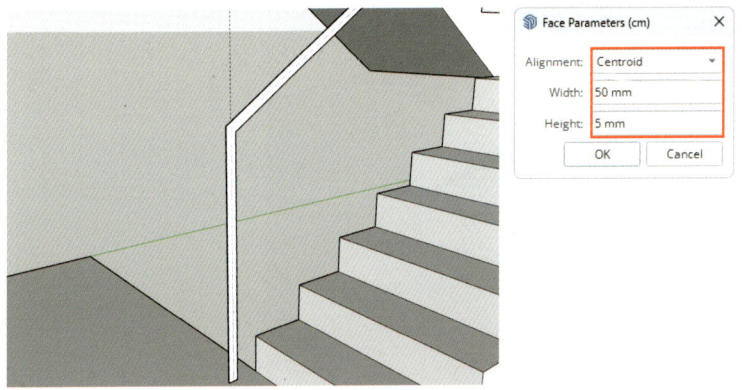

06 ❶ 중간 부분의 계단 모서리에서 그림과 같이 모서리 중간점에서 난간 위까지 수직으로 선을 그립니다. ❷ 수직선을 선택 후, [Extrude Along Path 🗀]를 클릭하고 ❸ [Alignment]는 [Centroid], [Width]는 **5mm**, [Height]는 **50mm**를 입력한 후 [OK]를 클릭합니다. ❹ 이어서 [Yes]를 클릭합니다.

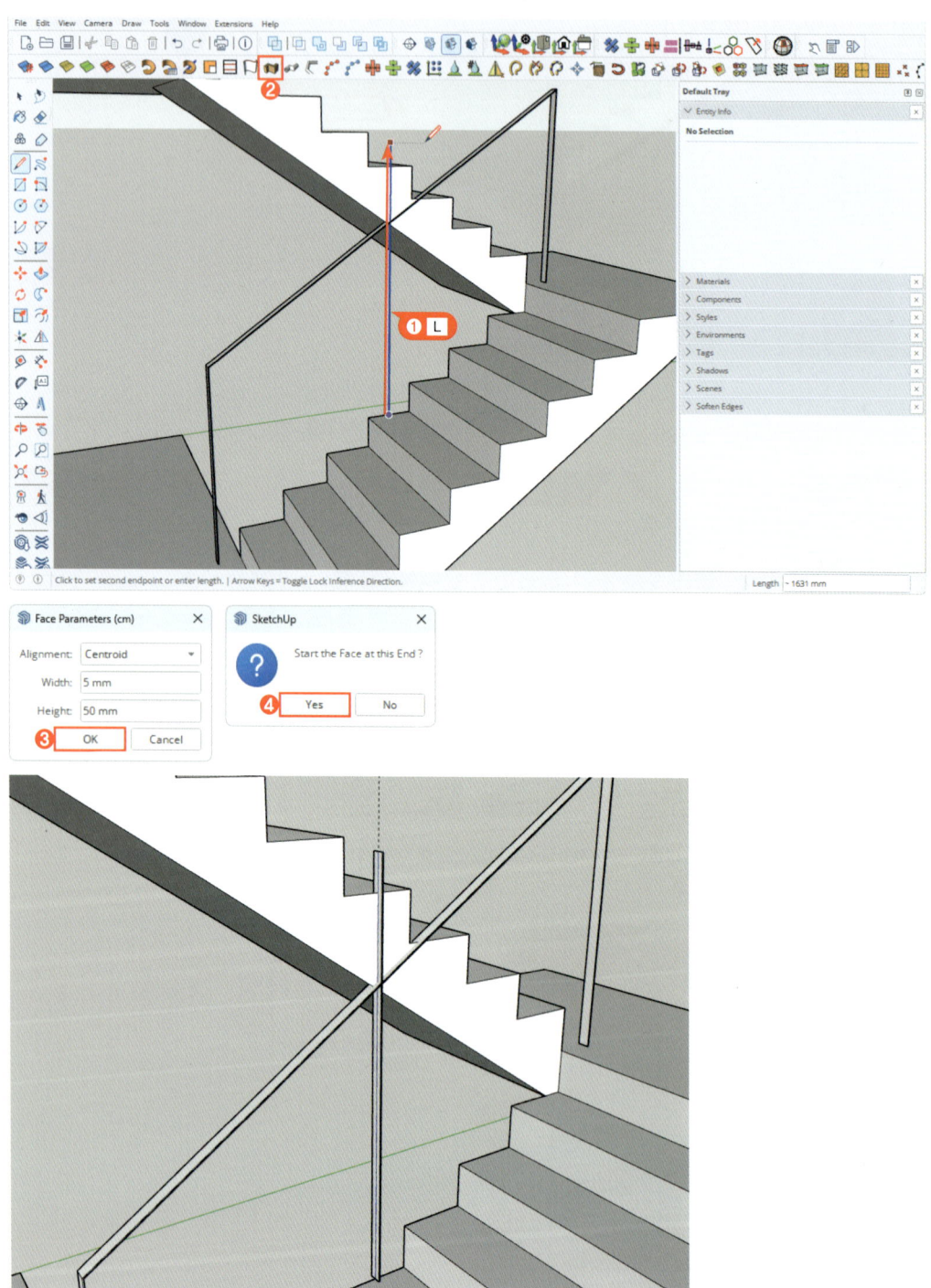

07 ① 난간이 선택된 상태에서 [Trim]을 클릭하고 ② 난간 기둥을 클릭해 난간 기둥을 자릅니다. ③ 난간 기둥을 더블클릭해 열고 ④ 윗부분을 선택해 삭제합니다.

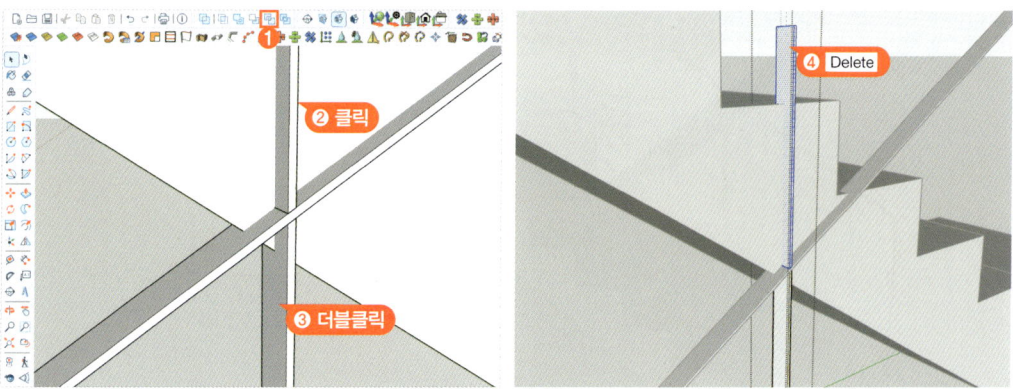

08 난간 기둥을 만드는 데 사용한 가이드라인과 선도 모두 선택해 삭제합니다.

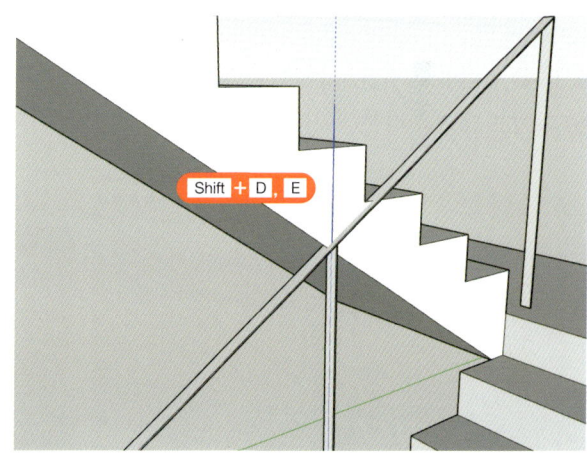

09 ① T를 눌러 계단의 모서리에 가이드라인을 만듭니다. ② 가이드라인 위에 난간보다 길게 선을 그립니다.

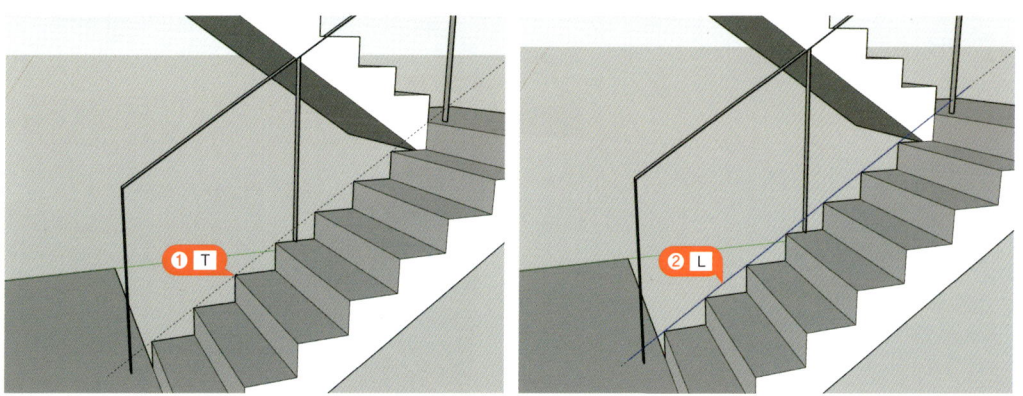

10 ❶ 선이 선택된 상태에서 [JHS Powerbar]의 [Lines to Tube]를 실행합니다. ❷ [Diameter]는 **5mm**, [Precision]는 **8**을 입력하고 ❸ [OK]를 클릭합니다.

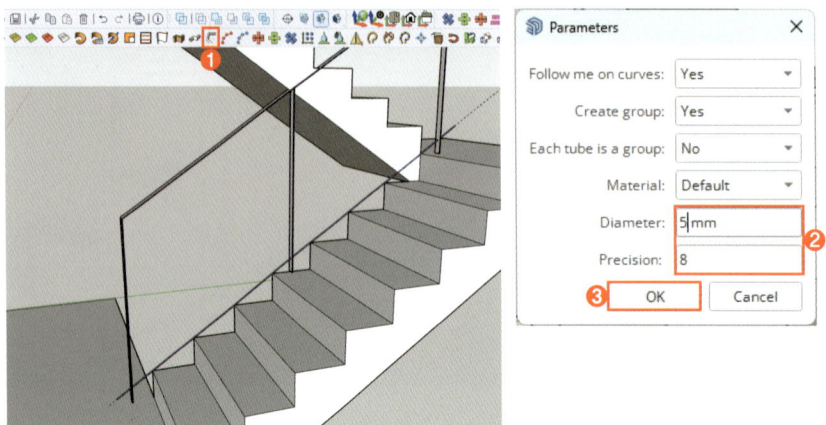

11 ❶ 난간을 선택한 다음 [Trim]을 실행하고 ❷ 파이프를 선택해 교차되는 부분을 자릅니다. ❸ 파이프 그룹을 더블클릭해 열고 난간 바깥쪽의 파이프 부분을 선택해 삭제합니다.

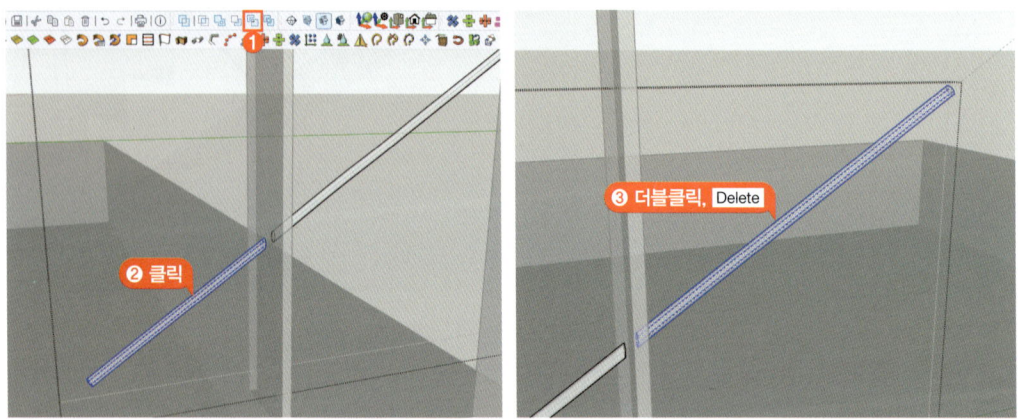

12 파이프를 만드는 데 사용한 선과 가이드라인을 삭제합니다.

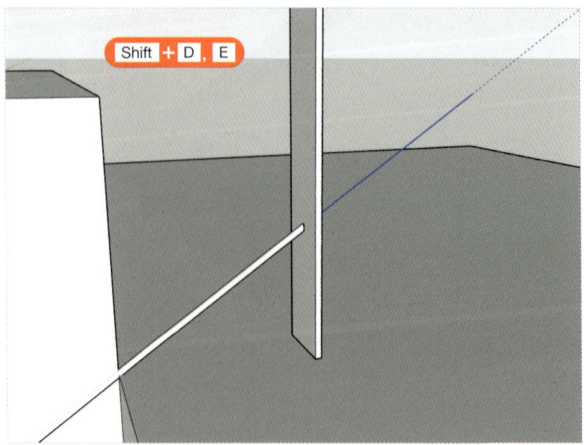

13 ❶ 파이프를 Z축으로 **200mm** 이동합니다. ❷ 다시 파이프를 Z축으로 **300mm** 간격으로 두 개 더 복사합니다.

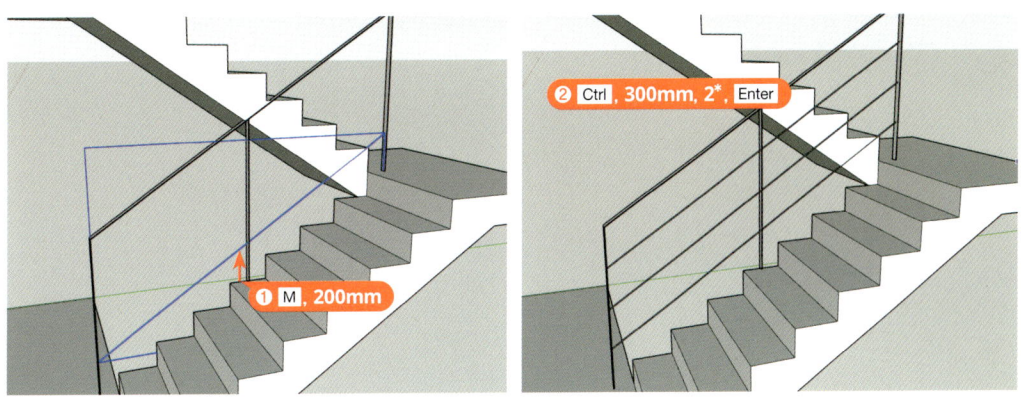

14 ❶ 아래쪽 난간 기둥 밑에 앞뒤 **50mm** 떨어진 가이드라인을 만듭니다. ❷ 양옆으로 **15mm** 떨어진 가이드라인을 만듭니다.

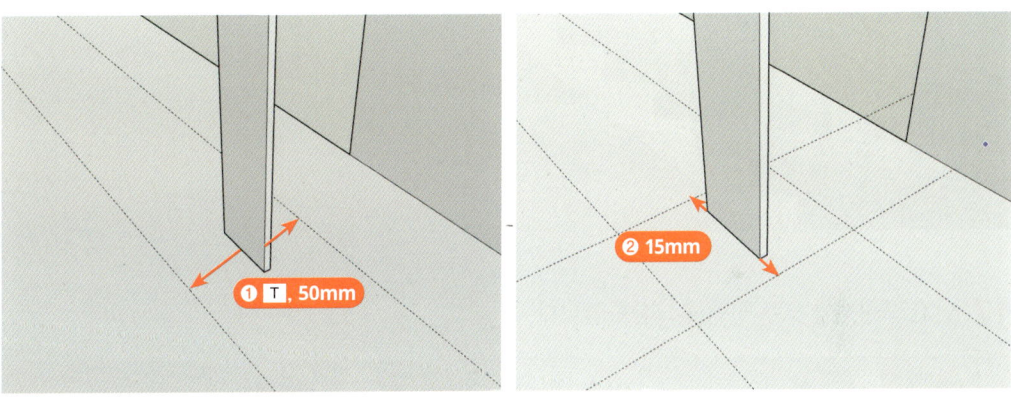

15 ❶ 가이드라인에 맞춰 사각형을 그리고 ❷ **5mm** 위로 끌어당긴 후 그룹화합니다.

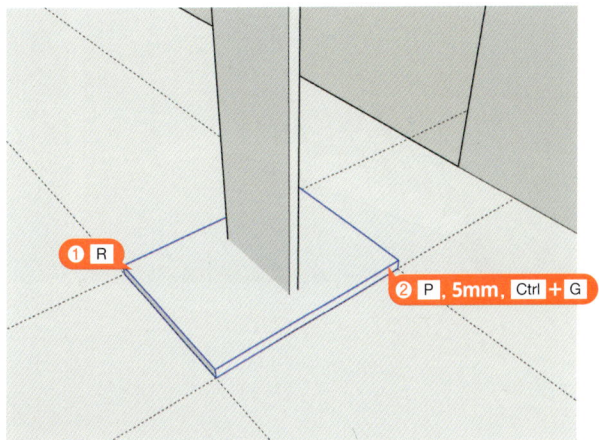

16 ❶ 판을 선택하고 계단의 위쪽 모서리를 기준점으로 지정합니다. ❷ 중간 계단의 난간 기둥에 복사합니다. ❸ **2***를 입력하고 Enter를 눌러 맨 위 난간 밑에도 판을 복사해 넣습니다.

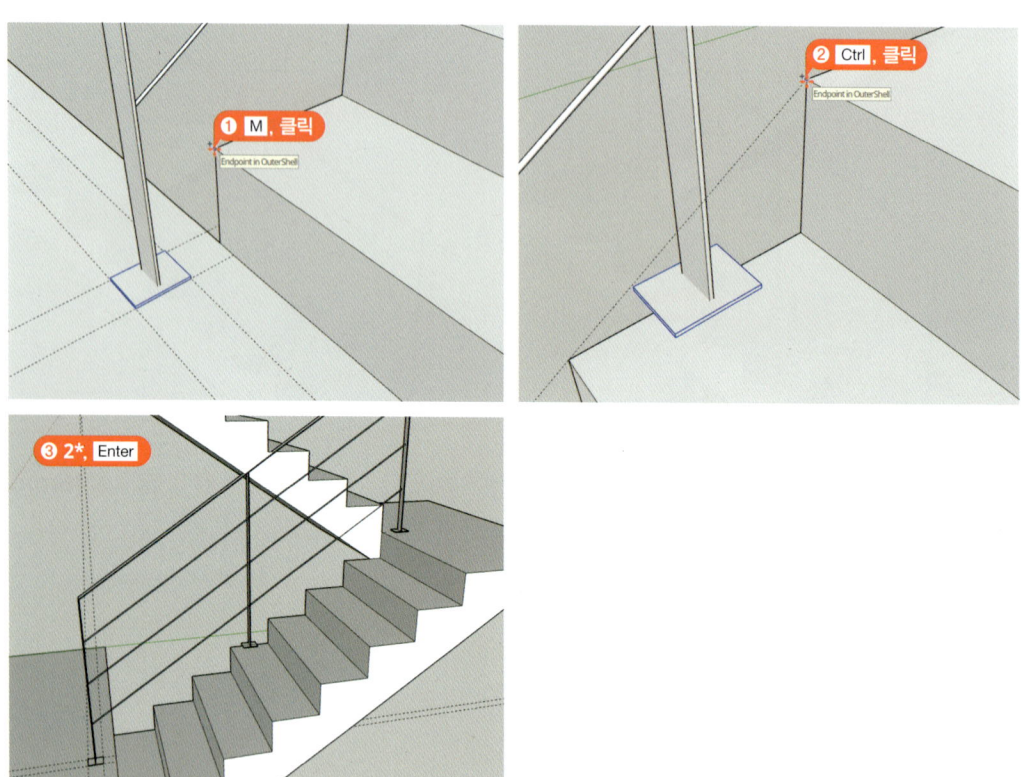

17 난간 구성재를 모두 선택해 그룹화합니다.

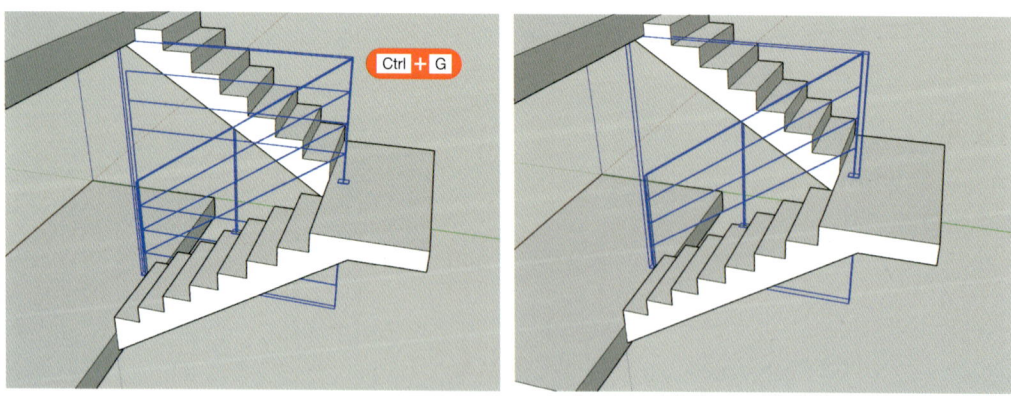

18 난간을 선택하고 계단 안쪽으로 **50mm** 이동합니다.

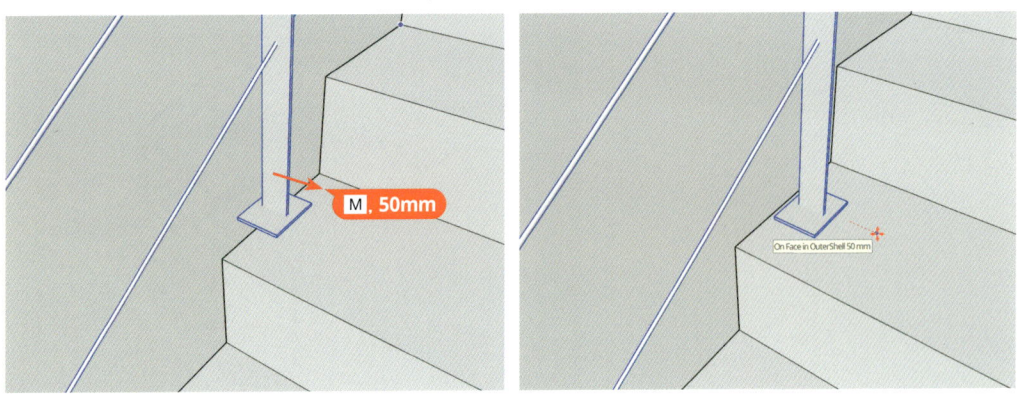

19 ❶ 난간이 선택된 상태에서 슬래브의 끝점을 기준점으로 지정하고 ❷ ↑를 눌러 Z축으로 고정한 후 계단참의 모서리를 클릭해 복사합니다.

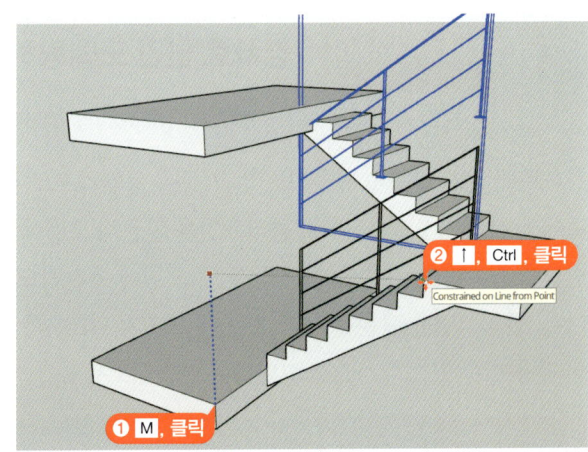

20 복사한 계단을 위쪽 가운데 계단의 모서리 중간점 중심으로 **180°** 회전시킵니다.

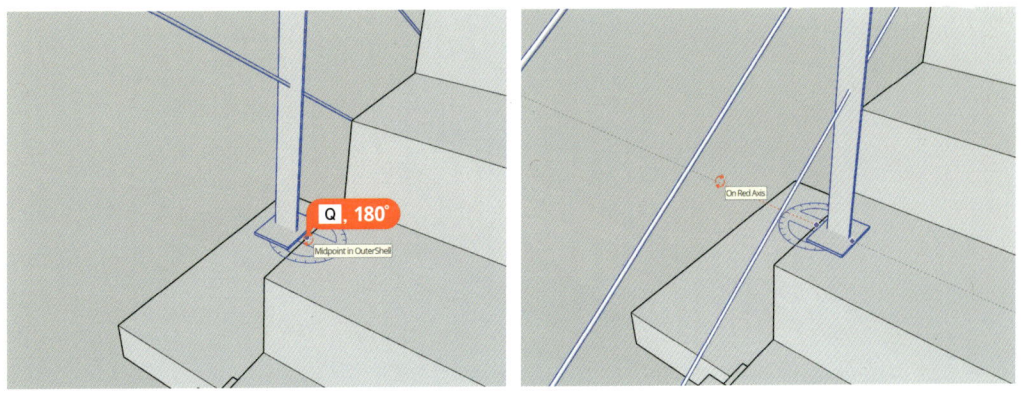

21 모델링에 사용한 가이드라인과 선 등을 정리해 완성합니다.

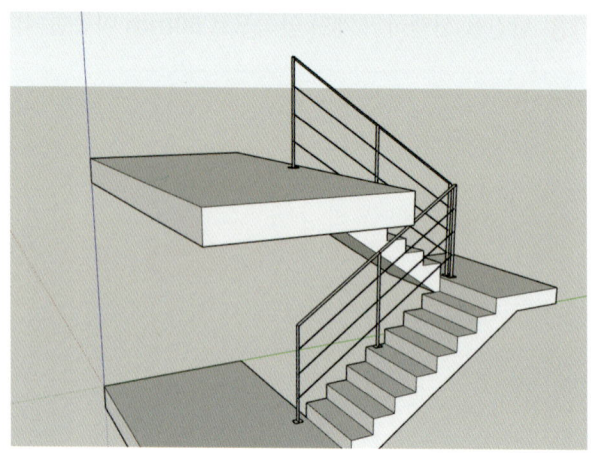

 Basic Training 경사로 난간 모델링하기

준비 파일 | Part 03/경사로난간만들기.skp 완성 파일 | Part 03/경사로난간_완성.skp

경사로에 맞게 난간을 만들고 난간 기둥을 등간격으로 배치하는 예제입니다. 이미 만들어진 경사로에 맞춰 선을 만들기 위해, 플러그인을 활용해 모델에 에지를 추가하고 이를 커브로 추출하는 방법을 학습합니다. 또한 난간 기둥을 커브 위에 등간격으로 배치하기 위한 플러그인 사용법도 다룹니다. 플러그인을 단순히 따라 쓰는 데 그치지 말고, 각 플러그인이 어떤 역할을 하고 어떤 상황에서 활용할 수 있는지 스스로 고민하며 연습해보세요.

실습 결과 미리보기

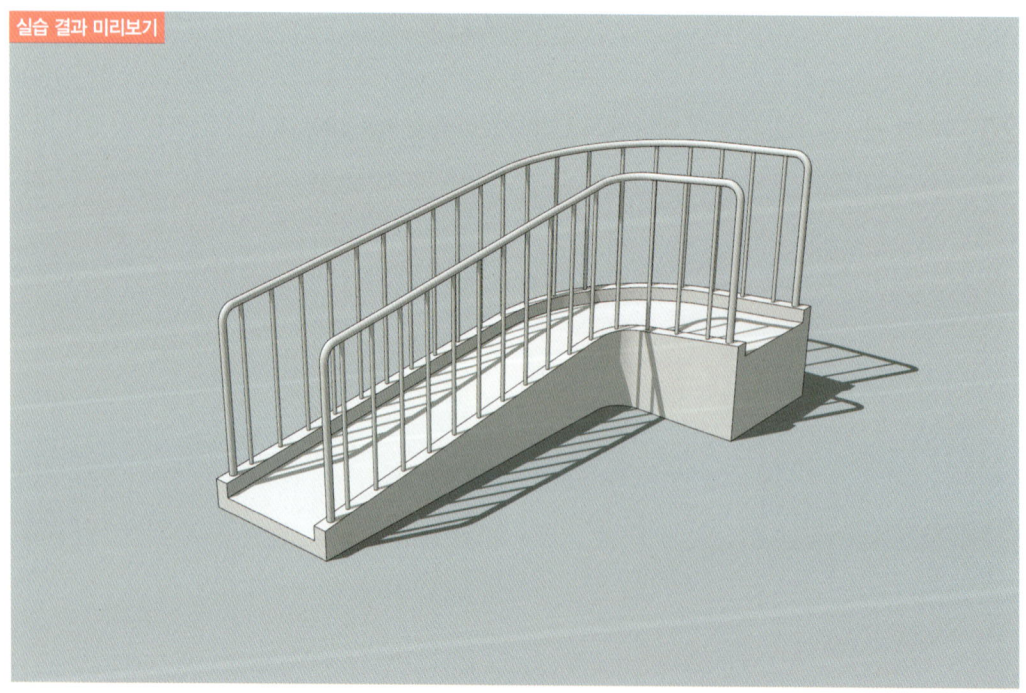

01 ❶ 준비 파일을 불러와 [JHS Powerbar]의 [UnSmooze ◆]를 실행하면 세그먼트가 모두 나타납니다. ❷ 경사로 그룹을 분해합니다.

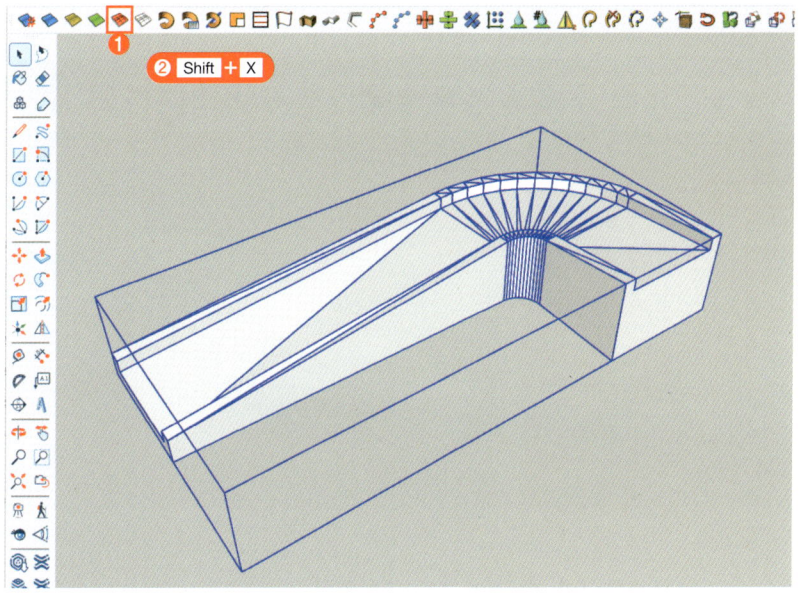

02 ❶ 도구바의 빈 곳에서 마우스 오른쪽 버튼을 클릭해 [QuadFace Tools]를 추가합니다. ❷ 그림과 같이 사각형을 구성하는 두 개의 삼각형을 선택하고 ❸ [Convert Triangulated Mesh to Quads ▦]를 실행합니다. 오른쪽 그림과 같이 객체의 모든 면이 사각형 구조로 바뀝니다.

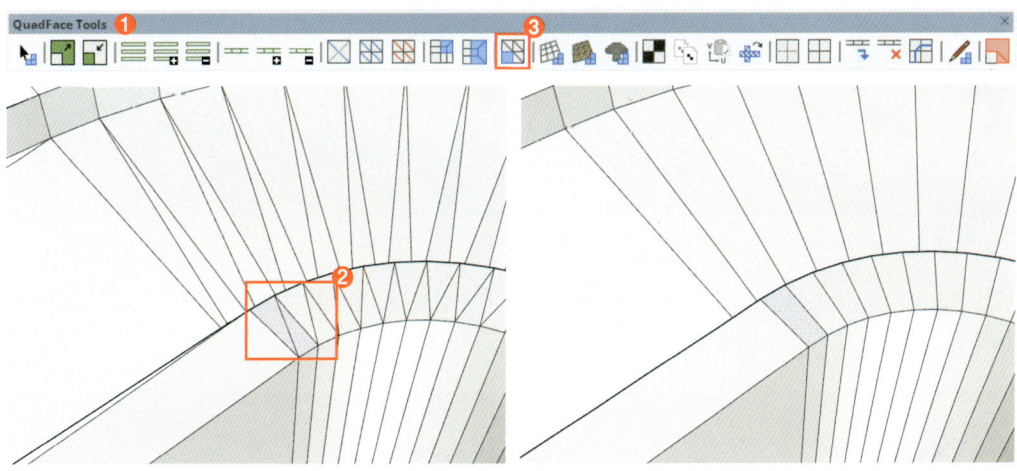

CORE TIP [QuadFace Tools]는 054쪽에서 함께 설치해놓은 상태입니다. 플러그인이 작동하지 않는다면 054쪽의 학습을 다시 확인해보세요.

Lesson 08 난간 모델링 **365**

03 ① 그림과 같이 Shift 를 누른 채로 양쪽의 튀어나온 부분의 에지를 하나씩 선택합니다. ② [Insert Loops]를 실행하면 선택한 에지와 평행 방향의 에지를 모두 연결하는 가운데 에지가 추가됩니다.

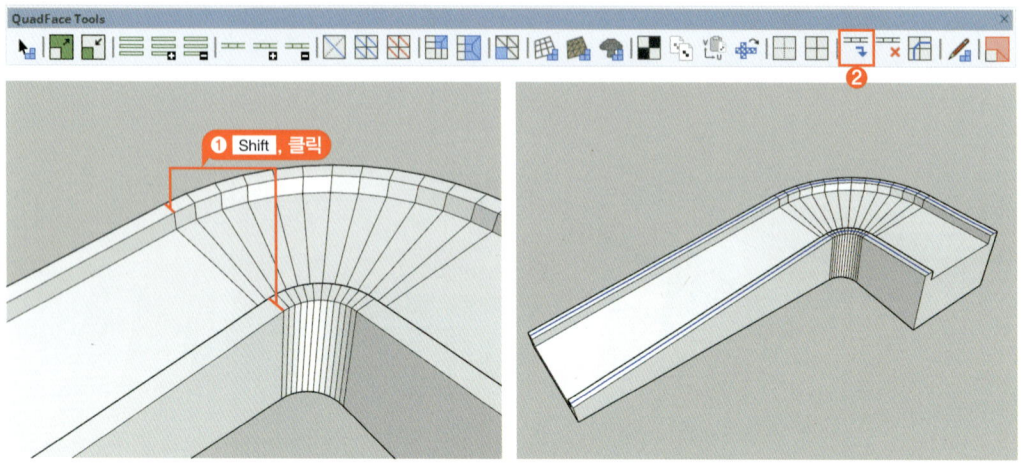

04 ① 추가된 에지를 그대로 그룹화합니다. ② 경사로를 트리플클릭해 모두 선택하고 그룹화합니다.

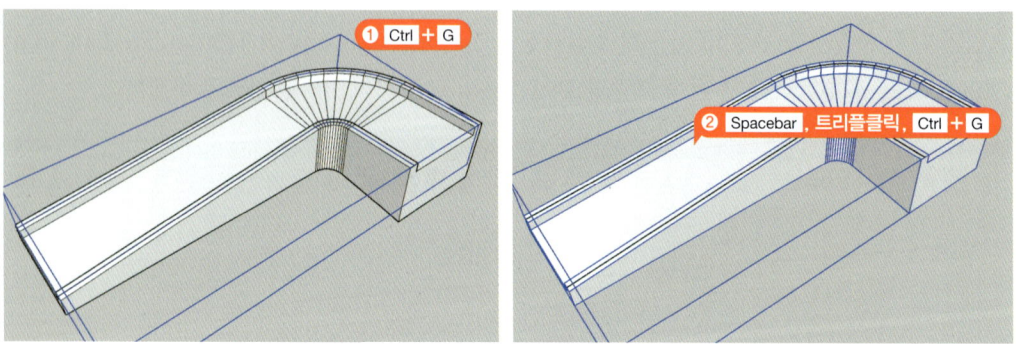

05 ① 경사로 그룹이 선택된 상태에서 H 를 눌러 숨깁니다. ② 경로 그룹을 Z축으로 **1100mm** 위치에 복사합니다.

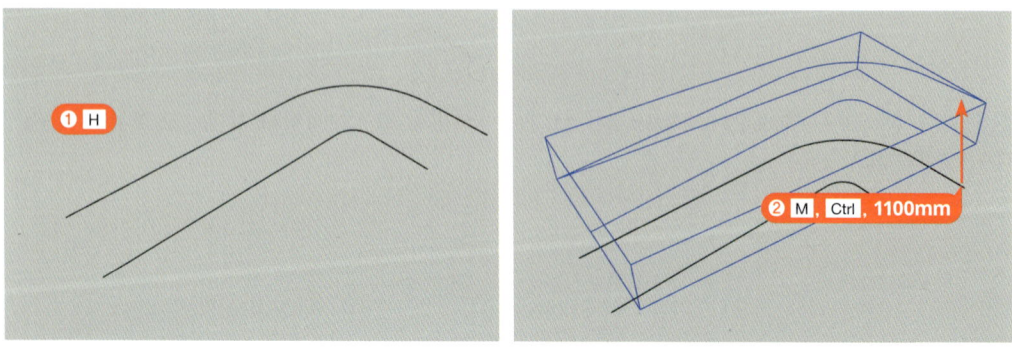

06 ❶ 두 그룹의 끝부분을 선으로 연결합니다. ❷ 선을 그룹을 따라 안쪽으로 **100mm** 이동합니다.

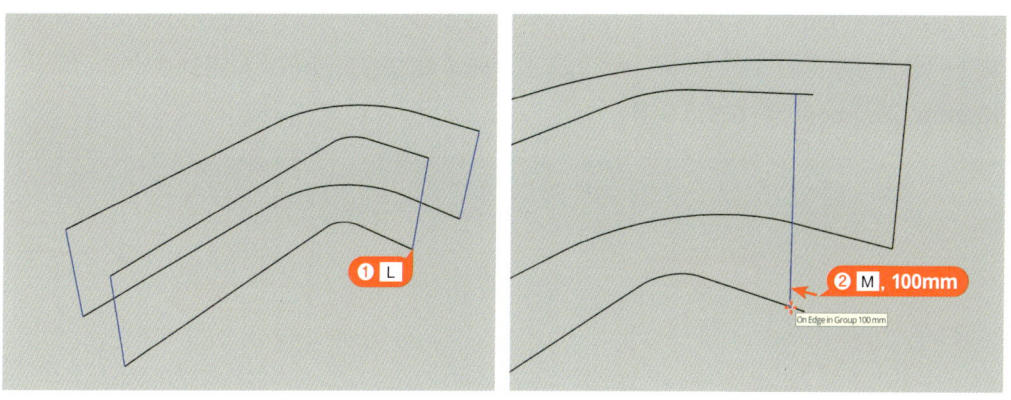

07 나머지 세 군데 선도 그룹 안쪽으로 **100mm** 이동합니다.

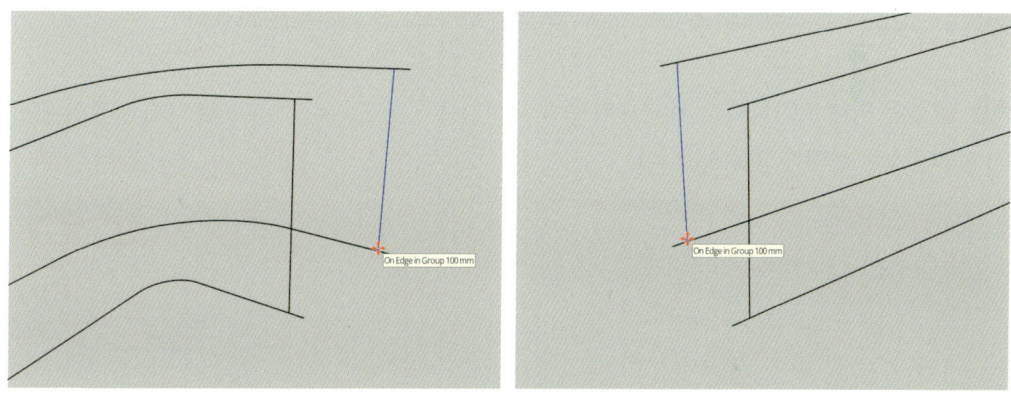

08 ❶ Spacebar 를 눌러 전체를 드래그해 모두 선택합니다. ❷ 경로 그룹을 분해하고 ❸ 모서리에 튀어 나온 에지를 제거합니다.

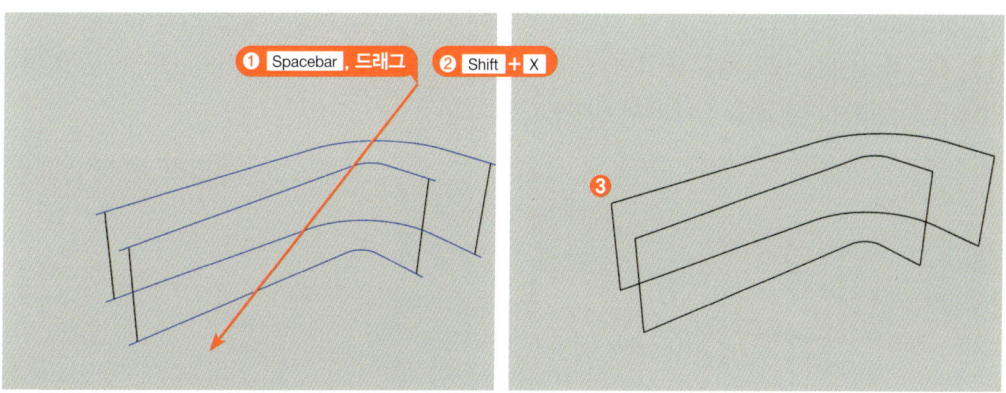

09 ① 그림과 같이 앞쪽에 있는 경로에서 [2 Point Arc ⓐ A]를 실행해 가로 선과 세로 선이 가까운 지점에서 가로 선 임의의 위치를 클릭합니다. ② 세로 선에서 선홍색이 나오는 위치를 찾아 더블클릭해 둥글게 깎습니다. ③ 호를 선택하고 ④ [Entity Info] 트레이에서 [Radius]는 **100mm**, [Segments]는 **6**으로 수정합니다.

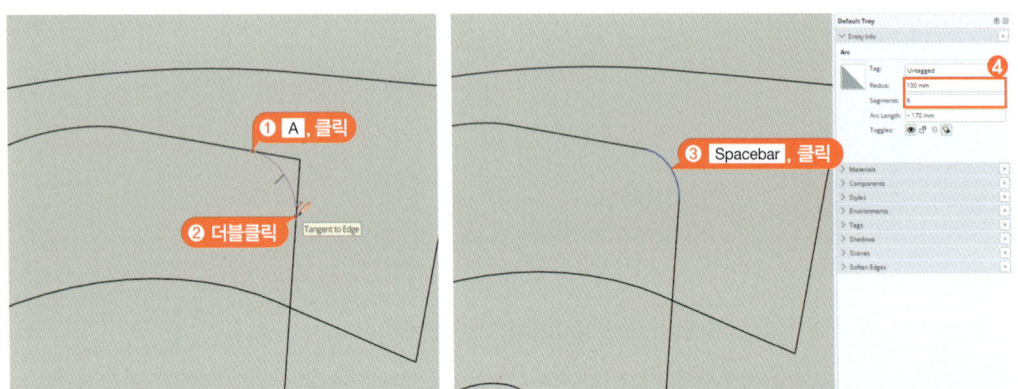

10 ① 같은 방법으로 나머지 세 군데의 위쪽 모서리를 둥글게 처리합니다. ② 그림과 같이 위쪽의 선들만 모두 선택해 그룹화합니다.

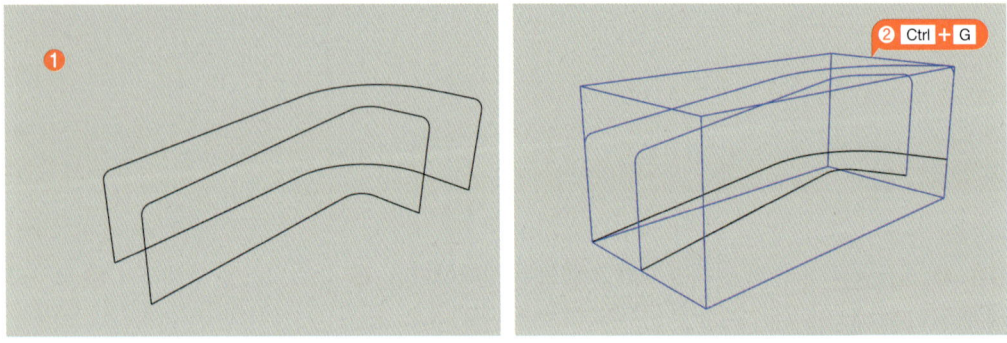

11 ① 그룹을 더블클릭해 열고 그림과 같이 양쪽의 선을 선택합니다. ② [Super Weld ⓐ Alt +W]를 실행해 이어진 선을 하나의 커브로 연결합니다.

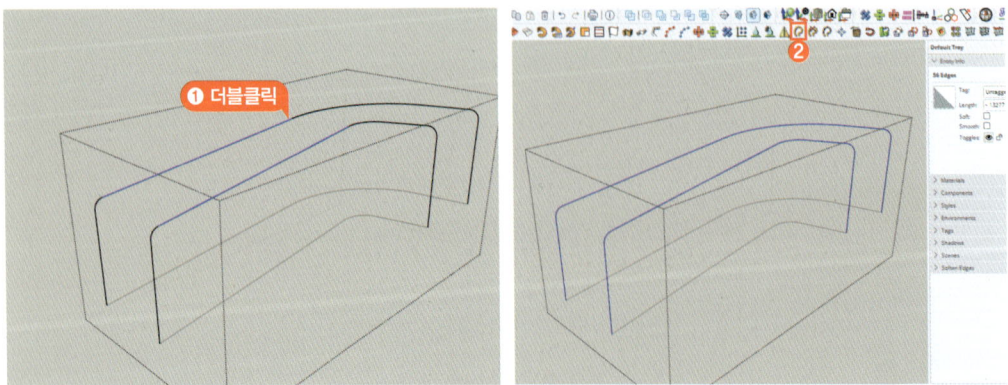

12 ❶ 두 커브가 선택된 상태에서 [Lines to Tube]를 실행합니다. ❷ [Diameter]는 **50**, [Precision]은 **12**를 입력하고 ❸ [OK]를 클릭합니다. ❹ 경로가 계속 선택된 상태에서 경로를 삭제합니다. ❺ 난간이 모두 완성되면 화면의 빈 곳을 클릭해 그룹을 닫고 숨깁니다.

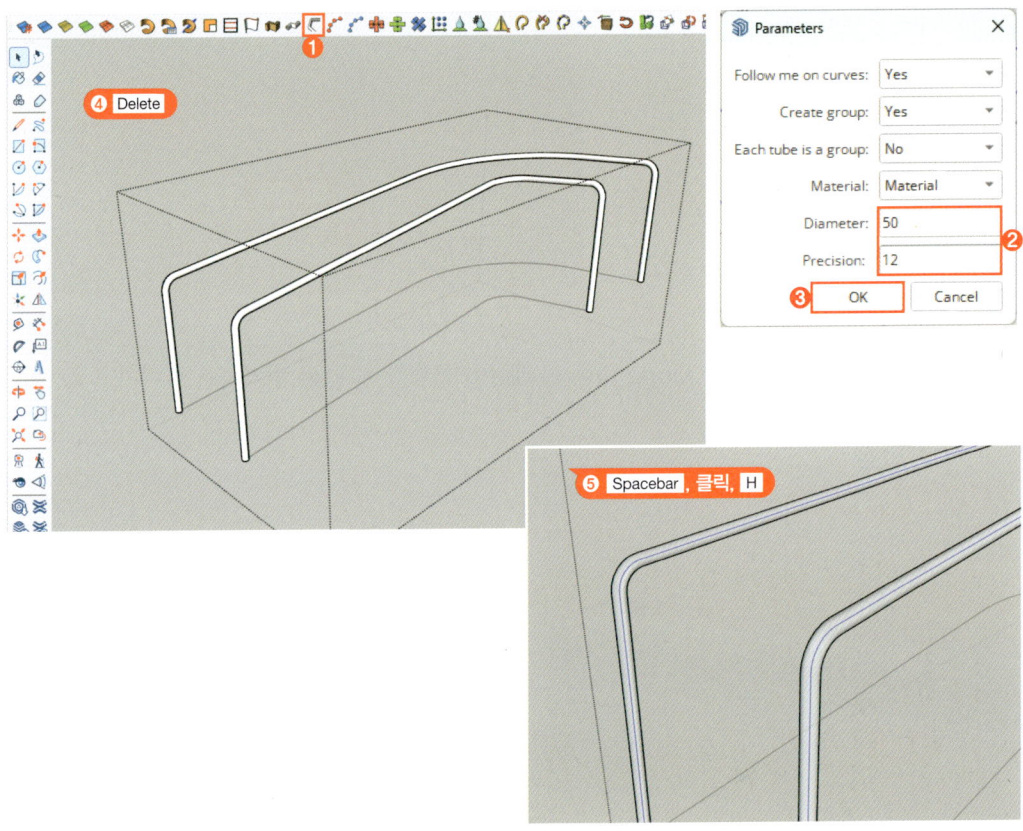

13 ❶ **반지름 12.5mm**, **높이 1100mm**의 원기둥을 만들고 그룹화합니다. ❷ 원기둥의 밑면 중심을 경로 왼쪽 끝부분으로 이동합니다.

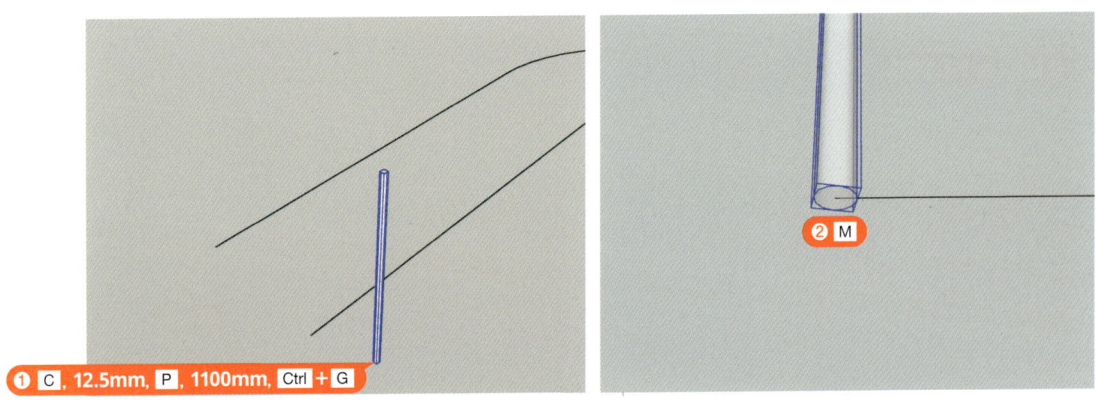

Lesson 08 난간 모델링

14 원기둥을 반대편 경로에 복사합니다.

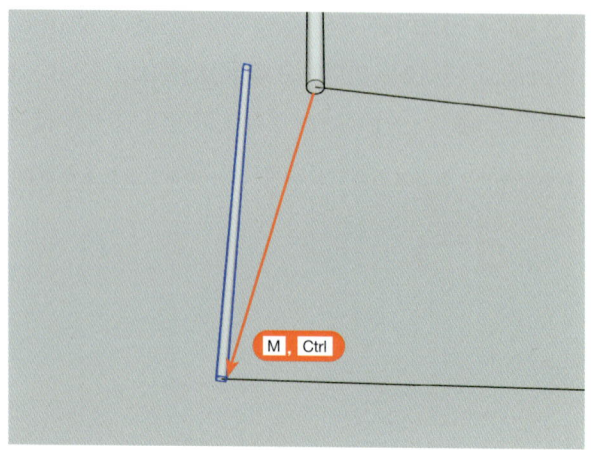

15 ❶ [Extensions]-[Copy Along Curve] 메뉴를 클릭합니다. ❷ 원기둥을 클릭하고 ❸ 아래의 경로를 클릭합니다.

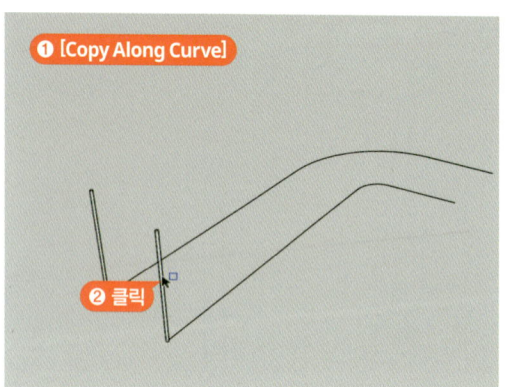
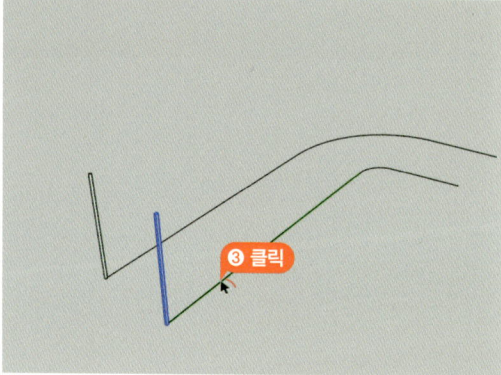

16 기둥이 기울어진 것은 경로에 맞춰 정렬되었기 때문입니다. ❶ ←를 눌러 정렬을 해제하고 ❷ **15c**를 입력해 기둥을 배열합니다. ❸ 화면의 빈 곳을 클릭하면 다음 배열을 진행할 수 있습니다.

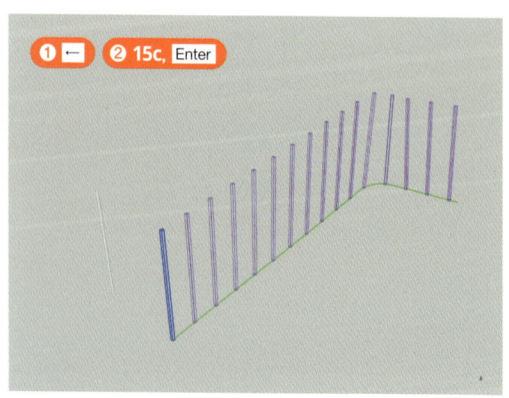
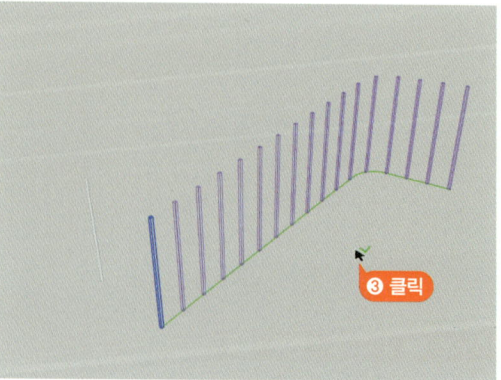

CORE TIP 플러그인의 사용법은 화면 아래의 상태 표시줄에 표시됩니다. 책의 설명을 외우려 하지 말고 그때그때 상태 표시줄의 내용을 참고해 작업을 진행하세요.

17 ❶ 반대편 기둥을 선택하고 ❷ 경로를 선택합니다. ❸ **20c**를 입력해 기둥을 배열하고 ❹ 화면의 빈 곳을 클릭합니다. ❺ Spacebar 를 눌러 명령을 종료합니다.

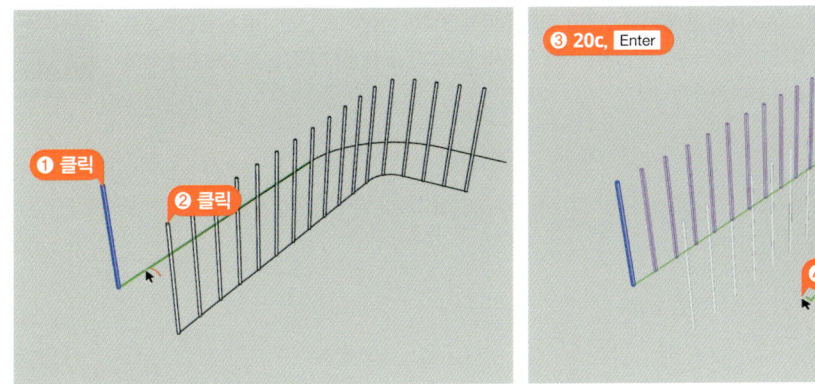

18 ❶ 그림과 같이 양끝의 기둥 네 개와 경로를 선택하고 삭제합니다. ❷ 숨겨놓은 모델을 보이게 합니다.

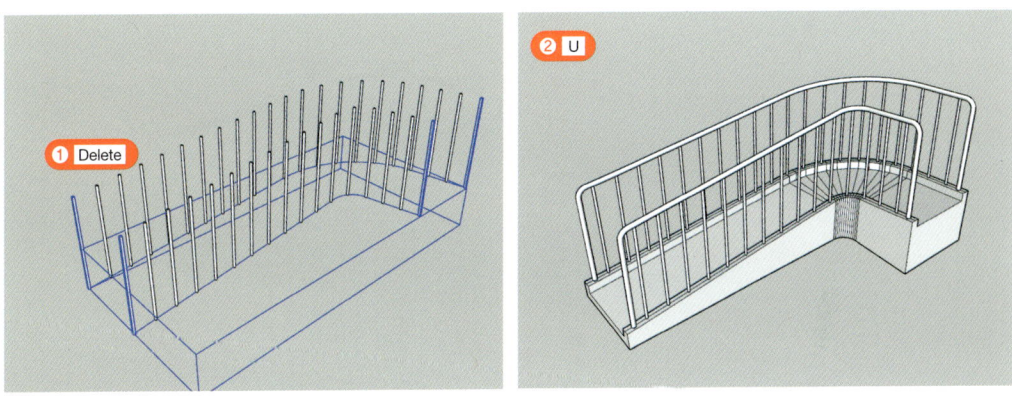

19 ❶ 경사로를 선택하고 ❷ [AMS Smooth Run ◐]을 실행해 완성합니다.

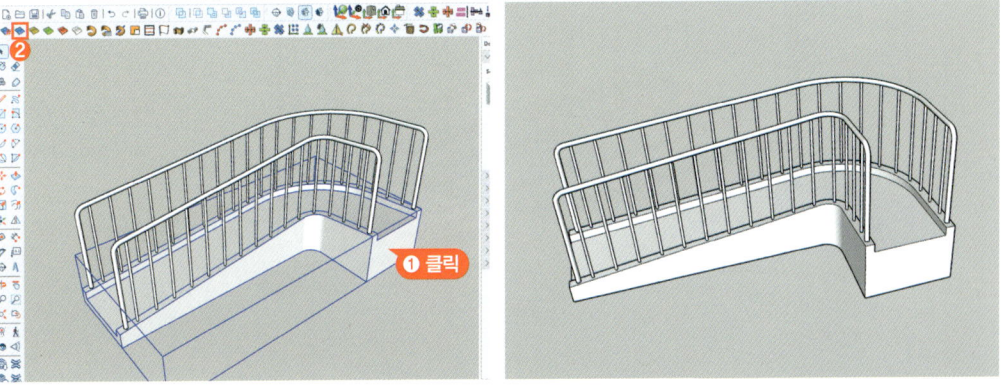

Lesson 08 난간 모델링

 **Self Training** 다양한 형태의 난간 모델링 연습하기

[Follow Me]와 [Tape Measure Tool]을 활용해 단면을 경로를 따라 정확히 생성하고, 난간 기둥은 등간격으로 배치해보세요. 프로토타입 플러그인에 의존하기보다는 기능 위주의 플러그인을 응용해 자유롭게 다양한 형태의 난간을 만들 수 있도록 연습하는 것이 중요합니다.

실습 따라 하기

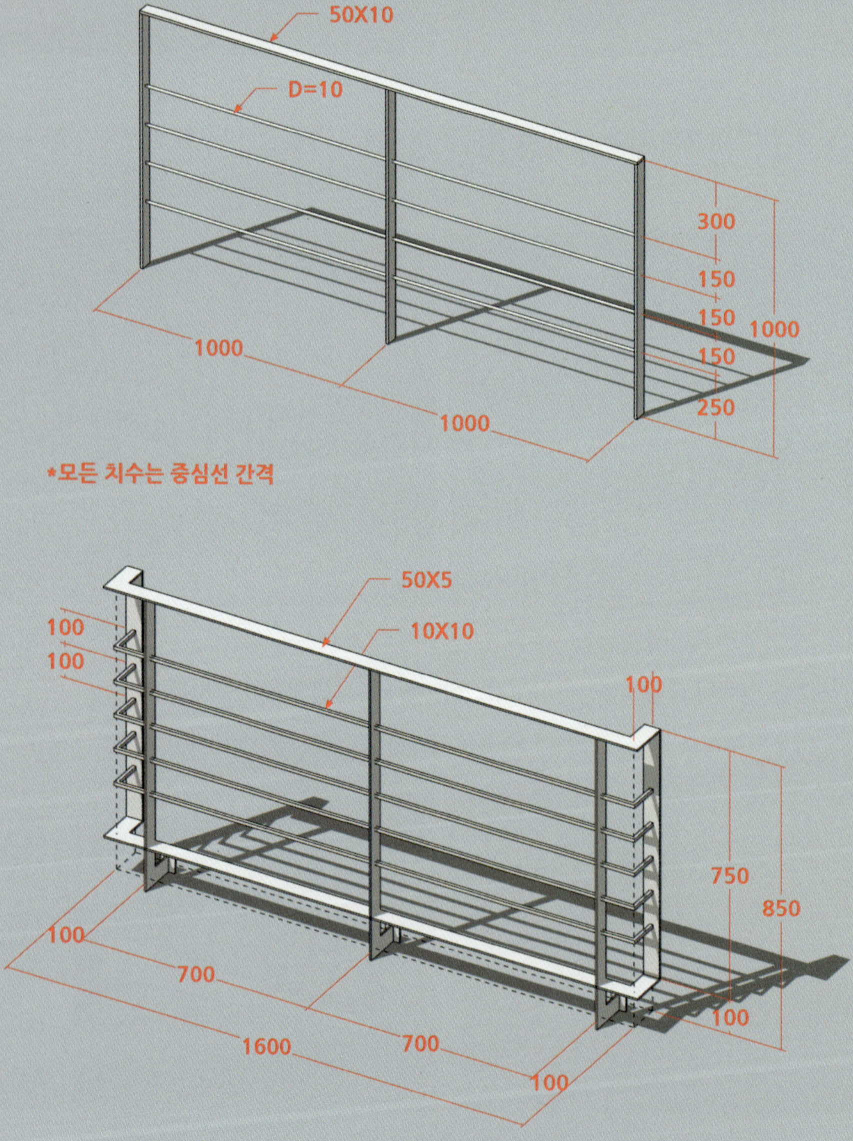

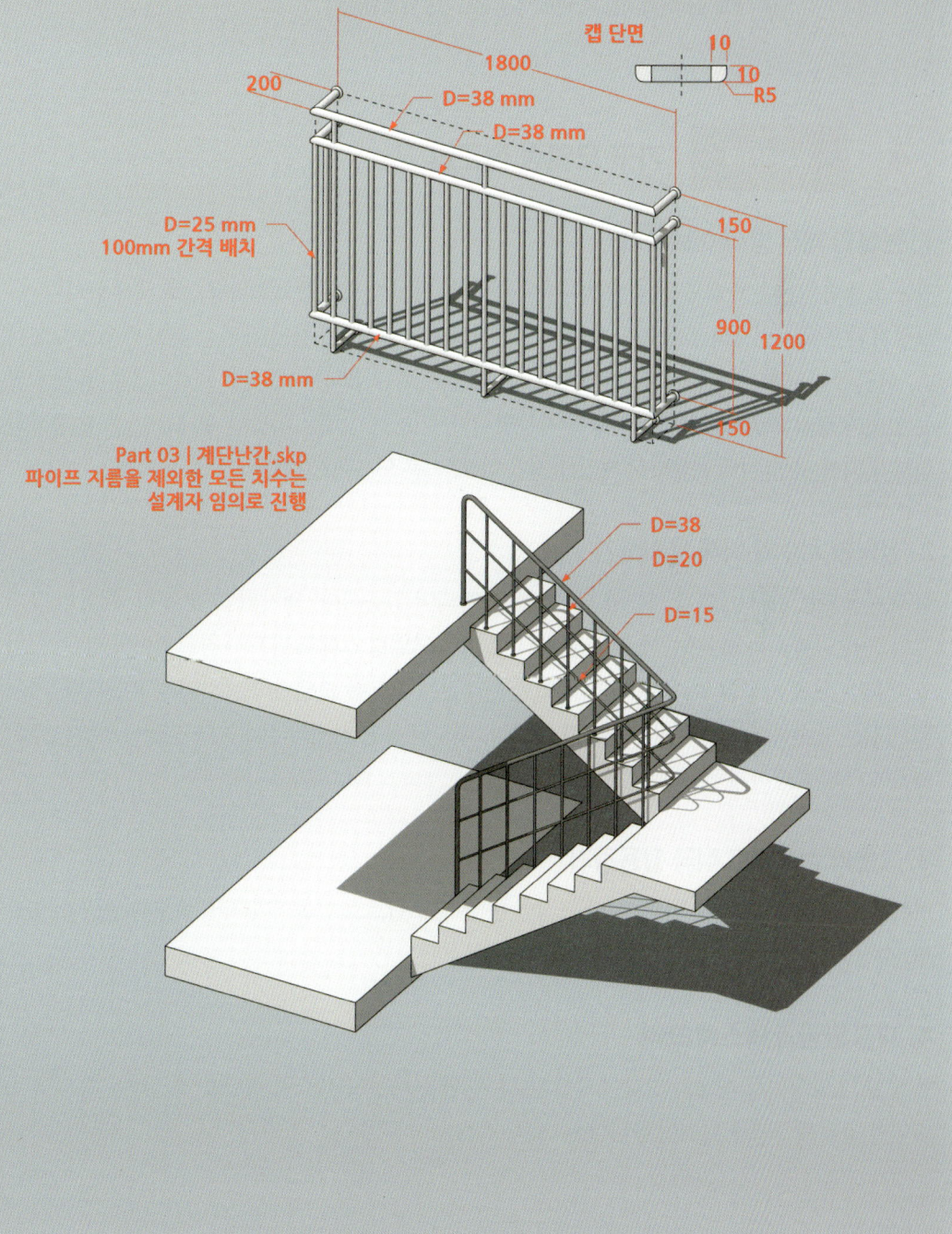

Lesson 09 | 가구 모델링

Check Point
- ☑ 가구를 실제 제작 방식이나 순서에 맞게 만들 수 있는가?
- ☑ [Follow Me ]의 여러 가지 활용법에 대해 이해하고 있는가?
- ☑ 호나 모깎기의 적정 세그먼트 수는 어느 정도가 적정한가?

 Warm Up — 가구 모델링 접근법

1. 현실의 제작 방식 이해하기

가구 모델링은 단순히 겉모습만 만드는 것이 아니라, 현실의 제작방식을 바탕으로 해야 합니다. 그렇기 때문에 무엇보다 실제 가구가 어떻게 제작되고 조립되는지를 이해하는 것이 매우 중요합니다. 어떤 부분이 따로 만들어져 조립되는지, 어떤 순서로 조립되는지, 어떤 재료가 쓰이는지를 알고 있어야 정밀하고 사실적인 모델링이 가능합니다. 이러한 이해는 복잡한 형태를 만들 때 중요한 힌트가 되며, 추후 디테일 추가나 재질 설정을 할 때도 큰 도움이 됩니다.

2. 정확한 치수와 비례 유지하기

실제 사용되는 가구는 인체 치수와 밀접하게 연결되어 있습니다. 의자의 좌판 높이, 책상의 폭과 깊이 등은 인체공학적인 기준에 따라 설계되며, 이는 모델링 시에도 반드시 참고되어야 합니다. 만약 정확한 실측 치수를 알 수 없다면, 최소한 비례감에 맞도록 모델링하는 것이 중요합니다. 가구의 비례는 단순히 해당 가구의 모양뿐만 아니라, 배치될 공간 전체의 비례와 공간감에 영향을 주기 때문에 특히 신중하게 접근해야 합니다.

3. 그룹과 컴포넌트 적극 활용하기

반복되는 구조물(예: 의자 다리, 선반 프레임 등)은 컴포넌트로 만들어야 작업 속도를 높일 수 있으며, 수정을 한 번에 반영할 수 있어 관리도 편리합니다.

4. 재질 방향과 텍스처 고려

목재 무늬 방향처럼 재질의 방향이 중요한 경우, 면을 나누고 텍스처 방향을 조정하는 등의 후속 작업을 고려해 구조를 나눠야 합니다.

5. 곡면 표현 시 과도한 세그먼트 주의

라운드 처리나 곡면 표현이 필요한 경우 너무 많은 세그먼트를 사용하면 파일 용량이 커지고 렌더링 성능에도 영향을 줄 수 있으므로 적절히 단순화할 수 있는 감각이 필요합니다.

6. 플러그인 사용 시 안정성 확인

곡선 처리, 부재 분해, 재질 설정 등을 자동화하는 플러그인이 많지만, 사용 중 오류가 발생할 수 있으므로 작업 전 저장을 꼭 하고, 플러그인 기능을 정확히 이해하고 사용해야 합니다.

 **Basic Training** 철제 선반장 모델링하기

완성 파일 | Part 03/철제선반장_완성.skp

철제 프레임 사이에 목재 선반을 얹은 선반장을 모델링하는 예제입니다. 실제 가구의 제작 방식과 같은 방식으로 모델링을 진행할 것입니다. 단순히 스케치업으로 모델을 만드는 것이 아니라 직접 가구를 만든다는 생각으로 모델링해야 합니다. 다음 예제를 통해 이런 관점을 자연스럽게 익히기 바랍니다.

실습 결과 미리보기

01 ❶ X축을 기준으로 **폭 350mm**, **길이 1800mm** 크기의 사각형을 만듭니다. ❷ 그림과 같이 오른쪽 에지에서 안쪽으로 **50mm** 떨어진 가이드라인을 만듭니다.

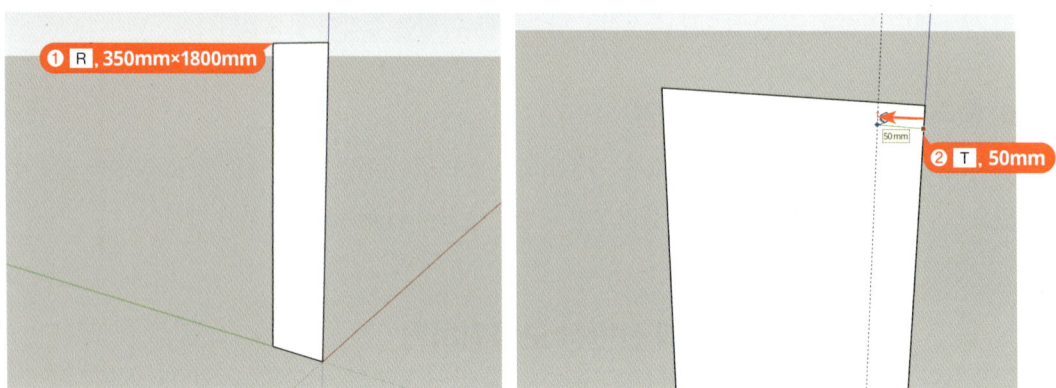

02 ❶ [2 Point Arc ◢] A 를 실행합니다. ❷ **6**을 입력하고 Enter 를 눌러 세그먼트 수를 바꿉니다. ❸ 가이드라인의 교차점을 이용해 모서리를 둥글게 깎습니다.

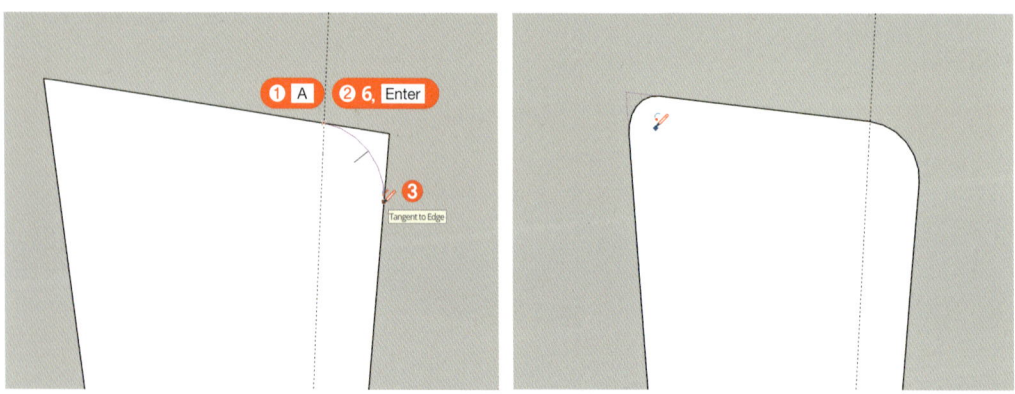

03 ❶ 아래쪽 에지를 제외한 바깥쪽 에지를 선택하고 안쪽으로 **20mm** 오프셋합니다. ❷ 아래쪽 에지를 제거합니다.

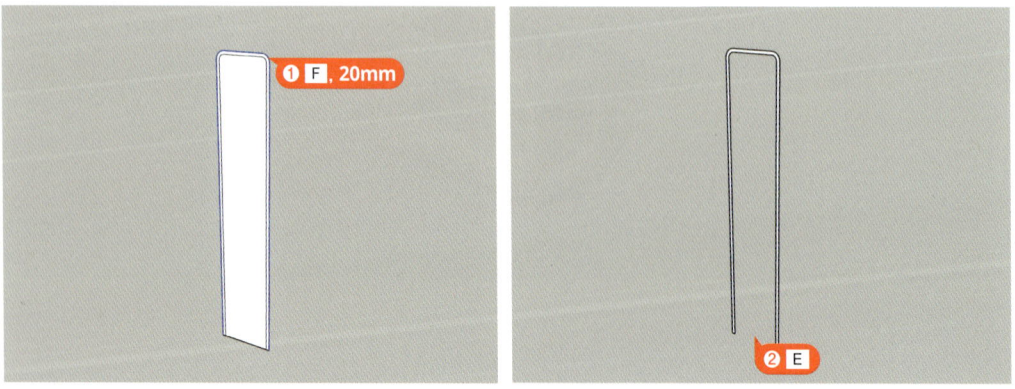

04 ❶ **20mm** 끌어당겨 사각 파이프를 만들고 ❷ 그룹화합니다. ❸ [AMS Smooth Run ◆]을 실행해 호와 직선이 만나는 모서리의 에지를 부드럽게 만듭니다.

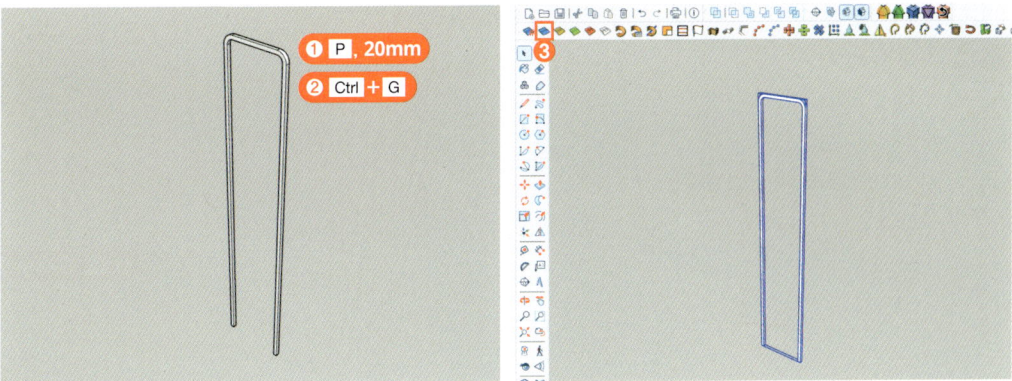

05 프레임을 오른쪽으로 **780mm** 이동 복사합니다.

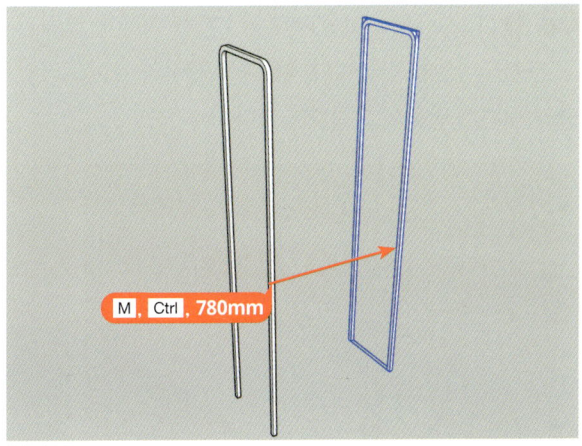

06 ❶ 그림과 같이 프레임의 안쪽으로 사각형을 만들고 ❷ 안쪽으로 **20mm** 오프셋합니다. ❸ 안쪽 면을 삭제하고 ❹ **20mm** 위로 끌어당겨 사각 파이프를 만들고 ❺ 그룹화합니다.

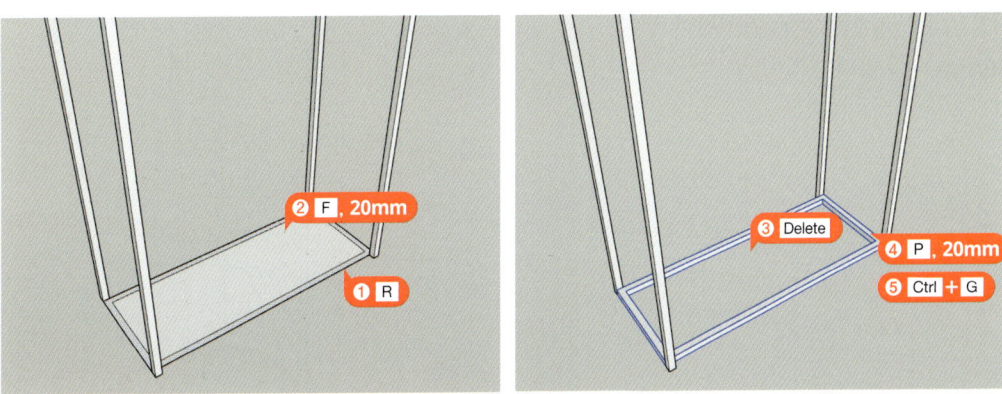

07 ❶ 사각 파이프 위에 같은 크기의 사각형을 만듭니다. ❷ **20mm** 위로 끌어당겨 판을 만들고 그룹화합니다.

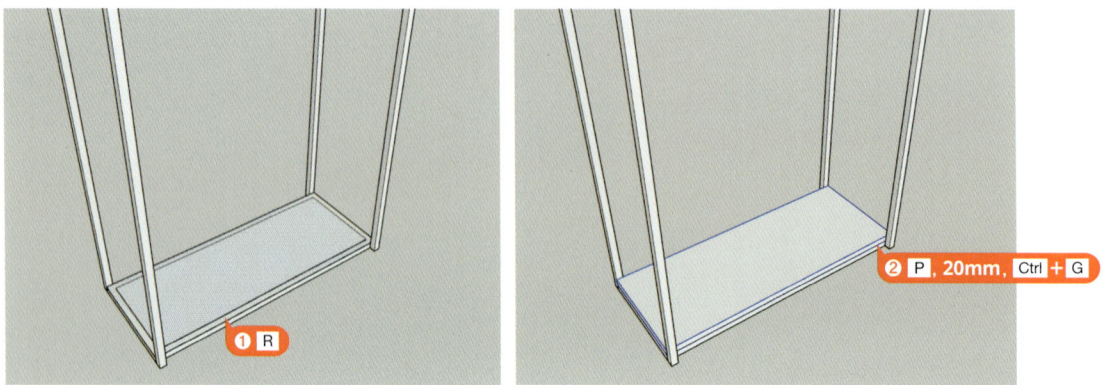

08 ❶ [Tape Measure Tool ⌀ T]을 이용해 그림과 같이 뒤쪽 에지에서 앞쪽으로 **15mm** 떨어진 가이드라인을 만듭니다. ❷ 뒤쪽 에지와 가이드라인 사이에 사각형을 만들고 **60mm** 위로 끌어당겨 뒷판을 만들어 그룹화합니다.

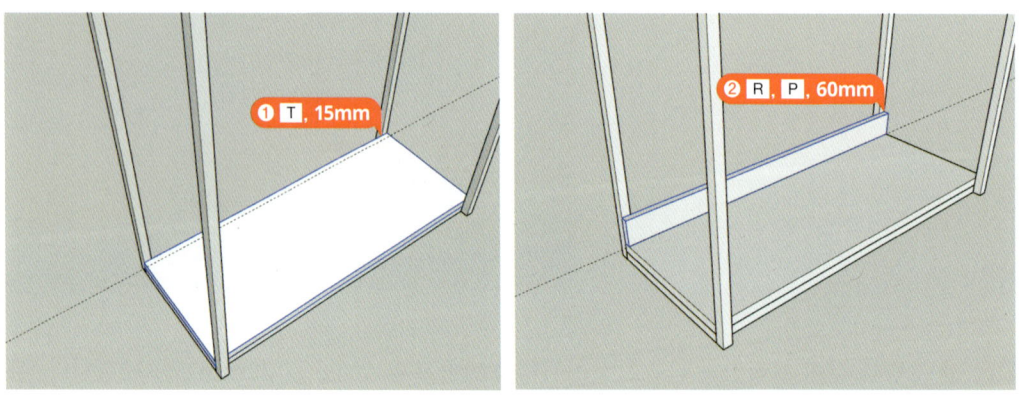

09 선반 부재를 모두 선택하고 위로 **50mm** 이동합니다.

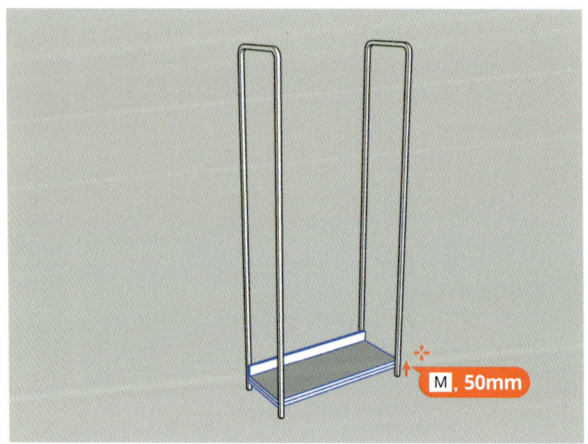

10 ❶ 선반을 위로 **320mm** 높이로 복사하고 ❷ **5***를 입력해 나머지 선반을 복사한 후 완성합니다.

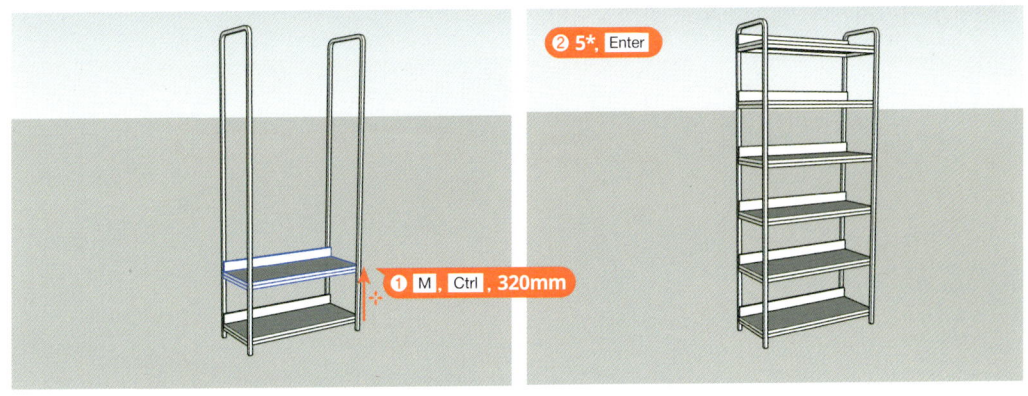

 **식탁 모델링하기**

완성 파일 | Part 03/식탁_완성.skp

모서리가 둥근 식탁을 모델링하는 예제입니다. 스케치업은 모델링 명령이 적지만 하나의 명령이 다양한 기능을 수행하기 때문에 적은 명령으로도 여러 가지 형태를 만들 수 있습니다. 다음 예제를 통해 [Follow Me ⟲][F]를 이용해 부재의 일부를 깎아내는 것과 같은 현실의 작업을 스케치업에서 진행하는 방법을 익혀보세요.

01 ① 폭 **1200mm**, 길이 **750mm** 크기의 사각형을 만들고 ② **30mm** 끌어당겨 상판을 만듭니다. ③ 모서리의 세로 에지를 하나 선택하고 ④ [QuadFace Tools]의 [Select Ring ≡ Alt + R]을 실행해 모서리의 세로 에지를 모두 선택합니다.

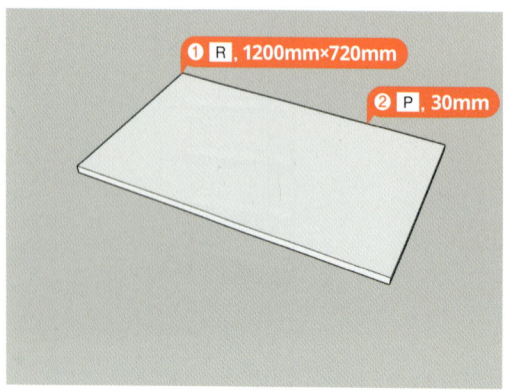
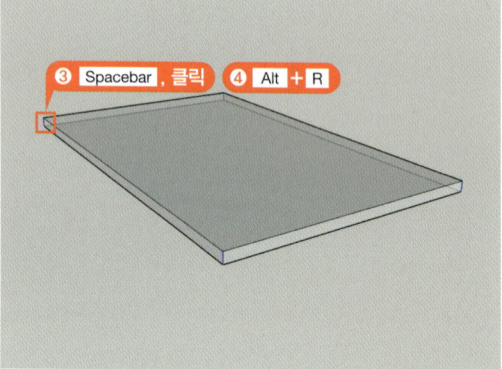

02 ① [Fredo Corner]-[Bevel 🔺]을 실행합니다. ② [Offset]에 **50mm**를 입력하고 ③ 화면의 빈 곳을 두 번 클릭해 적용합니다.

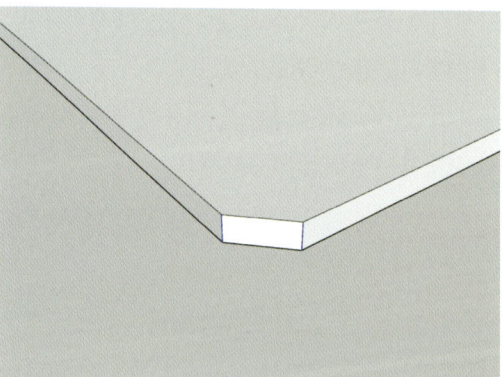

03 ① 모서리의 세로 에지가 선택된 상태에서 [Select Ring ≡ Alt + R]을 실행해 세로 에지를 모두 선택하고 ② [FredoCorner]의 [Round 🔺]를 실행합니다. ③ [Radius]는 **40mm**, [Seg]는 **2s**, [Profile]은 [Circle]을 선택하고 ④ 화면을 두 번 클릭해 적용합니다.

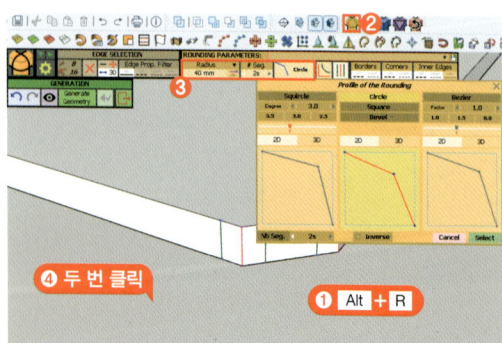
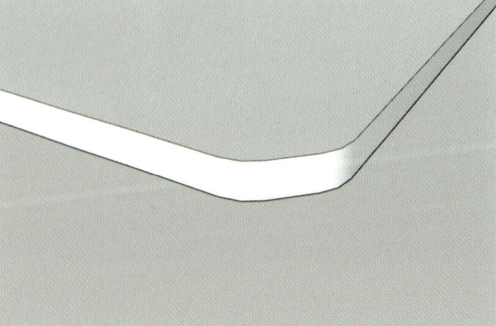

04 ❶ [Tape Measure Tool ⊘ T]을 실행하고 상판의 오른쪽 아래 모서리를 더블클릭해 가이드라인을 만듭니다. ❷ [Rectangle ⊘ R]을 실행하고 Y축을 기준으로 **폭 30mm, 길이 30mm** 크기의 사각형을 만듭니다.

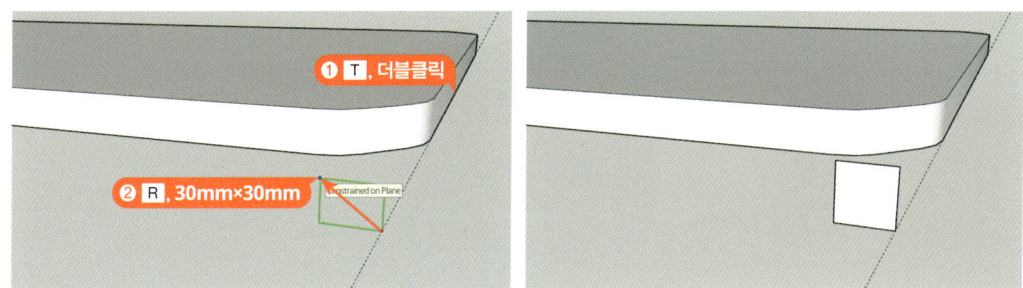

05 ❶ [2 Point Arc ⊘ A]를 실행하고 ❷ 3을 입력한 후 Enter를 눌러 세그먼트 수를 3으로 바꿉니다. ❸ 왼쪽 위의 모서리를 클릭하고 ❹ 하늘색 호가 나타나면 그림과 비슷한 임의로 위치를 더블클릭합니다. ❺ 호의 끝점을 클릭하고 ❻ 오른쪽 모서리 위에서 마우스 포인터를 이동해 선홍색 호가 표시되는 지점을 찾아 더블클릭합니다.

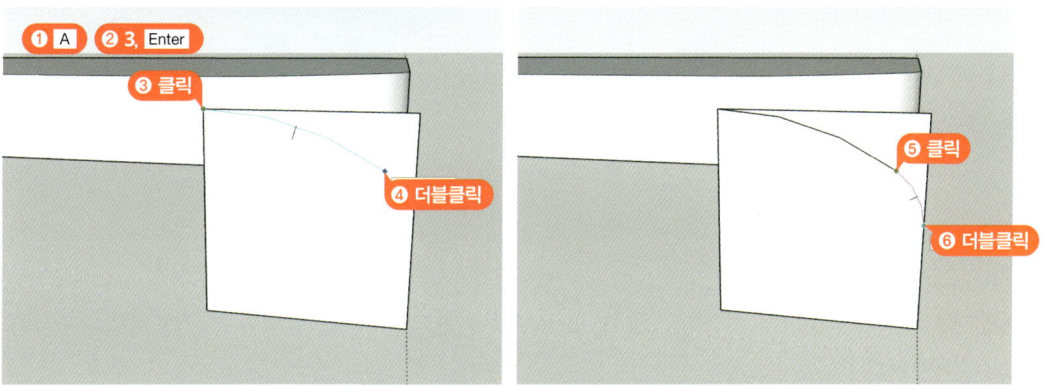

06 ❶ 계속해서 호의 끝점을 클릭하고 ❷ 그림과 비슷한 임의의 위치를 찾아 더블클릭합니다. ❸ 호의 끝점에서 사각형의 밑변까지 연장선을 그립니다.

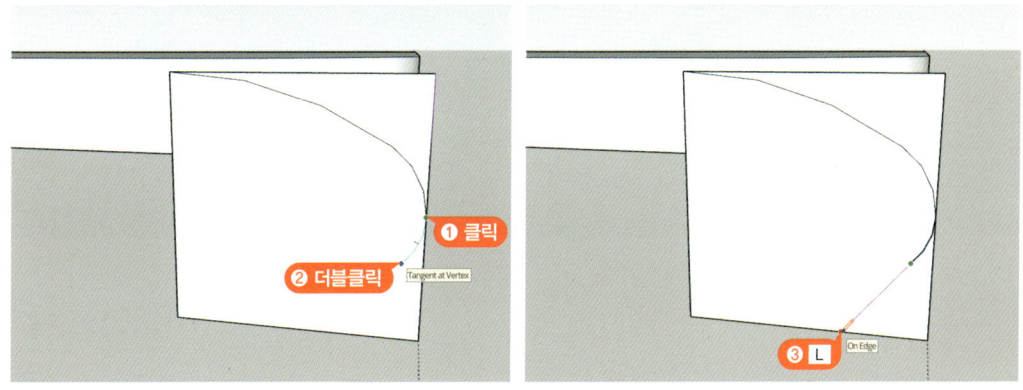

07 사각형의 왼쪽과 아래 부분의 에지를 삭제해 오른쪽 부분만 남깁니다.

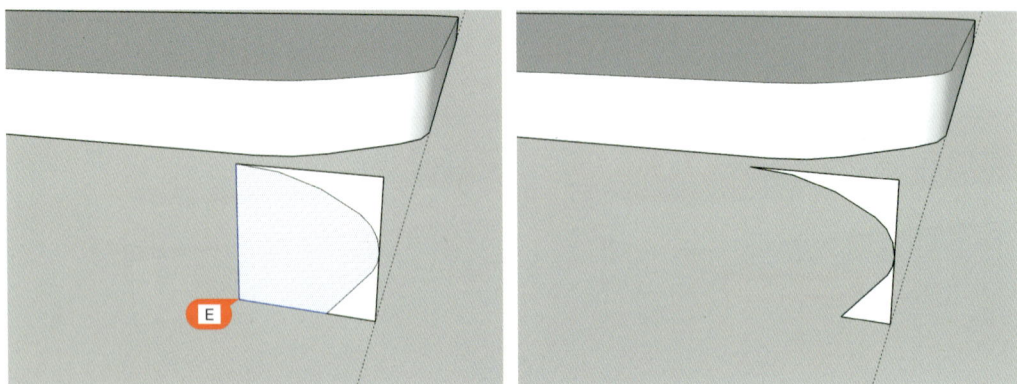

08 ❶ 완성된 프로파일을 상판 안쪽으로 이동합니다. ❷ 상판의 윗면을 선택하고 숨깁니다.

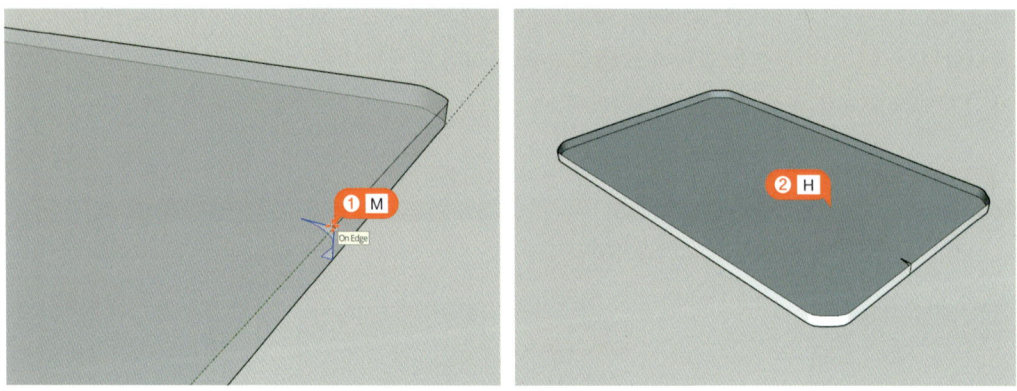

09 ❶ 상판의 아랫면을 선택하고 ❷ [Follow Me ⟲] Shift + F 를 실행한 후 프로파일의 아래쪽을 선택합니다.

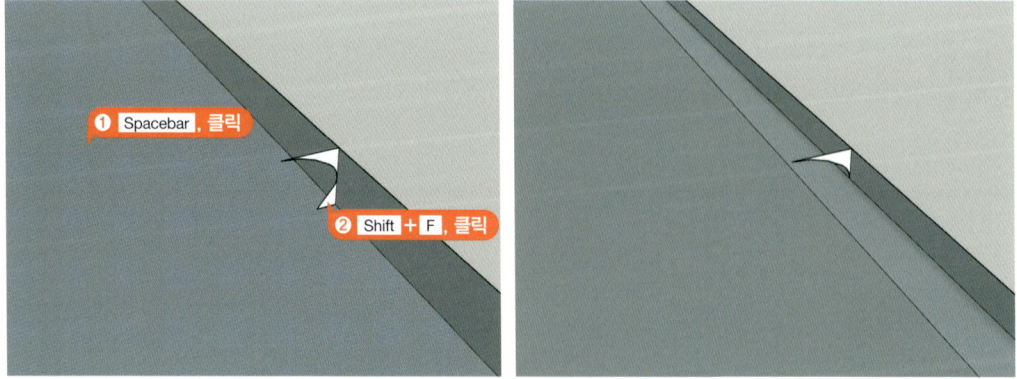

10 ❶ 아랫면을 선택하고 ❷ [Follow Me] Shift + F 를 실행한 후 남은 프로파일을 선택합니다.

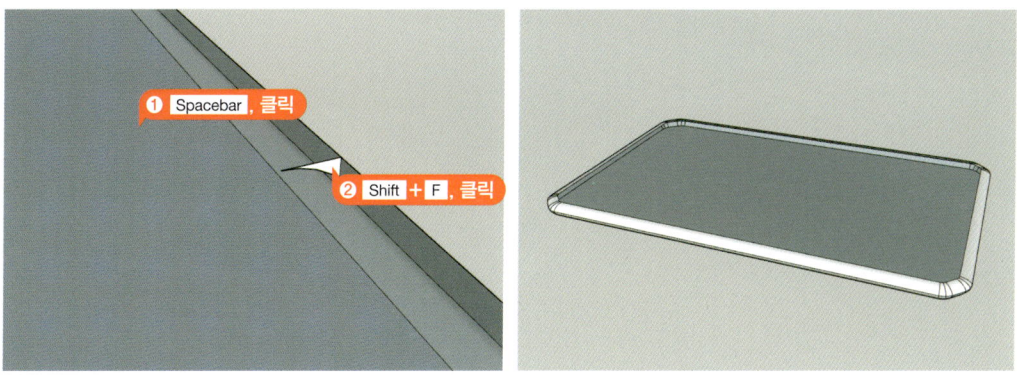

11 ❶ U 를 눌러 숨겨놓은 윗면을 다시 보이게 합니다. ❷ [Styles] 트레이의 [Edit] 탭에서 [Endpoints]에 체크하면 정점의 위치를 확인할 수 있습니다. ❸ 프로파일이 있던 곳에 불필요한 정점이 생긴 것을 알 수 있습니다. ❹ [CleanUp³ F2]을 실행해 정점을 제거합니다.

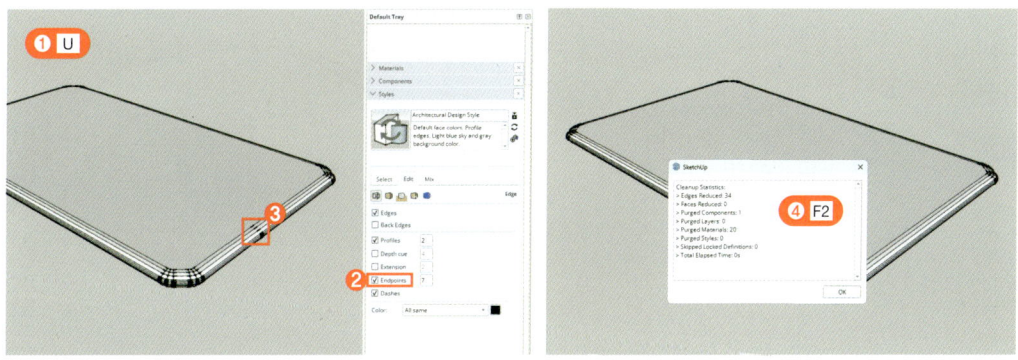

12 ❶ 상판을 그룹화하고 ❷ [AMS Smooth Run]을 실행해 에지를 부드럽게 표현합니다.

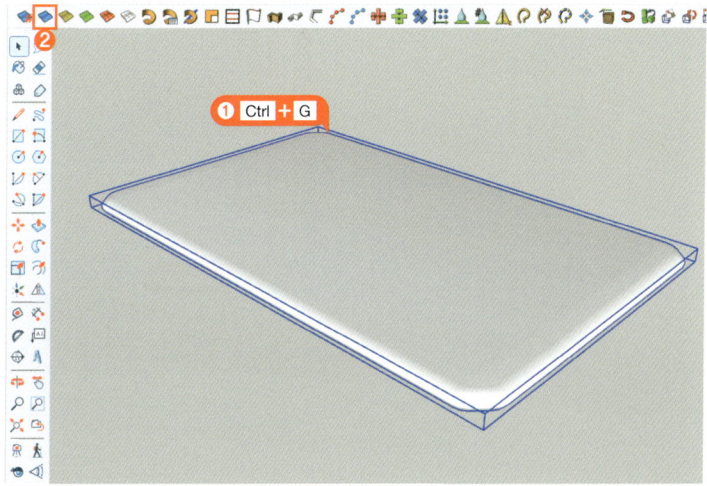

Lesson 09 가구 모델링

13 ❶ 상판의 아래 모서리에서 안쪽으로 **30mm** 떨어진 가이드라인을 만듭니다. ❷ 상판의 밑면에 그림과 같이 **폭 70mm**, **길이 40mm** 크기의 사각형을 만듭니다.

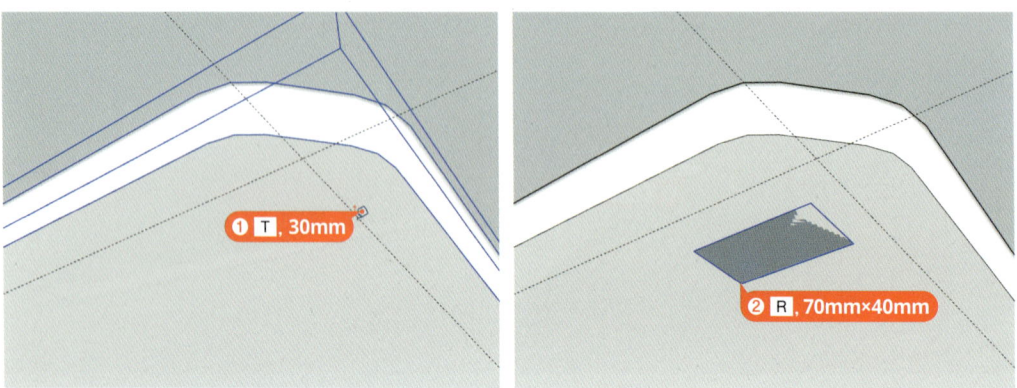

14 ❶ 그림과 같이 사각형의 짧은 에지를 가이드라인의 교차점으로 옮깁니다. ❷ 가이드라인의 교차점을 중심으로 안쪽(시계 반대 방향)으로 **45°** 회전합니다.

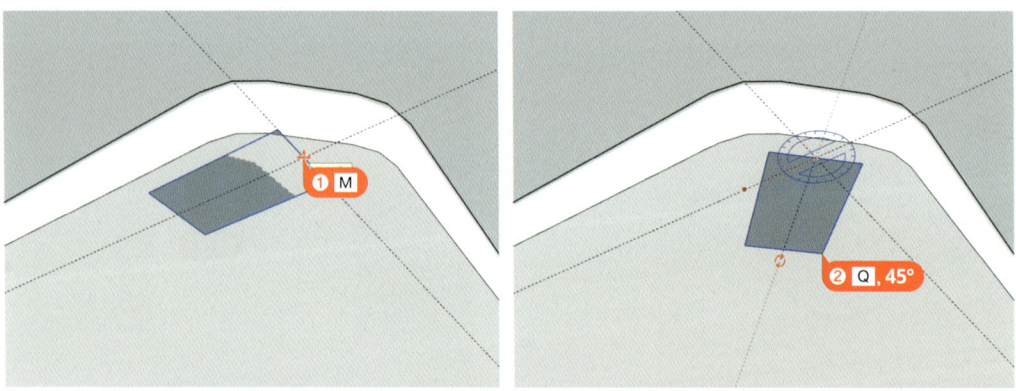

15 사각형을 **700mm** 아래로 끌어내립니다.

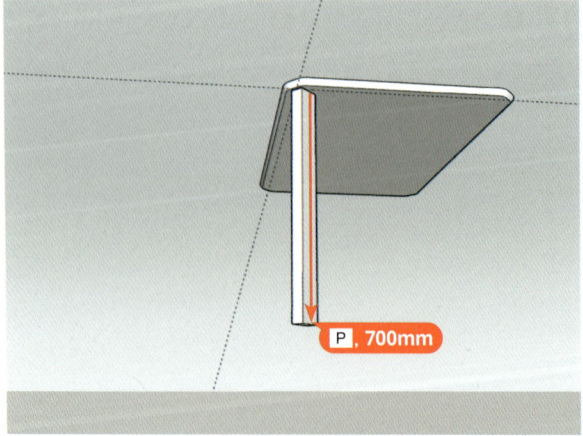

16 ❶ 다리의 위쪽 모서리에서 아래로 **100mm** 위치에 가이드 포인트를 만듭니다. ❷ 다리의 바깥쪽 아래 모서리에서 **8mm** 안쪽으로 가이드 포인트를 만듭니다.

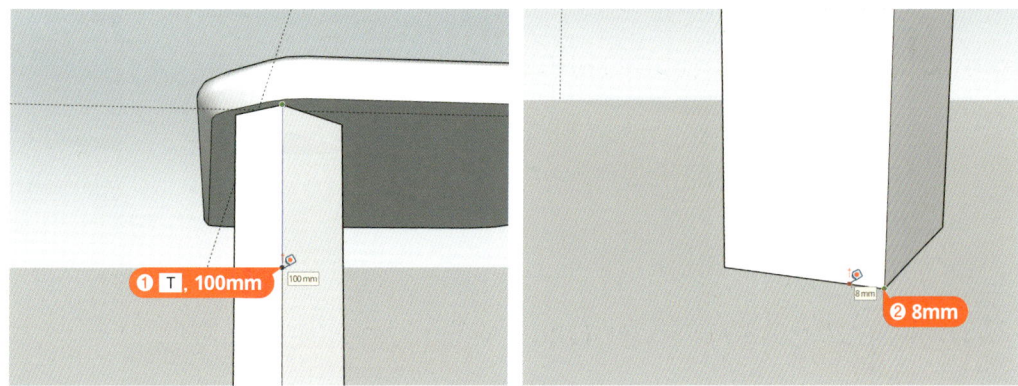

17 위아래 가이드 포인트를 연결해 선을 그려 삼각형을 만듭니다.

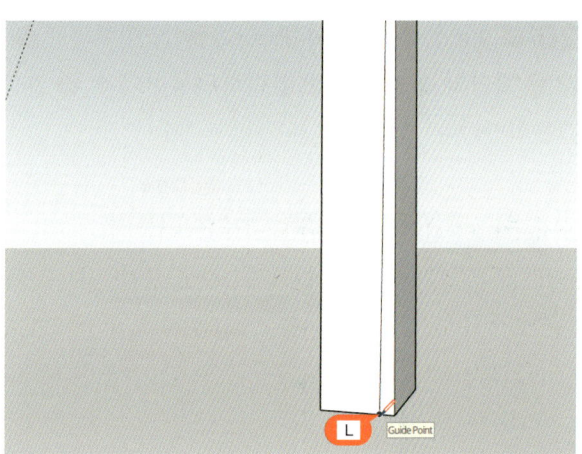

18 ❶ 경로를 선택하지 않은 상태에서 [Follow Me ⟲ Shift + F]를 실행합니다. ❷ 앞에서 만든 바깥쪽 삼각형 면을 클릭하고 ❸ 아래의 모서리를 따라 그림과 같이 이동해 다리의 바깥쪽을 사선으로 비스듬하게 깎습니다.

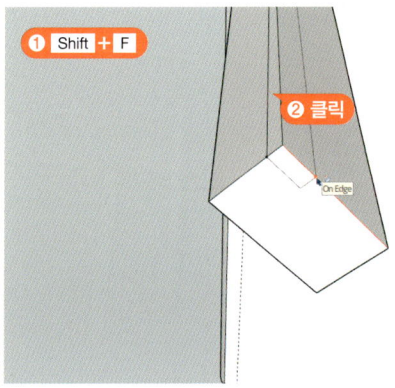 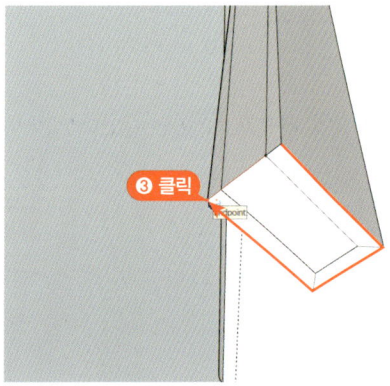

19 ① Spacebar 를 누르고 그림과 같이 드래그해 다리 부분을 선택합니다. ② 다리에서 마우스 오른쪽 버튼을 클릭하고 ③ [Select Ony]-[Edges]를 선택합니다.

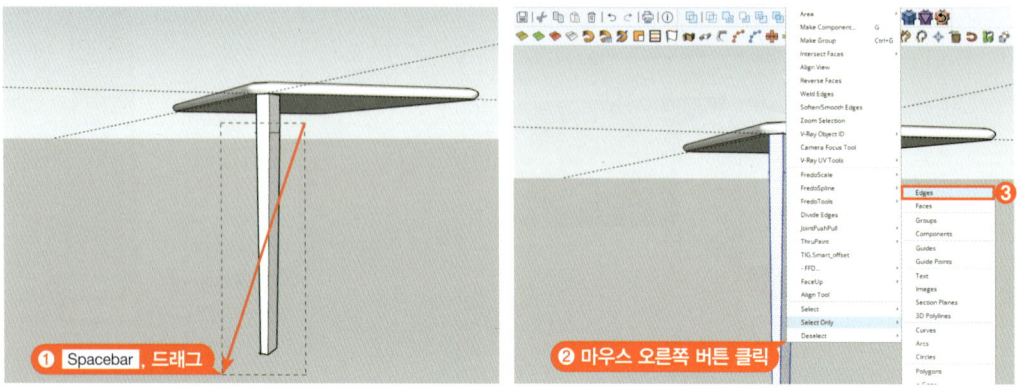

20 ① [FredoCorner]의 [Round]를 실행하고 ② [Radius]는 **3mm**, [Segs]는 **2s**를 입력한 후 ③ 화면의 빈 곳을 두 번 클릭해 적용합니다. ④ 완성된 다리를 트리플클릭으로 모두 선택하고 그룹화합니다.

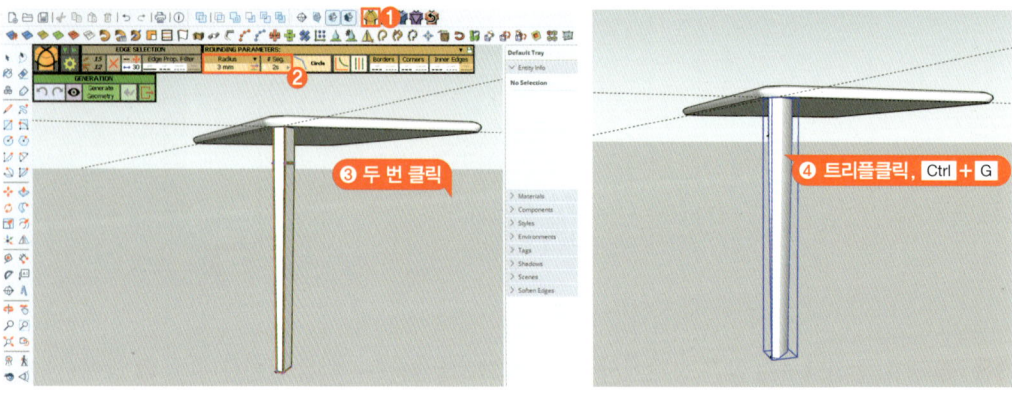

21 [Flip] Ctrl + F 을 활용해 다리를 네 모서리에 모두 복사합니다.

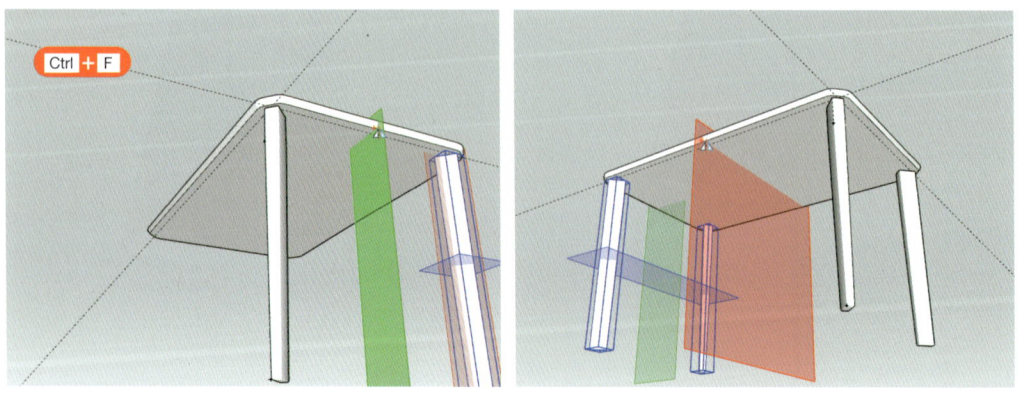

22 [Tape Measure Tool ⊘][T]을 실행한 후 가이드라인을 클릭하고 안쪽으로 **15mm** 떨어진 가이드라인을 추가합니다.

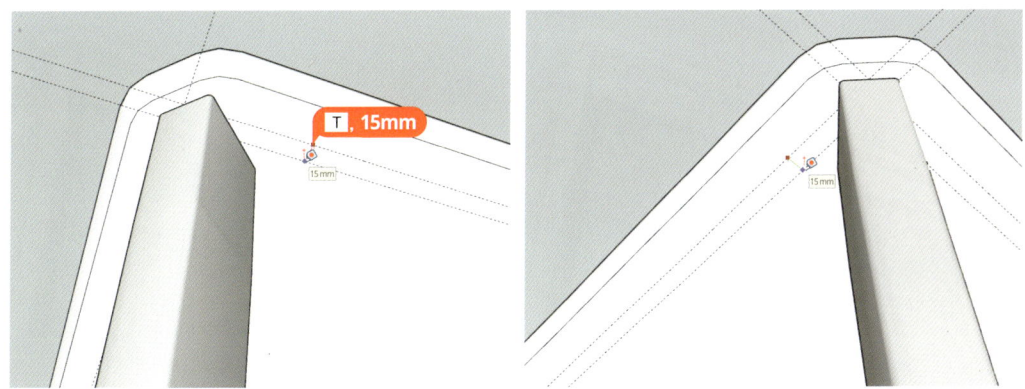

23 ❶ 가이드라인과 다리의 교차점을 연결해 면을 만들고 ❷ **80mm** 아래로 끌어내립니다.

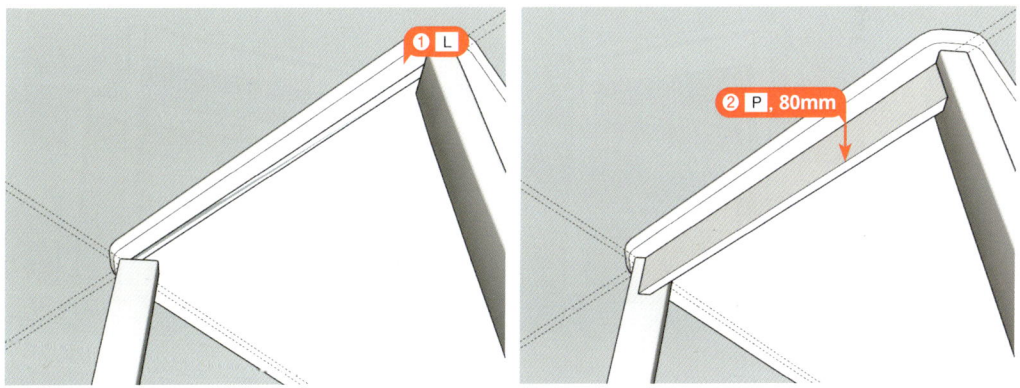

24 ❶ 아래쪽 에지 두 개를 선택하고 [FredoCorner]의 [Round]를 실행합니다. ❷ 그림과 같이 앞에서 설정했던 옵션을 그대로 적용한 후 ❸ 그룹화합니다.

25 다른 쪽도 같은 방법으로 부재(에이프런)를 추가합니다.

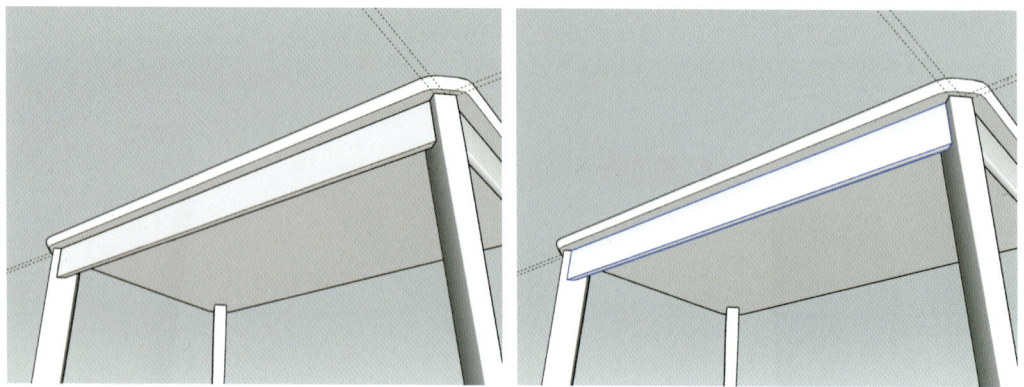

26 각각의 부재(에이프런)를 반대편에 복사합니다.

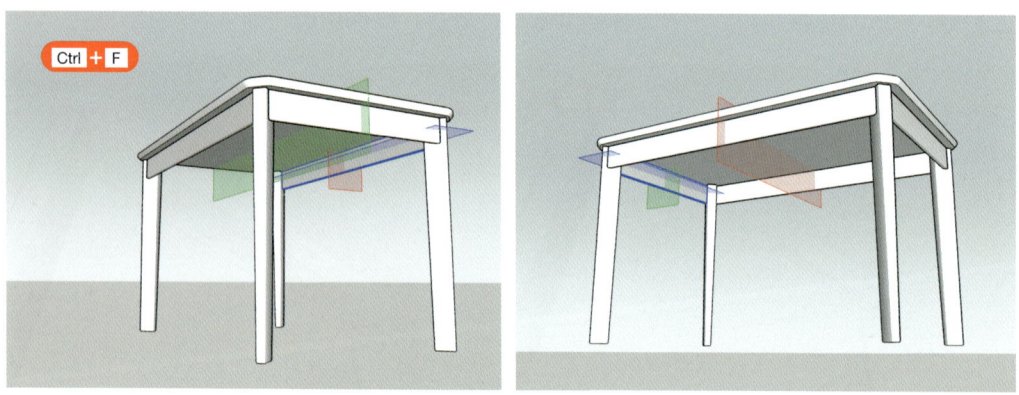

27 모든 부재를 선택하고 G 를 눌러 컴포넌트로 만듭니다.

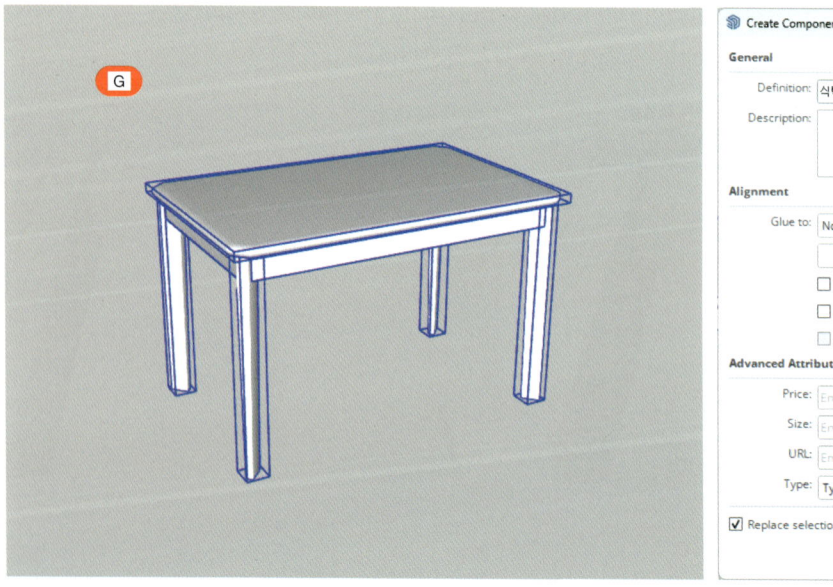
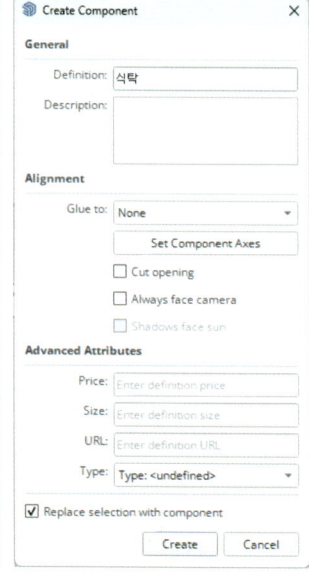

28 ❶ 바닥에 사각형을 그려보면 테이블이 지면보다 아래에 있는 것을 알 수 있습니다. ❷ [JHS Powerbar]의 [Drop at Level 🔺]을 실행하고 ❸ **0mm**인 상태에서 [OK]를 클릭합니다. 0레벨로 이동해 완성합니다. 테이블이 바닥면에 맞게 이동한 것을 확인할 수 있습니다.

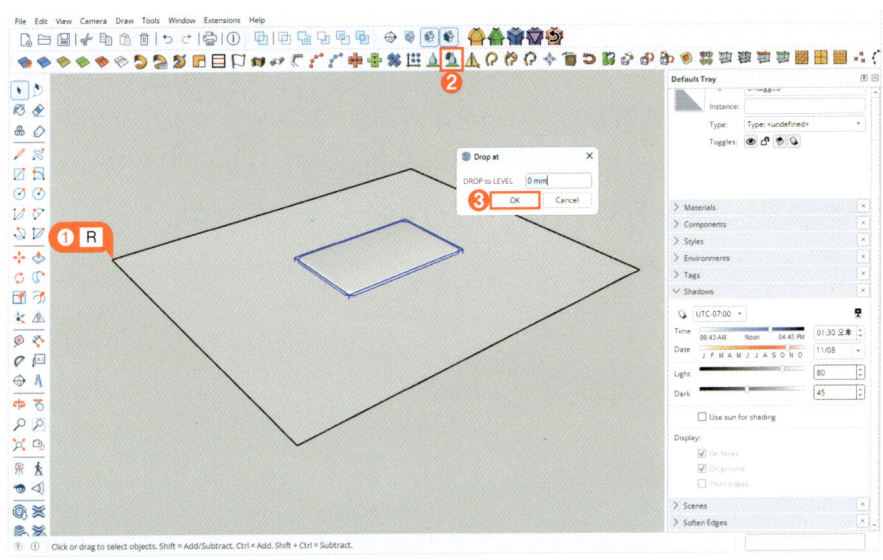

 **Basic Training** 비정형 데스크 만들기

완성 파일 | Part 03/비정형데스크_완성.skp

[Curviloft] 플러그인을 활용해 비스듬하게 깎인 비정형 데스크를 만드는 예제입니다. 가구뿐 아니라 건축물의 구조나 파사드 같은 다양한 대상에도 적용할 수 있는 모델링 기법입니다. 이런 모델링에서는 명령의 사용법보다 곡면의 기반이 되는 에지를 어떻게 커브로 만들 것인가 생각하는 과정이 더 중요합니다. 특히 비스듬한 커브를 만들어야 할 때는 [Project by View] 같은 플러그인을 함께 사용해야 하므로, 활용 방법을 잘 익혀두는 것이 좋습니다.

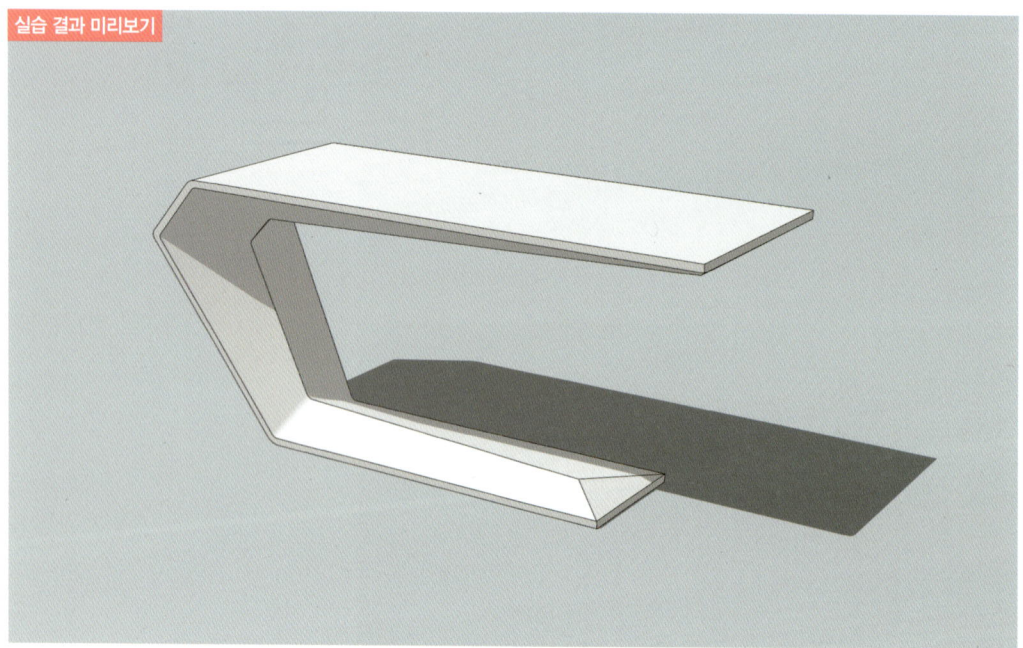

01 ❶ [Front] 뷰 Ctrl + 2 에서 ❷ 1,600mm×700mm 크기의 사각형을 그립니다. ❸ 그림과 같이 왼쪽에 사선을 추가합니다.

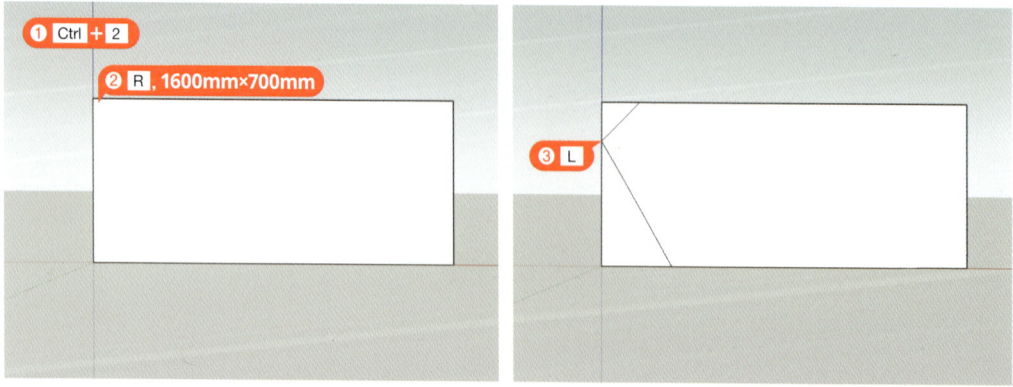

02 ❶ [2 Point Arc ✐] Ⓐ를 실행합니다. ❷❸❹ 표를 참고해 각 사선의 모서리를 그림과 같이 둥글게 처리합니다. 각 모서리에 남는 직선은 삭제합니다.

구분	[Segments]	반지름
❷	6	40mm
❸	6	20mm
❹	6	40mm

03 사각형 왼쪽 부분의 에지를 삭제합니다.

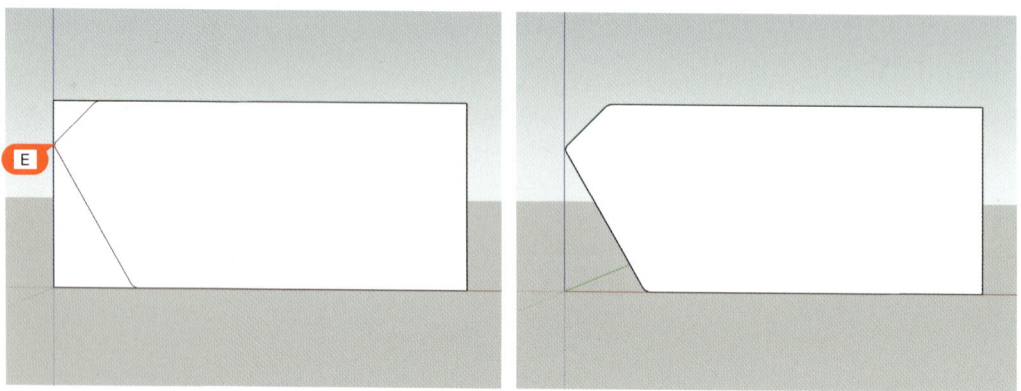

04 ❶ 오른쪽 에지를 제외한 나머지 에지를 선택합니다. ❷ [Offset 🛠] F 을 실행하고 안쪽으로 **20mm** 오프셋합니다. ❸ 오른쪽 에지를 삭제해 테두리 부분만 남깁니다.

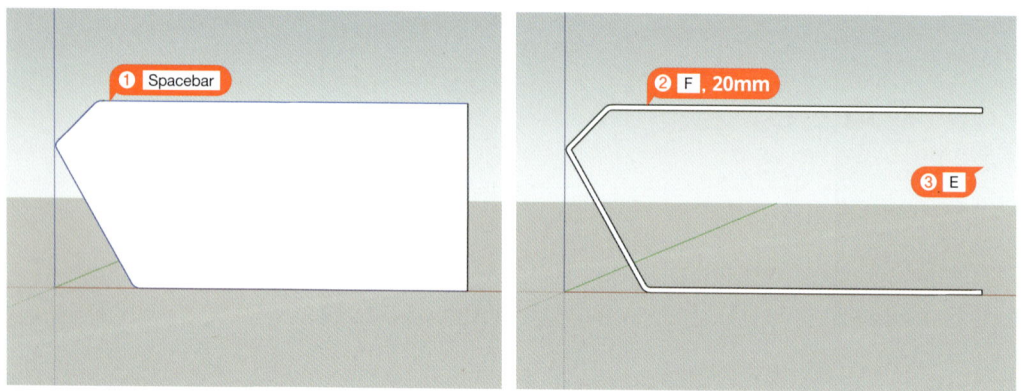

05 ❶ [2 Point Arc 🛠] A 를 실행합니다. ❷ 중간 부분의 직선 모서리에 호를 추가합니다.

구분	[Segments]	반지름
❷	6	10mm

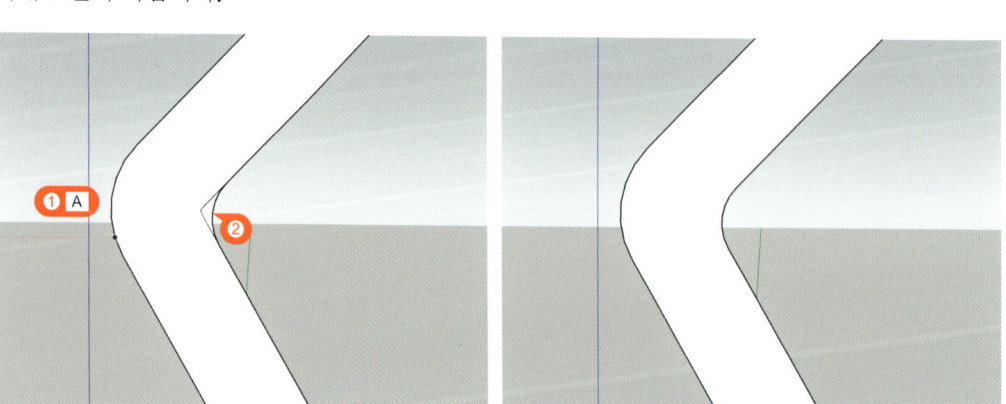

06 오른쪽 아래 에지를 선택해 왼쪽으로 **300mm** 이동합니다.

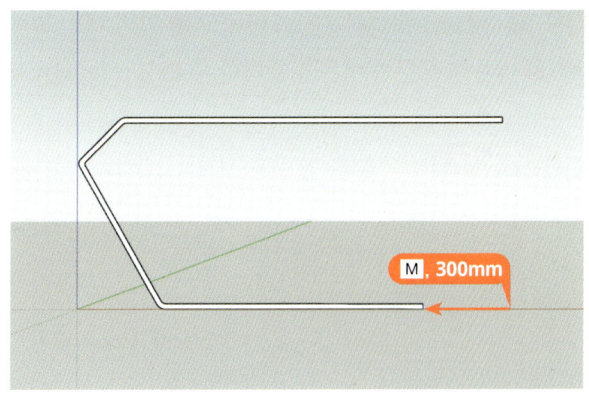

07 ❶ 그림과 같이 화면을 회전시키고 ❷ [Protractor ⌀] Shift + T 를 실행하고 X축을 기준으로 기울기 **10°**의 가이드라인을 그립니다. ❸ 가이드라인 위에 적당한 크기의 선을 그립니다.

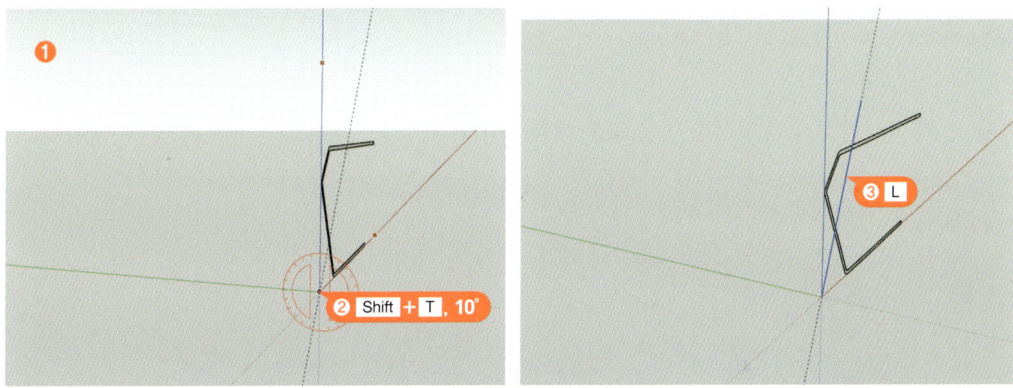

08 ❶ 선을 Y축 방향으로 조금 이동합니다. ❷ 선이 선택된 상태로 [Extrude Lines ⌀] Alt + E 를 실행합니다. ❸ 임의의 점을 클릭한 후 -X축 방향으로 조금 드래그해 면을 만듭니다.

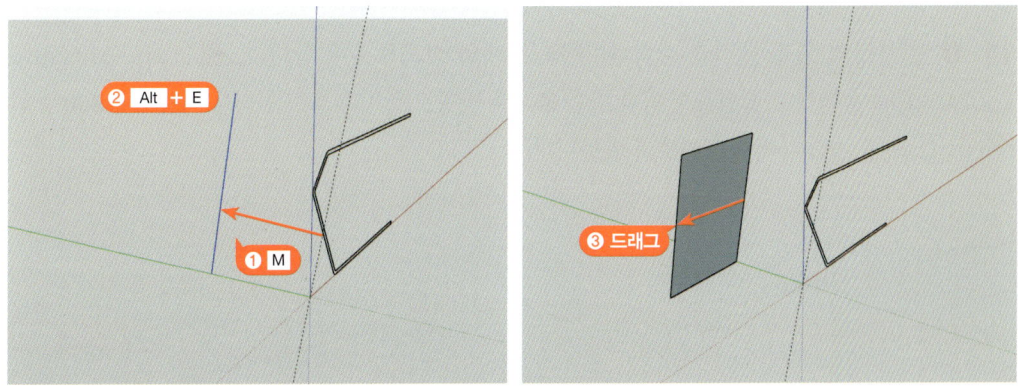

CORE TIP [Extrude Lines ⌀] Alt + E 는 [JHS Powerbar]에 포함되어 있는 플러그인입니다.

CORE TIP 이 과정은 비스듬하게 앞으로 기울어진 면을 만들기 위한 것입니다. 임의로 사각형을 그린 후 위(혹은 아래)의 에지를 앞뒤로 이동해 적당한 기울기를 만들어도 됩니다.

09 ❶ [Front] 뷰 Ctrl + 2 로 바꾸고 ❷ 앞의 데스크 에지와 뒤쪽의 기울어진 면을 모두 선택합니다. ❸ 마우스 오른쪽 버튼을 클릭한 후 ❹ [Project by View]를 클릭해 실행합니다.

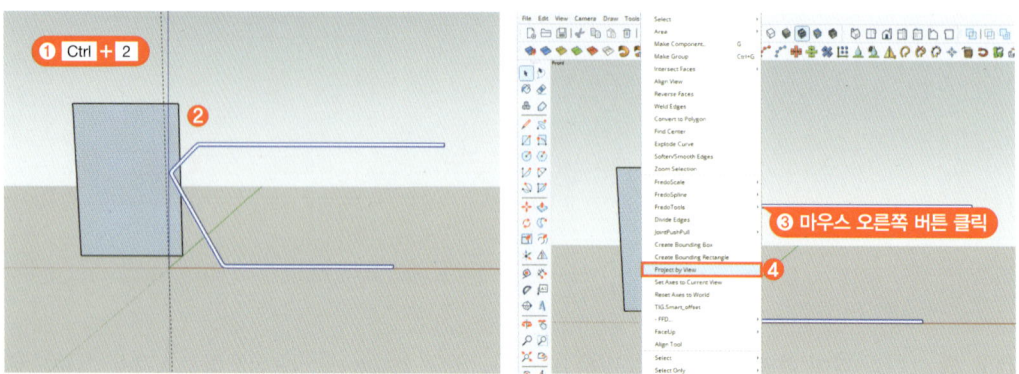

CORE TIP [Project by View] 플러그인은 선택한 에지를 뷰의 방향에 맞게 뒷면에 투영하여 에지(선)를 만듭니다. 이 플러그인은 **KS_Tools.rbz**에 포함되어 있는 플러그인으로 054쪽에서 함께 설치해놓은 상태입니다. 플러그인이나 단축키가 작동하지 않는다면 048쪽과 054쪽의 학습을 다시 확인해보세요.

10 앞의 에지와 투영에 사용한 면을 모두 삭제합니다.

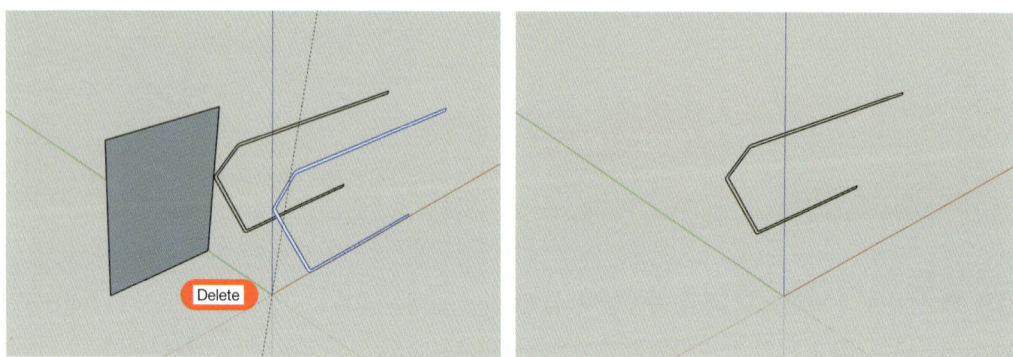

11 ❶ 끝 부분의 연결 에지를 각각 삭제해 두 개의 선으로 분리합니다. ❷ [Tape Measure Tool ✎ T]을 실행하고 끝점을 클릭한 다음 ❸ Y축 방향으로 마우스 포인터를 이동하며 **300**을 입력하고 Enter 를 눌러 가이드 포인트를 만듭니다.

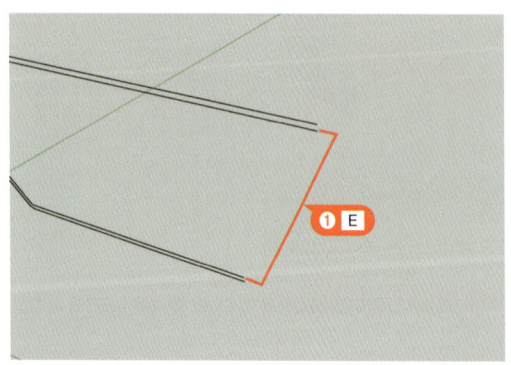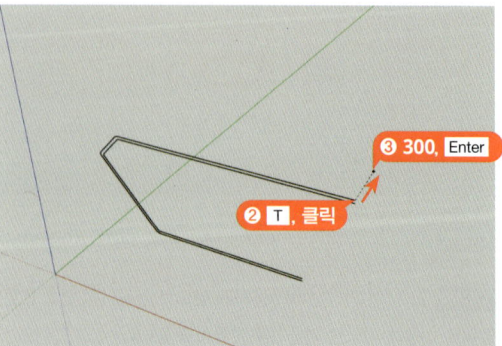

12 ❶ 선을 모두 선택하고 [Flip ⚠ Ctrl + F]을 실행합니다. ❷ Ctrl 을 한 번 눌러 대칭 복사 모드로 바꾸고 ❸ Y축(녹색면)을 드래그해 가이드 포인트 위로 이동합니다.

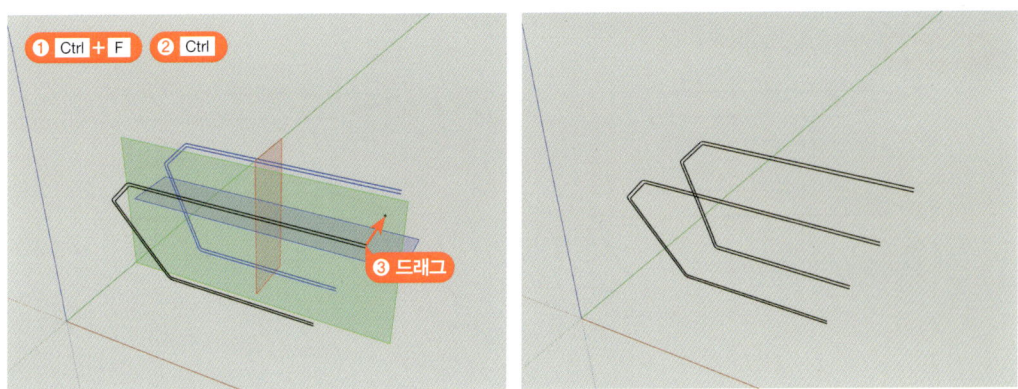

13 ❶ [Front] 뷰 Ctrl + 2 로 바꾸고 ❷ [Parallel Pojection] F5 을 실행해 평면 뷰로 바꿉니다. ❸ 선의 안쪽에 그림과 같이 선을 추가하고 ❹ 모서리를 작은 호로 둥글게 만듭니다(호의 크기는 임의로 지정합니다).

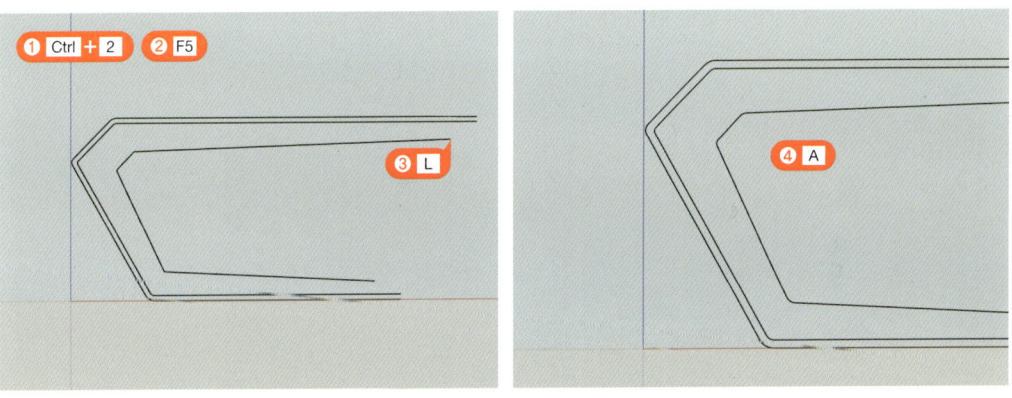

14 ❶ 뷰를 그림과 같이 바꾸고 ❷ 선을 선택한 다음 [Super Weld 🔗 Alt + W]를 실행해 분리되어 있는 선 세그먼트를 연결된 커브로 만듭니다.

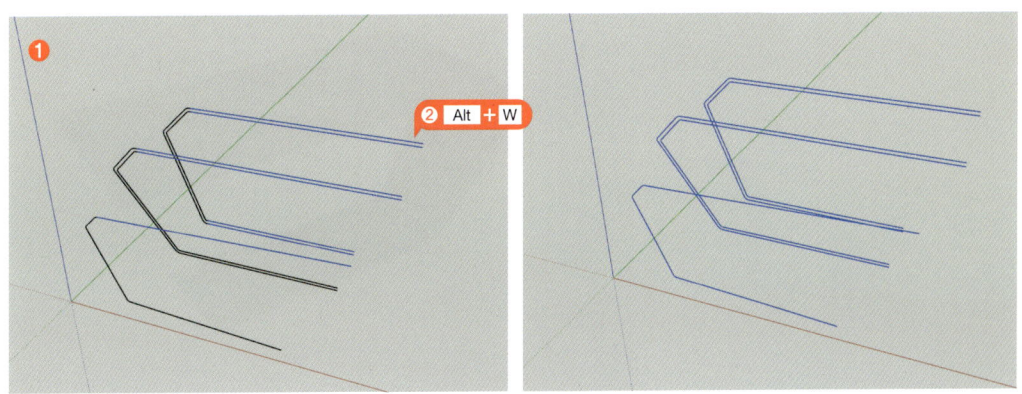

Lesson 09 가구 모델링   **395**

15 ① [Top] 뷰 Ctrl + 1 로 바꾸고 ② 앞에 추가한 커브를 뒤의 커브들 중간 조금 앞쪽으로 이동합니다.

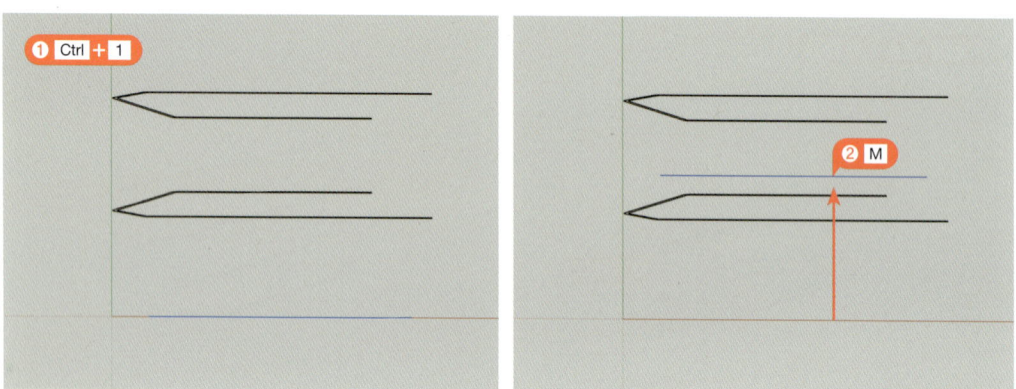

16 ① [Curviloft - Loft by Spline]을 실행합니다. ② 커브를 하나씩 차례로 클릭합니다(시작 선은 아무 선이나 상관이 없으며, 면이 연결되는 방향에 맞게 순서대로 선을 클릭해야 합니다). ③ 옵션 중 [Close all contours into a loop]와 ④ [Junction by connected lines]를 클릭하고 ⑤ 화면의 빈 곳을 클릭해 모델을 완성합니다.

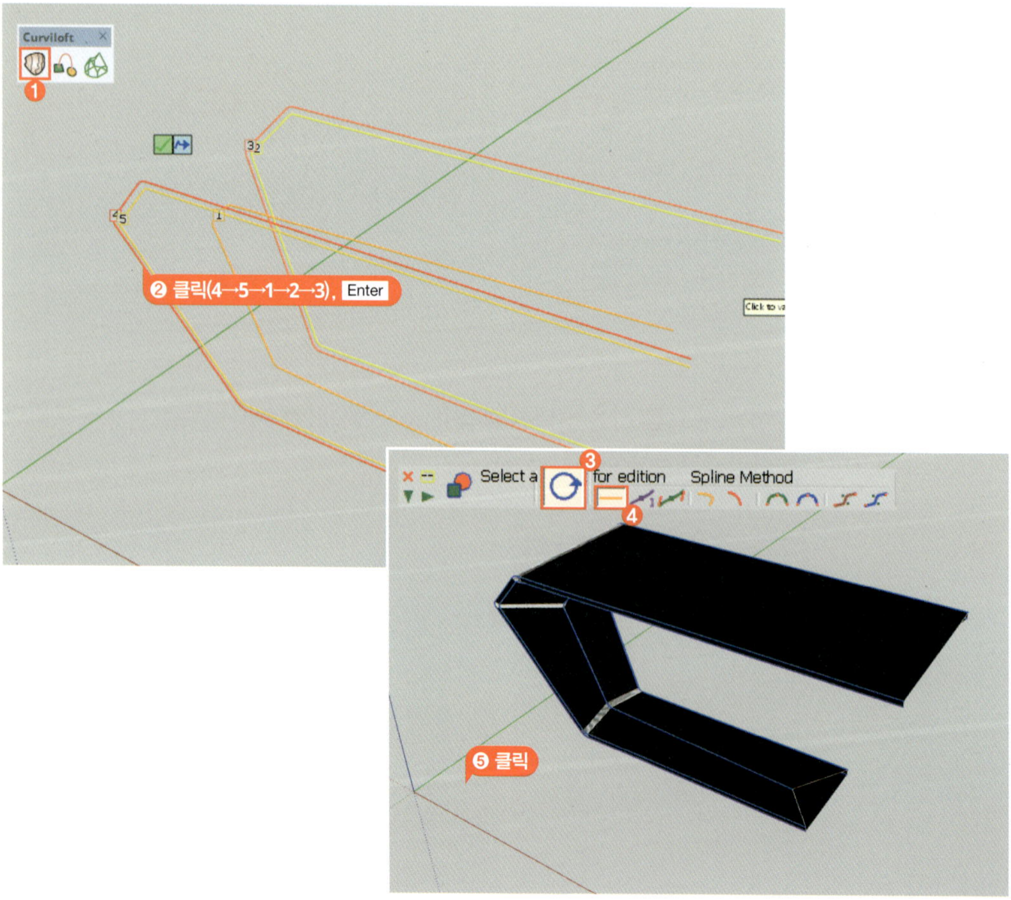

17 ❶ 모델을 선택한 후 ❷ [Explode] Shift + X 를 실행해 분해합니다.

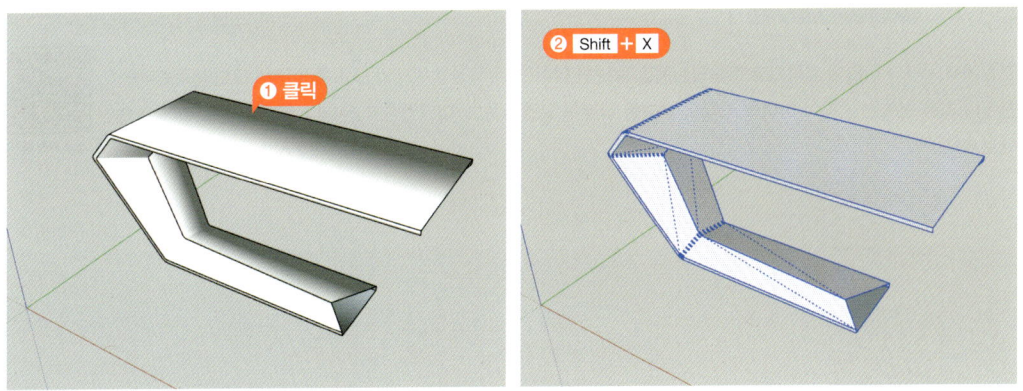

18 ❶❷ 끝 부분에 그림과 같이 각각 선을 추가해 열린 면을 닫고 ❸ 그룹화해 완성합니다.

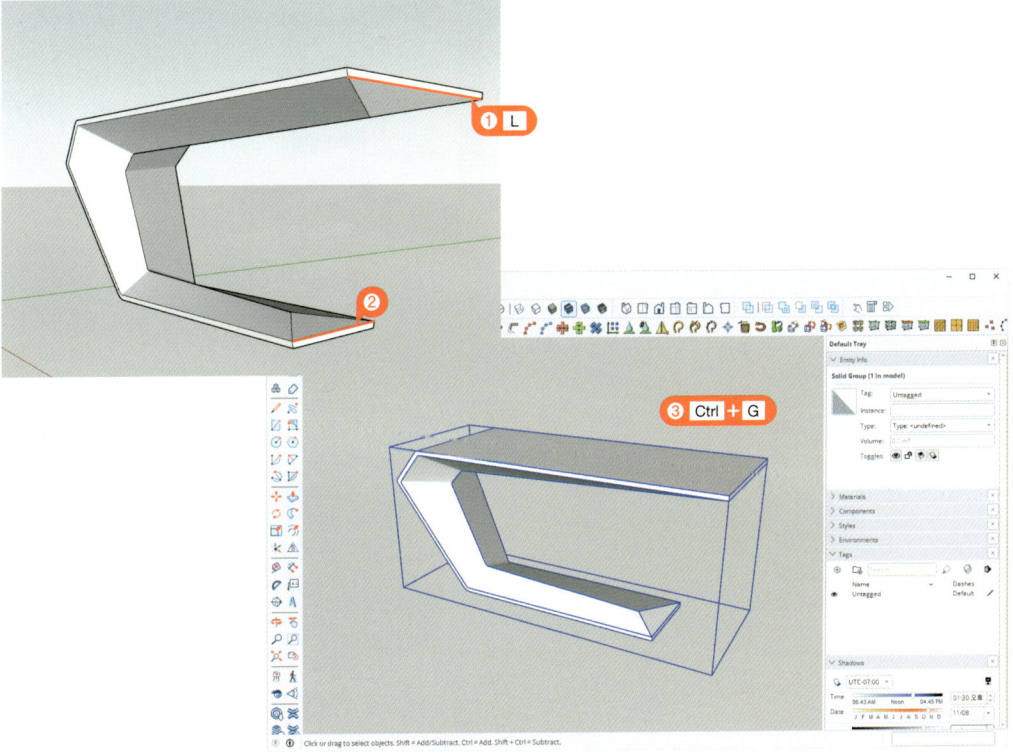

Self Training 가구 모델링 연습하기

현실에서 가구가 어떻게 제작되고 조립되는지를 충분히 이해한 뒤 적절한 비례와 구조를 고려해 모델링해보세요. 한 덩어리로 만드는 방식이 아니라 각각의 부재를 나누어 모델링하고, 디테일한 이음새나 두께 표현도 함께 연습해보세요.

실습 따라 하기

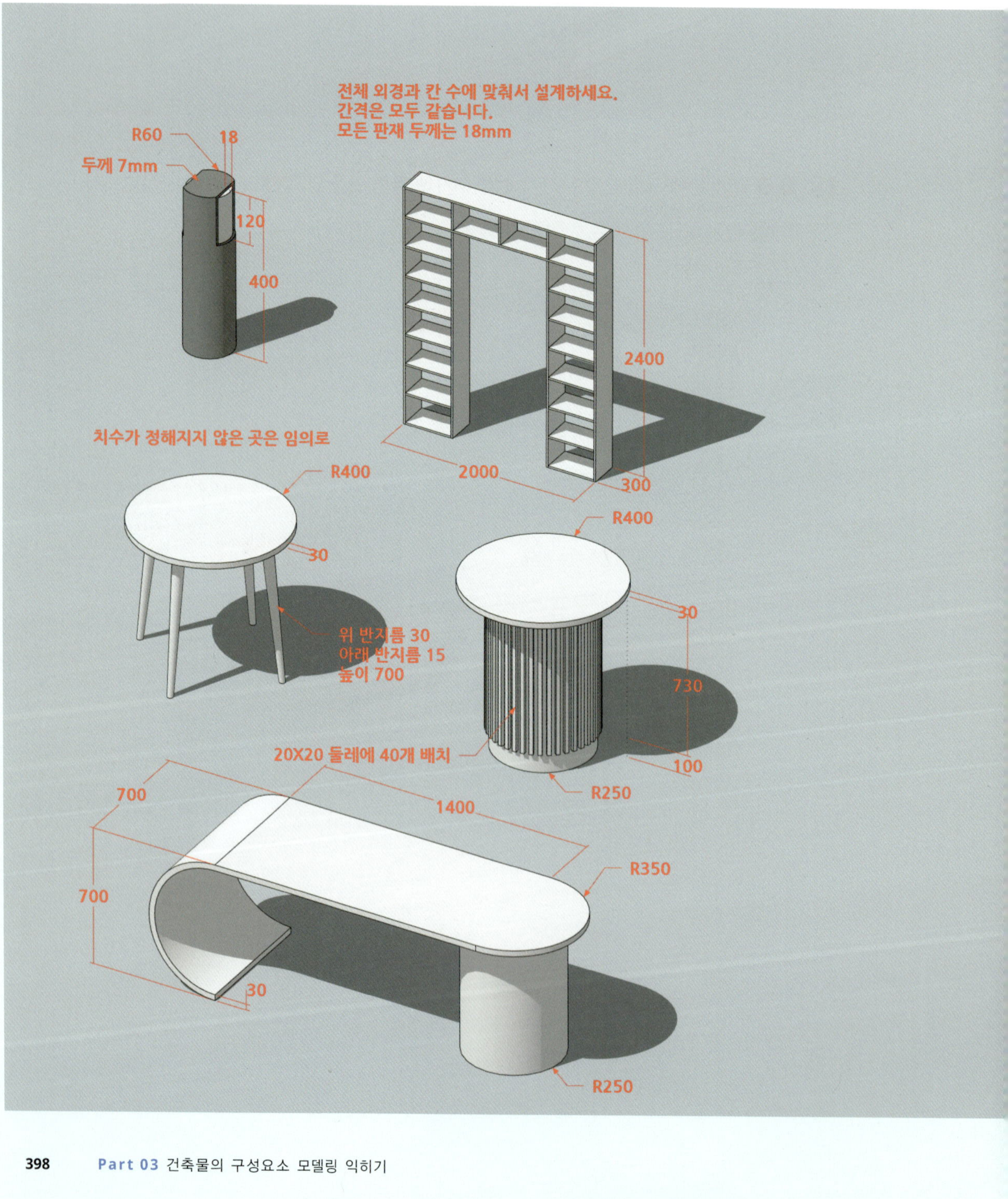

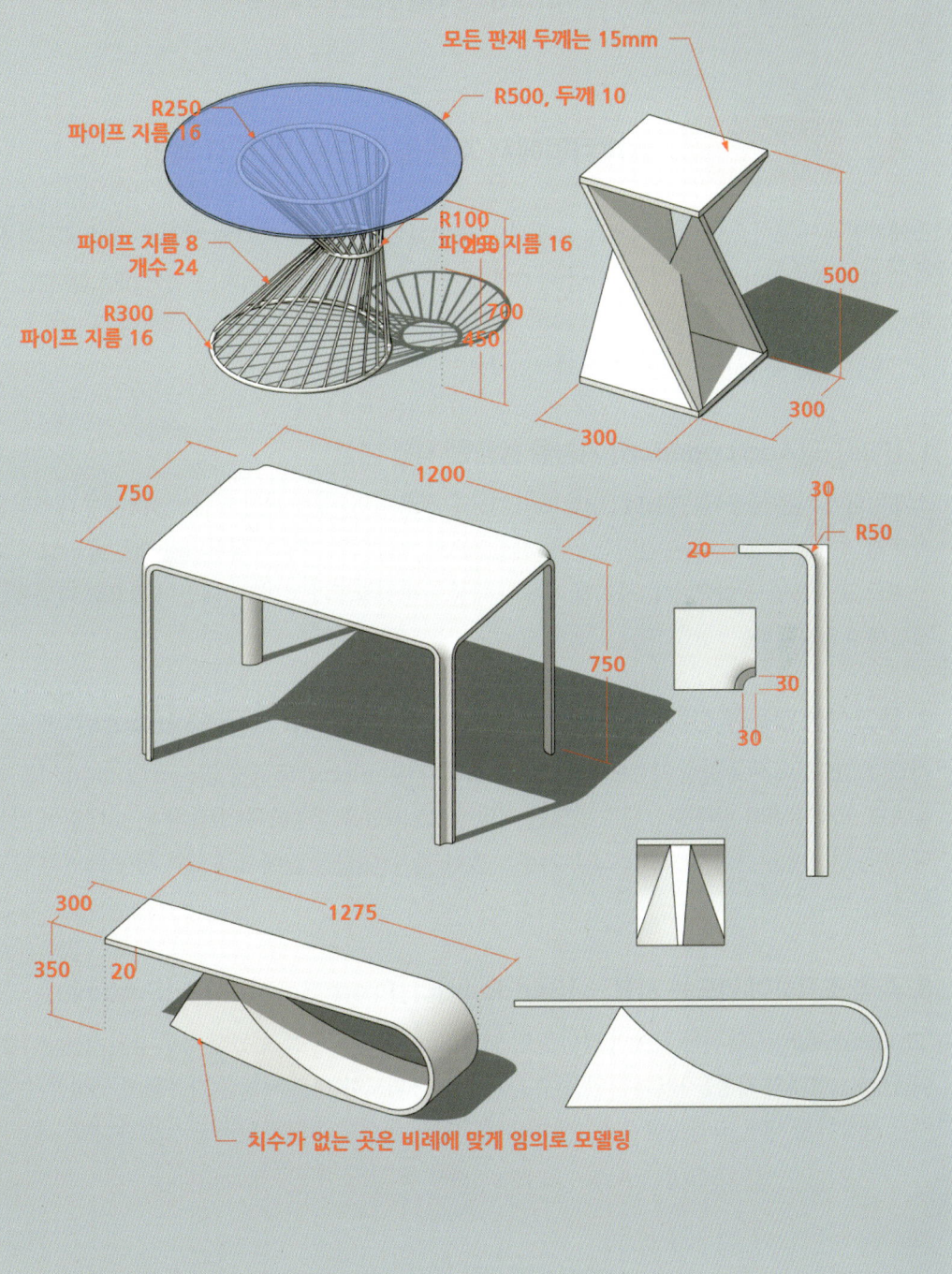

Self Training 가구 모델링 연습하기

Lesson 10 : 지형 모델링

Check Point
- ☑ 지형을 모델링하는 방법과 각 방법의 장단점을 이해하고 있는가?
- ☑ [Smoove]를 자유롭게 활용해 원하는 형태의 지형을 만들 수 있는가?

Warm Up 　**스케치업에서 지형을 만드는 세 가지 방법**

스케치업에서 지형을 만드는 데에는 크게 세 가지 방식이 있습니다. 각각의 방식은 작업 목적과 상황에 따라 장단점이 뚜렷하므로, 작업 환경에 맞게 적절한 방법을 선택하는 것이 중요합니다. 각 방법은 용도와 목적에 따라 선택해야 하며, 하나의 방식만 고집하기보다는 작업 상황에 맞게 여러 방법을 조합해 사용하는 것이 가장 효과적입니다.

1. [File] – [Add Location] 기능을 활용한 지형 생성

스케치업에 기본 제공되는 [Add Location] 기능을 사용하면, 실제 위치 기반의 3D 지형 데이터를 빠르게 가져올 수 있습니다. 간단한 위치 지정만으로 자동으로 지형이 생성되기 때문에 작업 속도가 빠르고 사용법도 쉽습니다. 하지만 지형의 해상도와 정확도가 낮아, 디테일이 필요한 작업에는 적합하지 않습니다.

2. 등고선을 활용한 정확한 지형 만들기 – [Sandbox]의 [From Contours]

캐드나 GIS 등에서 추출한 지형도의 등고선을 불러와 [Sandbox] 도구 중 [From Contours]를 이용하면 실제 지형의 형태를 그대로 반영한 정밀한 3D 지형을 생성할 수 있습니다. 디테일이 뛰어나지만, 연산에 시간이 많이 걸리고 무거운 모델이 될 수 있다는 점에서 속도와 성능 측면의 단점이 있습니다.

3. 직접 조작하여 만드는 지형 – [Sandbox]의 [From Scratch] + [Smoove]

[From Scratch]로 일정한 격자의 평면을 만들고 [Smoove] 도구를 이용해 직접 높낮이를 조절하여 원하는 형태의 지형을 만들 수 있습니다. 사용자가 의도한 대로 지형을 자유롭게 구성할 수 있다는 장점이 있지만, 작업자의 숙련도에 따라 결과물의 완성도가 크게 달라질 수 있습니다.

 **Basic Training** 지형도를 활용해 지형 모델링하기

준비 파일 | Part 03/수치지도.dxf 완성 파일 | Part 03/지형_완성.skp

지형도를 활용해 지형을 만드는 예제입니다. 국토정보플랫폼에서는 매우 정확하고 디테일한 지형도를 제공하고 있어 이를 활용하면 실제 지형에 가까운 3D 모델을 만들 수 있습니다. 다만 모델링 면적이 넓을 경우에는 컴퓨터 성능에 따라 작업 속도가 크게 느려지거나 모델이 손상될 수 있습니다. 처음부터 전체 인덱스 영역을 모델링하려 하지 말고, 우선 아주 좁은 영역만 선택해 테스트해 보세요. 작업을 진행하면서 점차 범위를 넓혀가며 자신의 컴퓨터가 감당할 수 있는 모델링 한계를 확인하는 것이 중요합니다.

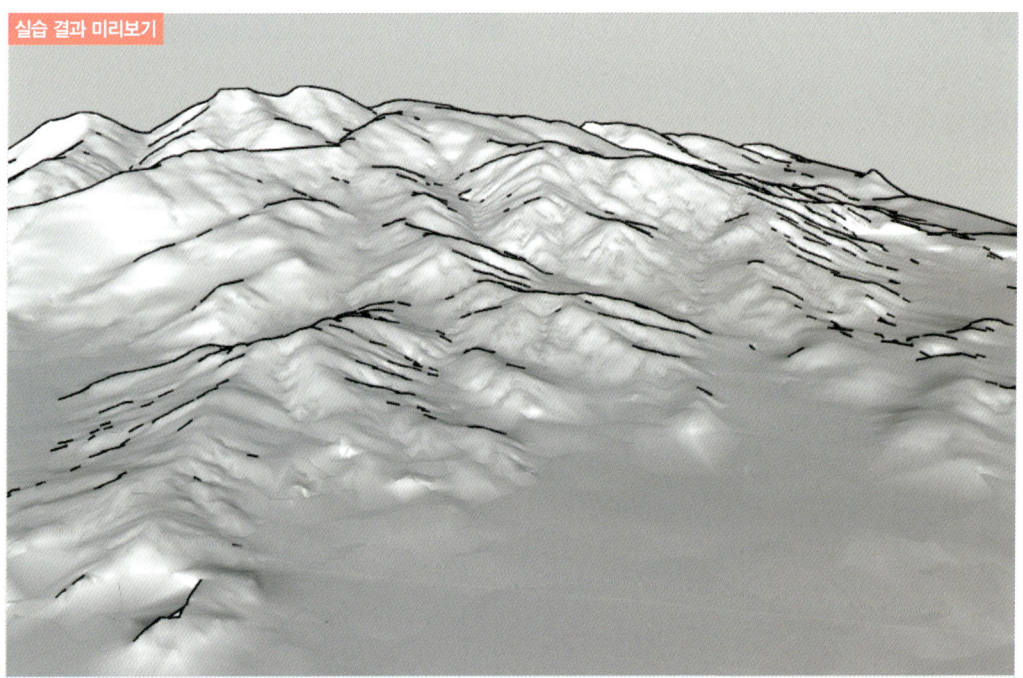
실습 결과 미리보기

01 ❶ 국토정보플랫폼 웹사이트(https://map.ngii.go.kr)에 접속합니다. ❷ [수치지도 받기]를 클릭합니다.

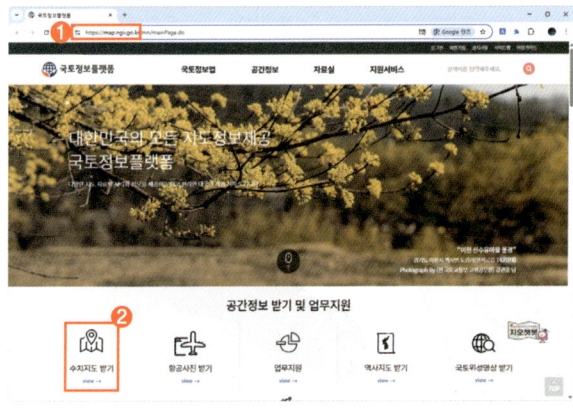

Lesson 10 지형 모델링   **401**

02 ❶ 다운로드할 지역을 지도에서 찾습니다. [간편지도 검색]을 클릭하고 ❷ ❸ [인덱스]–[1:5,000]을 선택합니다. ❹ 다운로드할 지역을 선택하고 [검색]을 클릭합니다.

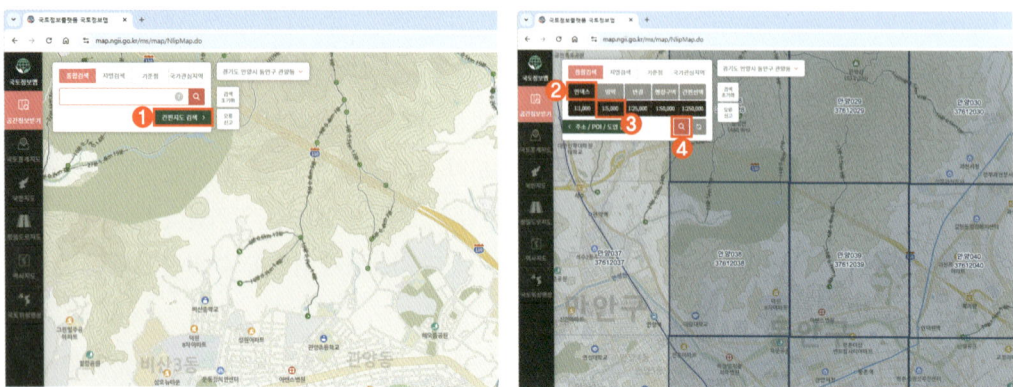

03 ❶ 검색된 데이터 중 [수치지도]를 클릭하고 ❷ 다운로드할 지도를 찾아 체크합니다. ❸ [다운로드]를 클릭해 수치지도를 다운로드합니다.

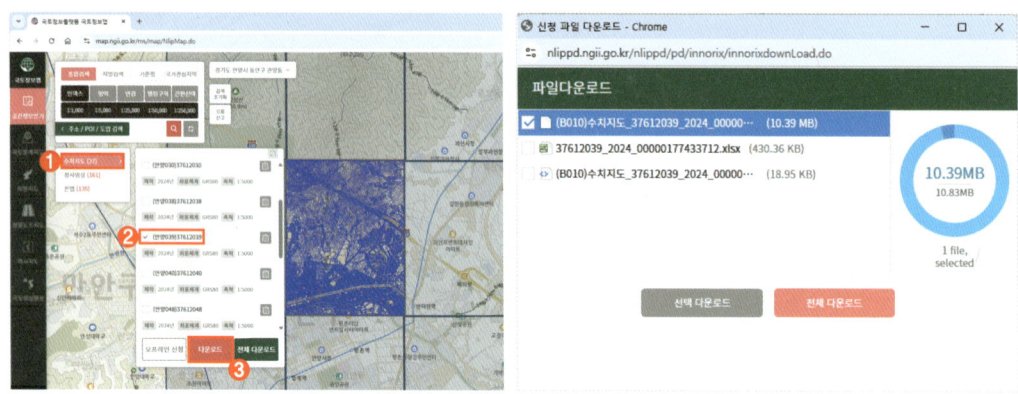

04 스케치업에서 [File]–[Import] 메뉴를 실행하고 다운로드한 수치지도 파일을 불러옵니다.

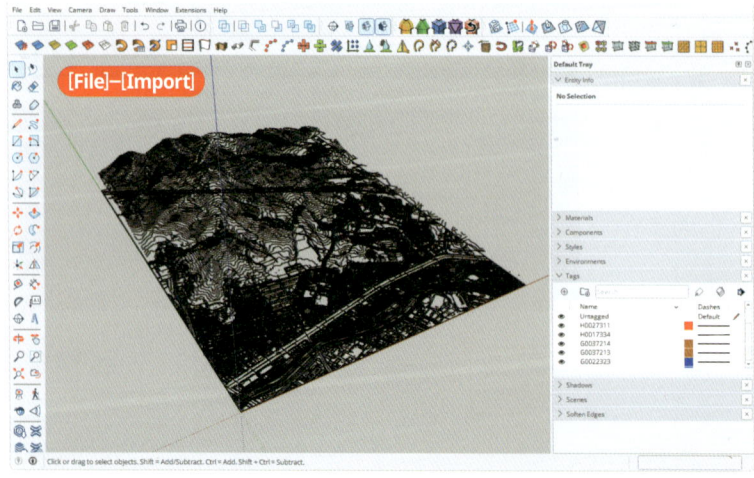

05 ❶ 불러온 파일을 선택해 분해합니다. ❷ [Tags] 트레이에서 지형선에 해당하는 태그를 찾아 눈을 클릭해 끕니다(태그 번호 F0017114, F0017111). ❸ 남아 있는 선들은 모두 삭제합니다.

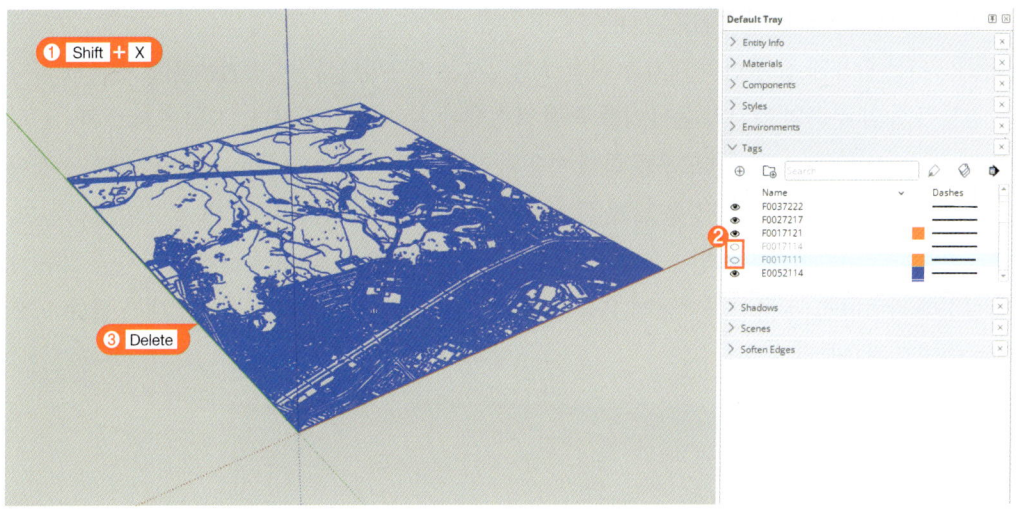

CORE TIP 필요한 경우 삭제하기보다는 태그를 꺼두었다가 다시 활용할 수도 있습니다.

06 ❶ 꺼놓은 지형선 태그의 눈을 클릭해 켜고 ❷ 선을 모두 선택합니다. ❸ [Sandbox]의 [From Contours]를 실행합니다.

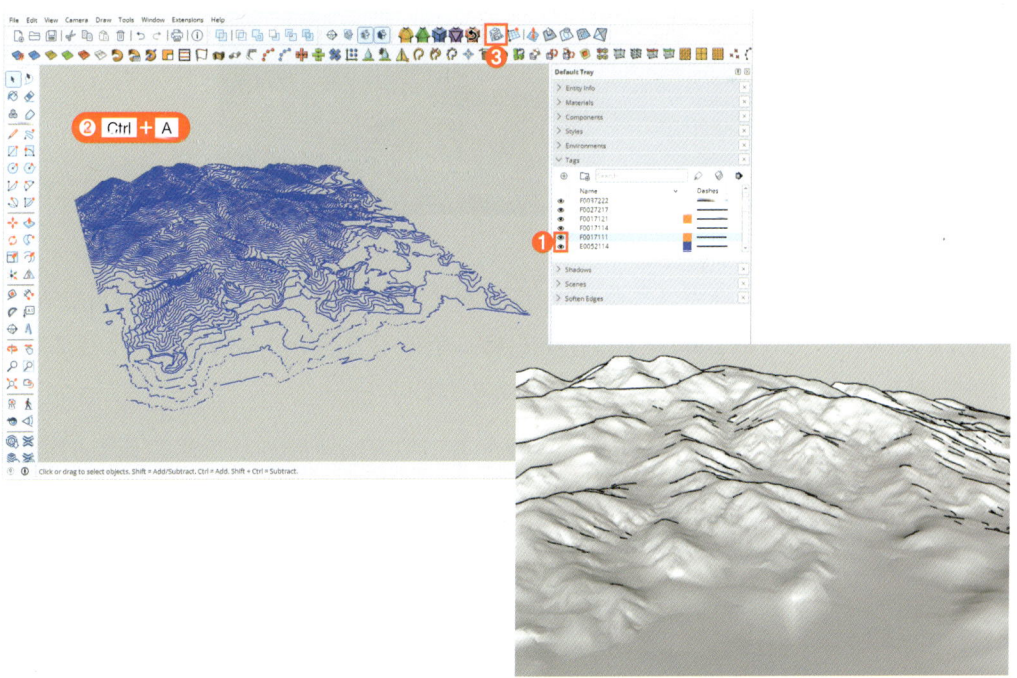

CORE TIP 시스템의 사양이 낮을 경우 시간이 매우 오래 걸릴 수 있으니 지형도의 일부를 삭제하고 진행하세요.

Lesson 10 지형 모델링 **403**

 **Basic Training** # Scratch와 Smoove를 활용한 지형 모델링하기

준비 파일 | Part 03/Smoove지형만들기.skp   완성 파일 | Part 03/Smoove지형만들기_완성.skp

[Smoove]를 활용해 집 주변의 대지를 직접 모델링하는 예제입니다. 이 방법은 지형 전체가 아니라 건물이 놓일 부근의 경사와 높낮이를 직접 표현해야 할 때 유용합니다. 작업은 [Sandbox]의 [From Scratch]와 [Smoove] 도구를 함께 사용해 진행하게 되며, 이때 [Smoove]의 반경 설정이 매우 중요합니다. 처음에는 반경을 넓게 설정해 지형의 전체적인 윤곽과 흐름을 부드럽게 다듬고, 점점 반경을 줄여가며 세부적인 높낮이와 디테일을 조정하세요. 반대로 처음부터 반경을 너무 작게 설정해 작업하면, 지형이 군데군데 울퉁불퉁하게 변형되거나 매끄럽지 못한 형태가 될 수 있으므로 주의가 필요합니다.

01 ❶ 준비 파일을 불러와 뷰포트를 [Top] 뷰 Ctrl + 1 로 바꾸고 ❷ [Sandbox]의 [From Scratch]를 실행하고 ❸ **2000**을 입력합니다. ❹ 그림과 같이 적당히 떨어진 위치에 세로축을 그리고 ❺ 오른쪽으로 마우스 포인터를 이동해 X축을 그립니다.

 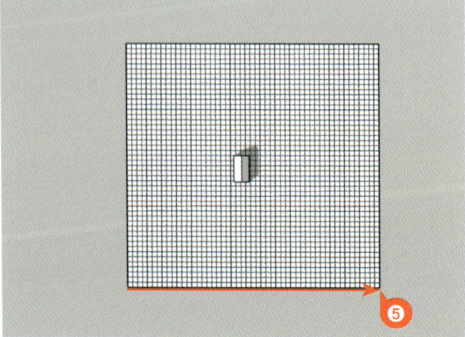

CORE TIP X축을 먼저 그리고 Y축을 그릴 수도 있습니다.

02 ❶ 그룹을 더블클릭해 열고 ❷ [Smoove]를 실행합니다. ❸ **30000**을 입력하고 Enter 를 눌러 반경을 넓힙니다. ❹ 영역을 조금씩 클릭하고 위아래로 이동해 지형을 표현합니다. 조금씩 반경을 줄여가며 디테일한 지형을 표현합니다.

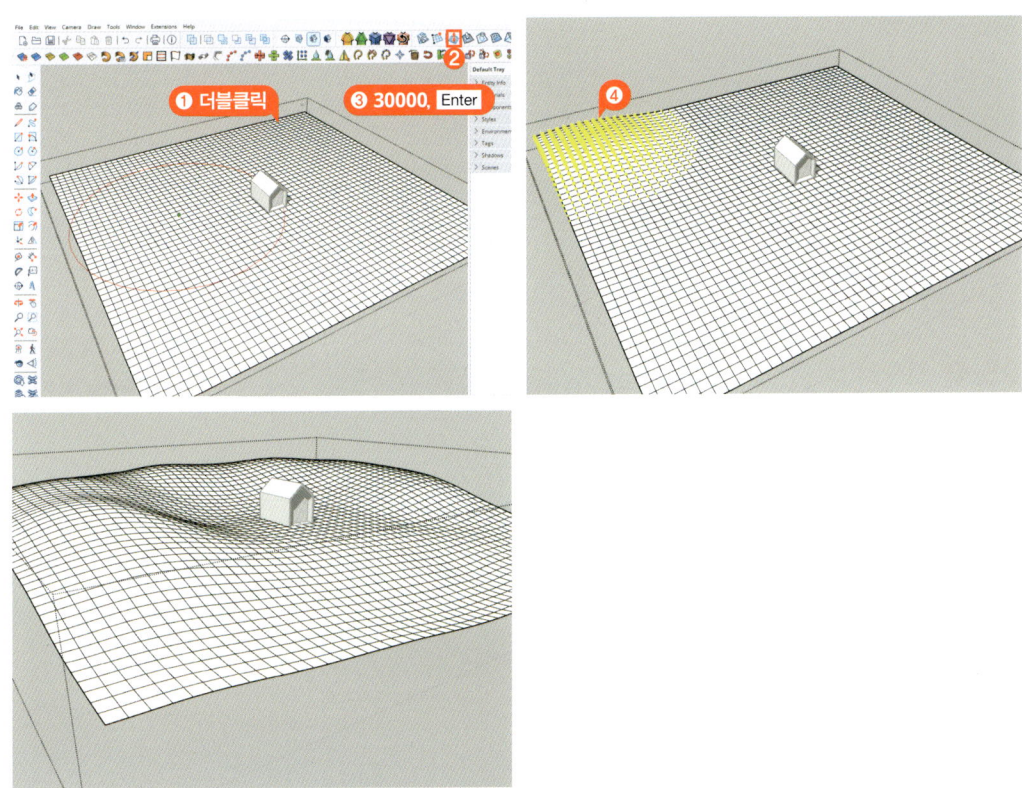

03 ❶ [Sandbox]의 [Stamp]를 실행합니다. ❷ 건물을 선택하고 ❸ 지형을 선택하면 건물의 면적 주변으로 지정한 거리(기본값 1,000mm)만큼 평평해집니다. 마우스 포인터를 위아래로 이동해 적당한 높이를 만듭니다.

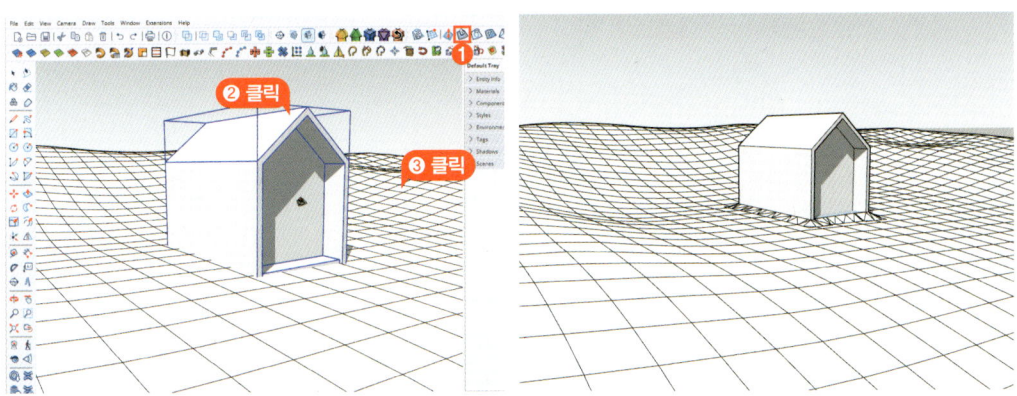

Lesson 10 지형 모델링 **405**

04 건물을 선택해 지형 위로 이동합니다.

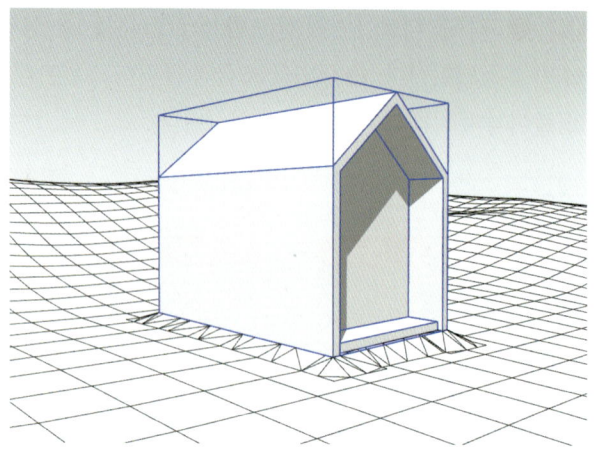

05 ❶ 지형을 선택하고 ❷ [JHS Powerbar]의 [Smooze Hard ◌]를 실행합니다. 에지를 감춰 매끄럽게 표현합니다.

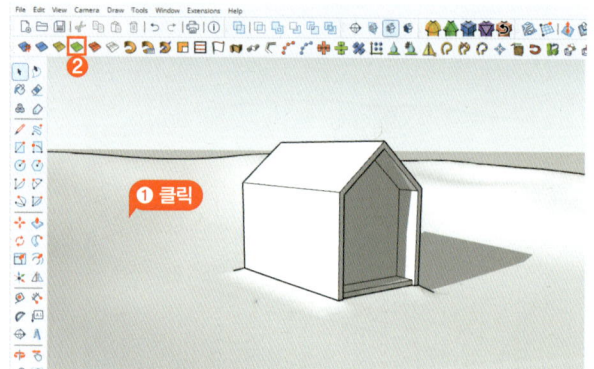

06 ❶ [Tags] 트레이에서 [site]의 눈을 클릭해 컵니다. ❷ 도면을 선택하고 ❸ [Drape ◌]를 실행한 후 ❹ 지형을 클릭합니다.

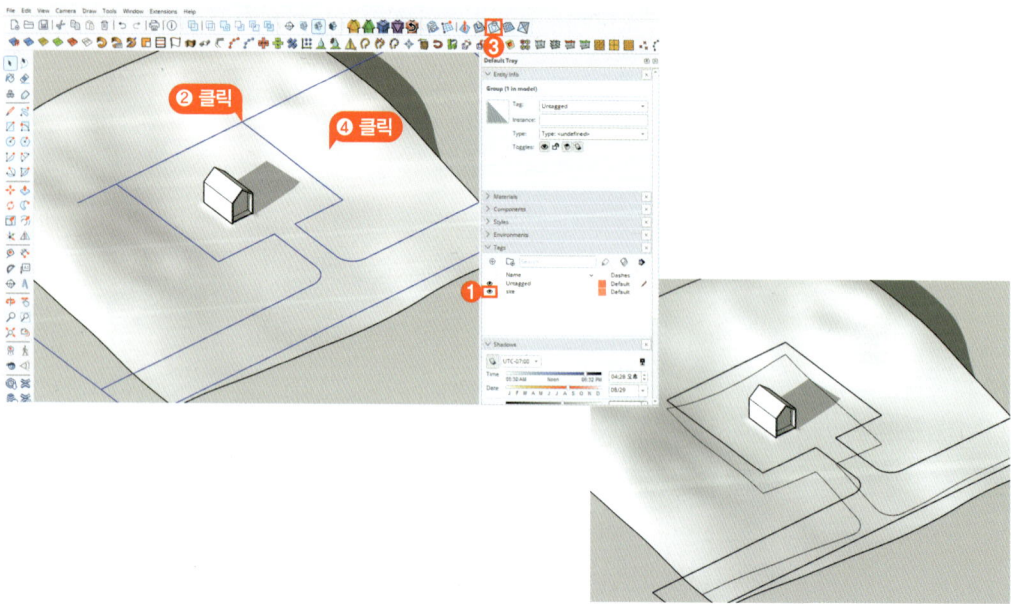

07 ❶ [site]의 눈을 클릭해 끄고 지형 그룹을 엽니다. ❷ [Materials] 트레이에서 지형에 어울리는 적합한 재질을 선택해 대지에 지정합니다.

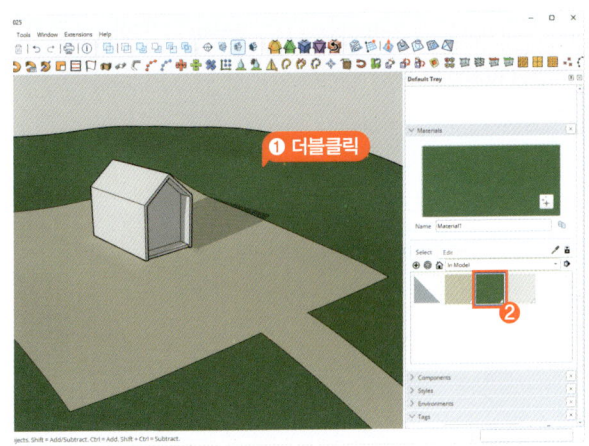

 **Basic Training** 잔디 화단 만들기

준비 파일 | Part 03/Curve.dwg   완성 파일 | Part 03/Lawn_완성.skp

[Soap Skin Bubble] 플러그인을 활용해 둥근 잔디 언덕을 만드는 예제입니다. 스케치업에는 곡면을 만들 수 있는 기능이 매우 한정적이기 때문에, 자유로운 곡면을 표현하려면 여러 종류의 플러그인을 활용해야 합니다. [Soap Skin Bubble]은 경계를 따라 내부를 면으로 채우고, 위나 아래로 부풀리는 곡면을 쉽게 만들 수 있는 무료 플러그인입니다. 사용법이 간단하고 경계선의 개수나 형태의 제약이 없어 곡면 모델링에 자주 활용됩니다. 이 예제를 통해 곡면 지형을 손쉽게 만드는 방법과, 플러그인을 활용한 다양한 곡면 모델링 기법을 익혀보세요.

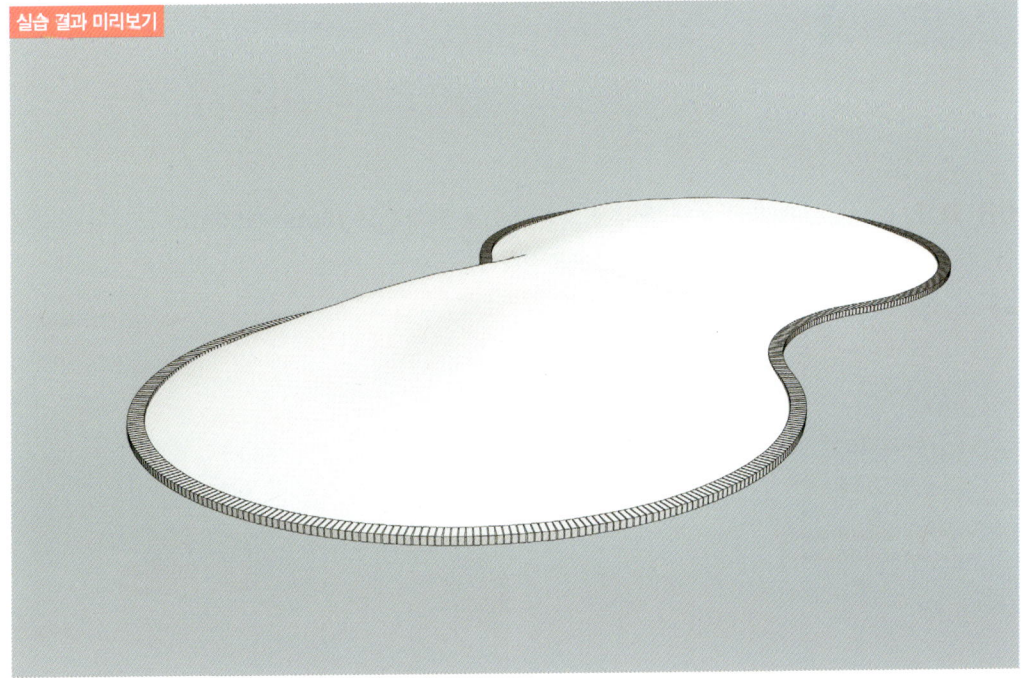

실습 결과 미리보기

01 ❶ [File]-[Import]로 준비 파일을 불러와 곡선 컴포넌트를 선택해 분해하고 ❷ [SuperWeld 🔘 Alt + W]를 실행해 나뉘어 있는 선을 하나의 커브로 연결합니다.

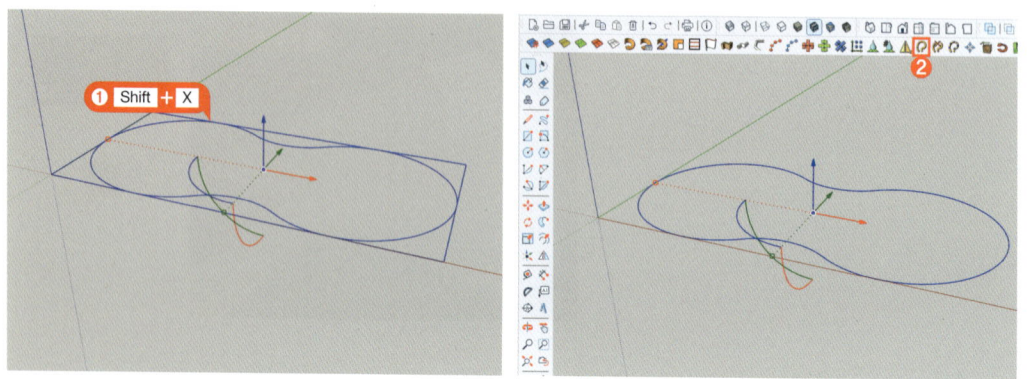

02 ❶ 곡선을 선택하고 [Extrude Along Path 🟫]를 실행합니다. ❷ ❸ 대화상자의 내용을 다음과 같이 수정해 벽돌 사이에 들어갈 줄눈을 먼저 표현합니다.

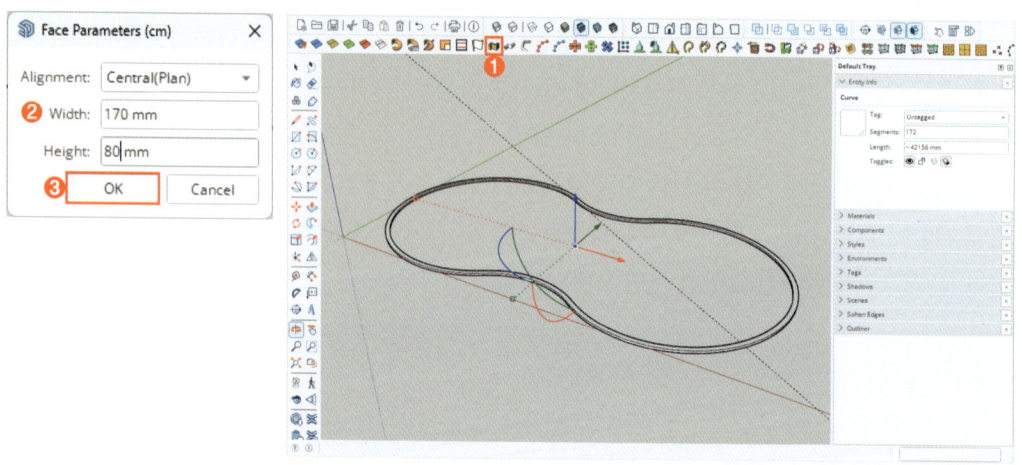

03 ❶ [Rectangle R]을 이용해 바닥에 그림과 같은 방향으로 **70mm×190mm** 크기의 사각형을 그립니다. ❷ 사각형을 위로 **90mm** 끌어올립니다.

04 ❶ 벽돌을 선택한 후 G 를 눌러 컴포넌트를 만듭니다. ❷ 벽돌 컴포넌트를 선택하고 [Curic Axes Tool] Alt + A 을 실행한 후 ❸ 컴포넌트의 밑면 중앙을 클릭합니다.

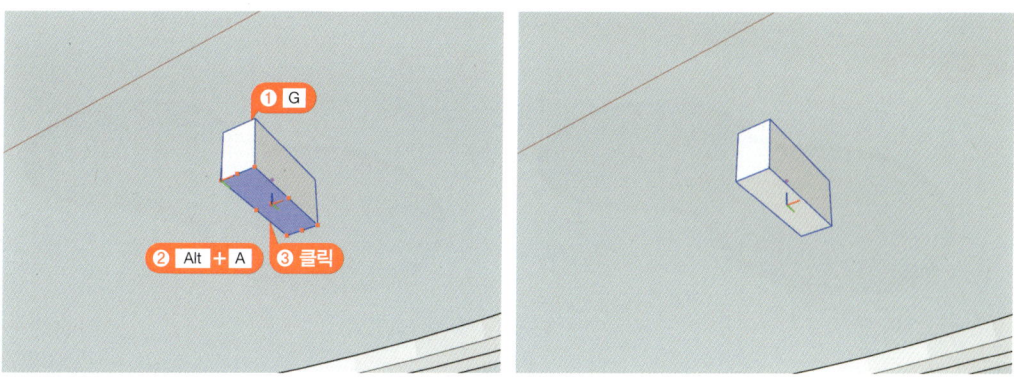

CORE TIP 컴포넌트 만들기 대화상자에도 축을 지정하는 옵션이 있지만 면의 중심은 선택하기 번거롭기 때문에 [Curic Axes Tool]을 활용하면 축을 지정하기 편리합니다.

05 ❶ 곡선을 선택한 후 ❷ [JHS Powerbar]의 [Copy Along Path]를 실행하고 ❸ 벽돌 컴포넌트를 선택합니다. ❹ 벽돌 사이 간격 **80**을 입력하고 Enter 를 누릅니다.

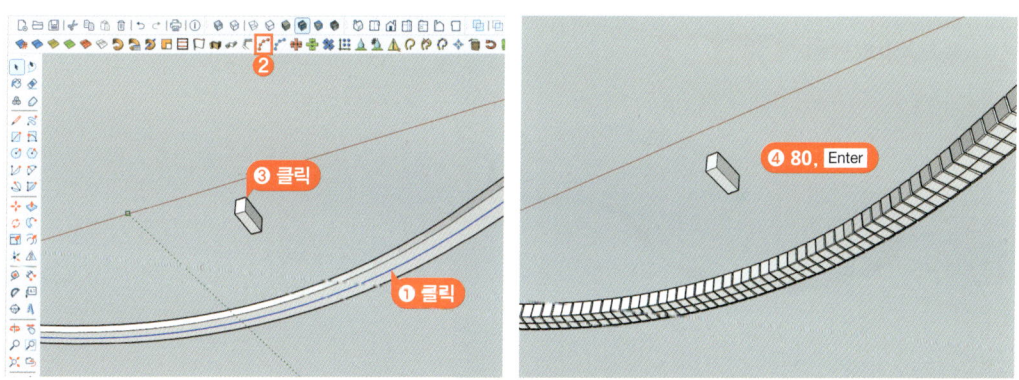

06 ❶ [Soap Bubble] 도구바를 불러옵니다. ❷ 곡선을 선택하고 ❸ [Soap Skin]을 실행합니다.

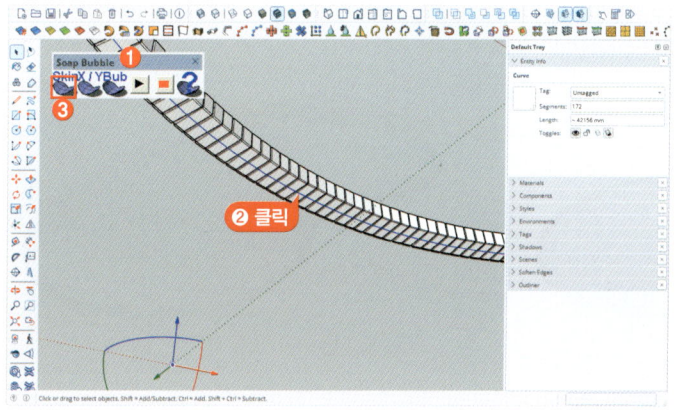

CORE TIP [Soap Bubble] 플러그인은 054쪽에서 함께 설치해놓은 상태입니다. 플러그인이 작동하지 않는다면 054쪽의 학습을 다시 확인해보세요.

Lesson 10 지형 모델링

07 ❶ 30을 입력하고 Enter 를 눌러 면 분할 수를 적당히 늘립니다. ❷ 다시 한번 Enter 를 눌러 스킨 모델을 완성합니다.

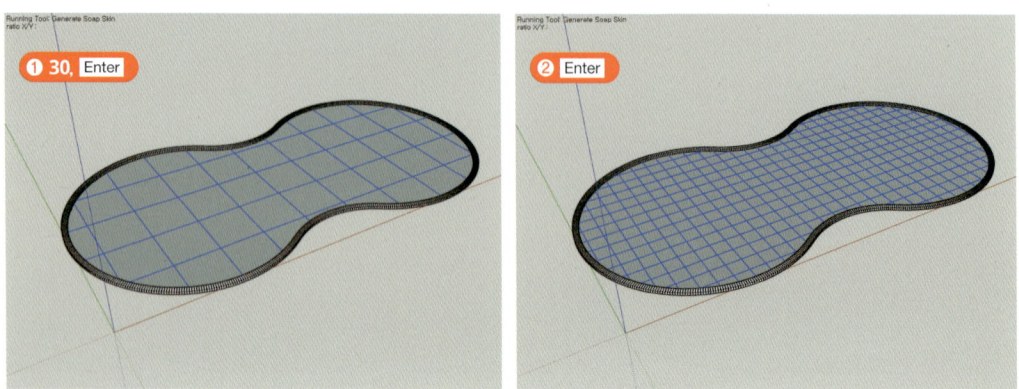

08 ❶ 스킨이 선택되어 있는 상태에서 [Soap Bubble]을 실행하고 ❷ -20을 입력한 후 Enter 를 누릅니다.

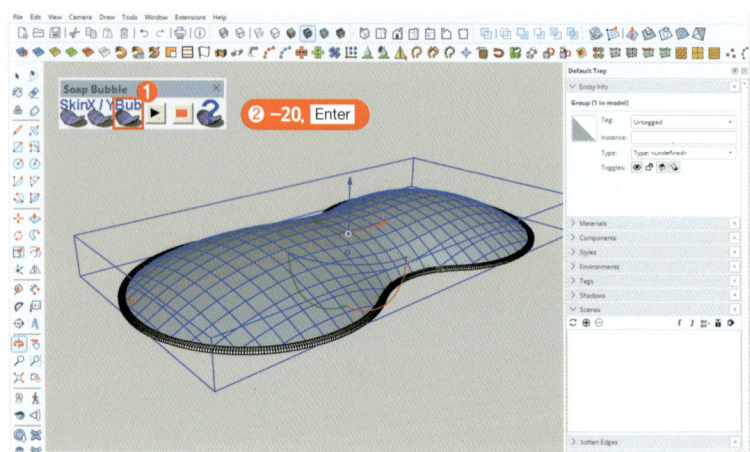

CORE TIP 면의 방향성이 뒤집힌 상태이기 때문에 음수(-)값을 입력해야 위로 볼록한 형상이 만들어집니다. 양수 값을 입력하면 아래 첫 번째 그림과 같이 아래로 오목한 형상이 만들어집니다. [Pressure]의 값을 크게 넣으면 더 오목하거나 볼록한 형상을 만들어 다양한 모델링에 활용할 수도 있습니다.

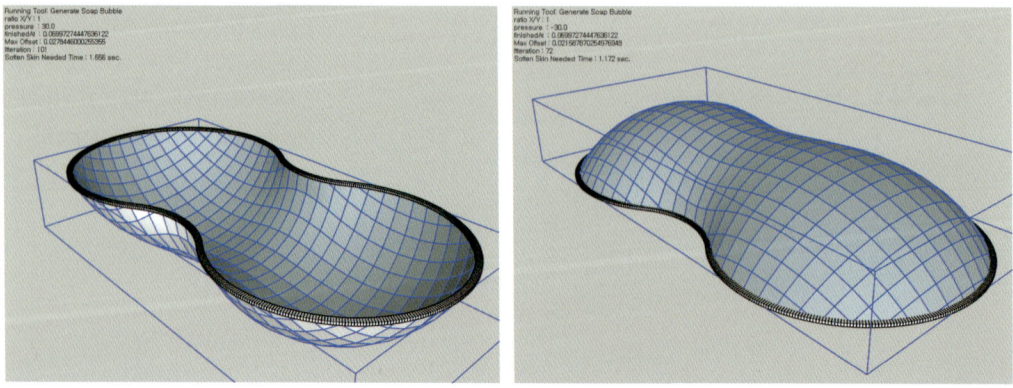

09 ❶ 스킨을 더블클릭해 엽니다. ❷ 면을 선택하고 [Reverse Faces] Shift + R 를 실행해 눌러 프런트 페이스가 위쪽을 향하도록 합니다.

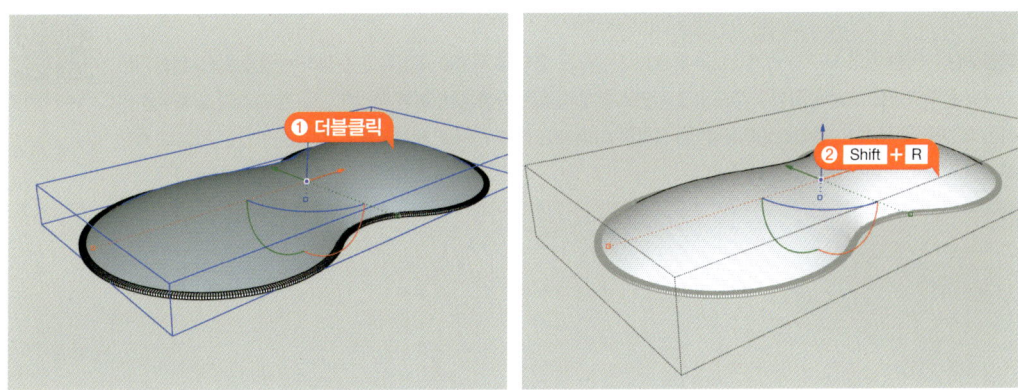

10 ❶ [Select None] Ctrl + T 을 실행해 선택된 면을 해제합니다. ❷ [Sandbox] 도구바에서 [Smoove]를 실행합니다. ❸ 반지름을 **3000mm**로 입력하고 Enter 를 누른 다음 ❹ 볼록한 부분을 클릭해 조금 아래로 내립니다. 반지름을 조금씩 낮춰 영역을 좁혀가며 지형을 다듬어 완성합니다.

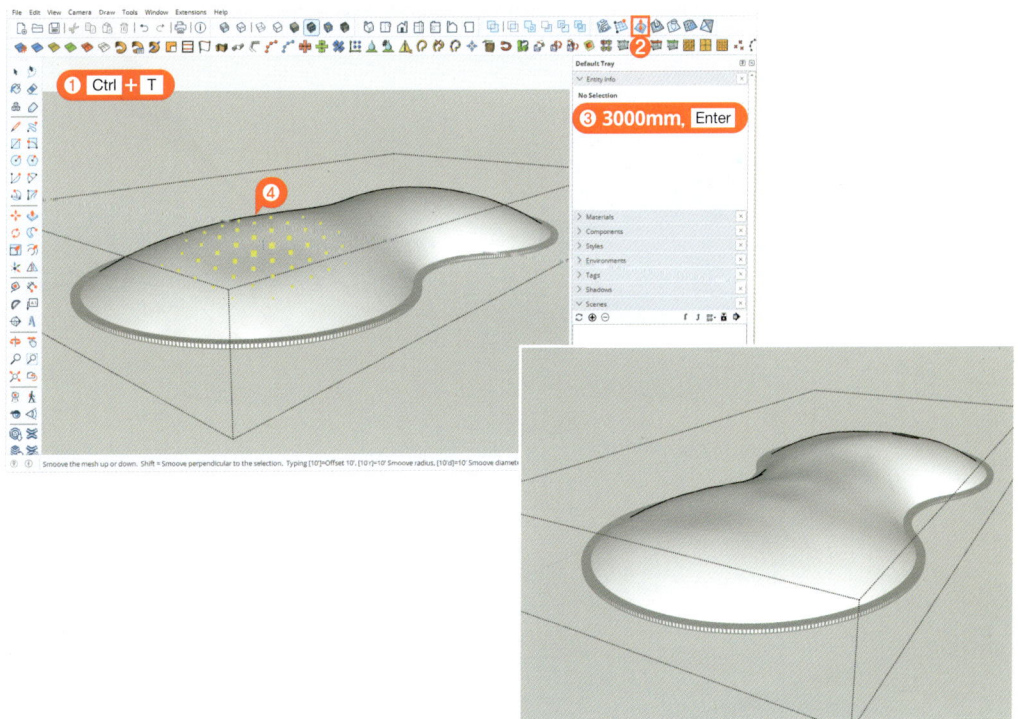

 **Self Training** 지형 모델링 연습하기

준비 파일 | Slop.skp

실습 따라 하기

이번에는 다양한 지형 도구와 플러그인을 활용해 자유로운 형태의 지형을 조형하고 수정하는 연습을 합니다. 기본 도구와 플러그인을 조합해 지형을 부드럽고 자연스럽게 다듬는 과정에서, 지형 작업에 필요한 감각과 노하우를 익히는 데 중점을 두세요. 플러그인의 기능을 정확히 이해하고 작업 순서를 체계적으로 익히면 복잡한 지형도 충분히 효율적으로 모델링할 수 있습니다.

From Scratch와 Smoove로 지형을 만들고 Stamp를 이용해 평탄화

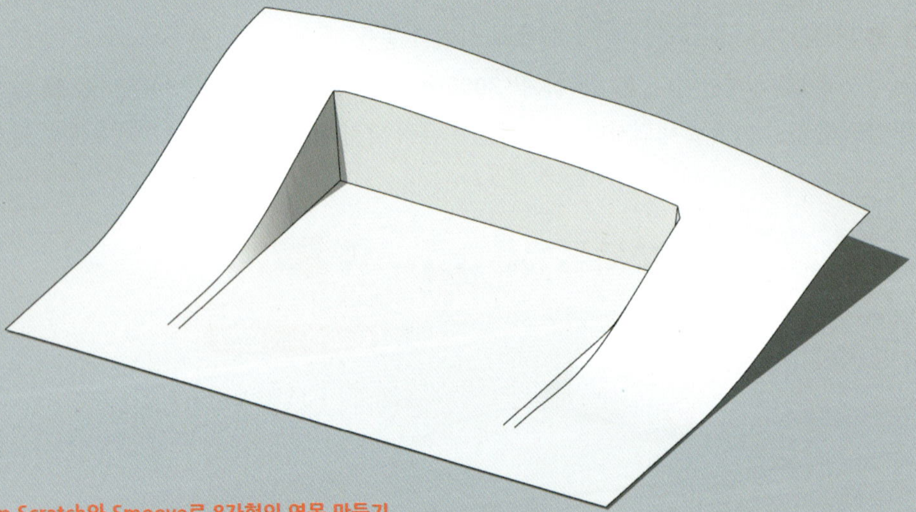

From Scratch와 Smoove로 8자형의 연못 만들기
물은 사각형면에 Glass재질 적용

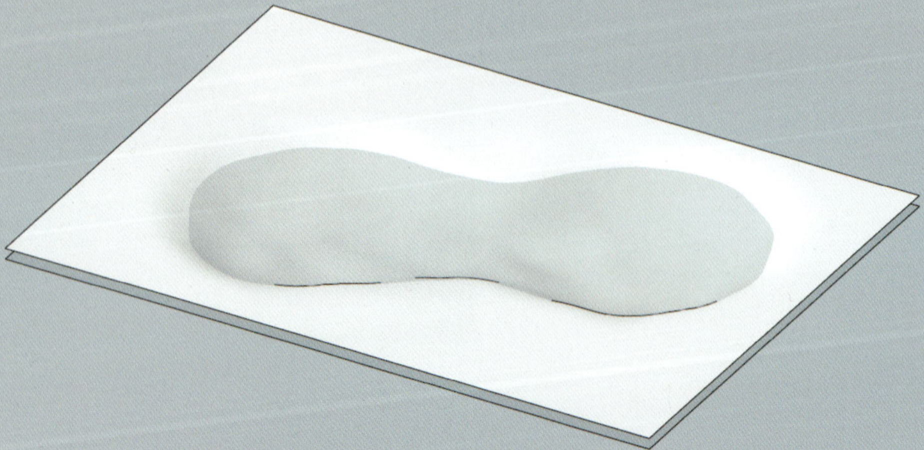

From Scratch와 Smoove로 그림과 같은 원형의 언덕 만들기

**Part03 | Slope.skp
Soap Skin & Bubble 플러그인 활용**

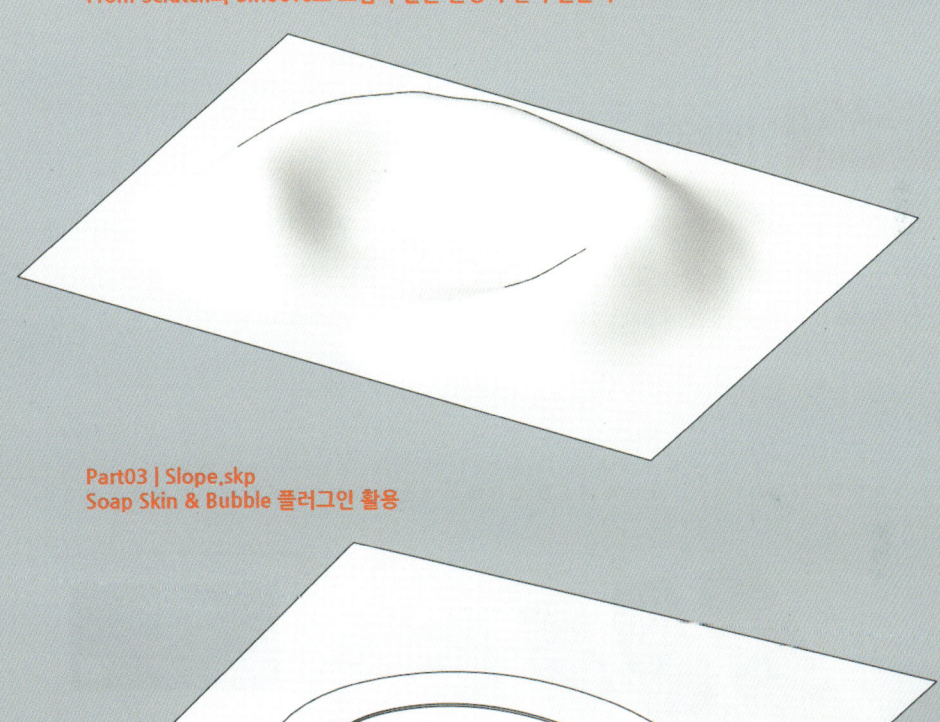

Lesson 11 | 재질 넣기와 매핑 좌표 설정하기

Check Point
- ☑ 모델의 재질로 이미지 맵을 넣을 수 있는가?
- ☑ 재질의 크기와 방향을 맞출 수 있는가?
- ☑ 그룹/컴포넌트에 재질을 지정하는 것과 내부 면에 재질을 지정하는 것의 차이를 아는가?
- ☑ 모델에 적용된 재질의 위치를 랜덤하게 이동할 수 있는가?
- ☑ [ThruPaint]를 활용해 곡면에 재질을 지정할 수 있는가?

Warm Up Paint Bucket 알아보기

[Paint Bucket  B]은 모델에 재질을 지정할 때 사용하는 기본 도구입니다. 면을 하나씩 선택하지 않고도 Ctrl 이나 Shift 를 함께 사용하면 한 번에 여러 면에 재질을 적용할 수 있어 훨씬 효율적으로 작업할 수 있습니다. 아래에 소개하는 키 조합별 기능을 잘 기억하고 실제 작업에 적극 활용해보세요.

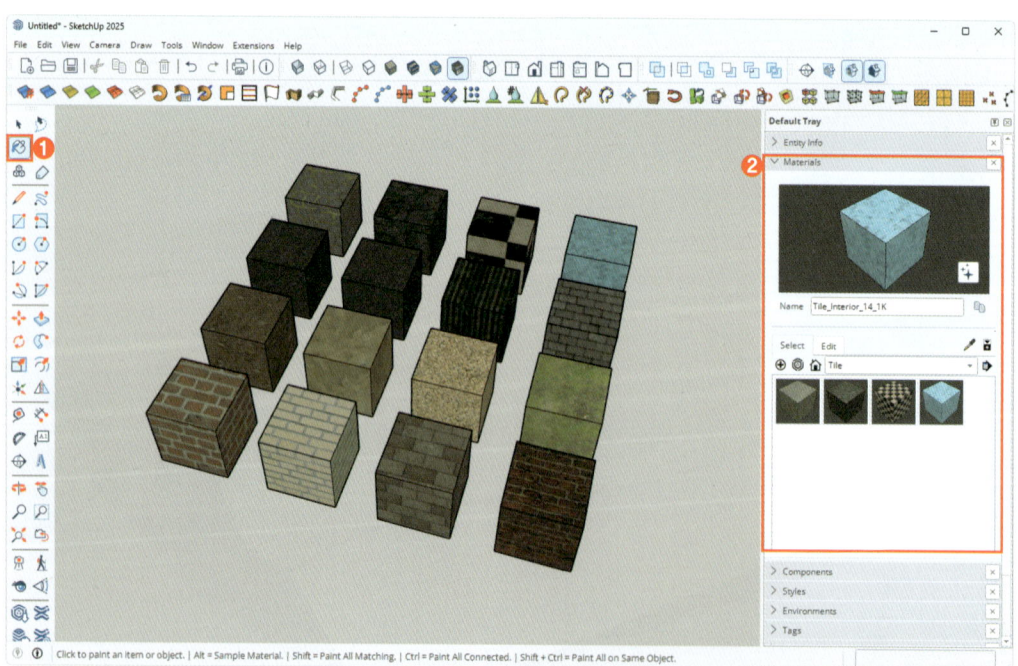

❶ B 를 누르면 [Paint Bucket]이 바로 실행됩니다.
❷ [Materials] 트레이에서 재질을 선택하면 바로 [Paint Bucket]이 실행됩니다.

> **Summary**
> - Alt 를 누르면 [Sample Paint Tool]로 변경됩니다. 모델에 이미 지정되어 있는 재질을 클릭해 해당 재질을 선택할 수 있습니다.
> - Shift 를 누르면 떨어져 있는 같은 재질의 면(혹은 그룹이나 컴포넌트)들에 새로운 재질을 지정합니다.
> - Ctrl 을 누르면 연결된 같은 재질의 면들에 새로운 재질을 지정합니다.
> - Ctrl + Shift 를 누르면 같은 재질의 면(떨어져 있거나 연결되어 있는)들에 새로운 재질을 지정합니다.

Warm Up 스케치업의 매핑 방식 이해하기

스케치업의 모델은 모델링 후 반드시 그룹이나 컴포넌트로 만들어야 완성된 상태가 됩니다. 재질은 완성된 그룹이나 컴포넌트 전체에 지정할 수도 있고, 그룹/컴포넌트를 열어서 내부의 면에 직접 지정할 수도 있습니다.

그룹이나 컴포넌트 전체에 재질을 지정한 경우, 내부의 면은 여전히 기본 상태(Default)로 남기 때문에 재질의 방향(UV)을 조정하기 어렵고, 특히 곡면에서는 원하는 방향으로 재질을 정확히 표현하기 힘듭니다. 최신 버전의 엔스케이프나 다른 렌더링 프로그램들은 이런 문제를 어느 정도 보완하고 있지만, 이전 버전에서는 Grass나 Water 같은 재질 태그가 무시되거나 정상적으로 표현되지 않는 경우도 있었습니다. 따라서 가장 안정적인 방법은 모든 재질을 면(Face) 단위로 직접 지정하는 것입니다.

면 단위, 즉 Face-Level에 재질을 적용하는 것이 가장 안정적이고 바람직한 방법이지만, 모델을 완성해 그룹이나 컴포넌트로 만들기 전에 미리 재질을 지정하는 경우는 드뭅니다. 또한 그룹이나 컴포넌트를 만든 후 다시 열어 면에 재질을 지정하는 과정은 다소 번거롭고 시간이 많이 걸립니다. 따라서 아래와 같은 특별한 경우를 제외하고 렌더링 결과에 문제가 없다면 그룹이나 컴포넌트 전체에 재질을 지정하는 것도 가능합니다.

반드시 Face-Level에 재질을 지정해야 하는 경우는 아래와 같습니다.

❶ 하나의 그룹/컴포넌트에 여러 개의 재질이 들어가는 경우(예:구조체의 외부 재질과 내부 및 바닥 재질을 다르게 넣기)

❷ 나뉘어진 여러 면에 지정한 재질을 불규칙하게 이동해야 하는 경우(예:각재에 넣은 나무재질이 동일하게 반복되지 않도록 하기)

 **Basic Training** 액자 매핑하기

준비 파일 | Part 03/Frame.skp 완성 파일 | Part 03/Frame_완성.skp

액자에 여러 가지 방법으로 재질을 지정하고 수정해보는 예제입니다. 이 예제를 통해 스케치업에서 재질을 만드는 과정을 익히고 [Paint Bucket]을 사용할 때 Ctrl 과 Shift 를 조합하면 어떤 기능이 작동하는지 이해해보세요.

실습 결과 미리보기

01 준비 파일을 불러오고 [Materials] 트레이에서 [Create new Material ⊕]을 클릭합니다.

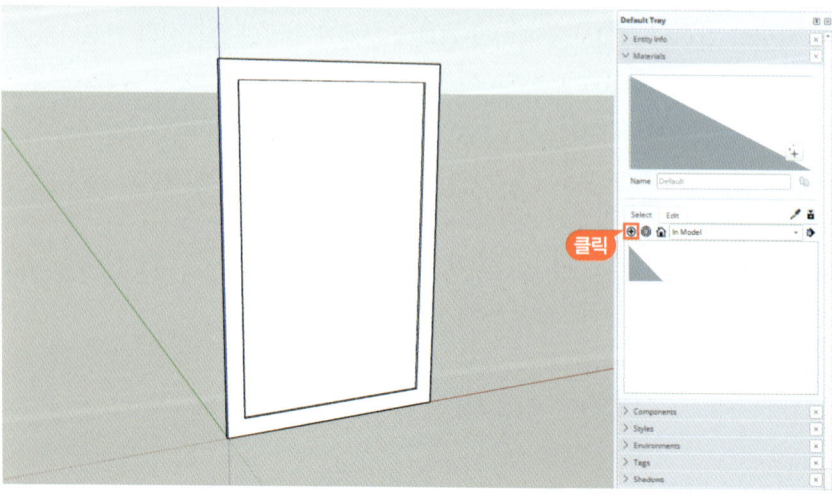

416 Part 03 건축물의 구성요소 모델링 익히기

02 ❶ [Create Material] 대화상자에서 재질 이름을 **Wood_Frame**으로 입력하고 ❷ [Use texture image]에 체크합니다. ❸ 예제 폴더에서 **Wood_Birch.png** 파일을 불러옵니다. ❹ [OK]를 클릭해 재질을 생성하면 바로 [Paint Bucket]이 실행됩니다. ❺ `Ctrl`을 한 번 누르면 [Paint All Connected] 모드가 됩니다. 액자의 면을 클릭하면 연결된 모든 면에 재질이 지정됩니다.

CORE TIP 색상 모델(Color Model) 바꾸기

색상 모델은 색상을 수학적으로 표현하기 위한 다양한 방식입니다. RGB(Red, Green, Blue), CMYK(Cyan, Magenta, Yellow, black), HSB/HSV(Hue, Saturation, Brightness/Value) 등이 있습니다. HSB 모델이 일반적으로 많이 사용되며 직관적이고 세밀하게 값을 조절하기 쉽습니다.

03 가로 프레임에도 세로 방향의 재질이 들어가 어색합니다. 네 모서리를 그림과 같이 대각선으로 연결합니다.

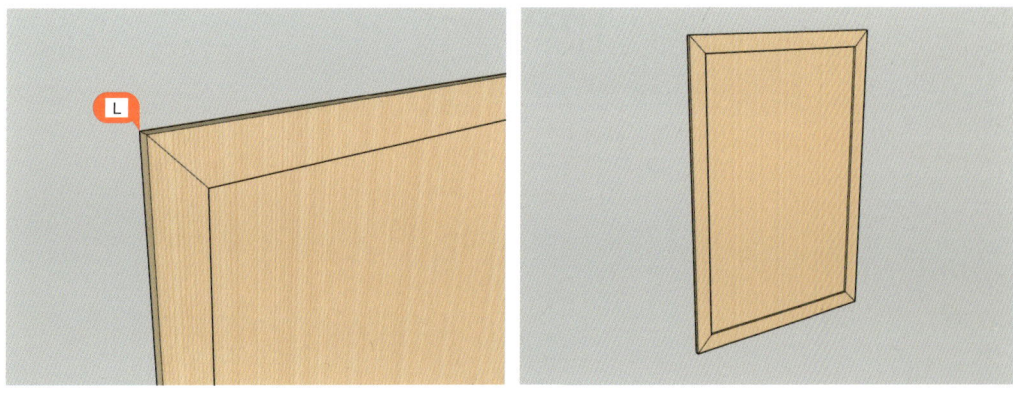

04 ❶ [Texture Positioning] 도구바를 불러옵니다. ❷ 그림과 같이 가운데 부분을 선택하고 ❸ [Texture Positioning] 도구바의 [Rotate Count Clockwise](혹은 [Rotate Clockwise])를 한 번 클릭해 재질을 90° 회전시켜 가로 방향이 되도록 합니다.

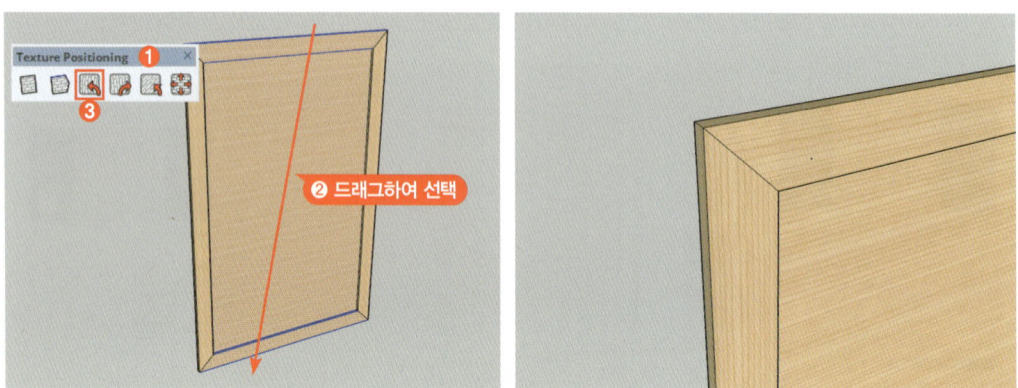

05 ❶ [Create new Material ⊕]을 클릭하고 ❷ 재질 이름을 **Artwork**로 입력합니다. ❸ [Use texture image]에 체크합니다. ❹ 예제 폴더에서 **PhotoFrame.jpg** 파일을 불러온 후 ❺ [OK]를 클릭합니다. ❻ 현재 선택되어 있는 면이 있다면 Ctrl + T 를 눌러 선택을 해제하고 ❼ 가운데 면을 클릭해 재질을 지정합니다.

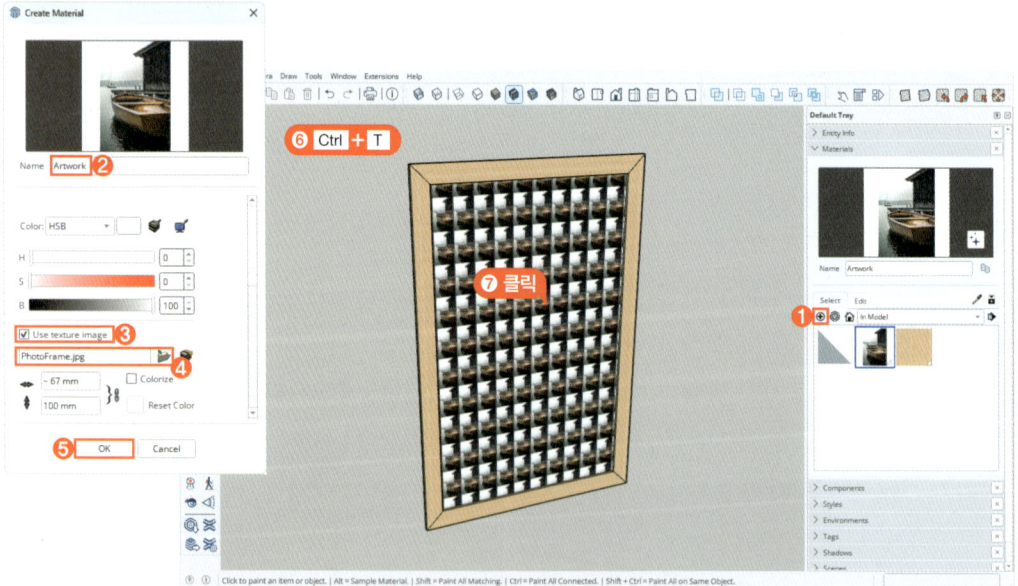

06 ❶ 가운데 면에서 마우스 오른쪽 버튼을 클릭하고 ❷ [Texture]-[Position]을 실행합니다. ❸ 빨간색 이동 아이콘을 왼쪽 아래 모서리로 드래그합니다.

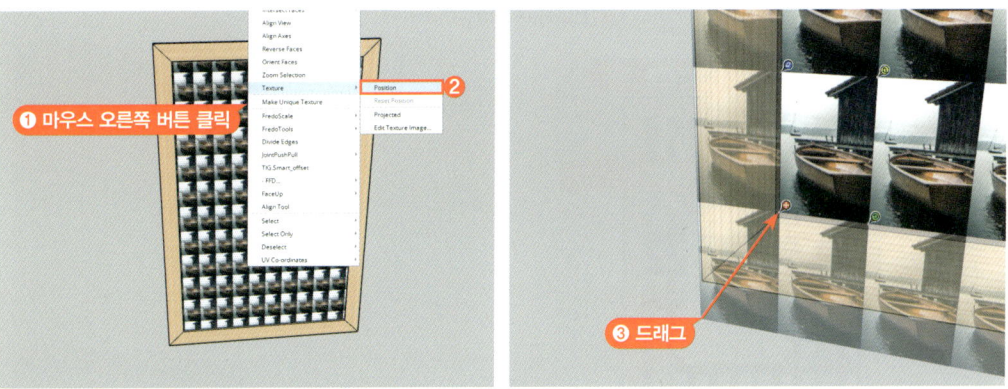

CORE TIP 아이콘을 클릭해선 안 됩니다. 한 번 클릭하면 아이콘의 위치가 이동됩니다. 클릭한 채 드래그해 이동합니다.

07 녹색 회전 아이콘을 오른쪽 모서리로 드래그합니다.

08 재질의 크기를 다시 원래 상태로 되돌리려면 ❶ 면에서 마우스 오른쪽 버튼을 클릭한 후 ❷ [Texture]-[Reset Position]을 클릭합니다.

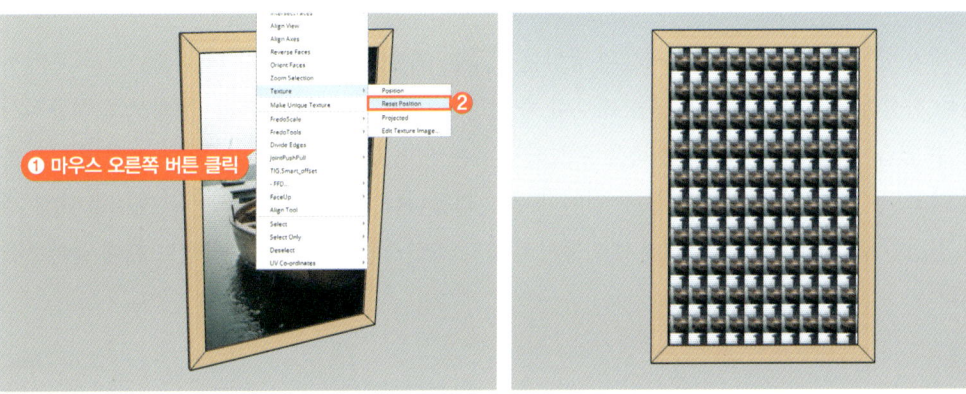

09 ① Ctrl + 2 를 눌러 정면 뷰로 바꿉니다. ② Spacebar 를 누르고 가운데 면을 클릭해 선택합니다. ③ [SketchUV] 도구바를 불러오고 ④ [Sketch UV Mapping Tools]를 실행합니다. ⑤ 면을 마우스 오른쪽 버튼으로 클릭하고 ⑥ [Planar Map(View)]을 선택합니다.

CORE TIP [SketchUV] 플러그인은 054쪽에서 함께 설치해놓은 상태입니다. [SketchUV]는 평면, 구, 원기둥, 박스 등의 형태에 맞게 UV를 한 번에 설정하는 플러그인입니다. Planar Map(평면), Sphere Map(구), Cylinder Map(원기둥)은 해당 재질이 들어갈 면의 방향에 맞게 뷰를 설정한 상태로 해당 명령을 실행해야 합니다.

 **Basic Training**   트러스 구조물 매핑하기

준비 파일 | Part 03/Truss.skp 완성 파일 | Part 03/Truss_완성.skp

여러 개의 방향이 다른 프레임에 재질의 방향을 맞추는 예제입니다. 그룹이나 컴포넌트 외부에서 재질을 지정하면 재질의 방향이 그룹 내부의 축 방향을 따르기 때문에 원하는 방향으로 적용되지 않을 수 있습니다. 이럴 때는 내부 축을 수정해야 하는데, [Curic Axes Tool]을 사용하면 그룹을 열지 않고도 손쉽게 축 방향을 바꿀 수 있어 매우 편리합니다. 또한 외부에 적용된 재질을 내부 재질로 변경한 뒤, 재질 위치를 랜덤하게 이동시켜 보다 자연스럽게 표현하는 방법도 함께 알아보겠습니다.

01 준비 파일을 불러오고 [Materials] 트레이에서 [Create new Material ⊕]을 클릭합니다.

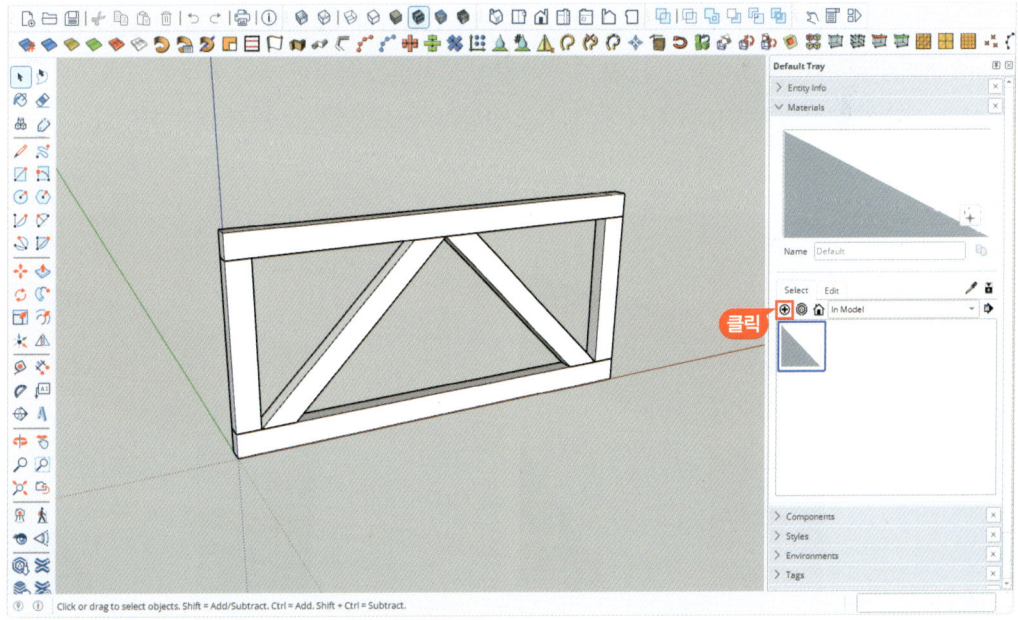

02 ① [Create Material] 대화상자에서 재질 이름을 **Wood_oak**로 입력합니다. ② [Use texture image]에 체크합니다. ③ 예제 폴더에서 **oak_veneer_01.jpg** 파일을 불러옵니다. ④ 크기를 **1000mm×1000mm**로 설정한 후 ⑤ [OK]를 클릭합니다. ⑥ Shift 를 한 번 누르면 [Paint All Matching] 모드가 됩니다. ⑦ 모델을 클릭해 모든 모델에 재질을 한 번에 지정합니다.

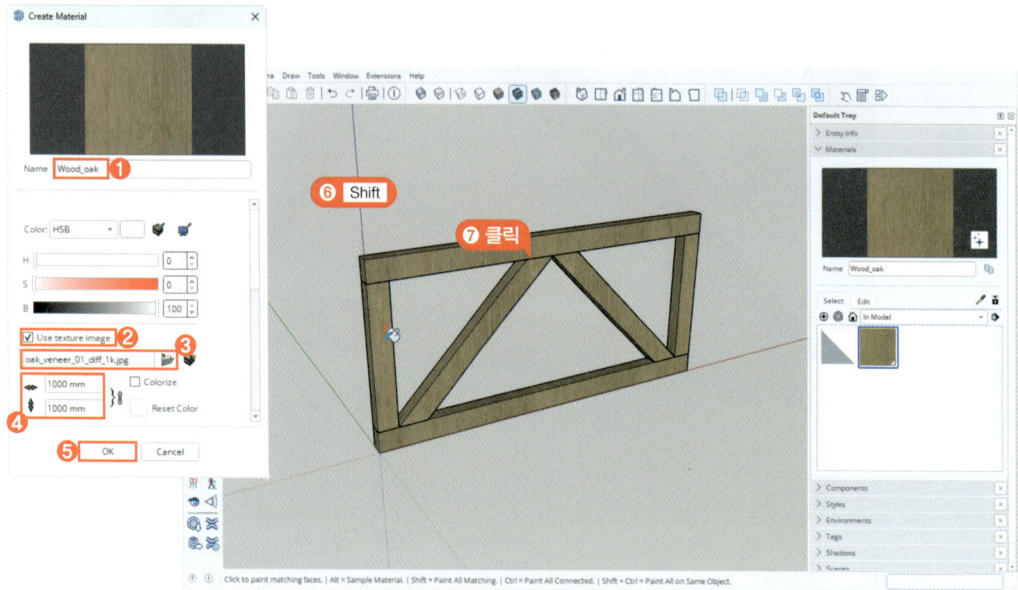

03 재질의 방향이 모두 같은 방향으로 들어가 어색해 보입니다. ① 위쪽의 가로 부재를 선택하고 [Curic Axes] Alt + A 를 실행합니다. ② 그림과 같이 모서리를 클릭한 채로 아래로 드래그해 X축이 아래, Y축이 뒤쪽을 향하도록 합니다. 재질의 방향이 가로 방향으로 바뀐 것을 확인할 수 있습니다.

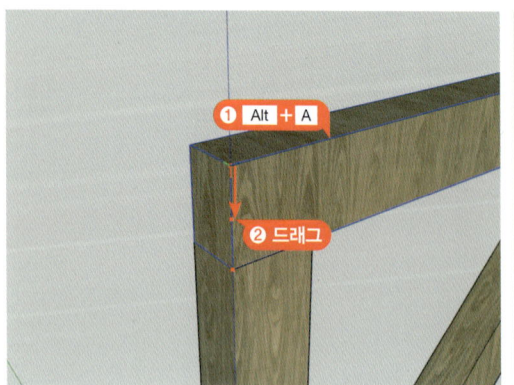 

04 ❶ 대각선 부재를 선택하고 I를 눌러 나머지 모델을 숨깁니다. ❷ [Protractor ⌀] Shift +T를 실행하고 그림과 같이 Y축 방향으로(녹색 각도기) 아래 모서리를 중심점으로 지정합니다. ❸ 대각선 부재 방향을 기본점으로 지정하고 **90**을 입력해 가이드라인을 만듭니다.

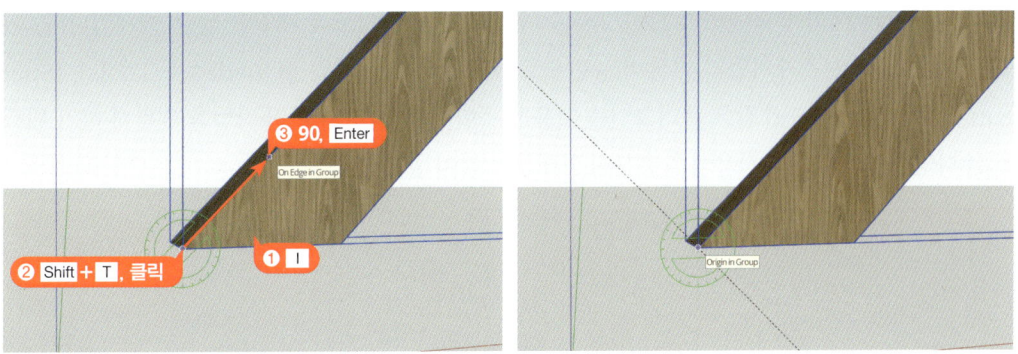

05 ❶ [Curic Axes] Alt+A를 실행하고 모서리점을 클릭한 후 ❷ 가이드라인 방향으로 드래그해 X축이 가이드라인 방향, Y축이 뒤쪽을 향하도록 합니다.

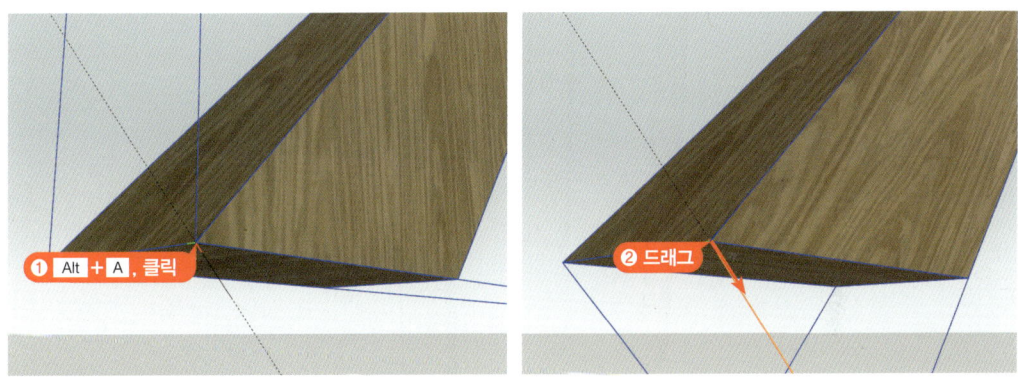

06 현재 재질은 그룹에 지정된 상태(Instance Material)입니다. 재질의 위치를 불규칙하게 조정하기 위해서는 재질이 면(Face)에 직접 지정되어 있어야 합니다. ❶ 모델을 모두 선택하고 ❷ [Exensions]-[Material Tools]-[Instance Material to Faces]를 실행합니다. ❸ [Random Tools] 도구바를 열고 [Randomize Texture Positions]를 실행합니다.

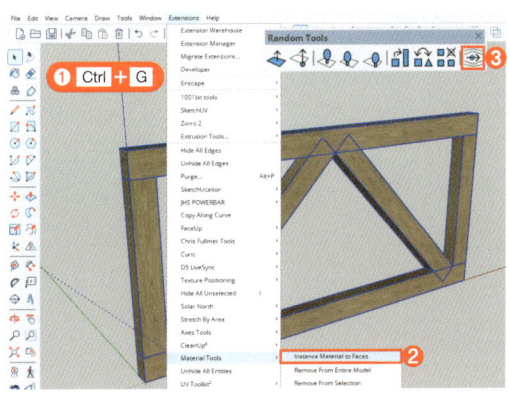 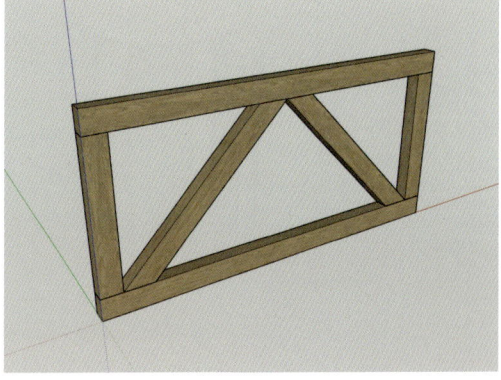

 **곡면에 재질 넣기**

준비 파일 | Part 03/Stool.skp   완성 파일 | Part 03/Stool_완성.skp

의자의 좌판과 다리에 곡면의 흐름을 따라 자연스럽게 이어지도록 재질을 넣는 예제입니다. 이러한 매핑 방식은 스케치업의 기본 기능만으로는 구현하기 어려워, [QuadFace Tools], [Split Sausage], [ThruPaint] 같은 플러그인을 활용해야 합니다. 따라서 이런 작업을 원활히 하기 위해서는 다양한 플러그인의 사용법을 충분히 익혀두는 것이 중요합니다.

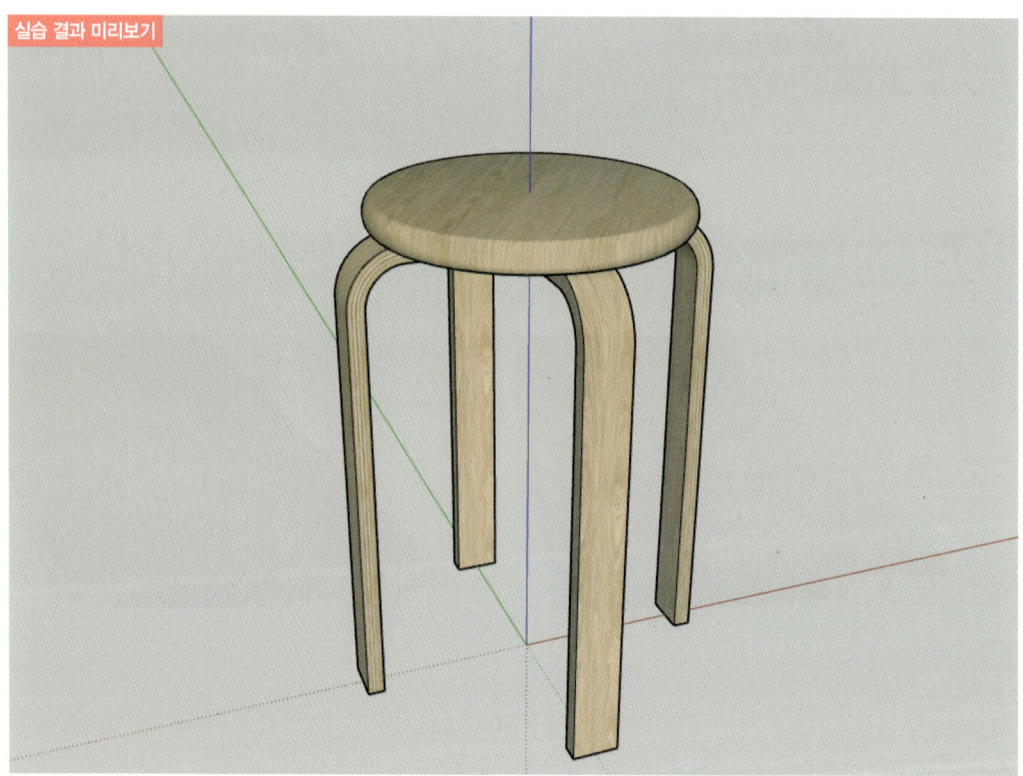

01 준비 파일을 불러오고 [Materials] 트레이에서 [Create new Material ⊕]을 클릭합니다.

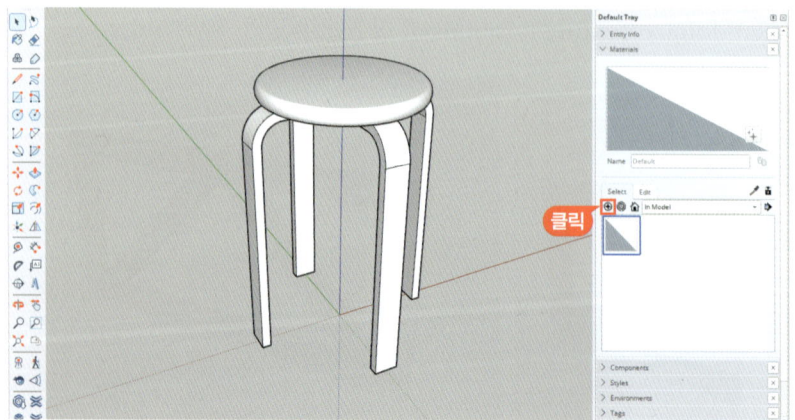

02 ❶ [Create Material] 대화상자에서 재질 이름을 **Wood**로 입력하고 ❷ [Use texture image]에 체크합니다. ❸ 준비 파일 폴더에서 **oak_veneer_02.jpg** 파일을 불러옵니다. ❹ 재질의 크기는 **200mm×200mm**로 지정하고 ❺ [OK]를 클릭합니다.

03 ❶ 같은 방법으로 [Create new Material]을 실행합니다. ❷ [Create Material] 대화상자에서 재질 이름을 **Wood_Side**로 입력하고 ❸ [Use texture image]에 체크합니다. ❹ 준비 파일 폴더에서 **oak_veneer_03.jpg** 파일을 불러옵니다. ❺ 재질의 크기는 **200mm×200mm**로 지정하고 ❻ [OK]를 클릭합니다.

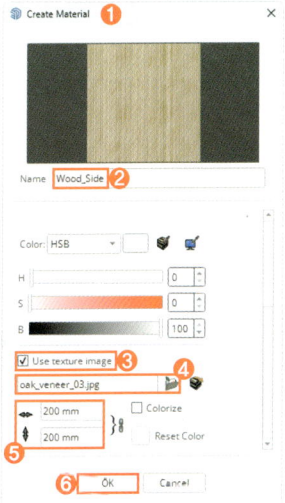

04 ❶ 의자의 좌판을 더블클릭해 엽니다. ❷ [ThruPaint] Alt + B 를 실행합니다.

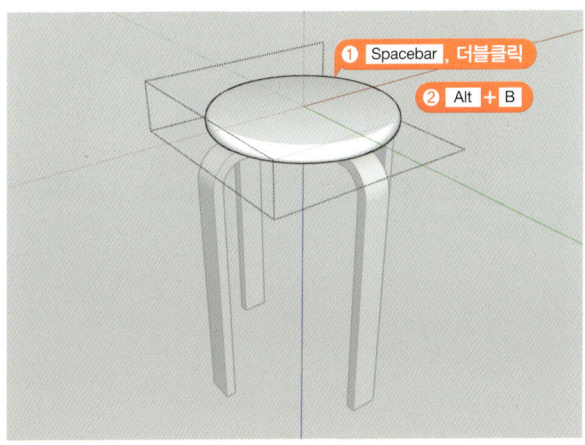

Lesson 11 재질 넣기와 매핑 좌표 설정하기 **425**

CORE TIP [Fredo Tools] 도구바를 열고 아이콘을 클릭하면 [Fredo Tools]의 많은 도구들을 볼 수 있습니다. 자주 쓰는 도구들은 항목의 끝 부분에 있는 눈을 클릭하고 스케치업을 다시 실행하면 해당 명령이 [Fredo Tools] 도구바에 추가됩니다.

CORE TIP 이 플러그인은 [Fredo Tools]에 포함되어 있는 플러그인으로 054쪽에서 함께 설치해놓은 상태입니다. 플러그인이나 단축키가 작동하지 않는다면 048쪽과 054쪽의 학습을 다시 확인해보세요.

05 ❶ [UV PAINTING : Projeted UV, SELECTION : Surface](혹은 All Connected Face), ❷ [Plane for UV Projection : By Face : Plane of the view camera](현재 보는 뷰와 평행 방향)를 선택하고 ❸ 면을 클릭합니다. ❹ 재질 설정이 끝나면 Spacebar 를 눌러 [ThruPaint]를 종료합니다.

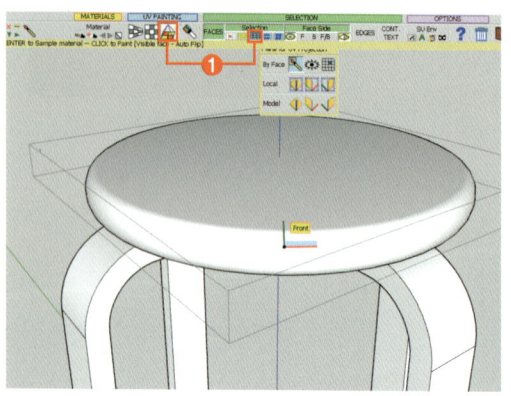 

CORE TIP 면 위의 임의의 위치를 클릭하면 재질의 위치나 방향, 크기를 조절할 수 있는 [Visual Mode] 상태가 됩니다. 재질의 크기나 위치를 맞춘 후 빈 곳을 클릭하면 [Visual Mode]를 끌 수 있습니다.

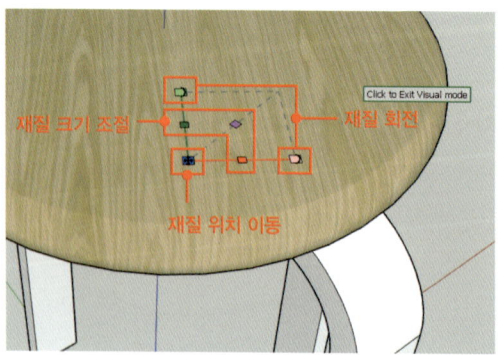

06 다리를 하나 선택하고 ⬚I⬚를 눌러 나머지 모델을 숨깁니다.

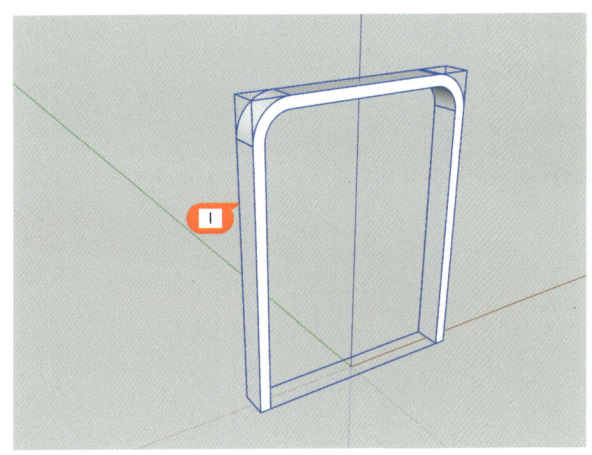

07 ❶ 그룹을 열고 ❷ 아래의 모서리 에지 하나와 면을 추가 선택합니다.

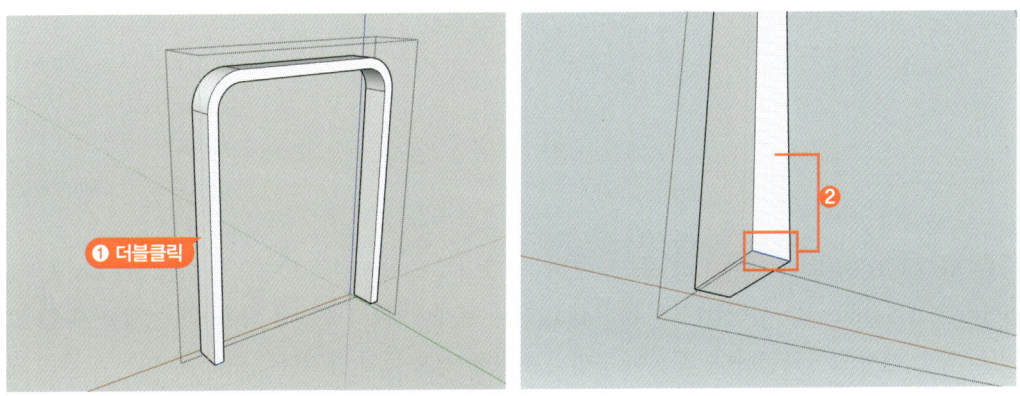

08 ❶ [Search] ⬚Shift⬚+⬚S⬚를 실행하고 **split**을 검색합니다. ❷ [TIG-splitTOOLS 〉 SplitSausage]를 클릭해 실행합니다. ❸ 반대편도 같은 방식으로 작업을 진행해 모서리에 세그먼트를 추가합니다.

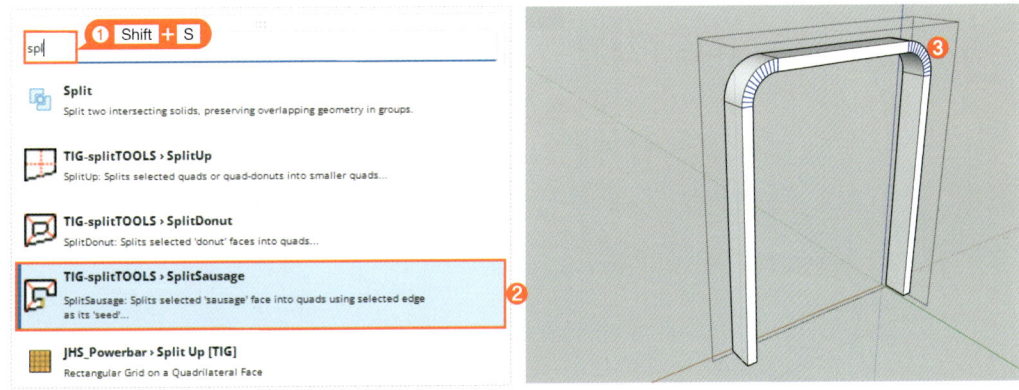

09 ❶ 모델을 트리플 클릭해 모두 선택하고 ❷ [JHS Powerbar]-[AMS Smooth Run◆]을 실행합니다.

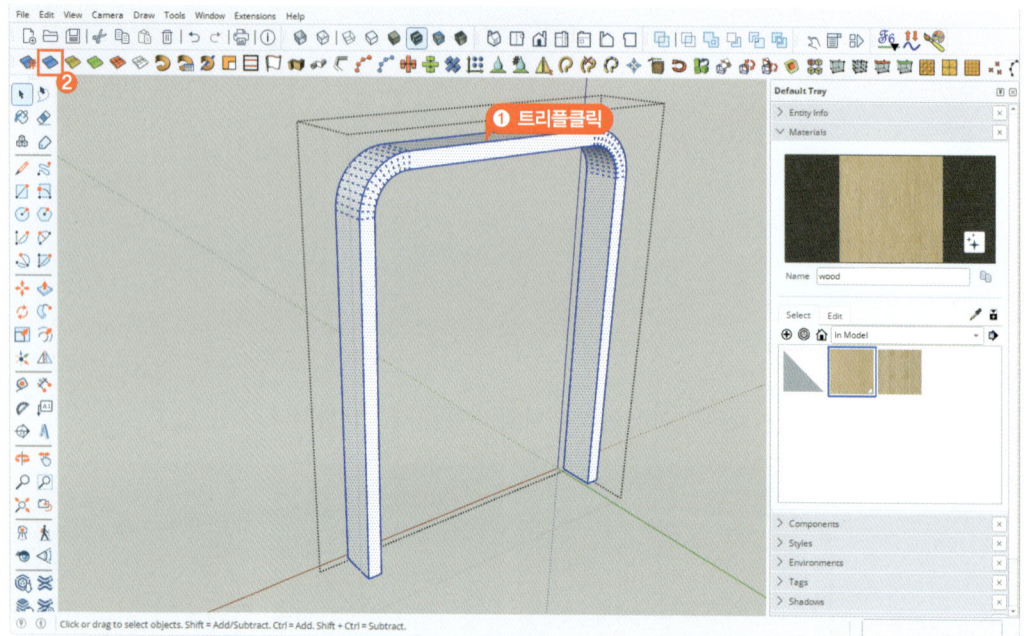

10 ❶ [ThruPaint] Alt + B 를 실행하고 ❷ [UV PAINTING:QuadMesh UV, Selection:Surface]를 선택합니다. ❸ [Materials] 트레이에서 [Wood_Side]를 선택한 후 ❹ 그림의 앞면 에지를 클릭합니다. 재질이 곡면의 흐름에 맞게 들어 갔지만 곡면의 끝 연결 부분의 패턴이 맞지 않는 것을 확인할 수 있습니다. ❺ Ctrl + Z 를 눌러 명령을 취소하고 ❻ Spacebar 를 눌러 명령을 종료합니다.

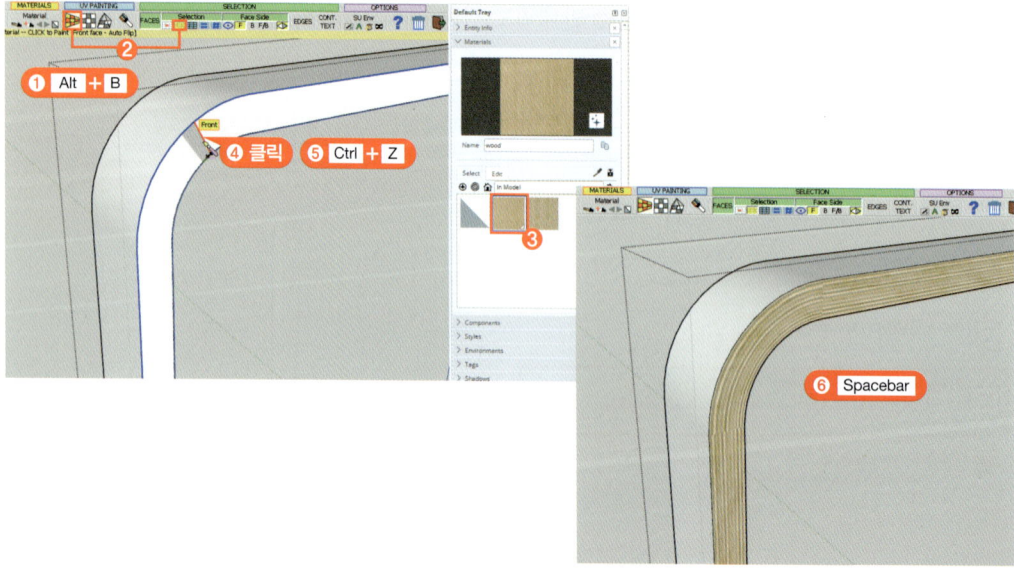

11 ❶ 바닥의 앞면 모서리를 선택하고 [Select Ring, Alt + R]을 실행해 평행한 방향의 에지를 모두 선택합니다. ❷ [Search, Shift + S]를 실행하고 **Connect**를 검색합니다. ❸ [QuadFace Tools〉Connect Edges]를 실행합니다.

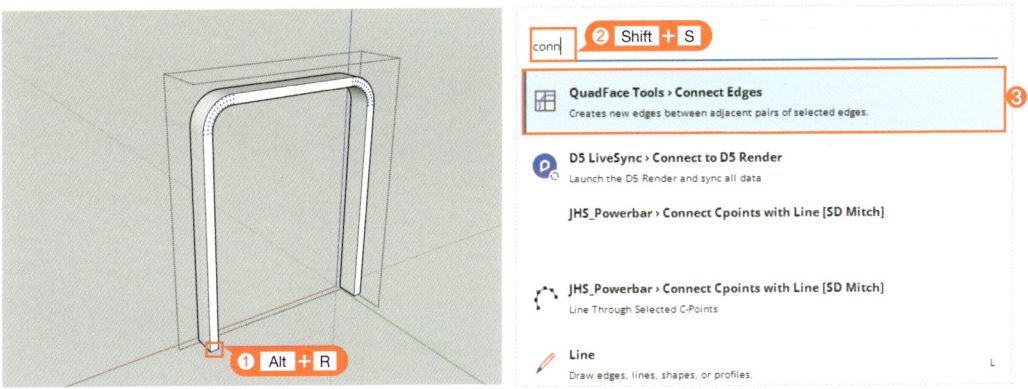

12 ❶ 에지 개수를 **2**로 수정하고 ❷ [✔]를 클릭합니다. ❸ 모델을 트리플클릭해 모두 선택하고 ❹ [JHS Powerbar]-[AMS Smooth Run ◆]을 실행합니다.

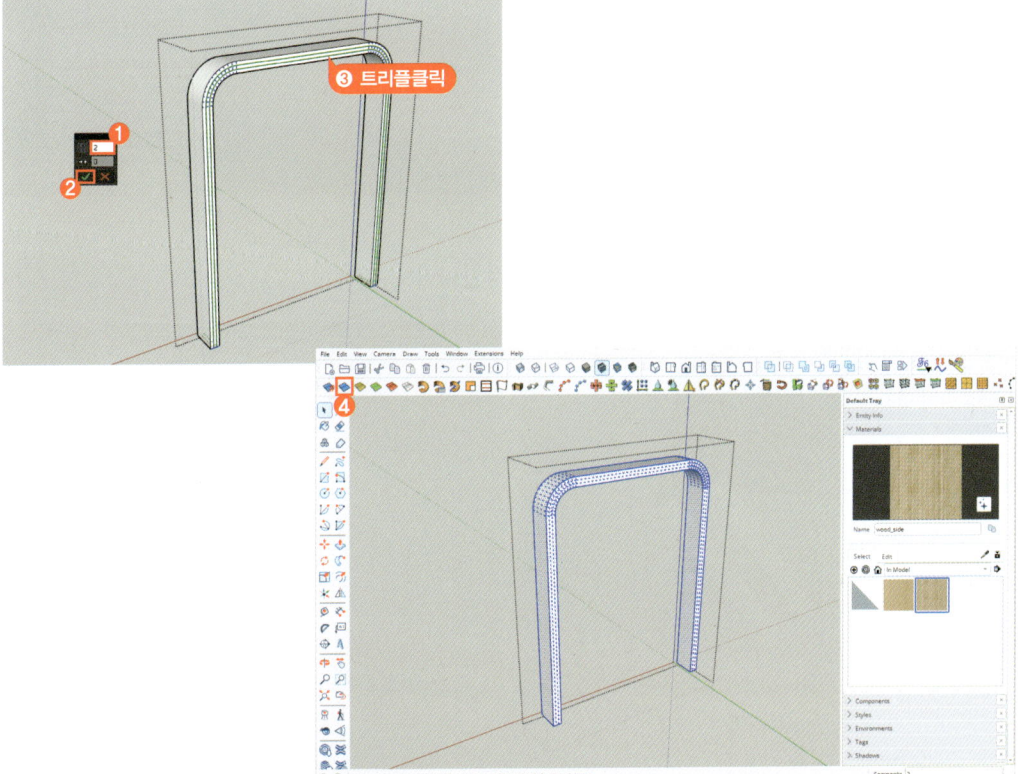

13 ❶ [Select None] Ctrl + T 을 실행해 선택을 해제합니다. ❷ [ThruPaint] Alt + B 를 실행합니다. 마우스 포인터의 위치에 따라 기준이 되는 X축(빨간색)의 방향이 달라질 수 있으므로, ❸ 아래 그림처럼 곡선의 진행 방향과 직각으로 교차하는 에지를 선택합니다.

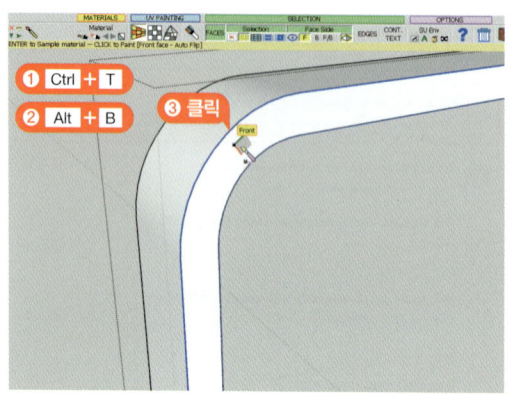 

CORE TIP 에지를 잘못 선택할 경우 재질 방향이나 직각 방향으로 나타납니다. 이때는 면을 마우스 오른쪽 버튼으로 클릭한 후 [Rotate +90] 등의 옵션을 선택하면 방향을 바꿀 수 있습니다.

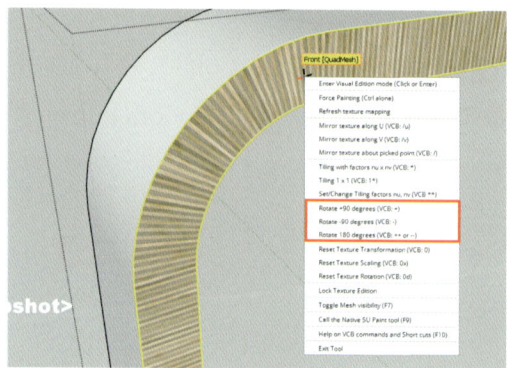

14 바닥과 뒷면도 X축 방향을 주의해 재질을 지정합니다.

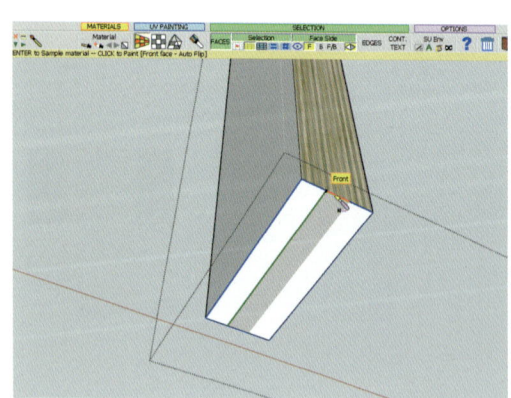 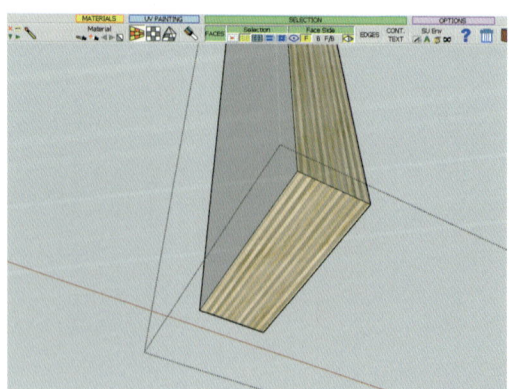

15 ❶ [Wood] 재질을 선택합니다. ❷ ❸ X축 방향을 그림과 같이 맞춰서 바깥 면과 안쪽 면의 에지를 각각 클릭해 재질을 지정합니다.

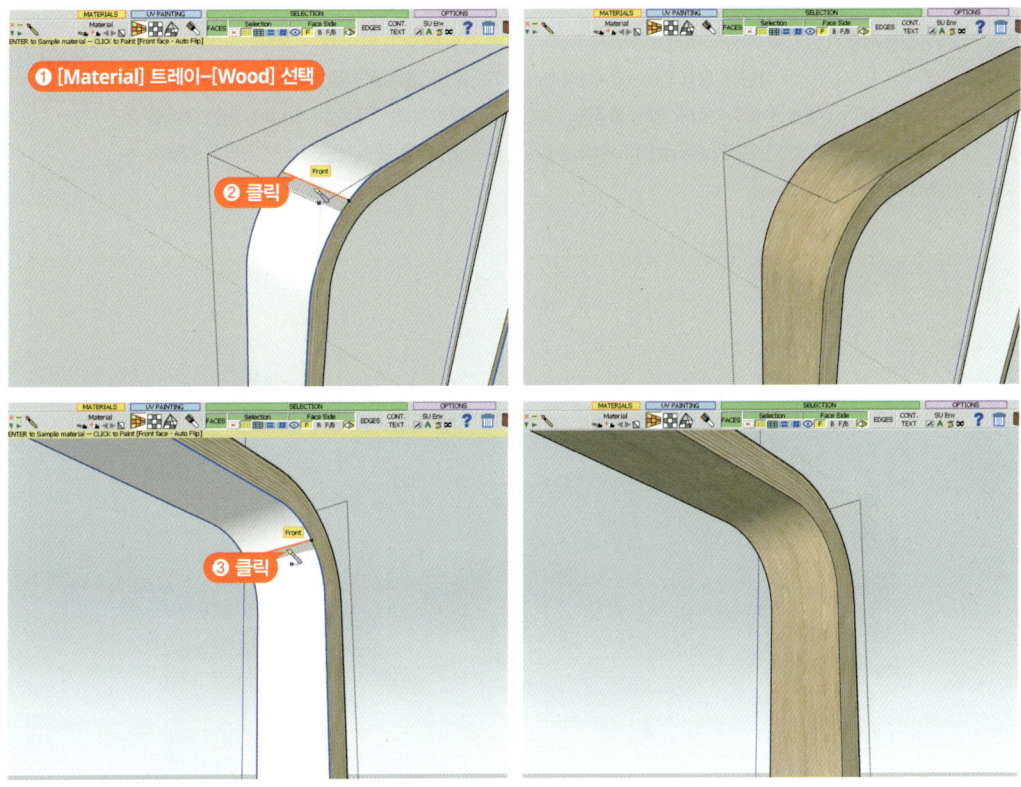

16 ❶ U 를 눌러 숨겼던 모델을 다시 표시합니다. ❷ 재질을 지정하지 않은 다리를 선택해 삭제합니다. ❸ 재질을 지정한 다리를 **90°** 회전 복사해 완성합니다.

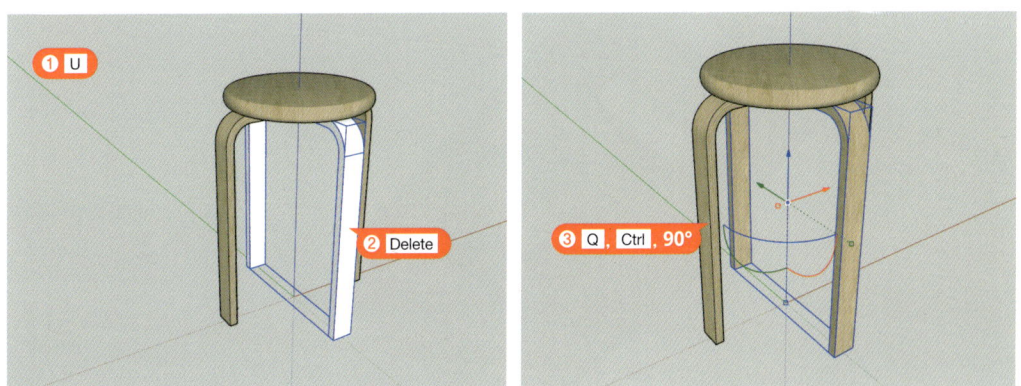

Self Training 　**재질 매핑과 UV 설정 연습하기**

준비 파일 | Part 03/Mapping_UV.skp, Oak_veneer_01.png, Tiles016.png

실습 따라 하기

준비 파일을 열어 재질의 방향을 예제 그림처럼 적용해보세요. 만약 면이 나뉘어 있지 않아 원하는 방향으로 재질을 넣기 어렵다면, [Line] L 을 사용해 직접 면을 나누거나 [Split Tools]를 활용해 면을 추가로 나눈 뒤 재질 방향을 조정해주세요. 이때 모델을 수정하더라도 항상 솔리드 상태를 유지하는지 꼭 확인해야 합니다. 이번 예제를 통해 [Curic Axes], [Split Tools], [ThruPaint], [Texture Positioning] 같은 플러그인을 자연스럽게 활용할 수 있도록 충분히 연습해두세요.

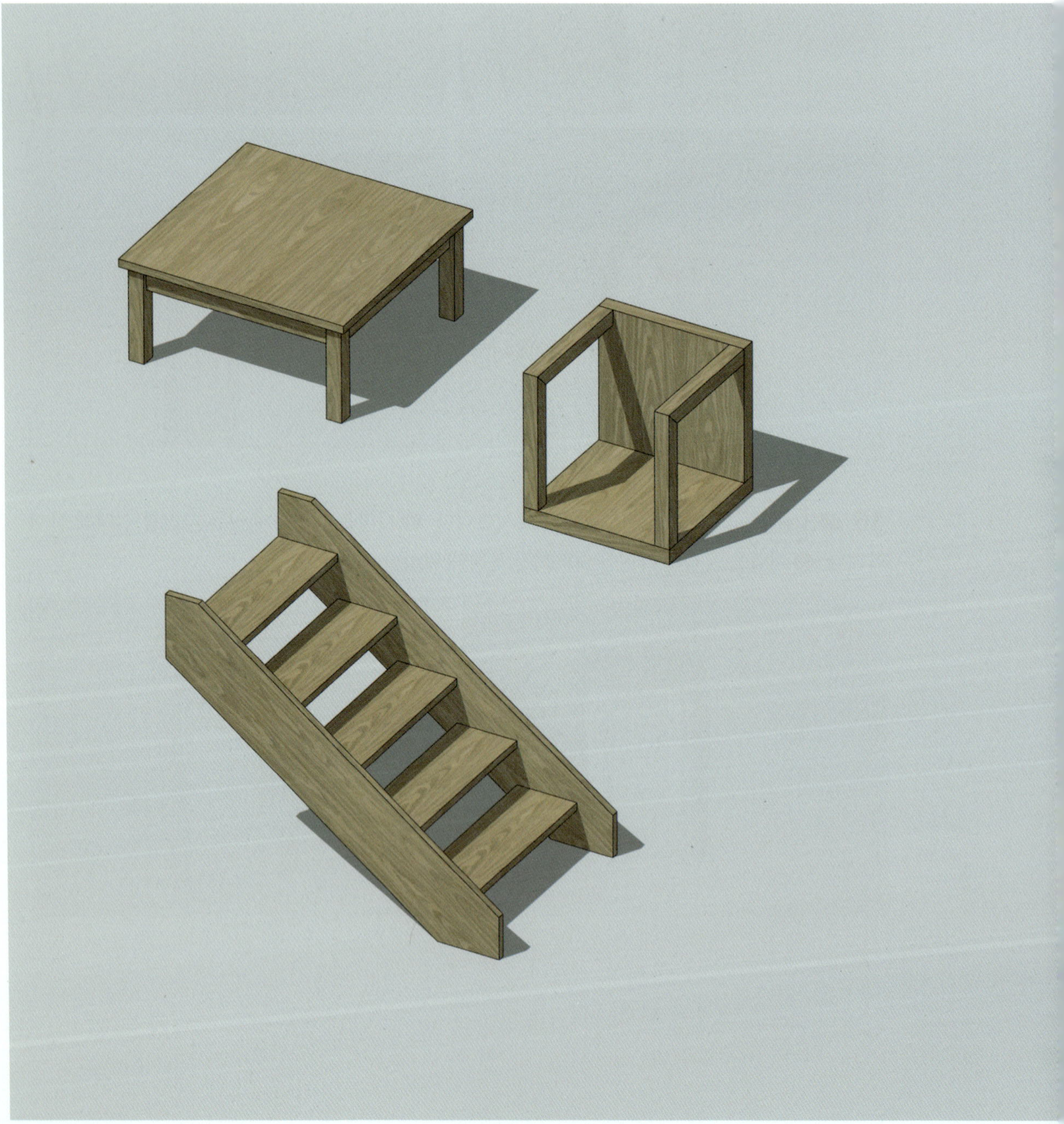

Self Training 재질 매핑과 UV 설정 연습하기

SKETCHUP & ENSCAPE
TRAINING BOOK

Part 04

엔스케이프를
활용한 렌더링

이번 Part에서는 엔스케이프(Enscape)를 설치하고 기본적인 사용법과 렌더링 순서를 익힙니다. 또한 엔스케이프 재질을 적용해 사실감을 높이고, HDRI를 활용해 자연스러운 외부 환경을 표현하는 방법도 다룹니다. 이외에도 잔디나 수목 같은 식생을 배치하고 조명을 설치해 공간을 더욱 생생하게 연출하는 방법까지 함께 학습합니다. 이 Part를 학습하며 스케치업에서 제작한 모델을 엔스케이프로 보다 현실감 있게 시각화할 수 있는 기초를 다져보세요.

Lesson 01 | 엔스케이프 설치하기

Check Point
- ☑ 왜 엔스케이프를 쓰는지 알고 있는가?
- ☑ 자신의 컴퓨터가 엔스케이프를 사용할 수 있는 사양인가?
- ☑ 엔스케이프를 다운로드하고 설치할 수 있는가?
- ☑ 엔스케이프가 정상적으로 실행되고 있는가?

Warm Up | 엔스케이프란?

스케치업은 빛의 반사를 사실적으로 계산해 실제 사진과 같은 이미지를 생성하는 렌더링 기능이 없습니다. 그래서 사실적인 이미지를 만들기 위해서는 별도의 렌더링 프로그램이 필요합니다. 엔스케이프(Enscape)는 렌더링 프로그램 중 하나이며, 이외에도 V-Ray, D5, 루미온(Lumion), 트윈모션(Twinmotion) 등의 다양한 렌더링 프로그램이 있습니다.

엔스케이프는 실시간 렌더링(Real-Time Rendering) 방식으로 렌더링 속도가 가장 빠르고, 스케치업 플러그인으로 실행되어 스케치업과의 연동성이 뛰어나며, 무엇보다 학습이 쉽다는 장점이 있습니다. 또한, 실시간 렌더링임에도 불구하고 GI(Global Illumination, 전역 조명) 렌더링에 버금가는 사실적인 빛과 재질 표현이 가능하며, AI Enhancer와 AI Render(Veras) 등의 기능을 도입해 앞으로의 발전이 더욱 기대되는 렌더링 프로그램입니다.

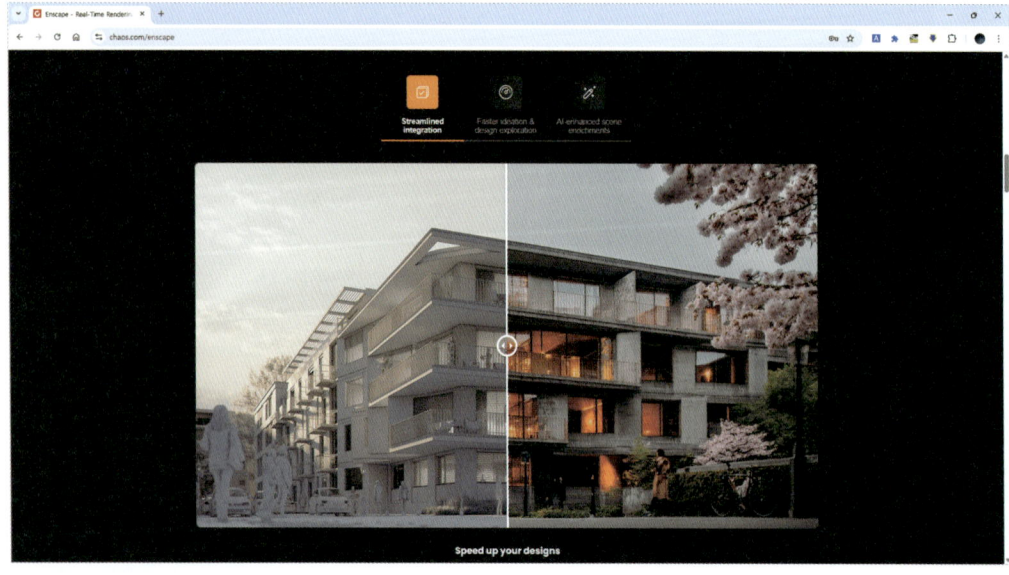

엔스케이프를 사용하려면 최소 사양을 충족하는 컴퓨터가 필요합니다. 엔스케이프는 GPU(그래픽 카드)를 기반으로 렌더링을 수행하기 때문에 그래픽 카드 사양이 가장 중요합니다. 만약 사용자의 컴퓨터가 구형이거나 사양이 부족하다면, 가장 먼저 그래픽 카드를 업그레이드하는 것을 권장합니다. 또한, VR 기능을 원활하게 사용하려면 아래 권장 사양보다 더 높은 성능의 그래픽 카드가 필요합니다.

구분	최소 사양	권장 사양
스케치업 버전	SketchUp 2022 이상	
운영 체제	Windows 10 이상	
그래픽 카드	Intel Arc A310, NVIDIA 또는 AMD의 전용 GPU, 4GB VRAM 이상, Vulkan 1.1 지원	NVIDIA GeForce GTX 900 시리즈 / Quadro M 시리즈 이상 / AMD Radeon RX 400 시리즈 / Radeon Pro 시리즈 이상
VRAM	4GB 이상	8GB 이상
내장 GPU 지원	일부 최신 내장 GPU에서 제한적으로 지원되지만, VR 및 하드웨어 레이 트레이싱은 지원되지 않습니다.	

Basic Training 엔스케이프 설치하기

엔스케이프는 30일 동안 무료로 체험할 수 있는 트라이얼 버전을 제공합니다. 다만, 트라이얼 사용 시 자동 구독이 설정되어 있어 기간 종료 후에는 자동으로 구독이 갱신됩니다. 이로 인해 원치 않는 비용이 발생할 수 있으니, 학습 과정에서 안내하는 구독 방식과 자동 구독 해지 방법을 꼭 숙지하세요.

01 엔스케이프 웹사이트(enscape3d.com)에 접속해 [Sign In]을 클릭합니다.

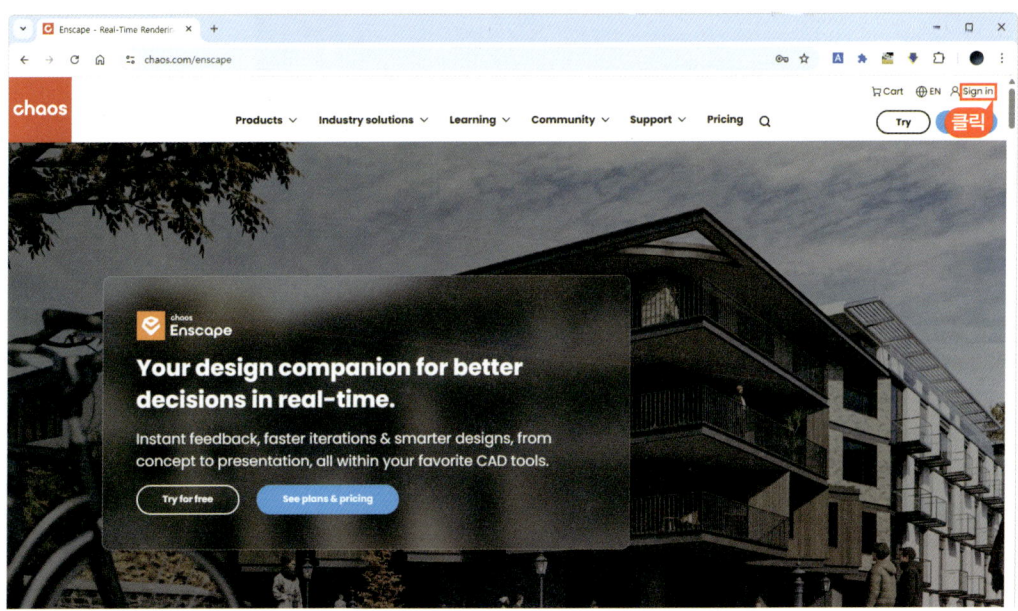

02 Chaos 계정이 있다면 로그인하고, 없다면 [Create account]를 클릭해 회원 가입을 진행합니다.

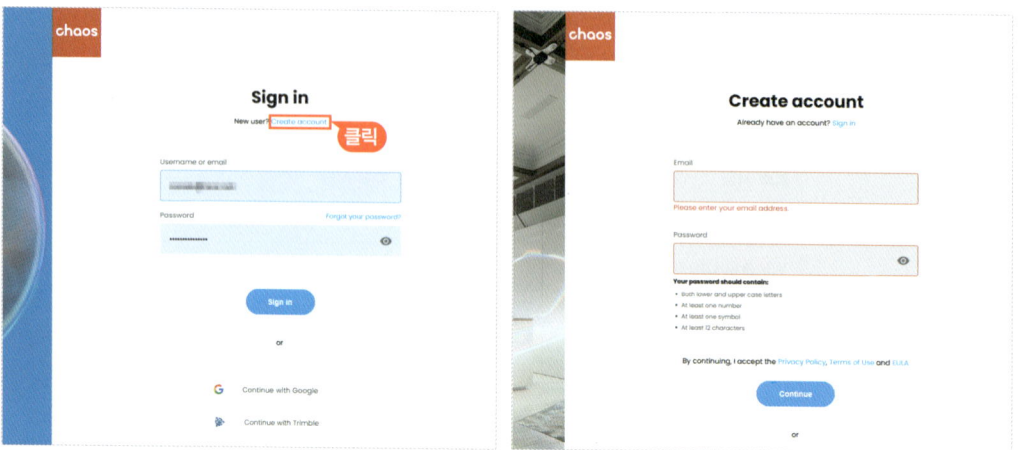

03 ❶ 로그인 후 화면 오른쪽 상단의 [Try]를 클릭합니다. ❷ [Try Enscape]의 [Get started]를 클릭합니다.

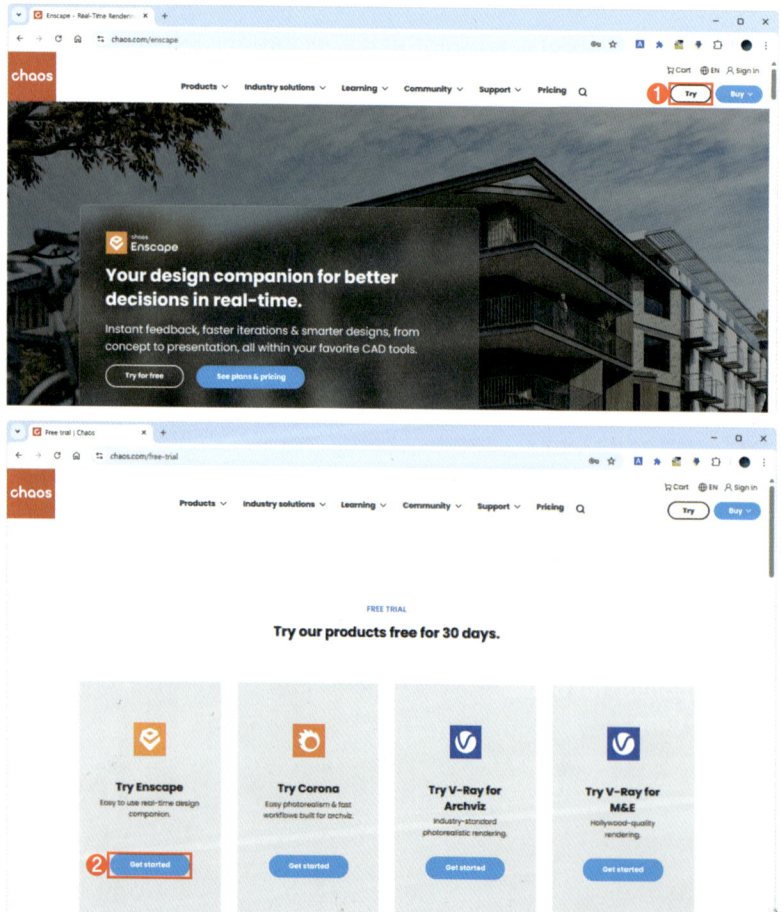

04 ❶ 구독 방식 중 [Named]를 클릭합니다. ❷ [Enscape Solo]-[Monthly]를 클릭하고 ❸ [Start your trial]을 클릭합니다.

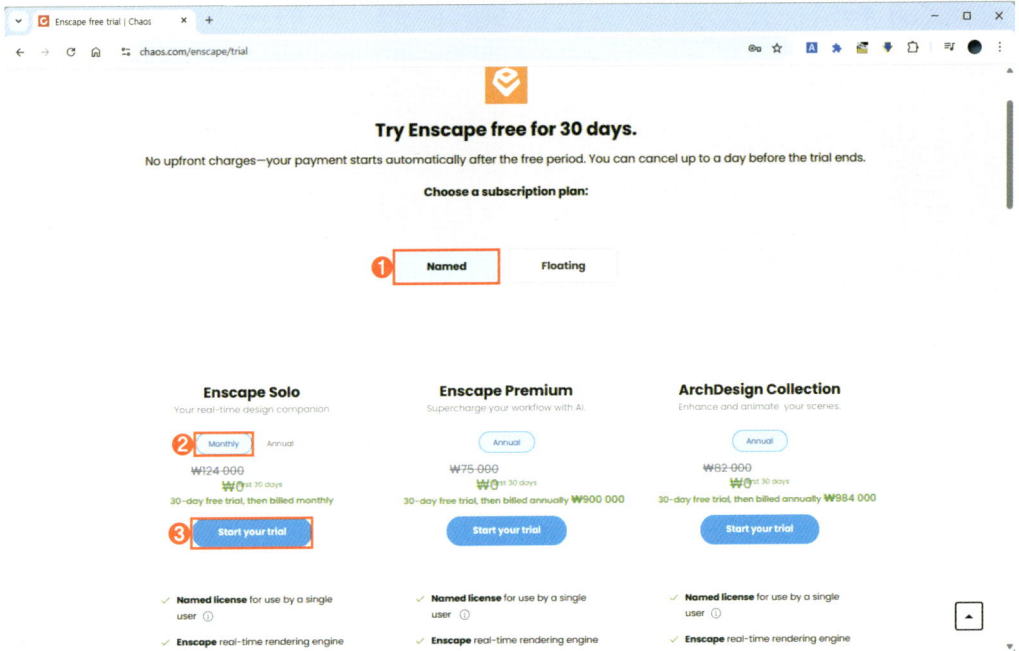

CORE TIP 구독 방식은 아래 방식 중 본인에게 적합한 방식으로 선택합니다. 학생의 경우 Education 버전을 사용할 수 있으며 1년 단위로 재구매해야 합니다.

- **Named** | 하나의 계정에 사용권이 주어지며 어떤 컴퓨터에서든 엔스케이프를 사용할 수 있습니다.
- **Floating** | 하나의 컴퓨터에 사용권이 주어지며 누구든 해당 컴퓨터의 엔스케이프를 사용할 수 있습니다.
- **Monthly** | 매달 구독료를 지불합니다.
- **Annual** | 1년치 구독료를 한번에 지불합니다. 약 45% 할인됩니다.

CORE TIP Named 방식을 선택할 경우 인터넷에 연결되어 있지 않거나 로그인 과정에서 문제가 생기면 정상적으로 실행되지 않습니다. 물론, 정상적으로 처음 엔스케이프를 설치할 경우에는 전혀 문제가 되지 않지만, 기존에 Chaos의 제품(V-Ray, Corona 등)을 비정상적인 방법으로 사용한 경우 문제가 생길 수 있습니다. 기존의 프로그램을 제거하지 않고 그대로 사용하려면 Floating 방식으로 설치하도록 합니다. Floating 방식은 연단위로 결제해야 하며 트라이얼 기간이 지나면 자동 갱신됩니다. 따라서, 계속 사용할 계획이 없는 경우 반드시 자동 구독을 해지해야 합니다.

05 ❶ 이메일 주소를 입력한 후 ❷ [Continue]를 클릭하고 계속해서 결제를 진행합니다.

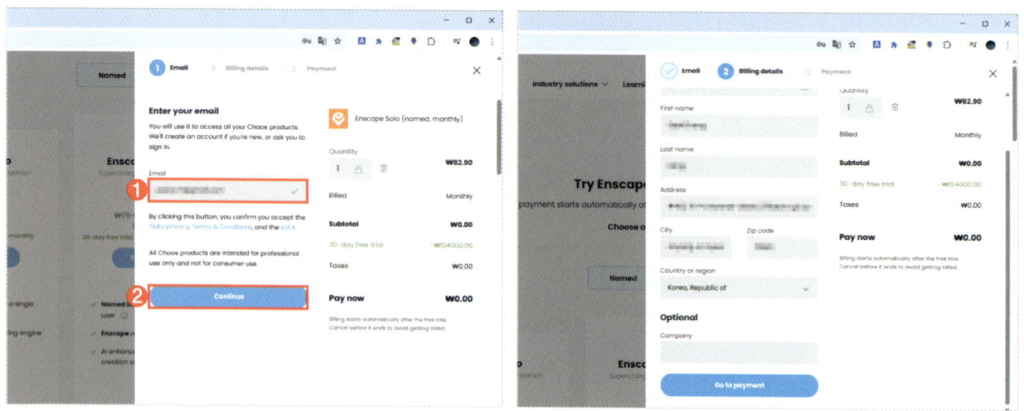

06 ❶ 결제 금액이 ₩0인 것을 확인하고 결제를 완료합니다. ❷ [Download]를 클릭해 프로그램을 다운로드하고 실행합니다.

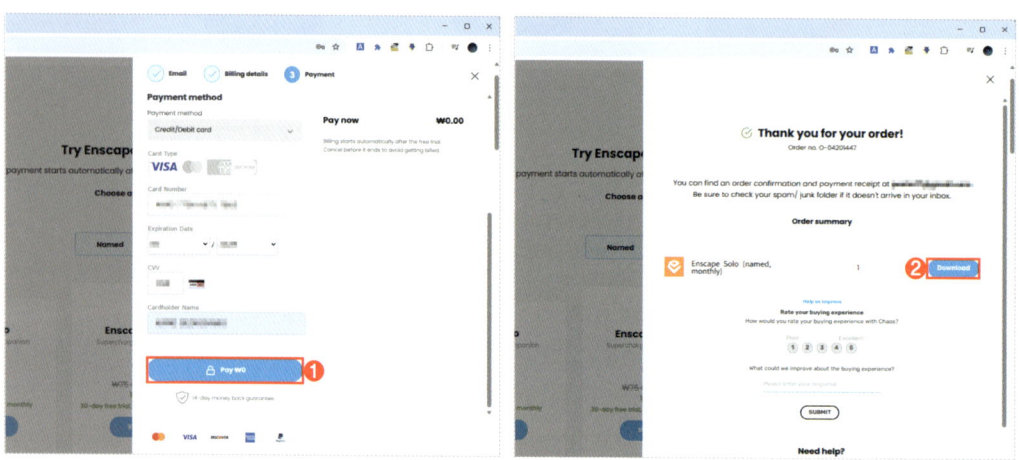

07 ❶ 라이선스 사용 동의 내용에 모두 체크하고 ❷ [Next]를 클릭합니다. ❸ 언어는 아직 한국어를 지원하지 않기 때문에 [English] 그대로 두고 ❹ [Install]을 클릭해 설치를 진행합니다.

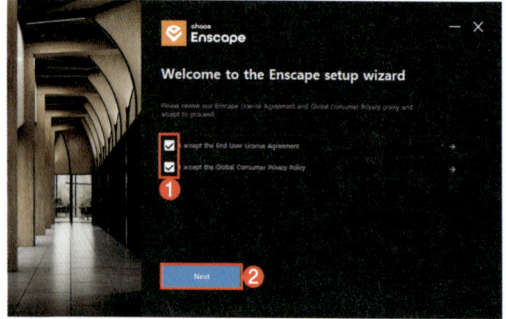 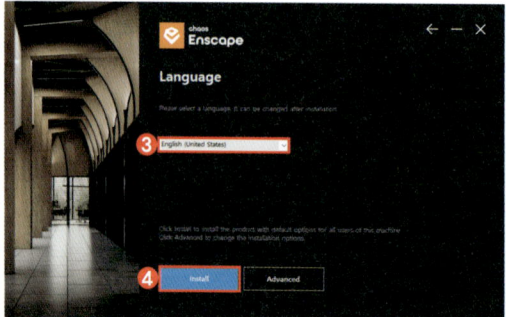

08 [Sign In]을 클릭해 기존 계정 또는 앞서 가입한 계정으로 로그인한 후 설치를 종료합니다.

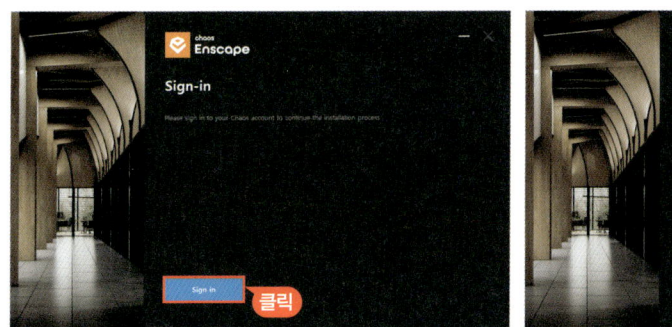
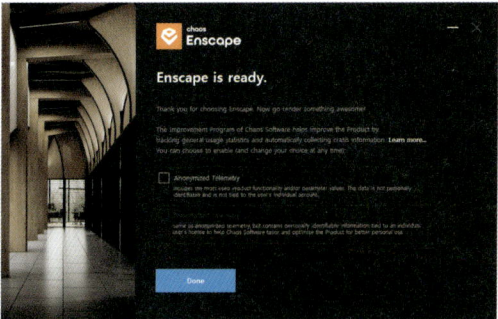

09 스케치업을 실행하면 엔스케이프의 웰컴 메시지 창이 표시됩니다. ❶ [Don't show again]에 체크하고 ❷ [Close]를 클릭합니다.

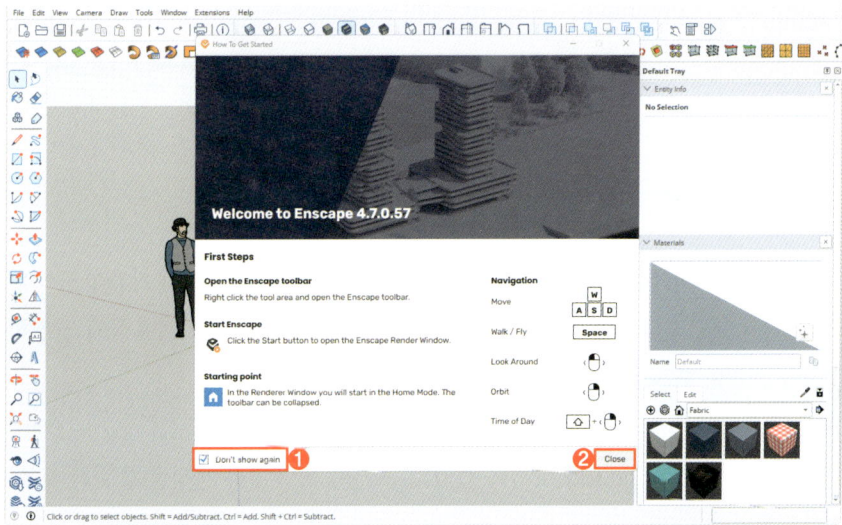

10 ❶ 도구바 영역에서 마우스 오른쪽 버튼을 클릭한 다음 ❷ [Enscape]를 선택해 도구바를 표시합니다. ❸ 도구바에서 [Start Enscape]를 클릭해 엔스케이프를 실행합니다.

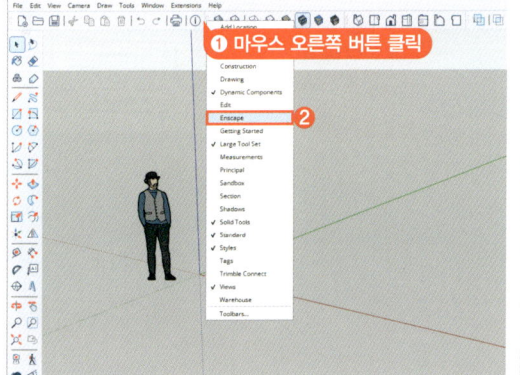
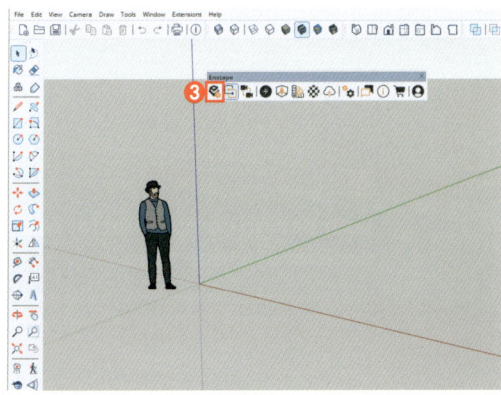

11 다음과 같이 엔스케이프 창이 나타나며 엔스케이프가 실행됩니다. 최소 설치 사양을 만족하고 정상적으로 설치가 진행되었음에도 불구하고 엔스케이프가 정상적으로 실행되지 않는다면 그래픽 카드의 드라이버를 업데이트하세요.

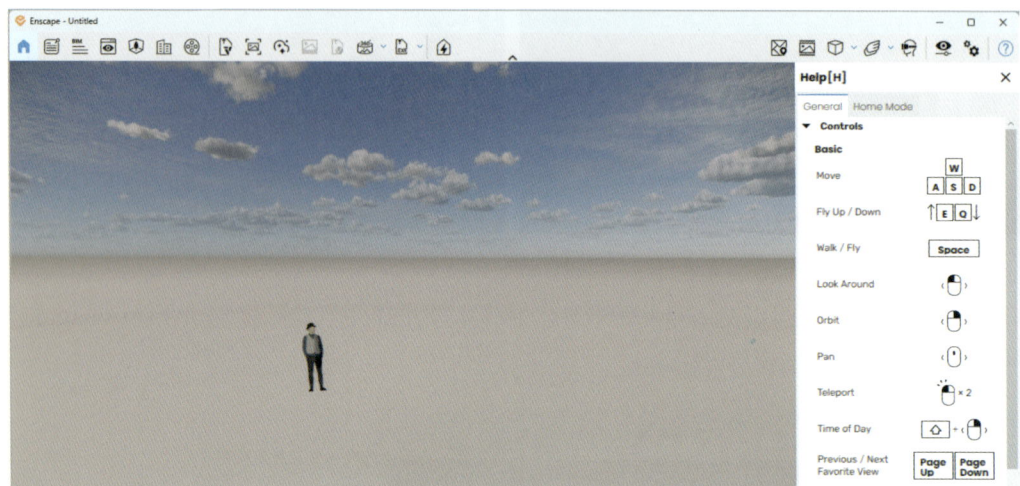

 Basic Training 　**자동 구독 해지하기**

엔스케이프를 무료로 사용할 수 있는 트라이얼 버전의 사용 기간은 30일입니다. 이 기간이 끝나면 구독이 자동으로 갱신되어 매달 구독료가 결제됩니다. 아직 엔스케이프를 계속 사용할지 결정하지 못했다면, 미리 자동 구독을 해지하는 것이 좋습니다.

01 ❶ 엔스케이프 웹사이트(enscape3d.com)로 접속해 오른쪽 상단에서 계정을 클릭한 후 ❷ [My products]를 클릭합니다.

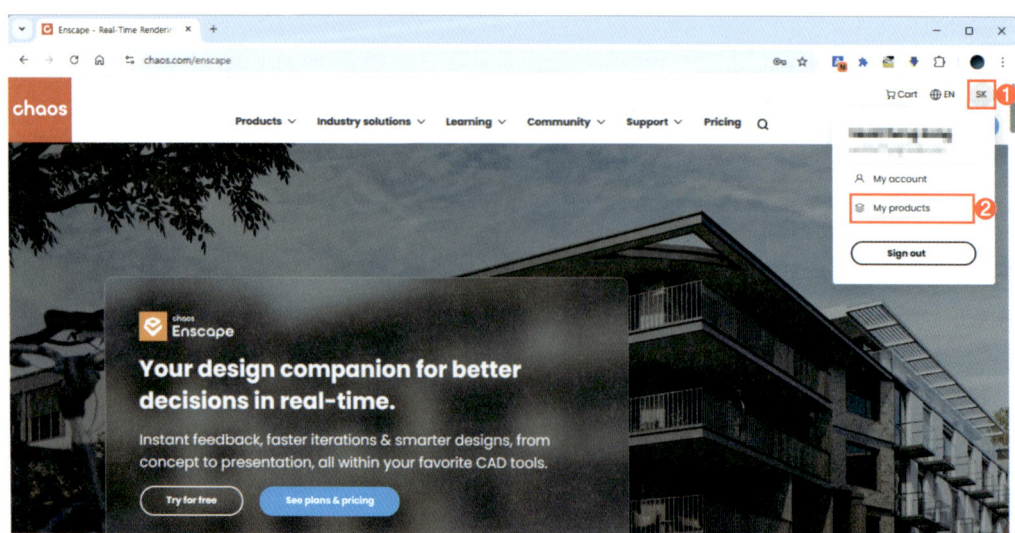

02 ❶ [Auto renewal]에서 [Cancel subscription]을 클릭합니다. ❷ 확인 창이 나타나면 [Cancel subscription]을 클릭합니다.

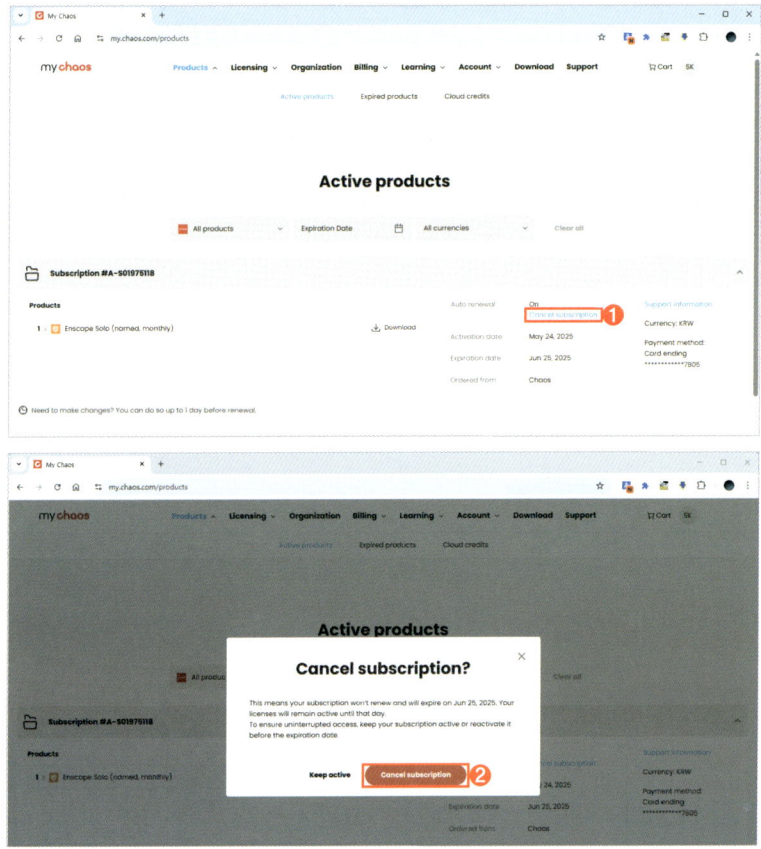

03 몇 가지 설문에 응답하고 해지를 완료하면 다음과 같이 [Auto renewal]이 [Off]로 표시된 것을 확인할 수 있습니다. 자동 구독 갱신이 해지되더라도 활성화된 트라이얼 버전은 30일 동안 계속 사용할 수 있습니다.

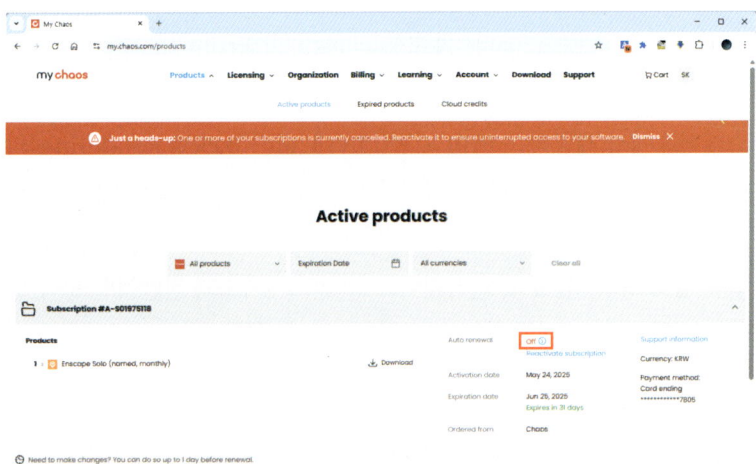

Lesson 02 | 엔스케이프 렌더링 순서 익히기

Check Point
- ☑ 엔스케이프의 뷰포트에서 이동, 시점 이동 등을 자유롭게 조정할 수 있는가?
- ☑ [Enscape Material Library]의 재질을 불러와 사용할 수 있는가?
- ☑ [Enscape View Management]를 활용할 수 있는가?
- ☑ [Enscape Visual Settings]의 기본 설정법을 기억하고 있는가?

 Warm Up 엔스케이프 도구바

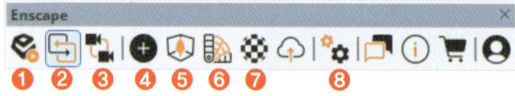

❶ **Start Enscape** | 별도의 엔스케이프(Enscape) 렌더링 창을 표시하여 모델을 사실적으로 시각화합니다.

❷ **Live Updates** | 모델 수정 등이 이루어지면 엔스케이프 창에서 수정 사항을 실시간으로 반영합니다. 항상 활성화합니다.

❸ **Synchronize Views** | 스케치업의 카메라 시점과 엔스케이프의 시점을 동기화하여 동일한 뷰를 유지합니다. 부분적인 모델링이나 재질 수정 등의 작업을 진행할 때는 활성화한 상태로 엔스케이프 창을 참고하며 작업을 진행하고, 엔스케이프 작업이 우선되는 최종 렌더링에서는 비활성화한 후 사용하는 것이 좋습니다.

❹ **Enscape Objects** | 엔스케이프의 조명 오브젝트를 스케치업 모델에 추가할 때 사용합니다.

❺ **Asset Library** | 엔스케이프에서 제공하는 3D 모델(가구, 수목 등)을 배치할 수 있습니다.

❻ **Enscape Material Library** | 엔스케이프에서 제공하는 PBR 기반(Physically-Based Rendering) 재질을 불러와 사용할 수 있습니다.

❼ **Material Editor** | 엔스케이프에서 제공하는 PBR 기반(Physically-Based Rendering)의 재질 편집기로 잔디나 물 등의 재질을 프리셋 형태로 제공해 보다 쉽고 사실적으로 재질을 표현할 수 있습니다.

❽ **General Settings** | 성능, 입력 장치, 언어 및 인터페이스 등 엔스케이프의 전반적인 동작 방식을 설정할 수 있습니다.

Power Up Note [General Settings] 대화상자에서 설정할 항목

사용 중인 그래픽 카드가 [Rendering] 항목에서 지원하는 옵션이 있다면 가능한 모든 옵션을 체크해서 활성화하는 것이 좋습니다(권장 그래픽 카드: NVIDIA RTX 4060, AMD Radeon RX 6800 이상). 이 책에서는 모든 옵션이 활성화된 상태를 기준으로 설명하고 있습니다. 만약 일부 옵션이 비활성화된 상태라면 그림자의 정확도나 밝기, 색감 등에서 차이가 발생할 수 있습니다.

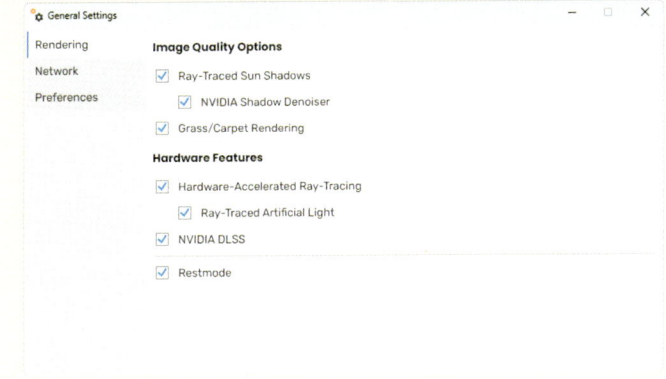

 Warm Up 엔스케이프의 이동 방식(Navigation Mode)

이동 및 보기 조작 단축키는 엔스케이프 창의 [Help Panel] H 을 클릭해 확인할 수 있습니다.

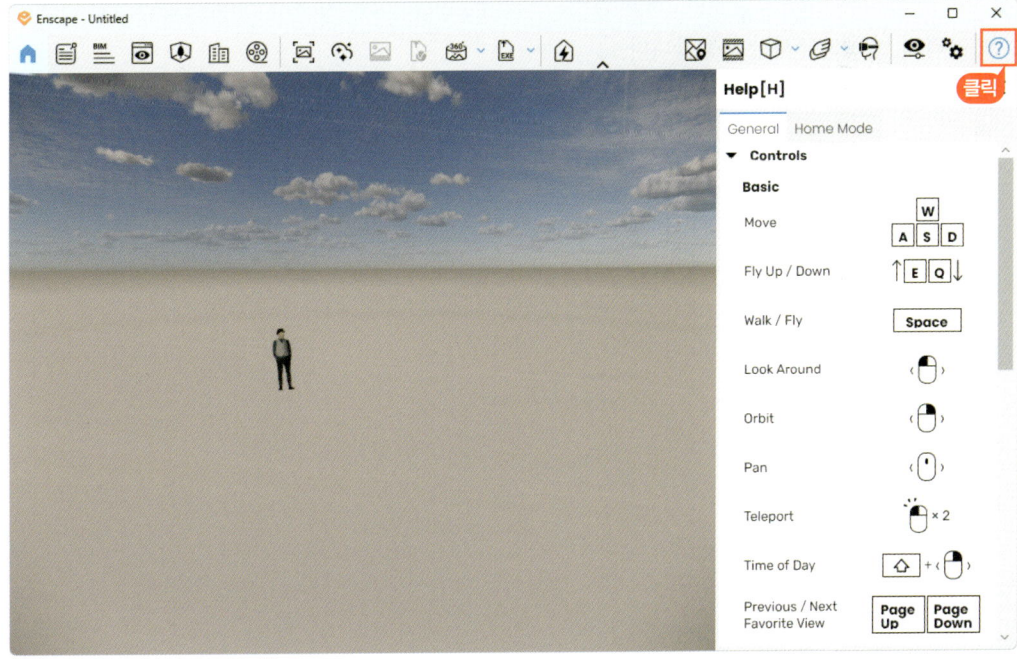

- **Fly Mode(비행 모드)** | Spacebar 를 눌러 [Fly Mode]와 [Walk Mode]를 전환합니다. [Fly Mode]에서는 어디든 자유롭게 이동할 수 있으며 벽이나 바닥을 통과할 수 있습니다.
- **Walk Mode(걷기 모드)** | [Walk Mode]에서는 사람의 눈높이로 움직이며 중력이 적용되어 공중으로 올라가거나 바닥을 통과해 아래로 내려가지 않습니다. 충돌이 검출되어 벽이나 유리창을 통과할 수 없습니다.
- **앞/뒤/좌/우 이동** | W, A, S, D 혹은 방향키를 누릅니다. 이때 Shift 를 누르면 빠르게 이동하며 Ctrl 을 누르면 매우 빠르게 이동합니다.
- **[Fly Mode]에서 위/아래 이동** | Q (아래), E (위)를 눌러 이동하며, [Walk Mode]에서는 작동하지 않습니다.
- **시선 회전** | 마우스 왼쪽 버튼을 클릭한 채 드래그합니다.
- **카메라 회전** | 마우스 오른쪽 버튼을 클릭한 채 드래그합니다.
- **화면 이동** | 마우스 휠을 클릭한 채 드래그합니다.
- **카메라 줌** | 마우스 휠을 스크롤합니다.

Warm Up 씬(Scene) 저장과 활용

씬(Scene)은 현재 보고 있는 화면 상태를 저장하고, 언제든지 저장된 화면으로 빠르게 되돌아갈 수 있는 기능입니다. 스케치업의 씬 기능과 엔스케이프의 [View Management]는 비슷한 역할을 하지만, 약간의 차이가 있습니다. 예를 들어, 씬을 추가하는 것은 둘 모두에서 가능하지만 삭제는 스케치업의 씬 목록에서만 가능합니다.

▲ 스케치업 [Scenes] 트레이

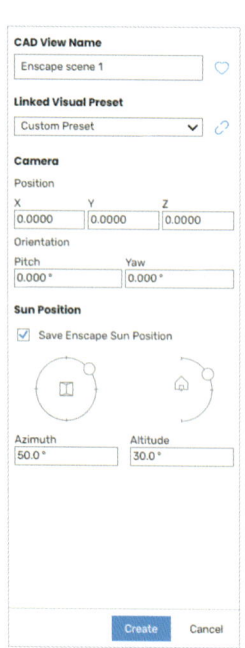

▲ 엔스케이프 [View Management] 트레이

 **Summary**

- 씬을 추가하는 것은 둘 모두에서 가능하지만 삭제는 스케치업 씬에서만 가능합니다.
- 스케치업 씬에서는 숨긴 오브젝트나 축, 그림자 등의 저장 여부를 선택할 수 있습니다.
- 엔스케이프 씬에서는 엔스케이프의 태양 위치를 별도로 저장할 수 있습니다.
- 씬을 이동할 때 천천히 애니메이션 되는 효과는 [Model Info]-[Animation]-[Scene Transitions]에서 설정할 수 있습니다.

 **Basic Training** 엔스케이프의 실내 공간 렌더링

준비 파일 | Part 04/LivingRoom.skp 완성 파일 | Part 04/LivingRoom_완성.skp

실내 공간에 엔스케이프 재질을 지정하고 카메라를 조정해 원하는 뷰를 맞춘 뒤 렌더링을 완성하는 예제입니다. 이 학습을 통해 엔스케이프의 전체적인 작업 흐름을 이해하고, 기본적인 [Visual Settings] 설정 방법을 익히게 됩니다. 처음부터 모든 세부 옵션까지 익히려 하기보다는, 이번 학습에서 다루는 핵심 기능과 설정을 충분히 반복해 연습하세요. 책 없이도 같은 결과물을 만들 수 있을 정도로 익숙해질 때까지 연습하는 것이 중요합니다.

실습 결과 미리보기

01 준비 파일을 불러온 후 [Materials] 트레이에서 [Create new Material ⊕]을 클릭합니다.

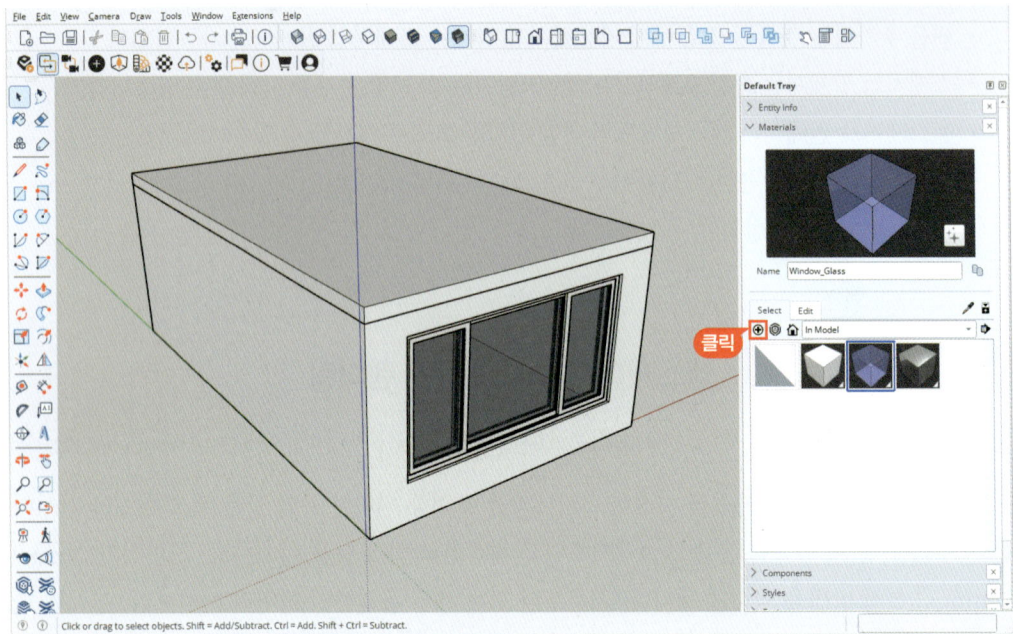

02 ❶ [Create Material] 대화상자에서 재질 이름을 **wall_white**로 지정하고 ❷ 임의의 색상을 지정합니다. ❸ [OK]를 클릭해 재질을 생성합니다. ❹ 벽과 지붕을 클릭해 재질을 지정합니다.

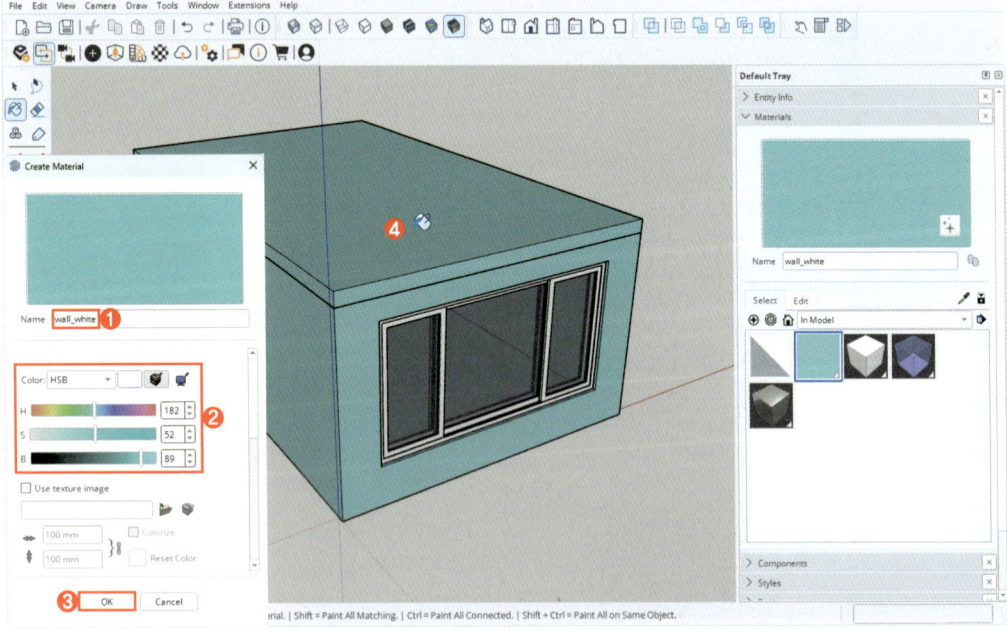

03 ❶ 지붕을 선택하고 H를 눌러 숨깁니다. ❷ 다시 [wall_white] 재질을 선택하고 ❸ 천장에 지정합니다.

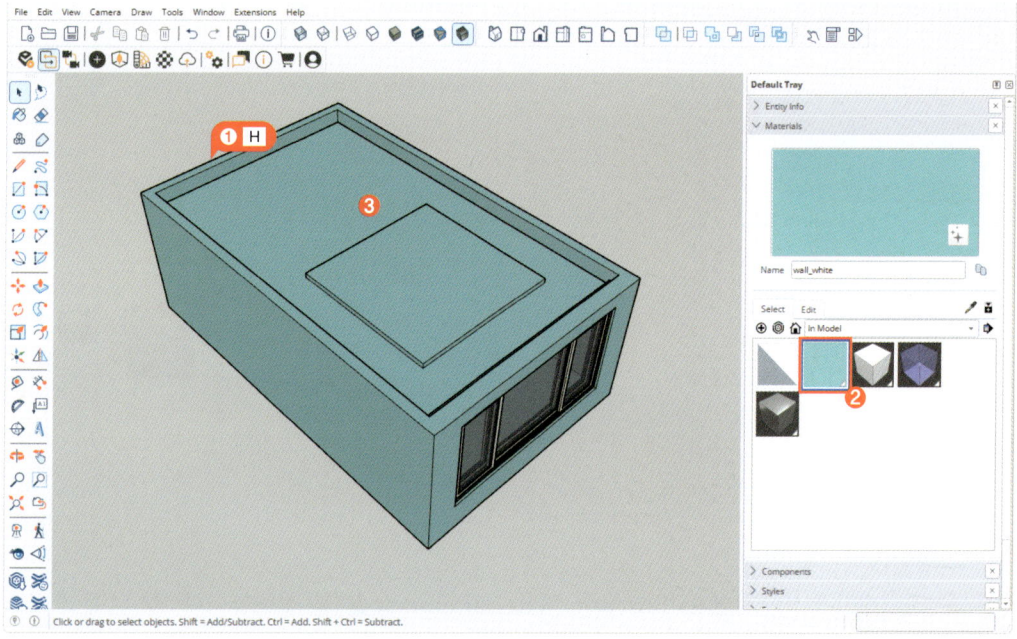

04 [S(채도)]를 **0**, [B(밝기)]를 **98**로 수정합니다. [H(색상)]는 [S]가 0일 경우 어떤 값을 써도 색상에 변화가 생기지 않습니다.

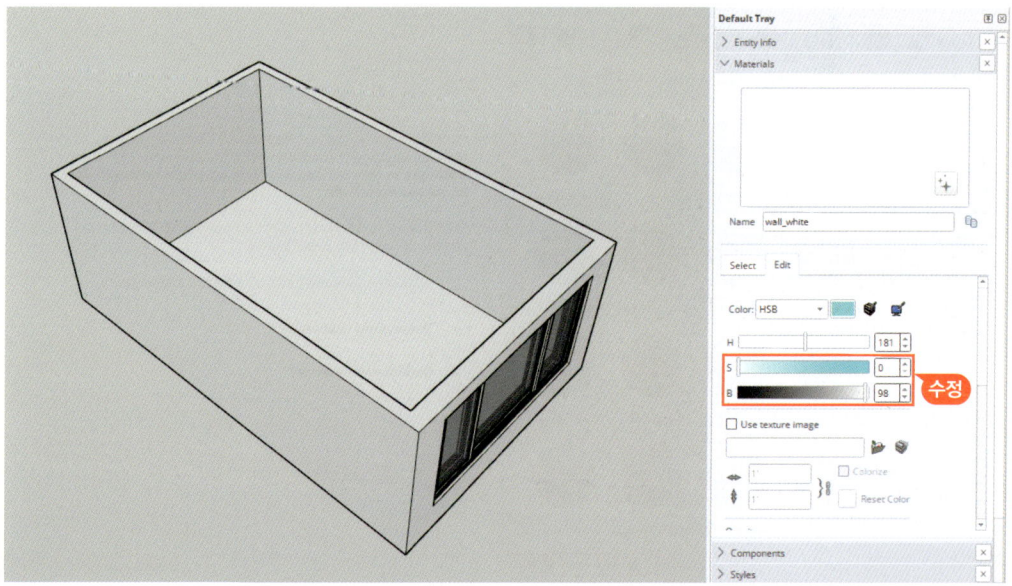

CORE TIP 밝은 회색은 화면 상에서 흰색과 차이를 느끼기 어렵기 때문에 임의의 색을 넣어 재질이 지정된 것을 확인한 후 밝은 회색으로 수정하였습니다. 벽 재질이 흰색이라 하더라도 완전한 흰색을 쓰는 것보다 밝은 회색을 쓰는 것이 더 자연스러운 결과물을 만들 수 있습니다. 같은 이유로 검정색 또한 완전한 검정색보다 어두운 회색을 쓰는 것이 좋습니다.

05 ❶ [Create new Material ⊕]를 클릭합니다. ❷ [Create Material] 대화상자에서 재질 이름은 **wall_color**, 색은 적당한 임의의 색을 지정하고 ❸ [OK]를 클릭합니다. ❹ 벽을 더블클릭해 연후 ❺ [wall_color] 재질을 ❻ 내부의 모든 벽면에 지정합니다.

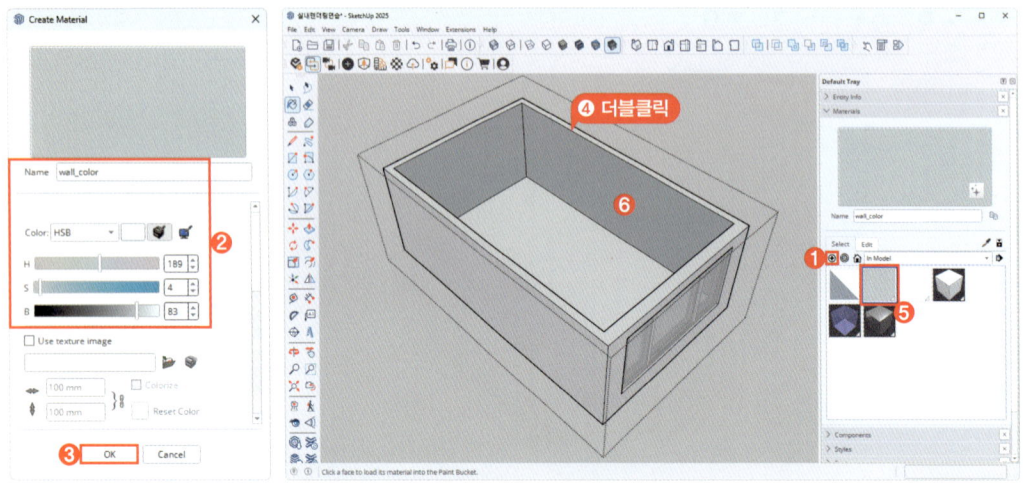

06 ❶ 엔스케이프 도구바에서 [Enscape Material Library 📚]를 실행합니다. ❷ 왼쪽 카테고리에서 [Wood]를 선택한 다음 ❸ 적당한 재질을 클릭합니다. ❹ [Import Selection]을 클릭하면 텍스쳐를 저장할 폴더를 지정하라는 팝업 창이 최초 한 번 표시됩니다. ❺ 경로를 수정하지 말고 [Save]를 클릭합니다.

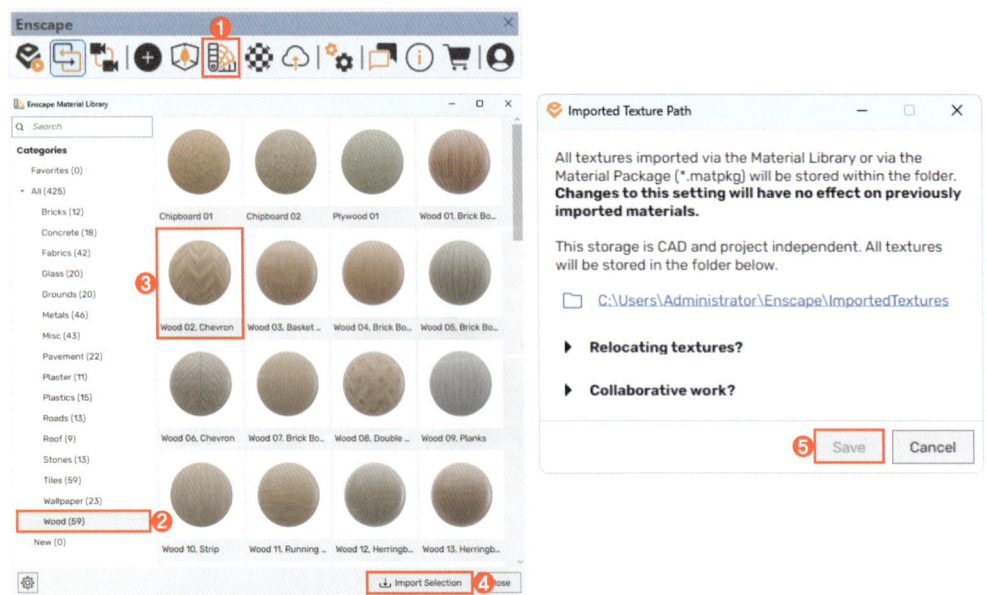

07 ❶ 다음과 같이 뷰포트를 조정하고 ❷ 불러온 재질 샘플을 클릭한 다음 ❸ 바닥에 지정합니다. ❹ 재질 넣기가 끝나면 그룹을 닫습니다.

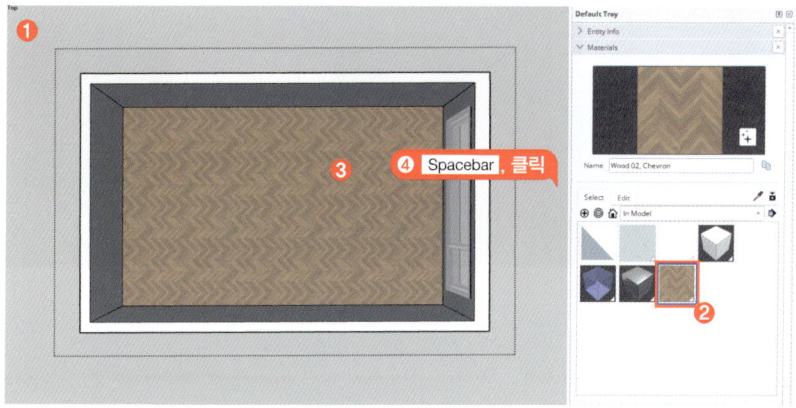

08 ❶ [Large Tool Set]-[Position Camera]를 실행합니다. ❷ 그림과 같이 카메라의 위치를 클릭한 후 타겟 방향으로 드래그합니다.

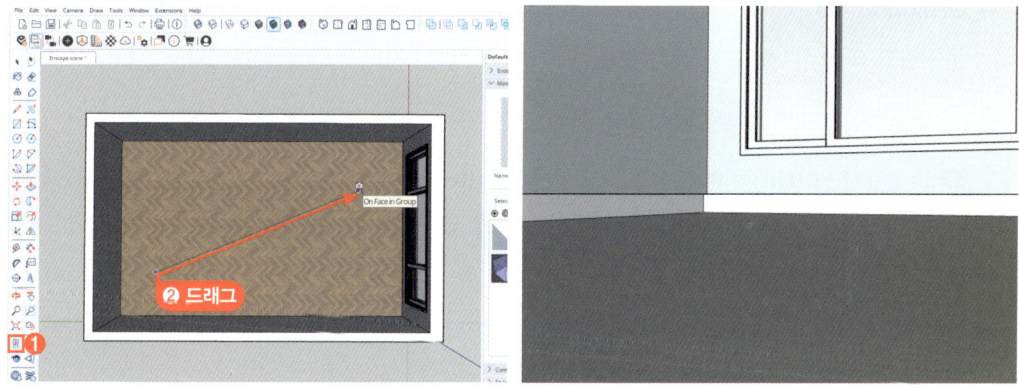

09 ❶ Shift 를 누른 채로 마우스 휠을 드래그하여 화면을 적당히 이동해 그림과 같이 뷰를 지정합니다. ❷ 숨겨놓은 모델을 다시 보이게 하고 ❸ [Start Enscape]를 클릭해 엔스케이프를 실행합니다.

CORE TIP 위의 이미지처럼 뷰가 넓게 나오지 않는다면 엔스케이프 도구바의 [Synchronize Views]를 끄도록 합니다.

10 ❶ [Safe Frame 🖼]을 클릭합니다. ❷ ❸ 프로젝션 모드를 [Two Point ⬚]로 바꿉니다. ❹ [Visual Settings ⚙]를 클릭합니다.

> **Power Up Note** 프로젝션 모드
>
> - **Perspective** ⬚ | 3소점 투시도의 형식으로 표현합니다. 사람의 눈으로 보는 모습과 가장 비슷한 모습으로 표현됩니다.
> - **Two Point** ⬚ | 2소점 투시도의 형식으로 표현합니다. 시점이 눈높이와 평행하지 않은 경우에도 Z축 방향의 선들이 모두 수직으로 표현됩니다.
> - **Orthographic** ⬚ | 원근에 의한 왜곡이 생기지 않습니다. 아이소메트릭이나 다이어그램을 만들 때 주로 사용합니다.

11 ❶ [Visual Settings]에서 [Output] 탭의 [Resolution]을 [Custom]으로 바꾸고 ❷ **3000×2000**으로 수정합니다. ❸ [Main] 탭의 [Field of View]를 **70°**로 수정하고 ❹ [Rendering Quality]의 슬라이더를 [Ultra]로 조정합니다.

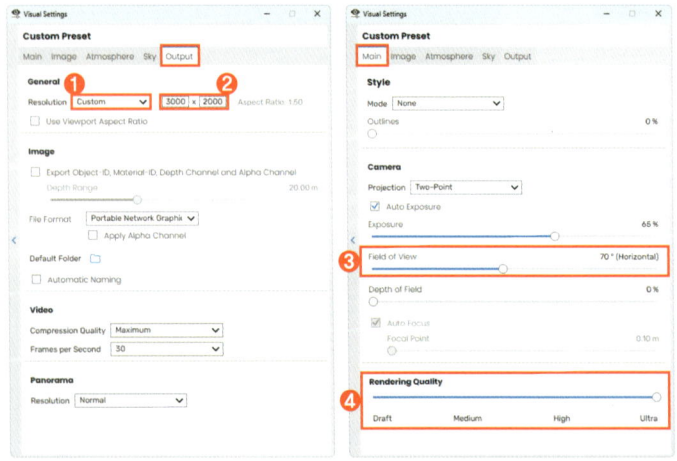

CORE TIP [Output Resolution]은 최종 렌더링 결과물의 가로세로 픽셀 수를 말합니다. 최종 출력할 결과물의 크기에 맞춰 설정해야 하지만, 여기서는 이미지의 가로, 세로 비율을 맞추기 위해 알기 쉬운 임의의 값을 입력했습니다. 또, [Output Resolution]을 먼저 입력해야 세이프 프레임이 맞춰져 [Field of View(화각)]를 맞출 수 있습니다.

12 ❶ [Image] 탭의 [Effects] 항목을 모두 **0%**로 수정합니다. ❷ [Atmosphere] 탭의 [Fog]-[Intensity]를 **0%**로 수정합니다.

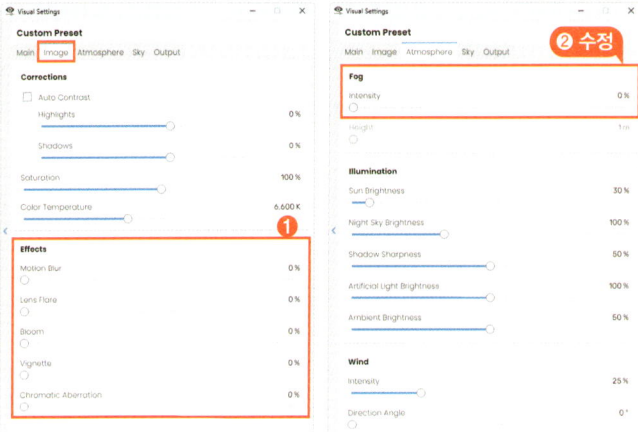

13 ❶ [View Management 👁]를 클릭해 열고 ❷ [Create View]를 클릭합니다. ❸ [Create]를 클릭해 엔스케이프 씬을 만듭니다.

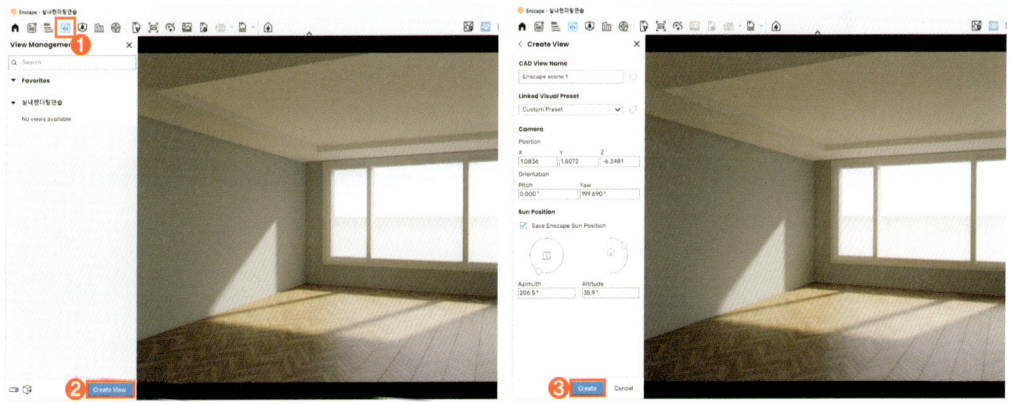

14 ❶ 엔스케이프 도구바에서 [Material Editor ⬤]를 실행합니다. ❷ [Wall_color]의 [Roughness]를 **50%**로 수정해 벽의 반사도가 높아지는 것을 확인합니다.

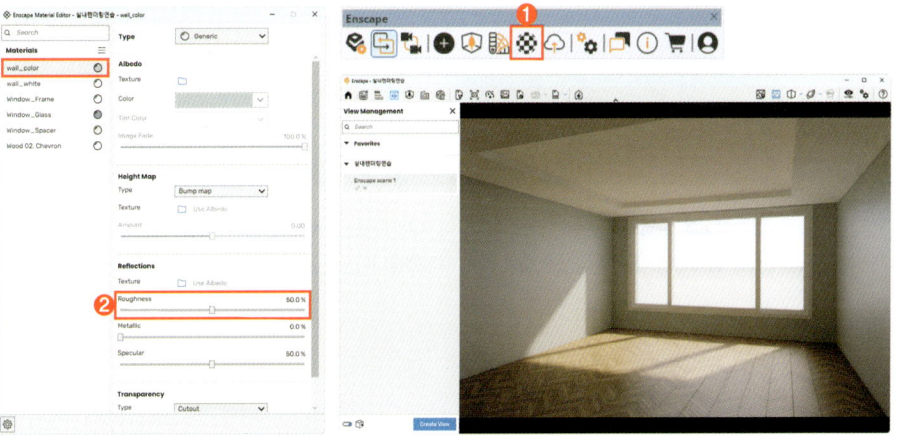

15 ❶ [Window_Glass]를 선택합니다. ❷ [Type]을 [Glass]로 바꿉니다. ❸ [Base Color] 옆의 색상을 클릭한 후 ❹ 색상 모델을 [HSV]로 바꾼 다음 ❺ [H]는 **168**, [S]는 **2**, [V]는 **100**으로 수정합니다. ❻ [Opacity]는 **10**으로 수정합니다.

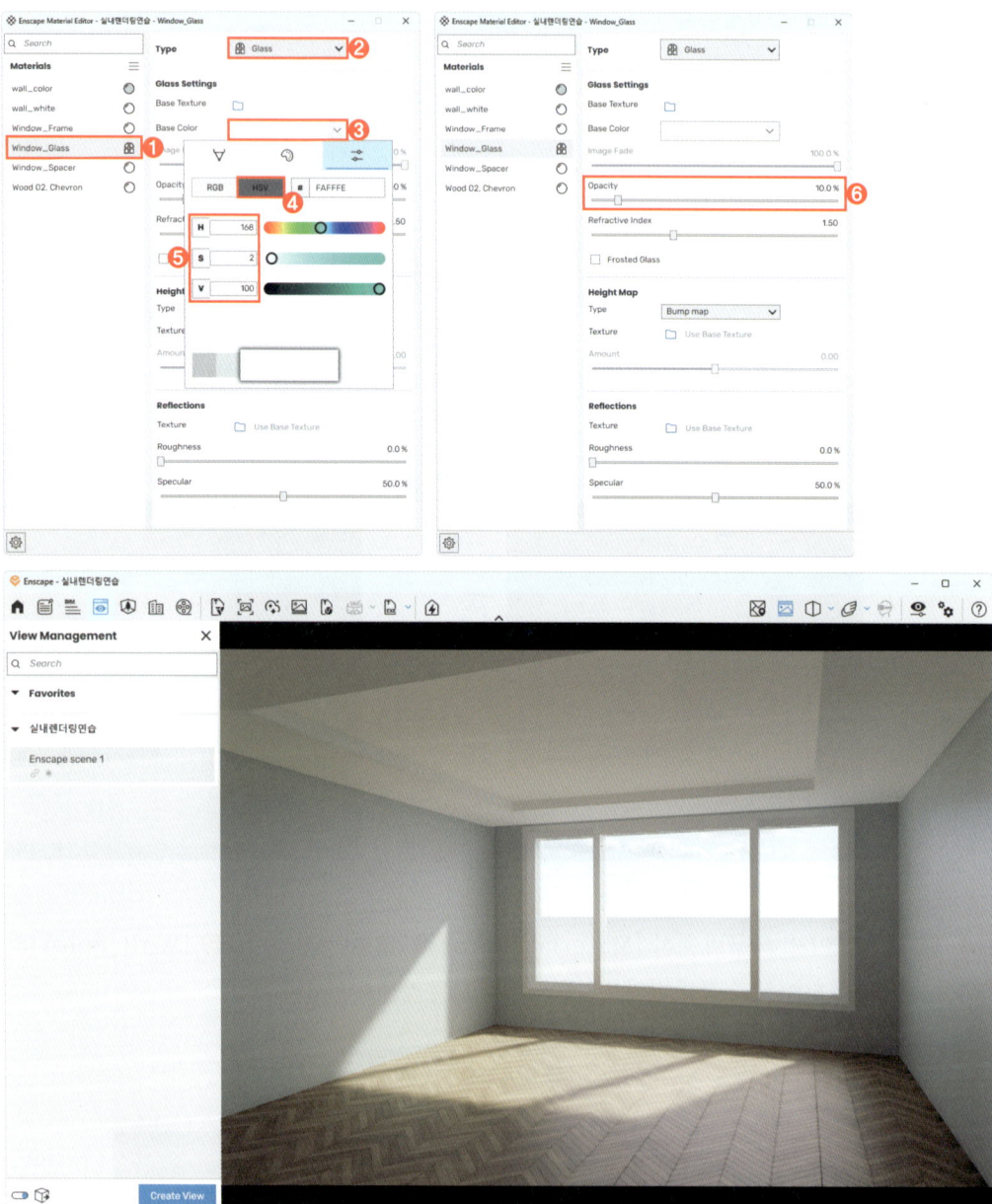

CORE TIP 유리의 색은 원하는 색상을 임의로 지정할 수 있습니다. 이 예제에서는 유리창의 유리가 복층 유리의 이중창으로 모델링되어 유리가 여러 개 겹쳐 있는 상태이기 때문에 색상을 매우 밝게 지정했습니다.

16 ❶ 바닥 재료를 선택하고 ❷ [Reflections]의 텍스쳐 이름을 클릭합니다. ❸ [Brightness]의 슬라이더를 **50%**로 조절해 바닥의 반사가 더 매끄러워지는 것을 확인합니다.

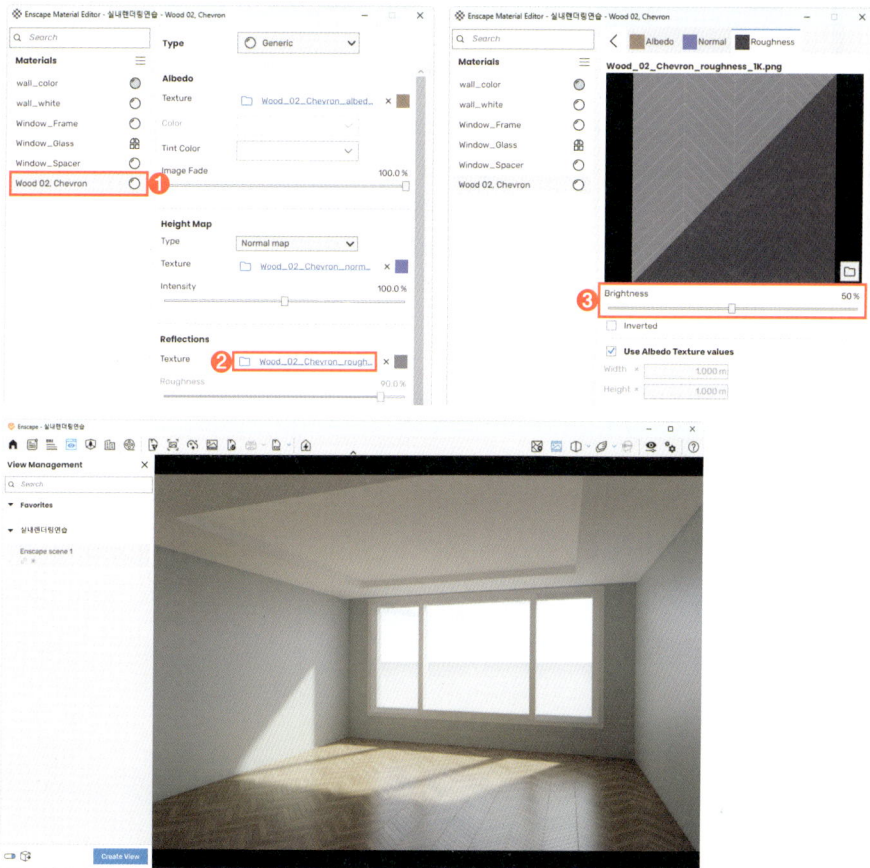

17 [Screenshot 📷]을 실행하면 현재 화면을 최종 이미지의 형식으로 저장할 수 있습니다. 이미지를 저장해 결과물을 확인합니다.

Lesson 03 | 엔스케이프의 재질 활용하기

Check Point
- ☑ 인터넷에서 재질 소스를 다운로드해 엔스케이프 재질을 만들 수 있는가?
- ☑ 엔스케이프 재질을 구성하는 맵이 무엇인지 알고 있는가?
- ☑ 맵들의 차이를 이해하고 이미지만으로 맵의 종류를 구분할 수 있는가?
- ☑ 엔스케이프 [Material Editor]의 옵션을 이해하고 활용할 수 있는가?

 Warm Up 　 **재질(Material) 이해하기**

재질은 색이나 무늬, 요철감, 반사 등 여러 가지 맵(Map)을 조합해 만듭니다. 맵은 수학적 데이터(값)나 2차원 이미지(그림이나 사진)의 형태를 갖고 있으며, 각 맵은 재질 내에서 시각적, 물리적 속성을 담당하게 됩니다. 이런 맵의 조합으로 만들어진 재질을 적용하면 3D 모델을 더욱 사실적으로 표현할 수 있습니다.

바닥에 무늬만 적용된 상태

무늬에 Diplacement 맵(높이 변형)을 추가한 상태

무늬에 Diplacement 맵과 Roughness 맵(거칠기)을 추가한 상태

# Warm Up 엔스케이프 재질 편집기

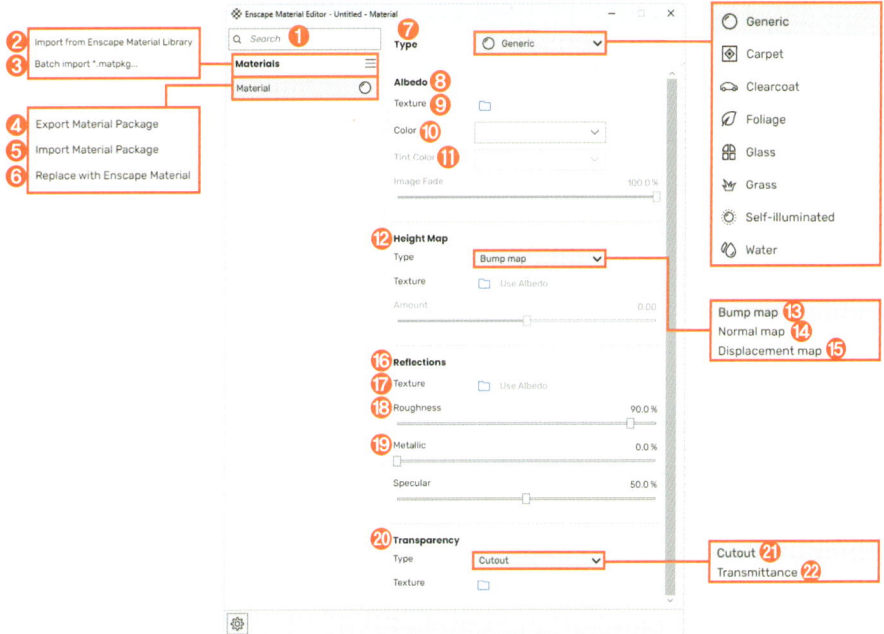

❶ **Search** | 검색란에 입력한 이름을 포함하는 재질만 표시합니다. 사용하지 않을 경우 어떤 글자도 들어가지 않도록 주의합니다.

❷ **Import from Enscape Material Library** | 엔스케이프 재질 라이브러리에서 재질을 가져옵니다.

❸ **Batch import *.matpkg** | 저장되어 있는 재질 여러 개를 동시에 불러옵니다.

❹ **Export Material Package** | 재질을 내보내기 합니다.

❺ **Import Material Package** | 저장되어 있는 재질을 하나씩 불러옵니다.

❻ **Replace with Enscape Material** | 현재 재질을 [Enscape Material Library]의 재질로 바꿉니다.

❼ **Material Type** | 재질의 유형(카펫, 유리, 물, 잔디 등)을 설정합니다.

❽ **Albedo** | 재질의 기본 색상 또는 무늬 맵을 설정합니다.

❾ **Texture** | 무늬로 사용할 재질을 지정합니다. 재질을 지정한 후 다시 클릭해 들어가 밝기, 크기, 방향을 수정할 수 있습니다.

❿ **Color(색상)** | [Image Fade]가 100%일 때는 표현되지 않으며, [Image Fade]가 낮아질수록 무늬는 흐려지고 지정한 색상이 진하게 표현됩니다.

⓫ **Tint Color(색조)** | 무늬에 색조를 추가할 때 사용합니다. [Tint Color]를 사용하면 무늬는 흐려지지 않습니다.

⓬ **Height Map** | 재질의 요철감이나 깊이를 조절합니다.

⑬ **Bump map** | 무늬의 밝기 값을 활용해 깊이감을 표현하지만 실제로 모델의 변형은 일어나지 않습니다.
⑭ **Normal map** | 노멀 맵을 활용해 면의 방향성으로 깊이감을 표현합니다.
⑮ **Displacement map** | 무늬의 밝기 값을 활용해 모델을 높낮이를 변형합니다.
⑯ **Reflections(반사)** | 재질의 반사도를 조절합니다.
⑰ **Texture** | 맵을 활용해 부분적으로 반사도의 차이를 만듭니다. 이미지의 밝은 곳은 반사도가 낮게, 어두운 곳은 반사도가 높게 표현됩니다.
⑱ **Roughness(거칠기)** | 0%는 매끄러운 상태, 100%는 완전히 거친 상태로 표현됩니다.
⑲ **Metallic(금속성)** | 반짝이는 금속을 표현합니다. 흰색의 Metallic 100%는 거울과 같은 상태가 됩니다.
⑳ **Transparency(투명도)** | 재질의 투명도를 설정합니다.
㉑ **Cutout(투과 마스크)** | 재질의 일부를 투명하게 만듭니다(타공판, 철망 등).
㉒ **Transmittance(빛의 투과도)** | 유리, 물 등의 투과 재질을 만들 때 사용하지만, 엔스케이프 최신 버전에서는 별도의 [Material Type]으로 유리와 물이 제공됩니다.

 Basic Training 다양한 방식으로 재질 넣기

준비 파일 | Part 04/HouseMapping.skp 완성 파일 | Part 04/HouseMapping_완성.skp

건축물에 여러 가지 방법으로 재질을 지정하고 수정하는 법을 배우는 예제입니다. 재질을 만드는 기본적인 두 가지 방법을 익히고, 색상, 질감, 반짝임, 거칠기 같은 느낌을 표현할 때 사용하는 다양한 맵(Map)이 어떤 역할을 하는지 연습을 통해 이해해보세요. 이 과정을 통해 원하는 재질을 보다 자연스럽고 사실적으로 표현할 수 있는 기초를 탄탄히 다질 수 있습니다.

01 ❶ 준비 파일을 불러와 엔스케이프 도구바의 [Synchronize Views]를 켜고 ❷ 엔스케이프를 실행합니다. 스케치업 화면을 돌려볼 때마다 엔스케이프 뷰포트가 함께 따라 움직이는 것을 확인할 수 있습니다. 재질을 적용하고 수정할 때 [Synchronize Views]를 켜면 스케치업 화면과 동기화돼 부분적으로 결과물을 확인하기 쉽습니다.

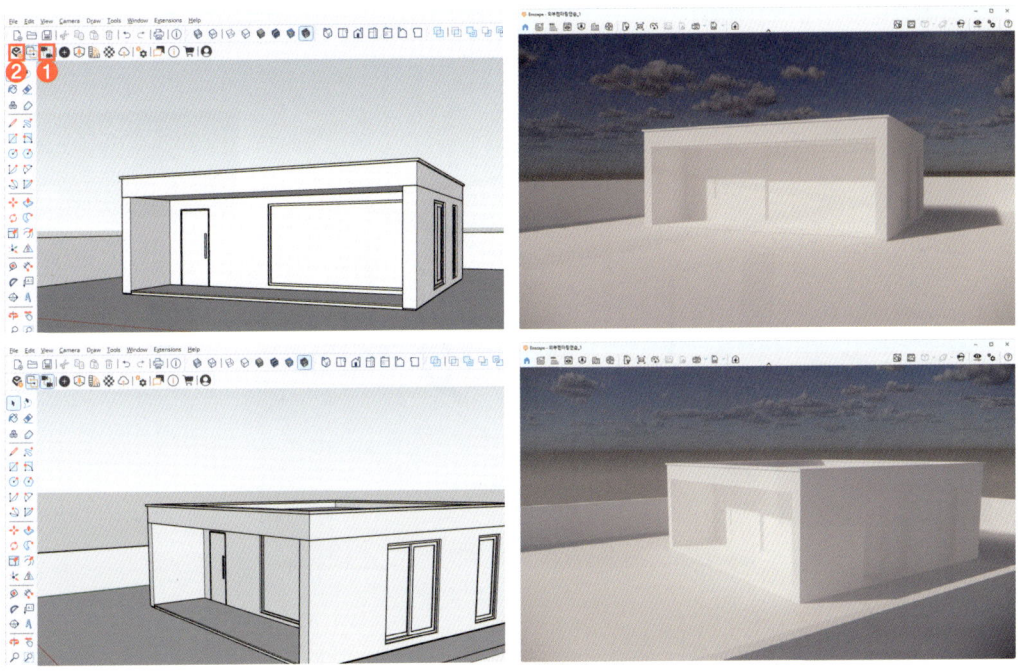

> **Power Up Note** 작업 공간 넓게 사용하기

모니터가 하나라면 엔스케이프 창을 동시에 보기에 작업 공간이 너무 좁을 수 있습니다. 엔스케이프 창의 도구바 오른쪽 끝에서 [Enscape Window Settings]를 열고 [Preterences]의 [Window] 항목에서 [Pin Enscape window on top of the host application]에 체크하면 엔스케이프 창이 스케치업 위에 항상 표시됩니다. 엔스케이프 창을 최대한 작게 하고 작업하면 작업 공간을 좀 더 넓게 쓸 수 있습니다.

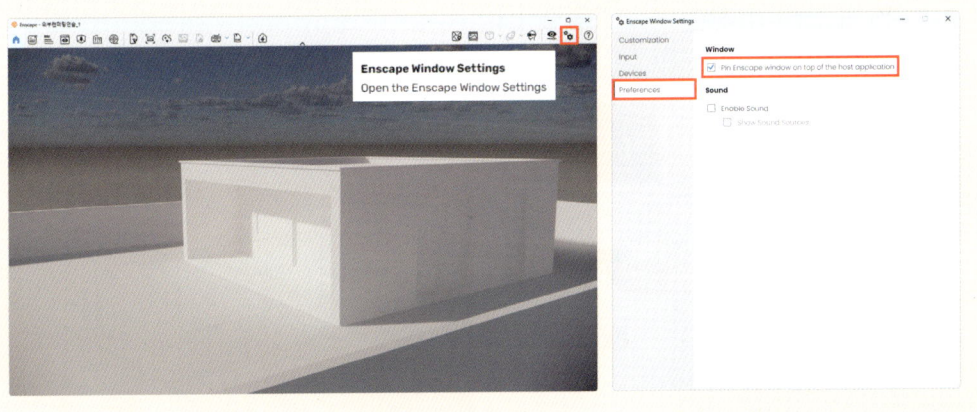

02 ❶ 스케치업 [Materials] 트레이에서 [Create new Material ⊕]을 클릭합니다. ❷ 이름은 **Metal_Grey**, 색상 모델은 [HSB], [H]는 **0**, [S]는 **0**, [B]는 **30**으로 지정하고 ❸ [OK]를 클릭합니다. ❹ 재질을 지붕 난간의 두겁과 현관문, 창문 프레임에 지정합니다.

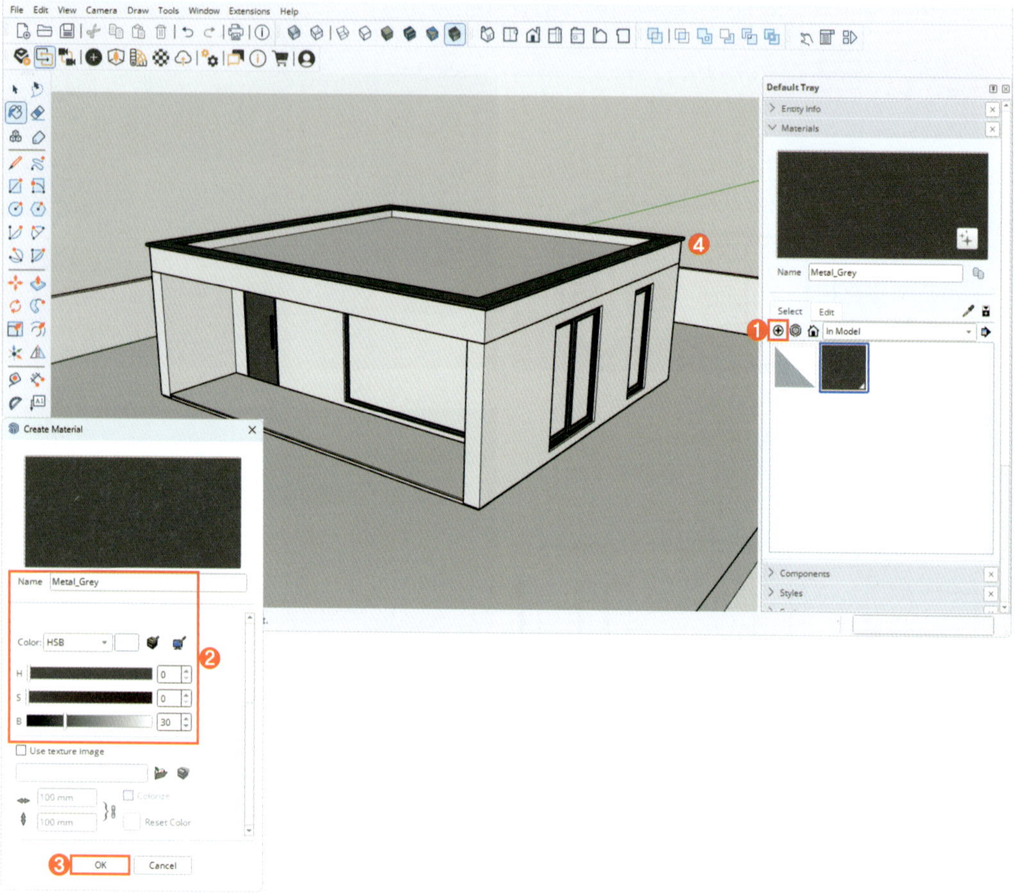

03 ❶ 재질에서 마우스 오른쪽 버튼을 클릭한 후 ❷ [Select]를 클릭하면 선택한 재질이 지정된 모든 모델이 선택됩니다. ❸ [H]를 눌러 숨깁니다.

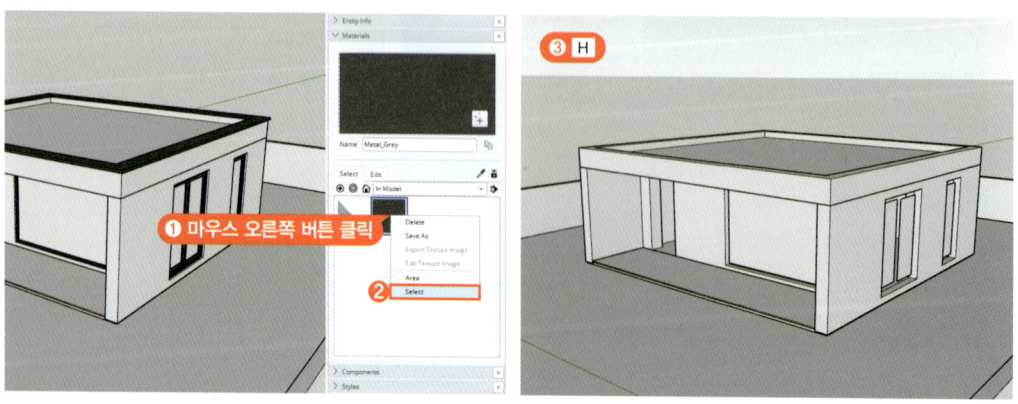

04 ❶ 다시 [Materials] 트레이에서 [Create new Material ⊕]을 클릭합니다. ❷ 이름은 **Glass_Clear**, 색상 모델은 [HSB], [H]는 **141**, [S]는 **2**, [B]는 **98**로 지정하고 ❸ [OK]를 클릭합니다. ❹ 재질을 모든 유리창에 지정합니다. ❺ 03과 같은 방법으로 유리창을 모두 숨깁니다. 숨겨지지 않은 모델이 있다면 재질을 다시 지정해 숨깁니다.

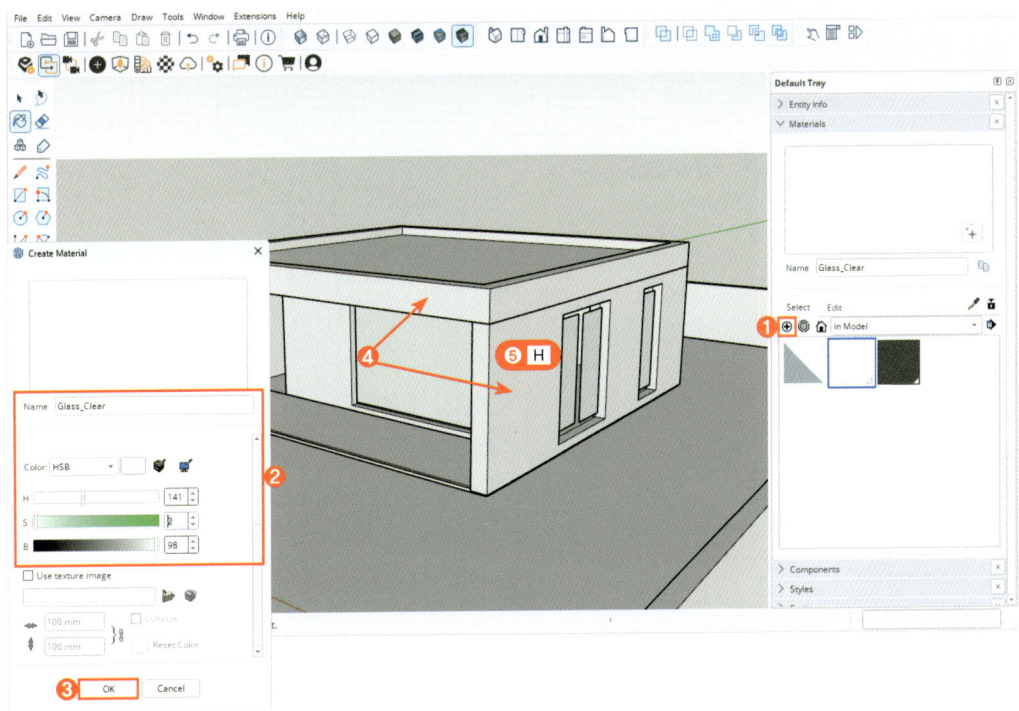

05 ❶ [Enscape Material Editor]에서 [Glass_Clear] 재질을 선택합니다. ❷ [Type]을 [Glass]로 바꾸고 ❸ [Opacity]는 **10%**로 수정합니다.

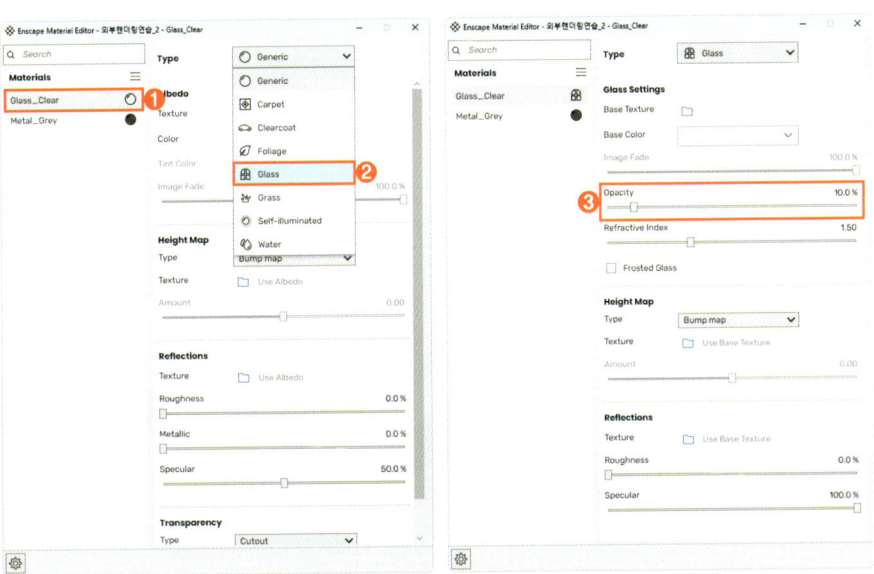

06 ❶ [Materials] 트레이에서 [Create new Material ⊕]을 클릭합니다. ❷ 이름은 **Wall_White**, 색상 모델은 [HSB], [H]는 **0**, [S]는 **0**, [B]는 **95**로 지정하고 ❸ [OK]를 클릭합니다. ❹ 재질을 벽과 지붕에 지정합니다.

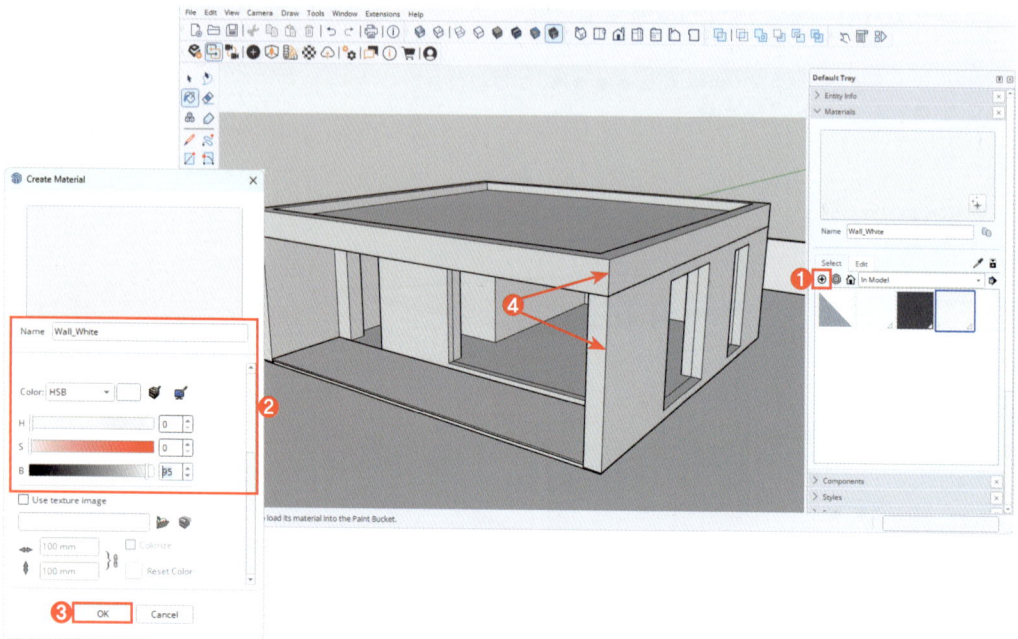

07 ❶ 지붕을 선택하고 [H]를 눌러 숨깁니다. ❷ [Enscape Material Library]에서 [Categories]-[Wood]-[Wood 01] 재질을 선택하고 ❸ [Import Selection]을 클릭해 재질을 불러옵니다. ❹ 1층 구조체를 더블클릭해 엽니다. ❺ 불러온 [Wood 01] 재질을 클릭한 후 ❻ 바닥을 클릭해 재질을 지정합니다.

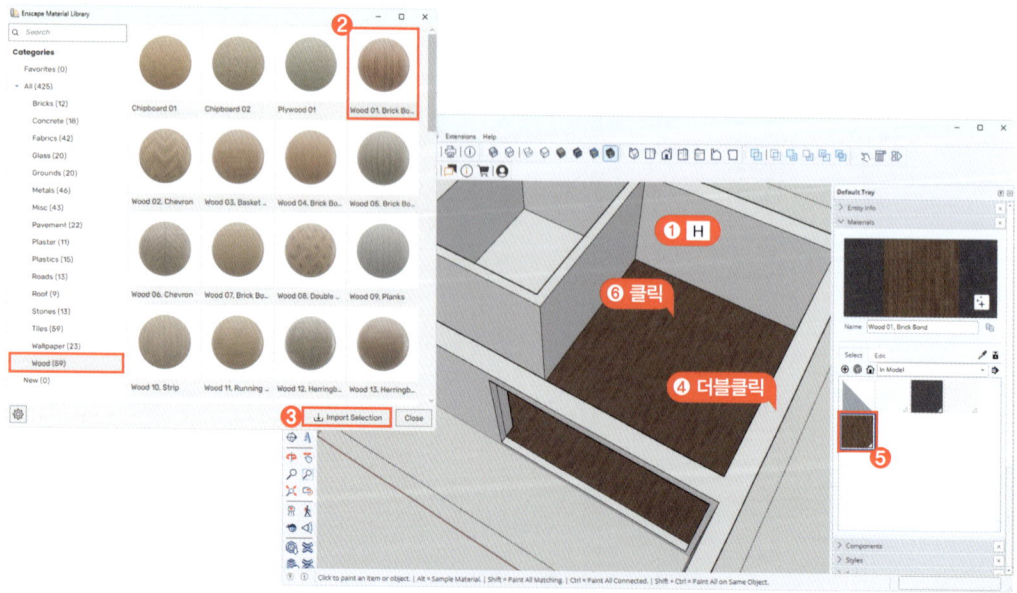

08 ❶ [Enscape Material Library]의 [Bricks] 카테고리에서 [Brick 11]을 불러옵니다. ❷ 재질을 전면벽의 외부와 창문 모서리 부분에 지정합니다.

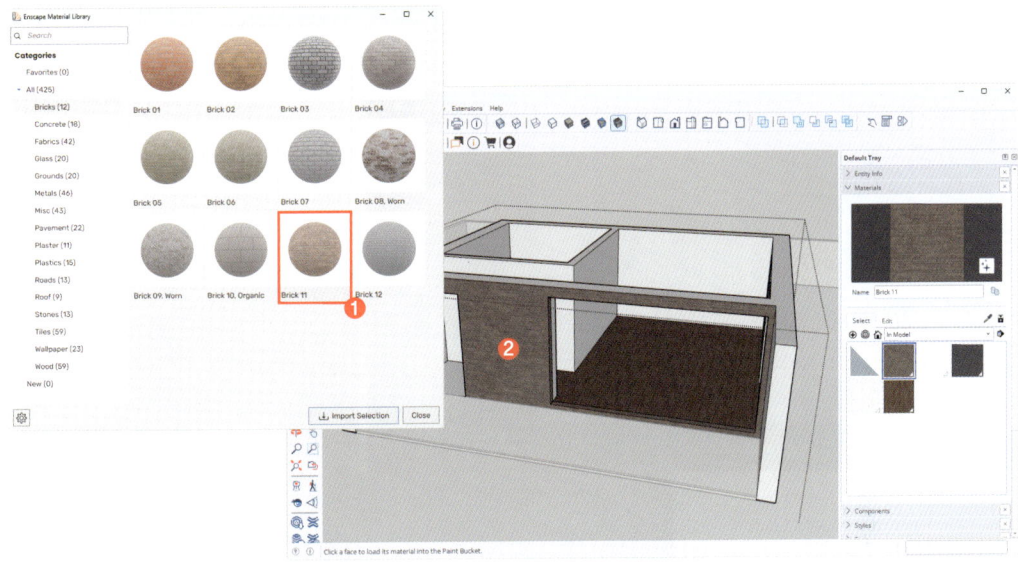

09 [Enscape Material Library]에 없는 재질을 만들기 위해 인터넷에서 재질을 찾아 엔스케이프 재질로 만들어보겠습니다. ❶ Poly Haven 웹사이트(polyhaven.com)에 접속한 후 [Browse Textures]를 클릭합니다. ❷ 검색란에 **plank**를 입력합니다. ❸ [Wooden Planks]를 찾아 클릭합니다.

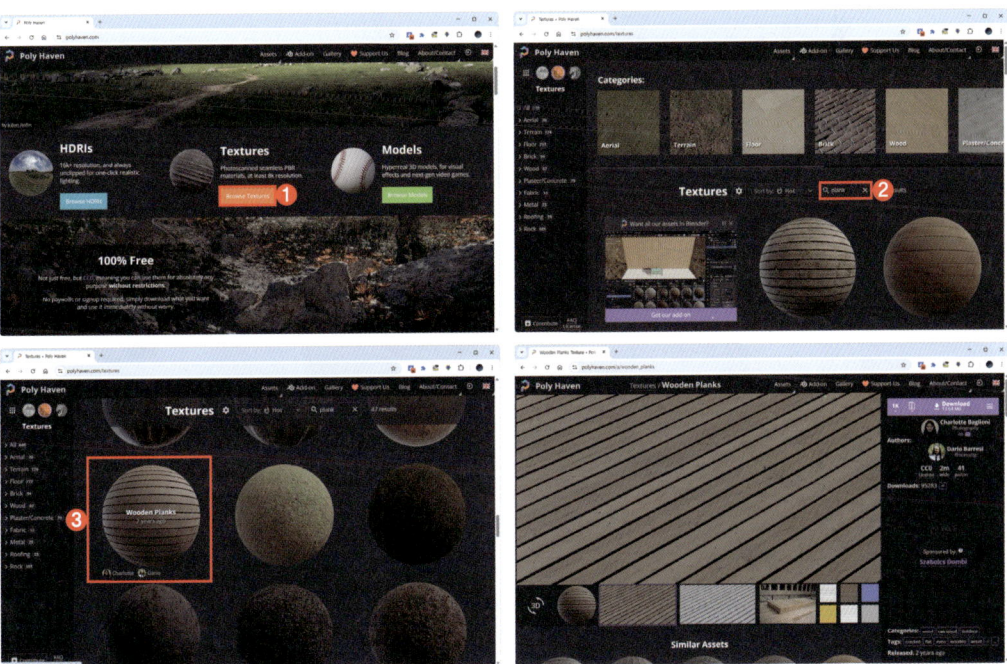

10 ❶ 다운로드 타입을 ZIP으로 바꿉니다. ❷ PNG를 모두 체크하고 나머지는 체크 해제합니다. ❸ [Download]를 클릭해 재질을 다운로드합니다. 다운로드한 파일을 찾기 쉬운 곳에 압축을 해제합니다.

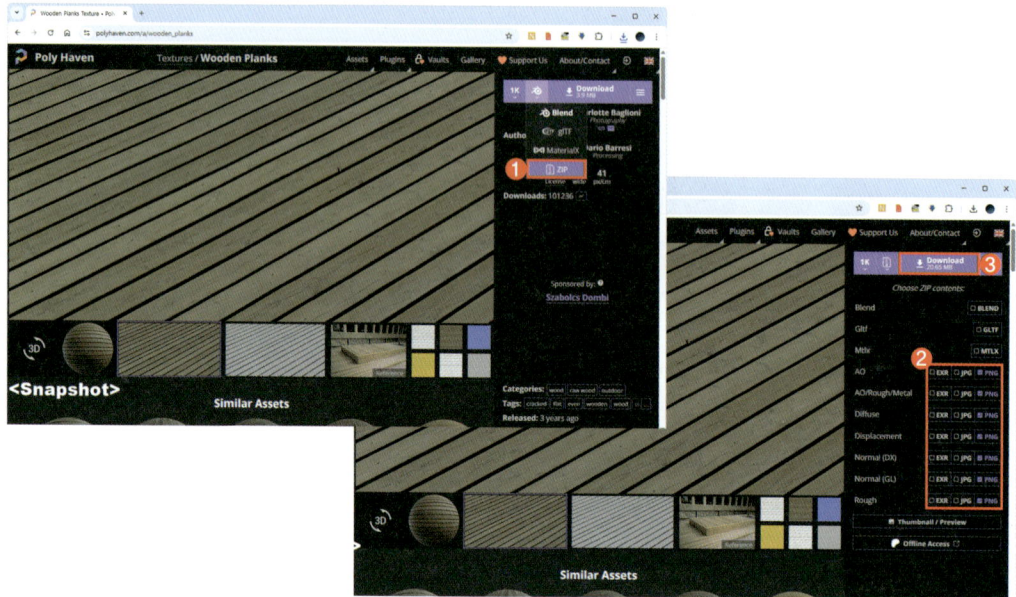

11 ❶ [Materials] 트레이에서 [Create new Material ⊕]을 클릭합니다. ❷ 이름은 **Wood_Plank**, 색상 모델은 [HSB], 값은 임의로 지정하고 ❸ [OK]를 클릭합니다.

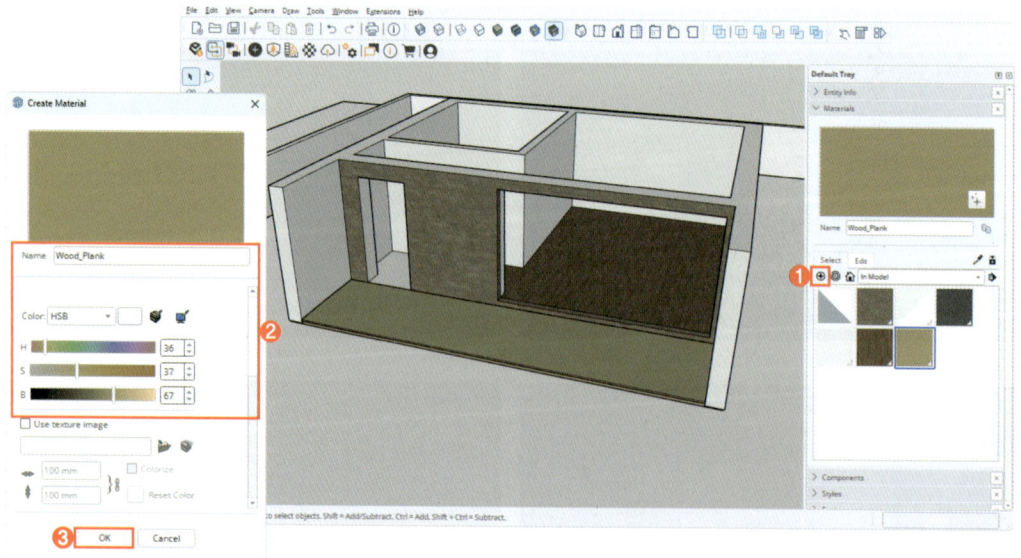

CORE TIP 재질을 지정할 경우 원본의 색상이 보이지 않기 때문에 어떤 색을 써도 상관이 없지만, 가급적 원본 재질과 비슷한 색을 써야 계획이나 다이어그램 제작 등 여러 용도로 활용하기 좋습니다.

12 ❶ [Enscape Material Editor]에서 [Wood_Plank]를 선택합니다. ❷ [Albedo]의 [Texture]에서 앞서 다운로드한 **wooden_planks_diff_1k.png** 재질 파일을 불러오고 클릭합니다. ❸ 크기를 **2m ×2m**로 수정하고 ❹ 탭에서 [⟨]를 클릭해 이전 레벨로 돌아갑니다. ❺ [Height Map]의 [Type]을 [Displacement map]으로 바꾸고 ❻ **wooden_planks_disp_1k.png** 를 불러옵니다. ❼ [Amount]를 **0.3**으로 수정합니다. ❽ [Reflections]에는 **wooden_planks_rough_1k.png**를 불러옵니다.

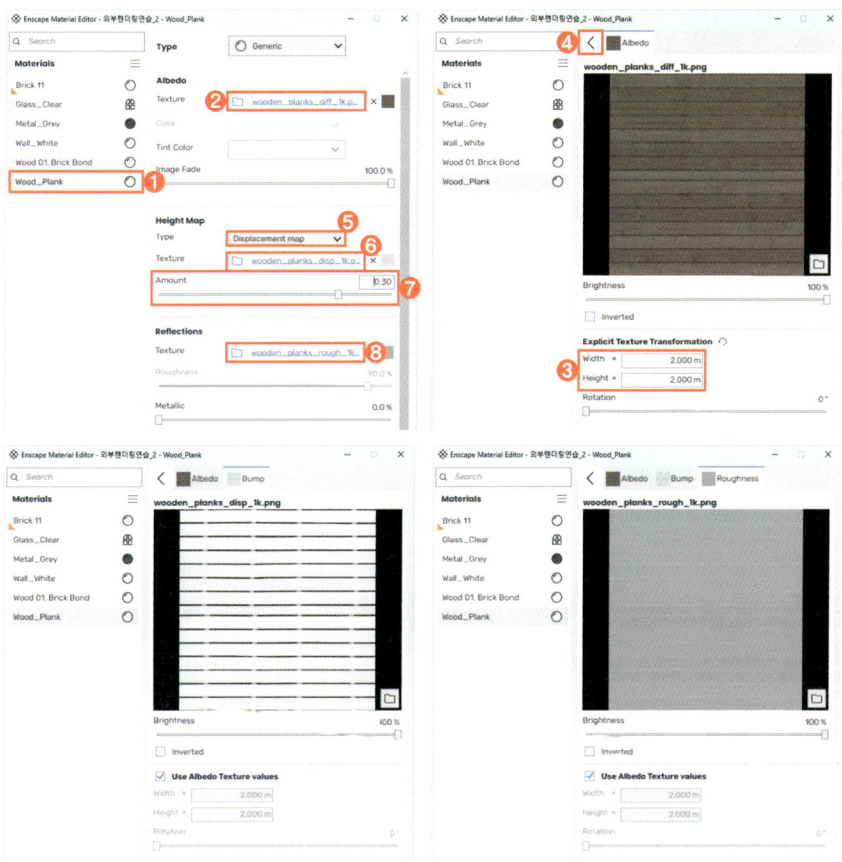

13 ❶ Poly Haven 웹사이트에서 **gravel**을 검색하고 ❷ [Gravel Floor 02]를 다운로드해 압축을 해제합니다.

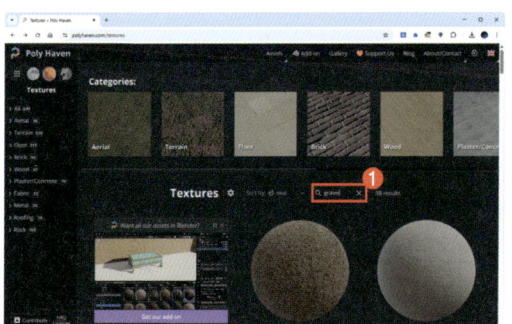
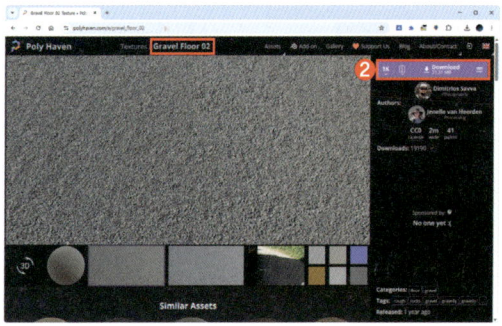

14 이전과 같은 방법으로 재질을 만들고 바닥에 지정합니다. [Texture]의 크기(2mx2m)와 [Displacement map]의 [Amount]도 **0.3**으로 동일하게 지정합니다.

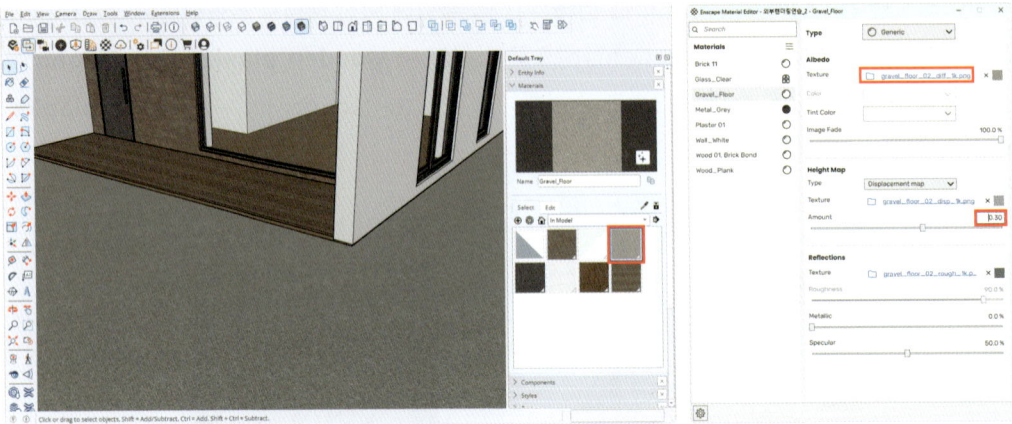

15 ❶ [Enscape Material Library]의 [Plaster] 카테고리에서 [Plaster 01]을 불러와 ❷ 담장에 지정합니다.

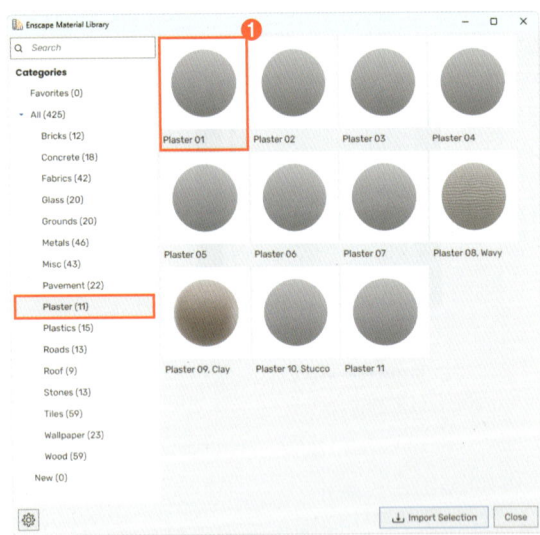

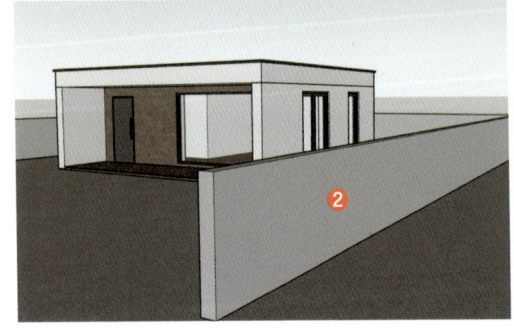

16 ❶ [Enscape Material Editor]에서 [Plaster 01] 옆의 옵션 아이콘을 클릭합니다. ❷ [Replace with Enscape Material]을 실행하면 [Enscape Material Library]가 [Replace Plaster 01]로 다시 열립니다. ❸ [Plaster 02]를 선택하고 ❹ [Replace]를 클릭합니다.

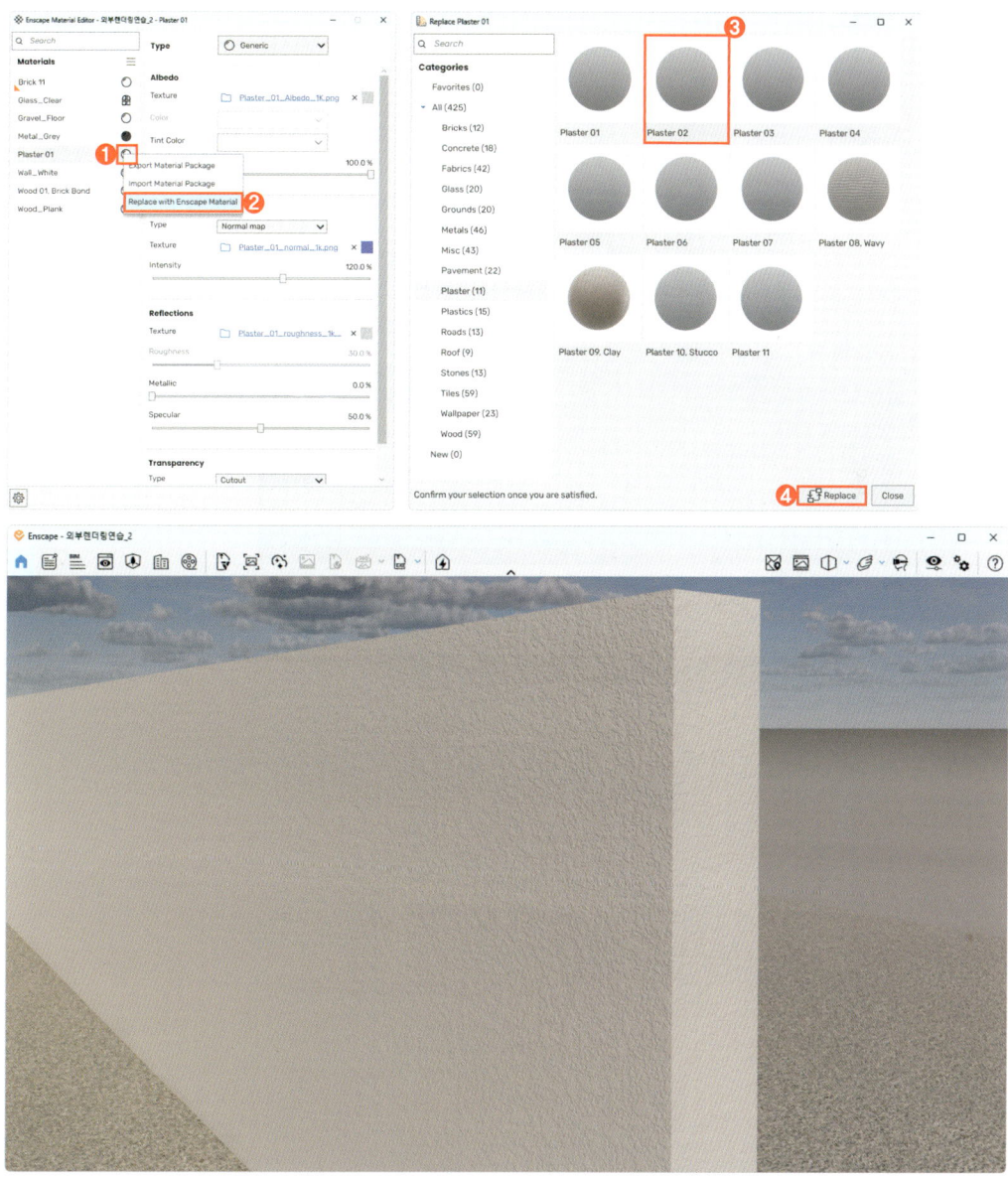

CORE TIP [Replace with Enscape Material]을 활용하면 재질을 불러오지 않은 상태로 빠르게 바꿔보며 원하는 재질을 찾을 수 있어 편리합니다. [Replace]를 클릭하기 전까지는 재질을 아무리 많이 클릭하더라도 재질 데이터가 스케치업 데이터에 적용되지 않기 때문에 용량이 늘어나지 않습니다.

17 ❶ 스케치업에서 뷰포트를 그림과 같이 맞춥니다. ❷ [Synchronize Views]를 끄고 ❸ 엔스케이프 창의 [Safe Frame]을 실행합니다.

18 ❶ [Visual Settings 👁]를 열고 [Output]-[General]-[Resolution]을 [Custom]으로 바꿉니다. ❷ 해상도를 **3000×2000**으로 수정합니다. ❸ [Main]-[Camera]-[Projection]을 [Two-Point]로 수정하고 ❹ [Field of View]를 **54°**로 수정합니다. ❺ [Rendering Quality]의 슬라이더는 [Ultra]로 조절합니다. ❻ [Image]-[Effects]의 모든 슬라이더를 **0%**로 조절합니다. ❼ [Atmosphere]-[Fog]-[Intensity]의 슬라이더도 **0%**로 조절합니다.

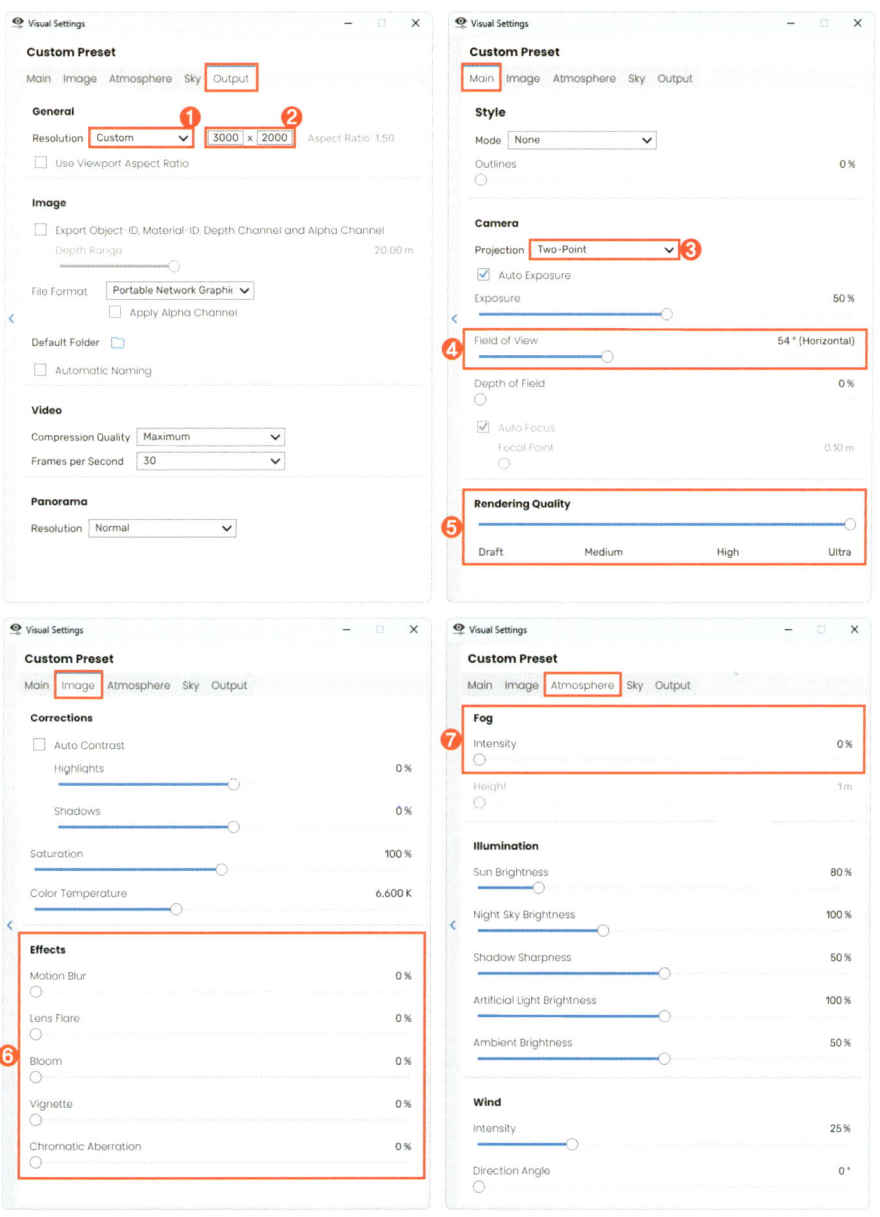

Power Up Note [Visual Settings]의 프리셋 저장하기

[Visual Settings]을 자주 수정해 사용해야 한다면 해당 설정을 프리셋으로 저장하고 사용하면 편리합니다. [Visual Settings]의 왼쪽에서 [<]를 클릭해 [Presets] 패널을 불러옵니다. [Custom Preset]의 옵션 아이콘을 클릭하고 [Rename]을 클릭하면 이름을 수정할 수 있습니다. 여기서는 **Default**로 수정했습니다. 옵션 아이콘을 클릭하고 [Save as file...]을 클릭하면 프리셋 파일을 저장합니다. 프리셋이 필요할 때는 [Import]를 클릭해 저장한 프리셋을 불러올 수 있습니다.

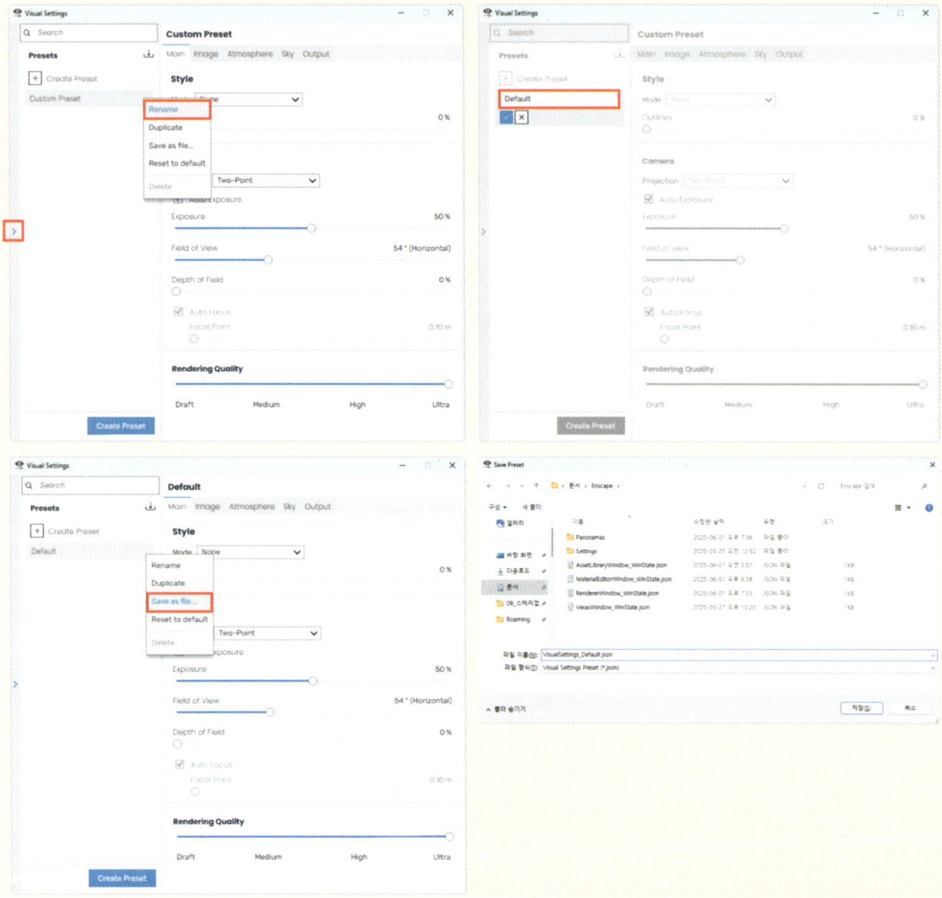

19 ❶ [View Management 🔲] 트레이에서 태양의 방향이나 고도를 설정한 뒤 ❷ [Create]를 클릭해 엔스케이프 씬을 저장합니다.

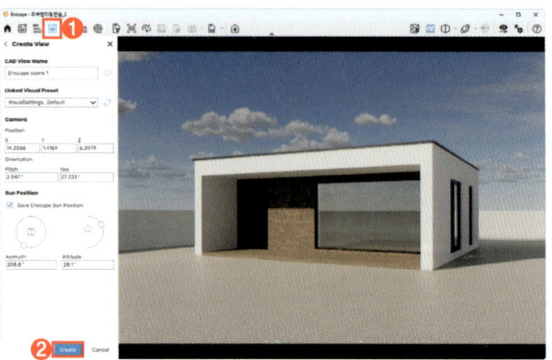

Lesson 04 | 환경 표현과 HDRI 활용하기

Check Point
- ☑ 엔스케이프의 Sky 모델과 옵션을 이해하고 활용할 수 있는가?
- ☑ 시간을 조절해 낮 이미지(주경)와 밤 이미지(야경)를 자유롭게 설정할 수 있는가?
- ☑ HDRI가 무엇인지 이해하고 활용할 수 있는가?
- ☑ 카메라 화각에 따른 HDRI의 사용 범위를 예측할 수 있는가?

 Warm Up | **HDRI 이해하기**

HDRI(High Dynamic Range Image)는 일반 이미지보다 더 넓은 밝기 범위(다이나믹 레인지)를 담은 이미지입니다. 엔스케이프에서는 이를 사용해 사실적인 하늘, 환경, 조명, 반사광을 생성합니다.

HDRI는 보통 360° 전 방향을 촬영한 이미지를 구 형태로 만들어 펼쳐놓은 것과 같은 이미지입니다. 엔스케이프에서는 이 이미지를 다시 카메라를 중심으로 구 형태로 감싸듯 적용하여 배경으로 사용합니다. 이 때문에 카메라를 움직여도 배경은 움직이지 않습니다. 예를 들어 카메라를 앞으로 이동한다고 해서 배경 속 나무나 산에 가까이 다가갈 수 없고, 위아래로 움직여도 마찬가지로 하늘 위로 올라가거나 땅 아래로 내려갈 수 없습니다.

이미지 해상도는 보통 4K, 8K, 16K처럼 'K' 단위로 표시됩니다. 여기서 'K'는 1,000을 의미하며, 예를 들어 4K는 약 4,000픽셀, 16K는 약 16,000픽셀입니다. 하지만 렌더링에서는 HDRI 전체를 쓰는 것이 아니라, 카메라 화각(시야각)에 해당하는 일부분만 사용합니다. 예를 들어 화각이 90°라면 4K 이미지 중 약 1/4, 즉 1,000픽셀만 실제로 화면에 보입니다. 16K 이미지도 화각이 90°라면 실제 사용되는 해상도는 약 4,000픽셀입니다. 이렇게 실제로 사용되는 부분의 해상도는 그리 크지 않기 때문에 너무 작은 해상도의 HDRI를 사용하게 되면 배경이 흐릿하게 보이게 됩니다.

아래 이미지에서 왼쪽의 작은 사각형은 카메라 화각이 60°인 경우 배경으로 표시되는 범위이고 오른쪽 큰 사각형은 카메라 화각이 90°인 경우 배경으로 표시되는 범위입니다. 실제로는 같은 크기로 렌더링을 하기 때문에 화각이 작은 왼쪽의 배경이 더 크게 보이게 됩니다. 여기에 렌더링 대상 건물을 배치한다면 배경의 나무가 건물에 비해 너무 크게 보일 수 있습니다. 화각이 넓은 경우라면 배경도 멀어 보이기 때문에 나무의 크기는 좀더 작아 보이게 됩니다. 이처럼 이미지의 근경에 나무나 건물이 위치해 있으면 건축물 외관 렌더링에는 사용하기가 어려운 경우가 많습니다. 되도록 근경에는 이런 나무나 건물이 없는 HDRI를 선택해 필요한 경우 모델 소스나 포토샵 후보정으로 근경을 표현하고 HDRI는 원경을 표현하는 용도로 사용하는 것이 좋습니다.

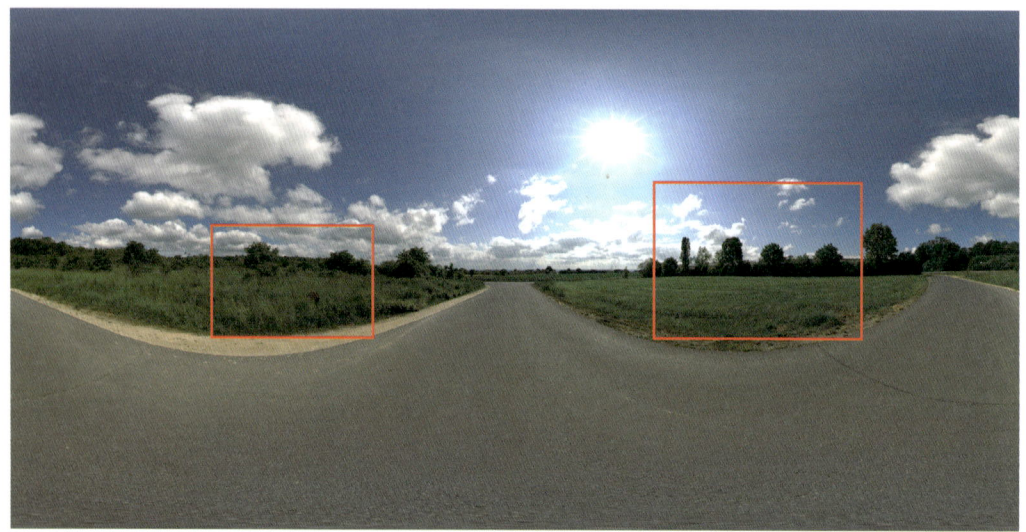

📝 Summary

- 실제 렌더링에서 배경으로 보이는 이미지는 HDRI의 일부분 입니다(화각 90°일 때 1/4 부분만 보임).
- HDRI 속 근경에 나무나 건물이 배치되어 있지 않은 것을 선택합니다.
- 태양의 고도나 위치를 수정할 수 없으니 원하는 시간대에 맞는 HDRI를 선택합니다.
- HDRI 속의 태양광과 천공광의 밝기 차이가 그림자의 밝기에 영향을 줍니다.
- HDRI가 그림자의 선명도에는 영향을 미치지 않습니다(엔스케이프 4.7버전 기준).

Power Up Note HDRI를 다운로드할 수 있는 웹사이트

HDRI를 다운로드할 수 있는 웹사이트는 많이 있지만 다음 두 곳은 회원가입 절차가 없고 해상도와 상관없이 자유롭게 HDRI를 다운로드할 수 있는 웹사이트입니다.

- Poly Haven(https://polyhaven.com)
- ambientCG(https://ambientcg.com)

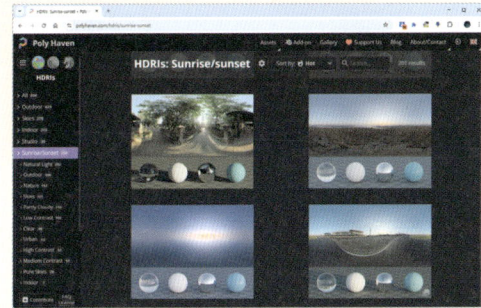
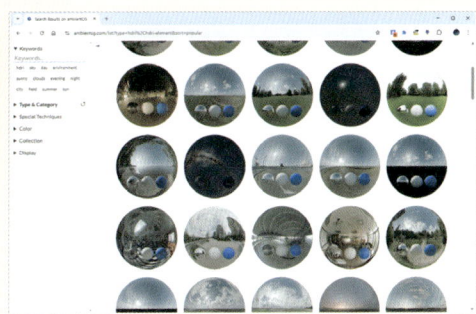

Basic Training 엔스케이프 기본 환경 활용하기

준비 파일 | Part 04/HouseSky.skp 완성 파일 | Part 04/HouseSky_완성.skp

엔스케이프의 Sky 모델을 활용해 외부 환경을 표현하는 예제입니다. 엔스케이프의 Sky 모델은 날씨나 시간에 따라 다양한 하늘과 구름 이미지를 사실적으로 만들기 때문에, 간단한 옵션만으로도 여러 분위기의 배경을 빠르고 손쉽게 연출할 수 있어 활용도가 매우 높습니다. 이번 학습에서는 Sky 모델의 각 옵션이 어떤 기능을 하는지 이해하고, 원하는 분위기의 배경을 손쉽게 구성할 수 있도록 충분히 연습해보세요.

실습 결과 미리보기

01 ❶ 준비 파일을 불러오고 엔스케이프를 실행합니다. ❷ [Visual Settings 👁]를 클릭합니다.

02 ❶ [Atmosphere] 탭에서 [Sun Brightness]의 슬라이더를 **0%**로 조정합니다. ❷ [Sky] 탭에서 [Clouds]-[Density]의 슬라이더를 **100%**로 조정합니다. 엔스케이프 창에서 구름이 낀 하늘이 적용된 상태를 확인합니다.

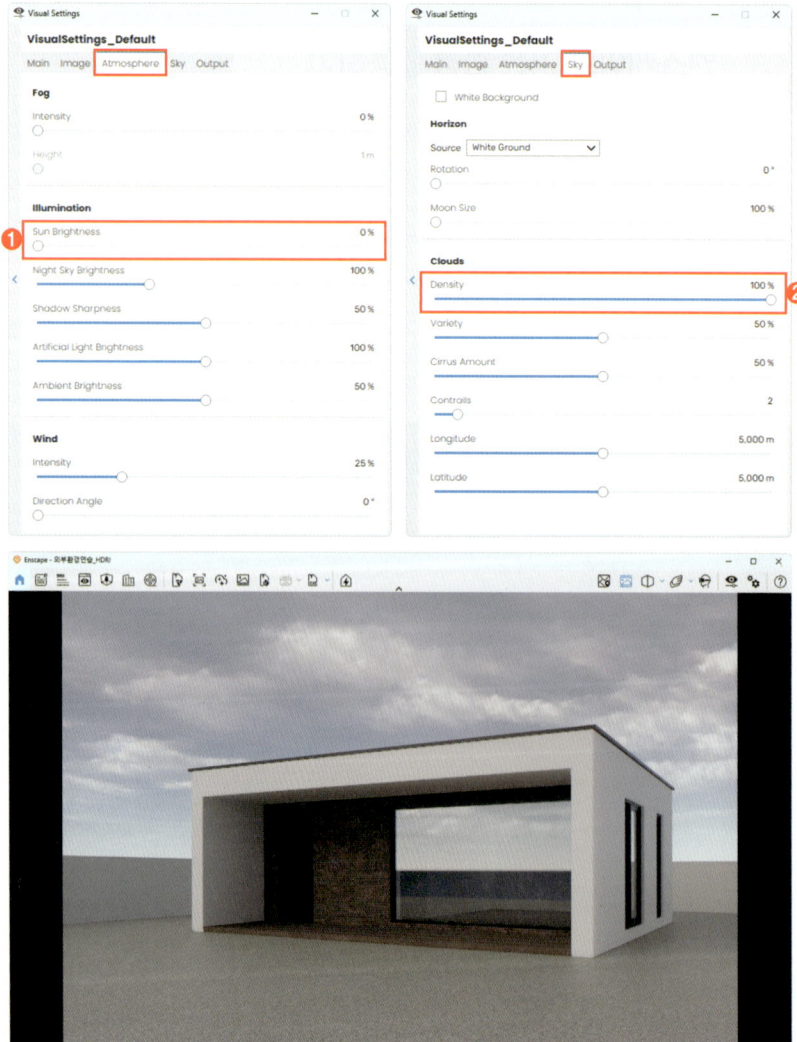

03
❶ [Sun Brightness]의 리셋을 클릭해 초기화합니다. ❷ [Clouds]-[Density]를 **0%**로 조절합니다. ❸ [Cirrus Amount]를 **100%**로 조절합니다. 낮은 구름이 없어지고 높은 구름이 낀 맑은 하늘을 확인합니다.

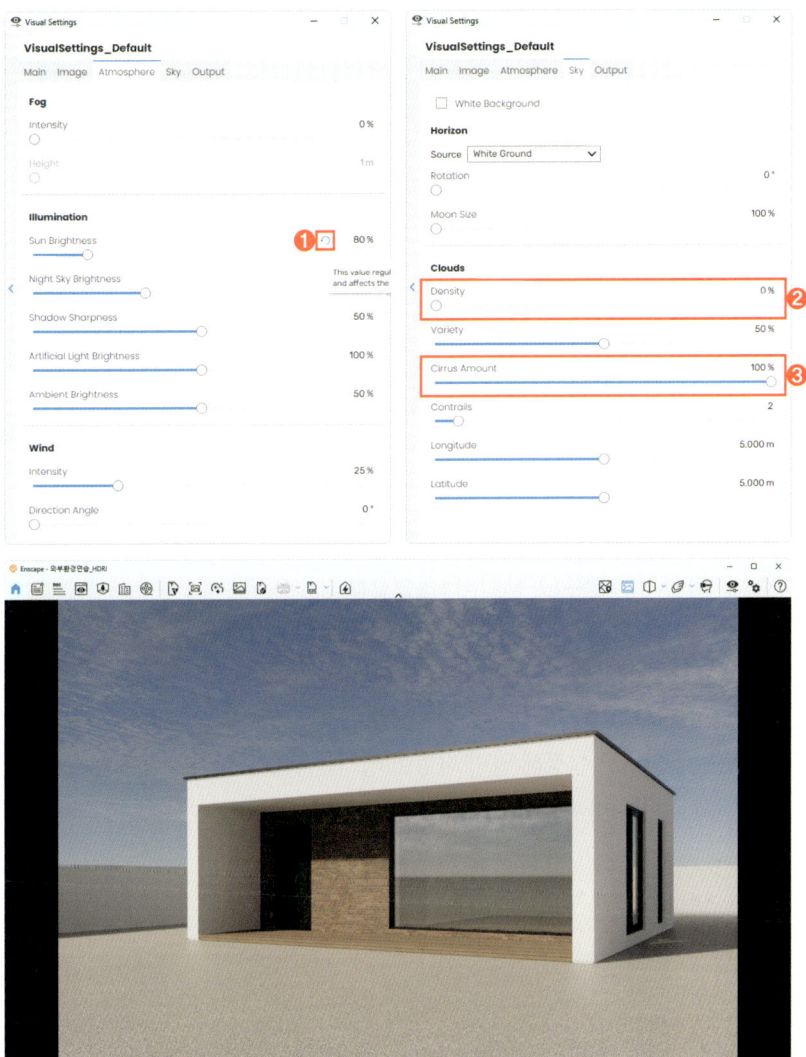

CORE TIP [Longitude]는 경도이며 [Latitude]는 위도입니다. [Longitude]는 구름을 동서 방향(좌우)으로 이동하고, [Latitude]는 구름을 남북 방향(전후)으로 이동합니다. 최대 10km 범위에서 이동할 수 있습니다.

04 ❶ [Cirrus Amount]를 **0%**로 조절하고 ❷ [Contrails]를 **15**로 조절해 하늘에 비행운이 생기는 것을 확인합니다.

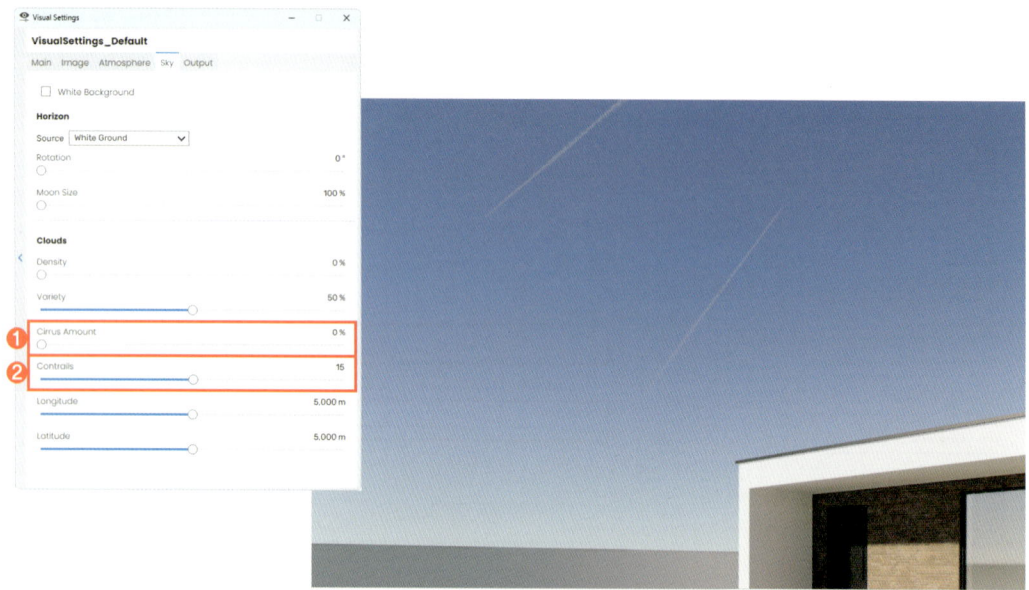

CORE TIP [Contrails]는 비행운을 의미합니다. 비행운이란 항공기가 하늘을 날 때, 항공기의 뒤를 따라 생기는 구름입니다. 엔스케이프에서는 이 비행운의 개수를 조절할 수는 있지만 위치를 이동할 수는 없습니다.

05 ❶ 다시 [Cirrus Amount]를 **100%**로 조절하고, ❷ [Contrails]는 **0**으로 조절합니다. ❸ [Horizon]-[Source]를 [Mountains]로 설정해 멀리 지형이 생기는 것을 확인합니다. [Rotation]의 슬라이더를 조절하면 배경의 위치가 바뀌는 것을 확인할 수도 있습니다.

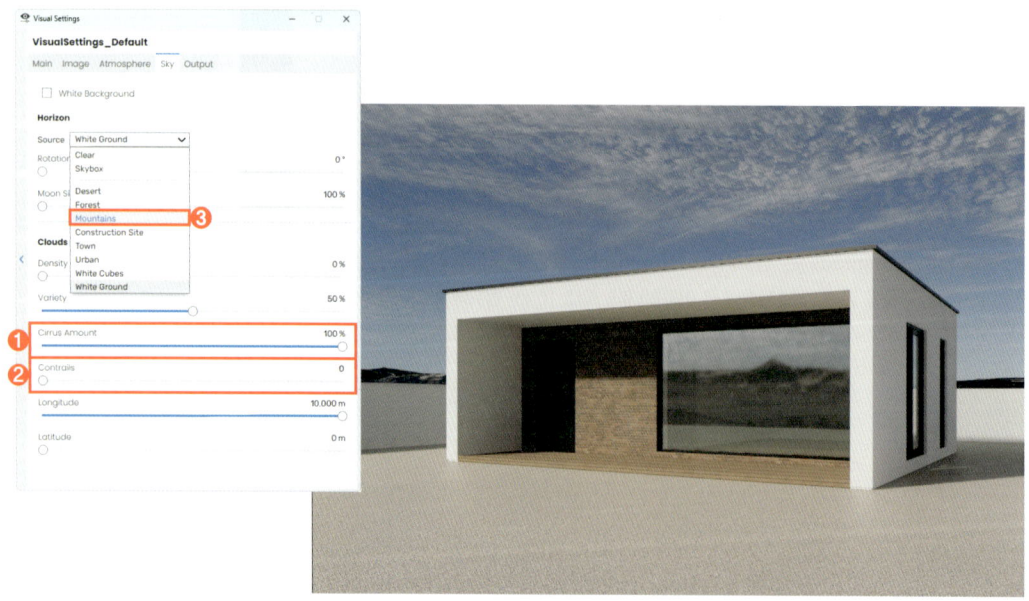

06 ❶ [View Management 👁]에서 [Enscape scene 1]의 편집 아이콘을 클릭합니다. ❷ [Sun Position]에서 [Azimuth(방위각)], [Altitude(태양의 고도)]를 각각 조절해 그림과 같이 새벽(혹은 저녁) 느낌을 만듭니다.

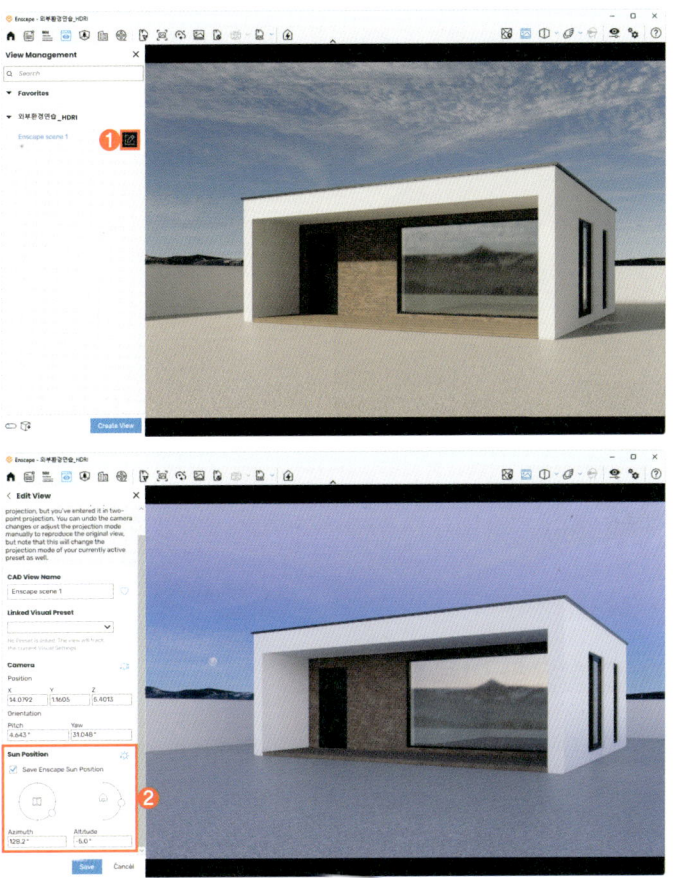

07 [Sky] 탭의 [Horizon]-[Moon Size]를 조절하면 그림과 같이 달의 크기가 커지는 것을 확인할 수 있습니다.

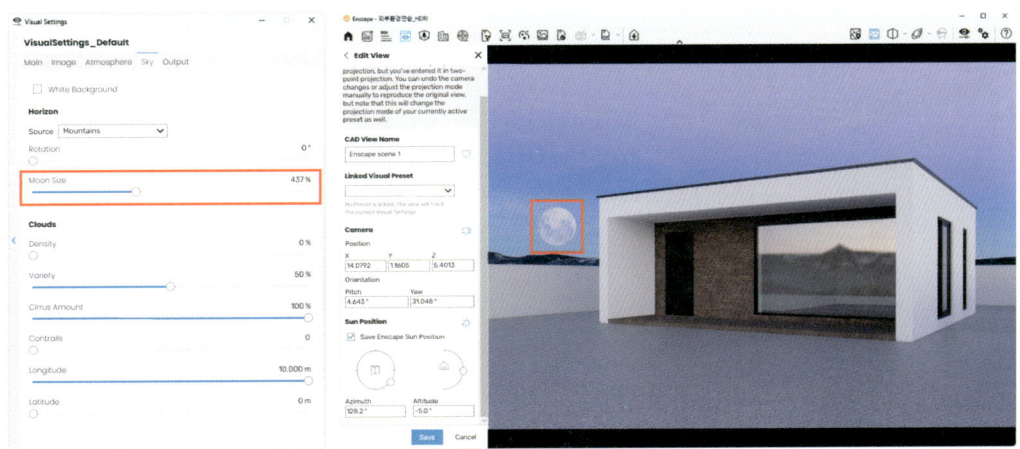

08 ❶ [Azimuth], [Altitude]를 더 늦은 시각으로 조절하고, ❷ [Atmosphere]-[Illumination]-[Night Sky Brightness]를 더 밝게 하면 그림과 같이 밤하늘을 더 밝게 표현할 수 있습니다. ❸ [Save]를 클릭해 변경 사항을 저장합니다.

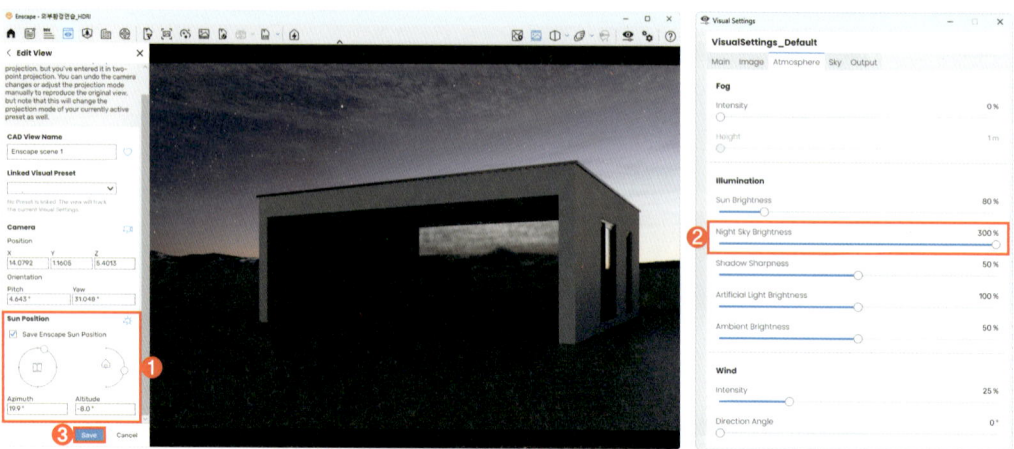

CORE TIP 밤하늘의 별을 표현할 때 시간을 늦춰 밤을 만들면 엔스케이프가 자동으로 별을 표시합니다. 별의 양이나 밝기를 직접적으로 조절할 수는 없으며, 구름의 양을 늘려 별을 가리거나 건물 내/외부에 조명을 추가해 건물이 밝아지면 자동적으로 하늘이 어두워지며 별의 밝기도 약해집니다.

 **Basic Training** ## HDRI를 활용한 외부 환경 표현

준비 파일 | Part 04/HouseHDRI.skp 완성 파일 | Part 04/HouseHDRI_완성.skp

HDRI를 활용해 사실적인 외부환경을 만드는 예제입니다. HDRI는 고정된 이미지이기 때문에 이미지 속 태양의 위치나 고도, 원경(나무나 산 등)의 배치를 따로 조절할 수 없습니다. 그래서 작업 중인 씬과 잘 맞는 HDRI를 찾는 것이 쉽지 않을 때가 많습니다. HDRI를 선택할 때는 씬에 적용했을 때 배경의 크기, 그림자의 방향과 강도, 전체적인 색감 등을 미리 예측해보고 실제로 적용했을 때 어떤 차이가 나는지 꼼꼼히 확인하는 연습이 필요합니다. 이번 학습을 통해 HDRI를 직접 적용하지 않고도 어떤 이미지가 잘 맞을지 빠르게 가늠할 수 있는 감각을 키워보세요.

실습 결과 미리보기

01 ❶ Poly Haven 웹사이트(polyhaven.com)에 접속하여 [HDRIs]-[Browse HDRIs]를 클릭합니다. ❷ [Skies] 카테고리를 선택하고 ❸ 적당한 이미지를 찾아 클릭합니다. ❹ 해상도(16k)와 포맷(HDR)을 확인하고 [Download]를 클릭합니다.

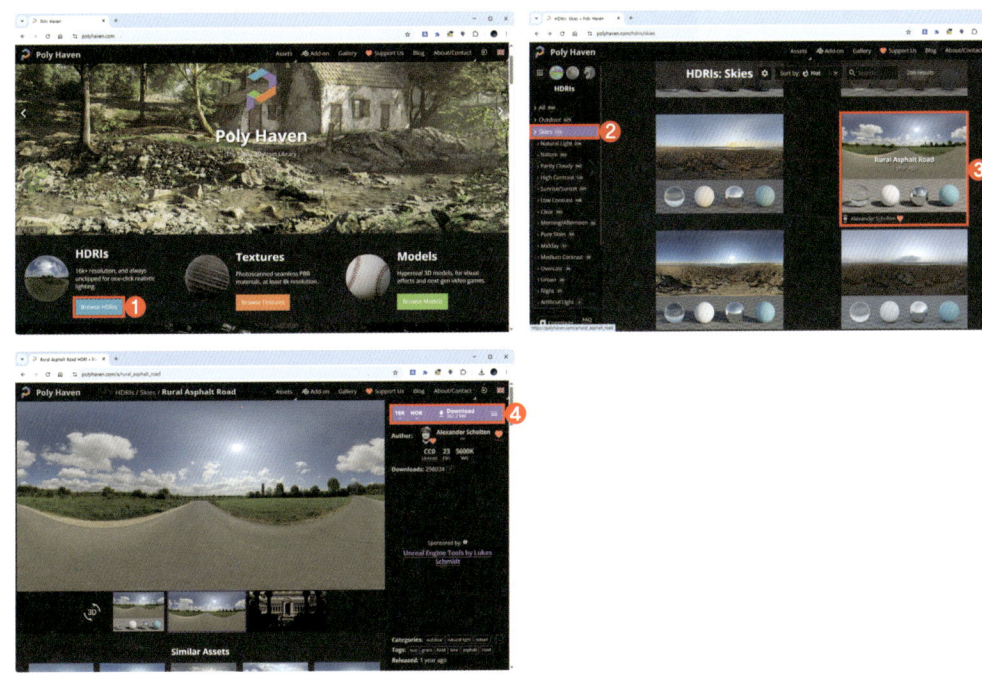

02 ❶ [Sky] 탭의 [Horizon]-[Source]를 [Skybox]로 설정합니다. ❷ 폴더 아이콘을 클릭해 앞서 다운로드한 HDRI 파일을 불러옵니다. ❸ [Brightest Point as Sun Direction]에 체크해 HDRI의 태양 위치를 사용합니다.

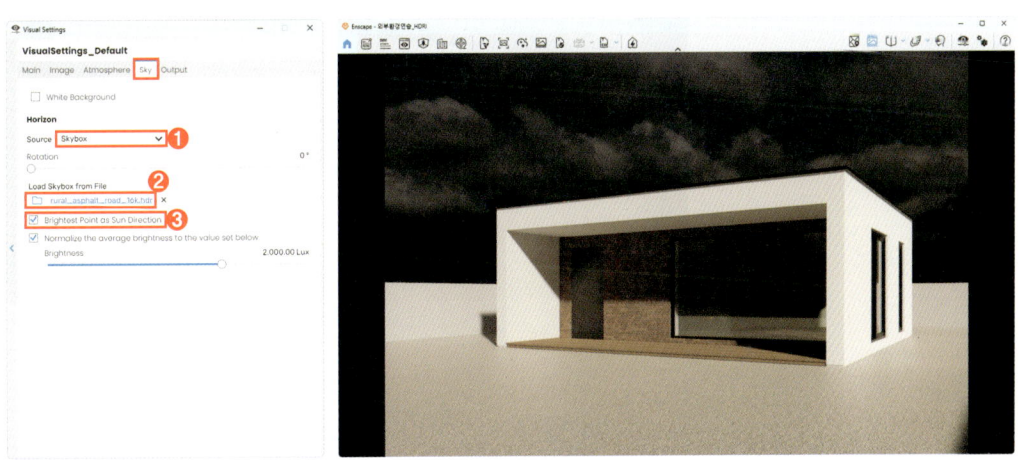

CORE TIP HDRI의 용량은 일반적으로 매우 크기 때문에 로딩 시간이 많이 소요됩니다. 로딩 시간은 시스템의 성능에 따라 달라지는데 일반적으로 수 초 내에 로딩이 완료됩니다. 만일, 수십 초 이상의 시간이 소요된다면 시스템의 성능이 부족하거나 드라이버 충돌 등의 문제가 있을 수 있습니다. 그래픽 카드의 사양이 낮거나 드라이버가 맞지 않을 경우 고해상도의 HDRI를 사용해도 배경이 매우 흐릿하게 보일 수도 있습니다. 이 경우에는 HDRI를 사용할 수 없으며, 그래픽 카드 드라이버를 업데이트한 후 문제가 해결되지 않는다면 그래픽 카드를 교체해야 합니다.

03 [Atmosphere] 탭에서 [Sun Brightness]를 충분히 낮게 조절하여(약 5%) 배경이 밝아지도록 합니다.

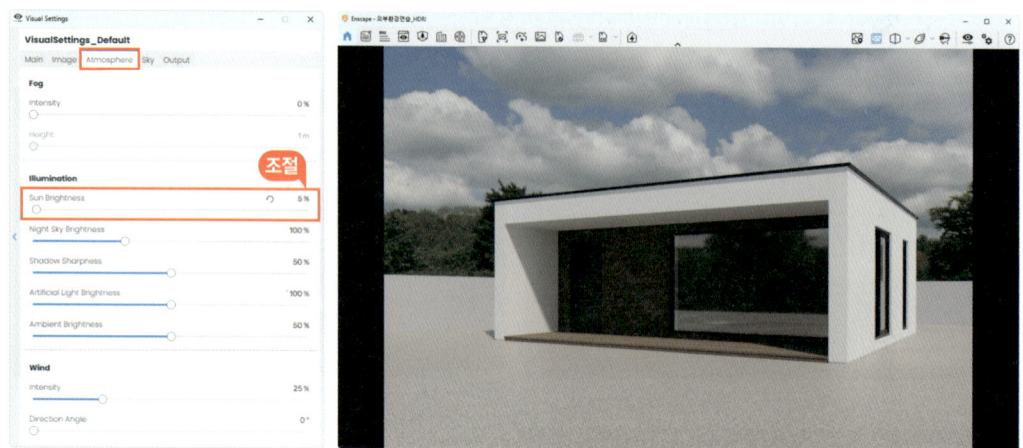

CORE TIP [Visual Settings]의 [Main] 탭에서 [Auto Exposure]가 켜져 있는 경우(기본값) 엔스케이프의 이미지 밝기는 화면의 평균으로 적정 밝기를 계산합니다. 햇빛의 강도가 높을 경우 건물이나 바닥이 밝아지며 상대적으로 배경은 어두워져야 전체 평균 밝기가 맞습니다. 따라서 배경이 어두울 경우 HDRI의 강도를 높이거나 햇빛의 강도를 낮추는 방법 두 가지 모두 같은 결과를 만듭니다. 하지만 필자는 햇빛의 강도를 낮추는 방법을 선호하는데, 인공 조명을 함께 표현하고 싶을 때 인공 조명이 상대적으로 매우 어둡기 때문에 햇빛과 HDRI를 낮추면 인공 조명을 지나치게 밝게 하지 않아도 되기 때문입니다.

04 [Sky] 탭의 [Rotation] 슬라이더를 조절하여 배경과 햇빛의 방향을 조절해 완성합니다.

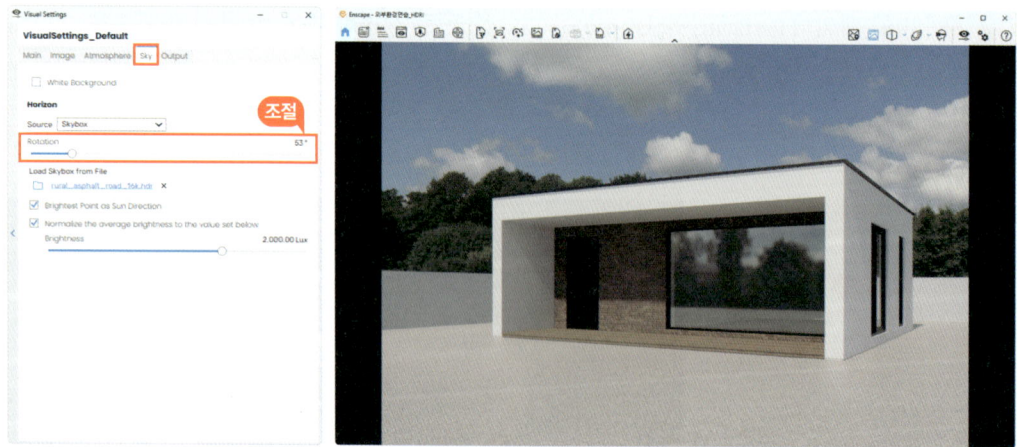

Lesson 05 | 잔디와 수목 표현

Check Point
- ☑ 엔스케이프의 Grass 재질을 활용해 잔디를 표현할 수 있는가?
- ☑ 외부 잔디 모델을 복사, 배치하는 방식으로 잔디를 표현할 수 있는가?
- ☑ 엔스케이프의 Linked Model을 사용하는 이유와 사용법을 알고 있는가?
- ☑ 모델을 면 위에 다량으로 복사하는 플러그인이 무엇인지, 어떻게 사용하는지 알고 있는가?

 **Warm Up** | 엔스케이프의 재질 유형

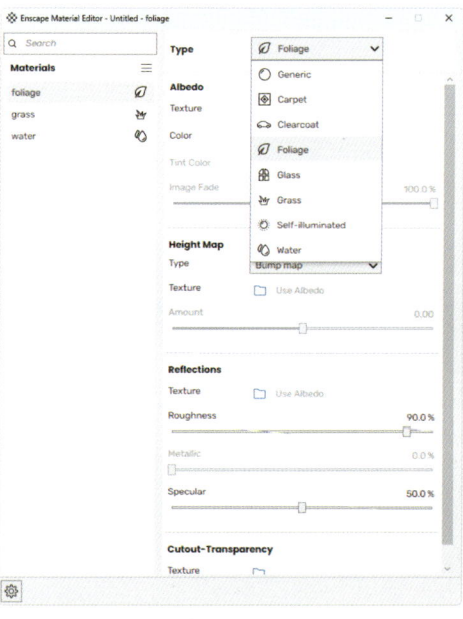

[Enscape Material Editor]에는 잔디(Grass), 물(Water)처럼 만들기 어려운 재질을 미리 설정된 프리셋(기본 설정)으로 쉽게 만들 수 있는 기능이 있습니다. Foliage(잎), Grass(잔디), Glass(유리), Water(물) 재질은 재질 이름에 해당 단어가 포함되면 자동으로 해당 재질 유형으로 인식되어 편리하게 사용할 수 있습니다. 예를 들어, 이름이 'Tall_Grass'라면 엔스케이프에서 자동으로 잔디 재질로 설정합니다. 이름이 'Clear_Glass'라면 자동으로 유리 재질로 인식됩니다. 하지만 이외의 재질들은 이름만으로 자동 설정되지 않기 때문에, 재질을 만든 후 직접 재질 유형을 선택해서 설정해야 합니다.

Type	효과	용도
Generic	나머지 유형에 속하지 않는 일반적인 재질을 만드는 데 사용합니다.	일반적인 대부분의 재질
Carpet	면의 표면에 자잘한 털과 같은 작은 모델을 추가합니다.	카펫, 러그
Clearcoat	기본 재질 위에 투명하고 매끄러운 반사층을 만듭니다.	자동차 금속 표면, 가구
Foliage	면에 닿은 빛이 반대편에도 투과되어 보입니다.	나뭇잎, 조명을 덮는 전등갓 등
Glass	투명한 재질을 만듭니다.	유리창, 유리병
Grass	면의 표면에 잔디 모델을 추가합니다.	정원, 공원 등의 잔디밭
Self-illuminated	모델에서 빛이 나오도록 합니다.	조명 기구의 디퓨저, 네온, 모니터 화면
Water	애니메이션 되는 물결을 표현합니다.	바다, 호수, 수영장

 **Basic Training** 엔스케이프의 Grass 재질을 활용한 잔디 표현

준비 파일 | Part 04/HouseGrassMat.skp   완성 파일 | Part 04/HouseGrassMat_완성.skp

엔스케이프의 Grass 재질을 활용해 사실적인 잔디를 표현하는 예제입니다. Grass 재질은 단순히 재질을 지정하는 것만으로도 바로 잔디 효과를 만들기 때문에 매우 유용합니다. 그러나 Grass 재질을 그대로 적용하기만 하면 기대하는 수준의 사실적인 이미지를 얻기 어려운 경우가 많습니다. 기본 Grass 재질은 디테일한 높낮이 표현이나 색상 변화가 부족해 단조롭고 인공적으로 보이기 쉽기 때문입니다. 또한 모델의 스케일이나 빛의 세기, 카메라 각도에 따라 잔디의 밀도와 질감이 부자연스럽게 표현될 수 있어 추가적인 조정과 테스트가 필요합니다. 이번 학습을 통해 단순히 Grass 재질을 적용하는 데 그치지 않고, 원하는 이미지에 맞게 디테일을 세밀하게 조정하는 감각을 키워보세요.

01 앞의 학습에 이어 진행하거나 준비 파일을 불러와 학습을 진행합니다. 준비 파일을 불러올 경우 재질의 경로를 재설정해 학습을 진행하세요.

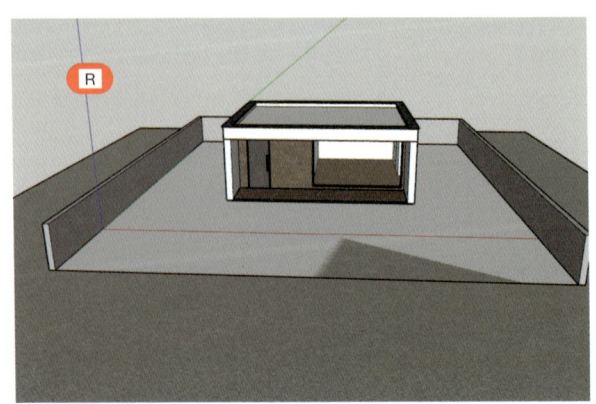

02 ① [Top] 뷰 Ctrl + 1 , [Parallel Projection] F5 을 차례로 실행해 평면 뷰로 전환한 후 ② 건물 주변과 길을 사각형으로 그리고 ③ 안쪽 면을 삭제합니다.

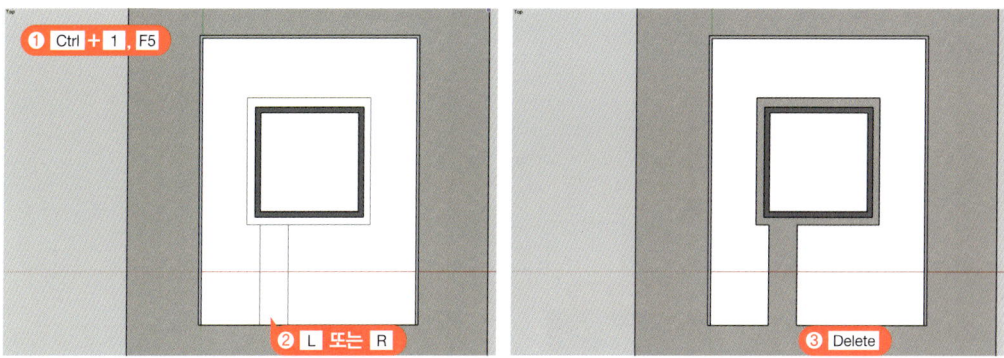

03 ① 완성된 바닥을 그룹화하고 ② [Enscape Material Library 📖]의 [Grounds] 카테고리에서 [Grass 04]를 선택합니다. ③ [Import Selection]을 클릭하고 ④ 바닥에 지정합니다.

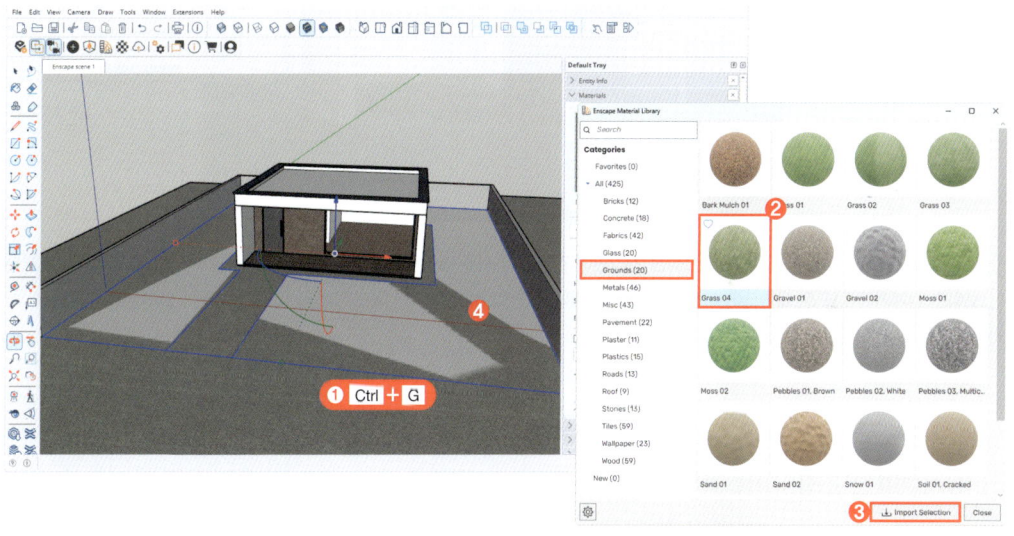

Lesson 05 잔디와 수목 표현   483

04 ❶ 바닥을 선택해 아래로 **-20mm** 내립니다. ❷ [Materials] 트레이-[Edit] 탭에서 [H]를 **96**, [S]를 **63**, [B]를 **44**로 조절해 잔디색을 더 선명하게 표현합니다.

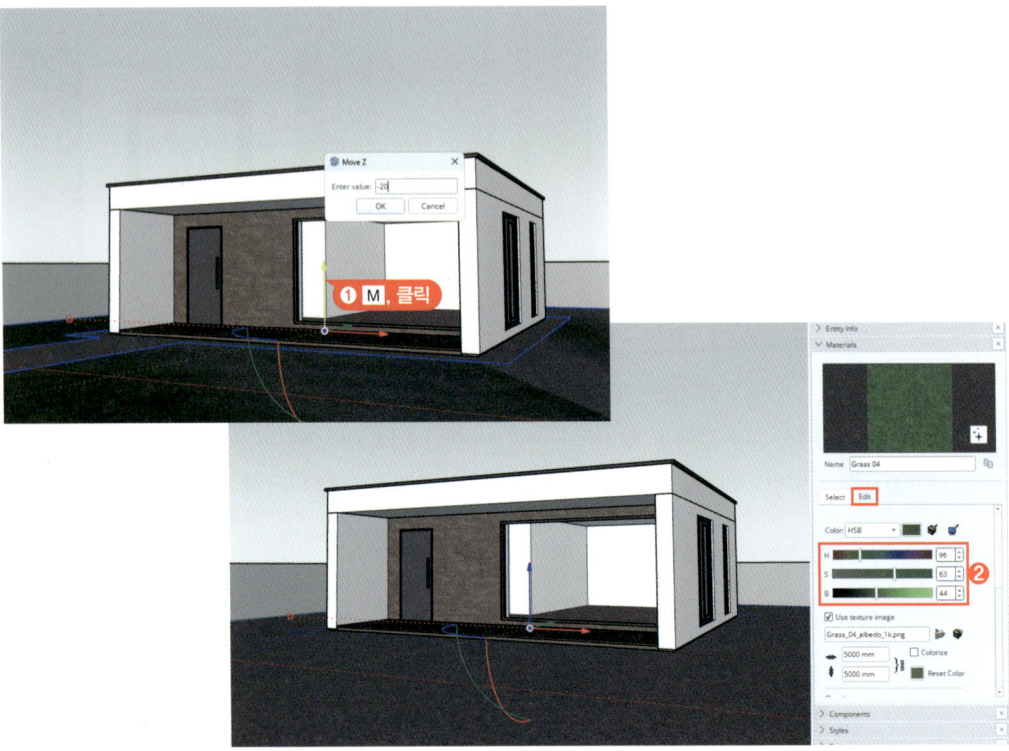

CORE TIP 재질을 이용한 잔디 표현은 작은 사각판에 잔디 이미지를 매핑해 잔디를 표현하는 방식입니다. 이때 사각형의 밑부분이 보이면 경계가 직선으로 표현되어 어색한 느낌을 만듭니다. 잔디 바닥을 지면 아래로 조금 내려 사각형의 밑부분을 감추면 좀 더 자연스러운 경계를 표현할 수 있습니다.

05 ❶ [Enscape Material Editor ✱]에서 [Grass 04]를 클릭하고 ❷ [Grass Settings]에서 [Height(잔디 길이)]를 적당히 조절합니다. ❸ 잔디의 높낮이를 좀 더 고르게 표현하기 위해 [Height Variation]은 **0%**로 조절합니다.

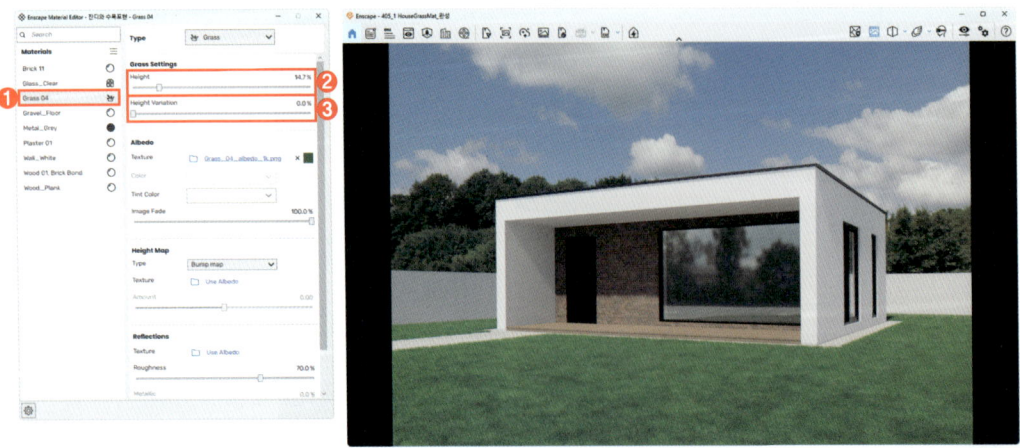

06 ❶ 디딤판을 만들기 위해 적당한 크기의 사각형을 그리고 얇게(10mm) 돌출시켜 그룹으로 만듭니다. ❷ [Enscape Material Library 📚]의 [Concrete] 카테고리에서 [Concrete 01]을 불러와 ❸ 디딤판에 지정합니다.

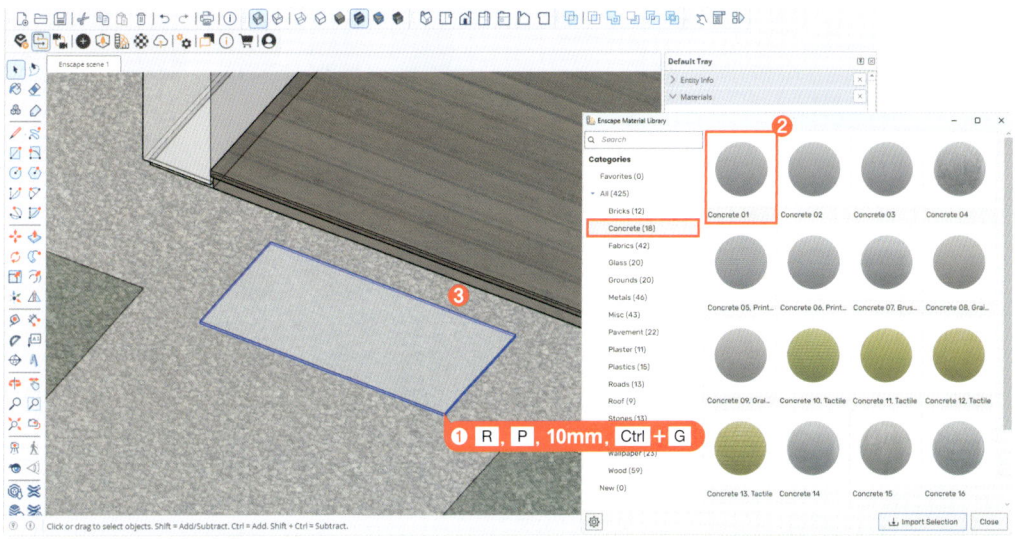

07 디딤판을 적당한 간격으로 길을 따라 복사합니다.

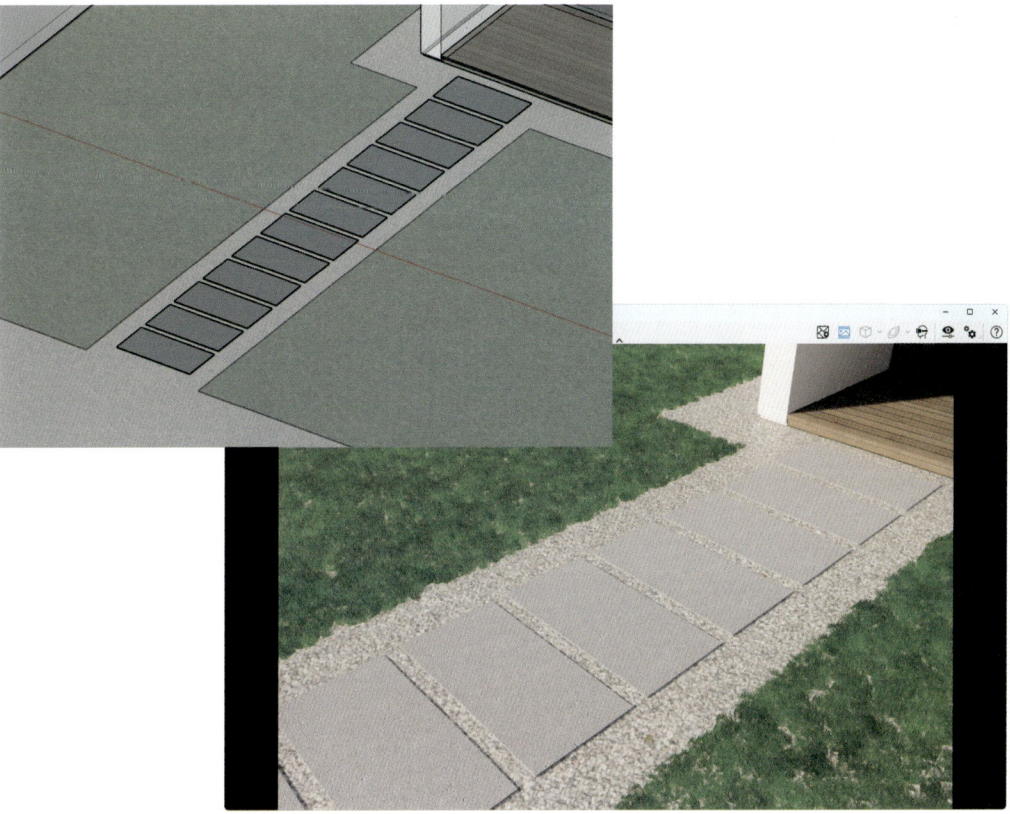

08 ❶ [Enscape Material Editor ⚙]에서 [Concrete 01]의 옵션 아이콘을 클릭합니다.
❷ [Replace with Enscape Material]을 선택합니다. ❸ 엔스케이프 창을 보면서 [Enscape Material Library]의 재질을 바꾸며 원하는 재질을 찾아 완성합니다.

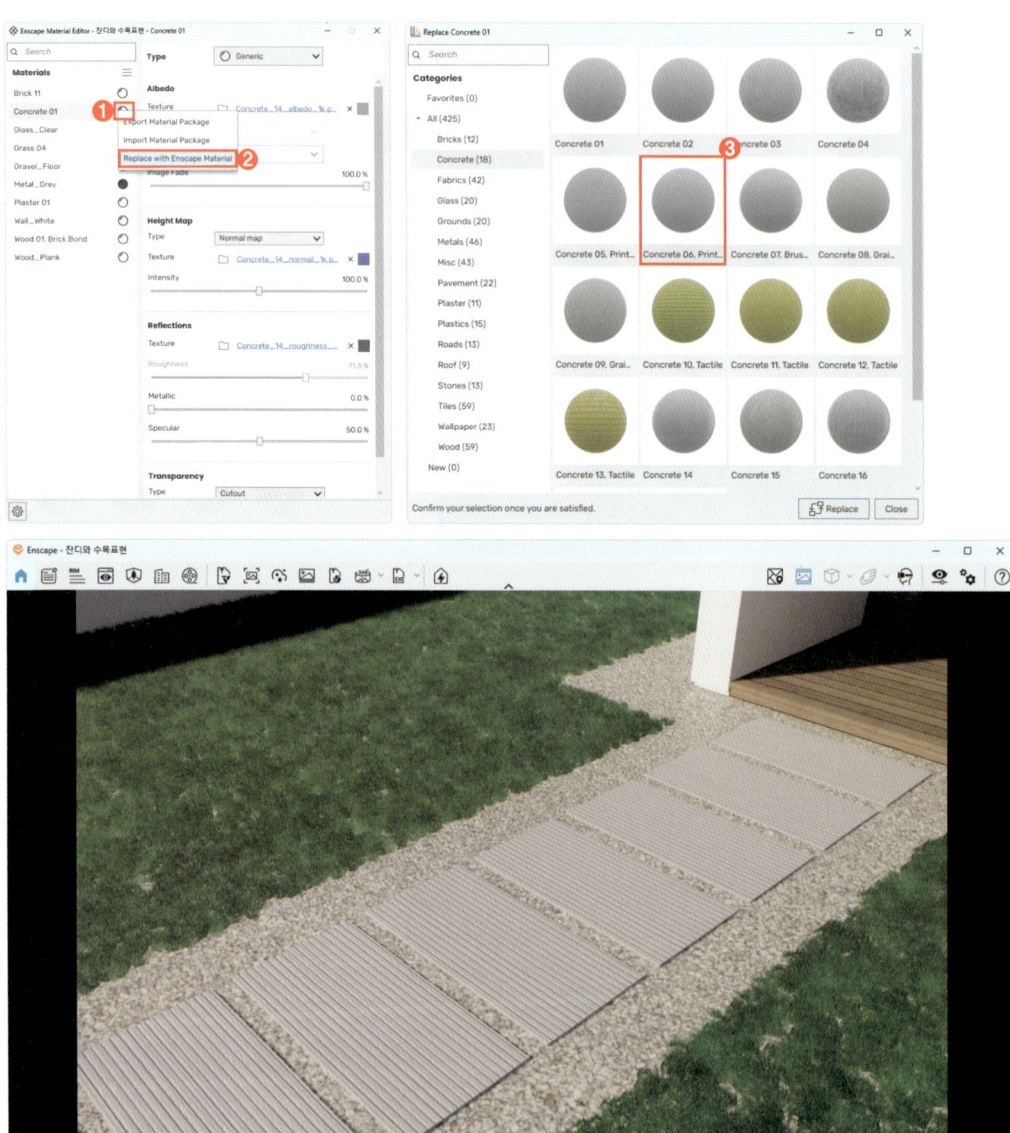

 **Basic Training** 모델 소스를 활용한 잔디 표현

준비 파일 | Part 04/HouseGrassMod.skp 완성 파일 | Part 04/HouseGrassMod_완성.skp

외부 모델을 활용해 더욱 사실적인 잔디를 표현하는 예제입니다. 외부 모델을 사용하면 이미지의 완성도를 크게 높일 수 있지만 모델의 품질과 파일 용량에 따라 작업 효율이 크게 달라질 수 있으므로 신중한 선택이 필요합니다. 또한, 외부 모델은 씬에 직접 복사해 배치하는 방식이기 때문에 잔디처럼 다량의 개체를 다룰 때는 이번 학습에서 다루는 프록시 기법과 Scatter 플러그인을 효과적으로 활용하는 방법을 익혀야 합니다. 이번 학습을 통해 이러한 기법들을 이해하고, 대량의 외부 모델을 효율적으로 관리하고 배치하는 능력을 키워보세요.

실습 결과 미리보기

01 ❶ 새 파일을 열고 휴먼 피겨를 선택해 삭제합니다. ❷ [Large Tool set]의 [3D Warehouse ⊙]를 실행합니다. ❸ [3D Warehouse]의 검색창에 **grass hight**를 입력해 잔디 모델을 검색합니다.

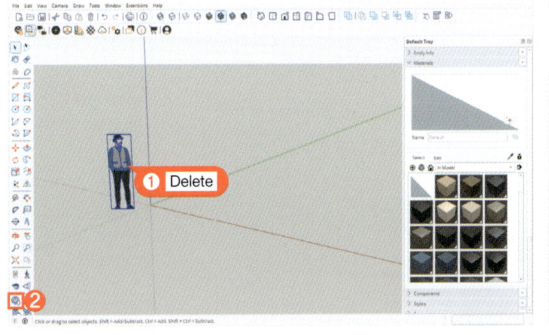
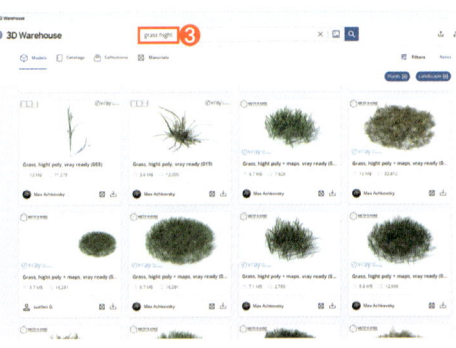

Lesson 05 잔디와 수목 표현

02 ① 검색된 잔디 모델 중 크기가 작고 자연스러운 형태를 선택합니다. ② [Download]를 클릭하고 ③ [Yes]를 클릭해 모델을 불러옵니다. 이 모델은 원점으로부터 멀리 떨어진 상태이기 때문에 화면 상에 바로 보이지 않을 수 있습니다.

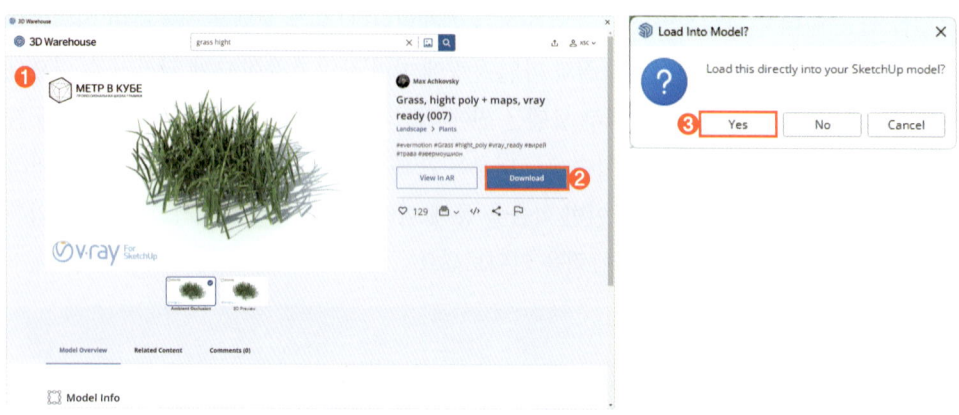

CORE TIP 잔디 모델의 크기는 작을수록 더 자연스럽게 배치할 수 있지만 배치해야 하는 모델의 개수가 많아지게 됩니다. 모델의 크기가 클수록 배치하는 모델의 수는 작아지지만 덩어리진 모양이 보여 자연스럽지 않게 됩니다. 여기에서는 'Grass, hight poly + maps, vray ready (007)' 모델을 사용했습니다.

03 모델을 불러오면 원점으로부터 떨어져 있거나 방향이나 높이 등이 안 맞는 경우가 많습니다. ① 모델을 선택하고 [Explode] Shift + X 를 실행해 분해한 후 ② 배경판을 선택해 삭제합니다. ③ Ctrl + Shift + E 를 실행해보면 잔디가 세워진 상태인 것을 알 수 있습니다. ④ [Rotate] Q 를 실행하고 인퍼런스 그립을 활용해 잔디의 방향이 위쪽을 향하도록 회전시킵니다.

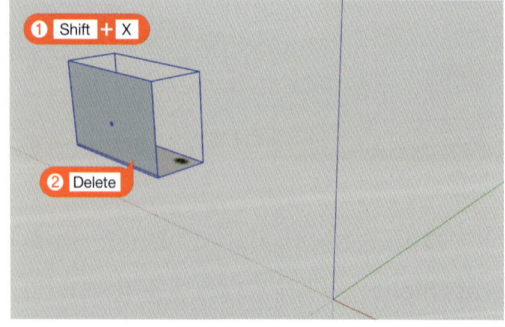
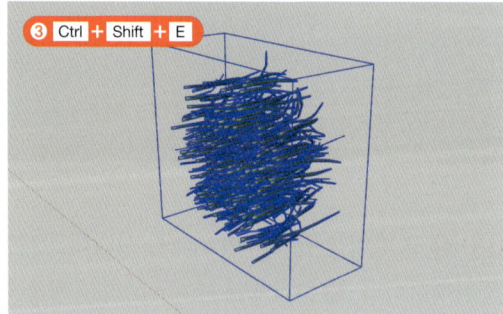
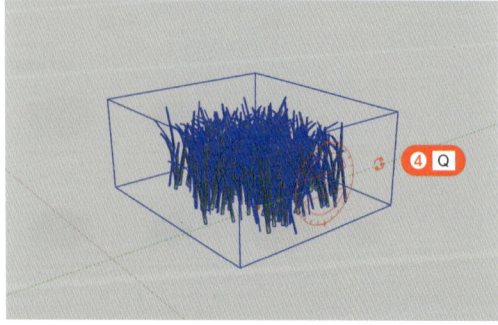

04 ❶ Ctrl+Shift+E를 눌러 잔디를 화면에 가득 채워 보이도록 합니다. ❷ [Move] M를 실행하고 잔디의 밑면 가운데 부분을 클릭합니다. ❸ **[0,0,0]**을 입력해 원점으로 이동합니다. ❹ 다시 Ctrl+Shift+E를 눌러 위치를 확인합니다.

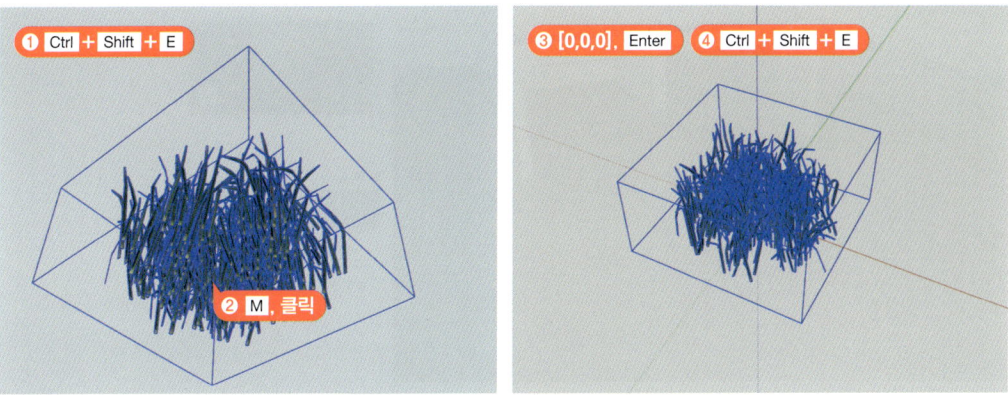

> **CORE TIP** 원점 좌표를 입력할 때, 절대좌표 입력 형식인 '[ ]'를 빠뜨리면 안됩니다. 대괄호는 '['하나만 입력하면 나머지가 함께 입력됩니다.

05 ❶ 파일을 저장하면 [Purge Unused?]가 실행되어 [Yes]를 클릭하면 사용하지 않는 컴포넌트와 재질을 제거해줍니다. ❷ 만일 이 창이 표시되지 않는다면 [Preferences] F12 를 실행하고 ❸ [General] 탭에서 [Ask to Purge All at save]에 체크합니다. 기억하기 쉬운 경로에 **grass.skp** 파일로 저장합니다.

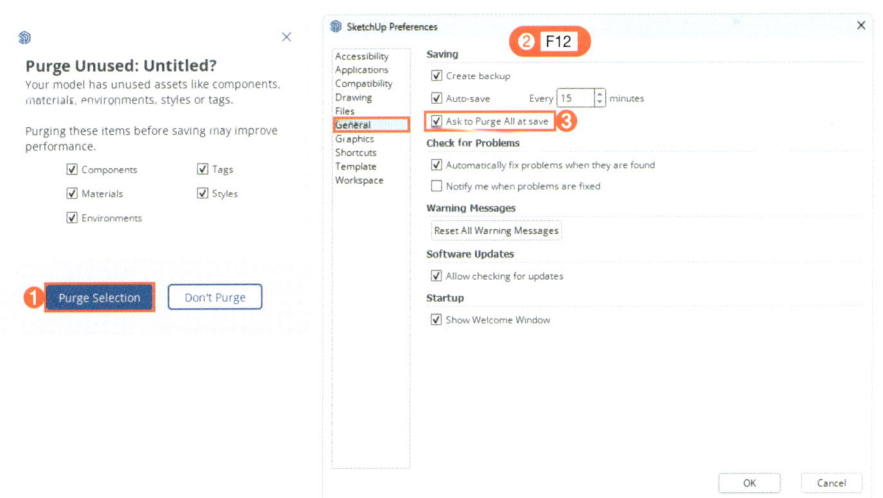

> **CORE TIP** 현재까지 작업을 진행한 잔디 파일은 준비 파일에 **grass.skp**로 첨부되어 있습니다.

> **CORE TIP** [Purge Unused]는 스케치업 2025 버전에 추가된 기능입니다. 만일 이전 버전 사용자라면 [Model Info]-[Statistics]의 [Purge Unused] 옵션을 활용하세요.

06 ❶ **HouseGrassMod.skp** 준비 파일을 불러와 [Materials] 트레이의 [Ground] 카테고리에서 [Soil_04_1K]를 선택합니다. ❷ 흰색 바닥(잔디 영역)에 지정합니다.

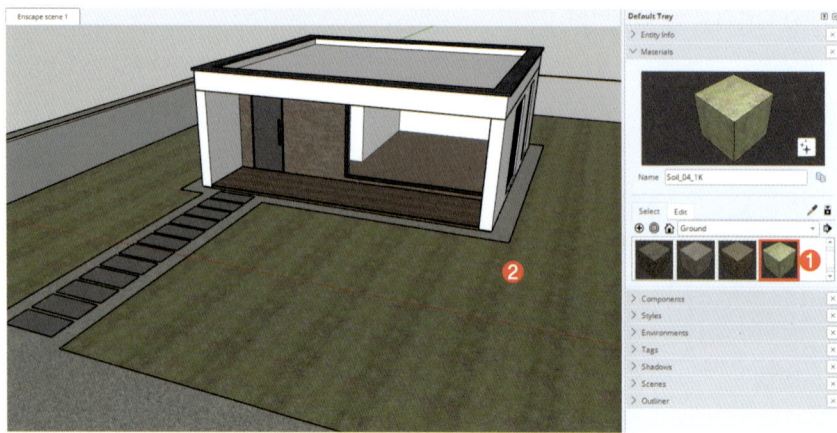

07 ❶ [Enscape Objects ⬤]를 실행하고 ❷ [Linked Model]을 클릭합니다. ❸ 앞서 저장한 **grass.skp** 파일을 불러와 잔디 영역 앞쪽에 배치합니다. 스케치업 화면 상에는 박스 외형선으로 표시되지만, 엔스케이프 창에서는 원래 상태의 잔디가 렌더링됩니다.

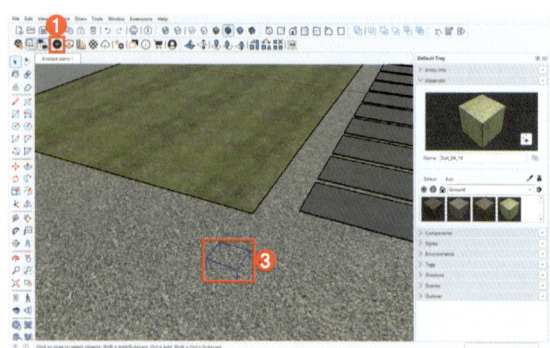

CORE TIP 외부의 고용량 파일을 간단한 형태나 박스 모양으로 대체해 배치하는 모델을 프록시(Proxy)라고 합니다. 프록시를 사용하면 현재 화면에서 다량의 모델을 배치하더라도 화면이 느려지지 않아 고용량의 작업을 원활하게 할 수 있습니다.

08 ❶ [Random Tools] 도구바를 불러옵니다. ❷ 잔디와 잔디 영역의 페이스를 선택하고 ❸ [Random Tools] 도구바의 [Place Components Randomly on Faces 🐾]를 실행합니다.

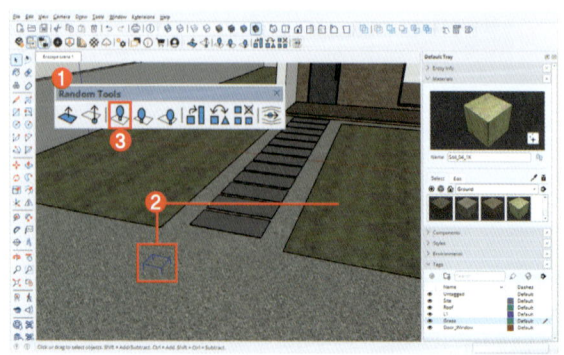

CORE TIP [Random Tools]는 컴포넌트를 불규칙하게 섞거나 면 위에 랜덤하게 배치하는 등 다양한 기능을 포함한 플러그인입니다. 이 플러그인은 054쪽에서 함께 설치해놓은 상태입니다. 플러그인이 작동하지 않는다면 054쪽의 학습을 다시 확인해보세요.

09 ❶ [Max Number of Copies per Face]는 **5000**, ❷ [Place Copies on Tag/Layer]는 [Grass]로 수정하고 ❸ [OK]를 클릭합니다. 처음부터 복사할 개체 수를 너무 많이 넣지 말고 적은 값을 넣은 후 결과를 보고 조금씩 수정해 원하는 느낌의 잔디가 나오도록 합니다.

10 다음은 개체수 '50000'인 상태의 결과입니다. 이 값은 시스템의 사양에 따라 크게 달라질 수 있습니다. 값이 너무 크면 로딩 속도나 화면 움직임이 매우 느려지게 됩니다. 조금 적더라도 낮은 시선의 높이에서는 크게 문제가 없으니 적당한 값을 넣도록 합니다.

11 엔스케이프 창에서 잔디가 정상적으로 렌더링되는지 확인하고 파일을 저장합니다.

 Basic Training | 엔스케이프 소스를 활용한 수목 표현

준비 파일 | Part 04/HouseLandscape.skp   완성 파일 | Part 04/HouseLandscape_완성.skp

씬에 수목과 가구 소스를 넣어 이미지를 완성하는 예제입니다. 다양한 외부 소스를 효과적으로 배치하고 조합하는 방법을 익혀, 보다 풍부하고 현실감 있는 공간 연출이 가능하도록 합니다. 또한 소스의 크기와 위치 조절, 조명과의 조화 등을 고려해 최종 이미지의 완성도를 높이는 연습을 해보세요.

실습 결과 미리보기

01 앞의 학습에 이어서 진행하거나 **HouseLandscape.skp** 준비 파일을 불러와 학습을 진행합니다. ❶ [Tags] 트레이에서 [Add Tag]를 클릭하고 ❷ [Asset_Enscape] 태그를 추가합니다. ❸ 태그 목록에서 태그의 뒷부분을 클릭해 연필 모양의 아이콘이 표시되도록 합니다. ❹ [Grass] 태그의 눈 모양 아이콘을 클릭해 잔디를 숨깁니다.

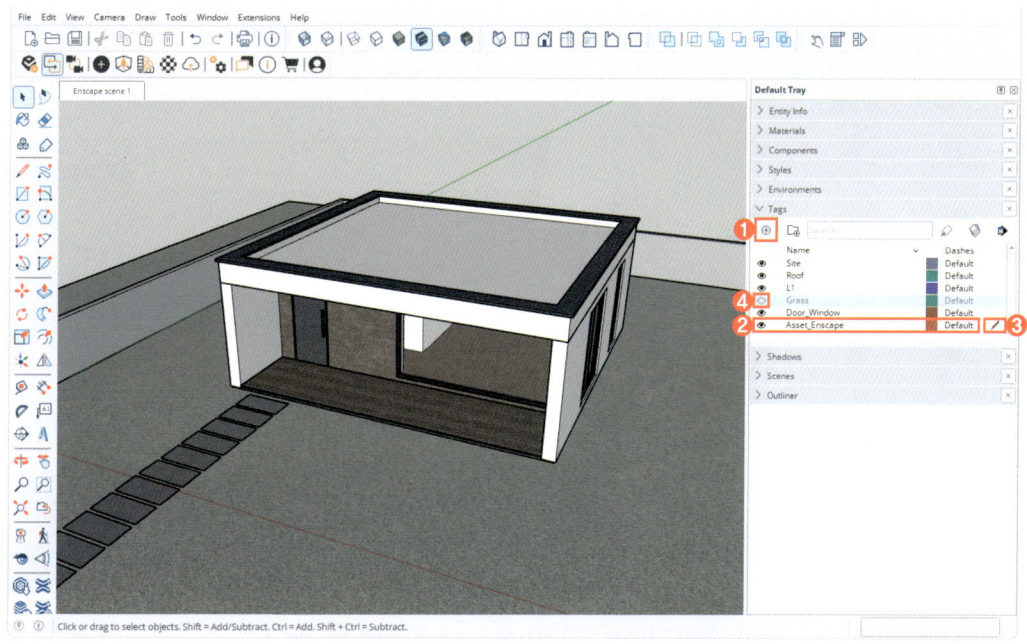

02 ❶ [Enscape Asset Library]에서 카테고리의 [Vegetation 〉 Trees]를 클릭하거나 ❷ [Search]에 **Tree**를 검색해 여러 가지 수목을 확인합니다. 휴먼 피겨를 통해 나무의 크기를 짐작할 수 있습니다. ❸ 원하는 나무 위로 커서를 올리면 계절에 따른 나뭇잎 색상이 표시됩니다. 원하는 색상의 나무를 클릭합니다. ❹ 화면을 클릭하면 그림과 같이 간단한 나무 모양으로 대체된 모델이 배치됩니다.

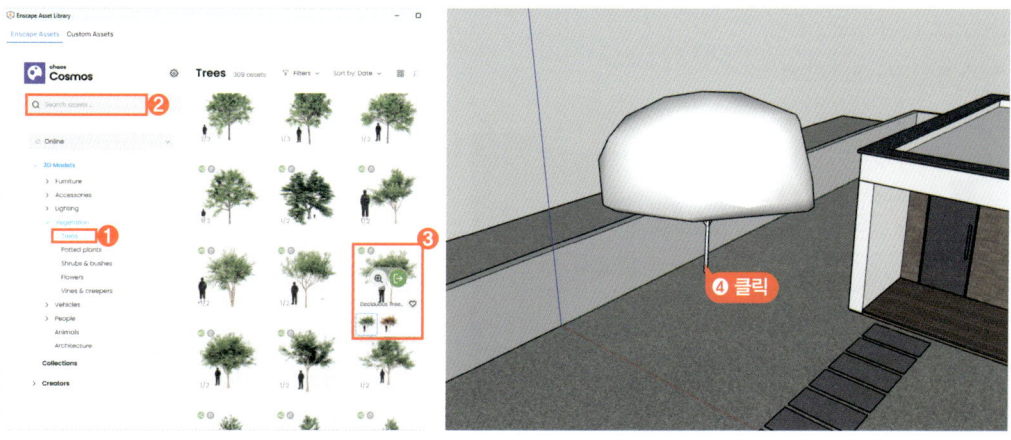

03 ❶ [Flowers] 카테고리를 선택하고 [Search]에 **Adjustable**을 추가로 입력합니다. ❷ 검색되는 꽃나무를 몇 개 선택해 그림과 같이 화면에 배치합니다. 덩어리 형태의 모습으로 보이지만 실제 렌더링에서는 사이가 더 떨어져 보일 수 있으니 간격을 좁혀서 배치합니다. 화면을 클릭하다 실수로 기존 모델의 윗부분을 클릭해도 괜찮습니다.

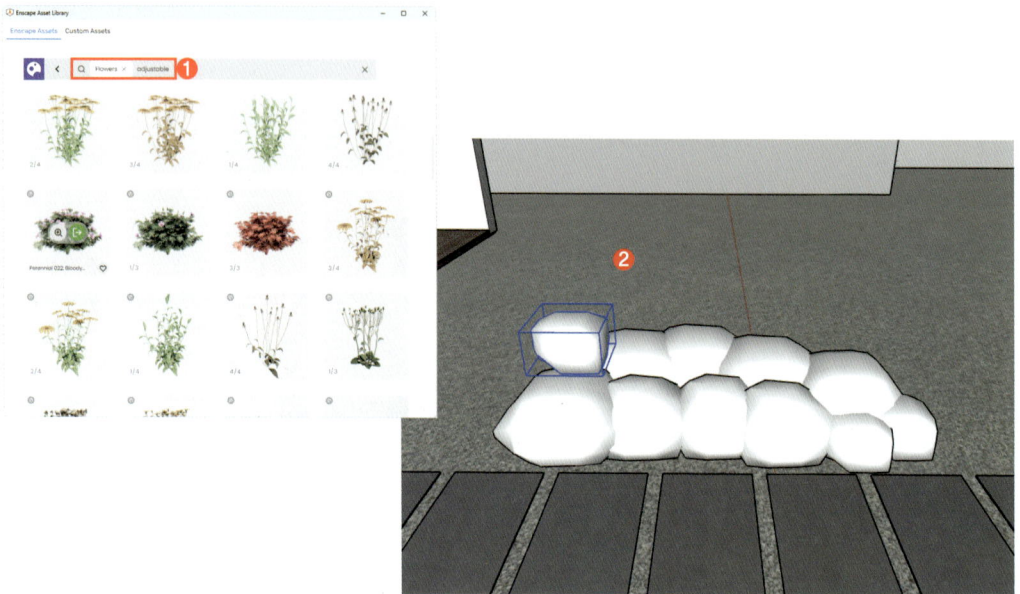

> **CORE TIP** [Flowers] 카테고리를 선택하고 [Search]에 **Adjustable**을 추가로 입력합니다.

04 ❶ 배치한 모델을 모두 선택합니다. ❷ [JHS Powerbar] 도구바에서 [Drop at Level 🔻 Alt + D]을 실행한 후 ❸ **0mm**를 입력하고 ❹ [OK]를 클릭합니다. 바닥에서 떠 있는 모델이 모두 0레벨로 이동합니다. ❺ [Random Rotate]를 클릭해 모델을 불규칙하게 회전시켜 어색하게 보이지 않도록 합니다.

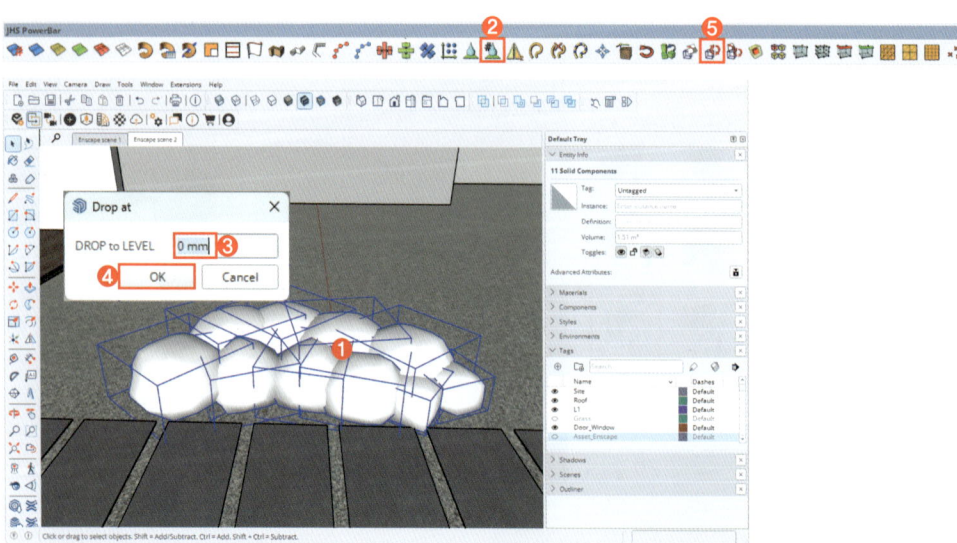

05 ❶ 엔스케이프 창의 [Asset Library ⓘ]에서 화면의 꽃나무 하나를 클릭해 선택합니다. 앞에서 [Adjustable] 태그로 검색해서 나온 꽃나무이므로 재질을 수정할 수 있는 옵션이 표시됩니다. ❷ 잎의 색상이나 꽃의 색상을 바꿉니다. 나머지 꽃나무 몇 개를 클릭해 꽃이나 잎의 색을 바꿔 더 자연스럽게 표현합니다.

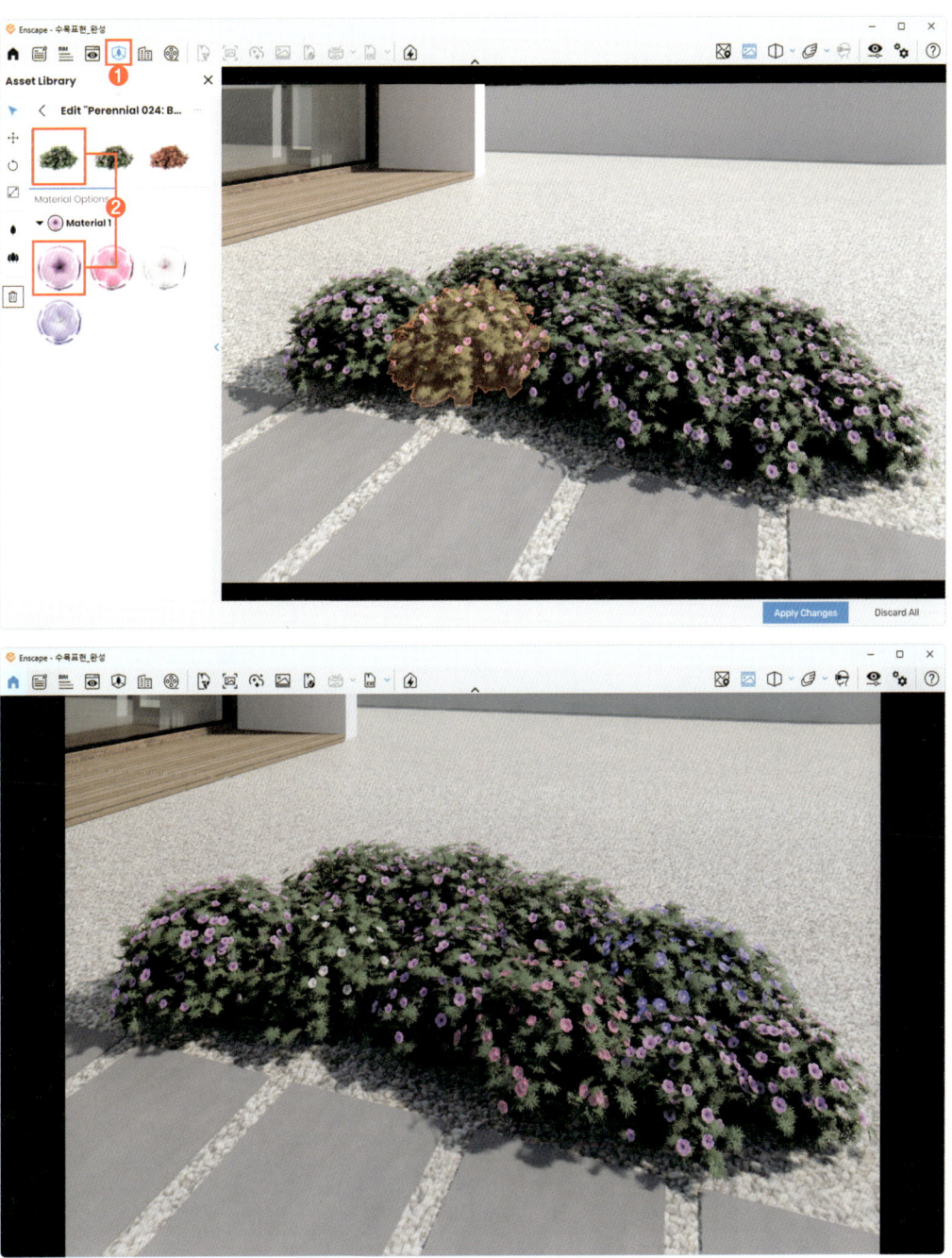

06

❶ [Visual Settings]에서 [Image] 탭-[Corrections]의 [Auto Contrast]에 체크합니다. 체크한 이미지가 원래 이미지보다 마음에 들지 않는다면 체크를 해제하고 ❷ [Highlight]와 [Shadows]를 적당히 조절해 원하는 이미지를 만듭니다. ❸ [Saturation]과 [Color Temperature]를 적당히 조절해 원하는 색감을 맞춥니다. ❹ [Atmosphere] 탭에서 [Shadow Sharpness]를 조절해 맑은 날에 어울리는 선명한 그림자를 만듭니다. 화면의 배치와 화각을 적당히 수정해 완성하고 ❺ [View Management 📷]를 클릭해 씬을 추가합니다. ❻ [Screenshot]을 클릭해 최종 이미지를 출력합니다.

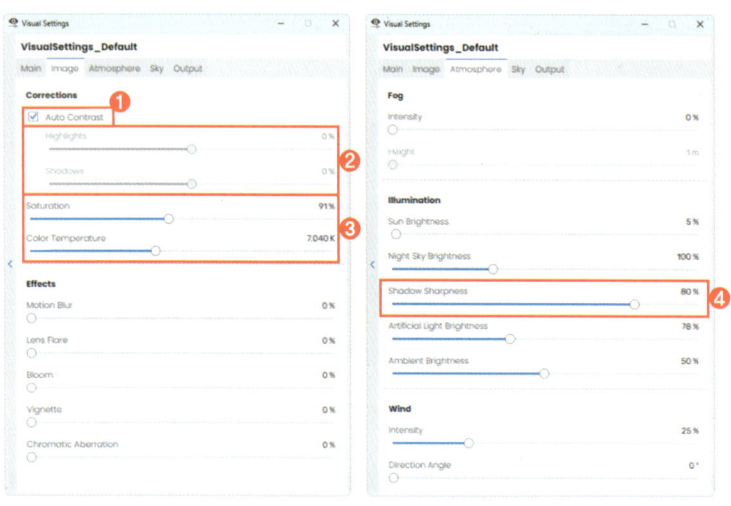

Lesson 06 엔스케이프의 조명

Check Point
- ☑ 조명의 종류와 차이를 이해하고 있는가?
- ☑ 조명 기구를 만들고 적절한 엔스케이프 조명을 설치할 수 있는가?
- ☑ 태양광이나 천공광, 실내 인공조명의 강도 차이를 이해하고 실내 조명이 적절한 밝기로 보이도록 조절할 수 있는가?
- ☑ Auto Exposure의 기능을 이해하고 상황에 따라 사용 유무를 결정할 수 있는가?

Warm Up | 엔스케이프의 조명 이해하기

엔스케이프는 다양한 형태의 조명을 제공하고 있어 사실적인 실내외 조명 연출이 가능합니다. 특히 엔스케이프 4.0 버전부터는 조명의 크기에 따른 그림자의 선명도 변화까지 구현되어 더욱 사실적인 이미지를 만들 수 있습니다. 이 기능은 현실의 물리적 조명 원리를 반영한 기능입니다. 따라서 작은 광원은 선명하고 강한 그림자를 만들고, 큰 광원은 부드럽고 흐릿한 그림자를 생성합니다. 이를 통해 실내의 다운라이트 조명, 창문을 통한 자연광, 또는 면 조명 등의 다양한 상황을 더 정밀하게 시뮬레이션할 수 있습니다.

종류	설명	용도
Sphere	구 형태의 조명으로 360° 전방위로 빛을 발산합니다.	전구, 스탠드 조명
Spot	원뿔 형태의 조명으로 광원으로부터 특정 방향으로 빛을 발산합니다.	매입등, 할로겐 램프, IES 파일을 활용한 조명 기구 시뮬레이션
Line	일직선의 파이프 같은 형태의 조명	형광등
Rect	직사각형 형태의 조명	광천장, 바리솔, 천공광
Disk	원반 형태의 조명	LED 다운라이트, 디퓨저가 달린 매입등

> 📝 **Summary**
> - Line 조명의 최대 길이는 3m입니다(Rect는 3m×3m, Sphere와 Disk는 반지름 1.5m).
> - 조명은 모델의 면을 통과하지 못하지만 모델에 Glass, Self-illuminated, Water 재질이 적용된 경우에는 빛이 모델을 통과할 수 있습니다.
> - 조명의 광원 형태는 보이지 않습니다. 따라서 광원은 별도로 모델링하고 Self-illuminated 재질을 적용해야 합니다.

Warm Up 조명의 밝기

엔스케이프에서 조명의 밝기는 칸델라(cd)나 루멘(lm) 같은 실제 조명 단위를 기준으로 설정됩니다. 하지만 카메라 노출(Exposure)은 0%에서 100%까지 슬라이더로 조절하며 이미지 전체 밝기를 조절하기 때문에, 조명의 실제 단위 값을 정밀하게 맞출 필요 없습니다. 그럼에도 조명의 강도를 실제 조명과 비슷한 범위 내에서 조절하는 습관을 들이는 것은 건축이나 인테리어 디자인을 공부하는 학생들이 조명 설계에 대한 기본 개념과 감각을 기르는 데 매우 중요합니다.

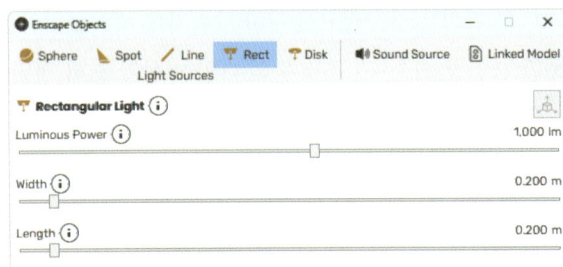

Power Up Note 조명의 단위 알아보기

- **루멘(Lumen, lm)** | 루멘은 광원에서 방출되는 전체 빛의 양을 나타내는 단위입니다. 값이 클수록 더 많은 빛을 방출한다는 뜻입니다. 예를 들어, LED 조명의 경우 보통 1와트(W)당 약 80~120 루멘(lm) 정도의 밝기를 가지며, 이는 조명의 효율에 따라 달라질 수 있습니다.
- **칸델라(Candela, cd)** | 특정 방향으로 나가는 빛의 강도를 나타내는 단위입니다. 같은 루멘의 값이라도 손전등처럼 빛이 한 방향으로 모이면 칸델라의 값이 높아지고, 전구처럼 전방위로 확산되는 조명이라면 칸델라의 값이 낮아집니다. 빛이 전방위로 확산하는 Sphere, Line 조명과 빛의 조사 각도를 조절하는 Spot 조명은 칸델라(cd) 단위로 설정하며 빛이 한 방향으로만 나오며 조사 각도를 조절하지 못하는 Rectangular, Disk 조명은 루멘(lm) 단위로 설정합니다.

Warm Up 　 조명 관련 옵션

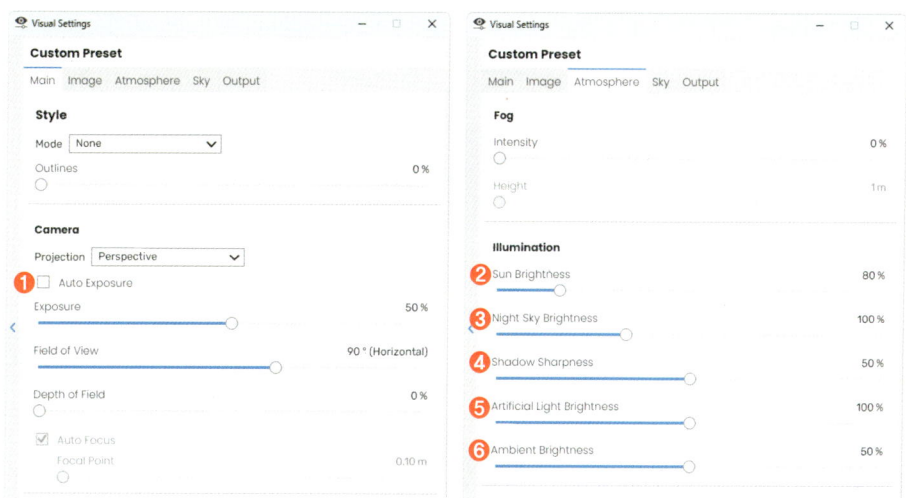

1. **Auto Exposure(자동 노출)** | 화면 전체의 밝기를 평균적으로 계산하여 노출 값을 자동으로 조정하는 기능입니다. 이는 실제 자동 카메라의 노출 조절과 유사합니다. 조명이 여러 개일 때 특정 조명의 밝기를 높이면, 자동 노출이 작동하면서 다른 조명의 밝기는 상대적으로 어두워질 수 있습니다. 반면, 자동 노출을 해제하면 노출 값이 고정되어 특정 조명의 밝기를 올려도 그 조명만 더 밝아지고, 전체 노출은 변하지 않습니다.
2. **Sun Brightness** | 햇빛의 밝기를 조절합니다.
3. **Night Sky Brightness** | 밤하늘의 밝기를 조절합니다.
4. **Shadow Sharpness** | 그림자의 선명도를 조절합니다.
5. **Artificial Light Brightness** | 엔스케이프 인공 조명 전체 밝기를 조절합니다.
6. **Ambient Brightness** | 직접적으로 빛이 닿지 않는 어두운 부분, 그림자 영역의 밝기를 조절합니다.

 **Basic Training** 　 회의실 조명 설치하기

준비 파일 | Part 04/MeetingRoom.skp　완성 파일 | Part 04/MeetingRoom_완성.skp

회의실 렌더링 과정을 통해 재질 넣기, 조명 설치, 소스 배치 등을 종합적으로 학습하는 예제입니다. 다양한 재질을 다루는 연습뿐만 아니라, 패널 사이의 줄눈처럼 눈에 잘 띄지 않는 세부 요소를 어떻게 자연스럽게 표현할지에 대해서도 알아봅니다. 또한, 동일한 종류의 조명을 효율적으로 관리하기 위해 컴포넌트와 아웃라이너 활용법도 함께 학습합니다. 단순히 과정을 따라 하는 데 그치지 말고, 왜 그런 방법을 사용하는지 스스로 고민하며 깊이 있게 학습하기 바랍니다.

01 ❶ 준비 파일을 불러오고 [Materials] 트레이에서 [Create new Material ⊕]을 클릭합니다.
❷ 이름은 **wall_base**, 색상 모델은 [HSB], [H]는 **0**, [S]는 **0**, [B]는 **95**로 지정하고 ❸ [OK]를 클릭합니다.

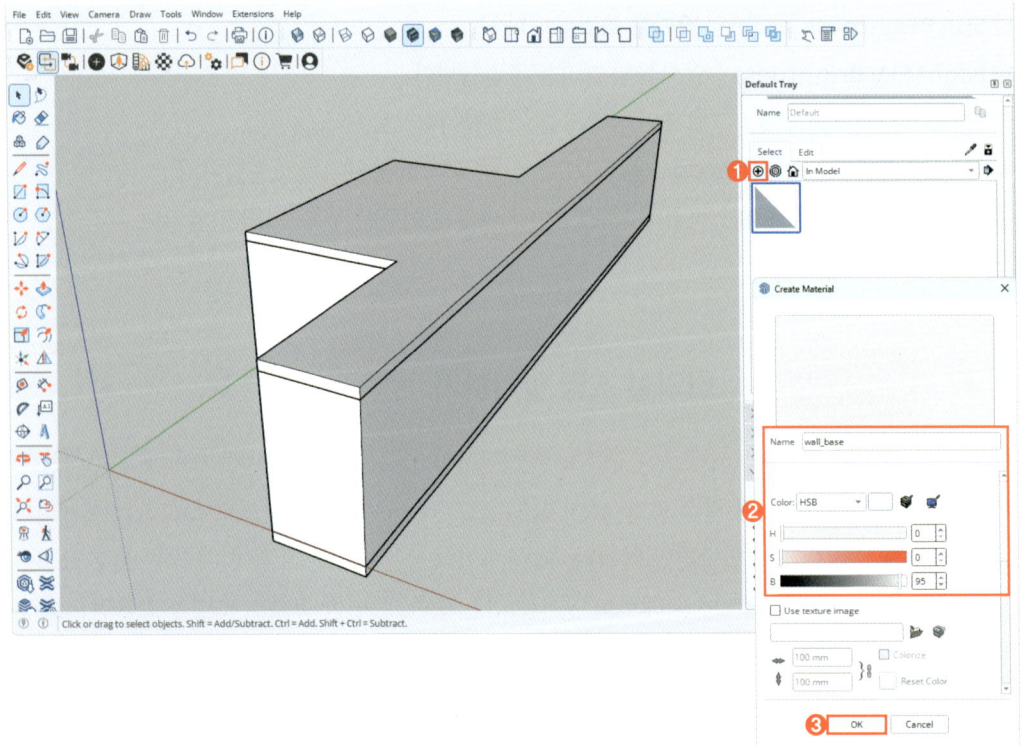

02 ❶ [wall_base] 재질을 위아래 바닥판과 벽에 지정합니다. ❷ 위쪽 바닥판을 선택한 후 H 를 눌러 숨깁니다. ❸ [wall_base] 재질을 내부 천장에 지정합니다. ❹ 내부 천장도 숨깁니다.

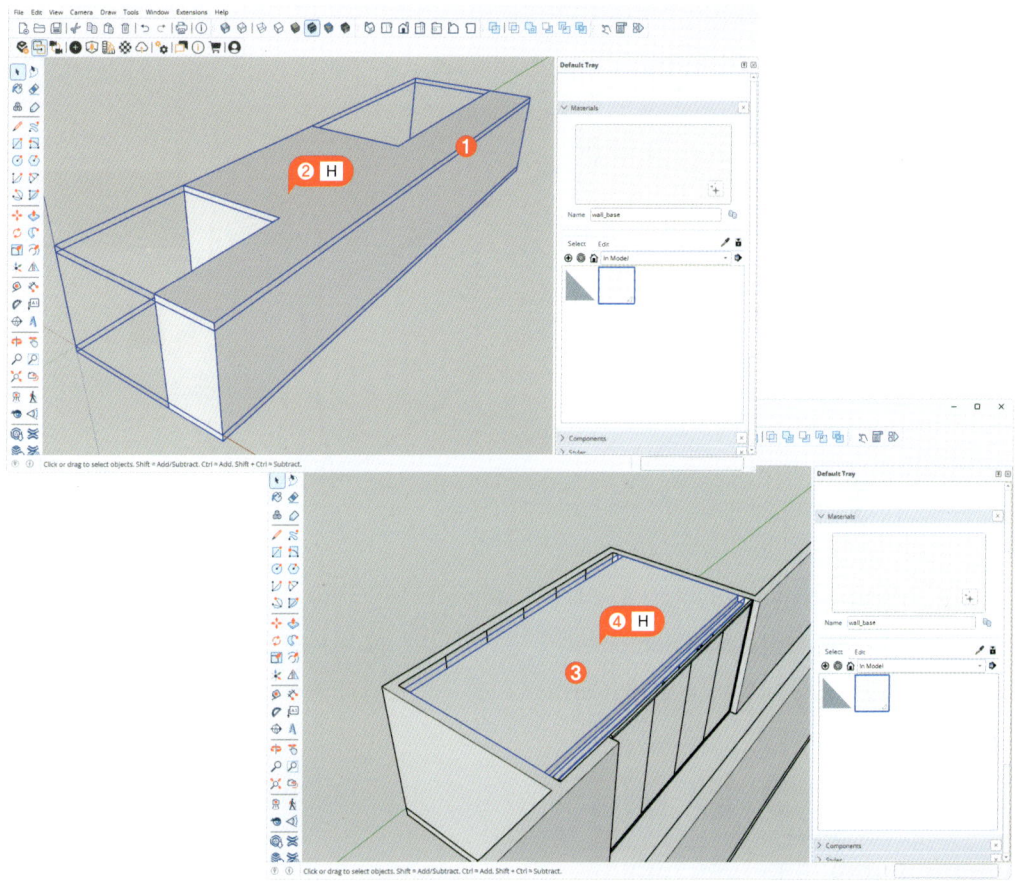

03 ❶ 다시 [Create new Material ⊕]을 클릭합니다. ❷ 이름은 **glass**, 색상 모델은 [HSB], [H]는 **162**, [S]는 **4**, [B]는 **95**로 지정하고 ❸ [OK]를 클릭합니다. ❹ 재질을 내부 유리에 지정합니다.

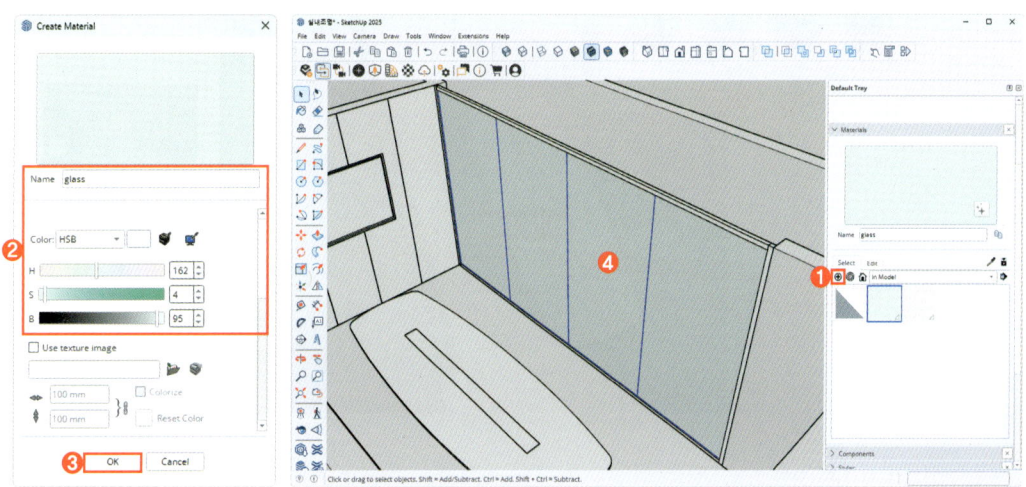

04 ❶ 다시 [Create new Material ⊕]을 클릭합니다. ❷ 이름은 **frame**, 색상 모델은 [HSB], [H]는 **0**, [S]는 **0**, [B]는 **29**로 지정하고 ❸ [OK]를 클릭합니다. ❹ 재질을 유리 둘레의 프레임에 지정합니다.

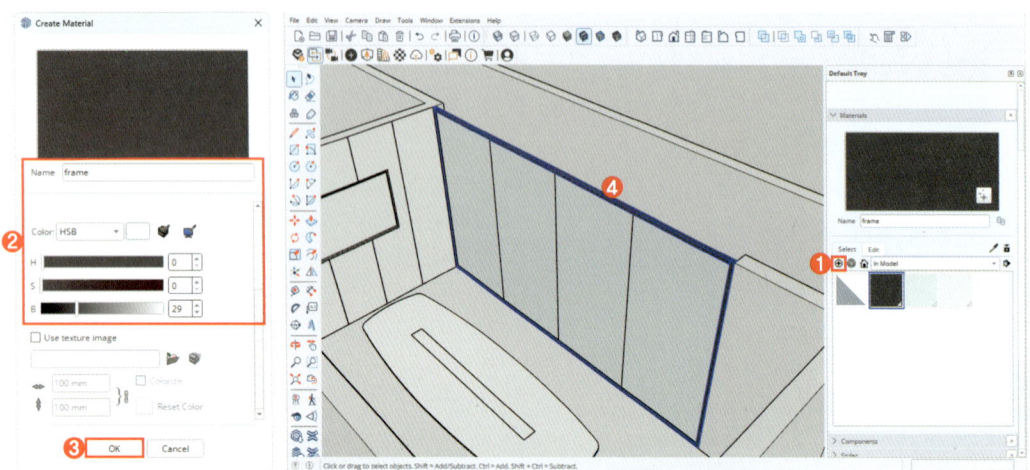

05 ❶ [Enscape Material Library 📖]에서 [Categories]-[Fabrics]의 [Carpet 07]과 [Carpet 08]을 선택합니다. ❷ [Import Selection]을 클릭합니다. ❸ 바닥판을 더블클릭해 엽니다. ❹ [Carpet 07]을 회의실 내부 바닥에, ❺ [Carpet 08]을 복도에 각각 지정합니다.

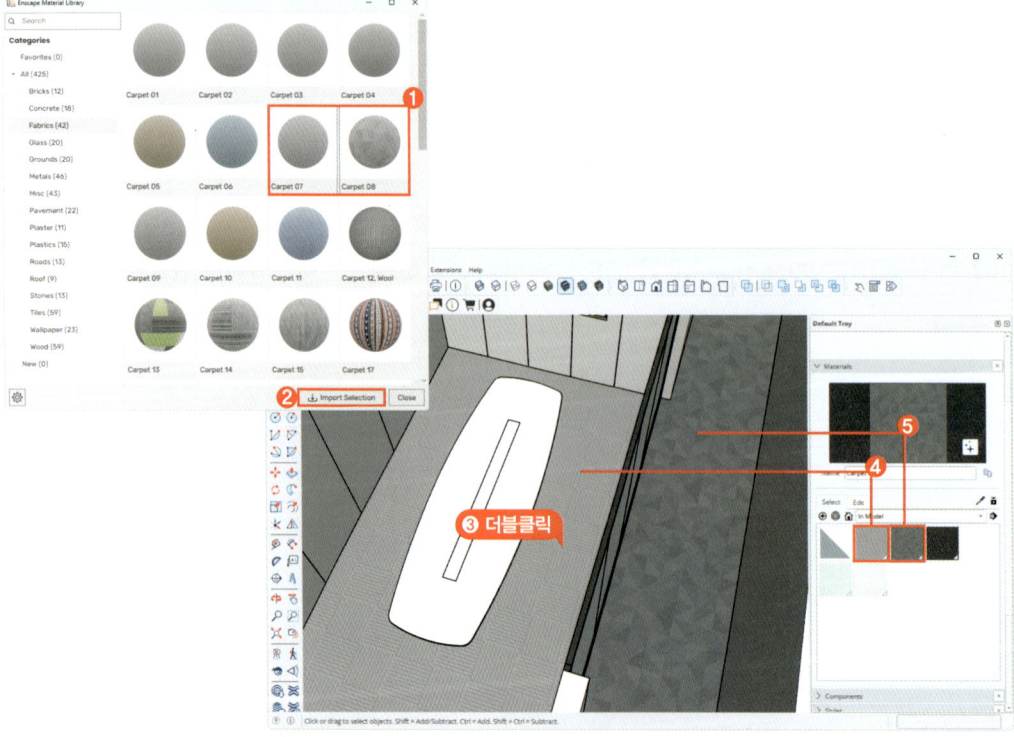

06 ❶ [Enscape Material Library]의 [Categories]-[Wood]에서 [Wood 55]를 선택하고 ❷ [Import Selection]을 클릭합니다. ❸ 선택한 재질을 전면 장식벽에 지정합니다. ❹ TV 설치 공간 내부를 더블클릭해 열고 ❺ 내부 공간을 같은 재질로 지정합니다.

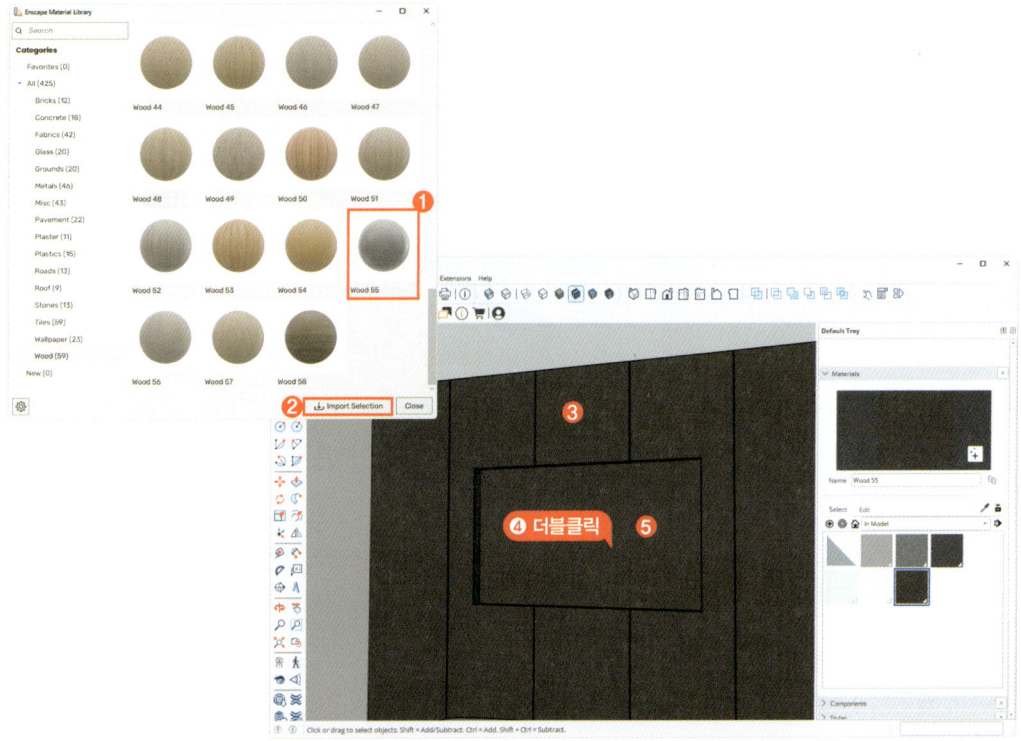

07 ❶ [Create new Material ⊕]을 클릭합니다. ❷ 이름은 **panel_white**, 색상 모델은 [HSB], [H]는 **0**, [S]는 **0**, [B]는 **95**로 지정하고 ❸ [OK]를 클릭합니다. ❹ 재질을 왼쪽 장식벽에 지정합니다.

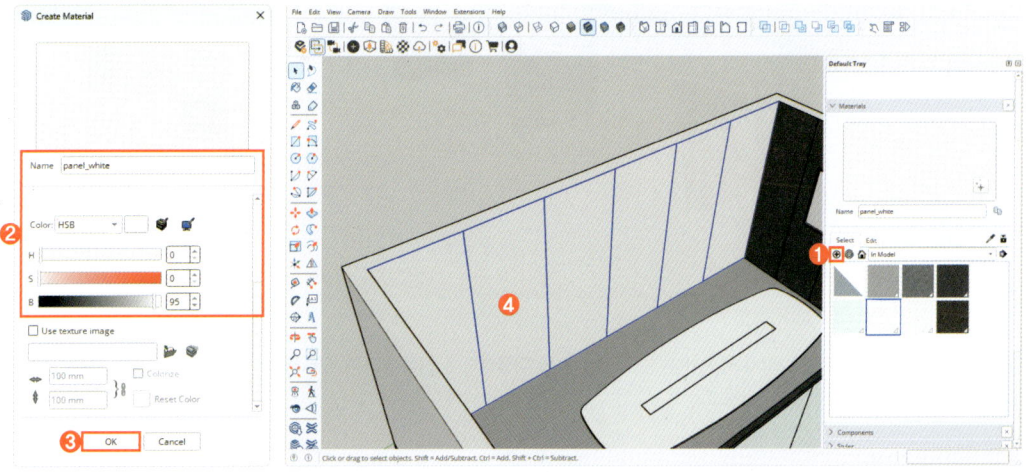

08 ❶ [Create new Material ⊕]을 클릭합니다. ❷ 이름은 **glass_black**, 색상 모델은 [HSB], [H]는 **0**, [S]는 **0**, [B]는 **9**로 지정하고 ❸ [OK]를 클릭합니다. ❹ 회의 테이블을 더블클릭해 열고, ❺ 다시 상판을 더블클릭해 엽니다. ❻ 가운데 유리 부분에 재질을 지정합니다.

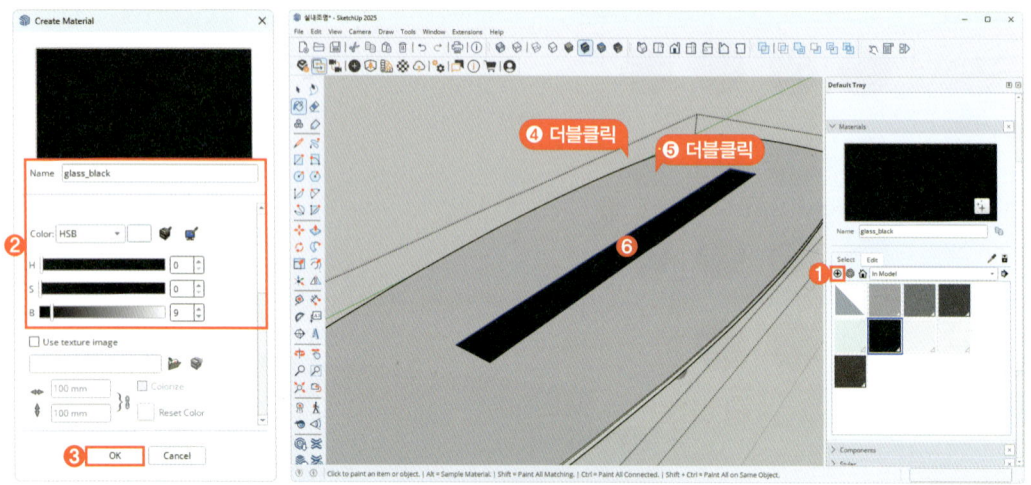

09 ❶ 상판에 [panel_white] 재질을 지정합니다. ❷ 상판 그룹을 닫고 ❸ 다리에 [Wood 55] 재질을 지정합니다.

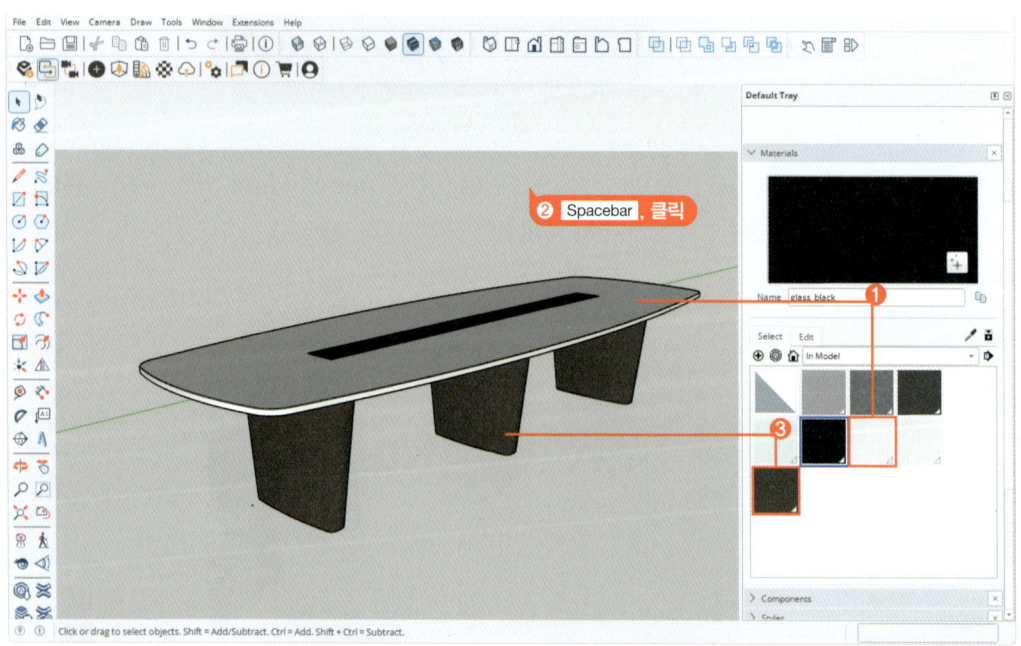

CORE TIP [Hide Rest of Model] Alt + H 을 켜면 그룹을 더블클릭해 편집 모드에 진입하여 나머지 모델을 자동으로 숨기고 그룹을 닫으면 다시 보이게 할 수 있습니다.

10 ❶ [Create new Material ⊕]을 클릭합니다. ❷ 이름은 **tv_bezel**, 색상 모델은 [HSB], [H]는 **0**, [S]는 **0**, [B]는 **10**으로 지정하고 ❸ [OK]를 클릭합니다. ❹ 다시 [Create new Material ⊕]을 클릭해 ❺ 이름은 **tv_screen**, [HSB]는 [B]만 **5**로 지정하고 ❻ [OK]를 클릭합니다. ❼ TV를 더블클릭해 엽니다. ❽ Ctrl 를 누른 채로 TV를 클릭해 모든 면에 [tv_bezel] 재질을 지정합니다. ❾ [tv_screen] 재질은 TV 화면에 지정합니다.

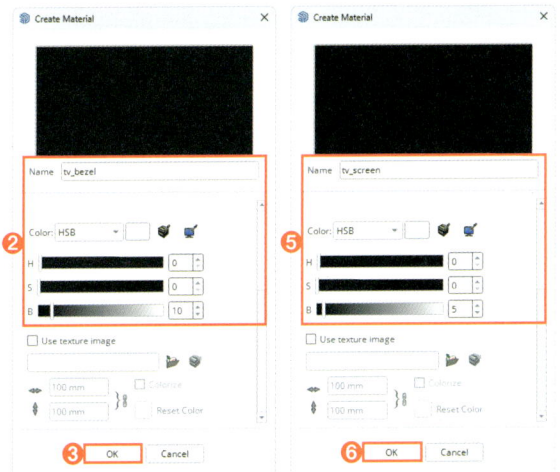

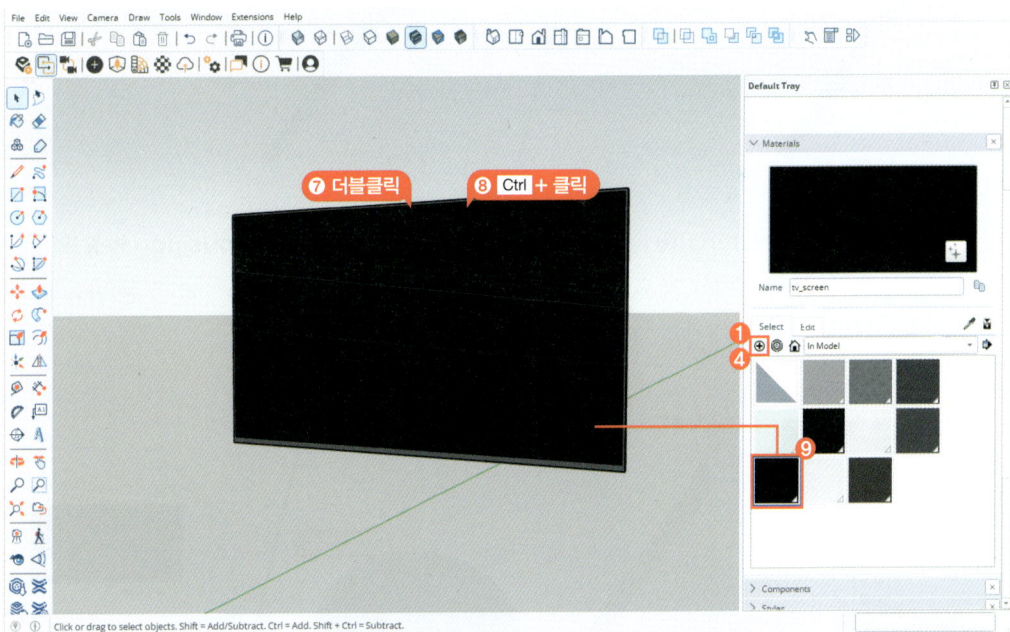

11 ① 숨겨놓은 모델을 다시 보이게 한 후 ② 천장의 홈 부분 앞쪽 중앙에 반지름 **50mm** 크기의 원을 그립니다. ③ 원을 아래로 **3mm** 끌어내립니다. ④ 끌어내린 아래쪽 면을 안쪽으로 **8mm** 오프셋합니다. ⑤ 안쪽 면을 위로 **2mm** 밀어 넣습니다.

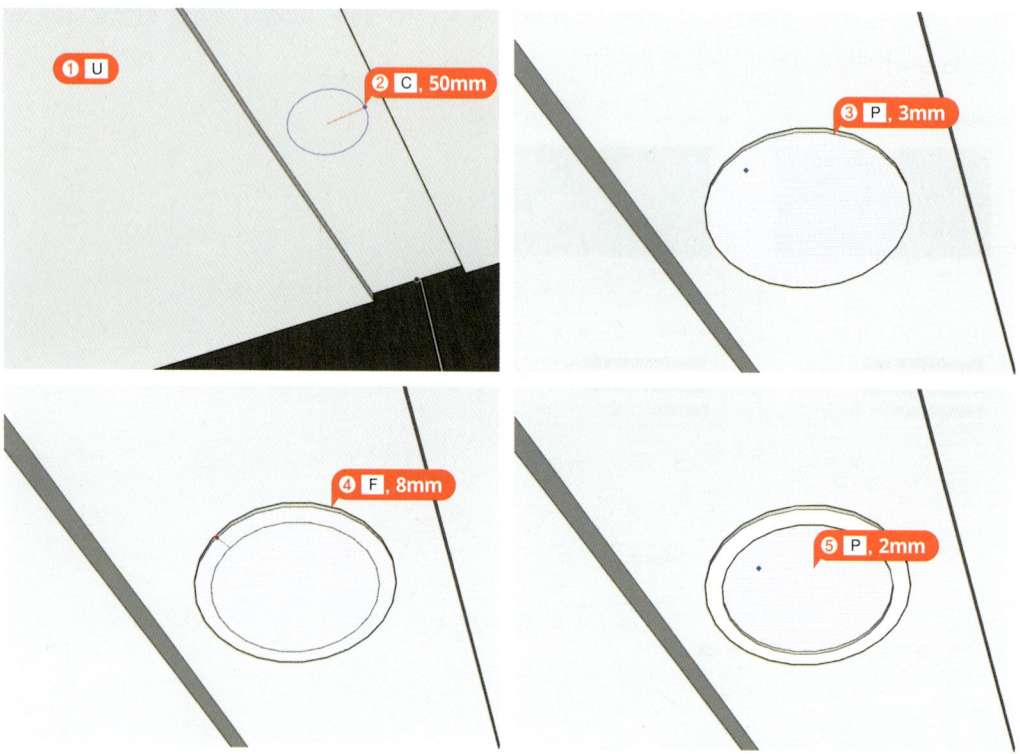

12 ① [Create new Material ⊕]을 클릭합니다. ② 이름은 **lighting_housing**, 색상 모델은 [HSB], [H]는 **0**, [S]는 **0**, [B]는 **20**으로 지정하고 ③ [OK]를 클릭합니다. ④ Ctrl 를 한 번 누른 후 등기구를 클릭해 모든 면에 재질을 지정합니다.

13 ❶ [Create new Material ⊕]을 클릭합니다. ❷ 이름은 **lighting_diffuser**, 색상 모델은 [HSB], [H]는 **0**, [S]는 **0**, [B]는 **100**으로 지정하고 ❸ [OK]를 클릭합니다. ❹ 재질을 등기구의 안쪽 면에 지정합니다. ❺ 등기구를 트리플클릭한 후 그룹화합니다.

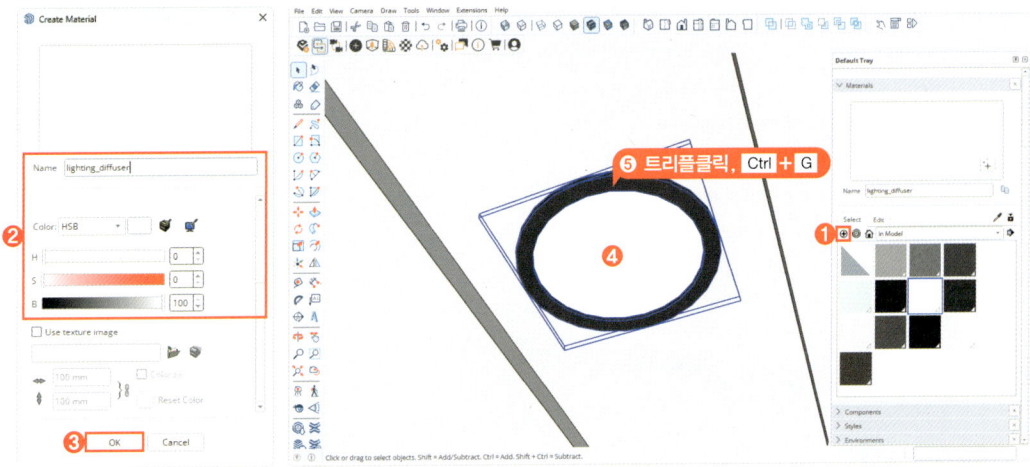

14 등기구 안쪽 중심에서 수직으로 적당한 길이의 선을 수직으로 내려 긋습니다.

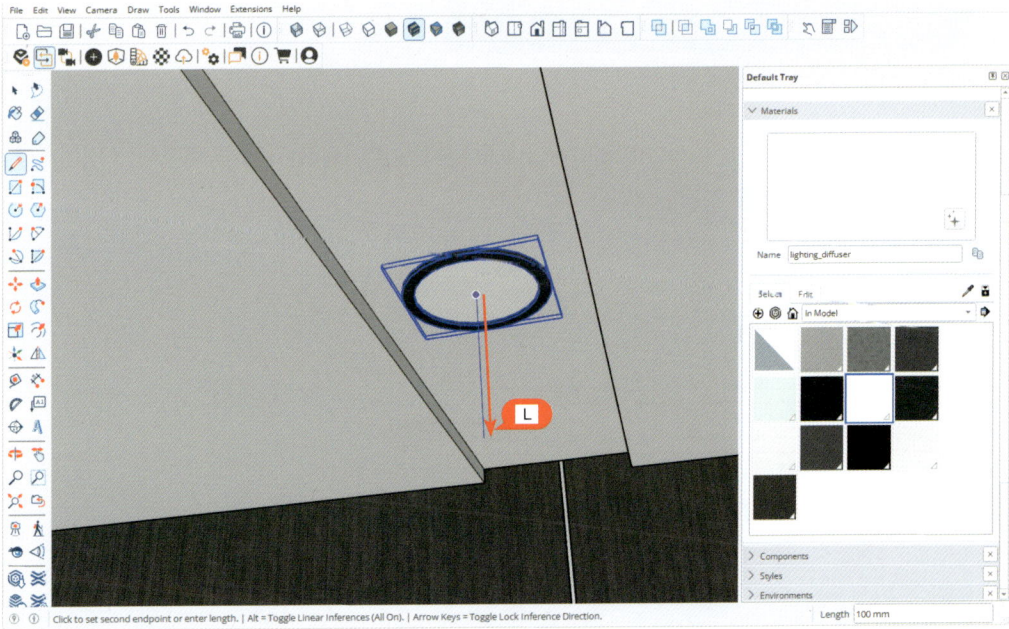

15 ❶ [Enscape Objects ➕]에서 [Disk]를 실행하고 ❷ 수직으로 내려 그은 선의 맨 위를 클릭한 다음 ❸ 아래로 조금 내려 두 번째 점을 지정합니다. 이 두 번째 점이 조명이 만들어지는 위치입니다. ❹ 선의 아래 끝부분보다 조금 위를 클릭한 다음 ❺ 끝부분을 클릭하면 조명이 생성됩니다.

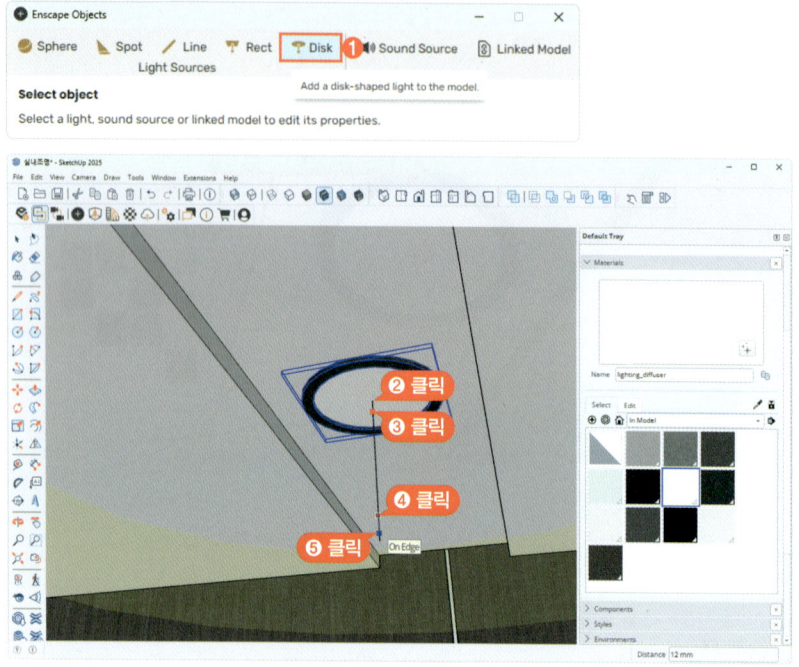

16 [Enscape Objects]에서 [Light Source Radius]의 슬라이더를 적당히 조절해 조명의 크기를 조명 기구의 크기 정도로 조절합니다.

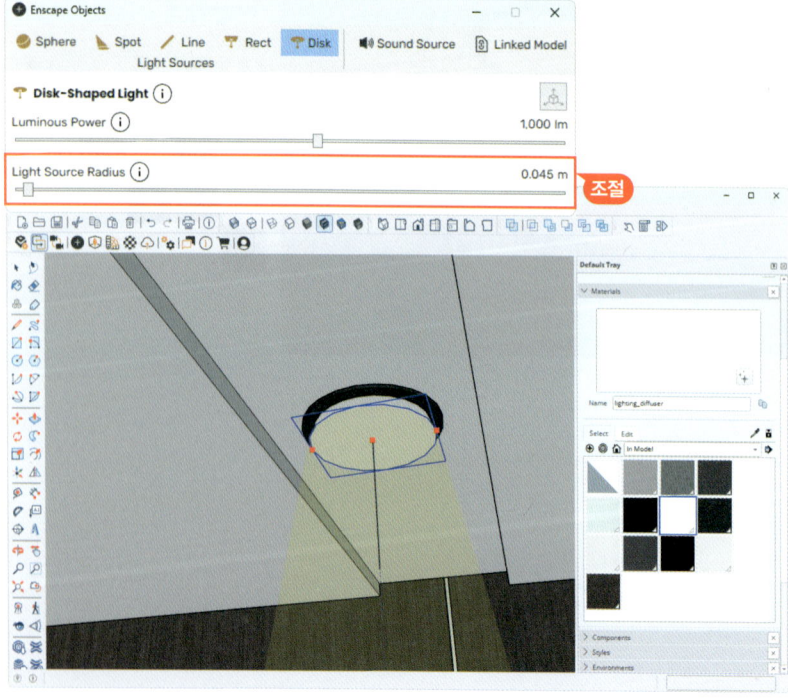

17 ❶ 조명 기구와 조명, 수직으로 내려 그은 선을 모두 선택한 후 G를 눌러 컴포넌트로 만듭니다. ❷ [Create Component] 대화상자에서 [Definition]에 **downlight**를 입력하고 ❸ [Create]를 클릭합니다.

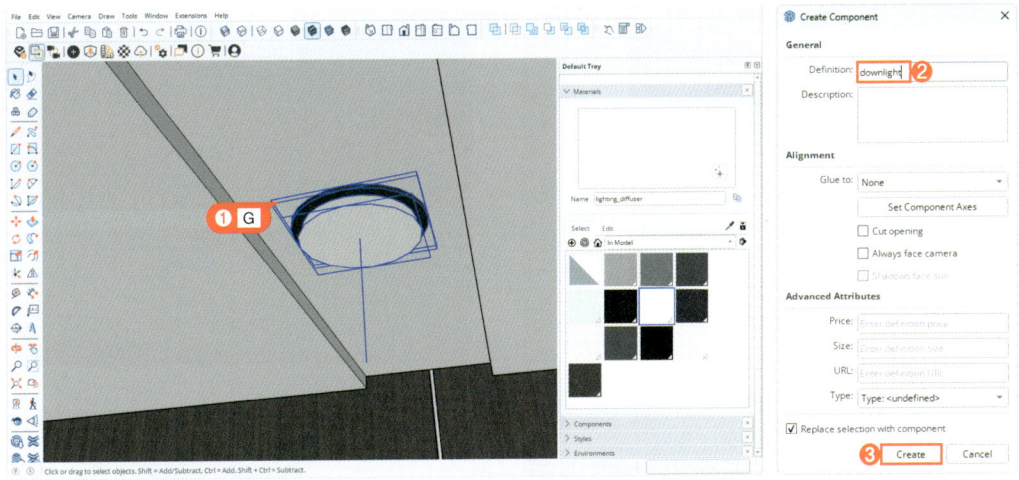

18 ❶ 벽과 아래 바닥판을 숨기고 그림과 같이 천장을 올려다보는 모습으로 뷰포트를 조절하여 등기구를 그림과 같이 복사해 배치합니다. ❷ 배치가 끝나면 U를 눌러 숨긴 모델을 다시 표시합니다.

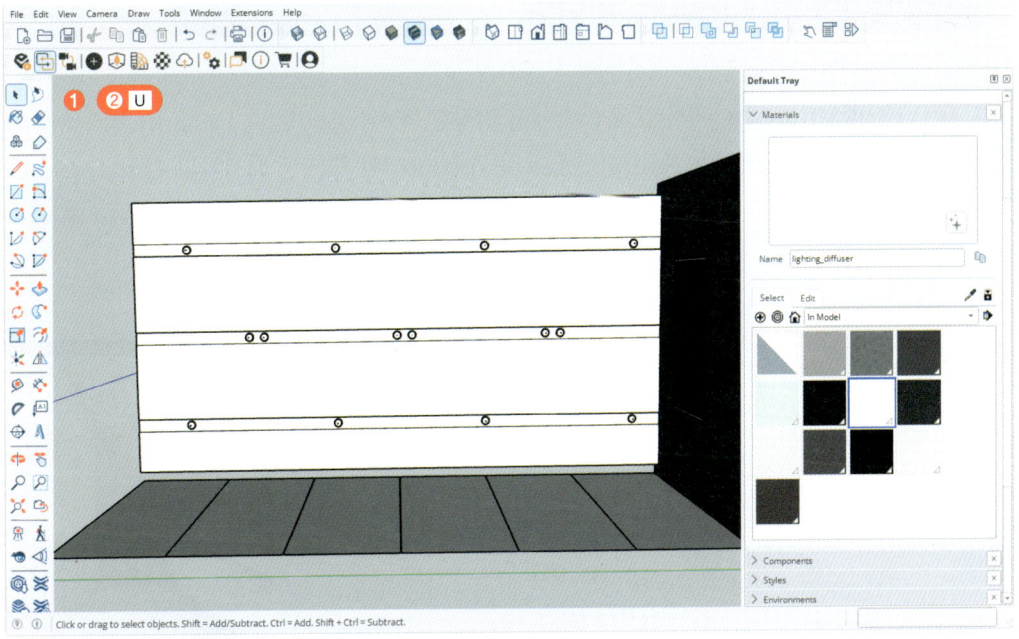

19 ❶ Ctrl + 1 을 눌러 [Top] 뷰로 바꾸고 위쪽 바닥판과 천장을 숨깁니다. ❷ [Position Camera]를 실행하고 ❸ 바닥판을 그림과 같이 드래그해 카메라의 위치를 지정합니다. ❹ 화면을 이동해 적당한 카메라 높이를 지정하고 ❺ 엔스케이프 창을 불러옵니다.

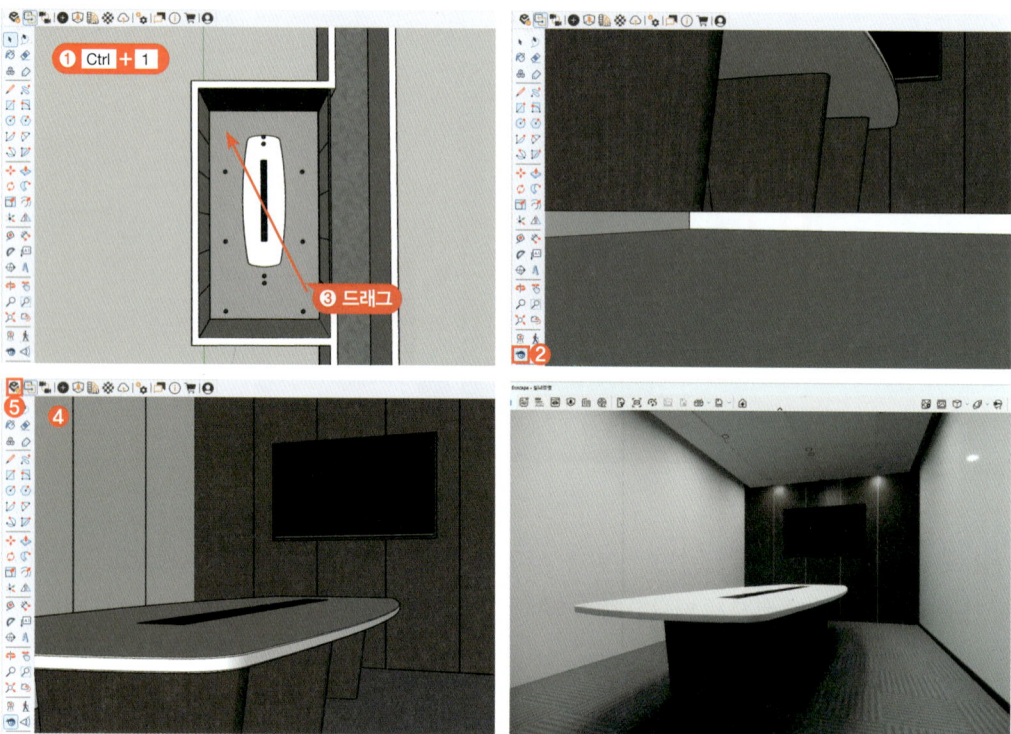

20 ❶ [Visual Settings 👁]에서 앞의 학습에서 저장한 [VisualSettings_Default] 프리셋을 불러옵니다. ❷ [Main] 탭에서 [Camera]-[Auto Exposure]의 체크를 해제하고 ❸ [Exposure]를 **65%**로 조절합니다. ❹ [Field of View]는 **80°**로 조절한 후 ❺ [View Management 📷]에서 [Create View]를 클릭해 씬을 저장합니다.

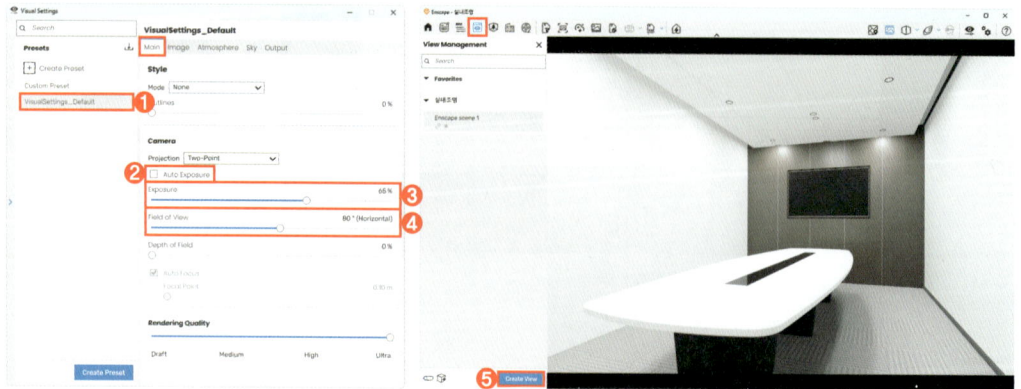

CORE TIP [VisualSettings_Default] 프리셋은 470쪽에서 저장했습니다. 만약 프리셋을 저장하지 않았다면 준비 파일 경로에서 찾아 사용합니다.

21 ❶ [Enscape Material Editor ✱]에서 [lighting_diffuser] 재질을 선택하고 ❷ [Type]을 [Self-illuminated(자체 발광)]로 지정합니다. ❸ [glass] 재질을 선택하고 ❹ [Type]을 [Glass]로 지정, ❺ [Opacity(투명도)]를 **5%**로 조절합니다.

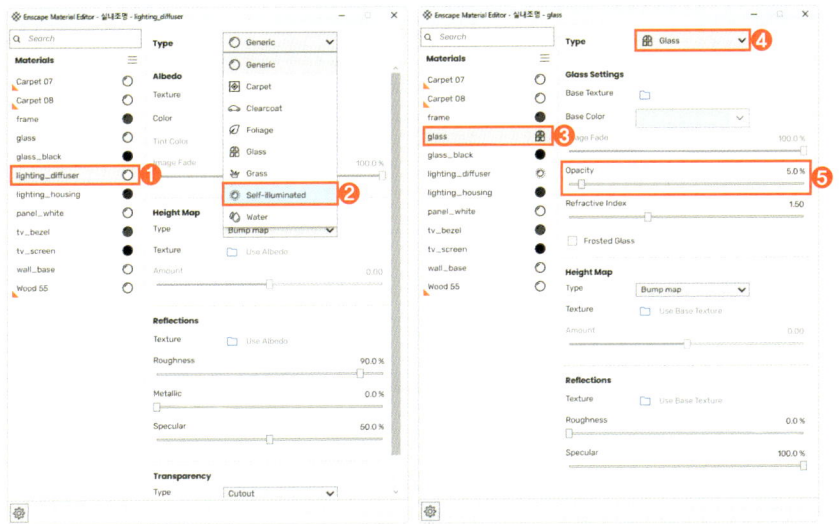

22 ❶ [frame] 재질을 선택하고 ❷ [Roughness(거칠기)]를 **10%**, [Metallic(금속성)]을 **50%**로 조절합니다. ❸ 천장 그룹을 열고 조명 기구가 들어간 홈 부분에 해당 재질을 적용합니다.

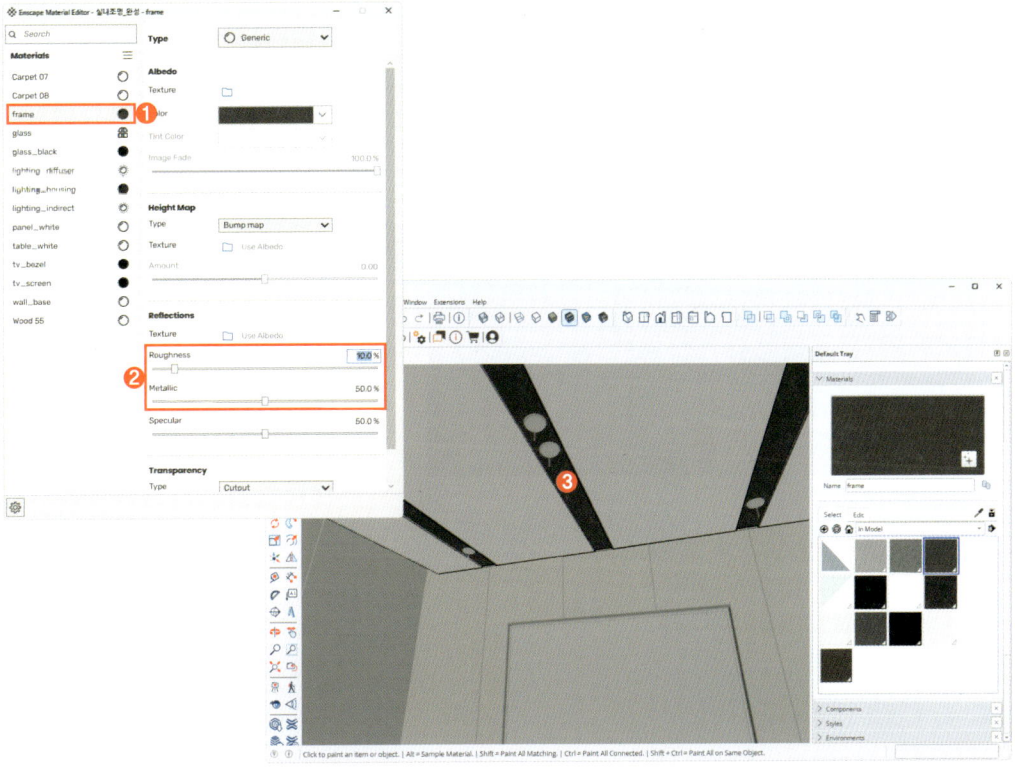

23 ❶❷ [tv_bezel]과 [tv_screen] 재질의 [Roughness(거칠기)]를 모두 **18%**로 조절합니다.

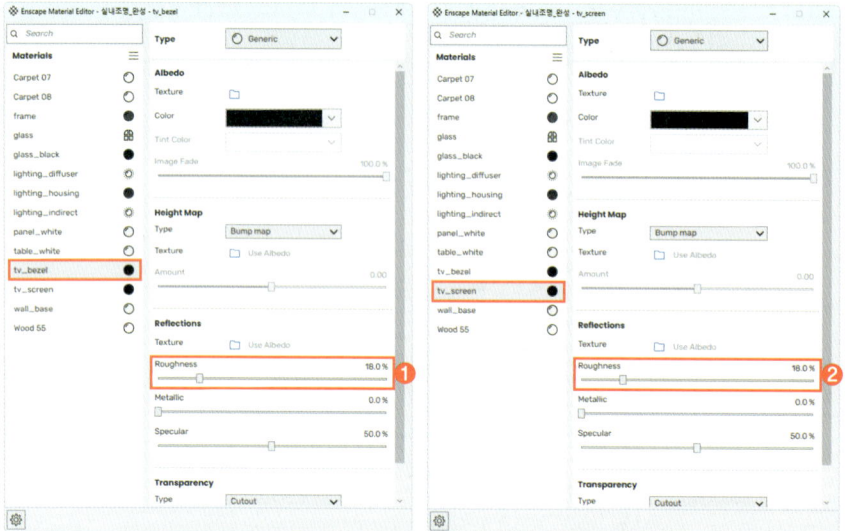

> **CORE TIP** 재질의 색상이나 반사도, 거칠기 등의 값은 엔스케이프 화면을 보며 원하는 느낌으로 조절합니다. 여기에서 제시하는 값은 책의 설명과 실습의 편의를 위해 제공하는 값이며 특정 재료 고유의 값을 의미하지 않습니다.

24 ❶ [Window]-[Default Tray]-[Outliner]를 클릭해 트레이에 추가합니다. ❷ [Enscape Objects ●]를 엽니다.

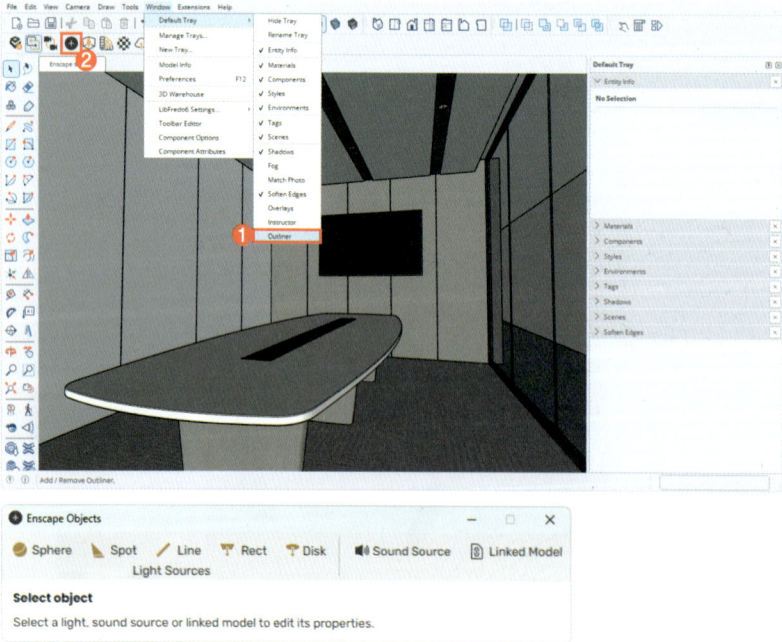

25 ❶ [Outliner] 트레이에서 [〈downlight〉]를 펼칩니다. ❷ [〈Enscape.DiskLight〉]를 클릭하면 바로 조명을 선택할 수 있습니다. ❸ [Enscape Objects]에서 [Luminous Power]를 적당한 밝기가 되도록 **300lm** 정도로 조절합니다.

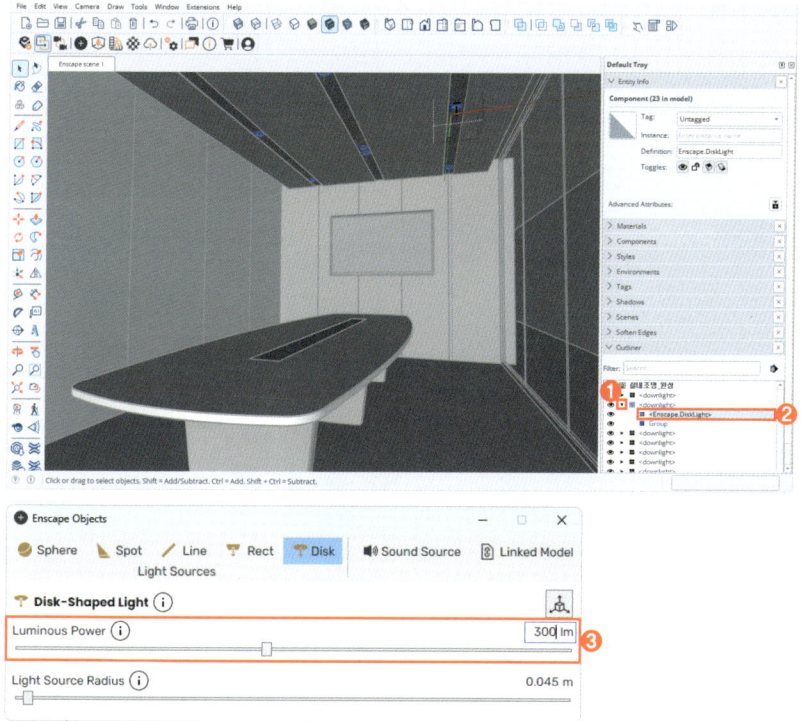

26 ❶ [Materials] 트레이에서 [Wood 55] 재질을 선택하고 ❷ [Edit] 탭을 클릭합니다. ❸ [H]는 **35**, [S]는 **9**, [B]는 **60**으로 수정해 재질의 색과 밝기를 조절합니다.

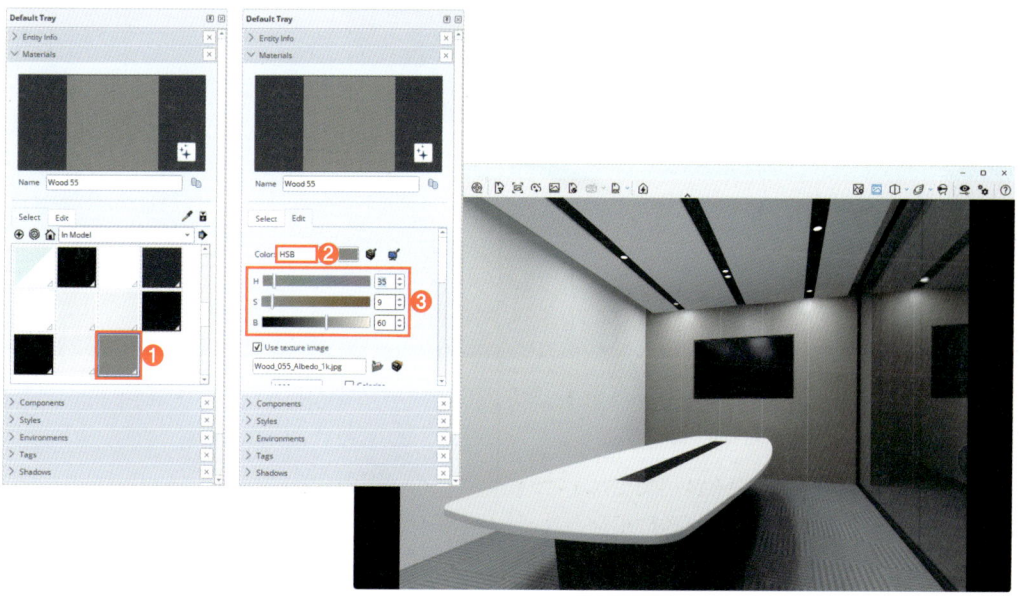

27 패널 사이로 벽의 흰색 재질이 보여 줄눈이 흰색으로 보입니다. ① 패널을 선택해 숨기고 ② 벽을 더블클릭해 엽니다. ③ 안쪽 벽에 [frame] 재질을 지정해 줄눈을 어두운 색으로 표현합니다.

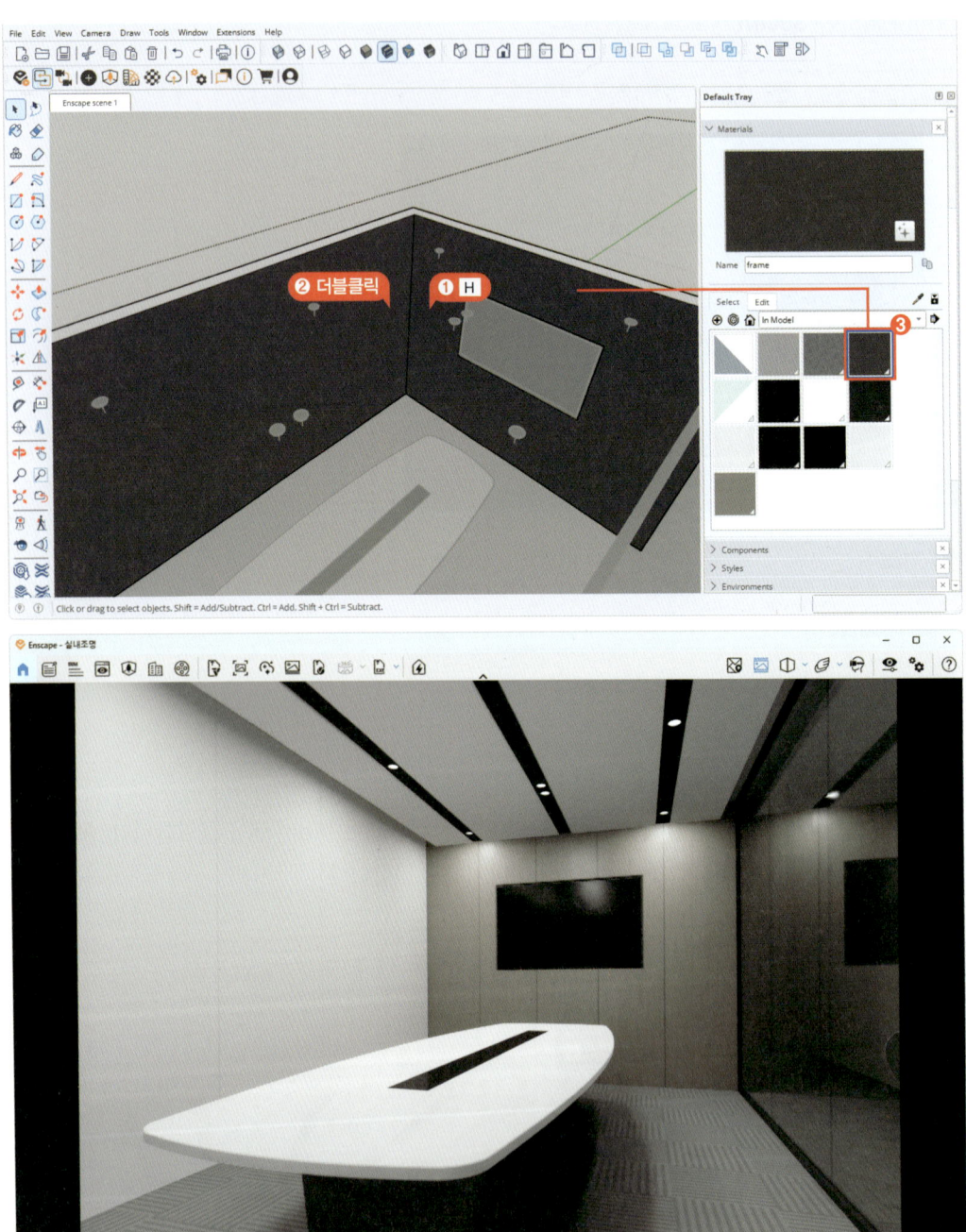

28 왼쪽 흰색 패널 사이의 줄눈 부분은 음영이 약해 줄눈이 잘 표현되지 않습니다. ❶ 흰색 패널을 더블클릭해 열고 Ctrl + A 를 눌러 모든 면을 선택합니다. ❷ Ctrl + Shift 를 누른 채 앞면만 클릭해 선택을 해제합니다. ❸ [Entity Info] 트레이에서 재질을 클릭합니다. ❹ [Choose Paint] 대화상자가 나타나면 [frame] 재질을 선택하고 ❺ [OK]를 클릭합니다.

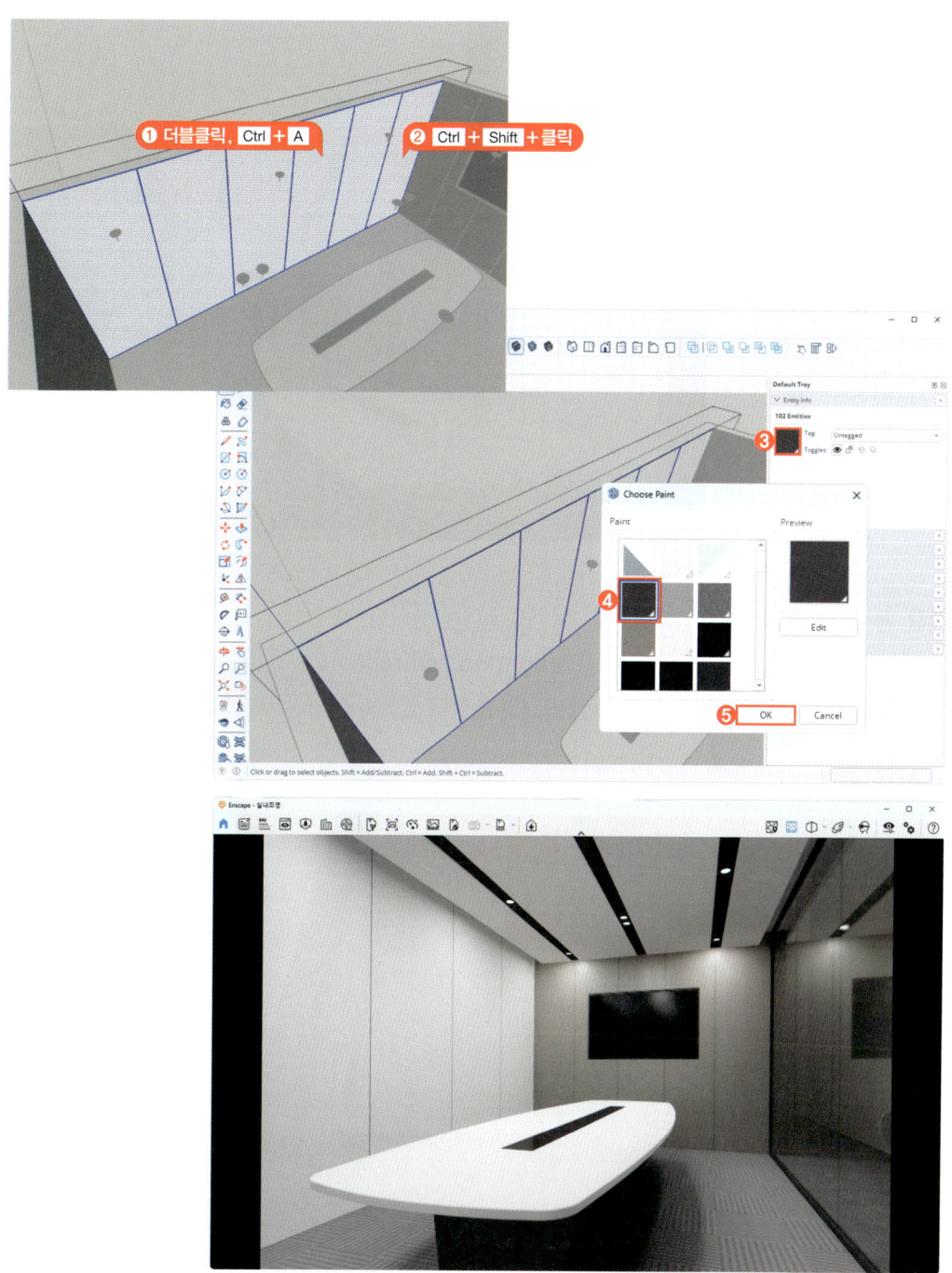

CORE TIP 모델의 크기가 작거나 재질을 지정할 면이 얇아 클릭하기 어려운 경우 [Entity Info] 트레이에서 재질을 선택하면 쉽게 재질을 지정할 수 있습니다.

29 조명을 복사해 복도 천장에 적당한 간격으로 배치합니다.

30 ① 위쪽 바닥판을 숨기고 천장판을 더블클릭해 엽니다. ② [Materials] 트레이에서 [Create new Material ⊕]을 클릭하고 ③ 이름을 **lighting_Indirect**, [H]는 **0**, [S]는 **0**, [B]는 **100**으로 지정한 후 ④ [OK]를 클릭합니다. ⑤ 재질을 천장판 양쪽 옆의 튀어나온 부분의 위쪽에 지정합니다.

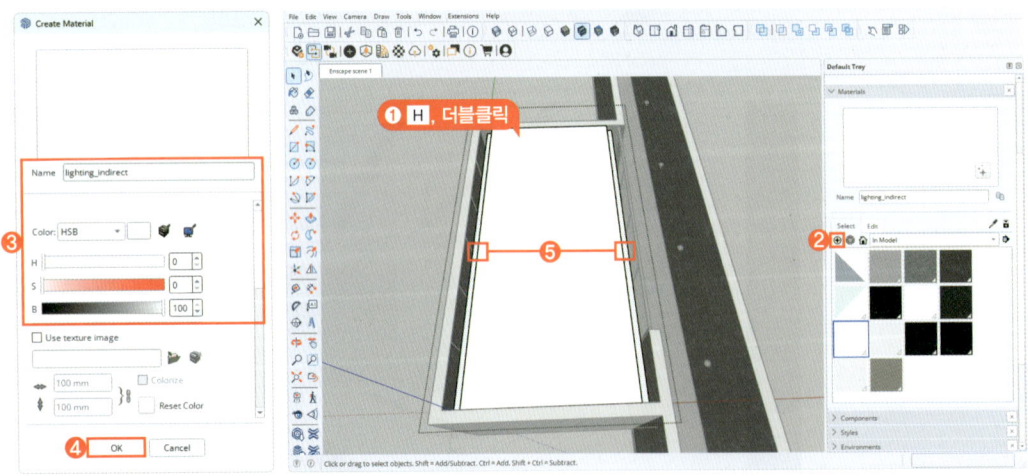

31 ❶ [Enscape Material Editor ✥]에서 [Type]을 [Self-illuminated(자체 발광)]로 지정합니다. ❷ 엔스케이프 창을 보면서 [Luminance]의 슬라이더를 약 **1,700cd/m²** 정도로 조절해 간접 조명의 밝기를 조정합니다.

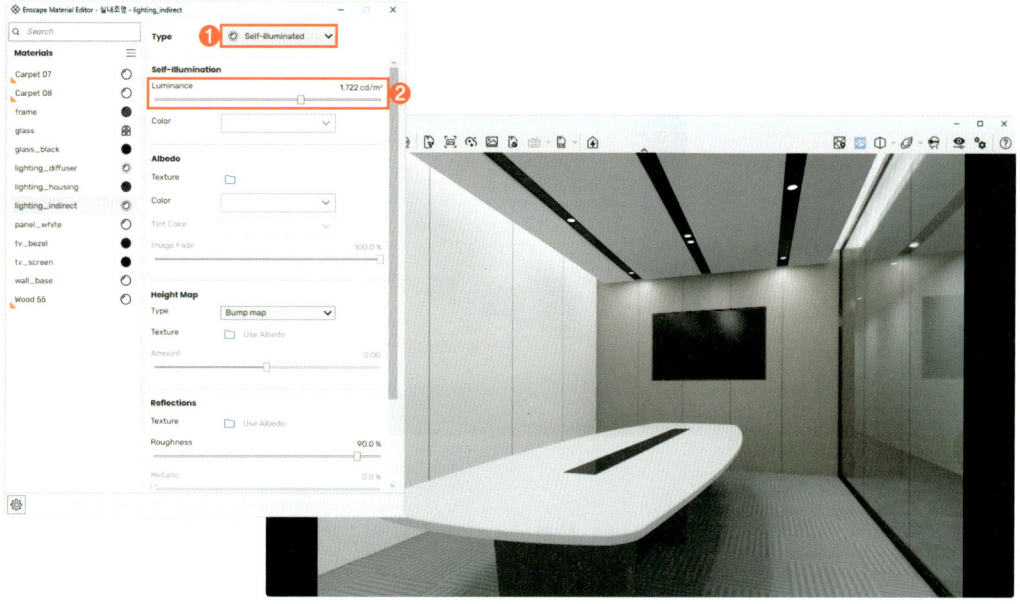

32 ❶ [Enscape Asset Library ⬇]에서 [Office furniture] 카테고리를 엽니다. ❷ 적당한 사무용 의자(Office Chair 001)를 선택하고 ❸ 테이블 둘레에 배치합니다.

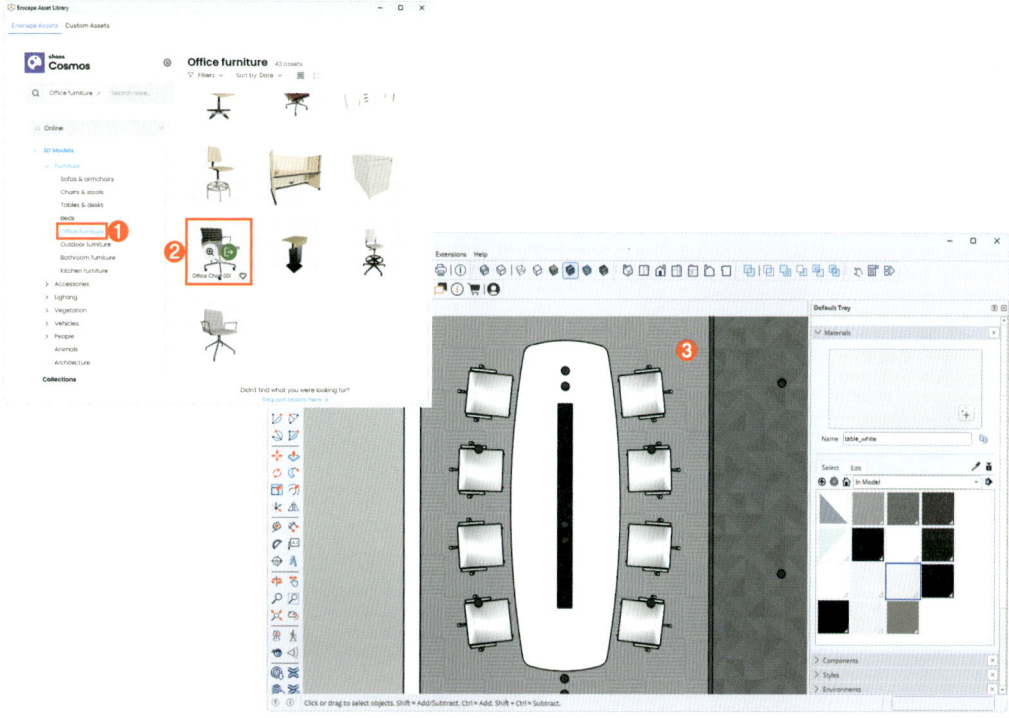

33 ❶ [Visual Settings]에서 [Image] 탭을 클릭합니다. ❷ [Effects]-[Bloom]의 슬라이더를 조절해 조명 주위에 퍼지는 빛을 표현합니다. ❸ 엔스케이프 창에서 [Screenshot]을 클릭해 이미지를 출력합니다.

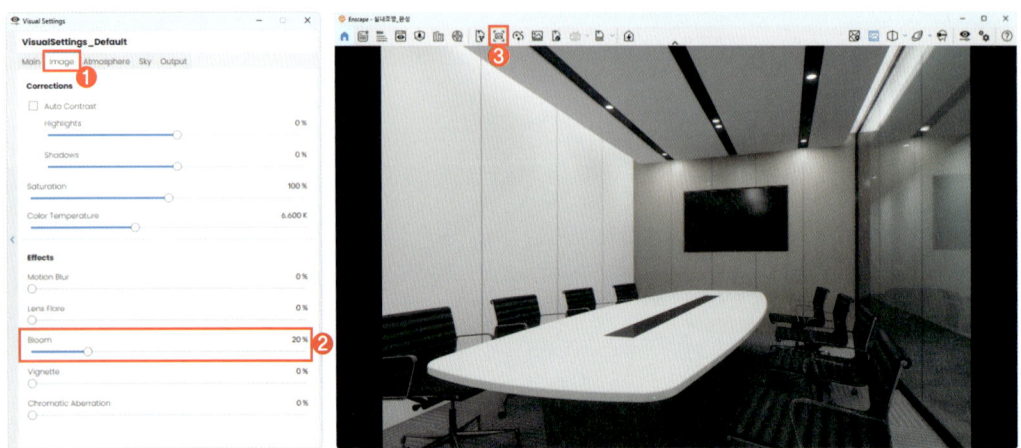

Basic Training | 외부 환경 표현과 IES 활용하기

준비 파일 | Part 04/LivingRoomLighting.skp   완성 파일 | Part 04/LivingRoomLighting_완성.skp

거실에 외부 환경과 실내 조명을 설치하고, 다양한 에셋을 배치해 전체 공간을 완성하는 예제입니다. 이 과정을 통해 실내외 조명의 균형을 맞추고, 여러 오브젝트를 적절히 배치해 자연스럽고 사실적인 장면을 연출하는 방법을 연습할 것입니다. 특히 자연광과 인공 조명은 밝기 차이가 상당히 크기 때문에, 이를 정확히 이해하지 못하면 조명을 설치해도 원하는 효과가 나오지 않거나 밝기를 맞추기 위해 같은 작업을 여러 번 반복하게 됩니다. 이번 학습을 통해 두 조명의 특성을 제대로 이해하고, 효율적으로 활용하는 방법을 익혀보세요.

실습 결과 미리보기

01 ❶ 준비 파일을 불러와 정면 뷰로 조정하고 **아파트배경.jpg** 파일을 스케치업 화면으로 드래그해 불러옵니다. 이미지가 [Scale] ⓢ 이 실행된 상태로 삽입됩니다. ❷ 오른쪽 상단의 컨트롤 포인트를 드래그해 그림과 같이 적당한 크기로 늘립니다.

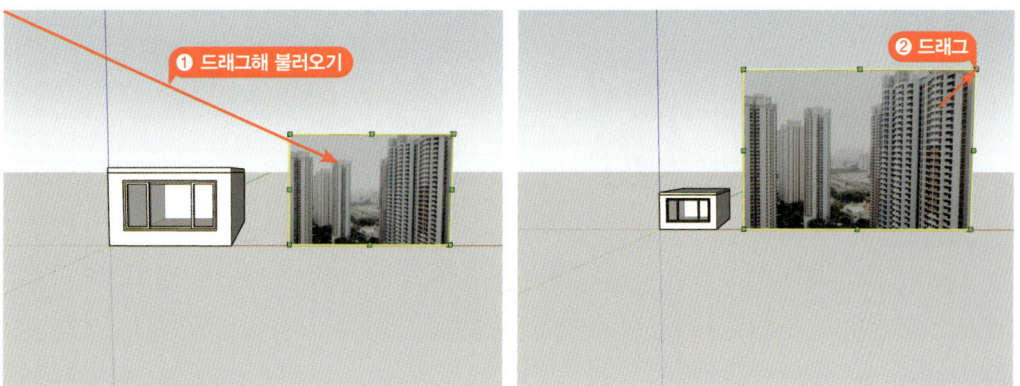

02 ❶ Shift + X 를 눌러 그림을 분해한 후 ❷ [Make Component] ⓖ 를 실행합니다. ❸ [Definition]에 **Background_img**를 입력하고, ❹ [Alignment]-[Always face camera]에 체크합니다. ❺ [Shadows face sun]의 체크를 해제합니다. ❻ [Create] 를 클릭해 컴포넌트를 완성합니다.

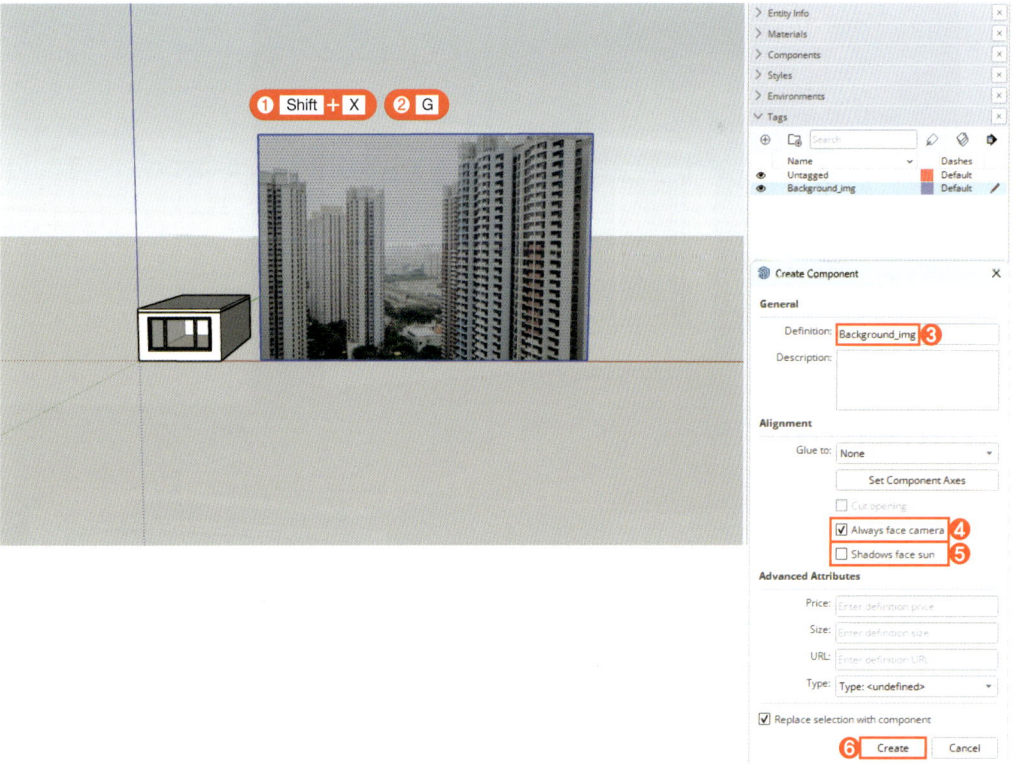

03 화면을 회전하면 배경 이미지가 카메라의 방향에 맞춰 회전되는 것을 확인할 수 있습니다. 이미지를 창문 앞에 적당히 거리를 두어 배치합니다.

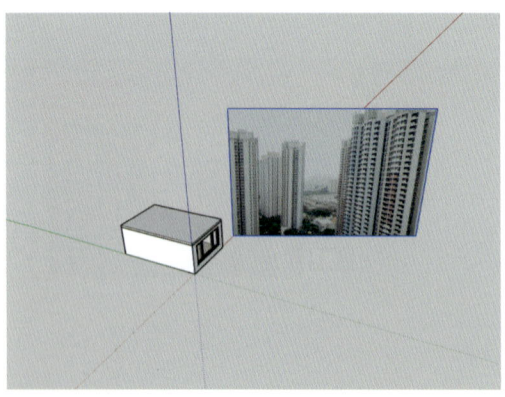 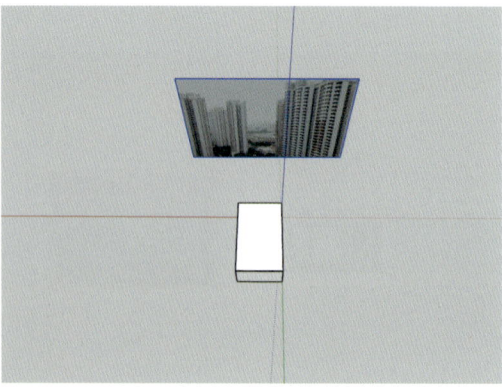

04 ❶ 배경 이미지가 선택되어 있는 상태에서 뷰포트의 [Enscape scene 1] 탭을 클릭해 실내 뷰로 바꿉니다. ❷ [Move] M 를 실행하고 ❸ 내부 벽 부분을 클릭해 아래로 드래그하거나 바닥 부분을 클릭해 배경 이미지의 위치를 창 밖 풍경으로 드래그해 어색한 느낌이 없도록 합니다.

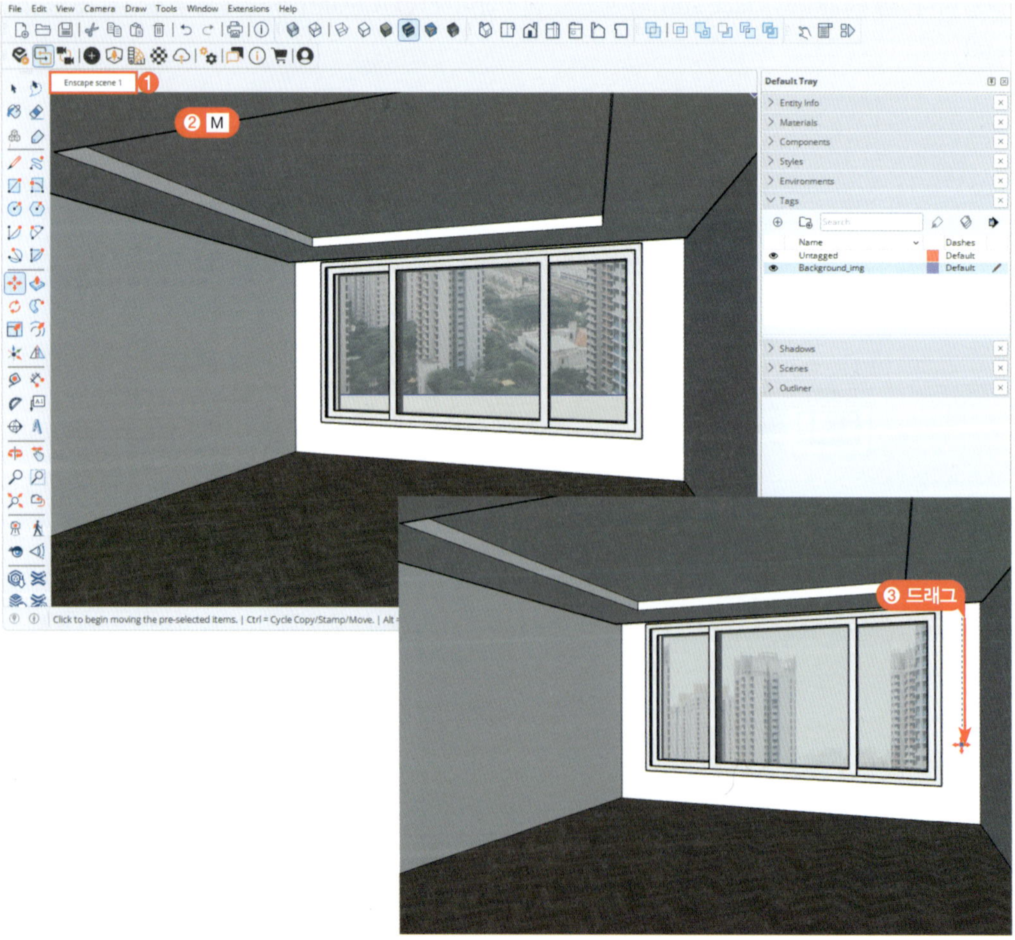

05 엔스케이프를 실행해 배경 이미지가 정상적으로 렌더링되는지 확인합니다. 이때 [Synchronize Views]가 켜져 있으면 꺼야 합니다.

06 ❶ [Visual Settings 👁]에서 [Main]-[Camera]-[Auto Exposure]의 체크를 해제합니다.
❷ [Atmosphere]-[Sun Brightness]를 **0%**로 조절합니다.

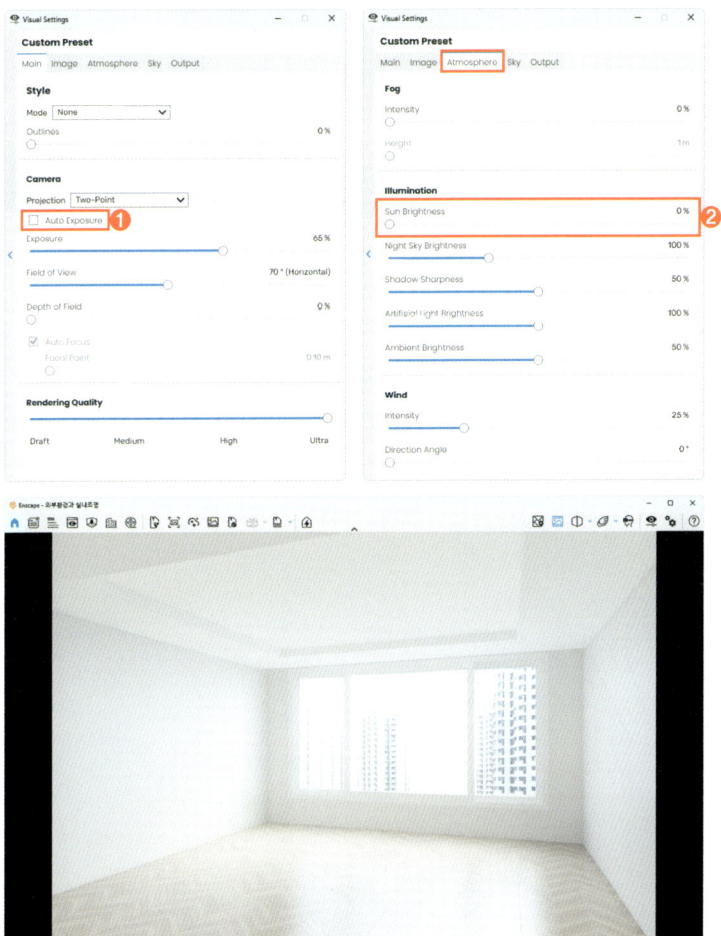

07 ❶ [Sky]-[Source]를 [Skybox]로 지정합니다. ❷ **rural_asphalt_road_16k.hdr** 파일을 불러옵니다. ❸ 엔스케이프 창을 확인하며 [Brightness]를 약 **4,000Lux** 정도로 조절합니다. 실내 조명이 꺼져 있는 약간 어두운 상태가 되도록 합니다.

> **CORE TIP** 밝기의 값은 상황에 맞게 적절히 조절해야 합니다. 실제 HDRI의 정확한 값이 제공되지도 않지만, 엔스케이프는 조도 시뮬레이션이 정확하지 않으므로 정확한 값이 큰 의미가 없습니다. 다만, 실내 조명을 함께 표현할 경우 외부 환경의 밝기가 너무 높으면 일반적인 밝기의 실내 조명이 잘 표현되지 않기 때문에 실내 조명의 밝기도 함께 높여야 합니다.

08 바닥판과 천장만 남기고 나머지 모델을 선택해 숨긴 후 그림에서 표시한 부분을 충분히 확대합니다.

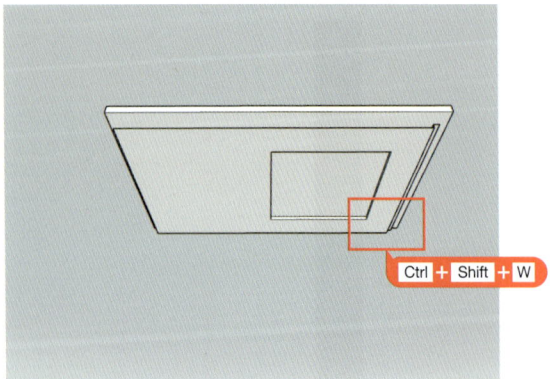

09 ❶ 천장면에 반지름 **50mm**의 원을 그리고 ❷ 아래로 얇게 **3mm** 끌어내립니다.

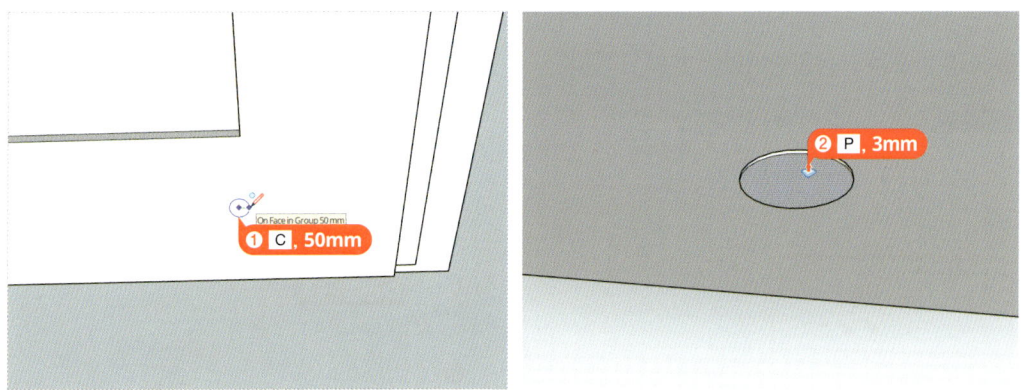

10 ❶ 안쪽으로 **10mm** 오프셋하고 ❷ 안쪽 면을 위로 **2mm** 끌어올립니다.

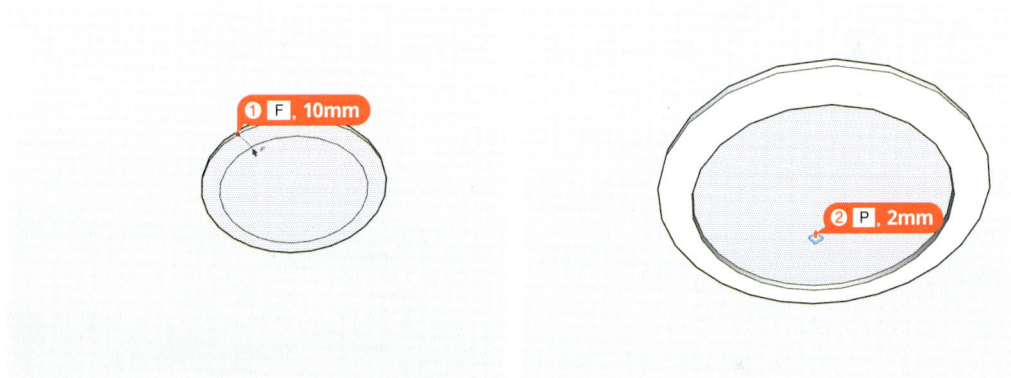

11 ❶ [Create new Material ⊕]을 클릭하고 ❷ 이름을 **Lighting_Housing**, [H]는 **0**, [S]는 **0**, [B]는 **90**으로 지정합니다. ❸ [OK]를 클릭합니다. ❹ 조명 기구에 재질을 지정합니다.

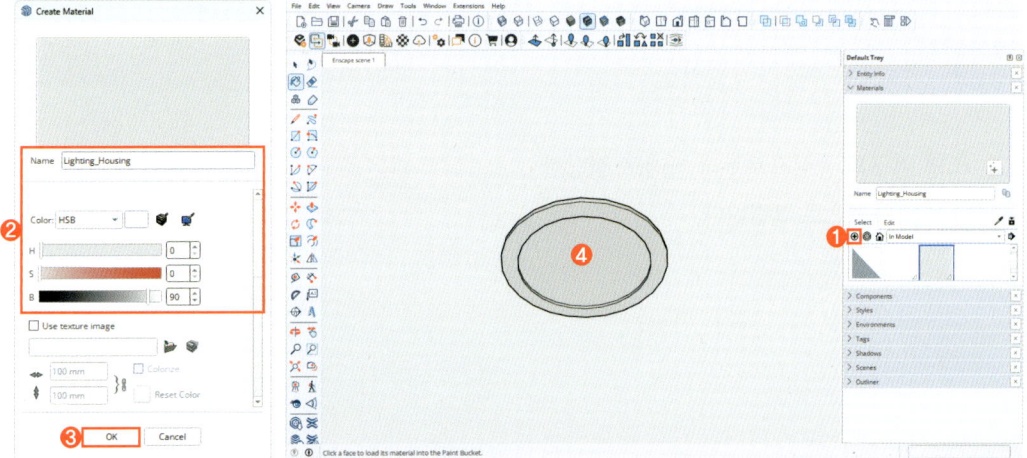

12 ❶ [Create new Material ⊕]을 클릭하고 ❷ 이름을 **Lighting_Diffuser**, [H]는 **0**, [S]는 **0**, [B]는 **100**으로 지정합니다. ❸ [OK]를 클릭합니다. ❹ 조명 기구 안쪽 면에 재질을 지정합니다. ❺ 조명 기구를 그룹화합니다.

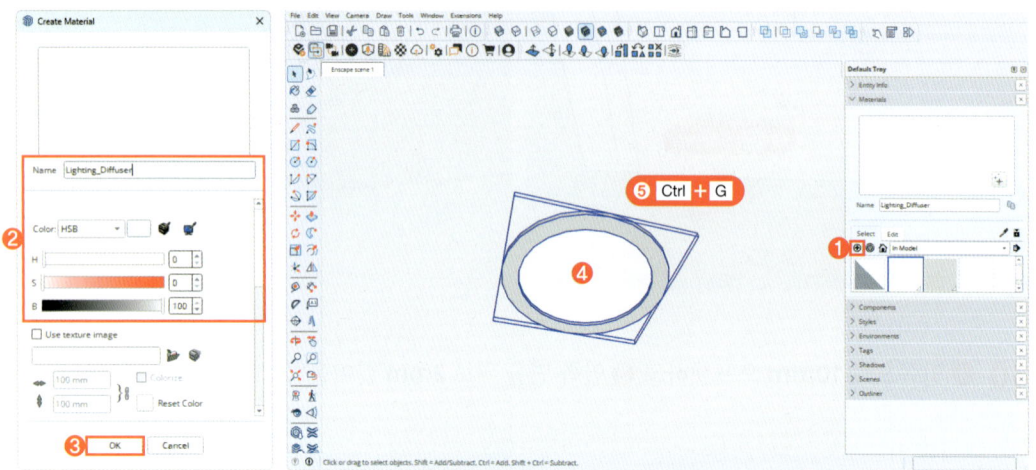

13 ❶ [Enscape Material Editor]에서 [Lighting_Diffuser]를 클릭합니다. ❷ [Type]을 [Self-illuminated]로 지정합니다.

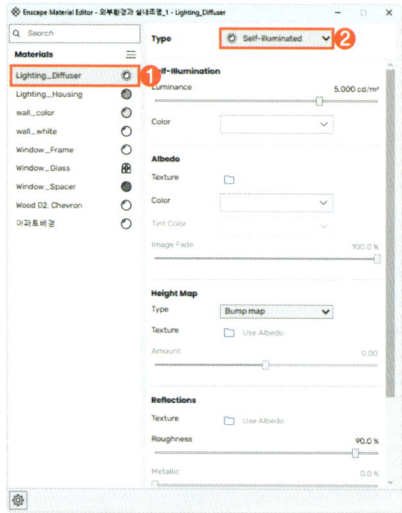

14 조명 기구의 중심으로부터 아래로 적당한 길이의 선을 수직으로 그립니다.

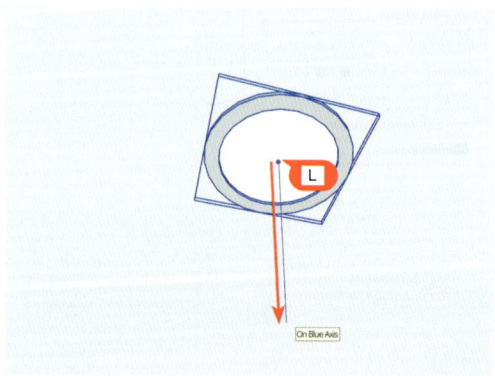

15 ❶ [Enscape Objects ⊕]에서 [Spot]을 실행하고 ❷ ❸ 수직선의 맨 위, 맨 위에서 조금 아래 부분을 차례대로 클릭해 위치를 지정합니다. ❹ ❺ 끝부분에서 조금 위와 맨 아래 끝부분을 차례대로 클릭해 조명을 만듭니다.

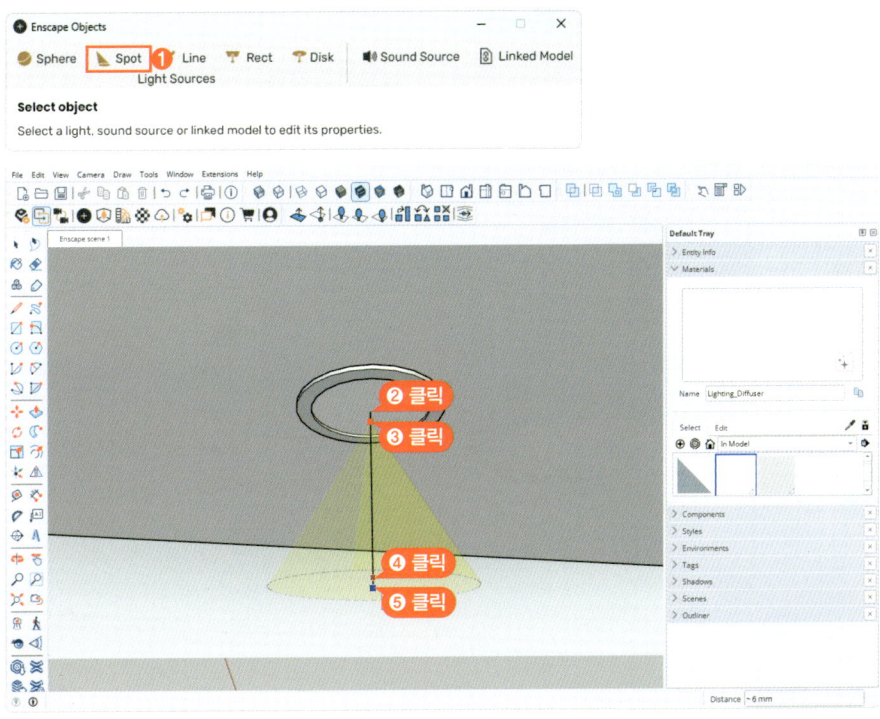

16 ❶ [Materials] 트레이에서 [Lighting_Diffuser]를 선택하고 ❷ 조명에 재질을 지정합니다.

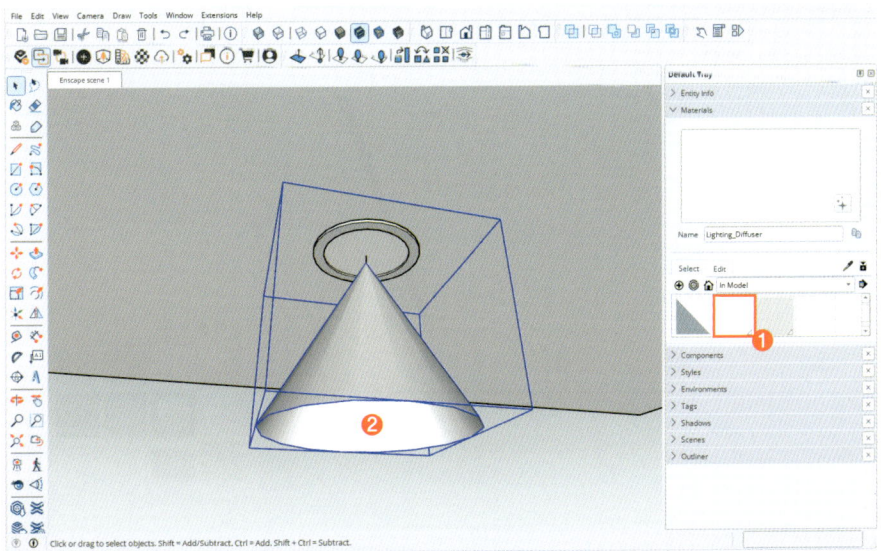

17 ❶ 조명 기구와 수직선, 조명을 모두 선택해 `G`를 누르고 ❷ [Definition]을 **Lighting_Down**으로 입력합니다. ❸ [Create]를 클릭합니다.

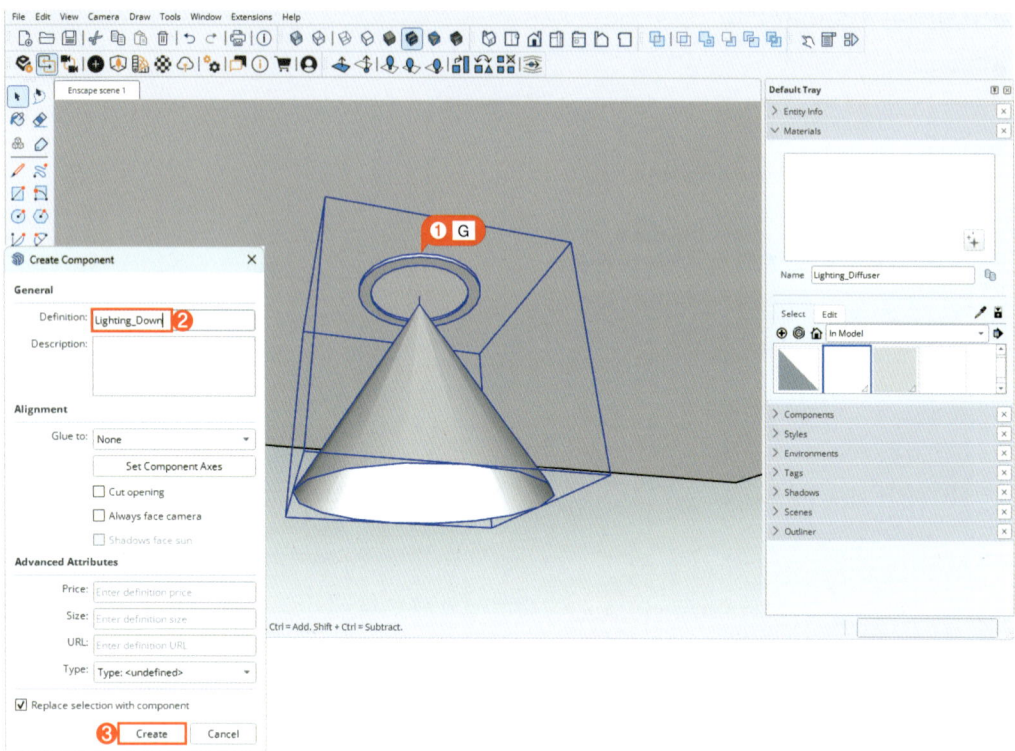

18 한쪽 천장면에 조명 컴포넌트를 그림과 같이 등간격으로 네 개 복사해 배치합니다.

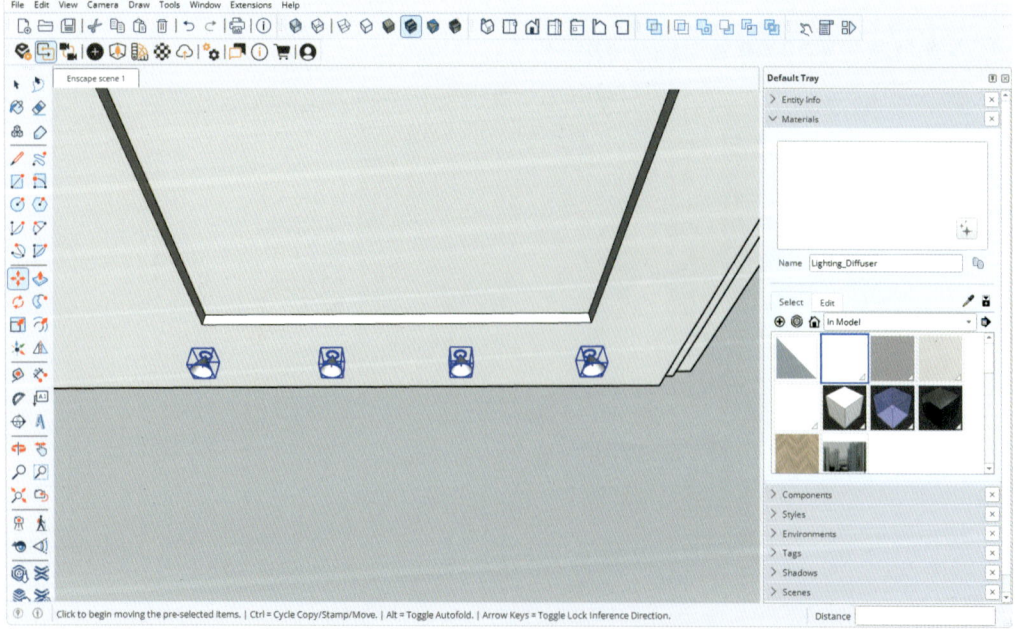

19 ❶ [Enscape scene 1] 탭을 클릭합니다. ❷ [Outliner] 트레이에서 [⟨Lighting_Down⟩] 컴포넌트를 펼치고 ❸ [⟨Enscape.SpotLight⟩]를 선택합니다. ❹ **14_2500.ies** 파일을 [Enscape Objects]로 불러옵니다. ❺ [Luminous Intensity] 슬라이더를 드래그해 적당한 조명 밝기가 되도록 조절합니다.

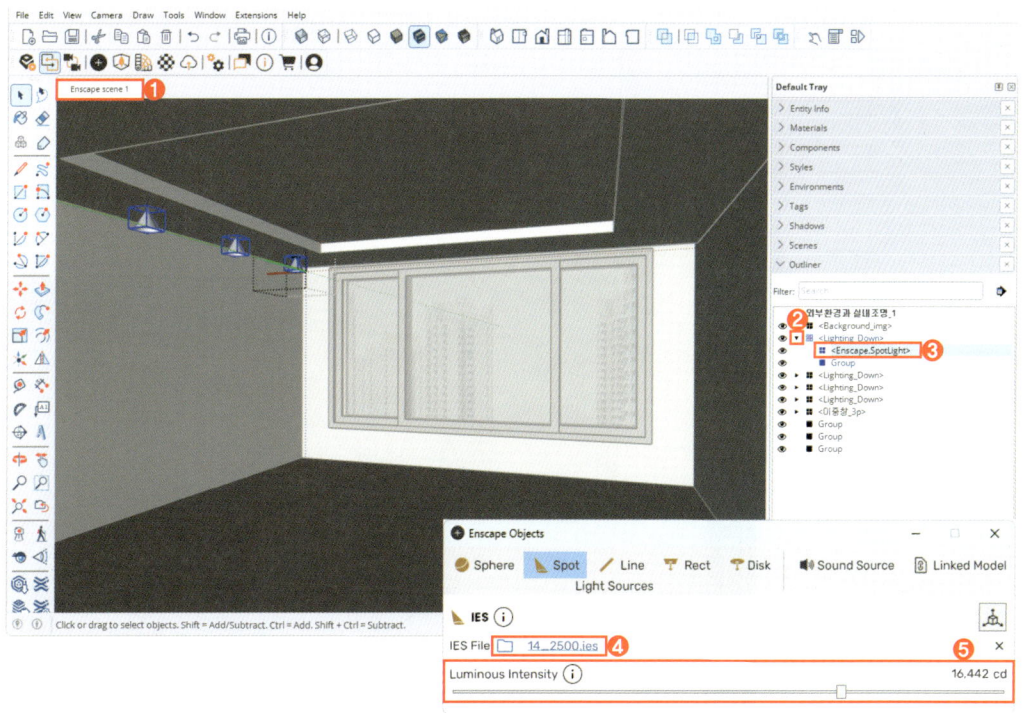

CORE TIP 조명 기구의 배광 특성, 조도 분포 등을 담은 표준 형식의 파일인 IES 파일은 특정 조명 기구의 실제 광학 특성을 시뮬레이션하는 데 사용됩니다. 여기서는 사실적인 이미지 연출을 위해 임의로 IES 파일을 적용하는 방식을 사용합니다. 준비 파일 내 [IES] 폴더에는 다양한 IES 파일과, 각 파일을 적용하여 렌더링한 조명 이미지가 함께 제공되어 있습니다. 이를 활용해 다양한 IES 파일을 적용하면서 조명 분위기와 느낌을 자유롭게 조절하는 연습을 해보기 바랍니다.

20 ❶ [Enscape Material Editor ✱]에서 [Lighting_Diffuser]를 선택합니다. ❷ [Self-Illumination]과 ❸ [Albedo]-[Color]를 그림과 비슷한 색상으로 조절해 따뜻한 느낌의 조명으로 바꿉니다.

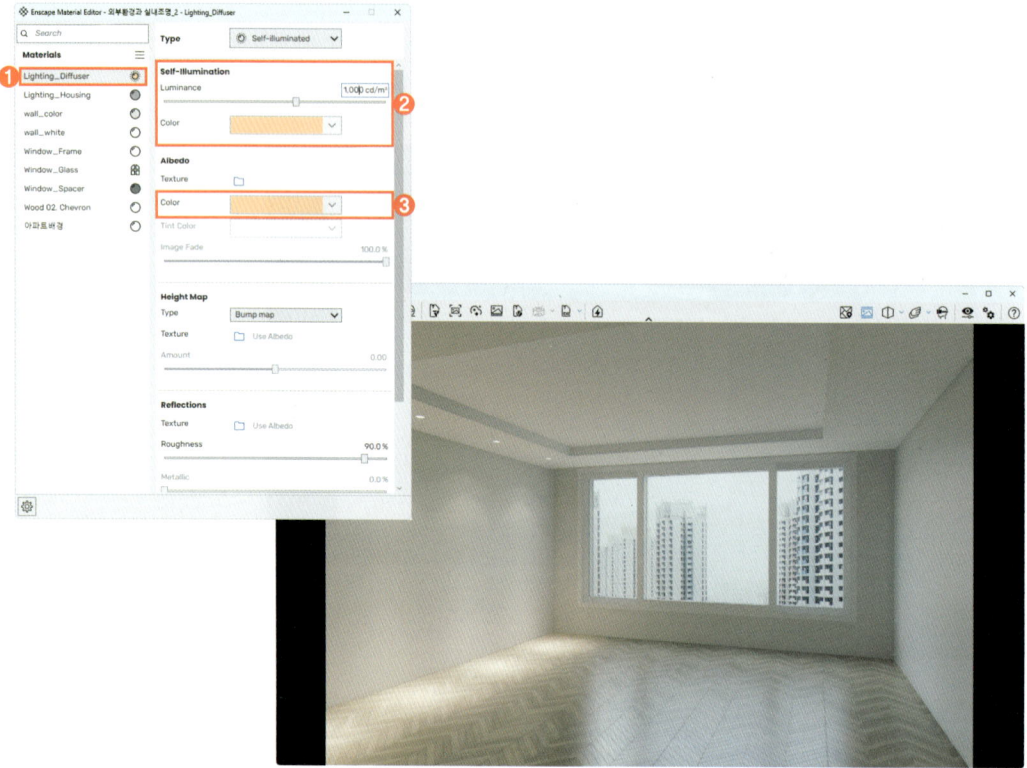

21 ❶ 천장과 위쪽 바닥판만 남기고 나머지를 숨깁니다. ❷ 천장의 반대편에 **3500mm×30mm** 크기의 사각형을 그리고 그룹으로 만듭니다. ❸ 사각형을 천장으로부터 **1mm** 아래로 이동해 천장과 미세하게 떨어뜨립니다.

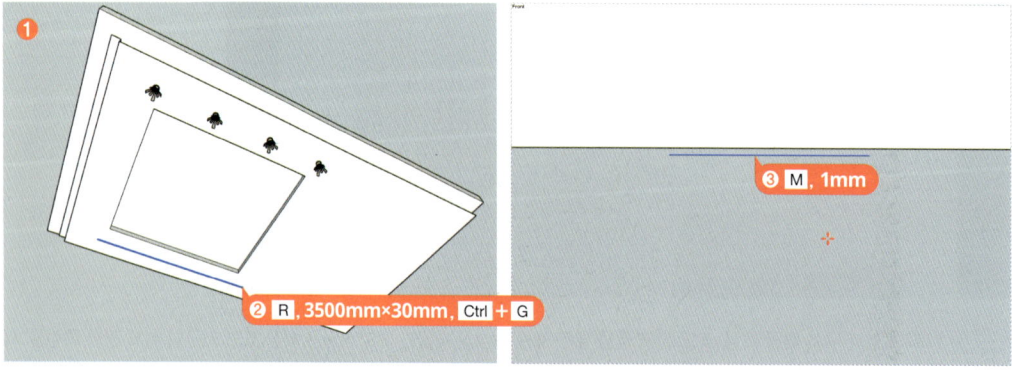

CORE TIP 라인 조명과 같이 천장면에 붙어 있는 조명은 실제로 천장을 파내어 시공하지만 3D 모델링에서는 두께가 없는 면을 만들어 천장에 붙여도 차이가 없습니다. 이때 조명과 천장이 완전히 겹쳐 있으면 렌더링을 할 때 면이 겹쳐 렌더링될 수 있으므로 천장으로부터 떨어뜨리는 것입니다.

22 ❶ [Materials] 트레이에서 [Lighting_Diffuser] 재질을 선택하고 ❷ 복사 아이콘을 클릭합니다. ❸ 이름을 **Lighting_Line**으로 수정한 후 ❹ [OK]를 클릭합니다. ❺ 재질을 라인 조명에 지정합니다.

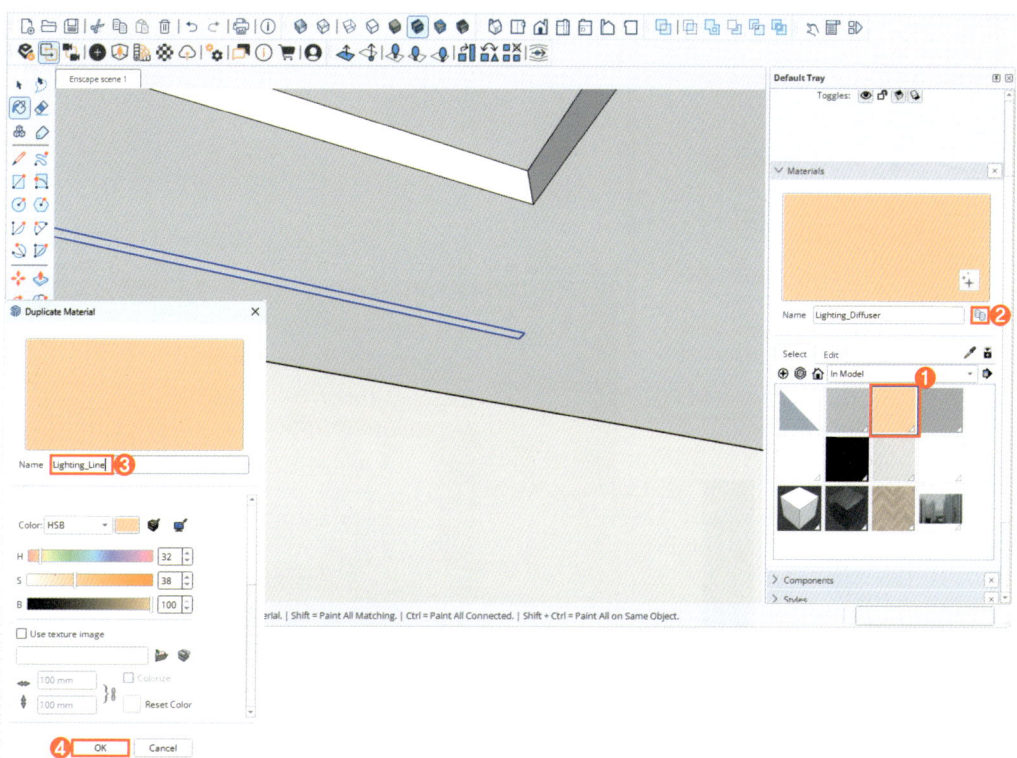

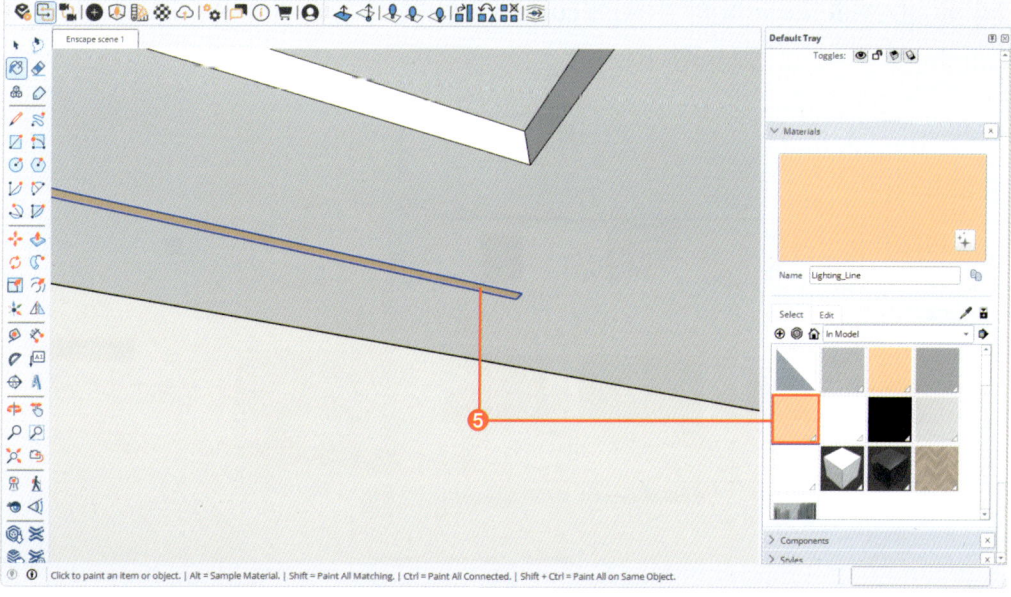

23 ❶ [Enscape Material Editor ❖]에서 [Lighting_Line]을 선택한 후 ❷ [Self-Illumination] -[Luminance]를 **10,000cd/m²**으로 조절합니다.

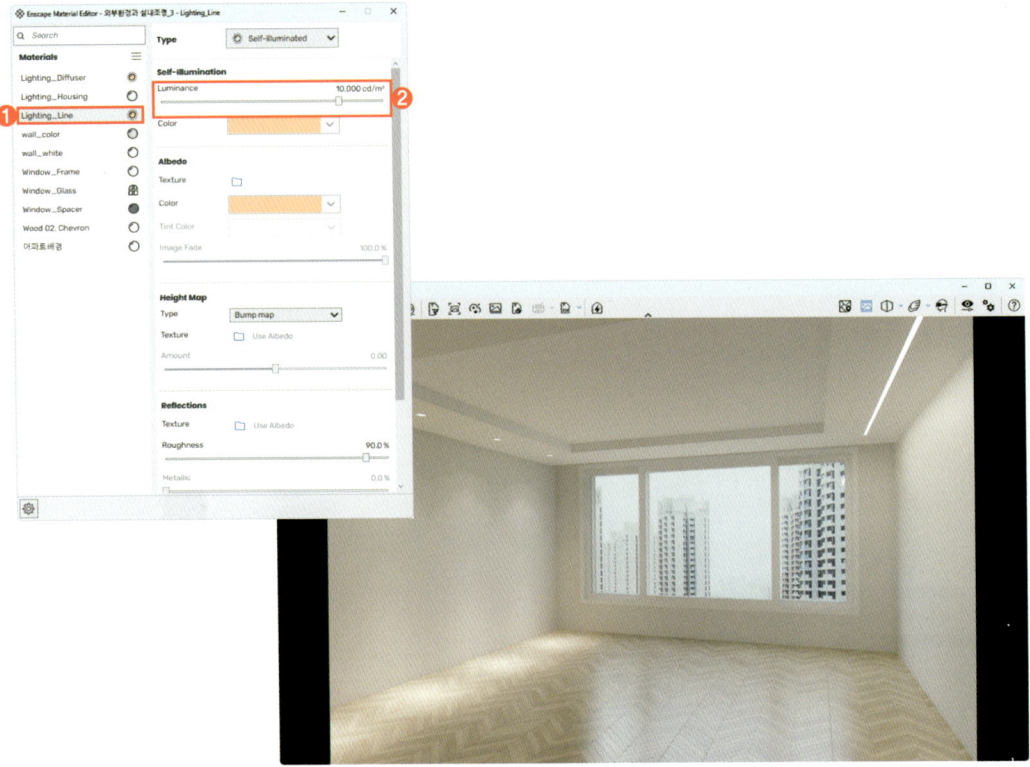

24 ❶ [3D Warehouse ◎]의 검색란에 **curtain**을 입력합니다. ❷ 검색되는 자료 중 적당한 모델을 찾아 [Download]를 클릭합니다.

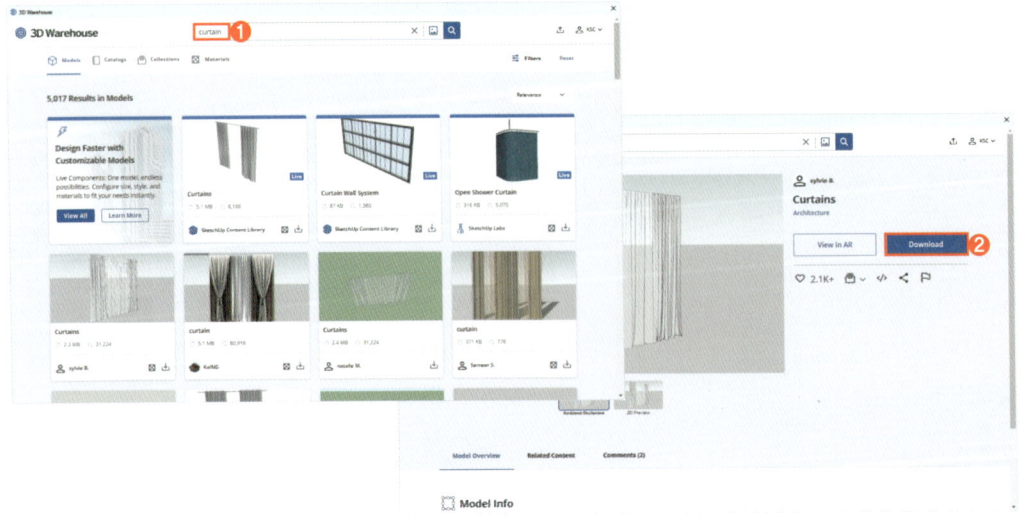

> **CORE TIP** 여기에서 사용한 커튼 모델 **curtain.skp** 파일은 준비 파일에 첨부되어 있습니다. [File]-[Import] 메뉴로 파일을 불러와 현재 파일에 삽입할 수 있습니다.

25 모델의 불필요한 부분을 제거하거나 크기를 조정해 창문 앞에 배치합니다.

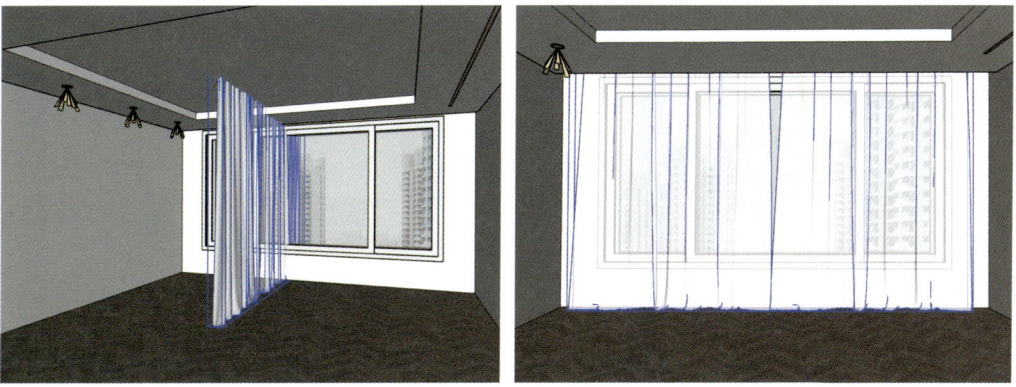

26 ❶ [Paint Bucket 🪣] B 을 실행하고 ❷ Alt 를 누른 채 커튼을 클릭해 모델에 적용된 재질을 찾습니다. ❸ 재질의 이름을 **Curtain**으로 수정합니다. ❹ [Enscape Material Editor ⚙]에서 [Curtain] 재질의 [Type]을 [Glass]로 바꾸고 ❺ [Opacity]는 **94**, ❻ [Roughness]는 **50**, [Specular]는 **0**으로 수정합니다.

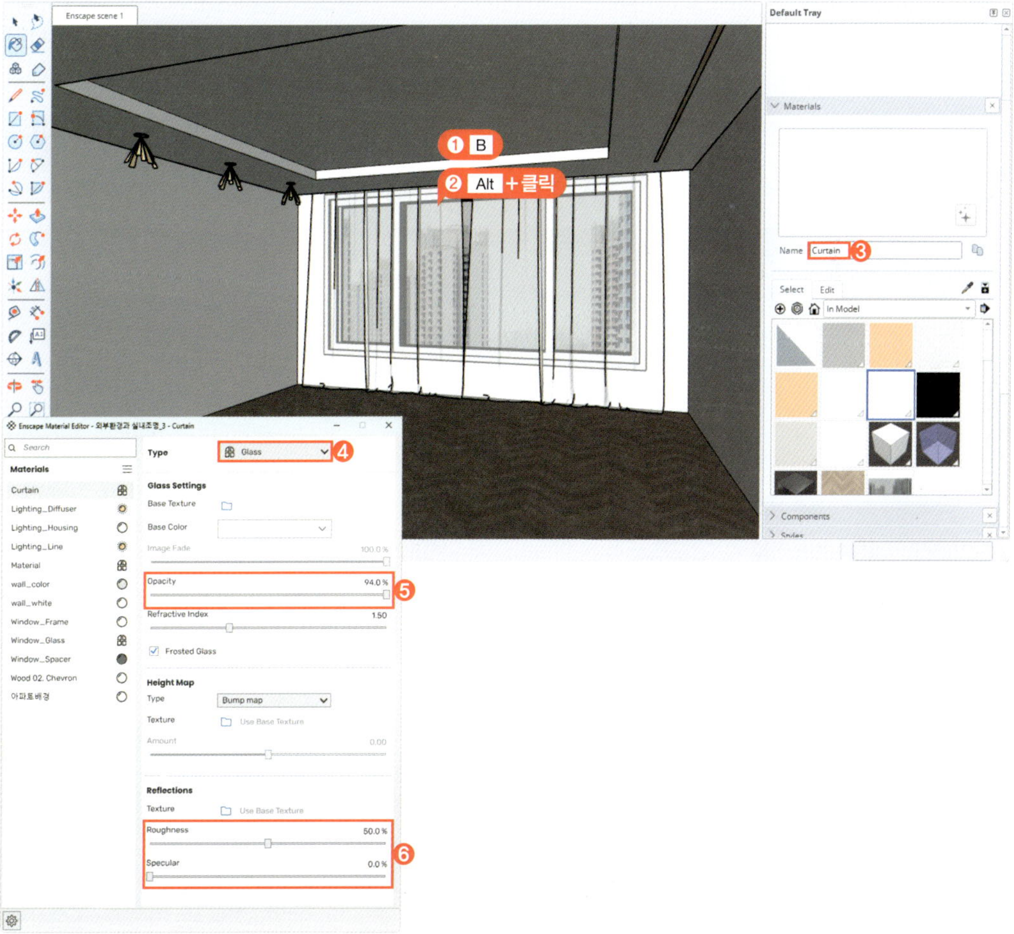

27 소파와 소품 등을 추가해 완성합니다.

CORE TIP 소스 모델은 [Enscape Esset Library]를 활용합니다. 여기에서 사용한 모델인 **tv.skp, TVcabinet.skp** 파일은 준비 파일에 첨부되어 있습니다.

 Basic Training 최종 렌더링 설정과 포토샵을 이용한 조명 후보정

준비 파일 | LivingRoomLighting_완성.skp, LivingRoom.png, LivingRoom_materialId.png
완성 파일 | LivingRoom_완성.psd

최종 렌더링 설정을 마친 뒤 이미지를 출력하고 포토샵을 활용해 더욱 사실적인 느낌으로 보정하는 예제입니다. 포토샵 후보정을 위해 선택 영역을 손쉽게 만들 수 있도록 Object-ID나 Material-ID 같은 별도의 마스크 파일을 함께 출력하고, 이를 활용해 색상, 밝기, 채도 등을 부분적으로 조정하는 방법을 배웁니다. 이렇게 하면 장면 전체를 다시 렌더링하지 않고도 원하는 부분만 빠르고 세밀하게 수정할 수 있어 작업 효율과 완성도를 크게 높일 수 있습니다.

실습 결과 미리보기

01 앞선 예제에서 계속하거나 준비 파일을 불러온 후 ❶ 엔스케이프 창의 [Visual Settings]에서 [Output] 탭을 클릭합니다. ❷ 해상도(3000×2000)를 확인합니다. ❸ [Image]-[Export Object-ID, Material-ID…]에 체크합니다. ❹ [Screenshot 📷]을 클릭해 이미지를 렌더링해 저장합니다.

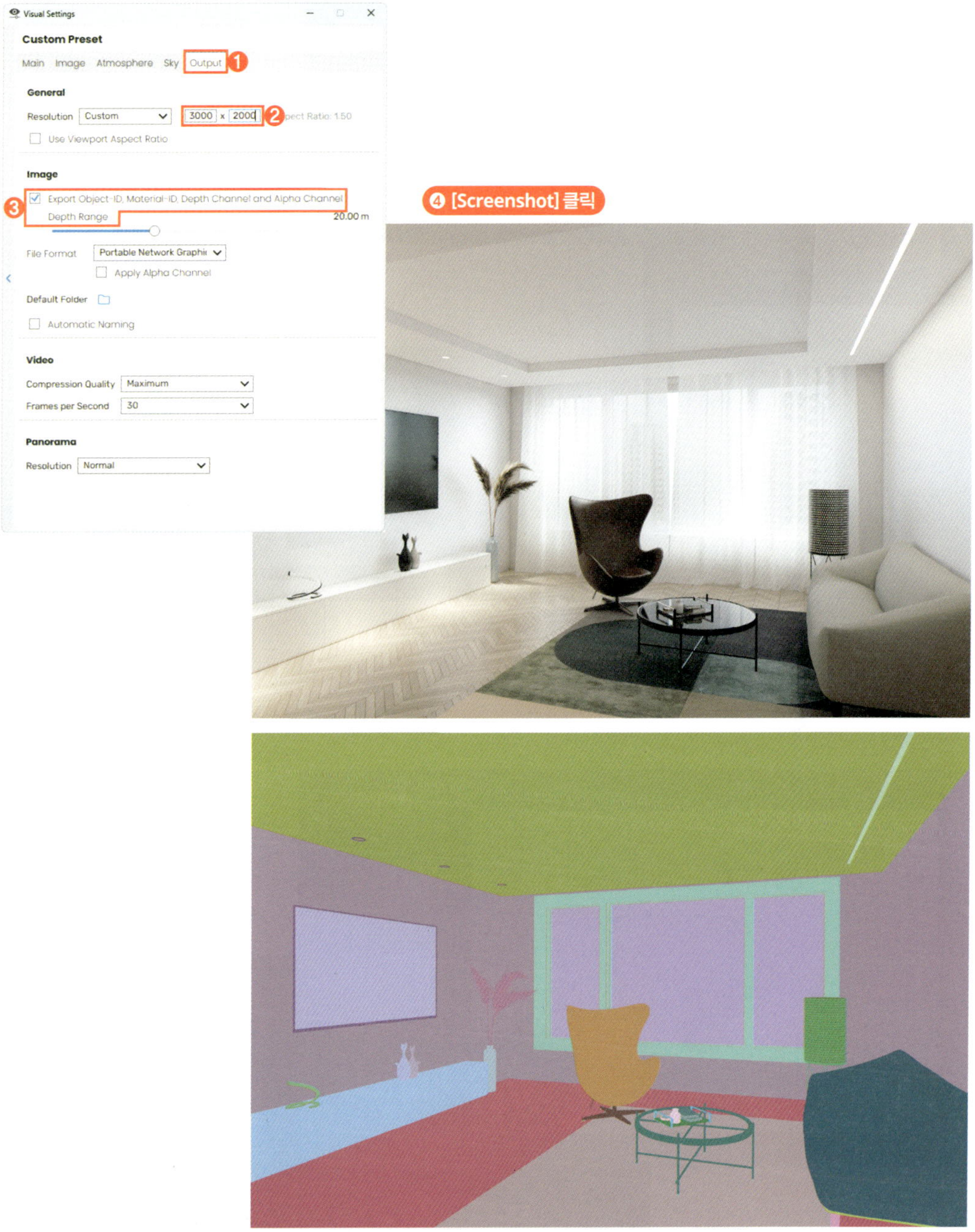

CORE TIP 해상도는 보통 인치당 픽셀 수로 표현합니다. 예를 들어 300ppi와 같은 형식입니다. 이를 정확히 계산하려면 출력물의 크기를 인치로 환산한 후 해상도를 곱해서 얻습니다. A4(29.7cm x 21cm) 용지에 가득 차게 300ppi로 인쇄한다면 가로는 29.7/2.54*300=3,508 세로는 21/2.54*300=2,480이 됩니다. 간단히 1cm당 100을 곱하거나 더 정확하게 하고 싶을 때 120을 곱한 수치를 사용하면 충분한 해상도의 이미지를 출력할 수 있습니다.

02 ❶ 포토샵을 열고 렌더링된 이미지를 불러옵니다. ❷ 함께 출력된 Material-ID 이미지를 현재 화면 위에 드래그해 불러옵니다.

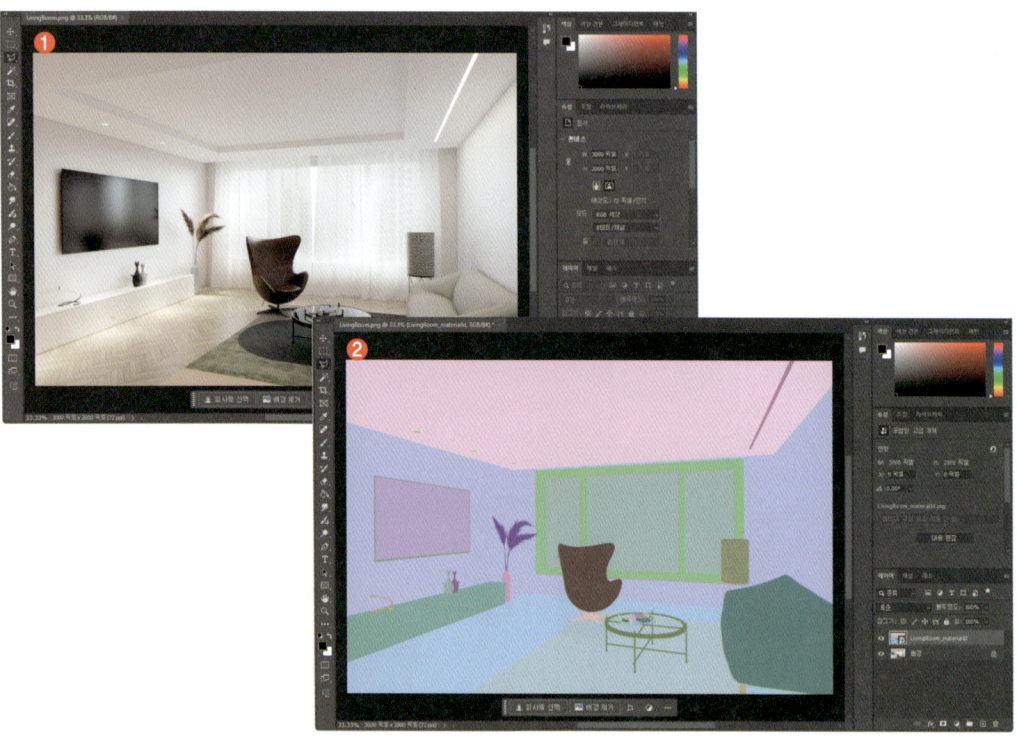

03 ❶ Material-ID 이미지 레이어의 눈을 끄고, ❷ 배경 레이어 위에 검정색의 새 레이어를 추가합니다.

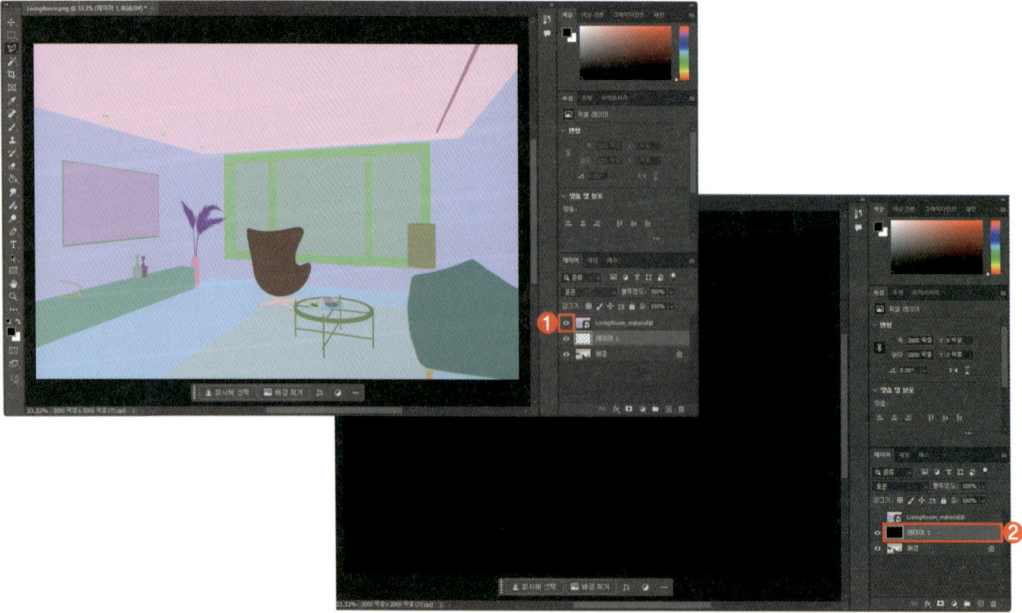

04 ❶ Material-ID 이미지 레이어의 눈을 켜고 ❷ 자동 선택 도구 ✦ W 를 실행합니다. ❸ [인접]의 체크를 해제하고 ❹ 매입등의 조명 부분을 클릭해 선택합니다. ❺ Material-ID 이미지 레이어의 눈을 끄고 ❻ 검정색 레이어를 클릭한 후 ❼ 선택되어 있는 부분을 흰색으로 채웁니다.

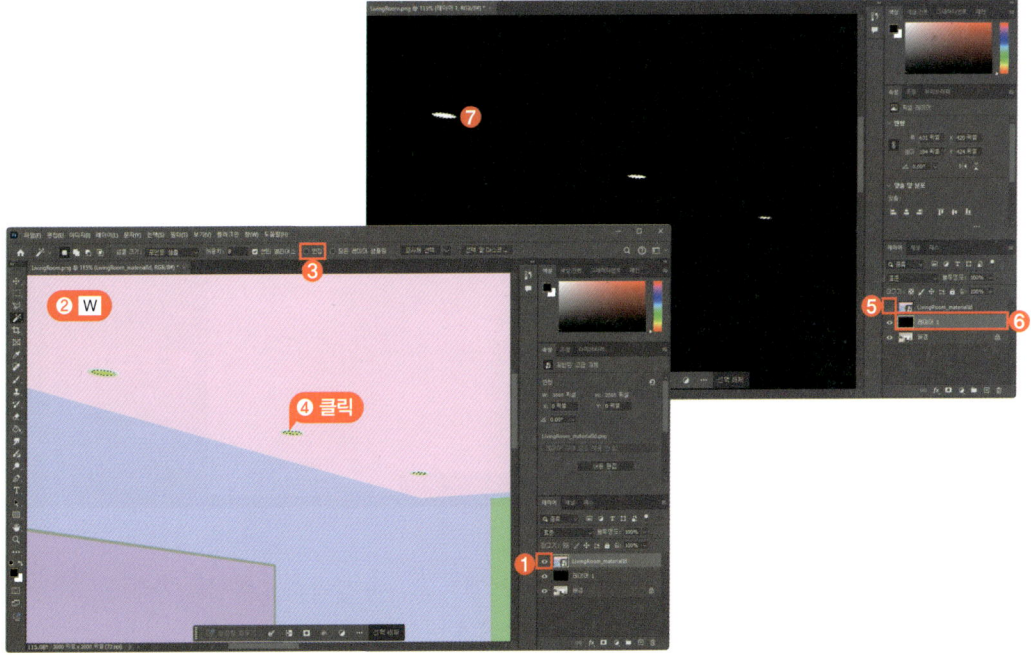

05 ❶ 올가미 도구 ⌂ 를 실행하고 ❷ 그림과 같이 조명보다 좀 더 크게 영역을 그리듯 선택합니다. ❸ [필터]-[흐림 효과]-[가우시안 흐림 효과] 메뉴를 선택합니다.

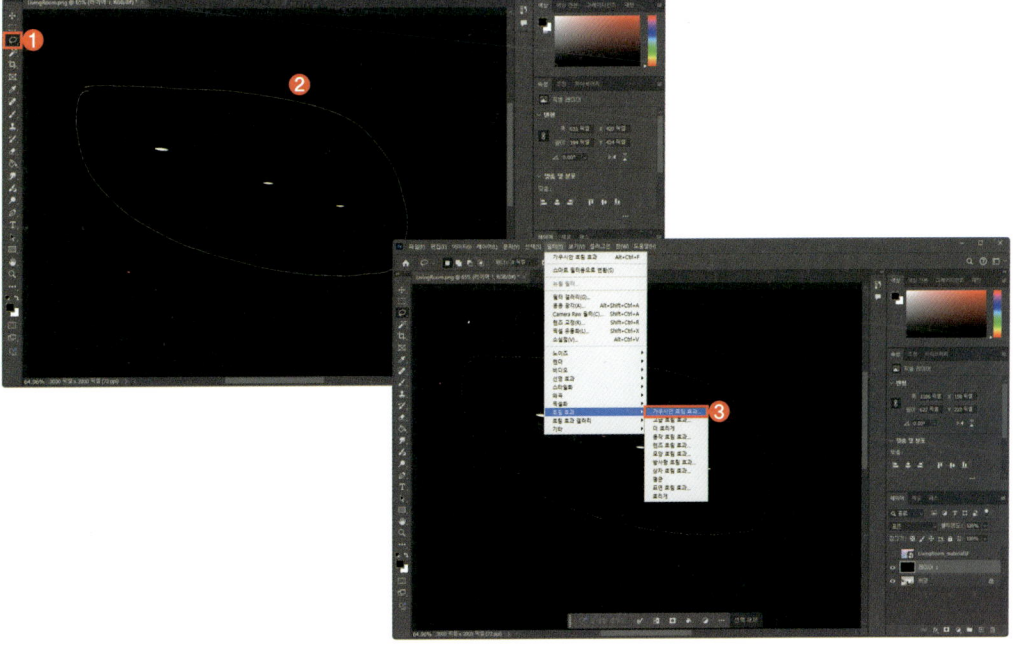

06 ❶ [반경(R)]에 **7**을 입력하고 ❷ [확인]을 클릭합니다. ❸ 검정색 레이어의 [블렌딩 모드]를 [색상 닷지]로 지정합니다.

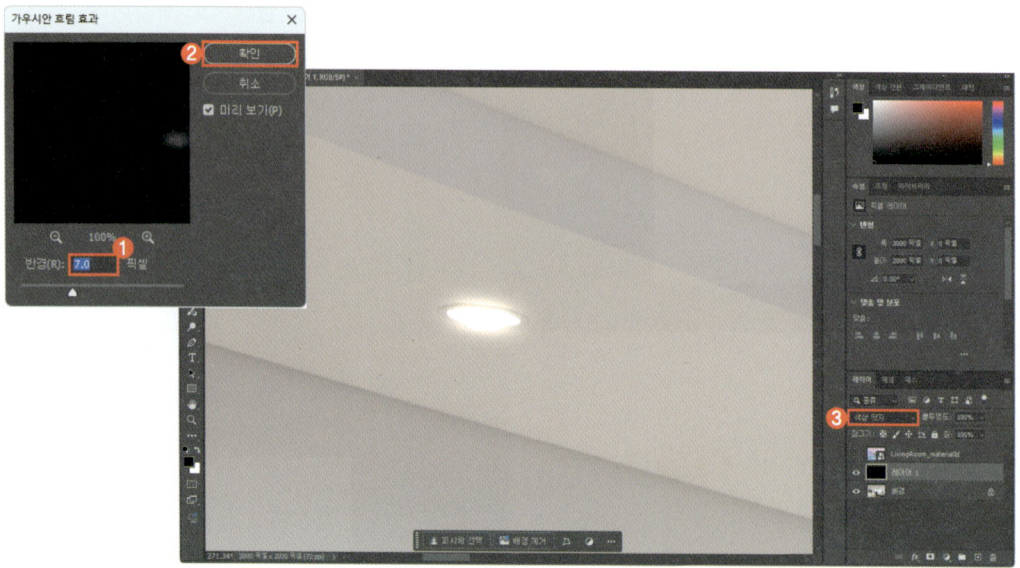

07 ❶ [곡선] Ctrl + M 메뉴를 실행하고 ❷ 그래프에서 오른쪽 상단의 조절점을 아래로 드래그해 밝기를 낮춥니다. 화면의 이미지를 보며 적당한 밝기가 되도록 조정합니다.

08 ① Material-ID 이미지 레이어의 눈을 켜고 ② 자동 선택 도구 [W]를 실행한 후 ③ 오른쪽의 라인 조명을 선택합니다. ④ 다시 Material-ID 이미지 레이어의 눈을 끄고 ⑤ 검정색 레이어를 클릭해 ⑥ [블렌딩 모드]를 [표준]으로 지정합니다. ⑦ 선택된 부분을 흰색으로 채웁니다.

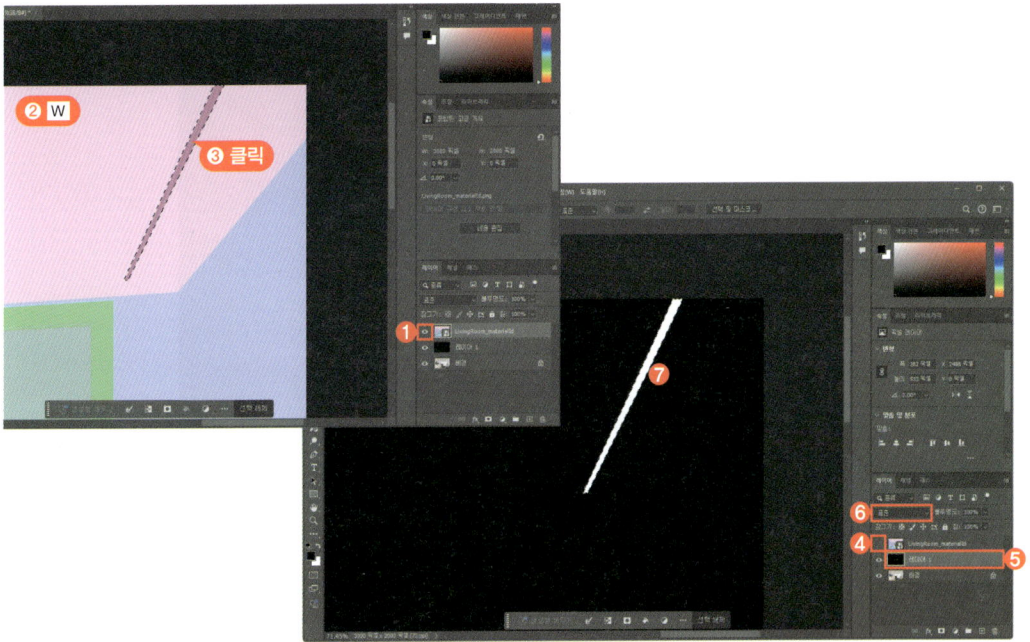

CORE TIP 현재 검정색 레이어의 [블렌딩 모드]가 [색상 닷지]임을 이해하고 계속 진행할 수 있다면 [표준]으로 바꾸지 않아도 됩니다.

09 ① 올가미 도구 를 실행하고 ② 그림과 같이 라인 조명의 주변을 좀 더 크게 그리듯 선택합니다. ③ [흐림 효과]-[가우시안 흐림 효과] 메뉴를 선택하고 [반경(R)]에 **7**을 입력한 후 ④ [확인]을 클릭합니다.

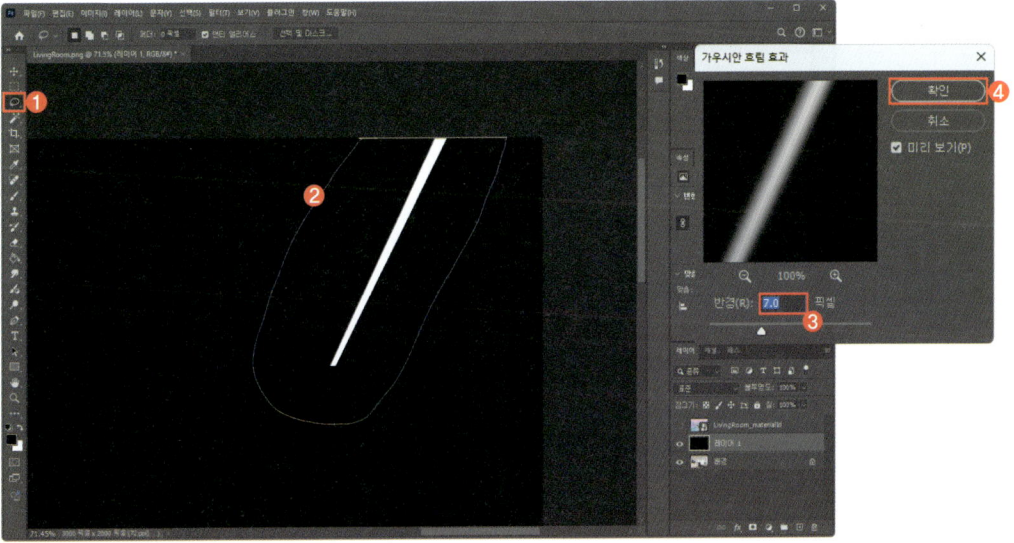

Lesson 06 엔스케이프의 조명　**537**

10 검정색 레이어의 [블렌딩 모드]를 [색상 닷지]로 지정합니다.

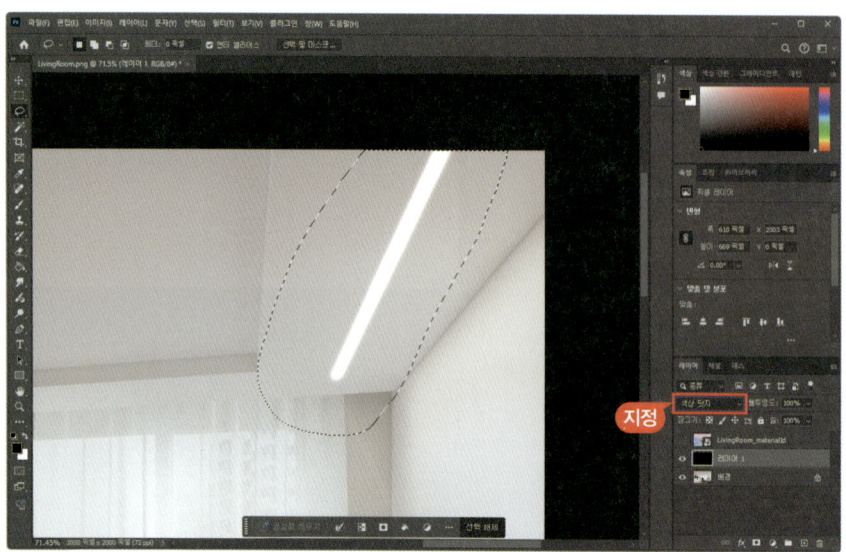

11 ❶ [곡선] Ctrl + M 을 실행하고 ❷ 그래프에서 오른쪽 상단의 조절점을 아래로 드래그해 적당한 밝기가 되도록 조정합니다.

12 부분적으로 밝기나 색상을 조절하고 싶은 부분이 있다면 Material-ID나 Object-ID를 활용해 영역을 선택하고 [곡선] Ctrl + M 으로 밝기를 조정하거나, [색상 균형] Ctrl + B 으로 색상을 조정하는 등 포토샵의 여러 도구를 활용해 보정을 추가해 완성합니다.

찾아보기

번호

2 Point Arc	064
3짝 이중창	292
3 Point Arc	064
1001bit Tools	051, 260

ㄱ

가이드라인	121
각도기	092
객체 선택	079
객체 스냅 추적	097
경사로	336
계단 난간	355
고정창	279
그룹	066

ㄴ

노출	498

ㄷ

다이나믹 컴포넌트	303
단축키	047
대칭	092
도구바	045

ㄹ

루멘	498
루비	050

ㅁ

메뉴	045
모임지붕	260
미서기창	284

ㅂ

박공지붕	249
배열	078
복사	078
뷰포트	045
비정형 데스크	390

ㅅ

상대 좌표	111
상태 표시줄	045, 066
색상 모델	417
세그먼트	074
셰이딩 모드	082
솔리드	067
식탁	379
씬	446

ㅇ

엔스케이프	436
여닫이문	304
외쪽 지붕	253
이동	078

ㅈ

절대 좌표	111
직선형 계단	317

ㅊ

철제 선반장	375

ㅋ

칸델라	498

ㅌ

트레이	045

ㅍ

프로젝션 모드	452

ㅎ

확장 프로그램	050
환경 설정	047

회전	092
휴먼 피겨	045

A

Adjustable	494
Albedo	457
Altitude	477
Always face camera	519
Ambient Brightness	499
Artificial Light Brightness	499
Asset Library	444
Atmosphere	474
Auto-save	047
Auto Exposure	499
Axes	059
Azimuth	477

B

Back Edges	082
Back Face	134
Batch import *.matpkg	457
Bevel	380
Bloom	518
Brightest Point as Sun Direction	479
Bump map	458

C

Candela	498
cd	498
Center on Green	282
Circle	064
Cirrus Amount	475
CleanUp³	135
Color	457
Connect Edges	429
Contrails	476
Copy Along Curve	344, 370
Create hip roof	261
Curic Axes	422
Curic Gizmo	094
Curic Mirror	093
Curviloft	213
CurviShear	347
Cutout	458

D

Disk	508
Displacement map	458
Drape	406
Drop at Level	102
Dynamic Component	303

E

Enscape	436
Enscape Material Library	444, 450
Enscape Objects	444
Entity Info	067, 147
Erase	107
Export Material Package	457
Extension	050
Extension Manager	055
Extension Store	052
Extension Warehouse	051
Extrude Along Path	176
Extrude Lines	393

F

Face to Group	286
FaceUp	285
Flip	093
Fly Mode	446
Foliage	481
Follow Me	158
Fredo Corner	202
Fredo Joint Push Pull	203
Freehand	064
From Contours	403

찾아보기

Front Face	134	

G

Glass	481
Grass	481
Group by Tag	269

H

HDRI	471
Height Map	457
Hidden Line	082
Hide Rest of Model	227, 504

I

IES	518
Import from Enscape Material Library	457
Import Material Package	457
Insert Loops	366
Instance Material to Faces	423
Intersect	190

J

JHS Powerbar	176

L

Lasso Select	079
Latitude	475
Line	064
Lines to Tube	176
Linked Model	490
Live Updates	444
lm	498
Loft by Spline	396
Longitude	475
Loose to Groups	233
Lumen	498

M

Material Editor	444
Materials	416
Metallic	458
Model Info	058
Monochrome	082
Move	078

N

Navigation	445
Night Sky Brightness	499
Normal map	458

O

Object Snap Tracking	097
Offset	114
Orbit	059
Orient Faces	135
Orthographic	452
Outliner	512
Outer Shell	190

P

Paint Bucket	414
Pan	059
Panel Divider	298
Parallel Projection	106
Perspective	106, 452
Pie	064
Pipe Along Path	176
Polygon	064
Position Camera	451
Preferences	047
Project by View	339, 394
Protractor	125
Push/Pull	065

Q

QuadFace Tools	365
Quick Lathe	168

R

Randomize Texture Positions	423
Random Tools	490
Rectangle	064
Redo	058
Reflections	458
Replace with Enscape Material	457, 467
Reverse Faces	135
Rotate	092
Rotated Rectangle	064
Roughness	458
Ruby	050

S

Scale	148
Scene	446
Scratch	404
Screenshot	496
Search	457
Section Plane	263
Select	079
Select Loop	186
Select Ring	186, 380
Self-illuminated	511
Shaded	082
Shaded With Textures	082
Shadow Sharpness	499
Shape Bender	328
Shortcuts	048
Show Welcome Window	047
SketchUV	420
Skin Contours	215
Skybox	479
Smart Offset	114, 210
Smooth Run	371
Smoove	404
Soap Skin Bubble	407
Solid Component	067
Solid Group	067
Solid Tools	190
Solid Inspector²	135
Split	190
SplitSausage	427
Spot	525
Stamp	405
Styles	082
Sub-Object	146
Subtract	190
Sun Brightness	499
Super Weld	395
Synchronize Views	444, 459

T

T2H STRETCH BY AREA	289
Tape Measure Tool	120
Texture	457
Texture Positioning	418
ThruPaint	425
Tint Color	457
Toolbars	046
Transmittance	458
Transparency	458
Trim	190
Two Point	452

U

U자형 계단	321
Undo	058
Undo to the previous camera view	059
Unhide All Entities	327

찾아보기

Union	190
UnSmooze	365

V

View Management	453
Views	059

W

Walk Mode	446
Water	481
Wirefame	082

X

X-ray	082

Z

Zoom	059
Zoom Extents	059
Zoom Window	059
Zorro 2	273